Corpus Juris M&A

M&A法大全
(上)

〔全訂版〕

西村あさひ法律事務所 編

商事法務

●推薦の言葉●

　2001年にM&A分野における当時の法と実務の集大成として『M&A法大全』が出版された。同書は、M&A法のすべての領域にわたって当時における最先端の議論を披露したものであった。本書は、同書の全訂版である。M&A取引に関する最先端の問題に取り組む西村あさひ法律事務所の弁護士が集まり、M&A法のすべての領域にわたって創造的な法律論を展開し、法理論と実務の双方を詳細に分析して示しており、現時点における西村あさひ法律事務所の弁護士の蓄積と知見の集大成である。

　M&A取引、M&A法を取り巻く環境が激変を続けるなかで、本書の初版刊行以降も、西村あさひ法律事務所の弁護士はつねに最先端の問題に挑み続けてきた。私は2016年10月から同法律事務所にアドバイザーとして参加し、各弁護士が日々高い理想を持って創造的な解決策を模索する姿とチームとして集合知の蓄積を進める姿を目の当たりにしてきているが、本書には、このようにして蓄積された各弁護士の、そしてチームとしての高度で専門的な知見が惜しむことなく展開されている。

　本書は、M&A取引とM&A法の現時点における到達点を世の中に問うものであるとともに、M&A取引とM&A法の将来を見通しよく展望するものである。M&A取引に携わるすべての法律家と実務家の方々に強くお薦めしたい。

2018年11月

東京大学名誉教授・学習院大学教授
神田秀樹

●全訂版まえがき●

　私達の事務所が本書の前身である『M&A法大全』を社団法人商事法務研究会から上梓したのは2001年のことであった。同書は、1990年代からの日本におけるM&A取引の活性化の中で、様々な法制度が交錯し、法と経済学の一丁目一番地ともいうべきM&A法につき、わが国で初めてその体系的な整理を試みる意欲的な挑戦であった。その後も、私達の事務所は、「法の支配」を礎とする豊かで公正な社会を実現するという基本理念を胸にM&A取引への精力的な取組みを続け、今や所属弁護士が600名を超える日本で最大手の事務所となった。

　この間も、引き続き会社法、金融商品取引法、租税法をはじめとするM&A法制には大きな変革が続き、それに呼応するようにM&Aの手法も多様化し、実務も高度化した。また、M&A取引、なかんずく、会社支配権を巡る取引や多数株主と少数株主との利益が対立する取引を巡る法廷での紛争や社会的な論争を通じ、企業価値向上の手段としてのM&A取引の効率性および公平性に関する議論が深化し、そのフィードバックが更なる法制度と実務の発展に寄与するという循環が確立している。また、日本企業が、M&A取引に関する成熟した理解を共通言語として、表面的な制度間の差異を乗り越え、海外で戦略的なクロスボーダーM&A取引に関与することも日常茶飯事となっている。

　複雑で多くの利害が対立するM&A取引において的確な判断を行うためには、膨大な知識と経験が必要とされる。同時に、革新的な法技術を駆使して多様化、高度化を続けるM&Aの世界において、取引が所期の目的を達するためには、飽くなき探究心と先例なき世界に飛び込む勇気が欠かせない。本書は、そのようなM&Aの世界の各分野において最先端の実務に携わり、研鑽を積む、私達の事務所が誇る法律家が、日々の研究と実践の成果を振り返るとともに、それを「共有知」として改めて社会に還元し、今後のM&A法務を指南する書たらんことを目指して執筆したものである。

　本書を執筆するに際しては、法律実務家のみではなく、企業、裁判所、立法・行政機関、研究・教育機関の関係者など、立場の違いを超えてなるべく多くの皆様にご利用頂けるよう、できるだけ客観的な記述を心がけた。また、

「大全」の名に恥じぬよう、M&Aを巡る論点をなるべく漏れなく拾い、紙幅の許す限り判例・裁判例や学説の状況を紹介しつつ、M&A取引における最新の実務や慣行についても積極的に言及することとした。本書をM&A法の教科書ないし辞書として利用頂くこともできれば、実際の案件を前に問題解決の糸口として利用頂くこともできるようにしたいと考えた次第である。

このような考えの下、本書は、初版からその構成、内容を全面的に見直した。本書は、M&Aの法と経済学のエッセンスをまとめた序章に引き続く3部構成とし、まず、第Ⅰ部「M&Aと法（基礎）」では、M&A法の全体像を掴んで頂けるよう、M&A取引を取り巻く法制度を体系的、網羅的に解説することとした。次に、第Ⅱ部「M&Aの実務」では、M&Aのより実務的な側面をM&A取引の流れや要素に沿って解説している。最後、第Ⅲ部「M&Aと法（応用）」では、第Ⅰ部および第Ⅱ部を踏まえた「応用」として、M&A法の先端的分野の取引を類型的に整理、紹介している。

もちろん、私達は、現在のM&A法制や実務が最善であるとも、万古不易のものであるとも考えていない。むしろ、目下の会社法や産業競争力強化法の改正をはじめ、これからも、国境を跨いだ制度間競争、IoTや人工知能といった技術革新、産業構造の変化の中で、M&A取引の姿やそのあるべき規律も変化し続けるであろうし、また、そうでなければならない。しかし、だからこそ、私達は、今後のM&Aを巡る法制度の改革や実務の進歩の礎として、現在のM&A法の全体像を示し、M&Aに携わる全ての者がこれを共有知として議論に参加できるよう、本書を著す意義があると考える。

初版から些か時が経ち過ぎたことを恥じ入るばかりであるが、本書の試みが幾ばくかでも成功していれば、また、本書が読者諸兄諸姉にとって有用なものとなり、効率的なM&A取引を通じた豊かで公正な社会の形成に寄与するところがあれば、望外の喜びである。

最後に、本書の作成、出版にあたり、多大なご協力を賜った方々に献辞を捧げたい。まず、初版に引き続き本書刊行の機会を与えてくださり、本書作成の過程で数多のご迷惑をお掛けした私達を常に温かく支えてくださった商事法務書籍出版部の岩佐智樹氏および木村太紀氏に深く御礼申し上げる。また、本書の執筆者として名前が掲げられている者以外にも、私達の同僚である弁護士やスタッフには、日々の多忙な業務の中、本書の作成に多大なご助力を頂いた。深く感謝申し上げたい。これらの方々のご協力のいずれが欠け

ても本書が出版されることはなかったであろう。

2018 年 11 月

　　　　　　　　　　編者を代表して
　　　　　　　　　　西村あさひ法律事務所
　　　　　　　　　　　弁護士　内間　裕　　弁護士　太田　洋
　　　　　　　　　　　弁護士　浅岡義之

●まえがき●

　私達の事務所には、ある種の「ハングリー精神」ないしは「サムライ魂」があふれている。「伝統的な弁護士業務の殻を破って、法律家の幅広い有用性を社会に示したい」、「欧米の大型法律事務所に負けない、純粋にメイド・イン・ジャパンの総合法律事務所を作りたい」、そんな思いが熱く渦巻いている。

　このような志に導かれて、私達は事務所の大型化・組織化・専門化に取り組み、今年中には所属弁護士が100名を超えんとする組織を築いた。業務内容についても、伝統的弁護士業務である「訴訟」はもちろんのこと、内外の企業や政府機関のニーズに応えるべく、会社法、証券取引法、租税法、競争法、知的財産権法などさまざまな専門分野の研究と実践に励んできた。かかる営みの中で、私達がもっとも精力的に取り組んできた分野の1つがM&A取引である。複雑性と迅速性を特徴とするM&A取引は、私達のような大型法律事務所の長所がよく活かし得る分野であると考えたからであり、昨年だけでも、ダイムラー・クライスラーの三菱自動車への投資、みずほフィナンシャルグループの創設、DDI・IDO・KDD間の合併、ソフトバンク、オリックス、東京海上等による日債銀の買収、東邦生命・GEエジソン生命間の包括移転、日本製紙と大昭和製紙間の企業統合など多くのM&A取引に深く関与した。

　本書は、このような経験の中で培った研究と実践の成果を世に伝えんとするものである。各章の執筆者は、いずれもその章のテーマに関する専門家ないしは専門家志望者であり、読者諸氏に少しでも有用な示唆を与えることができれば、執筆者にとってこれに優る喜びはないであろう。

　余談になるが、法律家の文章というものは一般に悪文の見本といわれている。私達はかかる「職業病」を克服し、できるだけ平易で明解な日本語を以って本書を著わすことを心がけたつもりであるが、必ずしもその意図が達成できていない記述が多く、まことに恥じ入る次第である。この点については、今後本書を改訂していく際に、漸次改めていくつもりであるが、差し当たっては読者諸氏のご宥恕を求めるほかはない。

　最後に、本書の企画から刊行に至るまで、つねに私達の良き理解者として

ご尽力をいただいた商事法務研究会・旬刊商事法務編集長の菅野安司氏ならびに同編集部大畑恵美氏に心からの御礼を申し述べたい。両氏の協力がなければ、本書が出版されることはあり得なかったであろう。

2001年6月

西村総合法律事務所
副代表パートナー弁護士　草野耕一

●目次●

序　章　M&Aの法と経済学 ——————————————————— 1

第Ⅰ部　M&Aと法（基礎）

第1章　M&A取引の類型 ——————————————————— 56
- 第1節　M&A取引とは　56
- 第2節　M&A取引と法形式による分類　56
- 第3節　M&A取引と対価による分類　57
- 第4節　買収または統合という観点からのM&A取引の分類　58
- 第5節　当事者の属性という観点からのM&A取引の分類　60
- 第6節　対象会社のステージによるM&A取引の分類　62
- 第7節　対象会社の同意の有無によるM&A取引の分類　63

第2章　株式譲渡・取得 ——————————————————— 65
- 第1節　株式譲渡・取得によるM&A　65
- 第2節　非上場株式の譲渡・取得　66
- 第3節　上場株式の譲渡・取得　81

第3章　第三者割当て ——————————————————— 132
- 第1節　第三者割当てによるM&A　132
- 第2節　第三者割当ての手続　135
- 第3節　有利発行規制　172
- 第4節　不公正発行　188

第4章　公開買付け ——————————————————— 197
- 第1節　はじめに　197
- 第2節　公開買付けを要するM&A　198
- 第3節　公開買付けの実体的規制　230
- 第4節　公開買付けの手続と開示　254
- 第5節　エクスチェンジ・オファー　293

第6節　公開買付規制違反に対する制裁　301
　第7節　公開買付規制の域外適用　306

第5章　キャッシュ・アウト ── 315
　第1節　キャッシュ・アウトの意義　315
　第2節　キャッシュ・アウトの手法　319
　第3節　株式等売渡請求　340
　第4節　株式併合　360
　第5節　全部取得条項付種類株式　365
　第6節　現金対価株式交換　372

第6章　合　併 ── 374
　第1節　合併によるM&A　374
　第2節　合併の手続　378
　第3節　合併契約　409
　第4節　合併の効果　422

第7章　株式交換・株式移転 ── 425
　第1節　株式交換・株式移転によるM&A　425
　第2節　株式交換・株式移転の手続　428
　第3節　株式交換契約・株式移転計画　447
　第4節　株式交換・株式移転の効果　456

第8章　会社分割・事業譲渡等 ── 458
　第1節　会社分割や事業譲渡等によるM&A　458
　第2節　会社分割の諸類型　467
　第3節　会社分割の手続　470
　第4節　吸収分割契約・新設分割計画　485
　第5節　会社分割の効果　497
　第6節　事業譲渡等の手続　498
　第7節　事業譲渡契約　513
　第8節　事業譲渡等の効果　518

第 9 節　会社分割と事業譲渡等の比較　519

第 9 章　M&A と取締役 ——————————— 522
　　第 1 節　取締役の義務——善管注意義務・忠実義務　522
　　第 2 節　経営判断原則の概要　528
　　第 3 節　M&A における経営判断　537

第 10 章　M&A を巡る少数株主との紛争 ——————— 557
　　第 1 節　紛争類型と日本における特徴　557
　　第 2 節　事前的（予防的）な紛争類型　562
　　第 3 節　事後的（復帰的）な紛争類型　598
　　第 4 節　責任追及の訴え（損害賠償責任の追及）　621
　　第 5 節　価格決定裁判　667

第 11 章　M&A と税務 ——————————————— 713
　　第 1 節　M&A と課税　713
　　第 2 節　M&A と会計　938

第 12 章　M&A と競争法 —————————————— 968
　　第 1 節　総　論　968
　　第 2 節　日本および諸外国における企業結合審査制度　983
　　第 3 節　競争当局による実体的な企業結合審査　1014
　　第 4 節　ガン・ジャンピング　1035
　　第 5 節　問題解消措置　1043
　　第 6 節　M&A 契約における企業結合審査の取扱いと競業避止義務条項　1055

第 13 章　M&A と労働法 —————————————— 1071
　　第 1 節　総　論　1071
　　第 2 節　M&A における労働契約の取扱い　1072
　　第 3 節　M&A 契約における労務関連問題の取扱い　1111
　　第 4 節　M&A における退職年金・健康保険制度の取扱い　1122
　　第 5 節　M&A と労使協議・交渉　1147

第14章　M&Aと知的財産法・情報法 ―――― 1154
第1節　総　論　1154
第2節　M&Aにおいて問題となる知的財産権の取扱い　1154
第3節　M&Aにおける個人情報の取扱い　1176

第15章　M&Aと環境法 ―――― 1187
第1節　総　論　1187
第2節　M&Aにおける環境問題の取扱い　1188

第16章　産業競争力強化法 ―――― 1206
第1節　産業競争力強化法の概要　1206
第2節　自社株対価M&A　1215
第3節　略式組織再編等　1219
第4節　株式等売渡請求　1221
第5節　株式併合　1222
第6節　スピン・オフ　1223
第7節　登録免許税　1224
第8節　補論――株式交付制度の創設（平成30年会社法制見直し中間試案）　1226

●細目次●

序章 M&Aの法と経済学 ——————————————— 1

1 なぜ法と経済学が重要であるのか　1
2 最大化の目的概念としての株主価値　4
3 シナジーの必要性　6
　(1) 事業シナジー　8
　(2) 財務シナジー　10
　(3) 経営改善効果　13
4 M&A法制のあり方　15
5 M&A法制の変遷とイベント・スタディ　17
6 ホールド・アウト効果とキャッシュ・アウト　25
7 支配株主のいる会社の買収　30
8 敵対的買収の功罪　37
9 非営利的経営を行う会社の敵対的買収対抗策　44
　(1) 安定株主工作　44
　(2) 放送持株会社の設立　46
　(3) コストを引当てとする非営利的経営　48
　(4) 投資家が支える非営利的経営　50

第Ⅰ部　M&Aと法（基礎）

第1章　M&A取引の類型 ——————————————— 56

第1節　M&A取引とは …………………………………………… 56
第2節　M&A取引と法形式による分類 ………………………… 56

第3節　M&A取引と対価による分類 ……………………………………… 57

　第4節　買収または統合という観点からのM&A取引の分類 ……… 58

　第5節　当事者の属性という観点からのM&A取引の分類 ………… 60

　　1　買主の属性による分類　60

　　2　売主または対象会社の属性による分類　61

　第6節　対象会社のステージによるM&A取引の分類 ……………… 62

　第7節　対象会社の同意の有無によるM&A取引の分類 …………… 63

第2章　株式譲渡・取得 ──────────────── 65

　第1節　株式譲渡・取得によるM&A ……………………………………… 65

　第2節　非上場株式の譲渡・取得 ………………………………………… 66

　　1　株式譲渡・取得の方法　66

　　　(1)　株券発行会社の株式　66

　　　(2)　株券不発行会社の株式　70

　　2　会社法上の手続　70

　　　(1)　対象会社　70

　　　(2)　売　主　70

　　　(3)　買　主　72

　　3　金商法および取引所規則上の開示規制　73

　　　(1)　売出し規制　73

　　　(2)　臨時報告書　80

　　　(3)　適時開示　81

　第3節　上場株式の譲渡・取得 …………………………………………… 81

　　1　株式譲渡・取得の方法　81

　　　(1)　取引類型　81

　　　(2)　振替株式　82

　　2　会社法上の手続　83

　　3　金商法および取引所規則上の開示規制　83

　　　(1)　大量保有報告制度　83

(2)　売出し規制　98
　　　(3)　臨時報告書　102
　　　(4)　適時開示　102
　4　金商法上の取引規制　103
　　　(1)　インサイダー取引規制　103
　　　(2)　その他の取引規制　131

第3章　第三者割当て ———————————— 132

第1節　第三者割当てによるM&A …………………………………… 132

第2節　第三者割当ての手続 ………………………………………… 135

　1　会社法上の手続　135
　　　(1)　概　要　135
　　　(2)　募集事項の決定　137
　　　(3)　第三者割当てに株主総会決議を要する場合　138
　　　(4)　募集事項の決定後の手続　141
　　　(5)　払込みおよびその後の手続　142
　　　(6)　現物出資規制　143
　2　金商法上の手続　147
　　　(1)　有価証券の募集に係る規制　147
　　　(2)　発行会社によるその他の開示　155
　　　(3)　引受人による開示　156
　3　取引所規則上の手続　157
　　　(1)　第三者割当ての適時開示　157
　　　(2)　企業行動規範上の手続　158
　　　(3)　その他の開示　161
　4　非公開会社における第三者割当ての手続　162
　　　(1)　会社法上の手続　162
　　　(2)　金商法上の手続　163
　5　種類株式の第三者割当て　165
　　　(1)　株式の内容として異なる定めをすることができる事項　165
　　　(2)　M&A取引における種類株式の第三者割当ての利用例　166
　　　(3)　MSCB等に関する規制　168

6 新株予約権の第三者割当て　170

第3節　有利発行規制 …………………………………………………… 172

1 概　要　172
2 普通株式の有利発行　173
　(1) 上場株式の有利発行　173
　(2) 非上場株式の有利発行　178
3 新株予約権・種類株式の有利発行　181
　(1) 新株予約権の有利発行　181
　(2) 種類株式の有利発行　185
4 有利発行規制違反の場合の手続　186

第4節　不公正発行 ……………………………………………………… 188

1 概　要　188
2 主要目的ルール　190
　(1) 主要目的ルールの概要　190
　(2) 主要目的認定の考慮要素　190
　(3) 支配権獲得・維持の目的が許容される場合　192
　(4) 公募増資と不公正発行　194
3 不公正発行の場合の手続　196

■第4章■　公開買付け ──────────────────── 197

第1節　はじめに ………………………………………………………… 197

第2節　公開買付けを要するM&A ……………………………………… 198

1 強制公開買付規制の基本概念　198
　(1) 「株券等」──公開買付けの対象有価証券　198
　(2) 「その株券等について有価証券報告書を提出しなければならない発行者」──強制公開買付規制の対象会社　200
　(3) 「買付け等」──強制公開買付規制の対象行為　200
　(4) 「特別関係者」──買付者と一体視される者　206
　(5) 「株券等所有割合」──強制公開買付規制における数量基準

2　強制公開買付規制が原則適用される場合　217
- (1) 原則適用類型の概観　217
- (2) 5％基準　219
- (3) 3分の1ルール　220
- (4) 立会外取引に関する規制　221
- (5) 急速な買付け　221
- (6) 他者の公開買付期間中の大株主による買付け等　224

3　強制公開買付規制の適用除外　225
- (1) 既保有権利の行使　226
- (2) グループ内取引　227
- (3) その他　229

第3節　公開買付けの実体的規制 …………………………………… 230

1　買付条件等に係る規制　231
- (1) 公開買付期間　231
- (2) 買付予定の株券等の数　233
- (3) 公開買付価格　235
- (4) 買付条件等の変更　236

2　全部勧誘義務・全部買付義務　238
- (1) 全部勧誘義務の例外　239
- (2) 公開買付けの途中での全部勧誘義務・全部買付義務の発生　240

3　別途買付けの禁止　241
- (1) 別途買付けの禁止の例外　242
- (2) 自社株公開買付けが並行して行われる場合　243

4　公開買付けの撤回の制限　245
- (1) 撤回事由　245
- (2) 撤回事由に関連する実務上の諸問題　246

5　応募株主等による応募の解除　248

6　種類株式が発行されている場合の諸論点　249
- (1) 「種類」概念検討の出発点——カネボウ少数株主損害賠償請求事件最高裁判決　249
- (2) 種類株式の種類毎に上限・下限を付すことの可否　251

(3) 種類株式間での買付価格の「均一」性　252

第4節　公開買付けの手続と開示 …………………………………… 254

1　一般的な公開買付けの手続の流れ　254
　　　(1) 公開買付けの準備手続　254
　　　(2) 公開買付けの開始から終了まで　259
　　　(3) 公開買付けの事後手続　261

2　公開買付開始公告　265
　　　(1) 公開買付開始公告の記載事項　266
　　　(2) 公開買付開始公告の方法　266
　　　(3) 変更公告、公開買付開始公告の訂正　267

3　公開買付届出書　267
　　　(1) 公開買付届出書の記載事項　268
　　　(2) 公開買付届出書の添付書類　281
　　　(3) 公開買付届出書の訂正届出書　282

4　意見表明報告書　287
　　　(1) 意見表明義務　287
　　　(2) 質問権　288
　　　(3) 期間延長請求権　289

5　公開買付説明書　290

6　公開買付け終了後の開示および手続　292

第5節　エクスチェンジ・オファー …………………………………… 293

1　発行開示書類の提出　294
2　公開買付届出書への記載事項、追加添付書類　295
3　適時開示における特則　297
4　現物出資規制との関係　297
5　有利発行規制との関係　298
6　親会社株式を対価とする場合と親会社株式取得規制　299
7　産業競争力強化法を利用した自社株対価TOB　300

第6節　公開買付規制違反に対する制裁 …………………………… 301

1　課徴金納付命令等の行政上の措置　301

2　刑事罰　302

　　3　民事上の損害賠償責任　303

　　4　違法な公開買付けに対するその他の対抗手段　304

　　　(1)　緊急差止命令　304

　　　(2)　強制公開買付規制に違反してなされた有価証券等の売買の有効性　304

　　　(3)　名義書換の拒否、議決権停止　305

第7節　公開買付規制の域外適用 ……………………………………… 306

　　1　公開買付規制の域外適用　306

　　2　米国証券取引法との関係での留意点　307

　　　(1)　概　要　307

　　　(2)　レギュレーション14E　308

　　　(3)　クロスボーダー・エグゼンプション　309

　　　(4)　米国証券規制への適合　312

　　　(5)　米国公開買付規制の適用の回避　313

第5章　キャッシュ・アウト ───────────────── 315

第1節　キャッシュ・アウトの意義 ……………………………………… 315

　　1　キャッシュ・アウトとは　315

　　2　キャッシュ・アウトに関する議論の経緯　316

　　　(1)　少数株主の地位剥奪を認めること自体の適切性　316

　　　(2)　正当な事業目的の要否　318

　　3　キャッシュ・アウトに関する問題点　319

第2節　キャッシュ・アウトの手法 ……………………………………… 319

　　1　二段階買収の意義　319

　　　(1)　キャッシュ・アウトの実行の確実性の向上　320

　　　(2)　対価の公正性の証明手段の確保　321

　　　(3)　キャッシュ・アウトの手続における税制適格性の確保　322

　　2　二段階買収による場合の第一段階の取引　323

　　　(1)　公開買付け　323

　　　(2)　事実上の買集め　325

(3) 第三者割当増資の引受け　325
　　　(4) 自己株式の取得　327
　2　第二段階の手続の概要　328
　　　(1) 過去に利用された手法　328
　　　(2) 現金対価でのキャッシュ・アウトのための手法　329
　4　各手法間の比較　331
　　　(1) 議決権保有要件・買収者の類型　331
　　　(2) 対象会社の意思決定手続　332
　　　(3) 買収者における意思決定その他の手続　333
　　　(4) 端数処理手続の要否　334
　　　(5) 課税関係　334

第3節　株式等売渡請求 ……………………………………………… 340
　1　概　要　340
　　　(1) 株式等売渡請求とは　340
　　　(2) 株式等売渡請求の趣旨　340
　　　(3) 株式等売渡請求を用いたキャッシュ・アウトの手続　342
　　　(4) 平成26年会社法改正後の実務　344
　2　株式等売渡請求の手続　344
　　　(1) 特別支配株主とは　344
　　　(2) 対象となる株式等　346
　　　(3) 特別支配株主の通知　347
　　　(4) 対象会社の承認　348
　　　(5) 売渡株主等に対する通知・公告および事前開示　349
　　　(6) 売渡株式等の取得　349
　　　(7) 事後開示　350
　　　(8) 売渡株主等の保護　350
　　　(9) トップ・アップ・オプションの可能性　352
　3　金商法との関係　354
　　　(1) 公開買付規制との関係　355
　　　(2) 大量保有報告制度　357
　　　(3) インサイダー取引規制との関係　357
　　　(4) 主要株主の売買報告書　359

第4節　株式併合 …………………………………………………………… 360

1 概　要　360
(1) 株式併合とは　360
(2) 平成26年会社法改正前の状況　360
(3) 平成26年会社法改正の影響　361

2 平成26年会社法改正の趣旨および主なポイント　362
(1) 改正の趣旨　362
(2) 改正の主なポイント　362
(3) 改正後の状況　364

第5節　全部取得条項付種類株式 ……………………………… 365

1 概　要　365
(1) 全部取得条項付種類株式とは　365
(2) 全部取得条項付種類株式を用いたキャッシュ・アウト　365
(3) 平成26年会社法改正の影響　366

2 平成26年会社法改正の趣旨および主なポイント　366
(1) 改正の趣旨　366
(2) 改正の主なポイント　367
(3) 改正後の状況　371

第6節　現金対価株式交換 ………………………………………… 372

第6章　合　併　374

第1節　合併によるM&A ………………………………………… 374

1 合併の意義　374
(1) 合併の意義　374
(2) 合併によるM&A　375

2 合併の当事者　376
(1) 外国会社との合併　376
(2) 債務超過会社の合併　376
(3) 複数当事者間の合併　377
(4) 上場会社と非上場会社の合併　377

第2節　合併の手続 ………………………………………………… 378

1 概　要　378

2 会社法が定める手続　379

(1) 合併契約の締結　381
(2) 事前備置　381
(3) 株主総会の承認決議　386
(4) 株券・新株予約権証券の提出手続　390
(5) 反対株主の株式買取請求・新株予約権者の新株予約権買取請求　390
(6) 債権者保護手続　395
(7) 登記　397
(8) 事後備置　397
(9) 簡易合併・略式合併　398
(10) 合併の瑕疵と救済手段　403

3 金商法に基づく有価証券届出書・臨時報告書の提出　404

(1) 有価証券届出書の提出　404
(2) 臨時報告書の提出　405

4 金融商品取引所の有価証券上場規程に基づく適時開示　406

5 米国証券法に基づく手続　407

第3節　合併契約　409

1 必要的記載事項　409

(1) 合併対価とその割当てに関する事項　409
(2) 新株予約権の取扱い　415
(3) 効力発生日　416

2 任意的記載事項　417

3 合併契約の終了および変更　418

(1) 合併契約の終了（解除または自動終了）　418
(2) 合併契約の変更　419

4 三角合併に関する論点　420

(1) 親会社株式の取得方法　420
(2) 取得する親会社株式の数　421
(3) 合併対価の端数処理　422

第4節　合併の効果　422

1 権利義務の承継および対価の交付　422

2　対抗要件の要否　423

■第7章■ 株式交換・株式移転 ─────── 425

第1節　株式交換・株式移転によるM&A ─────── 425

　1　株式交換・株式移転の意義　425
　　(1)　株式交換・株式移転の意義　425
　　(2)　株式交換・株式移転によるM&A　426
　2　株式交換・株式移転の当事者　427
　　(1)　外国会社との株式交換・株式移転　427
　　(2)　債務超過会社の株式交換・株式移転　427
　　(3)　複数当事者間の株式交換・株式移転　427
　　(4)　上場会社と非上場会社の株式交換　428

第2節　株式交換・株式移転の手続 ─────── 428

　1　概　要　428
　2　会社法が定める手続　429
　　(1)　株式交換契約・株式移転計画の締結　431
　　(2)　事前備置　432
　　(3)　株主総会の承認決議　436
　　(4)　株券・新株予約権証券の提出手続　439
　　(5)　反対株主の株式買取請求・新株予約権者の新株予約権買取請求　439
　　(6)　債権者保護手続　442
　　(7)　登　記　443
　　(8)　事後備置　443
　　(9)　簡易株式交換・略式株式交換　444
　　(10)　株式交換・株式移転の瑕疵と救済手段　446
　3　金商法に基づく有価証券届出書・臨時報告書の提出　446
　4　金融商品取引所の有価証券上場規程に基づく適時開示　447
　5　米国証券法に基づく手続　447

第3節　株式交換契約・株式移転計画 ─────── 447

　1　株式交換契約の必要的記載事項　448

⑴　株式交換対価とその割当てに関する事項　448
　　　⑵　新株予約権の取扱い　452
　　　⑶　効力発生日　453
　　2　株式移転計画の必要的記載事項　453
　　　⑴　完全親会社に関する事項　454
　　　⑵　株式移転対価とその割当てに関する事項　454
　　　⑶　新株予約権の取扱い　455
　　　⑷　効力発生日　455
　　3　任意的記載事項　455

　第4節　株式交換・株式移転の効果 ……………………………………… 456

第8章　会社分割・事業譲渡等 ── 458

　第1節　会社分割や事業譲渡等によるM&A ……………………………… 458
　　1　会社分割の意義　458
　　　⑴　会社分割の意義　458
　　　⑵　会社分割による承継の対象　459
　　　⑶　会社分割の当事者　460
　　2　事業譲渡等　463
　　　⑴　事業譲渡等の意義　463
　　　⑵　子会社の株式または持分の譲渡　464
　　　⑶　事業譲渡等の当事者　465

　第2節　会社分割の諸類型 ………………………………………………… 467
　　1　吸収分割と新設分割　467
　　　⑴　効力発生日　467
　　　⑵　分割の効力発生前における許認可への事前対応の可否　467
　　　⑶　分割対価　468
　　2　人的分割と物的分割　469
　　3　単独分割と共同分割　470

　第3節　会社分割の手続 …………………………………………………… 470
　　1　概　要　470

2　会社法が定める手続　471
　　　(1)　吸収分割契約の締結または新設分割計画の作成　473
　　　(2)　事前備置　473
　　　(3)　株主総会の承認決議　478
　　　(4)　反対株主の株式買取請求・新株予約権者の新株予約権買取請求　478
　　　(5)　債権者保護手続　479
　　　(6)　登　記　481
　　　(7)　事後備置　481
　　　(8)　簡易分割・略式分割　482
　　　(9)　会社分割の瑕疵と救済手段　483
　　3　金商法に基づく有価証券届出書・臨時報告書の提出　484
　　　(1)　有価証券届出書の提出　484
　　　(2)　臨時報告書の提出　484
　　4　金融商品取引所の有価証券上場規程に基づく適時開示　485

第4節　吸収分割契約・新設分割計画 ································· 485
　1　吸収分割契約・新設分割計画の記載事項　485
　2　吸収分割契約の必要的記載事項　487
　　　(1)　吸収分割会社および吸収分割承継会社の商号および住所　487
　　　(2)　承継する権利義務　487
　3　新設分割計画の必要的記載事項　495
　　　(1)　新設分割設立会社に関する事項　495
　　　(2)　新設分割設立会社の資本金等　495
　4　任意的記載事項　496

第5節　会社分割の効果 ·· 497
　1　当事者間の効果　497
　2　第三者との関係　498

第6節　事業譲渡等の手続 ·· 498
　1　概　要　498
　2　会社法が定める手続　499
　　　(1)　事業譲渡契約の締結　501

(2) 株主総会の承認決議　501
　　(3) 事業の「重要な一部」　504
　　(4) 事業譲受けに伴う自己株式の取得　506
　　(5) 反対株主の株式買取請求　506
　　(6) 登　記　507
　　(7) 簡易事業譲受け・略式事業譲渡等　508
　　(8) 事業譲渡等の瑕疵と救済手段　511
　3　金商法に基づく臨時報告書の提出　512
　4　金融商品取引所の有価証券上場規程に基づく適時開示　512

第7節　事業譲渡契約 ……………………………………………………… 513
　1　概　説　513
　2　譲渡対象資産および債務等　514
　　(1) 譲渡対象の特定　514
　　(2) 移転手続等　515
　3　事業譲渡等の対価　516
　　(1) 対価の種類　516
　　(2) 対価の記載　516
　4　効力発生日　516
　5　競業避止義務　517

第8節　事業譲渡等の効果 ………………………………………………… 518
　1　当事者間の効果　518
　2　第三者との関係　518

第9節　会社分割と事業譲渡等の比較 …………………………………… 519

■第9章■　M&Aと取締役 ──────────────── 522

第1節　取締役の義務──善管注意義務・忠実義務 …………………… 522
　1　概　説　522
　2　注意義務の水準　523
　3　監督（監視）義務　524

4　善管注意義務に違反した場合の責任　526
　　　(1)　会社に対する損害賠償責任（会社423条1項）　526
　　　(2)　第三者に対する損害賠償責任（会社429条1項）　527
　　5　法令・定款等の遵守義務　528
　第2節　経営判断原則の概要 …………………………………………… 528
　　1　経営判断原則の意義　528
　　2　経営判断原則における審査基準　530
　　　(1)　米国における経営判断原則　530
　　　(2)　わが国における経営判断原則の審査基準　531
　第3節　M&Aにおける経営判断 ………………………………………… 537
　　1　M&Aの必要性とリスク　537
　　2　M&Aにおいて取締役の経営判断が問題とされる主な場面　538
　　　(1)　通常のM&Aの場面における買主（または売主）の取締役の場合　538
　　　(2)　子会社その他のグループ会社支援の場面における親会社取締役の場合　544
　　　(3)　対象会社の取締役の場合　546
　　　(4)　その他M&A取引の局面において取締役の善管注意義務が問題となる場面　553

第10章　M&Aを巡る少数株主との紛争 ——————— 557

　第1節　紛争類型と日本における特徴 ………………………………… 557
　第2節　事前的（予防的）な紛争類型 …………………………………… 562
　　1　各種差止請求およびこれを本案訴訟とする仮処分の要件および効果　563
　　　(1)　募集株式、募集新株予約権の発行等に対する差止請求（会社210条、247条）　564
　　　(2)　組織再編の差止請求（会社784条の2、796条の2、805条の2）　570
　　　(3)　キャッシュ・アウトに対する差止請求（会社179条の7、171条

の 3、182 条の 3) 575
      (4) 取締役・執行役による違法行為に対する差止請求（会社 360 条、385 条、399 条の 6、407 条、422 条） 580
      (5) 会計帳簿等の閲覧謄写請求（会社 433 条） 586
   2 株主総会に関する仮処分 590
      (1) はじめに 590
      (2) 被保全権利 591
      (3) 保全の必要性 592
      (4) 当事者 594
      (5) 管 轄 595
      (6) 審理と裁判 595
      (7) 仮処分の効力 596

第 3 節 事後的（復帰的）な紛争類型 598
   1 会社法の規定の概要 598
   2 会社訴訟に関する裁判所の実務 602
   3 組織再編等無効の訴え 603
      (1) 基本的概念 603
      (2) 原告適格 604
      (3) 無効原因 606
      (4) 他の類型の訴えとの関係 608
      (5) 組織再編等無効の訴えの判決の効力 609
   4 株主総会決議の瑕疵に関する訴え 611
      (1) 概 要 611
      (2) 株主総会決議取消しの訴え 611
      (3) 株主総会決議無効・不存在の訴え 616
   5 取締役会決議の瑕疵に関する訴え 617
   6 新株発行に関する訴え 617
   7 設立無効・不存在の訴え 619
   8 会社分割と詐害行為取消権 620
   9 おわりに 620

第 4 節 責任追及の訴え（損害賠償責任の追及） 621

1 総　論　621
　(1) 取締役の責任の概念　621
　(2) 任務懈怠（善管注意義務違反）の内容　623
　(3) 任務懈怠の構造（帰責事由との関係）　625
　(4) 責任追及の訴えにおける任務懈怠の特定と損害との関係　626
　(5) M&A 取引において生じ得る損害の種類　627
　(6) 対価不足損害の観点からの M&A 取引の分類　630
2 M&A 取引において問題となる取締役の任務懈怠責任（対会社責任）　632
　(1) 財産流出損害または価値下落損害に関する取締役の任務懈怠責任　632
　(2) 対価不足損害に関する取締役の任務懈怠責任　633
3 M&A 取引において問題となる株主に対する取締役の対第三者責任　653
　(1) 総　論　653
　(2) 買収側会社（存続会社等）の組織再編行為における組織再編条件の不公正に関する取締役の対第三者責任　659
　(3) 被買収側会社（消滅会社等）における組織再編条件の不公正に関する取締役の対第三者責任　660
　(4) MBO 取引における取締役の対第三者責任　662

第 5 節　価格決定裁判　667

1 価格決定裁判の手続　669
　(1) 申立人　669
　(2) 会社側の手続参加　675
　(3) 非訟事件としての裁判手続　677
2 「公正な価格」の意義と論点　678
　(1) 価格決定制度の趣旨　678
　(2) 「公正な価格」の基本的な考え方（判断枠組み）　680
　(3) 「公正な価格」の決定方法（各論）　695
　(4) 「公正な価格」を巡るその他の論点　703

第 11 章　M&A と税務　713

第 1 節　M&A と課税　713

1 本節の対象および組織再編と課税　713
    (1) 本節の対象　713
    (2) 「組織再編」と課税　714
    (3) 機能主義的アプローチに基づく（広義の）組織再編の分類　717
    (4) わが国における組織再編に係る課税の基本的枠組み　718
    (5) 適格組織再編成の要件と比較法的特徴　732
    (6) クロスボーダー組織再編に関する課税上の取扱い　742
    (7) 今後の組織再編に関する税制の課題と展望　745

2 「資本金等の額」および利益積立金額とみなし配当課税　748
    (1) はじめに　748
    (2) 「資本金等の額」と利益積立金額　748
    (3) みなし配当課税と株式譲渡損益課税　760
    (4) マイナスの「資本積立金額」、「資本金等の額」および利益積立金額　770

3 合併・会社分割・現物出資・事業譲渡・株式譲渡を用いたM&Aと課税　775
    (1) はじめに　775
    (2) 支配関係にない対象会社の完全買収　778
    (3) 支配関係にない対象会社の部分買収　803
    (4) 共同出資（合弁）会社設立による（個別）事業統合（相互型の「割合的」買収）　818
    (5) 組織再編行為の無効が課税関係に与える影響　821

4 株式移転・株式交換と課税　822
    (1) 株式移転・株式交換税制の抜本改正の意義　822
    (2) 株式移転・株式交換税制の抜本改正の概要　823
    (3) 一部現金対価株式交換の課税上の取扱いに関する平成29年度税制改正による改正　842
    (4) 株式移転に際しての子会社の兄弟会社化に関する課税問題　846
    (5) 株式移転・株式交換を用いたM&Aの類型毎の課税問題について　850

5 三角合併等と課税　862
    (1) 三角合併等の解禁と三角合併等対応税制の概要　862

(2) 親会社株式の取得および交付を巡る買収ビークルにおける税務上の取扱い　870
(3) 買収ビークルが保有する対象会社株式の取扱いと税制適格要件について　874
(4) 三角株式交換に関する諸問題——逆三角合併の問題　876
(5) 一部現金対価三角合併および一部現金対価三角株式交換の課税上の取扱いに関する平成29年度税制改正による改正　880
(6) 三角分割の税制適格要件について　881
(7) 適格三角合併等に該当するための要件を充足しているか否かが問題となる場合　883
(8) 孫会社を買収ビークルとする三角合併を用いた買収　884
(9) 対象会社のストック・オプションを買収親会社のストック・オプションに振り替える場合の課税問題　886
(10) 買収親会社における買収ビークル株式の取得価額を巡る問題　887
(11) コーポレート・インバージョン対策税制に関する実務上の問題点　889
(12) 日本企業による外国企業の三角合併等を用いた買収に関連する問題　889
(13) その他の問題　891

6 M&A・企業グループ再編と一般的行為計算否認規定　892
(1) はじめに　892
(2) 同族会社の行為計算否認規定（法税132条）の趣旨および概要　893
(3) 法人税法132条の適用要件とその射程　894
(4) 法人税法132条の効果に関する問題　902
(5) 法人税法132条の2の趣旨と概要　903
(6) 法人税法132条の2の適用要件とその射程　905
(7) 法人税法132条の2の適用の効果　922
(8) 「ステップ・トランザクションの法理」（段階取引の法理）　924
(9) 連結法人に係る行為計算否認規定（法税132条の3）の趣旨および概要　930
(10) 法人税法132条の3に係る解釈上の留意点および問題点　931

第2節　M&Aと会計　938

1. 会計制度がM&Aに及ぼす影響（総論）　938
2. EPSとEBITDA　945
3. のれんと減価償却　947
4. 日本におけるM&A会計の発展　948
5. わが国M&A会計基準の枠組み　949
   (1) 概観　949
   (2) 投資の継続と清算、持分の継続と非継続　951
   (3) 企業結合会計基準の概要　952
   (4) 事業分離等会計基準の概要　958
6. M&A取引の会計処理に関する実務上の論点　960
   (1) のれんの償却と減損　960
   (2) 条件付取得対価の取扱い　963
   (3) 連結対象範囲の確定の問題　964
   (4) IFRSの任意適用および米国上場に伴う米国会計基準適用の是非　966

第12章　M&Aと競争法　968

第1節　総論　968

1. M&Aにおける競争法の存在意義　968
2. M&Aにおける競争専門弁護士の役割と競争法のカバレッジ　970
   (1) 提案された企業結合案件の分析　971
   (2) 企業結合審査のスケジュールとM&A取引のスケジュールとの調整　972
   (3) 両当事会社間におけるM&A交渉の情報交換ルールの確立　973
   (4) M&A検討文書の確認（文書管理）　974
   (5) 広報戦略との調整　975
3. 審査にあたってのその他の考慮事項　975
   (1) 一定の取引分野での並行する複数のM&Aの企業結合審査　975

(2) 関係省庁の関与　978
　4　国家ファンド問題　979
　5　審査期間の短縮とパーキング問題　981
　6　少数出資の場合の取扱い　982

第2節　日本および諸外国における企業結合審査制度 ……………… 983
　1　届出制度の概論　983
　　　(1) 届出制度の趣旨　983
　　　(2) 届出制度の分類　983
　　　(3) 届出における実務的留意点　985
　　　(4) スケジューリングとタイムテーブル　986
　　　(5) 事後対応　988
　2　日本の届出制度　990
　　　(1) 届出の手続　990
　　　(2) 日本の届出制度の特色　996
　3　諸外国の届出制度　1000
　　　(1) 各国の届出制度の概要　1000
　　　(2) 届出国間での調整の必要性　1014

第3節　競争当局による実体的な企業結合審査 ……………………… 1014
　1　企業結合審査　1015
　　　(1) 企業結合審査の対象　1015
　　　(2) 一定の取引分野（市場画定）　1017
　　　(3) 競争の実質的制限　1020
　　　(4) 水平型企業結合　1021
　　　(5) 垂直型企業結合　1027
　　　(6) 混合型企業結合　1030
　2　企業結合に対する反対運動　1030
　　　(1) 企業結合審査における利害関係者の意見の重要性　1030
　　　(2) 利害関係者による参加・関与のための制度　1032
　3　企業結合審査における経済分析の意義　1033

第4節　ガン・ジャンピング ……………………………………………… 1035
　1　ガン・ジャンピングの概要　1035

2 企業結合の過程における情報交換や協調行為　1036
  (1) デュー・ディリジェンス等における情報交換等　1036
  (2) コベナンツ条項　1037
  (3) 統合後の事業プランの事実上の影響　1038

3 ガン・ジャンピング問題への実務的対処　1038
  (1) 適切な情報管理体制の整備　1038
  (2) コベナンツ条項規定にあたっての留意点　1040
  (3) 統合後の事業プランの事実上の影響への対処について　1040
  (4) 統合前の提携関係の維持・実行に関する留意点　1041

4 クリアランスとガン・ジャンピング　1042

第5節　問題解消措置　1043

1 問題解消措置の基本的な考え方　1043

2 問題解消措置の類型・実例　1044
  (1) 事業譲渡、コストベース引取権の設定　1044
  (2) その他　1046

3 問題解消措置の実施の確保　1053

第6節　M&A契約における企業結合審査の取扱いと競業避止義務条項　1055

1 意　義　1055

2 クロージングの前提条件・停止条件（Conditions Precedent）と競争法リスク　1055
  (1) 競争法クリアランスの取得　1055
  (2) 競争当局による差止訴訟等の不存在　1057

3 誓約事項（Covenants）と競争法リスク　1057
  (1) 届出義務・手続の協力義務　1057
  (2) 努力義務　1059
  (3) 処分義務（Divestiture Obligation）　1060
  (4) 争訟義務（Obligation to Litigate）　1063

4 解除（Termination）・補償（Indemnification）と競争法リスク　1064
  (1) 解除権　1064

(2) リバース・ターミネーション・フィー（Reverse Termination Fee） 1065
(3) Ticking Fee 1067
5 競業避止義務に関する条項 1067
6 交渉上の留意点 1070

第13章 M&Aと労働法 ─────────────── 1071

第1節 総論 ………………………………………………………………… 1071
第2節 M&Aにおける労働契約の取扱い …………………………… 1072
1 M&Aの実行と雇用関係の帰趨 1072
(1) 株式譲渡・新株発行・株式交換・株式移転 1072
(2) 合併 1073
(3) 会社分割 1074
(4) 事業譲渡 1091
2 M&Aの実行に伴う労働条件の変更 1097
(1) 就業規則の不利益変更 1098
(2) 労働協約による労働条件の不利益変更 1102
(3) 会社分割と転籍の組み合わせによる実質的な労働条件の不利益変更 1105
(4) 事業譲渡に伴う実質的な労働条件の不利益変更 1106
3 M&Aの実行に伴う人員削減 1106
(1) 転籍 1107
(2) 希望退職募集・退職勧奨 1107
(3) 整理解雇 1109

第3節 M&A契約における労務関連問題の取扱い ……………… 1111
1 人事労務関連の潜在債務の取扱い 1112
(1) 潜在債務の典型例 1112
(2) 潜在債務が発見されていない場合 1115
(3) 潜在債務が発見されている場合 1115
2 キーパーソンが存在する場合の対処 1117
3 雇用・労働条件の維持 1118

4　余剰人員の削減　1120

第4節　M&Aにおける退職年金・健康保険制度の取扱い………1122

　　1　退職年金制度の取扱い　1122
　　　(1)　退職年金制度の種類　1122
　　　(2)　対象会社が確定給付企業年金を実施している場合　1124
　　　(3)　対象会社が企業型確定拠出年金を有している場合　1138

　　2　健康保険制度の取扱い　1143
　　　(1)　健康保険制度の概要　1143
　　　(2)　対象従業員が協会けんぽに加入している場合　1144
　　　(3)　対象従業員が健康保険組合に加入している場合　1144

第5節　M&Aと労使協議・交渉………………………………1147

　　1　労働組合が存在する場合　1148
　　　(1)　労働協約上のM&A取引に関する協議条項　1148
　　　(2)　協議のタイミング　1149
　　　(3)　買収者と団体交渉・不当労働行為　1150

　　2　労働組合が存在しない場合　1152
　　3　会社分割および事業譲渡　1152

第14章　M&Aと知的財産法・情報法 ─ 1154

第1節　総　論 ………………………………………………1154

第2節　M&Aにおいて問題となる知的財産権の取扱い………1154

　　1　知的財産権　1155
　　　(1)　特許権　1156
　　　(2)　商標権　1163
　　　(3)　著作権　1165
　　　(4)　営業秘密（ノウハウ）　1168

　　2　第三者が保有する知的財産権　1169
　　　(1)　ライセンス契約が存在する場合　1170
　　　(2)　明示的なライセンス契約が存在しない場合　1172
　　　(3)　第三者が保有する知的財産権の侵害　1174

第3節　M&Aにおける個人情報の取扱い……………………1176

1　問題の所在　1176

2　デュー・ディリジェンス等における個人情報の開示に関する問題　1177
   - (1)　合併、分割および事業譲渡の場合　1179
   - (2)　株式譲渡の場合　1180

3　デュー・ディリジェンス等において開示された情報の保存先に関する問題　1182

4　M&Aのクロージング以降の問題　1183
   - (1)　クロージングに伴う個人データの移転と利用　1183
   - (2)　グループ内での個人データの利用　1184

5　M&Aと特定個人情報　1186

第15章　M&Aと環境法 ─────── 1187

第1節　総　論…………………………………………1187

第2節　M&Aにおける環境問題の取扱い………………1188

1　デュー・ディリジェンス　1188
   - (1)　環境汚染（公害）　1188
   - (2)　環境関連法令遵守　1196
   - (3)　公害防止協定その他環境に関連する契約　1199
   - (4)　環境関連の紛争　1200
   - (5)　ISO14001　1200

2　M&A契約　1201
   - (1)　具体的な環境リスクが検出されていない場合　1201
   - (2)　具体的な環境リスクが検出されている場合　1202

第16章　産業競争力強化法 ─────── 1206

第1節　産業競争力強化法の概要…………………………1206

1　はじめに　1206

2　事業再編計画　1206

3　特別事業再編計画　1212

第2節　自社株対価M&A……………………………………1215
　　　1　会社法上の規律　1215
　　　2　産業競争力強化法による会社法の特例　1216
　　　3　税法の特例　1219

第3節　略式組織再編等……………………………………1219
　　　1　会社法上の規律　1219
　　　2　産業競争力強化法による会社法の特例　1220

第4節　株式等売渡請求……………………………………1221
　　　1　会社法上の規律　1221
　　　2　産業競争力強化法による会社法の特例　1221

第5節　株式併合……………………………………………1222
　　　1　会社法上の規律　1222
　　　2　産業競争力強化法による会社法の特例　1222

第6節　スピン・オフ………………………………………1223
　　　1　会社法および税法上の規律　1223
　　　2　産業競争力強化法による会社法の特例　1223

第7節　登録免許税…………………………………………1224

第8節　補論──株式交付制度の創設（平成30年会社法制見直し中間試案）……………………………………1226
　　　1　制度の概要　1226
　　　2　株式交付親会社における決定事項　1227
　　　3　株式交付子会社の株式の譲渡しの申込み等　1229
　　　4　株式交付親会社におけるその他の手続　1230
　　　5　株式交付子会社における手続　1231
　　　6　他の自社株対価M&Aの手法との比較　1231

事項索引　1234
執筆者紹介　1254
編者・執筆者一覧　1278

目次〈下巻〉

第Ⅱ部　M&Aの実務

第1章　友好的M&Aのプロセスとデュー・ディリジェンス

- 第1節　ストラクチャー検討
- 第2節　初期的な検討・協議
- 第3節　デュー・ディリジェンス（買収前監査）

第2章　M&Aの対価

- 第1節　企業価値評価の手法と実務
- 第2節　M&Aの対価とリスク
- 第3節　金銭対価取引
- 第4節　株式対価取引
- 第5節　不確実な事象に対応する対価のメカニズム——条件付対価（contingent consideration）

第3章　最終契約

- 第1節　統合契約（Merger Agreement）
- 第2節　株式譲渡契約
- 第3節　公開買付応募契約
- 第4節　JV契約
- 第5節　付随的契約

第4章　開示

- 第1節　法律上必要とされる開示
- 第2節　取引所規則上必要とされる開示
- 第3節　米国証券法に基づく開示

第5章　M&Aの資金調達（買収ファイナンス）

- 第1節　総説
- 第2節　買収ファイナンスの検討プロセス
- 第3節　シニアローン契約の主要条項
- 第4節　担保・保証
- 第5節　メザニン・ファイナンス
- 第6節　買収ファイナンスのクロスボーダー取引

第Ⅲ部　M&Aと法（応用）

第1章　グループ再編

- 第1節　持株会社化
- 第2節　完全子会社化
- 第3節　エクイティ・カーブアウト（親子上場を含む）
- 第4節　スピン・オフおよびスプリット・オフ
- 第5節　コーポレート・インバージョン

第2章　構造的利益相反取引

- 第1節　問題の所在

第2節　構造的利益相反取引における対象会社取締役の役割
第3節　構造的利益相反取引に対する制度的・実務的なアプローチ

第3章　敵対的買収と買収防衛

第1節　敵対的買収の意義
第2節　敵対的買収の手法と買収防衛策
第3節　敵対的買収における取締役会の行為規範のあり方
第4節　委任状争奪戦

第4章　クロスボーダーM&A

第1節　クロスボーダーM&Aの戦略と留意点
第2節　諸外国におけるM&A規制

第5章　事業再生とM&A

第1節　事業再生系M&Aとは
第2節　事業再生局面におけるM&A手法の選択
第3節　事業再生局面におけるM&Aの特徴
第4節　事業再生系M&A各論
第5節　事業再生系M&Aの相手方としての視点

第6章　ベンチャー企業（スタートアップ企業）の資金調達・M&A

第1節　ベンチャー企業（スタートアップ企業）の資金調達・ベンチャー投資
第2節　ベンチャー企業（スタートアップ企業）のM&A

第7章　規制産業におけるM&A

第1節　銀　行
第2節　保　険
第3節　製　薬
第4節　運輸・運送・物流
第5節　電気通信・放送
第6節　資源・エネルギー
第7節　電力・ガス

凡　例

1　法令・ガイドライン等

(1) 法令等

医薬品医療機器等法	医薬品、医療機器等の品質、有効性及び安全性の確保等に関する法律
開示府令	企業内容等の開示に関する内閣府令
会社	会社法
会社計算	会社計算規則
会社則	会社法施行規則
会社法整備法	会社法の施行に伴う関係法律の整備等に関する法律
会社令	会社法施行令
外為（外為法）	外国為替及び外国貿易法
勧誘府令	上場株式の議決権の代理行使の勧誘に関する内閣府令
銀行	銀行法
銀行則	銀行法施行規則
銀行令	銀行法施行令
金商（金商法）	金融商品取引法
金商令	金融商品取引法施行令
財務諸表等規則	財務諸表等の用語、様式及び作成方法に関する規則
産業競争力	産業競争力強化法
産業競争力規則	産業競争力強化法施行規則
自社株買付府令	発行者による上場株券等の公開買付けの開示に関する内閣府令
社債株式振替	社債、株式等の振替に関する法律
承継法	会社分割に伴う労働契約の承継等に関する法律
承継法規則	会社分割に伴う労働契約の承継等に関する法律施行規則
上場規	有価証券上場規程（東京証券取引所）
上場規施行則	有価証券上場規程施行規則（東京証券取引所）
所税	所得税法
所税令	所得税法施行令
信託	信託法
租特	租税特別措置法
租特令	租税特別措置法施行令

大量保有府令	株券等の大量保有の状況の開示に関する内閣府令
他社株買付府令	発行者以外の者による株券等の公開買付けの開示に関する内閣府令
定義府令	金融商品取引法第二条に規定する定義に関する内閣府令
独禁（独禁法）	私的独占の禁止及び公正取引の確保に関する法律
取引規制府令	有価証券の取引等の規制に関する内閣府令
平成12年商法等改正法	商法等の一部を改正する法律（平成12年法律第90号）
法税	法人税法
法税則	法人税法施行規則
法税令	法人税法施行令

(2) ガイドライン・Q&A

MBO指針	企業価値の向上及び公正な手続確保のための経営者による企業買収（MBO）に関する指針
開示ガイドライン	企業内容等の開示に関する留意事項について（企業内容等開示ガイドライン）
企業結合ガイドライン	企業結合審査に関する独占禁止法の運用指針
事業譲渡等指針	事業譲渡又は合併を行うに当たって会社等が留意すべき事項に関する指針
承継法指針	分割会社及び承継会社等が講ずべき当該分割会社が締結している労働契約及び労働協約の承継に関する措置の適切な実施を図るための指針
上場管理ガイドライン	上場管理等に関するガイドライン
買収防衛指針	「企業価値・株主共同の利益の確保又は向上のための買収防衛策に関する指針」
公開買付けQ&A	金融庁総務企画局「株券等の公開買付けに関するQ&A」（平成21年7月3日）
承継法Q&A	厚生労働省労働基準局労働関係法課法規第一係「会社分割・事業譲渡・合併における労働者保護のための手続に関するQ&A」
情報伝達・取引推奨規制Q&A	金融庁「情報伝達・取引推奨規制に関するQ&A」（平成25年9月12日）
大量保有Q&A	金融庁総務企画局「株券等の大量保有報告に関するQ&A」（平成22年3月31日、平成24年1月23日追加）

2 主要文献

荒木	荒木尚志『労働法〔第3版〕』（有斐閣、2016）
池田ほか・公開買付	池田唯一＝大来志郎＝町田行人編著『新しい公開買付制度と大量保有報告制度』（商事法務、2007）
伊藤ほか	伊藤靖史＝大杉謙一＝田中亘＝松井秀征『会社法〔第4版〕』（有斐閣、2018）
江頭	江頭憲治郎『株式会社法〔第7版〕』（有斐閣、2017）
大隅＝今井㊥	大隅健一郎＝今井宏『会社法論㊥〔第3版〕』（有斐閣、1992）
会社大系(1)〜(4)	江頭憲治郎＝門口正人編集代表『会社法大系(1)〜(4)』（青林書院、2008）
金子	金子宏『租税法〔第22版〕』（弘文堂、2017）
神田	神田秀樹『会社法〔第20版〕』（弘文堂、2018）
木目田＝上島・インサイダー	木目田裕＝上島正道監修・西村あさひ法律事務所・危機管理グループ編『インサイダー取引規制の実務〔第2版〕』（商事法務、2014）
金商大系Ⅰ(1)	証券法研究会編『金商法大系Ⅰ——公開買付け(1)』（商事法務、2011）
金商大系Ⅰ(2)	証券法研究会編『金商法大系Ⅰ——公開買付け(2)』（商事法務、2012）
金商法セミナー	池田唯一ほか『金融商品取引法セミナー——公開買付け・大量保有報告編』（有斐閣、2010）
コンメ(1)〜(21)	江頭憲治郎＝森本滋編集代表『会社法コンメンタール(1)〜(21)』（商事法務、2008〜2018）
坂本・一問一答	坂本三郎編著『一問一答平成26年改正会社法〔第2版〕』（商事法務、2015）
菅野	菅野和夫『労働法〔第11版補正版〕』（弘文堂、2017）
大系	森・濱田松本法律事務所編『M&A法大系』（有斐閣、2015）
大全	西村総合法律事務所編『M&A法大全』（商事法務研究会、2001）
龍田＝前田	龍田節＝前田雅弘『会社法大要〔第2版〕』（有斐閣、2017）
田中・会社法	田中亘『会社法』（東京大学出版会、2016）
田中・企業買収	田中亘『企業買収と防衛策』（商事法務、2012）

逐条解説(1)〜(9)	酒巻俊雄＝龍田節編集代表『逐条解説会社法(1)〜(9)』（中央経済社、2008〜2016）
注釈会社(1)〜(15)・補巻(1)〜(4)	上柳克郎＝鴻常夫＝竹内昭夫編集代表『新版注釈会社法(1)〜(15)・補巻(1)〜(4)』（有斐閣、1985〜2000）
土田	土田道夫『労働契約法〔第2版〕』（有斐閣、2016）
適時開示ガイドブック	東京証券取引所上場部編『会社情報適時開示ガイドブック（2017年3月版）』（東京証券取引所、2017）
百選	岩原紳作＝神作裕之＝藤田友敬編『会社法判例百選〔第3版〕』（有斐閣、2016）
前田	前田庸『会社法入門〔第12版〕』（有斐閣、2009）
三井＝土本・詳説Q&A	三井秀範＝土本一郎編『詳説公開買付制度・大量保有報告制度Q&A』（商事法務、2011）
弥永	弥永真生『リーガルマインド会社法〔第14版〕』（有斐閣、2015）
横畠	横畠裕介『逐条解説　インサイダー取引規制と罰則』（商事法務研究会、1989）
理論と実務	長島・大野・常松法律事務所編『公開買付けの理論と実務〔第3版〕』（商事法務、2016）
類型別Ⅰ	東京地方裁判所商事研究会編『類型別会社訴訟Ⅰ〔第3版〕』（判例タイムズ社、2011）
類型別Ⅱ	東京地方裁判所商事研究会編『類型別会社訴訟Ⅱ〔第3版〕』（判例タイムズ社、2011）
論点解説	相澤哲＝葉玉匡美＝郡谷大輔編著『論点解説新・会社法――千問の道標』（商事法務、2006）

3　判例集・雑誌

下民集	下級裁判所民事裁判例集
金判	金融・商事判例
金法	金融法務事情
高民集	高等裁判所民事判例集
最判解民（刑）事篇	最高裁判所判例解説民（刑）事篇
重判解	重要判例解説（ジュリスト臨時増刊）
集民	最高裁判所裁判集民事
ジュリ	ジュリスト
訟月	訟務月報

商事	商事法務
資料版商事	資料版商事法務
曹時	法曹時報
判時	判例時報
判タ	判例タイムズ
判評	判例評論
別冊商事	別冊商事法務
法協	法学協会雑誌
法教	法学教室
法時	法律時報
法セ	法学セミナー
民(刑)集	最高裁判所民(刑)事判例集、大審院民(刑)事判例集
民商	民商法雑誌
民録	大審院民事判決録
労経速	労働経済判例速報
労判	労働判例
労民集	労働関係民事裁判例集

■序　章■

M&Aの法と経済学

1　なぜ法と経済学が重要であるのか

　M&A法を研究ないしは実践する上でなぜ「法と経済学[1]」が重要であるのか。その理由は3つに要約できる。

　第一に、M&Aは複雑な経済事象を伴う取引であり、そうである以上、これに関与する法律家は事象の経済的意味をある程度理解していなければ有効に職務を遂行することができない（喩えていえば、自動車の構造やドライビング・テクニックをある程度理解していなければ道路交通法について適切な助言はなし得ない）。しかしながら、企業経営の現場に立つことのない法律家にはM&Aが生み出す事象の経済的意味を経験的に知るすべがない。法律家がなし得ることは、（経験的ではなく）論理的に──すなわち、真実であると思われる大命題から演繹的に推論を行うことによって──事象の経済的意味を理解することであり、法と経済学はこれを可能とする最善の技法を提供するものである。

　第二に、M&Aに関与する者は多様であり、外部の専門家だけでも、法律家以外に、会計士、財務顧問、公開買付代理人、IRエージェントなど様々

---

[1] 「法と経済学」（Law and Economics）とは、法事象を経済学の手法を用いて分析する学問分野の総称であり、「法の経済分析」（Economic Analysis of Law）と呼ばれることもある。ただし、伝統的な法と経済学はミクロ経済学の手法を分析の中心に置くものであるのに対し、本章では、それ以外の数理的技法（ファイナンス理論やゲーム理論など）を多く用いており、その点からいえば、本章の主題は、これを「M&A法の数理分析」と呼ぶ方が適切であるかもしれない。法の経済分析と法の数理分析の関係について詳しくは、草野耕一『数理法務のすすめ』（有斐閣、2016）ii頁以下参照。

な人々が登場する。法律家はこれらの人々と協働して職務に当たらなければならないのであるが、この協働作業を効率的に行うためには、法律家とこれらの人々の間に「共有知」（＝共通の知見）が存在していなければならない。この共有知の中核となり得るものは、おそらくのところ、ミクロ経済学やファイナンス理論の諸概念であろう。

　第三に、法律家たる者は、つねに、「何がよき法であるか」を模索し続けるべきであり、この点においては、M&A法を扱う法律家も変わりはない。しかるに、法と経済学は、この問題に関して極めて有力な方法論を提供してくれる。以下、この方法論を箇条書きにて記す。

① ある法が存在する社会と存在しない社会とでは人々の行動が変わり、結果として社会のあり様も変わる。したがって、いかなる法がよき法であるかを考えるにあたっては、異なる法が適用された場合にもたらされるであろう社会の様相を比較することによって、それらの法の優劣を論じることができる。この考え方は、法の価値を（形而上学的な理念や制定時における法の立法目的ではなく）その法が社会にもたらす帰結に求めるものであるから、一般に、「帰結主義」（consequentialism）と呼ばれている[2]。

② 帰結主義に則って「何がよき法であるか」を論じる場合、次に問題となるのは、「社会のあり様のどのような点に着目して社会の優劣を論じるのか」である。しかしながら、個人の尊重や国民の幸福追求権を謳う憲法13条の規定を踏まえるならば、評価の指標に用い得るものは社会の構成員各自の厚生以外にはないであろう。ここで、「厚生」（welfare）とは、社会の構成員各自が自らの選好基準に基づいて望ましいと思うことが実現された状態を意味する言葉であり、社会の構成員各自の厚生の大きさによって社会を評価する考え方は一般に「厚生主義」（welfarism）と呼ばれている。

③ 帰結主義と厚生主義に則って「何がよき法であるか」を論じるためには、構成員各自が自らの選好基準に基づいて判定した厚生の大きさをど

---

[2] 帰結主義および（すぐ後で述べる）厚生主義については法哲学の各種文献が論じているが、それぞれの意義と問題点を簡潔にまとめた文献としては、瀧川裕英ほか『法哲学』（有斐閣、2014）5頁以下を参照されたい。

のような方法によって認識し、さらに、認識された結果をどのように集計して「社会全体の優劣」の判定に結びつけるのかを明らかにしなければならない。この問題に対して法と経済学が主張する方法とは、社会の構成員各自が財または役務の消費量を 1 単位増やすために支払う用意のある金銭の額をもってその財または役務の追加的消費がもたらす厚生の値とし、そのようにして捉えられた構成員各自の厚生を単純合算することによって社会全体の厚生の大きさを評価するというものである[3]。この方法は、やや杜撰なもののように聞こえるかもしれないが、実は十分な理論的根拠に裏付けられており[4]、特に、会社を巡る法事象（M&A はその典型である）の評価に対して有効である。

④　ただし、法制度を評価するにあたっては、厚生の最大化という点以外にも考慮すべきことがあるであろう。特に、財産権の保障を謳っている憲法 29 条の規定を踏まえるならば、何人の財産権もその者の自由な意思によることなく侵害されないことの制度的保障も重要であり、本章で

---

[3]　単純和（「ベンサム和」ともいう）に代えて、構成員各自に固有の要素（例えば、各自の「保有資産総額」）をウェイト付けして計算する方法もあり、そのような計算方法は一般に「社会的厚生関数」と呼ばれている（スティーブン・シャベル（田中亘＝飯田高訳）『法と経済学』（日本経済新聞出版社、2010）693 頁以下参照）。ただし、本章筆者は、社会の厚生の大きさを測るにあたり、各自の厚生の値を単純和以外の方法を用いて集計することの意義に対して懐疑的である。この点について、詳しくは、草野耕一『株主の利益に反する経営の適法性と持続可能性——会社が築く豊かで住みよい社会』（有斐閣、2018）251 頁以下参照。

[4]　所得効果（保有資産総額の多寡が消費者の行動に及ぼす影響）が比較的小さい場合、消費者の効用の変化は、分析の対象となる財の数量 x とその財以外の全ての財の消費にあて得る貨幣量 m を用いて $f(x)+m$ という効用関数によって近似的に表し得ることが知られている（このような効用関数を「準線形の効用関数」という）。この場合、m で測った x の限界代替率 MRS は以下の式により $f'(x)$ となり、この $f'(x)$ が本文でいうところの支払用意額に他ならない。

$$MRS = \frac{\frac{\partial [f(x)+m]}{\partial x}}{\frac{\partial [f(x)+m]}{\partial m}} = \frac{f'(x)}{1} = f'(x)$$

以上の点につき、詳しくは、奥野正寛編著『ミクロ経済学』（東京大学出版会、2008）136 頁以下および神取道宏『ミクロ経済学の力』（日本評論社、2014）170 頁以下参照。なお、準線形の効用関数を仮定するために必要とされるその他の条件については Andreu Mas-Colell et al., *Microeconomic Theory*（Oxford University Press, 1995）pp.318 et seq., pp.341 et seq. 参照。

は、この点もM&A法制を評価する上での追加的指標として用いることにする[5]。

しからば、M&Aが織りなす世界を法と経済学の視点に立って眺めるといかなる風景が見えてくるのか、早速これを描き出してみよう。紙幅の都合上、簡単な分析しか示し得ないが、M&A法の研究・実践を実り豊かなものとするための一助となれば幸いである。なお、本章においていうところの「会社」ないし「企業」とは会社法上の公開会社（会社2条5号）、すなわち、発行される株式の全部または一部を自由に譲渡できる株式会社のことであり（したがって、当然に取締役会設置会社である[6]）、「経営者」とは、業務執行取締役（指名委員会等設置会社でない会社の場合）または執行役（指名委員会等設置会社の場合）のことである。実際の会社には複数の経営者がいる場合が多いが、議論を簡潔なものとするために、議論の対象とする会社にはあたかも1名の経営者しかいないかのように記述を進める。また、本章において、「M&A」とは企業支配権の取得を伴う取引のことであり[7]、「企業買収」という言葉をその同義語として用いる。

2　最大化の目的概念としての株主価値

会社は経済的活動によって得た利益を株主に分配することを目的とする法人（以下「営利目的法人」という）である[8]。したがって、会社法上経営者が

---

[5]　ただし、「財産権の侵害の有無」という評価基準は、「厚生の最大化」という評価基準に比べていささか扱いが難しい。なぜならば、後者の場合は、（認識の難しさという点はあるものの）客観的に認識可能な概念であるのに対して、前者の場合は、「何が法的な保護に値する利益であるのか」という規範的判断を先行させなければならないからである。この点につき、詳しくは、草野・前掲注3）98頁以下参照。

[6]　公開会社は取締役会を設置することを義務付けられている（会社327条1項）。

[7]　合併も「相互に相手企業の支配権を取得する取引」と考えて、M&Aないし企業買収の一形態と考える。

[8]　平成17年改正前商法52条は会社が営利目的法人であることを明示していた。しかし、同条が削除された現在においても会社が営利目的法人であることに変わりはないと理解されており、その条文上の根拠としては、会社法105条2項が「剰余金の配当を受ける権利」と「残余財産の分配を受ける権利」のうちの少なくとも1つを株主に与えなければならないと規定している点が挙げられることが多い。江頭22頁、神田6頁、田中・会社法36頁、落合誠一『会社法要説〔第2版〕』（有斐閣、2016）27頁各参照。

負っている主要な任務が「株主に分配する利益の最大化」であることは疑いない。

しかしながら、この任務に忠実であろうと心に決めた経営者といえども行動の選択を迷わざるを得ない場合がある。

1つの問題は、時間に関する投資家の選好の違いである。ひとくちに「株主に分配する利益」といっても「いつ」利益を分配するかによって投資家の効用は変化し、その変化のあり方は、近い将来において資金需要がある投資家と当面資金需要をもたない投資家とでは異なるであろう。株主間におけるこのような多様性を踏まえた上で、経営者はいかなる具体的行為規範に則って時間に関する選好の問題に対処すべきか。

もう1つの問題は、収益の不確実性に対する投資家の選好の違いである。株主の中には投資の不確実性を強く嫌う者もいれば、多少の不確実性を甘受してでも大きな利益を得る可能性を追求したいと考える者もいるであろう。株主間におけるこのような多様性を踏まえた上で、経営者はいかなる具体的行為規範に則って不確実性の問題に対処すべきか。

これらの問いに対して明確な答えを授けてくれるものが20世紀の後半に急速な発展を遂げたファイナンス理論、なかんずく、その中核を占める資産価格理論である。資産価格理論によれば、全てのキャッシュ・フローには固有の「期待値」と「割引率」が備わっており、観察可能な諸事実からこの2つの値を推定すれば、当該キャッシュ・フローの「割引現在価値」を特定することができる[9]。したがって、会社が生み出す全てのキャッシュ・フローは、それがいかに将来のものであろうとも、あるいは、それがいかに不確実なものであろうとも、全て現在価値に還元することが可能である。しかるに、会社の剰余金は最終的には全て株主に分配されるのであるから、株主に対するキャッシュ・アウトフローの割引現在価値の総和(以下「株主価値」という)は、株主に対するキャッシュ・アウトフローを除いた会社の全てのキャッシュ・フロー(以下「営業・投資キャッシュ・フロー」という[10])の割引現在価値の総和と恒等的に一致し[11]、したがって、後者を求めれば、それがすなわち株主価値である。

株主価値は会社株式全体の現時点における理論的市場価格を表している。

---

9) この点につき詳しくは、第Ⅱ部第2章第1節参照。

したがって、これを最大化することは、時間や不確実性に関する投資家の選好の違いにかかわらず、全ての株主が望むものとなる。けだし、会社が生み出す収益のタイミングや不確実性に不満のある株主は、最大化された現在価値において保有株式の全部または一部を売却し、その株主の選好に合致した他の資産を入手することによって自らの厚生の最大化を図ることができるからである。

　以上を要するに、経営者がとるべき具体的行為規範は、検討中の全ての施策に関して、その施策が生み出すキャッシュ・フローの現在価値の総和を考え（以下、この値のことを「Net Present Value」の頭文字をとって「NPV」という）、NPV がプラスの施策は実行し、NPV がマイナスの施策は回避するという極めてシンプルなものとなる。経営者がこの行為規範を遵守することによって株主価値が最大化され、その結果として、全ての株主の厚生が最大化されるのである。

　以上のことを M&A 取引にあてはめるといかなる結論が生み出されるのか、項を改めて論じることにしよう。

3　シナジーの必要性

　多くの施策はこれを開始するにあたって多額の支出を必要とする。そこで、NPV を計算する公式は、この支出額（以下「初期投資額」という）を C という独自の項目として扱った上で下記のように表す場合が多い（(1)式において、X_i は i 年度に当該施策がもたらすキャッシュ・フローの正味額（確率変数）を、

---

10)　「営業・投資キャッシュ・フロー」という言葉を用いたのは、会社に債務がないと仮定する限り、ここにいうキャッシュ・フローは、財務諸表等規則第5章所定のキャッシュ・フロー計算書上に「営業活動によるキャッシュ・フロー」または「投資活動によるキャッシュ・フロー」として記載すべきキャッシュ・フローと一致するからである（これに対して、株主価値の構成要素である「株主に対するキャッシュ・アウトフロー」は全て「財務活動によるキャッシュ・フロー」に含まれる）。なお、会社に債務がある場合には、営業・投資キャッシュ・フローの割引現在価値の総和に一致するのは株主価値ではなく（株主価値と債権者価値の和であるところの）「企業価値」である（企業価値の意味については第Ⅱ部第2章第1節参照）。

11)　この点を厳密に論証するためには、「価格の線形性」（ないしは、これと同値の命題である「一物一価の法則」）というファイナンス理論の基本定理を援用しなければならない。この点につき、詳しくは草野・前掲注3）Ⅱ.3.(2)およびⅢ.1.(4)参照。

$E(X_i)$ はその期待値を、μ は当該施策が属する事業の期待収益率を年率で表現した値（各年度において共通であると仮定している）を、それぞれ表している）。

$$NPV = -C + \sum_{i=1}^{\infty} \frac{E(X_i)}{(1+\mu)^i} \tag{1}$$

ここでは、対象会社の全株式を買収することによって成立する企業買収について考えてみよう。この場合、初期投資額は対象会社株式の買取総額である。したがって、この買取総額が2で説明した株式全体の理論的市場価格と一致するとすれば、当該企業買収の初期投資額 C は次の値となる（(2)式において、Y_i は当該企業買収が成立しないと仮定した場合において対象会社が i 年度に生み出すキャッシュ・フローの正味額（確率変数）を表している）[12]。

$$C = \sum_{i=1}^{\infty} \frac{E(Y_i)}{(1+\mu)^i} \tag{2}$$

(1)式と(2)式を見比べると、企業買収の難しさが看取できるのではないであろうか。すなわち、買収した会社が生み出す収益が買収の前後において変化がない限り（この場合、(1)式の X_i と(2)式の Y_i は同一の確率変数となる）、企業買収の NPV は決してプラスとはならず、企業買収の取引コストは一般に非常に大きいことを考えると、NPV はむしろつねにマイナスとなってしまう。これを換言すれば、企業買収の NPV をプラスとするためには、対象企業の株主価値が買収によって向上しなければならないのである（対象企業ではなく買収企業の株主価値が向上してもよいが、ここでは議論を簡潔にするために、株主価値が向上するとすれば、それはつねに対象企業の株主価値であると仮定して議論を進める）[13]。企業買収によって生じる対象企業の株主価値の増加分のことを、以下、「シナジー」ということにする。

M&A 取引が生み出すシナジーにはいかなるものがあるのか。ここでは、全体を「経営改善効果」、「事業シナジー」、「財務シナジー」の3つに分けて

---

12) 対象会社の業種は M&A 取引の前後において変わらないと仮定しているので、(1)式と(2)式は同一の期待収益率 μ を用いている。
13) これを一般化していえば、「投資対象がどんなに魅力的であっても、それを市場価格で購入するだけで NPV がプラスとなることはあり得ず、これをプラスとするためには何らかの付加価値をつけなければならない」ということである。

考えてみることにしよう[14)]。「経営改善効果」とは、対象会社が株主価値の最大化に徹した経営（以下「効率的経営」という）を行っていない場合において、買収会社がこれを効率的経営に改めることによって対象会社の株主価値が増大する現象を指して用いる言葉である。これに対して、事業シナジーと財務シナジーは、いずれも対象会社が効率的経営を行っていることを仮定したとしてもなお生じるシナジーであり、対象会社の収益の期待値（以下「期待収益」という）が増加することによって生じるシナジーを「事業シナジー」といい、それ以外の理由によって生じるシナジーを「財務シナジー」という。以下、事業シナジー、財務シナジー、経営改善効果の順序で解説を加える。

(1) **事業シナジー**

まず、同じ事業を営む企業間の企業買収（これを「水平的結合」という）には事業シナジーが生じやすい。例えば、医薬品会社間の水平的結合について考えてみよう。ご存じの方も多いと思うが、医薬品会社の損益計算書を見ると「研究開発費」の占める割合が非常に大きい。研究開発費は次世代の医薬品を作り出すために不可欠な費用であるが、残念ながら消費者のニーズに適した新薬が開発されることは稀であり、高額の研究開発費は医薬事業の収益性の圧迫要因となっている。そこで、複数の医薬品会社が水平的結合を行えば、事業全体に占める研究開発費の割合を低下させることができる。けだし、結合した各社がこれまで行ってきた研究開発行為の中には類似の新薬を目指した重複的な活動が多く含まれており、これを整理統合することによってより効率的な研究開発戦略を展開できるからである。

水平的結合の中にあって独自の事業シナジーを生み出すものは「生産調整型M&A」と呼ばれるタイプの企業買収である。ここで生産調整型のM&Aとは、成長期を終えた産業に従事する複数の企業が生産規模を縮小させる方向性をもって行う水平的結合のことである。例えば、大手の製紙メーカー（以下「A社」という）が、最新の製造設備を備えてはいるもののマーケティング力に劣る中堅製紙メーカー（以下「B社」という）を買収する事例を考

---

14) 経営改善効果はシナジーの一部とは考えず、株主価値の増加要因としてシナジーと並列的にこれを取り上げる言葉の使い方もあるが（特に、シナジーを「相乗効果」と訳す場合にはそのような扱いをする場合が多い）、ここでは、シナジーという用語を経営改善効果を含む意味で用いることとした。

えてみよう。ペーパーレス化の進む現在、製紙会社はどこも過剰な生産設備を抱えている。したがって、この買収がなくても、A・B両社は早晩生産規模の縮小を余儀なくされるであろう。しかしながら、両社が水平的結合を行えば、A社の旺盛な受注能力をB社の最新設備に振り向けることによって生産規模の縮小を進めながら競争力のある企業として再生する可能性が高まる。

　製造会社と販売会社、あるいは自動車会社と自動車部品会社のように、同一製品の開発から販売に至る過程に参画する企業が結合するM&A（これを「垂直的結合」という）にも事業シナジーが現れる場合がある。例えば、ある自動車会社（以下「C社」という）が、新型エコカーの爆発的売れ行きに対処すべく、ある部品メーカー（以下「D社」という）に同社の生産ラインをC社専用のものにしてもらいたいと要請した事態を想定してみよう。この場合、C社の要請を受け入れることはD社にとってかなりのリスクを伴う。なぜならば、一旦生産ラインをC社の自動車専用のものにしてしまえば、C社に対する経営依存度が高くなり、将来C社から過度の値引き要請などの難題を持ちかけられた場合にそれを固辞するだけの交渉力を維持できないおそれが高いからである[15]。このジレンマを解決する有力手段はC・D社間のM&Aである。両社が統合してしまえば「将来の交渉問題」はもはや発生しない。（C社の一部門となった）D社は安んじてC社専用部品の製造に特化し、C社は時機を失うことなくエコカーの生産台数を増加させることができる[16]。

　事業関連性のある企業間のM&Aに生まれる事業シナジーも重要である。例えば、「放送と通信の融合」というスローガンが叫ばれて久しいが、実際にそれを成し遂げた企業は世界的にも少ない。放送会社と通信会社が互いに協力し合えば新規事業に踏み出すことは容易なように思えるかもしれないが、

---

15) この問題は一般に「ホールドアップ問題」と呼ばれている。草野耕一『金融課税法講義〔補訂版〕』（商事法務、2010）200頁参照。
16) これに類似の事例は1920年代に起こったGMによるフィッシャー・ボディー社（以下「FB社」という）の買収である。GMは、同社の自動車に用いる車体の提供元であるFB社に対して、GMの自動車組立工場に隣接した場所に車体工場を建設することを求めたが、FB社はGMへの経営依存度が高まることを懸念してこの要請を拒絶した。GMは最終的にFB社を買収することによってこの問題を解決した。

これがなかなか難しい。なぜならば、これを実現するためには、①両社が自由闊達に手持ちの機密情報を開示できる環境を整備し、同時に、②互いの疑心を払拭すべく新規事業のリスクとリターンの配分を契約に過不足なく記載することが必要となるからである[17]。この困難な作業を省略して放送会社と通信会社が最初から全力で新規事業の創造に邁進する手段は両社間のM&Aをおいて他にはないであろう[18]。

(2) 財務シナジー

財務シナジーは様々な理由によって生じる。例えば、M&Aの結果資産規模が増大し、より多くの借入金を、しかもより低い金利で、調達することが可能となれば、1株当たりの株主価値は増大する可能性が高い[19]。しかしながら、典型的な財務シナジーとして長年主張されてきたものは、異業種間のM&A（以下「多角化買収」という）によってもたらされる株主価値の増大効果であった。多角化買収が財務シナジーを生み出すという主張は次のような論理に基づくものである。

① 業種を異にする収益間の相関係数は低い。
② したがって、多角化買収を実現すれば、買収によって生み出された企業の収益は買収前におけるいずれの当事会社の収益よりも不確実性が低下する（ファイナンス理論の用語を用いていえば、ボラティリティ（＝収益率の標準偏差）が低下する）。

---

17) 経済学的な用語を用いれば、①情報の非対称性と②契約の不完備性が新規事業立ち上げの障壁であり、これを解決する手段がM&Aである。
18) 両社が合弁会社を立ち上げて新規事業を開始すれば本文記載のジレンマを解消できると考える人もいるかもしれないが、必ずしもそうとはいえない。なぜならば、合弁事業の運営は当事会社の本業に（プラス・マイナスいずれの方向に対しても）重大な影響を与えるものであり、その点も盛り込んだ契約上の取り決めがない限り当事会社間の完全な協力関係は期待できないからである。これに対して、2つの会社が現在の株価を基準として合併比率を定めて合併した場合には、各当事会社の株主は（それ以上の詳細な契約を結ぶことなく）新規事業に伴う全てのリスクとリターンを株式時価総額の割合で分け合うことになる。
19) ここで生じる財務シナジーの源泉は、倒産リスクの減少と利払損金参入効果に求められる。後者は、法人税法上利息の支払いが損金参入できることによって生じる効果であり、一般論としていえば、借入額をD円増加させれば、株主価値はθD円増加する（ただし、θは会社所得税の実効税率（現行法上は約30％）を表している）。詳しくは、草野・前掲注1) 270頁以下参照。

③　投資家はすべからくリスク回避的であるから、収益の不確実性が低下すれば、（期待収益は向上していなくても）株主価値は増大する。

　上記の主張が正しいとすれば、例えば製鉄業を営む企業と養豚業を営む企業（両社の収益の相関係数が低いことは疑いない）が合併すれば、確実に1株当たりの株主価値は向上し、さらに多角化買収を続けていけば、1株当たりの株主価値は（逓減的となることはあれ確実に）増大し続けることであろう。

　しかし、多角化買収によって1株当たりの株主価値は本当に増大するのであろうか。この問題に対してファイナンス理論が出した答えは、

「多角化買収により企業の収益性の不確実性を低下させても株主価値は増大しない。つまり、多角化買収が財務シナジーを生み出すことはない」

というものであった。以下、その理由を箇条書きにて記す。

①　たしかに収益の相関係数が低い業務を対象に多角化買収を進めれば1株当たりの収益の不確実性は低下する。

②　しかしながら、収益の不確実性の低下は個々の株主が分散投資を進めることによっていつでも達成可能なことであり、そうである以上、多角化買収が生み出す財務シナジーといわれているものと同等の付加価値は、個別の株式の市場価格に既に反映されている（そうでなければ、個別の株式の市場価格とポートフォリオの市場価格の間の価格の線形性が成り立たない）。

③　したがって、多角化買収を進めることにより企業レベルでの収益の不確実性を低下させても1株当たりの株主価値が向上することはない。

　多角化買収は1株当たりの株主価値を高めないどころかこれを引き下げるおそれすらある、というのが今日の支配的見解である。その理由は、第一に、多角化買収を実現するためには通常多大な取引コストがかかり、第二に、多角化買収によって作り出された企業（これを「コングロマリット」という）にあっては会社の事業部門間における経営資源の配分が市場の論理ではなく組織の論理（例えば、事業本部長間の力関係など）によって決定される分だけ経営の効率性が低下するおそれがあるからである。多角化買収によって生じるこれらのコストは、一般に「コングロマリット・ディスカウント」と呼ばれている。

　コングロマリット・ディスカウントの発生を示唆する歴史的事象も存在する。例えば1970年代における米国の第三次M&Aブームを牽引したものは

多角化買収であった。しかし、この結果生み出されたコングロマリットの多くについて1株当たりの株主価値は期待どおりの上昇を示さなかった。そして、これらのコングロマリットの多くが1980年代における第四次M&Aブームの下で敵対的企業買収(後に正確に定義する)の対象となったのである。このブーム時のM&Aには買収した企業を事業部門毎に転売して利益を上げるという手法を伴ったもの(これをbust-up mergerという)が多く、それが社会に及ぼした全般的効果については意見の分かれるところである。しかしながら、bust-up mergerが実施されたことによって株主価値が増大した事例が少なからずあったことは紛れもない事実であり、行き過ぎた多角化買収は1株当たりの株主価値の減少を招くことが確認されたといってよいであろう[20]。

コングロマリットが経営の効率性を改善すべく自発的に一部の事業を切り離してこれを独立の会社とすることもある(これを「スピン・オフ」という)。スピン・オフを実施するためには会社法上の会社分割制度(会社757条以下)を利用することが有用であるが[21]、これまでは法人税法上の組織再編税制が障害となってその実施は困難であった。しかしながら、平成29年度税制改正によりこの点は大きく改善されたので、今後は、会社分割制度を利用したスピン・オフを実施することによりコングロマリット・ディスカウントの解消を図る企業が増加することが期待される(この点について**第Ⅲ部第1章第4節参照**)[22]。

---

[20] 以上の点について、詳しくはRonald J. Gilson and Bernard S. Black, *The Law and Finance of Corporate Acquisitions, Second Edition* (Foundation Press, 1995) pp.312 et seq. など参照。なお、本文に記した一般論を前提としてもなお多角化買収が株主価値の向上に資する状況がないわけではない。この点につき、草野・前掲注15) 83頁以下および草野・前掲注1) 302頁以下各参照。

[21] 切り離したい事業を設立会社または承継会社に分割し、分割対価として受け取った当該設立会社または当該承継会社の株式を剰余金の配当として株主に交付すれば、切り離したい事業を完全に独立の会社とすることができる(この手続を行うにあたっては分配可能額規制の適用を受けないことについては会社758条8号、763条1項12号、792条、812条参照)。

[22] ただし、法人税法上適格分割と認められるためには新設分割の手法を用いなければならないため、許認可事業等を適格分割することは必ずしも容易ではない。

(3) 経営改善効果

　経営改善効果に関しては、次のような疑問を持たれる方がおられるかもしれない（なお、効率的でない経営を、以下「非効率的経営」という）。
　「経営者が非効率的経営を行えば、これに不満な株主が行動を起こして経営者を更迭するであろう。したがって、非効率的経営が存続することは原則としてあり得ず、そうである以上、これを改善するためにわざわざ企業買収を実行する余地はないのではないか。」
　しかしながら、対象会社が支配株主のいない上場会社である限り、上記の疑問は正鵠を射てはいない。その理由は以下のとおりである。
① 　分散投資理論によれば、投資家は多数の株式を投資対象に組み入れることによって個々の株式の固有リスクから解放される。したがって、個々の株主が保有している対象会社株式の持株比率は通常極めて小さい[23]。
② 　非効率的経営が行われていれば、対象会社の株価は確かに低迷するであろう。しかしながら、経営者を更迭するためには株主総会において委任状勧誘を行うなどの行動をとることが必要であり、そのためには経営者を更迭しようとする株主自らが少なからぬ費用を負担しなければならない。しかしながら、仮に経営者の更迭に成功したとしても、それによって得られる利益は他の株主と持株比率に応じて共有しなければならないのであるから[24]、経営者の更迭に尽力した株主にとっては費用倒れとなる公算が大きい。
③ 　一方、株主には対象会社の株式を売却して投資の対象をもっと収益性の高い資産に切り替えるという選択肢がつねに存在しており、この道を選択する方が費用倒れとなる可能性の高い②の行動をとるよりも合理的

---

[23] 支配株主は対象会社の株式を大量に保有することによって同社の固有リスクに強く晒されており、その点において、支配株主の投資行動は分散投資理論に反している。にもかかわらず、支配株主が対象会社の株式を手放そうとしないのは、会社の支配権を保持することによって得られる利益（これを、一般に、「コントロール・プレミアム」という）が会社の固有リスクに晒されることによって生じる不利益を上回るからであろう。コントロール・プレミアムについては、7の解説を参照されたい。

[24] 換言すれば、他の株主は経営者の更迭に尽力した株主が生み出した成果に「ただ乗り」できるということである。

である。

　以上に記した株主の行動原理（これを一言でいえば、「株主がとる行動は経営者を支持するか株式を売却するかのいずれかである」となる）は、一般に、「ウォール・ストリート・ルール」と呼ばれている[25]。要するに、ウォール・ストリート・ルールが投資家の支配的行動原理であるがゆえに、支配株主のいない上場会社の経営者が非効率的経営を行っても更迭される可能性は小さいのである。

　しかしながら、対象会社株式の株価が長期にわたり低迷すれば、そのことに気がついた投資家は対象会社に対して敵対的買収（対象会社の経営者の同意を得ていない企業買収のことをいう）を仕掛けることにビジネス・チャンスを見いだすであろう。けだし、低迷している株価を少しだけ上回る価格で対象会社の株式の過半数を（でき得れば、「全てを」）買い集めて支配株主となり、対象会社の経営者を更迭して効率的経営を推し進めれば、対象会社の株主価値は上昇し、しかも、当該買収を実施した投資家は、これによって生じる株主価値の増加分の過半を（全ての株式を買い集めていれば、「全てを」）自らの利得とすることができるからである[26]。

　以上の次第により、経営改善効果は企業買収によってはじめて実現される場合が多く、その場合の買収は（表面上はともかく実質的には）敵対的買収となることも稀ではない[27]。

---

[25]　「ウォール・ストリート・ルール」という言葉について、詳しくはJohn C. Coffee, Jr., *Liquidity Versus Control : The Institutional Investor as Corporate Monitor*, 91 Columbia Law Review No. 6, p.1288, note 29（1991）ないしはAlex Edmans, *Blockholders and Corporate Governance*, 6 Annual Review of Financial Economics, p.24（2014）を参照されたい。

[26]　つまり、敵対的買収を実行するものは、前掲注24）に記した他の株主の「ただ乗り」をかなりの程度排除できるということである。

[27]　非効率的経営を行っていることを自認する経営者は少ないであろうから、経営改善効果を求める買収者に対して対象企業の経営者が同意を与えることも少ない。ただし、買収されることが不可避であると考えた対象会社の経営者は、予め買収に同意を与えることによって買収が友好的なものであることを装う場合も少なくない（そのような買収は「強制された友好的買収」（forced friendly acquisition）と呼ばれる）。

4　M&A 法制のあり方

3までの分析を踏まえて、M&Aを規律する法制度はいかなるものであるべきか。まずは、対象会社の経営者の同意のもとになされる企業買収（以下「友好的買収」という）を念頭に置いて考えてみたい。なお、以下においては、シナジーがM&Aの取引コストを上回る企業買収のことを「効率的買収」といい、そうでない企業買収のことを「非効率的買収」といい、シナジーから取引コストを差し引いた値を「M&Aの果実」ということにする。言葉の定義から明らかなとおり、効率的買収は（41頁以下に記載する問題が発生する場合を除いては）社会の厚生を増大させる取引であり、非効率的買収は社会の厚生を減少させる取引である。

あるべきM&A法制に関する1つの考え方は、M&Aの交渉は当事会社に委ねることが最善であり、これに干渉する法規制はないに越したことはないというものであろう（以下、この考え方を「自由放任論」ということにする）。自由放任論の論拠として考え得る主張を整理すると次のようになる[28]。

①　買収会社と対象会社の経営者がそれぞれの会社の株主利益の最大化を目指して真摯に交渉を行う限り、企業買収が成立するのは、それが効率的な買収である場合だけである。けだし、買収が効率的なものでなければ両社の株主のいずれもが利得を得ることのできる買取価格は存在しないからである（このような交渉環境のことを、以下「交渉領域が存在していない」と表現することにする[29]）。

②　そうである以上、法は友好的買収の世界にはできるだけ介入しないことが望ましい。けだし、効率的買収はつねに社会の厚生を増大させるものであるところ、法の介入は取引コストを増加させ、効率的買収の成立可能性を引き下げる結果をもたらすものだからである。

---

[28]　ここに記した自由放任論の主張は、本章筆者がこれを唱えるとすればこのように主張するであろうという考え方を整理したものであり、具体的に、特定の論者がこのような主張をしているということを意味するものではない。この点については、すぐ後に登場する対象会社株主擁護論の主張に関しても同様である。

[29]　ここでいう「交渉領域」は、英語では、ZOPA（Zone of Possible Agreement）と呼ばれることが多い。後に定義する「留保価格」という概念を用いるならば、売主の留保価格が買主の留保価格を上回ることが、交渉領域＝ZOPAの存在条件である。

③　社会の構成員は全てリスク回避的であるとすれば、M&Aの果実の配分に関しても、当事会社の交渉如何によって分配に大きな変動が生じることは回避される制度の方が望ましいということは一般論としてはいえるであろう。しかしながら、支配的な交渉理論によれば、交渉の結果成立する対象企業の買取価格はM&Aの果実を両社の株主が折半して享受する値に定まる可能性が高い[30]。もちろん、現実の世界においては、当事会社の置かれた状況次第で、いずれかの会社の株主が買収の果実をより多く享受することもあるであろう。しかし、それは合理的な投資家にとって重要な問題ではない。なぜならば、合理的な投資家は分散投資理論に則り非常に多くの銘柄の株式を投資対象に組み入れているはずであり、その中には当然M&Aの買収会社となる会社の株式もあれば対象会社となる会社の株式も含まれているであろうからM&Aの果実の配分の問題に関して合理的な投資家は限りなくリスク中立的であると考え得るからである。

上記の主張に対しては、次のような反論(以下、この考え方を「対象会社株主擁護論」ということにする)を唱える者もいることであろう。

①　大多数のM&Aは、買収会社による対象会社株式の公開買付けを伴うものである[31]。しかるに、公開買付けという取引の一方当事者は対象会社の個々の株主であり、彼らは買収会社に比べて情報劣位な立場にある。そのような彼らが対象会社の1株あたりの株主価値を正しく評価できるという保障はなく、これを下回る買取価格で企業買収が成立する可能性を否定できない。このことは、自由放任論にくみしたM&A法制のもと

---

30) この点については**6**および後掲注49)の解説を参照されたい。
31) ただし、公開買付けを行うことなく(すなわち、対象会社を買収会社の子会社にするという手続を踏むことなく)、両社が最初から合併してしまうというM&Aの手法も存在する(以下、この手法を「ロング・フォーム・マージャー」という。ちなみに、ロング・フォーム・マージャーとは、米国のM&Aロイヤーたちが生み出したjargonであり、その言葉の由来は、わが国の略式合併に相当するものを米国においてはショート・フォーム・マージャーと呼ぶことによる)。また、対象会社に支配株主が存在する場合には、当該支配株主と買収会社との間の相対(あいたい)取引だけで企業買収が成立するが、わが国においては強制公開買付制度(その正確な意味は**7**で説明する)があることにより、この場合においても原則として公開買付けを行う必要がある。

では、非効率的な企業買収や、仮にそうでないとしても、対象会社株主の財産権を侵害する企業買収の発生を抑止し得ないことを意味している。
② もちろん、買収が友好的なものであるためには対象会社経営者の同意が必要であるのだから、対象会社経営者が買収価格の正当性を確保すべく買収企業の経営者との間で最善の交渉をしていれば上記の事態を回避できるであろう。しかしながら、対象会社経営者の買収完了後における経済的収入や社会的身分は買収企業の裁量に負うところが大きいがゆえに、対象会社経営者は対象会社株主の利益を保全するために最善を尽くさない可能性がある。
③ さらに、現実の投資家の多くは自由放任論が想定しているような「合理的な投資家」ではない。したがって、対象会社株主はM&Aの果実の配分リスクに大きく晒されており、そのリスクを軽減させる仕組みをM&A法制の中に組み入れることは社会の厚生の増大に資するものである。
④ ゆえに、M&A法制は対象会社株主の利益を擁護するためにある程度父権主義的（paternalistic）なものとすべきである。

5 M&A法制の変遷とイベント・スタディ

4では、M&A法制のあるべき姿に関する考え方を2つの対極的主張として提示した。しかしながら、これら2つの主張はいずれかが真実で他方が誤りという性質のものではない。現実の法制度を策定していくにあたっては、効率的なM&Aの実施が妨げられないよう配慮する一方で、非効率的なM&Aが横行したり、対象会社株主の財産権が侵害されることがないように、これら2つの考えのバランスを取ることが肝要であろう。しからば、現実のM&A法制はこの要請を満たしたものとなっているであろうか。最初に、わが国のM&A法制に対して大きな影響を与えてきた米国の法制度の歴史的変遷を概観し、しかる後に、わが国の制度の特徴を記すことにする。

1968年7月にウィリアムズ法（Williams Act）[32]が制定される以前の米国M&A法制は、自由放任論の支配するものであったといってよいであろう。この時代における代表的なM&Aの手法は、「サタデー・ナイト・スペシャル」とよばれるものであった（以下「サタデー・スペシャル」という）。サタ

デー・スペシャルを実施する買収者は、まず、買収の意図を秘してできるだけ多くの対象会社株式を市場で買い集める[33]。その上で買収の意図を公表し、支配権を得るのに必要な株式数（通常は「過半数」である）から取得済の株式数を差し引いた株式数だけを対象に公開買付けを行う。公開買付けはごく短期間で終了するものとし、応募のあった株式を先着順に買い付ける。例えば、既に市場で31％の株式を買い集めた者は20％の株式だけを5日間限定で買い付けることを宣言し、先に買付けに応じた者だけが「早い者勝ち」で保有株式の売却を実現できる。

　ところが、ウィリアムズ法の制定によってサタデー・スペシャルの実施は不可能となった。ウィリアムズ法の内容は（その後の改正を含めると）現在のわが国の金商法の規定とほぼ同じであるので、ここでは我々にとってより重要な金商法の規定に沿ってサタデー・スペシャルの実施が不可能となった理由を説明しよう。

　第一に、市場で対象会社株式の買集めを始めた買収者は、取得した株式の数が対象会社株式全体の5％に達した日から5営業日以内に買集めの事実を公表することが義務付けられた[34]。この規定が導入されたことにより買付けの意図を秘匿して市場で5％超の株式を買い集めることが不可能となった。

　第二に、公開買付けは最低でも20営業日以上継続することが求められ[35]、その間に買付予定株式数を上回る数の株式数の応募があった場合には按分比例によって全ての応募株主から平等に株式を購入することが義務付けられた[36]。この規定の導入によって、「早い者勝ち」を求めて慌てて募集に応じる必要性はなくなり、株主は熟慮の上で行動することが可能となった。

---

[32] 米国では法律の提案者たる議員の名前をその法律の名称に冠する習慣があり、ウィリアムズ法もこの習慣に倣ったものである。ただし、同法は1934年証券取引所法の一部を改正するための法律であり、ウィリアムズ法という自己完結的な法律が存在するわけではない。

[33] 買収の意図が公表されない以上市場における買付けは当初は割安なものとなるが、一定期間に大量の買付けを行えば、その取引自体の情報開示機能により市場価格は高騰せざるを得ない。したがって、有効に市場から買い付け得る株式数にはおのずから限界がある場合が多い。

[34] 金商27条の23第1項、大量保有府令2条。

[35] 金商27条の2第2項、金商令8条1項。

[36] 金商27条の13第5項。

第三に、応募した株主は公開買付期間中いつでも応募を撤回することが認められた[37]。この規定の導入によって、買付価格が低いと判断した第三者が競合買収を開始することが容易となった。先行している公開買付期間中に競合買付けを開始さえすれば既に先行買付けに応募してしまった株主も応募を撤回して競合買付けに応じることが可能となったからである。

以上のとおり、ウィリアムズ法は、米国のM&A法制を自由放任論が支配するものから対象会社株主擁護論が支配するものに改める役割を果たした。そして、この流れをさらに加速させたものは1980年代の第四次M&Aブームの下で米国デラウェア州[38]の最高裁判所がくだした一連の判決であった。これらの判決は、対象会社の経営者に対して買収会社の提案する買収条件、特に買収価格に安易に同意することを戒め、対象会社株主の利益を保全すべく最善の努力を尽くすことを義務付けるものであった。中でも、その後のM&A実務に大きな影響を与えたものは、次の2つの判決である[39]。

スミス対ヴァン・ゴーコム事件判決[40]

この事件において、対象会社の経営者は、市場価格を上回る買取価格の支払いを伴う買収提案を対象会社の取締役会と株主総会のいずれの承認も取り付けた上で実施した。にもかかわらず、裁判所は、買取価格の決定手続に重大な過失があったという理由により対象会社の経営者に対して巨額の損害賠償金の支払いを命じた（重大な過失の認定の根拠となった具体的事実は、外部の

---

37) 金商27条の12第1項。
38) デラウェア州は人口わずか約95万人（2016年現在）、面積はロード・アイランド州についで2番目に小さい州であるが、様々ないきさつにより「フォーチュン500社」の約6割の会社を含む100万前後の会社がデラウェア州法を設立準拠法としている。そのために、デラウェア州の会社法に関する判例は米国の他州はもとより（わが国を含む）他の主要国の会社法にも大きな影響を及ぼしており、これを「デラウェアの影」（Shadow of Delaware）という。
39) 80年代当時において大きな影響力をもった判決としては、本文記載の2つの判決の他に、ワインバーガー事件判決（Weinberger v. UOP, Inc., 457 A.2d 701 (Del. 1983)）も挙げるべきであろう。この判決は、親子会社間のキャッシュ・アウトマージャーが「完全なる公正」(entire fairness) の基準を満たすことを要求したものであるが、この要求は、その後の判例法の発展の中で次第に緩和されていき、その結果として6で論じるキャッシュ・アウトの戦略を用いることが可能となった。
40) Smith v. Van Gorkom, 488 A.2d 858 (Del. 1985).

専門家に株主価値の算定を行わせなかったことや取締役会の審議時間が短かったことなどである)[41]。

レブロン事件判決[42]

レブロン事件判決が定式化した対象会社経営者の行為規範は、「会社の売却が不可避」となった状況における対象会社の経営者の役割は、「会社の稜堡の守護者（defenders of the corporate bastion）から会社の売却において株主のために最高値を獲得する責任を負う競売人（auctioneers）へと変化」するというものである。この行為規範は、判決の名前にちなんで「レブロン基準（Revlon Duties）」と呼ばれており、その後のデラウェア州の判例法はこのレブロン基準を充足する経営者の具体的行為規範を特定するという方向性の下で発展を遂げていった[43]。

以上のような M&A 法制の変遷によって買収会社株主と対象会社株主間における M&A の果実の配分状況はどのように変化したのであろうか。この問いに対する答を見つけるべく、米国においては、イベント・スタディという手法を用いた実証的研究が積み重ねられてきた。これは M&A の発表がなされた日の前後における買収当事会社の株価の累積超過リターン（＝当事会社の株価の上昇率のうち株式市場全体のリターンに対応すると思える部分を差し引いたものの累積値[44]）を調べることによって M&A の果実が買収会社と対象会社の株主価値にどのように配分されているかを実証的に検証しようという試みである。

---

41) この事件につき、詳しくは Robert Clark, *Corporate Law*（Aspen Pub, 1986）pp.128 et seq. 参照。
42) Revlon, Inc. v. MacAndrews & Forbes Holdings, Inc., 506 A.2d 173（Del. 1986）.
43) レブロン基準の発展の延長線上にあると考えられるデラウェア州の判例は数多いが、特筆すべきは 2003 年に出された「オムニケア事件判決」（Omnicare Inc. v. NCS Healthcare, Inc., 818 A.2d 914（Del. 2003））であろう。この判決において、デラウェア州最高裁判所は、敵対的買収の脅威に晒されていない会社が行う純粋に友好的買収の事案においても原則的には「フィデューシャリー・アウト条項」を M&A 契約の中に挿入することを義務付けたのである。フィデューシャリー・アウト条項について、詳しくは、第Ⅱ部第 3 章第 1 節参照。
44) イベント・スタディの解説について、詳しくは、井上光太郎＝加藤英明『M&A と株価』（東洋経済新報社、2006）46 頁以下などを参照されたい。

図表序-1 をご覧願いたい。これは、Bradley、Desai および Kim の 3 氏が 1988 年に発表したイベント・スタディの結果である[45]。この表における累積超過リターンは M&A 発表日を含む前後 5 取引日を対象としており（[−2, +2] という表示はそのことを意味している）、＊印は 1% レベルで統計的に有意な数字であることを示すものである。

[図表序-1] 米国の M&A における超過リターン（Bradley, et al（1988））

	1963年7月—1968年6月	1968年7月—1980年12月	1981年1月—1984年12月	全期間合計
当事会社合計 [−2, +2]	7.78%＊	7.08%＊	8.00%＊	7.43%＊
対象会社 [−2, +2]	18.92%＊	35.29%＊	35.34%＊	31.77%＊
買収会社 [−2, +2]	4.09%＊	1.30%	−2.93%＊	0.97%＊
調査対象件数	51	133	52	236

　図表序-1 において注目すべきことは、買収会社株式の累積超過リターンが 1968 年 6 月までは平均して 4% 超のプラスであるのに同年 7 月以降は 3 分の 1 弱の値に減少し、一方、対象会社株式の累積超過リターンは同じ時期を境に約 2 倍に増加していることである。前述のとおり 1968 年 7 月はウィリアムズ法が成立した時期であり、上記の数字の変化はウィリアムズ法の成立が買収会社株主と対象会社株主間における M&A の果実の配分状況に大きな影響を与えたことを示すものである。

　図表序-1 において注目すべきもう 1 つの点は、1981 年以降買収会社株式の累積超過リターンがマイナスに転じていることである。米国では 80 年代

---

[45] Michael Bradley, Anand Desai & E. Han Kim, *Synergistic Gains from Corporate Acquisitions and Their Division Between the Stockholders of Target and Acquiring Firms*, 21 Journal of Financial Economics, pp.3-40（1988）。なお、この統計は、（後掲注 46）に記す統計とは異なり）公開買付けを用いた M&A のみを調査の対象としており、ロング・フォーム・マージャーによって実施された M&A のデータは含まれていない。

に入ってから買収防衛策の導入が盛んとなり、あわせて、上記のとおりM&Aの対象会社経営者に対して厳しい行為規範を課する判例法が形成されていった。この結果、対象会社株主と買収会社株主間におけるM&Aの果実の配分状況はさらに前者に有利となったといってよいであろう[46]。

しからば、わが国のM&A法制はどうであるのか。これを米国の法制と比較していえば、次のように要約できるであろう。

① 公開買付けを規律している金商法はウィリアムズ法と同等ないしはそれ以上に対象会社株主の利益の擁護を図ったものとなっている（その具体的内容については、第Ⅰ部第4章参照）。

② 対象会社経営者が対象会社株主の利益を保全するためにとるべき行動の要求水準は、米国デラウェア州法上ほど厳しいものではない（詳しくは、第Ⅰ部第9章参照）。

③ 他方、わが国には、強制公開買付制度という米国にはないM&A法制が存在している。この制度は、支配株主がいる対象会社の買収に関して

---

[46] 米国においては、図表序-1に記したものと類似のイベント・スタディが繰り返しなされてきているが、M&Aの果実の多くが対象会社株主のものとなり、買収会社株主の取り分は相対的に小さな値に留まるという傾向はその後も変わっていない。参考までに、Andrade、MitchellおよびStaffordの3氏が2001年に発表した調査結果（Gregor Andrade, Mark Mitchell & Erik Stafford, *New Evidence and Perspectives on Mergers*, 15 Journal of Economic Perspectives No.2, pp.103-120（2001））を下記に記す（この表において、[-1, +1]という段の数字はM&A発表日を含む前後あわせて3取引日の累積超過リターンを、[-20, Close]という段の数字は発表日の20日前の日から取引のクロージング日までの期間の累積超過リターンを、それぞれ表しており、＊印は5％レベルで統計的に有意な結果であることを示している）。

	1973年—79年	1980年—89年	1990年—98年	全期間合計
当事会社合計 [-1, +1] [-20, Close]	1.5% 0.1%	2.6%＊ 3.2%	1.4%＊ 1.6%	1.8%＊ 1.9%
対象会社 [-1, +1] [-20, Close]	16.0%＊ 24.8%＊	16.0%＊ 23.9%＊	15.9%＊ 23.3%＊	16.0%＊ 23.8%＊
買収会社 [-1, +1] [-20, Close]	-0.3% -4.5%	-0.4% -3.1%	-1.0% -3.9%	-0.7% -3.8%
調査対象件数	598	1226	1864	3688

支配株主以外の株主の利益の擁護を図ったものである（強制公開買付制度については 7 および第 I 部第 4 章参照）。

このようなわが国の M&A 法制の下で、M&A の果実は対象会社株主と買収会社株主の間でどのように分配されているであろうか。この問いに答えるべく、わが国においてもイベント・スタディが徐々にではあるが蓄積されてきており、最近では、ある程度の確度をもった判定を下すことができるようになってきた。そして、その結論は、わが国においても M&A の果実の多くは対象会社株主に帰属しており、買収会社株主が享受する M&A の果実は非常に少ないというものである。

例えば、**図表序-2** に示すものは、松尾浩之＝山本健「日本の M&A——イベント・スタディによる実証研究」経済経営研究 26 巻 6 号（2006）が 1999 年から 2004 年までに発表された M&A 案件 487 件を対象に計算した取引発表日の 30 日前から 30 日後までの合計 61 日間における累積超過リターンの変化を記したものである（実線が対象会社株式、破線が買収会社株式を表している）。M&A の果実の圧倒的に多くの部分が対象会社株主に帰属していることが読み取れるであろう。

[図表序-2]　日本のM&Aにおける超過リターン（松尾＝山本（2006））

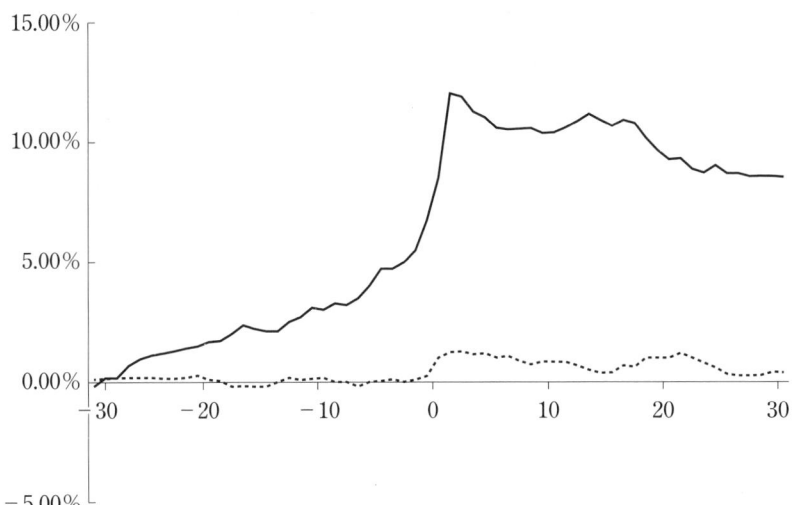

もっとも、発表された調査結果の中には、M&Aの果実の配分が必ずしも対象会社株主に偏していないように見えるものも存在する。しかしながら、その場合においても分析の対象を公開買付けを伴うM&Aに限定すれば、配分のアンバランスはやはり顕著である。例えば、花村信也「M&Aの短期株価効果に関する検証——2000年から2007年のM&A取引の実証分析」経営分析研究26号（2010）には、2000年1月から2007年12月までの間に発表された上場企業間の公開買付けを用いたM&A取引188件を対象にした調査の結果が記されているが、取引発表日を含む3日間（[−1, +1]）、11日間（[−5, +5]）および21日間（[−10, +10]）における買収企業株式と対象企業株式の累積超過リターンの平均値の間には**図表序-3**に記すとおり大きな乖離が生じている[47]。

[図表序-3]　日本のM&Aにおける超過リターン（花村（2010））

	[−1, +1]	[−5, +5]	[−10, +10]
買収会社株式	0.61%	0.16%	−0.56%
対象会社株式	12.55%	15.36%	17.36%

上記の分析によれば、現行のM&A法制は、対象会社株主の擁護を重視するあまり、結果として効率的なM&Aの成立を妨げる働きをしているように思える。なぜならば、M&A取引の推進主体はあくまでも買収会社の経営者であるところ、彼らとしては、企業買収が買収会社株主に利益をもたらさない限り、それがいかに効率的買収であったとしてもその実施を断念せざるを得ないからである[48]。現行制度のどこに問題があるのか。以下の**6・7**にお

---

[47] これに対して、ロング・フォーム・マージャーの手法を用いたM&Aの場合には、買収会社株主もM&Aの果実の少なからぬ割合の配分を受けているようである。花村・前掲論文においては、本文に記載した期間中に発表された上場企業間における99件のロング・フォーム・マージャーを対象とした調査の結果も記されているが、その内容は以下のとおりである（ただし、この場合においても、対象会社株式の方が買収会社株式よりもやはり大きな利益を得ていることに留意されたい）。

	[−1, +1]	[−5, +5]	[−10, +10]
買収会社株式	2.45%	1.23%	1.39%
対象会社株式	3.85%	2.98%	2.59%

いてはこの問題を支配株主のいない会社の買収と支配株主のいる会社の買収に分けて検討してみよう。

6 ホールド・アウト効果とキャッシュ・アウト

ここで、再度図表序-1 をご覧願いたい。同図表に記されている 1968 年 6 月以前の数値はウィリアムズ法施行以前の、すなわち自由放任論が支配する法制度上のものである。それにもかかわらず、対象会社株主は買収会社株主に比べてかなり大きな累積超過リターンを得ているのはなぜであろうか。次の事例を使って、考え得る理由を明らかにする。

[事例 1]

> 対象会社（以下「T社」という）の 1 株当たりの株主価値は現在 1000 円である。買収会社（以下「A社」という）による T 社の買収が実現すると T 社の 1 株当たりの株主価値は 2000 円に増加する。両社のビジネス・モデルの関係上、シナジーは全て T 社の収益の増加という形によって現れる。上記のシナジーは A 社・T 社間の M&A のみによって実現可能であり、本件 M&A に競合的な買収者が出現する余地はない。同じ理由により、A 社が他社の買収や新規事業の開始によって上記シナジーを実現することもできない。上記の諸事実

---

48) 前掲注 47) の分析結果に鑑みれば、公開買付けを行うことに代えてロング・フォーム・マージャーを実施すれば、問題を回避できるように思えるかもしれないが、必ずしもそうとはいえない。その主たる理由は以下のとおりである。
　① 現行の税制度を考慮すると、対象会社の株主価値が同社の簿価純資産を大きく上回っている限りロング・フォーム・マージャーを行う場合の買収対価は現金ではなく、株式とせざるを得ない（その理由については、第Ⅰ部第 11 章第 1 節参照）。しかしながら、買収対価を株式とするか現金とするかは、当事会社の株価の実情や資本政策を考慮して戦略的に決定すべき問題であり（この点につき、詳しくは、第Ⅱ部第 2 章第 2 節参照）、株式を買収対価としなければ M&A の果実を買収会社株主にもたらすことが確保できないのであれば、買収会社経営者は株主利益の最大化を図ることができない。
　② ロング・フォーム・マージャーによらなければ、M&A の果実の配分を買収会社株主に確保できないとすれば、敵対的買収に移行する可能性を示唆しながら対象会社経営者と交渉を行うことができない。これでは、大きな経営改善効果を生み出すことは期待できないであろう。
　③ 対象会社が支配株主のいる会社の場合、ロング・フォーム・マージャーではコントロール・プレミアムの対価を支配株主のみに支払うことができない。

をA社もT社の株主も知っている。A社とT社のM&Aに関して発生する取引コストは無視し得る程度に小さい（なお、最後の点に関しては今後の全ての事例問題において同様とする）。

まず、T社の株主が1人しかいない場合について考えてみよう。この場合、M&Aの果実がA社の株主とT社の株主にいかに配分されるかはA社がT社株式を1株いくらで買い付けるかにかかっている。買付価格をX円とすれば、T社株主は1株につき（X－1000）円の利益を獲得し、A社の株主は（2000－X）円の利益を得る。支配的な交渉理論によれば、Xの値を決定する最大の要因は交渉が決裂した場合に各当事者がとり得る最善の選択肢（一般にこれを「Best Alternative to a Negotiated Agreement」の頭文字をとって「BATNA」という）を追求した場合と同等の利益をもたらす取引価格である（この価格を、以下「留保価格」という）。

上記の例の場合、T社株主のBATNAは「継続してT社株式を保有すること」であるからこれによってもたらされる追加利益はゼロであり、留保価格は、（X－1000＝0を解いて）1000円である。他方、A社株主のBATNAは「買収を断念する」であるからこれによってもたらされる利益はやはりゼロであり、留保価格は（2000－X＝0を解いて）2000円である。したがって、（関係当事者はいずれもリスク中立的であると仮定すれば）ナッシュ交渉解（Nash Bargaining Solution）[49] は1000円と2000円の中間値である1500円となり、1株1500円前後の価格でT社株式の買取交渉が妥結する公算が大きい。

ところが、T社の株式を多数の者が分散所有している場合には上記とは異なる交渉環境が現れる。この場合にはA社と株主間で個別に価格交渉がなされることはなく、A社は公開買付けを実施し、T社の各株主はこれに応じるか否かを個別に判断する。図表序-4をご覧願いたい。この表はA社が過

---

49) ナッシュ交渉解とは各当事者が享受する合意価格のもとで得られる効用と留保価格のもとで得られる効用との差額の絶対値の積を最大化する価格のことである。ただし、（各当事者の効用関数が準線形である（この点については、前掲注4）参照）という前提の下で）関係当事者がいずれもリスク中立的であることを仮定すれば、ナッシュ交渉解は各当事者の留保価格の中間値となることが知られているので、この仮定の下における本件のナッシュ交渉解は、（1000＋2000）÷2＝1500（円）である。交渉価格がナッシュ交渉解に収斂することの公理論的証明については岡田章『ゲーム理論〔新版〕』（有斐閣、2011）292頁以下参照。

半数の株式が集まることを買付けの成立条件として1株1500円でT社株式の公開買付けを実施した場合のT社株主の利得を示したものである。各株主が得る利得は「その株主が公開買付けに応じるか否か」という事象の結果と「公開買付けが成立するか否か（＝過半数の株式が集まるか否か）」という事象の結果の組み合わせによって定まる。

[図表序-4]

	応募する	応募しない
買付けが成立する	1500 円	2000 円
買付けが成立しない	1000 円	1000 円

　まず、買付けが成立しない場合はT社の株式を現状のまま保有し続けることになるので、買付けに応募したか否かにかかわらず株主の保有資産の価値は1株1000円である。次に、株主が応募し、かつ買付けが成立した場合には買付価格である1株1500円で株式の売買が成立するので株主の保有資産価値は1株当たり1500円である。最後に、買付けに応募しなかったが（他の株主の多くが応募したことにより）買付けが成立した場合の株主は、シナジーを実現したT社の株式を保有し続けることになるのでその保有資産価値は1株当たり2000円となる。
　上記の状況に直面したT社株主の多くは、「自分の持株比率は非常に小さいので自分が応募するかしないかは公開買付けの成否には影響を与えない」という判断のもとで行動を決定するであろう。この場合、「応募しない」という行動は、「応募する」という行動に比べてつねに同等以上の帰結をもたらす（ゲーム理論の用語を使えば、「応募しない」が株主の弱支配戦略である）。かくして、T社株主の多くは公開買付けに応募せず、公開買付けの成立要件は満たされない。ただし、多くの株主が「応募しない」を選択しても本件買収が最終的に不成立になるとは限らない。なぜならば、A社には買付価格を引き上げるという選択肢が残されているからである[50]。もっとも、買付価格を引き上げることによって株主の戦略を変えさせるためにはA社は買付価

---

50)　A社にこの選択肢があることをT社の株主が知っていることによって彼らは安んじて「応募しない」の道を選ぶことができるともいえるであろう。

格を 2000 円以上としなければならない。これは、A 社にとって一見「勝者の呪い（winner's curse）」をかけられたがごとき自滅行為であるが、公開買付けに先立って 5％未満の T 社株式を市場で買い付けておけば公開買付価格が 2000 円を多少上回っても A 社株主は利益を上げ得る[51]。ただし、その利益は対象会社である T 社株主に比べれば極めて僅かなものとならざるを得ないであろう。

　以上が、支配株主がいない会社を公開買付けにより買収しようとする場合の交渉環境の分析である。この分析には事態を簡略化し過ぎている面がなくはないが、買収会社株主が M&A の果実の配分にあずかることが困難となりがちな理由を明瞭に示し得ているのではないであろうか。問題の本質は、買付けに応じなかった株主が買収の成果にフリーライドして買付けに応じた株主以上の利益を上げ得る点にある。この帰結はいかにも不条理であるが、この不条理な交渉環境こそが株式の分散所有が進んだ会社を買収する M&A の特質であり、この現象を「ホールド・アウト効果」という[52]。

　しかしながら、買収会社には、ホールド・アウト効果を無効とし得る有力な手段が存在する。それは、買収会社がキャッシュ・アウトを行うことを公開買付けに先立って宣言することである。ここで、「キャッシュ・アウト」とは、「買収会社が対象企業株式の大多数を取得した後に残余の株主から強制的にその所有株式を買い付けて対象会社を完全子会社化する取引のこと」である。キャッシュ・アウトを宣言して公開買付けを行うことによってなぜホールド・アウト効果が無効となるのかを説明しよう。**図表序-5** をご覧願いたい。

---

[51] A 社が予め T 社の 5％の株式を 1 株 1000 円で買っていたとすれば、2010 円の公開買付価格で残りの 95％の株式を買い集めたとしても 1 株当たりの平均購入コストは約 1960 円（＝1000 円×5％＋2010 円×95％）となるので A 社はかろうじて利益を生み出すことができる。なお、市場で買い付ける株式数の上限を 5％としたのは、これを超える場合にはその旨を公表することが金商法上義務付けられているからである（該当条文は前掲注 34）記載を参照）。

[52] ホールド・アウト効果を初めて学問的に論じた文献は Sanford J. Grossman and Oliver D. Hart, *Takeover Bids, the Free–Rider Problem, and the Theory of the Corporation*, 11 Bell Journal of Economics No.1, p.42（1980）である。

[図表序-5]

	応募する	応募しない
買付けが成立する	1500 円	X 円
買付けが成立しない	1000 円	1000 円

　この表で「X円」とあるのはキャッシュ・アウト実施時の株式買取価格であるが、仮にこのX円を1500円以下の金額とすることができれば、「応募する」が株主の弱支配戦略となるのでホールド・アウト効果を無効とすることができる。しかるに、会社法上、合併（または株式交換。以下、株式交換への言及は省略する）の対価はこれを全て現金とすることが可能であるから、買収会社が合併の承認決議に必要な対象会社株式の3分の2以上を公開買付けで買い集めさえすれば、キャッシュ・アウトの実施は可能である[53]。すなわち、第1段階として買収会社は対象会社の株式に対する公開買付けを（3分の2以上の株式が集まることを成立条件として）実施し、これに成功すれば、第2段階として対象会社を買収会社（または、その完全子会社）に吸収合併し合併対価として公開買付価格以下の現金を交付すればよいのである（この手法を以下「現金対価合併」という。キャッシュ・アウトの手法には現金対価合併以外のものも存在するが、以下では、議論を簡単にするために、キャッシュ・アウトはつねに現金対価合併を用いてなされることを前提として議論を進める）[54]。

　その際、問題となるのは会社法上少数株主に認められている株式買取請求権である[55]。けだし、裁判所が、公開買付価格を上回る値による株式の買取りを命じるのであればホールド・アウト効果を無効とすることができなく

---

53) 平成29年度税制改正がなされるまでは、税務上の理由により現金対価合併の実行は困難であり、主として、全部取得条項付種類株式の利用や株式併合などがキャッシュ・アウトの手段として用いられてきた（株式併合の方が現金対価合併よりも手続が若干簡便であることから、今後とも株式併合がキャッシュ・アウトの中心的手段として使われ続けることになるかもしれない）。ちなみに、対象会社株式の90％以上を取得すれば、株式併合や現金対価合併を行わなくとも買収会社は対象会社の残りの株主全員に対して保有株式の売渡しを請求することができる（会社179条1項）（以上の点につき、詳しくは、第Ⅰ部第5章・第11章第1節参照）。
54) 会社749条1項2号。
55) この点に関する会社法上の仕組みに関しては、**第Ⅰ部第10章第5節**の説明を参照されたい。

なってしまうからである。しかしながら、平成24年に下されたテクモ事件最高裁決定や平成28年に下されたジュピターテレコム事件最高裁決定[56]を前提とする限り、裁判所は、①買収会社と対象会社の間に支配関係がない状態で公開買付価格が合意され、②合併の対価がその公開買付価格と同額の現金であり、しかも、③公開買付けが成功した場合には当該対価をもって合併を行う予定であることが公開買付け時において予め公表されている限り、裁判所が決定する株式の買取価格は公開買付価格と同額となることの確度は高くなったように思える。そして、買取価格が公開買付価格と同額であることが確実となれば、より早く、かつ、より確実に同額の金銭を取得し得るという点において、「公開買付けに応募する」が（公開買付価格が対象会社の1株当たり株主価値を上回ることを前提とする限り）対象会社株主にとって十分に魅力的な行動となると考えてよいであろう。これを要するに、上記の最高裁決定によって、ホールド・アウト効果を無効とするキャッシュ・アウトが可能となり、その結果として、効率的買収を阻害する傾向をもつ現行のM&A法制はかなりの程度改善されたといえるのではないであろうか[57]。

7　支配株主のいる会社の買収

　支配株主のいる会社の支配権を取得するためには当該支配株主と交渉してその所有株式を売却してもらうことが不可欠である。この取引を（支配株主との間の）「相対（あいたい）取引」という。

　ところが、現行法の下では相対取引によって企業買収を実現することができない。なぜならば、有価証券報告書提出会社の3分の1以上の株式を市場外で取得しようとする場合には、公開買付けを実施し、全ての株主に対して同一の買付価格で株式の買付けを申し込むことが金商法上義務付けられているからである[58]。この制度のことを、以下「強制公開買付制度」ということ

---

56)　それぞれ、最二決平成24年2月29日金判1388号16頁、最一決平成28年7月1日金判1497号8頁。これらの決定について、詳しくは、第Ⅰ部第10章第5節の説明を参照されたい。また、後者の判決については、田中亘「商法学における法解釈の方法」民商154巻1号（2018）36～67頁も参照されたい。

57)　ただし、前掲注56)の各決定を読む限り、ホールド・アウト効果の無効化という論点を最高裁判所が認識していたかどうかは疑問といわざるを得ない。

にする[59]。

　わが国は、公開買付けに関する法制度が初めて整備された 1990 年当時から一貫して強制公開買付制度を採用してきた。その立法趣旨としては、「株式の売却は、投資にもとづき利益を得る重要な手段であ」るとの認識の下に「公開買付けによることなく、相対取引によって少数の者からの有価証券の取得によって対象者の支配権を獲得することを許すことは合理的でない」という説明がなされている[60]。しかし、果たしてそうであろうか。強制公開買付制度が社会の構成員の厚生に対していかなる帰結をもたらしているのかを考えてみよう。

　支配株主のいる会社の M&A を考えるにあたっては、支配株主が対象会社の支配権を保有することによって享受している経済的利益（以下「コントロール・プレミアム」という）を考慮しなければならない。コントロール・プレミアムには、様々なものがあるが、ここでは、以下の事実を前提として議論を進めていくこととしたい。

① 対象会社（以下「T 社」という）は支配株主（以下「C 社」という）が完全子会社として設立した会社であるが、その後 C 社が T 社株式の 50％を市場で売却したことにより T 社は有価証券報告書提出会社となった。

② T 社の事業は C 社の事業と密接な関連を有しており（したがって、T 社は C 社の潜在的競争会社でもある）、T 社が C 社の事業と継続的に協調関係にあることによって C 社は経済的利益を得ており、この経済的利益がコントロール・プレミアムの中核である（このようなコントロール・プレミアムは、①百貨店やスーパーがコンビニエンス事業を分社化した場合、②固定電話サービス会社が携帯電話サービス事業を分社化した場合、③国際的な大手石油会社が日本における石油精製事業を分社化した場合など現実社

---

[58] 金商 27 条の 2 第 1 項。

[59] 米国の証券取引法は強制公開買付制度を採用していないが、そのような制度の功罪はかねてから学問上のテーマとして議論されてきた（米国では、強制公開買付制度は「機会均等ルール」、同制度を設けない法制度は「マーケット・ルール」とよばれている）。本 7 の記述は、機会均等ルールとマーケット・ルールに関する米国法学界の議論（特に、Lucian A. Bebchuk, *Efficient and Inefficient Sales Corporate Control*, 109 Quarterly Journal of Economics, pp.957-993（1994））に依拠したものである。

[60] 神崎克郎ほか『証券取引法』（青林書院、2006）298 頁以下参照。

会の中では極めて頻繁に発生するものである。なお、支配株主がこのようなコントロール・プレミアムを享受することが現行法上違法と考えられる余地はないものとする)[61]。

以下の事例を使って考えていくこととしたい。

[事例2]

> T社の発行済株式総数は1億株であり、C社はこのうちの半分に当たる5000万株[62]を保有している。T社の株主価値は100億円（1株当たり100円）であり、C社が享受しているコントロール・プレミアムの現在価値は20億円である（コントロール・プレミアムを株主価値の一部と捉える考え方もあるが、ここでは、コントロール・プレミアムは定義上株主価値には含まれないものとして議論を進める）。買収会社（以下「A社」という）によるT社の買収が実現すれば、シナジーが生じてT社の株主価値は130億円（1株当たり130円）に上昇する[63]（以上の関係については**図表序-6**を参照されたい）。

[図表序-6]

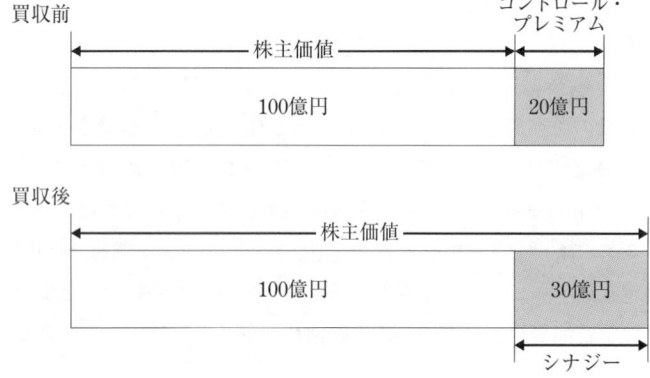

---

61) 草野耕一『会社法の正義』（商事法務、2011）158頁以下の用語を使えば、「共益的プレミアム」や「略奪的プレミアム」ではなく、「自足的プレミアム」のみを考察の対象とするということである。

62) 厳密には5000万プラス1株を所有していると仮定すべきであるが、計算を簡略化するために5000万株あれば実効支配が可能であると仮定している。

63) シナジーが生み出される最大の原因は、T社がC社の支配を脱したことにより、とり得る施策の範囲が大幅に拡大したことにあると考えてよいであろう。

図表序-6から明らかなとおり、本件企業買収は社会の厚生を増大させる効率的企業買収である。しからば、この企業買収はつつがなく成立するであろうか。最初に、強制公開買付制度が存在しない場合について考えてみよう。

この場合、C社とA社は相対取引の交渉を行うことによってC社が保有するT社株式の売却価格を自由に決定することができる。前述のとおり、売買交渉における価格の決定要素のうち最重要なものは、各当事者のBATNAとそれによって定まる留保価格である。

まず、C社が現時点で享受している利益の総額は、100億円×50％+20億円=70億円である。したがって、C社のBATNAが「現状維持」であるとすれば、C社のA社との間の交渉における留保価格は、70億円÷5000万株=140円である。

これに対して、A社の留保価格の計算はやや難しい。なぜならば、A社は、C社と交渉を行う一方でC社以外のT社株主（以下「一般株主」という）の保有する株式の買付価格についてT社の経営者とも交渉を行わなければならないからである。ここでは、後者の問題について、1株110円の買付価格で公開買付けを行い、その後に同額の現金を合併対価とするキャッシュ・アウトを行うことでA社とT社間に合意が成立していると考えることとしよう。この場合、A社のBATNAもまた「現状維持」であるとすれば、A社のC社との間の交渉における留保価格は、{130億円−（110円×5000万株）}÷5000万株=150円である。

以上の分析によれば、C社とA社のいずれもがリスク中立的であると仮定する限り、両社間の交渉におけるナッシュ交渉解は（140円+150円）÷2=145円であるから、1株当たり145円前後の価格で売買取引が成立する可能性が高い。

上記の取引によって財産権を侵害されたと考え得る者はいるであろうか。答えは、「誰の財産権も侵害されていない」ではないであろうか。そう考える理由を以下箇条書きにて記す。

① C社は70億円の財産を手放して72.5億円（=145円×5000万株）を手にしたのであるから2.5億円の利益を得ている。

② A社は（110円×5000万株）+（145円×5000万株）=127.5億円を支払って、130億円の財産を手に入れたのであるから2.5億円の利益を得ている。

③　T社の一般株主は、100億円×50％＝50億円の財産を手放して110円×5000万株＝55億円の財産を手に入れたのであるから、5億円の利益を得ている。

　T社の一般株主は、T社株式を1株110円で売却しているのに対してC社はこれを1株145円で売却している点が気になる方もおられるかもしれないが、もともとC社だけがコントロール・プレミアムを享受しており、他方、一般株主はコントロール・プレミアムが反映されていない市場価格によって株式の取引を行ってきているのであるから、企業買収が成立する時点において一般株主がコントロール・プレミアムの配分にあずかることができないからといって、一般株主の財産権が侵害されていると考えるべき理由はない。これを要するに、強制公開買付制度がなければ、支配株主のいる会社の効率的企業買収が阻害されることはなく、同時に、何人かの財産権が侵害されるということも原則としてないのである（例外的に財産権が侵害される状況については後で説明する）。

　しからば、上記の状況において、強制公開買付制度が適用される場合には、いかなる帰結が生み出されるであろうか。

　まず、C社にとってのT社株式売買交渉における留保価格が1株140円であることにかわりはない。この価格未満の値で株式を手放すことは、C社がT社株式の50％を保有することにより現に享受している経済的利益の一部を失うことを意味するのであるから、C社には140円未満の価格でT社株式の売却に応じるインセンティブはないからである。他方、A社にとっての留保価格は1株130円である。なぜならば、強制公開買付制度のもとでは、A社は同一の公開買付価格によって、C社と一般株主の双方からT社株式を買わなければならないのであるから、新たに生み出される30億円のシナジーを考慮したとしても、買付価格をこれ以上高いものとすれば本件取引のNPVがマイナスとなってしまうからである。この結果、A社とC社の間には交渉領域が存在せず、したがって、両社間に取引が成立する余地はない。これを要するに、本件M&Aは効率的な企業買収であるにもかかわらず、その成立を強制公開買付制度が妨げているのである[64]。

　しかしながら、強制公開買付制度が社会の厚生を増大させる（より正確にいえば、「社会の厚生の減少を回避させる」）場合がないわけではない。次の事例について考えてみよう。

[事例3]

> T社の発行済株式総数は1億株、C社はこのうちの半分に当たる5000万株を所有している。T社の株主価値は100億円であり、C社のコントロール・プレミアムは20億円である（ここまでの仮定は**事例2**と一緒である）。A社はT社の一般株主から同社の株式を購入するつもりはない。その上で、A社はT社の株式を保有することによって40億円のコントロール・プレミアムを享受し、他方、T社の株主価値は70億円に減少してしまう（以下の関係については**図表序-7**を参照されたい）。

[図表序-7]

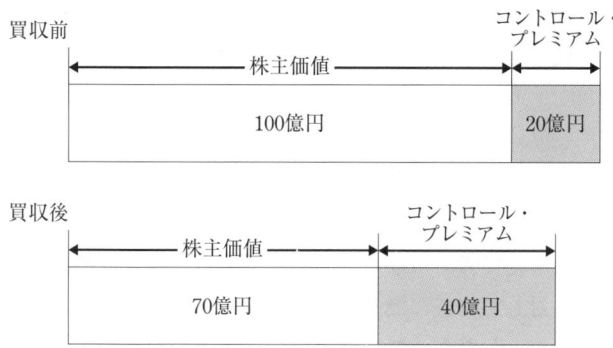

64) ちなみに、本件企業買収によって実現されるシナジーが40億円を上回っていれば、強制公開買付制度のもとにおいても企業買収は成立する。例えば、シナジーが50億円である場合には、以下のような帰結が生み出される公算が高い。
① C社は、1株145円で同社が保有するT社株式を手放し、合計で2.5億円の利益を得る。
② A社は、1株145円でT社の全株式を取得し、合計で5億円の利益を得る。
③ T社の一般株主は、1株145円でT社株式を手放すことにより、合計で22.5億円の利益を得る。
上記の帰結は、社会の厚生の増大ないしは社会的公正の実現に資するものとなっているであろうか。本章筆者にはそうは思えない。なぜならば、ここにおいて生じていることはコントロール・プレミアムの再配分ではなく（ただし、コントロール・プレミアムが再配分されないことに問題があるわけではない）、効率的企業買収を構想し実行したA社株主に対するM&Aの果実の配分の大幅な減少と、T社の一般株主に対する、彼らの投資活動からは予期し得ないほどの偶発的利益（windfall）の供与に過ぎないからである。

この取引は明らかに社会の厚生を減少させる非効率的企業買収である。しかしながら、強制公開買付制度が存在すればこの取引を阻止することができる。なぜならば、同制度が存在する場合のA社の留保価格は110億円÷1億株＝110円となってC社の留保価格である140円を下回るので交渉領域が消滅するが、同制度が存在しない場合のA社の留保価格は（40億円＋70億円×50％）÷5000万株＝150円となってC社の留保価格を上回るので取引が成立してしまうからである。要するに、強制公開買付制度には効率的なM&Aを阻止してしまうという問題がある反面、非効率なM&Aを阻止し得るという利点があることは事実である。

しかしながら、事例3の企業買収はまさに「会社を食い物」にする取引であり、衆人監視の下でかかる取引が実現可能であるとはとうてい思えない。のみならず、仮にこのような取引が起こるとすれば、A社が享受するコントロール・プレミアムの多くは違法な収益となるのではないであろうか。であるとすれば、一般株主にはその返還を求める権利があるはずであり、仮に現行法上そのような権利の行使が困難であるとすれば、その点こそが改められるべきであろう。

以上の点を踏まえて考えるならば、強制公開買付制度は社会の厚生の最大化という目的に対して有益に働く場合よりも不利益に働く場合の方が圧倒的に多い制度である。したがって、この制度はすみやかに廃止すべきであると思うのであるが、残念ながらそのような立法の兆しは今のところ見受けられない[65]。しかしながら、M&Aの法実務においては現行の強制公開買付制度を所与とした上でその弊害を可能な限り除去して効率的な企業買収の実現を可能とする法技術の研究と実践が積み重ねられてきている（この点について、詳しくは、**第Ⅰ部第4章第3節**を参照されたい）。これは社会の厚生を増大させる有益な営みと評価し得るのではあるまいか。

---

[65] 強制公開買付制度は廃止すべきであるという提言はこれまでにも民間有識者から成る研究会の報告書を通じてなされたことがあるが（黒沼悦郎「強制的公開買付制度の再検討」商事1641号（2002）55頁参照）、立案担当者の間でそのような検討がなされた痕跡はうかがえない。なお、飯田秀総『公開買付規制の基礎理論』（商事法務、2015）は、強制公開買付制度の存続を前提とした上で、定款自治の原則に基づき各会社が個別に同制度から離脱することの自由を提案している。

8 敵対的買収の功罪

　ここまでは、友好的な企業買収を対象に議論を進めてきた。しからば、もう1つの買収形態である敵対的買収に対してはいかなる法制度をもって望むべきであろうか。この問題を論じるためには、まず、敵対的買収が社会にもたらす功罪について考えなければならないであろう。

　敵対的買収が社会にもたらす「功績」の1つは3で論じた経営改善効果である。しかしながら、敵対的買収が実現可能であることにはこれ以上の社会的価値がある。なぜならば、大多数の経営者は敵対的買収の標的となることを厭い、これを回避すべく経営の効率性を高めることに尽力するからである。この効果を、（実際に買収が実現されることにより達成される経営改善効果と区別して）「規律効果（disciplinary effect）」ということにする[66]。思うに、敵対的買収の効用に懐疑的な論者はこの規律効果の大きさを過小評価しているのではあるまいか。確かに、実際に起こる敵対的買収は多くの人々の時間とエネルギーを奪い、買収が生み出す経営改善効果を取引コストが上回る場合も少なくない。しかしながら、規律効果が現れる企業の数は実際に敵対的買収の対象となる企業の何十倍も何百倍も存在するに違いない[67]。

　しからば、敵対的買収が社会にもたらす「罪過」は何であるのか。一般に指摘されることは、「敵対的買収は非効率的M&Aを誘発し、仮にそうでないとしても、対象会社の株主の財産権を侵害するおそれがある」というものである[68]。次の事例について考えてみよう。

---

[66] 米国では80年代に多岐の敵対的買収が観察されたが、90年代になると件数が減少した。その主たる理由は多くの経営者が敵対的買収を恐れて株主価値の最大化に励むようになったからであるとの有力な見解が存在する。Bengt Holmstrom & Steven N. Kaplan, *Corporate Governance and Merger Activity in the United states : Making Sense of the 1980s and 1990s*, 15 Journal of Economics Perspectives No.2, pp.121-144（2001）を参照。

[67] 敵対的買収が可能であることには、効率的な友好的買収の成立を促進するという効用も存在する。この点については、前掲注48)の②の記述も参照されたい。

[68] この一文は、敵対的買収の問題性を強調する論者の意見をまとめて表したものであり、特定の論者が具体的にこのような主張をしているということを示唆するものではない。

[事例4]

> T社の1株当たりの株主価値は現在1000円である[69]。しかるに、A社はT社取締役会の同意を得ることなく1株800円の買付価格でT社株式の公開買付けを開始した。A社は公開買付終了後にT社をA社に吸収合併することを宣言しているが、その際にT社の株主に対して交付する合併対価はA社の発行する額面800円の社債であり、その割当比率はT社株式1株につき社債1枚である。しかしながら、A社は本件買収のために膨大な借入れを行ったことなどから非常に負債比率の高い会社となっている。この結果、上記の社債は債務不履行となるリスクを孕んでおり、その現在価値は額面額を下回っている（議論を簡略化するために社債1枚の価値を600円と仮定する）。

　この買収は対象会社株主の財産権を侵害するものであり、T社の全ての株主は買収が不成立となることを望んでいるであろう。しかしながら、自分が公開買付けに応募しないのに買収が成立してしまうとジャンク・ボンド（＝債務不履行となる可能性が高い社債）をつかまされる結果となるので、その事態を回避するために不本意ながらも公開買付けに応じる可能性がある。**図表序-8** はこの状況を示したものである[70]。

[図表序-8]

	応募する	応募しない
買付けが成立する	800円	600円
買付けが成立しない	1000円	1000円

　図表序-8 は、**図表序-4** と表面上は似ているがそこに記されている利害状況は異なっている。すなわち、**図表序-4** においては、買収が成立した方が株主にとって得であるのに、「応募しない」が各株主の弱支配戦略であるが

---

[69] ここでいう1000円という数字はあくまでもT社の理論的株主価値であり、株式市場における同社の株価はA社の公開買付価格である800円を下回っていると考える方が現実的であろう。

[70] このような手法が用いられた買収案件として歴史上もっとも著名なものは、デラウェア州最高裁が買収防衛策の適法性を認めた Unocal 事件である。Unocal Corp. v. Mesa Petroleum Co., 493 A.2d 946 (Del. 1985) 参照。

ゆえに（買付価格を上げない限り）買収は不成立となるのであったが、**図表序-8** においては、買収が成立しない方が株主にとって得であるのに、「応募する」が各株主の弱支配戦略であるがゆえに買収が成立してしまうのである（この状況は、一般に、「強圧的」（coercive）という言葉で表現されることが多いので、本章においても以下この表現を用いることとする）。

事例4の買収が不当なものであることはその手段の異常性という点からみても明らかであろう。しかしながら、キャッシュ・アウトを行わず、しかも、全株式を対象として行う公開買付けであっても強圧性の問題が生じることがある。例えば、次の事例について考えてもらいたい。

[事例5]

> T社の1株当たりの株主価値は現在1000円である。しかるに、A社はT社取締役会の同意を得ることなく1株800円の買付価格でT社株式の公開買付けを開始した。A社は、買付株式数に上限を設けることなく、かつ、公開買付終了後にT社のキャッシュ・アウトを行うこともないことを宣言している。しかしながら、A社の経営者はT社事業に関しては全くの素人であり、彼がT社の経営者となった場合には、彼の思惑とは異なってT社の業績は低迷し、同社の株主価値は1株当たり600円となることが見込まれている。

上記の利害状況は図表序-8の場合と同じである。要するに、一見単純な公開買付けであっても、①買付価格が1株当たりの株主価値を下回り、かつ、②買収によって1株当たりの株主価値が低下する場合[71]には強圧的な買収となるのであって、このような買収を「実質的に強圧的（substantially coercive）」な買収という（実質的に強圧的な買収について、詳しくは、**第Ⅲ部第3章第1節**参照）。

---

71) 株主が財産権を侵害されているといえるためにはこの2つの要件が両方とも充たされることが必要であろう。なぜならば、①が成立しない時にはこの買付けに応じた方が株主にとって有利であるし、②が成立しない時には株式を売却せずに継続保有すれば、何の不利益も受けないか（買収が成立しない場合）株主価値の向上の分け前にあずかれるか（買収が成立した場合）のいずれかだからである。なお、厳密にいうと、②の要件で比較の対象とすべきは買収前後の株主価値ではなく、買収後の1株当たりの株主価値と買付価格であるが、この違いは分析上重要な差異をもたらすものではない。

ここまで、敵対的買収の功績または罪過として一般に指摘されている点を論じてきた。しかるに、敵対的買収の「功罪」が以上の点に尽きるのであれば、法制度のあるべき姿は比較的明らかであるように思える。すなわち、対象会社の取締役会に株主総会の決議によって無効化することのできる買収防衛策[72]発動の自由を認める一方で、それ以外の点においては対象会社が敵対的買収の実施を困難とするいかなる策をとることも禁止するという制度が最善の帰結をもたらすのではあるまいか。以下、そう考え得る理由を箇条書きにて記す。

① 強圧的な企業買収に対しては、対象会社が買収防衛策を発動することによってこれを阻止することが可能であり、対象会社の株主が同社の株主総会において買収防衛策の無効化を可能とする決議（その典型は「買収会社が指名する役員の選任」であろう）に賛成することはあり得ない。なぜならば、この状況においては、そのような決議に反対することが全ての株主にとっての支配戦略となるからである。

② 対象会社の既存株主の利益とはならず、かつ、強圧的でもない敵対的買収はそもそも成功するはずがない。

③ 対象会社の既存株主の利益となる買収に対しては、仮に対象会社の取締役会が買収防衛策を発動したとしても、買収会社は対象会社株主総会の賛成をとりつけることによりこれを無効化して買収を成し遂げることが可能である。

④ 対象会社の既存株主の利益になる買収は、ほとんどつねに効率的な企業買収である[73]。

しかしながら、敵対的買収がもたらす問題は以上の分析によって完結するものではない。なぜならば、敵対的買収という事象には株式会社制度の根幹に関わる問題が内在しているからである。以下、問題の概要を箇条書きにて

---

[72] わが国における買収防衛策の実態やこれに関する判例法の内容に関しては、**第Ⅲ部第3章**を参照されたい。

[73] ただし、例えば、**事例5**においてA社の公開買付価格が1株1200円である場合には、T社の既存株主は何人も不利益を受けないが、買収自体は非効率なものとなる。しかしながら、買収企業は敵対的買収を行うに際しては財務顧問を起用するなどして慎重に取引のNPVの計算をするであろうから、現実問題としてこのような事態が起きることは極めて稀有であるに違いない。

記す[74]。

① 厚生経済学の第一基本定理によれば、各消費者は効用の最大化を、各企業は利潤（すなわち、株主に分配すべき利益）の最大化を、それぞれの目的として行動すれば、社会の構成員の何人の初期配分（これまでに用いてきた用語を使えば、「財産権」）を害することもなくパレート効率的な資源配分を達成することが可能であり、さらに、厚生経済学の第二基本定理によれば、税制度と社会保障制度を通じて社会の構成員間における初期配分の再分配を行えば、為政者が「より公正である」と考える他のいかなるパレート効率的な資源配分を達成することも可能である。してみれば、株主利益最大化原則という経営者の行動原理は社会の厚生を最大化するという目的に適合しており、これを貫徹することこそが社会にとって望ましいとの結論に至る。

② しかしながら、厚生経済学の基本定理は、あらゆる財に関して完全な市場が存在することや社会の構成員間で結ばれる契約がいずれも当事者の合理的意思を過不足なく表していることを前提とするものである。しかるに、現実社会においては、外部性、独占、情報の非対称性、契約の不完備性などの問題があることから厚生経済学の基本定理が妥当しない状況が発生することを回避することができない。このような状況の下で、経営者が株主利益最大化原則に則って行動すれば、確かに株主価値は最大化するものの社会全体の厚生は減少してしまう。

③ 上記の諸問題を軽減するべくわが国には様々な法令が存在しているが、これらの法令をもってしても上記の諸問題を解決することは困難であり、しかも、法令の中には株主有限責任制度や会計上の所得を課税標準とする企業所得税制度のように株主価値の最大化と社会の厚生の最大化の不一致を拡大させる傾向をもつものが存在している。

④ 以上の点を踏まえると、株主価値の最大化と社会の厚生の最大化が不一致となる局面においては後者を優先する経営を許容することが社会の厚生を増大するためには望ましい（以下においては、そのような経営を「非営利的経営」とよび、「非効率的経営」という言葉は、これまでの意味か

---

[74] ここから9の終わりまでの叙述は紙幅の都合上かなり簡略なものとなっている。詳しくは、草野・前掲注3）のⅡ.2.、Ⅱ.4.およびⅤ.1.の各項を参照願いたい。

⑤ しかしながら、株価が株主価値のみを反映するものである限り（そうでない可能性については9において言及する）、非営利的経営は株価の低迷を招くという点においては非効率的経営と何ら変わりがない。したがって、非営利的経営を行っている会社は敵対的買収の標的となることを免れず、これを回避する措置を講じない限り、（社会にとって望ましいものであるはずの）非営利的経営を維持することはできない。

⑥ 前述した買収防衛策の発動によって上記の問題を解消することはできない。なぜならば、対象会社の株主が自己の経済的利得の最大化を目指して行動する限り、株主は非営利的経営の解消を目指した敵対的買収を歓迎し、したがって、買収防衛策の無効化を可能とする株主総会の決議案に賛成するはずだからである。

上記に提起した問題を具体的事例を使って考えてみよう。

[事例6]

> 過疎化の進むX地方ではY電鉄が営む旅客運送事業が地域住民に対して貴重な交通手段を提供している。**図表序-9**の直線D_1-D_1'はY電鉄が提供する旅客運送事業に対する地域住民の需要曲線を表しており、直線S-S'はY電鉄のこのサービスに関する限界費用曲線を表している。しかしながら、Y電鉄の旅客運送事業が地域住民にもたらす効用は直線D_1-D_1'の需要曲線によって表し尽くせるものではない。けだし、この旅客運送事業が存在することによってX地方で生活することの利便性は格段に向上しており、その恩恵はY電鉄の鉄道を利用することのない地域住民もあまねく享受し得るものだからである（この利便性に対する地域住民の支払用意の総額を定量的に把握することは必ずしも容易ではないが、ここでは直線D_1-D_1'と直線D_2-D_2'で挟まれた部分がこれを表していると仮定する）。現時点におけるY電鉄の運送事業の供給量はQ_2であり、Q_2をQ_1に引き下げることはいくつかの支線の廃止を意味するものとする。Y電鉄の経営者はこれらの支線を存続したいと考えているが、そうすることによっていかなる問題が発生するであろうか。なお、X地方の旅客運送事業はY電鉄の独占事業であるが、運賃の改定には所轄官庁の認可が必要であり、所轄官庁は、旅客運送事業に自由な競争がある場合にもたらされるであろう価格が運賃となるように配慮しているものと仮定する[75]。

[図表序-9]

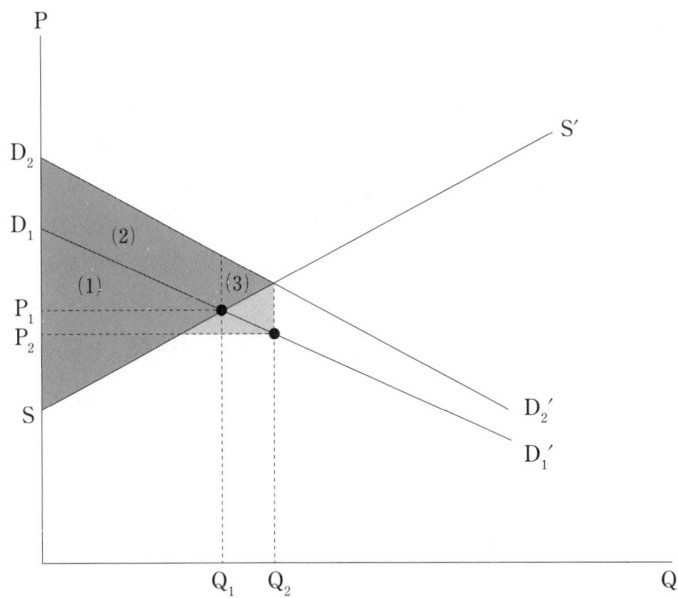

　Y電鉄は Q_2 の供給量を維持することによって厚生の最大化を達成している。けだし、Y電鉄が生み出す厚生の大きさは、供給量を表す縦軸より左側において直線 D_2-D_2' が直線 S-S′ を上回る部分の大きさ（これを「総余剰」という）によって計られるところ、総余剰は供給量が Q_2 の場合に最大化されるからである（図表序-9の(1)+(2)+(3)がこれを表している）。しかしながら、この状態は株主価値の最大化を達成するものではない。なぜならば、ここにおいては図表序-9の薄い網掛けを施した三角形に対応する赤字が発生しているからである[76]。この赤字を解消して株主価値の最大化を図るためには、供給量を Q_2 から Q_1 に減らす（すなわち、支線を廃止する）ことが必要であるが、これは社会全体の厚生の減少をもたらすものである（図表序-9の(3)が

---

75) この仮定は、外部性の問題と独占の問題を切り離して論じるためのものである。
76) Y電鉄は、通常の路線には価格 P_1 を適用し、支線についてのみ価格 P_2 を適用するというある種の価格差別施策を用いることによって収益の改善を図ることができるが、その場合においても、Q_2 の供給量を維持することが株主価値の最大化に反することに変わりはない。

失われる厚生の大きさを表している）。Y電鉄の経営者が支線の運行を継続すれば、厚生の最大化を維持することができるが、ここで株主価値の最大化を標榜して支線の廃止を唱える敵対的買収者が登場すればどうなるか。この場合、Y電鉄の経営者が買収防衛策を発動したとしても、過半数の株主が株主総会においてこれを無効とすることを可能とする決議に賛成するとすれば、この敵対的買収を回避することはできないであろう。

いかにすれば、非営利的経営を行う企業は敵対的買収に対抗できるのか。本章最後のテーマとして、項を改めてこの問題を論じることとする。

9 非営利的経営を行う会社の敵対的買収対抗策

考え得る4つの対抗策を以下個別に論じる。

(1) 安定株主工作

「安定株主」ないし「安定株主工作」という言葉について確立された定義は存在しないが、本章においては、「敵対的買収者が十分なプレミアムのついた買付価格で対象会社の株式を買い集めようとしてもこれに応じず、対象会社の経営者を支援し続ける株主」を称して「安定株主」といい[77]、「安定株主をできるだけ多く確保しようとする営み」を称して「安定株主工作」ということにする。

安定株主となり得る株主には様々な者がいるが[78]、敵対的買収の脅威に直面した企業が短期間のうちに創出し得るものは「株式持合い」に応じてくれる会社株主である。けだし、安定株主となることに同意してくれた会社の募

---

[77] 「安定株主」という言葉は、一般には、もう少し広く、かつ、漠然とした意味で使われることが多い。例えば、田中亘教授は、「現経営陣に友好的な株主権の行使をする」株主をもって「いわゆる『安定株主』」と呼んでいる（田中・企業買収8頁参照）。

[78] 安定株主となり得る者としては、株式持合いに応じる会社株主以外に、①経営者自身またはその家族、②経営者の友人、③経営者の経営手法や人格を高く評価している個人投資家、④会社の従業員またはその家族および⑤会社と長年取引関係にある金融機関や事業会社であって、株式を保有することに別段の経済的メリットがないことを既に察知してはいるものの諸般の理由により保有株式を手放さないでいるもの、などが考えられる（ただし、この分類は、違法に利益供与を受けている安定株主はいないということを前提としたものである）。

集株式を引き受け、その見返りとして払い込んだ金額を使って当該会社に対象会社の株式を市場で買い集めてもらうという手法をとれば、相手方の会社に資金負担をかけることなく市場で取引されている対象会社株式を事実上無制限に（ただし、対象会社の資金力が許す限りにおいて）安定株主工作を進めることが可能であり、しかも、現行法上、買収会社にはこの手法によって進められる安定株主工作を阻止する手立ては存在しないからである[79]。

以上の次第により、安定株主工作は非営利的経営を行う会社が敵対的買収を阻止するための手段として有効である。しかしながら、これを実施することが対象会社経営者の会社法上の行為規範に照らして適切であるか否かは別問題であり、多くの論者は、「違法であるか、仮にそうでないとしても極めて不適切」という評価を下すのではあるまいか。そう考え得る理由は以下の通りである。

① 株式持合いの実施は会社財産の浪費となる可能性が極めて高い。なぜならば、株式取得の目的が株式持合いにある以上、取得される株式の対象は最初から特定の会社の株式に限られざるを得ないが、投資家が多数の株式を対象として分散投資を行ってもNPVが0にしかならないのであれば、はじめから投資対象が限られている株式持合いのNPVはマイナスとなる公算が極めて大きいからである[80]。

② 非営利的経営を行っている会社が同時に非効率的経営を行っている可能性はつねに存在する。それどころか、一般論としていえば、「非営利的経営をなし得るだけの資金的余裕がある会社であれば非効率的な経営をしがちではないか」という憶測すら成立するであろう[81]。したがって、

---

[79] 買収企業が株式持合いに応じた相手方の会社の株主でもあるという偶然が重ならない限り、買収企業はその相手方の会社が募集株式を発行することに対して異議を述べることができない。一方、対象会社が株式持合いを進めるために他の会社の募集株式を引き受ける行為は会社に損害をもたらす可能性があるが、会社法上、それが「回復することができない損害が生ずるおそれがあるとき」に当たらない限り、株主は差止請求権を有しておらず（会社360条1項・3項）、しかも、対象会社がいつ、いかなる会社の株式を引き受けるかについて買収企業がタイムリーに情報を入手し得る手段は現行法上存在していないのであるから、買収者がこの方法によって進められる安定株主工作を阻止することは極めて困難である。

[80] 現行法上、他社の株式を5％以下保有している会社が当該他社から受け取る配当は、その80％を益金に算入しなければならない（法税23条1項・7項）。この点に鑑みれば、株式持合いの税引後NPVがマイナスとなることはほぼ確実である。

経営者が、主観的にはいかに高邁な理想のもとに非営利的経営を行っていようとも、非効率的経営を行わないことの制度的保障を設けておくべきであり、支配株主のいない上場会社においてこの制度的保障たり得るものは敵対的買収の実行可能性を留保することだけである。これを要するに、安定株主工作は確かに有効な敵対的買収防衛策ではあるが、規律効果の喪失という大きな代償を伴う施策である。

(2) **放送持株会社の設立**

非営利的経営を行う会社が地上波を用いたテレビ放送（以下「テレビ放送」という）を事業として営む会社（以下「テレビ会社」という）である場合には、会社の形態を放送持株会社に移行することによって敵対的買収を回避することができる。この点については、背景事情から説明する必要があるであろう。

情報産業はもともと正の外部性を生み出しやすい産業である。けだし、情報は、伝統的な商品・役務とは異なり、無償もしくは著しく低廉な費用をもって保存・再生・伝達が可能な財であるがゆえに、わざわざ対価を支払って情報を入手しなくても、市場外の出来事（例えば、家族や友人との会話）を通して——すなわち、正の外部性として——その情報にアクセスできる場合が多いからである。しかしながら、情報が主として紙媒体を通じて伝達される時代においては著作権制度の下で情報の拡散を一定の限度に留めることが可能であった。情報を含んだ紙媒体を複製することは著作権の侵害に当たるからである。

この状況を決定的に変えたのはテレビ放送の普及である。一般に、排除不能で非競合的な財のことを「公共財」（public goods）というが、テレビ放送は何人の視聴も排除し得ず、かつ、どれだけ多くの人が視聴してもそれによって視聴者各自が享受し得る便益が減少することのない典型的な公共財だったからである。

自由な視聴を排除できない以上、視聴者から対価を得ることはできない。そこで、テレビ会社は、（視聴者ではなく）スポンサーから対価を得ることに

---

81) 過剰な余剰資金を保有することで企業価値を高める経営努力を怠る可能性があることを指摘するものとして、新田敬祐「企業による余剰資金の保有(2)」年金ストラテジー134号（2007）7頁参照。

よって収益を得るというビジネスモデルを用いるようになった。この結果、テレビ放送の「消費者」はスポンサーであり、視聴者はテレビ放送が生み出す利益を無償で享受する者、すなわち、正の外部性の受益者となったのである。

　テレビ放送が生み出す正の外部性がいかに巨大であるかはテレビ放送の時間全体に占めるコマーシャルの時間の割合を考えてみれば明らかであろう。この割合は業界の自主ルールによって総放送時間の18％以内とされている[82]。テレビ放送の消費者であるスポンサーに利益をもたらすものはこの18％以内の時間に放送されるコマーシャルだけであり、残りの時間においては、正の外部性の受益者である視聴者がひたすら利益を享受しているわけである[83]。

　テレビ放送の実体がかくのごときものである以上、野心的な企業経営者がテレビ会社の経営に関心を抱いてもおかしくはない。それは、なにも彼らが一般の企業人よりも強欲であるとか社会倫理観が欠如しているということではない。むしろ、彼らが経営者として有能であればあるほど、そして、彼らが株主価値の最大化という理念に忠実であればあるほど、テレビ会社のビジネスモデルを変えることによってその収益性を改善してみたいという誘惑に駆られることであろう[84]。しかしながら、もし彼らがテレビ会社を買収して株主価値の最大化に徹した経営を行うことになれば、テレビ会社が生み出している正の外部性は大きく損なわれる可能性が高い。この事態は社会全体に

---

[82] 日本民間放送連盟の放送基準（2015年11月9日改正　2016年3月1日施行）の「18章　広告の時間基準」の（148）は、「週間のコマーシャルの総量は、総放送時間の18％以内とする」と規定している。

[83] もちろん、コマーシャル以外の時間にはコマーシャルの視聴を確保するための手段という側面があるが、そのことによって正の外部性が生み出されているという事実が否定されることにはならない。なお、テレビ放送の中には視聴者にとって有害な番組もあるから、それを見せられてしまった視聴者には正の外部性ではなく負の外部性が発生している。しかしながら、番組を選択する（あるいは、そもそもテレビ放送を見ない）自由を視聴者が有している以上、全体として見れば、正の外部性の方が負の外部性よりも圧倒的に大きいであろう。

[84] わが国に限っても、1996年にソフトバンクがオーストラリアのメディア王であるKeith Rupert Murdoch氏と組んで試みたテレビ朝日の買収、2005年にライブドアが試みた（フジテレビの有力株主である）ニッポン放送の買収、および2005年以降に楽天が試みたTBSの買収などの例がある。

とって決して好ましいことではないであろう。

このような背景事情の下で作り出されたものが放送持株会社制度である[85]。この制度は、平成19年に公布され、翌年に施行された放送法の改正により創設された制度であり、これにより、放送持株会社となる道を選択したテレビ会社に関しては、何人も株式総数の3分の1を超える議決権を行使することができなくなった[86]。この結果、たとえ誰かが放送持株会社の株式を買い集めたとしても会社の経営を支配することは困難となり、したがって、放送持株会社にあっては非営利的経営を永続的に行うことが可能となったのである[87]。

放送持株会社制度はテレビ会社の経営者が株式持合いという会社財産の浪費を伴う施策を用いなくとも非営利的経営を継続することを可能にしたという点においては社会の厚生の増大に適うものであったといえよう。しかしながら、放送持株会社となる道を選択したテレビ会社は規律効果の半永久的喪失という莫大な代償を支払っている。放送持株会社は非効率的経営を回避するための制度的保障を自ら放棄した会社であり、合理的な投資家がその将来を危ぶむのはけだし当然のことであろう。

(3) コストを引当てとする非営利的経営

非営利的経営を持続的に行うことを可能とするもう1つの施策は敵対的買収がもたらすコストを引当てとし、その限度において非営利的経営を行うというものである。

---

[85] 放送持株会社制度を除いては支配株主の出現自体を不可能とした法令は本章筆者の知る限り存在していない。ただし、外資による支配権の取得を禁止する効果のある法令として日本電信電話株式会社等に関する法律6条、電波法5条1項、航空法4条などがある。また、外為法は、国の安全等に係る対内直接投資等について、事前の届出を義務付け、審査の結果により内容の変更・中止を求めることができるとしている(外為27条、対内直接投資等に関する政令3条)。

[86] 放送法164条、放送法施行規則207条1項参照。なお、本文に記した放送法の改正の内容と経緯については、総務省情報通信政策局放送政策課ほか「放送法等の一部を改正する法律について」ジュリ1353号(2008)58頁を参照されたい。

[87] 放送法の改正が施行された当時楽天による敵対的買収の脅威に晒されていたTBSと、その3年前にライブドアによる敵対的買収の脅威に晒されたフジテレビは相前後して放送持株会社への組織再編を進め、現在では、東京に本拠を置くテレビ会社は全て放送持株会社となっている。

敵対的買収がもたらすコストは次の3つに分けて考えることができる。
① 非営利的経営を行っている点を除いては能力・適性ともに申し分のない経営者を失うことは対象会社の株主価値の低下を招くに違いない。したがって、そのような経営者が、「非営利的経営を否定する敵対的買収が成立した場合には退任する」ことを宣言している場合においては[88]、敵対的買収を企てる者は買収の結果当該経営者が会社を離れることによって生じる株主価値の減少を覚悟しなければならない。この減少額を、以下「経営者喪失コスト」という。
② わが国では伝統的に敵対的買収という行為に対する社会的評価が低く、そのために、敵対的買収を実行するものは、これによって生じる有形・無形の社会的制裁を甘受しなければならない[89]。これを、以下「社会的制裁コスト」という。
③ 敵対的買収を行うにあたっては、資金提供者、財務顧問、法律顧問、公開買付代理人、PR会社など多くの専門家を起用しなければならず、これによって発生する取引コストも多額となる。これを、以下「狭義の

---

[88] わが国の経営者にはいわゆる「生え抜きの経営者」が多く、生え抜きの経営者は積年の勤務を通じて企業の実情を熟知している（「企業特殊的投資を積んでいる」といってもよいであろう）。したがって、生え抜きの経営者が退任することによって生じる経営者喪失コストはそうでない経営者の場合よりも高くなる傾向がある。なお、このことは、経営者自身にとっても退任することのコストが高く付くことを意味しているが（生え抜きの経営者が有している知識の多くは他の会社では使い道がないからである）、退任することを公にしている限り、退任を回避させることができると考える敵対的買収者は少ないであろう（ゲーム理論の用語を使っていえば、退任の意思を公にしている経営者は「セルフ・コミットメント」という戦略的行動をとっていることになる）。

[89] 敵対的買収に対する評価がわが国においては伝統的に低い理由は様々であるが、その主たる要因としては、消費者に奉仕し、地域社会に貢献し、そして何よりも「社員」すなわち従業員に対して生活の基盤と生きがいを与えるという役割を果たす企業を理想視するわが国の伝統的企業観を挙げることができるであろう（このような企業観を論じた文献は数多いが、ここでは草野・前掲注61）の45頁以下だけを摘示するにとどめる）。これに加えて、1980年代の終わりから1990年代にかけて、いわゆる「仕手筋」が企てた一連のグリーン・メイル事件（対象会社の経営者に一定の圧力を加えることにより株式を高値で買い取らせようとする施策を一般に「グリーン・メイル」という）の影響も侮り難い。けだし、これらの事件において、仕手筋は「敵対的買収」という外形を装いながらグリーン・メイルを実現しようとしたので、これにより敵対的買収という行為に対する社会的イメージはさらに悪化したと考えられるからである。この点につき、草野・前掲注61）169頁以下（特に、174頁注12）参照。

取引コスト」という。

以上に記したコスト、すなわち、経営者喪失コストと社会的制裁コストと狭義の取引コストの総和が対象会社の非営利的経営をやめさせることによって買収者が得る利益を上回る限り買収者は買収の実行を断念せざるを得ない。しかも、この場合においては、対象会社の経営者は、敵対的買収を阻止するための施策を特段とってはおらず、したがって、会社財産の浪費もなければ、規律効果の喪失もない（非効率的経営を行えば、その分コストを引当てとする敵対的買収の抑止力は低下するのであるから、対象会社の経営者に非営利的経営をできる限り広範に行いたいという意欲がある限り、非効率的経営を慎むインセンティブが確保されている）。しかしながら、この手法は、対象会社の経営者に「職を賭する」という自己犠牲を強いている点において持続可能性を欠いており、同時に、これによって可能となる非営利的経営の総量には自ずから限界がある。

(4) 投資家が支える非営利的経営

規律効果を失わず、かといって、経営者に自己犠牲も求めずに非営利的経営を継続することを可能とする手段はないものか。「それはある」というのが本章筆者の見解である。以下、この見解の要旨を箇条書きにて記す。

① 非営利的経営を行う会社が敵対的買収の標的となるのは、非営利的経営を行うと株価が低迷するからである。これを逆にいえば、非営利的経営を行っている会社の株価（以下「均衡株価」という）が、株主価値の最大化に徹する経営を行えば実現されるであろう株価（以下「潜在的株価」という）を下回らなければ、非営利的経営の継続が妨げられることはないはずである。

② 常識的に考えれば、均衡株価が潜在的株価を下回らないという事態はあり得ないように思えるかもしれない。しかしながら、これは達成可能な事態である。このことに最初に気がついたのは米国の経済学者達であり、彼らは、おおむね以下のような思考経路を辿ってこの結論に到達した[90]。

ⓐ 非営利的経営が均衡株価に与える影響を考えるにあたっては、社会における公共財の需要を考えることが適切である。けだし、非営利的経営は公共財を生産し、これを社会に供与する営みと捉え得るからで

ある[91]。

ⓑ 伝統的なミクロ経済学の考えによれば、公共財は、社会の構成員全員がこれを享受することのできるものであり、社会の構成員各自の効用は当該公共財が誰の手によって生産されたかによって変わらない。

ⓒ 上記ⓑの命題を所与とした場合においては、社会の構成員の数が増えれば自らの意思で公共財を生産する者は社会の最富裕層に属する者だけに限定されることが厳密な論理によって論証できる。

ⓓ しかしながら、現実社会においては低・中所得者層の者も寄付活動やボランティア活動を通じて公共財の生産に参加している[92]。ゆえに、背理法的論理によって上記ⓑの仮定は誤りであり、社会の構成員各自は、自らが公共財の生産に関与すること自体に独自の効用を得ると考えることが合理的である（以下、この効用を「公共財の私的効用」という）。

③ 公共財の私的効用の存在を認めると、均衡株価と潜在的株価の関係式を緻密に表すことが可能となる。その関係式はやや複雑であるのでここで紹介することは控えるが、結論だけを述べると、均衡株価と潜在的株価の関係を決定付ける主たる要素は次の5つであり、これらの要素と均

---

90) ここに記した言説は、一般に「warm glow 理論」とよばれている。詳しくは、James Andreoni, *Privately Provided Public Goods in a Large Economy : The Limits of Altruism*, 35 Journal of Public Economics, pp.57-73（1988）、James Andreoni, *Giving with Impure Altruism : Applications to Charity and Ricardian Equivalence*, 97 Journal of Political Economy No.6, pp.1447-1458（1989）および James Andreoni, *Impure Altruism and Donations to Public Goods : A Theory of Warm-Glow Giving,* 100 Economic Journal, Issue401, pp.464-477（1990）参照。

91) 正の外部性をもたらす経営は典型的な公共財の生産活動であり、負の外部性を控える経営はマイナスの公共財（public bads）の生産を控える活動である。それ以外の非営利的経営も全て公共財の生産もしくはそれに準じる活動として捉えることができる（この点について、詳しくは、草野・前掲注3）のⅣ章の注5を参照されたい）。

92) J. Graff Zivin and A. Small, *A Modigliani-Miller Theory of Altruistic Corporate Social Responsibility*, 5 Topics in Economic Analysis & Policy, Issue1, Article 10（2005）によれば、2002年の1年間に米国の市民が公益事業（ただし、宗教団体が行うものを除く）に拠出した寄付総額は約1500億ドル（約15兆円）に達した。この金額は当時における米国GDPの約1.5％に相当する。なお、わが国においても、2016年において個人が行った寄付（自主加入団体に支払った「会費」を含む）の総額は1兆円を超えている（日本ファンドレイジング協会編『寄付白書2017』（日本ファンドレイジング協会、2017）参照）。

衡株価との間には下記に記すような定性的関係が認められる。

　ⓐ　公共財性向 α。α は $0<\alpha<1$ を満たす値であり、消費者の保有資産総額に占める公共財の生産に割り当てる用意のある金額の割合を表している。α が高いほど均衡株価は上昇する。

　ⓑ　会社行動に対する親近感 θ。θ は $0<\theta<1$ を満たす値であり、会社を通じて行う公共財の生産によって得られる効用の（同額の投資額を用いて）自ら公共財の生産を行うことによって得られる効用に対する比率を表している。θ が高いほど均衡株価は上昇する。

　ⓒ　公共財生産効率性 μ。μ は任意の非負の実数をとる値であり、会社が生産する公共財の量の（同額の投資額を用いて）消費者自らが同じ公共財を生産した場合の量に対する比率を表している。μ が高いほど均衡株価は上昇する。

　ⓓ　会社の利益を公共財の生産にあてる割合 h。h は $0<h<1$ を満たす値であり、会社が生み出す潜在的利益全体に対する公共財の生産にあてる費用の割合を表している。h が高いほど均衡株価は下落する。

　ⓔ　非営利的経営を営む会社の割合 k。k は $0<k<1$ を満たす値であり、全企業の株式時価総額の合計に対する非営利的経営を行う会社の株式時価総額の合計の割合を表している。k が高いほど均衡株価は下落する。

④　③で言及した関係式を使って定量的分析を行うと、上記の各要素が現実世界において達成可能と思える数値をとりながら、均衡株価が潜在的株価を下回らないという事態を創り出すことは十分可能であるとの結論に至る[93]。

　もちろん、均衡株価が潜在的株価を下回らない状態を生み出すためには、非営利的経営を営む企業自らの努力が欠かせない。

　具体的にいうと、公共財生産効率性 μ を高めるためには、漫然と非営利的経営を行うだけではだめであり、その企業のみが行い得るような非営利的活動を選択的に行わなければならない。例えば、鉄道運送事業やテレビ放送事業が本業に関して生み出す正の外部性の公共財生産効率性は極めて高いに違いない。なぜならば、これらの企業が生み出している外部性を第三者が別途に創出しようとすれば膨大なコストがかかるからである[94]。

　会社行動に対する親近感 θ を高める PR 活動も不可欠である。そして、こ

の点を可能とするためには、会社法上の経営者の行為規範を株主利益最大化原則から厚生最大化原則に改めることに対する社会的コンセンサスを作り上げていくことが必要である。けだし、株主利益最大化原則というパラダイムが支配する社会においては非営利的経営はこれを隠微に行わざるを得ず、そうである限り、会社行動に対する親近感θを高めていくことは困難だからである。

主要な機関投資家の理解を取り付けることも重要である。この点に関して注目すべきことは、2006年に国際連合が「責任投資原則」(Principles for Responsible Investment。以下、頭文字をとって「PRI」という）を策定・発表し、世界各国の機関投資家に対して、これに署名することを呼びかけたことである。PRI は、機関投資家が「環境上の問題、社会の問題および企業統治の問題」（この３つの問題は、「Environment」、「Social」および「Governance」の頭文字をとって、一般に「ESG」と略称されている）を重視し、投資先の選定をするにあたっても、対象企業が、ESG に配慮した経営を行っているか否かを

---

93) 例えば、消費者の効用関数にコブ・ダグラス型のものを使い、θは、期待値をτ、標準偏差をσとするベータ分布に従う確率変数であると考えると、$\alpha=0.05$、$\mu=2$、$\tau=0.8$、$\sigma=0.1$とした場合、均衡株価の潜在的株価に対する割合は以下のようになる（網掛けを施していない部分は均衡株価が潜在的株価を下回っていない部分を表している。なお、$\tau=0.8$という仮定は非現実的であるという印象を与えるかもしれないが、株主が「自ら公共財を生産」するといっても、結局は外部の財団や NPO 法人を介して行うしかないことを考えれば―そして、企業自らが PR 活動を通じて「会社行動に対する親近感θ」の上昇に尽力することを前提とすれば―$\tau=0.8$という仮定は十分達成可能な値であろう）。

k \ h	0.05	0.1	0.15	0.2	0.25	0.3
0.5	1.033	1.048	1.038	0.999	0.950	0.900
0.6	1.032	1.040	1.014	0.966	0.917	0.867
0.7	1.030	1.030	0.992	0.943	0.893	0.843
0.8	1.028	1.020	0.975	0.925	0.875	0.825
0.9	1.026	1.009	0.961	0.911	0.861	0.811
1.0	1.024	0.999	0.950	0.900	0.850	0.800

94) 反対に、公共財生産効率性μが極めて低い非営利活動は、会社が行う寄付である。会社が行う寄付の公共財生産効率性μが１を上回ると考え得る理由はほとんど存在しないからである。

判断基準の 1 つとすることを求めており、これに署名した機関投資家は、このような判断基準に従って投資を行うことを対外的に宣言したことになる[95]。

ESG のうち、環境上の問題と社会の問題に配慮することは明らかに厚生の最大化という理念に合致するものであり、この点において、PRI は、機関投資家が非営利的経営を行う企業を優遇することを示唆しているといえるであろう。

PRI に署名した機関投資家は 2017 年 10 月時点で 1830 団体であり、その運用資産合計額は 70 兆米ドルを超えている。わが国においても、世界最大の年金基金である「年金積立金管理運用独立行政法人」を含めて 2017 年 10 月時点で合計 59 団体がこれに署名している。

投資家の理解と協力のもとに非営利的経営を行う道は確実に拡がりつつあるのではないであろうか。

---

[95] PRI に関する本文の記述は、主として、国連グローバル・コンパクトが開設しているウェブサイト（https://www.unglobalcompact.org）、株式会社ニューラルが運営しているオンライン・メディア Sustainable Japan のウェブサイト（https://sustainablejapan.jp/2015/08/18/unpri/18140）および社会的責任投資フォーラム編『日本サステナブル投資白書 2015』（社会的責任投資フォーラム、2016）に依拠している。

第Ⅰ部

M&Aと法（基礎）

■第 1 章■

M&A 取引の類型

第 1 節
M&A 取引とは

　M&A（Mergers & Acquisitions）という言葉が一般的に使われるようになってきたものの、法令上 M&A とはどのようなものなのかは必ずしも具体的な定義があるわけではない。ある会社の子会社株式を全て取得して子会社全てを譲り受けることも M&A であるし、ある会社と合併によって事業を統合することも M&A になり、その範囲は非常に幅広いところであるが、一般に、M&A とは、ある会社または事業を他の当事者が譲り受けたり、他の当事者の事業と統合したりする取引のことをいう。このように M&A の内容が漠としているが故に、M&A について様々な切り口で分類することが可能であり、また、そのような分類の視点を理解しておくことは、多様な M&A 取引の特徴を理解するためには有益であろう。

第 2 節
M&A 取引と法形式による分類

　M&A 取引は、例えば、株式の売買という法形式で行われることもあれば、新株発行およびその引受けという法形式で行われることもあるし、これ以外にも公開買付け、合併、株式交換、株式移転、会社分割や事業譲渡等、それ

ぞれの個別案件毎の事情に応じて、いろいろな法形式を用いて行われている。このように多様な法形式が用いられるのは、法形式によって必要となる手続やスケジュール、税務上の取扱いや関係当事者との間で認められる権利義務等に差異が生ずることになるためであり、個別の案件毎の事情を考慮した上で、当事者間で適切な法形式を選択、合意していくことになる[1]。それぞれの法形式毎に M&A 取引として用いる場合に異なる特徴を有しているため、実際に M&A 取引を行うに際しては法形式毎にどのような特徴があるのかを理解することが、当該案件に適した法形式の検討、選択のためには不可欠であるが、法形式毎に具体的にどのような特徴があるのかについては、第2章以後を参照されたい。

第3節 M&A 取引と対価による分類

　M&A 取引は、何を対価として用いるかという観点から分類することも可能であるが、対価としては金銭または当事者の普通株式が用いられることが多い[2]。

　当事者が実現を企図する事項を M&A 取引によって実現しようとする場合

---

[1] なお、1つの M&A 取引において選択される法形式は必ずしも1つだけではなく、例えば、ある事業を会社分割によって子会社化した上で当該子会社株式を譲渡するという形（会社分割＋株式譲渡）や、持株会社の下で A 社および B 社の事業を統合するために、A 社が B 社を株式交換によって完全子会社化した上で A 社が事業の大部分を会社分割によって別の子会社に承継させて元々の A 社を持株会社とする形（株式交換＋会社分割）等、複数の法形式を組み合わせて M&A 取引を行うことも頻繁に行われているところである。どのような取引を組み合わせて M&A のストラクチャーを組むかについては、それぞれの法形式毎の特徴を活かして個別の案件の事情に応じて変えていく必要があるため、まずは、それぞれの法形式毎の特徴を理解することが重要である。

[2] これ以外にも、例えば、新株予約権や種類株式、社債、親会社株式等を用いることもあり得るが、多くの M&A 取引においては金銭または当事者の普通株式が、単独または組合せにより対価として用いられている。なお、特に100％グループ内での組織再編の場合には、無対価で合併や会社分割等の組織再編取引を行うこともよくある。

には、いかなる法形式を組み合わせるかということを検討することになり、これをM&Aのストラクチャリングということがあるが、M&Aストラクチャリングの巧拙によって当事者が企図する内容の実現にどれだけ近づくことができるかが分かれ得るため、M&A取引を検討するにあたっては、初期段階における適切なストラクチャリングを行うことが極めて重要である。そして、M&A取引の対価として用いられるものが、金銭なのか当事者の普通株式なのかによって、各当事者の財務諸表に与える影響や、M&A取引の際に必要となる手続等への影響[3]が大きく異なってくることになるため、ストラクチャリングの段階で、いかなる対価を用いるかもあわせて決めることが通常である。金銭なのか当事者の普通株式なのかといった対価の選択が当事者の財務内容にどのような影響を与えるのか等を含めて、実際のM&Aストラクチャリングの際に具体的にはどのような事項を検討する必要があるのかについては、第Ⅱ部第1章第1節を、M&Aの対価の選択、そのメカニズムとその選択が当事者に与えるインセンティブについては、第Ⅱ部第2章を参照されたい。

第4節 買収または統合という観点からのM&A取引の分類

必ずしも明確な分類ではないものの、M&A取引を買収なのか統合なのかという観点で分類することもある。明確な定義はないが、ある当事者が、売

[3) 例えば、株式を対価とする取引の場合には、証券規制との関係で当局への届出等の手続が必要になる場合がある。また、対価が金銭なのか当事者の発行する株式なのかによって、そもそもM&A契約締結に至るまでの手続としてのデュー・ディリジェンスの要否も変わってくることがある。金銭対価の場合には、売主としては金銭を受け取るのみであり、M&A取引実行後の対象会社に対しては何らの関与も有しなくなるため、売主が買主等に対してデュー・ディリジェンスを行う必要はない。これに対して、売主が、買主の発行する株式を対価として受け取るような場合には、対価たる買主株式の価値が売主にとっては重要な関心事項となり、M&A取引実行後の買主株式の価値に影響を与えるような重大な問題がないか等について事前にデュー・ディリジェンスを行うことがあり得る。

主となる当事者から支配権を取得する取引を「買収」といい[4]、比較的規模が似通った当事者同士において、M&A案件実行後には各当事者の事業を共通の支配下に置いた上で両当事者の意向を相互に尊重しつつ事業運営を行っていくことを企図している取引を「統合」ということがある[5]。

「買収」の案件においては、M&A取引実行後には売主が対象会社の運営等には関与しなくなることが多いため、M&A契約においては、M&A取引実行後においても売主側に課す義務については明確に定めておく必要があり、また、対象会社の状態が当事者が想定しているものとは異なっている場合には、表明保証の違反として売主に対して補償請求できる旨を明示的に定めておく等の契約上の対応をしておく必要性が高いことになる[6]。これに対して、「統合」案件においては、M&A取引実行後には、当事者双方の事業が共通の支配下に置かれることになるため、仮に相手方の事業に想定していない問題があったとしても、相手方の事業が自らの事業と一体化しているために補償請求すべき相手が存在しておらず、M&A契約において表明保証や補償について詳細に規定するよりも、事前にデュー・ディリジェンスにおいて問題を把握しておく必要性が高いことになる[7]。

このように、M&A取引が「買収」というべきものなのか、「統合」というべきものなのか等の案件の特徴に応じて、それぞれのM&A契約において具体的にどのような条項を設けるべきかが異なってくるが、その詳細については、第Ⅱ部第3章を参照されたい。

なお、例えば、会社Aが、他の会社Bの支配権取得までは至らない程度の数の株式について、Bが新株発行を行い、Aがこれを引き受けるというような取引も行われているが、これはいわゆるマイノリティ出資であり、支配

---

4) 例えば、子会社株式の金銭による譲受け等。
5) 例えば、同等規模の会社同士における普通株式対価による合併等。
6) なお、会社Aが、会社Bが有している子会社Cの株式100%のうち、51%のみを金銭対価で譲り受けた上で、A社とB社のJV（Joint Venture）としてB社がC社の運営に一定程度責任を有し続けるということもあり得るため、「買収」といえるものであっても、売主の関与が完全になくなるものばかりというわけではない。
7) 会社X_1の子会社X_2と会社Y_1の子会社Y_2との合併のような「統合」といえる事案であっても、支配株主が存在している以上は、事後的な補償も十分にあり得、「統合」であるから契約条項において定める内容が決まってくるというわけではなく、支配株主の有無等の案件の個別の事情に応じて検討すべき項目が異なってくることになる。

権を取得しているわけではない点において買収とは異なり、また、両者の事業を共通支配下に置くことになるわけでもないため統合とも異なる。取引の個別具体的な事情に応じてこのような取引における M&A 契約において具体的にはどのような条項を規定すべきか検討することになるが、「買収」や「統合」といった分類は、そもそもが非常に曖昧模糊とした分類であり、この分類自体から何かが演繹的に帰結されるわけではなく、あくまでも M&A 取引の分類をする際の 1 つの観点として参考とされるものに過ぎず、個別の案件毎の事情に応じてストラクチャリングや契約条項等の検討をする必要があることには注意が必要である。

第 5 節
当事者の属性という観点からの M&A 取引の分類

1 買主の属性による分類

　ある会社を買収する取引において、その買主が、当該会社を買収した後で企業価値を高め、最終的に第三者に売却したり当該会社を上場させて株式を売却する等によって利益を上げることを目的としたいわゆる Financial Buyer（金融投資家）か、対象会社の事業を自らのものとして運営し続けていくことを目的とした Strategic Buyer（戦略的投資家）かによって M&A 取引を分類することがある。Financial Buyer の典型は Private Equity Fund（PE Fund）であるが、PE Fund による投資は、一定程度は PE Fund 自身が自らの投資家からキャピタルコールをかけた資金であるものの、投資効率を上げるという観点から、これ以外に対象会社や対象事業のキャッシュ・フローのみを引当てにしたいわゆる LBO（Leveraged Buy-Out）ローンでの借入れを行うことが通常である。LBO ローンは、借入人の信用状態に依拠せずに、対象会社や対象事業のキャッシュ・フローによって借入れを行うことができるところに最大の特徴があるが、詳細については第 II 部第 5 章を参照されたい。

　なお、少し特殊な買主の属性として、対象会社の取締役が対象会社の買主

となることがある。これは、いわゆる Management Buy-Out（MBO）と呼ばれる取引であるが、かかる取引においては、対象会社の取締役でありながら対象会社を買収しようとする者においては、買主としてできるだけ安価に対象会社の株式を取得したいというインセンティブが働く一方において、対象会社の取締役として、対象会社株主に対して、買主からはできるだけ高い価格を引き出すべく善管注意義務を負っているという意味において、構造的に利益相反が生じており、これに伴い M&A 取引としては検討すべき事項が多い。また、対象会社の支配株主が対象会社の買主となる場合についても、買主である対象会社の支配株主の利益を優先して対象会社の少数株主の利益が害されるおそれがあるという意味において、同様に構造的な利益相反が生ずる取引となるが、このように構造的利益相反のある M&A 取引において検討すべき事項等の詳細については、**第Ⅲ部第 2 章**を参照されたい。

2　売主または対象会社の属性による分類

実行しようとしている M&A 取引の内容によっても変わり得るところではあるが、対象会社が行っている事業の内容等によって別途当該事業に適用されるいわゆる業法があり、これによって M&A のストラクチャーや手続が影響を受ける場合がある。例えば、製薬会社の事業を譲り受けるような場合には、製造販売承認の承継や製造業許可の新規取得等が必要になってくることがあり得る。これ以外にも、資本関係や人的関係についての規制がある場合や行為規制を受けることになる場合等もあり、当該 M&A の当事者に適用される法律にどのようなものがあるかの確認は極めて重要であるが、銀行、保険、製薬等、M&A に関わる業法のうち代表的なものについては、**第Ⅲ部第 7 章**を参照されたい。

売主または対象会社が行っている事業内容とは別の観点として、売主または対象会社が日本の会社なのか外国会社なのかという観点からも分類を行うことも可能である。相手方が外国会社ということになれば、日本の会社との間では直接的に合併や会社分割等の組織再編行為を行うことができないと考える見解が支配的であり、M&A 取引のストラクチャーに大きく影響があり得るし、また、特に対象会社が外国会社である場合には、当該会社の事業に適用される法律は当該事業を行っている法域のものとなり、日本国以外の法

令や当該法域における M&A 契約のプラクティスについても確認、検討を行う必要がある等、このような取引に特有の検討事項を生ずるためである。このように、M&A の当事者に日本の会社のみならず外国会社が含まれる場合には、日本の会社と日本以外の国の会社との M&A 取引をクロスボーダー M&A ということがあるが、このようなクロスボーダー M&A 取引の特徴等については、第Ⅲ部第 4 章を参照されたい。

第 6 節 対象会社のステージによる M&A 取引の分類

　会社の事業にも様々なステージがあり、これによって M&A 取引の内容も異なり得る。例えば、会社が事業を開始し、事業のコンセプトは明らかになってきていても具体的にそれがどのような形でどの程度実行可能なのかについて、必ずしも過去の実績として現れてきていない段階（いわゆるスタートアップ）において、会社として資金調達のために新株を発行し、ベンチャーキャピタル等のリスクマネーの拠出者から資金を調達する取引が行われる。過去の実績が必ずしも積み上がっていない状態での資金提供となることから、資金を提供する側としても事業がその後順調に伸びるかの判断材料に乏しいのではないか、また、事業が順調に大きくなったとしてもそれが理由でさらに大規模な資金調達が必要となり追加的に大量の新株発行が行われ、これにより自らが保有する株式が想定以上に大幅に希薄化してしまわないか等、様々なリスクが大きく、このようなアーリーステージでの資金調達のための新株発行には、特有の検討事項が多く見られるところである。また、資金調達の際にベンチャー企業特有の契約条項や種類株式が用いられていることが多いため、このようなベンチャー企業が第三者との間で M&A を行いエグジットを検討する際にもそのようなベンチャー企業特有のポイントを考慮する必要がある。このようなベンチャー企業の資金調達および M&A については第Ⅲ部第 6 章を参照されたい。
　これに対して、ベンチャー企業とは異なり、順調に事業を成長させた上で、ある程度事業構造やオペレーションについても固まったが、様々な理由に

よって資金繰りに難を生じ、取引先金融機関からの金融支援（支払期限のリスケジュールやDebt Equity Swap 等）や法的倒産手続の申立てを通じた会社更生や民事再生または破産等による清算といった対応が必要になることもある。そのような場合に、取引先金融機関からの金融支援を受けるとともに、投資家に第三者割当増資を引き受けてもらって資金を調達するM&A取引や、民事再生等の法的倒産手続の申立てを行った上で事業譲渡等によって第三者に対して事業を譲り渡すこともよく行われるところであるが、法的倒産手続がいつ開始してもおかしくない当事者や既に法的倒産手続が開始して裁判所の監督下に入っている当事者がM&A取引を行うことになるため、いわゆる倒産法制の制約を受け、通常のM&Aとは異なる考慮が必要となる。このような事業再生状況におけるM&A取引の特徴については、**第Ⅲ部第5章**を参照されたい。

第7節 対象会社の同意の有無によるM&A取引の分類

　世の中で行われているM&A取引の圧倒的多数においては、M&A取引の当事者の同意の下で行われており、M&A取引当事者間において、価格や比率、表明保証等を通じたリスクアロケーションの内容等について交渉を経た上でその合意内容をM&A契約に詳細に規定している。しかしながら、特に対象会社が上場会社である場合には、必ずしも対象会社の同意を得ることなく、株主から株式を買い集めることによって、対象会社との間で特段のM&A契約を締結することなく、対象会社の支配権を取得する取引が行われることもある。このような場合には、事前に対象会社のデュー・ディリジェンスを行うこともできず、買主は公表情報に基づいて買収の意思決定をせざるを得ないことや、対象会社との間のM&A契約締結によって様々なリスクについて契約上の対応を行うことができないこと、対象会社としても自らの意思によらずに買収されることに対して、様々な対抗措置を用いて抵抗することが十分に考えられ、買収者側はそれを考慮した上でM&A案件の進行を検討する必要があること等、当事者間で合意をすることを前提とした通常の

M&A取引とは異なる配慮が必要となる。このような対象会社の同意のない、いわゆる敵対的買収と買収防衛については、**第Ⅲ部第3章**を参照されたい。

第 2 章

株式譲渡・取得

第 1 節
株式譲渡・取得による M&A

　株式譲渡・取得は、売主が買主に対して株式会社（対象会社）の発行済株式を譲り渡し、買主が売主に対してその対価（通常は金銭）を支払うという最もシンプルな M&A 取引の手法である。

　他の M&A 取引の手法と比較すると、株式譲渡・取得は、公開買付け（後記第 4 章参照）が必要となる場合を除き、一般的に手続が簡便であるため、実務上用いられる頻度は非常に高い。もっとも、株式譲渡・取得の方法、手続および規制は、主として、①譲渡対象株式が非上場株式であるか上場株式であるか、また、②対象会社が有価証券報告書の提出義務を負うか否かによって異なるところ、有価証券報告書の提出義務を負う会社の多くは上場会社であるため、以下では、原則として、非上場株式の譲渡・取得と上場株式の譲渡・取得に分けて説明しつつ、有価証券報告書の提出義務を負う会社が発行する株式の譲渡・取得に必要な手続および規制についても必要に応じて説明する[1][2]。

---

[1] 本章では、「上場株式」とは金融商品取引所（金商 2 条 16 項）に上場されている株式を、「非上場株式」とはそれ以外の株式をそれぞれ念頭に置いている。

[2] 譲渡対象株式が非上場株式であるか上場株式であるか、また、対象会社が有価証券報告書の提出義務を負うか否かにかかわらず、当事者の一方が個人である株式譲渡契約には消費者契約法が適用されることによって、実務上は規定されることが多い損害賠償責任や解除権の制限、違約金の支払義務等の条項の有効性が否定されないかが問

第2節
非上場株式の譲渡・取得

1 株式譲渡・取得の方法

(1) 株券発行会社の株式

(i) 概　要
株券発行会社の株式の譲渡・取得は、自己株式の処分による株式の譲渡・

題となり得る（同法8条～10条）。この点につき、同法が適用される「消費者契約」とは、「消費者と事業者との間で締結される契約」をいい、「消費者」とは、「個人（事業として又は事業のために契約の当事者となる場合におけるものを除く。）」をいい、「事業者」とは、原則として「法人その他の団体及び事業として又は事業のために契約の当事者となる場合における個人」をいう（同法2条1項～3項）。そして、個人であっても「事業として又は事業のために契約の当事者となる場合」は「消費者」の定義から除外されるところ、ここにいう「事業」とは、「一定の目的をもってなされる同種の行為の反復継続的遂行」であると解されている（消費者庁消費者制度課編『逐条解説　消費者契約法〔第3版〕』（商事法務、2018）83頁）。そのため、個人オーナーが保有株式を売却する場合等、当事者の一方が個人である株式譲渡・取得によるM&A取引においては、当該個人は「事業として又は事業のために」株式譲渡契約を締結するとはいえないとして、形式的には当該契約に同法が適用される可能性は否定できない。しかし、同法は、「消費者と事業者との間の情報の質及び量並びに交渉力の格差」に鑑みて、消費者の利益を不当に害することとなる条項の効力を否定または制限するなどして、消費者の利益の擁護を図ることを目的としているが（同法1条）、株式譲渡・取得によるM&A取引においては、個人も弁護士等の専門家の助言を受けることが多く、当事者の一方が個人であったとしても、必ずしも当事者間に「情報の質及び量並びに交渉力の格差」が存在するとはいえない。そのため、株式譲渡・取得によるM&A取引は、同法を適用することにより消費者の利益を保護する必要がある取引類型には必ずしも該当しないと考えられる。また、同法が適用されることによって、当事者間における真摯な交渉に基づき合意された条項の効力が否定されることは、当事者の合理的な意思に反し、結論の妥当性を欠くおそれもある。したがって、少なくとも個人も専門家の助言を受けているなど、当事者間に「情報の質及び量並びに交渉力の格差」が存在しない株式譲渡・取得によるM&A取引においては、同法またはその個別条項の趣旨に鑑みて、これらは適用されないと解するのが合理的であるように思われる。

取得[3]を除き、当該株式に係る株券を交付しなければ、その効力を生じない（会社128条1項）。すなわち、株券の交付は、株式譲渡・取得の対抗要件ではなく効力発生要件であり、株券の交付がない限り、当事者間においても株式譲渡・取得の効力は生じない[4]。そのため、売主が譲渡対象株式に係る株券を所持していない場合は、売主は、株式譲渡・取得の実行に先立ち、対象会社に当該株券を発行してもらう必要がある[5]。なお、株券の交付は、現実の引渡し（民法182条1項）のほか、簡易の引渡し（同条2項）、占有改定（同法183条）または指図による占有移転（同法184条）のいずれの方法でもよい。

また、株主名簿の名義書換が対象会社に対する対抗要件であるため、株券発行会社の株式の譲渡・取得について、株券の交付がなされていても、株主名簿への記載または記録がなされない限り、当該株式の譲渡・取得を対象会社に対抗することはできない（会社130条2項）。

---

3) 株券発行会社は、原則として、自己株式を処分した日以後遅滞なく、当該自己株式を取得した者に対し、株券を交付しなければならないが、公開会社でない株券発行会社は、当該取得者から請求がある時までは、株券を発行しないことができる（会社129条）。なお、「公開会社」とは、その発行する全部または一部の株式の内容として定款による株式の譲渡制限を定めていない株式会社であり（会社2条5号参照）、公開会社に該当しない会社（非公開会社）とは、その発行する全部の株式の内容として定款による株式の譲渡制限を定めている株式会社を意味する。

4) なお、会社法128条2項は、株券の発行前にした譲渡は、株券発行会社に対し、その効力を生じないと定めている。この点につき、同条1項と2項の適用関係については、①同条2項は、株券発行前であっても、同条1項の適用があることを注意的に規定したものであるという理解を前提として、株券発行前の株式の譲渡は、当事者間においても譲渡に係る債権的な効力を発生させるのみであり、会社との関係では（当事者間でも）譲渡の効力を生じさせないとする見解（論点解説66頁、江頭230頁）と、②同条2項は同条1項の特則であり、株券発行前は同条1項の適用が排除されるという理解を前提として、株券発行前の株式の譲渡は、当事者間では有効であるが、会社との関係では効力を生じないとする見解（神田97頁、龍田＝前田260頁、田中・会社法111頁。また、譲受人は第三者に対してもその実質的な株式譲渡の事実をもって対抗できるとする見解について、逐条解説(2)240頁〔北村雅史〕、コンメ(3)317頁〔前田雅弘〕参照）がある。また、会社が株券の発行を不当に遅滞し、信義則に照らしても株式譲渡の効力を否定するのを相当としない状況に立ち至った場合においては、株主は、意思表示のみによって有効に株式を譲渡でき、会社は、もはや株券発行前であることを理由としてその効力を否定することができない（最大判昭和47年11月8日民集26巻9号1489頁）。

(ii) 株券交付の欠缺

対象会社の買収に先立ち行われるデュー・ディリジェンス等において、過去に株券の交付を欠いた対象会社株式の譲渡・取得が行われていたことが判明することがある。株式譲渡・取得により株券発行会社を買収する M&A 取引においては、売主が対象会社株式を適法かつ有効に取得し保有していることが前提となるが、前記(i)のとおり、株券の交付を欠いた株式譲渡・取得は当事者間でも無効であるため、過去の株式譲渡・取得において株券交付の欠缺が存在する場合は、売主は、当該対象会社株式を適法かつ有効に取得し保有していないことになる[6]。

かかる株券交付の欠缺を治癒する方法としては、株券を発行した上で、株券の交付を伴う形で過去の無効な各株式譲渡・取得をやり直すことが考えられる[7][8]。前記(i)のとおり、株券の交付は、現実の引渡しのほか、簡易の引渡し、占有改定または指図による占有移転のいずれの方法でもよいため、過去の各株式譲渡・取得の当事者間においてそれぞれ物理的に株券の交付を行う必要はなく、例えば、対象会社または売主が株券を保管し、各譲渡人から占有移転の指図書を取得するなど、書面の授受のみによって当初の譲渡人から売主まで株券の交付を順次行うことも可能である。もっとも、過去の株式

---

5) 株券発行会社は、原則として株券を発行しなければならないが、公開会社でない株券発行会社は、株主から請求がある時までは、株券を発行しないことができ（会社215条)、また、株主は、株券発行会社に対して株券不所持の申出を行うこともできる（会社217条)。そのため、株券発行会社の株式であっても株券を発行していないことが適法である場合もあり得る。この点につき、株券発行前の株式の譲渡は当事者間では有効であるとする見解を前提としたとしても、株券の交付がなされない限り、当該譲渡は会社との関係では効力を生じないため（前掲注4）参照)、やはり対象会社に株券を発行してもらう必要がある。また、適法に株券が発行されたものの紛失等の理由により株主が株券を所持していない場合は、第三者が当該株券に係る株式についての権利を善意取得するリスクも存在するため（会社131条2項)、対象会社に対して株券喪失登録を請求し当該株券を無効とした上で対象会社に新たな株券を再発行してもらう必要がある（会社221条以下)。ただし、株券喪失登録がされた株券は、株券喪失登録日の翌日から起算して1年を経過した日に無効となり、その後に対象会社が株券を再発行することになるため（会社228条)、株券喪失登録による株券の再発行には時間を要する点に留意する必要がある。

6) なお、会社が株券の発行を不当に遅滞したことを理由として意思表示のみによる株式の譲渡・取得の有効性が認められないかどうかも検討に値するが（前掲注4）参照)、実務上はかかる有効性が認められないまたはその判断が困難であることも多い。

譲渡・取得の当事者が所在不明である場合や当該当事者が既に亡くなり相続が発生している場合等には、当該当事者またはその相続人から必要な書面を取得することができない可能性があるため、現実的にはかかる方法により株券交付の欠缺を治癒することができないこともある[9]。

また、株券の交付を欠いた株式譲渡・取得から既に20年または10年が経過している場合は、株式ないし株主権も民法163条に定める「所有権以外の財産権」に該当するとして、株式ないし株主権の時効取得の成立を主張することが考えられる。同条に基づく時効取得が成立するためには、「自己のためにする意思をもって」財産権を行使する必要があるところ、かかる財産権の行使が認められるためには、財産権の帰属者としての外観の存在だけでは足りず、「財産権の帰属者としての権利行使」が必要であり、そのためには、その前提として、原則として、その者が株主として株主名簿への記載等がさ

---

[7] 株券発行前の株式の譲渡は当事者間では有効であるとする見解の中には、会社に免責的効力が生じるかどうかについては議論の余地があるものの、会社は、株券発行時において譲受人を株主と認めてこれに株券を発行して名義書換も行うという簡略化した手続を認める見解も存在する（逐条解説(2) 240頁〔北村〕）。かかる見解を前提とすれば、少なくとも、株券不所持の申出等により株券が発行されておらず、このために過去の株式譲渡・取得が株券の交付を欠いているような場合には、過去の株式譲渡・取得の全てをやり直す必要はない。もっとも、株券発行前の株式の譲渡は当事者間でも効力を生じないという見解も存在するため（前掲注4）参照）、実務上は、株券発行前であるか否かを問わず、株券の交付を欠いた株式の譲渡・取得は当事者間でも無効であることを前提として、その治癒方法を検討することが望ましい。

[8] なお、過去に株券の交付を欠いた対象会社株式の譲渡・取得が行われていたものの、その後に対象会社が株券不発行会社に移行している場合もあり得る。この点につき、株券の交付を欠いた株式の譲渡・取得の効力が株券不発行会社への移行によって生じると解することは困難であるため、対象会社が既に株券不発行会社に移行している場合でも、対象会社を再度株券発行会社に移行した上で、株券の交付を伴う形で過去の無効な各株式譲渡・取得をやり直すことを検討する必要がある。

[9] ただし、株券の交付を伴う形で過去の株式譲渡・取得の全てをやり直すことができたとしても、当該株式譲渡・取得が遡及的に有効となるわけではない。そのため、無効な株式譲渡・取得の時点からやり直しの時点までの間、真実の株主である譲渡人が株主として扱われず、真実の株主ではない譲受人が議決権その他の株主権を行使していた事実に変わりはないため、株主総会決議の有効性等につき疑義が残ることになる。また、第三者が適法に譲渡対象株式を取得している場合（真実の株主である譲渡人が第三者に対して株券の交付を伴う形で譲渡対象株式を譲渡した場合、第三者が株券の交付により譲渡対象株式についての権利を善意取得した場合（会社131条2項）等）は、かかる方法により治癒することはできない。

れており、かつ、株主としての利益の享受に向けられた行為が継続的になされていることが必要であると解されている[10][11][12]。

(2) 株券不発行会社の株式

株券不発行会社の株式の譲渡・取得は、当事者間の合意によりその効力を生じる。ただし、株主名簿の名義書換が対象会社その他の第三者に対する対抗要件であるため、株券不発行会社の株式の譲渡・取得について、株主名簿への記載または記録がなされない限り、当該株式の譲渡・取得を対象会社その他の第三者に対抗することはできない（会社130条1項）。

2 会社法上の手続

(1) 対象会社

譲渡制限株式の譲渡・取得の場合は、対象会社の取締役会（取締役会非設置会社においては株主総会）による譲渡承認決議が必要となる（会社139条1項本文）。ただし、対象会社は、定款に定めることにより譲渡承認機関を変更することができ（同条但書）、例えば、代表取締役や取締役を譲渡承認機関とすることも可能であると解されている[13]。

(2) 売 主

売主が取締役会設置会社である場合において、株式譲渡・取得が「重要な

---

10) 弥永真生ほか監修・西村あさひ法律事務所編『会社法実務相談』（商事法務、2016）323頁〔佐藤丈史＝吉田元樹〕。
11) 東京地判平成21年3月30日判時2048号45頁は、被告が、株式の名義人とされ、増資の際には株式を引き受け、株主総会で議決権を行使し、利益配当も得ていた事実を認定し、「権利者として社会通念上承認し得る外形的客観的な状態を備えていたものと評価することができる」として、時効取得の成立を認めている。これに対して、東京地判平成15年12月1日判タ1152号212頁は、株式について民法163条に基づく時効取得があり得ると述べたものの、当該判決に係る事案においては、原告が会社に対して株主名簿の名義書換を請求しておらず、また、自己に対する配当金の支払いや株主総会の招集通知の発送を毎年文書で求めたという原告主張の事実も認められないため、会社に対して株主としての権利行使をしていたと認めることはできないとして、時効取得の成立を否定している。

財産の処分及び譲受け」(会社362条4項1号) または「その他の重要な業務執行」(同項柱書) に該当するときは、売主の取締役会決議が必要となる[14]。

また、会社法の平成26年改正により、株式会社は、その子会社の株式ま

---

12) そのほか、会社法の平成26年改正前は、買主は、株券交付の欠缺のために対象会社株式を適法かつ有効に取得し保有していない売主から当該株式を取得する代わりに、対象会社をして株式移転を行わせた上で、これにより株式移転設立完全親会社が取得した対象会社株式を取得することも考えられた。すなわち、株式移転を利用する方法による場合は、対象会社は、株主総会の特別決議によって株式移転計画の承認を受けなければならないところ (会社804条1項、309条2項12号)、真実の株主ではなく、対象会社株式を適法かつ有効に取得し保有していない売主に招集通知を発送し、売主が議決権を行使すれば、株主総会の招集手続や決議に瑕疵が生ずることは避けられず、株主総会決議の取消事由または不存在事由となる。もっとも、一般に、会社の組織再編に係る株主総会決議に取消事由、無効事由または不存在事由がある場合は、当該組織再編の無効事由となると解されており、組織再編の効力発生日以降は、株主総会の決議取消しの訴え (会社831条)、決議無効確認の訴え (会社830条2項) および決議不存在確認の訴え (同条1項) は訴えの利益を欠き、株主総会決議の瑕疵は、当該組織再編の無効の訴えによってのみ争うことができるという見解 (吸収説) が通説であるとされている (東京地判昭和30年2月28日下民集6巻2号361頁。なお、吸収説に反対する併存説について、江頭372頁注7参照)。したがって、かかる見解を前提とすれば、株式移転を利用する方法による場合は、株式移転の効力発生日から6か月間は、株式移転無効の訴えによって株式移転計画の承認に係る株主総会決議の瑕疵を争われる可能性があるが (会社828条1項12号)、当該提訴期間の経過後は、当該株主総会決議の瑕疵を争う手段がなくなり、株式移転設立完全親会社による対象会社株式の保有の適法性および有効性について争われるリスクも小さいと考えられた。しかし、後記2(2)のとおり、会社法の平成26年改正により、一定の子会社の株式等の譲渡については、株主総会の特別決議によって当該株式等の譲渡に係る契約の承認を受けなければならないこととされている (会社467条1項2号の2、309条2項11号、会社則134条)。そして、かかる子会社の株式等の譲渡については、株式移転無効の訴えのような特別の訴えは定められておらず、また、株主総会の決議不存在確認の訴えには提訴期間の制限はない。したがって、株式移転を利用する方法による場合でも、株式移転設立完全親会社から買主に対する対象会社株式の譲渡について、理論的には永久に当該株式譲渡に係る株主総会決議の瑕疵が争われるリスクが残るため、株券交付の欠缺を治癒するために株式移転を利用する方法を用いることは、その限りにおいて難しくなったように思われる。

13) 論点解説63頁。ただし、取締役会より下位の機関を決定機関とすることを法は想定しておらず (会社416条4項1号参照)、決定権限を代表取締役・執行役等さらに下位の機関に委ねるのであれば、承認の可否につき一定の基準を定め、その基準に従って個々の承認請求を処理することを委ねる形のみが認められる (法制審議会会社法 (現代化関係) 部会「会社法制の現代化に関する要綱試案」(2003) および法務省民事局参事官室「会社法制の現代化に関する要綱試案補足説明」(2003) 第4部第3・1(2)①) とする見解もある (江頭237頁注6)。

たは持分の全部または一部を譲渡する場合において、当該譲渡により譲り渡す株式等の帳簿価額が当該株式会社の総資産額の5分の1を超え、かつ、当該株式会社が効力発生日において当該子会社の議決権の総数の過半数の議決権を有しないときは、効力発生日の前日までに、株主総会の特別決議によって、当該株式等の譲渡に係る契約の承認を受けなければならないこととされている[15]。

したがって、売主が株式会社である場合において、株式譲渡・取得がかかる要件を満たすときは、売主の株主総会決議も必要となる。

(3) 買　主

買主が取締役会設置会社である場合は、売主と同様、前記(2)のとおり、買主の取締役会決議が必要となり得る。

また、株式譲渡・取得に事後設立規制が適用される場合がある点に留意する必要がある。すなわち、株式会社は、その成立後2年以内に、その成立前から存在する財産[16]であってその事業のために継続して使用するものを取

---

14)　多くの株式譲渡・取得によるM&A取引において売主の取締役会決議が必要となると考えられるが、売主の取締役会規則等に定める取締役会付議事項を踏まえ、その要否を判断することになる。

15)　会社467条1項2号の2、309条2項11号、会社則134条。これは、株式会社が、その子会社の株式等を譲渡することにより、株式等の保有を通じた当該子会社の事業に対する直接の支配を失う場合には、事業譲渡と実質的に異ならない影響が当該株式会社に及ぶからである（坂本・一問一答241頁）。このため、会社法上は子会社の株式等の譲渡も「事業譲渡等」として整理されており（会社468条1項）、事業譲渡と同様の反対株主の株式買取請求制度（会社469条、470条）等が適用される。

16)　「その成立前から存在する財産」の解釈については争いがあり、会社成立前より存在する財産に限られると解する見解（大森忠夫＝矢沢惇編集代表『注釈会社法(4)』（有斐閣、1968）174頁〔長谷川雄一〕、高村隆司「事後設立によるM&Aをめぐる諸問題――検査役の検査を中心に」金法1585号（2000）26頁）も存在するが、会社成立後創設される財産であっても、既に会社成立前から取得が予定されていたものも含まれると解する見解が有力である（大隅＝今井(中)107頁、注釈会社(5)306頁〔谷川久〕、コンメ(12)42頁〔齊藤真紀〕、阿部一正ほか『条解・会社法の研究(5)　株主総会』別冊商事163号（1994）185頁〔稲葉威雄発言〕、神戸地決平成4年5月14日判時1439号150頁）。後者の見解を前提とすれば、売主と買主（買収者がM&A取引のために新たに設立した特別目的会社（SPC））との間の最終契約の締結後（すなわち、買主の成立後）に売主がその事業の一部を新たに設立する会社に承継させた上で当該会社の株式を買主に対して譲渡するカーブアウト取引の場合であっても、事後設立規制が適用され得る。

得する場合において、当該財産の対価として交付する財産の帳簿価額の合計額の当該株式会社の純資産額に対する割合が5分の1を超えるときは、効力発生日の前日までに、株主総会の特別決議によって、当該財産の取得に係る契約の承認を受けなければならない[17]。そして、事業のために継続して使用する財産には、資本参加のための他社の株式も含まれると解する見解が有力である[18]。

したがって、買主が株式会社である場合において、株式譲渡・取得がかかる要件を満たすときは、買主の株主総会決議も必要となり得る[19]。

3 金商法および取引所規則上の開示規制

(1) 売出し規制

「有価証券の募集」または「有価証券の売出し」は、原則として、発行者が当該有価証券の募集または売出しに関し届出を行っていない限り、何人もこれを行ってはならず（金商4条1項本文）、当該届出の効力が生じる前に当該有価証券を募集または売出しにより取得させまたは売り付けることが禁じられている（金商15条1項）。そして、原則として、「有価証券の募集」とは新たに発行される有価証券を対象とし（金商2条3項）、他方、「有価証券の売出し」とは既に発行された有価証券を対象とする概念であるため（同条4

---

[17] 会社467条1項5号、309条2項11号、会社則135条。ただし、全株主の同意がある場合（実質上一人会社における実質株主の同意がある場合を含む）は、株主総会の特別決議による承認は不要であると解されている（大阪地判昭和44年3月18日判時562号71頁、東京地判昭和45年10月27日下民集21巻9＝10号1381頁、京都地判昭和61年5月7日判時1204号144頁等）。

[18] 大隅＝今井(中)108頁、大森＝矢沢編代・前掲注16) 175頁〔長谷川〕、注釈会社(5) 307頁〔谷川〕、コンメ(12) 43頁〔齊藤〕。なお、株式や有価証券が「使用」という語句にそぐわないこと等を理由として、かかる解釈に対して疑義を呈する見解（阿部ほか・前掲注16) 184頁〔森本滋発言〕）や、有価証券は事業のために継続して使用する財産に該当しないと解する見解（髙村・前掲注16) 26頁）も存在する。

[19] 株式譲渡・取得によるM&A取引において事後設立規制が適用される典型的な場合として、買収者が当該M&A取引のために新たに設立した特別目的会社（SPC）を買主とする場合が考えられるが、実務上は全株主の同意があることを理由として株主総会決議を取得しないケースも多いと思われる。

項)、株式譲渡・取得においては、「有価証券の売出し」の該当性が問題となる。

(i) 有価証券の売出し

「有価証券の売出し」とは、①既に発行された有価証券の売付けの申込みまたはその買付けの申込みの勧誘（取得勧誘類似行為[20]に該当するものその他内閣府令[21]で定めるものを除く。「売付け勧誘等」）のうち、②適用除外取引に係るものに該当せず、かつ、③50名以上の者を相手方として行う場合またはいずれの「私売出し」の要件にも該当しない場合のことをいう（金商2条4項、金商令1条の8)[22)23)]。

(a) 売付け勧誘等

「売付け勧誘等」については、金商法上は明確に定義されていないものの、有価証券の買付けの勧誘は、特定の有価証券についての投資者の関心を高め、その買付けを促進することとなる行為であり、勧誘行為となるためには、有価証券の売出価格等の取引の条件を表示することが必要でないのみならず、有価証券の売出しに言及していることも必要ではないと解されている[24)25)]。

このように「売付け勧誘等」の範囲はかなり広く解されているが、そもそも「売付け勧誘等」に該当するか否かという問題は、（届出が必要であること

[20)] 取得勧誘類似行為は、既に発行された有価証券を対象とするものであるが、「売付け勧誘等」の定義からは除外され、「有価証券の募集」として規制されており（金商2条3項・4項）、株券を対象とする場合は、会社法199条1項の規定に基づいて行う自己株式の売付けの申込みまたはその買付けの申込みの勧誘が取得勧誘類似行為に該当する（定義府令9条1号）。

[21)] 定義府令13条の2。

[22)] 「有価証券の売出し」の要件は、第一項有価証券と第二項有価証券のいずれに係る「売付け勧誘等」であるかによって異なるが、株券は第一項有価証券であるため（金商2条3項柱書括弧書、同条1項9号）、ここでは第一項有価証券に係る「売付け勧誘等」を前提として説明する。

[23)] なお、取得請求権付株式について当該株主による取得請求により有価証券を移転する場合等、一定の有価証券の移転は、「有価証券の売出し」には該当しないとされている（開示ガイドライン B2-11）。

[24)] 神崎克郎ほか『金融商品取引法』（青林書院、2012）317頁。

[25)] 「有価証券の売出し」行為に該当する例について、開示ガイドライン B4-1 参照。また、「売付け勧誘等」に該当しない例について、開示ガイドライン B2-12 参照。

を前提として）届出の効力が生じる前にどのような行為を行うことが可能かという問題（いわゆるガン・ジャンピングの問題）であり、株式譲渡・取得を行う場合は、最終的にはいずれかの時点において必ず「売付け勧誘等」に該当する行為が行われることになる。そのため、売出し規制が適用され届出等の手続が必要となるか否かを検討する場合は、「売付け勧誘等」の該当性よりも、後記(b)の適用除外取引や後記(c)の「私売出し」の該当性の検討が重要となる[26]。

(b) 適用除外取引

金商法は、「有価証券の売出し」に係る開示規制において、その販売勧誘における販売サイドと投資者サイドとの間の情報格差、経済実態等に着目し、発行開示を求める必要性が低いと考えられる有価証券取引については、「有価証券の売出し」に該当しないものとして開示規制の適用を免除している[27]。具体的には、「取引所金融商品市場における有価証券の売買及びこれに準ずる取引その他の政令[28]で定める有価証券の取引に係るもの」が適用除外取引として定められている（金商2条4項柱書括弧書）。

もっとも、非上場株式の譲渡・取得は、これらの適用除外取引に該当する可能性は低いため、適用除外取引の該当性は、上場株式の譲渡・取得の場合に主に検討することになる（後記第3節3(2)(i)参照）。

(c) 私売出し

「売付け勧誘等」のうち、適用除外取引に係るものに該当せず、かつ、50名以上の者を相手方として行う場合[29]またはいずれの「私売出し」の要件にも該当しない場合は、「有価証券の売出し」に該当するところ、このうち

---

[26] なお、公開買付けにおける応募や応募契約の締結等の「売付け勧誘等」の該当性については、後記第Ⅱ部第3章第3節3(5)参照。
[27] 谷口義幸「『有価証券の売出し』に係る開示規制の見直しの概要(上)」商事1902号（2010）38頁。
[28] 金商令1条の7の3。
[29] 一定の要件を満たす場合は50名の人数の計算において適格機関投資家は除外される（金商2条4項1号括弧書、金商令1条の7の4）、また、特定投資家（適格機関投資家も含まれる。金商2条31項1号）のみを相手方とする場合は除外される（金商2条4項1号括弧書）。

「私売出し」には、①「適格機関投資家私売出し」[30]、②「特定投資家私売出し」[31]および③「少人数私売出し」という3つの類型がある。

そして、「私売出し」のうち実務上検討することが多い「少人数私売出し」とは、50名以上の者を相手方として行う場合ならびに「適格機関投資家私売出し」および「特定投資家私売出し」に該当する場合以外の場合[32]であって、当該有価証券が多数の者に所有されるおそれが少ないものとして政令で定める場合[33]をいう（金商2条4項2号ハ）。

実務上は、非上場株式に係る「売付け勧誘等」は、その相手方が50名未満であることが多いため、「少人数私売出し」の要件を満たせば、「有価証券の売出し」には該当しない。これに対して、その相手方が50名以上の場合は、「適格機関投資家私売出し」や「特定投資家私売出し」とすることも考えられるが、そのためには転売制限が必要となる[34] [35]。

---

[30] 金商2条4項2号イ、金商令1条の7の4。

[31] 金商2条4項2号ロ、金商令1条の8の2。

[32] ただし、「当該有価証券と種類を同じくする有価証券の発行及び勧誘の状況等を勘案して政令で定める要件に該当する場合」は除外される（金商2条4項2号ハ括弧書、金商令1条の8の3）。

[33] 株券等に係る「売付け勧誘等」（少人数私募により発行された株券等ではない場合）については、大要、①当該売付け勧誘等が特定投資家のみを相手方とし、かつ、50名以上の者を相手方として行う場合でないこと、②当該株券等の発行者が、当該株券等と同一の内容（剰余金の配当・残余財産の分配・利益を用いて行う出資の消却についての内容に限る）を表示した株券等であって、有価証券報告書の提出義務のあるものを既に発行している者でないこと、③当該株券等と発行者および株式に係る剰余金の配当・残余財産の分配・株式の買受け・議決権を行使することができる事項が同一の有価証券（定義府令10条の2第1項9号・4号）が特定投資家向け有価証券（金商令1条の4第1号ロ、金商4条3項）でないことという要件の全てを満たす必要がある（金商令1条の8の4第1号・3号イ）。

[34] 株券等に係る「売付け勧誘等」については、①「適格機関投資家私売出し」の場合は、当該株券等を取得した者が当該株券等を適格機関投資家以外の者に譲渡を行わない旨を定めた譲渡に係る契約を締結する必要があり（金商令1条の7の4第1号ハ）、②「特定投資家私売出し」の場合は、当該株券等の売付け勧誘等を行う者と買付者との間において、当該買付者が買い付けた当該株券等を特定投資家等以外の者に譲渡を行わない旨その他の内閣府令で定める事項を定めた譲渡に係る契約を締結する必要がある（金商令1条の8の2第1号ロ、定義府令13条の5）。

(ii) 必要となる手続

ⓐ 有価証券届出書

「有価証券の売出し」に該当する場合は、原則として、発行者が当該有価証券の売出しに関し届出を行っていない限り、何人もこれを行ってはならず（金商4条1項本文）、当該届出の効力が生じる前に当該有価証券を売出しにより売り付けることが禁じられている（金商15条1項）。有価証券の売出しに係る届出は、発行者が内閣総理大臣（財務局長等）に対して有価証券届出書を提出することにより行われ（金商5条1項、開示府令8条1項）、原則として、内閣総理大臣（財務局長等）が有価証券届出書を受理した日から15日を経過した日[36]に、その効力を生ずる（金商8条1項)[37]。

---

35) ただし、非上場株式に係る「売付け勧誘等」であっても、当該株式と一定の事項が同一の株式について有価証券報告書の提出義務がある場合は、「適格機関投資家以外の者に譲渡されるおそれが少ないもの」、「特定投資家等以外の者に譲渡されるおそれが少ないもの」および「多数の者に所有されるおそれが少ないもの」の各要件を満たさないため（金商2条4項2号、金商令1条の7の4第1項イ、1条の8の2第1項イ、1条の8の4第3号イ(1)）、「適格機関投資家私売出し」、「特定投資家私売出し」および「少人数私売出し」のいずれにも該当せず、「売出し」に該当する可能性がある点に留意する必要がある。

36) 有価証券届出書が受理された日の翌日から起算して15日を経過した日であるため、有価証券届出書の受理日と効力発生日との間に15日を空ける必要がある。また、かかる待機期間内に訂正届出書が提出された場合は、内閣総理大臣（財務局長等）がこれを受理した日に、有価証券届出書の受理があったものとみなされる（金商8条2項）。ただし、一定の要件を満たす場合は、待機期間の短縮が認められている（同条3項・4項、開示ガイドラインB8-2〜8-4）。例えば、組込方式（金商5条3項）や参照方式（同条4項）による有価証券届出書を提出する場合は、原則として、有価証券届出書が受理された日からおおむね7日を経過した日に、その効力を発生させることが認められる可能性がある（金商8条3項、開示ガイドラインB8-2①〜③）。

37) 届出義務等については、規制の実効性の確保のため、金商法上、①民事責任・②刑事責任・③課徴金についての定めが設けられている。具体的には、①届出の効力発生前の取引や有価証券届出書の虚偽記載等について、発行者や売主の民事責任（金商16条、18条1項、21条1項2号）が定められている。また、②届出なく売出しを行いまたは届出の効力発生前に取引を行った売主の刑事責任（5年以下の懲役もしくは500万円以下の罰金または併科。法人については両罰規定により5億円以下の罰金。金商197条の2第1号・3号、207条1項2号）、有価証券届出書の虚偽記載等に関する発行者の刑事責任（10年以下の懲役もしくは1000万円以下の罰金または併科。法人については両罰規定により7億円以下の罰金。金商197条1項1号、207条1項1号）等が定められている。さらに、③届出なく売出しを行いまたは届出の効力発生前に取引を行った売主に対する課徴金納付命令（金商172条1項・2項）等の定めもある。

ただし、その有価証券に関して開示が行われている場合[38]における当該有価証券（本章において以下「既開示有価証券」という）の売出し、売出価額の総額が1億円未満の有価証券の売出しで内閣府令[39]で定めるもの等、一定の要件に該当する有価証券の売出しについては、届出義務が免除される[40]。

(b) 有価証券通知書

届出義務が免除される有価証券の売出しであっても、既開示有価証券の売出し、売出価額の総額が1億円未満で内閣府令[41]で定めるもの等の特定募集等[42]が行われる場合は、発行者は、原則として、当該特定募集等が開始される前[43]に、内閣総理大臣（財務局長等）に対して有価証券通知書を提出しなければならない（金商4条6項本文、開示府令4条1項～3項）[44]。

ただし、金商法4条1項5号に掲げる有価証券の売出しでその売出価額の総額が1000万円以下の有価証券の売出し（既開示有価証券の売出しを除く）等、一定の要件に該当する有価証券の売出しについては、有価証券通知書の提出義務も免除される[45]。

---

[38] ここにいう「開示が行われている場合」について、金商4条7項、開示府令6条、開示ガイドラインB4-21参照。なお、非上場株式の譲渡・取得であっても、大要、当該株式と同種の有価証券（定義府令10条の2第1項）について既に行われた募集または売出しに関する届出がその効力を生じている場合や、当該株式が金商法24条1項4号に掲げる有価証券に該当し、同項の規定により有価証券報告書が提出されている場合（開示府令6条1号・4号参照）は、当該株式は既開示有価証券に該当し、届出義務が免除される。

[39] 開示府令2条4項。

[40] 金商4条1項但書・各号、金商令2条の3、2条の12、2条の12の2、2条の12の3、開示府令2条。

[41] 開示府令2条4項。

[42] 金商4条6項。

[43] なお、有価証券通知書の提出時期について、金商法の平成26年改正前は「開始される日の前日まで」とされていたが、当該改正により「開始される前」に変更されている（金商4条6項本文）。もっとも、前記(i)(a)のとおり、どのような行為が「売付け勧誘等」に含まれるのかは必ずしも明らかではない点に留意する必要がある。

[44] 有価証券通知書の不提出については、発行者の刑事責任（6月以下の懲役もしくは50万円以下の罰金または併科。法人については両罰規定により50万円以下の罰金。金商205条1号、207条1項6号）の定めがある。

[45] 金商4条6項但書、開示府令4条4項・5項。

(c) 目論見書

届出が必要となる有価証券の売出し、既開示有価証券の売出し[46]等を行う場合は、発行者は、原則として、当該売出しに際し、目論見書を作成しなければならない（金商13条1項本文）。

また、発行者、有価証券の売出しをする者、引受人、金融商品取引業者、登録金融機関または金融商品仲介業者は、届出が必要となる有価証券または既開示有価証券を売出しにより売り付ける場合は、原則として、目論見書を予めまたは同時に交付しなければならない（金商15条2項本文）。

ただし、以下に定める場合は、目論見書の交付義務は免除される（金商15条2項但書）。

① 適格機関投資家に売り付ける場合
② 当該目論見書の交付を受けないことについて同意した一定の者[47]に当該有価証券を売り付ける場合[48]

もっとも、当該有価証券を売出しにより売り付ける時までにこれらの者から当該目論見書の交付の請求があった場合は、目論見書を交付しなければならない（金商15条2項1号括弧書・2号括弧書）[49]。

---

[46] ただし、その売出価額の総額が1億円未満であるものその他内閣府令で定めるものは除外される（金商13条1項本文括弧書、開示府令11条の4）。

[47] 具体的には、①当該有価証券と同一の銘柄を所有する者、または②その同居者が既に当該目論見書の交付を受けもしくは確実に交付を受けると見込まれる者が定められている（金商15条2項2号イ・ロ）。

[48] かかる同意の確認は、例えば、当該目論見書の交付義務者が、①その者が署名した当該同意の書面を保存する方法や、②その者から電子情報処理組織により送信された当該同意の記載事項を保存する方法により記録するなど明確な方法によるものとされている（開示ガイドライン B15-3）。

[49] 目論見書の不交付については、売主等の民事責任（金商16条）および刑事責任（1年以下の懲役もしくは100万円以下の罰金または併科。法人については両罰規定により1億円以下の罰金。金商200条3号、207条1項5号）の定め、ならびに売主に対する課徴金納付命令（金商172条3項）の定めがある。また、目論見書の虚偽記載については、発行者および売主の民事責任（金商17条、18条2項、21条3項）および刑事責任（6月以下の懲役もしくは50万円以下の罰金または併科。法人については両罰規定により50万円以下の罰金。金商205条1号、207条1項6号）の定めがある。なお、発行者による目論見書の不作成については、刑事罰や課徴金は定められていない。

(2) 臨時報告書

　有価証券報告書を提出しなければならない会社は、その会社が発行者である有価証券の募集または売出しが外国において行われるとき、その他公益または投資者保護のため必要かつ適当なものとして内閣府令で定める場合に該当することとなったときは、内閣総理大臣（財務局長等）に対して、臨時報告書を遅滞なく提出しなければならない（金商24条の5第4項、開示府令19条）[50]。

　株式譲渡・取得に伴う主な提出事由としては、①対象会社について、親会社または主要株主の異動の決定または異動があった場合（開示府令19条2項3号・4号）、②売主について、特定子会社の異動の決定または異動があった場合（同項3号）、③買主について、特定子会社の異動の決定または異動があった場合（同項3号）、子会社取得の決定があった場合（同項8号の2）、および提出会社の連結子会社による子会社取得の決定があった場合（同項16号の2）の該当性がそれぞれ問題となるが、バスケット条項（同項12号・19号）その他の提出事由の該当性にも留意する必要がある。

　したがって、有価証券報告書の提出義務を負う会社またはその子会社が売主または買主となる場合は、当該会社は、対象会社が非上場会社であったとしても、当該対象会社の株式の譲渡・取得に伴い、臨時報告書を提出しなければならないことがある。また、対象会社が非上場会社であるものの有価証券報告書の提出義務を負っている場合は、対象会社自身も臨時報告書の提出義務を負うことがある。

---

[50] 臨時報告書の虚偽記載については、提出者の民事責任（金商21条の2）および刑事責任（5年以下の懲役もしくは500万円以下の罰金または併科。法人については両罰規定により5億円以下の罰金。金商197条の2第6号、207条1項2号）の定め、ならびに提出者に対する課徴金納付命令（金商172条の4第2項）の定めがある。また、臨時報告書の不提出については、不提出者の刑事責任（1年以下の懲役もしくは100万円以下の罰金または併科。法人については両罰規定により1億円以下の罰金。金商200条5号、207条1項5号）および不提出者に対する課徴金納付命令（金商172条の4第3項、金融商品取引法第6章の2の規定による課徴金に関する内閣府令1条の5）の定めがある。

(3) 適時開示

上場会社またはその子会社等の業務執行を決定する機関が一定の事項を行うことについての決定をした場合（当該決定に係る事項を行わないことを決定した場合を含む）、当該上場会社は、直ちにその内容を開示しなければならない[51]。

株式譲渡・取得に伴う主な適時開示事由としては、子会社等（または孫会社）の異動を伴う株式または持分の譲渡または取得その他の子会社等（または孫会社）の異動を伴う事項[52]の該当性が問題となるが、バスケット条項[53]その他の適時開示事由の該当性にも留意する必要がある。

したがって、上場会社またはその子会社等が売主または買主となる場合は、当該上場会社は、対象会社が非上場会社であったとしても、当該対象会社の株式の譲渡・取得に伴い、適時開示を行わなければならないことがある。

第3節 上場株式の譲渡・取得

1 株式譲渡・取得の方法

(1) 取引類型

上場株式の売買取引の類型としては、東京証券取引所等の金融商品取引所が開設する金融商品市場において行われる市場内取引と当該金融商品市場を介在せずに相対で行われる市場外取引に大別される。また、市場内取引としては、金融商品取引所において立会時間内に行われる立会内取引とそれ以外

---

51) 上場規402条1号、403条1号、上場規施行則401条、402条の2、403条。
52) 上場規402条1号q、403条1号i、上場規施行則401条5号、403条8号。
53) 上場規402条1号ar、403条1号s。

の立会外取引があり、東京証券取引所における立会外取引としては、単一銘柄取引（ToSTNeT-1）、バスケット取引（ToSTNeT-1）、終値取引（ToSTNeT-2）および自己株式立会外買付取引（ToSTNeT-3）の4種類の取引がある。

一般的に、市場内取引の場合は、立会外取引の例外があるものの、不特定多数の者が参加し、市場価格に基づき取引が行われるのに対して、市場外取引の場合は、私設取引システム（PTS）による取引や公開買付けの例外があるものの、特定の当事者間において、当該当事者が合意した価格その他の条件に基づき取引が行われる。また、①大量保有報告制度（後記3(1)参照）およびインサイダー取引規制（後記4(1)参照）は、市場内取引であるか市場外取引であるかを問わず適用されるのに対して（ただし、インサイダー取引規制については、市場外取引の場合はいわゆるクロ・クロ取引の適用除外を利用することによりその適用を回避することができる）、公開買付規制（後記第4章参照）は、主に市場外取引に適用され、また、②大量保有報告制度およびインサイダー取引規制は、対象会社が上場会社である場合に主に適用されるのに対して、公開買付規制は、対象会社が（上場会社である場合に限らず）有価証券報告書の提出義務を負う場合に適用されるという違いがある。

(2) 振替株式

上場株式その他の株式の振替制度の対象となる株式（振替株式）についての権利の帰属は、振替口座簿の記載または記録により定められることになる（社債株式振替128条1項）。

振替株式の譲渡・取得は、振替の申請により、買主がその口座における保有欄に当該譲渡・取得に係る数の増加の記載または記録を受けなければ、その効力を生じない（社債株式振替140条）。ただし、振替手続に時間を要するため、売主の振替義務と買主の代金支払義務の同時履行を実現することは困難である。そのため、相対取引においては、売主による振替申請書の写しの交付と買主による代金の支払いを同時履行とするなどの措置が講じられることが多い[54]。

なお、上場会社も株主名簿の作成が義務付けられているが、上場株式その他の振替株式の譲渡・取得の場合は、売主や買主が株主名簿の名義書換を請求することは予定されておらず（社債株式振替161条1項、会社133条）、株主名簿は、基準日（会社124条1項）をはじめとする一定の日の株主につき、

振替機関からの総株主通知に基づいて記載または記録されることになる[55]。そして、基準日制度に基づく株主権の行使は、総株主通知に基づく株主名簿の記載または記録によることになるが、それ以外の株主権である少数株主権等（社債株式振替 147 条 4 項）の行使は、株主名簿の記載または記録によることはできず（社債株式振替 154 条 1 項、会社 130 条 1 項）、振替機関からの個別株主通知に基づくことになる[56]。

2 会社法上の手続

上場株式は譲渡制限株式ではないため、上場株式の譲渡・取得に伴い、対象会社において会社法上必要となる手続はない。他方、売主および買主における会社法上の手続は、非上場株式の譲渡・取得の場合と異なるところはなく、前記第 2 節 2 (2)・(3)のとおり、売主または買主において取締役会決議または株主総会決議が必要となり得る。

3 金商法および取引所規則上の開示規制

(1) 大量保有報告制度

大量保有報告制度は、上場株式の譲渡・取得その他の上場株式の変動を伴

---

[54] もっとも、売主が振替の申請を撤回する可能性を踏まえると、買主が代金の支払いと同時に振替株式を取得することができないという問題が解決されるわけではない。また、振替株式の譲渡・取得に係る契約において、そもそも売主は振替義務（振替株式を譲渡する義務）を負っているため、売主に対して振替申請の撤回を禁止する義務を負わせる必要性も高くないように思われる。なお、売主と買主の振替口座簿の口座管理機関が同一である場合は、一般に振替手続に要する時間を短縮できることが多いため、買主としては、一旦売主と同じ口座管理機関に振替先口座を開設することや、逆に、売主が買主と同じ口座管理機関に振替元口座を開設した上で予め当該口座に譲渡対象の振替株式を移動させておくことも考えられる。
[55] 社債株式振替 151 条 1 項・8 項、152 条 1 項、会社 130 条 1 項。
[56] 少数株主権等は、原則として、発行者に対して個別株主通知がされた後 4 週間以内に行使しなければならないが（社債株式振替 154 条 2 項・3 項、同法施行令 40 条）、少数株主権等の内容によっては、その行使後に個別株主通知を行うことが認められる場合もある。少数株主権等の類型毎の個別株主通知の時的限界については、西村欣也「少数株主権等の行使と個別株主通知の実施時期」判タ 1387 号（2013）36 頁参照。

う M&A 取引において特に留意すべき重要な金商法上の開示規制であり、原則として上場株式その他一定の有価証券につき5％を超えて保有する者に対してその保有状況等の開示を求めるものであるため、「5％ルール」と呼ばれることもある。

　大量保有報告制度を巡る問題は実務上多岐にわたるが、紙幅の都合上、以下では、その基本的な概念および手続を中心として説明する[57]。

(i) 大量保有報告書

　「株券等」の保有者で当該株券等に係るその「株券等保有割合」が 100 分の5を超えるもの（本(1)において以下「大量保有者」という）は、原則として、株券等保有割合に関する事項、取得資金に関する事項、保有の目的その他の内閣府令で定める事項を記載した大量保有報告書を、大量保有者となった日から5営業日以内に、内閣総理大臣（財務局長等）に提出しなければならない（金商27条の23第1項本文、大量保有府令2条）[58]。

(a) 株券等

　大量保有報告制度の対象となる「株券等」は、「株券関連有価証券」[59]で金融商品取引所に上場されている有価証券または認可金融商品取引業協会に店頭登録されている有価証券（店頭売買有価証券[60]）の発行者である法人が「発行者」[61]である「対象有価証券」[62]および「対象有価証券に係る権利を表

---

[57]　大量保有報告制度について詳細に解説した文献としては、町田行人『詳解　大量保有報告制度』（商事法務、2016）、町田行人＝森田多恵子編著『大量保有報告の実務』別冊商事335号（2009）等がある。

[58]　大量保有報告制度については、その実効性の確保のため、大量保有報告書・変更報告書の不提出および虚偽記載に関する提出者の刑事責任（5年以下の懲役もしくは500万円以下の罰金または併科。法人については両罰規定により5億円以下の罰金。金商197条の2第5号・6号、207条1項2号）や提出者に対する課徴金納付命令（金商172条の7、172条の8）等の定めがある。

[59]　「株券関連有価証券」とは、株券、新株予約権付社債券その他の政令で定める有価証券をいう（金商27条の23第1項、金商令14条の4第1項）。

[60]　金商令14条の4第2項、1条の7の3第3号、金商2条8項10号ハ、67条の11第1項。なお、2018年7月31日現在、店頭売買有価証券に該当するものは存在しない。

[61]　大量保有府令1条の2各号に掲げる有価証券については、当該各号に掲げる者をいう。

示するもの」[63]である（金商 27 条の 23 第 1 項本文、金商令 14 条の 4 第 2 項）[64]。すなわち、大量保有報告制度の対象となる有価証券は、原則として、上場会社等の発行する一定の有価証券であり、上場会社等が発行するものであれば、保有する有価証券自体が上場されているか否かを問わない。

(b) 保有者

　大量保有報告書の提出義務を負うのは、株券等の保有者である。そして、ここにいう「保有者」には、①金商法 27 条の 23 第 3 項本文に定める保有者（本文保有者）、②同項 1 号に定める保有者（1 号保有者）および③同項 2 号に定める保有者（2 号保有者）という 3 つの類型がある[65]。

　「本文保有者」とは、自己または他人（仮設人を含む）の名義をもって株券

---

[62] 「対象有価証券」とは、株券、新株予約権付社債券その他の有価証券のうち政令で定めるものをいい（金商 27 条の 23 第 2 項）、具体的には、株券（議決権のない株式として内閣府令で定めるものに係る株券を除く）等が定められている（金商令 14 条の 5 の 2）。そして、ここにいう「議決権のない株式として内閣府令で定めるもの」とは、大要、議決権のない株式（株主総会において決議することができる事項の全部につき議決権を行使することができない株式。金商令 6 条 1 項）であって、かつ、当該株式を発行する会社が当該株式の取得と引換えに議決権のある株式を交付する旨の定款の定めのない株式をいう（大量保有府令 3 条の 2）。なお、いわゆる相互保有により議決権のない株式（会社 308 条 1 項参照）や、議決権のある株式を対価とする取得請求権または取得条項が付されている無議決権株式は、「議決権のない株式」には該当しない（大量保有 Q&A（問 6）・（問 7））。

[63] 「対象有価証券に係る権利を表示するもの」として、具体的には、カバードワラント（金商法 2 条 1 項 19 号に掲げる有価証券）で、対象有価証券の売買に係るオプション（当該オプションの行使により当該行使をした者が当該売買において買主としての地位を取得するものに限る）を表示するもの等が定められている（金商令 14 条の 4 の 2）。

[64] ただし、大量保有報告制度の対象となる「株券等」に該当する有価証券であっても、自己株式（会社 113 条 4 項）その他当該株券等の保有の態様その他の事情を勘案して内閣府令で定めるものは、株券等保有割合の計算対象から除外される（金商 27 条の 23 第 4 項、大量保有府令 4 条）。

[65] なお、株券等保有割合の計算においては、同一の株券等について、同一の者がこれらの「保有者」に重複して該当する場合は、「本文保有者」、「2 号保有者」、「1 号保有者」の順に最初に該当する保有者として取り扱われる（大量保有府令第 1 号様式・記載上の注意(12) b・c・d）。他方、同一の株券等について、異なる者がこれらの「保有者」に該当する場合は、それぞれの者が保有者として取り扱われるが、共同保有者の保有株券等の数は、保有者の株券等保有割合の計算において合算されるため、保有者および共同保有者の間で重複計上されているものはネットアウトされる（金商 27 条の 23 第 4 項、金商令 14 条の 6 の 2）。

等を所有する者（売買その他の契約に基づき株券等の引渡請求権を有する者その他これに準ずる者として政令で定める者を含む）である（金商27条の23第3項本文）。

自己の名義であるか他人の名義であるかを問わず、株券等を実質的に所有している者が「本文保有者」に該当する[66]。また、「売買その他の契約に基づき株券等の引渡請求権を有する者」には、例えば、株券等の買付約定を行い株券等の引渡しを受けていない者や、信用取引により買付けを行っている者も含まれると解されている[67]。そして、「その他これに準ずる者として政令で定める者」として、大要、株券等の売買の一方の予約を行っている者、および株券等の売買に係るオプションの取得をしている者が定められている（金商令14条の6）。

「1号保有者」とは、金銭の信託契約その他の契約または法律の規定に基づき、株券等の発行者の株主としての議決権その他の権利を行使することができる権限または当該議決権その他の権利の行使について指図を行うことができる権限を有する者（2号保有者に該当する者を除く）であって、当該発行者の事業活動を支配する目的を有する者である（金商27条の23第3項1号）[68]。

「2号保有者」とは、投資一任契約その他の契約または法律の規定に基づき、株券等に投資をするのに必要な権限を有する者である（金商27条の23第3項2号）[69]。

(c) 共同保有者

共同保有者の保有する株券等の数は、保有者の株券等保有割合の計算において合算される（金商27条の23第4項）。そして、ここにいう「共同保有者」

---

[66] なお、他人名義の場合は、当該他人の同意の有無は問題とならない（5%ルール実務研究会編『5%ルールの実務とQ&A』（大蔵財務協会、1991）6頁）。
[67] 池田ほか・公開買付170頁。
[68] 例えば、信託財産に属する株券等の議決権、または議決権行使の指図権を有し、かつ、当該会社の事業活動を支配する目的を有している単独運用指定金銭信託（指定単）の委託者等がこれに該当すると解されている（池田ほか・公開買付171頁）。
[69] 例えば、信託財産に属する株券等の取得・処分を決定する権限を有する委託者や、投資一任契約に基づき投資決定権限を有している投資顧問会社、未成年者の親権者等が、これに該当すると解されている（池田ほか・公開買付171頁）。

には、①同条5項に定める共同保有者（実質的共同保有者）と②同条6項本文に定める共同保有者（みなし共同保有者）という2つの類型がある[70]。

(ｱ) **実質的共同保有者**

実質的共同保有者とは、株券等の保有者が、当該株券等の発行者が発行する株券等の他の保有者と共同して当該株券等を取得し、もしくは譲渡し、または当該発行者の株主としての議決権その他の権利を行使することを合意している場合における当該他の保有者をいう（金商27条の23第5項）。

実質的共同保有者の要件として、株券等の取得もしくは譲渡または株主としての議決権その他の権利の行使を共同して行う旨の合意が必要とされている。かかる合意には、書面による合意だけではなく、口頭の合意も含まれる[71]。もっとも、あくまでも合意の存在が必要であるため、例えば、AがBも株券等を取得するので自らも当該株券等を取得するという程度の一方的な意思を有しているに過ぎず、両者の間に何らの意思の連絡もない場合や、株主同士が株主総会における議決権行使について話し合ったものの、何らの合意もなされなかった場合は、実質的共同保有者には該当しない[72]。他方、株主同士が共同して株主提案権を行使した場合は、共同して株主としての権利を行使することを合意していることが明らかであるため、実質的共同保有者に該当する[73]。なお、株券等を保有していない者は、たとえその者との間に株券等の取得、譲渡、議決権行使等を共同して行う旨の合意があったとしても、実質的共同保有者には該当しない。また、保有する株券等の発行者が同一であれば、保有者と実質的共同保有者が保有する株券等が同一の種類のものであるか否かを問わない。

(ｲ) **みなし共同保有者**

株券等の保有者と当該株券等の発行者が発行する株券等の他の保有者が、株式の所有関係、親族関係その他の政令で定める特別の関係にある場合は、

[70) 共同保有者が存在する場合であっても、各保有者は、それぞれ大量保有報告書の提出義務を負う。各保有者は、それぞれ個別に自己の大量保有報告書を提出することもできるが、提出者が共同保有者全員の委任を受けて当該提出者および当該共同保有者全員の大量保有報告書を1つにまとめて連名で提出することも可能である（大量保有府令第1号様式・記載上の注意(5)）。

71) 大量保有Q&A（問20）。
72) 大量保有Q&A（問21）および（問22）。
73) 大量保有Q&A（問23）。

当該他の保有者は、当該保有者に係る共同保有者とみなされる（金商27条の23第6項本文）[74]。そして、ここにいう「特別の関係」として、以下の関係が定められている（金商令14条の7第1項、大量保有府令5条の3）。

① 夫婦の関係
② 会社の総株主等の議決権[75]の100分の50を超える議決権[76]に係る株式または出資を自己または他人（仮設人を含む）の名義をもって所有している者（本(イ)において以下「支配株主等」という）と当該会社（本(イ)において以下「被支配会社」という）との関係
③ 被支配会社とその支配株主等の他の被支配会社との関係
④ 財務諸表等規則8条3項に規定する子会社（組合に限る）と同項に規定する親会社の関係

なお、「特別の関係」の該当性を判断するに際しては、以下の点に留意する必要がある。

ⓐ 夫婦が合わせて会社の総株主等の議決権の100分の50を超える議決権に係る株式または出資を自己または他人の名義をもって所有している場合は、当該夫婦は、それぞれ当該会社の支配株主等とみなして、前記①〜④が適用される（金商令14条の7第2項）。
ⓑ 支配株主等とその被支配会社が合わせて他の会社の総株主等の議決権の100分の50を超える議決権に係る株式または出資を自己または他人の名義をもって所有している場合は、当該他の会社も、当該支配株主等の被支配会社とみなして、前記①〜④および本ⓑが適用される（金商令14条の7第3項）[77]。

(d) **株券等保有割合**

株券等保有割合は、以下の計算式に従って計算される（金商27条の23第4

---

74) ただし、当該保有者または他の保有者のいずれかの保有株券等の数が内閣府令で定める数以下である場合は、みなし共同保有者から除外される（金商27条の23第6項但書、大量保有府令6条）。
75) 金商令14条の7第1項2号、2条の12の3第6号ロ、金商29条の4第2項。
76) 総株主等の議決権の100分の20以上の議決権の有無を基準として「特別資本関係」を判断する公開買付規制（金商27条の2第7項1号、金商令9条。後記**第4章第2節1**(4)(i)参照）と異なる点に留意する必要がある。

項)[78]。

$$(\alpha + \beta - \gamma) \div (\delta + \varepsilon)$$

α：保有者の保有株券等の数
β：共同保有者の保有株券等の数
γ：保有者および共同保有者の間で重複計上されている株券等の数
δ：発行済株式の総数（または発行済投資口の総数）
ε：保有者および共同保有者の保有する潜在株式等に係る株券等の数を、権利行使等により得られる株式等の数に換算した数

(ア) 株券等保有割合の分子

　株券等保有割合の分子の数（保有株券等の総数）は、保有者および共同保有者それぞれの保有株券等の数の合計から保有者および共同保有者の間で重複計上されている株券等の数を控除して得られる数である（金商27条の23第4項）。

　まず、「保有株券等の数」は、その保有[79]に係る当該株券等[80]の数の合計から、当該株券等の発行者が発行する株券等のうち、金商法161条の2第1項に規定する信用取引その他内閣府令で定める取引[81]の方法により譲渡し

---

77) 公開買付規制においては、被支配法人等のみなし規定自体は繰り返し適用されないため（金商令9条4項）、形式基準による特別関係者に該当するのは、実態のないペーパーカンパニーが介在しない限り、買付者の曾孫会社までであり、買付者の玄孫会社以下はこれに含まれないのに対して（公開買付け Q&A（問3））、後記第4章第2節1(4)(i)参照）、大量保有報告制度においては、被支配会社のみなし規定自体が繰り返し適用されるため（金商令14条の7第3項）、要件を満たす限り、保有者の玄孫会社以下も「みなし共同保有者」に該当する。

78) 公開買付規制における「株券等所有割合」は、原則として議決権の数を基準として算出されるのに対して（金商27条の2第8項。後記第4章第2節1(5)参照）、大量保有報告制度における「株券等保有割合」は、原則として株式の数を基準として算出される。

79) ①金銭の信託契約その他の契約もしくは法律の規定に基づき、株券等の発行者の株主としての議決権その他の権利を行使することができる権限もしくは当該議決権その他の権利の行使について指図を行うことができる権限（当該発行者の事業活動を支配する目的を有する場合）、または②投資一任契約その他の契約もしくは法律の規定に基づき、株券等に投資をするのに必要な権限を有する場合も含まれる（金商27条の23第4項・3項各号）。

80) 自己株式（会社113条4項）その他当該株券等の保有の態様その他の事情を勘案して内閣府令で定めるものは除外される（金商27条の23第4項、大量保有府令4条）。

81) 2018年7月31日現在、ここにいう「内閣府令で定める取引」は存在しない。

たことにより、引渡義務（共同保有者に対して負うものを除く[82]）を有するものの数を控除することにより求められる（金商27条の23第4項）[83]。

株券等保有割合の計算において用いられる株券等の数は、株券については株式の数を、その他のものについては内閣府令で定める数をいう（金商27条の23第4項）。例えば、新株予約権証券については、新株予約権の目的である株式の数（ただし、一定の要件を満たす場合は零）というように、大量保有府令5条1項各号に定める潜在株式等に係る株券等の数は、権利行使等により得られる株式等の数に換算される[84]。

次に、保有者および共同保有者それぞれの「保有株券等の数」の合計から、「保有者及び共同保有者の間で引渡請求権その他の政令で定める権利[85]」が存

---

[82] 保有者および共同保有者の間で重複計上されているものは別途ネットアウトされるため（金商27条の23第4項、金商令14条の6の2）、共同保有者に対して引渡義務を負うものは、ここでは控除されない。

[83] 共同保有者の保有株券等の数については、「保有株券等の数」という定義をそのまま用いるのではなく、「<u>共同保有者の保有株券等</u>（保有者及び共同保有者の間で引渡請求権その他の政令で定める権利が存在するものを除く。）<u>の数</u>」（下線は筆者）と規定されているため（金商27条の23第4項）、保有者の「保有株券等の数」の計算と同様に、共同保有者の保有に係る株券等の数の合計から、信用取引等の方法により譲渡したことにより引渡義務（共同保有者に対して負うものを除く）を有するものの数が控除されるのかどうかは条文上必ずしも明らかではない。もっとも、共同保有者の場合にだけかかる控除を認めない合理的な理由はないため、共同保有者の保有株券等の数についても、共同保有者の保有に係る株券等の数の合計から、信用取引等の方法により譲渡したことにより引渡義務（保有者を含む他の共同保有者に対して負うものを除く）を有するものの数が控除されることになると考えられる（大量保有府令第1号様式参照）。

[84] いわゆる完全無議決権株式は、「議決権のない株式」として「対象有価証券」から除外されるため、「株券等」に該当しないが、議決権のある株式を対価とする取得請求権または取得条項が付されている無議決権株式は、「対象有価証券」に含まれるため、「株券等」に該当する（前掲注62）参照）。そして、かかる取得請求権または取得条項が付された種類株式も「株券」であるため、株券等保有割合の計算においては、取得請求権または取得条項の行使により対価として交付される議決権のある株式の数ではなく、当該種類株式の数自体が用いられる点に留意する必要がある。例えば、新株予約権および取得請求権付種類株式について、それぞれ行使により普通株式10株が交付される場合であっても、株券等保有割合の計算においては、当該新株予約権1個の数は10として換算されるのに対して、当該取得請求権付種類株式1株の数は1として換算される。

[85] ここにいう「政令で定める権利」として、具体的には、売買その他の契約に基づく株券等の引渡請求権等が定められている（金商令14条の6の2）。

在するもの」の数が控除される（金商27条の23第4項）[86]。

(イ) 株券等保有割合の分母

株券等保有割合の分母の数は、発行済株式の総数（または発行済投資口の総数。大量保有府令5条2項）に、保有者および共同保有者の保有する潜在株式等に係る株券等（株券等のうち株券その他の大量保有府令5条の2で定める有価証券を除いたもの）の数を、権利行使等により得られる株式等に換算した数を加算して得られる数である（金商27条の23第4項）。

まず、発行済株式等の総数は、原則として、報告義務が発生した日の発行済株式等の総数を用いるが、これが分からない場合は、直前期の有価証券報告書もしくは直近の四半期報告書もしくは半期報告書または直近の商業登記簿等に記載された発行済株式等の総数を用いることも可能である[87]。株券等保有割合の分子において用いられる株券等の数とは異なり、発行済株式等の総数については、除外規定が定められていないため、議決権のない株式[88]や自己株式[89]もこれに含まれる。

次に、発行済株式等の総数に、保有者および共同保有者の保有する潜在株式等に係る株券等（株券等のうち株券その他の大量保有府令5条の2で定める有価証券を除いたもの）の数を、権利行使等により得られる株式等に換算した数が加算されるところ（金商27条の23第4項）、その換算方法は、株券等保有割合の分子の場合と同様である。

(e) 提出時期等

大量保有者は、原則として、大量保有府令第1号様式により作成した大量

---

[86] これらの権利が存在する場合は、条文上は共同保有者の保有株券等から控除するように読めるが、当該権利を有する者の側において保有株券等の数から控除されると解されている（池田ほか・公開買付182頁）。なお、根本敏光『大量保有報告制度の理論と実務』（商事法務、2017）94頁注121も参照。

[87] 大量保有府令第1号様式・記載上の注意(12) e。

[88] 金融庁平成18年12月13日パブコメ回答30頁No.95参照（ただし、大量保有府令6条1号に関する回答）。

[89] 金商法の平成26年改正により、自己株式は、株券等保有割合の分子において用いられる株券等の数から除外されることとなったが（金商27条の23第4項）、その分母において用いられる発行済株式等の総数には含まれる（関東財務局「大量保有報告書に関するよくあるご質問」（最終更新日：2018年6月1日）Q12（http://kantou.mof.go.jp/disclo/tairyou/qanda.htm））。

保有報告書を、大量保有者となった日から5営業日[90]以内に、内閣総理大臣（財務局長等）[91]に提出しなければならない（金商27条の23第1項本文、大量保有府令2条）[92]。

ただし、保有株券等の総数に増加がない場合[93]その他の内閣府令[94]で定める場合は、大量保有報告書を提出する必要はない（金商27条の23第1項但書）。

---

[90] 日曜日および土曜日、国民の祝日に関する法律に規定する休日、12月29日から翌年の1月3日までの日は、「5日」には算入されないため（金商27条の23第1項本文、金商令14条の5、8条1項、行政機関の休日に関する法律1条1項）、「5日」は営業日ベースでカウントされる。また、実務上は、「5日」は報告義務発生日の翌日から起算してカウントされる（関東財務局・前掲注89）Q3）。

[91] 内閣総理大臣は、金商法による権限（政令で定めるものを除く）を金融庁長官に委任し（金商194条の7第1項）、金融庁長官は、以下のとおり、財務局長または財務支局長に対して、大量保有報告書および変更報告書ならびにこれらの訂正報告書の受理、訂正報告書の訂正命令等の権限を委任している（同条6項、金商令41条、内閣府設置法44条1項1号ロ、45条1項）。
　① 居住者に関するもの：当該居住者の本店または主たる事務所の所在地（当該居住者が個人の場合はその住所および居所）を管轄する財務局長（当該所在地が福岡財務支局の管轄区域内にある場合は福岡財務支局長、当該所在地が沖縄にある場合は沖縄総合事務局長）
　② 非居住者に関するもの：関東財務局長
　管轄財務局等によって実務上の取扱いが異なる可能性もあるため留意する必要がある。なお、実際には、大量保有報告書および変更報告書ならびにこれらの訂正報告書の提出は、開示用電子情報処理組織（いわゆるEDINET）を使用して行われる（金商27条の30の2、27条の30の3）。

[92] なお、特例報告制度においては、大量保有報告書の提出の頻度および期限が緩和されており（金商27条の26第1項・3項）、また、大量保有報告書は、開示内容が軽減された大量保有府令第3号様式により作成される（金商27条の26第1項、大量保有府令15条）。

[93] 例えば、自己株式の消却による発行済株式の総数の減少により株券等保有割合が5％を超えた場合であっても、保有株券等の総数は増加しないため、大量保有報告書を提出する必要はない。ただし、その後株券等の取得や処分が行われた場合は、当該発行済株式の総数の減少も織り込んで計算された当該取得や処分後の株券等保有割合に基づいて大量保有報告書の提出の要否を検討する必要がある（池田ほか・公開買付189頁）。なお、その後株券等を処分するだけで一切取得しておらず、保有株券等の総数は減少するだけで増加がない場合は、大量保有報告書を提出する必要はないと解されている（町田・前掲注57）110頁）。

[94] 大量保有府令3条。

(ii) 変更報告書
(a) 概　要

　大量保有報告書を提出すべき者は、大量保有者となった日の後に、株券等保有割合が100分の1以上増加しまたは減少した場合その他の大量保有報告書に記載すべき重要な事項の変更として政令で定めるものがあった場合は、原則として、その日から5営業日[95]以内に、大量保有府令第1号様式により作成した当該変更に係る事項に関する変更報告書を内閣総理大臣（財務局長等）に提出しなければならない（金商27条の25第1項本文、大量保有府令8条）[96][97]。

　ただし、保有株券等の総数の増加または減少を伴わない場合[98]、株券等保有割合が100分の5以下であることが記載された変更報告書を既に提出している場合[99]その他の内閣府令[100]で定める場合は、変更報告書を提出する必要はない（金商27条の25第1項）。

　なお、金商法の平成26年改正前は、大量保有報告書または変更報告書を

---

[95] 大量保有報告書と同様、「5日」は営業日ベースでカウントされ（金商27条の23第1項本文、金商令14条の5、8条1項、行政機関の休日に関する法律1条1項）、また、実務上は、「5日」は報告義務発生日の翌日から起算してカウントされる（5％ルール実務研究会編・前掲注66）37頁）。

[96] なお、株券等保有割合が減少したことにより変更報告書を提出する者は、短期間に大量の株券等を譲渡したものとして政令で定める基準に該当する場合は、大量保有府令第2号様式により、譲渡の相手方および対価に関する事項（譲渡を受けた株券等が僅少である者として政令で定める者については、対価に関する事項に限る）についても当該変更報告書に記載しなければならない（金商27条の25第2項、金商令14条の8、大量保有府令10条）。

[97] なお、特例報告制度においては、変更報告書の提出の頻度および期限が緩和されており（金商27条の26第2項・3項、大量保有府令17条）、また、変更報告書は、開示内容が軽減された大量保有府令第3号様式により作成される（金商27条の26第2項、大量保有府令15条）。

[98] 例えば、第三者割当増資、自己株式の消却等による発行済株式の総数の増減により株券等保有割合が1％以上増減した場合であっても、保有株券等の総数は増減しないため、変更報告書を提出する必要はない。ただし、その後株券等の取得や処分が行われた場合は、当該第三者割当増資、自己株式の消却等の前の株券等保有割合（直前の大量保有報告書等に記載された株券等保有割合）を基準にして1％以上の増減の有無を判断する必要がある（大量保有Q&A（問26））。

[99] ただし、その後再び株券等保有割合が5％を超えた場合は、新たに大量保有報告書を提出する必要がある（金商27条の23第1項）。

[100] 大量保有府令9条。

提出する日の前日までに、新たに変更報告書を提出しなければならない事由が生じた場合は、当該変更報告書は、提出されていないこれらの書類の提出と同時に提出しなければならなかったが（平成26年改正前金商27条の25第3項）、当該改正によりかかる同時提出義務は廃止されている。

(b) **変更報告書の提出事由**

変更報告書の提出事由は、株券等保有割合が100分の1以上増加または減少した場合その他の大量保有報告書に記載すべき重要な事項の変更として政令で定めるものがあった場合であるが（金商27条の25第1項本文）、金商令においては、大量保有報告書または変更報告書に記載すべき内容に係る変更のうち、「重要な事項の変更」に該当しないものが列挙されている[101]。そのため、かかる列挙事由に該当しない場合は、原則として「重要な事項の変更」として変更報告書を提出する必要がある。

もっとも、「重要な事項の変更」に該当する変更であっても、既に提出された大量保有報告書または変更報告書に記載された内容のとおりの変更が生じたに過ぎず、かつ、当該変更により株券等保有割合も変化しないような場合は、変更報告書の提出が不要となることがある。例えば、ロックアップの合意（株券等を一定期間譲渡しない旨の合意）[102]に関して、既に提出した大量保有報告書または変更報告書の「当該株券等に関する担保契約等重要な契約」欄に当該合意の内容が記載されている場合において、当該合意が終了したときは、原則としてその終了を理由として変更報告書を提出しなければならない。もっとも、当該重要な契約欄にロックアップ期間が既に記載されて

---

101) 金商令14条の7の2第1項、大量保有府令9条の2第1項・2項。
102) 「当該株券等に関する担保契約等重要な契約」欄に記載すべきものとして「保有株券等に関する貸借契約、担保契約、売戻し契約、売り予約その他の重要な契約又は取決め」が挙げられているが（大量保有府令第1号様式・記載上の注意(14)）、具体的にどのような契約等がここにいう「重要な契約又は取決め」に該当するのかは一義的には明らかではない。この点につき、記載上の注意に例示された内容からも、将来の株券等の移動に関わる契約または取決めは、基本的に「重要な契約又は取決め」に該当すると考えられているところ、ロックアップの合意は、一定期間は当該株券等が移動しない可能性が高いという意味において、将来における株券等の移動に関わる契約または取決めであるといえるため、「当該株券等に関する担保契約等重要な契約」欄に記載すべき内容であると考えられている（大量保有Q&A（問3）、三井＝土本・詳説Q&A 148頁）。

おり、当該期間の満了をもってロックアップの合意が終了した場合は、当初から開示されている内容のとおりに当該期間の満了により当該合意が終了したに過ぎず、かつ、これによって株券等保有割合は変化しないため、当該合意の終了自体を理由として変更報告書を提出する必要はないと考えられる[103]。これに対して、契約締結日から6営業日以降に決済する株券等の売買の場合は、開示されている内容のとおりに当該売買の決済が行われるときであっても、決済日に株券等保有割合が減少するため、売主は、当該減少を理由として変更報告書を提出する必要がある（後記(iv)(a)(イ)参照）。

なお、変更報告書は、大量保有報告書の記載事項の全てについて、変更報告書の提出義務が発生した日の現況に基づいて記載する必要がある[104]。そのため、変更報告書の提出事由に該当しない変更があった場合は、当該変更を理由として変更報告書を提出する必要はないが、その後何らかの変更報告書の提出事由の発生を理由として変更報告書を提出するときは、当該変更も記載しなければならない点に留意する必要がある。例えば、単体株券等保有割合が1%未満である保有者が新たに共同保有者となったことは、変更報告書の提出事由とはならないため（金商令14条の7の2第1項1号）、これを理由として変更報告書を提出する必要はないが、その後何らかの変更報告書の提出事由の発生を理由として変更報告書を提出する場合は、当該共同保有者に関する事項も記載する必要がある[105]。

(iii) 訂正報告書

大量保有報告書または変更報告書を提出した者は、これらの書類に記載された内容が事実と相違し、または記載すべき重要な事項もしくは誤解を生じさせないために必要な重要な事実の記載が不十分であり、もしくは欠けていると認めるときは、訂正報告書を内閣総理大臣（財務局長等）に提出しなければならない（金商27条の25第3項）[106] [107]。なお、その提出期限は定めら

---

[103] なお、類似の議論として、株券等の貸借取引の終了に伴う変更報告書の提出の要否について、大量保有Q&A（問9）および三井＝土本・詳説Q&A 158頁参照。
[104] 大量保有府令第1号様式・記載上の注意(1)d。
[105] 大量保有Q&A（問27）。
[106] 特例報告制度に基づき提出した大量保有報告書および変更報告書についても同様である（金商27条の26第6項）。

れておらず、訂正報告書を提出すべき理由があるときは、すみやかにこれを提出しなければならないと解されている[108]。

(iv) 株式譲渡・取得に伴う報告書の提出
(a) 売買

株券等の売買取引の場合は、以下のとおり、契約締結日（約定日）から決済日（受渡日）までの期間に応じて、大量保有報告書や変更報告書の提出のタイミングや内容が異なる[109][110]。

(ア) 契約締結日から5営業日以内に決済する場合

売主は、契約締結日を報告義務発生日として、同日から5営業日以内に、株券等保有割合の減少を提出事由とする変更報告書を提出する必要がある[111]。

これに対して、買主は、契約締結日から決済日までの期間にかかわらず、契約締結日に引渡請求権を有することとなるため、同日を報告義務発生日として、同日から5営業日以内に、大量保有報告書または株券等保有割合の増加を提出事由とする変更報告書を提出する必要がある。

(イ) 契約締結日から6営業日以降に決済する場合

売主は、契約締結日を報告義務発生日として、同日から5営業日以内に、「当該株券等に関する担保契約等重要な契約」欄に売買契約の締結ならびに相手方、数量および決済日等を記載した変更報告書を提出するとともに、決済日を報告義務発生日として、同日から5営業日以内に、株券等保有割合の減少および「当該株券等に関する担保契約等重要な契約」欄に締結済みの売

---

107) なお、内閣総理大臣（財務局長等）による訂正報告書の提出命令について、金商27条の29第1項、9条1項、10条1項参照。
108) 池田ほか・公開買付221頁。
109) 大量保有Q&A（問16）。
110) なお、公開買付けによる株券等の取得や公開買付けへの応募に伴う大量保有報告書または変更報告書の提出について、後記第4章第4節1(3)(v)参照。
111) 売付けの約定をして受渡しを了していない株券等のうち、約定日から5営業日以内に受渡しを行うものは、原則として株券等保有割合の計算において保有者の保有に係る株券等から除外されるため（金商27条の23第4項、大量保有府令4条5号・2号イ、金商令14条の5）、契約締結日から5営業日以内に決済するか否かによって、売主の株券等保有割合が減少するタイミングが異なることになる。

買契約につき決済した旨を記載した変更報告書を提出する必要がある。

　これに対して、買主は、契約締結日から決済日までの期間にかかわらず、契約締結日に引渡請求権を有することとなるため、同日を報告義務発生日として、同日から5営業日以内に、大量保有報告書または株券等保有割合の増加を提出事由とする変更報告書（いずれの報告書においても、「当該株券等に関する担保契約等重要な契約」欄に、売買契約の締結ならびに相手方、数量および決済日等を記載）を提出する必要がある。

(b)　**停止条件付売買等**
(ア)　**停止条件付売買**

　株券等の売買契約の効力発生に停止条件が付されていることにより、当該停止条件が成就するまで引渡請求権が発生しない場合は、通常、当該停止条件が成就するまでは買主の保有株券等の数に算入する必要がないと考えられている[112]。

　しかし、例えば、当該売買契約の当事者の行為が停止条件となっており、かつ、当事者間において、当該行為が行われることが当然の前提となっている場合等、原則として当該停止条件が成就すると考えられる場合は、契約締結時点において引渡請求権を有するものとして買主の保有株券等の数に算入する必要があると考えられている[113]。

　なお、停止条件が成就するまで引渡請求権が発生していないと認められる場合は、当該停止条件の成就までは売主および買主の株券等保有割合も変化しないことになるが、たとえ売買契約の効力が未だ発生していないとしても、将来における株券等の移動に関わる契約自体は締結されているため、少なくとも売主[114]は、契約締結日を報告義務発生日として、同日から5営業日以内に、「当該株券等に関する担保契約等重要な契約」欄に当該売買契約に関する事項を記載した変更報告書を提出する必要があると考えられる。

(イ)　**クロージングの前提条件**

　株式譲渡・取得によるM&A取引では、株式譲渡契約において、各当事者

---

112)　大量保有 Q&A（問 11）。
113)　大量保有 Q&A（問 11）。
114)　なお、買主についても、既に大量保有報告書を提出している場合には、同様に変更報告書を提出する必要があり得る（大量保有 Q&A（問 11）参照）。

のクロージングの義務の履行には一定の前提条件が付されることが多いが、かかる前提条件は、契約の効力発生に付された停止条件とは必ずしも同一であるとはいえないため、かかる前提条件が付された売買契約の取扱いが問題となる。

この点につき、売買契約にクロージングの前提条件が付されている場合は、当該売買契約の具体的内容に照らし、個別事案毎に判断する必要があるものの、少なくとも一律に停止条件であるとして引渡請求権は発生していないと取り扱うことは適当ではなく、また、仮にその法的性質を停止条件であると捉えるとしても、クロージングの前提条件については、その全てが満たされることを前提に、当事者がそれに向けて必要な手続を踏んでいくためのものとして規定されていることも多いため、通常は、原則として条件が成就すると考えられる場合に該当し、契約締結時点において引渡請求権自体は発生していると認められることが多いと考えられている[115)][116)]。

(2) 売出し規制

(i) 「有価証券の売出し」

前記第2節3(1)(i)のとおり、「有価証券の売出し」とは、①「売付け勧誘等」のうち、②適用除外取引に係るものに該当せず、かつ、③50名以上の者を相手方として行う場合またはいずれの「私売出し」の要件にも該当しない場合のことをいう（金商2条4項、金商令1条の8）。

上場株式に係る「売付け勧誘等」は、「適格機関投資家以外の者に譲渡されるおそれが少ないもの」、「特定投資家等以外の者に譲渡されるおそれが少ないもの」および「多数の者に所有されるおそれが少ないもの」の各要件を満たさないため、「適格機関投資家私売出し」、「特定投資家私売出し」およ

---

115) 大量保有Q&A（問11）、三井＝土本・詳説Q&A164頁。
116) もっとも、クロージングの前提条件としては、競争法上のクリアランスの取得を含む必要な許認可等の取得や第三者からの同意の取得をはじめとして、当事者のコントロールが及ばず、当局や第三者の判断に左右される条件が規定されることも多い。もちろん、許認可等や第三者の同意の取得が容易に見込まれる状況下において契約を締結する場合も多いが、その見込みが必ずしも明らかではない状況下であっても契約を締結する場合もあり、少なくとも後者のような場合まで、原則として条件が成就すると考えられる場合に該当するとはいえないように思われる（町田・前掲注57）173頁も参照）。

び「少人数私売出し」のいずれにも該当しない[117]）。

　したがって、上場株式に係る「売付け勧誘等」は、たとえその相手方が50名未満であっても、常に「私売出し」には該当しないため、適用除外取引（金商2条4項柱書括弧書、金商令1条の7の3）に該当しない限り、「有価証券の売出し」に該当する。

　そして、金商法上、売出し規制の適用除外取引として、「取引所金融商品市場における有価証券の売買及びこれに準ずる取引その他の政令[118]で定める有価証券の取引に係るもの」が定められているが（同法2条4項柱書括弧書）、このうち、実務上主に想定される取引は、大要、以下のとおりである。

　① 取引所金融商品市場における有価証券の売買（金商令1条の7の3第1号）[119]
　② 私設取引システム（PTS）[120]による有価証券（金融商品取引所に上場されているものまたは店頭売買有価証券に限る）の売買（金商令1条の7の3第3号）
　③ ブロックトレード等（金商令1条の7の3第4号）[121]
　④ 「譲渡制限のない有価証券」[122]であって、一定の者[123]以外の者が所有するものの売買（金商令1条の7の3第7号）
　⑤ 「譲渡制限のない有価証券」の売買（当該売買の当事者の双方が前記④の一定の者であるもの（当該当事者の双方が金融商品取引業者等であるもの

---

[117]　「適格機関投資家私売出し」について、金商2条4項2号イ、金商令1条の7の4第1号イ、「特定投資家私売出し」について、金商2条4項2号ロ、金商令1条の8の2第1号イ、「少人数私売出し」について、金商2条4項2号ハ、金商令1条の8の4第3号イ(1)。
[118]　金商令1条の7の3。
[119]　取引所金融商品市場（金商2条17項）における売買には、取引所金融商品市場内で行われるいわゆる立会外取引も含まれるものと考えられている（金融庁平成19年7月31日パブコメ回答30頁No.57）。
[120]　金商2条8項10号。
[121]　金商令1条の7の3第4号の要件について、金融庁平成21年12月22日パブコメ回答9〜10頁No.21〜No.24参照。
[122]　ここにいう「譲渡制限のない有価証券」とは、私募、私売出し等が行われていない有価証券をいう（金商令1条の7の3第7号）。
[123]　具体的には、大要、当該譲渡制限のない有価証券の発行者、その主要株主および子会社等ならびにこれらの役員および発起人その他これに準ずる者、金融商品取引業者等が定められている（金商令1条の7の3第7号）。

を除く）に限る）（金商令1条の7の3第8号）

　ここで留意が必要なのは、前記④の「一定の者」には、当該譲渡制限のない有価証券の発行者である法人（外国法人を含む）の「主要株主」[124]が含まれることである。したがって、例えば、上場会社の主要株主がその所有する上場株式を市場外で相対取引により譲渡する場合は、たとえその相手方が1名であっても、また、その相手方が当該主要株主の親会社またはその子会社（当該主要株主の兄弟会社）であっても、当該上場株式に係る「売付け勧誘等」は、「有価証券の売出し」に該当する可能性がある。

(ii)　必要となる手続

　前記第2節3(1)(ii)ⓐのとおり、「有価証券の売出し」に該当する場合は、原則として、発行者が当該有価証券の売出しに関し届出を行っていない限り、何人もこれを行ってはならず（金商4条1項本文）、当該届出の効力が生じる前に当該有価証券を売出しにより売り付けることが禁じられているが（金商15条1項）、一定の要件に該当する有価証券の売出しについては、届出義務が免除される[125]。

　そして、届出義務が免除される有価証券の売出しの1つとして、既開示有価証券の売出しが定められているところ（金商4条1項3号）、通常は、上場株式は既開示有価証券に該当するため、上場株式の譲渡・取得においては届出義務が免除される。

　また、前記第2節3(1)(ii)ⓑのとおり、届出義務が免除されたとしても、既開示有価証券の売出しが行われる場合は、発行者は、原則として有価証券通知書を提出しなければならないが（金商4条6項本文、開示府令4条1項~3項）、一定の要件に該当する有価証券の売出しについては、有価証券通知書の提出義務も免除される。

　そして、有価証券通知書の提出義務が免除される既開示有価証券の売出し

---

124)　ここにいう「主要株主」とは、自己または他人（仮設人を含む）の名義をもって総株主等の議決権の100分の10以上の議決権（取得または保有の態様その他の事情を勘案して内閣府令で定めるものを除く）を保有している株主をいう（金商163条1項、取引規制府令24条）。

125)　金商4条1項但書・各号、金商令2条の3、2条の12、2条の12の2、2条の12の3、開示府令2条。

として、①売出価額の総額が1億円未満のものおよび②当該有価証券の発行者その他の内閣府令で定める者[126]以外の者が行うものが定められている（金商4条6項但書）。

さらに、前記第2節3(1)(ii)(C)のとおり、既開示有価証券の売出しを行う場合は、発行者は、原則として、当該売出しに際し、目論見書を作成しなければならないが、その売出価額の総額が1億円未満であるものその他内閣府令で定めるもの[127]については、目論見書の作成義務が免除される（金商13条1項本文括弧書）。そして、目論見書の作成義務が免除されない場合は、有価証券の売出しをする者等は、既開示有価証券を売出しにより売り付けるときは、原則として、目論見書を予めまたは同時に交付しなければならない（金商15条2項本文）。

したがって、例えば、上場会社の主要株主がその所有する上場株式を市場外で相対取引により譲渡する場合において、その売出価額の総額が1億円以上であるときは、当該上場会社は、届出義務を免除されるものの、有価証券通知書の提出義務および目論見書の作成義務を負い、売主である当該主要株主も、目論見書の交付義務を負う可能性がある。そのため、上場株式の譲渡・取得において有価証券通知書の提出や目論見書の作成および交付が必要となる場合は、対象会社（上場会社）の協力が事実上不可欠となる点に留意

---

[126] ここにいう「内閣府令で定める者」として、具体的には、大要、①有価証券の売出しに係る有価証券の所有者である当該有価証券の発行者、②有価証券の売出しに係る有価証券の所有者であって、当該有価証券の発行者の子会社等または主要株主、当該発行者、子会社等または主要株主の役員または発起人等、③当該有価証券を他の者に取得させることを目的として①または②に掲げる者から当該有価証券を取得した金融商品取引業者等、④有価証券の売出しに係る引受人に該当する金融商品取引業者等、⑤金商法2条6項3号に規定する契約に基づき取得した新株予約権証券または当該新株予約権証券に係る新株予約権を行使することにより取得した有価証券に係る有価証券の売出しを行う金融商品取引業者等が定められている（開示府令4条4項）。なお、上場株式の発行者の主要株主がその所有する当該株式を市場外で相対取引により譲渡する場合は、当該主要株主がかかる「内閣府令で定める者」に該当するため、当該発行者は有価証券通知書の提出義務を免れないことが多い。

[127] ここにいう「内閣府令で定めるもの」とは、①金商法2条4項に規定する有価証券の売出しに該当しないもの、②一定の有価証券の売出し（開示府令4条4項各号に定める者（前掲注126）参照）が行う有価証券の売出しと基本的に同様である）に該当しないものをいうが、金商令20条1項に規定する安定操作取引を行う場合は除外される（開示府令11条の4）。

する必要がある。

(3) 臨時報告書

前記第2節3(2)のとおり、有価証券報告書の提出義務を負う会社またはその子会社が売主または買主となる場合は、当該会社は、対象会社株式の譲渡・取得に伴い、臨時報告書を提出しなければならないことがある。また、上場会社である対象会社は有価証券報告書の提出義務を負っているため、対象会社自身も臨時報告書の提出義務を負うことがある。

(4) 適時開示

(i) 対象会社

上場会社またはその子会社等に一定の事実が発生した場合は、当該上場会社は、直ちにその内容を開示しなければならない[128]。

株式譲渡・取得に伴う主な適時開示事由としては、①主要株主または筆頭株主の異動[129]、および②支配株主または財務諸表等規則8条17項4号に規定するその他の関係会社の異動[130]の該当性がそれぞれ問題となるが、バスケット条項[131]その他の適時開示事由の該当性にも留意する必要がある。

(ii) 売主および買主

前記第2節3(3)のとおり、上場会社またはその子会社等が売主または買主となる場合は、当該上場会社は、対象会社株式の譲渡・取得に伴い、適時開示を行わなければならないことがある。

---

128) 上場規402条2号、403条2号、上場規施行則402条、402条の2、404条。
129) 上場規402条2号b。
130) 上場規402条2号g。
131) 上場規402条2号x。

4 金商法上の取引規制

(1) インサイダー取引規制

インサイダー取引規制は、上場株式の譲渡・取得その他上場会社が関与するM&A取引において特に留意すべき重要な金商法上の取引規制である[132]。① M&A取引においては、当該取引自体またはこれに関連する事実がインサイダー情報に該当することが多いことから、情報管理を徹底するなどして、当該取引に関与する関係者がインサイダー情報を利用してインサイダー取引規制に抵触するような株式等の売買等を行わないように留意する必要がある。また、②上場株式の譲渡・取得において売主または買主が対象会社に係るインサイダー情報を知っている場合等、M&A取引の実行自体がインサイダー取引規制に抵触するおそれがある場合にどのように対処すべきかという点も問題となり得る。

インサイダー取引規制を巡る問題は実務上多岐にわたるが、前記①は、株式譲渡・取得に限らずM&A取引一般において問題となり、かつ、M&A取引の実行自体との関係で問題となるものではないことから、紙幅の都合上、以下では、前記②の観点から、基本的な概念および手続に簡単に触れつつ、上場株式の譲渡・取得を行う際に直面することが多い問題を取り上げる[133][134]。

---

[132] インサイダー取引規制は、会社関係者等のインサイダー取引規制（金商166条）と公開買付者等関係者等のインサイダー取引規制（金商167条）に大別されるが、金商法の平成25年改正により情報伝達・取引推奨規制（金商167条の2）が導入された。

[133] 金商法167条は、公開買付者等関係者等によるインサイダー取引を規制している。すなわち、「公開買付者等関係者」等であって、「公開買付け等」をする者（公開買付者等）の、「公開買付け等の実施に関する事実又は公開買付け等の中止に関する事実」を、一定の態様により知ったものは、当該事実の「公表」がされた後でなければ、当該公開買付け等に係る「株券等」の「買付け等」（公開買付け等の実施に関する事実に係る場合）または「売付け等」（公開買付け等の中止に関する事実に係る場合）をしてはならない（同条1項・3項）。もっとも、公開買付者等本人が行う買付け等は、同条1項による規制の対象とはされていないため、公開買付者等の計算において、その役員等が行う買付け等の行為も同条1項による規制の対象とはならない（横畠178頁）。そのため、公開買付者等関係者等のインサイダー取引規制は、前記②の観点からは基本的に問題とならないため、紙幅の都合上、以下ではその内容に立ち入らない。

(i) 会社関係者等のインサイダー取引規制

金商法166条は、会社関係者等によるインサイダー取引を規制している。すなわち、「会社関係者」等であって、「上場会社等」に係る「業務等に関する重要事実」を、一定の態様により知ったものは、当該業務等に関する重要事実の「公表」がされた後でなければ、当該上場会社等の「特定有価証券等」に係る「売買等」をしてはならない（同条1項・3項）。

(a) 上場会社等

まず、金商法166条において複数の概念の中で用いられる「上場会社等」とは、同法2条1項5号・7号・9号または11号に掲げる有価証券（政令[135]で定めるものを除く）で「金融商品取引所」[136]に上場されているもの、「店頭売買有価証券」[137]または「取扱有価証券」[138]に該当するものその他の政令[139]で定める有価証券の発行者をいう（金商163条1項本文）。

すなわち、「上場会社等」とは、社債券、株券、新株予約権証券等の一定の有価証券のうち、金融商品取引所に上場されているもの、または店頭売買有価証券もしくは取扱有価証券に該当するものの発行者であるため、有価証券報告書の提出義務を負っている非上場会社や外国の証券取引所のみに上場されている有価証券の発行者は、店頭売買有価証券または取扱有価証券を発行していない限り、「上場会社等」には該当しない。他方、外国会社であっても、日本の金融商品取引所にその発行する有価証券が上場されている場合等は、「上場会社等」に該当する。

---

134) インサイダー取引規制について詳細に解説した文献としては、木目田＝上島・インサイダー等がある。
135) 金商令27条、取引規制府令25条。
136) 金商2条16項。
137) 金商2条8項10号ハ、67条の11第1項。なお、2018年7月31日現在、店頭売買有価証券に該当するものは存在しない。
138) 金商67条の18第4号、金融商品取引業協会等に関する内閣府令11条。具体的には、フェニックス銘柄（2018年7月31日現在該当するものは存在しない）が取扱有価証券に含まれる（過去には、グリーンシート銘柄もこれに含まれていたが、グリーンシート銘柄制度は、2018年3月31日をもって廃止された）。他方、株主コミュニティ銘柄は、取扱有価証券から除外されている（平成27年5月28日金融庁告示第32号）。
139) 金商令27条の2。

(b) 規制対象者

金商法166条の規制対象者には、①「会社関係者」（同条1項前段）、②元会社関係者（同項後段）および③情報受領者（同条3項）という3つの類型がある。

(ア) 会社関係者

① 概　要

大要、「会社関係者」とは以下に定める者をいい、これらの者が上場会社等に係る「業務等に関する重要事実」を以下に定める態様により知った場合は、当該業務等に関する重要事実の「公表」がされた後でなければ、当該上場会社等の「特定有価証券等」に係る「売買等」をしてはならない（金商166条1項前段）。

[図表Ⅰ-2-1]　会社関係者

条文	会社関係者	規制対象となる態様
1号	当該上場会社等[140]の役員等	その者の職務に関し知ったとき
2号	当該上場会社等の会計帳簿等の閲覧謄写請求権を有する株主等（株主等が法人の場合はその役員等を含む）	当該権利の行使に関し知ったとき
2号の2	当該上場会社等が上場投資法人等[141]である場合の投資主等（投資主等が法人の場合はその役員等を含む）	当該上場投資法人等に対する会計帳簿等の閲覧謄写請求権の行使に関し知ったとき
3号	当該上場会社等に対する法令に基づく権限を有する者	当該権限の行使に関し知ったとき
4号	当該上場会社等と契約を締結している者または締結の交渉をしている者（その者が法人の場合はその役員等を含む）	当該契約の締結もしくはその交渉または履行に関し知ったとき
5号	2号、2号の2または4号に該当する法人のその他の役員等	その者の職務に関し知ったとき

② 役員等

上場株式の譲渡・取得において、売主について主に問題となり得る会社関係者の類型は、「上場会社等の役員等」であり[142]、ここにいう「役員等」とは、役員（会計参与が法人であるときは、その社員）、代理人、使用人その他の

従業員をいう（金商166条1項1号）[143]。これらの者に対してインサイダー取引規制が適用されるのは、これらの者が当該上場会社等に係る未公表の重要事実を「その者の職務に関し知ったとき」である（同号）。

「その者の職務に関し知ったとき」とは、職務行為自体により知った場合のほか、職務と密接に関連する行為により知った場合も含む[144]。職務行為とは、その者の地位に応じた任務として取り扱うべき一切の執務をいい、現に具体的に担当している事務であることを要しない[145]。職務の範囲は、会社の内規等によって定められていることを要せず、特命による場合その他事実上担当している職務であってもよく、また、独立の決定権を有する場合に

---

[140] 「上場会社等」の意義は前記(a)のとおりであるが、金商法166条1項各号における「上場会社等」には、当該上場会社等のみならず、その親会社および子会社ならびに当該上場会社等が上場投資法人等である場合における当該上場会社等の資産運用会社およびその特定関係法人も含まれる（同項1号）。そして、ここにいう「親会社」および「子会社」の該当性は、直近の有価証券報告書等における記載または記録を基準として判断されるため（同条5項、金商令29条の3第1項）、直近の有価証券報告書等において「親会社」または「企業集団に属する会社」と記載または記録されている会社は、「売買等」の時点までにこれらに該当しなくなったとしても、「親会社」または「子会社」に該当する点に留意する必要がある（「子会社」の意義について、2008年12月9日付け「金融庁における法令適用事前確認手続（照会書）」（金融庁接受日は2008年12月15日）、金融庁総務企画局市場課長の2008年12月25日付け「『金融商品取引法』に関する法令適用事前確認手続にかかる照会について（平成20年12月9日付照会書面に対する回答）」も参照）。なお、上場会社等の子会社に係る会社関係者（当該上場会社等に係る会社関係者に該当する者を除く）については、当該上場会社等の特定有価証券等に係る売買等が禁止されるのは、当該子会社に係る未公表の重要事実（金商166条2項5号～8号）を知った場合に限定されており（同条1項前段）、当該上場会社等に係る未公表の重要事実（同条2項1号～4号）を知った場合は、インサイダー取引規制の対象とされていない。

[141] 金商163条1項本文。

[142] 前掲注140）のとおり、当該上場会社等の親会社の役員等もここにいう「上場会社等の役員等」に含まれるからである。

[143] なお、当該上場会社等の役職員ではないものの、同社の株式について自己および自己が支配している者を含めて相当程度の保有割合を有し、かつ、同社の財務・資本政策や役員人事等について実質的に判断・決定を行うことができる立場にある者も、「役員等」に該当する可能性がある（証券取引等監視委員会事務局の2010年6月付け「金融商品取引法における課徴金事例集」事例4）。

[144] 横畠36頁。なお、「職務に関し」の解釈に関する議論の状況について、木目田＝上島・インサイダー59頁〔山田将之＝八木浩史〕参照。

[145] 横畠36頁。

限らず、上司の指揮監督の下に行う従属的、補佐的職務でもよい[146]。そして、職務に関し知ったものであれば、誰から聞いたかなど重要事実を知った方法は問わない[147)148]。

　上場株式の譲渡・取得においては、当該株式譲渡・取得に係る契約締結に先立ち、売主は対象会社である上場会社から情報を随時入手することが一般的である。そして、当該上場会社の役員等が売主である場合に当該役員等がインサイダー取引規制の対象となるのは当然として、当該上場会社の親会社が売主である場合において、その役員等が当該上場会社等に係る未公表の重要事実を職務に関し知ったときは、当該役員等がインサイダー取引規制の対象となるだけではなく、その違反に対しては売主である親会社自身について課徴金（金商175条9項）や両罰規定（金商207条1項2号）が適用される点に留意する必要がある。

　③　当該上場会社等と契約を締結している者又は締結の交渉をしている者

　上場株式の譲渡・取得において、買主について主に問題となり得る会社関係者の類型は、「当該上場会社等と契約を締結している者又は締結の交渉をしている者」（その者が法人である場合はその役員等を含む）[149]である（金商166条1項4号）。これらの者に対してインサイダー取引規制が適用されるのは、これらの者が当該上場会社等に係る未公表の重要事実を「当該契約の締結若しくはその交渉又は履行に関し知ったとき」である（同号）[150]。

　「契約」は、その種類、内容および形式を問わないため、上場会社等の内部情報を知ることを内容とする契約に限られず、また、書面による契約だけではなく口頭による契約であってもよい[151]。

---

146)　横畠36頁。
147)　横畠36頁。
148)　なお、「職務に関し」という文言からは、職務行為自体により知った場合に限定されないことは明らかであるものの、その外延は必ずしも明確ではない。この点につき、役員等がその職務の内容として内部情報を知り得る立場にあることに直接起因して未公表の重要事実を知った場合は規制対象としてよいが、他の部署や会議室等に立ち入るといった単なる物理的アクセスを通じて他部署の内部情報を知ったに過ぎない場合は規制対象外と考えられていると整理できるとする見解もある（木目田＝上島・インサイダー62頁〔山田＝八木〕）。
149)　なお、当該上場会社等の役員等（当該上場会社等と委任契約や雇用契約を締結している者等）は、金商法166条1項1号の会社関係者として扱われると整理されているため（横畠42頁）、同項4号の規制対象からは除外されている。

「当該契約の締結若しくはその交渉又は履行に関し知ったとき」とは、契約の締結行為、交渉行為または履行行為自体により知った場合のほか、契約の締結、交渉または履行のための準備、調査、交渉等の過程で知った場合等、当該契約の締結、交渉または履行に密接に関連する行為により知った場合も含まれる[152]。契約の締結行為、交渉行為または履行行為は、契約の締結または交渉のための代理権を有する者や履行義務者本人の行為に限られず、これらを補助する者の行為であってもよい[153]。また、現実に契約の締結、交渉または履行を行った担当者が知ることに限られず、その者から当該契約の締結、交渉または履行の状況等について報告を受けるべき立場にある同僚、上司等がその報告を受けて知った場合もこれに該当する[154]。そして、契約

---

150) 未公表の重要事実を当該契約の締結若しくはその交渉または履行に関し知った法人の役員等以外の当該法人の他の役員等に対しても、当該他の役員等が当該重要事実をその者の職務に関して知ったときは、インサイダー取引規制が適用される（金商166条1項5号）。なお、近時の裁判例では、金商法166条1項5号にいう「知った」の意義について、「上場会社等の契約締結の交渉中の法人等の他の役員等がその者の職務に関し重要事実を知ったとして法166条1項5号に該当するというためには、その者が職務に関し重要事実を構成する主要な事実を単に認識したというだけでは足りず、その者を会社関係者と位置づけることを正当化する状況、すなわち、その方法や態様等を問わないものの、当該契約の締結若しくはその交渉をする役員等が知った重要事実が法人内部においてその者に伝播したもの（流れて、伝わったもの）と評価することができる状況のもとで重要事実を構成する主要な事実を認識した場合であることを要するものと解するのが相当である」と判示されている（東京高判平成29年6月29日金判1527号36頁）。また、会社関係者が上場会社等に係る業務等に関する重要事実を「知った」とは、投資者の投資判断に影響を及ぼすべき重要事実の内容の一部を知った場合も含むと一般に解されているが（横畠35頁）、当該裁判例では「重要事実を構成する主要な事実を認識した場合であることを要する」と判示されている点も注目に値する。
151) 横畠41頁。なお、最高裁も、旧証券取引法166条1項4号にいう「当該契約」は重要事実を前提として締結される契約に限定されるべきであると解すべき根拠はないと判示している（最三決平成15年12月3日判時1845号147頁）。
152) 横畠42頁。なお、「当該契約の履行に関し知ったとき」に該当すると判断した裁判例として、前掲注151)最三決平成15年12月3日等がある。
153) 横畠42頁。
154) 横畠42頁、東京地判平成15年5月2日判タ1139号311頁（旧証券取引法167条1項4号に関する裁判例）。なお、同僚、上司等が報告を受けて知った場合は、金商法166条1項5号の規制対象となるようにも思われるが、実質的にはこれらの者が自ら当該契約の締結、交渉または履行を行ったものと評価できる場合は、同項4号の規制対象となると解する方が自然であると考えられる（木目田＝上島・インサイダー80頁〔山田＝八木〕）。

の締結、交渉または履行に関し知ったものであれば、誰から聞いたかなど重要事実を知った方法は問わない[155]。

上場株式の譲渡・取得においては、買主は、まず対象会社である上場会社やその親会社との間で秘密保持契約を締結し、当該上場会社に対するデュー・ディリジェンスを行った上で、当該上場会社やその親会社との間で当該株式譲渡・取得に係る契約の交渉を行うのが一般的である。そして、買主がデュー・ディリジェンスや契約交渉を通して未公表の重要事実を知った場合は、当該買主は、当該秘密保持契約の「履行に関し」または当該株式譲渡・取得に係る契約の「交渉に関し」、当該重要事実を知ったものとして、インサイダー取引規制の対象となる。

(イ) 元会社関係者

上場会社等に係る「業務等に関する重要事実」を金商法166条1項各号に定めるところにより知った会社関係者であって、当該各号に掲げる会社関係者でなくなった後1年以内のものは、当該業務等に関する重要事実の「公表」がされた後でなければ、当該上場会社等の「特定有価証券等」に係る「売買等」をしてはならない(同項後段)[156]。

(ウ) 情報受領者

① 概 要

①会社関係者(金商166条1項前段)もしくは元会社関係者(同項後段)からこれらの者が同項各号に定めるところにより知った同項に規定する「業務等に関する重要事実」の伝達を受けた者[157]または②職務上当該伝達を受けた者が所属する法人の他の役員等であって、その者の職務に関し当該業務等に関する重要事実を知ったものは、当該業務等に関する重要事実の「公表」がされた後でなければ、当該上場会社等の「特定有価証券等」に係る「売買

---

[155] 横畠42頁。
[156] なお、元会社関係者としてインサイダー取引規制の対象となるのは、会社関係者である間に当該上場会社等に係る業務等に関する重要事実を知った場合であり、会社関係者でなくなった後にかかる重要事実を知った場合は、後記(ウ)の情報受領者としてインサイダー取引規制の対象となるか否かが問題となる。
[157] 会社関係者または元会社関係者から業務等に関する重要事実の伝達を受けた者であっても、金商法166条1項各号に掲げる者であって、当該各号に定めるところにより当該業務等に関する重要事実を知ったものは、同項各号の会社関係者として扱われると整理されているため(横畠125頁)、同条3項の規制対象からは除外されている。

等」をしてはならない（同条3項）。

② **重要事実の伝達を受けた者**

会社関係者または元会社関係者から重要事実の伝達を受けた者は、情報受領者としてインサイダー取引規制の対象となる（金商166条3項前段）。

金商法166条3項前段によりインサイダー取引規制の対象となる情報受領者は、第一次情報受領者に限定されており、当該情報受領者からさらに重要事実の伝達を受けた第二次以降の情報受領者は対象とされていない。もっとも、第一次情報受領者か否かは、実質的に判断されるものであり、会社関係者または元会社関係者が重要事実を伝達する意思で実際にその伝達行為を行い、その結果伝達の対象となった者が当該重要事実を知った場合は、その伝達の方法を問わず当該会社関係者または当該元会社関係者から重要事実の伝達を受けたものと解される[158]。

「伝達を受けた」といえるためには、伝達する者においてその伝達を受ける者に対して伝達を行う意思が必要であるが[159]、情報の伝達は、必ずしも積極的な方法でなされる必要はなく、相手方が情報を知ることを認識し、これを認容したような場合もこれに該当し得る[160]。しかし、上場会社の役員同士の立話を偶然聞いてしまった者、上場会社の担当者が遺失した書類から重要事実を知った者、会社関係者の話を盗聴したりその書類を盗み見たりして重要事実を知った者など、会社関係者または元会社関係者に重要事実を伝達する意思がない場合は、会社関係者または元会社関係者から重要事実を知ったとしても、「重要事実の伝達を受けた者」には該当しない[161]。

「重要事実の伝達を受けた者」には、投資者の投資判断に影響を及ぼすべき当該事実の内容の一部の伝達を受けた者も含まれる[162]。また、「重要事実の伝達を受けた者」には、法人も含まれると解されている[163]。さらに、会社関係者または元会社関係者から重要事実の伝達を受けた者である限り、そ

---

[158] 横畠122頁。例えば、日新汽船事件・東京簡裁略式命令平成2年9月26日資料版商事81号35頁では、使者を介して重要事実の伝達を受けた者が第一次情報受領者として処罰されている。

[159] 服部秀一『新版 インサイダー取引規制のすべて——平成元年～25年規制の実務手引き』（金融財政事情研究会、2014）62頁。

[160] 木目田＝上島・インサイダー89頁〔山田＝八木〕。

[161] 横畠124頁。

の者において既に当該重要事実を知っていたとしても、情報受領者としてインサイダー取引規制の対象となる[164]。

上場株式の譲渡・取得においては、当該株式譲渡・取得に係る契約締結に先立ち、売主は対象会社である上場会社から情報を随時入手し、買主も当該上場会社に対するデュー・ディリジェンスや契約交渉を通して当該上場会社や売主から情報を取得することが一般的である。そのため、売主および買主は、仮に会社関係者または元会社関係者としてインサイダー取引規制の対象とならない場合であっても、情報受領者として当該規制の対象となる可能性がある点に留意する必要がある。

(c) 業務等に関する重要事実
(ア) 概　要

金商法 166 条 1 項に規定する「業務等に関する重要事実」は、①決定事実、②発生事実、③決算情報および④バスケット条項という 4 つの類型に大別されるが、以下のとおり、その対象となる上場会社等の類型に応じて、同条 2 項 1 号～14 号に定められている。

このうち、①決定事実および②発生事実については、「投資者の投資判断に及ぼす影響が軽微なものとして内閣府令[165]で定める基準」（本(c)において以下「軽微基準」という）が定められており、これに該当するものは「業務等に関する重要事実」の対象から除外される（金商 166 条 2 項柱書）。これに対して、③決算情報については、「投資者の投資判断に及ぼす影響が重要なものとして内閣府令[166]で定める基準」（本(c)において以下「重要基準」という）が定められており、「業務等に関する重要事実」はこれに該当するものに限られる（同項 3 号括弧書・7 号括弧書・11 号括弧書）。

紙幅の都合上、以下では、個別の重要事実の内容には立ち入らないが、上

---

[162] 横畠 123 頁。ただし、その事実が軽微基準に該当し重要事実ではないということを情報受領者が確信するに足る客観的な相当の事情がある場合や、そもそもその一部の事実だけでは投資判断に重要な影響があるとはいえない場合は、インサイダー取引規制の対象とはならないと考えられる（木目田＝上島・インサイダー90 頁〔山田＝八木〕）。
[163] 服部・前掲注 159）61 頁。
[164] 横畠 124 頁。
[165] 取引規制府令 49 条、50 条、52 条、53 条、55 条の 2、55 条の 3、55 条の 5、55 条の 6。
[166] 取引規制府令 51 条、55 条 2 項、55 条の 4。

[図表Ⅰ-2-2] 業務等に関する重要事実

条文	業務等に関する重要事実	
1号	上場会社等（上場投資法人等を除く）	決定事実
2号		発生事実
3号		決算情報
4号		バスケット条項
5号	上場会社等（上場投資法人等を除く）の子会社	決定事実
6号		発生事実
7号		決算情報
8号		バスケット条項
9号	上場会社等である上場投資法人等	決定事実
10号		発生事実
11号		決算情報
12号	上場会社等である上場投資法人等の資産運用会社	決定事実
13号		発生事実
14号	上場会社等である上場投資法人等	バスケット条項

場株式の譲渡・取得において特に留意する必要がある問題を取り上げる。

(イ) 決定事実

金商法166条2項1号は、上場会社等に関する決定事実として、当該上場会社等の「業務執行を決定する機関」が一定の事項を行うことについての「決定」をしたことまたは当該機関が当該決定（公表がされたものに限る）に係る事項を行わないことを「決定」したことを定めている。

まず、「業務執行を決定する機関」とは、会社法所定の決定権限のある機関には限られず、実質的に会社の意思決定を行うことのできる機関であれば足りると解されている[167]。

会社の内部で具体的にいかなる機関が業務執行を決定するかは、会社によりまたは決定する事柄によって異なるものと考えられ、当該会社における意思決定の実情に照らして個別に判断される[168]。そのため、取締役会に限ら

---

[167] 日本織物加工事件・最一判平成11年6月10日刑集53巻5号415頁。
[168] 横畠52頁。

れず、経営会議、経営委員会、常務会、専務会等の会議体のほか、代表取締役社長や取締役個人等も「業務執行を決定する機関」に該当し得る[169)170)]。

次に、「行うことについての決定」には、金商法166条2項1号に掲げる事項そのものの決定に限らず、具体的に特定された事項の実施に向けての調査や準備、交渉等の諸活動を当該会社の業務として行う旨の決定も含まれる[171)]。

この点につき、最高裁は、日本織物加工事件において、旧証券取引法166条2項1号にいう「株式の発行」を行うことについての「決定」をしたとは、「業務執行を決定する機関」において、「株式の発行それ自体や株式の発行に向けた作業等を会社の業務として行う旨を決定したことをいうものであり、右決定をしたというためには右機関において株式の発行の実現を意図して行ったことを要するが、当該株式の発行が確実に実行されるとの予測が成り立つことは要しないと解するのが相当である」と判示している[172)]。また、最高裁は、村上ファンド事件において、同法167条2項に関して、「公開買付け等の実現可能性が全くあるいはほとんど存在せず、一般の投資者の投資判断に影響を及ぼすことが想定されないために、同条2項の『公開買付け等を行うことについての決定』というべき実質を有しない場合があり得るのは別として」、当該「決定」をしたというためには、「業務執行を決定する機関」において、「公開買付け等の実現を意図して、公開買付け等又はそれに向けた作業等を会社の業務として行う旨の決定がされれば足り、公開買付け

---

169) 木目田 = 上島・インサイダー93頁〔山田〕。
170) なお、上場会社等の子会社に関する決定事実（金商166条2項5号）について、親会社である上場会社等の業務執行決定機関が実質的に子会社の意思決定を行っている場合には、子会社の役員が当該決定を全く知らされていない段階であっても、子会社に関する決定事実が存在すると認められるか、すなわち、「当該上場会社等の子会社の業務執行を決定する機関」には、親会社である上場会社等の業務執行決定機関が含まれるかという悩ましい問題が生じるが、子会社の業務執行決定機関が何らの決定も行っていない以上、文言解釈としては、この段階で子会社に関する決定事実が存在すると認めることは難しいように思われる（芝原邦爾ほか「〈座談会〉インサイダー取引規制をめぐる最近の諸問題」商事1593号（2001）60頁〔芝原邦爾発言〕）。もっとも、実務上は、親会社が実質的に子会社の意思決定を行った時点で当該子会社に関する決定事実が存在することを前提として対応した方が無難であろう。
171) 横畠53頁。
172) 前掲注167）日本織物加工事件。

等の実現可能性があることが具体的に認められることは要しないと解するのが相当である」と判示している[173]。

ここでは前記の最高裁の判断の詳細には立ち入らないが、決定事実となる時点について明確な判断基準がないだけではなく、会社法所定の決定権限のある機関による最終的な決定よりもかなり早いタイミングで決定事実が存在すると解される点には十分に留意する必要がある[174]。上場株式の譲渡・取得においては、実務上はまず買収者が当該上場会社に対するデュー・ディリジェンスを行うことが多いが、その際には決定事実となり得る事実の有無および決定事実の該当性について慎重に検討する必要がある。

(ウ) バスケット条項

金商法166条2項4号は、上場会社等に関するバスケット条項として、「前三号に掲げる事実を除き、当該上場会社等の運営、業務又は財産に関する重要な事実であつて投資者の投資判断に著しい影響を及ぼすもの」[175]を定めている。

「前三号に掲げる事実を除き」と定められているため（金商166条2項4号）、バスケット条項の対象となる事実は、同項1号〜3号に掲げる重要事実（①決定事実、②発生事実および③決算情報）以外の事実であり、軽微基準に該当する事実や重要基準に該当しない事実は、原則としてバスケット条項には該当しない[176]。

もっとも、新薬の発売直後に死亡例も含む当該新薬の副作用によるとみられる重篤な症例が発生したという事実について、発生事実（平成5年改正前の旧証券取引法166条2項2号イにいう「災害又は業務に起因する損害」[177]）と

---

173) 村上ファンド事件・最一決平成23年6月6日刑集65巻4号385頁。
174) ただし、重要事実としての決定は、それが投資者の投資判断に影響を及ぼすべきものであるという観点から、ある程度具体的な内容をもつものでなければならないため、例えば、合併に関する法的手続について一般的に調査研究を行うとか、適当な合併相手を探すためにいくつかの候補会社について基礎資料の収集を行うという程度の決定では、合併を行うことについての決定をしたとはいえない（横畠53頁）。
175) ここにいう「投資者の投資判断に著しい影響を及ぼす」とは、通常の投資者が当該事実を知った場合に、当該上場株券について当然に売りまたは買いの判断を行うと認められることである（横畠119頁）。
176) 横畠119頁、木目田＝上島・インサイダー252頁〔小林和真呂＝鈴木俊裕〕。
177) 当該発生事実は、旧証券取引法の平成10年改正により「災害に起因する損害又は業務遂行の過程で生じた損害」に改められている（金商166条2項2号イ参照）。

バスケット条項の適用関係が問題となった事案において、最高裁は、「同号イにより包摂・評価される面については、見込まれる損害の額が前記軽微基準を上回ると認められないため結局同号イの該当性が認められないこともあり、その場合には、この面につき更に同項四号の該当性を問題にすることは許されないというべきである。しかしながら、前記のとおり、右副作用症例の発生は、同項二号イの損害の発生として包摂・評価される面とは異なる別の重要な面を有している事実であるということができ、他方、同項一号から三号までの各規定が掲げるその他の業務等に関する重要事実のいずれにも該当しないのであるから、結局これについて同項四号の該当性を問題にすることができるといわなければならない」と判示している[178]。

前記最高裁判決は、あくまで事例に即した判断の形をとっているが、ある事実が旧証券取引法166条2項1号～3号のいずれかの事実に相応する面を有していても、それによって包摂・評価され得ない別の重要な面を持ち、それが投資者の投資判断に著しい影響を及ぼすときは、この事実について、同項1号～3号とは別に同項4号の該当性を問題にすることができ、このように解しても同項4号が「前三号に掲げる事実を除き」と規定している趣旨等にも反するものではないという理解を前提にしている[179]。そのため、ある未公表の事実について、仮に軽微基準に該当しまたは重要基準に該当しないために金商法166条2項1号～3号に定める重要事実に該当しない場合であっても、同項4号に定めるバスケット条項の該当性を別途検討する必要がある。もっとも、①決定事実、②発生事実または③決算情報として包摂・評価されるか否かの判断基準は必ずしも明らかではなく、個別事案毎に様々な要素を総合的に考慮して「投資者の投資判断に著しい影響を及ぼすもの」か否かを検討せざるを得ない[180]。

(d) 公　表

インサイダー取引規制は、上場会社等に係る業務等に関する重要事実の

---

178) 日本商事事件・最三判平成11年2月16日刑集53巻2号1頁。
179) 最判解刑事篇平成11年度44頁〔木口信之〕。
180) 当該最高裁判決以前の下級審の裁判例であるが、マクロス事件・東京地判平成4年9月25日判時1438号151頁において、裁判所は、決算情報の該当性を否定した上で、バスケット条項の該当性を肯定している。

「公表」前に、当該上場会社等の特定有価証券等に係る売買等を禁じるものであるが、「公表」の意義については金商法166条4項がこれを定めている。

(ア) 公表の内容

金商法166条4項は「公表」の内容について規定していないが、「重要事実の公表がされた」(同条1項・3項) といえるためには、投資者の投資判断に影響を及ぼすべき当該事実の内容が全て具体的に明らかにされていなければならない[181)][182)]。そのため、上場会社等が公表した内容が不十分であるために「公表がされた」と認められない場合は、引き続き当該上場会社等の特定有価証券等に係る売買等は禁止される。

(イ) 公表の主体および方法

金商法166条4項は、以下のとおり、重要事実毎に公表の主体を限定している。

[図表Ⅰ-2-3] 重要事実の公表の主体

条文	重要事実	公表の主体
1号	上場会社等に係る金商法166条1項に規定する業務等に関する重要事実であって同条2項1号から8号までに規定する重要事実	当該上場会社等（上場投資法人を除く）または当該上場会社等（上場投資法人等を除く）の子会社（子会社については、当該子会社の金商法166条1項に規定する業務等に関する重要事実に限る[183)])
2号	上場投資法人等に係る金商法166条1項に規定する業務等に関する重要事実であって同条2項9号または11号に規定するもの	当該上場投資法人等
3号	上場投資法人等に係る金商法166条1項に規定する業務等に関する重要事実であって同条2項12号に規定するもの	当該上場投資法人等の資産運用会社
4号	上場投資法人等に係る金商法166条1項に規定する業務等に関する重要事実であって同条2項10号・13号または14号に規定するもの	当該上場投資法人等または当該上場投資法人等の資産運用会社

---

181) 横畠130頁。

また、金商法166条4項は、公表の方法を以下の①または②に定める方法に限定している。

① 金商法166条4項各号に定める者により多数の者の知り得る状態に置く措置として政令で定める措置がとられたこと

「政令で定める措置」とは、具体的には、以下に定めるいずれかの措置をいう。

ⓐ 上場会社等を代表すべき取締役等またはこれらの者から重要事実を公開することを委任された者が、当該重要事実を一定の報道機関の2以上を含む報道機関に対して公開し[184)185)]、かつ、12時間が経過したこと[186)]（金商令30条1項1号・2項）

ⓑ 上場会社等が重要事実を金融商品取引所等に通知し、かつ、当該重要事実が当該金融商品取引所等において電磁的方法により公衆の縦覧に供されたこと[187)]（金商令30条1項2号・3号、取引規制府令56条）

② 金商法166条4項各号に定める者が提出した同法25条1項に規定する書類[188)]に重要事実が記載されている場合において、当該書類が同項の規定により公衆の縦覧に供されたこと[189)]

以上のとおり、金商法166条4項は、公表の主体および方法を限定してい

---

182) ただし、これは、重要事実の全てが具体的に確定していなければ公表できず、インサイダー取引規制が解除されないことを意味せず、重要事実の一部が未確定な場合は、その時点で確定している重要事実の内容のうち、投資者の投資判断に重要な影響を及ぼすべきものが全て具体的に明らかにされていれば、「公表がされた」といえるものと解されている（松本真輔『最新インサイダー取引規制——解釈・事例・実務対応』（商事法務、2006）184頁）。もっとも、例えば、正式な機関決定前に決定事実を一旦公表したとしても、その後も作業等を継続すれば、正式な機関決定までの間に投資者の投資判断に影響を及ぼす事実が随時発生する可能性があり、かかる事実が発生した場合は、当該事実は新たな決定事実と評価されるため、既に公表したものとは異なる未公表の重要事実が存在することになる（松本真輔「インサイダー取引に関するいくつかの事例——その実務的な検討」前田重行先生古稀記念『企業法・金融法の新潮流』（商事法務、2013）383頁、木目田＝上島・インサイダー335頁〔小林和真呂＝大野憲太郎〕）。

183) 子会社も上場会社等である場合は、親会社が子会社の重要事実を公表しても、それは子会社として公表したことにはならず、子会社の「特定有価証券等」に係るインサイダー取引規制は解除されないため、子会社自身が当該重要事実を公表する必要がある（中村直人「インサイダー取引規制に関する改正と実務対応——子会社を含む重要事実をいかに管理するか」商事1568号（2000）77頁）。

るため、重要事実が、新聞等で報道され、あるいは公開の法廷や議会における証言等において言及されたとしても、「公表がされた」ことにはならない[190]。また、上場会社等またはその子会社がホームページ上で重要事実を開示したとしても、それだけでは同様に「公表がされた」ことにはならない[191]。

---

[184] 最高裁は、金商令30条1項1号による方法について、「情報源を公にしないことを前提とした報道機関に対する重要事実の伝達は、たとえその主体が同号に該当する者であったとしても、同号にいう重要事実の報道機関に対する『公開』には当たらないと解すべきである。……また、……本件のように、会社の意思決定に関する重要事実を内容とする報道がされたとしても、情報源が公にされない限り、法166条1項によるインサイダー取引規制の効力が失われることはないと解すべきである」と判示している(最一決平成28年11月28日刑集70巻7号609頁)。なお、「情報源が公にされない限り」という留保に関して、金商令30条1項1号所定の主体から報道機関へ情報源を公にすることを前提とした重要事実の伝達はなされなかったが、報道において情報源が明示されるかまたは報道内容から情報源を特定することができる場合に、インサイダー取引規制の効力が失われると最高裁が解しているのかは別途検討を要する(湯原心一「インサイダー取引規制における公表と公知性——最決平成28年11月28日資料版／商事法務393号127頁の検討」商事2131号(2017)8頁)。

[185] 実務的には、証券会社等を通じ、東京証券取引所や大阪証券取引所の記者クラブその他業界記者クラブ等の投函ボックス等に対して、重要事実を記載した適時開示資料等の投函(いわゆる「投げ込み」)を行うことが多い(木目田＝上島・インサイダー329頁〔小林＝大野〕)。

[186] なお、公開の相手方となった報道機関が公開された重要事実を実際に報道することは必要とされていない(木目田＝上島・インサイダー324頁〔小林＝大野〕)。

[187] 例えば、東京証券取引所においては、重要事実は、TDnet(適時開示情報伝達システム)を通じた開示により、東京証券取引所に対して通知され、かつ、適時開示情報閲覧サービス上で公衆の縦覧に供される(上場規414条1項・7項)。

[188] 具体的には、有価証券届出書、発行登録書、発行登録追補書類、有価証券報告書、確認書、内部統制報告書、四半期報告書、半期報告書、臨時報告書および親会社等状況報告書等ならびにこれらの訂正報告書等をいい、自己株券買付状況報告書およびその訂正報告書(金商25条1項11号)は除外される。

[189] これらの書類は、開示用電子情報処理組織(いわゆるEDINET)を使用して提出され(金商27条の30の2、27条の30の3)、財務局および福岡財務支局においてその使用に係る電子計算機の入出力装置の映像面に表示して公衆の縦覧に供される(金商27条の30の7、金商令14条の12)。

[190] 横畠133頁。

[191] 木目田＝上島・インサイダー322頁〔小林＝大野〕。

(e) 特定有価証券等

　金商法166条により「売買等」が禁止される「特定有価証券等」とは、「特定有価証券」または「関連有価証券」をいう（金商163条1項）。

　「特定有価証券」とは、当該上場会社等の金商法2条1項5号・7号・9号または11号に掲げる有価証券（政令[192]で定めるものを除く）その他の政令[193]で定める有価証券をいう（金商163条1項）。このうち、社債券、株券、新株予約権証券等、金商令27条の3第1号に定める有価証券については、金融商品取引所に上場されており、または店頭売買有価証券もしくは取扱有価証券に該当することまでは要求されていない。そのため、上場株式が「特定有価証券」に該当することは当然として、上場会社が発行する非上場の社債、株式、新株予約権等も「特定有価証券」に該当し、これらの売買等もインサイダー取引規制の対象となる点に留意する必要がある。

　また、「関連有価証券」とは、当該上場会社等の特定有価証券に係るオプションを表示する金商法2条1項19号に掲げる有価証券その他の政令[194]で定める有価証券をいう（金商163条1項）。

(f) 売買等
(ア) 概　要

　金商法166条の規制対象取引である「売買等」とは、①「売買その他の有償の譲渡若しくは譲受け」、②「合併若しくは分割による承継（合併又は分割により承継させ、又は承継することをいう。）」[195]または③「デリバティブ取引」[196]をいう（金商166条1項）[197]。

　「売買その他の有償の譲渡若しくは譲受け」とは、「特定有価証券等」について有償でその所有権を移転すること、具体的には、売買をはじめ、交換、代物弁済、現物出資等を行うことをいい、金融商品取引所におけるまたはこ

---

192) 金商令27条、取引規制府令25条。
193) 金商令27条の3。
194) 金商令27条の4。
195) ただし、合併、分割または事業の譲渡もしくは譲受けによる特定有価証券等の承継については、インサイダー取引規制の適用除外の対象となり得るため（金商166条6項8号、取引規制府令58条の2、金商166条6項9号・10号）、実際にインサイダー取引規制が適用される場面は限定的である。
196) 金商2条20項。

れを通じた取引に限られず、相対取引や外国の証券取引所を通じた取引等も含まれる[198]。これに対して、贈与等の無償の移転行為や相続は含まれない[199]。

また、売買契約等の当事者として権利義務の帰属主体となることに限られず、他人に売買等の委託または指図をすることや他人のために売買等の行為を行うことも含まれる[200]。したがって、法人の計算においてその役員等が売買等を行う場合であっても、当該役員等はインサイダー取引規制の対象となる[201]。これに対して、他人の指図を受けて単に機械的に売買等に関与するに過ぎない場合は、インサイダー取引規制の対象とはならないと考えられている（ただし、幇助犯として処罰される可能性はある）[202]。そのため、インサイダー取引規制の対象となる「売買等」に該当するためには、行為者の売買等の意思に基づいて売買等の行為が行われることを要すると解されている[203]。

---

[197] なお、金融庁＝証券取引等監視委員会「インサイダー取引規制に関するQ&A」（平成20年11月18日、平成27年9月2日最終改訂）（問3）において、会社関係者が未公表の重要事実を知った後に売買等を行ったとしても、取引の経緯等から重要事実を知ったことと無関係に行われたことが明らかであれば、インサイダー取引規制違反として課徴金納付命令等の対象とされることにはならないものと考えられる旨が説明されている。もっとも、インサイダー取引が成立するためには、会社関係者等が一定の事由により未公表の重要事実を知った以上、そのような情報を「利用した」ことまたはそのような情報に「基づいた」ことは要しないため（横畠17頁）、重要事実を知ったことと無関係に行われた売買等についても、理論的にはインサイダー取引規制の対象となり得るように思われる。前記Q&Aの説明について、木目田＝上島・インサイダー315頁〔上島正道〕も参照。

[198] 横畠44頁。

[199] 松本・前掲注182）『最新インサイダー取引規制』179頁。

[200] 横畠44頁。

[201] 法人である売主または買主の役員等が、対象会社である上場会社に係る業務等に関する重要事実を法所定の態様により知って、当該売主または買主の計算において当該対象会社の株式の売買を行う場合には、当該役員等の行為はインサイダー取引規制の違反を構成する。さらに、当該売主または買主も「会社関係者」に該当する場合（金商166条1項2号・4号参照）には、当該売主または買主自身の行為がインサイダー取引規制の違反を構成し、課徴金（金商175条1項）の対象となる。なお、金商法166条1項1号の「会社関係者」には法人は含まれないため、例えば、対象会社の親会社である売主の役員等が、同号の「会社関係者」として、当該売主の計算において売買を行った場合には、当該売主自身の行為としてはインサイダー取引規制の違反とはならないが、当該売主が課徴金の対象となるよう読み替え規定が置かれているほか（金商175条9項）、当該売主について両罰規定が適用される（金商207条）。

[202] 横畠44頁。

なお、有価証券の発行およびこれに対応する原始取得は「売買等」に該当しないのに対して[204]、自己株式の取得や処分は「売買等」に該当する[205)206)]。会社法は、株式の発行と自己株式の処分について、募集株式の発行等として同様の手続規制を課しているが（会社199条〜213条の3）、インサイダー取引規制との関係では、株式の発行であるか自己株式の処分であるかによって、その適用の有無が異なる点に留意する必要がある。

(イ)　既遂時期

　「売買その他の有償の譲渡若しくは譲受け」がなされたとしてインサイダー取引が成立する時期（既遂時期）は、「売買その他の有償の譲渡若しくは譲受け」の契約の成立時期、すなわち、「売買その他の有償の譲渡若しくは譲受け」に係る申込みと承諾の意思表示が合致した時点であり、現実に有価証券の引渡しや代金の受領がなされることを要しない[207]。

(g)　適用除外

　金商法166条6項および取引規制府令59条に定めるインサイダー取引規制の適用除外のうち、上場株式の譲渡・取得において最も重要なものは、重要事実を知る者同士の証券市場によらない取引（いわゆるクロ・クロ取引）で

---

203)　木目田＝上島・インサイダー311頁〔上島〕。なお、行為者の売買等の意思の有無に関して実務上問題となり得る事例について、木目田＝上島・インサイダー311頁以下〔上島〕参照。
204)　横畠45頁。
205)　木目田＝上島・インサイダー298頁〔上島〕。なお、自己株式の取得や処分を行う発行会社は「会社関係者」に該当しないため、当該発行会社自身の行為がインサイダー取引規制の違反を構成するわけではない。もっとも、会社の業務として自己株式の取得や処分を担当した役員等の行為がインサイダー取引規制の違反を構成することにより、発行会社自身について課徴金（金商175条9項）や両罰規定（金商207条）が適用される点に留意する必要がある。
206)　ただし、インサイダー取引規制の適用除外として、合併、分割もしくは事業の譲渡・譲受けまたは株式交換に際してこれらの当事者である上場会社等が有する当該上場会社等の特定有価証券等を交付し、または当該特定有価証券等の交付を受ける場合が定められている（金商166条6項11号）。
207)　横畠210頁、木目田＝上島・インサイダー304頁〔上島〕。なお、市場取引の場合は、証券会社に対して有価証券の売買等を委託した段階では、「売買等」の実行の着手があるに過ぎず、当該証券会社を介して金融商品取引所における売買取引が成立した時点で、「売買等」が既遂となる（横畠210頁）。

ある[208]。

　金商法166条6項7号は、インサイダー取引規制の適用除外として、同条1項に規定する業務等に関する重要事実を知った者が、当該業務等に関する重要事実を知っている者との間において[209]、売買等を取引所金融商品市場[210]または店頭売買有価証券市場[211]によらないでする場合を定めてい

[208]　紙幅の都合上、その他の適用除外の詳細には立ち入らないが、上場会社等を対象とするM&A取引においては、防戦買い（金商166条6項4号。公開買付け等に対抗するため、上場会社等の取締役会が決定した要請に基づいて買付け等を行う場合をいう）や、知る前契約・計画に基づく売買等（同項12号、取引規制府令59条1項。重要事実を知る前に締結された契約の履行として売買等を行う場合等をいう）も重要である。後者については、重要事実を知る前に公開買付開始公告を行った公開買付けの計画に基づく買付け等を行う場合が該当するほか（取引規制府令59条1項10号）、重要事実を知る前に上場会社等との間で当該上場会社等の発行する特定有価証券等に係る売買等に関し書面による契約をした者が、当該契約の履行として当該書面に定められた当該売買等を行うべき期日（または当該売買等を行うべき期限の10日前から当該期限までの間）において当該売買等を行う場合が該当する（同項1号）。さらに、取引規制府令の平成27年改正においてより包括的な適用除外規定が設けられた。具体的には、大要、①重要事実を知る前に締結された特定有価証券等に係る売買等に関する書面による契約（当該特定有価証券等の発行者である上場会社等との間の契約に限らない）の履行として売買等を行うこと、②重要事実を知る前に、当該契約について、証券会社に対するその写しの提出および当該提出の日付についての証券会社による確認、確定日付の付与（証券会社が当該契約を締結した者である場合に限る）または公衆縦覧のうちいずれかの措置が講じられたこと、③売買等の別、銘柄および期日ならびに当該期日における売買等の総額または数が、当該契約において特定されまたは予め定められた裁量の余地がない方式により決定されることという全ての要件を満たす場合は、適用除外に該当することとされている（同項14号）。

[209]　平成25年改正前の金商法では、公開買付者等関係者の禁止行為に係るクロ・クロ取引に関しては、インサイダー取引規制の対象となる者による取引が全て適用除外となるのに対して（金商167条5項7号）、会社関係者の禁止行為に係るクロ・クロ取引に関しては、「第1項又は第3項の規定に該当する者の間において」という文言上、会社関係者または第一次情報受領者に該当する者の間における取引のみが適用除外となり、これらの者が第二次以降の情報受領者との間で行う取引は適用除外とならず（金商166条6項7号）、同法166条6項7号と167条5項7号とで適用除外となる取引の範囲に差異が生じていた。しかし、このような差異を設ける合理性は乏しいと考えられるため、金商法の平成25年改正により、同法166条6項7号について、167条5項7号と同様に、重要事実を知っている当事者間の相対取引であれば、原則として適用除外となることとされた（古澤知之ほか監修・齊藤将彦ほか編著『逐条解説　2013年金融商品取引法改正』（商事法務、2014）129頁）。

[210]　金商2条17項。なお、取引所金融商品市場における売買にはToSTNeT等の立会外取引による売買も含まれる。

る[212]。

　両当事者が知っている未公表の重要事実が異なる場合や、両当事者が認識している未公表の重要事実の程度につき投資者が投資判断をする上で有意の差がある場合は、金商法166条6項7号による適用除外とならず、インサイダー取引規制に違反することになる[213]。また、同号による適用除外となるためには、両当事者が重要事実を知っていることに加え、各当事者が相手方が知っている重要事実の内容を認識している必要があるか否かという点については見解が分かれている[214]。したがって、実務上は、クロ・クロ取引の適用除外を利用する場合には、株式譲渡契約等において、両当事者が知っている未公表の重要事実を具体的に特定するとともに、これ以外に認識している未公表の重要事実が存在しないことを各当事者が表明保証するなどの方法によって、その取引が同号による適用除外となることを明確化しておくことが望ましい[215]。

(ii) 情報伝達・取引推奨規制

　金商法の平成25年改正により導入された情報伝達・取引推奨規制についても、インサイダー取引規制と同様、会社関係者等を対象とする規制と公開買付者等関係者等を対象とする規制が存在する。

---

211) 金商67条2項。
212) ただし、当該売買等をする者の双方において、当該売買等に係る特定有価証券等について、さらに金商法166条1項または同条3項の規定に違反して売買等が行われることとなることを知っている場合は、同条6項7号の適用除外とならない（同号括弧書）。
213) 木目田＝上島・インサイダー376頁〔上島〕。また、前者の場合についてインサイダー取引規制実務研究会編『インサイダー取引規制実務Q&A』（財経詳報社、1989）137頁、後者の場合について太田昭和監査法人編『インサイダー取引の防止と回避』（ぎょうせい、1989）49頁参照。
214) かかる認識を必要とする見解として、インサイダー取引規制実務研究会編・前掲注213) 137頁や松本・前掲注182) 『最新インサイダー取引規制』211頁があり、他方、かかる認識を不要とする見解として、木目田＝上島・インサイダー375頁〔上島〕がある。
215) なお、契約締結からクロージングまでの間に当事者の一方が新たに重要事実を知った場合は、金商法166条1項12号および取引規制府令59条1項による適用除外（知る前契約・計画）を利用するか、または相手方に対しても当該重要事実を伝えることによりクロ・クロ取引の適用除外の要件を満たす必要がある。

このうち、金商法167条の2第1項は、会社関係者等による情報伝達・取引推奨行為を規制している[216]。すなわち、上場会社等に係る同法166条1項に規定する会社関係者（同項後段に規定する者を含む）であって、当該上場会社等に係る同項に規定する業務等に関する重要事実を同項各号に定めるところにより知ったものは、他人に対し、当該業務等に関する重要事実について同項の公表がされたこととなる前に当該上場会社等の特定有価証券等に係る売買等をさせることにより当該他人に利益を得させ、または当該他人の損失の発生を回避させる目的をもって、当該業務等に関する重要事実を伝達し、または当該売買等をすることを勧めてはならない（金商167条の2第1項）。

(a) 規制対象者

金商法167条の2第1項の規制対象者は、会社関係者（金商166条1項前段）および元会社関係者（同項後段）である。

また、会社関係者および元会社関係者に対して情報伝達・取引推奨規制が適用されるのは、インサイダー取引規制と同様、これらの者が未公表の重要事実を金商法166条1項各号に定める態様により知った場合に限定されている（金商167条の2第1項）。

なお、会社関係者または元会社関係者から情報伝達・取引推奨を受けた者について、情報伝達・取引推奨を受ける行為それ自体は規制対象とされていないが、これらの者は情報受領者としてインサイダー取引規制の対象となる。

(b) 目的要件
(ア) 概　要

情報伝達・取引推奨規制の対象は、重要事実の公表前に売買等をさせることにより当該他人に利益を得させ、または当該他人の損失の発生を回避させる目的がある場合に限定されている（金商167条の2第1項）。そのため、例えば、業務上必要な社内外での情報交換や情報共有、家族や知人等との日常会話の中で未公表の重要事実を話すこと、IR活動の一環として行う自社への投資を促すような一般的な推奨は、基本的には、かかる目的要件を満たさ

---

[216] これに対して、金商法167条の2第2項は、公開買付者等関係者等を対象とする情報伝達・取引推奨行為を規制しているが、紙幅の都合上、その詳細には立ち入らない。

ず、情報伝達・取引推奨規制の対象とはならない[217]。

また、行為者の認識・意思としては、情報伝達や取引推奨にあたり、単に、他人が重要事実の公表前に売買等を行う可能性や当該売買等に起因した利益を得る可能性があることを認識していたということではなく、結果発生に対する積極的な意思が認められる場合に限り、目的の存在が認められる[218]。実務上は、情報伝達・取引推奨が行われた際の経緯・状況・相手方との関係・資金の流れ・関係者等の供述等の間接事実等によってこうした目的の存否の立証が行われると考えられ、業務上の情報伝達を行う際には、当該目的がないことを証拠化するために、情報伝達に際して伝達目的を明示することや相手方に売買等をしないことを誓約させるなどの措置を書面により講じることが有益であると考えられる[219]。

目的要件における利益・損失は、重要事実の公表前に売買等をさせることにより得られまたは回避させるものであり、特に重要事実が公表される前の売買等であることに起因した利益・損失回避を指すものであるため、重要事実の存在やその公表のタイミングとは無関係の利益・損失回避は含まれない[220]。また、目的要件における利益・損失は、売買等をさせることにより他人に得させる利益または回避させる損失であり、取引から生じる経済的利益・損失回避を指すものと解され、投資運用業者がファンドの計算で売買等をすることにより得られる利益または回避される損失も含まれる[221]。なお、目的要件であるため、行為者の主観にかかる目的が存在していれば足り、情報伝達・取引推奨を受けた者が実際に利益を得たり損失を回避したりしたことを要しない[222]。

---

217) 情報伝達・取引推奨規制Q&A（問1）〜（問3）。もっとも、目的要件を欠く情報伝達・取引推奨行為であっても、上場会社等の社内規則に違反するおそれがあるほか、情報受領者が重要事実の公表前に売買等を行えば、当該情報受領者はインサイダー取引規制に違反することとなる点に留意する必要がある（情報伝達・取引推奨規制Q&A（問2）参照）。
218) 古澤ほか監修・前掲注209) 148頁。なお、情報伝達・取引推奨規制Q&A（問7）も参照。
219) 木目田＝上島・インサイダー564頁〔上島〕。
220) 古澤ほか監修・前掲注209) 148頁。なお、情報伝達・取引推奨規制Q&A（問3）および（問7）も参照。
221) 古澤ほか監修・前掲注209) 148頁。
222) 佐伯仁志「刑法から見たインサイダー取引規制」金法1980号（2013）11頁。

(イ)　上場株式の譲渡・取得における情報伝達・取引推奨

　上場株式の譲渡・取得においては、買収者は、まず上場会社やその親会社との間で秘密保持契約を締結し、当該上場会社に対するデュー・ディリジェンスを行うことが一般的であるが、かかるデュー・ディリジェンスの過程において買収者に対して未公表の重要事実が伝達されることがある。もっとも、かかるデュー・ディリジェンスは、上場株式の譲渡・取得を実行するか否かおよび実行する場合の条件を検討するために行われるものであるため、その過程における買収者に対する未公表の重要事実の伝達は、基本的には、目的要件を満たさず、情報伝達・取引推奨規制に違反しないと考えられる。

　また、インサイダー取引規制の適用除外であるいわゆるクロ・クロ取引（金商166条6項7号）を利用して上場株式の譲渡・取得を行う場合は、売主および買主は、それぞれ相手方に対して自己が認識している未公表の重要事実を伝達した上で、株式譲渡契約等を締結することになるため（前記(i)(g)参照）、かかる行為が情報伝達・取引推奨規制に違反しないかが問題となり得る[223]。

　この点につき、文言上は、例えば、売主が買主に対して市場価格の下落要因となる未公表の重要事実を伝達し、これを考慮して（市場価格よりも低い）取得価格が決定された場合や、買主が売主に対して市場価格の上昇要因となる未公表の重要事実を伝達し、これを考慮して（市場価格より高い）取得価格が決定された場合[224]は、目的要件を満たすと解される可能性は完全には否定できないようにも思われる。しかし、情報伝達・取引推奨規制は不正な情報伝達に起因するインサイダー取引を防止するための規制であるところ[225]、インサイダー取引規制の適用除外となるクロ・クロ取引において未

---

[223]　金商法167条の2第1項による情報伝達・取引推奨規制の違反が課徴金および刑事罰の対象となるのは、当該違反により情報伝達・取引推奨を受けた者がインサイダー取引規制に違反する売買等を行った場合に限られるため（後記(d)参照）、仮に情報伝達・取引推奨規制の違反によりクロ・クロ取引が行われたとしても、当該違反が課徴金および刑事罰の対象となるわけではない。もっとも、情報伝達・取引推奨を受けた者がインサイダー取引規制に違反する売買等を行うことは、故意・過失を必要としない客観的処罰条件を定めたものであるとも解されるため、例えば、クロ・クロ取引を行わせる目的で情報を伝達したものの、その相手方が情報伝達者の意に反して禁じられたインサイダー取引を行った場合は、客観的処罰条件も充たし、課徴金および刑事罰の対象になりかねないという指摘もある（宮下央「金商法改正によるM&A実務への影響——インサイダー取引規制の改正を中心に」金法1972号（2013）9頁）。なお、情報伝達・取引推奨規制Q&A（問7）も参照。

公表の重要事実を考慮して市場価格から乖離した取得価格が決定されたとしても、証券市場の公正性と健全性に対する投資家の信頼を害するわけではないため[226]、クロ・クロ取引における情報伝達・取引推奨行為は、目的要件を満たさないと解すべきである[227]。

(c) 情報伝達・取引推奨行為

金商法 167 条の 2 第 1 項の規制対象行為は、他人に対し、未公表の重要事

---

[224] これらとは反対に、売主が買主に対して市場価格の上昇要因となる未公表の重要事実を伝達したものの、これを考慮せずに（市場価格と同水準の）取得価格が決定された場合や、買主が売主に対して市場価格の下落要因となる未公表の重要事実を伝達したものの、これを考慮せずに（市場価格と同水準の）取得価格が決定された場合も同様に問題となり得る。

[225] 古澤ほか監修・前掲注 209) 30 頁。なお、インサイダー取引規制に関するワーキング・グループの 2012 年 12 月 25 日付け「近年の違反事案及び金融・企業実務を踏まえたインサイダー取引規制をめぐる制度整備について」（本(イ)において以下「WG 報告書」という）も参照。

[226] インサイダー取引規制の趣旨については議論があるが、立案担当者は、証券市場の公正性と健全性に対する投資家の信頼を確保することを挙げている（横畠 9 頁）。また、クロ・クロ取引は、通常は証券市場の公正性と健全性に対する投資家の信頼を害することはないと考えられることから、金商法 166 条 1 項または 3 項の適用除外とされている（横畠 158 頁）。

[227] 解釈論としては、情報伝達・取引推奨規制の立法経緯・規制趣旨および WG 報告書が主観的要件を必要とした理由に照らし、金商法 167 条の 2 における「他人に対し、重要事実の公表前に売買等をさせることにより当該他人に利益を得させ、又は当該他人の損失の発生を回避させる目的」等の文言については、端的に、情報受領者等をして「インサイダー取引規制に違反して利益を得させる」などの目的であると解すべきであるという見解がある（木目田裕＝鈴木俊裕「情報伝達・取引推奨規制における若干の解釈論——目的要件・氏名公表措置」商事 2036 号（2014）10 頁）。また、その他の解釈論として、クロ・クロ取引についていえば、情報の偏在が存在しない売主・買主間の協議・交渉を経て約定された金額は、たとえ市場価格から乖離しているとしても、それ自体も（市場価格と並んで）「正しい価格」であり、取引の相手方が「取得価格と市場価格との差額の利益」を得ると捉える必要はないと解するという見解（木目田＝鈴木・前掲 10 頁。なお、黒沼悦郎ほか「〈座談会〉インサイダー取引規制の見直しと今後の課題(下)——平成 24 年・25 年改正を中心に」商事 2012 号（2013）12 頁〔木目田裕発言〕も参照）や、金商法 167 条の 2 における「利益」とは、インサイダー情報を利用して取引することにより初めて得られる利益、すなわち、インサイダー情報を知らない者との間の情報格差によって生じる利益のみを意味しており、そのような意味での利益を得させる目的を有している場合にのみ目的要件を満たすという見解もある（宮下・前掲注 223) 9 頁）。

実を伝達し（情報伝達）、または売買等をすることを勧めること（取引推奨）である。

ここにいう「他人」には、自然人および法人が含まれ、また、情報伝達・取引推奨の相手方は、情報伝達・取引推奨を行う者の意図、態様等から実質的に判断される[228]。

情報伝達行為は、口頭、書面等により重要事実の内容を伝えることであり、必ずしも重要事実の内容の全てを伝えるものである必要はなく、その一部を伝えることも含まれる[229]。ただし、金商法166条3項における「伝達」と同様、情報伝達規制における「伝達」についても、伝達の意思および伝達行為が必要である[230]（前記(i)(b)(ウ)②参照）。

また、取引推奨行為は、明示的に売買等を勧める場合のみに限られるものではなく、売買等を勧める行為を行ったか否かは、行為者の言動等によって実質的に判断される[231]。

(d) 取引要件

金商法167条の2第1項による情報伝達・取引推奨規制の違反が課徴金および刑事罰の対象となるのは、当該違反により同項の伝達を受けた者または同項の売買等をすることを勧められた者が、当該違反に係る同法166条1項に規定する業務等に関する重要事実について同項の公表がされたこととなる前に、当該違反に係る特定有価証券等に係る売買等をした場合に限られており、また、当該売買等が同条6項各号に掲げる適用除外に該当する場合は、課徴金および刑事罰の対象から除外されている（金商175条の2第1項、197条の2第14号）。

情報伝達・取引推奨規制の違反「により」とされているのは、情報伝達・取引推奨が被伝達者・被推奨者の投資判断の要素となって取引が行われたこ

---

[228] 古澤ほか監修・前掲注209) 149頁。
[229] 古澤ほか監修・前掲注209) 149頁。ただし、金商法167条の2第1項の「伝達」の対象は、それだけで重要事実を構成する程度のものでなければならず、その一部の事実だけでは投資判断に重要な影響があるとはいえない場合等は、同条の要件を充足しないという指摘もある（梅澤拓「情報伝達・取引推奨行為に関するインサイダー取引規制の強化と実務対応」金法1980号（2013）49頁参照）。
[230] 木目田＝上島・インサイダー566頁〔上島〕。
[231] 古澤ほか監修・前掲注209) 149頁、情報伝達・取引推奨規制Q&A（問5）。

とを必要とする趣旨であり、具体的には、情報伝達・取引推奨を受けたことが決め手となって取引が行われたという程の強い関連性を必要とするものではなく、1つの考慮要素となった程度の関連性があれば満たされるものと解される[232]。

(iii) デュー・ディリジェンス等において未公表の重要事実を発見した場合

上場株式の譲渡・取得の検討にあたって、買収者（または売主となる親会社や主要株主等）がデュー・ディリジェンスや契約交渉を通して重要事実を知った場合は、当該株式譲渡・取得自体がインサイダー取引規制に抵触するおそれがあるため、これにどのように対処すべきかという実務上悩ましい問題に直面することになる。

この問題に対する直接的な解決方法は、対象会社に未公表の重要事実を「公表」してもらうことである。インサイダー取引の禁止の解除の要件である「公表」については、その主体および方法が限定されているため（前記(i)(d)(イ)参照）、基本的に対象会社の協力が必要不可欠であるが、かかる未公表の重要事実は法令または東京証券取引所等の規則に基づき開示が要求される段階にまで至っていないことが多く、また、対象会社との間で重要事実の該当性やその内容等に関して意見が一致しないこともあるため、必ずしも対象会社の協力を得られるとは限らない。しかし、一旦重要事実が「公表」されれば、当該重要事実については以後インサイダー取引規制の対象となることは基本的にないため（ただし、前掲注182）参照）、最も安全な解決方法であることは間違いなく、実務上は「公表」できるようになるまで上場株式の譲渡・取得をストップすることも珍しくない。

また、証券市場によることなく相対取引により上場株式の譲渡・取得を行う場合は、インサイダー取引規制の適用除外であるクロ・クロ取引を利用することが可能である（前記(i)(g)参照）。ただし、クロ・クロ取引を利用する場合は、売主および買主は、相手方から自己が認識していなかった未公表の重要事実（もしあれば）を知らされることとなるため、将来の対象会社の特定

---

232) 古澤ほか監修・前掲注209) 222頁、木目田＝上島・インサイダー568頁〔上島〕。なお、課徴金および刑事罰の対象にならないものの、情報伝達・取引推奨規制の違反に該当する場合の留意点について、情報伝達・取引推奨規制Q&A（問6）参照。

有価証券等の売買等が制約されるリスクを負う可能性がある点に留意する必要がある。

　さらに、未公表の重要事実が決定事実その他対象会社が検討・交渉している事実である場合は、対象会社に当該検討や交渉を中止してもらうことも考えられる。もっとも、未公表の重要事実に係る検討や交渉を一時的に中断するだけでは足りず、当該重要事実は実質的に消滅したと評価できなければならないと考えられるため、対象会社が中止に同意しないことも多いと思われる。また、未公表の重要事実に係る検討や交渉を中止する場合であっても、株式譲渡・取得の実行後にかかる検討や交渉が再開される可能性があることも踏まえ、やはり当該株式譲渡・取得がインサイダー取引規制に違反するものであったという疑いを事後的に招かないように、かかる検討や交渉の中止（および再開）に至る経緯を書面化しておくなど、慎重に対応する必要がある。

(ⅳ) 罰則等

　①会社関係者等のインサイダー取引規制（金商166条1項または3項）、②公開買付者等関係者等のインサイダー取引規制（金商167条1項または3項）、または③情報伝達・取引推奨規制（金商167条の2第1項または2項）の各違反[233]に対しては、5年以下の懲役もしくは500万円以下の罰金または併科、および両罰規定による5億円以下の罰金という刑事罰が定められている（金商197条の2第13号～15号、207条1項2号）。

　なお、前記①または②のインサイダー取引規制の各違反により得た財産、当該財産の対価として得た財産、または当該財産がオプションその他の権利である場合における当該権利の行使により得た財産は、原則として没収され（金商198条の2第1項）、これらの財産を没収すべき場合においてこれを没収することができないときは、その価額を犯人から追徴する（同条2項）。他方、前記③の情報伝達・取引推奨規制の違反は、かかる必要的没収・追徴の対象とされていない。

　また、前記①もしくは②のインサイダー取引規制または前記③の情報伝

---

[233] ただし、情報伝達・取引推奨規制の違反については、前記(ⅱ)(d)のとおり、情報伝達・取引推奨を受けた者がインサイダー取引規制に違反した場合に限られる（金商197条の2第14号・15号）。

達・取引推奨規制の各違反[234]に対しては、それぞれ一定の要件の下に違反類型に応じた課徴金が課せられる（金商175条、175条の2)[235]。

(2) その他の取引規制

金商法第6章（金商157条～171条の2）は、有価証券の取引等に関する規制を定めているが、上場株式の譲渡・取得との関係で重要な規制としては、前記(1)のインサイダー取引規制のほか、役員および主要株主の短期売買利益返還義務（金商164条）および売買報告義務（金商163条）にも留意する必要がある[236]。

---

[234] ただし、情報伝達・取引推奨規制の違反については、刑事罰と同様、情報伝達・取引推奨を受けた者がインサイダー取引規制に違反した場合に限られる（金商175条の2第1項・2項）。
[235] ただし、一定の要件を満たす場合は、課徴金は減算または加算される（金商185条の7第14項・15項）。
[236] 詳細については、木目田＝上島・インサイダー632頁以下〔井浪敏史〕参照。

■第 3 章■

第三者割当て

第 1 節
第三者割当てによる M&A

　会社法上、株式や新株予約権の割当ては、その割当ての方法によって、株主割当て（会社202条等）とそれ以外の場合（会社199条等）とに区別されている。また、後者のうち、不特定多数の者に対して申込みを募る、いわゆる公募形式のものとの対比において、特定の第三者に対してのみ行う株式や新株予約権の割当てを一般に第三者割当てという[1]。

　発行会社にとってかかる第三者割当ての第一次的な目的は資金調達にあるのが通常であるが、引受人は、第三者割当ての結果として取得する議決権割合によっては、当該会社の重要事項の決定に参画することができ、また、当該会社の支配権を取得することもできる。そのため、第三者割当ては、株式譲渡・取得と並んで、M&A 取引の手法としても広く利用されている。

　第三者割当てによる M&A 取引は、引受人が発行会社の支配権を取得するに足りる数の普通株式の引受けを行うことによって実行されるのがその典型例であるが、既存株主の持株比率の希薄化への配慮といった発行会社側のニーズや、段階的な支配権取得、各種経済的利益の確保といった引受人側の

---

[1] 株式の第三者割当てには株式の新規発行と自己株式の処分が含まれるが、新株予約権の第三者割当ては新株予約権の新規発行のみを意味する。なお、会社法上、特に「第三者割当て」という用語は用いられていないが、金商法上は、「第三者割当」について定義されており（開示府令19条2項1号ヲ）、東京証券取引所の有価証券上場規程においても当該定義が引用されている（上場規2条67号の2）。

ニーズから、既存株式の譲渡と組み合わせて行われるケースや、種類株式や新株予約権の発行によって行われ、またはそれらと普通株式の発行とを組み合わせた取引によって実行されるケースもある[2]。

かかる第三者割当てによるM&A取引には、株式譲渡・取得による場合と比較して、以下のような特徴がある。

まず、株式譲渡・取得は、既存株主と買い手との間の取引であるのに対し、第三者割当ては、発行会社と買い手である引受人との間の取引である。その帰結として、株式譲渡・取得の対価は既存株主に対して支払われるのに対し、第三者割当てにおいては発行会社にその対価たる払込金額が支払われることになる。そのため、資金調達・財務状況改善の必要性のある会社のM&A取引においては、第三者割当てが有力な選択肢となる。また、発行会社側から見た場合、第三者割当てについては、発行会社の事業とのシナジー効果等を勘案した上で、取引の相手方である引受人を自ら選定できるというメリットがある[3]。これに対して、引受人側のデメリットとして、第三者割当てによって発行会社の支配権を取得する場合、当該取得の後には、表明保証違反による補償責任を実質的に請求し難いという点がある。すなわち、株式譲渡・取得の場合には、株式譲渡契約における売主の表明保証という形で、対象会社の財務状況や業務内容に予期せぬ問題があった場合のリスクを（一定程度）売主に転嫁することが可能であり、そのような取決めを行うことが通常であるのに対し、特に支配権の移転を伴う第三者割当ての場合には、仮に株式引受契約の中で発行会社の表明保証を定めたとしても、支配権を取得した後にあっては発行会社が引受人の子会社となることから、リスクを自らの子会社である発行会社に転嫁する（補償請求を行う）方法は実質的に機能しないことになる[4]。

次に、第三者割当てにおいては、株式譲渡・取得の場合とは異なり、既存

---

2) 例えば、普通株式と種類株式との組み合わせによって実行された近時の第三者割当てによるM&A取引の事例として、シャープ株式会社による鴻海精密工業股份有限公司およびその完全子会社に対する普通株式および種類株式の第三者割当て（2016年2月25日公表）などがある。また、三菱自動車工業株式会社による日産自動車株式会社に対する普通株式の第三者割当て（2016年5月12日公表）のように、既存株主との間の株主間契約の締結との組み合わせによって支配権を確保する事例もある。

3) 他方、会社の経営陣が自己保身のために第三者割当てを行う場合等においては、不公正発行（会社210条2号、247条2号）の問題が生じ得る（後記**第4節**参照）。

株主がその取引後も残存し、その持株比率の希薄化が生じる。このため、第三者割当てによるM&A取引は、通常それだけで発行会社の完全子会社化を行うことはできず[5]、発行会社の一部買収に留まることになる。また、希薄化が生じることの裏返しとして、引受人にとっての買収コストは、第三者割当ての方が株式譲渡・取得よりも理論的には高くなる可能性がある。例えば、仮に対象会社の価値を100億円とした場合、理論上、対象会社株式の過半数（51%）を取得するコストは、株式譲渡・取得の場合には51億円であるのに対し、第三者割当ての場合には約104億円が必要となる（104÷204≒51%）。

さらに、対象会社が上場会社である場合、株式譲渡・取得とは異なり、第三者割当てについては、自己株式の処分の方法によらない限り、金商法上のインサイダー取引規制の適用はなく[6]、公開買付けを強制されることもない[7]。

これらの特徴・相違点は、実務上、M&A取引におけるプランニング等に大きく影響を与える。

---

4) 以上のような実務的な理由に加え、このような表明保証違反による補償請求は、出資の履行と一体のものとして捉えられた場合には、出資の払戻しを制限する会社法上の規律との関係が問題になり得るほか（会社211条2項参照）、発行会社による事後的な補償義務の履行が引受人の出資額を減額させる効果を持つことから有利発行（会社199条3項）に該当するケースもあり得るという理論的な問題点も指摘されている（宍戸善一監修・岩倉政和＝佐藤丈文編著『会社法実務解説』（有斐閣、2011）188頁、太田洋ほか編著『資本・業務提携の実務〔第2版〕』（中央経済社、2016）74頁、大杉謙一「新株引受けに係る契約を巡る法律関係」金判1371号（2011）20～22頁）。

5) なお、民事再生手続または会社更生手続におけるいわゆる100%増減資（民事再生法154条3項、183条1項、会社更生法174条の2、214条）や、全部取得条項付種類株式を用いた同種の手続等により、完全子会社化を図ることは可能であるが、株式譲渡・取得と比較すると、特殊なケースに限られるかまたは手続として迂遠である。

6) 前記第2章第3節4(1)参照。

7) 後記第4章第2節1参照。

第2節
第三者割当ての手続

　第三者割当てによるM&A取引は、一般に、引受人による発行会社に対するデュー・ディリジェンスの実施、発行会社と引受人との間での交渉を経た株式引受契約の締結、発行会社における募集株式の発行決議（募集事項を決定する決議）、引受人による払込金額の払込みという一連の手続によって実行されるが、その詳細については会社法による規制に従う必要があるほか、特に上場会社における第三者割当てについては、金商法および取引所規則による規制にも従う必要がある。

　以下、まず1～3において上場会社である公開会社を念頭に置いた会社法、金商法および取引所規則上の第三者割当てに係る規制を解説し、その後、4では非公開会社に特有の規制を解説する。また、5および6では、種類株式および新株予約権の第三者割当てによるM&Aについて解説する。

1　会社法上の手続

(1)　概　要

　上場会社を含む公開会社[8]における会社法上の募集株式・募集新株予約権の発行手続の概要は、以下のとおりである。なお、平成25年12月4日に成立し、平成30年に改正された産業競争力強化法により、事業再編計画または特別事業再編計画の認定を受けた買収会社が、認定計画に従って実施する自社株式を対価とする対象会社の株式取得に関しては、当該対価となる株式の発行手続について、以下に記載する会社法上の現物出資規制および有利発行規制の適用を排除する等の特例措置が設けられている。かかる特例措置の詳細については後記第16章第2節を参照されたい。

---

[8]　その発行する全部または一部の株式の内容として譲渡による当該株式の取得について株式会社の承認を要する旨の定款の定めを設けていない株式会社をいう（会社2条5号）。

[図表Ⅰ-3-1] 募集株式・新株予約権の発行手続

	募集株式の発行手続		募集新株予約権の発行手続	
	有利発行に該当しない場合	有利発行に該当する場合	有利発行に該当しない場合	有利発行に該当する場合
①	取締役会決議[9]による募集事項の決定（会社201条1項、199条2項）	株主総会決議による募集事項の決定（会社201条1項、199条2項・3項）	取締役会決議による募集事項の決定（会社240条1項、238条2項）	株主総会決議による募集事項の決定（会社240条1項、238条2項・3項）
②	募集事項の通知または公告[10]（会社201条3項・4項）ただし、有価証券届出書等を提出している場合には不要（会社201条5項）	左記の通知・公告は不要（会社201条3項）	募集事項の通知または公告（会社240条2項・3項）ただし、有価証券届出書等を提出している場合には不要（会社240条4項）	左記の通知・公告は不要（会社240条2項）
③	申込みをしようとする者に対する募集事項等の通知（会社203条1項）		申込みをしようとする者に対する募集事項等の通知（会社242条1項）	
④	申込み（会社203条2項）		申込み（会社242条2項）	
⑤	割当ての決定（会社204条1項）		割当ての決定（会社243条1項）	
⑥	払込期日（払込期間の初日）の前日までに割当内容を通知（会社204条3項）		割当日の前日までに割当内容を通知（会社243条3項）	
⑦	払込期日（払込期間）に全額を出資した場合に株主となる（会社208条1項、209条1項）		割当日に新株予約権者となる（会社245条1項）	
⑧	総数引受契約を締結する場合には、上記③～⑥の手続は不要（会社205条1項)[11]		総数引受契約を締結する場合には、上記③～⑥の手続は不要（会社244条1項）	

---

9) ただし、支配株主の異動を伴う場合の特則により、総株主の議決権の10％以上の議決権を有する株主の反対があった場合には、株主総会決議が必要となる（会社206条の2第4項。なお、詳細は後記(3)参照）。この点は、有利発行に該当しない募集新株予約権の発行についても同様である（会社244条の2第5項）。

(2) 募集事項の決定

発行会社が株式・新株予約権の第三者割当てを行う際には、以下の株式・新株予約権の募集事項を定める必要がある。

[図表Ⅰ-3-2] 募集事項

株式に係る募集事項（会社199条1項）
① 募集株式の数（種類株式発行会社にあっては、募集株式の種類および数）
② 募集株式の払込金額（募集株式1株と引換えに払い込む金銭または給付する金銭以外の財産の額）またはその算定方法
③ 金銭以外の財産を出資の目的とするときは、その旨ならびに当該財産の内容および価額
④ 募集株式と引換えにする金銭の払込みまたは③の財産の給付の期日またはその期間[12]
⑤ 株式を発行するときは、増加する資本金および資本準備金に関する事項

新株予約権[13]に係る募集事項（会社238条1項）
① 募集新株予約権の内容および数
② 募集新株予約権と引換えに金銭の払込みを要しないこととする場合には、その旨
③ ②の場合以外の場合には、募集新株予約権の払込金額（募集新株予約権1個と引換えに払い込む金銭の額）またはその算定方法
④ 募集新株予約権を割り当てる日
⑤ 募集新株予約権と引換えにする金銭の払込みの期日を定めるときは、その期日
⑥ 募集新株予約権が新株予約権付社債に付されたものである場合には、会社法676条各号に掲げる事項
⑦ ⑥の場合において、新株予約権付社債に付された募集新株予約権についての新株予約権買取請求[14]または新株予約権売渡請求[15]の方法につき別段の定めをするときは、その定め

---

10) 振替株式を発行している会社が振替株式の株主に対して通知を行う場合には、公告による必要がある（社債株式振替161条2項）。有利発行に該当しない募集新株予約権の発行についても同様である。
11) 募集株式が譲渡制限株式である場合は、定款に別段の定めがない限り、総数引受契約には取締役会による承認が必要となる（会社205条2項）。募集新株予約権の目的である株式の全部または一部が譲渡制限株式である場合および募集新株予約権が譲渡制限新株予約権である場合についても同様である（会社244条3項）。

これらの募集事項の決定は、上場会社を含む公開会社にあっては、原則として取締役会の決議による[16]。もっとも、公開会社であっても、当該第三者割当てが有利発行に該当する場合には、株主総会の特別決議によって募集事項を決定する必要がある[17]。実務上、引受人による発行会社に対するデュー・ディリジェンスの実施、発行会社と引受人との間での交渉を経て、株式引受契約の締結を行うのと同日に当該募集事項を定める決議を行うのが一般的なスケジュールである。

(3) 第三者割当てに株主総会決議を要する場合

　前記のとおり、公開会社においても、第三者割当てが有利発行に該当する場合には、その募集事項の決定は株主総会の決議による必要があるが、そのほかにも、①支配株主の異動を伴う場合、②定款変更が必要となる場合、③

---

12) 第三者割当てにおいては、その募集事項の決定の時点において、少数の引受人と発行会社との合意が存在することが一般的であるため、具体的な払込期日を定める例が多い。もっとも、競争法上のクリアランスを取得する必要があり、その取得時期が募集事項の決定の時点で明らかでない場合のように、募集事項の決定の時点で具体的な払込期日を確定することができない場合には、ある程度長期間の払込期間を定める方法が採用されることもある。競争法上のクリアランス取得時期が明らかでないことを理由として長期の払込期間が定められた近時の事例としては、三菱自動車工業株式会社による日産自動車株式会社に対する普通株式の第三者割当て（2016年5月12日公表。2016年9月1日から2017年12月31日までが払込期間とされた）、シャープ株式会社による鴻海精密工業股份有限公司およびその完全子会社に対する普通株式および種類株式の第三者割当て（2016年2月25日公表。2016年6月28日から9月5日までが払込期間とされた）などがある。
13) なお、新株予約権付社債の発行については、新株予約権の発行と同じ規定が適用され、社債の発行に関する規定は適用されない（会社248条）。
14) 会社118条1項、777条1項、787条1項または808条1項。
15) 会社179条2項。
16) 会社201条1項、199条2項、240条1項、238条2項。
17) 会社201条1項、199条2項・3項、240条1項、238条2項・3項、309条2項5号・6号。有利発行の意義については後記第3節を参照。なお、有利発行に該当する場合であっても、株主総会の特別決議によって募集株式・新株予約権の数の上限および払込金額の下限（新株予約権につき、金銭の払込みを要しないこととする場合には、その旨）を定め、当該特別決議の日から1年以内の日を払込期日（または払込期間の末日）とする募集株式・新株予約権の発行に係る募集事項の決定を取締役会に委任することは可能である（会社200条1項・3項、239条1項・3項、309条2項5号・6号）。

取引所規則の定める大規模増資に該当する場合には、株主総会決議が必要になり得る。

まず、支配株主の異動を伴う株式の第三者割当てについては、総株主の議決権の10％以上の議決権を有する株主の反対があった場合には、株主総会決議が必要となる（会社206条の2第4項）。具体的には、第三者割当てによって引受人が株主となった場合に保有することとなる議決権の数が、発行会社の総株主の議決権の数の2分の1を超えるときは[18]、発行会社は、払込期日（または払込期間の初日）の2週間前までに、株主に対し、当該引受人の名称・住所、当該引受人が有することとなる議決権の数その他の会社則42条の2で定める事項[19]を通知または公告しなければならず[20]、当該通知または公告の日から2週間以内に、発行会社の総株主の議決権の10分の1以上の議決権を有する株主が当該引受人による募集株式の引受けに反対する旨を発行会社に通知したときは、発行会社は払込期日（または払込期間の初日）の前日までに、株主総会の決議[21]によって、当該引受人に対する募集株

---

[18] より厳密には、引受人とその子会社等（会社2条3号の2）がその引き受けた募集株式の株主となった場合に有することとなる議決権の数が、当該募集株式の引受人の全員がその引き受けた募集株式の株主となった場合における総株主の議決権の数の2分の1を超える場合をいう（会社206条の2第1項）。なお、かかる規制は、引受人がもともと発行会社の親会社等（会社2条4号の2）であった場合や、株主割当てを行う場合には適用はない（会社206条の2第1項但書）。もっとも、公募増資については当該適用除外には含まれないため、たとえ一時的とはいえ、公募増資によって引受証券会社が総株主の議決権の2分の1を超える議決権を保有することになる場合には、かかる規制の適用がある点に留意が必要である。

[19] 通知事項は、①当該引受人の名称・住所、②当該引受人が有することとなる議決権の数、③当該募集株式に係る議決権の数、④当該募集株式の引受人の全員が株主となった場合における総株主の議決権の数、⑤当該引受人に対する募集株式の割当て等に関する取締役会の判断・理由、⑥⑤の判断が社外取締役の意見と異なる場合には当該意見、⑦当該引受人に対する募集株式の割当て等に関する監査役・監査等委員会・監査委員会の意見である。

[20] 振替株式を発行している会社が振替株式の株主に対して通知を行う場合には、公告による必要がある（社債株式振替161条2項）。また、発行会社が払込期日（または払込期間の初日）の2週間前までに、通知または公告すべき事項をその内容とする有価証券届出書等を提出している場合には通知・公告は不要である（会社206条の2第3項）。ただし、この場合、通知・公告が不要となるためには、通知または公告すべき事項をその内容とする有価証券届出書等を提出していなければならないため、有価証券届出書等の記載事項に、通知または公告すべき事項を含めるよう留意する必要がある。

式の割当てまたは当該引受人との間の総数引受契約の承認を受けなければならないものとされている（会社206条の2第1項〜5項）[22]。

次に、当該第三者割当てのために定款変更が必要になる場合には、（第三者割当て自体に関するものではないが、その前提としての定款変更に関し）株主総会の特別決議（会社466条、309条2項11号）が必要になる。第三者割当てのために定款変更が必要になるケースとして、まず、発行可能株式総数を超える数の株式を第三者割当てにより発行する場合がある。会社法上、会社は、その定款で定めた発行可能株式総数（会社37条1項）（および、種類株式発行会社においては発行可能種類株式総数（会社101条1項3号））を超えて株式を発行できない[23]。そのため、発行可能株式総数を超える数の株式を第三者割当てによって発行するためには、その前提として、定款を変更し、発行可能株式総数を増加させる必要がある。なお、公開会社においては、変更後の発行可能株式総数は当該定款の変更が効力を生じたときにおける発行済株式総数の4倍を超えることはできない（会社113条3項1号）。もっとも、当該株式発行によって発行済株式総数が増加することを条件として、その増加

---

[21] ここでの決議は普通決議であり、有利発行決議のように特別決議は要求されない（会社206条の2第5項）。

[22] ただし、当該公開会社の財産の状況が著しく悪化している場合において、当該公開会社の事業の継続のため緊急の必要があるときは、株主総会決議は不要となる（会社206条の2第4項但書）。なお、一般論としては、倒産の危機が迫っている場合等、株主総会を開催していては会社の存立自体が危ぶまれるような緊急の事態が生じている場合がここでいう例外要件に当たると指摘されている（坂本・一問一答147頁）ものの、その要件は明確でなく、仮に当該要件を充足していないと判断された場合の影響が大きいこと等を踏まえると、実務的には、当該例外要件に該当して株主総会の承認を不要と判断することには慎重な検討が求められよう。なお、新株予約権の発行についても、本文記載のものとほぼ同様の規制が存在する（会社244条の2第1項〜6項、会社則55条の2）。

[23] なお、新株予約権が発行されている場合には、当該新株予約権の行使期間の初日が到来するまでに、当該新株予約権の目的となる株式の数を発行可能株式総数として留保する必要がある（会社113条4項）。また、種類株式発行会社においては、ある種類の株式についての①取得請求権付株式の対価である株式の数、②取得条項付株式の対価である株式の数および③新株予約権の行使により取得する株式の数の合計数は、当該種類の株式の発行可能種類株式総数から当該種類の発行済株式（自己株式を除く）の総数を控除して得た数を超えてはならないものとされている（会社114条2項）。そのため、第三者割当てに際しては、これらの発行可能株式総数・発行可能種類株式総数の残り枠の存否にも留意する必要がある。

後の発行可能株式総数の4倍まで発行可能株式総数を増加させる定款変更を行うことは可能である[24]。また、種類株式の第三者割当てを行う場合には、当該第三者割当てに係る種類株式が定款に定められている必要がある（会社107条2項、108条2項）ことから、既に定款に定められている種類株式を発行する場合を除き、当該第三者割当ての前提として定款変更が必要になる。

以上に加え、上場会社は、金融商品取引所の定める規則を遵守する必要があるところ、東京証券取引所は、上場会社が、希薄化率25％以上となる大規模増資または支配株主が異動する見込みがある大規模増資を実施する場合には、経営者から一定程度独立した者による第三者割当ての必要性および相当性に関する意見の入手、または第三者割当てに係る株主総会の決議などによる株主の意思確認を行うことを要求している[25]。そのため、このような大規模増資につき、上場会社である発行会社が株主総会の決議による株主の意思確認を選択した場合には、当該第三者割当てに係る株主総会の決議を経ることになる[26]。なお、ここでの株主の意思確認としては、会社法に従い必要な株主総会の決議を得る場合のほか、会社法上は株主総会決議は不要であるものの敢えてこれを取得する、いわゆる勧告的決議が想定されている[27]。

(4) 募集事項の決定後の手続

募集事項の決定後の手続としては、募集事項の通知または公告（会社201

---

24) コンメ(3)180頁〔鈴木千佳子〕、論点解説202頁等。他方、条件となる株式発行が決議されていない状況において、将来、株式が発行されることを条件として現状の発行済株式総数の4倍を超えて発行可能株式総数を増加させる定款変更を行うことは許容されないとされる（コンメ(3)180頁〔鈴木〕）。
25) 上場規432条。当該規制の詳細は後記3(2)(i)参照。
26) なお、実務上は、発行可能株式総数の増加のため、あるいは種類株式に係る規定の追加のために定款変更が必要になる場合等、会社法上株主総会の決議が必要になる場合には当該有価証券上場規程との関係でも株主総会決議による株主意思確認の方法が採用されることが多く、他方、会社法上株主総会の開催を要しない場合には、第三者委員会や社外役員等からの意見の入手の方法によって手続の迅速化が図られることが多い。
27) 適時開示ガイドブック601頁。なお、勧告的決議は、会社法上は何ら意味を持たないものの、それによって他の議案や株主総会の手続について当然に瑕疵が及ぶものでもなく、勧告的決議を行うこと自体が当然に違法となるものではないと解される（コンメ(7)42〜43頁〔松井秀征〕、武井一浩監修『上場会社のための第三者割当の実務Q&A』（商事法務、2011）222頁参照）。

条3項・4項、240条2項・3項）、申込みをしようとする者に対する募集事項等の通知（会社203条1項、242条1項）、引受人による申込み（会社203条2項、242条2項）、割当ての決定（会社204条1項、243条1項）、引受人に対する割当内容の通知（会社204条3項、243条3項）という一連の手続が必要になるのが会社法上の原則である。

しかし、上場会社による第三者割当てにおいては、後述のとおり、通常、有価証券届出書を提出することになるため、その場合には募集事項の通知・公告は不要となる（会社201条5項、240条4項）。また、少数の引受人に対して実行される第三者割当てにおいては、総数引受契約を締結することが通常であるため、その場合には募集事項等の通知以降の各手続も不要になる（会社205条1項、244条1項）。なお、当該総数引受契約は、登記に際しての添付書類となることから（商業登記法56条1号、65条1号）、実務的には、払込みの前提条件や表明保証等の第三者割当てに係る詳細な条件を定める株式引受契約とは別に、引受人と発行会社との間で簡易な総数引受契約を締結し、それによって登記申請を行うことが多い。また、ここでいう総数引受契約は、割当先が1名・1社である必要も、契約書が1通である必要もなく、実質的に同一の機会に一体的な契約で募集株式の総数の引受けが行われたものと評価されれば良いとされている[28]。

(5) **払込みおよびその後の手続**

募集株式・募集新株予約権の引受人は、払込期日または払込期間内に、会社が定めた銀行等の払込取扱場所[29]において、払込金額の全額を払い込む（会社208条1項、246条1項）。

仮に、株式の引受人が払込期日または払込期間内に払込みを行わない場合、法律上当然に失権することになる（会社208条5項）。払込みを行った株式の引受人は、払込期日または払込期間中の払込みを履行をした日に、発行会社の株主となる（会社209条1項）[30]。

他方、新株予約権の引受人については、割当日に新株予約権者となり（会

---

[28] 論点解説208頁。
[29] 払込取扱場所である銀行等は、銀行法2条1項に規定する銀行、信託業法2条2項に規定する信託銀行、その他これに準ずるものとして法務省令で定めるものに限定される（会社34条2項、会社則7条）。

社245条1項)、引受人が払込期日または払込期間内に払込みを行わない場合には、当該新株予約権について行使することができなくなる(会社246条3項)。

発行会社は、払込みがなされた後、株主・新株予約権者に係る株主名簿記載事項・新株予約権原簿記載事項を株主名簿・新株予約権原簿に記載または記録しなければならず(会社121条、132条1項、249条)、振替株式の第三者割当てに際しては、新規発行通知(社債株式振替130条。なお、自己株式処分の場合には、同法140条に基づく振替申請)を行う。

また、株式または新株予約権の新規発行を行った場合、発行会社は、株式については払込期日または払込期間の末日から2週間以内に、新株予約権については割当日から2週間以内に、変更の登記をしなければならない(会社915条1項・2項)。

(6) 現物出資規制

(i) 第三者割当てによるM&Aと現物出資

前記のとおり、株式の第三者割当てを行う発行会社は、その募集事項において、金銭以外の財産を出資の目的とする旨ならびに当該財産の内容および価額を定めることができる(会社199条1項3号)。また、新株予約権の第三者割当てにつき、その募集事項として金銭の払込みを要する旨を定めた場合であっても、新株予約権者は、発行会社の承諾を得て、金銭の払込みに代えて、払込金額に相当する金銭以外の財産を給付することができる(会社246条2項)。

このような現物出資がM&A取引において利用される典型例は、いわゆるデット・エクイティ・スワップ(DES)による第三者割当てが行われるケースである。DESは、債権者と債務者との合意に基づき、債務者の側から見て債務を株式化する取引であり、過剰債務を抱える会社の債務圧縮・自己資本増強のための有効な手段として、実務上一般に利用されている。DESにはいくつかの方法が考えられるが、会社法上は、引受人である債権者が発行

---

30) もっとも、振替株式に係る自己株式の処分によって第三者割当てを実施する場合には、引受人の口座の保有欄に増加記録がなされたときをもって株主となる(社債株式振替140条)。

会社に対する金銭債権を現物出資して株式の第三者割当てを引き受ける方法をとることが一般的である[31][32]。

また、DESの場合のほかにも、三角組織再編を行う前提として子会社が親会社株式を取得するための手法に利用する場合や、クロスボーダーのM&A取引・組織再編において外国会社の株式を対価として日本の会社の株式を取得する場合等においても、現物出資による第三者割当ての利用は検討され得る[33]。

(ii) 株式の第三者割当てにおける現物出資の手続

株式の第三者割当てにおいて現物出資を行う場合、現物出資財産の価額を

---

[31] その他、債務者である発行会社が債務を一旦弁済した上で、当該弁済資金を用いて債権者が発行会社による第三者割当ての払込みを行う方法や、それとは逆に、先に債権者が現金で出資を行い、債務者である発行会社が当該現金を用いて債権者に対する債務を弁済する方法も用いられており、これらは一般に疑似DESと呼ばれる。

[32] なお、DESに際して債権の現物出資・株式の第三者割当ての方式による場合、現物出資規制に加え、有利発行規制にも留意する必要がある。前記のとおり、募集株式の払込金額が引受人に特に有利な金額である場合、募集事項の決定には株主総会の特別決議が必要とされる（会社201条1項、199条2項・3項、309条2項5号）。現物出資の場合においても、募集株式1株と引換えに給付する財産の額として定められた金額が、募集株式の公正な価額に比して特に低い場合には有利発行に該当するし、また、現物出資財産の過大評価が行われる場合にも実質的な有利発行として有利発行による諸規制の類推適用を受けると解されている（コンメ(5)115～116頁〔洲崎博史〕）。そのため、実際には回収可能性の低い金銭債権を現物出資することにより、当該金銭債権の額面額に相当する募集株式の割当てを受ける場合、有利発行に該当するのではないかが問題となり得る。この点については、債務者は、通常、債権の実価と同じ価値の新株を発行すべきであって、それを超える価値の新株を発行する場合には、第三者に対する有利発行として株主総会の特別決議が必要であるとする指摘もある（神田秀樹「債務の株式化（デット・エクイティ・スワップ）」ジュリ1219号（2002）33頁）反面、DESの対象企業が実質債務超過に陥っている場合は、株式の価値がマイナスとなっている以上、有利発行の問題は生じず、実質債務超過に陥っていない場合は、債務についても全額弁済が可能なので、債権の実価（時価）＝額面額と考えられるため、有利発行にならないとする見解も主張されている（藤原総一郎編『DES・DDSの実務〔第3版〕』（金融財政事情研究会、2009）9～11頁）。実務上は、債権の実価を第三者評価機関に評価させて現物出資財産の価額を決定する等により有利発行決議を回避する事例も存在するものの、DESに際して発行する株式は優先株式とすることが通常であり、その発行のためにはいずれにしても定款変更のための株主総会を開催する必要があることが多いため、必ずしも有利発行に該当しないと考えられる場合であっても念のために有利発行決議を取得する例が多い。

調査させるため、原則として、募集事項の決定後遅滞なく検査役による調査手続を経る必要がある（会社207条）。検査役による調査手続は、裁判所への検査役選任申立て、裁判所による検査役の選任、検査役による調査の実施および裁判所への報告、現物出資財産の価額が不当と認めた場合の裁判所による変更決定という一連の手続を経て実施されるが（同条1項～7項）、費用負担が増加し、スケジュールが遅延する上、当事者間で合意した現物出資財産の価額の変更リスクも生じる。そのため、実務上、かかる検査役の調査が必要になることは、第三者割当てによるM&A取引において現物出資の方法を避けようとする大きな要因となる。

もっとも、現物出資財産の過大評価のおそれのない以下の場合には、検査役の調査手続が不要とされている（会社207条9項）。

① 募集株式の引受人に割り当てる株式の総数が発行済株式の総数の10分の1を超えない場合
② 募集事項において定められた現物出資財産の価額の総額が500万円を超えない場合
③ 現物出資財産のうち、募集事項において定められた市場価格のある有価証券の価額が当該有価証券の市場価格として法務省令で定める方法[34]により算定されるものを超えない場合
④ 募集事項において定められた現物出資財産の価額が相当であることに

---

[33] 日本法に基づき設立された株式会社・合同会社と外国会社との間の合併・株式交換については、これを許容すべきとする見解も有力に主張されているものの（江頭860頁注3・938頁、コンメ⑰91～92頁〔柴田和史〕・412～414頁〔中東正文〕等）、立案担当者は、会社法上、合併・株式交換の主体とされる「会社」（会社2条1号）に外国会社が含まれないこと等を根拠にこれを否定しており（相澤哲『一問一答　新・会社法〔改訂版〕』（商事法務、2009）212頁）、実務上、そのような方法は採用し難いのが現状といえよう。そのため、代替する手法として、外国会社の株式を現物出資することにより、日本の会社の第三者割当てを行うという手法が検討される場合がある。例えば、SBIバイオテック株式会社による米国法人であるQuark Pharmaceuticals, Inc.（なお、同社は、当該取引前からSBIバイオテック株式会社の親会社であるSBIホールディングス株式会社の連結子会社であったとされている）の完全子会社化の事案（2012年12月25日公表）では、Quark Pharmaceuticals, Inc.の株主から同社のほぼ全株式についての現物出資を受け、対価としてSBIバイオテック株式会社の普通株式を当該株主に割り当てると同時に、現物出資の対象に含まないQuark Pharmaceuticals, Inc.の端株をSBIバイオテック株式会社が買い受ける方法により実施したとされている。

ついて弁護士、弁護士法人、公認会計士、監査法人、税理士または税理士法人の証明（現物出資財産が不動産である場合は、当該証明および不動産鑑定士の鑑定評価）を受けた場合

⑤　現物出資財産が株式会社に対する金銭債権（弁済期が到来しているものに限る[35]）であって、募集事項において定められた当該金銭債権の価額が当該金銭債権に係る負債の帳簿価額を超えない場合[36]

なお、現物出資時の現物出資財産の価額が募集事項において定めた価額に著しく不足する場合には、引受人および引受人の募集に関する職務を行った取締役、募集に関する株主総会・取締役会への議案提案を行った取締役等は、不足額填補責任を負う（会社212条1項2号、213条）[37]。

(iii) 新株予約権の第三者割当てにおける現物出資の手続

新株予約権の第三者割当てにおいて現物出資を行う場合、株式に係る現物出資とは異なり、新株予約権発行時の検査役の調査は不要である。

他方、新株予約権の内容として、金銭以外の財産を当該新株予約権の行使に際しての出資の目的とする場合（会社236条1項3号）には、当該新株予約権の行使時に、原則として、当該財産の給付後遅滞なく検査役の調査手続

---

[34] 以下の@または⑥のうちいずれか高い額をもって現物出資財産の価額とする方法をいう（会社則43条）。
　　@　募集事項において現物出資財産の価額を定めた日における当該有価証券を取引する市場における最終の価格（当該日に売買取引がない場合または当該日が当該市場の休業日に当たる場合には、その後最初になされた売買取引の成立価格）
　　⑥　募集事項において現物出資財産の価額を定めた日において当該有価証券が公開買付け等の対象であるときは、当該日における当該公開買付け等に係る契約における当該有価証券の価格

[35] 会社が期限の利益を放棄することにより、弁済期到来の要件を満たすことは可能であるが、期限の利益を放棄することが会社（既存株主）の利益にならない場合には取締役の任務懈怠（会社423条1項）を惹起し得る（相澤哲＝豊田祐子「株式（株式の併合等・単元株式数・募集株式の発行等・株券・雑則）」商事1741号（2005）26頁、江頭769頁注9）。

[36] DESによる第三者割当てが行われる場合、通常、かかる例外規定により、検査役の調査が不要になる。

[37] 募集事項において定められた現物出資財産の価額が相当であることについての証明をなした専門家も、当該証明をするについて注意を怠らなかったことを証明するときを除いて、不足額填補責任を負い（会社213条3項）、取締役等と当該証明者は連帯債務者となる（同条4項）。

を経る必要がある（会社284条1項）。

　なお、この場合においても、株式発行時の現物出資と同様の例外が定められており、当該例外に該当する場合には検査役の調査は不要となる（会社284条9項各号）。

　また、現物出資時の現物出資財産の価額が募集事項において定めた価額に著しく不足する場合には、新株予約権者および新株予約権者の募集に関する職務を行った取締役、募集に関する株主総会・取締役会への議案提案を行った取締役等は、不足額填補責任を負う（会社285条1項3号、286条）[38]。

2　金商法上の手続

(1)　有価証券の募集に係る規制

(i)　有価証券届出書・臨時報告書の提出義務

　金商法上、有価証券の募集または売出しは、原則として、発行会社が有価証券届出書を提出した後でなければすることができない（金商4条1項本文）。そして、上場会社が第三者割当てによって、上場株式または上場株式を目的とする新株予約権もしくは新株予約権付社債を発行する場合、少数の者に対する取得勧誘が行われる場合であったとしても「有価証券の募集」（金商2条3項）に該当するため[39]、原則として、有価証券届出書の提出が必要となる（金商5条）[40]。ただし、発行価額が1億円未満の場合等一定の場合には、有価証券届出書の提出は不要になり、また、有価証券届出書の提出に代えて

---

[38]　現物出資財産について定められた価額が相当であることについて証明をなした専門家も、当該証明をするについて注意を怠らなかったことを証明するときを除いて、不足額填補責任を負い（会社286条3項）、取締役等と当該証明者は連帯債務者となる（同条4項）。

[39]　「有価証券の募集」に該当しない、いわゆる「私募」に該当するためには、少なくとも発行する株式または発行する新株予約権の目的となる株式が有価証券報告書提出義務の対象となっていないことが必要であり、かかる要件を満たさないからである（金商2条3項2号、金商令1条の4第1号イ・2号イ、1条の5の2第2項1号イ・2号イ、1条の7第2号イ(1)・ロ(1)参照）。

[40]　なお、上場会社が自己株式の処分の方法で第三者割当てを行う場合も、新規発行の場合と同様に「有価証券の募集」に該当するため（金商2条3項、定義府令9条1号参照）、その場合にも、原則として有価証券届出書の提出が必要になる。

有価証券通知書の提出が必要となる場合もある（金商4条1項・6項参照）。

　有価証券届出書は、通常、発行決議日またはその後すみやかに提出されることになる。有価証券届出書の提出が必要になる場合、発行会社は、有価証券届出書が効力を生じているのでなければ、当該有価証券を募集または売出しにより取得させ、または売り付けてはならない（金商15条1項）。そのため、有価証券届出書の効力発生までは、第三者割当てによる株式等を引受人に取得させることはできない。

　第三者割当てに係る有価証券届出書は、原則として受理日から15日を経過した日（受理日から中15日）に効力を生じる（金商8条1項）[41]。

　また、有価証券届出書の提出に代えて発行登録制度を用いることも可能であり[42]、その場合には、発行登録書の提出および発行登録追補書類の提出を行う（金商23条の3第1項本文、23条の8第1項本文）。発行登録制度を利用する場合、発行登録が効力を生じていれば、発行登録追補書類を提出した後直ちに有価証券の募集または売出しによる取得・売付けが可能である（金商23条の8第1項本文）[43]。

　これに対し、上場会社が第三者割当てによって発行する株式または新株予約権もしくは新株予約権付社債の目的たる株式が、上場株式と異なる種類の種類株式である場合には、通常、当該種類株式に係る取得勧誘・発行は「有価証券の募集」には該当せず[44]、有価証券届出書の提出は不要である。もっとも、この場合であっても、発行価額が1億円以上である場合には、取締役会または株主総会による決議等の後遅滞なく臨時報告書を提出しなければならない[45]。

---

41) なお、かかる効力発生までの期間は、組込方式や参照方式を採る場合（有価証券届出書の方式については後記(ii)(a)参照）には期間短縮が認められ得る（金商8条3項、開示ガイドラインB8-1参照）が、財務局からの重点審査の対象となる大規模増資等に関しては、原則として期間短縮は認められないとされている（開示ガイドラインB8-2④）。

42) なお、発行登録制度の利用適格要件は、参照方式の有価証券届出書の利用適格要件（後記(ii)(a)）と同様である（金商23条の3第1項、5条4項、開示府令9条の4第2項・5項）。

43) 例えば、第三者割当てにおける近時の事例では、三菱自動車工業株式会社による日産自動車株式会社に対する普通株式の第三者割当て（2016年5月12日公表）において、発行登録制度が利用されている。

また、有価証券の募集に該当する第三者割当てを行う場合、原則として、割当先に対して目論見書（金商2条10項）を交付しなければならない（金商15条2項）。

(ii) 第三者割当てにおける有価証券届出書・臨時報告書の記載事項の概要
(a) 記載事項の概要

上場会社である内国会社が提出する有価証券届出書には3つの様式があり、それぞれ記載すべき事項の概要は以下のとおりである。

[図表Ⅰ-3-3] 有価証券届出書の記載事項の概要

通常方式（金商5条1項、開示府令8条1項1号、第2号様式）
提出会社が組込方式および参照方式を利用できない場合等において利用される方式であり、①証券情報（金商5条1項1号「当該募集又は売出しに関する事項」）、②企業情報（同項2号「当該会社の商号、当該会社の属する企業集団……及び当該会社の経理の状況その他事業の内容に関する重要な事項」等）、③保証会社等の情報および④特別情報の記載が要求される。
組込方式（金商5条3項、開示府令9条の3第4項、第2号の2様式）
提出会社が既に1年以上継続して有価証券報告書を提出している場合に利用できる方式であり（開示府令9条の3第1項）、直近の有価証券報告書およびその添付書類ならびにその後に提出された四半期報告書等の写しを綴じ込む方法で作成される。通常方式の記載事項①～④のうち、②の企業情報に関しては組込情報により開示されることになるため、有価証券届出書に別途記載する必要はない。

---

44) 当該種類株式は有価証券報告書提出義務の対象とはなっていないからである。なお、ここでいう種類株式は、上場株式とは、剰余金の配当、残余財産の分配または出資の消却について内容の異なるものであることを要する（金商2条3項2号、金商令1条の4第1号イ・2号イ、1条の5の2第2項1号イ・2号イ、1条の7第2号イ(1)・ロ(1)参照）。ただし、第三者割当てにおいては通常は想定し難いものの、当該種類株式について50人以上の者を相手方として取得勧誘を行う場合には、「有価証券の募集」に該当し得る（金商2条3項1号、金商令1条の5）。また、形式的に種類株式を介在させることによる有価証券届出書の提出義務の潜脱を防止するため、上場株式について取得請求権が付されている種類株式が第三者割当てによって発行される場合で、割当予定先または発行会社等の自由な裁量により、短期間に上場株式の発行が相当程度見込まれる場合には、「有価証券の募集」として有価証券届出書の提出が必要となり得ることに留意が必要である（開示ガイドラインCⅢ(1)④）。
45) 金商24条の5第4項、開示府令19条1項・2項1号・2号・2号の2。

> **参照方式（金商5条4項、開示府令9条の4第1項、第2号の3様式）**
> 提出会社が1年以上継続して有価証券報告書を提出しており（開示府令9条の4第2項）、かつ、発行した有価証券の取引状況等に照らして企業情報が既に公衆に広範に周知されていると認められている会社（開示府令9条の4第5項各号のいずれかに該当する会社）が利用できる方式であり、直近の有価証券報告書等を参照すべき旨を記載する方法で作成される。参照方式でも、組込方式と同様に、通常方式の記載事項①～④のうち、②の企業情報に関しては参照情報により開示されることになるため、有価証券届出書に別途記載する必要はない。

また、前記のとおり、上場株式と異なる種類の種類株式を発行する場合等においては有価証券届出書の提出は不要であり、発行価額が1億円以上である場合に臨時報告書を提出することになるが、その場合の臨時報告書の記載内容は開示府令19条2項1号・2号・2号の2所定の事項である。

(b) 第三者割当てに係る特記事項

第三者割当て[46]により株式、新株予約権または新株予約権付社債を発行する場合には、有価証券届出書の「第三者割当の場合の特記事項」（開示府令第2号様式[47]第一部第3に掲げる事項）として、当該第三者割当てに係る割当予定先の情報、資金使途等の詳細な情報の記載が求められる。また、かかる記載については、上場株式と異なる種類の種類株式を発行する場合等における臨時報告書においても同様である（開示府令19条2項1号ヲ・2号ホ）[48]。

「第三者割当の場合の特記事項」として記載が求められる事項の概要は以下のとおりである。

---

[46] ここでの第三者割当ては法令上定義された意味を有する（開示府令19条2項1号ヲ）。

[47] その他、有価証券届出書につき、開示府令第2号の2様式、第2号の3様式、第2号の5様式、第7号様式、第7号の2様式、第7号の3様式においても同様であり、また、発行登録追補書類（開示府令第12号様式および第15号様式）についても同様である。

[48] なお、取得請求権の付された種類株式や新株予約権のうち、その行使に際して払込みをなすべき1株当たりの額について、その行使により交付される株券の取引所金融商品市場における価格を基準として修正され得る旨の発行条件が付されたもの（行使価額修正条項付新株予約権付社債券等。開示府令19条8項）を発行する場合にも、金商法上特別な取扱いが定められている。この点については、後記5(3)参照。

[図表Ⅰ-3-4] 第三者割当てにおける有価証券届出書等の特記事項

第三者割当ての場合の特記事項[49]

① 割当予定先の状況：割当予定先毎に、割当予定先の概要、提出者と割当予定先との関係、割当予定先の選定理由、割り当てようとする株式の数、株券等の保有方針、払込みに要する資金等の状況および割当予定先の実態を記載する。なお、ここでは、割当予定先が反社会的勢力と関係がないことについての確認も求められる。

② 株券等の譲渡制限：第三者割当てに係る株券等について譲渡を制限する場合には、その旨およびその内容を記載する。

③ 発行条件に関する事項：以下のⓐおよびⓑを具体的に記載する。
　ⓐ 発行価格の算定根拠および発行条件の合理性に関する考え方
　ⓑ 第三者割当てによる有価証券の発行が、有利発行に該当するものと判断した場合には、その理由および判断の過程ならびに当該発行を有利発行により行う理由、有利発行に該当しないものと判断した場合には、その理由および判断の過程ならびに当該発行に係る適法性に関して監査役が表明する意見または当該判断の参考にした第三者による評価があればその内容

④ 大規模な第三者割当てに関する事項：以下のⓐまたはⓑに該当することとなる場合には、その旨およびその理由を記載する。
　ⓐ 割当議決権数[50]（加算議決権数[51]を含む）÷（提出者の総株主の議決権[52]の数から加算議決権数を控除した数）≧ 0.25 となる場合
　ⓑ 割当予定先が割り当てられた割当議決権数を所有した場合に支配株主[53]となる者が生じる場合

---

49) 開示府令第2号様式・記載上の注意（23-3）～（23-10）参照。なお、発行会社において適時開示が必要となる場合には（後記3(1)参照）、特記事項の多くは当該適時開示における開示事項と重複する。

50) 「割当議決権数」とは、第三者割当てにより割り当てられる株式または新株予約権の目的である株式に係る議決権の数を意味する。当該議決権の数に比して、当該株式または当該新株予約権の取得と引換えに交付される株式または新株予約権（社債に付されているものを含む）に係る議決権の数が大きい場合には、当該議決権の数のうち最も大きい数を意味する（開示府令第2号様式・記載上の注意（23-6)a）。

51) 「加算議決権数」とは、当該届出書に係る株式等の募集または売出しと並行して行われており、または当該届出書の提出日前6か月以内に行われた第三者割当てがある場合の、割当議決権数に準じて算出した当該第三者割当てにより割り当てられ、または割り当てられた株式等に係る議決権の数をいう。当該第三者割当て以後に株式分割が行われた場合にあっては当該株式分割により増加した議決権の数を加えた数、株式併合が行われた場合にはあっては当該株式併合により減少した議決権の数を除いた数を意味する（開示府令第2号様式・記載上の注意（23-6)a）。

⑤　第三者割当て後の大株主の状況：第三者割当てにより株式が割り当てられ、または割り当てられた新株予約権が行使された場合（当該株式または新株予約権の取得と引換えに株式等が交付された場合を含む）における大株主の状況として、大株主の氏名または名称、住所、所有株式数、総議決権数に対する所有議決権の割合、割当後の所有株式数、割当後の総議決権数に対する所有議決権の割合を記載する。

⑥　大規模な第三者割当ての必要性：前記④の大規模な第三者割当てに該当する場合には、(i)当該大規模な第三者割当てを行うこととした理由[54]、および(ii)当該大規模な第三者割当てによる既存株主への影響についての取締役会の判断の内容[55]について具体的に記載し、大規模な第三者割当てを行うことについての判断の過程について具体的に記載する。また、経営者から独立した者からの当該大規模な第三者割当てについての意見の聴取[56]、株主総会決議における株主意思その他の大規模な第三者割当てに関する取締役会の判断の妥当性を担保する措置を講じる場合には、その旨およびその内容の記載も求められる。

⑦　株式併合等の予定の有無および内容

⑧　その他参考になる事項

---

[52]　「総株主の議決権」とは、有価証券届出書第二部【企業情報】中の第4【提出会社の状況】1【株式等の状況】(7)【議決権の状況】①【発行済株式】に記載すべき総株主の議決権（つまり、第三者割当て前の総株主の議決権）を意味する（開示府令第2号様式・記載上の注意 (23-6) a・㊺ a）。

[53]　「支配株主」とは、提出者の親会社または提出者の総株主の議決権の過半数を直接もしくは間接に保有する主要株主（自己の計算において所有する議決権の数と以下の①および②に掲げる者が所有する議決権の数とを合計した数が提出者の総株主の議決権の100分の50を超える者に限る）を意味する（開示府令第2号様式・記載上の注意 (23-6) b）。

　　　①　その者の近親者（2親等内の親族をいう。②において同じ）
　　　②　その者およびその近親者が当該総株主の議決権の過半数を自己の計算において所有している法人その他の団体ならびに当該法人その他の団体の子会社

[54]　当該理由に関し、財務局の審査要領として、「手取金の額及び使途と関連付けられて具体的に説明されているか、提出者が他の種類の有価証券の発行、公募増資、株主割当又は借入等の他の資金調達手段の比較を行っているか、当該比較を行っている場合にその比較を踏まえた判断の概要が記載されているか、提出者が新株予約権証券又は新株予約権証券付社債券を発行する場合は、提出者の資金需要、新株予約権が行使される時期、新株予約権行使を制限する条件の有無等との関係において、説明が具体的に記載されているか」に留意して審査するものとされている（開示ガイドラインCⅢ(2)④イ）。

(iii) 届出前勧誘・届出書の効力発生前の契約の締結

前記(i)のとおり、金商法上、有価証券の募集または売出しは、原則として、発行会社が有価証券届出書を提出した後でなければすることができない（金商4条1項本文）。「有価証券の募集」は、新たに発行される有価証券の取得の申込みの「勧誘」のうち一定の要件を満たすものをいうが（金商2条3項）、有価証券届出書の提出を要する場合においては、有価証券届出書の提出前には、当該「勧誘」行為が行えないことになる（届出前勧誘の禁止）。

この点、金商法上「勧誘」の定義は定められていない。一般的には、特定の有価証券についての投資者の関心を高め、その取得・買付けを促進することとなる行為と解されているものの[57]、具体的にどのような行為が「勧誘」に当たるかは必ずしも明らかでない。

特に、第三者割当てによって上場株式を発行する場合、前記(i)のとおり、原則として有価証券届出書の提出が必要になるが、実務上、有価証券届出書の提出前に、発行会社と引受人との間でデュー・ディリジェンスの実施や引受契約の交渉等がなされるのが通常である。また、前記(ii)(b)のとおり、有価証券届出書において割当予定先に関する一定程度詳細な情報の記載が求められることを踏まえると、当該情報を入手するためにも、発行会社と割当予定先との間での届出前の接触は実務上不可避である。そこで、このような割当予定先との届出前の接触が、届出前勧誘の禁止を定める金商法4条1項本文に抵触するのではないかという問題点が以前から議論されてきた。

もっとも、この点については、開示ガイドラインにおいて、「第三者割当……を行う場合であって、割当予定先が限定され、当該割当予定先から当該

---

55) 「既存の株主への影響についての取締役会の判断の内容」については、財務局の審査要領として、「大規模な第三者割当による既存の株主にとっての利益又は不利益（例えば、議決権の希薄化による他の株主への影響及び株価下落リスクに対する対応策等をいう。）について、提出者はどのような判断を行ったかに関して、具体的に記載されているか」に留意して審査するものとされている（開示ガイドラインCⅢ(2)④ロ）。

56) 「経営者から独立した者からの意見」として、例えば、社外取締役、社外監査役、監査等委員会、監査委員会または第三者委員会からの意見が考えられ、財務局の審査要領としては、提出者がこれらの者から意見を取得した場合、意見を出した者の氏名および属性（所属、所属先と提出者との関係等の独立性の程度を含む）が記載されているかに留意して審査するものとされている（開示ガイドラインCⅢ(2)④ハ）。

57) 神崎克郎『証券取引法〔新版〕』（青林書院、1987）196頁、神崎克郎ほか『金融商品取引法』（青林書院、2012）317頁等。

第三者割当に係る有価証券が直ちに転売されるおそれが少ない場合（例えば、資本提携を行う場合、親会社が子会社株式を引き受ける場合等）に該当するときにおける、割当予定先を選定し、又は当該割当予定先の概況を把握することを目的とした届出前の割当予定先に対する調査、当該第三者割当の内容等に関する割当予定先との協議その他これに類する行為」は、有価証券の取得勧誘または売付け勧誘等に該当しないことが明記されている（開示ガイドラインB2-12①）。そのため、第三者割当てのために不可避的に必要とされる届出前の割当予定先との接触行為が、届出前勧誘の禁止に抵触するおそれは実務上ほぼ解消されたと考えられる[58]。

また、前記(i)のとおり、有価証券届出書の提出が必要になる場合、発行会社は、有価証券届出書が効力を生じているのでなければ、当該有価証券を募集または売出しにより取得させ、または売り付けてはならない（金商15条1項）。そのため、届出書の提出時点またはその後届出の効力発生前の時点で、発行会社と引受人との間で第三者割当てに係る引受契約を締結することが、かかる届出の効力発生前の有価証券の取引禁止規制に抵触するのではないかという問題点についても以前から議論されている。

この点については、有価証券届出書の効力発生前であっても、その効力発生を停止条件とする引受契約の締結は可能であるとする見解も存在するが[59]、投資者を届出の効力発生前にもかかわらず取得・買付けに拘束する結果になるとしてこれに疑問を呈する見解もあり[60]、依然として明確な解決はなされていない[61]。第三者割当てを行う上場会社による有価証券届出書の提出・適時開示後に割当予定先が引受けの意向を撤回する事態が生じると上場会社の事業に重大な影響を与えかねないことに加えて、市場にも混乱を生じかねず、実務的には、届出書の効力発生前に発行会社と引受人との間で何らかの契約の締結を行うことは不可避のものといえよう。そのため、届出書の効力発生前の引受人・発行会社間での一定の契約の締結が許容されることが何らかの方法で今後明確化されることが望まれる。

---

58) もっとも、開示ガイドライン上例示されている資本提携を行う場合や、親会社が子会社株式を引き受ける場合以外に、どのような場合において「直ちに転売されるおそれが少ない」といえるのかについては必ずしも明確でない。
59) 神崎・前掲注57) 206頁。
60) 鈴木竹雄＝河本一郎『証券取引法〔新版〕』（有斐閣、1984）154頁。

第 2 節　第三者割当ての手続　155

(2) 発行会社によるその他の開示

　上場会社等の有価証券報告書提出会社による第三者割当ての結果、当該発行会社の親会社[62]または主要株主[63]に異動が生じる場合には、発行会社は、遅滞なく、親会社の異動または主要株主の異動に係る臨時報告書を提出しなければならない（金商24条の5第4項、開示府令19条2項3号・4号）。親会社の異動に係る臨時報告書には、当該異動に係る親会社の名称、住所、代表者の氏名、資本金または出資の額および事業の内容、当該異動の前後における当該親会社の所有に係る当該提出会社の議決権の数および当該提出会社の総株主等の議決権に対する割合、ならびに当該異動の理由およびその年月日を記載しなければならず、主要株主の異動に係る臨時報告書には、当該異動に係る主要株主の氏名または名称、当該異動の前後における当該主要株主の所有議決権の数およびその総株主等の議決権に対する割合、ならびに当該異動の年月日を記載しなければならない（開示府令19条2項3号・4号）。
　なお、開示府令上、臨時報告書の提出義務は、親会社または主要株主の異動があった場合に加えて、当該異動が提出会社もしくは連結子会社の業務執行を決定する機関により決定された場合にも生じるものとされているが、当

---

[61]　金融法委員会の2010年6月21日付け「金融商品取引法の開示規制上の『勧誘』の解釈を巡る現状と課題」33頁において、実務的な不安定要素を払拭するため、「届出書提出前の引受約定等の締結が、届出の効力発生前の有価証券の取引禁止規制に抵触するとの懸念との関係では、①発行者及び割当予定先の間で一定の要件（停止条件付き等）の下で引受約定等を締結することを認める（金商法第15条1項に抵触しないことを確認する）ガイドラインの設定を行うこと、または、②新たに第三者割当の記載事項とされた事項（割当予定先の保有方針等）について、割当予定先から一定の意向表明書等を取得することが金商法第15条1項に抵触しないことを確認するガイドラインの設定を行うとともに、取得した意向表明書等を届出書の添付書類として添付することを認める開示府令の改正を行い、届出書における割当先の保有方針等の記載の確実性を高めることなどの対処が行われることが考えられる」といった提言がなされているものの、そのような法令・ガイドラインの改正はなされていない。

[62]　親会社とは、発行会社の財務および営業または事業の方針を決定する機関を支配している会社をいう（開示府令1条26号、財務諸表等規則8条3項）。

[63]　主要株主とは、総株主等の議決権の10％以上を保有する株主をいう（開示府令19条2項4号、金商163条1項）。なお、総株主等の議決権には、株主総会において決議することができる事項の全部につき議決権を行使することができない株式は含まれず、会社法879条3項の規定により議決権を有するものとみなされる株式についての議決権を含むものとされる（金商29条の4第2項）。

該決定時の臨時報告書の提出は、親会社等の異動が明らかな場合について開示を求めるものであり、異動が明らかでないときにまで求められるものではなく、増資を決定したとしても、それにより親会社等の異動が発生することが明らかとはいえない場合には、当該増資の決定時点における臨時報告書の提出は要しないと解されている[64]。そのため、第三者割当てによる親会社または主要株主の異動に係る臨時報告書は、発行決議日後に提出される場合と、その不確実性等を踏まえて払込期日後に提出される場合の双方があり得る。

(3) 引受人による開示

引受人は、上場会社による第三者割当てによってその株券等保有割合が新たに5％を超える場合には、株券等保有割合が新たに5％を超えた日の翌営業日から起算して5営業日以内に大量保有報告書を提出する必要があり、また、既に5％を超えて株券等を保有しており、当該第三者割当てによってその株券等保有割合が1％以上増加する場合には、当該増加の日の翌営業日から起算して5営業日以内に、変更報告書を提出する必要がある[65]。大量保有報告制度に関する詳細については、前記第2章第3節3(1)を参照されたい[66]。

---

[64] 金融庁平成25年8月21日パブコメ回答【(2)関係】No.5。

[65] 金商27条の23第1項、27条の25第1項、大量保有府令2条、8条、第1号様式。なお、第三者割当てによって引受人が発行会社の株主となる時期は、払込期日または払込期間中の払込みを履行をした日であるから（会社209条1項）、大量保有報告書における株券等保有割合の計算上も、当該日をもって保有株式数および発行済株式総数が増加したものとして取り扱うことになる（池田ほか・公開買付184頁）。そのため、大量保有報告書提出に係る5営業日の起算日は、株式引受契約の締結日ではなく、当該契約に基づく払込みのクロージング日ということになる。

[66] なお、引受人が上場会社等の有価証券報告書提出会社であり、かつ、発行会社が引受人の特定子会社に該当する場合には、引受人による特定子会社の異動に係る臨時報告書の提出も必要になる（開示府令19条2項3号）。特定子会社とは、財務諸表等規則8条3項に定める子会社であって、①提出会社の最近事業年度に対応する期間において、当該子会社の提出会社に対する売上高または仕入高が、提出会社の仕入高または売上高の10％以上ある場合、②提出会社の最近事業年度の末日において、子会社の純資産が提出会社の純資産の30％以上ある場合、または③子会社の資本金の額が提出会社の資本金の額の10％以上ある場合をいう（開示府令1条27号、19条10項）。

3 取引所規則上の手続

(1) 第三者割当ての適時開示

　上場会社が第三者割当てを行うことを決議した場合には、直ちに、上場会社の決定事実として、適時開示が必要になる（上場規402条1号a、上場規施行則402条の2等）。当該適時開示の記載項目としては、募集の概要、目的および理由、調達する資金の額、使途および支出予定時期、資金使途の合理性に関する考え方、発行条件等・処分条件等の合理性（払込金額の算定根拠およびその具体的内容[67]、発行数量および株式の希薄化の規模が合理的であると判断した根拠）、割当予定先の選定理由等（割当予定先の概要、割当予定先を選定した理由、割当予定先の保有方針、割当予定先の払込みに要する財産の存在を確認した内容）、募集後の大株主および持株比率、今後の見通し、企業行動規範上の手続（企業行動規範上の独立第三者からの意見の入手または株主の意思確認を要する場合の開示事項）、その他投資者が会社情報を適切に理解・判断するために必要な事項、最近3年間の業績およびエクイティ・ファイナンスの状況、発行要項が挙げられている[68]。

---

[67] 当該「払込金額の算定根拠およびその具体的内容」として、①株主総会において有利発行決議を経る場合、または②決議の直前日の価額、決議日から1か月、3か月、6か月の平均の価額からのディスカウント率を勘案して会社法上の有利発行に該当しないことが明らかな場合（上場株式の場合に限る）を除き、払込金額が割当予定先に特に有利でないことに係る適法性に関する監査役、監査等委員会または監査委員会が表明する意見等の記載が要求されている（適時開示ガイドブック70頁）。そのため、有利発行決議を経ない第三者割当ての場合、発行決議日直前、発行決議前1か月、3か月、6か月平均株価に照らして有利発行に該当しないことが明らかな場合を除いて、監査役等からの適法性意見を取得する必要がある点に留意が必要である。

[68] 適時開示ガイドブック69～72頁。なお、発行する株式等が、取得請求権付株式または新株予約権であって、その行使価額が、6か月に1回を超える頻度で、その行使により取得される株券等の市場価格を基準として修正され得る旨の発行条件が付されたものは、取引所規則における「MSCB等」に該当し（上場規410条1項、上場規施行則411条）、より詳細な開示が求められる（適時開示ガイドブック73～77頁）。この点については、後記5(3)参照。

(2) 企業行動規範上の手続

(i) 大規模増資における株主意思の確認等

　上場会社は、金融商品取引所の定める規則を遵守する必要があるところ、東京証券取引所は、「緊急性が極めて高い場合」を除き、上場会社が、希薄化率25％以上となる大規模増資または支配株主が異動する見込みがある大規模増資を実施する場合には、経営者から一定程度独立した者による第三者割当ての必要性および相当性に関する意見の入手、または第三者割当てに係る株主総会の決議などによる株主の意思確認を行うことを要求している[69]。ここでいう希薄化率は、以下の算式により算出される（上場規施行則435条の2第1項）。

$$\text{希薄化率} = \frac{\text{当該第三者割当てにより割り当てられる募集株式等に係る議決権の数}}{\text{当該第三者割当てに係る募集事項の決定前における発行済株式に係る議決権の数}} \times 100$$

　上記算式における分子には、当該募集株式等の転換または行使により交付される株式に係る議決権の数が含まれ、その転換・行使の価額が修正される場合には、その下限価額における潜在株式数となる。他方、分母には潜在株式は含まれない。また、第三者割当てを短期間（6か月を目安）に複数回実施する場合には、これらの第三者割当てを一体とみなして、上記算式が適用される。なお、6か月を「目安」とする期間を含め、一体とみなされる複数回の増資の範囲は必ずしも明確ではないため、6か月超のある程度近接する期間内に複数回の第三者割当てを実施し、その合計の希薄化率が25％以上となる（または、後述する上場廃止基準との関係で300％を超える）ような場合には、その取扱いについて、実務上は東京証券取引所への事前の確認が必要になる。

　希薄化率が25％以上となる場合に要求される手続のうち、「経営者から一定程度独立した者」からの意見の入手については、第三者委員会、社外取締役、社外監査役などからの意見の入手が想定されており、その意見の内容と

---

69) 上場規432条。

しては、資金調達を行う必要があるか、他の手段との比較で今回採用するスキームを選択することが相当であるか、発行会社の置かれた状況に照らして各種の発行条件の内容が相当であるかという点について言及することが想定されている[70]。なお、「株主総会の決議などによる株主の意思確認」は、会社法に従い必要な株主総会の決議を得る場合のほか、いわゆる勧告的決議が想定されているが、実務上は、定款変更が必要になるような、いずれにしても会社法上株主総会が必要になる場合には株主総会決議による株主意思確認が採用され、他方、会社法上株主総会の開催を要しない場合には、社外役員等からの意見の入手が採用されることが一般的であることについては、前記1(3)のとおりである。

また、これらの手続を要しない「緊急性が極めて高い場合」については、資金繰りが急速に悪化していることなどによりこれらの手続を行うことが困難であると東京証券取引所が認めた場合をいうものとされているが、実務上ある程度迅速に対応可能な社外役員等からの意見の入手による手続も許容されていることから、緊急性が極めて高いとしてかかる手続をも不要とするケースは極めて限定的であるとされる[71]。

(ii) 上場廃止基準

前記(i)の算式によって算出される希薄化率が300％を超えるときは、「株主及び投資者の利益を侵害するおそれが少ないと取引所が認める場合」を除き、上場廃止となる（上場規601条1項17号、上場規施行則601条14項6号）。

なお、ここでいう「株主及び投資者の利益を侵害するおそれが少ないと取引所が認める場合」としては、公的資金の注入や、段階的な株主意思確認手続として、株主総会決議により定款変更を行い、発行可能株式総数を段階的に拡大していくようなケースが想定されているものの、個別事情に基づく東京証券取引所の総合判断によって決せられるものとされている[72]。かかる例外により上場維持が認められた先例的な事例としては、2009年の株式会社CSKホールディングス（現SCSK株式会社）によるACA株式会社および金融

---

70) 適時開示ガイドブック601頁。
71) 適時開示ガイドブック601頁。
72) 適時開示ガイドブック602頁。

機関に対する第三者割当ての事例[73]がある。当該事例では、発行する優先株式および新株予約権が全て同時に普通株式に転換可能と仮定した場合の希薄化率は約518％となり、300％を大きく上回るものの、①一部の優先株式以外は議決権がなく、優先株式の発行の時点では既存株式の議決権に大幅な希薄化が生じることはないこと、②優先株式の転換や新株予約権の行使が可能となるのは、発行後一定の期間が経過してからであり、かつ原則として種類毎に転換可能期間を異にするため、発行後直ちに大幅な希薄化が生じることはないこと、③発行後一定の期間が経過した後は、発行会社の判断により随時優先株式の償還を行うことが可能となるため、既存株主の議決権等に対する希薄化が生じる可能性を低減することができる仕組みを採用していること、④発行する優先株式および新株予約権が存在する限り、ⓐ当該優先株式および新株予約権の払込期日から6か月間は発行可能株式総数を増加させないこと、ⓑ将来において発行可能株式総数を増加する場合は、その時点における発行済の普通株式の総数の4倍を超えては増加させないこと、およびⓒ将来において発行可能株式総数を増加する場合は、その直前に行った発行可能株式総数の増加の時から6か月以上の間隔を空けることによって、既存株主に、短期間に大幅な希薄化が生じることを可及的に防ぐよう配慮がなされている。また、2011年の株式会社アークによる株式会社企業再生支援機構および金融機関に対する第三者割当ての事例[74]は、約1090％（A種優先株式により約881％、B種優先株式およびC種優先株式により約208％）という大幅な希薄化が生じるものであったものの、特別法に基づいて設立され、公的な役割を担う法人である株式会社企業再生支援機構に議決権総数の3分の2超を保有させるものであったこと等[75]により、上場維持が認められている。

---

[73] 株式会社CSKホールディングスによる2009年9月8日付けプレスリリース「資本増強の詳細確定に関するお知らせ」。

[74] 株式会社アークによる2011年6月23日付けプレスリリース「第三者割当による優先株式発行に関するお知らせ」。

[75] なお、プレスリリースによれば、株式会社企業再生支援機構以外に割り当てられたB種優先株式のみであれば、希薄化率は最大で約208％に留まるものであり、加えて、A種優先株式およびC種優先株式については発行の1年後から普通株式への転換が可能とされており、また、B種優先株式については発行の5年経過後からの転換が想定されているため、これらの優先株式の発行により、直ちに全ての希薄化が生じるものではなく、急激な希薄化に対する配慮がなされている。

これらの事例を踏まえると、発行会社の財務状況（逼迫性）、引受人の公的性質、急激な希薄化への配慮（転換可能期間・償還可能性等の優先株式の内容、発行可能株式総数の変更に関する確約等）が「株主及び投資者の利益を侵害するおそれが少ない」と東京証券取引所が判断する際の主要な考慮要素になっているものと思われる。個別事情に基づく東京証券取引所の総合判断によって決せられるものである以上、東京証券取引所への事前の十分な確認が必要になるが、希薄化率が300％を超えるような第三者割当ての実行可能性を検討する際には、これらの考慮要素が参考になるものと思われる。

(iii) 支配株主との取引

支配株主を有する上場会社が、支配株主その他東京証券取引所の上場規程施行規則で定める者[76]が関連する第三者割当てを行うことを決議した場合には、かかる決定が当該上場会社の少数株主にとって不利益なものでないことに関し、当該支配株主との間に利害関係を有しない者による意見を入手し、かつ、必要かつ十分な適時開示を行わなければならないものとされている（上場規441条の2第1項1号・2項）。第三者割当てによるM&A取引との関係でかかる手続が必要になるケースとしては、支配株主やその関連会社に対する第三者割当てを実施して持株比率を増加させる場合や、支配株主以外の引受人に対する第三者割当てを実施する場合に、支配株主と当該引受人との間で何らかの関連する取引が実行されるようなケースが考えられよう。

(3) その他の開示

上場会社の第三者割当ての結果、当該発行会社の主要株主、主要株主である筆頭株主[77]、支配株主等[78]に異動が生じる場合には、発行会社は、直ちにその内容を開示しなければならない（上場規402条2号bおよびg）。その開示の時期は、自ら新株式発行を決定したこと等により異動が確実と見込まれた時点または異動を確認した時点とされているため[79]、第三者割当てによっ

---

76) 上場規2条42号の2、上場規施行規則3条の2、436条の3参照。
77) ここでいう主要株主は金商法163条1項に定める主要株主と同義であり、筆頭株主は、主要株主のうち所有株式数の最も多い株主をいう（上場規402条2号b）。
78) 支配株主または財務諸表等規則8条17項4号に規定するその他の関係会社（上場規402条2号g）。

て異動が生じる場合には、当該第三者割当てに係る適時開示を行う際にあわせて開示することが一般的である。当該適時開示においては、異動（予定）年月日、異動について上場会社が知るに至った経緯（異動の理由を含む）、異動した株主の概要、異動前後における議決権の数および議決権所有割合等、今後の見通し、その他投資者が会社情報を適切に理解・判断するために必要な事項を記載しなければならない[80]。

また、引受人が上場会社であって、当該第三者割当ての結果、子会社等の異動を伴う場合には、引受人サイドでも、子会社等の異動に係る適時開示が必要になる（上場規402条1号q）。

4 非公開会社における第三者割当ての手続

ここまで上場会社である公開会社を念頭に、第三者割当てに係る手続を説明してきたが、以下では、非公開会社（非上場会社）[81]における手続について補足する。なお、前記3の取引所規則上の手続については、非上場会社には適用がない。

(1) 会社法上の手続

まず、会社法上の手続として、非公開会社における第三者割当てのための募集事項の決定は、株主総会の特別決議によることが必要になる（会社199条2項、238条2項、309条2項5号・6号）[82]。もっとも、公開会社における有利発行の場合と同様に、株主総会の特別決議によって募集株式・新株予約

[79) 適時開示ガイドブック336頁・352頁。
[80) 適時開示ガイドブック337頁・352～353頁。
[81) その発行する全部の株式の内容として譲渡による当該株式の取得について株式会社の承認を要する旨の定款の定めを設けている株式会社をいい（会社2条5号参照）、非公開会社は常に非上場会社である。なお、公開会社は非上場会社であることもあり得るが、かかる非上場会社である公開会社の第三者割当てに係る手続については、会社法上の手続については前記1の上場会社の場合と同様であり、金商法上の手続については有価証券報告書提出会社でない限り、後記(2)の非公開会社の場合と同様である。
[82) なお、非公開会社における有利発行の場合の手続の違いは、有利発行に該当する場合には、株主総会において当該払込金額でその者を募集することを必要とする理由を説明しなければならない点にある（会社199条3項、200条2項、238条3項、239条2項）。

権の数の上限および払込金額の下限（新株予約権につき、金銭の払込みを要しないこととする場合には、その旨）を定め、当該特別決議の日から1年以内の日を払込期日（または払込期間の末日）とする募集株式・新株予約権の発行に係る募集事項の決定を取締役会に委任することは可能である[83]。また、定款に当該決議を不要とする旨の定めがない限り、非公開会社が種類株式発行会社である場合には、募集に係る譲渡制限株式の種類株主総会の特別決議も必要になる[84]。

また、非公開会社における第三者割当てについては、常に株主総会の特別決議が必要になることから、募集事項の通知または公告は不要である（会社201条3項、240条2項）。

その他、申込みをしようとする者に対する募集事項等の通知（会社203条1項、242条1項）、引受人による申込み（会社203条2項、242条2項）、割当ての決定（会社204条1項、243条1項）、引受人に対する割当内容の通知（会社204条3項、243条3項）、総数引受契約を締結した場合の特則（会社205条1項、244条1項）[85]、払込金額の全額の払込み（会社208条1項、246条1項）、株主名簿記載事項・新株予約権原簿記載事項の株主名簿・新株予約権原簿への記載または記録（会社121条、132条1項、249条）、変更の登記（会社915条1項・2項）、および現物出資の場合の検査役調査（会社207条、284条1項）については、非公開会社においても、公開会社と同様である。

(2) 金商法上の手続

前記2(1)のとおり、金商法上、上場会社が第三者割当てによって、上場株式または上場株式を目的とする新株予約権もしくは新株予約権付社債を発行する場合には、原則として有価証券届出書の提出が必要となる。

一方、非上場会社である非公開会社による第三者割当てについても、「有

---

[83] 会社200条1項・3項、239条1項・3項、309条2項5号・6号。
[84] 会社199条4項、200条4項、324条2項2号。なお、募集新株予約権の目的が譲渡制限株式であるときも同様の規制がある（会社238条4項、239条4項、324条2項3号）。
[85] 前掲注11）と同様に、定款に別段の定めがない限り、総数引受契約の締結について、株主総会（取締役会設置会社では取締役会）の決議による承認を受けなければならない（会社205条2項、244条3項）。

価証券の募集」、すなわち、新たに発行される有価証券の取得の申込みの勧誘のうち金商法2条3項各号のいずれかに該当する場合には、有価証券届出書の提出が必要になり得る。「有価証券の募集」に該当するのは、①50名以上の者[86]（適格機関投資家私募の要件を満たした有価証券を取得する適格機関投資家を除く）を相手方として行う取得勧誘（金商2条3項1号、金商令1条の4、1条の5）、および、②①以外の場合であって、私募に該当しないものである（金商2条3項1号・2号）[87] [88]。

非上場会社が第三者割当てを行う場合、上記②における私募（少人数私募[89]）に該当し、「有価証券の募集」に当たらないことが多いものの、非上場会社であっても「有価証券報告書を提出しなければならない会社」[90]による第三者割当ての場合や、6か月で通算して50名以上の者に対して取得勧誘を行う場合等、一定の場合には有価証券届出書の提出義務が生じる可能性がある点には留意が必要である。

---

[86] 過去6か月以内に同一種類の有価証券について少人数私募の形態で発行が行われている場合には、これらの勧誘対象者数を合算して有価証券の募集に該当するか否かが判断される（金商令1条の6）。

[87] ここでいう私募に該当する取得勧誘は、①適格機関投資家のみを相手方として行う場合であって、当該有価証券がその取得者から適格機関投資家以外の者に譲渡されるおそれが少ないものとして政令で定める場合（適格機関投資家私募：金商2条3項2号イ）、②特定投資家（金商2条31項）のみを相手方として行う場合であって、ⓐ当該取得勧誘の相手方が国、日本銀行および適格機関投資家以外の者であるときは、金融商品取引業者等が顧客からの委託によりまたは自らのために当該取得勧誘を行い、かつ、ⓑ当該有価証券がその取得者から特定投資家等（特定投資家または非居住者）以外の者に譲渡されるおそれが少ないものとして政令で定める場合に該当するもの（特定投資家私募：金商2条3項2号ロ）、③当該有価証券がその取得者から多数の者に所有されるおそれが少ない場合（少人数私募：金商2条3項2号ハ）を意味する。

[88] なお、募集に該当する取得勧誘は、株券等の「第一項有価証券」（金商2条1項）と、信託受益権や集団投資スキーム持分等の「第二項有価証券」（金商2条2項）とで異なるが、ここでは、株券等の「第一項有価証券」の取得勧誘を前提としている。

[89] 少人数私募は、49名以下の者を相手方として行う取得勧誘であって、当該有価証券がその取得者から多数の者に所有されるおそれが少ない場合であり、ここでいう「多数の者に所有されるおそれが少ない場合」とは、①50名以上の特定投資家のみを相手方とする取得勧誘でなく（金商令1条の7第1号）、かつ、②有価証券の種類毎に金商令1条の7第2号に定める要件を充足する場合である。このうち②の要件は、株券については、ⓐその株券の発行者が、その株券と同一の内容であって、有価証券報告書を提出しなければならない株券を発行していないこと、およびⓑその株券と同一種類の有価証券が特定投資家向け有価証券でないことである。

また、前記2(1)のとおり、上場会社における第三者割当てについては、一定の場合に臨時報告書の提出が必要となるが、非上場会社であっても、「有価証券報告書を提出しなければならない会社」（金商24条の5第1項）については、同様に臨時報告書の提出が必要になる可能性があるため、この点にも留意が必要である。

5 種類株式の第三者割当て

(1) 株式の内容として異なる定めをすることができる事項

株式会社は、一定の事項について内容の異なる2以上の種類の株式を発行することができる（会社108条1項）。具体的には、①剰余金の配当、②残余財産の分配、③株主総会において議決権を行使することができる事項（議決権制限）[91]、④譲渡による当該種類の株式の取得について当該株式会社の承認を要すること（譲渡制限）、⑤当該種類の株式について、株主が当該株式会社に対してその取得を請求することができること（取得請求権）、⑥当該種類の株式について、当該株式会社が一定の事由が生じたことを条件としてこれを取得することができること（取得条項）、⑦当該種類の株式について、当該株式会社が株主総会の決議によってその全部を取得すること（全部取得条項）、⑧株主総会（取締役会設置会社にあっては株主総会または取締役会）において決議すべき事項のうち、当該決議のほか、当該種類の株式の種類株主を構成員とする種類株主総会の決議があることを必要とすること（拒否権）、⑨当該種類の株式の種類株主を構成員とする種類株主総会において取締役

---

[90] 例えば、上場廃止となった元上場会社であって、株主数が多いこと等により有価証券報告書の提出義務が存続している会社等があり得る（金商24条1項3号・4号・同項但書）。

[91] なお、公開会社においては、経営者が議決権制限株式を利用して少額の出資で会社支配を行うことに歯止めをかける趣旨から、議決権制限株式の数が発行済株式総数の2分の1を超えた場合、会社は、直ちに議決権制限株式の数を発行済株式総数の2分の1以下にするための必要な措置（議決権制限株式の発行数を減少させる、他の種類の発行済株式を増加させる等）を講じる義務を負う（会社115条）。ただし、この場合であっても当該2分の1を超過させた行為が当然に無効になるものではない（江頭148頁）。

(監査等委員会設置会社にあっては、監査等委員である取締役またはそれ以外の取締役)または監査役を選任すること(取締役・監査役選任権)について、内容の異なる株式を発行することが可能である。

なお、当該種類株式の内容は、原則として定款で定めることを要する(会社108条2項)が、一定の事項(会社則20条1項各号所定の事項)を除いては、定款でその「要綱」を定めておくことにより、当該種類株式を初めて発行する時までに株主総会(取締役会設置会社にあっては株主総会または取締役会)の決議によって定めることも可能とされている(会社108条3項)。

実務上は、このうち定款でその「要綱」を定めれば足りる事項について、「要綱」として、どの程度の内容を予め定款に定めておく必要があるかが問題となることが少なくない。一般論としては、「定款変更後において行われる細目の決定において、株主総会または取締役会が、どの程度の範囲で裁量を有するかを判断することができるようにするための参考となる事項について定めれば足りる」[92]とか、「他の種類株主の合理的な予測可能性を担保する程度に明確でなければならない」[93]等と説明されているところであるが、具体的な線引きは必ずしも容易ではなく、最終的には、個別事案毎の検討が必要になる。そのため、実務上は、要綱のみを定めれば足りる事項についても、保守的に詳細な事項にわたって定款で定めることも多い。なお、定款で株式の内容の「要綱」を定め、その後種類株式を発行する時までに取締役会等が株式の内容を定めた場合、ある種類株式の「要綱」に基づき取締役会等が株式の内容を確定すると、その種類株式の内容は確定することになり、その内容で1つの種類株式が構成される。1つの要綱に基づき、内容の異なる複数の種類株式を発行することはできない[94]。

(2) **M&A取引における種類株式の第三者割当ての利用例**

前記のとおり、株式会社は、その発行する株式に関し、剰余金・残余財産

---

[92] 論点解説59頁。
[93] 逐条解説(2)69頁〔松尾健一〕。
[94] コンメ(3)84頁〔山下友信〕。もっとも、ある要綱に基づいて複数の種類の株式の発行ができる旨を定款で定め、それぞれの種類につき発行可能種類株式総数を定める方法により、会社が具体的な内容の異なる株式をいわゆるシリーズ発行することは実務上可能である(論点解説61頁、コンメ(3)103頁〔山下〕)。

の分配等の経済的権利や、議決権等の会社支配に関する権利の内容について異なる定めを置くことができることから、第三者割当てによるM&A取引においても、普通株式ではなく、発行会社と引受人との間で合意した内容を織り込んだ種類株式が用いられることも珍しくない。特に、経営の状況が芳しくない会社におけるM&A取引に際しては、剰余金の配当等について普通株式より優先する内容を定めて引受人に経済的メリットを与えるとともに、資本性が認められる優先株式を発行することで発行会社の自己資本の増強を図ることが可能になる。また、そのような場合、通常、相当程度の数の株式の発行が必要になることが多いが、当初無議決権株式とした上で、普通株式を対価とする取得請求権を付してその行使期間を発行から相当期間経過後とすることで、急速な既存株式の希薄化を緩和することができる。

公表情報から把握できる近時の種類株式の第三者割当ての事例においても、自己資本比率向上のための資金調達目的、即時の既存株式の希薄化への配慮が謳われている例が多い。例えば、完全希薄化ベースで30.93％の議決権を占める優先株式が発行された株式会社東京TYフィナンシャルグループによる三井住友信託銀行株式会社に対する第三者割当て（2016年6月3日公表）では、発行会社・引受人間の資本・業務提携に加えて発行会社の自己資本比率の改善が1つの目的として掲げられ、他方で、普通株式を対価とする取得請求権の行使期間の設定や、金銭対価の取得条項の設定などにより、既存株式の希薄化への配慮が図られている[95]。

このように、発行会社の状況に応じていわばカスタマイズされた内容の種類株式を発行できることが、第三者割当てによるM&A取引において種類株式が利用される理由といえよう。

もっとも、種類株式の第三者割当ての場合、前記1(3)のとおり、通常、株主総会において当該種類株式に係る定めを追加する定款変更のための特別

---

95) その他、同様に、自己資本の改善を目的とするとともに、既存株式の希薄化への配慮から普通株式を対価とする取得請求権の行使期間を発行から相当期間経過後に設定したとされている事例は、株式会社トクヤマによるジャパン・インダストリアル・ソリューションズ第壱号投資事業有限責任組合に対するA種類株式の第三者割当て（2016年5月12日公表）、株式会社ランドによるケイマン・ファンドであるEVO FUNDに対するA種類株式の第三者割当て（2016年4月22日公表）、株式会社メイコーによる地域中核企業活性化投資事業有限責任組合に対するA種優先株式の第三者割当て（2016年2月4日公表）等、相当数に上る。

決議が必要になることから、公開会社における普通株式の第三者割当ての場合と比して、手続的な負担は相対的に大きく、発行までの必要期間も長くなる。

また、上場会社においては、拒否権付株式や複数議決権株式[96]の発行は原則として「株主の権利内容およびその行使が不当に制限されている」場合に該当し、上場廃止事由となる（上場規601条1項17号、上場規施行則601条14項3号・5号）ことから、上場会社が上場を維持したまま発行できる種類株式の内容には制限がある[97]。

(3) MSCB 等に関する規制

上場会社による種類株式の第三者割当てにおいて、一定の内容の取得請求権が付された種類株式が発行される場合、「MSCB等」に関する一定の規制に服する[98]。すなわち、取得請求権の付された種類株式や新株予約権のうち、その行使に際して払込みをなすべき1株当たりの額が、6か月間に1回を超える頻度で、その行使により交付される上場株券等の価格を基準として修正され得る旨の発行条件を含むものについては、「MSCB等」に該当し[99]、上場会社がかかる「MSCB等」を発行する場合、引受人にその大量の行使を

---

96) 会社法上、1株に複数議決権を付与する内容の種類株式を発行することは認められていない（江頭146頁）。ここでいう「複数議決権株式」とは、「取締役の選解任その他の重要な事項について株主総会において一個の議決権を行使することができる数の株式に係る剰余金の配当請求権その他の経済的利益を受ける権利の価額等が上場株券等より低い株式」を意味する（上場規施行則601条14項5号）。

97) もっとも、当該上場廃止基準には、「株主及び投資者の利益を侵害するおそれが少ないと……取引所が認める場合は、この限りでない」とする例外が設けられており、全ての場合において拒否権付株式や複数議決権株式の発行が上場廃止基準に該当するわけではない。そのため、上場会社がこれらの種類株式の発行を企図する場合、事前に取引所とその内容を協議する必要がある。なお、上場会社の発行する拒否権付株式の実例としては、国際石油開発帝石株式会社が発行している甲種類株式があり、当該甲種類株式は国（経済産業大臣）によって保有され、同社の一定の経営の重要事項に関する拒否権を有する。なお、新規上場時に、普通株式もB種類株式も全ての株主総会決議事項について議決権を行使できるとしつつ、単元株式数を普通株式につき100株、B種類株式につき10株とすることで、事実上、議決権数について普通株式100株につき1議決権、B種類株式10株につき1議決権とする複数議決権株式を採用している事例として、CYBERDYNE株式会社の事例がある。

98) かかる「MSCB等」に関する規制は、種類株式のみならず、新株予約権にも適用される。

行わないよう同意させる必要がある[100]。また、その発行の際の適時開示についても、MSCB等の発行に係る募集の場合の特例が定められ、より充実した開示が求められるとともに[101]、毎月初めに、前月におけるMSCB等の転換または行使の状況を開示しなければならない等、その行使状況に関する適時開示も求められている（上場規410条）。

また、取得請求権の付された種類株式や新株予約権のうち、その行使に際して払込みをなすべき1株当たりの額が、その行使により交付される株券の取引所金融商品市場における価格を基準として修正が行われ得る旨の発行条件が付されたもの（行使価額修正条項付新株予約権付社債券等。開示府令19条8項）を発行する場合[102]には、その発行時において有価証券届出書または臨時報告書において、行使価額修正条項付新株予約権付社債券等に該当する旨、その特質、行使価額修正条項付新株予約権付社債券等により資金調達を行うこととなった理由、その権利行使事由等について、追加で開示が要求されるとともに[103]、継続開示書類（有価証券報告書・半期報告書・四半期報告書）上、

---

99) 上場規410条1項、上場規施行則411条、日本証券業協会「第三者割当増資等の取扱いに関する規則（平19.5.29）」2条2項。
100) 具体的には、上場会社は、MSCB等を発行する際に、その引受人との間で締結する買取契約において、以下の事項を定める等の行使制限を設ける必要がある（上場規434条1項、上場規施行則436条4項）。
　① 上場会社は、新株予約権等の転換または行使をしようする日を含む暦月において当該転換または行使により取得することとなる株券等の数が当該MSCB等の発行の払込日時点における上場株券等の数の10％を超える場合には、当該10％を超える部分に係る新株予約権等の転換または行使（以下「制限超過行使」という）を行わせないこと。
　② 引受人は、制限超過行使を行わないことに同意し、新株予約権等の転換または行使にあたっては、予め、上場会社に対し、当該新株予約権等の行使が制限超過行使に該当しないかについて確認を行うこと。
　③ 引受人は、当該MSCB等を転売する場合には、予め転売先となる者に対して、上場会社との間で上記①および②の内容ならびに転売先となる者がさらに第三者に転売する場合にも上記①および②の内容を約させること。
　④ 上場会社は、転売先となる者との間で、上記①および②の内容ならびに転売先となる者がさらに第三者に転売する場合にも上記①および②の内容を約すること。
101) 具体的な内容については、適時開示ガイドブック73〜77頁に定められている。
102) なお、金商法上の「行使価額修正条項付新株予約権付社債券等」については、取引所規則等における「MSCB等」とは異なり、行使価額の修正の頻度は問われない。
103) 開示府令19条2項1号イ・リ、第2号様式・記載上の注意(4)・(8)。

その行使状況の記載が要求される[104]。

このような MSCB 等に関する特殊な規制は、全ての MSCB 等の発行が発行会社や既存株主にとって害悪になるわけではないものの、従前から引受人の引受後の投資行動（具体的には「空売り」等）によって、株式の希薄化・株価下落による既存株主への影響が大きいこと等の懸念点が指摘されてきたことを踏まえて[105]、その発行条件の合理性や、法定開示・適時開示のルールに則った十分な開示を求めるものである。かかる MSCB 等は、大規模な希薄化の懸念から株価が急落し、自己が引き受けた株式・新株予約権についての含み損が生じる等の引受人のリスクに対応する方策として、第三者割当てによる M&A 取引に用いられる例もあるものの[106]、近年ではあまり見られない。

6 新株予約権の第三者割当て

新株予約権の第三者割当て[107]を用いた M&A 取引は、2002 年 4 月 1 日の新株予約権の法制化以前からも実質的には実施されていたが[108]、当該法制

---

[104] 開示府令第 3 号様式・記載上の注意(18)および(22)、第 4 号の 3 様式・記載上の注意(10)および(13)、第 5 号様式・記載上の注意(16)および(19)。

[105] 金融庁「証券会社の市場仲介機能等に関する懇談会論点整理」（平成 18 年 6 月 30 日）12 頁等。

[106] 例えば、米国系投資ファンドである TPG が株式会社タカラトミーとの戦略的資本・業務提携に基づき、同社の自社株処分を引き受けるとともに、同社の（転換価額下方修正条項付）転換社債型新株予約権付社債を引き受けた事例（2007 年 3 月 6 日公表）等がある。

[107] なお、前記のとおり、株式の第三者割当てには株式の新規発行と自己株式の処分が含まれるが、新株予約権の第三者割当ては新株予約権の新規発行のみを意味する。自己新株予約権の処分については、会社法上特段の規定は置かれておらず、会社は、特段の手続を要せずに自己新株予約権の処分を行うことができる。ただし、重要な財産の処分または重要な業務執行として、取締役会の決議を要することが通常であろう。

[108] 例えば、新株予約権法制化前の転換社債を用いた M&A 取引の代表的事例として、1982 年に大阪酸素工業株式会社（現日本エア・リキード株式会社）をイギリスの工業ガス大手 BOC が買収した事例（第三者割当てによって株式および転換社債を引き受け、その 15 年後の 1997 年に転換社債を株式に転換して大阪酸素工業株式会社を実質的支配下におさめた事例）や、1984 年に万有製薬株式会社（現 MSD 株式会社）をアメリカの製薬大手メルクが買収した事例（第三者割当てによって株式および転換社債を引き受け、その転換によって万有製薬株式会社を支配下におさめた事例）がある。

化後、特に経営不振に陥っている会社の経営再建の事例において、引受人の当初の資金負担を抑えつつ、経営再建の状況を見極めた上で更なる投資を行うといった段階的な支配権の取得を行う手法として、新株予約権の第三者割当てが用いられている。

そのような手法が用いられた代表的事例としては、株式会社西友（現合同会社西友）によるウォルマート（Wal-Mart Stores, Inc.、正確にはその間接子会社であるWyoming Holding GmbH）に対する新株予約権の第三者割当て（2002年3月14日公表）がある。この事例では、西友によってWyoming Holding GmbHに対して第1回から第3回まで合計3種類の新株予約権が発行された。これらの新株予約権は、第1回新株予約権が全て行使されると西友の発行済株式総数の33.4％、第2回新株予約権が全て行使されると西友の発行済株式総数の50.1％、第3回新株予約権が全て行使されると西友の発行済株式総数の66.7％を、それぞれWyoming Holding GmbHが取得できるように設計され、ウォルマートによる西友の段階的取得が可能とされた[109]。また、株式会社新星堂によるカルチュア・コンビニエンス・クラブ株式会社（正確にはその完全子会社である株式会社TSUTAYA）に対する株式および新株予約権の第三者割当て（2006年3月22日公表）では、株式会社TSUTAYAが、新星堂の株式（発行済株式総数の14.9％）を引き受けるとともに、発行済株式総数の39.6％に相当する株式を対象とする新株予約権の無償発行を受けることで、段階的な支配権取得が可能とされた。

以上のような段階的な支配権取得という活用法以外に、新株予約権を付与することによって、資本・業務提携先に発行会社の企業価値向上のインセンティブを与える効果も期待できる。例えば、前記のCSKホールディングスによるACAインベストメンツに対する第三者割当てでは、経営再建中であったCSKホールディングスからACAインベストメンツに対して優先株式による約160億円の第三者割当てを実施するとともに、第6回・第7回新株予約権（払込金額の総額4億6728万円、権利行使による払込金額の総額60億円）の第三者割当てを実施しており、新株予約権を付与する理由について、CSK

---

109) なお、実際には、その後の西友の業績不振により数回にわたるウォルマート等による資本注入がなされるなどの経緯を経て、2007年10月12日に、ウォルマートによる西友株式に対するTOBおよびその後のスクイーズ・アウトによる完全子会社化が公表されるに至った。

ホールディングスの早期経営再建に向けたインセンティブを与えることにあるとされている。

なお、このような新株予約権の第三者割当ての手法の発行会社サイドのデメリットとしては、株式の発行の場合と比して、新株予約権の発行による資金調達・資本増強の効果が限定的である点が挙げられる。このため、上記のカルチュア・コンビニエンス・クラブや、CSKホールディングスの事例のように、株式の発行と組み合わせて新株予約権を利用する例が多い。

第3節 有利発行規制

1　概　要

前記第2節1のとおり、公開会社における第三者割当ての募集事項の決定は原則として取締役会決議によるが、募集株式・新株予約権の払込金額が引受人にとって「特に有利な金額」である場合（有利発行）には、公開会社であるか否かにかかわらず、株主総会の特別決議による必要がある。かかる有利発行規制の趣旨は、既存株主から募集株式・新株予約権の引受人に対する利益移転を防止し、既存株主の利益を保護することである[110][111]。

ここでいう「特に有利な金額」とは、一般に、公正な価額よりも特に低い価額をいうとされているが、その内実は、以下に述べるように、上場株式、非上場株式、新株予約権、種類株式の第三者割当ての場面でそれぞれ異なる。

---

[110]　中東正文「募集株式の発行等」江頭憲治郎編『株式会社法大系』（有斐閣、2013）413頁。

[111]　なお、会社法は、会社の財務状況等を踏まえた迅速・柔軟な資金調達の必要性を踏まえて、有利発行を禁止するのではなく、株主総会におけるその必要性の説明および特別決議による承認という手続を要求するに留まることから、有利発行規制は、一種の取締役会・株主総会間の権限分配の問題として整理されていると指摘される（藤田友敬「Law & Economics会社法第7回　株式会社の企業金融(2)」法教265号（2002）73頁）。

2 普通株式の有利発行

(1) 上場株式の有利発行

(i) 公正な価額の考え方

募集株式が上場株式である場合、当該株式について取引所における株価が存在するため、当該取引所の株価形成機能が損なわれていない限り、当該株式の公正な価額は、株価（時価）を基準として定められると解される[112]。もっとも、公募増資の場合、払込金額の決定日から実際の払込日までの間の株価下落リスクや、発行される募集株式の消化可能性等を考慮して払込金額決定時に時価から一定のディスカウントを行う実務上の必要性があり、第三者割当ての場合においても払込金額決定日から実際の払込日までの間の株価下落リスクが存在することは同様であるし、公募の場合と第三者割当ての場合とで、有利発行規制の趣旨である既存株主の保護の程度が異なるものでもないため、同程度のディスカウントについては許容されるべきである[113]。

この点について、最高裁は、「普通株式を発行し、その株式が証券取引所に上場されている株式会社が、額面普通株式を株主以外の第三者に対していわゆる時価発行をして有利な資本調達を企図する場合に、その発行価額をいかに定めるべきかは、本来は、新株主に旧株主と同等の資本的寄与を求めるべきものであり、この見地からする発行価額は旧株の時価と等しくなければならない」として、原則として公正な価額は時価によるべきとしつつ、「新株を消化し資本調達の目的を達成することの見地からは、原則として発行価額を右より多少引き下げる必要があり」「この場合における公正発行価額は、発行価額決定前の当該会社の株式価格、右株価の騰落習性、売買出来高の実績、会社の資産状態、収益状態、配当状況、発行ずみ株式数、新たに発行される株式数、株式市況の動向、これらから予測される新株の消化可能性等の諸事情を総合し、旧株主の利益と会社が有利な資本調達を実現するという利益との調和の中に求められるべきものである」と判示して、時価からの一定

---

112) コンメ(5) 15頁〔吉本健一〕。
113) 藤田・前掲注111) 73頁、コンメ(5) 110頁〔洲崎〕。

のディスカウントについては許容している[114]。

　もっとも、具体的にどの程度のディスカウントであれば有利発行に該当しないかについての画一的な基準は存在せず、案件毎に上記判例で掲げられた基準等を勘案して決定されることになる。この点、実務上は、日本証券業協会の定める「第三者割当増資の取扱いに関する指針」（平成22年4月1日）（以下「日証協ルール」という）における「払込金額は、株式の発行に係る取締役会決議の直前日の価額（直前日における売買がない場合は、当該直前日からさかのぼった直近日の価額）に0.9を乗じた額以上の価額であること。ただし、直近日又は直前日までの価額又は売買高の状況等を勘案し、当該決議の日から払込金額を決定するために適当な期間（最長6か月）をさかのぼった日から当該決議の直前日までの間の平均の価額に0.9を乗じた額以上の価額とすることができる」との基準[115]が、有利発行該当性判断に際して一定の指針として機能している。また、裁判例においても、日証協ルールに「一応の合理性」が認められると指摘され[116]、日証協ルールの基準を踏まえて発行価額を決定したことを有利発行該当性を否定する要素として考慮する例も多い[117]。そのため、日証協ルールを充足するか否かは、実務的には、有利発行該当性判断における重要な考慮要素になっている。しかし、日証協ルールは、第三者割当てが流通市場を尊重した形で行われることが望ましいとする証券界の要望を受けて、割当てを受ける第三者と一般投資家との間で同一会社の株式の取得価格について乖離が生じないようにとの配慮から定められ

---

[114]　横河電機製作所事件・最三判昭和50年4月8日民集29巻4号350頁。なお、当該判例は公募増資の事例に関するものであるが、後の第三者割当てに係る裁判例においても参照されている。

[115]　日証協ルール1.(1)。なお、日証協ルールは、もともと平成元年に、主要証券会社の申し合わせである「時価発行増資に関する考え方」に取り入れられ、その後、平成4年に、日本証券業協会による「中間発行増資及び第三者割当増資に関する指針」として引き継がれ、現在の指針に至るものである。

[116]　宮入バルブ製作所新株発行差止請求事件・東京地決平成16年6月1日判時1873号159頁。

[117]　例えば、ニッポン放送事件・東京地決平成17年3月11日金判1213号2頁、テーデーエフ事件・仙台地決平成19年6月1日金判1270号63頁、自動車部品工業事件・横浜地決平成19年6月4日金判1270号67頁等。近時の例としては、東京地決平成25年5月28日LEX/DB25502706。なお、東京地方裁判所商事研究会も当該指針に挙げる9割という数値について、一応の目安となるディスカウント率として、実務上、裁判所の判断の参考になると指摘している（類型別II 574頁〔森純子〕）。

たものであって、旧株主の財産的利益保護の見地から定められたものではなく[118]、理論的には、日証協ルールの要請に従った場合でも状況次第では有利発行に該当することはあり得るし、反対に、それに従っていない場合でも有利発行に該当しないこともあり得る点には留意が必要である[119]。

(ii) 合理的な期間の終値平均を基準とすることができる場合

有利発行該当性の判断において実務上重要な考慮要素とされる日証協ルールを踏まえると、公正な価額は、原則として払込金額決定（発行決議）の直前日の市場株価を基準として判断されるが、例外的に、最長6か月を遡った日から当該払込金額決定の直前日までの間の平均価額を基準とすることも許容される場合があるということになる。

もっとも、資本市場が健全に機能している限り、その時々の市場株価こそが公正な企業価値をより反映しているといえるため、敢えて払込金額決定の日から一定期間の平均価額を基準とするためには、合理的な根拠が必要と考えるべきである。この点、投資法人の投資口発行の事例ではあるが、裁判例[120]上も、一定期間遡った日からの平均価額が払込金額として公正な金額と認められるためには、市場価格の急激な変動や当時の市場環境の動向などを踏まえ、払込金額決定の直前日の市場価格によることが相当といえない合理的な理由が必要であるとされている[121]。

---

[118] 阪埜光男「ゼネラルの第三者割当増資に関する二つの決定——第三者割当の公正な発行価額の問題点」商事1228号（1990）14頁。
[119] なお、払込金額等の発行条件を決定するにあたり、日証協ルールを参考に時価の90％相当額を下回らないように設定しさえすれば足りると考えているとみ見受けられる事例もあるが、本来、割当予定先が経済的利益を享受できる可能性、発行体の信用リスク、社債の利率を含む発行条件、割当予定先が負う価格下落リスク、株式の消化可能性その他の様々な観点から十分な検討を行い、総合的に判断することが望ましい旨、東京証券取引所も注意喚起している（適時開示ガイドブック70頁）。
[120] 東京地判平成22年5月10日金判1343号21頁（投資法人の投資口の発行差止事案）。また、東京地方裁判所商事研究会は、企業価値を反映した株価変動といえない異常な価格変動があるような場合において、一定期間遡った日からの平均価額を基礎とすることの合理性を認めつつも、それが合理的であるか否かについては吟味が必要であると指摘する（類型別Ⅱ 574頁〔森〕）。

(iii) 引受人との間のシナジーの評価

　以上のとおり、募集株式が上場株式である場合、当該株式の公正な価額は、原則として発行決議の直前日における市場株価を基準として定められることになるが、第三者割当ての実施により引受人と発行会社との間のシナジーが生じる場合に、これを払込金額にどのように反映するべきであろうか。具体的には、リーク報道等で第三者割当ての噂が流れたことによって株価が高騰した場合に、当該高騰前の市場株価を払込金額とする第三者割当てが有利発行に該当するかという形で議論されることが多い。かかる問題は、当該第三者割当てによるシナジーを既存株主と引受人との間でどのように分配すべきかという問題に置き換えることもでき、ひいては、シナジー分配を巡る権限は基本的に取締役会に与えられるのか、それとも株主総会の権限と考えるのかという権限分配の問題にも関連する[122]。

　この点について裁判例は、やや古い事例に関するものであるが、「企業提

---

[121] この点、日証協ルールは、払込金額決定の直前日の株価ではなく、一定期間遡った日から当該払込金額決定の直前日までの間の平均価額を基準として払込金額を決定する場合には「株式の発行に係る取締役会決議の直前日の価額を勘案しない理由及び払込金額を決定するための期間を採用した理由を適切に開示する」ことを求めている（日証協ルール2.）。また、前記**第2節2**(1)(ii)(a)・(b)のとおり、有価証券届出書上、第三者割当ての場合の特記事項として、第三者割当てが有利発行に該当しないと判断した場合にはその理由を具体的に記載することが求められ、その具体的な内容として、発行価格が直前日の株価、または発行から1か月、3か月、6か月の平均株価に一般的なディスカウント率（おおむね10%）を勘案した額のいずれかを下回っているが、有利発行に該当しないものと判断されている場合には、当該判断の過程につき具体的に記載することが求められるため（開示ガイドラインCⅢ(2)③ロ）、その中で、払込金額決定の直前日の市場価格によることが相当といえない合理的な理由を記載することになる。実務的には、特定の一時点よりも、一定期間の平均株価という平準化された値の方が、一時的な株価変動の影響など特殊要因を排除でき、算定根拠として客観性が高く合理的であるといった一般論を述べるに留まる事例もあれば、特定の要因による株価高騰に言及するものもあり、その記載の程度は区々であるが、敢えて払込金額決定の日から一定期間の平均価額を基準とするには合理的な根拠が必要という観点、および後記(iv)のとおり、単に特定の者の買占めによる株価高騰というだけでは公正価額の算定基礎からの排除を認めない近時の裁判例の傾向等も踏まえれば、発行会社の特殊事情に基づいて、直近株価が企業価値を反映していないといえるかにつき具体的かつ慎重な分析・検討が行われる必要があろう。その観点からは、イベント分析等の統計学的手法を用いた分析を行うことも検討に値する（森田果「会社訴訟における統計的手法の利用——テクモ株式買取請求事件を題材に」商事1910号（2010）13頁参照）。

携の見込を反映して既に株価が高騰している場合には、その影響を受けない時期における市場価額が通常はその企業の客観的価値を反映していると見られるのであり、決定された発行価額と高騰した市場価額との間に差があっても、それが企業の提携に影響されない時期の市場価額ないし企業の客観的価値を基準として適正に定められている限り、不公正な発行価額とはいえない」と判示しており[123]、学説上も、高騰前の市場価格を払込金額とすることは通常公正であるとする立場が有力である[124]。

(iv) 買占めによる株価急騰時の有利発行該当性判断

では、第三者割当てによる引受人との間のシナジーがリーク等によって株価に織り込まれるという形ではなく、会社支配権を巡る争いが生じている等のケースにおいて、株式の買占めによって株価が高騰しているような場合に

---

[122] 当該シナジーを反映して高騰した株価を排除した価格を払込金額とした場合には、引受人は、当該第三者割当て実施後の持株比率に応じて当該シナジーの分配にあずかることができるのに対し、当該シナジーを反映して高騰した株価を排除することは許容されず、当該高騰した価格を払込金額とせざるを得ないとすれば、引受人がシナジーの恩恵を受ける割合は減少することになり、極端な例として、高騰した株価が仮にシナジーを100％織り込んでいる場合には、当該シナジーは既存株主のみに帰属することになる（百選199頁〔仮屋広郷〕）。そして、当該高騰した株価を前提に有利発行該当性を判断する立場は、シナジー分配を巡る権限が有利発行の承認という形で株主総会に与えられるという考えと親和性があり、他方、当該高騰した株価の排除を認める立場は、シナジー分配の権限が基本的に取締役会に与えられているという考え方と親和的であるとされる（田中亘編著『数字でわかる会社法』（有斐閣、2013）150頁〔松中学〕参照）。なお、シナジー分配を巡る権限が有利発行の承認という形で株主総会に与えられるという考えを押し進めれば、発行決議後にシナジーを反映して株価が高騰した場合には、有利発行該当性の判断基準時は（発行決議ではなく）払込期日と考えるのが本来論理的であるが、会社法上、払込金額は払込期日より前に決定せざるを得ず、その時点で払込期日における発行会社株式の市場価格を確実に予測することは事実上不可能であるため、発行決議後に株価が高騰した場合であっても、原則として、発行決議直前の株価を基準に有利発行該当性を判断すべきであろう（太田洋＝中山龍太郎編著『敵対的M&A対応の最先端――その理論と実務』（商事法務、2005）195頁等参照）。

[123] ソニー＝アイワ事件・東京地判昭和47年4月27日判タ282号92頁。

[124] 江頭771頁注3、コンメ(5)113頁〔洲崎〕、百選198頁〔仮屋〕。なお、反対する立場として、森本滋「判批」ジュリ584号（1975）146頁、杉田貴洋「第三者割当の募集株式の発行等における払込金額」慶應義塾創立150年記念法学部論文集『慶応の法律学　商事法』（慶應義塾大学出版会、2008）161～162頁等。

はどうであろうか。

　発行会社の株式が投機・買占めの対象になっている状況下で、当該投機・買占めによって高騰している払込金額決定直前の時価を基準として公正価額を評価すべきかについて争われた初期の裁判例においては、株式の買占めを原因として高騰した株価を公正価額の評価の基礎から排除することを直ちに認めたものもある[125]。もっとも、その後の裁判例は、一般論としては投機・買占めによって高騰した株価を公正価額の基礎から排除する可能性を許容しつつも、排除されるべきは異常な投機によって一時的に高騰した株価に限られ、特定の者の買占めによる株価高騰というだけでは公正価額の算定基礎からの排除を認めないとするものが多い[126]。

　そのため、買占め等によって高騰した株価を排除して公正価額を評価する場合、高騰の期間およびその前後の株価の動向、同業他社の業績・株価の動向、投機の目的・態様、発行会社の資産状態・業績等を踏まえて、当該投機が異常かつ一時的なものであって発行会社の企業価値を反映していないことについて、合理的な説明を十分準備しておく必要がある[127]。

(2) 非上場株式の有利発行

　取引所における株価が存在しない非上場株式については、市場株価を基準として公正価額を定めることはできない。非上場株式の評価方法としては、一般に、収益還元方式、配当還元方式、DCF法、類似会社（業種）比準方式、取引先例価格方式、純資産価額方式、国税庁方式等が存在し、また、これらのうちいくつかの方式を一定割合で加重平均して併用する方式が用いられる

---

[125] コスモポリタン対タクマ第一事件・大阪地決昭和62年11月18日判時1290号144頁。
[126] 類型別Ⅱ577～578頁〔森〕参照。異常な投機として一時的に高騰した株価の排除を許容した例として、コスモポリタン対タクマ第二事件・大阪地判平成2年5月2日金判849号9頁がある。他方、異常な投機とはいえず、高騰した株価の排除を認めなかった例として、ゼネラル第一事件・大阪地決平成2年6月22日金判851号39頁、忠実屋・いなげや事件・東京地決平成元年7月25日判時1317号28頁・32頁、前掲注116）宮入バルブ製作所新株発行差止請求事件がある。
[127] 前掲注121）のとおり、例えばイベント分析等の統計学的手法を用いて、特定の買占めが発行会社の株価に与えている影響が異常かつ一時的なものであることを検証することも考えられる。

こともある。非上場会社の株式の公正価額の算定方式に関して学説上の定説はなく、従前、裁判例においても、発行会社に係る個別具体的な事情を考慮して様々な評価方法が採用されてきた[128]。

　この点について、最高裁[129]は、株主総会で有利発行を必要とする理由を開示することなく承認決議を得て第三者割当てを実施した非上場会社の取締役の責任が問題になった株主代表訴訟事案において[130]、①非上場会社の株式価値の評価方法については様々な手法が存在し、どのような場合にどの評価手法を用いるべきかについて明確な判断基準が確立されていないこと、②どの評価手法においても評価者のある程度幅のある判断要素が含まれていること、③取締役会が新株発行当時、客観的資料に基づく一応合理的な算定方法によって発行価額を決定していたにもかかわらず、裁判所が事後的に他の評価手法を用いたり、異なる予測値等を採用したりするなどして改めて株価の算定を行った上、その算定結果と現実の発行価額とを比較して「特ニ有利ナル発行価額」に当たるか否かを判断するのは、取締役らの予測可能性を害することを理由として、「非上場会社が株主以外の者に新株を発行するに際し、客観的資料に基づく一応合理的な算定方法によって発行価額が決定されていたといえる場合には、その発行価額は、特別の事情のない限り、『特ニ有利ナル発行価額』には当たらない」旨判示している[131]。かかる判例は、取締役が依拠した算定書の合理性を裁判所が審査し、その合理性が認められればそれ以上に裁判所が株式価値の評価に立ち入らずに有利発行該当性を否定する立場に立つものであり[132]、どのような場合に「一応合理的な算定方

---

128) 類型別Ⅱ 575～576頁〔森〕。例えば、どの方式の評価方法を採用すべきかは、「当該会社の性質、規模等の具体的事情、株式引受人たる第三者の具体的事情および業界の経済動向等諸般の事情を考慮して決定すべき」とした佐賀地決昭和51年4月30日判時827号107頁や、経営参加を企図する引受人の場合には純資産価額方式、引受人が一般投資家の場合には配当還元方式または類似会社比準方式が適切であるといった評価を行ったニッポン放送新株発行差止仮処分命令申立事件・東京地決平成6年3月28日判時1496号123頁等がある。
129) アートネイチャー第三者割当増資に係る株主代表訴訟事件・最一判平成27年2月19日民集69巻1号51頁。
130) 当該判例の射程は、取締役の責任に関する議論に限定されるものではなく、差止め等の場面における有利発行該当性や、「著しく不公正な払込金額」（会社212条1項1号）の議論にも及ぶと考えられる（久保田安彦「アートネイチャー株主代表訴訟事件最高裁判決の検討」商事2071号（2015）24頁）。

法」であると認められ、また、「特別の事情」が認められるのかは判例上明らかではないものの[133]、合理的に依拠できる根拠を有する限り、発行価額の決定に関し、取締役にある程度広範な裁量を認めるものといえよう。

なお、実務上は、非上場会社である非公開会社においては、有利発行でない第三者割当てについての募集事項の決定も株主総会の決議による必要があることから、当該株主総会において、念のため有利発行を必要とする理由を開示した上での決議を得ておくことも多い[134]。

---

[131] その上で最高裁は、発行価額決定の4か月前に実施された公認会計士による配当還元法に基づく株式価値評価に依拠して払込金額を1500円と決定したことは、一応合理的な算定方法によっているものと評価できるとし、有利発行該当性および取締役の任務懈怠責任を否定した。なお、当該事件の第一審判決(東京地判平成24年3月15日判夕1380号170頁)および控訴審判決(東京高判平成25年1月30日判夕1394号281頁)はいずれも、DCF法による株式評価に基づいて有利発行該当性を詳細に審査し、新株発行時の公正価額を7000円と評価して、有利発行該当性および取締役の任務懈怠責任を肯定していた。

[132] 飯田秀総「非上場会社による第三者割当てと『特ニ有利ナル発行価額』」平成27年度重判解97頁。

[133] 例えば、少なくとも純資産法、実際配当還元法による評価は、特段の事情がない限り「一応合理的な算定方法」とは認められないといった指摘もある(久保田・前掲注130)18~21頁)。

[134] なお、有利発行が行われる場合に、株主総会で当該発行を必要とする理由が一応説明されているものの、当該説明が虚偽である場合には、有利発行を行うべきかどうかを株主が判断するための情報が株主総会に提供されていないことになるため、説明自体がなかったことと同じであって、会社法199条3項違反として差止めの対象になると解すべきとされている(コンメ(5)116頁〔洲崎〕)。ただし、その理由についての客観的合理性までは求められないと解すべきであろう(大隅=今井(中)611~612頁)。かかる株主総会における説明と、不公正発行との関係については、後掲注156)参照。

3 新株予約権・種類株式の有利発行

(1) 新株予約権の有利発行

　新株予約権についても、その払込金額が、当該新株予約権の公正な価額よりも特に低い価額である場合には有利発行に該当し、その発行につき株主総会の特別決議を要することは株式の場合と同様である。

　新株予約権の公正な価額については、オプション評価理論によって算出される新株予約権（新株予約権付社債に付されるものを含む）の理論価値を基準に判断されるという考え方がほぼ定着している[135]。裁判例[136]上も、「『特に有利な金額』による募集新株予約権の発行とは、公正な払込金額よりも特に低い価額による発行をいうところ、募集新株予約権の公正な払込金額とは、現在の株価、行使価額、行使期間、金利、株価変動率等の要素をもとにオプション評価理論に基づき算出された募集新株予約権の発行時点における価額（以下『公正なオプション価額』という。）をいうと解されるから、公正なオプション価額と取締役会において決定された払込金額とを比較し、取締役会において決定された払込金額が公正なオプション価額を大きく下回るときは、原則として、募集新株予約権の有利発行に該当すると解すべき」として、新株予約権の公正価額はオプション評価理論に基づいて算出される新株予約権の価値を基準として判断されることを明示している。

　なお、実務上多くの新株予約権付社債については、いわゆる転換社債型新株予約権付社債として、新株予約権の発行価額は無償とされるところ、当該新株予約権の実質的な対価は特段の事情のない限り当該新株予約権付社債について定められた利率とその会社が普通社債を発行する場合に必要とされる利率との差に相当する経済的価値であり、当該実質的な対価が、オプション評価理論に基づく新株予約権の公正価額を大きく下回るときは有利発行に該当すると解されている[137]。

---

135) 太田ほか編著・前掲注4) 231頁。
136) サンテレホン事件・東京地決平成18年6月30日判タ1220号110頁。オープンループ新株予約権発行差止仮処分命令申立事件・札幌地決平成18年12月13日金判1259号14頁も同旨。

また、裁判例上「払込金額が公正なオプション価額を大きく下回るとき」に有利発行に該当すると指摘されているとおり、新株予約権の場合も、株式と同様に、オプション評価理論に基づいて算出された公正な価額からの一定程度のディスカウントは許容されると考えられる。もっとも、新株予約権については、日証協ルールのように実務上採用されている指針が存在しないため、どの程度のディスカウントまで許容されるかについてはより慎重な検討を要するものと思われる。

新株予約権の公正なオプション価額算出のために用いられるオプション評価理論としては、ブラック・ショールズ・モデル[138]、二項格子モデル[139]、およびモンテカルロ・シミュレーション[140]が代表的である[141] [142]。これら

---

[137] オートバックスセブン事件・東京地決平成19年11月12日金判1281号52頁、丸八証券事件・名古屋地決平成20年11月19日金判1309号20頁。

[138] ブラック・ショールズ・モデルは、「株価が対数正規分布に従う」（または「株価収益率が正規分布に従う」）という仮定の下で、株価変動プロセスを定式化するモデルであり、その仮定に基づいて導出された公式に、評価対象となるオプションの①権利行使期間、②権利行使価格、③現在の原資産価格（株価）、④ボラティリティ（当該原資産たる株式に1年間投資したときに得られる連続複利ベースでの収益率の標準偏差）および⑤無リスク金利という5つの変数を代入して、オプション価値を算出するものである。

[139] 二項格子モデルは、二項モデルともいわれ、評価対象となるオプションの原資産である株式の評価時点から一定期間経過後の株価が、一定の確率で上昇・下降すると仮定した上で、当該期間経過後に当該オプションと同じペイオフをもたらす無リスクの借入れと当該株式自体の投資からなるポートフォリオ（複製ポートフォリオ）を求め、当該ポートフォリオの現在価値をもって当該オプションの価格とするものである。

[140] モンテカルロ・シミュレーションは、株価の従う確率過程を定め、オプションの権利行使時期の各時点における株価水準をコンピュータを用いて発生させた乱数により算出し、発行時点から権利行使期間最終日までの各時点において株価がどのような水準をたどって推移するかを定めるとともに、オプション保有者および発行会社が、各株価水準に対応してどのような行動パターンを取るかを分析の前提として設定して、実際に複数回のシミュレーションを行い、当該オプション行使等により得られる経済的利益の現在価値の平均値として、オプション価値を算出するものである。

[141] なお、同じ名称を有するオプション評価理論に関しても、対象となるオプションに合わせた修正等が加えられているものもあるため、その内容は一様ではない。

[142] 以上のオプション評価理論については、仮屋広郷「オプションへの招待」法セ675号（2011）2頁、藤田友敬「Law & Economics 会社法第10回・第11回　株式会社の企業金融(5)(6)」法教268号108頁以下・269号（2003）124頁以下、太田洋ほか編集代表『新株予約権ハンドブック〔第4版〕』（商事法務、2018）16～21頁、太田ほか編著・前掲注4）232頁を参照。

の各評価モデルについて、どのような内容の新株予約権につき、どの評価モデルが適切・不適切であるといった確立した基準までは存在しないが、いずれも金融工学上一般的に認められている手法であり、過去の公表されている裁判例上、発行会社が採用したオプション評価モデルの選択自体について合理性が否定された事例はない[143]。もっとも、発行会社によるオプション評価の結果自体が全て裁判所においてそのまま尊重されているわけではなく、裁判所は、発行会社がオプション評価にあたって採用している前提や評価ロジックの妥当性を具体的な事情に基づいて検証している。

　例えば、前掲注143）TRN コーポレーション事件および前掲注136）サンテレホン事件では、ともに新株予約権の内容として発行会社の取締役会決議による任意の消却を認める任意消却条項が付されており、オプション評価に際してその取扱いが争点となった。この点、金融工学上、一般的に、新株予約権の権利行使期間は長ければ長いほどオプション価値が高くなり、他方、前提とされる任意消却条項の行使時期が早期であればあるほどオプション価値は低くなる。TRN コーポレーション事件では、新株予約権の行使期間初日にしか新株予約権を行使できないことを前提[144]とした権利行使期間を代入したブラック・ショールズ・モデルによりオプション価値は0円〜298円の範囲と算出され、それを踏まえて払込金額は298円と設定されていた。これに対して裁判所は、一般論として、消却条項は「公正なオプション価額の算定を下げる要素として一応考慮すべきものともいえる」と指摘しつつ、消却条項が定められていても消却されない可能性もあり、発行会社の主張どおりに消却されるとすれば新株予約権者は新株予約権の申込みをしないのが

---

143) ブラック・ショールズ・モデルについては、TRN コーポレーション事件・東京地決平成18年1月17日商事1756号56頁、前掲注136）オープンループ新株予約権発行差止仮処分命令申立事件、および前掲注137）丸八証券事件において、二項格子モデルについては、前掲注136）サンテレホン事件において、また、モンテカルロ・シミュレーションについては、前掲注137）オートバックスセブン事件において、それぞれその評価方法としての合理性が肯定されている。

144) 当該新株予約権の行使期間は平成18年6月1日から平成20年4月11日まで（ただし、消却条項に従って消却される場合には、消却のための通知がなされた日まで）とされ、発行会社は、取締役会が必要と認め、決議した場合には、新株予約権の発行日の翌日以降いつでも、取締役会が定める消却日において残存する新株予約権の全部または一部を発行価額相当額をもって消却できる（その場合、当該消却日の前営業日までに新株予約権者に通知することを要する）ものとされていた。

合理的であるのに敢えて申込みをしているのであるから、権利行使期間開始前の任意消却の可能性は高くなく、権利行使期間を1日間だけとする前提は不合理であると判示した。その上で、消却条項を考慮しないで算定したオプション価値を14万4665円として[145]、当該価格を（実際の払込金額である298円まで）大幅に下げる合理的な理由を見出すことは困難であるとして、有利発行に該当すると判断した。また、サンテレホン事件では、発行会社は、そのオプション評価において、権利行使期間の初日である平成18年7月4日に発行会社の取締役会が任意取得条項に基づき新株予約権の取得日を決定し、取得を通知した翌々営業日以降は新株予約権が行使されないことを前提として二項格子モデルが用いられ、オプション価値を9万949円と算定し、払込金額は、それを踏まえて9万1000円とされた。これに対して裁判所は、TRNコーポレーション事件と同様に、一般論として、オプション価額の算定を下げる要素として消却条項を考慮する余地は認めつつ、社債の償還費用に充てるとする発行会社の新株予約権発行の目的等を考慮して、権利行使期間の初日に発行会社が取得日を決定する可能性が高いとはいえないとして、株主側が提出した報告書記載の任意取得条項の存在を前提としないオプション価値の最安値である154万4730円を、（実際の払込金額である9万1000円まで）大幅に下げる合理的な理由を見出すことは困難であるとして、有利発行に該当すると判断した。

　他方で、前掲注137）オートバックスセブン事件では、新株予約権付社債の繰上償還条項について、将来の株価および金利市場が一定の状況となった場合に繰上償還条項が行使されることを前提とした発行会社のオプション評

---

[145] なお、TRNコーポレーション事件では、任意消却条項の取扱いに加え、ブラック・ショールズ・モデルに代入する原資産価格の評価において、新株予約権の行使による希薄化を考慮すべきかという点も争点となった。裁判所は、「原資産価値について希薄化の効果を当然に考慮するのが相当であるかについてはなお疑問が残る。そのうえ、株式市場に上場されている株式の価格は、投資家による需要と供給のバランスによって定まるものであるため、新株や新株予約権の発行によって株式の価格に当然に希薄化が起こるとはいえず、また必ずしも希薄化が起こる蓋然性が高いともいえない」と指摘して、消却条項のみならず、希薄化をも考慮しない前提でオプション価値を14万4665円と算定している。ただし、かかる裁判例が、当該事例における希薄化考慮の前提が合理性を欠くという趣旨であるのか、オプション評価において一般に希薄化の影響を考慮することに疑問を呈しているのかについては、明らかでない。

価について、裁判所は、当該新株予約権付社債の発行目的や、当該繰上償還条項の目的等に照らして、その前提の合理性を肯定している。また、前掲注136）オープンループ新株予約権発行差止仮処分命令申立事件では、新株予約権の行使価額が株価とともに変動するいわゆる MS ワラントにおける行使価額の修正条項[146]について、発行会社は、その行使可能性が低いとして、当初行使価額を基準としてオプション価値を算定したのに対し、裁判所は、会社法が「第三者への新株の有利発行をする場合に株主総会の特別決議を必要としているのは、取締役会のみの判断で、既存の株主に損害を与えることを防止する趣旨であることからすると、有利発行性を判断する際には、取締役会が自由に決定できる裁量の範囲内の最も低い金額を基準とすべき」とする一般論を述べた上で、発行会社の取締役会の任意で修正条項を行使できること、発行会社に資金需要があること等を理由に修正条項が行使されることが十分見込まれるとして、当初行使価額を基準とした発行会社のオプション評価の合理性を否定している。

　以上のようにオプション評価において採用される前提やロジックまで踏み込んでその合理性を審査する裁判所のスタンスを踏まえると、新株予約権の第三者割当てを行う発行会社としては、取締役等に金融工学の専門家がいるような場合は別として、その払込金額等の募集事項の決定に際してはオプション評価に係る専門的知識を有する第三者の意見等も念頭に置きつつ、当該第三者割当ての目的や背景事情に照らして、採用するオプション評価モデルの前提条件や評価結果についての合理性を慎重に検討する必要があるものと考えられる。

(2) 種類株式の有利発行

　種類株式についても、その払込金額が、当該種類株式の公正な価額よりも特に低い価額である場合には有利発行に該当し、その発行につき株主総会の特別決議を要するが、種類株式について上場しているケースは多くなく、上場会社の発行する種類株式であっても通常は当該種類株式については取引所

---

146)　発行会社が、新株予約権者に対して事前通知を行うことにより、行使価額が、通知日の直前の週の最終取引日を最終日とする3連続取引日の大阪証券取引所における発行会社普通株式の終値平均値の92％に相当する金額に修正される条項が付されていた。

における株価が存在しないため、市場株価を基準として公正価額を定めることはできない。

　この点、前記(1)のとおり、新株予約権についてはオプション評価理論に基づく新株予約権の公正価額を基準として有利発行該当性が判断されるところ、金融工学上、種類株式についても同様にオプション価値を算出することが可能であり、例えば、優先配当は転換までに期待される優先配当額の現在価値として、また、上場株式に一定の転換価額で転換可能な取得請求権付種類株式の公正価額は新株予約権と同様のオプション価値として、それぞれ評価可能である。そのため、上記新株予約権の有利発行に係る裁判例の立場も踏まえれば、非上場の種類株式の有利発行該当性については、そのような金融工学上のオプション評価理論に基づいて算出される当該種類株式の公正価値を基準として、払込金額が当該種類株式の公正価値を大きく下回るか否かにより判断されると考えられる[147]。

　もっとも、種類株式の第三者割当ての場合、前記**第2節1**(3)のとおり、通常、当該種類株式に係る定めを追加する定款変更のための株主総会の特別決議が必要になることから、その際にあわせて、念のため種類株式の有利発行についても特別決議を得ておくことが多く、種類株式の有利発行が問題となるケースは実務的にはあまり多くない。

4　有利発行規制違反の場合の手続

　有利発行に該当するにもかかわらず、取締役がその説明義務に違反してなされた株主総会決議には決議取消事由が存在するものと解され[148]、そのような瑕疵ある株主総会決議に基づいて有利発行がなされる場合や、公開会社において株主総会の特別決議による承認なしに有利発行がなされる場合には、

---

[147]　この場合にも、新株予約権と同様、当該公正価値からどの程度のディスカウントが許容されるかについては拠るべき指針がなく、慎重な対応が必要になろう。また、種類株式については、非経済的な権利、すなわち議決権の有無や制限、拒否権の有無、取締役選解任権の有無など、金融工学上、必ずしも定量的なオプション価値として考慮されない内容もある。仮にそれらの価値を算出するには別途の考慮が必要となり、そのような観点からは、種類株式の価値算定には困難が伴うこともあり得ると思われる。

[148]　会社831条1項1号、コンメ(5)18頁〔吉本〕等。

それによって不利益を受けるおそれのある株主[149]は、発行会社に対し、その差止めを請求することができる（会社210条1号、247条1号）[150]。かかる差止請求権は、株主の実体上の権利であり、理論上は訴訟内外において発行会社に対して行使することができるものであるが、実務的には、発行会社が訴訟外の請求に応じて発行を取り止めることは期待し難く、通常は裁判手続において行使されることになる。また、当該発行差止請求訴訟は、当該株式・新株予約権の発行等が効力を生じることにより訴えの利益を失うことになるため、実務的には、通常、短期間で審理・判断がなされる仮処分手続によって差止めが求められる（民事保全法23条2項）。なお、仮処分手続の詳細については後記第10章第2節を参照されたい。

これに対して、瑕疵ある株主総会決議に基づいて、または株主総会の特別決議による承認なしに有利発行がなされた場合、当該払込金額は著しく不公正な払込金額に該当すると解され、取締役・執行役と通じてそのような株式・新株予約権を引き受けた引受人は、公正な価額との差額に相当する金額を発行会社に支払う義務を負う（会社212条1項1号、285条1項1号）。

また、株主は、このような瑕疵ある有利発行を行った発行会社の取締役等に対して、任務懈怠責任（会社423条1項、429条1項、民法709条）を追及し得る。この点、そのような瑕疵ある有利発行がなされた場合に、株主に直接の損害が認められるのか（会社法429条1項に基づく直接の損害賠償請求が認められるか）、または、会社に損害が認められることによる間接的な損害が

---

149) なお、当該不利益の内容については、会社に不利益が生じることをもって常に株主に不利益を認める見解もあるが（大隅健一郎＝大森忠夫『逐条改正会社法解説』（有斐閣、1951）376頁）、単に会社の利益が侵害される結果として不利益を被るに過ぎない株主には原告適格が認められないとする見解が有力であるとされる（類型別II 566頁〔森〕、山口和男編『会社訴訟非訟の実務〔改訂版〕』（新日本法規、2004）669頁）。当該後者の見解によれば、株主総会の特別決議を経ない有利発行に係る差止めについては、当該割当てを受けない既存株主全員に原告適格が認められる一方、不公正発行を理由とする差止めについては、会社支配権を争っていたり、当該発行により少数株主権を失うことになる株主にのみ原告適格が認められることになると考えられる（類型別II 566頁〔森〕）。
150) もっとも、このような瑕疵がある場合であっても、一旦株式・新株予約権が発行された後にあっては、当該募集株式・新株予約権の発行等の無効原因（会社828条1項2号・3号・4号）には該当しないものと解されている（最二判昭和36年3月31日民集15巻3号645頁、最二判昭和46年7月16日判時641号97頁）。

認められるに過ぎないのか（株主代表訴訟により会社法 423 条 1 項に基づく間接的な損害賠償請求が認められるに留まるか）については学説上争いがあるが[151]、裁判例においては、一部の例外を除いて、いずれの考え方に基づく請求も許容されているようである[152]。かかる論点の詳細については後記第10章第4節を参照されたい。

第4節 不公正発行

1 概　要

特別決議による株主総会の承認を欠く有利発行のような具体的な法令違反や定款違反がない場合であっても、募集株式の発行等が「著しく不公正な方法」によって行われる場合には、それによって不利益を受けるおそれのある株主は、発行会社に対し、その差止めを請求することができる（会社 210 条 2 号、247 条 2 号）。ここでいう「著しく不公正な方法」とは、一般に、不当な目的を達成する手段として募集株式の発行等がなされる場合をいうものと解され[153]、会社の経営支配権に係る争いがある場合に、取締役が自己の支配権獲得・維持のために、自己または自己に友好的な第三者に対して株式等の発行を行う場合がその典型的な事例である[154]。裁判例は、「取締役の選任・解任は株主総会の専決事項であり……、取締役は株主の資本多数決によって選任される執行機関といわざるを得ないから、被選任者たる取締役に、

---

151) 田中亘「募集株式の有利発行と取締役の責任——会社の損害か株主の損害か」新堂幸司＝山下友信編『会社法と商事法務』（商事法務、2008）143 頁以下参照。
152) 株主の直接の損害を認めたものとして、東京地判昭和 56 年 6 月 12 日判時 1023 号 116 頁、東京地判平成 4 年 9 月 1 日判時 1463 号 154 頁等が、会社の損害（株主の間接的な損害）を認めたものとして、東京地判昭和 47 年 9 月 7 日判時 680 号 84 頁、東京地決平成 22 年 5 月 10 日金判 1343 号 21 頁等がある。
153) 類型別 II 579 頁〔森〕。

選任者たる株主構成の変更を主要な目的とする新株等の発行をすることを一般的に許容することは、商法が機関権限の分配を定めた法意に明らかに反するものである」と判示し、会社法が定める機関権限の分配秩序に反する点に、このような支配権獲得・維持を目的とする株式等の発行が不公正発行に該当する根拠を求めている[155)][156)]。

---

154) なお、株主割当ての方法で募集株式の発行等が行われる場合には、株主は払込みをすることによって持株比率・保有株式の経済的価値を維持することができるため、通常は不公正発行に当たることはない。もっとも、実際には、閉鎖会社における個人株主が株主割当てに応じる資金を容易に調達できない場面も想定し得るところであり、経営支配権の争いがあるような場合において、一部の株主に払込資金がないことを見越して、当該株主の持株比率を引き下げ、または持株の経済的価値を希釈化させるために株主割当てによる募集株式の発行等を実施するような場合には、発行権限を濫用的に行使するものとして、不公正発行に該当すると解されている（コンメ(5) 128 頁〔洲崎〕）。また、一定割合以上の議決権を取得する者が現れることを行使条件として、名目的な権利行使価額（例えば1円）を定めた譲渡禁止の新株予約権を基準日株主に無償割当てする場合のように、希釈化のリスクを基準日後株主に負わせる新株予約権の株主割当てについては、投資家による株式取得を躊躇わせ、株価の低迷を招くおそれが高く、そのような株主割当ては、経営支配権に係る争いが健在化する前後を問わず、不公正発行に該当すると解される（ニレコ事件・東京地決平成17年6月1日判タ1186号274頁、コンメ(6) 111頁〔洲崎博史〕）。
155) 平成17年改正前商法下での新株予約権の発行差止めに関する事案であるが、ニッポン放送事件・東京高決平成17年3月23日判タ1173号125頁。
156) このように不公正発行の理論的根拠を会社法の機関権限の分配秩序に求める場合、非公開会社における第三者割当てや、公開会社であっても前記第2節1(3)のように株主総会の決議を要する第三者割当てについては、仮に支配権獲得・維持を目的とする第三者割当てであっても、株主の意思・権限に基づくものである以上、不公正発行に該当しないという考え方もあり得る（コンメ(5) 128頁〔洲崎〕）。もっとも、議決権の過半数を確保している経営陣によって、反対派株主の少数株主権を奪うために第三者割当てが実施されるような場合には、やはり不当な目的を達成する手段として募集株式の発行等がなされていると解すべきであり、株主総会の決議を経ていたとしても、不公正発行に該当する場合はあり得るといえよう。この点につき、近時の裁判例は、株主総会における有利発行決議を経た株式の発行の不公正発行該当性が争われた事案において、株主総会において有利発行を行う理由（会社199条3項）が十分に説明されない場合、株主の判断の正当性を失わせる瑕疵があるから、株主総会特別決議が可決されても発行会社の支配権維持目的による不公正性は阻却されないとして、株主総会決議を経た有利発行についての不公正発行該当性を認めている（京都地決平成30年3月28日金判1541号51頁）。

2 主要目的ルール

(1) 主要目的ルールの概要

以上のように、不公正発行に該当する場合の典型例は、会社の経営支配権に争いが生じている場合において、現経営陣が自己の支配権獲得・維持のために株式等の発行を行う場合である。

もっとも、日々経済活動に従事している会社において資金需要が全く存在しないことは稀であり、経営支配権に争いが生じている最中であっても、株式等の発行により会社の資金需要を満たす必要があるという主張が成り立つ可能性は十分にある。そのため、実際には、不公正発行が疑われる事案においても、現経営陣からは当該株式等の発行は支配権獲得・維持を目的とするものではなく、資金調達を目的とするものであるとの主張がなされるのが通例である。

そこで、株式等の発行につき外形上複数の目的が併存している場合における不公正発行の判断に際しては、裁判例上、従前から、支配権獲得・維持の目的と、資金調達その他の正当な目的とのいずれが優越しているか（主要な目的は何か）を検討し、支配権獲得・維持の目的が他の正当な目的を優越している場合（主要な目的である場合）に差止めを認めるとする考え方（いわゆる主要目的ルール）が採用されており[157]、近時の裁判例においても、明示的または実質的に同様の判断枠組みが維持されている[158)159)]。

(2) 主要目的認定の考慮要素

裁判例上、募集株式の発行等の主要目的の認定は、支配権獲得・維持の目的を推認させる事実（評価根拠事実）と、資金調達目的その他の正当な目的を推認させる事実（評価障害事実）の総合判断によってなされる。近時の裁

---

157) 第一紡績事件・大阪地決昭和48年1月31日金判355号10頁、恵美寿織物事件・大阪地堺支判昭和48年11月29日判時731号85頁、弥栄工業事件・東京地決昭和52年8月30日金判533号22頁、前掲注125）コスモポリタン対タクマ第一事件、宮入バルブ第二事件・東京地決平成元年9月5日判時1323号48頁、ゼネラル第二事件・大阪地決平成2年7月12日判時1364号104頁等。

判例における主要目的の認定において重視されているポイントをまとめると、おおむね以下のとおりである。

---

158) ベルシステム 24 事件・東京地決平成 16 年 7 月 30 日判時 1874 号 143 頁、ダイソー事件・大阪地決平成 16 年 9 月 27 日金判 1204 号 6 頁、前掲注 117) ニッポン放送事件、名村造船所事件・大阪地決平成 18 年 12 月 13 日判タ 1234 号 171 頁、前掲注 117) テーデーエフ事件、前掲注 117) 自動車部品工業事件、日本精密事件・さいたま地決平成 19 年 6 月 22 日判タ 1253 号 107 頁、クオンツ事件・東京地決平成 20 年 6 月 23 日金判 1296 号 10 頁、昭和ゴム事件・千葉地松戸支決平成 20 年 6 月 26 日金判 1298 号 64 頁、オープンループ新株発行差止等却下決定事件・札幌地決平成 20 年 11 月 11 日金判 1307 号 44 頁、NowLoading 事件・東京地決平成 21 年 3 月 27 日金判 1338 号 57 頁、(個別株主通知を欠くとして募集株式発行差止仮処分命令の申立て自体は却下され、傍論での判断であるが) 日本ハウズイング事件・東京高決平成 21 年 12 月 1 日金判 1338 号 40 頁、ダイヤ通商事件・東京地決平成 24 年 7 月 9 日金判 1400 号 45 頁、前掲注 117) 東京地決平成 25 年 5 月 28 日、光通信事件・仙台地決平成 26 年 3 月 26 日金判 1441 号 57 頁、山口地宇部支決平成 26 年 12 月 4 日金判 1458 号 34 頁、(非公開会社における新株発行無効請求事件における判断であるが) 大阪地判平成 27 年 12 月 18 日金判 1489 号 59 頁、大阪地決平成 29 年 1 月 6 日金判 1516 号 51 頁 (なお、大阪地決平成 29 年 1 月 6 日については、従前の主要目的ルールに沿って厳格に適用したものと評価する余地もあるものの、株主構成の変更自体を主要な目的とする新株・新株予約権の発行は会社の機関権限分配の趣旨に反することから、これを合理化するに足りる特段の事情がない限り原則として不公正発行に該当すると判示している点において主要目的ルールに依拠しないものとも解し得るとの指摘がある (前掲金判 1516 号 53 頁、森本滋「第三者割当と支配権の変更」商事 1191 号 (1989) 17 頁等参照))。

159) なお、主要目的ルールについては、会社に資金調達の必要があったことが認定されれば調達方法の是非については取締役会の判断が尊重され、実際には支配権獲得・維持の目的が優越していたとは滅多に認定されない傾向があると指摘されているが (江頭 773 頁注 4、逐条解説(3) 144 頁〔伊藤靖史〕等)、前掲注 158) ベルシステム 24 事件以降、当該判断枠組み自体は維持しつつ、資金調達の一般的な必要性のみで安易に差止めを否定せず、新株発行の経緯、経過、資金調達計画の合理性等を詳細に認定した上で、事案に則した妥当な解決を図る運用がなされているとの指摘もある (中東正文ほか編『M&A 判例の分析と展開 II』(経済法令研究会、2010) 143 頁〔川島いづみ〕等)。

[図表Ⅰ-3-5] 主要目的認定の考慮要素

支配権獲得・維持の目的に関する事情	資金調達目的その他正当な目的に関する事情
・申立株主と他の大株主・経営陣との間での取締役の選任等の支配権に関する争いが現に存在するか否か、また、その深刻さ・重大さ ・当該第三者割当てが申立株主その他の既存株主の持株比率に及ぼす影響の程度（株主構成・持株比率、株主総会における例年の議決権行使比率等を踏まえ、当該第三者割当てが支配権獲得・維持にどの程度の影響を与えるか） ・当該第三者割当て検討開始の時期（支配権に関する争いが顕在化する前に検討や割当先との交渉を開始していた等の事情はないか） ・当該第三者割当ての実施時期（役員選任議案に係る株主総会の基準日直前に実施されているか、株主総会の直前に実施されて基準日後株主として割当先の議決権行使を認めるか） ・当該第三者割当て後の役員構成に関する事情（割当先が会社提案に賛成する意向を表明しているか、割当先が指名する者への役員変更が予定されていて経営陣の地位は確保されていない等の事情はないか）	・資金調達の必要性、資金使途に係る計画（設備投資計画等）の具体性、資金調達の緊急性（支出予定時期、資金繰りの状況、当該経営支配権に係る争いが終結するまで待つことができない等の事情はあるか） ・必要性が明らかではない他の事項に多額の資金を使用していないか ・金融機関からの借入れ等の他の資金調達方法の存否および検討の事実 ・自己資本比率・財務体質や割当先との関係等を踏まえて、増資による資金調達に合理的な理由があるか

(3) 支配権獲得・維持の目的が許容される場合

前記のとおり、会社の経営支配権の獲得・維持を主要な目的とする募集株式等の発行は不公正発行に該当する典型的な事例とされているが、支配権獲得・維持を主要な目的としていても、これを正当化する特段の事情が別途存在することも想定し得る。例えば、従前から、いわゆるグリーンメイラーに対抗するための第三者割当てについては、例外的に会社の経営支配権の獲

得・維持を主要な目的とする募集株式等の発行であっても正当化されるとの立場が有力に主張されていた[160]。そして、前掲注155）ニッポン放送事件では、「会社の経営支配権に現に争いが生じている場面において、株式の敵対的買収によって経営支配権を争う特定の株主の持株比率を低下させ、現経営者又はこれを支持し事実上の影響力を及ぼしている特定の株主の経営支配権を維持・確保することを主要な目的として新株予約権の発行がされた場合」には原則として不公正発行に該当するものの、「経営支配権の維持・確保を主要な目的とする新株予約権発行が許されないのは、取締役は会社の所有者たる株主の信認に基礎を置くものであるから、株主全体の利益の保護という観点から新株予約権の発行を正当化する特段の事情がある場合には、例外的に、経営支配権の維持・確保を主要な目的とする発行も不公正発行に該当しないと解すべき」と判示されている。その上で、同裁判例は、そのような特段の事情が認められる場合として、「株式の敵対的買収者が、①真に会社経営に参加する意思がないにもかかわらず、ただ株価をつり上げて高値で株式を会社関係者に引き取らせる目的で株式の買収を行っている場合（いわゆるグリーンメイラーである場合）、②会社経営を一時的に支配して当該会社の事業経営上必要な知的財産権、ノウハウ、企業秘密情報、主要取引先や顧客等を当該買収者やそのグループ会社等に移譲させるなど、いわゆる焦土化経営を行う目的で株式の買収を行っている場合、③会社経営を支配した後に、当該会社の資産を当該買収者やそのグループ会社等の債務の担保や弁済原資として流用する予定で株式の買収を行っている場合、④会社経営を一時的に支配して当該会社の事業に当面関係していない不動産、有価証券など高額資産等を売却等処分させ、その処分利益をもって一時的な高配当をさせるかあるいは一時的高配当による株価の急上昇の機会を狙って株式の高価売り抜けをする目的で株式買収を行っている場合」の4つの具体的な類型を挙げ、そのような濫用的目的を持って株式を取得した敵対的買収者に対しては、対抗手段として必要性や相当性が認められる限り[161]、経営支配権の獲得・維持を主要な目的とする募集株式等の発行も正当化されるとする。もっとも、これ

160）例えば、大隅＝今井(中)654頁、河本一郎ほか「〈座談会1〉第三者割当増資をめぐる諸問題」河本一郎ほか『第三者割当増資　企業金融と商法改正2』（有斐閣、1991）37頁以下〔河合伸一〕等。

らの類型のうち③および④については、金融機関等からLBOローンの借入れを行い、買収後に買収対象会社の資産を担保提供するLBOタイプの買収や、PEファンド等による買収後の遊休資産売却・キャッシュ・フローの株主還元を企図した買収等の経済合理性が認められる企業買収についても該当してしまうようにも読めるため、制限的に解釈する必要があると批判されている[162]。

ニッポン放送事件を前提とすれば、グリーンメイラー的な濫用的買収者に対抗するための募集株式の発行等については支配権獲得・維持目的のものと整理した上で、前記4類型に示される特段の事情の存否によってその許容性が判断されることになるとの指摘もある[163]。しかし、その後の裁判例においても、ニッポン放送事件の判断枠組みに従って支配権獲得・維持を主要目的とした上でその例外に言及するものはなく、依然として、支配権獲得・維持目的と資金調達目的その他の正当な目的との優越を問題とするものが多い[164]。

なお、敵対的買収とその対応策については後記第Ⅲ部第3章も参照されたい。

(4) 公募増資と不公正発行

会社の経営支配権に争いが生じている場合において、現経営陣が自己の支配権獲得・維持のために株式等の発行を行う際、現経営陣に友好的な引受人に対して第三者割当てを行うことによって実行されるのが通常である。もっとも、公募増資によっても、既存株主が当該公募に応じて株式等を引き受ける場合を除き既存株主の持株比率は低下することになるため、現経営陣が、特定の株主の支配権を奪い、またはその支配力を低下させる目的で公募増資を実行することも理論的にはあり得る。

そのような公募増資の不公正発行該当性について、近時の裁判例は、①上

---

161) なお、同裁判例上、「株式の買収者が敵対的存在であるという一事のみをもって、これに対抗する手段として新株予約権を発行することは、上記の必要性や相当性を充足するものと認められない」としており、濫用的買収者に対しても、必要性・相当性が認められる限りで、支配権獲得・維持のための株式等の発行が許容されるとする。
162) 藤田友敬「ニッポン放送新株予約権発行差止事件の検討(下)」商事1746号(2005)5〜6頁、田中亘「買収防衛策の限界を巡って」金融研究26巻法律特集号(2007)13頁、竹平征吾「希釈化型ポイズン・ピルの適法性」商事1729号(2005)43頁注41等。
163) 藤田友敬「ニッポン放送新株予約権発行差止事件の検討(上)」商事1745号(2005)9頁。

場企業の公募増資において割当先は取締役の意思とは無関係に決定され、割当先が取締役の意向に沿って議決権を行使する保証がないこと、②取締役に反対する株主や第三者も株式の割当てを受ける可能性があること、③取締役に反対する株主が、公募増資後、株式市場に売りに出された株式を取得する可能性も否定できないことから、公募増資は、「第三者割当増資の場合に比して、取締役に反対する株主らの支配権を減弱させる確実性が弱い」として、「経営陣の全部又は一部に株主を巻き込んだ相手方の支配権をめぐる実質的な争いにおいて自らを有利な立場に置くとの目的が存在したものと一応認められるとしても……、当該目的が新株発行の唯一の又は主要な目的であるか否かを判断するに当たっては、公募増資の上記のような制約ないし事情を考慮する必要があるというべき」と判示し、主要目的ルールにおける募集株式の発行等の主要目的の認定において、当該増資が公募増資であることを、支配権獲得・維持目的が主要な目的であるとの推認を妨げる方向の事情として考慮している[165]。

　この点、前記(2)のとおり、主要目的認定の際の考慮要素として、従前から当該増資が申立株主その他の既存株主の持株比率に及ぼす影響の程度が考慮されており、上記の裁判例は、公募増資であることも当該事情に類するものとして、主要目的認定の一考慮要素として評価したものといえよう[166]。したがって、今後の実務においても、公募増資であることによって当然に不公

---

164)　なお、敵対的公開買付けを仕掛けた投資ファンドに対する差別的行使条件付新株予約権の無償割当ての株主平等原則違反および不公正発行が問題となったブルドックソース事件最高裁決定（最二決平成19年8月7日民集61巻5号2215頁）では、不公正発行に関しては、「株主に割り当てられる新株予約権の内容に差別のある新株予約権無償割当てが、会社の企業価値ひいては株主の共同の利益を維持するためではなく、専ら経営を担当している取締役等又はこれを支持する特定の株主の経営支配権を維持するためのものである場合には、その新株予約権無償割当ては原則として著しく不公正な方法によるものと解すべき」と判示した上で、そのような場合には該当しないとして不公正発行には当たらないと判断している。同様の判断枠組みを用いて差別的行使条件付新株予約権の無償割当ての差止めを認めた事例として、ピコイ事件・東京高決平成20年5月12日金判1298号46頁がある。かかるブルドックソース事件の判断枠組みと、ニッポン放送事件の判断枠組みとの関係については議論があるが、前者は対抗措置について株主の承認が得られている場合に、後者は取締役会レベルでのみ対抗措置の決定が行われる場合に、それぞれ適用される基準と考えられる旨指摘されている（中東ほか編・前掲注159）117頁〔大杉謙一〕、企業価値研究会の平成20年6月30日付け「近時の諸環境の変化を踏まえた買収防衛策の在り方」12頁以下参照）。

正発行該当性が否定されるわけではないものの、その事情は主要目的認定の際の評価障害事実の1つとして考慮されることが想定される。

3　不公正発行の場合の手続

　不公正発行の場合についても、株主総会の特別決議を経ない有利発行の場合と同様に、それによって不利益を受けるおそれのある株主[167]は、発行会社に対し、その差止めを請求することができる[168]。また、実務的に、かかる差止めが仮処分手続によって申し立てられる点も株主総会決議を欠く有利発行の場合と同様である。なお、株主は、不公正発行を行った発行会社の取締役等に対して、任務懈怠責任（会社423条1項、429条1項、民法709条）を追及し得る。

---

165) 出光興産新株発行差止仮処分命令申立事件・東京地決平成29年7月18日金判1532号41頁、同事件抗告審・東京高決平成29年7月19日金判1532号57頁。その他、公募増資の不公正発行該当性が問題になった事案として、上場会社の公募増資について、会社支配権に関する争いの存在が認められず、当該増資を不公正と評価すべき事情は認められないとした事例（日本航空新株発行差止仮処分命令申立事件・東京地決平成18年7月26日資料版商事270号257頁）や、非上場会社の一般公募増資の不公正発行該当性が否定された事例（恵美寿織物事件・前掲注157）大阪地堺支判昭和48年11月29日）がある。
166) この点については、公募増資であることから従前の裁判例に比して資金調達目的の審査が緩やかな基準でなされたとの指摘もある（弥永真生「公募増資と主要目的ルール（会社法判例速報）」ジュリ1511号（2017）2頁）が、当該裁判例は、発行会社が主張する資金調達目的の有無・合理性等を個別に評価した上で、その存在・合理性を肯定した資金調達目的と支配権獲得・維持の目的とのいずれが主要な目的であるかの判断において公募増資であることを評価しており、資金調達目的の存否・合理性等の審査が影響を受ける関係にはないものと思われる。
167) 当該不利益の内容についての考え方は、前掲注149）を参照されたい。不公正発行の場合には、議決権が過半数に満たなくなること、特別決議に係る拒否権を失うこと、株主提案権等の少数株主権を失うこと等、持株比率の低下によって株主が被る不利益につき、個別事情に応じてケース・バイ・ケースで判断されることになる。
168) 不公正発行に該当する場合であっても、一旦株式・新株予約権が発行された後にあっては募集株式発行等の無効原因には該当しない点も、株主総会の特別決議を経ない有利発行の場合と同様である（前掲注150）参照）。

第 4 章

公開買付け

第 1 節

はじめに

　金商法において、公開買付けとは、「不特定かつ多数の者に対し、公告により株券等の買付け等の申込み又は売付け等の申込みの勧誘を行い、取引所金融商品市場外で株券等の買付け等を行うこと」と定義されている（金商27条の2第6項）。実務上は、「TOB[1]」と呼ばれることも多い。

　本章では、金商法上の公開買付制度を、以下の順で俯瞰しつつ概説する。

① 　金商法は、一定の買付け等について、公開買付けによることを義務付けており、それらの規制は「強制公開買付制度」あるいは「強制公開買付規制」と呼ばれる。本章では「強制公開買付規制」の呼称を用いるが、この強制公開買付規制の適用対象となる M&A がどのような類型のものかについて、まず述べる（→第2節）。

② 　金商法においては、強制公開買付規制が適用される公開買付けについて、公開買付者に対する規制を中心に、様々な規制が定められている。これらの規制を、2つに大別し、公開買付けの条件および方法等に関する実体的規制（→第3節）、公開買付けに関する開示その他の手続に関する規制（→第4節）の順に述べる。

③ 　その他、本章では、金銭以外の対価による公開買付けの例として、有

---

[1] これは英国における公開買付けの一般的な呼称である「Take Over Bid」の略語である。なお、米国においては一般に「Tender Offer」と呼称される。

価証券を対価とする、いわゆる「エクスチェンジ・オファー」（→第5節）、公開買付制度に係る規制に違反した場合の罰則等（→第6節）および公開買付規制の域外適用（→第7節）について概説する。

第 2 節 公開買付けを要する M&A

　公開買付けを要する M&A は、強制公開買付規制の適用対象となる M&A と言い換えることができる。

　詳細は後述のとおりであるが、典型的には、①わが国の上場会社を含む有価証券報告書提出会社が発行する②株式の、③市場外での買付けで、④当該買付け後に所有する株券等に係る議決権割合が3分の1超である買付けにつき、原則として公開買付けによることが必要になる。

1　強制公開買付規制の基本概念

　強制公開買付規制は、「その株券等について有価証券報告書を提出しなければならない発行者」の「株券等」について、当該発行者以外の者が行う「買付け等」で、金商法27条の2第1項1号〜6号に列挙されているもの（ただし、金商令6条の2等に列挙される適用除外類型を除く）は、公開買付けによらなければならないというものである（金商27条の2第1項柱書）。以下では、公開買付けの対象有価証券となる「株券等」、公開買付けの対象者となる「その株券等について有価証券報告書を提出しなければならない発行者」、公開買付けの規制対象行為である「買付け等」、規制対象となる買付け等に該当するかを決定する重要概念である「特別関係者」および「株券等所有割合」の意義を説明する。

(1)　「株券等」——公開買付けの対象有価証券

　強制公開買付規制の適用される「株券等」（金商27条の2第1項柱書）には、株券のほかに、新株予約権証券、新株予約権付社債券、外国法人の発行する

証券または証書でこれらの性質を有するもの、投資証券等[2]、ならびに、これらを受託有価証券とする有価証券信託受益証券（以下「株券等信託受益証券」という）および預託証券（以下「株券等預託証券」という）などが含まれる（金商令6条1項本文）[3]。

もっとも、これらの有価証券の全てが規制の対象となるわけではなく、①議決権のない株式[4]であって、当該株式の取得と引換えに議決権のある株式を交付する旨の定款の定め[5]のない株式に係る株券や、②①の株式のみを取得する権利が付与されている新株予約権証券等は「株券等」から除外されている（金商令6条1項柱書、公開買付2条各号）[6]。

議決権と無関係な有価証券、例えば、普通社債などについては「株券等」への該当性を検討する必要はない。

---

[2] 投資信託及び投資法人に関する法律に規定する投資証券および外国投資証券で投資証券に類する証券を指す（金商令1条の4第1号）。投資証券に関しては性質上可能な限り株券と同様の規律がなされていることから、以下では、基本的には会社の発行する有価証券を前提に解説している。

[3] 金商法は、有価証券の定義上、証券の存在を前提とするような規定方法を採用しているが、株券が発行されない株式、新株予約権証券が発行されない新株予約権等も、いわゆる「みなし有価証券」として、有価証券に該当し（金商2条2項前段）、ここでいう「株券等」に含まれる。例えば、株券発行会社ではない会社の株式であっても、強制公開買付規制の対象となる。

[4] 株主総会において決議をすることができる事項の全部につき議決権を行使することができない株式をいう。ここでいう「株主総会」には、種類株主総会は含まれないと解されている（金商大系Ⅰ(1) 54頁注39）。

[5] 全部取得条項付株式（会社108条1項7号）については、具体的な取得対価は取得の際の株主総会で決定される（会社171条1項1号）ものであり、上記のような定款の定めは存在せず、したがって「株券等」に該当しないのが通常であると考えられる。もっとも、議決権株式を取得対価とすることを予め定款上に規定している場合には、「株券等」に含まれると解される（金商大系Ⅰ(1) 55頁注40）。

[6] 議決権復活条項付きの株式については、その時点では株主総会における決議事項の全部につき議決権がないとしても、一定の条件を満たした場合には議決権が復活するのであるから、強制公開買付規制の趣旨に鑑みれば、「議決権のない株式」には該当せず、「株券等」に含まれると解すべきである（金商大系Ⅰ(1) 54頁注39等。反対説として理論と実務21頁）。また、単元未満株式、相互保有株式および自己株式等についても、当該株式の種類の内容として、株主総会における決議事項の全部につき議決権がないというものではないから、これらについても「議決権のない株式」には該当せず、「株券等」に含まれると解すべきである（金商大系Ⅰ(1) 54頁注39）。

(2) 「その株券等について有価証券報告書を提出しなければならない発行者」──強制公開買付規制の対象会社

　強制公開買付規制の対象会社は、その株券等について有価証券報告書を提出しなければならない発行者[7]（金商27条の2第1項柱書）である[8]。

　上場会社の発行する普通株式が典型例であるが、上場会社が発行する他の種類の株式や新株予約権も、（株券等に該当する限り）それ自体が上場されているか否かにかかわらず強制公開買付規制の対象となる。また、非上場の株式会社であっても、例えば、その発行する株券等について[9]有価証券届出書を提出したために有価証券報告書提出義務を負っている会社については、強制公開買付規制の対象会社となる[10]。

(3) 「買付け等」──強制公開買付規制の対象行為

　強制公開買付規制の対象となる行為は「買付け等」である。「買付け等」とは、「株券等の買付けその他の有償の譲受け」をいい、「これに類するものとして政令で定めるものを含む」と規定されている（金商27条の2第1項柱書）。

　「買付け等」には、売買のほか、代物弁済、交換等により「有償」で所有権を取得する行為が含まれると考えられる[11]。これらに加え、さらに「政令

---

[7] 特定取引所金融商品市場（いわゆるプロ向け市場。金商2条32項）に上場されている特定上場有価証券の発行者も強制公開買付規制の対象会社となる（金商27条の2第1項柱書）。

[8] 株券等のうち、有価証券信託受益証券については有価証券信託受益証券に係る受託有価証券を発行し、または発行しようとする者が、預託証券については預託証券に表示される権利に係る有価証券を発行し、または発行しようとする者が、それぞれ「発行者」として扱われる（金商2条5項、定義府令14条2項3号・5号）。なお、上場株式に転換可能な他社株転換株式については、明文はないものの当該上場会社の株券等として強制公開買付規制の対象となると解されている（池田ほか・公開買付49頁。他社株買付府令第2号様式・記載上の注意(7) a 参照）。かかる他社株転換株式の強制公開買付規制上の取扱いについては、金商大系Ⅰ(1) 62頁以下および223頁以下参照。

[9] 株券以外の有価証券、具体的には、普通社債等のみについて有価証券報告書提出義務を負う発行体は強制公開買付規制の対象会社からは除かれる。

[10] なお、有価証券報告書提出義務が消滅した場合、あるいは、有価証券報告書提出義務が免除（金商24条1項但書）された場合には、当該会社の株券等について強制公開買付規制は適用されないこととなる（公開買付け Q&A（問1）参照）。

で定めるもの」として、買主としての予約完結権を取得する売買の一方の予約、株券等の売買に係るオプションの取得、他社株転換社債（EB債）の取得が含まれる（金商令6条3項、他社株買付府令2条の2）。

(i) 新規発行取得と自己株式の処分による取得

新規に発行される株式の取得は、「買付け等」に該当しない[12]。これに対し、既発行の自己株式の処分による取得は、「買付け等」に該当すると解されている[13]。同じ発行者からの株券等の取得であっても、その形態によって強制公開買付規制上の取扱いに差異が生じることには注意を要する。

(ii) 組織再編による取得

組織再編における当事会社が株券等を承継取得する場合および当事会社の株主等が当該組織再編の対価として株券等の交付を受ける場合のいずれについても、会社分割により株式だけを承継させるなど実質的には相対での株券等の譲受けと認められる場合等を除き、「買付け等」には該当しないと解されている[14]。また事業の譲受けによる株券等の取得は強制公開買付規制の適用除外とされている（金商令6条の2第1項9号）[15]。

---

11) インサイダー取引規制における「売買その他の有償の譲渡若しくは譲受け」（金商166条1項）には、交換、代物弁済、現物出資等が含まれると解されている（横畠44頁）。交換が「有償の譲受け」に含まれることは、金商27条の4第1項において、「公開買付けにつき有価証券をもってその買付け等の対価とする」旨の規定があることからも明らかである（金商大系Ⅰ(1) 82頁注88）。

12) 平成18年改正において、株券等の発行者が新たに発行する株券等の取得については、「新規発行取得」（金商27条の2第1項4号）という用語を用いて、「買付け等」と区別して規定されることとなり、公開買付制度における「買付け等」には、新規発行取得が含まれないことが明確になっている。

13) 金融庁平成18年12月13日パブコメ回答（本章において以下単に「パブコメ回答」という）No.3。もっとも、新規発行の場合と自己株式の処分の場合とで区別する合理性があるかについては疑問もある（金商大系Ⅰ(1) 83頁以下参照）。

14) 公開買付け Q&A（問12）。

15) これは「合併、株式交換等に伴う株券等の移動は『有償の譲受け』に該当しない」ことを前提に、「これらと同様の効果をもたらす『営業譲渡〔事業譲渡〕』に伴う株券等の移動」を強制公開買付規制の適用除外とするために規定されたものであるとされている（金融庁の2004年10月7日付け「証券取引法等の一部を改正する法律の一部の施行に伴う関係政令の整備等に関する政令（案）（企業内容等の開示等に関する部分）の概要」）。

(iii) 一定の権利行使による取得

　予約完結権やコール・オプションに関しては、前記のとおりそれらの権利自体の取得が「買付け等」に該当するほか、それらの権利を行使する行為も、有償での株券等の取得行為として、「買付け等」に該当すると解されている[16]。他方で、同様の問題が生じ得る新株予約権や取得請求権付株式の権利行使による取得については明文で強制公開買付規制の適用除外とされている（金商27条の2第1項但書、金商令6条の2第1項11号）[17]。

　他の者に付与したプット・オプションが行使された場合には、売買の時点では付与者の意思に基づく行為が存在しないためこれが「買付け等」に該当すると解することには文理上疑問がないではないものの、このような場合における取得も、「買付け等」に該当すると解されていることには注意を要する[18]。

　担保権の実行による取得については、明文で強制公開買付規制の適用除外とされている（金商27条の2第1項但書、金商令6条の2第1項8号）が、いわゆる処分清算型の担保権の実行における、処分の相手方による株券等の取得はここでいう「担保権の実行による取得」には含まれないと解されている[19]。また、担保権を取得する行為については、当該担保権が担保権としての実質を備えており、かつ、担保権の実行による取得が適用除外になることを利用して強制公開買付規制を潜脱する目的でない限り、当該担保権が質権

---

16) 公開買付け Q&A（問13）は、通常は買付け等に該当し、取引の実態に照らし、強制公開買付規制の趣旨に反しないと認められる場合には、この限りではない旨を述べる。三井＝土本・詳説 Q&A 10頁注4では、コール・オプションの取得が公開買付けにより行われても、コール・オプションの内容次第では、実質的に特定の者のみにしか売却の機会が与えられないような事態も考えられることがその理由として指摘されている。
17) 新株予約権のうち、いわゆるコミットメント型ライツ・オファリングにより発行されたものについては、別途の取扱いがなされており、具体的には、新株予約権の取得については無償であるため「買付け等」に該当せず、一定の要件を満たす限り行使までは株券等所有割合は増加しない（後掲注52））が、新株予約権の行使による株式の取得は「買付け等」または「新規発行取得」に該当する（後掲注79））。
18) 公開買付け Q&A（問14）は、通常は買付け等に該当し、取引の実態に照らし、強制公開買付規制の趣旨に反しないと認められる場合には、この限りではない旨を述べる。なお、同 Q&A では、プット・オプションの付与自体は「買付け等」に該当しないことがあわせて指摘されている（金商令6条3項2号参照）。
19) 公開買付け Q&A（問19）。

であるか譲渡担保権であるかにかかわらず、「買付け等」には該当しないと解されている[20]。

(ⅳ) 取得者の意思に基づかない取得

組合や会社の解散に伴う残余財産の分配による株券等の取得に関しては、実質的に分配を受ける者の意思に基づき株券等を取得する場合を除き、「買付け等」に該当しないと解されている[21]。

ここでいう「意思に基づき株券等を取得する場合」には、その者が分配の意思決定に関与している場合のほか、近いうちに当該組合が解散し、残余の組合財産の分配として当該株券等が交付されることを知って当該組合に出資を行い、結果的に当該株券等を取得する場合も含まれると解されている。実務上は、前記(ⅲ)のプット・オプションの場合も含め、株券等の取得それ自体が取得者の意思に基づくか否かのみを検討するのではなく、その先行行為を含めて「取得者の意思に基づく取得」と疑われるおそれがあるか否かを検討する必要があろう。

(ⅴ) 間接取得

有価証券報告書提出会社の株券等それ自体ではなく、かかる株券等を保有する会社の株券等の全部または大半を取得するような行為（図表Ⅰ-4-1）をここでは「間接取得」という。典型的には、創業者株主等が資産管理会社を通じて株券等を保有している場合に、当該資産管理会社の株式を取得する形態での間接取得が「買付け等」に該当するか否かについて、実務上議論となることがある。

資産管理会社の支配権を取得するような株式取得を通じた間接取得に関しては、形式的には「株券等の買付け等」に該当しないものの、当該資産管理会社が対象者の株券等以外に保有する財産の価値、当該資産管理会社の会社としての実態の有無等の状況を勘案し、当該資産管理会社の株式の取得が実質的には対象者の「株券等の買付け等」の一形態に過ぎないと認められる場合には、（後述の数量要件を満たすことを前提に）強制公開買付規制に抵触す

---

20) 公開買付け Q&A（問18）。
21) 公開買付け Q&A（問16）。

[図表Ⅰ-4-1] 間接取得

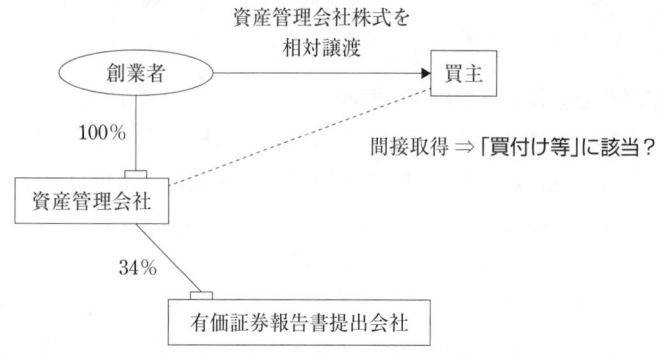

ると解されている[22]。

　以上のような解釈は、株式保有以外の事業実態が（ほとんど）ないような典型的な資産管理会社については結論において妥当であると考えられるものの、明文上規定される内容を超えて強制公開買付規制の対象範囲を実質的観点から広げるものであり、強制公開買付規制が刑罰法規を構成し、また課徴金の対象となるものであることを考慮すると、本来的には立法により明確化が図られるべき事項であると考えられる。そのため、前記(ii)における会社分割により株式だけを承継させる場合と同様に、その適用範囲は株券等の取得と同視できるような場合に限定されるべきであろう。

---

[22] 公開買付け Q&A（問15）。このような資産管理会社の株式の取得に際して、例えば、それとともに買付者または当該資産管理会社により対象者に対する公開買付け（買付予定数の上限を定めていない）が行われ、当該公開買付けにおける公開買付開始公告および公開買付届出書において資産管理会社の株式の取得を含む取引の全容が開示されるとともに、当該資産管理会社の株式の取得における価格に相当性があると認められる場合（資産管理会社が所有する対象者の株券等が公開買付価格と同額以下に評価され、かつ、他の資産の評価の合理性につき公開買付届出書において説明がなされている場合等）など、取引の実態に照らし、実質的に投資者を害するおそれが少ないと認められる場合には、この限りではないとされている。ここで、「買付予定数の上限を定めていない」ことが求められている理由は、金融庁担当者によれば、「そのような場合には、当該取引において株主等が売却することができる株券等の数の点については公平であることが明らかであるからである」とされている（三井＝土本・詳説Q&A 16頁）。

(vi) 「買付け等」への該当時期

　強制公開買付規制における「買付け等」とは、合意（公開買付けであればその開始公告）に始まり実行（公開買付けであればその決済）に終わる一連の行為の全体を指すという考え方もあるが[23]、この考え方を形式的に適用し、契約の締結時点で「買付け等」が存在すると考えると不都合な場合がある。

　例えば、売買契約締結時には強制公開買付規制の適用除外の要件を満たしていないが、買主が50％超保有の適用除外（金商27条の2第1項但書、金商令6条の2第1項4号。後記3(3)⑩）の要件を満たすことが当該契約に基づく売買の実行の前提条件とされている場合には、公開買付けによることを強制しなくとも、強制公開買付規制の趣旨からして特段の問題は生じないと考えられる[24]。それにもかかわらず、このような場合にも、売買契約締結時に「買付け等」に該当すると考えることは不合理であるように思われる。

　上記のとおり、強制公開買付規制における「買付け等」とは、合意（公開買付けであればその開始公告）に始まり実行（公開買付けであればその決済）に終わる一連の行為の全体を指すという考え方が存在するとしても、その考え方を形式的に適用するのではなく、個別の公開買付けの規律の趣旨に照らして、場面毎に「買付け等」の射程を解釈することが認められるべきであろう[25]。

　なお、公開買付けに応募することを株主が約する応募契約については、公開買付けによらない買付けの実行が想定されていないことから、やはり契約締結時点では「買付け等」には該当しないと考えるべきである（その他、応募契約に係る法的論点については、第Ⅱ部第3章第3節参照）。

---

[23]　なお、渡辺豊樹ほか『改正証券取引法の解説』（商事法務研究会、1971）126頁では、「『公開買付けによる株券等の買付け』には、その売買契約の特殊性を考慮すると、契約成立の前段階として公開買付代理人が公開買付者のために売付けの申込みを受け付ける行為も含むと解される」と述べられている。

[24]　詳細については金商大系Ⅰ(1)78〜79頁参照。

[25]　金商大系Ⅰ(1)76頁では、「買付け等」を行った時点とは、基本的には売買の実行時点を指すと解するのが基本であるとしつつ、それでは個別の公開買付けの規律において当該規律の趣旨が達成されないことが明白な場合にだけ、別途の解釈を検討すべきとの立場が示されている。

(4) 「特別関係者」——買付者と一体視される者

金商法27条の2第7項に規定する要件に該当する者を「特別関係者」という。特別関係者には、大きく2つの類型があり、1つは、買付者との資本関係や親族関係等の形式的観点から、その者による保有が実質的に買付者自身が保有しているのと同様と考えられる場合であり、「形式基準による特別関係者」（金商27条の2第7項1号）と呼ばれる。もう1つは、その者が買付者との合意に基づき実質的に一体となって行動する場合であり、「実質基準による特別関係者」（同項2号）と呼ばれる[26]。

いずれの「特別関係者」についても、法令上の定義が上記の説明からイメージされる範囲よりもかなり広範なものを含む形となっていることには注意を要する。また、個別の条文の適用においては、①公開買付けを必要とする方向の条文および買付方法・条件を制限する方向の条文においては「特別関係者」を広く捉え、②公開買付けを不要とする方向の条文においては「特別関係者」を狭く捉える形の規定ぶりとされている傾向があると整理できる[27]。

(i) 形式基準による特別関係者

「形式基準による特別関係者」は、「株券等の買付け等を行う者と、株式の所有関係、親族関係その他の政令で定める特別の関係にある者」（金商27条の2第7項1号）と定められており、具体的な政令の内容は、以下のとおりである。

まず、買付者が個人である場合の「形式基準による特別関係者」は、当該個人の配偶者ならびに一親等内の血族および姻族（金商令9条1項1号）と、当該個人が他の法人等[28]に対して特別資本関係を有する場合における当該他の法人およびその役員（金商令9条1項2号）である。

---

[26] 神田秀樹監修・野村證券株式会社法務部＝川村和夫編『注解証券取引法』（有斐閣、1997）262頁。

[27] 個別の条文における「特別関係者」の範囲の詳細は、金商大系Ⅰ(1)127〜134頁にまとめられている。

[28] 法人その他の団体をいう（金商令4条の4第1項2号）。なお、後掲注34）のとおり、組合が公開買付者となることも認められている。

また、買付者が法人等である場合の形式基準による特別関係者（金商令9条2項）は以下のとおりである。
　① 買付者の役員（金商令9条2項1号）
　② 買付者が他の法人等に対して特別資本関係を有する場合における当該他の法人等およびその役員（金商令9条2項2号）
　③ 買付者に対して特別資本関係を有する個人ならびに法人等およびその役員（金商令9条2項3号）
　「役員」とは、「取締役、執行役、会計参与及び監査役（理事及び監事その他これらに準ずる者を含む。）」をいう（金商令9条1項2号）。執行役員は含まれないと解されている[29]。
　「特別資本関係」とは、当該法人等の総株主等の議決権の20％以上の議決権に係る株式または出資を自己または他人の名義をもって所有する関係をいうと定義されている（金商令9条1項2号。ただし、「当該株券等の買付け等を行うことにより特別資本関係を有することになる場合」は明文で除かれている）。この定義の適用にあたっては、個人または法人等と、その被支配法人等が合わせて他の法人等の総株主等の議決権の20％以上の議決権に係る株式または出資を自己または他人の名義をもって所有する場合には、当該個人または当該法人等は、当該他の法人等に対して特別資本関係を有するものとみなされる（金商令9条3項）。「被支配法人等」とは、個人または法人等が他の法人等の総株主等の議決権の50％超の議決権に係る株式または出資を自己または他人の名義をもって所有する場合における当該他の法人等をいい（金商令9条5項）、個人または法人等と、その被支配法人等が合わせて他の法人等の総株主等の議決権の50％超の議決権に係る株式または出資を自己また

---

[29] 公開買付けQ&A（問27）。ここでいう「その他これらに準ずる者」とは、「会社に対する支配力という観点から取締役等に準ずる者を指しているのではなく、株式会社以外の法人等において取締役等に相当するものという意味であると解するのが適当である」とされており、その理由として、①金融商品取引法令の他の規定においては、取締役等と同等以上の支配力を有する者を含む場合には、その旨が規定されている例が多いこと（金商29条の4第1項2号、金商令14条の8の2第1項）、②形式的基準による特別関係者の範囲はできる限り一義的に明確であることが望ましいことを挙げている。なお、「たとえば、投資法人が買付者である場合、その執行役員は、株式会社における取締役に準ずる者として（投資信託及び投資法人に関する法律第109条第1項参照）、『役員』に該当すると考えられることに留意する必要がある」とされている（三井＝土本・詳説Q&A 60頁）。

は他人の名義をもって所有する場合には、当該他の法人等は、当該個人または当該法人等の被支配法人等とみなされる（みなし被支配法人等。金商令9条4項）。以上の各規定の適用に際し、個人が所有する議決権には、その個人の配偶者ならびに一親等内の血族および姻族が所有する議決権も合算して判定がなされる（金商令9条1項2号・3項）[30]。これらのみなし関係も含めて、「被支配法人等」および「特別資本関係」について図示すると図表Ⅰ-4-2のようになる。

[図表Ⅰ-4-2] 被支配法人・特別資本関係

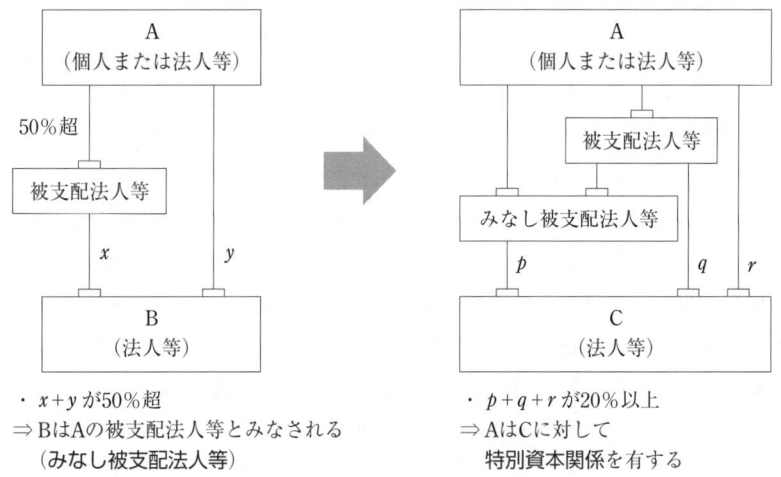

・$x+y$が50％超
⇒BはAの被支配法人等とみなされる
（みなし被支配法人等）

・$p+q+r$が20％以上
⇒AはCに対して
　特別資本関係を有する

上図に即していえば、AがCに対して特別資本関係を有する場合、Aが買付者である場合におけるC（およびその役員）、Cが買付者である場合におけるA（およびその役員）が、それぞれ形式基準による特別関係者に該当し、さらに、買付者Aが個人である場合におけるその配偶者ならびに一親等内の血族および姻族、買付者（AまたはC）が法人等である場合における買付者の役員もまた形式基準による特別関係者に該当すると整理することができ

---

[30] その個人が議決権を所有すること自体が要件とされているわけではないため、ある個人Aが買付者の議決権の20％以上を保有している場合、Aの配偶者ならびに一親等内の血族および姻族は全員特別関係者に該当することとなる（公開買付けQ&A（問29））。

る。

　なお、買付者の被支配法人となるのは（みなし被支配法人を含めて）買付者の子会社および孫会社までであると解されている。すなわち、金商令9条4項は「被支配法人等とみなして前項の規定を適用する」とされているため、同項自体を適用する際に重ねて同項が適用されることはないと解されており[31]、そのため、孫会社の子会社（曾孫会社）は被支配法人に該当しない。その結果、買付者の被支配法人に該当する孫会社が20％以上の議決権を所有する曾孫会社は形式基準による特別関係者に該当するが、曾孫会社が株式を所有するに過ぎない玄孫会社は、形式基準による特別関係者に通常は該当しないこととなる（後記の実質基準による特別関係者には該当し得る）[32]。同様に、買付者を曾孫会社とする会社（曾祖父母会社）は（買付者の親会社がみなし被支配法人等に該当することから）形式基準による特別関係者に該当するが、その親会社（玄祖父母会社）は、形式基準による特別関係者に通常は該当しないと解されている。以上を図示すると**図表Ⅰ-4-3**のようになる。

　なお、組合が買付者となる場合、組合が法人等に含まれているとの解釈[33]を前提に、前記①の買付者の役員には業務執行組合員が、前記②の買付者が特別資本関係を有する法人等には、組合財産として他の法人等の総株主等の議決権の20％以上を有する場合における当該他の法人等が、前記③の買付者に対して特別資本関係を有する者には、当該組合の財務および営業または事業の方針を決定する権限（通常、業務執行組合員等が有すると考えられる）全体の20％以上を有する者（例えば、5名の多数決により決定する場合には、それぞれの者）が、それぞれ該当すると解されている[34]。

---

31) 三井＝土本・詳説Q&A 63頁。なお、類似の条文構造をとっている大量保有報告制度におけるおけるいわゆる「みなし共同保有者」（金商27条の23第6項）に関する「みなし被支配会社」（金商令14条の7第3項）については同条項が「被支配会社とみなして第1項及びこの項の規定を適用する」（下線は筆者）と規定しているため、同項を繰り返し適用することにより、曾孫会社以下の会社もみなし被支配会社に該当するような規定ぶりとなっている。

32) 公開買付けQ&A（問3）。ただし、子会社・孫会社または曾孫会社がペーパーカンパニーであるような場合にはこの限りではないとされている。脱法的な行為を認めない趣旨であり、そのような場合にはペーパーカンパニー名義での所有が「他人の名義をもって所有する場合」に該当すると解される可能性も示唆されている（三井＝土本・詳説Q&A 63〜64頁）。

33) 金商29条の4第2項、金商令4条の4第1項2号参照。

[図表 I -4-3] 親子関係のある会社のうち形式基準による特別関係者に該当する範囲

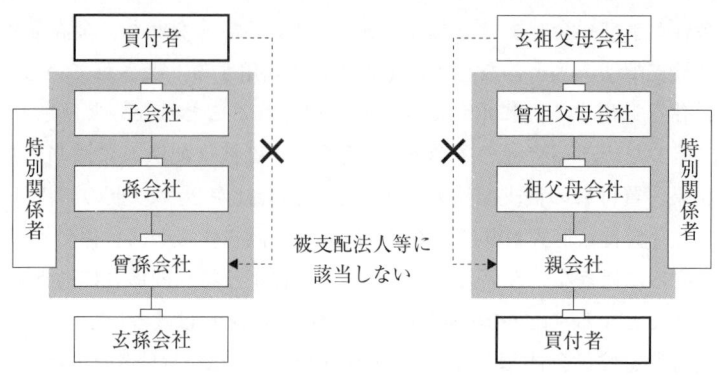

(ii) **実質基準による特別関係者**

買付者との間で、以下の事項のいずれかの合意（以下「実質基準に該当する合意」という）をしている者が実質基準による特別関係者に該当する（金商27条の2第7項2号）[35]。

① 共同して株券等を取得または譲渡すること（共同取得／共同譲渡）
② 共同して株券等の発行者の株主としての議決権その他の権利を行使すること（共同権利行使）
③ 株券等の買付け等の後に相互に当該株券等を譲渡し、または譲り受けること（相互譲渡／相互譲受）

ここにいう「合意」は、一方の意思を他方が認識しているだけでは足りないものの、双方の意思の合致さえあれば、その方法が書面によるか口頭によるかを問わず、また、明示的であるか黙示的であるかを問わないと解される[36]。もっとも、「共同して」あるいは「相互に」との要件も付されている

---

34) 公開買付け Q&A（問28）。「組合自体を公開買付者とすることができる」旨も注意的に述べられている。前記③の要件との関係で、出資金額ではなく議決権に着目して解釈がなされている点が注目される（背景については、三井＝土本・詳説 Q&A 67頁参照）。
35) ①または②の合意がある場合には、大量保有報告制度における共同保有者の関係にも該当することになる（金商27条の23第5項）ため、かかる合意がなされた時点で大量保有報告書の提出の要否を検討する必要がある。他方で、③の合意については同項に規定されていない。

ところ、「共同して」や「相互に」との文言の解釈においては、EUにおける議論等を参考に、対象会社の支配を取得する目的あるいは競合する買付者による買収を失敗させる目的等があるか否かや、1回限りの共同ではなく持続性がある合意であるか否かなどの観点が考慮されるべきとの考え方もあるところであり[37]、強制公開買付規制の趣旨に照らして単なる合意以上の目的や意思の合致が要求されると考えるべきであろう。例えば、②の共同行使に関しては、売主が所有する全ての株券等を、従前当該株券等を所有していなかった買主に売却する場合に、基準日の関係で売主の下に残っている議決権を買主に行使させる合意をするような場合には、ここでいう「共同して……行使する」合意には該当しないと解されている[38]。ただし、「共同して」や「相互に」の意義を明確化することは困難であり、ケース・バイ・ケースで検討せざるを得ない。

　①の合意に該当するか否かが問題となるものとして、例えば、いわゆるdrag along right（自己が第三者に株券等を売却する場合に、相手方が保有する株券等も一緒に当該第三者に売却することを要求することができる権利）やtag along right（相手方が株券等を第三者に売却する場合に、自己が保有する株券等も一緒に当該第三者に売却することを要求することができる権利）に係る合意がある。また、③の合意に該当するか否かが問題となるものとして、例えば、コール・オプションやプット・オプションに係る合意や、first refusal right（一方当事者が株券等を譲渡する場合には、他方当事者に通知することを前提に、他方当事者が最初に当該株券等の売渡請求をすることができる権利）に係る合意がある。事案毎に行使条件その他の事情を勘案し、これらの権利が行使される蓋然性を検討した上で、蓋然性がある程度高いとみられるような場合には、上記①か③の合意に該当すると判断すべきであろう[39]。

　②の合意に該当するか否かが問題になる典型例としては、双方が議決権を

---

36) 大量保有報告書に係る共同保有者（金商27条の23第5項）への該当性（前掲注35）参照）に関する大量保有Q&Aの（問20）・（問21）ならびにこれらに関する三井＝土本・詳説Q&A 185〜186頁参照。

37) 金商大系Ⅰ(1)172頁以下。他方で、1回限りの共同では足りないと解釈することについて現行法の解釈論としては無理であると述べる見解として、金商法セミナー165頁以下〔松尾直彦発言〕参照。

38) 公開買付けQ&A（問4）。

行使できる状況下において、相手方の指示に従って議決権を行使することを約束する場合や、相手方に株主総会の委任状を発行して議決権の行使を委ねる場合がある[40]。譲渡禁止の合意や、stand still 条項（一定期間、相手方の同意なしに株券等を取得も譲渡もしない旨の合意）がある場合については、取得や譲渡を「実行する」合意ではないことから①や③の合意には該当しないと考えられる一方、これらの合意の存在は、双方当事者が株券等を保有する一定期間において、当該株券等に係る議決権等を共同行使する何らかの合意があることを推認させる間接事実となり得ることには注意すべきである[41]。

(5) 「株券等所有割合」——強制公開買付規制における数量基準

「株券等所有割合」は、主として強制公開買付規制および公開買付けの実体規制の適用に際して株券等の数量に係る基準を定めるための概念であり、①公開買付けの原則適用類型の要件の一部として（金商27条の2第1項各号）、また、②一部の適用除外類型の要件の一部としても用いられている（金商令6条の2第1項4号）。さらには、③全部勧誘義務・全部買付義務の買付条件・方法に関する規制における要件の一部としても用いられている（金商27条の2第5項、金商令8条5項3号等）。

「株券等所有割合」は金商法27条の2第8項において定義されているが、実際上の計算規定は、他社株買付府令6条〜8条において定められている。「株券等所有割合」の計算にあたっては、適用される条文によって加算の対象となる特別関係者の範囲や基準時点が異なるため注意を要する。

---

39) 詳細な検討を行ったものとして、金商大系Ⅰ(1) 196 頁以下参照。なお、コール・オプションやプット・オプション、drag along right については一方当事者の意思決定のみで行使できるのに対して、tag along right や first refusal right については他方当事者による（売却あるいは権利行使の）意思決定が必要である点で、相対的には実質基準に係る合意には該当しにくいといえよう。

40) 公開買付け Q&A（問 4）が例示している「売主が既に手放した株式について、基準日の関係で売主の下に残っている議決権を株主総会時点の所有者に行使させる」場合であっても、買主が従前から当該株券等を有していた場合や、売主が売却後も当該株券等を所有している場合については、当該委任の趣旨やその他の事情について慎重な検討を要するとされている（三井＝土本・詳説 Q&A 73 頁）。合意の拘束力の程度によって実質基準に係る合意に該当する可能性が変動することにつき、金商大系Ⅰ(1) 203〜204 頁参照。

41) 金商大系Ⅰ(1) 202 頁参照。

(i) 株券等所有割合の算式

　株券等所有割合の計算方法は、株券等の買付者と特別関係者（実質基準による特別関係者のうち当該株券等の買付者となる者[42]は除く）に分けて、以下のように定められている（金商27条の2第8項、公開買付6条）。

① 株券等の買付者（金商27条の2第8項1号）

　　買付者の所有に係る当該株券等（→(ii)）に係る議決権の数（→(iii)）の合計を、当該発行者の総株主等の議決権の数[43]にその者（すなわち買付者）およびその者の特別関係者の所有に係る当該発行者の発行する新株予約権付社債券等に係る議決権の数を加算した数で除して得た割合

② 特別関係者（金商27条の2第8項2号）

　　特別関係者の所有に係る当該株券等（→(ii)）に係る議決権の数（→(iii)）の合計を、当該発行者の総株主等の議決権の数にその者（すなわち特別関係者）および買付者の所有に係る当該発行者の発行する新株予約権付社債券等に係る議決権の数を加算した数で除して得た割合

これを簡単にまとめると、以下のような算式で表せる[44]。

---

42) いわゆる共同買付者に該当し、金商27条の2第8項1号によりその株券等所有割合を計算すべきであると考えられる（池田ほか・公開買付56頁）。

43) 「総株主等の議決権」とは、総株主、総社員、総会員、総組合員または総出資者の議決権をいい、株式会社にあっては、いわゆる完全無議決権株式についての議決権を除き、いわゆる相互保有株式（会社308条1項）についての議決権を含むものとされている（他社株買付府令6条、2条の3、金商令4条の4第1項1号、金商29条の4第2項）。

　なお、公開買付届出書においては、総株主等の議決権の数について、公開買付開始公告を行った日を基準とする数を記載することを原則とし、不明である場合には有価証券報告書等に記載された数を記載しても差し支えないとされている（他社株買付府令第2号様式・記載上の注意(7)b参照）。もっとも、強制公開買付規制の適用の有無に関して、例えば3分の1ルール（→2(3)）における株券等所有割合は、「買付け等の後」におけるものを算定することとされており、理論的には、株券等所有割合に関して各条文において特定されている時点における総株主等の議決権の数を使用すべきであると考えられる（金商大系Ⅰ(1)232頁。なお、池田ほか・公開買付56頁には、公開買付届出書における計算方法が総株主等の議決権の数の計算一般において適用可能であるかのような記載もある）。

$$\frac{算定対象者の所有する議決権数 + 算定対象者の所有する潜在株式に係る議決権数}{総株主等の議決権数 + 買付者および特別関係者が所有する潜在株式に係る議決権数}$$

(ii) 「所有に係る当該株券等」

所有権を有する株券等に、所有に準じる権利を有する株券等が加算され（金商27条の2第1項1号、金商令7条1項参照）、所有について一定の事情のある株券等が計算から除外される（金商27条の2第8項1号、他社株買付府令7条参照）[45]。

① 加算される場合
- 株券等の引渡請求権を有する場合（金商令7条1項1号）
- 信託契約等または法令に基づき、議決権の行使またはその指図を行うことができる権限を有する場合（金商令7条1項2号）
- 投資一任契約等に基づき、投資権限を有する場合（金商令7条1項3号）
- 株券等の売買の一方の予約を行っており、売買完結権の行使により買主としての地位を取得することができる場合（金商令7条1項4号）
- 株券等の売買に係るオプションを取得しており、行使により買主としての地位を取得することができる場合（金商令7条1項5号）
- 他社株転換社債を取得する場合（金商令7条1項6号、他社株買付府令4条、2条の2）

　　上記のうち、金商令7条1項2号・3号に基づくもの以外は、いずれも株券等を取得する権利を有する場合と整理できる。なお、買付者またはその特別関係者が出資する組合が、組合財産として所有する対象者の株券等については、組合財産である対象者の株券等のうち、自己の持分に相当する部分を、自らの意思に基づき取得することができる場合には、当該部分を、当該者が了知し、または容易に了知し得る

---

[44] 公開買付けQ&A（問30）では、対象者が所有する自己株式は分母・分子ともに議決権の数に含まれず、分母の「買付者及び特別関係者が所有する潜在株式に係る議決権の数」は、買付者または特別関係者が複数いる場合、全ての買付者および全ての特別関係者が所有する潜在株式に係る議決権の数であると考えられる旨の見解が示されている。

[45] 詳細については、金商大系Ⅰ(1) 215頁以下参照。

範囲で、その所有に係る株券等として計算すべきであると解されている[46]。

② 除外される場合
 ⓐ 議決権の行使に係る権限を有していない場合
  ・信託財産として所有する場合[47]（他社株買付府令7条1項1号）
  ・相続財産に属する場合（他社株買付府令7条1項6号）
  ・従業員持株会・役員持株会が取得した株券等を信託された者が所有する場合[48]（他社株買付府令7条1項10号）
 ⓑ 近い将来の処分が予定されている場合
  ・証券会社が引受業務または売出業務により所有する場合（他社株買付府令7条1項2号）[49]
  ・売付けの約定後、5営業日以内に受渡予定である場合（他社株買付府令7条1項4号）
 ⓒ 前記①により加算することで他の買付者・特別関係者の所有する株券等と重複が生じる場合（他社株買付府令7条1項13号）[50]
 ⓓ 特定の法主体（年金運用を行う一定の法人等、銀行等保有株式取得機構、外国の一定の社債等管理業者）が所有する場合または特定の業務目的

---

[46] 公開買付けQ&A（問31）。ただし、買付者またはその特別関係者が、組合財産である対象者の株券等について議決権を行使することができる権限もしくは議決権の行使について指図を行うことができる権限または投資するのに必要な権限を有する場合、その所有に係る株券等として計算する必要があり（金商令7条1項2号および3号）、さらに、当該組合自体が買付者の特別関係者に該当する場合、組合財産である対象者の株券等全てを買付者の株券等所有割合に算入する必要があるとされている。なお、「例えば、組合が買付者となり、その組合員が特別関係者となる場合のように、同一の株券等が、複数の買付者又は特別関係者の所有に係る場合、株券等所有割合の計算においては、買付者（買付者又は特別関係者のいずれか一方が複数である場合には、いずれかの買付者又は特別関係者）の所有に係る株券等として計算すれば足りる（二重にカウントする必要はない）」とされている。

本文中の「自らの意思に基づき取得することができる場合」の具体例としては、役員持株会の会員である場合が挙げられている。また、「当該者が了知し、または容易に了知し得る範囲」との限定が付された趣旨は、個々の状況下において、組合財産である対象者の株券等のうち、自己の持分に相当する部分を計算することが現実には困難な場合を考慮したものとされている（三井＝土本・詳説Q&A 79頁。なお、大量保有府令第1号様式・記載上の注意(18)・(19)参照）。

[47] 金商令7条1項2号・3号の権限を有する場合は除外されている。
[48] 金商令7条1項2号・3号の権限を有する場合は除外されている。

(株券等のポートフォリオを対象とする取引、かんぽの運用、証券金融会社が行う貸借取引業務）で所有する場合（他社株買付府令7条1項の以上を除く各号）

(iii) 「議決権の数」
株券等の性質に応じて、次のように算定される。
① 株　券
　　当該株式に係る議決権の数（他社株買付府令8条1項1号）。ただし、取得請求権または取得条項に基づく取得によって議決権の数が増加する場合は、交付される株券等に係る議決権の数のうち最も多い数とされ（同項2号）、取得と引換えに交付される株式の数が市場価額その他の指標に基づき算式で定められている場合には、買付け等または新規発行取得を行おうとする日の前日または前々日に交付されたものとみなして計算した数とされる（他社株買付府令8条2項）。ここの「ただし」以下の計算方法は、②以下（例えば、MSSO[51]など）の算定においても準用される（他社株買付府令8条4項）。

---

[49] コミットメント型ライツ・オファリングの引受業務（金商2条6項3号）により取得した新株予約権およびこれを行使して取得した株式については、新株予約権の取得日から起算して60日目の日まで（通常の引受業務の場合は払込期日まで）の間、「所有に係る当該株券等」から除外されている（他社株買付府令7条1項2号イ・ロ）。これは、引受証券会社がコミットメントに基づき取得した新株予約権を行使して取得した株式を処分するのに一定の期間が必要であるという事情を勘案したものであり、したがって上記期間内に処分できなかった株式については、上記期間の経過をもって「買付け等」がなされたものと判断されることとなるとの金融庁の見解が示されている（金融庁平成24年2月10日パブコメ回答No.57）。この見解に従えば、他社株買付府令7条1項2号は、証券会社による上記意味での新株予約権の行使による株式の取得について、一定期間に限って「買付け等」にも該当しない旨を定める条文でもあることになる。

[50] 平成27年5月29日施行の改正で新設された条項である。従前存在していた問題点については、金商大系I(1)221頁参照。

[51] 権利行使価額修正条項付新株予約権（Moving Strike Warrant）のことをいい、わが国で近時利用されているものは、行使価額が、行使請求日の直前取引日の市場終値等を基準として、市場株価の90％（あるいはそれ以上）に修正される条項が付されているものである。発行価額は極めて低く抑えられ、行使されなければ資金調達の目的が達せられないものの、株式による増資や銀行借入の利用が困難な上場会社が利用するケースが散見される。

② 新株予約権証券・新株予約権付社債券
　　新株予約権の目的である株式に係る議決権の数（他社株買付府令8条3項1号本文・2号）[52]
③ 外国の者が発行者である証券または証書
　　性質に応じて①の数または②に準じて計算された数（他社株買付府令8条3項3号・4号）
④ 投資証券等・新投資口予約権証券等
　　投資証券等については投資口に係る議決権の数、新投資口予約権証券等については②に準じて計算した数（他社株買付府令8条3項5号・5号の2）
⑤ 株券等信託受益証券・株券等預託証券
　　それぞれ表示される権利に対応する上記①〜④の方法で計算した数（他社株買付府令8条3項6号・7号）

2　強制公開買付規制が原則適用される場合

(1)　原則適用類型の概観

　その株券等について有価証券報告書を提出しなければならない発行者が発行する株券等につき、当該発行者以外の者が行う買付け等で、金商法27条の2第1項各号に掲げる買付け等（以下「原則適用類型」という）のいずれかに該当するものは、公開買付けによらなければならない（金商27条の2第1項本文）。ただし、原則適用類型のいずれかに該当する買付け等であっても、適用除外規定（同項但書、金商令6条の2第1項各号）のいずれかに該当する買付け等（以下「適用除外類型」という）については、この限りではない。
　本2では原則適用類型について概説し、適用除外類型については後述する（→3）。原則適用類型には大きく5類型が存在し、その概要は図表Ⅰ-4-4のとおりである（金商27条の2第1項各号）。同項における定義に即し

---

[52]　一定の要件を満たすコミットメント型ライツ・オファリングで割り当てられた新株予約権については議決権をゼロとカウントすることとされている（他社株買付府令8条3項1号但書）。

て、買付者と特別関係者（小規模所有者に該当する形式基準による特別関係者を除く）の株券等所有割合を合算したものを、本2において以下単に「株券等所有割合」という。

[図表Ⅰ-4-4] 原則適用類型の5類型

類型	買付け等の後の株券等所有割合	買付け等の市場[53]内外の別	他の条件
5％基準	5％超	市場外（PTS取引を除く）	61日以内に10名超の者から
3分の1ルール	3分の1超	市場外	61日以内に10名以下の者から
ToSTNeT取引等	3分の1超	市場内（立会外市場）	―
急速な買付け	3分の1超	5％超の市場外での取得を含む	3月以内に合計10％超の取得実質基準による特別関係者の取得も合算
他者の公開買付期間中の買付け	基準なし（3分の1超＋5％超）	市場内外問わない	3分の1超保有の大株主による5％超の取得特別関係者の取得も合算

なお、原則適用類型に共通する実務上の主な留意点として、①「買付け等」が規制対象であり、買付け等を行わない限りは株券等所有割合が一定の値を超えても強制公開買付規制の適用はないこと、②上記の「買付け等の後の株券等所有割合」は、買付け等の前から要件を満たす場合も含まれる（すなわち、買付け等により当該要件を初めて満たす場合に限られない）こと、③強制公開買付規制に違反しないためには、「買付け等の後の株券等所有割合」の要件への該当性を、買付け等を実施する前に判断しなければならないこと、④株券等所有割合や取得数量に係る基準の算定上、一定の特別関係者の所有分や取得分が合算されることが挙げられる[54]。

---

53) 取引所金融商品市場（金商2条17項）をいう。以下同じ。
54) 詳細については、金商大系Ⅰ(1)245頁以下参照。

(2) 5%基準

　市場外において株券等の買付け等を行い、当該買付け等の後の株券等所有割合が5%を超える場合には、その買付け等が「著しく少数の者から買付け等を行うものとして政令で定める場合」および「取引所金融商品市場における有価証券の売買等に準ずるものとして政令で定める取引」を除き、公開買付けによらなければならない（金商27条の2第1項1号）。5%基準は、後記の3分の1ルールと比較して、買付けの相手方の人数を重視し、一定数以上の者から市場外で株券等の買付け等を行う場合に、公開買付制度に基づく情報開示と平等な取扱いを求めるものであると整理できる。

　ここでいう「取引所金融商品市場における有価証券の売買等に準ずるものとして政令で定める取引」とは、具体的には一定の要件を満たすPTS（いわゆる私的取引システム）における上場有価証券の買付け等をいう（金商令6条の2第2項2号、他社株買付府令3条の2）[55]。

　「著しく少数の者から買付け等を行うものとして政令で定める場合」は、当該買付け等と、当該買付け等を行う日前60日間（合計61日間）に市場外で行った当該株券等の買付け等の相手方の人数の合計が10名以下である場合である（金商令6条の2第3項）。この要件を満たす買付け等を「特定買付け等」といい（金商令6条の2第1項4号）、「特定買付け等」に該当することはいくつかの適用除外類型における要件となっている。

　特定買付け等の要件としての買付け等の相手方の人数の計算においては、市場内取引による取得の相手方はカウントされないほか、以下の方法による買付け等の相手方はカウントから除外される（金商令6条の2第3項）。

55）　条文上は、「取引所金融商品市場における有価証券の売買等に準ずるものとして政令で定める取引」として、上記のPTS取引のほか、店頭売買有価証券市場における取引も除外されている（金商令6条の2第2項1号）。もっとも、2004年12月にジャスダックが株式会社ジャスダック証券取引所に改組された後、本書執筆時点まで、該当する市場は存在しない。このことから、以下でも店頭売買有価証券市場に係る規定は捨象して説明を行っている。なお、金商法27条の2第1項2号および4号に関しては、店頭売買有価証券市場における取引は除外されているがPTS取引は除外されていないため（金商令6条の2第4項）、実質的には「取引所金融商品市場における有価証券の売買等に準ずるもの」として買付け等から除外されている取引は存在しない。また、グリーンシート銘柄（取扱有価証券（金商67条の18第4号））の取引は、強制公開買付規制との関係では市場外取引に該当することに注意を要する。

① 公開買付けによる買付け等
② 一定の要件を満たす PTS 取引[56]
③ 新株予約権の行使により行われる買付け等
④ 適用除外類型の一部[57]

買付け等の相手方の人数のカウントについては、証券会社や信託銀行の間でインデックス運用のために行われる売買等を除き「基本的にのべ数でカウントする」（同一の相手方との複数回の取引は複数人との取引と数える）必要があるとの金融庁の見解が示されている[58]。実務的には保守的にかかる見解に従わざるを得ないであろう[59]。

(3) 3分の1ルール

市場外における著しく少数の者から行う買付け等により、当該買付け等の後における株券等所有割合が3分の1を超える場合には、当該買付け等は、公開買付けによらなければならない（金商27条の2第1項2号）。なお、PTS 取引により株券等の買付け等を行い、当該買付け等の後の株券等所有割合が3分の1を超える場合にも、3分の1ルールにより、当該買付け等は、公開買付けによらなければならないこととされている（金商令7条7項1号、6条の2第2項2号）。5%基準以外の原則適用類型のいずれもが3分の1超の株券等所有割合を何らかの基準として含んでおり[60]、その意味で、3分の1

---

56) 金商令6条の2第2項2号。ただし、3分の1ルールに抵触する PTS 取引（金商令7条7項1号）の場合には、その相手方の人数はカウントから除外されない。
57) 1年間継続して形式基準による特別関係者である者からの株券等の買付け等（他社株買付府令3条3項、金商27条の2第1項但書、他社株買付府令3条1項）と、金商令6条の2第1項1号～3号・10号～15号。実質的には、全ての適用除外類型から、それ自体が「特定買付け等」であることを要件とする同項4号～9号と、株式等売渡請求（会社179条2項・1項）に係る16号が除外されている（株券等売渡請求が除外されている理由は明らかではない）。
58) 公開買付け Q&A（問 19）。
59) もっとも、買付け等の相手方の人数が一定数を超えた場合に平等な取扱いを要請する5%基準の趣旨からすると、のべ数でカウントする（例えば、1人から1回の市場外取引で5%超を取得した場合には公開買付けによる必要はないとする一方、それが10回以上に分割して行われた場合には公開買付けによることを強制する）ことに合理性があるのか疑問に思われる（金商大系 I(1) 262頁）。
60) 株券等所有割合が3分の1超となる場合には、会社の支配権への影響があるとの立法判断に基づくものとされている（池田ほか・公開買付 32頁）。

ルールは、原則適用類型の中でも中核をなすものと位置付けられる。

要件としては、特定買付け等によること、買付け後の株券等所有割合が3分の1を超えることの2点のみであり、「特定買付け等」や「株券等所有割合」の意義は5%基準と同様である（→(2)）。

(4) 立会外取引に関する規制

ToSTNeT 取引に代表される一定の立会外取引[61]により株券等の買付け等を行い、当該買付け等の後の株券等所有割合が3分の1を超える場合には、当該買付け等は、公開買付けによらなければならない（金商27条の2第1項3号）。この一定の立会外取引は、法令上は「特定売買等」と呼称されているが、「特定買付け等」との判別を容易にするため、以下では「ToSTNeT 取引等」という。

公開買付けを ToSTNeT 取引等により実施することは実際上不可能であるため、この規制により、株券等所有割合が3分の1超となる ToSTNeT 取引等を実施することは、それが適用除外類型に該当しない限りできないこととなる[62]。

「株券等所有割合」の意義は5%基準と同様である（→(2)）。

(5) 急速な買付け

3か月以内に、市場外における買付け等と ToSTNeT 取引等による買付け等合計5%超を含む、10%超の株券等の取得を市場内外における買付け等や新規発行取得により行い、当該買付け等の後の株券等所有割合が3分の1を

---

61) 「取引所金融商品市場における有価証券の売買等であって競売買の方法以外の方法による有価証券の売買等として内閣総理大臣が定めるもの」との規定を受けて、平成17年金融庁告示第53号「競売買の方法以外の方法による有価証券の売買等を定める件」（最終改正・平成26年金融庁告示第22号）によって定められている。具体的には、東京証券取引所の ToSTNeT 取引、大阪取引所の J-NET 取引、名古屋証券取引所の N-NET 取引、札幌証券取引所の立会外取引および福岡証券取引所の立会外取引が定められている。

62) もっとも、適用除外類型（→3）の一部は「特定買付け等」であることが要件とされているところ、特定買付け等は条文構造等から市場外での買付け等に限られ、ToSTNeT 取引等はこれに該当しないと解するのが自然である（金商大系Ⅰ(1)364～365頁）。

超える場合には、当該買付け等は、公開買付けによらなければならない（金商27条の2第1項4号）。さらに、実質基準による特別関係者による買付け等および新規発行取得による株券等の取得を買付者による株券等の買付け等および取得とみなして、上記の規定を適用した場合に各数量基準を満たす場合にも、当該買付け等は公開買付けによらなければならないこととされている（金商27条の2第1項6号、金商令7条7項2号）。

ここでいう「5％超」の算定においては適用除外類型による取得分は除かれるため、適用除外類型による取得は「5％超」の要件との関係で考慮する必要はない。一方、「10％超」との関係ではそのような定めがないため、適用除外類型に該当する取得についても合算されることに注意を要する[63]。「5％超」「10％超」の計算に関し、分母となる数は株券等所有割合と同様であり[64]、基本的には、買付者あるいは実質基準による特別関係者が行った取得による、フローベースで見たそれぞれの株券等所有割合の増加分（ネット・ベース）[65]の合計が、かかる数値基準に該当するか否かを検討すればよいと考えられる[66]。ただし、実質基準による特別関係者の株券等の売買状況を把握することには困難を伴う場合も少なくないため、本規制の適用の有無を考えるにあたっては慎重な対応が必要である[67]。

---

[63] 古澤知之ほか監修『逐条解説 2013年金融商品取引法改正』（商事法務、2014）78頁では、「5％超」の要件は、「本来公開買付けによらなければならない取引が一定量以上含まれているか否か」を判別する機能を担うべきものであるため、適用除外類型による取得分を除外したと説明されている。

[64] 金商令7条3項・4項、他社株買付府令4条の2第1項・2項。

[65] 株券等所有割合の計算とは異なり、「5％超」「10％超」の計算に関し、分子となる数について、形式基準による特別関係者の取得分は（その者が同時に実質基準による特別関係者にも該当するのでない限り）考慮されない点が他の原則適用類型にない特徴といえる。ただし、この意味での形式基準による特別関係者から、買付者あるいは実質基準による特別関係者が株券等を適用除外類型に該当しない方法で取得した場合には、株券等所有割合の総数に変化はないものの、それにより「5％超」「10％超」の要件を満たす場合があり得ることには注意が必要である。

[66] 池田ほか・公開買付35頁。パブコメ回答No.28でも「基本的にネット・ベースで算定可能」とされている。ただし、ネットで計算する際には留意すべき点がいくつかある。詳細は金商大系Ⅰ(1)305頁以下および理論と実務69～71頁を参照されたい。なお、買付者と実質基準による特別関係者の取得分を合算する上でのネッティングについてはさらに複雑な問題が生じる（金商大系Ⅰ(1)342頁以下参照）。

[67] 金商大系Ⅰ(1)340～341頁参照。

本規制は、株券等所有割合が3分の1を超える直前まで市場外での買付けを行い、その後、市場内での買付け等により株券等所有割合を3分の1超とするような取引は、前記の3分の1ルールには該当しないものの、強制公開買付規制の潜脱的な行為であるとの価値判断により、平成18年12月施行の旧証券取引法改正により新設されたものである。もっとも、本規制は上記要件を満たす一連の買付け等の全て（新規発行取得は除かれる[68]）について公開買付けによることを強制するものであり、適用範囲が広いことに注意を要する。例えば、以下のような場合には本規制への違反となる。

① 合計5％超の（適用除外類型に該当しない）市場外での買付け等[69]および／またはToSTNeT取引等による買付け等を行った（この時点での株券等所有割合は3分の1以下であった）。

② ①の日から3か月以内に、①と合算して合計10％超となる市場内での買付け、適用除外類型に該当する買付け等、新規発行取得および／または公開買付けを行い、その結果として株券等所有割合が3分の1超となった。

⇒①を公開買付けにより行っていないため、本規制への違反となる。②において市場内買付けを行った場合には、当該市場内買付けを公開買付けにより行わなかったことも本規制への違反となる[70]。新規発行取得および公開買付けによる取得については本規制への違反とならないものの、①の買付けを公開買付けにより行わなかったことが本規制への違反となるため、実施することができない。

⇒ここでいう「新規発行取得」には、合併、株式交換等の組織再編行為において新たに発行する株券等の取得も含まれると解されている[71]ため、これらによる取得も実施できない。

⇒また、「公開買付け」に関して実施してはならない行為は公開買付開

---

[68] 池田ほか・公開買付33〜34頁。

[69] かかる市場外での買付け等が5％基準（金商27条の2第1項1号）への違反となる場合には、本規制の違反とはならない（同項4号第3括弧書）。

[70] ②に相当する買付け等を市場外での買付け等により行った場合には5％基準（金商27条の2第1項1号）あるいは3分の1ルール（同項2号）への違反、立会外取引により行った場合には立会外取引に関する規制（同項3号）への違反となり、本規制への違反とはならない（同項4号第3括弧書）。

[71] パブコメ回答No.25。金商大系I(1) 294頁も参照。

始公告であると解されている[72]ため、①の日から3か月以内には公開買付けを開始できないこととなる。

上記では理解を容易にするため①の後に②が行われた例を示したが、実際には、②の一部が①より先に行われていても、あるいは①と②が並行して行われていても、3か月以内の一定の期間内での取得が前記の5％超要件および10％超要件を満たしていれば、②の株券等の取得後の株券等所有割合が3分の1超となった時点で本規制への違反となる[73]。

なお、前記のとおり、本規制は従前の規制の潜脱を防ぐために新設された規定であり、さらに潜脱論を持ち出して規制を及ぼすべき余地はないと解すべきとする見解もある[74]。しかし、例えば、「5％超」「10％超」の各要件を満たす買付けを行った後、対象会社が自己株式取得を行った結果として初めて株券等所有割合が3分の1を超えた場合には、本規制の適用は形式的にはないものの、かかる自己株式取得が行われることを知って、その直前に株券等所有割合が3分の1に満たないぎりぎりのところまで買付け等を行った場合については、本規制の潜脱として規制対象とされる可能性があるように思われる[75]。

(6) 他者の公開買付期間中の大株主による買付け等

他者が行う公開買付けの公開買付届出書記載の期間中に、当該公開買付けの対象となっている株券等に係る株券等所有割合が3分の1超である者が、5％超の株券等の買付け等を行うときは、公開買付けによらなければならない（金商27条の2第1項5号）。

本規制は、支配権に影響のある買付けが競合する局面では、株主等が十分な情報に基づき投資判断を行えるよう当該競合者にも公開買付けを義務付けることにより、手続の公正性・透明性を確保するために平成18年改正によ

---

[72] 公開買付け Q&A（問21）。
[73] ①の買付け等により株券等所有割合が3分の1超となった場合には、金商法27条の2第1項1号～3号のいずれかの違反となる。
[74] 理論と実務71頁。
[75] 金商大系Ⅰ(1)314頁参照。パブコメ回答 No.6・15・16・28 等における金融庁の見解も、本規制の潜脱として違法になる場合が存在することを想定しているものと考えられる。

り導入された[76]。一方で、過剰規制とならないように[77]、株券等所有割合が3分の1を超える大株主が、他者の公開買付期間中（延長後の公開買付期間は含まれない）[78] 5％を買い増す場合のみが対象とされている。なお、上記「公開買付届出書」は、金商法27条の3第2項に規定するものと限定されており、ここでいう他者の公開買付けには自社株公開買付けは含まれない。

「5％超」の要件については、買付者だけでなく、その全ての特別関係者（小規模保有者である形式基準による特別関係者も含む）の買付け等による取得分を合算することとされている（金商令7条6項、他社株買付府令4条の2第3項）。計算方法は急速な買付けの場合（前記(5)）と同様であると考えられるが、例えば、他者の（当初の）公開買付期間中に、株券等所有割合が3分の1超である大株主の小規模保有者である形式基準による特別関係者が、対象となっている株券等を、公開買付けによらずに1株でも買付け等した場合、当該期間が終了するまでは当該大株主は公開買付けによってすら5％超の株券等を取得することができない（特別関係者による取得が公開買付けによっていないため）ことには注意が必要である。なお、かかる大株主による市場外での買付け等やToSTNeT取引等については金商法27条の2第1項2号または3号で捕捉されるため、当該大株主との関係では、本規制は市場内（立会内）での買付け等に係る規制として機能することとなる。

3 強制公開買付規制の適用除外

原則適用類型（前記2）のいずれかに該当する場合であっても、一定の買付け等についてはその適用が除外される（金商27条の2第1項但書）。適用除外類型は全部で17類型あり、①既に保有している権利の行使により株券等を取得するもの、②企業グループ内の取引といえるもの、③その他の類型に

---

76) 池田ほか・公開買付37頁。公開買付者による別途買付けが禁止されている（金商27条の5）ことも背景にあると考えられる。
77) 池田ほか・公開買付37頁。
78) 流通市場への影響、過剰規制の回避等の観点から、買付けが競合する場合の公開買付けは厳格な要件の下にのみ義務付けるべきであるとの考え方に基づくものであると説明されている（パブコメ回答No.29）。しかし、本規制が導入された趣旨からすると合理性に疑問がないわけではない（金商大系Ⅰ(1)332頁参照）。

大別できる。

なお、金商令6条の2第1項4号〜9号で定められる適用除外において要件とされている「特定買付け等」の意義については、2(2)を参照されたい。

(1) 既保有権利の行使

① 新株予約権を有する者が当該新株予約権を行使することにより行う株券等の買付け等[79]（金商27条の2第1項但書）
② 株式の割当てを受ける権利を有する者が当該権利を行使することにより行う株券等の買付け等（金商令6条の2第1項1号）
③ 証券投資信託の受益証券で、信託約款において当該受益証券の所有者の請求により当該受益証券を当該投資信託財産に属する株券等と交換する旨定められているもの（日経300株価指数連動型上場投資信託受益証券およびETF（株価連動型投資信託受益証券））の受益者が当該交換により行う株券等の買付け等（金商令6条の2第1項2号・3号、投資信託及び投資法人に関する法律施行令12条1号・2号）
④ 担保権の実行による特定買付け等（金商令6条の2第1項8号）[80]
⑤ 取得請求権付株式を有する株主の請求により、当該株式の発行者が当該株式を取得することと引換えに行われる株券等の買付け等（金商令6条の2第1項11号）
⑥ 取得条項付株式または取得条項付新株予約権の発行者が、定款で定め

---

[79] コミットメント型ライツ・オファリングの場合の新株予約権については、この例外規定の適用を受けないと整理されている（金商27条の2第1項但書第1括弧書、他社株買付府令2条の2の2）。この結果、かかる新株予約権を行使して、自己株式を取得する行為は強制公開買付規制上の「買付け等」に該当し、新たに発行される株式を取得する場合には（急速な買付けの10％要件に影響のある）「新規発行取得」に該当することとなるため、注意を要する（金融庁平成24年2月10日パブコメ回答No.37・38）。具体的には、株券等所有割合が3分の1超であるときに新株予約権を行使して自己株式を取得する場合、3分の1ルールにより公開買付けを行う必要がある（同パブコメ回答No.50）。なお、かかる「買付け等」または「新規発行取得」の後の株券等所有割合の計算において、発行済株式総数を把握することは困難であるが、発行された新株予約権が全て行使された前提での発行済株式総数を用いることは認められていない（同パブコメ回答No.40〜49）。

[80] 処分清算型の担保権の実行における、処分の相手方による株券等の取得は含まれないと解されている（公開買付けQ&A（問19）。反対説として理論と実務92頁）。また、適用除外と認められない可能性がある場合については、前記1(3)(iii)参照。

られた取得事由が生じたことにより当該株式または新株予約権を有していた者に交付することにより行われる株券等の買付け等（金商令6条の2第1項12号）[81]

(2) グループ内取引

⑦ 株券等の買付け等を行う者がその者と1年間継続して形式基準による特別関係者である者[82]からの株券等の買付け等[83] [84]（金商27条の2第1項但書、他社株買付府令3条1項）

⑧ 1年間継続して兄弟法人等[85]である会社からの株券等の特定買付け等

---

[81] 金融庁の見解によれば、全部取得条項付種類株式の全部取得による対価としての株券等の取得は、株主総会の特別決議により取得対価・その割当てに関する事項等が定められるものであり、全部取得条項付種類株式を保有した時点で将来の全部取得において交付される対価の内容が明確ではないことから、個別の事案に応じて判断されると解されている（パブコメ回答 No.21）。ただし、スクイーズ・アウトの手法として全部取得条項付種類株式を利用する場合には、通常は「買付け等」には該当しないと解されている（公開買付け Q&A（問 17））。なお、かかる株券等の取得について、個々の株主の意思に基づいて行われるものではないので、原則として買付け等には該当しないと考えるべきであるとする論者もいるが（理論と実務 85 頁）、取得者の意思に基づかない買付け等についてはその先行行為も含めて考えるべきであることから（→ 1 (3)(iv)）、当該取得者の全部取得条項付種類株式の導入の意思決定への関与の形態によっては買付け等に該当する場合もあり得るものと思われる（金商大系Ⅰ(1) 418 頁参照）。

[82] 異なる類型の特別関係者である期間を通算することが可能であり、例えば、買付者の子会社であった者が、その後、買付者の孫会社となった場合や、買付者の役員であった者が、その後、買付者に対して特別資本関係を有する者となった場合に、それぞれの期間を通算して1年間継続している場合には要件を満たすと解されている（公開買付け Q&A（問 20））。

[83] なお、立会外取引を利用した株券等の買付け等であっても、いわゆるクロス取引、相手方指定取引等により、当該買付け等の相手方が形式的特別関係者であると特定できる場合には、この適用除外に該当すると解されている（公開買付け Q&A（問 45））。

[84] この適用除外要件を複数回用いることで（すなわち、共通の1年間継続して形式基準による特別関係者に該当する者を介在させて）形式基準による特別関係者に該当しない当事者間での譲渡を行うことは、強制公開買付規制の潜脱であると評価されるおそれがある（金商大系Ⅰ(1) 372～373 頁参照）。もっとも、1年後に買付け等を行うことを意図して形式基準による特別関係者に該当する者（法人等）を作出したような場合はともかくとして、既存の特別関係者たる関係を利用してかかる取引を行うに過ぎない場合については、直ちに強制公開買付規制の潜脱には該当せず、個々の事情を考慮した判断がなされるべきものと思われる。

[85] 親会社に相当する会社が各兄弟会社の総株主の議決権の数の 50％を超えて株式を保有している場合に限られる（金商令6条の2第1項5号）。

（金商令6条の2第1項5号、他社株買付府令2条の3第1項）
⑨ 1年間継続して関係法人等（**図表Ⅰ-4-5**）[86]である法人等[87]からの株券等の特定買付け等（金商令6条の2第1項6号、他社株買付府令2条の4）

[図表Ⅰ-4-5] 企業グループ内取引として適用除外となるグループ会社の範囲

＊「〈○号〉」は他社株買付府令2条の4第1項における号番号を示す。

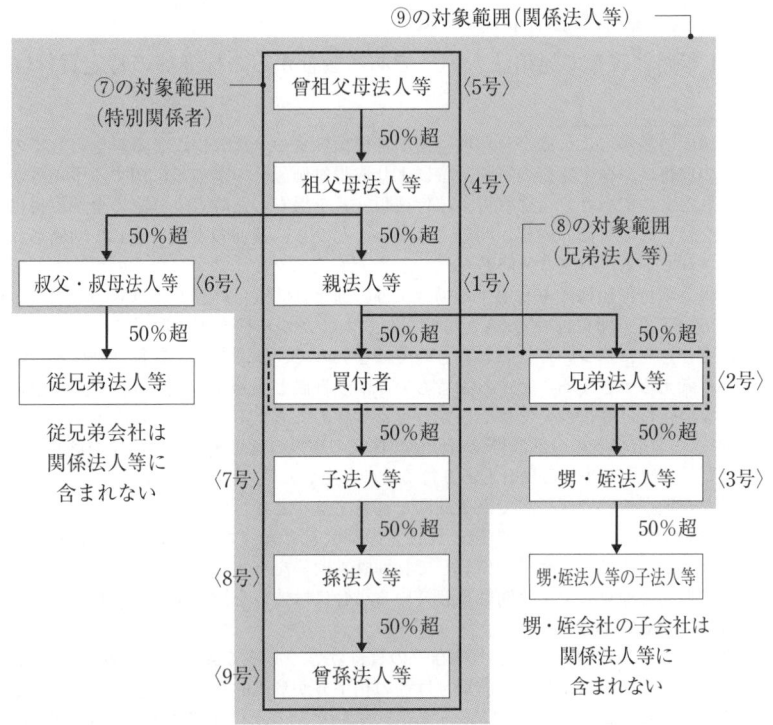

---

86) 本号は、買付者と**図表Ⅰ-4-5**に記載する範囲の関係法人等（他社株買付府令2条の4第1項）が合計で3分の1を超える議決権に係る発行者の株式を保有している場合に、当該関係法人等のいずれかから行う株券等の（上記⑦⑧以外の）特定買付け等を適用除外とする。上記⑦⑧で説明した適用除外に該当する買付け等を除くと、⑨により適用除外となる買付け等は、**図表Ⅰ-4-5**に記載する者のうち1年以上継続して、甥・姪法人等（同条1項3号）または叔父・叔母法人等（同項6号）に該当する法人等からの買付け等に限られる。

(3) その他

⑩ 50％を超えて株式を保有している場合[88]の特定買付け等であって、株券等所有割合が3分の2以上とならないもの（金商令6条の2第1項4号）

⑪ 株券等の所有者が25名未満である場合に所有者の合意を得て行う場合の特定買付け等（金商令6条の2第1項7号、他社株買付府令2条の5第1項）[89]

⑫ 事業の全部または一部の譲受けによる特定買付け等（金商令6条の2第1項9号）[90]

⑬ 有価証券届出書等[91]による開示が行われている株券等の売出し[92]に応じて行う買付け等（金商令6条の2第1項10号）

---

[87] 異なる類型の関係法人等であった期間も通算することが可能であると解されている（公開買付けQ&A（問20）。前掲注82）参照）。

[88] 買付者のみの株券等所有割合（特別関係者分を除く）に、1年以上継続してその者と形式的特別関係者である者（小規模所有者を含む。金商27条の2第1項但書、他社株買付府令3条1項）の株券等所有割合を合算した割合が50％超である場合をいう。親会社であってもこの要件を満たさない場合があり得ることには注意が必要である。

[89] ⓐ当該特定買付け等の対象となる株券等の全ての所有者から公開買付けによらないで行うことに同意する旨の書面が買付者に提出されていることが常に必要である（他社株買付府令2条の5第2項1号柱書・2号）。特定買付け等の後の株券等所有割合が3分の2以上となる場合であって、当該特定買付け等の対象とならない株券等（買付け等対象外株券等）があるときは、ⓐに加えて、当該特定買付け等を公開買付けによらないで行うことにつき、ⓑ買付け等対象外株券等に係る種類株主総会の決議が得られていること、または、ⓒ買付け等対象外株券等の所有者が25名未満であり、かつ、全ての当該所有者から書面による同意がなされていることのいずれかの要件を満たす必要がある（他社株買付府令2条の5第2項1号イ・ロ）。なお、ⓐⓒの要件との関係では、書面による同意は、電子メール等の電子的方法によることも認められている（他社株買付府令2条の5第3項）。上記の買付け等の後の株券等所有割合が3分の2以上となる場合との要件は、全部勧誘義務および全部買付義務（→第3節2）の有無の基準と同様であり、また、全部勧誘義務および全部買付義務の例外として、上記ⓑⓒと同様の基準が定められているため、共通の問題点がある（→第3節2(1)）。種類株式が発行されている場合に、いかなる範囲の「株券等の所有者」が「25名未満」である必要があるかが大きな問題となる（→第3節6(1)）。

[90] 「買付け等」に該当しない組織再編による取得と同様の取扱いとされている（前記1(3)(ii)参照）。

[91] 有価証券届出書のほか、金商法23条の8第1項による発行登録追補書類も含まれる。

⑭　発行者の役員持株会および従業員持株会を通じて行う一定の計画に基づく買付け等（金商令6条の2第1項13号、他社株買付府令2条の6）
⑮　有価証券報告書を提出しなければならない発行者（特定上場有価証券（いわゆるプロ向け市場に上場されている有価証券）の発行者を除く）以外の発行者が発行する株券等の買付け等（金商令6条の2第1項14号）
⑯　金融商品取引清算機関に対し株券等を引き渡す債務を負う清算参加者が、当該金融商品取引清算機関の業務方法書において履行すべき期限として定められている時までに当該債務を履行しなかった場合に、当該業務方法書に定めるところにより行う株券等の買付け等（金商令6条の2第1項15号）
⑰　特別支配株主の株式等売渡請求による株券等の買付け等（金商令6条の2第1項16号）[93]

第3節

公開買付けの実体的規制

　公開買付けの実体的規制には、まず、公開買付者に対する規制として、買付け等に関する諸条件の設定に係る規制（→ **1**）、公開買付け後に少数株主が不安定な立場に置かれることを防ぐための全部勧誘義務・全部買付義務（→ **2**）、公開買付けによらない別途買付けの禁止（→ **3**）、公開買付けの撤回の制限（→ **4**）がある。他方、株主を保護するため、公開買付けへの応募の株主による解除は自由に認められている（→ **5**）。
　以上が公開買付けの実体的規制の概観であるが、種類株式が発行されている場合には、特に公開買付けの実体的規制との関係で実務上問題となること

---

[92] 既にその有価証券に関して開示が行われている場合には有価証券届出書の提出義務がないため（金商4条1項3号）、上記⑬の適用除外に該当する場合は少ないと思われる。

[93] 新株予約権証券が発行されている場合、当該新株予約権証券全てにつき全部勧誘義務の適用除外要件（→**第3節2**(1)）が満たされない限り、当該新株予約権証券に係る新株予約権売渡請求（会社179条3項・2項）をあわせて実施する必要がある。

が多いことから、種類株式が発行されている場合の取扱いについて以上とは項を改めて説明する（→6）。

1　買付条件等に係る規制

　買付け等の価格、買付予定の株券等の数、買付け等の期間、買付け等に係る受渡しその他の決済および公開買付者が買付け等に付した条件を「買付条件等」という（金商27条の3第2項1号）。本1では、この買付条件等について説明する。

(1) 公開買付期間

(i) 公開買付期間の日数と末日

　公開買付けによる株券等の買付け等の期間（公開買付期間）は、公開買付者が公開買付開始公告を行った日から起算して20営業日[94]以上60営業日以内の範囲内で定めなければならない（金商27条の2第2項、金商令8条1項）。

　「20営業日以上」との要件に関し、実務上公開買付期間末日において、応募の受付時間を一定の時間（例えば、午後3時30分）までに制限する対応が行われることが多くみられる。公開買付期間を20営業日としつつこのような対応をした場合、法が定める公開買付期間の下限を下回る期間設定であるとして問題となるかという論点があるが、応募方法について、法定されていない合理的な対応を株主に要求すること自体は特に問題ないと考えられることからすれば、合理的な範囲で受付時間を区切ることは可能と考えるべきである[95]。

　なお、公開買付期間の末日を休日の前日とした場合、休日にEDINETを利用することができないため、公開買付報告書を公開買付期間の末日の翌日

---

[94]　行政機関の休日に関する法律1条1項各号に掲げる日の日数は、算入しないこととされているため、これらの日を除いた日を以下「営業日」という。なお、同条項が規定している日（営業日に含まれない日）は、①日曜日および土曜日、②国民の祝日に関する法律に規定する休日、および③12月29日から翌年の1月3日までの日である。
[95]　金商大系I(2)18頁。ただし、受付時間の制限については、株主や投資家の予測可能性を確保する観点から、公開買付届出書等において予め開示しておくべきである。

に提出すること（金商27条の13第1項・2項）ができない。しかし、実務上、公開買付期間の末日後、最初の営業日に提出すれば足りると考えられており、そのような対応例も少なくない。かかる実務上の運用が許容されるのであれば、公開買付報告書の提出のタイミングに関して、当該提出をしなければならない日が休日に該当するときには、その翌営業日に提出するものとするよう、法令改正の上、条文上明確にするのが望ましいであろう[96]。

(ii) 公開買付期間の短縮と延長

公開買付期間の短縮は、応募株主等[97]に不利になるため認められない[98]（金商27条の6第1項3号）。

他方、公開買付期間の延長は、公開買付開始公告の日から起算して60営業日の範囲内であれば可能である（金商27条の6第1項4号、金商令13条2項2号本文）。逆に、60営業日を超える延長は原則認められないが、以下の例外がある。

① 訂正届出書の提出に伴い延長しなければならない場合

公開買付期間中に、訂正届出書を提出する場合または訂正届出書の提出命令があった場合には(ア)公開買付届出書または訂正届出書に形式上の不備があることにより訂正届出書を提出する場合および(イ)公開買付期間を延長する場合であって他の買付条件等に変更がない場合[99]を除き、公開買付期間を、その末日の翌日から、訂正届出書を提出す

---

[96] 公開買付届出書の提出に関しては、提出をしなければならない日が休日に該当するときには、その翌日に提出するものとする条文上の手当がなされている（金商27条の3第2項但書、他社株買付府令14条）。

[97] 公開買付けに係る株券等の買付け等の申込みに対する承諾または売付け等の申込みをした者をいう（金商27条の12第1項）。以下同じ。

[98] 規制の趣旨の詳細については金商大系Ⅰ(2)25頁参照。

[99] 公開買付期間の延長により決済開始日が変更される場合に「他の買付条件等に変更がない」という要件を満たすか否かが問題となるように見える。もっとも、金商法27条の6第2項は「買付条件等の変更の内容……その他内閣府令で定める事項を公告しなければならない」（下線は筆者による）と定めているところ、これを受けた他社株買付府令19条2項6号が「買付条件等の変更により公開買付期間が延長される場合には、延長後の公開買付期間の末日及び延長後の買付け等に係る決済の開始日」と定めていることからすると、決済開始日の変更はそもそも「買付条件等の変更の内容」に含まれていないと考えられる。

る日より起算して11営業日目の日まで延長しなければならない（金商27条の8第8項、他社株買付府令22条）。公開買付期間の延長が強制される趣旨は、訂正内容を周知させ、株主・投資者の熟慮期間を確保することにあると説明される[100]。かかる延長により公開買付期間が60営業日を超えることは認められている（金商令13条2項2号イ）。

② 公開買付期間中に特別関係者[101]以外の第三者[102]が対象者の株券等について公開買付けを開始した場合または公開買付期間を延長した場合
当該第三者の公開買付期間の末日までの日数以下の範囲内で自発的に延長をすることが認められている（金商令13条2項2号ロ）。

また、以上のほか、公開買付期間が30営業日未満である場合、対象者は意見表明報告書に記載することにより、公開買付期間を30営業日に延長することを請求することができる（金商27条の10第2項2号、金商令9条の3第6項）。期間延長請求が意見表明報告書に記載され、かつ、当該意見表明報告書が公衆の縦覧に供されることにより、公開買付期間は30営業日に自動的に延長される（金商27条の10第3項、金商令9条の3第6項）。

公開買付期間を自発的に延長する場合の訂正届出書に係る手続については下記第4節3(3)、対象者の請求による延長については下記第4節4(3)をそれぞれ参照されたい。

(2) 買付予定の株券等の数

公開買付けにおいては、原則として、応募株券等[103]の全部について、買付け等に係る受渡しその他の決済を行わなければならない（金商27条の13第4項柱書）。もっとも、公開買付開始公告および公開買付届出書に記載することにより、買付け等を行う株券等の下限および上限を設定することがで

---

[100] 池田ほか・公開買付115頁。
[101] 実質基準による特別関係者および形式基準による特別関係者の双方を含み、金商法27条の5第2号の規定による申出を関東財務局長（金商194条の7第1項、金商令40条1項1号）に行った者は除かれる（金商令12条1項）。
[102] 金商令13条2項2号ロでは、公開買付開始公告等につき自社株公開買付けに係る条文も記載しているため、対象会社による自社株公開買付けが開始等された場合の対象会社もここでいう第三者に含まれると解される。
[103] 応募株主等が公開買付けに応じて売付け等をした株券等をいう（金商27条の12第3項）。以下同じ。

きる（金商27条の13第4項1号・2号）。

　買付予定数の下限は、応募株券等の総数がそれに満たない場合に、応募株券等の全部の買付け等をしないことを示すものとして付すことができる（金商27条の13第4項1号）。下限についての制限はないが、撤回規制（→**4**）の潜脱を目的とした下限の設定（例えば、撤回事由に該当しないような一定の条件を満たした場合に限って下限を引き下げる前提で、下限を著しく高く設定しておくことにより、事実上撤回する余地を残しておくような手法）は原則として許容されないと解すべきである[104]。

　他方、買付予定数の上限は、応募株券等の総数がそれを超える場合に、その超える部分の全部または一部の買付け等をしないことを示すものとして付すことができる（金商27条の13第4項2号）。ただし、株券等所有割合が3分の2以上となるような上限を付すことはできない（金商27条の13第4項柱書、金商令14条の2の2）。買付予定数の上限を付す場合、公開買付届出書に具体的な上限の数を記載する必要がある[105]。

　買付予定数の上限を付した場合において、応募株券等の数が当該上限を超えた場合には、応募株主等から按分比例の方式により株券等の買付け等に係る受渡しその他の決済を行わなければならない（金商27条の13第5項）。按分比例の算式は以下のとおりである（他社株買付府令32条1項）。

（応募株主等の応募株券等の数）×（買付け等をする株券等に係る議決権の数の合計）
÷（応募株券等に係る議決権の数の合計）　　　＊1株未満四捨五入

　上記の方法により計算した数の合計と買付け等をする株券等の数の合計とが異なるときは、その異なる数の処理は、公開買付届出書に記載した方法により行わなければならない（他社株買付府令32条2項）。

　複数の種類株式を公開買付けの対象とする場合の上限・下限の設定に関する論点は後述する（→**6**(2)）。

---

104)　金商大系Ⅰ(2)74頁以下。
105)　公開買付けQ&A（問38）。

(3) 公開買付価格

　公開買付けによる株券等の買付け等を行う場合には、買付け等の価格は均一の条件によらなければならないとされている（金商27条の2第3項、金商令8条3項本文）。具体的には、買付け等の価格は、全ての応募株主等について均一にしなければならず、有価証券その他金銭以外のものをもって買付け等の対価とする場合には当該有価証券その他金銭以外のものとの交換比率[106]を均一の条件とする必要がある（金商27条の2第3項括弧書、金商令8条2項）。

　公開買付者等（公開買付者、特別関係者ならびに公開買付事務取扱者および公開買付代理人を指す（金商27条の3第3項、金商令10条）。以下同じ）は、公開買付期間中に公開買付手続外で株券等の買付け等を行うことが原則として禁止されており（別途買付けの禁止→3）、公開買付手続外においても別段の価格による買付けをすることはできない建付けとなっている。ただし、例えば、対象となる株券等の買付け等を公開買付けによらないで行う旨の契約を公開買付けの開始前に締結している場合に、公開買付届出書において当該契約の存在および内容を明らかにしているときはこの限りではない（金商27条の5第1号）[107]。また、近接した時期に公開買付者が公開買付価格と異なる価格で株券等の売買を行うことについては、少なくとも明示的には禁止されておらず、やはり開示が求められているに過ぎない[108]。もっとも、公開買付期間中やその直前期において、特定の株主から公開買付価格よりも高い価格での買付けを行っているまたは行うことを合意している旨の開示がなされたとすれば、実務上は、一般株主が当該公開買付価格での売却に応じる可能性が下がるおそれが懸念されることに加え、公開買付けの後にスクイーズ・アウト取引を予定している場合等においては、株式買取請求権や価格決定申立て

---

[106] その交換に係る差金として金銭を交付するときは、当該金銭の額を含む（金商令8条2項）。

[107] もっとも、当該規定により別途買付けの禁止には抵触しないこととなるとしても、当該買付けの態様によっては、当該買付けの実施自体が強制公開買付規制に抵触することも考えられ、その場合には、当然、（たとえ予め公開買付届出書に当該買付けに関する契約の存在および内容を明らかにしていたとしても、）当該買付けを公開買付けによらずに行うことはできないことに念のため留意されたい。

[108] 他社株買付府令第2号様式・記載上の注意(6)e前段においては、「当該買付者が最近行った取引の価格と異なる場合には、その差額の内容も記載する」とされている。

を通じて公開買付価格を上回る価格が公正な価格だと認定されてしまうおそれが懸念される点に留意を要する。

　なお、公開買付けの対象株券等の売買に関するもの以外に、公開買付者から株主に対して一定の金銭を支払う合意がある場合には、価格の均一性との関係で問題となり得、その金銭が当該株券等の対価としての性質を有すると評価されるような状況であるか慎重に検討する必要がある[109]。

　なお、他社株公開買付けと並行して対象会社による自社株公開買付けが実施される場合にも、価格の均一性の要件の取扱いが別途問題となる（→3(2)）。また、以上は対象株券等が単一種類の場合の議論であるが、これが複数種類にわたる場合に、各種類の株券等の間における価格の均一性がどの程度求められるかは別途問題となる（→6(3)）。

(4)　買付条件等の変更

　買付条件等の変更については、金商法上、禁止される変更が特定されており（金商27条の6第1項）、その他の変更は行うことができる（同条2項）。変更を行うための訂正届出書に係る手続については、後記**第4節3(3)**参照。

　以下の買付条件等の変更は、公開買付けに応じる株主にとって不利になるものであるため[110]、原則として禁止されている（金商27条の6第1項、金商令13条2項各号）。

---

[109]　公開買付け Q&A（問24）では、公開買付けの対象者の取締役であって当該対象者の株券等を所有する者に対し、公開買付けの成立後における対象者の取締役としての報酬を約束した場合を例に論じられている。事実認定の考慮要素としては、「対価」としての性質を有するか否かの判断に際しては、例えば、従前の報酬と新たな報酬との相違（相違がある場合には合理的な理由の有無）、当該報酬が支払われる時期（一時金として支払われるものか継続的に支払われるかどうか等）および条件（公開買付けの成立のみを条件とするものか一定の業績の達成を条件とするものかどうか等）、当該取締役が応募する株券等の数（当該取締役の応募の有無が公開買付けの成否に与える影響の大小）、当該報酬額の計算基準および根拠（当該取締役が応募する株券等の数を基準とするものかどうか等）が挙げられており、これらの事情を総合的に考慮して判断がなされることとされている（三井＝土本・詳説 Q&A 45頁）。このような判断手法は、他の株主との関係でのその他の内容の合意が、公開買付価格の均一性との関係で問題となるかを検討するにあたっても参考になろう。なお、応募契約における表明保証違反に関する補償義務と買付価格の均一性との関係について、**第Ⅱ部第3章第3節**参照）。

① 買付け等の価格の引下げ（金商27条の6第1項1号）

例外として、公開買付開始公告および公開買付届出書において公開買付期間中に対象者が株式または投資口の分割、株主に対する株式もしくは新株予約権の無償割当てまたは投資主に対する新投資口予約権の無償割当てを行ったときに他社株買付府令19条1項で定める基準に従い買付け等の価格の引下げを行うことがある旨の条件を付した場合、買付け等の価格の引下げを行うことは許容されている（金商令13条1項）。株式および新株予約権を例に、上記他社株買付府令19条1項で定める基準を示すと以下のとおりである。

〈株式分割〉

変更前の公開買付価格÷（当該分割前の1株に係る当該分割後の株式の数）

〈株式または新株予約権の無償割当て〉

変更前の公開買付価格÷（1＋（1株に対して割り当てる株式の数（新株予約権の割当ての場合にあっては、株式に換算した数）））

このように、新株予約権等の無償割当ての場合には、無償割当てされた新株予約権等の行使価額を考慮せずに（株式分割と対比するのであれば理論的には行使価額がゼロ円である前提で）、公開買付価格の引下げの下限が定められている。しかし、公開買付価格の引下げが厳格な要件の下でのみ認められていることを考慮すると、希薄化に対応する限度を超えて買付価格を引き下げることは認められないと考えるべきであろう[111]。

また、株式分割等を「行ったとき」とは、効力発生時を意味すると解されている[112]ため、決定のみがなされ実際に分割や割当ての効力が生じていない場合には、当該分割や割当てによる希薄化の影響を避けるためには、（株式分割や無償割当ての差止めの仮処分等を求めるのでなければ）公開買付けを撤回せざるを得ないと考えられる[113]。

---

110) 河本一郎＝関要監修『逐条解説 証券取引法〔3訂版〕』（商事法務、2008）345頁等。
111) 黒沼悦郎＝太田洋編著『論点体系 金融商品取引法Ⅰ』（第一法規、2014）319頁以下。
112) パブコメ回答No.42。

② 買付予定の株券等の数の減少（金商 27 条の 6 第 1 項 2 号）

条文上は「買付予定の株券等の数」の減少が禁止されているが、本条項の趣旨に鑑み、買付け等を行う株券等の上限数の減少が禁止されていると解釈するのが一般的である[114]。

③ 公開買付期間の短縮（金商 27 条の 6 第 1 項 3 号）

例外は定められておらず、公開買付期間を短縮することはできない。

④ 買付予定数の下限の増加（金商 27 条の 6 第 1 項 4 号、金商令 13 条 2 項 1 号）

例外として、公開買付けの開始後に、公開買付者とその特別関係者および対象者以外の者が、ⓐ対象者の株券等について公開買付けを開始した場合、またはⓑ対象者の株券等に対して実施している公開買付けに係る買付予定の株券等の数を増加させた場合には、買付け等を行う株券等の下限の増加を行うことは許容される（金商令 13 条 2 項 1 号但書）。

⑤ 公開買付期間の 60 営業日を超えた延長（金商 27 条の 6 第 1 項 4 号、金商令 13 条 2 項 2 号）

例外的に、許容される場合については前記(1)(ii)参照。

⑥ 買付け等の対価の種類の変更（金商 27 条の 6 第 1 項 4 号、金商令 13 条 2 項 3 号）

応募株主等が選択することができる新たな対価の種類を追加することは許容されており（金商令 13 条 2 項 3 号但書）、それ以外の変更が禁止されている。

⑦ 公開買付けの撤回等についての条件の内容の変更（金商 27 条の 6 第 1 項 4 号、金商令 13 条 2 項 4 号）

2　全部勧誘義務・全部買付義務

公開買付けの後の株券等所有割合が 3 分の 2 以上となる場合、公開買付者には全部勧誘義務および全部買付義務が課される。すなわち、この場合、公

---

113)　金商大系 I (2) 57 頁。
114)　金商大系 I (2) 84 頁以下。

開買付者は原則として、①買付け等の対象となる株券等の種類を限定することはできず、対象者が発行する全ての株券等について買付け等の申込みまたは売付け等の申込みの勧誘を行わなければならず（全部勧誘義務。金商27条の2第5項、金商令8条5項3号）、また、②買付け等を行う株券等の数に上限を設定することはできず、応募株券等の全部について買付け等に係る受渡しその他の決済を行わなければならない（全部買付義務。金商27条の13第4項、金商令14条の2の2）。これらは公開買付けを行う場合の規制であるため、そもそも公開買付けによらない買付けを行う場合（例えば、適用除外類型（→**第2節3**）に該当する買付け等を行う場合や、株券等（→**第2節1(1)**）に該当しない有価証券の買付け等を行う場合など）に関しては適用されない。

かかる全部勧誘義務が課される場合、各株券等についての勧誘は「同一の公開買付けによらなければならない」とされているため（他社株買付府令5条5項）、別々の公開買付けを同時に行って勧誘することは認められない。

ある者の株券等所有割合[115]が3分の2以上となるような場合には、上場廃止や会社法の特別決議に基づく組織再編行為等が視野に入ってくるため、零細な株主や投資家を保護する観点から、全部勧誘義務および全部買付義務が定められている[116]。強制公開買付規制の適用のトリガーとなる株券等所有割合に係る「3分の1超」と並んで、この「3分の2以上」も公開買付規制における重要な分水嶺となる。

(1) 全部勧誘義務の例外

公開買付け等の後の株券等所有割合が3分の2以上となる場合であっても、以下の株券等については、公益または投資者保護に欠けることがないものとして、全部勧誘義務は課されない[117]。

① 当該株券等の買付け等の申込みまたは売付け等の申込みの勧誘が行われないことに同意することにつき、当該株券等に係る種類株主総会の決議が行われている場合における当該株券等

② 当該株券等の所有者が25名未満である場合であって、買付け等の申

---

115) 強制公開買付規制における株券等所有割合と同じ計算方法による（金商令6条の2第1項4号、8条5項3号、金商27条の13第4項）。
116) 池田ほか・公開買付95頁以下。
117) 金商27条の2第5項、金商令8条5項3号、他社株買付府令5条3項各号。

込みまたは売付け等の申込みの勧誘が行われないことにつき、当該株券等の全ての所有者が同意し、その旨を記載した書面（電子メール等の電子的方法でも可[118]）を提出している場合における当該株券等

種類株主総会は会社法または定款で定めた事項のみ決議できると規定されているため（会社321条）、上記①の決議として会社法上有効な決議を行うには、定款を変更して本適用除外のための同意を種類株主総会の決議事項に加える必要がある[119]。また、新株予約権に係る種類株主総会という概念は存在しないため、ストック・オプション等で新株予約権を発行している場合には、上記①の決議によって全部勧誘義務の適用除外を受ける余地はない。

上記の例外は、強制公開買付規制における適用除外類型（→前記**第2節3**(3)⑪）の一部と同じ構造となっており、当該適用除外類型の適用においても同様の問題がある。

対象者の自己株式については、実務上買付予定の株券等の数から除外する事例がほとんどであり、このような取扱いは全部勧誘義務との関係で問題となり得るが、応募されないことが明らかであることから買付予定の株券等の数の算定および資金証明の対象から除外しているに過ぎず、勧誘の対象から除外しているわけではない（そのため、全部勧誘義務に違反していない）との整理が可能であろう[120]。

(2) 公開買付けの途中での全部勧誘義務・全部買付義務の発生

買付け等の後の株券等所有割合が3分の2以上となることが、公開買付け開始後に判明する場合がある。例えば、公開買付期間中の特別関係者の増加や対象者による自己株式の取得等があった場合には、公開買付者の管理できない事情により買付け等の後の株券等所有割合が3分の2以上となり、公開

---

[118] 他社株買付府令5条4項、2条の5第3項。
[119] そのため、通常の株主総会における特別決議も必要となる。なお、この場合の種類株主総会の決議要件は金商法上明記されていないが、定款で定めれば普通決議でも足りるのか、または特別決議とすべきかという点も問題となり得る。
[120] 公開買付けQ&A（問33）において、全部勧誘義務が課される場合であっても、対象者が所有する自己株式で、公開買付けに応募されないことが明らかであるものに相当する金額は、「買付け等に要する資金等」（他社株買付府令第2号様式）および「公開買付けに要する資金」（他社株買付府令13条1項7号）に含まれないとされているが、これも同様の前提に立っていると考えられる。

買付者の意図に反して全部勧誘義務および全部買付義務が課される場合がある。このような場合、公開買付けの対象としていなかった株券等をすみやかに対象として追加し、上限を撤廃して応募株券等の全てを決済の対象とすることで、全部勧誘義務および全部買付義務を果たしたと解することができる[121]。

ただし、全部買付けに必要な資金を新たに調達しなければならなくなる可能性や上場廃止の可能性があることから、対応が困難な場合があるため、実務的には、公開買付者の意図に反して公開買付け開始後に全部勧誘義務・全部買付義務が生じることにならないよう、余裕をもった上限を設定したり、公開買付け開始後に特別関係者が増加することのないように社内の意思統一を図っておく等の対応がとられている[122]。

3 別途買付けの禁止

公開買付者等は、公開買付期間中、公開買付けによらず、対象者の株券等の買付けを行うことができない（金商27条の5本文）。これにより買い付けることができない株券等は、公開買付けの対象とされている種類の株券等に限定されていないことに注意が必要である。

本規制の趣旨は、株主間の平等を確保することにより公開買付制度の実効性を確保することにある[123]。特に、公開買付けとは別に公開買付価格よりも高い価格での買取りがなされる場合には、株主間での平等に反することになる。

別途買付けの禁止に反して、公開買付者が、公開買付期間中に公開買付価格よりも高い価格で株式を取得した場合には、公開買付けに応募し株式を売却した株主に対して株式の取得価格と公開買付価格との差額を支払う損害賠償義務を負う可能性がある（金商27条の17第2項）。また、公開買付期間終了後の公開買付者の買付けに関しても、公開買付届出書上、公開買付期間終

---

121) 金商大系Ⅰ(2) 66頁以下および77頁以下。なお、公開買付けの対象としていなかった株券等を新たに対象として追加した後、20営業日の公開買付期間を確保する必要があるとの見解もある（金商法セミナー206頁以下〔岩原紳作発言〕）。
122) 金商大系Ⅰ(2) 68頁および78頁。
123) 山下友信＝神田秀樹編『金融商品取引法概説』（有斐閣、2010）275頁。

了後に株式をさらに取得する予定がある場合にはその理由および内容を具体的に記載することが求められており[124]、かかる予定に該当する契約があるにもかかわらず、その旨を公開買付届出書または公開買付説明書に記載することなく、当該契約に基づき公開買付期間終了後に公開買付けの買付価格以上の価格で株式を取得した場合には、公開買付者は、公開買付けに応募した株式を売却した株主に対して、公開買付期間終了後に取得した株式の取得価額と公開買付価格との差額を損害賠償として支払う義務を負う可能性がある（金商27条の20第1項2号・3号・2項）。

(1) 別途買付けの禁止の例外

上記の別途買付けの禁止の例外事由としては、①公開買付開始公告を行う前に、当該株券等の買付け等を公開買付けによらないで行う旨の契約を締結している場合で、公開買付届出書でその存在および契約の内容を明らかにしている場合、②形式基準による特別関係者が、実質基準による特別関係者に該当しない旨の申出を行った場合、③公開買付事務取扱者または公開買付代理人（金商令10条）であって公開買付者およびその特別関係者でない者が、ⓐ公開買付者およびその特別関係者以外の者からの委託等で買付けを行う場合、ⓑ金融商品取引所等の規則において有価証券の流通の円滑化を図るため認められている買付けを行う場合[125]、ⓒオプションを行使しまたは行使されたことにより買付け等を行う場合、④一定の適用除外類型に該当する買付け等を行う場合[126]、⑤反対株主の株式買取請求により買付け等を行う場合、⑥その株券等が上場されている海外の金融商品取引所が所在する外国において当該外国の法令に基づき公開買付けによる買付け等を行う場合[127]がある

---

124) 金商27条の3第2項2号、他社株買付府令第2号様式・記載上の注意(5)c。
125) 公開買付けQ&A（問39）参照。かかる有価証券の流通の円滑化を図るために認められている買付け等としては、バスケット取引や借株の返却のための買付け等が該当するとされている（池田ほか・公開買付74頁。なお、東京証券取引所の定める買付け等については、業務規程66条を参照）。
126) 既保有権利（新株予約権等）の行使による買付け等（**第2節3**(1)）に分類されるもの（担保権の行使による特定買付け等を除く）に限定されている（金商令12条3号・4号）。
127) 外国において当該株券等の上場がなされている国の法令に基づく公開買付けによらずに行う買付け等は別途買付けに該当する（池田ほか・公開買付74頁）。

（金商 27 条の 5 第 1 号〜3 号、金商令 12 条）。

なお、公開買付者が対象者の総議決権の 20％以上を保有している場合には、対象者の取締役が形式基準による特別関係者に該当し、かつ、かかる取締役が役員持株会に加入していることもあるが、役員持株会による買付けは別途買付けの除外として明文上記載されていない。したがって、公開買付期間中における役員持株会による買付け等を停止させるか、そうでなければ、公開買付届出書でその存在および契約の内容を明らかにしておく必要がある。

(2) 自社株公開買付けが並行して行われる場合

他社株公開買付けと異なり、自社株公開買付けに応じた法人株主には一定の範囲でみなし配当課税の適用により益金不算入の効果が得られることに鑑み、法人大株主に対して自社株公開買付けに応募することによる税務メリットを得る機会を与えること等を目的として[128]、他社株公開買付けと並行して自社株公開買付けを行うことがある[129]。この場合、そもそも公開買付者と対象者は形式基準による特別関係者に該当する場合もあるが、形式基準による特別関係者に該当しない場合であっても、両社で共同して対象者の株券等を取得する目的がある場合も多く、その場合には対象者が公開買付者の実

---

[128] 法税 24 条 1 項 4 号、23 条。益金不算入の効果が得られる範囲は、持株比率によって異なる（法税 23 条 1 項・5 項〜7 項、法税令 22 条の 2〜22 条の 3 の 2）。かかる税務メリットが得られる大株主を自社株公開買付けに応募するよう誘導することで、効率的企業買収の実現を後押しする効果を期待できる場面も考えられる。さらに、かかる税務メリットを享受できない他の一般株主との関係では、並行して行われる他社株公開買付けの買付価格を自社株公開買付けの買付価格より高い価格とすることで、より高い価格での売却機会を付与することも可能となる。

[129] 同時に並行して実施された実例としては、①シダックス株式会社による大新東株式会社に対する公開買付け（2007 年 1 月 30 日）および大新東株式会社による自社株公開買付け（2007 年 1 月 30 日）、②株式会社石原ホールディングスによる株式会社平和に対する公開買付け（2007 年 4 月 9 日）および株式会社平和による自社株公開買付け（2007 年 4 月 9 日）の事例が挙げられる。また、順次行った実例としては、③ZE ホールディングス株式会社（増進会出版社の 100％子会社である SPC）による栄光ホールディングス株式会社に対する公開買付け（2015 年 6 月 19 日）および栄光ホールディングス株式会社による自社株公開買付け（2015 年 5 月 20 日）の事例がある。かかるスキームに関してその他の法的論点を含めて述べたものとして、森本大介ほか「自社株公開買付けと他社株公開買付けの価格差組合せ取引の検討——増進会出版社による栄光ホールディングスの完全子会社化事例を踏まえて」商事 2077 号（2015）40 頁以下等参照。

質基準による特別関係者に該当する。この場合、特別関係者として対象者の自社株公開買付けを行うことが別途買付け禁止に反しないかが問題となる[130]。

この点は、金商法27条の5に規定される「公開買付け」は、同法27条の3において「〔法27条の2〕第1項本文の規定により同項に規定する公開買付け」と定義されていることから、文言上は他社株公開買付けを指し、自社株公開買付けは含まれていないようにも思われる。しかしながら、別途買付けの趣旨が株主間の平等を図り投資者に対する情報の開示制度をより明確にすることにあると考えると、自社株公開買付けを別途買付けとして禁止する必要はなく、自社株公開買付けは禁止の規制を受けないと解される[131]。

なお、期間の重複の有無にかかわらず、近接した時期に行われる他社株公開買付けおよび自社株公開買付けの間で買付価格を異ならせることは、公開買付価格の均一性の要件（→1(3)）に反しないかが別途問題となる。価格の均一性の要件は、同一の公開買付けに応ずる投資者間の公平を図ることを目的とするものであるところ[132]、高い価格での公開買付けへの応募の機会が十分に確保されている限りは実質的にも問題は生じないようにも思われる。かかる応募の機会は、公開買付けの条件の適切な設定のみならず、投資者がかかる機会を知るための十分な情報開示をあわせて実施することによって確保されるべきであると考えられるものの、逆に、これらの点を手当することにより各投資者の応募の機会が実質的にも十分に確保されている限りは、公開買付期間の重複の有無にかかわらず、価格の均一性の要件との関係でも問題は生じないと考えてよいのではないか[133]。もっとも、実務上は、当局が公開買付期間が重複しない場合については買付価格の価格差を許容する一方で、同期間に重複がある場合には価格差を許容していないようであることには注意が必要である[134]。

---

130) 自社株公開買付けにも別途買付け禁止の規制があるが、特別関係者には適用がないことから問題とならない（金商27条の22の2第2項、27条の3第3項）。
131) 金商大系Ⅰ(2)143頁。森本ほか・前掲注129)では、当局もかかる自社株公開買付けが別途買付禁止規制に反するとの姿勢はとっていないと指摘されている。
132) 神崎克郎ほか『金融商品取引法』（青林書院、2012）490頁。
133) 森本ほか・前掲注129) 43～45頁。太田洋「公開買付規制を巡る近時の諸問題」金融商品取引法研究会編『金融商品取引法制の潮流』（日本証券経済研究所、2015）60～64頁も参照。

4 公開買付けの撤回の制限

公開買付者は、原則として、公開買付けに係る申込みの撤回および契約の解除（本4において以下単に「撤回」という）をすることができない（金商27条の11第1項）。公開買付開始公告後において、公開買付者による撤回を幅広く認めると、安易に公開買付けが行われ、株主・投資者の立場を不安定にするとともに、株価操作等につながるおそれも生ずるためである[135]。

他方で、公開買付けの撤回を一切認めないとなると、不測の事態が生じた場合、公開買付者に不相当に過大なリスクを負わせることになりかねないことから、公開買付開始公告および公開買付届出書において公開買付けの目的の達成に重大な支障となる事情（具体的には以下に解説する、法令上に限定列挙された撤回事由）が生じたときは公開買付けの撤回等をすることがある旨の条件を付した場合に限り、撤回することが可能とされている。撤回事由は政令で列挙された対象者または子会社に生じた決定事実、発生事実等に限定されており、公開買付期間中に撤回等の条件の内容を変更することはできない（金商令13条2項4号）[136]。

(1) 撤回事由

公開買付けの撤回事由としては、株式交換（金商令14条1項1号イ）、株式移転（同号ロ）、会社の分割（同号ハ）、合併（同号ニ）、解散（同号ホ）、破産手続開始・再生手続開始もしくは更生手続開始の申立て（同号へ）、資本金の減少（同号ト）等の対象者またはその子会社[137]に生じた決定事実（金商令14条1項1号）[138]、買収防衛策の維持（同項2号）、事業の差止め（同項3号イ）、免許の取消し等の行政庁による処分がなされたこと（同号ロ）、主要

---

[134] 森本ほか・前掲注129) 43〜44頁および45頁記載の各事例参照。
[135] 池田ほか・公開買付80頁。
[136] 金商大系 I (2) 103頁によれば、公開買付開始後にこれを縮小する必要性が考えにくい一方、拡大した場合に応募株主等をより不安定な地位に置くことを回避することがその趣旨であるとされている。
[137] ホ・ヘ・リ・ヌ・ルおよびタにあっては、最近事業年度の末日における総資産の帳簿価額が対象者の最近事業年度の末日における総資産の帳簿価額の10%未満の子会社は対象外とされている（他社株買付府令26条1項11号）。

取引先からの取引停止（同号ホ）等の対象者の発生事実[139]および行政庁の不許可（金商令14条1項4号）等がある。また、公開買付者に生じた事由としての撤回事由[140]も規定されている（同条2項）。なお、いずれも公開買付開始公告を行った日以後に公表されまたは発生した場合に限られている。

(2) 撤回事由に関連する実務上の諸問題

(i) ファイナンス・アウト

公開買付けQ&A（問36）によれば、公開買付けに要する資金について、公開買付けの開始後に第三者から貸付けを受ける場合において、当該貸付けを受けることができないこと自体を撤回事由とすることはできない。ただし、貸付けを受けることができない原因となる事実自体が法令に定める撤回事由に該当する場合には、当該撤回事由を公開買付開始公告および公開買付届出書において明記しておくことで、公開買付けを撤回することができる[141]。

しかしながら、実務上は、金融機関からの融資に際し、公開買付けの法令上の撤回事由よりも広汎な前提条件が付されることが多い[142]。一方で、公開買付けに要する資金を得るための貸付けの実行がされないこと自体を公開買付けの撤回事由とすることは認められていないため、公開買付者は、金融機関からの融資の前提条件が充足されず、融資が実施されないリスクが残っ

---

138) 上記以外に、事業譲渡・譲受け（金商令14条1項1号チ）、金融商品取引所に対する株券等の上場の廃止に係る申請（同号リ）、株式の分割（同号ヲ）、株式または新株予約権の割当て（同号ワ）、株式・新株予約権・新株予約権付社債の発行（同号カ）、自己株式の処分（同号ヨ）、重要な財産の処分または譲渡（同号レ）、多額の借財（同号ソ）等があり、金商令14条1項1号イ・ハ・ニ・ト・チ・ヲ・ワ・カ・ヨ・ソに掲げる事実については、軽微基準が定められている（金商令14条1項但書、他社株買付府令26条1項）。

139) 上記の他に、対象者以外の者による破産手続開始・再生手続開始・更生手続開始等の申立てがなされたこと（金商令14条1項3号ハ）、手形または小切手の不渡り等（同号ニ）、災害に起因する損害（同号ヘ）、財産上の請求に係る訴えが提起されたこと（同号ト）、株式の上場廃止（同号チ）等があり、金商令14条1項3号イ・ロ・ホ・ヘ・トに掲げる事実については、軽微基準が定められている（金商令14条1項但書、他社株買付府令26条3項）。

140) 死亡（金商令14条2項1号）、後見開始の審判を受けたこと（同項2号）、解散（同項3号）、破産手続開始・再生手続開始または更生手続開始の決定（同項4号）、破産手続開始・再生手続開始または更生手続開始等の申立て等がなされたこと（同項5号）、不渡り等があったこと（同項6号）がある。

ているにもかかわらず、公開買付けを成立させて決済を行う義務を負わなければならないという極めて不安定な状態で公開買付けを実施することを余儀なくされている。

(ii) 多額の配当リスク

対象者が多額の剰余金の決定をした場合、当該決定が公開買付けの目的達成に重大な支障となる場合、金商令14条1項1号レの「重要な財産の処分又は譲渡」に「準ずる事項」（金商令14条1項1号ツ）として撤回事由とすることができる。もっとも、金商令14条1項1号に掲げるものであっても軽微なものは除かれる（同項但書）ことに鑑み、その影響が軽微である場合には撤回事由には該当しないと考えられる。例えば、剰余金配当額が①最近事業年度における純資産の帳簿価額の10％未満である場合や、②既に公表している配当予想の額との差異が小さい場合等は撤回することができないとの見解が示されている[143]。

実務上は、公開買付者にかかる決済の開始日前を基準日とする株主総会が開催されることで、剰余金の配当議案の増額修正がなされるリスクが存する場合に特に問題となる[144]。

---

[141] 公開買付けQ&A（問36）の回答では、例えば、①対象者が過去に提出した法定開示書類について、重要な事項につき虚偽の記載があり、または記載すべき重要な事項の記載が欠けていることが判明した場合、②公開買付開始公告を行った日以後に発生した事情により対象者の事業上重要な契約が終了した場合、③対象者の重要な子会社において、対象会社で発生すれば撤回事由となる事由（金商令14条1項3号イ～リ）が発生した場合などは、通常、同号ヌの定める事由（「イからリまでに掲げる事実に準ずる事実」）に該当するとされている。三井＝土本・詳説Q&A134頁によれば、これらの事由は、「相場操縦のおそれや不特定多数の者が当事者となる取引に於ける法的安定性の重要性に鑑みても、公開買付けを撤回しても差し支えないと考えられるもの」を例示列挙したものとしている（なお、対象者の賛同意見表明の撤回を公開買付けの撤回事由として許容することには「慎重を期すべき」とされている）。

[142] 公開買付届出書の添付書類として、金融機関からの融資証明書が添付される場合には、当該融資に際しての前提条件の概要も記載されるが、かかる前提条件は通常、公開買付けの法令上の撤回事由よりも広範な事由を含んでいる。

[143] 公開買付けQ&A（問35）。

[144] 公開買付けQ&A（問35）の内容を踏まえて、公開買付けの決済開始日前を基準日とする剰余金配当の決定を撤回事由として記載した実例は数多く見受けられる。例えば、PGMホールディングス株式会社による株式会社アコーディア・ゴルフに対する公開買付け（2012年11月16日）。

(iii) 独禁法に関する手続と撤回事由

独禁法との関係で撤回が可能な事由は、公開買付け Q&A において次のように整理されている[145]。

① 公開買付者が、公開買付期間中、公正取引委員会から独禁法に基づき、株式の全部または一部の処分や事業の一部の譲渡を命じる排除措置命令の事前通知を受けた場合

② 独禁法 10 条 1 項[146]の規定に違反する疑いのある行為をする者として裁判所の緊急停止命令（独禁 70 条の 13 第 1 項参照）の申立てを受けた場合

③ 公開買付期間の末日の前日までに排除措置命令の事前通知を受ける可能性のある期間が終了しない場合

5 応募株主等による応募の解除

応募株主等は、公開買付期間中はいつでも公開買付けに係る契約を解除することができる（金商 27 条の 12 第 1 項）。これは、株主等が公開買付けに応じた後に、公開買付けに関する情報を十分に検討して、その判断を変更した場合に、その行為の撤回を可能ならしめようとするものである[147]。

応募株主等は、契約の解除をする場合において、公開買付開始公告および公開買付届出書において当該公開買付けに係る契約の解除に関し、公開買付けに係る契約の解除を行う旨の書面を公開買付者が指定した者[148]に交付し、または送付する方法による旨の条件が付されているときは、その方法によらなければならない（金商 27 条の 12 第 2 項前段、金商令 14 条の 2 前段）。

応募株主等による撤回の自由を保証する観点から、応募株主等による契約

---

145) 公開買付け Q&A（問 7）・（問 8）。
146) 同項は、他社の株式を取得し、または所有することにより、一定の取引分野における競争を実質的に制限することとなる場合において、当該株式を取得し、または所有してはならないとする。
147) 神崎ほか・前掲注 132）323 頁。
148) 指定できる者は、当該公開買付者または公開買付事務取扱者（金商令 10 条 1 号）や、公開買付代理人（同条 2 号）で、かつ、日本国内に住所、居所、営業所または事務所を有する者に限られる（金商令 14 条の 2、他社株買付府令 29 条）。公開買付代理人が指定されることが通常であると思われる。

の解除があった場合においては、公開買付者は当該契約の解除に伴う損害賠償または違約金の支払いを請求することができない。応募株券等を公開買付事務取扱者に保管させているときは、その返還に要する費用は公開買付者が負担する（金商27条の12第3項）。

なお、これらの応募株主等の応募解除に係る保護に関する規定が、応募契約との関係で問題となることがある。詳細は、第Ⅱ部第3章第3節参照。

6 種類株式が発行されている場合の諸論点

複数の種類株式が発行されている場合[149]には、公開買付規制全般に関して解釈上の問題が生じるが、本書では本6で横断的にその概要を取り扱う。なお、以下の点は基本的に、新株予約権など、株式以外の「株券等」全般についても共通する内容となっている。

(1) 「種類」概念検討の出発点——カネボウ少数株主損害賠償請求事件最高裁判決

カネボウ少数株主損害賠償請求事件（以下「カネボウ事件」という）は、ごく簡単にいうと、特定の種類株式（所有者2名）の買付け等が当該2名の株主からの同意を得て公開買付けによらずに実施されたことの、いわゆる25名未満全員同意の例外（金商令6条の2第1項7号）（→第2節3⑶⑪）への該当性が争いとなったケースである。具体的には、同号の定める「株券等の所有者」が少数である場合（25名未満。他社株買付府令2条の5第1項）で「当該株券等の全ての所有者」が同意している場合（同条2項）に該当するか否かの判断に関し、当該特定の種類株式のみならず、普通株式も、ここでいう「株券等」に含まれるか否かが争いになった。

高裁判決[150]は、上記「株券等の所有者」の意義につき、当該買付けの対象とされた種類株式に係る株券等のみならず、当該買付けの対象としていない株券等も含めた全ての株券等をいうものと解すべきであると判示した。こ

---

149) 普通株式以外に発行されている種類株式が、「株券等」に含まれない完全無議決権株式（かつ、当該株式の取得と引換えに議決権のある株式を交付する旨の定めのない株式）である場合を除く。以下本6において同じ。

150) 東京高判平成20年7月9日金判1297号20頁。

れに対し、最高裁判決[151]は、金商令6条の2第1項7号および他社株買付府令2条の5第1項・2項に定める「株券等」の意義につき、「特定買付け等の対象とならない株券等が含まれると解する余地はない」と判示した[152]。

この判決の意義につき、最高裁調査官解説では、一部の種類株式についてのみ公開買付けの対象とすることが許容されるとの見解（一部対象許容説）を前提に、前記各条項の定める「株券等」の意義について、買付けの対象である種類株式に係る株券等に限定されるとする見解（限定説）が相当であることを明確に判示した点で重要な意義を有すると評価されている[153]。

上記を踏まえ、残された問題は、ここでいう「買付けの対象である種類株式」の意義を形式的に捉え、会社法上異なる種類の株式はこれに含まれないと解する（形式説）か、実質的な内容において同一である株式についてはこれに含まれると解する（実質説）かという点である。金融庁は、少なくとも、上記最高裁判決より前には実質説に立つ旨の見解を採用していたと見られており[154]、上記最高裁判決後においても、その立場を変えたとの示唆が金融庁からなされたことはない。もっとも、カネボウ事件の事案の具体的状況[155]を踏まえると最高裁判決は形式説に立つものと評価されていることや、刑事罰および課徴金の対象となる公開買付規制において「株券等」の内容が

---

151) 最二判平成22年10月22日民集64巻7号1843頁。
152) 理由は、概略、以下の3点に集約される。①金商法27条の2第1項は、特定の種類の株券等のみを買付け等の対象とし得ることを前提として、対象としようとする種類の株券等の買付け等についての公開買付けの要否を規律したものであるから、その適用除外要件として定められた上記要件についても、買付け等の対象としようとする特定の種類の株券等について定められたと解するのが合理的であること、②公開買付規制が問題となる対象会社である有価証券報告書の提出義務を負う会社においては、通常は株券等の所有者が多数に及ぶことは明らかであるのに、上記要件における「株券等」に対象外の株券等も含まれるとすれば、各要件が充足される余地は実際上極めて限定されたものとなり、適用除外を定めた趣旨（事業再編等の迅速化および手続の簡素化）が没却されること、③特定買付け等が公開買付けにより行われるか否かは、当該特定買付け等の対象となる種類株式の所有者の利害に直接影響するところ、その所有者が全員同意しているのであれば公開買付けによる売却の機会を保障する必要はないことから同意要件が設けられているが、そもそも所有する株券等が公開買付けの対象にならないのであれば、公開買付けが行われるか否かが当該所有者の利害に重大な影響を及ぼすことはないため、その同意は必要とされないはずである。
153) 最判解民事篇平成22年度(下)691頁〔石丸将利〕等。
154) 池田ほか・公開買付97頁等。

不明確になる解釈をとることには慎重な検討が必要であるとする上記調査官解説の見解[156]を踏まえると、少なくともカネボウ事件と同程度の同一性があるに過ぎない場合には、実質的にも異なる種類の株式と解すべきであろう[157]（もっとも、金融庁が従前の実質説を維持している可能性があることは実務上重要であり、引き続き注視が必要である）。

(2) 種類株式の種類毎に上限・下限を付すことの可否

現行法上の公開買付届出書の様式上は、買付対象とする株券等の種類毎ではなく、合計での取得予定数について記載するようになっている[158]。また、自社株公開買付けの場合と比較しても、他社株公開買付けの条文上、種類株毎の条件設定が想定されていないように見受けられる部分もある[159]。そこで、これらの点が複数の種類株式を対象として公開買付けを行う場合に、種

---

[155] 普通株式と比べて特定買付け等の対象とされた種類株式は、①利益配当請求権がない点のみが普通株式と異なり、②特定買付け等のあった日から約8か月後には普通株式への転換請求権が行使できることとなっていた。また、③当該種類株式の特定買付け等から1か月以内に、普通株式に対する公開買付けが開始されており、当該種類株式とあわせて普通株式を取得する計画が当初からうかがわれる状況であった。

[156] 最判解民事篇平成22年度(下)694〜695頁〔石丸〕。

[157] かかる見解をとる場合、前掲注155）のとおり、カネボウ事件では普通株式と相当程度類似した種類株式が問題となっていたことからすると、実質的同一性が認められるケースは極めて例外的な場合に限定されることになると考えられる。このような考え方をとる場合、種類株式を活用することで強制公開買付規制を実質的に任意法規化する定款自治を認める余地が生じ（飯田秀総「カネボウ少数株主損害賠償請求事件最高裁判決の検討」商事1923号（2011）16頁以下参照）、ひいては、効率的企業買収の増加につながる可能性が考えられる。なお、同様の条文構造となっている全部勧誘義務・全部買付義務の例外（→ 2 (1)）についても、同様に解すべきである。

[158] 実務上、複数の種類の株券等を公開買付けの対象とする場合、全て普通株式に換算した上で、買付予定数、上限および下限の数を記載し、その旨注記する例も多い。公開買付けの対象とする（普通株式を対価とする）取得請求権付優先株式について、金商法27条の2第8項1号、他社株買付府令8条1項・2項に準じて、現保有者が当該取得請求権を一括行使するものと仮定して、公開買付届出書提出日直近の取得価額修正日時点における取得価額に基づいて取得請求権行使の対価である普通株式の数を計算し、「下限」は、対象優先株式を普通株式に換算した数および普通株式を合計した株式数の一部と設定し、その旨を公開買付届出書の「買付予定の株券等の数」欄の欄外に注記している事例もある。

[159] 自社株買付府令21条では、上限を超えた場合の按分比例に関し「上場株券等の種類ごとに前項の計算を行うものとする」と規定されているのに対し、他社株買付府令32条では、それに相当する文言がない。

類毎に上限・下限を付すことを排除する趣旨であるか否かが問題となる。もっとも、異なる上限を付すことにより生じると想定される不利益は、それにより手残り株が生じる種類株式の所有者に係るものであるが、そのような不利益が救済されるべきか否かは全部勧誘義務・全部買付義務の適用の有無によって判断されるべき事項であると考えられる。また、異なる下限を付すことについては、例えば、少数の所有者のみが存在する種類株式について下限を設定することにより、実質的に撤回事由の潜脱が容易に可能となるような場合が考えられるが、撤回事由の潜脱が許容されないのは、複数の種類株式を対象とする公開買付けに限られない[160]。

したがって、公開買付規制の潜脱となるような例外的な場合を除き、基本的には種類毎に上限・下限を付すことも許容されると考えられる[161]。

(3) 種類株式間での買付価格の「均一」性

異なる種類の株式（や新株予約権）を公開買付けの対象とする場合に、買付価格の「均一」性の要件（金商27条の2第3項、金商令8条3項）についてどのように考える必要があるかが問題となる[162]。

まず、形式的に全ての種類株式（や新株予約権）の買付価格が均一であることまでは求められていないことは明らかであり[163]、立案担当者からも、実質的に公開買付価格が均一であることが求められるとの見解が示されている[164]。もっとも、異なる種類の株券等の価値算定に関する考え方は多義的であり、またその条件（普通株式への転換の条件、新株予約権の行使の条件、取得条項、取得請求権等）も様々である中で、「実質的に公開買付価格が均一」というのは具体的にどういった価格設定を指すのかは明らかにされていない[165]。かかる解釈の背景には、会社法制定により株式の種類が極めて多様

---

160) 公開買付け Q&A（問37）参照。
161) 金商大系Ⅰ(2) 78〜81頁、金商法セミナー101〜106頁参照。
162) この論点に関する議論の詳細は、金商法セミナー84〜95頁、金商大系Ⅰ(2) 41〜44頁参照。
163) 複数の種類の株券等を公開買付けの対象とする場合には、「株券等の種類に応じた公開買付価格の価額の差について、換算の考え方等の内容を具体的に記載すること」（他社株買付府令第2号様式・記載上の注意(6)e）とされており、価額の差が存在し得ることが前提とされている。
164) 池田ほか・公開買付65頁等。

になった中で、種類が異なる株式について価格の均一性を求めないと解すれば、規制が緩いものとなってしまうとの問題意識があるようである[166]。

しかし、種類毎の株式や新株予約権の価値は、その保有目的や立場、評価方法等によって様々に算定され得るものであるところ、公開買付価格は、買付者にとっての価値等を基準として設定されるものであるから、その設定に際しては、買付者にとっての各種類の株式や新株予約権の価値を考慮することは許容されるべきと考えられる。例えば、スクイーズ・アウト案件においては通常、買付者はストック・オプションの行使要件を満たさないために、かかる新株予約権には1円の買付価格が設定されることも実務上多く、かかる取扱い自体は認められてきた。しかし、このような価格を常に、普通株式等に付される価格と比較して実質的に「均一」であると整理することには、文理上無理があるのではないかという疑問が生じる[167]。

このような疑問もあることから、刑事罰を伴う公開買付規制との関係では、そもそも異なる種類株式の間での買付価格の均一性は要求されないと解するのが妥当なようにも思われる。また、もし「実質的な均一性」が求められるとの見解に立つ場合であっても、各種類株式との間の価格差につき、合理的な説明がなされている限りは（文言解釈として無理が伴うとしても）「均一」の要件を満たすことを前提とした運用がなされるべきであろう[168]。

---

165) 池田ほか・公開買付65頁は、「たとえば普通株式に転換する条件が付されている種類株式あるいは新株予約権に対する買付け等の価格については、普通株式など基準となる株券等に経済的価値を換算することが基本的に可能であり、そのような場合、換算後の価格が普通株式に対する価格と均一になるように公開買付価格が設定されるべきものと考えられる。経済的価値を定量的に換算することが困難な場合、いかなる公開買付価格の設定が均一かについては、個別の事案ごとに判断される必要がある」とする。しかし、実際の事案においては、定量的に価値を測定できることの方がむしろまれであり、多くの場合、評価上の困難さが生じてしまうと指摘されている（金商大系Ⅰ(2)42頁注15）。
166) 金商法セミナー93〜94頁〔池田唯一発言、三井秀範発言〕参照。
167) 金商大系Ⅰ(2)44頁等。
168) 金商法セミナー90頁〔藤田友敬発言、池田唯一発言〕参照。

第4節 公開買付けの手続と開示

1 一般的な公開買付けの手続の流れ

(1) 公開買付けの準備手続

(i) 開示書類の事前準備

公開買付けをしようとする者は、金商法に基づき要求される公開買付届出書および公開買付開始公告等の開示書類を準備する必要がある[169]。法令上の義務ではないが、実務上、公開買付けの公表日の2～3週間以上前までに、公開買付届出書等について関東財務局[170]との事前相談を行うことが一般的である。また、公開買付者が上場会社である場合には、プレスリリースの内容等について、金融商品取引所との事前相談を行うことが一般的であり、一定の場合には遅くとも10日前までの事前相談が必要とされている[171]。なお、

---

[169] 実務上、公開買付者は、公開買付代理人（金商令10条2号）として証券会社を選任し、公開買付関連書類の作成・交付、申込みの勧誘・受付および応募株券等の受入れ等の業務を委託する。また、①応募株券等の保管および返還、②買付け等の代金の支払い（有価証券その他金銭以外のものをもって買付け等の対価とする場合における当該有価証券その他金銭以外のものの引渡しを含む）および③按分比例方式により買付け等を行う株券等の数を確定させる事務については、第一種金融商品取引業を行う金融商品取引業者または銀行等に行わせなければならず（金商27条の2第4項、金商令8条4項）、実務上は上記公開買付代理人にかかる事務を委託する。

[170] 金商法上の公開買付けに関する開示書類（公開買付届出書やその訂正届出書、意見表明報告書、対質問回答報告書、公開買付撤回届出書、公開買付報告書）の提出を受領する権限は、いずれも（各地方の財務局長等ではなく）関東財務局長に委任されている（金商194条の7第7項、金商令40条1項1号）。

[171] 当該公開買付けについて、①上場廃止となる見込みがある場合（二段階買収の予定がある場合を含む）、②上場子会社に対する公開買付けを行う場合、③その他開示上特に考慮を要する事情があると判断される場合のいずれかに該当する場合には、公開買付けの公表予定日の遅くとも10日前までにかかる事前相談を行う必要がある（適時開示ガイドブック186頁参照）。

第4節 公開買付けの手続と開示 255

公開買付者が上場会社でない場合であっても、実務上、上場会社である公開買付者の親会社もしくは対象者を通じて開示することが一般的であり[172]、かかる公表を行う場合にはやはりプレスリリースの準備が必要となる。

他方、対象者は、意見表明報告書のほか、上場会社であればプレスリリースを準備することになるが、公開買付者と同様、プレスリリースの内容等について金融商品取引所との事前相談を行う必要がある[173]。

(ii) 公開買付けのための資金調達

開示書類の事前準備と並行して、また、開示書類への記載および添付書類

[図表Ⅰ-4-6] 一般的な公開買付けの流れ（概要）

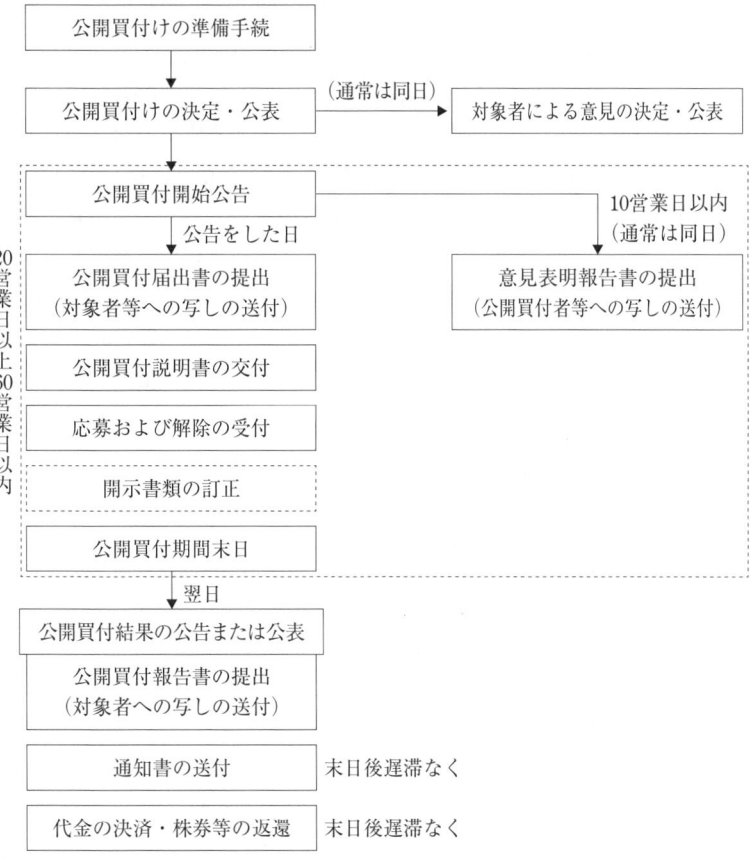

の準備の一環として、公開買付けのための資金調達の手当も事前準備の一環として行う必要がある。現金を対価として行われる公開買付けにおける買付資金は、第三者からの資金調達によってまかなわれることも多い。かかる資金調達については、公開買付届出書において記載が求められており（→ 3(1)(i)）、また、資金の存在を示すに足る書面を公開買付届出書に添付することが求められている（→ 3(2)⑦）。

下記の公開買付け Q&A（問 32）が公表される 2010 年 3 月 31 日以前は、実務上、公開買付届出書の提出時までに取得する融資証明書または出資証明書においては、融資または出資を行う者の氏名または名称、融資または出資の目的、融資または出資の上限額、融資または出資の期間等が記載されるに留まり、具体的な融資または出資の条件（例えば、融資または出資の実行日、当該実行の前提条件および方法、融資の利率および担保等）については、別途協議の上合意する旨を記載していたものが多く見られた。

これについては、公開買付け Q&A（問 32）により、「公開買付けに要する資金……の存在を示すに足る書面」は、決済に要する資金の調達が可能であることを相当程度の確度をもって裏付けるものでなくてはならないとされ、融資証明書を添付する場合には、当該融資証明書によって、当該貸付けが相当程度の確度をもって実行されるものであることが裏付けられる必要があるとの解釈が示された。また、相当程度の確度があるか否かは、貸付人の状況および貸付けに係る契約または合意の内容等の事実関係に照らし、個別事案毎に判断する必要があるものとされている。具体的には、例えば、次の①～③の場合には、相当程度の確度がある場合には該当しないとされている。

① 貸付人の資力に疑義があることが明らかである場合[174]

---

172) 金商 167 条 4 項、金商令 30 条 1 項 4 号参照。
173) ①MBO 等（MBO および支配株主等による公開買付け）に関して意見表明等を行う場合、②上場廃止となることが見込まれる公開買付けに関して応募することを勧める旨の意見表明を行う場合（二段階買収の予定がある場合を含む）、③その他開示上特に考慮を要する事情があると判断される場合のいずれかに該当する場合には、意見表明等の公表予定日の遅くとも 10 日前までにかかる事前相談を行う必要がある（適時開示ガイドブック 208 頁参照）。
174) 貸付人が信用状態が世間的に認知された金融機関ではない場合（例えば、ファンド等である場合）には、実務上、資力に疑義がない（したがって、資金調達が可能であることが相当程度の確度で裏付けられている）といえるか否かについて関東財務局により慎重な審査がなされる傾向にある。

② 貸付けに係る契約の締結または貸付けの実行のための前提条件が付されており、当該前提条件の内容が、重要な点において具体的かつ客観的ではない場合

③ 貸付人において、貸付けの実行のために当該時点において必要な内部手続（事前の条件提示に係る稟議・決済等）が行われていない場合

他方、相当程度の確度があるというためには、

④ 貸付人の承諾なく公開買付期間が延長されていないことを貸付けに係る契約の締結または貸付けの実行のための前提条件とする場合には、与信判断に与える影響が軽微な事由による延長について当該承諾を不合理に拒否しないこととなっていること

⑤ 当該融資証明書等の効力に期限が付されている場合には、少なくとも、当初の公開買付期間（当初から予定されている延長を含む）および公開買付けの終了から決済までの期間に10営業日を加えた期間をカバーするような期限であること

⑥ 当該貸付けに係る契約の締結または貸付けの実行のための前提条件が付されている場合には、当該前提条件のうち、重要な事項の内容（いわゆる表明・保証等、当該前提条件において言及されている事項のうち、重要な事項の内容を含む）を公開買付届出書に具体的に記載し、または、当該前提条件のうち、重要な事項の内容が記載された書面を添付することが必要であるとされている。出資証明書については特段の言及は見られないが、同様に相当程度の確度が要請されると考えられる。

上記②および⑥の内容に鑑みれば、公開買付けの開始時までに融資または出資を通じた買付資金の手当は基本的に完了していること（すなわち、融資または出資を行う者により資金が提供されることに関する合意は実質的には完了しており、一定の前提条件（もしあれば）をもとに、資金提供が実行されることがコミットされていること）が公開買付者に要請されることが明らかになったと思われる。公開買付者は、上記要請を満たすために、公開買付届出書に添付する融資証明書または出資証明書の記載を具体化し資金調達の確度を高める必要があり、そのためには、公開買付けの開始に先立ち、相当程度具体的な融資・出資条件等が記載された契約あるいはタームシートを、融資または出資を行う者との間で合意をしておく必要がある。また、上記③によれば、融資または出資を行う者において、貸付けまたは出資の実行のために必要な

内部手続（事前の条件提示に係る稟議・決済等）が行われることも要請されている。なお、融資または出資の前提条件として法定の撤回事由（金商令14条）以外の事項を定める場合、かかる事項が発生した場合には、公開買付けを撤回することはできず、他から資金調達できない限り、公開買付者は公開買付けの決済ができない状態に陥るおそれが生じることとなる点には留意が必要である。かかる状態に陥らないようにするための方法としては、融資または出資の前提条件を全て公開買付けの法定の撤回事由の範囲内に収まるよう、融資または出資を行う者との間で合意することが考えられる[175]。

(iii) 公開買付者による公開買付けの決定・対象者による意見表明の決定

公開買付けを実施することとなった場合には、公開買付者は、公開買付けを開始する旨の機関決定を行う[176]。公開買付者が上場会社である場合には、公開買付けを実施することを決定した事実についてプレスリリースを行う。また、前記(i)のとおり、公開買付者が上場会社でない場合であっても、実務上、上場会社である対象者または公開買付者の親会社を通じてプレスリリースを行うことが一般的である[177]。

対象者は、公開買付者による公開買付けの決定を受けて、意見表明を行う旨を決定することになる。友好的な公開買付けの場合には、一般的に、公開買付者による公開買付けの決定と同日付で、対象者も賛同する旨の機関決定を行うことになる[178]。対象者が上場会社である場合には、意見表明を行うことを決定した事実についてプレスリリースを行う[179]。

---

175) もっとも、そのような合意を行うことは実務上必ずしも容易ではないため、むしろファイナンス・アウトを撤回事由に含めるべきとの要請が生じる（→第3節4(2)(i)）。
176) 公開買付者が取締役会設置会社であれば、取締役会決議により決定されることが通常である。
177) なお、上場会社の子会社等が公開買付けを開始する旨の機関決定を行った場合には、当該上場会社にも適時開示義務が課せられることに留意する必要がある。
178) 対象者が取締役会設置会社であれば、かかる決定は取締役会決議で行われることが通常である。
179) なお、対象者は、意見表明の内容が決定していない場合であっても、公開買付けが開始されたことを知った場合には、その旨を（当該公開買付けに関する意見を表明するものではない旨を記載した上で）開示しなければならない（適時開示ガイドブック210頁参照）。

(ⅳ) その他

以上のほか、事前準備として行う必要がある事項としては、印刷会社への作業依頼、公開買付代理および事務取扱契約の締結などがある。また、応募契約や対象会社との契約を締結する場合や、株主宛にレターを送付する場合には、それらの内容の検討・作成なども事前準備の項目となり得る。

また、国内外の競争法上のファイリングやその他の事前届出が必要な規制（例えば、関連各国の外資規制など）との関係で、公開買付け実施に伴い取得すべき許認可等の確認および準備も、事前準備としてその要否および手当を検討しておく必要がある。

(2) 公開買付けの開始から終了まで

(ⅰ) 公開買付開始公告

公開買付けは、公開買付開始公告（金商 27 条の 3 第 1 項）を行うことにより開始される。実務上、公開買付けの公表が対象者の株券等の市場価格に大きな影響を与えることや、公表後の事情により公開買付けが妨げられる事態を可能な限り避けたいとの要請があること等から、公開買付開始公告は、公開買付けの公表の翌営業日に行われることが多い。

もっとも、競争法上の手続等、金商法 27 条の 3 第 1 項との関係において公開買付けの開始の一定期間前に予め案件を公表することが必要な場合等においては、公開買付開始公告は、公開買付けの公表の数か月後となることも少なくない。実務上は特に中国競争法上のファイリングが必要となる案件において、そのようなスケジュールになることが多い。

なお、「公開買付者」は、条文上は、「公開買付開始公告を行った者」と定義されている（金商 27 条の 3 第 2 項）。

公開買付開始公告に関する詳細は後記 **2** 参照。

(ⅱ) 公開買付届出書の提出等

公開買付者は、公開買付開始公告を行った日に、公開買付届出書を EDINET を通じて[180] 関東財務局長に提出する（金商 27 条の 3 第 2 項、他社株

---

180) 公開買付届出書の提出は、特段の事情のない限り EDINET を通じて行わなければならないとされている（金商 27 条の 30 の 3 第 1 項、27 条の 30 の 2、27 条の 30 の 5）。

買付府令12条)。公開買付者は、公開買付届出書の提出後直ちに当該公開買付届出書の写しを対象者に送付し、かつ既に当該対象者の株券等に係る公開買付届出書の提出をしている他の公開買付者がいる場合には、その公開買付者に対しても同様に公開買付届出書の写しを送付する(金商27条の3第4項)[181]。また、公開買付者は、公開買付届出書の提出後、その本店または主たる事務所等において公開買付届出書の写しを備置し、公開買付期間の末日の翌日以後5年を経過する日まで公衆の縦覧に供さなければならない(金商27条の14第2項、他社株買付府令33条2項)。

これらの手続との関係で、「公開買付届出書」には、いずれもその添付書類(他社株買付府令13条。後記3(2))を含めたものとして定義されているため(金商27条の3第2項柱書)、上記の送付等の手続に際しても添付書類を含める必要があることに注意が必要である。

公開買付届出書に関する詳細は後記3参照。

(iii) 意見表明報告書の提出

対象者は、公開買付者による公開買付開始公告がなされた日から10営業日以内に意見表明報告書をEDINETを通じて[182]関東財務局長に提出する(金商27条の10第1項、金商令13条の2第1項、他社株買付府令25条2項)。友好的な公開買付けにおいては、公開買付開始公告がなされた日と同日付で、賛同する旨の意見表明報告書を提出することが通常である。

対象者は、意見表明報告書の提出後直ちに当該意見表明報告書の写しを公開買付者に送付し、かつ既に当該対象者の株券等に係る公開買付届出書の提出をしている他の公開買付者がいる場合には、その公開買付者に対しても同様に意見表明報告書の写しを送付する(金商27条の10第9項)[183]。

また、対象者は、意見表明報告書の提出後、その本店または主たる事務所等において意見表明報告書の写しを備置し、公開買付期間の末日の翌日以後

---

181) なお、対象者の株券等が金融商品取引所に上場されている株券等に該当する場合には、当該金融商品取引所にも公開買付届出書の写しを送付する必要があるが、公開買付届出書をEDINETを通じて提出する場合は、かかる金融商品取引所への写しの送付は不要である(金商27条の30の6)。

182) 意見表明報告書の提出は、特段の事情のない限りEDINETを通じて行わなければならないとされている(金商27条の30の3第1項、27条の30の2、27条の30の5)。

5年を経過する日まで公衆の縦覧に供さなければならない（金商27条の14第2項、他社株買付府令33条2項）。

意見表明報告書に関する詳細は後記**4**参照。

(iv) **公開買付説明書の作成および交付**

公開買付者は、公開買付説明書を作成し、公開買付けに応募しようとする者に対し、予めまたは同時に、これを交付する（金商27条の9第1項・2項、他社株買付府令24条4項）。

公開買付説明書に関する詳細は後記**5**参照。

(v) **開示書類の訂正（必要に応じて）**

公開買付者は、一定の場合には、公開買付届出書の訂正届出書を関東財務局長に提出しなければならない（金商27条の8第1項～4項、他社株買付府令21条1項）。公開買付届出書の訂正に関する詳細は後記**3**(3)参照。

また、公開買付届出書の訂正事由のうち、①買付条件等の変更（対象者の請求による公開買付期間の延長（金商27条の10第3項）を除く）があった場合には、変更内容等を公告しなければならず（金商27条の6第2項）、②公開買付開始公告および①の変更公告につき、買付条件等の変更以外の事由が生じた場合には、その内容を公告または公表しなければならない。公開買付開始公告の訂正に関する詳細は後記**2**(3)参照。

(3) **公開買付けの事後手続**

(i) **公開買付けの結果の公告または公表、プレスリリース**

公開買付者は、公開買付期間の末日の翌日に、公開買付けに係る応募株券等の数その他の公開買付けの結果を公告または公表する（金商27条の13第1項、他社株買付府令30条1項）。この点、公開買付けの結果を公告する場合、電子公告または日刊新聞紙に掲載する方法のいずれかによって行う必要があるが（金商令9条の3第1項）、電子公告によって行う場合であっても、電子

---

183) なお、対象者の株券等が金融商品取引所に上場されている株券等に該当する場合には、当該金融商品取引所にも意見表明報告書の写しを送付する必要があるが、意見表明報告書をEDINETを通じて提出する場合は、かかる金融商品取引所への写しの送付は不要である（金商27条の30の6）。

公告をした後遅滞なく当該公告をした旨を日刊新聞紙に掲載しなければならず（金商令9条の3第3項）、費用負担が生じることから、実務上は公表の方法が選択される。公開買付けの結果を公表する場合、2以上の報道機関に対して公開する必要がある（金商令9条の4、他社株買付府令30条の2）。

公開買付者が上場会社である場合には、公開買付けが終了した際、その結果についてプレスリリースを行う。公開買付者が上場会社でない場合でも、上場会社である対象者または公開買付者の親会社を通じてプレスリリースを行うのが一般的である[184]。

対象者が上場会社である場合、親会社の異動や主要株主の異動等についてのプレスリリースも行う必要がある。かかるプレスリリースは、実務上、公開買付期間の末日の翌日の公開買付結果に関するプレスリリースとあわせて行われることが多い。

(ii) 公開買付報告書の提出

公開買付者は、上記公開買付けの結果の公告または公表を行った日に、当該公告または公表の内容等を記載した公開買付報告書をEDINET[185]を通じて関東財務局長に提出する（金商27条の13第2項、他社株買付府令31条）[186]。

公開買付者は、公開買付報告書の提出後直ちに当該公開買付報告書の写しを対象者に送付する（金商27条の13第3項、27条の3第4項）[187]。また、公開買付者は、公開買付報告書の提出後、その本店または主たる事務所等において公開買付報告書の写しを備置し、公開買付期間の末日の翌日以後5年を経過する日まで公衆の縦覧に供さなければならない（金商27条の14第2項、

---

[184] なお、上場会社の子会社等による公開買付けであれば、当該上場会社に適時開示義務が課せられることに注意する必要がある。
[185] 公開買付報告書の提出は、特段の事情のない限りEDINETを通じて行わなければならないとされている（金商27条の30の3第1項、27条の30の2、27条の30の5）。
[186] 公開買付期間の末日を休日の前日とした場合、公開買付けの結果の公告または公表は休日に行われるものの、公開買付報告書の提出は翌営業日になる（前記第3節1(1)(i)参照）。
[187] なお、対象者の株券等が金融商品取引所に上場されている株券等に該当する場合には、当該金融商品取引所にも公開買付報告書の写しを送付する必要があるが、公開買付報告書をEDINETを通じて提出する場合は、かかる金融商品取引所への写しの送付は不要である（金商27条の13第3項、金商27条の30の6）。

他社株買付府令33条2項)。

(iii) 応募株主等への通知書の送付

公開買付者は、公開買付期間が終了したときは、遅滞なく、買付け等をする株券の数等を記載した通知書を応募株主等に送付する（金商27条の2第5項、金商令8条5項1号）[188]。

(iv) 臨時報告書の提出

対象者は、公開買付けの成立により親会社または主要株主の異動が生じた場合、遅滞なく臨時報告書を提出する必要がある（金商24条の5第4項、開示府令19条2項3号・4号）。また、公開買付者も、有価証券報告書の提出義務を負っている場合には、公開買付けの成立により特定子会社の異動が生じた場合、遅滞なく臨時報告書を提出することが必要となる（金商24条の5第4項、開示府令19条2項3号・10項）。いずれの場合も、異動が生じるのは理論的には公開買付けによる株式取得の効力が生じる決済完了時であると考えられるが、実務上、かかる臨時報告書の提出は公開買付けの結果の公表とあわせて行われる事例が多く、その際に記載する異動年月日は決済開始日とされる事例が多いようである。

(v) 大量保有報告書の提出

公開買付けの成立により、通常、公開買付者において大量保有報告書または変更報告書の提出事由に該当する（金商27条の23第1項、27条の25第1項）。その場合には、公開買付者は、公開買付期間の末日を提出義務発生日として、同日から5営業日以内に大量保有報告書または変更報告書を提出する必要がある[189][190]。

---

[188] 通知書の様式は他社株買付府令第1号様式である（他社株買付府令5条2項）。

[189] 決済開始日が公開買付期間の末日から6営業日以降である場合には、「担保契約等重要な契約」欄に公開買付けの成立および決済開始日等を記載する必要がある（大量保有Q&A（問17））。なお、1%以上の株式を売却する応募株主等側においても、応募契約締結日（応募契約を締結した場合）、公開買付期間の末日、および決済日（ただし、決済開始日が公開買付期間の末日から5営業日以内である場合は除く）から5営業日以内に、それぞれ変更報告書の提出が必要となる（大量保有Q&A（問17）および町田行人『詳解大量保有報告制度』（商事法務、2016）240～241頁）。

(vi) 親会社等状況報告書の提出

　対象者が上場会社である場合には、公開買付けにより対象者の株式を取得した結果、公開買付者およびその親会社等が新たに対象者の「親会社等」に該当し、親会社等状況報告書（金商24条の7第1項）の提出が必要となる場合がある[191]。その場合、対象者の「親会社等」に該当することとなった公開買付者およびその親会社等は、その該当することとなった日（理論的には、公開買付けの決済が完了した日と解される[192]）の属する事業年度の直前事業年度に係る親会社等状況報告書を、遅滞なく、EDINETを通じて[193]財務局長等に提出する必要がある（金商24条の7第2項、開示府令19条の5第2項）[194]。

(vii) 主要株主の売買報告書

　公開買付者が上場会社等たる対象会社の主要株主に該当する場合には、公

---

[190] なお、平成26年改正前金商法においては、大量保有報告制度の対象となる株券等に自己株式も含まれていたため、公開買付けにより公開買付者が対象者の50%超の議決権に係る株式を取得する場合であって、対象者が自己株式を一定数保有する場合には、決済時において、公開買付者と対象者が共同保有者となる可能性があったが（金商27条の23第6項、金商令14条の7第1項2号）、同改正により、自己株式が株券等保有割合の算出の分子である「保有株券等の数」から除外されることになったため（金商27条の23第4項）、同改正の施行日である平成27年5月29日以降は、基本的に公開買付者と対象者が対象者の株式について共同保有者となることはないと考えられる。

[191] 対象者の「親会社等」に該当することとなった公開買付者およびその親会社等自身が有価証券報告書提出会社である場合等には、親会社等状況報告書の提出は免除される（金商24条の7第1項、開示府令19条の5第1項）。

[192] 金商大系Ⅰ(2) 251頁。

[193] 親会社状況等報告書の提出は、特段の事情のない限りEDINETを通じて行わなければならないとされている（金商27条の30の3第1項、27条の30の2、27条の30の5）。なお、かかる手続があることを見越して、公開買付者だけでなく、その親会社等も、事前にEDINET登録を行っておく必要がある。

[194] 金商法に基づき親会社等状況報告書を提出する必要が生じた場合、対象会社は、金融商品取引所規則との関係では、親会社の異動等についての適時開示を行う必要があるほか、それ以降、対象会社の各事業年度経過後3か月以内に、支配株主等に関する事項を開示する必要が生じ（上場規411条1項、上場規施行則412条等）、また、当該親会社等の事業年度もしくは中間会計期間（当該親会社等が四半期財務諸表提出会社である場合には、四半期累計期間）または連結会計年度もしくは中間連結会計期間（当該親会社等が四半期連結財務諸表提出会社である場合には、四半期連結累計期間）に係る決算の内容が定まる都度、直ちにその内容を開示する必要が生じる（上場規411条2項～4項等）。

開買付者は、公開買付けによる対象会社株式の買付け等があった日の属する月の翌月15日までに売買報告書を財務局長等に対して提出する必要がある（金商163条）[195]。

(viii) 代金の決済・株券等の返還

公開買付者は、公開買付けが成立した場合には、公開買付期間の終了後遅滞なく決済を行い、成立しなかった場合には、株券等の返還を行う。決済開始日は、公開買付期間の終了日から5営業日程度後に設定されることが多い。なお、いわゆる買付予定数の上限が設定されている公開買付けについて、応募株券等の数の合計が当該上限を超える場合には、按分比例方式による株券等の買付け等に係る受渡しその他の決済を行い、応募株主等に対して返還すべき株券等の返還を行う必要がある（金商27条の13第5項、他社株買付府令32条）[196]。公開買付者は、これらの事務を公開買付事務取扱者に行わせなければならない（金商27条の2第4項、金商令8条4項）[197]。

2 公開買付開始公告

公開買付けを行う者は、電子公告または時事に関する事項を掲載する日刊新聞紙への掲載のいずれかの方法で、公開買付開始公告を行わなければならない（金商27条の3第1項、金商令9条の3第1項）。本項の趣旨は、公告を通して対象者の株主が公開買付けの内容を知り得るようにし、公開買付けに

---

[195] なお、応募株主等が上場会社等たる対象会社の主要株主または役員に該当する場合には、当該応募株主等においても、公開買付けによる対象会社株式の売付け等があった日の属する月の翌月15日までに、売買報告書を財務局長等に対して提出する必要がある。

[196] なお、按分比例方式の計算により1株（単元を定めている場合には1単元の株式の数とし、新株予約権証券および新株予約権付社債券については予約権行使により発行等される株式の数とされている（他社株買付府令32条3項））未満の端数があるときは、当該端数を四捨五入し、按分比例方式の計算により得た数の合計と買付予定の株券等の上限が異なるときは、公開買付届出書に記載した方法により処理するものとされている（他社株買付府令32条1項・2項）。

[197] 公開買付事務取扱者は、第一種金融商品取引業（金商28条1項）を行う金融商品取引業者または銀行等（金商令1条の9）でなければならない。公開買付事務取扱者のその他の業務としては、応募株券等の保管がある（金商令8条4項1号）。

応ずる機会を全ての株主に平等に与えるところにある[198]。

(1) 公開買付開始公告の記載事項

公開買付開始公告の記載事項は、「公開買付けにより株券等の買付け等を行う旨」(他社株買付府令10条2号)、「公告を行う日における公開買付者の所有に係る株券等の株券等所有割合……及び……特別関係者の株券等所有割合並びにこれらの合計」(同条4号ホ)、および「買付け等の後における公開買付者の所有に係る株券等の株券等所有割合」(同号ヘ)を除き、公開買付届出書の記載事項(金商27条の3第2項、他社株買付府令12条、第2号様式)と共通する[199]ため、公開買付届出書の記載上の注意に準拠して、実質的には同一内容の事項が掲載されるのが通常である[200]。各項目の記載内容やその訂正の手続等については後記3を参照されたい。

(2) 公開買付開始公告の方法

公開買付開始公告は、電子公告または日刊新聞紙への掲載のいずれかの方法により行う必要があるが(金商27条の3第1項、金商令9条の3第1項)、電子公告による場合であっても、電子公告をした旨を日刊新聞紙に掲載しな

---

[198] 田中誠二＝堀口亘『再全訂コンメンタール証券取引法』(勁草書房、1997)307頁。なお、金商法上、公開買付けの内容は、公開買付開始公告、公開買付届出書の公衆縦覧および公開買付説明書の交付の3つの手段により開示される。

[199] 「買付け等の申込みに対する承諾又は売付け等の申込みの方法及び場所」(他社株買付府令10条4号ト)は公開買付開始公告の記載事項とされている一方、公開買付届出書に係る第2号様式には「応募の方法」欄が設けられているのみであるが、同欄には「応募の方法を具体的に記載し、応募に際し株券等を提出させる場合には、その方法を具体的に記載すること」とされている(他社株買付府令第2号様式・記載上の注意(9)a)。実務上、同欄には、公開買付代理人(金商令10条2号)の名称・住所とともに、公開買付代理人の本店または全国各支店で所定の応募用紙に記入することで応募できる旨記載されていることが多く、実際には公開買付開始公告と公開買付届出書の記載事項は重複しているといえる。

[200] また、上場会社は、その業務執行決定機関が公開買付けを行うことを決定した場合、上場している金融商品取引所の規制に従って直ちにその内容について適時開示を行う必要があるが(上場規402条1号x、上場規施行則402条の2第1項等)、適時開示が求められる事項は、公開買付開始公告の掲載事項や公開買付届出書の記載事項と重複する事項が多く、これらの記載内容も揃えられるのが通常である(適時開示ガイドブック188頁以下参照)。

ければならない（金商令9条の3第3項、他社株買付府令9条の2）。もっとも、電子公告によらずに日刊新聞紙により公告を行う場合よりも、電子公告を行った上で日刊新聞紙により公告を行う場合の方が掲載事項が少なく、公告費用を抑えることができるため、電子公告を行った上で日刊新聞紙により公告を行うことが一般的である。

(3) 変更公告、公開買付開始公告の訂正

公開買付届出書の訂正事由（→3(3)(i)）のうち、①買付条件等の変更（対象者の請求による公開買付期間の延長（金商27条の10第3項）を除く[201]）があった場合には、変更内容等を公告しなければならず（金商27条の6第2項）[202]、②公開買付開始公告および①の変更公告につき、買付条件等の変更以外の事由が生じた場合には、その内容を公告または公表しなければならない。

公告の方法は上記(2)と同様であり、公表の方法は、一定の報道機関2社以上に対して公表する方法によることとされている[203]。

3 公開買付届出書

公開買付開始公告を行った者は、当該公告を行った日に公開買付届出書を関東財務局長に提出しなければならない[204]。

---

[201] この場合には、対象者により延長後の公開買付期間等が公告される（金商27条の10第4項）。
[202] ただし、変更内容等の公告を公開買付期間末日までに行うことが困難である場合には、当該末日までに当該公告に記載すべき内容を公表し、その後直ちに公告を行うこととされている（金商27条の6第3項）。
[203] 具体的には、日刊新聞社、日刊新聞社に時事に関する事項を伝達することを業とする通信社、日本放送協会その他の基幹放送事業者（いわゆるテレビ局・ラジオ局）に対して公開することにより行われる必要がある（他社株買付府令20条）。
[204] 金商27条の3第2項、194条の7第1項・6項、金商令40条1号、他社株買付府令12条。
　なお、外為法6条1項6号に定義される非居住者である公開買付者が、公開買付届出書を提出する場合には、本邦内に住所または事務所を有する者であって、当該公開買付けに係る書類の提出に関する一切の行為につき、当該公開買付者を代理する権限を有するものを定めなければならない（他社株買付府令11条）。

なお、上記のとおり公開買付開始公告と同日に公開買付届出書を提出する義務があるため、通常は問題とならないが、公開買付者等は、(ア)公開買付開始公告が行われた場合であって、当該公告の日の翌日以降に公開買付届出書が提出されていないとき、および(イ)公開買付期間中に公開買付届出書の訂正届出書の提出命令を受けた場合であって、当該訂正届出書が提出されていないときは、①買付け等の申込みまたは売付け等の申込みの勧誘、②公開買付説明書の交付、③買付け等の申込みの承諾を受け付けることまたは売付け等の申込みを受け付けること、④応募株券等の受入れを行うことができない（金商27条の3第3項、27条の8第7項、他社株買付府令15条）。

(1) 公開買付届出書の記載事項

公開買付届出書の記載事項は下記のとおりである（金商27条の3第2項本文、他社株買付府令12条、第2号様式）[205]。公開買付届出書の記載方法に関しては、他社株買付府令第2号様式において記載上の注意が詳細に規定されており、以下に明示的に挙げていないものも含めて、当該記載上の注意に沿って記載する必要があることには留意が必要である。

なお、重要な事項について虚偽の記載がありもしくは記載すべき重要な事項の記載が欠けた公開買付届出書を提出した者または公開買付届出書を提出しない者は、課徴金納付命令の対象となり（金商172条の6第1項・2項）、罰則の対象にもなる（金商197条1項3号、197条の2第5号）。

(i) 公開買付要項
(a) 公開買付けの目的

「支配権取得又は経営参加を目的とする場合等」には、経営方針等について具体的に記載するほか、予定している行為等[206]について内容および必要性を記載することとされている。「純投資又は政策投資を目的とする場合」には、保有・売買や議決権の行使に係る方針とその理由等を記載することと

[205) なお、表紙に記載すべき「届出者の氏名又は名称」等に関して、組合が公開買付者となる場合には、「公開買付者の氏名又は名称」欄には、組合名および業務執行組合員等の氏名または名称（業務執行組合員等が法人である場合には、その代表者の役職・氏名）を記載すべきである。なお、公開買付開始公告の「公開買付者の氏名又は名称及び住所又は所在地」の記載についても同様である（公開買付けQ&A（問28））。

されている[207]。株券等の追加取得が予定されている場合には、その理由や内容を具体的に記載することとされている[208]ほか、第三者への譲渡が予定されている場合には、当該第三者について「第2　公開買付者の状況」に掲げる事項と同一の事項[209]等を記載することとされている[210]。

買付け等の後、当該株券等の発行者の株券等が上場または店頭登録の廃止となる見込みがある場合には、その旨および理由について具体的に記載することとされている[211]。なお、実務上は、上場を維持する場合には上場を維持する方針である旨を記載し、上場廃止を企図していないが、買付予定数の上限が付されていない場合には、上場廃止となる可能性がある旨を記載することが多い。

以上のほか、買付価格の公正さを間接的に推知させ得る1つの要素として、当該公開買付けに至る過程を「買付け等の目的」欄に記載することが考えられる[212]。実務上も、当該公開買付けの事業上の目的や当該買付けを行うに至った経緯について、比較的詳細な説明が行われる事例が多い。また、対象会社の大株主の当該公開買付けへの応募の合意[213]（応募契約）にかかる情報

---

[206]　他社株買付府令第2号様式・記載上の注意(5) a に具体的に列挙されている行為のほか、例えば、対象者の従業員の取扱いについての重要な変更や、いわゆる二段階買収の予定等も含まれる（パブコメ回答No.83）。なお、二段階買収の予定がある場合に、米国証券法に基づく登録届出書の提出義務の適用除外要件との関係でも、公開買付届出書において二段階目の買収条件についての一定の開示が必要となる場合がある。後記**第7節2**(3)参照。

[207]　他社株買付府令第2号様式・記載上の注意(5) b。

[208]　他社株買付府令第2号様式・記載上の注意(5) c。実務上、応募数が買付予定数に達しなかった場合にその不足分について公開買付け後に市場内での買増しや対象会社による第三者割当増資を引き受けること等を予定している旨を記載する例がある。

[209]　「1　会社の場合」の「(2)　経理の状況」を除く。

[210]　他社株買付府令第2号様式・記載上の注意(5) d。

[211]　他社株買付府令第2号様式・記載上の注意(5) e。

[212]　パブコメ回答No.78によれば、公開買付けに至る過程を含む公開買付けの目的の存在を前提とした行為は、買付け等の目的の箇所に反映されるべきとされているが、「公開買付けの目的の存在を前提とした行為」が具体的にどのような行為を含み、どのような行為は含まれないのかについては、必ずしも明らかでない。

[213]　公開買付者と対象者の大株主が公開買付けへの応募について何らかの合意をしている場合には、大株主の応募の有無が公開買付けの結果に与える影響の大きさに鑑み、その内容を公開買付開始公告および公開買付届出書に具体的に記載する必要があるとされている（公開買付けQ&A（問37））。

[図表 I-4-7] 公開買付届出書「公開買付要項」の記載事項

公開買付届出書の記載事項	公開買付開始公告での記載	公開買付開始決定時のプレスリリースでの記載
第1　公開買付要項		
1　対象者名	○	○
2　買付け等をする株券等の種類	○	○
3　買付け等の目的	○	○
4　買付け等の期間、買付け等の価格及び買付予定の株券等の数	○	○
5　買付け等を行った後における株券等所有割合	○	○
6　株券等の取得に関する許可等 （株券等の種類／根拠法令／許可等の日付及び番号）	―	―
7　応募及び契約の解除の方法 （応募の方法／契約の解除の方法／株券等の返還方法／株券等の保管及び返還を行う金融商品取引業者・銀行の名称及び本店の所在地）	応募の方法のみ	―
8　買付け等に要する資金 （買付け等に要する資金等／買付け等に要する資金に充当しうる預金又は借入金等／買付け等の対価とする有価証券の発行者と公開買付者との関係等）	―	買付け等に要する資金等のみ[214]
9　買付け等の対価とする有価証券の発行者の状況	―	△[215]
10　決済の方法 （買付け等の決済をする金融商品取引業者・銀行の名称及び本店の所在地／決済の開始日／決済の方法／株券等の返還方法）	○	○ （株券等の返還方法を除く）
11　その他買付け等の条件及び方法 （法第27条の13第4項各号に掲げる条件[216]の有無及び内容／公開買付の撤回の条件の有無、その内容及び撤回等の開示の方法／買付け等の価格の引き下げの条件の有無、その内容及び引下げの開示の方法／応募株主等の契約の解除権についての事項／買付条件等の変更をした場合の開示の方法／訂正届出書を提出した場合の開示の方法／公開買付の結果の開示の方法）	○	○

等が記載される事例もある（応募契約に係る法的論点については、第Ⅱ部第3章第3節参照）。

(b) 買付け等の価格

有価証券等を対価とする場合には、当該有価証券等の種類および交換比率を、有価証券等および金銭を対価とする場合には、当該有価証券等の種類、交換比率および金銭の額を「買付け等の価格」欄に記載することとなる[217]。

「算定の基礎」欄には、買付価格の算定根拠を具体的に記載し、買付価格が時価と異なる場合や当該買付者が最近行った取引の価格と異なる場合には、その差額（プレミアムまたはディスカウント）の内容も記載することを要する[218]。実務上は、対象会社の株式価値算定のために用いた算定手法および各算定手法毎に算出された株式価値の範囲を記載した上で、公開買付者が当該範囲から買付価格を決定するに至った根拠[219]が具体的に記載されている例が多い。また、複数の種類の株券等が公開買付けの対象である場合には、株券等の種類に応じた公開買付価格の価額の差について、換算の考え方等の内容を具体的に記載する必要がある[220]。

---

[214] 「買付代金」の欄において、金銭以外の対価がある場合には、金銭以外の対価の種類および総額も記載することとされている（適時開示ガイドブック 186～187 頁）。

[215] 「上場株券等を対価とする公開買付けを行う場合」には、「買付け等の概要」欄に、「対象者の概要」に代えて「公開買付けの当事会社の概要」を記載することとされており（適時開示ガイドブック 184～185 頁・191 頁参照）、少なくとも、公開買付者である上場会社が、自らの発行する上場株券等を対価とする場合には、当該上場会社の状況についても記載することとされている。

[216] 買付株券数の上限・下限の条件を指す。

[217] 他社株買付府令第2号様式・記載上の注意(6) d。

[218] 他社株買付府令第2号様式・記載上の注意(6) e。最近行った取引の価格と買付価格が異なる場合には、その差額の内容も株主・投資者が投資判断を行うにあたり重要であると考えられるからである（池田ほか・公開買付 109 頁）。

[219] どの算定手法を重視したかのほか、対象会社株式の市場株価の動向、過去の発行者以外の者による株券等の公開買付けの事例における市場株価に付されたプレミアムの水準、対象会社による当該公開買付けへの賛同の可否、対象会社に対するデュー・ディリジェンスの結果、当該公開買付けの成否に関する見通し、対象会社や大株主等との協議・交渉の結果等が考慮要素となることが多く、「算定の経緯」欄と内容が重なることもある。

[220] 他社株買付府令第2号様式・記載上の注意(6) e。かかる相違と買付価格の「均一」性の要件との関係については、第3節6(3)参照。

「算定の経緯」欄には、算定の際に第三者の意見を聴取した場合に、当該第三者の名称、意見の概要および当該意見を踏まえて買付価格を決定するに至った経緯を具体的に記載することとされている[221]。

(c) 買付け等を行った後における株券等所有割合

株券等所有割合に関する考え方については、第2節1(5)参照。

もっとも、前記の強制公開買付規制が適用されるか否かを規定する金商法27条の2第1項各号における特別関係者の株券等所有割合の計算では、小規模所有者（他社株買付府令3条2項）に該当する形式基準による特別関係者の所有分が除外されている一方、公開買付届出書の「特別関係者の所有株券等に係る議決権の数」欄においては除外する根拠は明示されていない。そのため、形式的には強制公開買付規制が適用されるか否かの判断基準となる株券等所有割合とは異なる数値の記載が求められているとも読めるが、小規模所有者についてはその重要性の低さのため事前の確認を不要とするという立法趣旨に鑑みれば、少なくとも立法論としては公開買付届出書における株券等所有割合についても小規模所有者を除外する取扱いを認めるのが合理的であると思われる。なお、近時は、かかる取扱いを行う旨を注記した上で実践している事例も少なくない[222]。

(d) 応募および契約の解除の方法

応募に際し株券等を提供させる場合には、「応募の方法」欄に具体的に記載することを要するとされているが[223]、その他、公開買付けの応募方法に

---

[221] 他社株買付府令第2号様式・記載上の注意(6) f. 当該記載上の注意は、一般に第三者に意見を求めることを公開買付者に義務付ける趣旨ではないとされている（パブコメ回答No.60）。また、立案担当者によれば、「意見の概要」には、少なくとも参照された算定手法、算定手法毎に算出された適正価格の水準（範囲で示される場合にはその範囲）が含められ、また「価格を決定するに至った経緯」には、少なくとも第三者から示された意見における適正価格の範囲から最終的に1つの買付価格を決定した経緯等が含められるべきものと思われるが、その他の事項であっても株主・投資者の判断にとって重要と考えられる事項を開示すべきとされている（池田ほか・公開買付67頁）。

[222] 公開買付開始公告についても状況は同様である。

[223] 他社株買付府令第2号様式・記載上の注意(9) a。

ついては、法令上特段の定めはなく、株券等の買付け等のために必要なものであれば、（応募しようとする者に過度な負担を課すものではない等の点において）相当性が認められる範囲で、公開買付者において任意に定めることが認められる。対象株券等が株券不発行会社の株式でありかつ振替株式ではない場合に株主名簿記載事項証明書の提出を求めることが、その一例である[224]。

なお、実務上、対象会社の株主のうち外国株主（外国の居住者である株主で、個人か法人かを問わない）については、「応募及び契約の解除の方法」欄において、日本国内の常任代理人を通じて応募する必要がある旨の記載がなされることが多い。

(e) 買付け等に要する資金

買付け等に要する資金の記載は、公開買付けが取引所金融商品市場外で多数の株主・投資家との間で行われ、多額の資金を要するのが通常であることに鑑み、取引の確実な実行を図るとともに、資金の裏付けのない公開買付けによる相場操縦等の違法行為を防止するために求められているものと考えられる。なお、いわゆる全部勧誘義務が生じる場合であっても、(ア)対象会社が所有する自己株式で、公開買付けに応募されないことが明らかであるもの、および(イ)公開買付者の特別関係者が所有する株券等で当該公開買付けに応募しないことを合意し、その旨が公開買付届出書に記載されている株券等については、これらに相当する金額を買付け等に要する資金に含める必要はないと解されている[225]。金融庁担当者は、これは、「買付け等に要する資金」や「公開買付けに要する資金」という文言からは、当該株券等に相当する金額を現実に支払う必要が生じる可能性が極めて低い場合には、当該部分に相当する金額は、「買付け等（公開買付け）に要する」ものではないとも解し得るからであると述べている[226]。かかる観点から、対象会社が所有する自己株式を公開買付けに応募しない旨の明示または黙示の合意がある場合には、「対象者が所有する自己株式で、公開買付けに応募されないことが明らかであるもの」に該当すると解されている[227]。

---

224) 公開買付け Q&A（問 25）。
225) 公開買付け Q&A（問 33）。ただし、当該特別関係者が合意に反して応募するおそれがあると認められる事情が特にある場合には、この限りではない。

(f) その他買付け等の条件および方法

　図表 I-4-7 記載の各条件および方法について記載する必要があり、例えば、「法第 27 条の 13 第 4 項各号に掲げる条件の有無」の欄には、他社株買付府令 32 条 1 項の按分比例の方法により計算した数の合計と買付け等をする株券等の総数とが異なる場合における処理方法についても詳細に記載することが必要である[228]。もっとも、実務上は、それ以外の条件として、他の法規制に配慮していると思われる記載が見られる。例えば、当該公開買付けが米国証券法の規制の適用を受けることを回避するための記載をする例がある[229]。

---

[226] 三井＝土本・詳説 Q&A 91 頁。なお、同書 92 頁は、特別関係者が保有する株券等につき当該公開買付けに応募しないことを合意し、その旨が公開買付届出書に記載されている場合には、合意に違反して応募することは通常考え難いとする文脈の中で、公開買付届出書の虚偽記載に係る罰則は、「提出した者」を対象とする身分犯であるが、虚偽記載に関与した者も身分なき共犯（刑法 65 条 1 項参照）として責任を問われる可能性があるとされるため（平野龍一ほか編『注解特別刑法補巻(2)』68 頁〔土持敏裕＝榊原一夫〕）、特別関係者が、当初から合意に違反して公開買付けに応募する意図を有していたような場合には、公開買付届出書の虚偽記載等の刑事責任を問われる可能性すらあると思われることを指摘している。公開買付規制違反に対する罰則については後記第 6 節 1 参照。

[227] 三井＝土本・詳説 Q&A 90 頁。

[228] 他社株買付府令 32 条 2 項、第 2 号様式・記載上の注意(13) a。

[229] 「その他買付け等の条件及び方法」の欄の具体的な記載例については、金商大系 I (2) 298〜302 頁参照。

(ii) 公開買付者の状況

[図表 I-4-8] 公開買付届出書「公開買付者の状況」の記載事項

公開買付届出書の記載事項	公開買付開始公告での記載	公開買付開始決定時のプレスリリースでの記載
第2　公開買付者の状況		
1　会社の場合		
(1)　会社の概要 （会社の沿革／会社の目的及び事業の内容／資本金の額及び発行済株式の総数／大株主／役員の職歴及び所有株式の数）	会社の目的及び事業の内容／資本金の額及び発行済株式の総数	―
(2)　経理の状況 （貸借対照表／損益計算書／株主資本等変動計算書）	―	―
(3)　継続開示会社[230]たる公開買付者に関する事項 （公開買付者が提出した書類／上記書類を縦覧に供している場所）	―	―
2　会社以外の団体の場合		
(1)　団体の沿革	―	―
(2)　団体の目的及び事業の内容	○	―
(3)　団体の出資若しくは寄付又はこれらに類するものの額	○	―
(4)　役員の役名、職名、氏名（生年月日）及び職歴	―	―
3　個人の場合		
（略）		

---

[230]　開示府令1条28号の定める継続開示会社をいう（他社株買付府令第2号様式・記載上の注意(5)d参照）。

公開買付者が会社の場合[231]であって、継続開示会社に該当する場合には、上記1の記載事項のうち、「継続開示会社たる公開買付者に関する事項」を記載し、対応する開示書類を添付すれば、「会社の概要」および「経理の状況」欄の記載を省略することができる[232]。

公開買付者が継続開示会社でない会社である場合には、「会社の概要」および「経理の状況」欄について詳細な記載が必要となり、例えば「経理の状況」欄には、原則として財務諸表等規則の規定により作成した、最近2事業年度分の貸借対照表、損益計算書および株主資本等変動計算書を記載することとなる[233]。もっとも、公開買付けを通じて対象会社の株式を取得することのみを目的として設立された会社が公開買付者である場合、設立後事業年度が終了しておらず公開買付届出書の提出日の時点において財務諸表が作成されていないことが多いため、その旨のみを記載して、何らの財務情報も開示しない例が多い。

(iii) 公開買付者およびその特別関係者による株券等の所有状況および取引状況

実務上は、株主との間で締結された応募契約を下記「当該株券等に関して締結されている重要な契約」欄に記載する例が多く見られるが、応募契約が存在するか否かとその相手方たる株主が実質基準による特別関係者に該当するか否かは別問題である（**第2節1**(4)(ii)参照）。記載上の注意の記載ぶり等からすれば、本欄には本来、買付者およびその特別関係者自身が所有してい

---

[231] 投資事業組合等、公開買付者が会社以外の団体の場合は、①団体の沿革、②団体の目的および事業の内容、③団体の出資もしくは寄付またはこれらに類するものの額、④役員の役名、職名、氏名（生年月日）および職歴をそれぞれ記載する。

公開買付者が個人の場合の記載事項は、①生年月日、②本籍地（外国人の場合は国籍）（他社株買付府令第2号様式・記載上の注意(19)）、③過去5年間の職歴（同(20)）、④過去5年間における破産手続開始の決定の有無（ある場合にはその内容）（同(21)）である。複数の者が共同公開買付けを行う場合には、それぞれの者について記載する必要がある（同(14)）。

[232] 他社株買付府令13条1項11号、第2号様式・記載上の注意(17) b。

[233] 他社株買付府令第2号様式・記載上の注意(16) a・b。ただし、財務諸表等規則2条の規定により他の法令、準則等の定めるところにより財務諸表を作成している場合や、外国法人等である場合で上記規則により作成することが困難であるときについては、それぞれ個別に記載上の注意が示されている。

る株券等の処分等に関する契約が記載されるべきとも考えられるため、特別関係者（および対象会社等）以外の者との応募契約に関しては、例えば、「公開買付要項」の「買付け等の目的」欄に記載することが考えられる（→(i)(a)）。

[図表Ⅰ-4-9] 公開買付届出書「公開買付者及びその特別関係者による株券等の所有状況及び取引状況」の記載事項

公開買付届出書の記載事項	公開買付開始公告での記載	公開買付開始決定時のプレスリリースでの記載
第3　公開買付者及びその特別関係者による株券等の所有状況及び取引状況		
1　株券等の所有状況 （公開買付者及び特別関係者による株券等の所有状況の合計／公開買付者による株券等の所有状況／特別関係者による株券等の所有状況（特別関係者合計／特別関係者ごとの内訳））	—	—
2　株券等の取引状況 （届出日前60日間の取引状況）	—	—
3　当該株券等に関して締結されている重要な契約	—	—
4　届出書の提出日以後に株券等の買付け等を行う旨の契約	—	—

(ⅳ) 公開買付者と対象会社等との取引等

[図表Ⅰ-4-10] 公開買付届出書「公開買付者と対象者との取引等」の記載事項

公開買付届出書の記載事項	公開買付開始公告での記載	公開買付開始決定時のプレスリリースでの記載
第4　公開買付者と対象者との取引等		
1　公開買付者と対象者又はその役員との間の取引の有無及び内容	—	—
2　公開買付者と対象者又はその役員との間の合意の有無及び内容	公開買付けに関する合意のみ	—

最近3事業年度における公開買付者と対象会社またはその役員との間の重要な取引の有無および内容が記載される[234]。

公開買付者が対象会社の取締役に対して、公開買付けの成立後における対象会社の取締役としての報酬を約束した場合、その旨を本欄に具体的に記載すべきとされている[235]。公開買付者が公開買付けを通じて対象会社の株式を取得することのみを目的とする会社である場合には、対象会社の取締役と直接合意する主体は公開買付者ではなく、その背後にいる親会社等の場合もある。本欄の役割が、公開買付者と対象会社またはその役員との間の合意等を記載させることにより公開買付者と対象会社間の利害関係を明らかにすることで当該公開買付価格等の妥当性・応募の是非を判断するための一資料を提供しようとするものである点に鑑みると、ここでいう「公開買付者」には、公開買付者の親会社等、実質的に公開買付者と同視される者も含まれると解し、当該親会社との合意等についても本欄において開示すべきであろう。

また、公開買付け自体や公開買付け後の経営方針等について、公開買付者と対象会社との間で公開買付け前に契約書を締結している場合、かかる契約の重要条項の概要を記載する例もある。公開買付者と対象会社間の契約において、第三者から当該公開買付けを上回る買付価格や、より企業価値の向上に資する内容の対抗提案を受けた場合等に、対象会社が既存の契約を破棄して、新しい対抗提案に賛同することを可能にする Fiduciary-Out 条項やそのような条項を発動した際には対象会社が公開買付者に対し Break-up Fee を支払う義務を負う旨の条項が規定されている場合には、対抗提案の出現可能性に影響し得る事項であることから、株主・投資者への情報提供の観点から、当該条項の概要を開示することが望ましい。

なお、MBO の場合には、公開買付けの実施を決定するに至った意思決定の過程を具体的に記載するとともに、利益相反を回避する措置を講じているときは、その具体的内容も記載するとされているところ[236]、買付価格の公正性に影響を及ぼし得る事情や利益相反を生じさせ得る事情がある場合も、

---

234) 他社株買付府令第2号様式・記載上の注意(26)。
235) 当該約束が公開買付け期間中になされた場合には、公開買付開始公告の訂正および公開買付届出書の訂正届出書の提出を行う必要があると考えられる（公開買付け Q&A（問24））。
236) 他社株買付府令第2号様式・記載上の注意(27)。

当該事情を本欄または公開買付届出書の他の適切な箇所に記載することが求められるとされている[237]。

(v) 対象会社の状況

[図表Ⅰ-4-11] 公開買付届出書「対象者の状況」の記載事項

公開買付届出書の記載事項	公開買付開始公告での記載	公開買付開始決定時のプレスリリースでの記載
第5　対象者の状況		
1　最近3年間の損益状況等 （損益の状況／1株当たりの状況）	―	―
2　株価の状況	―	―
3　株主の状況 （所有者別の状況／大株主及び役員の所有株式の数）		大株主及び持株比率
4　継続開示会社たる対象者に関する事項 （対象者が提出した書類／上記書類を縦覧に供している場所）		
5　伝達を受けた公開買付け等の実施に関する事実の内容等	○	
6　その他		○

「2　株価の状況」および「6　その他」を除き、対象会社が提出した最近の有価証券届出書または有価証券報告書に従い記載され、それらの提出年月日の明示も必要であるとされている（ただし、「5　伝達を受けた公開買付け等の実施に関する事実の内容等」についても有価証券報告書等に従って記載される必要はないと解される）[238]。

対象会社が継続開示会社である場合には、「1　最近3年間の損益状況等」および「3　株主の状況」欄について、「4　継続開示会社たる対象者に関す

---

237) 公開買付けQ&A（問34）。具体的にどのような事情が問題となるかについては、同Q&Aおよび三井＝土本・詳説Q&A 95頁参照。

る事項」の欄に所定の事項を記載し、有価証券報告書等の該当箇所を記載した書面を添付する方法によって記載を省略することが可能である[239]。

「6 その他」には、対象会社につき最近の有価証券届出書または有価証券報告書に記載されていない重要な事実で公開買付者が知っているものの記載が要求される。投資者が買付け等への応募の是非を判断するために必要と判断されるその他の情報を記載することとされ[240]、有価証券届出書や有価証券報告書に記載されるべき事実に限らず必要な情報の開示が要請されているものと考えられる。本欄は、公開買付届出書の他の記載欄には該当しないものの、株主・投資者の投資判断に影響を与える事情を開示する役割を有している[241]。

なお、公開買付期間中に公開買付者または対象会社から新たに四半期報告書等が提出される見込みまたは予定である旨を公開買付届出書に記載することが望ましいとされているが[242]、適切な記載欄がないため、本欄に記載す

---

[238] 他社株買付府令第2号様式・記載上の注意(28)。なお、当該記載上の注意では「5 その他」とされているが、平成25年金商法改正に伴い「その他」の欄は「5」から「6」に移されているため、上記「5 その他」は「6 その他」に修正される必要があるように思われる。当該改正で新たに追加された「5 伝達を受けた公開買付け等の実施に関する事実の内容等」は、金商法167条5項8号に基づき、公開買付届出書および公開買付開始公告に所定の事項（同号、取引規制府令62条の2）を記載することにより、第三者による対象会社に対する公開買付け等事実を当該第三者に係る公開買付者等関係者から伝達を受けていても、インサイダー取引規制の適用除外とする平成25年の金商法改正を受けて新設されたものである。かかる公開買付け等事実は、有価証券報告書等に記載されるべき内容ではない（対象会社が決定等した事項ではなく、対象会社から開示されるべき内容ではない）ため、これも上記の記載上の注意に含められるべきであるが、修正が追いついていないものと見られる。

[239] 他社株買付府令13条12号、第2号様式・記載上の注意(32)。金融庁担当者は、添付書類として有価証券報告書等をそのまま添付する場合、発行者以外の者による株券等の公開買付けに係る公開買付届出書のうち、対象会社の状況の記載を簡略化したときには2期分の有価証券報告書等を添付する必要があると述べている（野崎彰＝池田賢生「規制・制度改革のための公開買付関連内閣府令の改正等の概要」商事1930号(2011) 28頁注3)。

[240] 他社株買付府令第2号様式・記載上の注意(35)。

[241] 「このような『その他』があるにもかかわらず、これを記載しないときは、公開買付者は、公開買付けの取引に関して内部者取引をしたものとして責任を追及されるおそれがある」との指摘もある（神崎ほか・前掲注132）259頁）。もっとも、対象者に関するインサイダー取引規制における重要事実を公開買付届出書に記載しても、インサイダー取引規制における「公表」には該当しないことには留意が必要である。

る例が多い。

(2) 公開買付届出書の添付書類

公開買付届出書には、以下の書類を添付しなければならない（金商27条の3第2項、他社株買付府令13条1項各号）。添付書類が日本語で記載されたものでないときは、訳文の添付を要する（他社株買付府令13条2項）。

① 公開買付者が法人等である場合には、定款またはこれに準ずる書面
② 公開買付者が有価証券報告書提出会社以外の場合には、設立されたことを知るに足る書面
③ 公開買付者が個人である場合には、住民票の抄本またはこれに代わる書面
④ 公開買付者が非居住者である場合には、その者が当該公開買付けに係る書類の提出に関する一切の行為につき、当該公開買付者を代理する権限を付与したことを証する書面
⑤ 公開買付者が公開買付事務取扱者とその事務につき締結した契約の契約書の写し
⑥ 公開買付代理人がいる場合には、代理につき締結した契約の契約書の写し
⑦ 公開買付者の銀行等への預金の残高その他の公開買付けに要する資金（有価証券等をもって買付け等の対価とする場合には、当該有価証券等）の存在を示すに足る書面[243]
⑧ 買付け等の価格の算定にあたり参考とした第三者による評価書、意見書その他これらに類するものがある場合には、その写し（MBO等[244]の場合に限る）
⑨ 株券等の取得につき他の法令に基づく行政庁の許可、認可、承認その

---

[242] 公開買付けQ&A（問2）。金融庁担当者は、対象会社による四半期報告書等の提出は、公開買付者にとってはあくまでも「見込み」であるが、対象会社が過去に提出した四半期報告書等の提出時期や実績等からある程度確実な見込みが成り立つのであれば、その旨を記載し、投資者に四半期報告書等の提出について注意喚起することが望ましいと述べている（三井＝土本・詳説Q&A108～109頁）。

[243] 現金を対価とする場合については、前記1(1)(ii)を、有価証券を対価とする場合については、後記**第5節2**をそれぞれ参照。

⑩ 公開買付開始公告の内容を記載した書面
⑪ 他社株買付府令第2号様式のうち「第2 公開買付者の状況」の「1 会社の場合」の(1)および(2)の記載事項に相当する事項が記載された書面（公開買付届出書に当該記載事項が記載されている場合を除く）
⑫ 同様式のうち「第5 対象者の状況」の「1 最近3年間の損益状況等」および「3 株主の状況」の記載事項に相当する事項が記載された書面（公開買付届出書に当該記載事項が記載されている場合を除く）
⑬ 同様式・記載上の注意(5)dに規定する第三者について同様式のうち「第2 公開買付者の状況」の「1 会社の場合」の(1)の記載事項と同一の事項に相当する事項が記載された書面（当該第三者について公開買付届出書に当該記載事項と同一の事項が記載されている場合を除く）

(3) 公開買付届出書の訂正届出書

公開買付者は、以下に述べるとおり、一定の場合には、公開買付届出書の訂正届出書を関東財務局長に提出しなければならない（金商27条の8第1項～4項、他社株買付府令21条1項）。なお、訂正届出書の記載内容や様式については法令上特段の規定がないため、実務上、公開買付説明書の訂正を行う

---

[244] ここでMBO等とは、公開買付者が対象会社の役員、対象会社の役員の依頼に基づき当該公開買付けを行う者であって対象会社の役員と利益を共通にする者または対象会社を子会社（会社2条3号）とする会社その他の法人である場合を指す（他社株買付府令13条1項8号括弧書）。MBO等に該当しない場合、第三者による評価書等がある場合でも、当該評価書の添付は不要である。ただし、「算定の経緯」欄にその概要を記載する必要がある（他社株買付府令第2号様式・記載上の注意(6)f）。
　MBO等の場合について第三者による評価書等を取得すること自体を公開買付者に義務付けるものではない（パブコメ回答No.60）。また、ここで規定されている評価書等は、価格に係る評価書等（いわゆる株式評価算定書等）に限定されるものではないと考えられるが（パブコメ回答No.62）、財務や法務に関する調査に係る報告書は、買付価格の算定にあたって参考とされたものでない場合には開示の対象とはならない（池田ほか・公開買付108頁）。

[245] 独禁法上の株式取得に係る事前届出に関しては、「許可等があったことを知るに足る書面」として、公正取引委員会から排除措置命令を行わない旨の通知を添付する必要があるとされている（公開買付けQ&A（問9））。かかる通知を公開買付期間中に受領した場合には、訂正届出書に添付することとされている（公開買付けQ&A（問10））。

場合の記載事項[246]に従うのが一般的である。

(i) 訂正事由

公開買付者が公開買付届出書の訂正届出書を提出する場合は、図表Ⅰ-4-12の各場合である。実務上は、特に以下に述べるケースにおいて訂正届出書の提出の要否が問題となる。

[図表Ⅰ-4-12] 公開買付届出書の訂正事由

自発的訂正	公開買付者が、公開買付届出書に形式上の不備があり、記載された内容が事実と相違し、またはそれに記載すべき事項もしくは誤解を生じさせないために必要な事実の記載が不十分であり、もしくは欠けていると認めた場合[247]
買付条件等の変更等	公開買付届出書を提出した日以後当該公開買付期間の末日までの間において、以下の事項に該当した場合[248] ① 買付条件等の変更その他の公開買付届出書に記載すべき重要な事項の変更がある場合（対象者の請求による買付け等の期間の延長（金商27条の10第3項）を除く） ② その他当該公開買付届出書の内容を訂正すべき以下の事情がある場合（他社株買付府令21条3項各号） ア 公開買付届出書を提出した日前に発生した当該公開買付届出書に記載すべき重要な事実で、当該公開買付届出書を提出する時にはその内容を記載することができなかったものにつき、記載することができる状態になったこと イ 公開買付届出書に記載すべき事項に関し重要な事実が発生したこと[249]

---

246) 訂正の範囲が小範囲に留まる場合には、訂正の理由、訂正した事項および訂正後の内容を記載すれば足りる（金商27条の9第3項、他社株買付府令24条5項）。
247) 金商27条の8第1項。
248) 金商27条の8第2項。自発的訂正の場合と異なり、「直ちに」提出しなければならない。

関東財務局長からの提出命令	① 関東財務局長が、次に掲げる事実が明らかであると認めて、公開買付者に対し、期限を指定して訂正届出書の提出を命じた場合[250] 　ア　公開買付届出書に形式上の不備があること 　イ　公開買付届出書に記載された買付条件等が金商法第2章の2第1節に従っていないこと 　ウ　訂正届出書に記載された買付条件等の変更が金商法27条の6第1項の規定に違反していること 　エ　公開買付届出書に記載すべき事項の記載が不十分であること ② 関東財務局長が、上記①の場合を除き、次に掲げる事実を発見し、公開買付者に対し、期限を指定して訂正届出書の提出を命じた場合[251] 　ア　公開買付届出書に記載された重要な事項について虚偽の記載があること 　イ　公開買付届出書に記載すべき重要な事項または誤解を生じさせないために必要な重要な事実の記載が欠けていること

(a) 株券等の取得に関する許可等を取得した場合

公開買付届出書提出日までに許可等が出されていない場合には、公開買付届出書における「株券等の取得に関する許可等」のうち「許可等の日付及び

---

249) 公開買付期間中に当該議決権（金商法27条の5第2号に規定する申出を行った者（実質基準による特別関係者に該当しない旨を内閣総理大臣に申し出た形式基準による特別関係者）の所有する株券等に係る議決権を除く）の数が総株主等の議決権の100分の1に相当する数以上増加または減少した場合には、かかる事実を知らず、かつ、相当な注意を用いたにもかかわらず知ることができなかった場合を除き、すみやかに公開買付届出書の訂正届出書を提出する必要がある（他社株買付府令第2号様式・記載上の注意(7)a）。また、公開買付届出書の届出日までに許可等がない場合、後に許可等があった時点で訂正届出書を提出しなければならない（同(8)）。

250) 金商27条の8第3項、他社株買付府令21条1項。実例として、関東財務局公表の平成21年7月31日付け「日本ラッド株式に係る公開買付届出書の訂正届出書の提出命令について」によれば、訂正届出書により訂正された公開買付届出書には、第1の8の(2)【買付け等に要する資金に充当しうる預金又は借入金等】の欄に具体的な記載がなく、また、公開買付けに要する資金の存在を示すに足る書面が添付されていないことから、公開買付届出書に形式上の不備があること、および記載すべき事項の記載が不十分であることが明らかであると認められるとして、訂正届出書の提出命令がなされている。

251) 金商27条の8第4項、他社株買付府令21条1項。

番号」欄は、当該許可等が出た時点で訂正届出書の提出により補充することとされている[252]。

　公開買付けに係る株券等の買付け等について、独禁法に基づき株式の取得に先立ち事前届出（独禁 10 条 2 項）を行う必要がある場合において、公開買付者が、事前に公正取引委員会から排除措置命令を行わない旨の通知を受けており、その旨を「許可等」として公開買付届出書に記載していれば、公開買付期間中に待機期間が終了したことをもって公開買付届出書の訂正届出書を提出する必要はないとされている[253]。

　これに対し、公開買付期間中に、①公開買付者が、公正取引委員会から排除措置命令を行わない旨の通知を受けた場合、または②公正取引委員会から排除措置命令の事前通知を受けることなく措置期間が終了した場合、「許可等」があったものとして、公開買付届出書の訂正届出書を提出する必要があるとされている[254]。

(b)　有価証券届出書等の提出やプレスリリースがなされた場合

　公開買付期間中に有価証券届出書等の提出やプレスリリースがなされた場合、公開買付届出書の記載事項に重要な影響があるか否かにより訂正届出書の提出の要否が決まる。例えば、公開買付期間中に公開買付者または対象者が四半期報告書または半期報告書を提出した場合や対象者がプレスリリースを行った場合であっても、必ず公開買付届出書の訂正届出書を提出しなければならないわけではなく、公開買付届出書に記載すべき事項に関し重要な事実が発生した場合や、投資者が買付け等への応募の是非を判断するために必要と判断される情報がある場合に訂正届出書を提出すれば足りる[255]。もっ

---

252)　他社株買付府令第 2 号様式・記載上の注意(8)。
253)　公開買付け Q&A（問 10）。
254)　公開買付け Q&A（問 9）。
255)　公開買付け Q&A（問 2）・（問 40）参照。なお、公開買付け Q&A（問 2）によれば、対象者が提出した四半期報告書等に新たな役員の異動の記載があるような場合には、通常、公開買付届出書に記載すべき事項に関し重要な事実が発生した場合に該当すると考えられるが、役員の異動がない場合や親会社または主要株主（金商法 163 条 1 項に規定する主要株主をいう）に該当しない株主の異動については、通常、公開買付届出書に記載すべき事項に関し重要な事実が発生した場合には該当しないものとされている。

とも、四半期報告書等に、公開買付届出書に記載すべき事項に関する重要な事実が記載されているような場合には、通常は、四半期報告書等の提出以前に、当該事実が発生し、公開買付者がこれを認識した時点で、公開買付届出書の訂正届出書を提出しなければならないであろう[256]。

他方、公開買付期間中に公開買付者または対象者が有価証券報告書を提出した場合、添付書類の内容が変更され[257]、また、公開買付届出書の当該欄を直接記載した場合でも当該欄の内容が大幅に変更されるため、公開買付届出書に記載すべき事項に関し重要な事実が発生したとして、訂正届出書を提出する必要がある（他社株買付府令21条3項2号）[258]。

(ii) 訂正届出書の提出に伴う公開買付期間の延長

公開買付者は、訂正届出書を提出する場合、原則として、公開買付期間を、その末日の翌日から、訂正届出書を提出する日より起算して10営業日を経過した日まで延長しなければならない（金商27条の8第8項、他社株買付府令22条）。かかる延長により公開買付期間が60営業日を超えることは認められている（金商令13条2項2号イ）。詳細は、前記**第3節1**(1)(ii)を参照されたい。

(iii) 公告または公表

公開買付者は、訂正届出書を提出したときは、直ちに、訂正届出書に記載された内容のうち、公開買付開始公告に記載した内容に係るものを公告または公表しなければならない（金商27条の8第11項本文、金商令9条の3第2項）。ただし、既に買付条件等の変更に伴う公告（金商27条の6第2項・3項）

---

[256] 公開買付けQ&A（問2）参照。また、公開買付けQ&A（問2）によれば、当初の公開買付届出書において、公開買付期間中に新たな四半期報告書等が提出される見込みまたは予定である旨を記載しておくことが望ましいとされている。

[257] 公開買付届出書の記載事項のうち、「公開買付者の状況」の「会社の概要」「経理の状況」欄や「対象者の状況」の「最近3年間の損益状況等」「株主の状況」欄については、当該者が継続開示会社である場合には、当該者が有価証券報告書等を提出した旨（公開買付期間中に提出される有価証券報告書等の提出予定時期が記載できる場合には当該提出予定時期等）を記載事項とし、有価証券報告書等の該当箇所を記載した書面を添付することが認められている（公開買付けQ&A（問41））。

[258] 公開買付けQ&A（問41）参照。

を行っている場合または形式上の不備があることにより訂正届出書が提出された場合は除かれている（金商27条の8第11項但書、他社株買付府令23条）。

また、公開買付者は、訂正届出書を提出した場合には、直ちに、既に公開買付説明書を交付している者に対し、訂正した公開買付説明書を交付しなければならない（金商27条の9第3項）。さらに、訂正届出書の提出に伴い公開買付期間の延長を行う場合には、その旨を直ちに公告または公表しなければならない（金商27条の8第8項）。

これらの場合に公告または公表のいずれを選択するかは公開買付者の任意であるが、電子公告により公告した場合、その後遅滞なく日刊新聞紙に掲載しなければならず（金商令9条の3第3項、他社株買付府令9条の5第2項）、費用負担が生じることから、公告が義務付けられている買付条件等の変更が伴う場合を除き、公表が選択されるのが実務上一般的である。なお、公表は、2以上の報道機関に対する公開により行わなければならない（他社株買付府令20条）。

4 意見表明報告書

(1) 意見表明義務

対象者は、意見表明報告書において、当該公開買付けに関する意見の内容、根拠および理由を記載しなければならない[259]。かかる意見表明義務の制度が設けられた趣旨は、公開買付けについて対象者がいかなる意見を有しているかということは、株主・投資者が的確な投資判断を行う上で重要な情報であり、とりわけ、敵対的な公開買付けの場面においては、公開買付者と対象者との間で主張と反論が株主・投資者に見える形で展開されることにより、投資判断の的確性をより高めることができると考えられたことにある[260]。

「意見の内容」としては、①公開買付けに対する賛否と②応募推奨するか否かを記載するのが通常である[261]。公開買付けに対する賛否は、当該公開買付けが実施されることが対象者自身または対象者の株主にとって利益とな

---

259) 金商27条の10第1項、他社株買付府令25条1項2号、第4号様式。
260) 池田ほか・公開買付124頁。

るか否かを基準にして、当該公開買付けを支持するか否かを述べるものである。一方、応募推奨するか否かは、主として対象者の株主にとって当該公開買付けに応募することが利益となるか否かを基準として株主が応募することを勧めるか否かを述べるものであると解される。

　そのため、業務提携によるシナジー等を根拠に公開買付けには賛同する一方で、公開買付価格が市場価格に比してそれほど高くないために応募するか否かは株主の判断に委ねるとの意見が表明される場合もある[262]。

　なお、「意見の根拠」として、意思決定に至った過程を具体的に記載しなければならず[263]、「意見の理由」として、賛否・中立を表明している場合にはその理由を、意見を留保する場合にはその時点において意見が表明できない理由および今後表明する予定の有無等を具体的に記載しなければならない[264]。また、MBOや親会社による子会社の株券等に対する公開買付けであって、利益相反を回避する措置を講じている場合にはその具体的内容を記載する必要がある[265]。

(2) 質問権

　対象者は、意見表明報告書において公開買付者に対する質問を記載することができる（金商27条の10第2項1号）。意見表明報告書にかかる質問が記載されている場合、当該意見表明報告書の写しの送付を受けた公開買付者は、送付を受けた日から5営業日以内に、当該質問に対する回答等を記載した対質問回答報告書を関東財務局長に提出しなければならない[266]。かかる質問

---

261) 他社株買付府令第4号様式・記載上の注意(3) a においては、例えば「公開買付けに応募することを勧める」、「公開買付けに応募しないことを勧める」、「公開買付けに対し中立の立場をとる」、「意見の表明を留保する」等わかりやすく記載することとされている。

262) 例えば、MXホールディングス株式会社によるNECモバイリング株式会社に対する公開買付け（2013年4月30日）では、公開買付者との強固な提携関係を構築することが対象者の企業価値向上に資すると判断し、公開買付けには賛同するものの、公開買付価格が直近1か月前後の市場株価を下回っているという状況に鑑み、公開買付価格の妥当性については意見を留保し、公開買付けに応募するか否かについては株主に委ねる旨の意見が表明されている。

263) 他社株買付府令第4号様式・記載上の注意(3) b。
264) 他社株買付府令第4号様式・記載上の注意(3) c。
265) 他社株買付府令第4号様式・記載上の注意(3) d。

権の制度が設けられた趣旨は、とりわけ敵対的な公開買付けの場面において、公開買付者と対象者との間の主張と反論が株主・投資者に見える形で展開されることにより、投資判断の的確性をより高めることができると考えられたことにある[267]。

もっとも、友好的な公開買付けであれば、公開買付者と対象者の間で事前に十分な協議・交渉がなされた上で公開買付けが開始されることが通常であるため、かかる質問権は行使されない。実際、過去に質問権が行使された事例は、敵対的買収の事例[268]と、事前に対象者に連絡がなされずに開始された事例[269]に限られる[270]。なお、公開買付者は、質問に対して回答する必要がないと認めた場合には、回答を行わないということもできるが、その理由を詳細に記載することが求められる[271]。

(3) 期間延長請求権

公開買付期間が30営業日未満である場合、対象者は意見表明報告書に記載することにより、公開買付期間を30営業日に延長することを請求することができる（金商27条の10第2項2号、金商令9条の3第6項）[272]。期間延長請求が意見表明報告書に記載され、かつ、当該意見表明報告書が公衆の縦覧

---

266) 金商27条の10第11項、金商令13条の2第2項、他社株買付府令25条4項。
267) 池田ほか・公開買付124頁。
268) ECMマスターファンドSPV1による株式会社セゾン情報システムズに対する公開買付け（2015年2月10日）、エス−エイチ ジャパン・エルピー（サーベラス・グループ）による株式会社西武ホールディングスに対する公開買付け（2013年3月12日）、スティール・パートナーズ・ジャパン・ストラテジック・ファンド−エス・ピー・ヴィーⅠ・エル・エル・シーによる天龍製鋸株式会社に対する公開買付け（2007年5月24日）、スティール・パートナーズ・ジャパン・ストラテジック・ファンド−エス・ピー・ヴィーⅡ・エル・エル・シーによるブルドックソース株式会社に対する公開買付け（2007年5月18日）等。
269) 大塚隆一による日本ラッド株式会社に対する公開買付け（2009年6月9日）等。
270) なお、質問権の行使は、一度の公開買付けにつき1回に限定されると解されている（三井秀範＝池田唯一監修・松尾直彦編著『一問一答 金融商品取引法〔改訂版〕』（商事法務、2008）198頁）。また、意見表明報告書の訂正報告書の提出による質問の追加・変更はできないと解されている（金商大系Ⅰ(2)394頁）。
271) 他社株買付府令第8号様式・記載上の注意(3)b。金融庁は、かかる理由は正当なものでなければならないと考えているようであり、守秘義務が正当な理由に該当するか否かは、当該義務がどのような根拠に基づき公開買付者に課されているか等により区々であり、個別に判断をする必要があるものとしている（パブコメ回答No.72)。

に供されることにより、公開買付期間は30営業日に延長される（金商27条の10第3項、金商令9条の3第6項）[273]。かかる期間延長請求権の制度が設けられた趣旨は、対象者による対抗提案等について、株主・投資者に十分な情報提供等がなされる機会が与えられることが望ましいと考えられたことにある[274]。もっとも、期間延長請求権が行使された事例は、過去1件のみである[275]。なお、意見表明報告書の訂正報告書の提出による期間延長請求権の行使はできないと解される。

5 公開買付説明書

公開買付者は、公開買付説明書を作成し、公開買付けにより株券等の買付け等をする場合、予めまたは買付けと同時に、公開買付説明書を株券等の売付け等を行おうとする者に交付しなければならない（金商27条の9第1項・2項、他社株買付府令24条4項）。公開買付けに係る開示書類のうち、公開買付開始公告や公開買付届出書等がいわば間接的な開示手段であるのに対して、公開買付説明書は投資者に対して直接交付される開示書類となる。

公開買付説明書には、次の事項を記載しなければならない（他社株買付府令24条1項各号・2項各号・3項）。

① 公開買付届出書に記載すべき事項[276]
② 公開買付者に係る事業内容の概要および主要な経営指針等の推移の的確かつ簡明な説明（公開買付届出書において対応する事項[277]が記載されている場合を除く）
③ 対象者に係る主要な経営指標等の推移の的確かつ簡明な説明（公開買

---

272) 延長請求する場合には、意見表明報告書にその理由を具体的に記載することを要する（他社株買付府令第4号様式・記載上の注意(8)）。なお、一律に30営業日に延長されるのであって、対象者が延長する期間を選択できるわけでない。
273) なお、対象者は、意見表明報告書に期間延長請求を記載した場合、当該意見表明報告書の提出期限の翌日までに公告を行わなければならない（金商27条の10第4項）。
274) 池田ほか・公開買付127頁。
275) 株式会社アミーズマネジメントによる株式会社メディアイノベーションに対する公開買付け（2008年10月10日）等。
276) 公開買付資金の借入元銀行等の名称を公衆縦覧に供しないこととされた場合は当該事項を除く（他社株買付府令24条1項1号、33条4項本文）。

付届出書において対応する事項[278]が記載されている場合を除く）
④ 株券を取得した後、第三者に対して譲渡をすることを目的とする場合の当該第三者に係る事業内容の概要の的確かつ簡明な説明（公開買付届出書において当該第三者につき対応する事項[279]が記載されている場合を除く）
⑤ 当該公開買付けが金商法第2章の2第1節の規定の適用を受けるものである旨
⑥ 当該公開買付説明書が金商法27条の9の規定による公開買付説明書である旨

これらのうち、⑤および⑥は、公開買付説明書の表紙またはその他の見やすい箇所に記載しなければならない（他社株買付府令24条3項）。実務上は、「公開買付説明書」との標題の下に、「本説明書により行う公開買付けは、金融商品取引法（昭和23年法律第25号。その後の改正を含みます。）第2章の2第1節の規定の適用を受けるものであり、本説明書は金融商品取引法第27条の9の規定により作成されたものであります」といった記載がされるのが一般的である。

公開買付届出書の訂正届出書を提出した場合には、原則として、直ちに、公開買付説明書を訂正し、かつ、既に公開買付説明書を交付している者に対して、訂正した公開買付説明書を交付しなければならないが（金商27条の9第3項）、当該訂正の範囲が小範囲に留まる場合には、訂正の理由、訂正した事項および訂正後の内容を記載した書面を作成し、当該書面を交付する方法によることができる（他社株買付府令24条5項）。なお、②および③に関連

---

[277] 他社株買付府令第2号様式のうち「第2　公開買付者の状況」の「1　会社の場合」の「(1)　会社の概要」および「(2)　経理の状況」の記載事項を指す（他社株買付府令24条1項2号）。これらは「(3)　継続開示会社たる公開買付者に関する事項」を記載し、対応する開示書類を添付することにより記載が省略されていることがある（他社株買付府令13条11号、第2号様式・記載上の注意(17) b）。
[278] 他社株買付府令第2号様式のうち「第5　対象者の状況」の「1　最近3年間の損益状況等」および「3　株主の状況」の記載事項を指す（他社株買付府令24条1項3号）。これらは「4　継続開示会社たる対象者に関する事項」を記載し、対応する開示書類を添付することにより記載が省略されていることがある（他社株買付府令13条1項12号、第2号様式・記載上の注意(32)）。
[279] 当該第三者についての「第2　公開買付者の状況」の「1　会社の場合」の(1)の記載事項と同一の事項に相当する事項を指す（他社株買付府令24条1項4号）。

して、公開買付期間中に対象者または公開買付者が有価証券報告書を提出した場合には、公開買付届出書については訂正が必要になるとされている一方、公開買付説明書については、公開買付者または対象者が継続開示会社であり、公開買付届出書において有価証券報告書等を提出した旨を記載（有価証券報告書等の該当箇所を記載した書面を添付）し、公開買付期間中に有価証券報告書が提出される予定である旨および提出予定時期の記載がなされている場合には、公開買付説明書を訂正し、また、既に公開買付説明書を交付している者に対し、訂正した公開買付説明書を交付する必要まではないものと解されている[280]。

6 公開買付け終了後の開示および手続

手続の概要および必要な開示書類は、前記 1(3)のとおりである。開示書類のうち、公開買付報告書での記載事項は図表Ⅰ-4-13のとおりである（金

[図表Ⅰ-4-13] 公開買付報告書の記載事項

公開買付報告書の記載事項	公開買付結果の公告または公表での記載	公開買付終了後のプレスリリースでの記載
1　公開買付けの内容		
(1)　対象者名	○	○
(2)　買付け等に係る株券等の種類	○	
(3)　公開買付期間	○	○
2　買付け等の結果		
(1)　公開買付けの成否	○	○
(2)　公開買付けの結果の公告日及び公告掲載新聞名		○
(3)　買付け等を行った株券等の数	○	○
(4)　買付け等を行った後における株券等所有割合		○
(5)　あん分比例方式により買付け等を行う場合の計算		○

商27条の13第2項、他社株買付府令31条）。

　公開買付けの結果の公告または公表においては、図表Ⅰ-4-13の事項のほか、①応募株券等の数、②決済の方法および開始日、③公開買付報告書の写しを縦覧に供する場所の記載が求められる（金商27条の13第1項、他社株買付府令30条1項各号）。

　また、適時開示においては、図表Ⅰ-4-13の事項のほか、①買付予定の株券等の数（買付予定数および超過予定数）、②買付け等の価格、③決済の方法（買付け等の決済をする証券会社・銀行等の名称および本店の所在地、決済の開始日ならびに決済の方法）、④公開買付け後の方針等および今後の見通し、⑤その他投資者が会社情報を適切に理解・判断するために必要な事項についても記載が求められている[281]。

第5節 エクスチェンジ・オファー

　主として自社あるいは親会社をはじめとするグループ会社の株式を対価とする公開買付けは「エクスチェンジ・オファー」と呼ばれる[282]。

　金商法は、公開買付けの対価を金銭に限定しておらず、有価証券その他金銭以外の財産を対価として交換を行うことを認めている（金商27条の2第3項、金商令8条2項）。また、対価となる有価証券は、公開買付者が発行者となる有価証券に限られるものではない。ただし、買付価格の均一条件、対価

[280) 公開買付けQ&A（問41）。
[281) 適時開示ガイドブック193～194頁。
[282) 実務上、公開買付けの対価が有価証券であることは極めて稀であるといえ、本書執筆時点（2018年7月）において、内国法人の発行する有価証券を対価とした事例は、フリージアトレーディング株式会社による技研興業株式会社に対する公開買付け1件のみである。なお、当該公開買付けでは、公開買付者は、公開買付者の子会社から借り入れた有価証券（発行者は公開買付者の孫会社）をもって公開買付けの対価としていたが、公開買付後に当該借株をどのように返済するのかについて公開買付届出書には記載がないことには疑問も呈されている（小谷融ほか「公開買付け開示書類の事例分析」経営財務2906号（2008）66頁）。

となる有価証券の発行開示規制や公開買付届出書の記載事項との関係で、特則が設けられている（→ 1・2）。また、適時開示との関係でも特則が設けられている（→ 3）。

エクスチェンジ・オファーで自己の株式を対価とすれば、多額のキャッシュを要せずに買収を行うことが可能になるというメリットがあるが、日本の企業がこのエクスチェンジ・オファーを行う場合においては、いくつかの問題点が指摘されていた（→ 4～6）。しかし、これらの問題点を解消する方法として、平成30年改正により拡充された産業競争力強化法による自社株対価TOBがある（→ 7）。

1 発行開示書類の提出

有価証券を対価とする公開買付けにおいて、当該有価証券が募集・売出し規制（金商4条1項本文・2項本文・3項本文）を受けるものである場合は、公開買付届出書または訂正届出書の提出と同時に、有価証券届出書の提出をするか、または発行登録の効力が生じており、かつ公開買付届出書または訂正届出書の提出と同時に発行登録者が発行登録追補書類を提出していなければ、①買付け等の申込みまたは売付け等の申込みの勧誘、②公開買付説明書の交付、③買付け等の申込みの承諾を受け付けることまたは売付け等の申込みを受け付けること、④応募株券等の受入れを行うことができない（金商27条の4第1項・2項、他社株買付府令15条）。なお、一度有価証券届出書を提出すると、継続開示義務が発生する（金商24条1項3号）ことから、買収者側においては、コストが増すことになり得る。

公開買付けにおける売付け等の申込みの勧誘は不特定多数の株主に対し行うことから、有価証券を対価とする場合には、不特定多数の者に対する当該有価証券の取得の申込みの勧誘を伴うこととなり、そのため、発行開示規制に従い勧誘を行うことができる状態になっていなければ、公開買付けにおける売付け等の申込みの勧誘もできないことから、公開買付届出書の提出と同時に発行開示規制における届出も要することとされている[283]。

有価証券を対価とする公開買付けの場合に提出する有価証券届出書は、特定組織再編成発行手続（金商2条の2第4項）の場合と同様、内国会社は開示府令第2号の6様式により、外国会社は第7号の4様式により、それぞれ

作成する必要がある（開示府令8条1項3号・5号）。内国会社が一般的な新株発行を行う場合に用いる他社株買付府令第2号様式と比べ、公開買付けに関する情報として、①公開買付けの目的等、②公開買付けの当事会社の概要、③公開買付けに係る契約、④公開買付けに係る割当ての内容およびその算定根拠、⑤対象者の発行有価証券と公開買付者によって発行される有価証券との相違、⑥公開買付けに関する手続、⑦公開買付者および対象者の財務情報、⑧発行者（その関連者）と対象者との重要な契約、の各欄が追加で設けられている点が特徴的である[284]。

　公開買付者の発行する有価証券を対価とする場合、①ないし④および⑥については、公開買付届出書への記載が求められている事項であり、基本的に公開買付届出書の該当箇所の記載と同内容の記載をすることになる。⑤については、例えば、配当、残余財産の分配、有価証券の買受け、議決権を行使することができる事項、有価証券の処分に関する制限等について、具体的、かつ、分かり易く記載する必要がある[285]。

2　公開買付届出書への記載事項、追加添付書類

　有価証券を対価とする公開買付けの場合における公開買付届出書の特有の記載事項として、次のものがある。
　①　買付け等の対価とする有価証券の発行者と公開買付者との関係等[286]
　②　買付け等の対価とする有価証券の発行者の状況[287]
　また、記載の内容が変更されるものとしては、次のものがある。
　③　「買付け等の価格」として、「有価証券等を対価とする場合には、当該

---

[283]　池田ほか・公開買付 121 頁。なお、金商法 27 条の 4 の規定により公開買付届出書の提出前に有価証券届出書を提出することが否定されているわけではなく、公開買付届出書の提出前に有価証券届出書を提出しても、同条の規定に違反するものではないと解されている（金融庁平成 23 年 7 月 1 日パブコメ回答（公開買付け Q&A（問 42）に係る 3 つ目の問に関するもの））。

[284]　公開買付届出書上の記載との調整も図られている（開示府令第 2 号の 6 様式・記載上の注意(1) c・d・(2) d・(3) c・(4) c・(5) b・(7) b・(8) b・(9) c)。

[285]　開示府令第 2 号の 6 様式・記載上の注意(5) b。

[286]　他社株買付府令第 2 号様式・記載上の注意(10) l。

[287]　他社株買付府令第 2 号様式・記載上の注意(11)。

有価証券等の種類及び交換比率」を記載する[288]。
④　「金銭以外の対価の種類」「金銭以外の対価の総額」には「買付け等の対価として引き渡す有価証券等の種類及び総額」を記載する[289]

さらに、公開買付届出書の添付書類として「有価証券等……の存在を示すに足る書面」を添付することが要求されている（他社株買付府令13条1項7号）[290]。

なお、その他の公開買付けに関する規制との関係では、価格の均一性との関係にも注意が必要である。具体的には、有価証券をもって買付け等の対価とする場合には、買付け等の対価は交換比率とされているが、その交換に係る差金として金銭を交付することも認められている。ただし、かかる差金として交付する金銭を含めて買付け等の価格は均一の条件にする必要がある（金商27条の2第3項、金商令8条2項）ことから、交付される株式と端数株式または単元未満株式の代わりに交付される金銭は、その価格が均一である必要がある[291]。

---

288)　他社株買付府令第2号様式・記載上の注意(6) d。
289)　他社株買付府令第2号様式・記載上の注意(10) b。
290)　公開買付けQ&A（問42）によれば、当該書面は、決済に要する有価証券等の調達が可能であることを相当程度の確度をもって裏付けるものでなくてはならないと解されている。その上で、同Q&Aによれば、決済に要する有価証券のため、公開買付けの開始後に株式の発行または自己株式の処分を行う場合、株式の発行または自己株式の処分について株主総会の決議が必要であるときは、株主総会の決議がなされていれば、決済に要する有価証券等の調達が可能であることが相当程度の確度をもって裏付けられていると考えられ、株式の発行または自己株式の処分について株主総会の決議が必要であるときは、「有価証券等……の存在を示すに足る書面」として、通常、株主総会議事録の写し（株式の発行または自己株式の処分に係る決議事項を内容とする部分に限る）を添付する必要があると考えられる。また、株式の発行または自己株式の処分について株主総会決議が不要である場合には、通常、取締役会議事録の写し（株式の発行または自己株式の処分に係る決議事項を内容とする部分に限る）のほか、株主総会決議が不要であることを確認することができる書面を添付する必要があると考えられる。
291)　公開買付けQ&A（問43）。なお、公開買付者が買付け等の対価として端数株式を交付する場合には、端数株式を遅滞なく交付することで足りるが、買付け等の対価が端数株式ではなく交換に係る差金の場合には、当該差金である金銭の交付を遅滞なく行う必要がある（公開買付けQ&A（問44））。

3 適時開示における特則

公開買付者側の開示においては、「買付け等の価格」として、公開買付届出書と同様に有価証券等を対価とする場合には、当該有価証券等の種類および交換比率ならびに有価証券等に加えて金銭を対価とする場合には交付する金銭の額を記載することとされ、また「買付け等の価格の算定根拠等」の項目内の「算定の基礎」として、「現金以外を対価として選択した場合には、その理由をわかりやすく具体的に記載する。特に、流動性が低い等換価が困難と考えられる財産を対価として選択した場合には、他の財産による代替可能性等の観点を踏まえて理由を記載する」とされている[292]。他方、対象会社の意見表明決定時の開示においても、「意見の根拠及び理由」欄に同様の記載が求められている[293]。

4 現物出資規制との関係[294]

エクスチェンジ・オファーの対価として公開買付者自身の株式を用いる場合、募集事項として金銭以外の財産（すなわち対象会社株式）を出資の目的とすることを定めた場合として、対象会社株主による公開買付者への現物出資に該当する（会社199条1項3号）。

この場合、現物出資に関する取締役および引受株主の価額填補責任が、公開買付者の発行する株式を対価とするエクスチェンジ・オファーの実施を困難としていると指摘されている。すなわち、検査役調査を経ずに[295]新株の発行または自己株式の処分を行おうとする買収側会社（公開買付者）の取締役は、現物出資財産の価額がこれについて定められた会社法199条1項3号の価額に著しく不足する場合（会社212条1項2号）には、不足額について会社に補填する連帯責任を負う（会社213条）[296]。さらに、引受株主（すなわち応募株主）も同様に価額填補責任を負うが、引受株主側の価額填補責任に

---

[292] 適時開示ガイドブック190～191頁。
[293] 適時開示ガイドブック212～213頁。
[294] 以下6までの会社法上の問題の詳細については、藤田知也「改正産活法における会社法特例措置の概要」商事1933号（2011）26頁以下参照。

ついては、過失の有無を問わないとされている（会社212条）。

現行法制度の下では、新株発行・自己株式処分の取締役会決議から公開買付け決済時までの間に一定の期間が生ずることが通常想定され、その間の市場株価の変動に対して、取締役および引受株主が責任を負う可能性が生じる。公開買付者の取締役個人がかかるリスクを引き受けることは困難であるため、価額填補責任の問題はエクスチェンジ・オファーを検討する際の障害となり得る。対応策としては、上記「著しく不足する場合」に該当することがないよう、会社法199条1項3号に定める価額を十分に低い金額とすることが考えられる。もっとも、この場合には同項2号に定める価額も低い金額とすることとなるため、有利発行に該当し、当該価額とすることの理由を株主総会で説明した上で特別決議を経る必要が生じる（同条3項）。かかる説明により、大幅な有利発行の外観を呈することについて株主を説得し、理解を得ることは実務上は大きな困難を伴う場合が多い。

5 有利発行規制との関係

自己株式を対価とするエクスチェンジ・オファーの実施にあたり、プレミ

---

295) ①割り当てる株式の総数が発行済株式の総数の10％以下の場合（会社207条9項1号）、②現物出資財産の価額の総額が500万円以下の場合（同項2号）、③現物出資財産が市場価格のある有価証券であって、募集事項として定めたその価額が当該有価証券の市場価格として法務省令で定める方法により算定されるものを超えない場合（同項3号）、④募集事項として定めた価額が相当であることにつき弁護士・公認会計士・税理士等の証明を受けた場合（同項4号）、⑤現物出資財産が株式会社に対する弁済期が到来済の金銭債権であって、募集事項として定めた価額が当該金銭債権に係る負債の帳簿価額を超えない場合（同項5号）には検査役の調査が不要となる。
　　なお、③の「法務省令で定める方法により算定されるもの」とは、「法第199条第1項第3号の価額を定めた日……における当該有価証券を取引する市場における最終の価格」または「価額決定日において当該有価証券が公開買付け等の対象であるときは、当該価額決定日における当該公開買付け等に係る契約における当該有価証券の価格」のいずれか高い額である（会社則43条）。

296) 検査役の調査を経れば、新株の発行または自己株式の処分を行う取締役は価額填補責任を負わないが、検査役調査に要する時間等の観点から、検査役調査が困難であることも想定される上、そもそも検査役調査が免除されている場合に検査役調査を任意で行うことが可能であるか、可能であるとして、価額填補責任はなくなるのかという問題も明確ではない。

アムを加えようとする場合や、取締役に対象会社株価下落のリスクを負わせないために前記4の対応策をとる場合には、募集株式の有利発行として、株主総会の特別決議（会社199条2項、200条1項、201条1項、309条2項5号）を経なければならないことも考えられる。このような案件において事前に株主総会の特別決議を経ることは、スケジュールの関係も含め、必ずしも常にとり得る手段ではないと思われる。

6 親会社株式を対価とする場合と親会社株式取得規制

エクスチェンジ・オファーにおいては、公開買付者の親会社株式を対価とすることも考えられる。もっとも、その場合には、公開買付者が一旦親会社株式を取得することになるため、会社法上の子会社の親会社株式取得規制に抵触しないかという問題が生じる[297]。すなわち、会社法上、子会社は親会社の株式を原則として取得できない（会社135条1項）と規定されていることからすると、子会社に親会社の自己株式を取得させることは、会社法上のかかる制限に反しているのではないかという問題である。

この問題については、会社法上、子会社が親会社株式を例外的に取得できる場合が定められているため、エクスチェンジ・オファーの場合に例外規定に当たらないかを検討する余地はある。しかし、例えば、株式交換に関して会社「法以外の法令に基づく株式交換に相当する行為による他の法人等が発行している株式の全部の取得」（会社則23条8号ニ）と定められているが、これは「株式の全部の取得」を想定した例外規定であり、エクスチェンジ・

---

[297] 例えば、海外の子会社を通じて、海外の会社を買収する場合が考えられる。具体的には、買収側企業が対象会社の所在する国にSPCを設立し、SPCに買収側企業の株式を一旦保有させ、SPCが主体となって対象会社株式に対するエクスチェンジ・オファーを行うという方法をとる場合が考えられる。かかるエクスチェンジ・オファーが成功した場合には、買収側企業を親会社、SPCを子会社、対象会社を孫会社とする法律関係が形成されることになる。

このような手法を用いる場合、まずSPCに買収側企業の株式を保有させる必要があるが、その方法として、SPCが借り入れた金銭を買収側企業に払い込んで買収側企業の新株を発行する方法、または買収側企業が自己株式をSPCに現物出資する方法等が考えられる。会社法においては、「子会社」の定義として国内の会社のみならず海外の会社も含まれることが明確に規定されている（会社2条3号・1号、会社則3条1項、2条3項2号）ことから、海外の子会社も会社法の規制に服することになる。

オファーのような「一部」の取得では、当該規定の適用を受けることはできないと思われる。また、「その権利の実行に当たり目的を達成するために親会社株式を取得することが必要かつ不可欠である場合」（同条13号）という例外規定もあるが、当該規定は子会社の債務者が親会社株式以外に財産を有しない場合に、それを代物弁済として受領する場合や強制執行により取得する場合について定めたものであると説明されている[298]。このような説明からすれば、エクスチェンジ・オファーの場面で当該規定の適用を受けることは難しいと思われる。

このように、現行の例外規定の中には、エクスチェンジ・オファーの場面での適用を想定したものは見当たらないが、子会社による親会社株式取得を禁止する趣旨が資本維持、会社支配の公正、証券市場の公正の確保等にあるとされていることからすると[299]、エクスチェンジ・オファーの場面で例外的に親会社株式の取得を認めたとしても規制の趣旨に反するとは考えにくいのではないだろうか。会社則23条各号において親会社株式を組織再編の対価とすることの例外が認められていることと同様に、エクスチェンジ・オファーの場面において、組織再編の対価とするために一時的に親会社株式を取得し、保有することを例外として認めたとしても、上記趣旨に反するような弊害は小さいと思われる[300]。

7 産業競争力強化法を利用した自社株対価TOB

国際競争力の強化のための産業再編・M&Aの促進等を目的として平成23年7月に施行された改正（旧）産活法（平成26年1月20日付けで廃止され、同日付けで施行された産業競争力強化法に承継されている）により、自社株を対価とするエクスチェンジ・オファーに関する特例（産業競争力34条）が定め

---

[298] 相澤哲編著『立案担当者による新会社法関係法務省令の解説』別冊商事300号（2006）19頁。子会社の財産を維持するために親会社株式の取得を認めなければならない場合には13号に該当するとの説明もある（弥永真生『コンメンタール会社法施行規則・電子公告規則〔第2版〕』（商事法務、2015）158頁）が、エクスチェンジ・オファーを行う場合が、子会社財産維持の必要性がある場合に必ず該当するわけではないと考えられる。

[299] 江頭271～272頁・247頁参照。

[300] 弥永107頁参照。

られ、一定のエクスチェンジ・オファーについては、前記の有利発行規制および現物出資規制（価額不足填補責任を含む）が適用されないこととなり、これらの観点からの会社法上の障害（→**4~6**）は一定程度解消されていた。平成 30 年改正産業競争力強化法では、適用される取引の範囲および会社法の特例が拡充され、さらに一定の場合には税法の特例も適用されることとされた（→詳細は、**第 16 章第 2 節**参照）。

エクスチェンジ・オファーでは、会社法上の株式交換では実現できない、買付者株式を対価とする部分買収や外国企業買収[301]が可能であるため、産業再編・M&A の促進の観点からの意義は大きい。

第 6 節 公開買付規制違反に対する制裁

1 課徴金納付命令等の行政上の措置[302]

公開買付けに関しては、以下の①から④のいずれかの事由が生じた場合には、①の場合には実際の買付金額の 25％の課徴金が、②から④の場合には公開買付開始公告の前日の終値に買付け等を行った株券等の数を乗じた額の 25％の課徴金が課される[303]。

① 公開買付開始公告をしないで買付け等を行った場合（金商 172 条の 5

---

301) 会社法上、日本の会社と外国会社との間の組織再編行為はできないと解するのが一般である（コンメ(17) 91 頁〔柴田和史〕および相澤哲編著『一問一答　新・会社法〔改訂版〕』（商事法務、2009）212 頁）。なお、外国の法令の下で現物出資や三角組織再編を使えば、日本の会社の株式を対価とする外国企業買収は可能である。現物出資による近時の実例としては GCA サヴィアン株式会社（当時、現在の商号は GCA 株式会社）による英国 Altium Corporate Finance Group Limited 社の買収（2016 年 5 月 9 日公表）等があり、三角組織再編による近時の実例としては株式会社ディー・エヌ・エーによる米国 ngmoco, Inc. 社の逆三角合併による買収（2010 年 10 月 12 日公表）等がある。
302) 詳細については金商大系 I (2) 549 頁以下参照。

第 1 項）[304]

② 重要な事項につき虚偽の記載があり、または表示すべき重要な事項の表示が欠けている公開買付開始公告または訂正公告を行った場合（金商172条の6第1項）

③ 重要な事項につき虚偽の記載があり、または記載すべき重要な事項の記載が欠けている公開買付届出書、訂正届出書、対質問回答報告書、対質問回答報告書の訂正報告書を提出した場合（金商172条の6第1項）

④ 公開買付届出書、訂正届出書、対質問回答報告書、対質問回答報告書の訂正報告書を提出しない場合（金商172条の6第2項）

また、関東財務局長は、公告の訂正または訂正届出書の提出を求めることができる（金商27条の7第2項、27条の8第3項等、他社株買付府令21条）ほか、公益または投資者保護のため必要かつ適切と認めるときは、公開買付期間中に限り、公開買付者、特別関係者、対象者、その他の関係者に対して、参考となるべき報告もしくは資料の提出を命じ、また、その職員に帳簿書類等を検査させることができる（金商27条の22、金商令38条の2第1項3号、40条1項3号）。公開買付期間中であっても課徴金に係る事件についての調査および公開買付期間後の調査は、証券取引等監視委員会に委任されている[305]。

2 刑事罰[306]

公開買付規制に違反した場合には、刑事罰が科される[307]。具体的には、

---

[303] 違反行為者が証券取引等監視委員会に対してその調査に係る処分の開始前に違反行為について報告を行った場合には、課徴金の金額は上記の半額となる（金商185条の7第14項）。また、違反行為者が5年以内に、それぞれ同種の違反行為（上記②および③の行為はここでは「同種」と扱われる）により課徴金納付命令を受けていた場合には、課徴金の金額は上記の1.5倍となる（同条15項）。

[304] この場合に課徴金納付命令が発せられた実例として、公開買付けによらずに新株予約権の買付けを行った事例（平成21年11月25日決定）（平成22年6月公表の証券取引等監視委員会事務局「金融商品取引法における課徴金事例集」113頁事例38）がある。

[305] 金商194条の7第1項・3項、金商令38条の2第1項本文。課徴金に係る事件についての調査以外の場合には、金融庁長官が自ら権限を行使することもできる（同項但書）。

例えば、公開買付開始公告等の内容に重大な虚偽の表示をした場合には、10年以下の懲役もしくは1000万円以下の罰金等が科され、またはこれらが併科される（金商197条1項2号・3号）。違反行為者が法人の業務に関して違反行為を行った場合、当該法人には両罰規定により7億円以下の罰金が科される（金商207条1項1号）。

また、強制公開買付規制に違反し、公開買付けによらずに買付けを行った場合には、5年以下の懲役もしくは500万円以下の罰金等が科され、またはこれらが併科される（金商197条の2第4号）。違反行為者が法人の業務に関して違反行為を行った場合、当該法人には両罰規定により、5億円以下の罰金が科される（金商207条1項2号）[308]。

3　民事上の損害賠償責任

公開買付手続および開示内容等に関して金商法違反があった場合、一般的な損害賠償の特則[309]として、金商法上、公開買付者等の公開買付けに応じて株券等の売付け等をした者等に対する損害賠償義務が定められている（金商27条の16、27条の17、27条の18、27条の19、27条の20）。なお、かかる特則のうち金商法27条の17、27条の18、27条の20第2項の適用がある場

---

[306] 詳細については金商大系Ⅰ(2) 569頁以下参照。
[307] 金商197条1項2号・3号、197条の2第2号～6号・8号・9号、200条1号・3号・6号～11号、205条2号～4号。これらの違反者が他の法人または人の業務等に関して違反行為を行った場合には、両罰規定（金商207条1項各号）の適用がある。なお、前記1の検査忌避等（金商205条5号・6号、207条1項6号）、後記4(1)の緊急差止命令への違反（金商198条8号、207条1項3号）についても罰則および両罰規定の適用がある。
[308] その他、金商法197条の2第2号～6号・8号・9号に該当した場合には、5年以下の懲役もしくは500万円以下の罰金等またはこれらの併科、両罰規定が法人に適用される場合には5億円以下の罰金が科される（金商207条1項2号）。金商法200条1項1号・3号・6号～11号に該当した場合には、1年以下の懲役もしくは100万円以下の罰金等またはこれらの併科、両罰規定が法人に適用される場合1億円以下の罰金が科される（金商207条1項5号）。金商法205条2号～6号に該当した場合には、6か月以下の懲役もしくは50万円以下の罰金等またはこれらの併科、両罰規定が適用される場合50万円以下の罰金が科される（金商207条1項6号）。
[309] 当該特則の存在は、民法に基づく一般不法行為による損害賠償請求を排除するものではない。

合の金商法27条の20第1項の各請求については、民法上の消滅時効[310]よりも短い期間が時効として定められており、請求権者が当該違反を知った時または相当な注意をもって知ることができる時から1年間、または公開買付期間の末日の翌日から起算して5年間と定められている（金商27条の21）。

4 違法な公開買付けに対するその他の対抗手段

(1) 緊急差止命令

裁判所は、緊急の必要があり、かつ、公益および投資者保護のため必要かつ適当である場合には、証券取引等監視委員会（またはその委任を受けた財務局長等）の申立てにより、金商法に違反する行為を行いまたは行おうとする者に対してその行為の禁止または停止を命ずることができる（金商192条1項[311]）。公開買付規制違反行為への適用の可否については必ずしも明らかではないが、可能と解する余地はあると思われる[312]。ただし、緊急差止命令の申立ては証券取引等監視委員会等の裁量によりなされるものであり、それ以外の者がこれを対抗手段として利用することは事実上不可能であると考えられる。

(2) 強制公開買付規制に違反してなされた有価証券等の売買の有効性

強制公開買付規制に違反して、公開買付けを行わずに株券等を売買した場合について、当該売買等は私法上も無効とする見解[313]や、違法部分（3分の1ルールへの違反であれば、株券等所有割合が3分の1を超える部分）のみを無効とする見解[314]等もあるが、転々流通する株券等の特徴からすると、取引

---

[310] 一般不法行為による損害賠償請求とすると請求権者が当該違反を知った時または相当な注意をもって知ることができる時から3年間、または公開買付期間の末日の翌日から起算して20年間となる（民法724条参照）。

[311] 申立権限は、内閣総理大臣から金融庁長官、金融庁長官から証券取引等監視委員会へ委任されており（金商194条の7第1項・4項2号）、さらに証券取引等監視委員会は財務局長等にこれを委任することができるとされている（同条6項）。

[312] 金商大系Ⅰ(2) 510～511頁。

[313] 別冊商事法務編集部編『企業買収をめぐる諸相とニッポン放送事件鑑定意見』別冊商事289号（2005）427頁。

を遡って無効とすることは取引の安全を著しく害すること、また、オークション市場内での取引については相手方が特定できないこと等から、特段の事情がない限りは私法上は有効と解さざるを得ないと思われる[315]。

(3) 名義書換の拒否、議決権停止

　強制公開買付規制が会社の支配権異動を伴う株券等の取引についてのルールであることからすると、これに違反する株券等の売買は私法上有効であるとしても、違反者における議決権行使等の株主権の行使を是認してよいかについては疑問が残る。

　発行会社による対抗手段としては、名義書換を拒絶することが理論的には考えられる。もっとも、名義書換を拒絶する正当な理由がある場合とは会社が株式の移転が無効であると立証できる場合をいうと解されているところ、前記のとおり強制公開買付規制違反の株券等の売買も有効であると解する以上、強制公開買付規制違反を理由とする名義書換の拒絶は基本的には認められないと考えざるを得ない[316]。

　他方、会社法上、解釈論として会社が議決権行使を拒否することが可能か否かは議論があり[317]、違法または議決権行使の濫用に該当する場合に議決権行使禁止の仮処分が認められた事案も存在する[318]。このことから、議決権行使の拒否は発行会社による対抗手段として検討の余地はあるものの、株主総会の決議取消事由に該当するおそれがあるため[319]、実務的には慎重にならざるを得ないと考えられる。

---

314)　証券取引法研究会「証券取引法の改正について(26)」インベストメント45巻2号（1992）34頁。
315)　金商大系Ⅰ(2) 502頁。
316)　金商大系Ⅰ(2) 505頁。
317)　大杉謙一「金融商品取引法違反行為と株主総会の議決権行使」法時86巻3号（2014）43頁。
318)　株式の取得が独禁法に違反するとして取得者の議決権行使の一時停止を認めた仮処分（東京地判昭和28年4月22日下民集4巻4号582頁）、買い集めた株式を高値で買い取らせる目的による不当な議決権行使の禁止を認めた仮処分（東京地決昭和63年6月28日判時1277号106頁）がある。
319)　金商法セミナー234頁〔岩原紳作発言〕参照。

第7節
公開買付規制の域外適用

1 公開買付規制の域外適用

　そもそも、日本の法律に基づく規制の管轄は日本国内に限定されるのが原則であるため、属地主義の観点からは、日本国内において行為の全部または一部が行われたものについてのみ規制が及ぶのが原則である。すなわち、金商法の適用範囲に関し、従来の「属地主義」[320]を基本とする議論においては、例えば、日本国外からの日本企業の株式に関する相場操縦行為等のように、国内では行為の一部すら行われず、効果のみが国内に及ぶ行為については、金商法の刑罰規定の適用は困難と解されていた。

　しかし、クロスボーダーの取引が拡大し、金融市場のグローバル化が既に相当程度進展している中で、わが国で行為が行われる場合にのみ国内法を適用したのでは、当該法令の目的が十分に達成できないおそれがある[321]。そのため、保護法益や規制の趣旨を考慮した上で、日本国外で行われた行為であっても、日本国内の保護法益や制度趣旨を害する態様で行われた行為については日本法の適用対象とすることも考えられる。この点について、「当該外国企業の株主の一定割合以上が日本に所在するか、あるいは国内取引所における売買高が一定以上存在する等の事情がある場合に限り、国内の有価証

---

[320] 金商法の適用範囲については、これを明示的に定める規定は存在しないが、「属地主義」、すなわち、「法は、その制定権者の支配の及ぶ領域においてしか、原則として妥当しないという観念」により画されると解されるのが一般的である（神田監修・前掲注26）1352頁）。

[321] 「特に、証券取引法が保護する『市場の価格形成機能』といった法益については、個人の生命・身体・有体物に関する財産権といった法益とは異なり、わが国で行為を行うことなくこれを損なうこと（例えば、グローバルに流通する有価証券の価格をわが国で行為することなく操作すること）は、比較的容易に可能な場合がある」と指摘されている（金融法委員会「金融関連法令のクロスボーダー適用に関する中間論点整理──証券取引法を中心に」（平成14年9月13日公表）3頁）。

券取引市場における取引の公正という法益を一定程度以上害するものとして証券取引法の適用対象とする」、または「当該行為がわが国の市場における取引に対しても影響がある場合には、法益侵害のおそれは存在するのであり、したがって証券取引法の適用対象とすべきである」といった指摘をする論者もいる[322]。

なお、仮に日本国外にも日本の公開買付規制が及ぶと考える場合であっても、違反があった場合のサンクション（刑事罰・民事上の損害賠償責任・行政上の制裁）の実効性の点に関する議論が別途必要となる。

2 米国証券取引法との関係での留意点

(1) 概 要

米国証券取引委員会（Securities and Exchange Commission。以下「SEC」という）は、米国証券規制は米国投資家の保護を目的とするとの立場に立って、米国外で行われる取引にも米国証券規制を及ぼしている[323]。米国連邦法による公開買付規制は、1934年証券取引所法（Securities Exchange Act of 1934。以下「取引所法」という）によって規律されている。また、エクスチェンジ・オファーの場合には、1933年証券法（Securities Act of 1933。以下「証券法」という）も問題となる[324]（→(2)）。

そのため、対象会社に米国投資家がいないことを前提としない限り、米国

---

[322] 金融法委員会・前掲注321）8～9頁参照。なお、この資料では、「わが国の取引所に上場されている外国企業で本国の取引所を主要取引所としているものの株式に関して、日本国外で市場外での買付が行われた場合において、わが国における株式数・株主数または取引高が一定規模以上のときに限り、わが国においても公開買付の手続を取ることを要求するのが適当かどうか、検討の余地がある」という考え方も提示されている。

[323] 新川麻ほか「日本国内におけるM&A取引への米国証券法の適用」商事1815号（2007）35頁。米国外の公開買付け等に対する米国公開買付規制の適用について述べたものとして、John M. Basnage, William J. Curtin, III, Jeffrey W. Rubin, Cross-Border Tender Offers and Other Business Combination Transactions and the U.S. Federal Securities Laws: An Overview, 61 Bus. Law. 1071（2006）, Stephen D. Bohrer, The Application of U.S. Securities Laws to Overseas Business Transactions, 11 Stan. J. L. Bus. & Fin. 126（2005）参照（ただし、いずれも2008年SEC規則改正前のものである）。

証券規制の適用があり得る前提でそれに適合するよう対応するか（→(4)）、米国保有者が少ない場合に適用を受けられる部分的な適用除外制度（クロスボーダー・エグゼンプション）[325][326] を利用するか（→(3)）、そもそも米国証券規制が適用されないような措置を講じるか（→(5)）を検討する必要がある。

(2) レギュレーション 14E

SEC は、公開買付けに関連した不実記載や詐欺的行為等を違法とする取引所法 14 条(e)項の授権に基づきレギュレーション 14E を制定し、公開買付けに関する詐欺防止のためのルール[327] を定めている。規制内容として遵守すべき事項の概要は以下のとおりである。

① 最短買付期間（ルール 14e-1(a)）

買付期間が公開買付けの公表日から 20 営業日を下回ることができない。なお、上限は定められていない。

② 条件変更時の期間の延長（ルール 14e-1(b)）

買付予定株式の種類、比率、買付価格または公開買付代理人の勧誘手数料を変更した場合、公表日から 10 営業日以上の期間、公開買付けを継続する必要がある。

③ 迅速な対価の支払等（ルール 14e-1(c)）

公開買付期間終了後、すみやかに買付代金を支払う必要がある[328]。

---

324) 米国の証券規制には、連邦法のほかにいわゆるブルースカイローと呼ばれる州法による規制も存在するが、本章では連邦法のみ扱う。また、本章では、日本の実務では多い形態と思われる、米国取引所における登録証券等以外の証券を対象とした発行者以外による公開買付けを対象とする。

325) "Cross-Border Tender and Exchange Offers, Business Combinations and Rights Offerings" SEC Release No. 33-7759, 34-42054（Oct. 22, 1999）（本章において以下「1999 年リリース」という）。

326) なお、SEC は 1999 年リリースで採択した規則を 2008 年に改正している。"Commission Guidance and Revisions to the Cross-Border Tender Offer, Exchange Offer, Rights Offerings, and Business Combination Rules and Beneficial Ownership Reporting Rules for Certain Foreign Institutions" SEC Release No. 33-8957, 34-58597（Sep. 19, 2008）（以下「2008 年リリース」という）。当該改正前に指摘されていた実務上の問題点については新川ほか・前掲 323) 35 頁参照、2008 年改正については、竹田絵美「米国 SEC 規則の改正と日本国内の M&A 実務への影響」商事 1860 号（2009）19 頁参照（ただし、いずれも公開買付規制は論じる対象から除外している）。

327) 本文記載のほか、部分的公開買付けにおける特定の取引の禁止等が定められている。

④　期間延長時の公表（ルール 14e-1(d)）

　　公開買付期間の末日の翌営業日午前9時（米国東部標準時間）までに、延長の旨を、それまでの応募状況とあわせて公表すること。

⑤　対象者の意見表明（ルール 14e-2）

　　対象者は、公開買付け公表日から10営業日以内に公開買付けに対する意見およびその理由を公表すること。

⑥　インサイダー取引の禁止（ルール 14e-3）

　　公開買付けに関する重要な非公開の情報およびその情報源が公衆に開示されてから合理的な期間が経過するまで、当該情報を有しながら対象会社の株券等の取引を行わないこと（公開買付者等による買付けを除く）。

⑦　別途買付けの禁止（ルール 14e-5）

　　公開買付け公表から終了までの間、ⓐ公開買付者とその関係者、ⓑ公開買付者のディーラー・マネージャーとその関係者、ⓒⓐまたはⓑに該当する者のアドバイザー（報酬が公開買付けの完了を条件としている者に限られる）、ⓓ対象証券等の買付けに関し他のⓐからⓓまでに該当する者と協調して行動する者は、原則として、公開買付けによらない対象証券等の買付けを禁止される。ⓑには公開買付代理人が含まれ、ⓓには対象会社が含まれ得る。

⑧　開始前公表の禁止（ルール 14e-8）

　　ⓐ合理的期間内に公開買付けを開始・完了する意図がない場合、ⓑ公開買付者または対象会社の株式の相場操作目的の場合、ⓒ公開買付けを完了すべく株式を実際に買い付ける手立てを有するとの合理的な認識のない場合には、公開買付け開始前における公開買付けに関する計画の公表は禁止される。

(3)　クロスボーダー・エグゼンプション

　　クロスボーダー・エグゼンプション（ルール 14d-1(c)・(d)）は、米国投資者の株主に占める割合によって、ティアーⅠ免除とティアーⅡ免除に分けて規

---

328)　公開買付けの撤回を行う場合には、すみやかに応募に係る株券を返還することも求められている。

定されている。適用除外がなされる規定は図表Ⅰ-4-14 のとおりである。

[図表Ⅰ-4-14] クロスボーダー・エグゼンプションの概要

条項	内容	ティアーⅠ免除	ティアーⅡ免除
取引所法 14 条(e)項	詐欺防止	○	○
ルール 14e-1(a)	最短買付期間	×	○
ルール 14e-1(b)	条件変更による期間の延長	×	○
ルール 14e-1(c)	対価の迅速な支払い等	×	×
ルール 14e-1(d)	期間延長時の公表	×	×
ルール 14e-2	対象者の意見表明	×	○
ルール 14e-3	インサイダー取引の禁止	○	○
ルール 14e-5	別途買付けの禁止	△（追加の要件あり）	△（追加の要件あり）
ルール 14e-8	開始前公表の禁止	○	○
ルール 14e-4・6・7	その他	○	○

＊○は「規定の適用あり（適用除外なし）」を、×は「規定の適用なし（適用除外）」をそれぞれ意味する。

(ⅰ) ティアーⅠ免除

ティアーⅠ免除適用の要件は、①対象会社が外国民間発行体（foreign private issuer）[329]であること（ルール 14d-1(c)）、②米国保有者の持株比率が 10％を超えないこと（ルール 14d-1(c)(1)）、③米国保有者が他の対象証券保有者の条件と同等以上の条件で参加することができること（ルール 14d-1(c)(2)）[330]、④母法域（home jurisdiction）[331]の保有者に提供された書類を米国保

---

[329] 外国民間発行体とは、外国の法令に基づき設立された会社等のうち、一定の者（直前の第 2 四半期末日時点において(a)米国居住者が発行済の議決権の 50％超を直接・間接に保有している発行体であり、かつ、(b)(1)その役員または取締役の過半数が米国市民または米国居住者であること、(2)資産の 50％超が米国内に存在すること、(3)事業が主として米国内で管理されていることのいずれかを満たす）を除いた発行体をいう（ルール 3b-4(c)）。

有者にも英語で提供すること（ルール 14d-1(c)(3)）である。さらに、ルール 14e-5（別途買付けの禁止）の適用免除も受けるためには別途の要件を満たす必要がある（ルール 14e-5(b)(10)）。

(ii) ティアーII免除

ティアーII免除適用の要件は、①対象者が外国民間発行体であること（ルール 14d-1(d)(1)）、②米国保有者の持株比率が 10％以上 40％未満であること（ルール 14d-1(d)(1)′）、③適用除外される規定を除く米国公開買付規制を遵守すること（ルール 14d-1(d)(1)）である。さらに、ルール 14e-5（別途買付けの禁止）の適用免除も受けるためには別途の要件を満たす必要がある（ルール 14e-5(b)(12)）。

(iii) クロスボーダー・エグゼンプション適用の実務上の問題点

クロスボーダー・エグゼンプションに共通する要件として、米国保有者の持株比率があるが、かかる持株比率の計算方法については詳細な要件が定められており、実務的には米国証券法の専門家に確認した上で当該持株比率の調査を行うのが無難である。実務的にさらに問題となるのが、発行体の記録に記載された株主が、米国および母法域（ならびに主たる取引市場が母法域ではない場合には当該市場）に主たる事務所が所在する名義株主である場合には、これらの名義株主に対して米国保有者である実質株主の持株比率につき合理的な照会を行う必要があるとされている点である[332]。公開買付けの公表前にかかる名義株主への照会を行うことは情報漏洩のリスクを伴う一方、公表後に調査を行う場合には公表から公開買付けの開始までに一定の期間を空けることとなり、株価の変動リスクを負うこととなる。

---

330) 買付価格等の実体的な条件のみでなく、買付期間、応募解除等の手続的条件が平等であることも必要とされている（1999 年リリース II. A. 3.）。
331) 対象者の設立地および対象証券の主たる取引市場の所在地の双方をいう。
332) 1999 年リリース I. F. 1.。米国外に主たる取引市場がある場合にのみ利用できる代替基準による場合の要件として、米国保有者の持株比率を算定することが困難であることが必要とされているところ、買付者はかかる持株比率の算定のために合理的な調査をすべく誠実に努力しなければならず、時間とリソースを割く必要があるとか十分な情報が得られないといった理由だけでは、上記困難性の要件を満たさないとされている（2008 年リリース II. A. 1. a.）。

レギュレーション 14E と日本の公開買付規制の相違点は今日においては必ずしも大きくなく、また、クロスボーダー・エグゼンプションを利用した場合でも関連書類の英訳等は必要となること等から、その利用のメリットはそれほど多くない。このような理由から、実務上、日本企業を対象とする公開買付けで、米国保有者を勧誘対象に含める場合には、取引所法 14 条(e)項、レギュレーション 14E に則って公開買付けが行われることも少なくない。

ただし、二段階買収を行う場合で、二段階目の完全子会社化取引が株式対価の組織再編（株式交換等）となる場合、対象者の株主に米国居住者が含まれると、原則として膨大な手間とコストを要するフォーム F-4 の提出が必要となるところ、この登録義務を回避する方法として証券法ルール 802 を利用することが考えられる[333]。ルール 802 では、ティアーⅠ免除と同様米国保有割合が 10％を超えないことが要件として定められているが（ルール 802(a)(1)）、公開買付けの結果、米国保有割合が 10％を超える場合がある。そこで、SEC は、二段階買収等の場合において、一段階目の公開買付けがティアーⅠ免除に依拠してなされた場合には、一定の条件[334]のもと、その後の取引のために再度米国保有割合を算定する必要はないという見解を明らかにしている[335]。したがって、この場合には公開買付けの段階からティアーⅠ免除を利用するメリットが大きいといえる[336]。

(4) 米国証券規制への適合

上記のとおり、日本の公開買付規制を遵守して行われる公開買付けは、多くの場合は米国証券規制上の公開買付規制も遵守するものであると考えられ

---

[333] なお、公開買付けと同様米国規制を回避することも考えられるが、株式交換等において米国株主を排除することは株主平等原則に反する可能性が高い。また、米国株主以外には対価として株式を、米国株主には当該株式と等価の現金を交付するという方法も考えられ、かかる方法について直ちに株主平等原則違反に該当すると解釈されるものではないとする見解もある（武井一浩＝郡谷大輔編著『改正産活法スキームの解説　株対価 M&A の実務 Q&A』（商事法務、2011）23 頁）。

[334] ①公開買付けに関する開示書類において、その後の取引を行うという公開買付者の意図と当該取引の条件が開示されていること、および②当該取引が公開買付け後合理的期間内に行われること。

[335] Manual of Publicly Available Telephone Interpretations, Third Supplement (July 2001) Ⅱ. E. Q9.

るが、双方の間には基本的な差異があることには注意が必要である。

例えば、米国の営業日概念は日本の営業日概念と異なる[337]ことから、最短買付期間や条件変更時の期間の延長（前記(2)①・②）に関しては、日本における営業日のみならず米国における営業日も考慮してスケジュールを組む必要がある。

また、別途買付けの禁止については、日本の公開買付け規制では公開買付期間中に限定されている一方、米国証券規制では公表時から適用があり（前記(2)⑦）、適用除外取引の内容も異なるため、公表時以降に公開買付手続外で対象会社株式の買付け等（適用除外取引も含む）を行う場合には、適法性につき慎重な確認を要する。

(5) 米国公開買付規制の適用の回避

米国公開買付規制が適用される場合、英訳準備の負担等一定の実務上の負担が生じ、米国証券関連法に基づく証券訴訟を提起される可能性も否定できない[338]。一方、米国保有者の割合が小さい場合には、米国保有者を公開買付けの対象に含めるメリットは大きくなく、米国保有者を公開買付けの対象から除外することで、米国公開買付規制を回避するという実務上のニーズが高い。

この点 SEC は、米国外の公開買付けについても原則として米国証券規制が適用されるとの立場をとりつつ、特に米国保有者の割合が小さい場合には

---

336) 自社株を対価とするエクスチェンジ・オファーを行う場合には、対価である自社株の募集という側面があるため、証券法が適用され、募集が行われる自社株について原則としてフォーム F-4 の提出が必要となる。その例外としても上記証券法ルール 802 の適用を得ることが考えられる（武井＝郡谷編著・前掲注 333）25 頁、金商大系Ⅰ(2) 218 頁）。そのほか、公開買付規制と同様に、証券勧誘規制についても「米国の管轄に服する手続」を避け、米国証券規制の適用を回避することも考えられる。

337) 米国の公開買付規制上の「営業日」は、土曜日、日曜日および連邦祝日以外の日をいい、米国東部標準時間の午前 12 時 1 分から深夜 12 時までの時間帯で構成される（ルール 14d-1(g)(3)）。

338) なお、取引所法 10 条(b)項の域外適用については、同規定が米国の証券取引所に上場されている証券の売買または米国内での証券の売買にのみ適用されるとした 2010 年の連邦最高裁判決（Morrison v. National Australia Bank Ltd.（130 S. Ct. 2869 (2010)））およびこれを受けたドッド・フランク 929P 条による証券法・取引所法の改正を踏まえ種々の議論がなされている。太田洋＝宇野伸太郎「米国連邦証券取引所法の域外適用（上）(下)」商事 1934 号 19 頁・1935 号（2011）25 頁参照。

米国保有者を除外することも許容され得るとし、「米国の管轄に服する手続」(U.S. jurisdictional means) を避けることで米国公開買付規制を回避することができるとしている[339]。SEC の見解を踏まえると、実務的には、米国内の郵便・電話等を利用しないこと、米国への公開買付資料の送付を一切行わないこと、公開買付資料や当該資料が掲載されるウェブサイトにおいて、当該資料は米国保有者を対象としたものではない旨等を明記すること[340]、応募者から米国保有者でないこと等の表明を得ること等の対応をとることが考えられる。

なお、日本の公開買付規制との関係で、全部勧誘義務が生じている場合に、上記のような取扱いがこれらの義務に反しないかが問題となるが、実務上もかかる対応を行っている実例は多く見受けられ、全部勧誘義務には反しないとの解釈が実務上は定着している。

---

[339] "Statement of the Commission Regarding Use of Internet Web Sites to Offer Securities, Solicit Securities Transactions or Advertise Investment Services Offshore" sec Release No. 33-7516（Mar. 23, 1998)、1999 年リリースⅡ.G.、2008 年リリースⅡ.G.2.。
[340] なお、ウェブサイトを通じた情報提供に関しては、ウェブサイトが米国保有者による公開買付けへの米国外の名義株主等を通じた間接的な参加を誘導する手段として利用されるような場合には米国に向けた勧誘があると見られるとの SEC の見解が存在するため、米国からのアクセスを判定し一定の対処を行うことも考えられる。

第 5 章

キャッシュ・アウト

第 1 節
キャッシュ・アウトの意義

1 キャッシュ・アウトとは

　キャッシュ・アウトとは、支配株主が、少数株主の有する対象会社の株式の全てを、少数株主の個別の承諾を得ることなく、金銭を対価として取得することをいう。対価を金銭に限定することなく、少数株主の有する対象会社の株式の全てを個別の承諾なく取得することをスクイーズ・アウトという（「締出し」、あるいは、米国ではフリーズ・アウト（freeze-out）とも呼ばれる）。

　このように、キャッシュ・アウトはスクイーズ・アウトの一種であるが、スクイーズ・アウトの対価として買収者の株式を交付する場合（典型的には、株式交換完全親会社の株式を対価とする株式交換を行う場合）と異なり、少数株主が対象会社の事業機会への投資を買収者の株式を保有することで間接的に継続することもできず、対象会社の企業価値の向上に伴う利益を享受する機会が失われる[1]。そのため、後記 2 のとおり、このようなキャッシュ・アウトを許容すべきか否かについては従前から議論があった。現行法においては、

---

[1] もっとも、買収者が上場会社である場合には、対価として受領する現金を原資としてその株式を市場で購入することにより、間接的には対象会社の事業機会への投資を継続することができる。藤田友敬「企業再編対価の柔軟化・子会社の定義」ジュリ 1267 号（2004）104 頁注 8 参照。

法制度としてはキャッシュ・アウトを許容しつつ、少数株主の利益保護のための各種の仕組みを用意し、あわせて、対象会社の取締役にどのような規律を及ぼすべきかといった観点からの議論がされている。なお、キャッシュ・アウトを行うことにどのような経済的意義があるかについては、**第Ⅲ部第2章第1節**を参照されたい。

キャッシュ・アウトは、典型的には、買収者が上場会社である対象会社を完全子会社化[2]するために公開買付けを実施した後、公開買付けに応募されなかった株式を、その株主の意思にかかわらず全て取得し、完全子会社化を実現するという場面で行われる（いわゆる二段階買収。後記**第2節1**参照）。もちろん、対象会社が上場会社でない場合も、例えば、株主が多数に上るため個別に交渉を行うことが現実的でない、一部株主の反対や所在不明等により承諾を得られないことが予想される、といった事情に応じてキャッシュ・アウトが行われることがある。後記**第2節3(2)**のとおり、法制度としても、キャッシュ・アウトに用いられる各種の手法は、対象会社が上場会社であるか否かを問わず利用することができることとされている。

2 キャッシュ・アウトに関する議論の経緯

わが国で制度上も広くキャッシュ・アウトを認めるべきという認識が共有されるに至ったのは比較的最近のことであり、少なくとも従前は、①キャッシュ・アウトは少数株主の有する株式を強制的に奪うものであり、少数株主の地位が多数決の結果剥奪されること自体が問題であるとして、これを制度として認めることについて否定的な見解も主張されていた。また、当時から（そして現行法の下でも）、②キャッシュ・アウトを行うためには正当な事業目的を要求すべきといった見解も主張されている。

(1) 少数株主の地位剥奪を認めること自体の適切性

キャッシュ・アウトに否定的な立場からは、キャッシュ・アウトは株主の

---

[2] 「完全子会社化」は便宜的な表現である。会社法上の「子会社」は、会社（会社2条1号）がその経営を支配している会社等に限定されるが（会社2条3号、会社則3条1項）、以下に述べる内容は、買収者が個人や組合の場合であっても、基本的に同様に当てはまる。

財産権（憲法29条1項）の侵害や株主平等原則（会社109条1項）の違反、多数決の濫用を招くといった理由から妥当でないと主張されることがあった[3]。しかしながら、少なくとも現行法の下においては、特定の会社への投資を継続すること自体が法的保護に値する利益として保障されていると解することはできない[4]。そのため、少数株主に対して公正な対価を交付するための十分な手続的保障を伴う現行法の各種手法によって行われるキャッシュ・アウトが株主の財産権の侵害に当たると解することは適切でない[5]。

また、株主平等原則については、株式併合または全部取得条項付種類株式を用いた端数処理型のキャッシュ・アウトを行う場合、買収者が対象会社の株式を取得する一方で、少数株主は最終的に金銭の交付を受けることとなるものの、形式的には平等が確保された取扱いといえ、株主平等原則に反しないと解すべきである[6]。

なお、平成26年会社法改正により認められることとなった株式等売渡請求は、総株主の10分の9以上の議決権を有する特別支配株主が少数株主の株式を取得する取引行為であり、会社が全ての株主をその持分に応じて平等に取り扱わなければならないとする株主平等原則は適用の前提を欠くものと解される（会社109条1項参照）。理論的には、株式等売渡請求に対する対象

---

[3] 例えば、中東正文『企業結合法制の理論』（信山社、2008）109頁、中東正文『企業結合・企業統治・企業金融』（信山社、1999）432頁。平成17年改正前商法下での規律に関する指摘であるが、今井宏＝菊地伸『会社の合併』（商事法務、2005）31頁も参照。

[4] 例えば、田中亘「組織再編と対価柔軟化」法教304号（2006）79頁参照。吉本興業事件・大阪地判平成24年6月29日判タ1390号309頁は、全部取得条項付種類株式の取得によって株主たる地位を奪われた少数株主からの不法行為に基づく損害賠償請求について、「株主たる地位に留まりたいという希望は法的保護に値しない」と判示している。

[5] 最大判平成14年2月13日民集56巻2号331頁は、一般論として「財産権に対する規制が憲法29条2項にいう公共の福祉に適合するものとして是認されるべきものであるかどうかは、規制の目的、必要性、内容、その規制によって制限される財産権の種類、性質及び制限の程度等を比較考量して判断すべき」としており、参考になる。第186回国会参議院法務委員会議録第14号（平成26年5月13日）6頁〔小松一郎内閣法制局長官発言〕も参照。

[6] インターネットナンバー事件・東京地判平成22年9月6日判タ1334号117頁、前掲注4）吉本興業事件、久保田安彦「判批」商事2032号（2014）112頁。ただし、コンメ(3)155～156頁〔上村達男〕、弥永真生「判批」ジュリ1410号（2010）37頁は反対。

会社の承認の決定（会社179条の3第1項・3項参照）に際して株主平等原則にも配慮する必要があると解する余地もあるが、承認に際しては少数株主の利益に配慮し、株式等売渡請求の条件等が適正か否かを検討する必要があることから（後記第3節2(4)参照）、この場面において、敢えて株主平等原則を持ち出す必要もないと解される。

(2) 正当な事業目的の要否

キャッシュ・アウトを行うにあたっては、正当な事業目的が必要であるとの見解も主張されている[7]。しかしながら、このような実体要件は条文上の根拠を欠くばかりか、正当な事業目的の具体的な内容も必ずしも明確でなく、実務に無用の混乱をもたらすおそれが強い[8]。これを要求するまでもなく、濫用的なキャッシュ・アウトについては株主総会決議の取消しの訴えや組織再編等の無効の訴え等により、少数株主の保護を適切に図ることが可能である[9]。

なお、株主総会決議の取消事由（会社831条1項3号）との関係でも、前記(1)のとおり特定の会社への投資の継続自体が保障されない現行法の下では、キャッシュ・アウトを行うこと自体を不当と考えることは妥当でない[10]。閉鎖型の会社の内紛に起因するキャッシュ・アウトについては、裁判所はそれ自体の「目的の不当性」を根拠として株主総会決議取消事由（会社831条1項3号）に該当しないかを慎重に判断すべきとの見解も主張されているが[11]、少なくとも会社法はその文言上、対象会社が公開型か閉鎖型かでキャッシュ・アウトに関する規律を変えていない[12]。平成26年会社法改正の検討

---

[7] 例えば、弥永374頁注21は、平成26年会社法改正により10分の9以上の議決権を有する特別支配株主による株式等売渡請求が認められたこととのバランスから、株主総会決議を前提に、少数派株主を追い出す結果となるような組織再編行為を行うためには、正当な事業上の目的が必要とする。

[8] 藤田・前掲注1) 109頁。

[9] 藤田・前掲注1) 109頁注34、笠原武朗「少数株主の締出し」森淳二朗＝上村達男編『会社法における主要論点の評価』（中央経済社、2006）118頁。

[10] 前掲注6) インターネットナンバー事件。

[11] 江頭161頁注36・282頁注1参照。

[12] ただし、株式等売渡請求に係る売渡株式等の取得の無効の訴えに関しては、対象会社が公開会社か否かによって提訴期間を異ならせている（会社846条の2第1項参照）。

過程においても、正当な事業目的があることをキャッシュ・アウトの要件とすることの是非が法制審議会会社法制部会において議論されたが、結論として要件に加えるという判断はされなかった[13]。

3　キャッシュ・アウトに関する問題点

前記2で述べたほかにも、キャッシュ・アウトは、対象会社の少数株主の有する株式を少数株主の個別の承諾を得ることなく、つまりはその意思にかかわらず強制的に取得する手続であることから、少数株主に交付される対価の適正さを確保するための制度や運用上の取組みを中心として、少数株主の利益をいかに保護すべきかという観点からの議論が行われているが、詳細については、**第Ⅲ部第2章第3節**を参照されたい。

第2節　キャッシュ・アウトの手法

1　二段階買収の意義[14]

キャッシュ・アウトの手法としては、一般に、これを一段階の取引のみによって実現する方式（以下「一段階買収」という）と、二段階の取引で実現する方式（以下「二段階買収」という）が存在している。

二段階買収は、①第一段階では買収者が何らかの方法で対象会社の議決権保有割合を上昇させた上で、②第二段階で狭義のキャッシュ・アウトを実施する方式を意味する。

これに対して、一段階買収は、二段階買収とは異なり、買収者が、前記①

---

13)　法制審議会会社法制部会第12回会議（2011年8月31日開催）部会資料12「親子会社に関する規律に関する論点の検討(2)」2頁。

14)　以下、詳細については、松尾拓也ほか『スクイーズ・アウトの法務と税務』（中央経済社、2015）11頁以下。

の対象会社の議決権保有割合を上昇させる行為を介在させることなく、直截に狭義のキャッシュ・アウトを実施する方式を意味している。

そのため、通常であれば、一段階買収の方がキャッシュ・アウトの完了までに要する時間や手続は少なくなる。それにもかかわらず、実際には、キャッシュ・アウトは二段階買収によって行われることが圧倒的に多い。その理由としては、ⓐキャッシュ・アウトの実行の確実性の向上、ⓑ対価の公正性の証明手段の確保が挙げられる。さらに、平成29年度税制改正により、ⓒキャッシュ・アウトについて税制適格性の確保も考慮要素に加わった。

(1) キャッシュ・アウトの実行の確実性の向上

後述のとおり、①対象会社の株主総会決議が必要となる類型のキャッシュ・アウトの手法を用いる場合には、対象会社の株主総会において、出席株主の3分の2以上の賛成による特別決議が必要となる（会社309条2項）。また、②対象会社の株主総会決議が不要な類型のキャッシュ・アウトの手法を用いる場合には、買収者（およびその完全子法人。会社179条1項、会社則33条の4、会社468条1項、会社則136条参照）が対象会社の総株主の議決権の90％以上（会社179条1項、784条1項）を保有していることが必要となる。

そのため、買収者（およびその協力者）が対象会社の総議決権の3分の2以上を有していない場合には、キャッシュ・アウトの実行を確実に行うことができるよう、まずは何らかの方法によってその議決権保有割合を総議決権の3分の2以上まで上昇させてから、狭義のスクイーズ・アウトを実行することが考えられる。

なお、前記①の場合、厳密には「出席株主」の議決権の3分の2以上を確保すれば足り、特に上場会社の株主総会においては議決権を行使することができる全ての株主が株主総会において議決権を行使することは考え難いため、実際には、買収者が特別決議を成立させるために総議決権数の3分の2以上を確保する必要はないといえる。

しかし、実際の議決権行使比率を事前に正確に予測することは困難であり、キャッシュ・アウトの実行を確実に行うことができるようにするため、買収者（およびその協力者）が総議決権数の3分の2以上を確保することを目指すのが一般的である。

なお、前記①の手法のうち、端数処理手続を用いる場合（すなわち、株式

併合または全部取得条項付種類株式を用いる場合）については、買収者の対象会社株式の保有割合が相当程度大きくなければ、少数株主に交付される株式について一株未満の端数としつつ、買収者に確実に一株以上が交付される比率を設定することが困難となるため、（仮に総議決権数の3分の2以上を確保できない場合であったとしても）第一段階の取引を通じて買収者の保有株式数を相当程度増加させておくことには、その観点からも相応の意義があるといえる。

また、買収者が既に総議決権数の3分の2以上を確保している場合であっても、前記①の手法ではなく、前記②の手法を実施することを目指すのであれば、買収者（およびその完全子法人）が対象会社の総株主の議決権の90％以上を確保するために第一段階の取引を行う意義があるといえる。

(2) 対価の公正性の証明手段の確保

いずれのキャッシュ・アウトの手法を用いる場合であっても、少数株主は、キャッシュ・アウトの対価に関して、公正な価格の決定を裁判所に申し立てることができる（会社117条2項、172条1項、179条の8第1項、182条の5第2項、786条2項等）。裁判所において決定された公正な価格が、買収者が用いたキャッシュ・アウトの対価よりも高くなる場合には、買収者の金銭的な負担が増加するに留まらず、キャッシュ・アウトを実施した関係者に対して一定の責任追及が行われ、またはキャッシュ・アウトの成立自体が脅かされるおそれもある。具体的には、対象会社の取締役・監査役に対して、その職務遂行に際して悪意・重過失があり、または不法行為を構成するとして損害賠償請求がされる可能性がある（会社429条、民法709条）。また、買収者自身や買収者の取締役および監査役に対しても、同様の理由により損害賠償請求がされる可能性がある（買収者に対しては会社350条または民法709条。買収者の取締役および監査役に対しては会社429条または民法709条）[15]。

さらに、買収者が設定するキャッシュ・アウトの対価が本来あるべき公正な価格を大幅に下回っている場合には、「株主総会等の決議について特別の

---

[15] レックス・ホールディングス事件・東京高判平成25年4月17日判タ1392号226頁は、買収者（の承継者）に対して会社法350条または民法709条に基づき、買収者の代表取締役に対して会社法429条1項または民法709条に基づき、買収者の取締役および監査役に対して会社法429条1項に基づき、それぞれ損害賠償請求がされた。

利害関係を有する者が議決権を行使したことによって、著しく不当な決議がされた」として、株主総会決議取消事由に該当すると解される可能性がある（会社831条1項3号）。株主総会決議を経ないキャッシュ・アウトの場合であっても、対価が対象会社の「財産の状況その他の事情に照らして著しく不当である」として、差止事由に該当すると解される可能性がある（会社179条の7第1項3号、784条の2第2号）[16]。

これらのリスクに適切に対処するため、買収者や対象会社の取締役としては、キャッシュ・アウトの対価が公正な価格を下回るものではないという主張を根拠付ける証明手段を予め確保しておくことが望ましいといえ、第一段階の取引において、一般株主の多くが買収者の設定した対価を受け入れたという事実は、このような証明手段として重要なものの1つとなる。そして、その前提として、第一段階の取引が適切な情報開示の下、強圧性を排除したものとして実施されることが必要となる。

(3) キャッシュ・アウトの手続における税制適格性の確保

平成29年度税制改正により、株式等売渡請求、株式併合または全部取得条項付種類株式の取得等のキャッシュ・アウトのための各手法も組織再編税制の対象に組み込まれ、同時に複数の手法間で生じていた課税上の取扱いの不均衡が一定程度是正される方向で制度が整備され、従前は税制非適格と扱われた現金対価株式交換も税制適格が認められ得ることとなった。この結果、第二段階において現金対価株式交換を用いることが想定される事案では、当該株式交換の税制適格性を確保する観点から、第一段階の取引において買収者が対象会社の発行済株式（自己株式を除く）の3分の2以上を確保しておく必要がある。

したがって、上記のような事案において買収者の保有する株式が3分の2に満たない場合には、現金対価株式交換の税制適格性を確保する観点から、第一段階の取引を実施することが検討されることとなる[17]。詳細については、

---

[16] なお、対価の著しい不当は無効原因になり得るとの見解もあり（株式等売渡請求の取得の無効の訴えに関するものとして、江頭283頁注2、田中・会社法605頁参照）、事後的にキャッシュ・アウトの効力が否定されるおそれもある。笠原武朗「組織再編行為における対価の不均衡と無効の訴え」江頭憲治郎先生古稀記念『企業法の進路』（有斐閣、2017）487頁も参照。

後記4(5)(i)を参照されたい。

2　二段階買収による場合の第一段階の取引

二段階買収による場合に、第一段階の取引として用いられる手法としては、例えば、①公開買付け、②事実上の買集め、③第三者割当増資の引受け、④自己株式の取得が挙げられる。なお、これらのうち①と②を同時に行うことは想定し難いが、その他の取引については相互に排他的なものではなく、組み合わせて実施することが考えられる。

第一段階の取引の実施前に買収者（およびその協力者）が対象会社の総議決権数の3分の2以上を確保していない場合には、これらのいずれの手法によるとしても、それにより、前記1(1)の意義が認められる。また、買収者の保有する対象会社の株式が3分の2に満たない事案において、第二段階において現金対価株式交換が行われることが想定され、かつ、当事会社がその税制適格性を確保したい場合は、これらのいずれの手法によるとしても、前記1(3)の意義が認められる[18]。これに対し、前記1(2)の意義が認められるか否かは、第一段階の取引をこれらのいずれの手法によって行うかによって異なり得る。

(1)　公開買付け

対象会社が上場会社である場合には、二段階買収の第一段階の取引は、買収者による公開買付けによることが一般的である。

公開買付けによる場合、金商法上の公開買付規制に従った情報開示が行わ

---

[17]　なお、株式併合や全部取得条項付種類株式の取得を用いたキャッシュ・アウトを行う場合等、50％超グループ内の要件（法税2条12号の17ロ）により当該キャッシュ・アウトの税制適格性を確保する観点から、買収者が対象会社の発行済株式（自己株式を除く）の50％超を取得し、当事会社間の支配関係その他の関係（法税令4条の3第19項各号。なお「支配関係」の定義は、平成29年度税制改正の前後で改正されていない。法税2条12号の7の5、法税令4条の2第1項）を形成するために、第一段階の取引を実施することが検討されるということもあり得る。

[18]　第二段階において株式併合や全部取得条項付種類株式の取得によるキャッシュ・アウトの実施が想定され、かつ、当事会社がその税制適格性を確保したい場合（前掲注17）参照）も同様である。

れ、株主には最短20営業日の熟慮期間が確保される。また、利害関係を有する者以外の者が保有する株式の過半数や3分の2以上が応募されなければ公開買付けを成立させないといった買付株式数の下限を設定したり（いわゆる Majority of Minority 要件）、公開買付けが成立した場合には、公開買付価格と同額でキャッシュ・アウトを実施する意向がある旨を公開買付届出書において開示すること等により、強圧性を排除した形で一般株主に意思決定の機会を提供することもできる。さらに、公開買付期間を比較的長期に設定すれば、対抗的な買付けの機会を確保したが、買収者のものを上回る買収提案はなかったという事実関係を主張しやすくなり、この点でも対価の公正性を基礎付ける効果が期待できる。

　したがって、第一段階の取引を以上のような条件を満たす公開買付けで行うこととすれば、前記1⑵のメリットも十分に確保できると考えられる。

　なお、第一段階の取引として公開買付けを行うにあたり、対象会社がストック・オプションとして新株予約権を発行している場合には、全部勧誘義務（金商27条の2第5項、金商令8条5項3号）の下で当該新株予約権も第一段階で公開買付けの対象とすることが通常であるところ、平成26年会社法改正前の実務では、公開買付者が当該新株予約権を取得しても自ら行使できないことから、新株予約権の公開買付価格を1円とし、これに対して対象会社は中立意見（応募するか否かは新株予約権者の判断に委ねる旨の意見）を出す事例が比較的多く存在した。

　しかし、平成26年会社法改正後は、新株予約権売渡請求を受けた対象会社の取締役は新株予約権者との関係でも注意義務を負い（後記第3節2⑷参照）、このような公開買付価格と同額である1円での取得を承認することは通常困難と解される。当該新株予約権の新株予約権者にとっては、通常、当該新株予約権には1円を超える経済的価値があり、対象会社の取締役が1円での強制的な取得について承認することは当該注意義務に反するおそれがあるためである。したがって、第二段階で株式等売渡請求の利用が想定される事案では、新株予約権売渡請求について承認が得られるであろう新株予約権者にとっての客観的な価値を対価として提示することが検討され、当該対価との整合性を保つべく、第一段階での新株予約権の公開買付価格もこれと同額にすることが検討されることとなる。実際にも、平成26年会社法改正後の事例では、1株当たりの公開買付価格が1株当たりの新株予約権の行使価

額を上回る場合(いわゆるイン・ザ・マネーの場合)には、その差額に新株予約権1個が目的とする株式数を乗じた額を新株予約権の公開買付価格とすることが多い[19]。

(2) 事実上の買集め

対象会社が非上場会社(厳密には、有価証券報告書提出会社でない会社)の場合には、金商法上の公開買付規制は適用されないため、買収者が第一段階の取引として公開買付け以外の取引方法を用いることが考えられる。この場合に行われる事実上の買集めには、①特定の大株主に対して買取りを提案する方法と、②キャッシュ・アウトとの関係で特別な利害関係を有しない多数の株主を含めて広く買取りを提案する方法が想定され得る。

①の場合、特に、当該大株主がキャッシュ・アウトとの関係で一般株主とは異なる特別な利害関係を有している場合には、当該大株主が、買収者の提示した価格での買取りに応じたとしても、一般株主との関係において公正な価格を根拠付けるとは限らないため、前記1⑵のメリットは得られない。

これに対して、②の場合、キャッシュ・アウトとの関係で特別な利害関係を有しない多数の株主が、買収者の提示した価格での買取りに応じたのであれば、前記1⑵のメリットも一定程度確保できると考えられる。

ただし、この事実上の買集めの態様が、公開買付けによる場合と比較して、株主への情報開示や、強圧性のない状態での適正な判断機会の提供といった観点から劣っているものと評価される場合には、前記1⑵のメリットが認められる程度も限定的なものとなる。そのため、前記1⑵のメリットを最大限得るためには、事実上の買集めを実施するにあたり、公開買付けの手続に準じた配慮を尽くすことが重要であると考えられる。

(3) 第三者割当増資の引受け

買収者がその議決権保有割合を上昇させる方法としては、対象会社による第三者割当増資を引き受ける方法も考えられる。

---

19) 実務上は、新株予約権の客観的価値を適正に算定することは困難な場合もあることを踏まえ、行使期間の到来の有無や行使条件の充足の有無を問わず、このような簡易な算定方法によっていることが多いが、このような算定方法によることも十分に合理的と認められる場合が多いと考えられる。

このような第三者割当増資の引受けを第一段階の取引として行う場合には、通常、前記1(2)のメリットは得られない。対象会社が会社法上の公開会社（会社2条5号）であれば、有利発行に該当しない限り、第三者割当増資は取締役会決議のみで行われるため[20]、当該価格について一般株主の賛同が得られたことは確認できないし、対象会社が公開会社でない会社である場合には、当該第三者割当増資は通常、株主総会の特別決議を経て行われることになるが、買収者（およびその関係者）が決議に参加できる以上、手続的に一般株主の多くの賛同が得られることは条件とならないためである。

ところで、前記(1)・(2)の場合とは異なり、第三者割当増資の引受けは対象会社自身が主体的に行う取引であり、対象会社の経営陣としては、善管注意義務違反となるおそれがないか等、より慎重な検討を行う必要があると考えられる。一般論としては、第三者割当増資の引受けを行うのは、通常、その実施が対象会社としても有益であることを（対象会社の役員として）合理的に説明できる場合であると考えられる。

また、第一段階の取引として公開買付けを行いつつ、その結果次第では（例えば、公開買付けの買付株式数の下限を上回る応募はあったものの、実際に目標とする割合（例えば、総議決権数の90％）には達しなかった場合等）、必要な限度で第三者割当増資の引受けを組み合わせる方法（いわゆるトップ・アップ・オプション。後記第3節2(9)参照）も考えられる。

この場合には、公開買付けのみで総議決権数の90％以上に至る応募が得られたケースと比較すると、一般株主の賛同は少なかったとして、前記1(2)のメリットは限定的なものに留まるとも考えられるが、第三者割当増資の引受けを組み合わせることで株主総会決議を経ることなくすみやかにキャッシュ・アウトが完了することができる場合には、相対的に強圧性が低下する

---

[20] なお、平成26年会社法改正により、公開会社における支配株主の異動を伴う募集株式の割当て等に関する規律が設けられたことから（会社206条の2）、買収者が、第三者割当増資の引受けの時点で総株主の議決権の過半数を有していない場合には、株主総会の決議による承認を得ることも考えられる（総株主の議決権の10分の1以上を有する株主から反対の通知を受ける前の株主総会の承認の有効性について、辰巳郁「支配株主の異動を伴う募集株式の発行等における株主総会の開催時期」商事2113号（2016）77頁、江頭764頁注8）。これに対して、買収者が、第三者割当増資の引受けの時点で総株主の議決権の過半数を有している場合には、通常は当該公開会社の「親会社等」に該当するため、この手続の対象となることはない（同条1項但書）。

という考え方もあり得ることから、その点も含めた総合的な評価が必要となる[21]。

なお、第三者割当増資の引受けによる場合に固有の留意点としては、①払込金額によっては有利発行と解される可能性があること（会社199条2項・3項、201条1項参照）、②不公正発行に該当するとして差止請求を受けるおそれがあること（会社210条2号）、③必要となる買収資金の合計額が増加すること等が挙げられる。①の有利発行該当性の議論は、特に公開買付けと組み合わせて第三者割当増資の引受けを行った場合に、公開買付価格と第三者割当増資における払込金額の関係や、公開買付けの公表後の市場価格等を踏まえた検討が必要となる。また、②の不公正発行該当性の議論は、会社の支配権につき争いが生じているか、合理的な資金調達目的その他の正当な事業目的があるかといった点を踏まえた検討が必要となる。

(4) 自己株式の取得

対象会社による自己株式の取得によっても、買収者がその議決権保有割合を上昇させることは可能である。手続的には、①市場における取得（立会外取引による取得を含む。会社165条）、②自社株TOBによる取得（金商27の22の2、会社165条）、③非上場会社の株主全員に譲渡の勧誘をする方法（いわゆる擬似TOB）（会社158条、159条）による取得、④（株主総会特別決議を経て行う）相対取引による特定の株主からの取得（会社160条）が考えられる。

これらのうち、①～③の方法による場合には、当該取得の諸条件およびそれに対する一般株主の売却状況次第では、前記1(2)のメリットを確保し得ると考えられる。これに対し、④の方法による場合には、当該価格での売却に応じるのが特定の株主のみであるため、前記1(2)のメリットを確保することは困難と考えられる[22]。

---

[21]　松尾ほか・前掲注14) 20頁注21、内田修平「平成26年会社法改正がM&A法制に与える示唆(上)」商事2052号（2014）20頁。

[22]　もっとも、④の方法については、(市場株価のある株式を市場価格を超えない額で取得する場合を除いて、) 原則として、他の一般株主も売却に参加できる権利を有するため（会社160条3項）、もし一般株主の多くが当該権利を行使する事態となれば、一般株主の多くが当該自己株式取得の価格に賛同したという事実関係が認められ、前記1(2)のメリットを確保し得ることになる。

ところで、前記(1)・(2)の場合とは異なり、自己株式の取得は対象会社自身が主体的に行う取引であり、前記(3)と同様に、対象会社の役員として善管注意義務違反となるおそれがないか等、より慎重な検討を行う必要があると考えられる。

なお、自己株式の取得による場合に固有の留意点としては、①対象会社の分配可能額の限度でしか実施できないという制限があること（会社461条等）、②買収者のみが対象会社の株式を取得する場合に比べて、買収者が一定の議決権保有割合（例えば90％）を達成するために（買収者と対象会社が合計して）取得しなければならない株式数が多くなること、③自社株TOBによる取得による場合には、買付株式数の下限を設定することができないため（金商法27条の22第2項は、金商法27条の13第4項1号を準用していない）、所期の目的を達するに足りる応募がなかった場合でも買付けを行う必要があること等が挙げられる。

3 第二段階の手続の概要

(1) 過去に利用された手法

キャッシュ・アウトに用いられる手法については、現在では法制度が相応に整備されているものの、キャッシュ・アウトの実務が浸透し始めた当初においては、主としていわゆる産活法[23]方式により、同法上の主務大臣の認定を受けた上で、公開買付けに応じなかった株主に現金を交付することを可能とし、これに基づいて公開買付者と対象会社との株式交換の際に少数株主に対価として現金を交付するという手法[24]が用いられていた。ところが、平成18年度税制改正により、株式交換によることで対象会社の有する資産

---

[23] 平成11年の制定当初における名称は「産業活力再生特別措置法」といい、平成21年改正（同年法律第29号によるもの）により、「産業活力の再生及び産業活動の革新に関する特別措置法」と変更された。なお、同法は、産業競争力強化法の施行に伴い、平成26年1月20日付けで廃止されている。

[24] 以下、詳細については、内間裕＝野田昌毅「ゴーイング・プライベートの法的手法と留意点」商事1675号（2003）82頁、谷川達也＝福沢美穂子「産業再生法を利用したゴーイング・プライベートの実務」商事1676号（2003）22頁。

の含み益に課税されることになった後は、後述する全部取得条項付種類株式方式[25]によるキャッシュ・アウトが主流となっていた。もっとも、全部取得条項付種類株式方式は、株主総会に複数の議案を同時に上程する必要があるなど、相当程度技巧的であり、株主に分かりにくい部分があったこと、いわゆる「1株未満問題」が存すること（後記第5節2(3)参照）などから、平成26年会社法改正後は、大半の事例で株式等売渡請求または株式併合が用いられている。

(2) 現金対価でのキャッシュ・アウトのための手法

平成26年改正後の会社法の下における現金対価のキャッシュ・アウトのための手法は、①株式等売渡請求、②株式の併合、③全部取得条項付種類株式の取得、④現金対価株式交換という4つに大別することができる[26]。これらの手続の概要とその比較については、図表Ⅰ-5-1のとおりである。

これらのうち、②と③の手法は、②であれば、例えば対象会社の株式10億株を1株に併合し、③であれば、対象会社の全部取得条項付種類株式を取得するに際し、例えば当該全部取得条項付種類株式10億株当たり他の種類株式1株を対価として交付するというように、対象会社において極端な比率を用いてそれぞれの手続を実施し、買収者以外の少数株主の有する対象会社の株式を1株未満の端数とした上で、会社法234条、235条の定めに基づき、裁判所の許可を得て当該端数を取りまとめた株式の整数部分の売却を行い、その対価を少数株主に交付する、という端数処理手続を経由することでキャッシュ・アウトを実現するものである。

---

25) 太田洋＝野田昌毅「株式交換・株式移転税制の抜本改正とM&A実務への影響」商事1778号（2006）43頁注23参照。
26) なお、対価を現金とする合併も、少数株主の有する対象会社の株式の全てを、少数株主の個別の承諾を得ることなく、金銭を対価として取得することができるため、キャッシュ・アウトの手法たり得るが、現金対価株式交換と類似するため、ここでは特段取り上げない。

[図表Ⅰ-5-1] キャッシュ・アウトの主な手法の概要

		株式等売渡請求	現金対価株式交換 略式手続	現金対価株式交換 原則	株式併合	全部取得条項付種類株式
買収者の議決権要件		90%以上	同左	なし	同左	同左
買収者の類型		制約なし	株式会社 or 合同会社	株式会社 or 合同会社	制約なし	同左
買収者における手続（業務執行機関における決定として必要になるものを除く）						
	対象会社に対する通知	必要	不要	不要	同左	同左
	組織再編行為に関する手続	不要	株式交換契約の締結 株主総会の特別決議（簡易手続による場合を除く） 債権者保護手続 株式買取請求権に関する手続（簡易手続による場合は株主への通知・公告のみ）		不要	同左
対象会社における意思決定手続		取締役会決議	同左	株主総会の特別決議	同左	株主総会の特別決議 種類株主総会決議
効力の発生		取得日に買収者が対象会社の全株式を取得（新株予約権も取得可）	効力発生日に買収者が対象会社の全株式を取得	効力発生日に買収者が対象会社の全株式を取得	効力発生日に対象会社の株式の併合	取得日に対象会社による全株式の取得＋対価となる株式の交付
端数処理手続		不要	同左	同左	必要	同左
少数株主の保護						
	差止請求	法令定款違反 対価が著しく不相当	同左	法令定款違反	同左	同左
	価格決定／株式買取請求と支払義務	価格決定申立て 特別支配株主	株式買取請求 対象会社	株式買取請求 対象会社	同左	価格決定申立て 対象会社
	無効主張	取得日から6か月（非公開会社は1年）以内	効力発生日から6か月以内	効力発生日から6か月以内	株主総会決議取消しの訴えの可能性あり	同左

4 各手法間の比較

前記3(2)に掲げた各手法のうち、いずれを用いるかを検討するにあたっては、事案ごとの個別具体的な事情も踏まえた比較・検討が必要となる。この際、重要なポイントとしては、①議決権保有要件・買収者の類型、②対象会社の意思決定手続、③買収者における意思決定その他の手続、④端数処理手続の要否、⑤課税関係を挙げることができる[27]。

(1) 議決権保有要件・買収者の類型

株式等売渡請求は、買収者（およびその完全子法人）が、対象会社の総株主の議決権の90％（これを上回る割合を対象会社の定款で定めた場合にあっては、その割合）以上を有している特別支配株主に該当しない限り、利用することができない（会社179条1項）。略式手続による現金対価株式交換を用いる場合も、買収者が対象会社の総株主の議決権の90％（これを上回る割合を対象会社の定款で定めた場合にあっては、その割合）以上を有する特別支配会社（会社784条1項、468条1項）である必要がある。なお、これらの90％要件は、産業競争力強化法における会社法の特例により、3分の2に引き下げられている（第16章第3節・第4節参照）。

これに対し、その他の手法、具体的には、株式併合、全部取得条項付種類株式または現金対価株式交換（略式手続によるものを除く）を用いる場合には、少なくとも法制度上は、対象会社の株主総会の特別決議が成立すれば足り、買収者が有する必要がある議決権割合というものは特に存在しない。

そのため、実際の株主総会における議決権行使比率を考慮すれば、買収者自身が単独で（またはその協力者も合わせて）株主総会の特別決議を成立させられる議決権割合を確保する必要はない。しかし、前記1(1)のとおり、実務上は、キャッシュ・アウトの実行を確実なものとするため、買収者（およびその協力者）が合計で対象会社の総議決権数の3分の2以上を確保することを目指すことが一般的である。

---

[27] その他の点も含め、より詳細な検討を行うものとして、松尾ほか・前掲注14) 23～66頁。

買収者の類型に関しては、現金対価株式交換を用いる場合のみ、株式会社または合同会社である必要があり、その他の手法を用いる場合にはこのような制約はない[28]。

(2) 対象会社の意思決定手続

株式等売渡請求を用いる場合には、対象会社において株主総会を開催する必要はなく、対象会社に取締役会がある場合には取締役会決議があれば足りる。略式手続による現金対価株式交換においても同様である。これに対して、株式併合、全部取得条項付種類株式または現金対価株式交換（略式手続によるものを除く）を用いる場合には、対象会社の株主総会特別決議が必要となり、相応の時間的・手続的な負担が生ずる。

対象会社の株主総会の決議が不要となる場合、時間的・手続的な負担が軽く、迅速なキャッシュ・アウトが実現できるに留まらず、第一段階の取引として公開買付けを実施する場合の強圧性を低減することができるという指摘もある（後記第3節1(2)参照）。

なお、仮に対象会社が普通株式以外に種類株式を発行している場合には、以上に加えて、種類株主総会も必要になり得る。株式等売渡請求、株式併合、現金対価株式交換による場合には、「ある種類の株式の種類株主に損害を及ぼすおそれがあるとき」は、当該種類の株主による種類株主総会が必要となる（会社322条1項1号の2・2号・11号）[29]。ただし、その種類株式に関して、種類株主総会決議を要しない旨の定款規定が設けられている場合は、この限りでない（同条3項本文）[30]。

これに対し、全部取得条項付種類株式の取得による場合には、普通株式およびその他の各種類株式に係る種類株主総会がそれぞれ必要となる。全部取得条項付種類株式を用いて種類株式をキャッシュ・アウトするには、当該種類株式に全部取得条項を付する必要があるが、そのために当該種類株式に係

---

28) 株式等売渡請求を用いる場合に、組合（ファンド等）である買収者も「特別支配株主」に含まれるか否かについて、後掲注47) 参照。
29) 種類株式の内容として、当該種類株式の併合は行わない旨の定款規定が存在することがある。この場合には、株式併合によって当該種類株式をキャッシュ・アウトすることはできないため、他の手法によるか、種類株式の内容を変更することを検討する必要がある。

る種類株主総会決議が必要となるためである（会社111条2項1号）。

(3) 買収者における意思決定その他の手続

　現金対価株式交換を用いる場合、買収者における手続の負担が他のキャッシュ・アウトの手法に比べて重くなる[31]。すなわち、買収者が株式会社である場合には、買収者も原則として株主総会の特別決議が必要となり（会社795条1項）、事前備置書類（会社794条）および事後備置書類（会社801条）による開示が必要となるほか[32]、買収者の株主が原則として株式買取請求権を有することになる（会社797条）[33]。また、買収者が合同会社である場合も含め、債権者保護手続を行う必要もある（会社799条1項3号、802条2項）。

　これに対し、株式等売渡請求、株式併合または全部取得条項付種類株式を用いる場合には、買収者においては株主総会特別決議などの株主レベルでの意思決定手続は不要であるし、買収者での事前備置書類および事後備置書類による開示や債権者保護手続、株式買取請求に関する手続も不要である。

　なお、いずれの手法による場合でも、買収者が法人である場合には、キャッシュ・アウトの実施に関し、その業務執行機関（取締役会設置会社であれば、取締役会）において意思決定が必要となる。

---

30) なお、平成26年会社法改正の施行前に設けられた種類株主総会決議を要しない旨の定款規定が、平成26年会社法改正により導入された株式等売渡請求の承認の場合にも適用されるか（すなわち、この場合に種類株主総会が不要と解することができるか）については、定款規定の文言上、会社法322条1項「1号の2」を適用対象とするものと読み込めるのであれば、特段の事情のない限り、種類株主総会は不要と解することができると考えられる（松尾ほか・前掲注14）31頁注34）。

31) もっとも、実質的な買収主体がSPCを設立してキャッシュ・アウトを行う場合には、これらの手続的な負担は、それほど重大な問題にはならないと考えられる。

32) 買収者が合同会社である場合には、買収者においては事前備置書類および事後備置書類による開示は不要である。また、新たに社員を加えることとはならない現金対価株式交換においては総社員の同意も不要となる（相澤哲編著『立案担当者による新・会社法の解説』別冊商事295号（2006）205～206頁）。

33) ただし、簡易株式交換に該当する場合には、買収者において株主総会特別決議は不要であり（会社796条2項）、その反対株主に株式買取請求権は付与されない（会社797条1項但書、796条2項本文）。もっとも、この場合も、株主に対する通知・公告の日から2週間以内に一定の反対の通知があった場合には、買収者において株主総会特別決議による株式交換契約の承認が必要となり（会社796条3項）、また、反対株主の株式買取請求権も復活する（会社797条1項括弧書）。

(4) 端数処理手続の要否

株式等売渡請求権または現金対価株式交換を用いる手法の場合には、その効力の発生に伴い、買収者が直接に対象会社の全株式を取得するため、端数処理手続は必要とならない。

これに対して、株式併合または全部取得条項付種類株式を用いる場合、その効力の発生に伴い、対象会社が株式を併合し、または全部取得条項付種類株式を取得して所定の対価を交付するという手続を経る際に、会社法234条または235条に基づく端数処理の手続が必要となる。この端数処理手続の原則的な方法は競売であるが（会社234条1項、235条1項）、通常は会社法234条2項の規定に基づき、裁判所の許可を得て競売以外の方法（以下「任意売却手続」という）によって端数処理を行う。競売によると、理論的には買収者（その協力者を含む）または対象会社以外の者に端数を合計した株式を取得され、キャッシュ・アウトが想定どおり完了しないおそれがあるためである。

任意売却手続を進めるためには裁判所の許可を得る必要があるところ、当該許可の申立てには、対象会社の取締役全員の同意が必要となる（会社234条2項、235条2項）。また、裁判所の許可を得ること自体に一定の手続と時間を要する[34]。

なお、特に全部取得条項付種類株式を用いる場合、従前の実務と同様の一般的な対価の定め方をする限り、いわゆる「1株未満問題」を避けられないことには留意を要する。詳細については、後記第5節2(3)を参照されたい。

(5) 課税関係

課税関係については、①対象会社における課税、②買収者における課税、③争わずに対価を受領する株主における課税、④対価の金額等を争う株主における課税、という4つの点を考慮する必要がある。以下ではその要点をま

---

[34] もっとも、東京地方裁判所民事第8部のように商事専門部がある場合には、同様の事案を取り扱った経験が豊富であり、比較的迅速な対応を期待することができる。特に問題のない事案であれば、許可申請後数日以内に許可が得られることも多い。これに対し、同様の事案を取り扱った経験の少ない地方の裁判所では、相対的に長い時間を要する可能性もある。

とめる。なお、キャッシュ・アウトの課税関係については、平成29年度税制改正により大幅な制度変更があり、いまだに実務の蓄積が十分でない部分も残ることから、実際の運用にあたっては、当該時点における実務的な取扱いも踏まえてより慎重な検討が必要となる点に留意されたい。

(ⅰ) 対象会社における課税

　平成18年度税制改正後、平成29年度税制改正前においては、現金対価株式交換による限り、常に税制非適格の株式交換（平成29年度税制改正前法税2条12号の16参照）となっていた。その結果、対象会社が当該株式交換の直前の時において有する時価評価資産の評価益または評価損は、当該株式交換の日の属する事業年度の所得の金額の計算上、益金の額または損金の額に算入しなければならなかった（平成29年度税制改正前法税62条の9第1項）。

　また、平成29年度税制改正前に、株式等売渡請求、株式併合または全部取得条項付種類株式を用いたキャッシュ・アウトを行う場合には、これらの行為は組織再編税制の対象ではなかったため、対象会社の資産についてこのような時価評価が必要になることはなかった。ただし、買収者が連結納税制度を採用している場合には、対象会社の連結納税グループへの加入に伴い、原則として対象会社が有する一定の資産について時価評価が必要とされていた（平成29年度税制改正前法税61条の12第1項）。

　平成29年度税制改正により、現金対価株式交換の場合であっても、常に税制非適格とはならないこととされ、株式交換に係る適格要件のうち、対価に関する要件について、株式交換の直前において株式交換完全親法人が株式交換完全子法人の発行済株式（自己株式を除く）の3分の2以上を有する場合におけるその他の株主に対して交付する対価を除外して判定することとなった（法税2条12号の17）。そのため、買収者が対象会社の発行済株式（自己株式を除く）の3分の2以上を有する場合、現金対価株式交換であっても「適格株式交換等」（同号）に該当する可能性が生じた。この場合、対象会社の資産について時価評価は不要となる[35]。

---

[35]　なお、適格株式交換等に該当しない場合でも、平成29年度税制改正により、簿価が1000万円未満の資産（貸借対照表に計上されていない帳簿価額がゼロのいわゆる自己創設のれんを含む）については時価評価の対象から除外されることとなった（法税令123条の11第1項4号）。

また、平成29年度税制改正後は、株式売渡請求、株式併合または全部取得条項付種類株式を用いたキャッシュ・アウトも、株式交換と同様に組織再編税制の一環として位置付けられることとなった。すなわち、平成29年度税制改正により、全部取得条項付種類株式の端数処理、株式併合の端数処理および株式売渡請求による完全子法人化について、まず、企業グループ内の株式交換と同様の適格要件を満たさない場合におけるその完全子法人となった法人を、非適格株式交換等に係る完全子法人等の有する資産の時価評価制度等の対象に加えることとされ、また、企業グループ内の株式交換と同様の適格要件を満たす場合におけるその完全子法人となった法人を連結納税の開始または連結グループへの加入に伴う資産の時価評価制度の対象から除外するとともに、その完全子法人となった法人の連結納税の開始等の前に生じた欠損金額をその個別所得金額を限度として、連結納税制度の下での繰越控除の対象に加えることとされた。

　具体的には、①全部取得条項付種類株式の取得に係る決議、②株式併合または③株式売渡請求の承認により、対象会社が買収者との間に「完全支配関係」（法税2条12号の7の6、法税令4条の2第2項）[36]を有することとなることを、④株式交換と併せて「株式交換等」と定義し（法税2条12号の16）、特に、企業グループ内の株式交換と同様の適格要件を満たす場合を「適格株式交換等」と定義することで（同条12号の17）、適格株式交換等に該当する場合に限り、対象会社の資産の時価評価を不要としている（法税61条の11第1項4号・5号）。

　このうち、①または②による場合については、条文上、④による場合と異なり、買収者が対象会社の株式を一定割合以上有する場合に限り、買収者以外の株主に交付する対価を除外して判定することとはされていない。そのため、このような条文上の差異をどのように解すべきかが問題となり得るところ[37]、以下に述べるとおり、結論としては、①または②による場合、法定の端数処理の手続を経由する限り、その実行前に買収者が対象会社の発行済株

---

[36] 「完全支配関係」の定義は、平成29年度税制改正の前後で改正されていない。
[37] ③の場合については、そもそも買収者は対象会社の総議決権の90％以上を有する特別支配株主である必要があり（会社179条1項）、また、「同号ハの取得の対価として交付される金銭その他の資産」が明示的に除外されているため（法税2条12号の17）、以下に述べる点は問題とならない。

式（自己株式を除く）の3分の2以上を有していない場合であっても、他の50％超グループの適格要件を満たしている限り、適格株式交換等に該当すると解することが十分に可能であると思われる。

まず、①による場合には、法人税基本通達（以下「法基通」という）2-3-1において、取得の対価として交付すべき株式に1株未満の端数が生じたために端数処理の手続により金銭が交付されたものであるときは、株式を交付したこととなることが原則とされている。そのため、3分の1超の発行済株式を有する対象会社の株主に端数処理の手続により現金を交付してキャッシュ・アウトを実現した場合も、対象会社の株式を交付したこととなり、引き続き対価要件は満たしていると解することができると考えられる[38]。

また、②による場合には、法基通2-3-25により、端数株式に相当する代金の交付について、対象会社の株主が1株未満の株式に相当する株式の交付を受け、これを直ちに譲渡したものとして取り扱われることからすれば、対象会社の株式以外の資産が交付されたということにはならないと考えられる[39]。

以上から、①または②による場合には、法定の端数処理の手続を経由する限り、その実行前に買収者が対象会社の発行済株式（自己株式を除く）の3分の2以上を有していない場合でも対価要件との関係で問題は生じないと解され、③による場合には、特別支配株主から少数株主に交付される金銭その他の資産は条文上明示的に除外される結果、①〜③のいずれによる場合でも、他の50％超グループの適格要件である、(x)株式交換等完全子法人と株式交換等完全親法人との間に支配関係があり、かつ、当該株式交換等後に支配関係が継続することが見込まれていること等（法税2条12号の17ロ、法税令4

---

[38] なお、法基通2-3-1は、「ただし、その交付された金銭が、その取得の状況その他の事由を総合的に勘案して実質的に当該株主等に対して支払う当該取得条項付株式の取得の対価であると認められるときは、当該取得の対価として金銭が交付されたものとして取り扱う」とした上で、この点も含めて全部取得条項付種類株式を用いる場合も同様としていることには留意が必要である。もっとも、法基通2-3-1が新設された平成18年度税制改正以降、全部取得条項付種類株式を用いたキャッシュ・アウトにおいてこの但書の適否が問題とされた事案はなく、従前と同様の取扱いが行われる限り、平成29年度税制改正に伴ってこの適否を改めて問題とすべき事情が生じたとも考えられない。

[39] 荒井優美子「組織再編の税務ガイド」経理情報1480号（2017）19頁参照。

条の3第19項)、(y)完全子法人の従業者の概ね80％以上の継続従事が見込まれていること（従業者継続従事要件。法税2条12号の17ロ(1)）、および、(z)完全子法人の主要な事業が引き続き行われることが見込まれていること（事業継続要件。同号ロ(2)）を満たす限りは、適格株式交換等に該当するものと考えることが可能であると思われる。

なお、実務上は、創業家や代表取締役等、買収者以外の大株主が引き続き対象会社の経営にも関与する場合には、③または④によってこれらの大株主に大きな譲渡損益が生ずることを避けるため（後記(ii)参照）、①または②により、これらの大株主を対象会社の株主として残存させることも検討されることがある。このような場合に行われる①または②の方法によるキャッシュ・アウトは、条文上「最大株主等である法人……との間に完全支配関係を有することとなること」に該当せず、「株式交換等」（法税2条12号の16）には含まれないため、組織再編税制の対象とはならないものと解される。

(ii) **買収者における課税**

平成29年度税制改正前は、①全部取得条項付種類株式の取得または②株式併合によるキャッシュ・アウトにおいて株主に交付すべき端数を取りまとめた株式の整数部分について、裁判所の許可を得て任意売却手続を行うに際して、その買い手が買収者以外の者（典型的には対象会社。会社234条4項・5項、235条2項参照）である場合には、従前の買収者の保有分から生ずる端数部分について、譲渡損益が認識されると解されていた（法基通2-3-25、所得税基本通達57の4-2参照）[40]。

これに対して、③株式等売渡請求または④現金対価株式交換によるキャッシュ・アウトでは、①または②の場合と異なり、端数処理手続を経ることはないため、買収者における課税は生じないと解されていた。

なお、対象会社の創業者や代表取締役等、買収者以外の大株主を対象会社の株主として残存させたい場合でも、③または④の方法を用いる限りは、いったん買収者が対象会社の全ての株式を取得せざるを得ず、当該大株主に

---

[40] 任意売却手続における買い手が買収者である場合には、従前の買収者の保有分から生ずる端数部分については、特に譲渡損益を認識しないと解することが妥当と考えられる（松尾ほか・前掲注14）52頁・264〜265頁参照）。

おいては譲渡損益を認識する必要があったため、①または②の方法によることが検討されることがあった（前記(i)参照）。

以上の規律に関しては、平成29年度税制改正による影響は特に生じないものと解される。

(iii) 対価について争わない株主における課税

平成29年度税制改正前は、①全部取得条項付種類株式の取得、②株式併合、③株式等売渡請求または④現金対価株式交換のいずれの方法による場合であっても、対価を争うことなく受領する対象会社の株主においては、譲渡損益が発生すると解されており、この点については、平成29年度税制改正による影響は特に生じないものと考えられる。

(iv) 対価について争う株主における課税

平成29年度税制改正前は、①全部取得条項付種類株式の取得による場合、反対株主の株式買取請求を行う株主においては、みなし配当と譲渡損益が生ずるのに対して、取得価格決定の申立てを行う株主においては、譲渡損益が発生するとして、対価について争う手法により、税務上の取扱いに差異が生じていた[41]。

また、④現金対価株式交換による場合には、反対株主の株式買取請求を行う株主においては、みなし配当と譲渡損益が生ずるとされていた。

これに対して、②株式併合または③株式等売渡請求による場合、②の場合には反対株主の株式買取請求により、③の場合には売買価格決定の申立てにより、それぞれ株主は対価について争うことができるところ、いずれの場合も譲渡損益が発生すると解されていた。

平成29年度税制改正により、このうち①の場合で定款変更に反対する株主からの株式買取請求に基づく取得について、みなし配当の額が生ずる事由となる自己の株式の取得の範囲から除外することとされた（法税24条1項4号、法税令23条3項10号、所税25条1項5号、所税令61条1項10号）。これ

---

[41] 平成26年会社法改正後において、①全部取得条項付種類株式の取得による場合に、対象会社の株主が対価について争う方法には、反対株主の株式買取請求による方法と、取得価格決定の申立てによる方法とが考えられる（後記第5節2(2)(v)参照）。

により、反対株主の株式買取請求と、取得価格決定の申立てのいずれによる場合でもみなし配当が生ずることなく、譲渡損益が認識されることになった。

これに対して、②〜④の規律については、いずれも平成29年度税制改正による影響は特になく、④に関して反対株主の株式買取請求をした株主においてのみ、引き続きみなし配当と譲渡損益が生ずることとなると考えられる。

第3節 株式等売渡請求

1 概　要

(1) 株式等売渡請求とは

特別支配株主による株式等売渡請求は、平成26年会社法改正により創設された新たなキャッシュ・アウトの手法であり、対象会社の総株主の議決権の90％以上を有する特別支配株主が、対象会社の他の株主（当該対象会社を除く）の全員に対し、その有する当該対象会社の株式等の全部を売り渡すことを請求できる制度をいう（会社179条以下）。

この株式等売渡請求の法的性質は、一種の形成権の行使であり、対象会社の承認を経て対象会社から売渡株主等に対する通知または公告がされることにより、特別支配株主と売渡株主等との間に売買契約が成立したのと同様の法律関係が生ずるとされている（後記2(5)参照）。これにより、株式等売渡請求に際して特別支配株主が定める取得日に、法律上当然に、売渡株主等から特別支配株主に対する売渡株式等の譲渡の効力が生ずることになる。

(2) 株式等売渡請求の趣旨

平成26年会社法改正前は、実務上、キャッシュ・アウトを行うために全部取得条項付種類株式を利用することが一般的であったが、常に対象会社において株主総会決議が必要となり、手続も複雑かつ技巧的であるため、時間

的・手続的コストが大きいとの指摘がされていた。

　また、特に上場会社である対象会社においてキャッシュ・アウトを行う場合、二段階買収の第一段階の取引として公開買付けを行うケースが多いところ、公開買付けの完了後、第二段階の取引により対価が交付されるまでに長時間を要することは、公開買付けの強圧性を高めるとの指摘もあった（前記**第2節2**(3)参照）[42]。強圧性とは、第一段階の取引が成功した場合に当該取引に応じなかった株主が、それに応じたときよりも不利に扱われることが想定される結果、たとえ第一段階の取引の価格が、株主が考える本来の株式価値よりも低い場合でも、これに応じないことでより不利に扱われることへの不安から、不本意ながら第一段階の取引に応じざるを得ない事態をいう[43]。第一段階の取引の後、第二段階の取引の実施までに長期間を要する場合には、その間に不測の事態が生じた場合等も含め、株主の地位が不安定になるとの懸念から強圧性が高まる可能性はあり、当該指摘もこのような観点から理解することができる[44]。なお、強圧性の解消のための実務上の措置については、**第Ⅲ部第2章第3節**も参照されたい。

　そこで、機動的なキャッシュ・アウトを可能とするため、株式等売渡請求制度が創設された。

　なお、株式等売渡請求は、公開会社（会社2条5号）のみならず、公開会社でない会社である対象会社についても利用することができる。平成26年会社法改正の検討過程においては、公開会社でない会社については、少数株主が会社の持分を保持することに強い執着を持っていること、キャッシュ・アウトの必要性が小さいこと、株式の価値の評価が困難であること等から、株式等売渡請求の対象から除外すべきとの議論もあったが、公開会社でない

---

[42]　なお、この指摘は、二段階買収の第一段階の取引が一般株主による売却機会を提供する類型のものである場合には、公開買付け以外の方法による場合でも妥当すると考えられる。

[43]　例えば、田中・企業買収45頁以下、飯田秀総「買収手法の強圧性ととりうる法の対処策」田中亘編著『数字でわかる会社法』（有斐閣、2013）222頁以下参照。

[44]　坂本・一問一答252頁参照。また、例えば、金融商品取引法研究会編『平成26年会社法改正後のキャッシュ・アウト法制』研究記録59号（2017）23〜24頁〔中東正文発言〕は、「迅速にキャッシュ・アウトを実施したほうが、対象会社の株主としては安定した地位に置かれ、公開買付に応募するか否かの判断も、ゆがめられることが少ないと思います」としている。

会社でもキャッシュ・アウトのメリットは認められること、株式の価値の評価の問題は他のキャッシュ・アウトの手法についても同様に存在すること、平成26年会社法改正前の他のキャッシュ・アウトの手法との整合性等の観点から、このような限定はされていない[45]。

(3) 株式等売渡請求を用いたキャッシュ・アウトの手続

前記(2)のとおり、株式等売渡請求は、機動的なキャッシュ・アウトを可能とするために創設された制度であり、対象会社が上場会社である場合には、株主総会決議を要する他のキャッシュ・アウトの手法と比較すると相当程度短期間で少数株主に対価を交付することが可能となる。また、対象会社が上場会社でない場合であっても、株主が多数存在している場合には同様のことが当てはまる。さらに、たとえ株主数の少ない非上場会社が対象会社であり、株主総会の開催にそれほど時間を要しない場合であっても、株式併合または全部取得条項付種類株式を用いるキャッシュ・アウト手法の場合とは異なり、端数処理手続を要しないことから、株式等売渡請求を用いた方が、やはり短期間でキャッシュ・アウトの対価を交付できると考えられる。

特別支配株主が株式等売渡請求を行う場合、大要、以下の手順により手続を進めることになる（図表Ⅰ-5-2参照）。

① 特別支配株主から対象会社への通知
② 対象会社における承認
③ 対象会社から特別支配株主への通知
④ 対象会社から売渡株主等への通知／公告
⑤ 対象会社における④の日からの事前備置
⑥ 取得日における売渡株主等から特別支配株主への株式等の移転
⑦ 対象会社における取得日から6か月／1年間の事後備置
⑧ 対価の交付

---

45) 坂本・一問一答256頁。もっとも、閉鎖型のタイプの会社の内紛に起因する場合、少数株主の「締出し」自体が「目的の不当な特別支配株主の行為」であるとして法令違反となる可能性を肯定する見解もある（江頭282頁注1)。

[図表Ⅰ-5-2] 株式等売渡請求の手順の概要

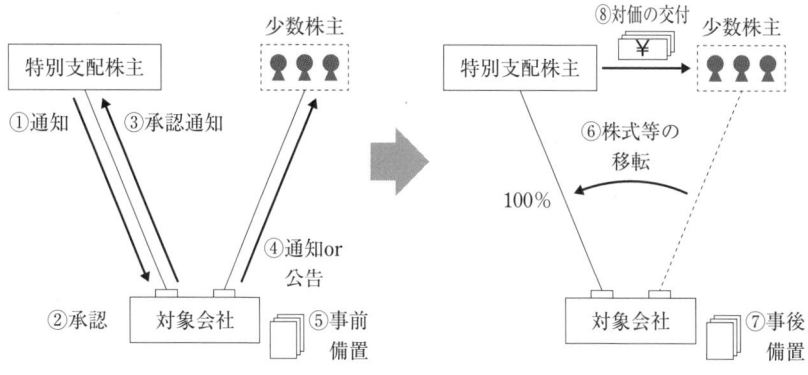

また、株式等売渡請求の大まかなスケジュールは図表Ⅰ-5-3のとおりである。

[図表Ⅰ-5-3] 株式等売渡請求のスケジュール

日程	内容	条文
A	公開買付けの決済日	
A＋約1週間以内 （Y－3営業日－1か月程度）	【特別支配株主】 ① 対象会社に対する株式等売渡請求に関する決定事項の通知 【対象会社】 ② 取締役会決議による承認 ③ 特別支配株主に対する株式等売渡請求の承認の通知	会社179条の3第1項、179条の2第1項各号、会社則33条の5 会社179条の3第1項・3項 会社179条の3第4項
A＋2営業日	【対象会社】 ④ 売渡株主および売渡新株予約権者に対する公告 ⑤ 事前開示書類の備置開始	会社179条の4第1項・2項、社債株式振替161条2項、会社則33条の6 会社179条の5第1項、会社則33条の7
Y－20日	売買価格決定申立期間の開始	会社179条の8第1項

Y－3営業日	対象会社の上場廃止日	上場規601条1項18号の2、609条、上場規施行則601条16項、604条6号の2
Y－1日	売買価格決定申立期間の末日	会社179条の8第1項
Y	⑥　取得日	会社179条の9第1項
Yの後遅滞なく	【対象会社】 ⑦　事後開示書類の備置開始	会社179条の10第1項、会社則33条の8
Yの後合理的期間内	【特別支配株主】 ⑧　株式等売渡請求の決済日	
※Y以降適宜の時期	【対象会社】 有価証券報告書提出義務の中断申請	金商24条1項但書、金商令4条2項、開示府令16条3項1号

(4) 平成26年会社法改正後の実務

前記(2)のとおり、株式等売渡請求は機動的なキャッシュ・アウトを可能にするために創設された制度であり、平成26年会社法改正後のキャッシュ・アウトの事案で買収者が対象会社の90％以上の議決権を確保できた場合であれば、ほぼ例外なく株式等売渡請求が用いられている。

2　株式等売渡請求の手続

(1) 特別支配株主とは

特別支配株主とは、株式等売渡請求を利用することができる主体であり、その要件は、対象会社の総株主の議決権の90％（これを上回る割合を対象会社の定款で定めた場合にあっては、その割合）以上を、自らまたは特別支配株主完全子法人[46]を通じて有することをいう（会社179条1項）[47]。法人のみならず、自然人も特別支配株主となることができる。ただし、特別支記株主は1人または1社であることが必要であり、特別支配完全子法人を除き、複数の法人または自然人が合計で90％以上の議決権を有する場合において、合意等に基づいてこの要件を満たすことができるわけではない[48]。これは、会

社法179条1項において「当該株式会社以外の者」を受けて「当該者」という文言が用いられ、また、この制度が機動的なキャッシュ・アウトによって単独株主を認める制度として創設されたものであるためである[49]。

なお、当該特別支配株主の要件は、①特別支配株主の対象会社に対する株式等売渡請求の通知の時点、②対象会社の承認の時点、および③取得日の時点のいずれにおいても満たしている必要があると解される。株式等売渡請求は、特別支配株主が対象会社の総株主の議決権の90％以上を有する場合に限り、機動的なキャッシュ・アウトを行うことを認める制度であり、キャッシュ・アウトの効力が生ずる時点でも議決権保有要件を満たすことを求めるのが相当と解されるためである[50)51)]。

また、産業競争力強化法の平成30年改正に伴い、株式等売渡請求に関する会社法の特例が設けられ、認定事業者が、その関係事業者を対象会社とし

---

46) 具体的には、当該株主が発行済株式の全部を有する株式会社（会社179条1項）のほか、①会社法179条1項に規定する者がその持分の全部を有する法人（株式会社を除く）、②会社法179条1項に規定する者および特定完全子法人（当該者が発行済株式の全部を有する株式会社および①に掲げる法人）または特定完全子法人がその持分の全部を有する法人をいい（会社則33条の4第1項）、②の規定の適用については、当該法人は、②に規定する特定完全子法人とみなすこととされている（同条2項）。

47) 条文上は「者」という文言が用いられ、これは一般に法人格を有するものを指すことを企図している用語であると考えられることから（法制執務研究会編『新訂ワークブック法制執務』（ぎょうせい、2007）743頁）、個人や外国会社等もこれに含まれる。また、法人格を有しない投資事業有限責任組合等の組合であっても、特別支配株主になり得ると解される（江頭277頁注1、塚本英巨「組合の『特別支配株主』該当性等」商事2148号（2017）36頁）。もっとも、実務上は、株式等売渡請求を見据えたキャッシュ・アウトの場合でも、株式会社または合同会社をSPCとして用いることが多いと考えられる。

48) 買収者（およびその完全子法人）のみでは対象会社の総議決権の90％に満たないものの、買収者の関係者の保有分を合算すれば90％以上となる場合に、株式等売渡請求の利用を企図するのであれば、議決権株式を1人または1社に集約する必要がある。この場合、本来望まない譲渡益課税を避けるためには、信託を利用することも検討に値する（松尾ほか・前掲注14）114頁注5参照）。

49) 坂本・一問一答252頁。

50) 坂本・一問一答260頁。

51) なお、①〜③の各時点で特別支配株主の要件を満たす必要があるとしても、理論的には、①と②の間や②と③の間においても継続して特別支配株主である必要があるかは必ずしも明らかでない。もっとも、実務上は、継続して特別支配株主である状況を確保しておくことが慎重と解される。

て認定計画に従って株式等売渡請求を行う場合、特別支配株主の議決権保有要件を「90％」から「3分の2」に引き下げることとされている（産業競争力30条5項・1項）。詳細については、**第16章第4節**を参照されたい。

(2) **対象となる株式等**

株式等売渡請求においては、以下の①〜③を除く対象会社の全ての株式を対象とする必要があり、特別支配株主の選択によりその一部を除外することは認められない（会社179条1項本文括弧書・但書）。

① 対象会社の自己株式
② 特別支配株主の有する株式
③ 特別支配株主完全子法人の有する株式（特別支配株主の選択による[52]）

また、対象会社が新株予約権を発行している場合には、株式売渡請求を行う特別支配株主は、その選択により、当該新株予約権の新株予約権者の全員に対し、新株予約権売渡請求を行うことができる（公開買付規制との関係については、後記3(1)参照）。新株予約権が発行されている場合には、株式のみを対象とするだけではキャッシュ・アウト後に、新株予約権が行使されて再度少数株主が生じる可能性があることから、キャッシュ・アウトの実効性を担保するために認められたものである[53]。

この点は他のキャッシュ・アウトの手法とは異なる特徴であり、新株予約権を発行している対象会社のキャッシュ・アウトを行う場合に、株式等売渡請求によることが有利な要素になり得る[54]。

---

[52] なお、特別支配株主完全子法人が複数存在する場合には、そのそれぞれについて株式売渡請求の対象にするか否かを選択できると解される（坂本・一問一答265頁）。これに対して、会社法179条1項但書の文言からは、ある特別支配株主完全子法人の有する対象会社の株式の一部についてのみを株式売渡請求の対象から除外することはできないと考えられる。

[53] 坂本・一問一答262頁。

[54] もっとも、比較的最近発行された（ストック・オプション目的の）新株予約権の場合には、全部取得条項付種類株式の取得の場合における無償取得条項が付されているものも比較的多く、また、株式併合の場合の目的株式数の調整条項の存在も踏まえると、実際に有利な要素になるかは個別の事案毎の検討が必要となる。なお、敵対的な新株予約権者が存在する場合には、株式等売渡請求によることで、当該新株予約権者が差止請求権を行使し、キャッシュ・アウト全体が差し止められるリスクも勘案する必要がある（後記(8)(i)参照）。

新株予約権売渡請求を行う場合には、以下の①～③を除く全ての新株予約権が対象となり、特別支配株主の選択によりその一部を除外することは認められない（会社179条2項本文括弧書・但書）。
① 対象会社の自己新株予約権
② 特別支配株主の有する新株予約権
③ 特別支配株主完全子法人の有する新株予約権（特別支配株主の選択による[55]）

さらに、特別支配株主は、新株予約権売渡請求を行う場合には、あわせて、新株予約権付社債についての社債の全部を特別支配株主に売り渡すことを請求する必要がある（会社179条3項）。会社法254条3項は新株予約権付社債に付された新株予約権について分離譲渡を禁じており、原則的に社債とともに取得する必要があるためである[56]。もっとも、同法179条3項但書により、新株予約権の募集要項において、新株予約権売渡請求がなされたときに新株予約権のみが売渡請求の対象となる等の別段の定めは許容される（会社238条1項7号参照）。

なお、新株予約権売渡請求は株式売渡請求とあわせて行う場合に限って認められ、新株予約権売渡請求のみを行うことはできない[57]。そのため、既に対象会社の発行済株式（自己株式を除く）の全てを有している特別支配株主は、その一部を他の者に移すなどしない限り、対象会社の新株予約権について新株予約権売渡請求を行うことはできないと解される。

(3) 特別支配株主の通知

特別支配株主は、株式等売渡請求に際して、その対象から除外する特別支配株主完全子法人の名称、売渡株主等に対して対価として交付する金銭の額またはその算定方法およびその割当てに関する事項ならびに取得日を定める必要がある（会社179条の2第1項）。また、対価の支払いのための資金を確保する方法、株式等売渡請求に係るその他の取引条件についても定めなければならない（同項6号、会社則33条の5）。

---

[55] 複数の特別支配株主完全子法人が新株予約権を有する場合については、株式の場合と同様の解釈が妥当すると考えられる（前掲注52）参照）。
[56] 坂本・一問一答262頁参照。
[57] 坂本・一問一答263頁。

資金を確保する方法（会社則33条の5第1項1号）としては、特別支配株主の預金残高証明や金融機関からの融資証明書等を準備することが想定される[58]。また、取引条件（同項2号）の具体的な内容は特に例示されていないが、実務上は、対価の交付の時期について定める例が多い。なお、実務上の合理的な要請を超えた交付の時期の定めは、対象会社における承認の是非の判断に際して消極的な要素として評価され得る。

特別支配株主は、対象会社に対してこれらの事項を通知した上で、その承認を受けなければならない（会社179条の3第1項）。通知の方法は法定されていないが、実務上は書面によることが一般的である[59]。

(4) 対象会社の承認

対象会社は、前記(3)の通知を受け、株式等売渡請求の承認をするか否か検討する。対象会社が取締役会設置会社である場合、承認の決定は取締役会の決議によらなければならない（会社179条の3第3項）。対象会社の取締役は、この決定を行う際には、売渡株主等の利益に配慮し、株式等売渡請求の条件の適正さを検討する必要がある[60]。

なお、株式等売渡請求に際しては、前記(3)のとおり、資金を確保する方法や取引条件も通知されるため、対象会社においては、これらの点も踏まえ、対価の交付の見込みがあり、また、取引条件が相当なものと評価できるかも含めた検討を行うことが期待される。

対象会社は、株式等売渡請求の承認をするか否かの決定をしたときは、特別支配株主に対して当該決定の内容を通知しなければならない（会社179条の3第4項）。

---

58) 株式等売渡請求に先立つ公開買付けで公開買付届出書の添付書類とされた「公開買付者の銀行等への預金の残高その他の公開買付けに要する資金……の存在を示すに足る書面」（他社株買付府令13条1項7号）の内容を踏まえて準備することも考えられる。坂本三郎ほか編著『立案担当者による平成26年改正会社法関係法務省令の解説』別冊商事397号（2015）37頁注81参照。

59) インサイダー取引規制上の「知る前計画」に係る包括的な適用除外規定（金商166条6項12号、取引規制府令59条1項14号）との関係について、後掲注92）参照。

60) 坂本・一問一答271〜273頁。

(5) 売渡株主等に対する通知・公告および事前開示

　対象会社は、株式等売渡請求の承認をした場合には、取得日の20日前までに、①売渡株主等に対し、当該承認をした旨、特別支配株主の氏名・名称等、売渡株式等の対価等を通知しなければならない（会社179条の4第1項1号、会社則33条の6）。また、②売渡株式の登録株式質権者および売渡新株予約権の登録新株予約権質権者に対しては、当該承認をした旨を通知しなければならない（会社179条の4第1項2号）。

　このうち、②の通知は、公告をもってこれに代えることができるが、特に①の通知については、会社法上、公告による代替は認められない（会社179条の4第2項）。もっとも、振替株式の株主に対する通知は、公告によって代替することが強制される（社債株式振替161条2項）[61]。

　株式等売渡請求の法的性質は一種の形成権の行使とされ、これらの通知または公告がされることにより、特別支配株主と売渡株主等との間に売渡株式等の売買契約が成立したのと同様の法律関係が生ずることとされている[62]。

　また、対象会社は、この通知または公告の日から一定の事前開示事項を記載した書面等を備え置き、売渡株主等の閲覧等に供する必要がある（会社179条の5）。事前開示事項は、特別支配株主の名称等、株式等売渡請求の対価その他の基本的な条件および対象会社が株式等売渡請求を承認した旨（同条1項1号～3号）のほか、対価の相当性に関する事項（当該相当性に関する取締役または取締役会の判断およびその理由を含む）、対価の交付の見込みに関する事項等である（同項4号、会社則33条の7）。

(6) 売渡株式等の取得

　株式等売渡請求による売渡株式等の取得は、取得日にその効力が生ずる（会社179条の9第1項）。また、対価の支払期日については、株式等売渡請

---

[61] 振替株式の発行者が発行する株式のうち振替株式でないもの（例えば、上場会社が発行する非上場の種類株式）の株主に対する通知については、社債株式振替法161条2項は適用されず、当該株式を有する売渡株主に対しては、会社法の規定に従い、通知を要することとなる。

[62] 坂本・一問一答254頁、マツヤ事件・最二決平成29年8月30日金判1526号8頁参照。

求に際して明示的に取得日と異なる期日(前記(3)参照)を定めない限り、取得日となるのが原則との見解もあるが[63]、即座に対価を交付することが困難な場合も明示的に定めない限り取得日の翌日から遅延損害金が生じ得るとの帰結も妥当でないように思われ、他の組織再編行為と同様、合理的な期間内に対価を交付すれば遅滞の責は負わないと解すべきである。対価が支払期日までに支払われない場合に、売渡株主等が民法の一般原則に従って売買契約を解除できるか否かは見解が分かれている[64]。

なお、有価証券報告書の提出義務のうち、その株式の募集または売出しにおいて有価証券届出書等を提出したことがある株式に関するもの(金商24条1項3号)については、株主の数が25名未満である場合に財務局長等の承認を受けることを条件として提出義務が免除される(金商24条1項但書、金商令4条2項3号、開示府令16条2項)。平成26年会社法改正に伴う開示府令等の改正(平成27年内閣府令第37号によるもの)により、株主の数の算定基準時に「申請時」が加えられたため(開示府令16条3項1号)[65]、取得日の直後に承認の申請を行うことで提出義務を免れることができる。

(7) 事後開示

対象会社は、取得日後遅滞なく、一定の事後開示事項を記載した書面等を備え置き、売渡株主等の閲覧等に供する必要がある(会社179条の10)。備置期間は原則として取得日から6か月間であるが、対象会社が公開会社でない場合においては取得日から1年間とされている。

(8) 売渡株主等の保護

(i) 差止請求

株式等売渡請求による売渡株式等の取得については、対象会社において株

---

[63] 江頭280頁。
[64] 解除を認める見解として、法制審議会会社法制部会第18回会議議事録27〜28頁〔田中亘幹事発言〕、坂本・一問一答283〜284頁。他方、売買契約の解除は売渡株式等の無効の訴えによらなければ主張できないとし、解除を認めない見解として、江頭281頁注7。
[65] 大谷潤ほか「平成26年会社法改正に伴う企業内容等開示府令の改正について」経理情報1416号(2015)41頁。

主総会の開催が必要となる手法と異なり、株主総会等の決議の取消しの訴え（会社831条）による救済の余地がないため、これに代わって売渡株主および売渡新株予約権者に差止請求を行うことが認められている（会社179条の7）。

差止事由は、①株式等売渡請求が法令に違反する場合、②対象会社が売渡株主等に対する通知または事前備置手続に違反した場合、および、③対価が対象会社の財産の状況その他の事情に照らして著しく不当である場合とされ、条文上、売渡株主は株式売渡請求に関する事由のみを、売渡新株予約権者は新株予約権売渡請求に関する事由のみを、それぞれ理由とすることができる。

もっとも、差止請求の効果は全体に及び、売渡株主と売渡新株予約権者のいずれについても、それぞれの要件が満たされる限り、株式等売渡請求に係る「売渡株式等の全部」の取得の差止めが認められる。

(ii) 売買価格の決定の申立て

売渡株主等は、取得日の20日前の日から取得日の前日までの間に、裁判所に対し、その有する売渡株式等の売買価格の決定の申立てをすることができる（会社179条の8第1項）。平成26年会社法改正前に広くキャッシュ・アウトに用いられていた全部取得条項付種類株式の取得（後記**第5節**参照）に係る取得価格決定の申立制度（会社172条）に倣ったものであり[66]、裁判所における売買価格の決定は、全部取得条項付種類株式の取得価格の決定に関する裁判例と基本的に同様の考え方に基づいて行われると解される[67]。

株式等売渡請求は、株式併合や全部取得条項付種類株式の取得と異なり、特別支配株主と売渡株主等との間に売買契約が成立したのと同様の法律関係を生じさせるものであるため、裁判所が決定した売渡株式等の売買価格の支払義務は特別支配株主が負う。また、売買価格の決定の申立ては対象会社に対する「株主の権利」の行使ではなく、「少数株主権等」（社債株式振替147条4項）に該当しないため、売渡株式が振替株式である場合も申立てに際して個別株主通知（社債株式振替154条3項）は不要と解される[68]。

---

[66] 岩原紳作「『会社法制の見直しに関する要綱案』の解説(4)」商事1978号（2012）47頁。

[67] 藤田友敬「判批」資料版商事388号（2016）49頁注1、金融商品取引法研究会編『公開買付前置型キャッシュアウトにおける価格決定請求と公正な対価』研究記録58号（2016）35頁・50～51頁〔藤田友敬発言〕。

なお、全部取得条項付種類株式の取得価格決定申立てに関して、株主は対象会社の株主総会決議後に取得した株式について申立適格を欠くと解されるところ[69]、株式等売渡請求の場合には、株主総会決議は不要であるが、対象会社が株式等売渡請求を承認し、その旨の通知または公告を行い、売渡株式等が取得日に取得されることが決定した後に敢えて株式を取得した株主を保護する必要はなく、このような株主は売買価格決定の申立適格を欠くと解される[70]。

(iii) 売渡株式等の取得の無効の訴え

売渡株主および対象会社の取締役等は、取得日から6か月間（対象会社が公開会社でない場合は1年間）、売渡株式等の取得の無効の訴えを提起することができる（会社846条の2）。法的安定性を確保するため、売渡株式等の取得の無効は、訴えをもってのみ主張することができる（同条1項）[71]。

無効事由については、新株発行や組織再編と同様に具体的な定めはなく、解釈に委ねられる。株式等売渡請求に係る手続の瑕疵、対価の額が著しく不当であることが問題となり得る。株主総会の決議を必要とするキャッシュ・アウトとの均衡からも、対価の額が著しく低廉であることは無効事由とされる余地がある[72]。

(9) トップ・アップ・オプションの可能性

トップ・アップ・オプションとは、先行する公開買付けの結果、買収者の保有株式数が目標割合（例えば90％）に満たなかった場合に備え、当該不足分を取得するために予め確保しておく、対象会社から新株発行等を受ける権利のことをいう。もともと米国における略式合併（short-form merger）の要件を満たすための仕組みとして、広く利用されていたものである[73]。

---

68) 坂本・一問一答287頁注1。
69) 最判解民事篇平成22年度(下)766～768頁〔田中秀幸〕、東京地決平成25年7月31日資料版商事358号148頁。
70) 前掲注62) マツヤ事件。
71) 個別の売買契約の解除の可否については、前掲注64) 参照。
72) 法制審議会会社法制部会第18回会議議事録18頁〔藤田友敬幹事発言〕、坂本・一問一答282頁。ただし、反対する見解もある（同議事録18頁〔鹿子木康委員発言〕）。

わが国でも株式等売渡請求の特別支配株主の要件を充足すべく、第一段階の公開買付けによる不足分を新株発行等により補うためのトップ・アップ・オプションを利用できるかについて議論がある。具体的な仕組みとしては、①買収者と対象会社の間で一定数の株式の発行を合意しておく方法と、②対象会社が買収者に新株予約権を発行しておく方法が考えられる[74]。もっとも、このような仕組みは、一見すると90％以上という特別支配株主の議決権要件の潜脱とも思われ、また、明確な資金需要を前提に行われるものでもないため、これらの発行が「著しく不公正な方法」（会社210条2号、247条2号）に当たらないかが問題となる。

この「著しく不公正な方法」に該当するか否かに関して、対象会社の支配権に争いがある場面における裁判所の判断は、一般に主要目的ルール（支配権維持目的と、資金調達その他の正当な事業目的のいずれが優越しているかにより判断する考え方）を基礎として、資金調達の必要性が認められれば、調達方法の選択については原則として取締役会の判断が尊重される結果、主要な目的が支配権維持にあると認定されない可能性が高い[75]。しかし、トップ・アップ・オプションの特性上、資金調達の金額を事前に確定することは困難であり、また、買収者が公開買付けで90％以上の議決権を確保できた場合には対象会社が資金を得られない可能性もあるため、その発行目的と資金需要を紐づけることは必ずしも容易でない。そのため、「著しく不公正な方法」に該当しないという主張を基礎付けるため、資金調達以外の正当な事業目的が存在する旨の主張を行っていくことが考えられる[76]。90％以上の議決権は対象会社の株主総会決議を経ずにキャッシュ・アウトを行うための要件であ

---

73) 飯田秀総「トップ・アップ・オプションを用いた二段階買収の差止めが否定された事例」商事1958号（2012）52頁。

74) 三苫裕＝小田望未「株式等売渡請求制度の概要とトップ・アップ・オプションの活用可能性」経理情報1328号（2012）29頁。なお、②のとおり新株予約権を用いる場合については、募集新株予約権の割当てに関する会社法244条の2との関係で、公開買付けの開始時には買収者・対象会社間の契約上の合意に留め、実際の発行は、公開買付けの決済後とすることも考えられる（石綿学ほか「トップ・アップ・オプションの法的枠組みと我が国への導入可能性(下)」金判1482号（2016）10頁注64参照）。この場合は、不公正発行や有利発行への該当性について、公開買付けの開始に先立って争われることも避けられる。

75) 江頭773頁注4。

り、キャッシュ・アウト自体が許容されるための要件ではないこと、また、キャッシュ・アウトの完了までの期間短縮等は少数株主にとっても合理性が認められること等を理由に、少なくとも3分の2以上の議決権を確保した者による行使を前提とする場合には「著しく不公正な方法」に該当しないとの見解があり[77]、また、差止請求や売買価格決定の申立ての機会等が確保される以上は、トップ・アップ・オプションを90％以上の議決権の要件の潜脱と非難すべきとは限らないとの見解が有力である[78]。

他方で、90％という基準が少数株主の権利に大きな変更を生じさせる重要な閾値であることを踏まえ[79]、締出しの公正性を担保するためにも、締出しを実施することを主たる目的として買収者の議決権比率を高める行為に対しては、歯止めとなる解釈論または立法的手当が必要との見解も主張されている[80]。

トップ・アップ・オプションを活用するか否かは、それによるメリット（期間をどの程度短縮できるか、株主への強圧性を低減する効果がどの程度見込まれるか等）とそれに伴うデメリット（差止めリスクや追加資金負担、外部流出費用等）を個別事実において具体的に勘案した上で、決定すべきであろう。

3　金商法との関係

対象会社が上場会社等である場合には、会社法のほか、金商法の規制にも服することとなる。ここでは、公開買付規制、大量保有報告制度、インサイ

---

[76]　そもそも、主要目的ルールは支配権争奪状況において適用されるべき裁判上の判断枠組みと位置付けられ（例えば、類型別Ⅱ 579〜580頁〔森純子〕）、公開買付けの結果、90％に僅かに届かなかったに過ぎない場合にこのような判断枠組みをどの程度参考にすべきか疑問もある（金融商品取引法研究会編・前掲注44）25頁〔藤田友敬発言〕、石綿ほか・前掲注74）3頁参照）。

[77]　内田・前掲注21）23頁。

[78]　飯田秀総「特別支配株主の株式等売渡請求」神田秀樹編『論点詳解　平成26年改正会社法』（商事法務、2015）166頁以下。

[79]　会社法は体系上、特別決議とは明確に異なる基準として、株主総会決議自体を不要とする、すなわち、株主総会における議論すらも不要とする90％基準を設けており、90％基準は少数株主にとってより影響の大きい閾値であるとも捉えられる。

[80]　舩津浩司「キャッシュ・アウト──全部取得条項付種類株式・株式併合」神田編・前掲注78）176頁。

ダー取引規制、主要株主の売買報告書制度との関係について解説する。なお、開示規制（金商法上の臨時報告書および金融商品取引所の有価証券上場規程上の適時開示）との関係については、**第Ⅱ部第4章**を参照されたい。

(1) 公開買付規制との関係

株式等売渡請求と公開買付規制との関係について、有価証券報告書提出会社である対象会社の株式等売渡請求に基づく株式の取得については、明示的に強制的公開買付規制が適用されない「適用除外買付け等」に該当する旨が規定されている（金商27条の2第1項但書、金商令6条の2第1項16号）。ただし、株式等売渡請求による買付け等の時点で、対象会社が新株予約権を発行している場合には、当該新株予約権についても売渡請求の対象とする必要がある（同号、8条5項3号、他社株買付府令5条3項）。公開買付規制上、買付け等の後における株券等所有割合が3分の2以上となるような場合には、全ての種類の株券等を公開買付けの対象としなければならないという全部勧誘義務（金商27条の2第5項、金商令8条5項3号）の趣旨を踏まえ、新株予約権者が著しく不安定な地位に置かれることを避けるためであると解される。

この「株式等売渡請求による買付け等の時点」が具体的にいずれの時点を指すかについては解釈の余地があり得るが、①株式等売渡請求がされた時点[81]と、②取得日が考えられる。公開買付けによる場合、公開買付開始公告（買付け等の申込みまたは売付け等の申込みの勧誘）から決済までの一連の行為が「買付け等」を構成すると解されることを踏まえ[82]、ⓐ①～②の全ての時点で新株予約権が発行されている場合のみ新株予約権売渡請求を行う必要があると解すれば足りるか、ⓑ①～②のいずれかの時点で新株予約権が発行されている限り、新株予約権売渡請求を行わなければならないかが問題となる。ⓐの見解も主張されるが[83]、新株予約権者の地位の安定という趣旨を踏まえると、基本的にはⓑの見解により、特に②の時点で新株予約権が発行

---

81) 対象会社による売渡株主等に対する通知または公告の時点で売渡株主等に対する株式等売渡請求がされたものとみなされることから（会社179条の4第3項）、①の時点とは、当該通知または公告がされた時点を意味すると解される。

82) 三井＝土本・詳説 Q&A 37頁。

83) 谷口達哉「株式等売渡請求に関する金融商品取引法上の諸論点」商事2114号（2016）31頁。

されているか否かを問題とすべきように思われる[84]。いずれの見解による場合も、実務上、対象会社が新株予約権を発行しており、その任意処理を目指す場合には、①の前に放棄その他の方法により全ての新株予約権を消滅させ、または、全ての新株予約権の消滅を株式売渡請求の効力発生の停止条件とすることが考えられる[85][86]。

なお、金商令6条の2第1項16号の文言上は、新株予約権売渡請求について対象会社が承認することまでは要求されていないため、新株予約権売渡請求についてのみ承認が得られず、結果的に対象会社の株式のみが取得されることとなっても、当然には公開買付規制に違反するわけではない[87]。ただし、当初から承認が得られるべくもない不当に低廉な対価による場合には、「新株予約権売渡請求をした場合」に該当しないと解されるおそれも残るとも思われる点に留意を要する[88]。

---

[84] ①の後、②の前に新株予約権が発行されるという例外的な場面における新株予約権者の地位の安定をいかに解するか次第ではあるが（谷口・前掲注83）31頁参照）、理論的には新株予約権者となる者の意思にかかわらず新株予約権が発行されることもあり得るし、対象会社の行為の帰結を新株予約権者に負担させることが適切とも思われない。新株予約権が発行される場面毎の個別事情を踏まえた実質的な判断が必要と解されるが、基本的には本文記載のとおり、②の時点における新株予約権の発行の有無を問題とすべきと考えられる。

[85] 契約締結時点で金商法27条の2第1項の「買付け等」に該当するとの見解も存するところ、対象会社から売渡株主等に対する通知または公告（会社179条の4第1項・2項、社債株式振替161条2項）により、特別支配株主から売渡株主等に対する株式等売渡請求がされたものとみなされ（会社179条の4第3項）、両者の間に売買契約が成立したのと同様の法律関係が生ずることから（前記2(5)参照）、①の時点で新株予約権が発行されているかを問題とすべきようにも思われるが、本文記載の停止条件によれば、公開買付けの適用除外類型に該当する場合にのみ買付け等が実行される以上、新株予約権者の地位の安定も十分に図られるから、公開買付規制違反と解する必要はないと解される（金商大系Ⅰ(1)75頁以下参照）。

[86] ただし、後者の方法による場合、新株予約権の処理が適時に完了しない限り、キャッシュ・アウトの手続全体が遅延するため、少数株主の地位を不安定にする可能性もあり、また、買収者の新株予約権者との交渉上の立場も弱くなるため、現実的でない場合もあり得よう。

[87] この場合、新株予約権者は売買価格決定申立てを行うこともできず、新株予約権を保有し続けることになる。新株予約権売渡請求について対象会社が承認しなかった場合に、売渡新株予約権者が差止請求を行うことができるかについては、売渡新株予約権者に新株予約権売渡請求による不利益は生じないことから、消極に解すべきである。

[88] 全部勧誘義務に関する指摘であるが、金商法セミナー94頁〔藤田友敬発言〕参照。

(2) 大量保有報告制度

　対象会社が上場会社である場合、特別支配株主は株式等売渡請求の前に大量保有報告書を提出していることが通常と解されるところ、株式等売渡請求がされることにより、特別支配株主の株券等保有割合が1％以上増加する場合には、5営業日以内に変更報告書を提出する必要がある（金商27条の25第1項）。これは、対象会社による公告（前記2(5)参照）により、特別支配株主と売渡株主等の間に売買契約が成立したのと同様の法律関係が生じ、これによって特別支配株主が売渡株式等の引渡請求権を有することとなるため、当該売渡株式等の数が特別支配株主の保有株券等の数に算入されるためである。この場合、対象会社による公告の日が変更報告書提出義務発生日となり、また、取得日は公告の日から6営業日目以降となるため（会社179条の4第1項参照）、「担保契約等重要な契約」欄には株式等売渡請求をした旨を記載すべきものと解される[89]。

　なお、実務上は、株式等売渡請求がされた後も、取得日までの間に、単元未満株主の買取請求や新株予約権者による新株予約権の放棄等により売渡株式等の数が減少し、特別支配株主の株券等保有割合が1％以上減少する場合があり得る。特別支配株主が何ら関与しない事象により株券等保有割合が減少する場面であり、変更報告書の提出義務を負わせるべきでないと思われるが、特別支配株主の保有株券等の数自体が減少する以上、現行法上は変更報告書の提出を当然に不要と解することは困難と考えられ、立法的な解決が望まれる。

(3) インサイダー取引規制との関係

　株式等売渡請求とインサイダー取引規制との関係では、特別支配株主による株式等売渡請求を行うことについての決定は、対象会社の発生事実として重要事実に該当することとされ（金商令28条の2第13号）、他方で、株式等売渡請求による買集めは、「公開買付け等に準ずる行為」である「買集め行為」から除外された（金商令31条）。

　もっとも、対象会社に未公表の重要事実が存在する状況で特別支配株主が

---

[89]　大量保有Q&A（問16）参照。

売渡株式等を取得することがインサイダー取引規制に抵触しないかについては別途の検討が必要となるところ、対象会社の公告により売買契約が成立したのと同様の法律関係が生ずることから（前記2(5)参照）、特別支配株主においては、この公告の時点で、金商法166条1項柱書にいう「売買等」があったことになると解される[90)][91)]。

公開買付け開始時点で一旦全ての重要事実が公表され[92)]、また、公開買付期間中に公開買付者が対象会社の重要事実を認識するに至った場合も、その程度に応じて公開買付届出書の訂正届出書で開示する必要があり、これにあわせて対象会社でも公表することが想定されるため、公開買付期間中に生じた重要事実の多くは、原則的に公開買付期間中に開示されることが想定される。また、公開買付期間終了後、特別支配株主から対象会社への通知と対象会社による承認を経て、対象会社による公告がされるまでは通常短期間となることから、この間に特別支配株主が対象会社の未公表の重要事実を知るリスクは限定的である[93)]。実質的にも、通常は公開買付けの時点で株式等売渡請求の対価まで開示され、仮にその後未公表の重要事実が開示されたとしても、少数株主は改めて価格交渉を行う立場になく、対象会社の取締役会も当該重要事実を把握した上で売渡請求を承認するため、対価への影響は想定し難く、株式等売渡請求の一連の取引に関して、インサイダー取引規制を形式的に適用して違反の有無を議論すべき必要性は小さいと考えられる。

---

90) 相対取引の場合には、売買等の契約成立時点で「売買等」に該当すると解されている（横畠210頁）。
91) 他方で、売渡株主等において売買契約が成立したのと同様の法律関係が生ずるのは売渡株主等の意思に基づくものではなく、担保権設定者が担保権を実行された場合と同様に、「売買等」に該当しないという整理もあり得る（木目田＝上島・インサイダー311頁〔上島正道〕参照）。
92) 公開買付者が公開買付開始公告を行った後に対象会社の重要事実を知ったとしても、重要事実を知る前に行われた公開買付開始公告に係る公開買付けによる対象会社の株式の取得はインサイダー取引規制の適用除外となる（金商166条6項12号、取引規制府令59条1項10号）。
93) 対象会社による公告の後に、特別支配株主が未公表の重要事実を知った場合には、株式等売渡請求に係る通知（会社179条の3第1項）が書面でなされる限りは、いわゆる「知る前計画」に係るインサイダー取引規制の包括的な適用除外規定（金商166条6項12号、取引規制府令59条1項14号）により、インサイダー取引規制に抵触しないと解される（谷口・前掲注83）35頁参照）。

(4) 主要株主の売買報告書

　株式等売渡請求においては、前記2(5)のとおり、対象会社から売渡株主等に対する通知または公告がされることにより、特別支配株主と売渡株主等との間に売買契約が成立したのと同様の法律関係が生ずることになる。

　そのため、少なくとも現行法の規律を前提とすれば、対象会社が売渡株主等に対する通知または公告の時点で上場会社等である場合においては、当該通知または公告をした日に買付け等があったものとして[94]、当該日が属する月の翌月15日までに、財務局長等に対して、売買等に関する報告書を提出する必要があるものと考えられる（金商163条1項）。

　もっとも、①売買報告書制度は、上場会社等の役員または主要株主の短期売買利益の返還に関する規律（金商164条）の実効性を確保するために設けられた制度であるところ[95]、株式等売渡請求が行われる場面において、短期売買利益の返還が問題になることは通常想定し難いこと[96]、②売買報告書制度は、上場会社等の特定有価証券等の売買等を対象としているところ、買収者による株式等売渡請求の取得日（買付け等の実行日）の時点では対象会社は上場廃止となっていることから、敢えて売買報告書による報告の対象とする必要性に乏しいようにも思われ、この点に関しては立法的な解決が望まれる。

---

94) 売買報告書においては、「約定日」を記載することとされており（取引規制府令別紙様式第3号。記載上の注意(3)・(12)も参照）、約定日を報告義務発生日とする解釈が前提とされていると解される。

95) 堀本修「会社役員・主要株主の株券等の売買に関する省令の解説(上)」商事1159号（1988）8頁。

96) なお、短期売買利益の返還はインサイダー違反を間接的に防止を図る趣旨に出たものと解されるが（横畠218頁）、この点に関しても、前記(3)のとおり、株式等売渡請求の一連の取引について、インサイダー取引規制を形式的に適用して違反の有無を議論すべき必要性は小さいと考えられる。

第4節 株式併合

1 概　要

(1) 株式併合とは

株式併合は、ある会社の株式について、例えば、10株を合わせて1株にするというように、複数の株式を合わせてより少数の株式にする当該会社の行為をいう（会社180条1項）。

(2) 平成26年会社法改正前の状況

平成13年6月商法改正前には、株主平等原則を考慮し、端数が生じる株式併合は原則として端数を有することになる株主全員の合意がなければ行い得ないものの、資本減少や合併など法定された特定の目的のためであれば、株主総会特別決議によって行うことができるとされていた。

平成13年6月商法改正により、目的による規制が撤廃され、それ以降は、株主総会において株式併合を必要とする理由を説明し、株主総会特別決議を得ることさえすれば、いつでも株式併合を行えることとなった。

したがって、これ以降は、法制度として理論上は株式併合を用いたキャッシュ・アウトは可能であった（なお、会社法の制定に際し、株式併合に関する規律は特段変更されなかった）。この場合、株式併合によって生ずる1株未満の端数は、端数の合計数に相当する数の株式の売却等によって得られた代金を端数に応じて株主に交付することになる（会社235条、234条）。

株式併合を用いたキャッシュ・アウトのイメージは図表Ⅰ-5-4のとおりである。

[図表Ⅰ-5-4]　株式併合を用いたキャッシュ・アウトの概要

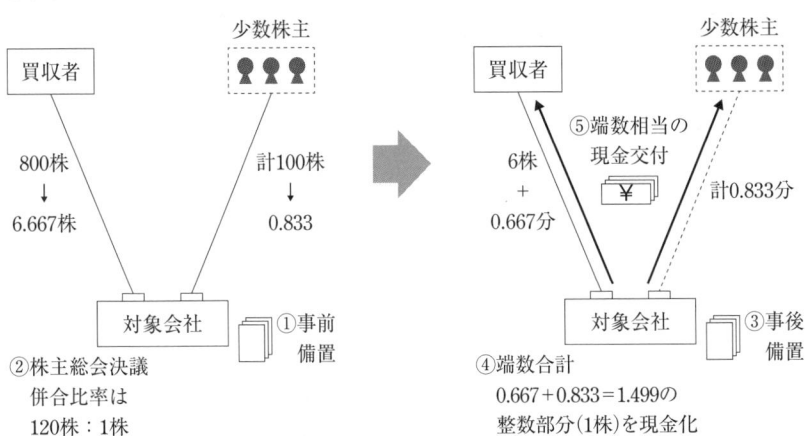

　しかしながら、実務上は、株式併合を用いたキャッシュ・アウトはほとんど行われなかった。これは、現金を対価とした組織再編行為や全部取得条項付種類株式を用いたキャッシュ・アウトと異なり、株式併合による場合には、反対株主による株式買取請求権（会社116条、785条等）や、取得価格決定申立制度（会社172条）といった少数株主の保護が与えられておらず、法的安定性を欠くと解されていたためである。例えば、極端に大きい併合比率による株式併合が行われた場合において、故意に少数株主を締め出す意図が認められるときは、その株主総会決議の効力は否定されるとの見解も存在していた[97]。

(3)　平成26年会社法改正の影響

　平成26年会社法改正により、上記のような懸念は払拭され、同改正の施行後においては、株式併合を用いたキャッシュ・アウトも有力な選択肢の1つとなり、実務上も広く利用されている。

---

97)　原田晃治ほか「自己株式の取得規制等の見直しに係る改正商法の解説」別冊商事法務編集部編『金庫株解禁等の理論と実務』別冊商事255号（2002）23〜24頁参照。

2 平成26年会社法改正の趣旨および主なポイント

(1) 改正の趣旨

　株式併合によって生ずる1株未満の端数については、端数の合計数に相当する数の株式の売却等によって得られた代金を端数に応じて株主に交付することとされている（会社235条、234条）。しかしながら、株式併合によって多くの端数が生ずる場合には、このような処理によると市場価格の下落や、売却先の確保が困難となること等により、端数について適切な対価が交付されないおそれもあり、また、このような場合には、株主がその有する株式の多くを失うこととなり、株主の利益に大きな影響を与える。

　そこで、平成26年会社法改正では、端数となる株式を有する株主の利益を保護する観点から、株式併合について、①事前開示手続（会社182条の2）および事後開示手続（会社182条の6）を設けて情報開示の充実を図り、また、②株主による差止請求の制度（会社182条の3）および③反対株主による株式買取請求の制度（会社182条の4）が創設された。

　ただし、これらの改正は、その趣旨に鑑み、株式併合によって端数が生ずることによる株主への影響が大きいと考えられる場合に限って適用されることとされている。具体的には、ⓐ単元株式数を定めていない株式会社による株式併合、および、ⓑ単元株式数を定めている株式会社による株式併合であって、当該単元株式数に併合割合を乗じて得た数に1に満たない端数が生ずるものに限って適用される（会社182条の2第1項参照）。

(2) 改正の主なポイント

　平成26年会社法改正による株式併合に関する改正の主なポイントは、以下のとおりである。

(i) 事前開示制度および事後開示制度の導入

　会社法182条の2第1項に規定する株式併合が行われる場合には、多くの端数を生じ、多数の株主が株主の地位を失う可能性もある等、組織再編等の場合と同様に、株主の権利に特に大きな影響を及ぼすこととなる。そこで、

平成26年会社法改正では、このような株式併合について、組織再編の場合と同様の事前開示手続（会社182条の2）および事後開示手続（会社182の6）が設けられた。

事前開示手続では、株式併合について決議する株主総会もしくは種類株主総会の日の2週間前の日または株主に対する通知もしくは公告の日[98]のいずれか早い日から株式併合の効力発生日後6か月を経過する日までの間、株主総会において決議すべき事項（併合の割合、効力発生日、併合する株式の種類および効力発生日における発行可能株式総数。会社180条2項）その他法務省令で定める事項（会社則33条の9）を記載した書面等を本店に備え置く必要がある（会社182条の2）。

また、事後開示手続では、効力発生日後遅滞なく、株式併合が効力を生じた時における発行済株式総数その他の株式併合に関する事項として法務省令で定める事項（会社則33の10）を記載した書面等を作成し（会社182条の6第1項）、効力発生日から6か月間、本店に備え置く必要がある（会社182条の6）。

(ii) 差止制度の導入

会社法182条の2第1項に規定する株式併合が法令または定款に違反し、株主が不利益を受けるおそれがある場合に、事後的にその効力を否定すれば法律関係が複雑かつ不安定となる可能性があるため、事前の救済手段を設ける必要がある。そこで、平成26年会社法改正では、株式併合について、差止請求に係る規定が設けられた[99]。

(iii) 反対株主による株式買取請求制度の創設

株式併合によって生ずる1株未満の端数については、端数の合計数に相当する数の株式の売却等によって得られた代金を端数に応じて株主に交付することとされている（会社235条、234条）が、会社法182条の2第1項に規定する株式併合においては多くの端数が生ずるため、このような処理によると、

---

[98] この通知または公告は、効力発生日の20日前までに行う必要がある（会社182条の4第3項、181条1項）。
[99] 同様の理由により、組織再編の差止請求および全部取得条項付種類株式の取得に関する差止請求も、平成26年会社法改正により設けられている。

市場価格の下落や、売却先の確保が困難となること等により、端数について適切な対価が交付されないおそれがある。

そこで、平成26年会社法改正では、そのような株式併合によって生ずる端数について、株主に対して適正な対価が交付されることを確保するため、反対株主による株式買取請求の制度が創設された（会社182条の4）。

なお、株式買取請求権を有するのは、組織再編等における場合と同様、「反対株主」である。「反対株主」とは、以下のいずれかに該当する株主をいう（会社182条の4第2項）。

① 株式併合について決議する株主総会に先立って当該株式の併合に反対する旨を当該株式会社に対し通知し、かつ、当該株主総会において当該株式の併合に反対した株主
② 当該株主総会において議決権を行使することができない株主

株式併合における株式買取請求は、端数となる株式の株主の保護を目的とするものであるため、株式併合により端数となる株式についてのみ認められる。

また、端数処理の手続（会社235条）が無用に複雑化するのを避けるため、反対株主は、自己の有する株式のうち端数となるものの全部について一括して買取請求をしなければならず、そのうち一部のみを買取請求の対象とすることはできない（会社182条の4第1項）。

なお、平成26年改正前会社法においては、株式併合の効力発生日の2週間前までにしなければならないこととされていた株主に対する通知または公告は、平成26年会社法改正により、株式買取請求制度の適用対象となる株式併合の場合には、（会社を新設するタイプ以外の組織再編等における株式買取請求の場合と同様、）効力発生日の20日前までにしなければならないこととされた（会社182条の4第3項）。

(3) 改正後の状況

以上のような改正により、株式併合を用いたキャッシュ・アウトは、他の手法による場合と比較しても、少数株主保護や情報開示の面において遜色ない手続が備わったといえる。したがって、平成26年会社法改正の施行後においては、株式併合も、キャッシュ・アウトのための手法として有力な選択肢の1つとなったと考えられ、実務上も広く利用されている。

第5節 全部取得条項付種類株式

1 概　要

(1) 全部取得条項付種類株式とは

全部取得条項付種類株式とは、株主総会の特別決議により、その種類の株式の全部を取得することができることを内容とする種類株式をいう（会社108条1項7号）。

(2) 全部取得条項付種類株式を用いたキャッシュ・アウト

全部取得条項付種類株式の制度は、その立案過程においては、債務超過会社の100％減資を行うことを可能とすることを目的として議論されたが、会社法制定時には債務超過を要件としないこととされ、また、株式の有償取得も可能であることから、株式取得による企業買収後の残存少数株主のキャッシュ・アウトの手法として広く用いられることとなった[100]。もっとも、組織再編に比して情報開示の規律が十分でないとの指摘がされていた[101]。

平成26年改正前会社法の下では、具体的に全部取得条項付種類株式を用いたキャッシュ・アウトを行うにあたって、対象会社において、①普通株式以外の種類の株式（例えば、A種種類株式などという名称が付けられる場合が多い）を発行する旨の規定を設ける定款一部変更、②普通株式に（一定の株数のA種種類株式を取得の対価とする）全部取得条項を付す旨の定款一部変更、および、③全部取得条項付種類株式の取得という3つの議案を1回の株主総会で当該順序で特別決議により可決し、②については同日の普通株主による種類株主総会での特別決議も行うことが一般的であった。そして、上記全部

---

100) 江頭158頁参照。
101) 坂本・一問一答293頁。

取得の取得対価（A種種類株式）は、各少数株主に交付される当該A種種類株式が全て1株未満の端数となると当時に、端数の合計が1株以上になるように設定し、当該端数の合計を処理した金銭を、持株数に応じて少数株主に交付することで、キャッシュ・アウトを実現していた（会社234条）。

具体的なイメージは、図表Ⅰ-5-5のとおりである。

[図表Ⅰ-5-5] 全部取得条項付種類株式の取得によるキャッシュ・アウト

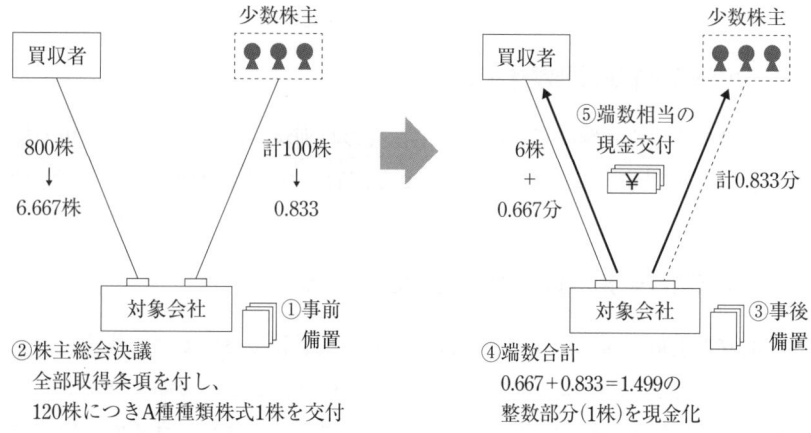

(3) 平成26年会社法改正の影響

平成26年会社法改正により、キャッシュ・アウトされる少数株主の利益を確保するという観点から、情報開示の制度を中心に全部取得条項付種類株式の取得に関する規制を見直し新たな規制が設けられることになった。

もっとも、基本的なキャッシュ・アウトの仕組み自体は、前記(2)の平成26年会社法改正前の状況と同じである。

2 平成26年会社法改正の趣旨および主なポイント

(1) 改正の趣旨

全部取得条項付種類株式は、実務上キャッシュ・アウトの手段として用い

られることが多いという状況を踏まえて、組織再編と同程度に株主への情報開示を充実させる観点から制度の充実が図られるとともに、従前の実務上の問題点に対応した改正が図られている。

(2) 改正の主なポイント

平成26年会社法改正による全部取得条項付種類株式関連の改正の主なポイントは、以下の5点である。

(i) 事前開示・事後開示の導入

従前は事前・事後の法定の開示手続は存在していなかったが、全部取得条項付種類株式により、少数株主の株主資格を失わせることは当該株主の利益に大きく関係することから、組織再編と同程度に株主への情報開示を充実させることとし、当該取得に際して開催される株主総会の前に情報開示を行う事前開示手続（会社171条の2）および当該取得後に情報開示を行う事後開示手続（会社173条の2）が設けられた。これらは、株主の閲覧等に供されることとなった（会社171条の2第2項、173条の2第2項）。

(ii) 差止制度の導入

平成26年改正前会社法においても、全部取得条項付種類株式の取得が法令または定款に違反する場合、全部取得条項付種類株式の取得に関する株主総会の決議の取消しを求め、それにより株主の地位を回復するという方法が検討されていたが、事後的にその効力を否定することになると法律関係が複雑かつ不安定となる可能性があるため、会社法171条の3において、全部取得条項付種類株式の取得が法令または定款に違反する場合において株主が不利益を受けるおそれがあるときは、株主は、株式会社に対し、全部取得条項付種類株式取得の差止請求を行うことができることとされた[102]。

(iii) 全部取得条項付種類株式を取得する等の通知

平成26年改正前会社法においては、反対株主に取得価格決定の申立権は認めていたものの、株主総会の日から20日以内という申立期間についての

---

102) 坂本・一問一答337〜338頁。

株主に対する通知や公告の手続を定めていなかったため、株主において当該期間を看過する可能性があり、また、後記(iv)のとおり、申立期間の満了日前に取得日が到来することが理論的にあり得ることが問題点として指摘されていた[103]。

このため、平成26年会社法改正によって、取得価格決定の申立期間を取得日の20日前の日から取得日の前日までとした上で、取得日の20日前までに通知または公告を行うこととされた（会社172条2項・3項）。

(iv) 取得価格決定申立てに関する規定の整備

前記(iii)のとおり平成26年改正前会社法においては、全部取得条項付種類株式の取得価格の決定の申立期間は、取得を決議した株主総会の日から20日以内とされていたことから、申立期間の満了前に取得日が到来することが理論的にあり得た。このため、取得日後に取得価格決定の申立てがなされると、会社は、株主総会の決定した取得対価を支払い、他方で、一旦交付した対価の返還を受けることが必要になり得るなど、法律関係が複雑になることが問題点として指摘されていた[104]。

このため、平成26年会社法改正によって、全部取得条項付種類株式の取得価格決定の申立期間は、組織再編において株式買取請求をすることができる期間と同様、取得日の20日前の日から取得日の前日までの間とされた（会社172条1項）。

また、平成26年改正前会社法では、全部取得条項付種類株式の取得の対価が株式等と定められた場合、取得日にこれらの対価を取得することとされ（平成26年改正前会社173条2項）、法文上は取得価格決定の申立てを行っている株主に対しても対価が交付されるように読めた。もっとも、取得価格決定の申立てを行っている株主については、株主総会で定めた取得対価の種類にかかわらず、金銭による処理が予定され、当該株主に対して取得日に取得対価が交付されることは合理的でないとの指摘があった[105]。

このため、平成26年会社法改正により、株主総会で定めた取得対価が交

---

103) 坂本・一問一答296頁・297頁等。
104) 坂本・一問一答296頁。
105) 坂本・一問一答298頁参照。

付される株主から、取得価格決定の申立てを行った株主が除かれることが明確化された（会社173条2項）。なお、この改正により、後記(3)のとおり、いわゆる「1株未満問題」が顕在化している。

　その他、平成26年改正前会社法においては、取得価格決定の申立てがあった場合に、対象会社は、裁判所が決定した価格に加えて、裁判所の決定した価格に対する取得日後の年6分の利率により算定した利息をあわせて支払わなければならないとされていたため、現在の経済状況等を踏まえると、年6分の利率による利息が付くことが取得価格決定の申立ての濫用を招く原因になっているとの指摘がなされていた[106]。また、当該代金については、受領遅延等の供託要件を満たさないため[107]、法務局への供託をしようとしても受理されない点も指摘されていた。実務上は、株主との間で合意によって仮払いを行うこともあったが、合意に至らなかった場合には、仮払いの方法は閉ざされていた[108]。

　このため、平成26年会社法改正により、早期の支払いおよびそれによる会社の利息負担の軽減ならびに申立株主による濫用防止の観点から、会社は、当該株主に対し、株式の価格が決定される前に、当該会社が公正な価格と認める額を支払うことができることとされ（会社172条5項）、当該価額については利息の負担を免れることができるようになった[109]。

---

[106]　坂本・一問一答301頁参照。

[107]　供託を行うためには有効な弁済提供がされていることが必要であるところ（民法494条、493条参照）、取得価格決定の申立てにおいて価格が争われている間は、目的となる債権が確定しておらず、対象会社が主張する価格について弁済提供を行ったとしても、一部弁済となる可能性が残る。一部弁済は、原則として債務の本旨に従った有効な弁済ではないと考えられているが、債務全額に比して不足額が僅少である場合には、一部弁済の有効性が肯定され得る（例えば、能見善久＝加藤新太郎編『論点体系　判例民法4――債権総論〔第2版〕』（第一法規、2013）531頁参照）。もっとも、どの程度の不足であれば有効な弁済と評価されるかについては、必ずしも画一的な基準があるわけではなく、取得価格決定の申立てに係る裁判所の事後的な判断内容次第では、対象会社が主張する価格の弁済提供は有効な弁済提供と評価されない可能性があった。

[108]　仁科秀隆「株式買取請求権に関する手続上の問題点」岩原紳作＝小松岳志編『会社法施行5年――理論と実務の現状と課題』（有斐閣、2011）144頁以下。

(v) その他全部取得条項付種類株式に影響のある改正

　全部取得条項付種類株式に関する直接的な改正点ではないものの、株式買取請求に係る買取りの効力発生時期が、代金支払時から効力発生日に改正されたことも、全部取得条項付種類株式を利用したキャッシュ・アウトに影響を及ぼす。

　これは、平成26年会社法改正前においては、株主が株式買取請求を行った後、株式の買取りの効力が生じるまで（すなわち、代金を支払うまで）の間、当該株主が、当該株式に係る剰余金配当受領権や議決権等の株主の権利を有すると解され得るにもかかわらず、これに加えて利息も享受できる（すなわち、二重取りになる）という問題点に対応したものである[110]。

　平成26年会社法改正前の全部取得条項付種類株式を利用したキャッシュ・アウトにおいては、前記1(2)のとおり、①普通株式以外の種類の株式（A種種類株式）を発行する旨の規定を設ける定款一部変更、②普通株式に全部取得条項を付す旨の定款一部変更、③全部取得条項付種類株式の取得という3つの議案を1回の株主総会で当該順序で特別決議により可決することが一般的であるが、②の定款変更においては当該議案に反対の株主は株式買取請求を行うことができ（平成26年改正前会社116条1項）、③の全部取得に反対の株主は取得価格決定の申立てを行うことができたため（平成26年改正前会社172条1項）、公正な対価の争い方は形式的には2つ存在していたように見えた。

　しかし、平成26年会社法改正前の全部取得条項付種類株式を利用したキャッシュ・アウトにおいて、上記①に係る反対株主の株式買取請求権が行使され、買取価格決定が申し立てられた事案において最高裁（最二決平成24年3月28日民集66巻5号2344頁）は、全部取得の効力が生じれば株主が株式を失うところ、株式買取請求をした株主が同請求に係る株式を失った場合は、株主は申立適格を欠くに至り、申立ては不適法になるというほかないと

109）　なお、いわゆる債権法の改正により、民法の一部を改正する法律（平成29年法律第44号）が施行されると、民事法定利率は当初3％の変動利率となり、あわせて、民法の一部を改正する法律の施行に伴う関係法律の整備等に関する法律（平成29年法律第45号）により商法514条が削除されることになる。これに伴い、取得価格決定申立てにおける利率（会社172条4項）も「法定利率」と改正される。

110）　坂本・一問一答299頁。

判断したため、代金支払時まで買取りの効力が生じなかった平成26年改正前会社法の下では、事実上、反対株主の株式買取請求権の行使という争い方はできないと解されていた。

この点について上記改正が行われた結果上記最高裁における理由付けを前提にすれば、今後は全部取得条項付種類株式を用いたキャッシュ・アウト事案において株主は、上記②の定款変更に係る株式買取請求権と、上記③の全部取得に伴う取得価格決定申立てを選択的に行使できることになるものと考えられる[111]。なお、改正前会社法とは逆に、上記②の定款変更に係る株式買取請求権が行使された場合には、定款変更の効力発生時（全部取得の効力発生時よりも前）に株主は株式を失うことになるため、上記③の全部取得に伴う取得価格決定の申立適格はその時点で失われると考えられる。

したがって、株主としては、税務上の差異等を踏まえ、いずれか好ましい争い方を選択することは可能であるが、いずれについても権利を行使した場合には、前者のみが効力を生じることになると考えられる。

(3) 改正後の状況

以上のような改正により、全部取得条項付種類株式を用いたキャッシュ・アウトは、組織再編を含めて他の手法による場合と比較しても、少数株主保護や情報開示の面において遜色ない手続が備わったものと評価することができる。

平成17年の会社法制定時に、全部取得条項付種類株式を導入した議論の淵源は、倒産状態にある株式会社を任意整理によって再生する際の100％減資をより円滑に行えるようにすることにあったことから、全部取得条項付種類株式のキャッシュ・アウトにおける利用に否定的な意見が存在していたところではあるが、平成26年会社法改正を踏まえて、改めてキャッシュ・アウト制度の1つとしての位置付けが明確化されたと評価することができる。

もっとも、平成26年会社法改正に伴って顕在化するに至った、いわゆる「1株未満問題」について指摘しておく必要がある。

前記(2)(iv)のとおり、平成26年会社法改正によって全部取得条項付種類株式の取得においては、取得価格決定の申立てをした株主に対して取得対価が

---

[111] 坂本・一問一答300頁も参照。

交付されないことが明確化されたこと（会社173条2項）等に伴い、端数処理手続を進めるにあたって問題が生じ得る。

　すなわち、端数処理手続を進めるためには、株主に対して交付される1株に満たない端数を合計したものが1株以上となる必要があるところ（会社234条1項）、全部取得条項付種類株式1株に対して交付される他の種類の株式の数（対価として交付される株式の比率）を決議した後に、多数の株式について取得価格決定の申立てがされると、当該申立てを行った株主に端数が割り当てられなくなったことで、結果的に端数の合計数が1株未満となり、端数処理手続が行えないこととなるおそれがある[112]。

　このように、全部取得条項付種類株式の取得によるキャッシュ・アウトにおいては、取得価格決定の申立ての対象となる株式の数によって端数処理手続の履践が法的に不安定となるおそれがある[113]。

　以上のような「1株未満問題」の影響もあってか、平成26年会社法改正後は、全部取得条項付種類株式の取得によるキャッシュ・アウトは、実務上ほとんど利用されていない。

第6節
現金対価株式交換

　株式交換とは、株式会社がその発行済株式の全部を他の株式会社または合同会社に取得させることをいう（会社2条31号）。

　株式交換は、株式交換完全子会社（対象会社がこれに該当する）の全株式を取得しようとする株式交換完全親会社（買収者がこれに該当する）と株式交換

---

[112]　松田亨＝山下知樹編『実務ガイド　新・会社非訟〔増補改訂版〕』（金融財政事情研究会、2016）314頁は、「取得価格の決定の申立てをした株主に係る端数株式について、会社法234条1項の端数株式の合計数に算入する取扱いも許されると考えられる」としている。もっとも、本文記載のとおり、平成26年会社法改正により取得価格決定の申立てをした株主には取得対価が交付されないことが明確化されたところ（会社173条2項）、引き続きこのような解釈を採用することが許容されるかについては疑問がある。

[113]　なお、詳細については、松尾ほか・前掲注14）36頁以下。

完全子会社との間で株式交換契約を締結し、株式交換の対価等の諸条件その他会社法に定める所定の事項等を定める（会社767条、768条）ことで実施される。

株式交換においては、株式交換完全親会社が、自ら以外の株式交換完全子会社の株主からその保有株式を取得する代わりに当該株主に対して対価を交付する。この対価として金銭を交付することも可能であり（会社768条1項2号）、そのような株式交換を、一般に、現金対価株式交換と呼ぶ。

現金対価株式交換は、原則として、対象会社の株主総会特別決議を要するタイプのキャッシュ・アウト手法である。ただし、株式交換完全親会社（およびその完全子法人）が株式交換完全子会社の総議決権の90％以上を有する場合には、対象会社の株主総会決議は原則として不要となる（会社784条1項）。

また、産業競争力強化法における会社法の特例により、認定計画に従って組織再編を行う場合、略式手続を利用するための議決権保有要件は「90％」から「3分の2」に引き下げられている（産業競争力30条1項）。詳細については、**第16章第3節**を参照されたい。

前記**第2節4**(5)(i)のとおり、現金対価株式交換は、平成18年度税制改正後、平成29年度税制改正前においては、常に税制非適格の株式交換（平成29年度税制改正前法税2条12号の16参照）となったが、平成29年度税制改正により、株式交換に係る適格要件のうち対価に関する要件について、株式交換の直前において株式交換完全親法人が株式交換完全子法人の発行済株式（自己株式を除く）の3分の2以上を有する場合にその他の株主に交付する対価を除外して判定することとなった（法税2条12号の17）。そのため、買収者が対象会社の発行済株式（自己株式を除く）の3分の2以上を有する場合、現金対価株式交換であっても「適格株式交換等」（同号）に該当する可能性が生じた。

これを受けて、現金対価株式交換による場合において買収者側で必要となる手続（前記**第2節4**(3)参照）が大きな負担とならない事案においては、端数処理手続が不要であるなどの現金対価株式交換のメリットを重視し、これを選択する事例もある程度生ずることになる可能性もあると解される。なお、株式交換の意義・手続等の詳細については、**第7章**を参照されたい。

第6章

合　併

第1節
合併による M&A

1　合併の意義

(1)　合併の意義

　合併には、会社法上、吸収合併（会社2条27号）と新設合併（会社2条28号）がある。吸収合併は、2つ以上の会社（当事会社）が契約（合併契約）を締結して行う行為であって、当事会社の一部（消滅会社）が解散し、消滅会社の権利義務の全部が清算手続を経ることなく、合併後存続する会社（存続会社）に一般承継（包括承継）される効果を持つ組織再編行為である。新設合併は、当事会社の全部（消滅会社）が解散し、消滅会社の権利義務の全部が清算手続を経ることなく、合併により新たに設立される会社（新設会社）に一般承継（包括承継）される効果を持つ組織再編行為である。もっとも、実務上は、新設合併が行われることは極めて稀である[1]ことから、以下本章

---

1)　実務上吸収合併が多い理由としては、①登録免許税が、吸収合併であれば合併による資本金増加額の1000分の1.5であるのに対し、新設合併であれば新設会社の資本金の1000分の1.5であるため、前者の方が安いこと、②合併の際、消滅会社の受けていた営業の許認可および金融商品取引所の上場資格等がいったん消滅し、再申請が必要となるので、新設合併は、吸収合併より手間がかかること等が挙げられる（江頭855頁注1）。

では、吸収合併の説明を行うものとする。

また、合併の当事者となる「会社」は、株式会社、合名会社、合資会社または合同会社と定義されており（会社2条1号）、いずれの種類の会社を存続会社・消滅会社として合併を行うこともできる[2]が、本章では、実務的にもっとも多い株式会社間の合併を前提として議論することとする。

(2) 合併によるM&A

合併は、その定義からも明らかなように、一方の会社（消滅会社）の権利義務の全部を他方の会社（存続会社）に承継させ、消滅会社が消滅し、法人格が存続会社において一体化するという効果を有する組織法上の行為であり、事業の統合を目指す会社間で、より直截的な効果を直ちに生じさせるための方法といえる。

他方で、会社間の事業の統合にあたり、システムや人事制度等の統一に一定の期間を要する場合など、直ちに事業を統合してしまうことがビジネス上適当でない場合には、株式交換や株式移転等の方が適している場合がある。また、存続会社が合併契約締結時に把握していなかった偶発債務が消滅会社に存在することが後に判明した場合であっても、かかる偶発債務の存続会社への承継を遮断することはできず、法人格が消滅した消滅会社に対して、補償請求を行うこともできない[3]というデメリットもある。さらに、消滅会社が保有している許認可の内容次第では、合併によって存続会社にそのまま承継できない場合もあり得るため[4]、当事会社が取得している許認可について、再取得や承継のための手続を履践しなければならない場合もある。

かかる観点から、合併が実際に利用されることが多いのは、グループ内再編のほかは、事業全体を直ちに統合させることを目指す事業会社同士、特に同業種同士（あるいは、許認可業種でない事業会社同士）の事案が多いように思われる。

---

2) ただし、特例有限会社（平成17年度改正前商法下の有限会社が暫定的にその存在を認められたもの）を存続会社とする吸収合併は認められていない（会社法整備法37条）。

3) 消滅会社の親会社や大株主等に対して、補償請求が可能となるような契約上のアレンジメントを行うことは実務上考えられる。

4) 消滅会社が保有している許認可の合併に際しての取扱いは、当該許認可の根拠法令により個別に定められるところによる。

2 合併の当事者

(1) 外国会社との合併

　会社法上、吸収合併の当事者は「会社」とされており（会社2条27号）、「会社」は、株式会社、合名会社、合資会社または合同会社と定義されている（会社2条1号）ため、外国会社と日本の会社で合併を行うことは、実務上は認められておらず、合併登記は法務局にて受け付けられていない[5)6)]。もっとも、交付金合併・三角合併等が認められたため、外国会社が日本法人である株式会社を設立した上で、当該株式会社を存続会社として合併を行うことにより、外国会社を当事会社とする合併を行いたいとのニーズの相当部分は解決されたものと思われる。

(2) 債務超過会社の合併

　債務超過会社を消滅会社とする合併の可否については従前から議論がある。
　まず、簿価債務超過の会社を消滅会社とする合併については、会社法はこれを認めることを前提に、存続会社の取締役に株主総会における説明義務を課している（会社795条2項1号）。
　他方で、いわゆる実質債務超過の状態にある会社を消滅会社とする合併の可否については、解釈に委ねられている[7)]が、これも可能と解すべきであろう。もっとも、この場合、存続会社としては合併対価の交付の合理性につい

---

5) 相澤哲編著『一問一答　新・会社法〔改訂版〕』（商事法務、2009）212頁。
6) なお、外国会社との合併を認める見解として、江頭860頁注3。
7) 資本充実の観点から、完全親会社が存続会社となる場合のように存続会社が合併対価を交付しない形であれば、実務上のニーズもあり、認めて差し支えないとの見解がある（江頭878頁注5）。他方で、消滅会社の財産の評価については絶対的な基準がなく、合併当事会社間において消滅会社の資産に一定の価値を認めているのであれば、第一次的にはその判断を尊重し、客観的な価値との差額については存続会社の見込み違いとして、のれんの減損等により対応するのが会計基準と整合的であること、株主・債権者の保護については株式買取請求権や債権者保護手続により図られていることから、存続会社が株式を発行する類型であっても合併を行うことが可能とする見解もある（論点解説672頁）。

て十分に検討する必要があり、取締役の善管注意義務等の見地から慎重な対応が必要になろう。また、株主総会における株主による反対の議決権行使、反対株主による株式買取請求権の行使や存続会社の債権者からの異議申述の可能性も踏まえ、実務的な対応を検討する必要がある[8]。

(3) 複数当事者間の合併

合併は、一般的には2当事者間で行うケースが多いが、3当事者以上の間で合併を行うケースもある。この場合、複数となるのは消滅会社であり、法的な概念としては、複数の消滅会社がそれぞれ存続会社との間で吸収合併の手続を並行し、同時に効力を発生させるものと整理されている。したがって、それぞれ個別に並行して行われる複数の吸収合併を実質的に一体のものとして行う場合には、吸収合併の効力発生について、相互に条件付けを行う（一方の吸収合併の効力が発生しない場合には、他の吸収合併も効力を生じないことを各合併契約に規定する）必要がある[9] [10]。

(4) 上場会社と非上場会社の合併

金融商品取引所に株式を上場している会社を当事者とする合併については、一般的に、会社法に加え、当該株式を上場している金融商品取引所の定める規則に従う必要があるが、特に、上場会社を存続会社、非上場会社を消滅会社とする吸収合併を行う場合には、留意が必要となる。

すなわち、例えば、東京証券取引所に上場している場合、有価証券上場規程では、いわゆる裏口上場の防止を目的として、上場会社が非上場会社と吸収合併を行った結果、上場会社が実質的な存続会社[11]でないと認められ、

---

[8] この点について、詳細に論じたものとして、西村ときわ法律事務所編『新会社法実務相談』（商事法務、2006）309頁〔太田洋＝矢野正紘〕。なお、同書は、実質債務超過の状態にある会社を消滅会社とする合併について、実際に活用されるのは、子会社の救済合併など限定された場面に限られると思われるとしている。

[9] 仮にかかる条件付けを行わなかった場合、複数の吸収合併が個別に進行していることの帰結として、いずれか1つの吸収合併の効力が発生しなかった場合でも、その他の吸収合併の効力は発生することになることに留意が必要である。

[10] 相互に条件付けを行った場合、合併登記の申請にあたり、他の吸収合併の効力が発生することを証する書面の提出を登記実務上、法務局から要請される可能性があり、具体的な登記申請にあたっては、法務局への事前確認を行うことが望ましい。

かつ一定期間内に新規上場審査の基準に準じた基準に適合しない場合には上場廃止となるとされている（上場規601条1項9号a）。具体的には、まず、上場会社が吸収合併を行う場合には、東京証券取引所が上場会社の実質的存続性についての審査（確認）を行い、かかる実質的存続性審査の結果、上場会社が実質的な存続会社でないと東京証券取引所が認めた場合には、猶予期間（吸収合併を行った日以後最初に終了する事業年度の末日から3年を経過する日[12]までの期間）内に、新規上場審査の基準に準じた基準に適合しない場合には、上場廃止となるとされている。詳細な手続については、適時開示ガイドブック671頁以下に記載されているが、非上場会社と上場会社の間の合併において、合併後の存続会社について上場維持されることを前提とした事案の場合には、特に留意が必要である。

第2節 合併の手続

1 概　要

合併の手続については会社法に詳細に規定されているが、当事会社が合併に際して履践しなければならない手続は、会社法が定めるものに限られない。例えば、①日本の独禁法または外国の競争法により事前または事後の当局への届出等の対応が必要となる場合があり[13]、また、②当事会社の事業がいわゆる許認可業種に該当する場合、当事会社が取得している許認可について、

---

11)　「実質的な存続会社」の判断は、当事会社の経営成績および財政状態、役員構成および経営管理組織（事業所の所在地を含む）、株主構成、商号または名称、その他当該行為により上場会社に大きな影響を及ぼすと認められる事項を総合的に勘案し、概して規模の大小等これらの優位性の比較を行うものとされている（適時開示ガイドブック671頁）。

12)　当該3年が経過する日が当該上場会社の事業年度の末日に当たらない場合は、当該3年を経過する日の直前に終了する事業年度の末日。

13)　詳細は、**第12章参照**。

再取得や承継のための手続を履践しなければならない場合もある[14]。さらに、③合併対価たる株式等の有価証券の発行について、いわゆる発行開示規制の一種として、金商法により有価証券届出書を提出しなければならない場合もあり、④当事会社が有価証券報告書提出会社や上場会社である場合には、臨時報告書および金融商品取引所の有価証券上場規程に基づく適時開示による開示が必要となる場合がある[15]。また、このほかにも、外国法による手続が必要となるケースもあり、例えば、株主構成次第では、米国証券法に基づく手続が必要となることもある。本節においては、2において、合併に必要な手続のうち会社法が定める手続の詳細を説明した上で、3において、金商法による有価証券届出書・臨時報告書、4において、金融商品取引所の有価証券上場規程に基づく適時開示、5において、米国証券法に基づく手続の概要を述べることとする。

2 会社法が定める手続

会社法は、合併がその当事会社の株主、新株予約権者および債権者に重大な影響を及ぼすものであるため、これらの者を保護するために厳格な手続を定めている。具体的には、会社法は、合併の手続について、吸収合併、吸収分割および株式交換[16]、ならびに新設合併、新設分割および株式移転[17]にそれぞれ共通するものとして、消滅会社または存続会社もしくは新設会社において各々履行する必要がある手続を、株式会社である場合と持分会社である場合に分けて定めている。

以下では、原則として、両当事会社が株式会社である吸収合併について詳細を説明することとする。なお、吸収合併に関し、会社法が定める各手続の要否を、保護を受ける利害関係者に着目して整理すると、下記の表のとおりとなる。

---

14) 規制産業における M&A については、**第Ⅲ部第 7 章参照**。
15) このほかにも、海外の株主に対して合併対価が交付される場合等には、外為法上の手続が必要となることもある。
16) これらは吸収合併等と総称される（会社 782 条 1 項）。
17) これらは新設合併等と総称される（会社 804 条 4 項）。

[図表Ⅰ-6-1] 合併に関する会社法上の必要手続

保護を受ける利害関係者	手続	通常の合併 消滅会社	通常の合併 存続会社	簡易合併 消滅会社	簡易合併 存続会社	略式合併 消滅会社	略式合併 存続会社
株主[18]	合併契約の締結	○	○	○	○	○	○
	株主総会による承認	○	○	○	×	△(*1)	△(*1)
	種類株主総会による承認	△(*2)	△(*2)	△(*2)	△(*2)	△(*2)	△(*2)
	株主に対する通知・公告	○	○	○	○	△(*3)	△(*3)
	株式買取請求	○	○	○	×	△(*3)	△(*3)
新株予約権者	新株予約権者に対する通知・公告	○	×	○	×	○	×
	新株予約権買取請求	△(*4)	×	△(*4)	×	△(*4)	×
債権者	債権者保護手続	○	○	○	○	○	○
株主・債権者	法定書面の事前備置	○	○	○	○	○	○
存続会社／新設会社の株主および債権者	法定書面の事後備置	×	○	×	○	×	○

* 1　相手方当事会社が当該会社の特別支配会社に該当する場合（当該会社が従属会社となる場合）に、不要となる。
* 2　通常の合併、簡易合併または略式合併のいかんを問わず、ある種類の株式の種類株主に損害を及ぼすおそれがある限りにおいて、種類株主総会による承認が一貫して必要となる。
* 3　特別支配会社である株主については不要または認められない。
* 4　合併契約において、消滅会社の新株予約権者に対し、新株予約権の内容として定められたとおり存続会社の新株予約権が交付される旨定められた場合は、認められない。

(1) 合併契約の締結

合併の当事会社は、合併契約を締結しなければならない（会社748条）。合併契約の締結は、当事会社の業務執行として代表者[19]が行うが、合併契約の内容の決定は、重要な業務執行の決定に該当すると考えられるため、取締役会設置会社においては取締役会が行い（会社362条4項、416条4項16号）[20]、取締役が2名以上いる取締役会非設置会社においては、定款に別段の定めがある場合を除き、取締役の過半数をもって行う（会社348条2項）こととなる。

合併契約の締結の時期について、会社法は特段の規定はないが、実務上は、両当事会社において合併契約の内容が決定され次第合併契約を締結し、その後、合併に関するその他の一連の手続を行うのが一般的である。当事会社としては、合併の条件について合意して当該条件に相手方当事会社も法的に拘束される状態とした上でその後の合併に関する一連の手続を進める方が、当該手続が事後的に無駄となることを防止でき、また、当事会社が上場会社の場合には、合併契約の締結まで案件が公表されないのが通常であるため、秘密保持の観点からも望ましい。合併契約に規定すべき事項については、後記第3節を参照されたい。

(2) 事前備置

合併の当事会社は、その株主および債権者に対して、これらの者が合併に

---

18) 合併契約の締結については、合併契約は、原則として株主総会決議による承認を要するため（会社783条1項、795条1項）、株主しか合併契約を否決することができないという意味で、株主を保護する手続に分類した。

19) 取締役会設置会社のうち、指名委員会等設置会社ではないものの場合は代表取締役であり（会社349条4項）、指名委員会等設置会社の場合は代表執行役であり（会社420条3項）、また、取締役会非設置会社の場合は、別途代表取締役を定めていない限り、各取締役である（会社349条1項〜4項）。

20) 指名委員会等設置会社の場合、株主総会決議による承認を要しない合併契約の内容の決定は、取締役会決議により、執行役に委任することができる（会社416条4項16号）。また、監査等委員会設置会社の場合、取締役の過半数が社外取締役であるときまたは定款に定めがあるときは、株主総会決議による承認を要しない合併契約の内容の決定は、取締役会決議により、取締役に委任することができる（会社399条の13第5項13号・6項）。

関して会社法上与えられる権利を行使するか否かを判断するために必要な情報を提供するという観点から、一定の事項を記載または記録した書面または電磁的記録を、一定の期間、本店に備え置かなければならない（会社782条、794条）[21]。消滅会社および存続会社のそれぞれの株主および債権者は、当事会社に対し、下記(ii)の備置期間中、営業時間内は、いつでも、事前備置事項が記載された書面の閲覧または謄本もしくは抄本の交付を請求することができる（会社782条3項、794条3項）。

(i) 事前備置による開示事項

事前備置による開示事項は、大要、下記のとおりである[22]。
　(a) 合併契約の内容
　(b) 合併対価の相当性に関する事項
　(c) 合併対価について参考となるべき事項
　(d) 合併に係る新株予約権の定めの相当性に関する事項
　(e) 各当事会社の計算書類等に関する事項
　(f) 効力発生日以後の存続会社の債務の履行の見込みに関する事項
　(g) 前記(b)～(f)の事項に事後的に変更が生じた場合における変更後の当該事項の内容

ⓐ 合併契約の内容

実務上、締結済みの合併契約書の写しを備置することが多いが、開示事項は、合併契約の「内容」とされているため（会社782条1項、794条1項）、備置すべき書面は締結済みの合併契約書の原本または写し自体である必要はない。

---

[21] 上場会社の場合には、事前備置事項が記載された書面の金融商品取引所への提出が必要とされている。東京証券取引所においては、備置開始日までにこれを東京証券取引所に提出することが求められており（上場規402条1項k、上場規施行則417条8号b）、東京証券取引所の適時開示情報システムであるTDnetを通じて提出され、公衆の縦覧に供されることとなる。

[22] 会社782条1項、794条1項、会社則182条、191条。

(b) 合併対価の相当性に関する事項

　会社法は、合併対価の相当性に関する事項として、消滅会社の事前備置については特に下記の事項を開示すべき旨を定めている（会社則182条1項1号・3項）[23]。下記の事項は、存続会社の事前備置による開示事項としては明示的に規定されていないものの（会社則191条1号）、会社法の立案担当者は、当該事項は対価の相当性に関する事項のうち重要なものを注意的に掲げたものであり、存続会社の事前備置においても開示すべきとしている[24][25]。

・合併対価の総数または総額の相当性に関する事項
・合併対価として当該種類の財産を選択した理由
・存続会社と消滅会社とが共通支配下関係にあるときは、消滅会社の株主の利益を害さないように留意した事項（当該事項がない場合にあっては、その旨）

(c) 合併対価について参考となるべき事項

　会社法は、合併対価について参考となるべき事項を、消滅会社の事前備置による開示事項として定めているが、存続会社の事前備置に関してはこれを開示すべき旨を定めていない[26]。これは、合併対価について、その交付を受けることとなる消滅会社の株主に対してより充実した情報を提供することを目的としたものであると考えられる。当該事項として記載すべき内容は、合併対価の種類により異なるが、合併対価が存続会社の株式である場合は、下記の事項である（会社則182条4項1号）[27]。

---

[23]　当該事項に関する具体的な記載内容については、宍戸善一監修・岩倉正和＝佐藤丈文編著『会社法実務解説』（有斐閣、2011）418〜422頁を参照されたい。

[24]　相澤哲ほか「合併等対価の柔軟化の施行に伴う『会社法施行規則の一部を改正する省令』」別冊商事法務編集部編『合併等対価の柔軟化への実務対応』別冊商事309号（2007）33頁。

[25]　もっとも、会社法施行規則182条3項所定の事項は、一般的には、合併対価の相当性を基礎付ける事情とはなり得るが、条文上の明示の根拠がないこともあってか、存続会社の事前備置においては、これらの事項に沿った開示がされていないことも少なくないように思われる。

[26]　会社則182条1項2号・4項、191条。

[27]　当該事項のうち、これを事前備置により開示しないことにつき消滅会社の総株主の同意があったものは、開示対象から除外される（会社則182条4項）。

- 存続会社の定款の定め
- 下記の事項その他の合併対価の換価の方法に関する事項
    - 合併対価を取引する市場
    - 合併対価の取引の媒介、取次ぎまたは代理を行う者
    - 合併対価の譲渡その他の処分に制限があるときは、その内容
- 合併対価に市場価格があるときは、その価格に関する事項
- 存続会社の過去5年間にその末日が到来した各事業年度[28]に係る貸借対照表の内容

　前記の「合併対価の換価の方法に関する事項」について、「合併対価を取引する市場」としては、金融商品取引所その他の取引所等の具体的な名称等、また、「合併対価の取引の媒介、取次ぎまたは代理を行う者」としては、合併対価を取り扱う証券会社その他の業者に関する情報を記載することが想定されており、「合併対価の譲渡その他の処分に制限」としては、法令または定款に基づく制限その他の一切の制限が想定されているが、合併対価の受領者である消滅会社の株主およびその後の転得者に及び得ないもの（例えば、株主間契約上の制限）については、開示の必要はないと解されている[29]。

　前記の「合併対価に市場価格があるときは、その価格に関する事項」について、合併対価の相当性に関する判断資料および合併対価の交付を受けた後に市場価格を把握するための手段に関する情報を提供することを目的としたものであり、前者の観点からは、市場価格はその性質上常に変動するものであることに鑑み、一時点ではなく、適切に選択された一定期間にわたる市場価格の平均価格やその変動状況を記載する必要がある場合も多く、後者の観点からは、例えば、合併対価である有価証券の市場価格の動向が掲載されているホームページのURLを記載することなどが想定されている[30]。

(d)　合併に係る新株予約権の定めの相当性に関する事項

　消滅会社が新株予約権を発行している場合、合併契約には、存続会社が吸収合併に際して消滅会社の新株予約権者に対して交付する存続会社の新株予

---

[28]　最終事業年度、法令に基づく公告を行った事業年度および有価証券報告書を提出した事業年度は除く。
[29]　相澤ほか・前掲注24）29頁。
[30]　相澤ほか・前掲注24）29～30頁。

約権または金銭について一定の事項が規定されるところ（会社749条1項4号・5号）、消滅会社および存続会社は、その事前備置において、当該定めの相当性を開示することが求められている[31]。当該相当性に関する具体的な開示事項は前記(b)に列挙する事項に準じることとなる。

(e) 各当事会社の計算書類等に関する事項

消滅会社および存続会社のいずれの事前備置においても、自己および相手方当事会社に関して、それぞれ以下の事項を開示するものとされている[32][33]。

【自己に関する開示事項】
・最終事業年度がない場合の成立の日における貸借対照表
・最終事業年度末日（最終事業年度がない場合は会社成立の日）後に生じた会社財産の状況に重要な影響を与える事象の内容

【相手方当事会社に関する開示事項】
・最終事業年度に係る計算書類等[34]（最終事業年度がない場合は会社成立の日における貸借対照表）
・最終事業年度末日（最終事業年度がない場合は会社成立の日）後の日を臨時決算日とする臨時計算書類等
・最終事業年度末日（最終事業年度がない場合は会社成立の日）後に生じた会社財産の状況に重要な影響を与える事象の内容

(f) 効力発生日以後の存続会社の債務の履行の見込みに関する事項

消滅会社および存続会社のいずれの事前備置においても、それぞれ自己の債権者に対する債務について、効力発生日以後の存続会社による履行の見込み（消滅会社の債務については合併により存続会社に承継された後の存続会社に

---

31) 会社則182条1項3号・5項1号、191条2号。
32) なお、消滅会社が清算会社である場合は、存続会社の事前備置において、清算手続において作成された消滅会社の貸借対照表を開示するものとされている（会社則191条4号）。
33) 会社則182条1項4号・6項、191条3号・5号。
34) 計算書類（貸借対照表、損益計算書、株主資本等変動計算書、個別注記表）、事業報告、監査報告および会計監査報告を総称したものである（会社442条、435条2項、会社計算59条1項）。

(g) 前記(b)～(f)の事項に事後的に変更が生じた場合における変更後の当該事項の内容

事前備置による開示事項のうち、合併契約の内容以外の事項について、備置開始日後に変更が生じた場合、変更後の当該事項を開示するものとされている（会社則182条1項6号、191条7号）。

(ii) 事前備置の期間

合併の事前備置は、株主および債権者が会社法により与えられた権利の行使時期に先立って開始されることとなっており、その開始日は、大要、①合併契約の承認に係る株主総会の2週間前の日、②株式買取請求に係る株主に対する通知もしくは公告の日、③新株予約権買取請求に係る新株予約権者に対する通知もしくは公告の日または④債権者異議申述公告もしくは催告の日のいずれか早い日であり、また、⑤前記①～④の手続がいずれも不要である場合は合併契約の締結日から2週間を経過した日である（会社782条2項、794条2項）。

事前備置の終期は、消滅会社においては効力発生日まで、存続会社においては効力発生日から6か月を経過する日までとされている（会社782条1項、794条1項）。

(3) 株主総会の承認決議

(i) 概 説

合併の当事会社は、後記(9)の簡易合併または略式合併により不要となる場合を除き、効力発生日の前日までに、株主総会決議によって、合併契約の承認を受けなければならない（会社783条1項、795条1項）[35]。

なお、前記(1)のとおり、株主総会決議による合併契約の承認は、合併契約

---

[35] なお、株主総会において書面または電磁的方法による議決権の行使が行われる場合には、株主総会参考書類（会社301条1項、302条1項）において、①吸収合併を行う理由、②吸収合併契約の内容の概要、③事前備置書面の記載事項のうち前記(2)(i)(b)～(e)の事項を記載しなければならない（会社則86条）。

の締結後になされることが一般的であるが、株主総会決議による合併契約の承認が得られなければ、合併の効力は発生しないため、実務上、合併契約において、いずれかの当事会社の株主総会決議が得られないことを合併契約の解除条件として定めることが多い。

(ii) 決議要件

(a) 原則――特別決議

合併契約を承認する株主総会決議の種類は、原則として特別決議である（会社309条2項12号）。すなわち、株主総会において議決権を行使することができる株主の議決権の過半数（3分の1以上の割合を定款で定めた場合は、その割合以上）を有する株主が出席し、出席した株主の議決権の3分の2（これを上回る割合を定款で定めた場合は、その割合）以上に当たる多数をもって決議するのが原則である（会社309条2項柱書前段）[36]。

(b) 例外――総株主の同意

消滅会社が種類株式発行会社でない場合であって（すなわち、消滅会社の株主全員が同一の内容の株式を有している場合であって）、合併対価の全部または一部が持分等[37]であるときは、消滅会社の総株主の同意を得なければならない（会社783条2項）。このような合併対価を交付する場合、消滅会社の株主に対して、消滅会社が株式会社から持分会社に組織変更するのと実質的に同様の影響を与えることになることから、当該組織変更と同様に総株主の同意が必要（会社776条1項参照）とされたものである。なお、消滅会社が種類株式発行会社である場合は、合併対価として持分等の割当てを受ける種類の株主の全員の同意を得なければならない（会社783条4項）。

(c) 例外――特殊決議

消滅会社が公開会社であり、かつ、その株主に対して交付する合併対価の全部または一部が譲渡制限株式等[38]である場合は、特殊決議、すなわち株

---

[36] なお、当該決議の要件に加えて、一定の数以上の株主の賛成を要する旨その他の要件を定款で定めることも可能である（会社309条2項柱書後段）。

[37] 「持分等」とは、持分会社の持分その他権利の移転または行使に債務者その他第三者の承諾を要するもの（譲渡制限株式を除く）である（会社783条2項、会社則185条）。

主総会において議決権を行使することができる株主の半数以上（これを上回る割合を定款で定めた場合は、その割合以上）であって、当該株主の議決権の3分の2（これを上回る割合を定款で定めた場合にあっては、その割合）以上に当たる多数をもって決議する必要がある（会社309条3項2号）。このような合併対価を交付する場合、消滅会社の株主に対して、消滅会社の発行する株式の全てを譲渡制限株式とするための定款変更を行うのと実質的に同様の影響を与えることになるから、当該定款変更と同様の株主総会決議が必要（同項1号参照）とされたものである。なお、消滅会社が種類株式発行会社である場合は、合併対価として譲渡制限株式等の割当てを受ける種類の株式の種類株主を構成員とする種類株主総会の決議を得なければならない（会社783条3項)[39]。

(iii) 存続会社の取締役の説明義務

合併により存続会社に合併差損が生じる場合（会社795条2項）および承継する消滅会社の資産に存続会社の株式が含まれる場合（同条3項）、存続会社の取締役は、合併契約の承認を受ける株主総会において、これらに関する説明をしなければならない。

⒜ 存続会社に合併差損が生じる場合

取締役は、合併により存続会社が承継する債務の額が承継する資産の額を超える場合（会社795条2項1号）または合併対価の存続会社における簿価が承継する純資産額を超える場合（同項2号）には、「その旨」を説明しなければならない（会社795条2項）。実務上は、株主により充実した情報を提供する観点から、合併差損が生じる旨のみならず、合併差損が生じる理由およびその処理方針等についても説明することが考えられる。

---

38) 「譲渡制限株式等」とは、譲渡制限株式、および存続会社の取得条項付種類株式または取得条項付新株予約権であってこれらの取得と引換えに交付される株式が存続会社の譲渡制限株式であるものである（会社783条3項、会社則186条1号）。
39) その決議要件は本文記載の特殊決議と同様である（会社324条3項2号）。なお、逆に存続会社が種類株式発行会社である場合で、消滅会社の株主に対して、合併対価として、存続会社の譲渡制限種類株式（会社199条4項の定款の定めのないもの）が交付される場合には、存続会社において、当該譲渡制限種類株式を有する種類株主を構成員とする種類株主総会の決議が必要となる（会社795条4項1号）。

(b) 承継する消滅会社の資産に存続会社の株式が含まれる場合

　取締役は、承継する消滅会社の資産に存続会社の株式が含まれる場合、「当該株式に関する事項」を説明しなければならない（会社795条3項）。会社法は、この場合に存続会社が合併の効果として自己株式を取得することができることを別途定めているが（会社155条11号）、当該自己株式の取得は、特定の株主からの自己株式の取得（会社160条）に類似するにもかかわらず、これと同様の規制には服さないため、前記のとおり説明義務が課されているものと考えられる。この点、「当該株式に関する事項」として、承継する自己株式について、その数、消滅会社における帳簿価額および存続会社における取扱い（消却するのかまたは金庫株とするか等）について説明する責任を負うと解される[40]。

(iv) 種類株主総会

　合併の当事会社が種類株式発行会社である場合、定款に別段の定めがない限り、当該合併がある種類株式の株主に損害を及ぼすおそれがあるときは、当該種類株式の株主を構成員とする種類株主総会の特別決議による承認が必要となる（会社322条1項7号・2項・3項、324条2項4号）。この点、会社法はどのような場合に「損害を及ぼすおそれがある」とされるかを具体的に規定しておらず、合併対価の具体的内容等の事実関係によらざるを得ないと思われる。もっとも、種類株主総会の承認を受けるべき場合にこれを省略した場合には合併に瑕疵を生じさせて合併の差止めまたは無効の原因となり得ることも踏まえると、実務上は、種類株主総会の承認を受けるケースが多いものと思われる。

　また、合併の当事会社のある種類の株式の内容として合併についてその種類株主総会の決議事項とされているとき（会社108条1項8号）には、（種類株主に損害を及ぼすおそれの有無にかかわらず）当該種類株主総会の決議が必要となる（会社323条）。この場合の決議要件は、定款の定めによることとなる。

---

[40]　会社大系(4) 68頁〔小川宏嗣〕。

(4) 株券・新株予約権証券の提出手続

　消滅会社が株券発行会社であって[41]、実際に株券を発行している場合[42]、その発行する株券は効力発生日に無効となるため（会社219条3項）、消滅会社は、効力発生日までに消滅会社の全ての株式に係る株券を提出しなければならない旨を、効力発生日の1か月前までに、公告し、かつ、株主名簿上の株主および登録質権者に対して各別の通知をしなければならない（同条1項6号）。また、存続会社は、消滅会社の株券を提出しない株主に対して、その提出があるまで、合併対価の交付を拒むことができる（同条2項）。

　また、消滅会社が新株予約権証券を発行している場合にも、当該新株予約権証券は、株券と同様、効力発生日に無効となるため（会社293条3項）、株券と同様の公告および各別の通知をしなければならず（同条1項）、存続会社が新株予約権証券の提出があるまで合併による金銭等の交付を拒めることも同様である。

(5) 反対株主の株式買取請求・新株予約権者の新株予約権買取請求

(i) 概　説

　合併の当事会社の株主は、原則として、合併に反対する場合には、自己の有する株式を公正な価格で買い取ることを請求することができる（会社785条1項、797条1項）。これは、合併の重大な効果に鑑み、合併に反対する当事会社の株主に公正な条件で投下資本を回収する機会を与えるためのものである。

　なお、消滅会社については、種類株式発行会社ではなく、合併対価の全部または一部が持分等であるために合併契約について総株主の同意を得なければならない場合（会社783条2項）には、その株主に株式買取請求権は認められない（会社785条1項1号）。合併に反対する株主は、合併契約の承認に

---

[41]　2009年1月5日の株券電子化により、上場会社は全て株券不発行会社となったため、株券発行会社であるのは非上場会社に限られる。

[42]　消滅会社が株券発行会社であっても、全ての発行済株式について株券を発行していない場合には、株券提出手続が不要となるため、実務的には、合併手続の開始前に、全ての株主が株券不所持の申出（会社217条）を行い、株券提出手続を不要とするケースも多い。

同意しないことにより、合併を阻止することができるためである。

　また、存続会社については、簡易合併により株主総会決議による合併契約の承認が不要である場合（会社法796条2項本文に規定する場合であって、同条1項但書、同条3項または795条2項各号に規定する場合を除く）には、その株主に株式買取請求権は認められない（会社797条1項但書）。かかる場合には、存続会社の株主に対する影響が比較的軽微であるためである。

　さらに、消滅会社であるかまたは存続会社であるかを問わず、略式合併により株主総会決議による合併契約の承認が不要である場合（会社796条1項本文）における特別支配会社には株式買取請求権は認められない（会社785条2項2号括弧書、797条2項2号括弧書）。略式合併における特別支配会社が当該合併に反対することは実務上考えにくく、特別支配会社は、株式買取請求権による保護が不要であるためである。

(ⅱ)　反対株主の意義

　株式買取請求権は、合併の当事会社の「反対株主」に認められているところ（会社785条1項、797条1項）、「反対株主」の意義は、下記のとおり、合併をするために株主総会（種類株主総会を含む）の決議を要するか否かにより異なる（会社785条2項、797条2項）。

① 株主総会の決議を要する場合
  ・当該株主総会に先立って合併に反対する旨を会社に対して通知し、かつ、当該株主総会において合併に反対した株主、または
  ・当該株主総会において議決権を行使することができない株主
② 株主総会の決議を要しない場合
  ・全ての株主（ただし、略式合併の要件を満たす場合の特別支配会社を除く）

　この点、書面または電磁的方法による議決権行使ができる株主が合併に反対する旨の議決権行使書面の提出・電子投票を行った場合には、前記①の1点目の全ての要件を同時に満たすと解される[43]。なお、会社による委任状勧誘に対して反対の旨を表示して会社に返送した場合については、当該表示は議決権行使の代理人に対する指示に過ぎないとして、株主総会に先立つ反対

---

43)　江頭845頁。

の旨の通知の要件を満たさないとする考え方が有力である[44]。

また、前記①の1点目の後半の株主総会における反対は、株主総会で（株主総会および種類株主総会の双方で議決権を行使できる株主は、その双方で[45]）反対の議決権行使をすることである。なお、反対株主による株式買取請求に応じた会社による株式の買取りには、一般的な自己株式取得に要する手続（会社156条～165条）および財源規制（会社461条）が適用されないため、反対株主の要件を満たすか否かは慎重に判断すべきところ、物理的に株主総会に出席の上株主総会において合併に反対する株主には株主総会中に挙手または株主総会終了後退室時に受付にて反対する旨を申し出てもらった上で、氏名および出席番号等により特定する方法が無難と考えられる[46]。

前記①の2点目の当該株主総会において議決権を行使することができない株主とは、典型的には、種類株式の内容として議決権が制限されている株式（会社108条1項3号）、単元未満株式（会社189条1項）および相互保有株式（会社308条1項括弧書）の株主が挙げられる。また、基準日以前に株式を取得したものの名義書換えを怠った株主についても、株式買取請求権は認められないと解されている[47]。

この他、取引公表後や（株主総会の承認決議を要する取引について）株主総会の基準日後に株式を取得した株主等に株式買取請求権が認められるかについては、第10章第5節1を参照されたい。

(iii) 株式買取請求権に関する通知・公告

合併の当事会社は、効力発生日の20日前までに、株式買取請求権を認められる株主に対し、合併をする旨ならびに合併の他方当事会社の商号および住所（合併により消滅会社が保有する存続会社の株式を承継することとなる存続会社の場合は、これらに加えて当該株式に関する事項）を通知しなければならない（会社785条3項、797条3項）。ただし、存続会社について簡易合併の要件を充足する場合には、その株主には、原則として、株式買取請求権は認められないにもかかわらず（会社797条1項但書）、当該通知が必要である点

---

44) コンメ(18)98頁〔柳明昌〕。江頭845頁。
45) 江頭845頁。
46) 宍戸監修・前掲注23) 432頁参照。
47) 江頭845頁。

には注意が必要である。当該通知は、存続会社について簡易合併の要件を充足する場合に存続会社の株主がなし得る合併に反対する旨の通知（会社796条3項）の前提としての情報提供の意義を有するためである。なお、当該通知をすべきとされている会社が公開会社である場合または既に株主総会の決議により合併契約の承認を受けている場合は、公告をもって当該通知に代えることができる（会社785条4項、797条4項）。

(iv) 株式買取請求権の行使方法

株式買取請求権の行使は、効力発生日の20日前の日から効力発生日の前日までの間に、その対象となる株式の数（種類株式発行会社の場合は、株式の種類および種類ごとの数）を明らかにして通知しなければならない（会社785条5項、797条5項）。また、株式買取請求権の行使の対象となる株式に株券が発行されている場合、原則として、当該行使に際して当該株券を提供する必要がある（会社785条6項、797条6項）。なお、合併の当事会社が振替株式を発行している場合、当該会社は、株式買取請求に係る振替株式の振替を行うための口座（以下「買取口座」という）の開設の申出をして（社債株式振替155条1項）、必ず通知に代わる公告を行い（社債株式振替161条2項）、あわせて、買取口座も公告しなければならない（同条2項）。また、振替株式の株主は、その有する振替株式について株式買取請求をしようとするときは、当該振替株式について買取口座を振替先口座とする振替の申請をしなければならない（同条3項）[48]。

(v) 株式買取請求権の行使の効果および買取価格の決定

株式買取請求権を行使された合併の当事会社は、その対象となった株式を「公正な価格」で買い取る義務を負い（会社785条1項、797条1項）、当該買取りの効力は合併の効力発生日に生じる（会社786条6項、798条6項）。この「公正な価格」の詳細については、**第10章第5節**を参照されたい。

株式買取請求権を行使された場合、買取価格について効力発生日から30

---

[48] 平成26年会社法改正以前には、反対株主が株式買取請求に係る株式を市場で売却することにより、事実上、会社の承諾を得ることなく株式買取請求を撤回することが可能となっており、現にそのような事例も散見されたことから、株式買取請求の撤回制限をより実効化するために、平成26年会社法改正により設けられた制度である。

日以内に協議が整わないときは、株主または会社は、当該期間の満了日後30日以内に、裁判所に対して価格決定の申立てをすることができる（会社786条2項、798条2項）。なお、会社は、買取価格についての協議が整ったときは、効力発生日から60日以内に支払いをしなければならず（会社786条1項、798条1項）、また、協議が整わないときでも、効力発生日から60日間の期間満了の日後は、年6％の利率[49]により算定した利息を支払わなければならない（会社786条4項、798条4項）。この点については、年6％の高利率が株式買取請求の濫用を招いているとの批判があった[50]ことから、平成26年会社法改正により、会社は、買取価格の決定があるまでは、株主に対し、自ら公正な価格と認める額を支払うことができるとされた（会社786条5項、798条5項）。なお、当該支払いの額が結果的に裁判所により決定された買取価格を下回った場合、その差額分について、効力発生日から60日間の期間満了の日後の年6％の利率により算定した利息を支払わなければならない。

なお、株式買取請求権の行使の対象となる株式に株券が発行されている場合、会社による買取価格の支払いは、株主による株券の交付と引換えに行われることとなる（会社786条7項、798条7項）。

株式買取請求の撤回は、原則として、会社の承諾を得た場合に限り認められるが（会社785条7項、797条7項）、買取価格に関する協議が整わず、効力発生日から60日以内に裁判所に対する価格決定の申立てがないときは、株主は、会社の承諾を得ずに株式買取請求を撤回することができる（会社786条3項、798条3項）。

(vi) 新株予約権買取請求

消滅会社の新株予約権者には、原則として、新株予約権の買取請求が認め

---

49) なお、年6％の利率は商事法定利率（商法514条）と同率であるところ、平成29年5月に成立した民法改正により、商事法定利率が廃止され、民法に基づく法定利率（具体的には、年3％を基準に市場金利の変動を踏まえて3年毎に1％刻みで見直す変動制。平成29年法律第44号による改正後の民法404条）に一本化されることとなったため、株式買取請求権におけるかかる利率も「法定利率」と改正される（民法の一部を改正する法律の施行に伴う関係法律の整備等に関する法律（平成29年法律第45号）46条）。

50) 江頭850頁。

られる（会社787条1項1号）。消滅会社の新株予約権は効力発生日に消滅するとされている（会社750条4項）ため、消滅会社の新株予約権者を保護するためである。ただし、合併契約において、消滅会社の新株予約権者に対し、新株予約権の内容（会社236条1項8号イ）に合致する存続会社の新株予約権が交付される旨定められたときは、消滅会社の新株予約権者の保護に欠けることはないため、新株予約権の買取請求は認められない（会社787条1項1号）。新株予約権の買取請求の手続等は、株式買取請求の場合とほぼ同様である。

(6) 債権者保護手続

　合併は、各当事会社の財務状況に重大な影響を及ぼすものであることから、各当事会社は、債権者に異議を申述する機会を与えるための公告および個別の催告を行い、債権者から異議を述べられた場合には、当該債権者を害するおそれがない場合でない限り、効力発生日までに弁済または担保提供もしくは財産の信託をしなければならない（会社789条、799条）。

(i) 公告または個別催告の内容

　公告または知れている債権者に対する個別催告は、①合併をする旨、②相手方当事会社の商号および住所、③各当事会社の最終事業年度の貸借対照表の要旨等の計算書類に関する事項[51]および④債権者が一定の期間（1か月間以上の期間）に異議を述べることができる旨を内容としなければならない（会社789条2項、799条2項、会社則188条、199条）。

(ii) 公告または個別催告の方法

　当事会社は、前記(i)の事項を、官報に公告し、かつ、知れている債権者に対して個別催告しなければならない（会社789条2項、799条2項）。ただし、当事会社が定款において公告方法として、①時事に関する事項を掲載する日刊新聞紙において掲載する方法または②電子公告を定めている場合（会社939条1項2号・3号）で、前記(i)の事項を、官報に加えて、当該①または②

---

51) 計算書類に関する事項については、相手方当事会社に関する事項だけではなく、自己に関する事項の開示も必要となることには留意が必要である。

の方法により公告する場合には、債権者に対する個別催告を省略することができる（会社789条3項、799条3項）。なお、個別催告の方法について、会社法は特段定めていないものの、実務的には催告書を郵送する方法が一般的である。

(iii) 知れている債権者の意義

特に小口の債権者が多数存在するような場合、実務上は、公告方法を日刊新聞紙または電子公告とする方法により個別催告を省略することが比較的多いように思われるが、定款に前記①または②を公告方法として定めておらず、また、何らかの事情で前記①または②を公告方法として定める定款変更をすることも難しいという場合、個別催告の対象とする「知れている債権者」の範囲を確定しなければならない。

「知れている債権者」の意義に関し、この「債権者」とは、金銭債権者に限られないが、弁済・担保提供・財産の信託の方法により保護し得る債権を有する者に限られると考えられており、将来の労働契約上の債権、継続的供給契約上の将来の債権等の債権者は含まれないと解されている[52]。したがって、契約関係はあるが、これに基づく具体的な債権が発生していない債権者は含まれないと考えられる。また、「知れている債権者」とは、債権者が誰であり、その債権がいかなる原因に基づくいかなる内容のものかの大体を会社が知っている債権者をいい、そのような者であれば、会社がその債権の存在を争い訴訟が係属中であっても、知れている債権者でないとは必ずしもいえないとされている[53]。一方で、会社がその債権の不存在を確信するのがその当時の状況から合理的な場合は、後に会社が敗訴し債権が確定しても知れている債権者ではないとされている[54]。

(iv) 公告または個別催告の時期

会社法は、公告または個別催告の時期について特段定めていないが、債権者保護手続全てが効力発生日までに完了する必要があるため（会社750条6

---

[52] 江頭705頁。
[53] 大判昭和7年4月30日民集11巻706頁。
[54] 江頭705頁。

項)、効力発生日から遡って異議申述期間(最短でも1か月間)および異議が述べられた場合の弁済、担保提供または財産の信託に要する期間を考慮して、これを行う必要があると考えられる。なお、異議申述期間は、個別催告の場合、債権者に催告が到達したときから1か月間が確保される必要があること(すなわち、発送から到達までの期間は1か月に含まれないこと)には留意が必要である。なお、公告または個別催告は株主総会の決議前に行うこともできる[55]。

(v) 異議が述べられた場合の手続等

債権者から異議が述べられた場合、当事会社は、当該債権者を害するおそれがない場合でない限り、当該債権者に対し、弁済、または相当の担保を提供するかもしくは相当の財産を信託しなければならない(会社789条5項、799条5項)。当該債権者を害するおそれがないかどうかは、その債権額、弁済期、合併の当事会社の財務状況等を考慮して判断されることになる。

(7) 登 記

効力発生日から2週間以内に、存続会社の代表者は、存続会社の本店所在地において、消滅会社についての解散の登記および存続会社についての変更の登記を同時に申請しなければならない(会社921条、商業登記法82条1項・3項)。なお、合併による消滅会社の解散は、登記の後でなければ第三者に対抗できない(会社750条2項)。「解散を対抗できない」とは、解散登記がなされるまでは第三者に対して権利義務の承継を対抗することができないことを意味する[56]。

(8) 事後備置

存続会社は、その株主および債権者に対して、効力発生日から6か月間、一定の事項を記載または記録した書面または電磁的記録を本店に備え置かなければならない(会社801条)。

---

55) 江頭705頁。
56) 龍田＝前田495頁。なお、合併による権利義務の承継と対抗要件の具備の要否については、後記**第4節2**も参照。

存続会社の株主および債権者は、事後備置の期間中、営業時間内は、いつでも、事後備置事項が記載された書面の閲覧または謄本もしくは抄本の交付を請求することができる（会社801条4項）。なお、消滅会社の株主であった者は、存続会社から合併対価としてその株式以外の交付を受けた場合には、株主の資格で閲覧等を請求することはできない[57]ことに留意が必要である。

事後備置による開示事項は、大要、下記のとおりである（会社801条1項、会社則200条）。

① 合併の効力が生じた日
② 消滅会社における差止請求手続、株式買取請求手続、新株予約権買取請求手続、債権者保護手続の経過
③ 存続会社における差止請求手続、株式買取請求手続、債権者保護手続の経過
④ 存続会社が承継した消滅会社の重要な権利義務に関する事項
⑤ 消滅会社の事前備置の書面または電磁的記録に記載または記録された事項（吸収合併契約の内容を除く）
⑥ 合併による変更の登記をした日
⑦ 前記①〜⑥のほか、吸収合併に関する重要な事項[58]

(9) **簡易合併・略式合併**

(i) **簡易合併**

前述(3)のとおり、合併の当事会社は、原則として合併契約の株主総会決議による承認を取得する必要があるところ、存続会社については、その株主に対する影響が軽微である一定の場合には、いわゆる簡易合併として、かかる株主総会決議による承認が不要とされている（会社796条2項）。

(a) **簡易合併の要件**

簡易合併の要件は、大要、存続会社が交付する合併対価の総額が存続会社の純資産額（その算定方法の詳細は、会社則196条による）の5分の1以下であることである（会社796条2項本文）。なお、簡易合併に該当するか否かの

---

57) 江頭887頁。
58) 例えば、合併に関する監督官庁の認可等が考えられる（江頭887頁）。

要件の判断は、効力発生日の直前の時点において判断すべきとされている[59]。

存続会社が交付する合併対価の総額は、具体的には、下記①〜③の合計額である（会社796条2項1号）。

① 消滅会社の株主に対して交付する存続会社の株式の数に1株当たり純資産額を乗じて得た額
② 消滅会社の株主に対して交付する存続会社の社債、新株予約権または新株予約権付社債の帳簿価額の合計額
③ 消滅会社の株主に対して交付する存続会社の株式等以外の財産の帳簿価額の合計額

ただし、前記要件を充足したとしても、存続会社に合併差損が生じる場合（会社795条2項）、および存続会社の全株式が譲渡制限株式であり、合併対価の全部または一部が存続会社の譲渡制限株式である場合（会社796条1項但書）は、存続会社の株主への影響が軽微とはいえないため、簡易合併は認められない（同条2項但書）。

(b) 簡易合併の手続

簡易合併の場合、存続会社において株主総会決議による合併契約の承認を要しないことに加え、存続会社の株主に株式買取請求権が認められない（会社797条1項但書）。

もっとも、簡易合併の場合であっても、株式買取請求権の前提となる株主に対する通知および公告は必要とされており（会社797条3項）、当該通知または公告の日から2週間以内に、一定数[60]以上の株式を保有する株主が合併に反対する旨を存続会社に通知したときは、存続会社は、効力発生日まで

---

[59] 相澤哲編著『Q&A会社法の実務論点20講』（金融財政事情研究会、2009）175頁。ただし、存続会社の純資産額および本文①の「1株当たり純資産額」の算定については、合併契約を締結した日または合併契約において別途定める日（合併契約締結日から効力発生日までの間に限る）を基準日として算定される（会社則196条柱書、25条6項9号）。したがって、簡易合併の要件の充足の有無が効力発生日の直前の時点まで確定しないことが問題となるのは、合併対価として存続会社の株式以外の価値が変動し得る財産が交付される場合と、合併差損が発生する可能性がある場合であろう。

[60] 詳細については、会社則197条を参照されたいが、原則として総議決権の6分の1となる。

に、株主総会決議により合併契約の承認を受けなければならない（会社796条3項）。

(c) 簡易合併の要件を充足する場合における株主総会決議

　実務上、簡易合併の要件を充足する場合であっても、存続会社において、通常の合併の手続により株主総会決議を経た上で、合併を行いたいと考えるケースもあり得る。例えば、前述のとおり、簡易合併の要件は、効力発生日の直前の時点において判断されることになるところ、会社財産は常に変動する以上、効力発生日の直前の時点において簡易要件を満たすか（特に合併差損の有無）が不明確なケースも考えられ、念のため、株主総会の承認決議を取得しておきたいと判断することも考えられる。

　この点、会社法796条2項の文言は、簡易合併の要件を充足する場合には、合併契約について株主総会決議による承認を受けなければならないとの規定を「適用しない」としており、この場合に、合併契約を株主総会決議で承認することは、取締役会設置会社における株主総会の権限を越えているものであるかのようにも見える。もっとも、存続会社が株主総会決議により合併契約の承認を受けようとする場合において、当該決議の時点で簡易合併の要件が充足されているときであっても、存続会社は当該決議を行うことができ、また、当該合併の効力発生日の直前の時点において簡易合併の要件が充足されていた場合であっても、いったんなされた当該決議の効力が覆ることはないものと解されており、登記実務上も、合併登記申請の添付書面として、簡易合併の要件充足を証する書面ではなく、合併契約の承認に係る株主総会議事録を提出することもできるものと取り扱われている[61]。

　なお、客観的に簡易合併の要件を充足していた場合に、存続会社が任意に株主総会決議を取得したとしても、前述(5)(i)のとおり、簡易合併の場合の存続会社の株主に株式買取請求権は認められていない（会社797条1項但書）[62]以上、明文の根拠無く、財源規制等の制限を受けずに自己株式の取得を認めるのは適切ではなく、存続会社の株主に株式買取請求権は認められないと解

---

61) 相澤編著・前掲注59) 180頁。
62) 平成26年会社法改正により、簡易合併の場合には、株式買取請求権が認められなくなった。

(ii) 略式合併

前述(3)のとおり、合併の当事会社は、原則として合併契約の株主総会決議による承認を取得する必要があるところ、消滅会社または存続会社のいずれの場合も、合併の一方当事者が相手方当事会社に支配されている場合、当該被支配会社において、支配する会社とは別に合併契約について株主総会決議による承認を得る実質的な意味はないと考えられるため、いわゆる略式合併として、かかる株主総会決議による承認が不要とされている（会社784条1項、796条1項）。

⒜ 略式合併の要件

消滅会社または存続会社であるかを問わず、合併の相手方当事会社が「特別支配会社」である場合、特別支配会社ではない合併の当事会社において、合併契約の株主総会決議による承認が不要とされている（会社784条1項、796条1項）。

この点、「特別支配会社」とは、ある株式会社の総株主の議決権の90％（これを上回る割合を当該株式会社の定款で定めた場合は、その割合）以上を他の会社および当該他の会社が直接または間接に発行済株式または持分の全部を有する法人が有している場合における当該他の会社をいう（会社468条1項、会社則136条）。なお、略式合併に該当するか否かの要件の判断は、効力発生日の直前の時点において判断すべきとされている[63]。

ただし、下記の場合は、略式合併は認められない。

・存続会社が特別支配会社である場合、消滅会社が譲渡制限のない株式を発行しており、合併対価の全部または一部が譲渡制限株式等[64]であるとき（会社784条1項但書）。
・消滅会社が特別支配会社である場合、存続会社が譲渡制限株式のみを発行しており、合併対価の全部または一部が譲渡制限株式であるとき（会社796条1項但書）。

---

[63] 相澤編著・前掲注59) 181頁。
[64] 「譲渡制限株式等」については、前掲注38) 参照。

(b) 略式合併の手続

略式合併の場合、特別支配会社ではない当事会社において合併契約の株主総会決議による承認を要しないことに加え、特別支配会社たる株主による株式買取請求権が認められない（会社785条2項2号括弧書、797条2項2号括弧書）。なお、特別支配会社に該当しない株主（特別支配会社ではない合併当事会社の10％未満の議決権を有する株主）は、株式買取請求権を有することには留意が必要である。

(c) 略式合併の要件を充足する場合における株主総会決議

実務上、略式合併の要件を充足する場合であっても、当事会社において、通常の合併の手続により株主総会決議を経た上で、合併を行いたいと考えるケースもあり得る[65]。

この点、会社法784条1項および796条1項の文言は、略式合併の要件を充足する場合には、合併契約について株主総会決議による承認を受けなければならないとの規定を「適用しない」としており、この場合に、合併契約を株主総会決議で承認することは、取締役会設置会社における株主総会の権限を越えているものであるかのようにも見える。もっとも、当事会社が株主総会決議により合併契約の承認を受けようとする場合において、当該決議の時点で略式合併の要件が充足されているときであっても、当事会社は当該決議を行うことができ、また、当該合併の効力発生日の直前の時点において略式合併の要件が充足されていた場合であっても、一旦なされた当該決議の効力が覆ることはないものと解されており、登記実務上も、合併登記申請の添付書面として、略式合併の要件充足を証する書面ではなく、合併契約の承認に係る株主総会議事録を提出することもできるものと取り扱われている[66]。

なお、客観的に略式合併の要件を充足していた場合に、当事会社が任意に株主総会決議を取得した場合の株式買取請求権の取扱いについては、問題と

---

[65] もっとも、簡易合併の場合と異なり、議決権ベースで判断される略式要件について、要件充足の最終的な判断が難しい場面は少ないことから、株主総会の承認決議を念のため取得しておきたいと判断するケースは多くはなく、株主による議論・承認のプロセスを経ることが何らかの事情により重視されるような特殊なケースに限られると思われる。

[66] 松井信憲『商業登記ハンドブック〔第3版〕』（商事法務、2015）542頁。

なる。すなわち、かかる場合に、①合併をするために「株主総会の決議を要する場合」（会社785条2項1号、797条2項1号）に含まれるとして、株主総会に先立ち反対の意思を通知し、かつ、株主総会において合併に反対した株主に限って株式買取請求権を認めるか、あるいは、②「株主総会の決議を要する場合」には該当しないとして、特別支配会社に該当しない株主（特別支配会社ではない合併当事会社の10％未満の議決権を有する株主）に無条件に株式買取請求権を認めるかという議論があるところ、客観的に略式合併の要件を満たす以上、少なくとも文言上は②と解するのが合理的であろう。

⑽ 合併の瑕疵と救済手段

(i) 事前の救済手段

合併の当事会社の株主[67]は、効力発生前、下記のいずれかの場合であって不利益を受けるおそれがあるときは、当該当事会社に対して、合併の差止めを請求することができる（会社784条の2、796条の2）。

① 合併が法令または定款に違反する場合[68]
② 略式合併の要件を満たす場合であって、合併対価の定めが消滅会社または存続会社の財産の状況その他の事情に照らして著しく不当であるとき

(ii) 事後の救済手続

合併の効力発生後は、その無効は、効力発生日から6か月間、一定の者[69]が、訴えをもってのみ主張することができる（会社828条1項7号・2項7号）。法律行為の無効は、いつでも、誰でも、また、訴えによらずに主張することができるのが原則であるが、合併の効果が重大であり、また、その利害関係者も多数にのぼり得ることから、合併の無効は、合併無効の訴えという形成判決を求める手続によってのみ主張できることとしている。

---

[67] ただし、簡易合併における存続会社の株主は除かれている（会社796条の2柱書但書）。
[68] 会社法に定める手続が履践されない場合が典型であると考えられる。
[69] ①効力発生日において、合併の当事会社の株主、取締役、監査役、執行役または清算人であった者、②存続会社のそれらの者または破産管財人および③合併について承認をしなかった債権者。

会社法は合併の無効事由を明示的に規定していないところ、少なくとも、法令が定める合併手続の欠缺および重大な点における違反は無効原因になると考えられる。

また、合併無効の訴えを認容する判決が確定した場合、合併は将来に向かってその効力を失うこととなり（会社839条）、また、当該効力は第三者に対しても及ぶこととなる（会社838条）。

なお、それぞれの救済手続の詳細については、**第10章第2節および第3節**を参照されたい。

3　金商法に基づく有価証券届出書・臨時報告書の提出

(1)　有価証券届出書の提出

金商法上、「組織再編成」（金商2条の2第1項。合併はこれに含まれる）により有価証券が新たに発行され、または既に発行された有価証券が交付される場合のうち、一定の場合について、有価証券の募集または売出しと同様の発行開示規制が課されている。すなわち、合併の際に、①消滅会社の株券等に関して金商法上の開示が行われていたにもかかわらず、②合併対価として、消滅会社の株主に対して発行・交付される有価証券に関して金商法上の開示が行われていない場合は、原則として、当該対価を発行・交付する会社[70]において、対価となる有価証券に関して有価証券届出書の提出が必要となる[71]。

より具体的には、おおむね、①組織再編成により合併の消滅会社となる「組織再編成対象会社」（金商2条の2第4項1号、金商令2条の2）の株券等の所有者である「組織再編成対象会社株主等」（金商2条の2第4項1号）に、合併の対価として有価証券が新たに発行されまたは既発行の有価証券が交付

---

[70] 合併対価として、存続会社の発行する有価証券以外の有価証券が交付される場合（三角合併の場合等）には、組織再編成の当事者とならない会社において、かかる有価証券届出書の届出義務を負うことになる。

[71] なお、かかる有価証券届出書の提出を行った場合、それ以降、継続開示義務、すなわち有価証券報告書の提出義務が発生する（金商24条1項3号）ことに留意が必要である。

される場合において[72]、②当該合併に係る会社法上の事前備置のうち、「特定組織再編成発行手続」または「特定組織再編成交付手続」[73]に該当するものを行うときであって、③組織再編成対象会社が発行会社である株券等に関して「開示が行われている場合」[74]に該当し、かつ、組織再編成により発行・交付される有価証券に関して「開示が行われている場合」に該当しない場合であって、④対価として発行される有価証券の発行価額総額または売出価額総額が1億円以上であるとき[75]には、当該有価証券の発行者は、有価証券届出書を提出する必要があり、当該届出の効力が生じていない限り、当該組織再編成により、当該組織再編成対象会社株主等に、対価である当該有価証券を取得させることができない（金商2条の2、4条1項、15条1項）。

なお、組織再編成に係る有価証券届出書を提出した後に、有価証券届出書の訂正届出書の提出が必要となる場合があることにも留意が必要である。具体的には、合併に係る議案が株主総会で承認された場合、合併の効力が発生した場合、合併の効力発生日までに有価証券報告書等の金商法上の法定開示書類が提出された場合等には、訂正届出書の提出を検討する必要がある。

(2) 臨時報告書の提出

合併当事会社が金商法上の有価証券報告書の提出義務を負う場合には、一定の軽微基準に該当する場合[76]を除き、吸収合併が行われることが「業務執行を決定する機関により決定された」場合に、遅滞なく臨時報告書を提出しなければならない（金商24条の5第4項、開示府令19条2項7号の3）。な

---

72) 合併の対価が無対価または現金の場合には、組織再編に係る有価証券届出書の提出は不要である。

73) 「特定組織再編成発行手続」および「特定組織再編成交付手続」は、金商法2条の2第4項・5項に定義されており、その詳細は割愛するが、例えば、組織再編成により発行・交付される有価証券が株式である場合には、原則として、組織再編成対象会社株主等が50名以上であれば、当該組織再編成に係る会社法上の事前備置はこれに該当するため、組織再編成対象会社（合併の消滅会社）が上場会社の場合には、原則として、「特定組織再編成発行手続」または「特定組織再編成交付手続」に該当することになる。

74) 「開示が行われている場合」については、金商法4条7項、開示府令6条に詳細な定義がある。当該有価証券が上場株式である場合には、「開示が行われている場合」に該当する。

75) 金商4条1項5号、開示府令2条4項。

お、合併が行われることが決定されていれば、合併比率等が確定していない段階や、契約締結等が行われていない段階でも臨時報告書の提出は必要となり、業務執行を決定する機関による決定は、取締役会で決議された場合に限らず、実質的に会社の意思決定を行うことができる機関において決定された場合も含まれることには留意が必要である[77]。

4 金融商品取引所の有価証券上場規程に基づく適時開示

　合併当事会社が上場している場合には、上場している金融商品取引所の有価証券上場規程に基づく適時開示を行う必要がある。東京証券取引所の場合を例にとると、上場会社の業務執行を決定する機関が、合併を行うことについての決定をした場合[78]、直ちにその内容を開示することが義務付けられている（上場規402条1号k）。適時開示についても、取締役会決議などの形式的な側面にとらわれることなく、実態的な判断が求められ、一般に業務執行を決定する機関において、合併を実行することを事実上決定した段階で開示が必要となり、また、合併についての最終的な契約書の締結の前の基本合意書[79]を締結する場合であっても、合併について事実上決定した場合には、当該時点において適時開示を行うことが必要とされている[80][81]ことには留意が必要である[82]。

---

76) 具体的には、有価証券報告書提出会社が存続会社となる場合には、当該会社の資産の額が最終事業年度末日における純資産額の10％以上増加することが見込まれる場合、または、当該会社の売上高が最終事業年度末の売上高の3％以上増加することが見込まれる場合に臨時報告書の提出が必要となる。また、消滅会社については軽微基準はない。

77) 有田敏二「企業内容等の開示に関する内閣府令の改正の概要」商事1787号（2006）21頁。

78) なお、かかる適時開示には、臨時報告書の場合と異なり、軽微基準が設けられていない。

79) 基本合意書の法的拘束力の有無や合併比率の記載の有無を問わない。

80) もっとも、基本合意書の締結が単なる準備行為に過ぎないものであったり、交渉を開始するにあたっての一定の合意でしかなく、その成立の見込みが立つものではないときや当該時点で公表するとその成立に至らないおそれが高いときまで、適時開示が求められるわけではないとされている。

81) 適時開示ガイドブック51頁。

5 米国証券法に基づく手続

　日本企業間の合併で、当事会社が米国の証券取引所に上場しておらず、証券を登録していないにもかかわらず、当該合併にあたり、米国の証券法に基づく手続が必要となる場合がある。すなわち、米国の1933年証券法上、証券の「募集」を行おうとする場合には、一定の免除規定に該当する場合を除き、米国証券取引委員会（本5において、以下「SEC」という）に対して一定の登録届出が義務付けられているところ、存続会社による消滅会社株主に対する合併対価としての株式の交付は、かかる「募集」に該当するものと解されている。そして、当該募集について、「米国管轄下の手段（U.S. jurisdictional means）」を利用せずに実行する場合は登録義務の対象外とされるが、米国に居住する株主（本5において、以下「米国株主」という）が存在する場合には、当該手段の利用を回避することはまず不可能であると解されている。したがって、日本企業間の合併であっても、消滅会社の株主に米国株主が存在し[83]、合併対価として米国株主に証券が交付される場合は、原則としてSECに対して当該証券に係る登録届出書を提出しなければならない。なお、当該届出書に用いられる様式がForm F-4と呼ばれるものである。

　Form F-4には、当該取引の両当事者について米国会計基準または国際財務報告基準（IFRS）に従って作成し、かつ、米国の公開会社会計監視委員会の基準に従った監査を受けた財務諸表を記載する必要があるため、実務上の負担が重く、その作成に数か月の期間や多額の費用を要することも珍しくない。さらに、Form F-4の効力が生じた後は、米国の1934年証券取引所法による継続開示義務に服することとなり、この点でも実務上相当な負担が生じることに留意が必要である。

　もっとも、非米国企業は、概要下記の要件を全て充足すれば、Form F-4の届出義務が免除される（米国1933年証券法規則802）。

① 消滅会社における米国株主の株式保有比率が10％以下[84]であること
② 米国株主が消滅会社の他の株主と同等以上の取扱いを受けていること

82）詳細については、適時開示ガイドブック168～185頁を参照されたい。
83）上場会社の場合には、米国株主が存在しないことは通常考えにくいであろう。

③　Form CB/Form F-X[85]の提出等の一定の情報開示が行われていること

前記①の要件について、株主名簿の記載に依拠するのでは足りず、実質株主を調査した上で株式保有比率を計算する必要があるとされている[86]。また、当該株式保有比率を計算する基準日は、原則として、当該取引の公表の60日前から30日後までの90日間の期間における任意の日であるが、当該期間においても計算できない場合、公表の120日前の日まで遡ることができる。当該要件に関し、例えば、合併の当事会社であるXおよびYのうち、Xのみ米国株主の株式保有比率が10％を超えるという場合、Form F-4の提出を回避するという観点のみからすれば、Xを消滅会社ではなく存続会社にした方がよいと考えられるため、実務上Form F-4の提出義務は存続会社および消滅会社を決定する際の1つの考慮要素にもなり得る。

前記③の要件について、Form CB自体は1頁のカバーシートであり、当該取引に関連して公表したプレスリリースや株主総会の招集通知等の資料を英訳したものを添付する形式になっている。

以上のとおり、Form F-4の提出義務を負う場合の実務上の負担は非常に大きいため、米国株主の株式保有比率が一定程度以上の会社が合併の当事会社となる場合は、米国法律事務所にも照会の上、適用除外要件の充足の可否等の検討に早期に着手することが望ましい。

---

84)　10％の計算にあたっては、消滅会社の自己株式および存続会社が保有する消滅会社株式は、分母から除外される。

85)　米国における訴状送達の受取代理人を指名するための書類である。

86)　米国株主の株式保有比率の調査にあたっては、まず、米国に住所を有する株主、米国または日本に所在する株主であって証券会社、銀行、信託銀行その他のノミニーである可能性のある株主を特定し、当該株主を全て米国株主と仮定して米国株主の株式保有比率を算定した結果が10％以下であれば、更なる調査をするまでもなく、①の要件を充足することになる。かかる計算では、10％超となる場合には、合併当事会社自らまたは外部のサービスプロバイダー等を使って、日本および米国のノミニーに対して、当該ノミニーが米国株主のために保有している株式の数を問い合わせることになるが、具体的にどのノミニーに対して調査を行う必要があるかは、当該事案における株主の分布状況を踏まえ、ケース・バイ・ケースで検討することとなる。この他、米国の1933年証券法規則802をわが国の会社法に基づく組織再編取引に適用するにあたっての実務上の問題点については、新川麻ほか「日本国内におけるM&A取引への米国証券法の適用——1933年証券法の登録届出書提出義務を中心に」商事1815号（2007）35頁が詳しい。

第3節 合併契約

　吸収合併を行う場合には、合併当事会社は、吸収合併契約を締結しなければならず（会社748条）、吸収合併契約において定めなければならない事項（法定記載事項）は会社法749条1項に規定されている。また、法定記載事項以外にも、平成17年改正前商法に基づき合併契約書に記載されていた事項をはじめ、様々な事態に対処するために任意的記載をすることは有益であり、合併の本質や強行規定に反しない限り、存続会社と消滅会社の間の債権債務関係を発生させるための任意的な合意事項を定めることも可能と解されており[87]、実務的にも、任意的記載事項が規定されることが少なくない。

1 必要的記載事項

　会社法上、合併契約の必要的記載事項として、①存続会社および消滅会社の商号および住所（会社749条1項1号）、②存続会社が消滅会社の株主に対して交付する金銭等の内容およびその割当てに関する事項（同項2号・3号）、③消滅会社が新株予約権を発行しているときは、存続会社が消滅会社の新株予約権者に対して交付する新株予約権または金銭の内容およびその割当てに関する事項（同項4号・5号）、④吸収合併の効力発生日（同項6号）が規定されている。以下、特に留意すべき点を順次説明することとする。

(1) 合併対価とその割当てに関する事項

　吸収合併契約には、消滅会社の株主に対して存続会社が交付する合併対価の内容、その数または算定方法および消滅会社の株主に対する合併対価の割当てに関する事項を記載しなければならない（会社749条1項2号・3号）。なお、会社法749条1項2号は、存続会社が消滅会社の「総体としての株主」に対して交付する合併対価に関する事項を対象としており、会社法749

---

[87] コンメ(17)148頁〔柴田和史〕。

条1項3号は、存続会社が消滅会社の「個々の株主」に対する合併対価の割当てを規律するものであるが、この両者は当然のことながら連動するものであり、実務的にも、合併契約において、2号に関する定めと3号に関する定めを1つの条文に纏めていることも少なくない。

(i) 合併対価の内容
(a) 概要
　会社法は、存続会社が消滅会社の株主に対して交付する合併対価について、「金銭等」（会社法151条で、「金銭その他の財産」と定義されている）としており[88]、対価そのものの種類については特段の制限は設けていない[89]。したがって、存続会社の親会社の株式を合併対価とすること（いわゆる三角合併）や、現金を合併対価とすること（いわゆる交付金合併）も可能である。
　なお、合併対価として複数の種類の対価を交付する混合型対価の設定（例えば、消滅会社の株主に対して、消滅会社の株式1株に代わり、存続会社の株式1株および金銭1万円の双方を交付するという方式）も可能である。
　また、会社法749条1項2号柱書は、消滅会社の株主に対して、その株式に代わる「金銭等を交付するときは」としており、対価を交付しないこともあることを前提とした文言となっており、合併対価を一切交付しないいわゆる無対価合併も許容している[90]。

(b) 選択的対価の定めの可否
　吸収合併の対価として、選択的対価を設定すること（例えば、消滅会社の株主に対して、消滅会社の株式1株に代わり、当該株主の選択により、存続会社

---

[88] 会社法749条1項2号は、合併対価について、存続会社の株式、社債、新株予約権、新株予約権付社債、存続会社の株式等以外の財産の場合について書き分けて、それぞれの対価に応じて、合併契約に定めるべき事項を規定している。

[89] もっとも、消滅会社の株主に対する交付にあたり、株主平等原則の観点から問題があるような場合（例えば、少数株主が複数いる場合に、土地等の代替性のない財産を対価にする場合）には、自ずと限界があると考えられる。

[90] 無対価合併が行われる典型的なケースは、完全親会社を存続会社とし完全子会社を消滅会社とする吸収合併や、共通の完全親会社の下の完全子会社（兄弟会社）同士の合併であるが、その他にも、債務超過会社を消滅会社とする合併の場合には、対価を交付しないことに合理性がある場合も考えられる。

の株式1株または金銭1万円を交付するという方式）ができるかという問題がある。

　この点については、合併手続において、かかる株主による対価の選択手続は用意されていないことから選択的対価は会社法上認められていないという見解がある[91]一方で、株主平等の原則から消滅会社の全ての株主に同一の選択権を与えることを前提に選択的対価も可能とする見解がある[92]。もっとも、対価として金銭を交付する取得請求権付株式を消滅会社の株主に交付し、その取得請求権の行使時期を合併後一定の期間に限定するなどの工夫をすれば、事実上、株主に対価についての選択権を与えたのと類似する効果が得られるともされている[93]。

(c) 存続会社の株式を合併対価とする場合

　合併対価が存続会社の株式の場合、合併契約には、存続会社の資本金および準備金[94]の額に関する事項を規定する必要がある（会社749条1項2号イ）。

　合併対価として使用する存続会社の株式として、新株を発行することも、自己株式を交付すること（いわゆる代用自己株式）も可能であり[95]、また、新株と自己株式を混合することも可能である。なお、合併契約においても、対価として交付する株式について、新株と自己株式の内訳を記載することは必要とされておらず、その内訳を合併契約において特定しない方が、合併の効力発生日までの変動も踏まえ、柔軟な対応が可能になると考えられる。

(d) 存続会社の親会社株式を合併対価とする場合

　存続会社は、消滅会社の株主に対して、「存続会社の株式等[96]以外の財

---

91) 論点解説676頁。
92) コンメ(17)128頁〔柴田〕。
93) 論点解説676頁。
94) 資本準備金および利益準備金を意味し（会社445条4項）、その他資本剰余金およびその他利益剰余金に関する事項を定める必要はない。なお、存続会社において増加する資本金および準備金の確定額を記載する必要はなく、適用される会社計算規則の規定（吸収合併の場合には、会社計算35条および36条）に従うことを記載することでも足りると解されている。
95) なお、合併に際して存続会社が消滅会社より承継する存続会社株式を代用自己株式として交付することも可能と解される。

産」(会社749条1項2号ホ)として、存続会社の親会社株式を交付することも可能であり(いわゆる三角合併)、かかる三角合併は、税務上の理由から存続会社がその親会社の100％子会社である場合に利用されることが多いと思われる。三角合併に関連して生じる法的論点については、後記4を参照されたい。

(e) 現金を合併対価とする場合

存続会社は、消滅会社の株主に対して、「存続会社の株式等以外の財産」(会社749条1項2号ホ)として、現金のみを交付することも可能である(いわゆる交付金合併)。その場合、存続会社の発行済株式数および資本構成を変動させずに、また、消滅会社の株主の個別の同意を取得することなく、消滅会社の株主を退出させ、消滅会社の事業を存続会社の傘下に収めることができる。従前は、かかる消滅会社の株主に現金を対価として交付する合併については、常に税務上の非適格合併となることから、これが行われることは稀であったが、平成29年度税制改正により、合併の直前において存続会社が消滅会社の自己株式を除く発行済株式の3分の2以上を有する場合には、税務上の適格合併となり得ることとされたため、特にキャッシュ・アウトの一手法として、今後はかかる現金を合併対価とする合併が実行される可能性もあろう[97]。

(ii) 合併対価の数量または算定方法

消滅会社の株主に交付される合併対価の数量については、合併比率を合併契約締結時に固定する方法(具体的には、「存続会社は、本合併が効力を生ずる時点の直前時の消滅会社の株主に対し、その所有する消滅会社の株式の合計数に○を乗じた数の存続会社の株式を交付する」といった場合)(固定制割当比率)が一般的である。かかる方法によれば、合併に際して交付される株式数や合併後の各株主の持株割合が合併契約締結時に明確になる一方で、消滅会社の株主は、合併の効力発生日までの存続会社の株価変動リスクを負うことになる。

---

[96] 株式、新株予約権または社債をいう(会社107条2項2号ホ)。
[97] なお、かかる平成29年度税制改正の詳細や、キャッシュ・アウトに関するその他の手法との比較については、**第5章**を参照。

そこで、合併対価の数量の「算定方法」（会社749条1項2号イ等）として、存続会社の市場株価の変動を合併比率に反映させるべく、合併比率を算式で定める場合（変動制割当比率）もある。例えば、消滅会社の株式の評価額を確定額で固定した上で、合併対価である存続会社の株式の評価額について、合併の効力発生日に近接した一定の期間の市場価格を用い、両者の額による合併比率を決定する方法が考えられる。具体的には、「存続会社は、本合併が効力を生ずる時点の直前時の消滅会社の株主に対し、その所有する消滅会社の株式の合計数に合併比率を乗じた数の存続会社の株式を交付する」とし、「合併比率とは、以下の数式により算出される比率をいう。ただし、合併比率は小数第三位まで算出し、小数第三位を四捨五入する。合併比率＝〇円〔注：消滅会社の株式の評価額〕／存続会社の株式の平均株価。なお、存続会社の平均株価とは、東京証券取引所における平成〇年〇月〇日（同日を含む）から平成〇年〇月〇日（同日を含む）までの各取引日の存続会社の株式の売買高加重平均価格の単純平均値をいう」等とすることが考えられる[98]。かかる合併比率の方式によれば、消滅会社の株主は、合併契約締結後合併の効力発生までの存続会社の株価変動にかかわらず、一定の価額の存続会社の株式の交付を受けることができる。なお、変動制割当比率を基本としつつ、想定外に株価が変動した場合に備えて、上記の算定方法における変数である存続会社の市場株価について上限・下限を付すことも考えられる。例えば、上記のケースにおいて、存続会社の市場株価について上限を付し、当該上限を超えた場合にそれ以上の調整が行われないものとした場合、交付株式数が想定よりも過小となる可能性（消滅会社側の懸念）を排除することができ、他方で、下限を付し、当該下限を超えた場合にそれ以上の調整が行われないものとした場合、交付株式数に上限が設けられ存続会社における希釈化に一定の歯止めをかけることができる[99]。

---

[98] 谷川達也＝水島淳「シティグループと日興コーディアルグループによる三角株式交換等の概要（下）」商事1833号（2008）19頁等参照。実例として、日興コーディアルグループとシティグループ間の三角株式交換の事例、イー・アクセス株式会社による株式会社アッカ・ネットワークスの吸収合併の事例等。

[99] さらに、存続会社の市場株価等の変数について、一定の値に達したことを合併契約の解除事由または終了事由として定めた場合には、当事者にとって望ましくない条件での合併の効力発生を回避することができる。

「算定方法」により合併比率を定める場合であっても、当該算定方法に一定の数値を当てはめることにより、効力発生日において対価の内容が一義的に確定できるものである必要があることには留意が必要である。したがって、上場会社が存続会社である場合には、上記のように存続会社の市場株価をベースにした算定方法を用いることができるが、非上場会社の場合には株価について明確な指標となるものがないことから、株価そのものをベースとした算定方法を用いることは一般論としては難しいように思われる。

(iii) 合併対価の割当て

合併に際して消滅会社の各株主に対して割り当てる合併対価の割当てに関する事項については、株主平等原則（会社109条1項）の表れとして、消滅会社の株主の有する株式の数に応じて合併対価を交付することを内容とするものでなければならない（会社749条3項）。

ただし、存続会社が有する消滅会社の株式（いわゆる抱き合わせ株式）および消滅会社の有する自己株式[100]については、合併対価の割当てを行うことはできないとされている（会社749条1項3号・3項）。

また、消滅会社が種類株式発行会社である場合には、合併対価の割当てに際しての株主平等原則は、同一の種類株式を有する株主において適用され、種類株式の種類毎に、合併対価の割当てを行わないことや、異なる種類の対価の割当てを行うことができる（会社749条3項・2項1号・2号）。実務的には消滅会社が種類株式発行会社である場合には、種類株主に不利益にならないよう、可及的に消滅会社における種類株式と類似の内容となる存続会社の種類株式を割り当てることが一般的と思われる（この場合には、存続会社が種類株式発行会社ではない場合には、存続会社における定款変更が必要となる）が、存続会社の普通株式を割り当てることもできる。なお、種類株式発行会社が合併をする場合、ある種類の株式の種類株主に損害を及ぼすおそれがあるときには、当該種類株式の種類株主総会が必要とされているところ（会社322

---

[100] なお、消滅会社の反対株主による株式買取請求権による買取りの効力は、合併の効力発生日に、合併の効力が生じる時点の直前時に生じると解されている（小松岳志「組織再編契約に関する実務の動向と諸問題」商事1893号（2010）17頁）。したがって、株式買取請求権の行使により消滅会社が取得した消滅会社株式に対しては、合併対価の割当ては行われないこととなる。

条1項7号)、消滅会社の普通株式と種類株式の全てに市場価格が存在するような例外的な場合を除き、ある種類株式の株主に損害を及ぼすおそれがないと断言することは難しく[101]、実務上は、消滅会社の全ての種類株式に関して種類株主総会が必要となることが多いものと思われる[102]。

(2) 新株予約権の取扱い

消滅会社が新株予約権を発行しているとき[103]には、吸収合併契約には、消滅会社の新株予約権者に対して存続会社が交付する新株予約権または金銭の内容、数量または算定方法、および消滅会社の新株予約権者に対する対価の割当てに関する事項を記載しなければならない（会社749条1項4号・5号）。また、消滅会社が発行している新株予約権付社債に付された新株予約権の対価として、存続会社の新株予約権を交付する場合には、あわせて、当該社債に係る債務を承継することも、記載しなければならない（会社749条1項4号ロ）。

なお、消滅会社の新株予約権者に対して交付する対価は、株主に対して交付する対価と異なり、存続会社の新株予約権または金銭に限られている。また、新株予約権者に対して、対価を交付しないという定めをすることも可能と解されている[104]。

また、新株予約権の内容として、合併に際して存続会社の新株予約権を交付する旨の定めがある場合（会社236条1項8号）であっても、当該定めにより当然に存続会社の新株予約権が交付されるわけではなく、合併契約の内容に従うこととなる。会社法236条1項8号の定めは、合併契約において同一の条件による存続会社の新株予約権の交付に関する条項が設けられた場合に、新株予約権買取請求権の対象とならないという意義を有するに過ぎない（会社787条1項1号）。

---

101) 江頭868頁注13。
102) 前記第2節2(3)(iv)参照。
103) 消滅会社が発行している新株予約権は、合併の効力発生日に消滅するとされている（会社750条4項）。
104) 松井・前掲注66) 535頁。

(3) 効力発生日

吸収合併契約においては、合併の効力発生日（会社749条1項6号）を確定日で記載しなければならない。なお、吸収合併の効力は、吸収合併の登記の日ではなく、合併契約に記載された効力発生日に発生することとされており、登記は、消滅会社の解散を第三者に対抗するための要件に過ぎないと整理されている（会社750条)[105]。

合併契約の締結時点において、効力発生のタイミングについて不確定要素がある場合[106]には、効力発生日を差し当たり確定日で合意した上で、効力発生日の変更の手続をとることが考えられる。効力発生日を変更するためには、消滅会社と存続会社の合意により、効力発生日を変更し、消滅会社が、変更前の効力発生日の前日（効力発生日を早める場合には、変更後の効力発生日の前日）までに変更後の効力発生日を公告しなければならない（会社790条2項)[107]。この場合、効力発生日の変更のために株主総会決議は要しないものと解されている[108]。

合併契約に規定された効力発生日までに債権者保護手続が完了していない場合には合併の効力は生じない（会社750条6項）が、この場合にも、合併の効力発生日の変更手続をとることが考えられる。他方で、効力発生日までに法定の手続が完了しておらず、かつ効力発生日の変更手続もとられていない場合に、引き続き合併の効力を生じさせるためには、吸収合併の手続を最初からやり直す必要があり相当な時間と手間が生じることには留意が必要である。

---

[105] したがって、（法務局が稼働していない）1月1日や日曜日を合併の効力発生日とすることも可能である。
[106] 例えば、海外の競争法当局からの認可の取得のタイミングが不確定なケース等が想定される。
[107] もっとも、実務的には、変更後の効力発生日の公告に際して必要となる手続（公告の枠取りや電子公告の手配等）の関係で、効力発生日の変更を直前に行うことは難しく、当該手続に要する期間を考慮した上で変更の要否を決定する必要がある。
[108] 論点解説705頁。なお、同書は、内部手続として、基本的に取締役会の決議が必要であるが代表者に決定を委任することも可能とする。

2 任意的記載事項

吸収合併契約には、上記1で解説した会社法749条で記載が義務付けられる必要的記載事項以外にも、実務上は、任意的記載事項が規定されることが少なくない。

具体的には、①株主総会の期日に関する事項、②消滅会社の財産の存続会社への承継に関する事項、③消滅会社の従業員の存続会社への引継ぎ・処遇に関する事項、④効力発生日までの両当事会社における業務執行および財産管理に関する善管注意義務に関する事項、⑤効力発生日までの両当事会社の剰余金の配当の限度額に関する事項、⑥消滅会社の役員のうち存続会社の役員とならない者に対する退職慰労金に関する事項、⑦合併の効力発生を条件とする存続会社の定款変更に関する事項[109]、⑧合併の効力発生を条件として就任する存続会社の役員に関する事項、⑨合併の効力発生の停止条件に関する事項[110]、⑩一定の事象が生じた場合の合併契約の解除・自動終了・変更に関する事項などが、実務上よく見受けられる。

これらの任意的記載事項は、合併会社と消滅会社の債権的合意として両当事会社間の合意を確認するものとしての意義があるが、その効力を発生させるために会社法上一定の手続が必要とされている事項については、別途当該手続を経る必要があることには留意が必要である。例えば、上記の⑦および⑧については、当該事項が記載された合併契約が存続会社の株主総会において承認されたとしても、株主総会において、別途定款変更決議や役員選任決議を得ることが必要と解されている[111]。

なお、合併契約に任意的記載事項として規定された事項は、合併契約の内容として、事前備置の対象となることもあり、合併当事会社あるいはその大株主等との間で、別途、合併に関する合意事項を定めた覚書等を締結することもある（第Ⅱ部第3章参照）。

---

[109] 合併に伴う存続会社の定款変更の内容としては、その商号、事業目的、発行可能株式数、役員の定員等が見受けられる。

[110] 例えば、複数の組織再編行為について順序を付けて行う場合や一体のものとして行う場合に、他の組織再編行為の効力発生を合併の効力発生の条件とすることがある。

[111] 相澤哲編著『立案担当者による新・会社法の解説』別冊商事295号（2006）191頁。

3 合併契約の終了および変更

(1) 合併契約の終了（解除または自動終了）

　合併契約の締結後合併の効力発生までの間に、合併契約締結の前提となっていた事由に重大な変動が生じた場合（例えば、合併の効力発生日までに天災地変その他の事由により当事会社の財産または経営状態に重大な変動が生じた場合や、合併の実行に重大な支障となる事態が生じた場合）には、合併当事者の双方または一方が合併契約を終了させることを希望することが考えられる[112]。合併契約の終了について、いかなる範囲および手続で終了することができるかについては議論があるところ、終了の方式については、一定の事由が生じた場合には、当事者の双方または一方に解除権が発生するという方式と、一定の事由が生じた場合には合併契約が自動的に終了するという方式がある。
　実務的には、解除権を発生させるための規定として、合併契約の任意的記載事項として、一定の事由（例えば、合併の効力発生日までに天災地変その他の事由により当事会社の財産または経営状態に重大な変動が生じた場合や、合併の実行に重大な支障となる事態が生じまたは判明した場合）が生じた場合には、当事会社が合併契約を解除することができる旨の規定が設けられることが多い[113]。かかる規定は、契約の一般原則に基づき原則として有効と解されており[114]、株主総会において合併契約が承認された後であっても、改めて株主総会の決議を経る必要はないものと解されている[115]。なお、解除権の発

---

[112] 実際の場面では、一方当事者が合併契約の終了を希望する一方で、他方当事者は終了に反対し、合併契約の終了事由の有無について意見を異にする場合もある。
[113] 実際には、合併契約の解除の前に、当事会社間で協議を行い解除以外の解決策を目指すことも多い。
[114] なお、当事会社に係る重大な事象が生じた場合や合併契約不履行の場合以外に株主総会の決議を経ることなく、合併契約を解除することは、合併の実現について有する株主の利益を害することになり許されないという見解がある（今井宏＝菊地伸『会社の合併』（商事法務、2005）201頁）。
[115] なお、この場合、代表取締役の協議のみによって解除可能とする見解（今井＝菊地・前掲注114）196頁）と取締役会の決議が必要とする見解（コンメ⒄152頁〔柴田〕）がある。

生事由たる「一定の事由」については、合併契約においてできるだけ明確に規定すべきであるが、他方で、上記の例でいえば、「その他の事由」や「重大な変動」、「重大な支障」に該当するか否かは評価的な要素が介在せざるを得ず、実際の場面では、解除権が認められるかについて、当事会社間で意見を異にするケースも想定される。

　また、一定の事由が生じた場合に、(解除権の行使を待たずに、)合併契約が自動的に終了する旨の規定(解除条件の一種)が任意的記載事項として設けられることもある。典型的な規定は、合併の効力発生の前日までに、合併当事会社において株主総会の承認決議が得られなかった場合や法令上合併の実行に必要な関係官庁等の承認や許認可が得られなかった場合に、自動的に合併契約を終了させるとするものである。かかる解除条件に関する規定も有効であるが、いかなる場合に合併契約の自動終了という重大な効果が生じるかを株主等に対して明確にする観点から、自動終了事由については、解除権の発生事由以上に、より具体的かつ明確に合併契約に規定すべきと考えられる。

(2) 合併契約の変更

　合併契約の法定記載事項のうち、効力発生日については、前述のとおり、株主総会の承認決議後であっても、株主総会の決議を経ることなく変更することが可能と解されている(会社790条)。

　会社法の明文で許容されている効力発生日以外の合併契約の内容について、いかなる範囲および手続でこれを変更することができるかについては議論がある[116]。実務的には、合併契約の任意的記載事項として、一定の事由(例えば、合併の効力発生日までに天災地変その他の事由により当事会社の財産または経営状態に重大な変動が生じた場合や、合併の実行に重大な支障となる事態が生じまたは判明した場合)が生じた場合には、両当事会社の協議・合意の上、合併契約を変更することができる旨の規定が設けられることが多い。もっとも、かかる規定を含む合併契約が株主総会で承認された場合であっても、合併契約の基本的事項を動かすこととなるような変更、ことに合併比率に関す

---

[116]　なお、合併当事者間で締結した合併契約の内容について、株主総会における修正動議で修正することは許されないと解されている(東京弁護士会会社法部編『新・株主総会ガイドライン〔第2版〕』(商事法務、2015) 248頁)。

る事項の変更は、取締役会または代表取締役限りで行うことはできず、そのためには改めて当該条件に基づく合併契約を作成して、株主総会の決議を要すると解されている[117]。

4 三角合併に関する論点

(1) 親会社株式の取得方法

会社法上、子会社による親会社株式の取得に関しては一定の制限が課されている（会社135条1項・3項）が、吸収合併に際して存続会社の親会社株式を合併対価として交付する場合には、存続会社は、消滅会社の株主に対して交付する株式数の総数を超えない範囲において当該親会社株式を取得し、合併の効力発生日までの間保有することが認められている（会社800条1項・2項）。

もっとも、存続会社が合併対価として交付するその親会社株式を取得するための具体的な方法については、議論がある。まず、親会社株式を、市場から取得する方法については、合併対価として必要となる株式数は必ずしも少なくないことに鑑みると、市場価格への影響が避けられないと思われ、また、市場外で第三者から相対で取得することは、親会社株式を保有する適当な第三者が存在するとは限らないという問題点がある。他方で、親会社から新株発行や自己株式の処分を受ける場合には、子会社において、当該取得の原資の調達方法をどうするかという問題が生じる。この点、親会社が存続会社たる子会社への貸付けまたは増資の引受けを行い、子会社がこれによって資金を調達することが考えられるが、親会社自身から拠出された資金を親会社の増資の原資とすることについて見せ金・仮想払込みに該当しないかという問題もある。他方で、三角合併において資金拠出を可及的に抑えるという観点から、親会社株式の新株発行・自己株式の処分を備忘価格で行う場合には、有利発行の問題や子会社に税務上受贈益の問題が生じる可能性がある。さらに、子会社と親会社の間で相互に新株発行または自己株式の処分を行い、相互の払込債務を相殺する方法や、子会社と親会社で相互に新株発行または自

---

117) コンメ(17)152頁〔柴田〕、今井＝菊地・前掲注114) 196頁。

己株式の処分を行うことにより、互いに現物出資を行う方法なども考えられるが、これらも、払込債務の相殺合意を認めない登記実務や、株式引受人側の現物出資財産の給付としての株式の発行・処分が出資を受ける側の株式の発行・処分に先行しなければならないことを前提とする会社法209条の文言との関係での疑義がある。

　以上は、親会社の設立準拠法が日本法であることを前提とした議論であるが、親会社の設立準拠法が外国法の場合には、子会社による親会社株式の取得は、当該外国法に基づき規律されることになることには留意が必要である（第Ⅲ部第4章第1節参照）。したがって、子会社が、合併対価として交付する親会社株式の具体的な取得方法については、個別事案毎に適切な方法を検討する必要があろう[118]。

(2) 取得する親会社株式の数

　会社法800条1項により取得が認められている消滅会社の株主に対して交付する親会社株式の「総数を超えない範囲において」の具体的な範囲も問題となる。

　合併対価の交付は、効力発生時点の株主を対象として行うため、合併契約の締結から効力発生日までに、消滅会社において新株予約権の行使があった場合や自己株式の取得があった場合、反対株主による株式買取請求権の行使がなされた場合等、効力発生日まで合併対価として交付される株式の数が確定しないケースもある。したがって、実務的には、存続会社としては、かかる可能性も踏まえ、ある程度余裕を持った数の親会社株式を取得しておかざるを得ず、その結果として、最終的には、合併対価として交付する株式数を超過して、親会社株式を取得してしまったというケースが生じる可能性も否定できない。

　したがって、子会社は親会社株式の取得時点で合理的に判断される株数を

---

[118] なお、谷川達也＝清水誠「シティグループと日興コーディアルグループによる三角株式交換等の概要(上)」商事1832号（2008）59頁、松浪信也「国内企業再編における三角合併の活用」ビジネス法務14巻10号（2014）104頁、新川麻「日本法人を親会社とする三角合併取引における子会社による親会社株式の取得に関する一考察」西村利郎先生追悼論文集『グローバリゼーションの中の日本法』（商事法務、2008）45頁参照。

取得した上で、結果的に超過が確定した場合には、超過分につき、相当の時期に処分すれば足りると解するのが合理的と思われる[119]。

(3) 合併対価の端数処理

さらに問題となるのが、存続会社の親会社株式を合併対価とする際の端数の処理である。すなわち、消滅会社の株主に交付する存続会社の株式の数に1株に満たない端数がある場合には、存続会社は、会社法234条の規定に基づき、消滅会社の株主に対してその端数に応じて金銭を交付することになる。しかしながら、同条は、文言上、存続会社の株式以外（親会社株式等）を交付する場合には類推適用はできないと解される。

したがって、例えば、端数が生じることが想定される場合には、親会社株式と現金を組み合わせて、合併対価の内容としておくことといった対応が必要になる[120]。

第4節 合併の効果

1 権利義務の承継および対価の交付

吸収合併の効果としては、合併の効力発生日に、①存続会社が、消滅会社の権利義務を包括的に承継し（会社750条1項、2条27号）、②消滅会社が、通常の解散の場合と異なり清算手続を経ることなく合併の効力発生と同時に解散・消滅し（会社471条4号、475条1号但書）、③合併が無対価で行われる場合を除いて、存続会社が、消滅会社の株主に対して存続会社の株式等の合併対価を交付し（会社750条3項）、④消滅会社が新株予約権を発行している

---

[119] 藤田友敬ほか「〈座談会〉会社法における合併等対価の柔軟化の施行」商事1799号（2007）21頁〔藤田友敬発言〕等参照。
[120] なお、三角合併の対価として交付される株式に端数が生じる場合において、当該端数に応じた金銭が交付されたとしても、税制適格には影響しないものとされている。

場合、消滅会社の新株予約権が消滅し（会社750条4項）、消滅会社の新株予約権者に対して交付する対価がある場合には、存続会社が当該対価を交付する（会社750条5項）ことが挙げられる。

消滅会社の権利義務は、合併によって、合併の効力発生日に、存続会社が包括承継することになり、個別の権利義務の移転手続は不要である。また、合併においては、消滅会社の権利義務の一部を承継対象から除外することはできず、消滅会社が負っている一切の債務も、消滅会社が債務として認識しているか否かを問わず、存続会社に当然承継されることになる。

なお、消滅会社の締結している契約において、当事者の合併が禁止されていたり、合併その他により契約上の地位および権利義務を承継させることにつき、契約相手方の承諾が必要とされているケースがある。このような場合であっても、合併による包括承継の効果を妨げることはできず、当該契約上の地位および権利義務は存続会社に承継されることには留意が必要である[121]。もっとも、上記のような場合に契約相手方の承諾なくして合併を行った場合には、当該契約の債務不履行事由となってしまうため、実務上は、当該契約の重要性に応じて、合併の実行前に、契約相手方の承諾を取得することになろう。

上記に対する例外として、消滅会社の公法上の権利義務や消滅会社が有していた許認可については、当然に包括承継されるとは限らず、当該公法上の権利義務の根拠規定・趣旨に従い個別に判断されることになる[122]。また、消滅会社の刑事責任についても、存続会社に追及することはできない。ただし、確定済みの罰金刑等は、存続会社に承継される（刑事訴訟法492条）。また、消滅会社が当事者である民事訴訟は、合併により中断し、存続会社がそれを受継する（民事訴訟法124条1項2号）。

2 対抗要件の要否

吸収合併により、消滅会社の権利が存続会社に包括承継された場合、当該

---

[121] ただし、当該契約の準拠法が外国法である場合には、本文記載のとおりに承継されるかは、当該外国法上の取扱いによる。
[122] なお、消滅会社の租税債務は存続会社に承継される。

権利の承継を第三者に対抗するために存続会社において対抗要件を具備することが必要かという問題がある。

この点については、合併による権利義務の承継は、包括承継であることを重視し、権利の「譲渡」についてのみ対抗要件の具備が必要とされている動産や債権（民法 178 条、467 条）などについては、対抗要件の具備なくして存続会社が第三者に合併による権利の承継を主張でき、権利の「移転」について対抗要件の具備が必要とされている不動産や船舶（民法 177 条、商法 687 条）などについては対抗要件を具備する必要があるという見解がある[123]。

また、具体的に、吸収合併による権利の承継について対抗要件が必要な不動産などの権利についても、対抗問題が生じる場面がいかなる場合であるかも問題となっている。

まず、合併の効力発生日前に消滅会社の代表取締役が第三者に不動産を譲渡していた場合には、存続会社は消滅会社の譲受人たる地位を承継することとなり、存続会社が引き続き、登記移転義務を負うことから、当該第三者と対抗関係に立つことはない。

他方で、合併の効力発生日後、吸収合併の登記前に、消滅会社の代表取締役であった者が消滅会社の不動産を第三者に譲渡した場合には、合併による存続会社による承継と、代表取締役であった者から当該第三者に対する譲渡との関係が問題となる。この点、存続会社は、吸収合併による消滅会社の解散は、吸収合併の登記前は、第三者の善意・悪意を問わず、第三者に対抗することはできないとされている（会社 750 条 2 項）ので、引き続き、消滅会社（合併の登記後は存続会社）は、不動産の譲受人に対して登記移転義務を負うと解されており[124]、この場合も対抗関係は生じないと解されている[125]。

---

[123] 大判昭和 12 年 4 月 22 日民集 16 巻 487 頁。もっとも、かかる見解に対しては、そのような区別をする合理的理由はなく、「譲渡」について対抗要件の具備が必要な場合にも、合併による承継を主張するために対抗要件の具備が必要とする見解もある（江頭 854 頁注 6）。

[124] 論点解説 704 頁。

[125] かかる見解に立つ限り、そもそも個別の権利の承継について第三者対抗要件を具備する実質的な意義は乏しいということになろう。もっとも、この場合について、合併による存続会社による承継と、代表取締役であった者から当該第三者に対する譲渡について、二重譲渡類似の関係となり、対抗関係となるとする見解もある（江頭 854 頁注 6）。

第7章

株式交換・株式移転

第1節 株式交換・株式移転によるM&A

1 株式交換・株式移転の意義

(1) 株式交換・株式移転の意義

　株式交換・株式移転は、いずれも既存の株式会社を完全子会社とする完全親子会社関係を創設することを目的とする組織再編行為である。このうち、株式交換は、2つ以上の会社（当事会社）が契約（株式交換契約）を締結して行う行為であって、既存の株式会社がその発行済株式の全部を他の株式会社または合同会社に取得させる行為（会社2条31号）である。株式移転は、1または2つ以上の株式会社（当事会社）が計画（株式移転計画）を作成して行う行為であって、その発行済株式の全部を新たに設立する株式会社に取得させる行為（同条32号）である。株式交換・株式移転は、いずれも、完全子会社となる株式会社の個別の株主の同意を要することなく、株主総会における多数決による意思決定のみで、完全子会社となる株式会社の株主の全てからその保有する株式を取得することができる点に特徴がある。また、株式交換・株式移転のいずれの場合においても、完全子会社となる株式会社は株主の変動が生じるものの、その法人格には影響がなく、当該会社の財産状態にも原則として[1]変動が生じないのも特徴である。

なお、株式交換・株式移転の当事者のうち、株式交換の完全親会社となる会社には、株式会社または合同会社がなることができる（会社2条31号）が、その他の当事会社は、株式会社に限定されている（会社2条31号・32号）。本章では、実務的に一般的に見られる株式会社間の株式交換・株式移転を前提として議論することとする。なお、本章では、以下、完全子会社となる株式会社を単に「完全子会社」、完全親会社となる株式会社を単に「完全親会社」ということがある。

(2) 株式交換・株式移転によるM&A

株式交換は、企業グループ内の子会社再編（完全子会社化）やグループ外企業の買収の場面で利用されることが多い。また、株式移転は、企業グループ内の持株会社の創設やグループ外企業との経営統合（典型的には、上場会社同士が経営統合し、新たに設立される持株会社を上場させるケース）で利用されることが多い。

株式交換・株式移転においては、完全子会社の株主から個別の同意を取得する必要がなく、完全子会社に少数株主が存在する場合も株主総会決議を可決できる限り完全子会社化を実現できることから、個別の株主からの株式譲渡により完全子会社化を行う場合と比べると、特に株主数の多い上場会社が完全子会社となるケースでは、相対的に目的の達成が容易であるといえる[2]。また、法人格が直ちに一体化する合併の場合と異なり、完全子会社の法人格に影響がなく、買収や経営統合後の当事会社の独立性を一定程度維持することも可能であるため、会社間の事業の統合にあたり、システムや人事制度の統一に一定の時間を要する場合など、ビジネス上のニーズから直ちに事業を統合することが難しい場合に向いているといえよう。また、法人格に影響がないことから、完全子会社の締結している契約関係の処理や許認可の変更や

---

1) 完全子会社となる株式会社の発行している新株予約権付社債が、完全親会社となる会社に承継される場合には例外的に影響がある。
2) 株式譲渡と株主総会決議による株式併合等を組み合わせることによって完全子会社化を行うこともできるが、この場合は金銭を対価とするスクイーズ・アウトとなるため、少数株主の利益に対する高度の配慮が求められる（**第5章および第Ⅲ部第2章参照**）。株式交換は、株式を対価とする限りにおいて、スクイーズ・アウトにおけるような少数株主の利益に対する配慮は求められないという違いがある。

承継の手続について、合併の場合と比べて、比較的手間を要しないことも多く、かかる観点からも、株式交換・株式移転という手法が選択されることがある。

2 株式交換・株式移転の当事者

(1) 外国会社との株式交換・株式移転

会社法上、外国会社と日本の会社で株式交換・株式移転を行うことが、実務上は認められていないことは、合併の場合と同様である。もっとも、三角株式交換等が認められたため、外国会社が日本法人である株式会社を設立した上で、当該株式会社を完全親会社として株式交換を行うことにより、外国会社を当事会社とする株式交換を行いたいとのニーズの相当部分は解決されたものと思われることも、合併の場合と同様である。

(2) 債務超過会社の株式交換・株式移転

債務超過会社を完全子会社とする株式交換・株式移転が可能と解されることは、合併の場合と同様である。

(3) 複数当事者間の株式交換・株式移転

株式交換は、一般的には2当事者間で行うケースが多いが、3当事者以上の間で株式交換を行うケースもある。この場合、複数となるのは完全子会社であり、法的な概念としては、複数の完全子会社がそれぞれ完全親会社との間で株式交換の手続を並行し、同時に効力を発生させるものと整理されていることは合併の場合と同様である。したがって、それぞれ個別に並行して行われる複数の株式交換を実質的に一体のものとして行う場合には、株式交換の効力発生について、相互に条件付けを行う(いずれかの株式交換の効力が発生しない場合には、他の株式交換も効力を生じないことを各株式交換契約に規定する)必要がある。

株式移転については、完全子会社が複数存在すること、すなわち3当事者以上の間で株式移転を行うことも珍しくなく、会社法の定義(会社2条32号)も、そのことを想定している(いわゆる、共同株式移転)。

(4) **上場会社と非上場会社の株式交換**

金融商品取引所に株式を上場している会社を当事者とする株式交換・株式移転については、一般的に、会社法に加え、当該株式を上場している金融商品取引所の定める規則に従う必要があるが、特に、東京証券取引所の有価証券上場規程では、いわゆる裏口上場の防止を目的として、上場会社が非上場会社と株式交換を行った結果、上場会社に実質的存続性が認められず、かつ一定期間内に新規上場審査の基準に準じた基準に適合しない場合には上場廃止となるとされている（上場規601条1項9号a、上場規施行則601条8項1号a）ことは、合併の場合と同様である。詳細については、**第6章第1節2(4)** を参照されたい。

第2節 株式交換・株式移転の手続

1 概　要

株式交換・株式移転の手続については会社法に詳細に規定されているが、当事会社が株式交換・株式移転に際して履践しなければならない手続は、会社法が定めるものに限られない。例えば、①日本の独禁法または外国の競争法により事前または事後の当局への届出等の対応が必要となる場合があり[3]、②株式交換・株式移転の対価たる株式等の有価証券の発行について、いわゆる発行開示規制の一種として、金商法により有価証券届出書を提出しなければならない場合もあり、③当事会社が有価証券報告書提出会社や上場会社である場合には、臨時報告書および金融商品取引所の有価証券上場規程に基づく適時開示による開示が必要となる場合がある[4)5]。また、このほかにも、外国法による手続が必要となるケースもあり、例えば、株主構成次第では、

---

[3] 詳細は、**第12章参照**。

米国証券法に基づく手続が必要となることもある。本節においては、2において、株式交換・株式移転に必要な手続のうち会社法が定める手続の詳細を説明した上で、3において、金商法による有価証券届出書・臨時報告書、4において、金融商品取引所の有価証券上場規程に基づく適時開示、5において、米国証券法に基づく手続の概要を述べることとする。

2 会社法が定める手続

　株式交換・株式移転がその当事会社の株主および一定の場合の債権者・新株予約権者に重大な影響を及ぼすものであるため、会社法は、これらの者を保護するために厳格な手続を定めている。具体的な手続は、株式交換については吸収合併と、株式移転については新設合併と共通しており、当事会社が株式会社である場合と持分会社である場合に分けて定められている。

　以下では、原則として、当事会社が株式会社である株式交換・株式移転について詳細を説明することとする。なお、株式交換・株式移転に関し、会社法が定める各手続の要否を、保護を受ける利害関係者に着目して整理すると、下記の表のとおりとなる。

---

4) 株式交換・株式移転においては、完全子会社の法人格に変動がないため、当事会社が取得している許認可について、変更や承継等のための手続を履践しなければならないケースは稀であるが、一部の規制産業においては、完全子会社の株主の変動について一定の手続が必要となるケースもあり得る。規制産業におけるM&Aについては、**第Ⅲ部第7章参照。**

5) この他にも、海外の株主に対して合併対価が交付される場合等には、外為法上の手続が必要となることもある。

[図表Ⅰ-7-1] 株式交換に関する会社法上の必要手続

保護を受ける利害関係者	手続	通常の株式交換		簡易株式交換		略式株式交換	
		完全子会社	完全親会社	完全子会社	完全親会社	完全子会社	完全親会社
株主	株式交換契約の締結	○	○	○	○	○	○
	株主総会による承認	○	○	○	×	△(*1)	△(*1)
	種類株主総会による承認	△(*2)	△(*2)	△(*2)	△(*2)	△(*2)	△(*2)
	株主に対する通知・公告	○	○	○	○	△(*3)	△(*3)
	株式買取請求	○	○	○	×	△(*3)	△(*3)
新株予約権者	新株予約権者に対する通知・公告	○	×	○	×	○	×
	新株予約権買取請求	△(*4)	×	△(*4)	×	△(*4)	×
債権者	債権者保護手続	△(*5)	△(*6)	△(*5)	△(*6)	△(*5)	△(*6)
株主・債権者	法定書面の事前備置	○	○	○	○	○	○
	法定書面の事後備置	○	○	○	○	○	○

*1 相手方当事会社が当該会社の特別支配会社に該当する場合（当該会社が従属会社となる場合）に不要となる。

*2 通常の株式交換、簡易株式交換または略式株式交換のいかんを問わず、ある種類の株式の種類株主に損害を及ぼすおそれがある限りにおいて、種類株主総会による承認が一貫して必要となる。

*3 特別支配会社である株主については不要または認められない。

*4 株式交換契約において、完全子会社の新株予約権者に対し、新株予約権の内容として定められたとおり完全親会社の新株予約権が交付される旨定められた場合は、認められない。

*5 株式交換契約新株予約権が新株予約権付社債に付されたものである場合、当該社債権者に対して債権者保護手続を行う必要がある。

*6 ①完全親会社が完全子会社の株主に対して交付する対価が完全親会社の株式その他これに準ずるものとして法務省令で定めるもののみであるケース以外の場合、および②完全親会社が株式交換契約新株予約権として新株予約権付社債を承継する場合には、完全親会社の債権者に対して債権者保護手続を行う必要がある。

[図表Ⅰ-7-2] 株式移転に関する会社法上の必要手続

保護を受ける利害関係者	手続	株式移転 完全子会社	株式移転 完全親会社
株主	株式移転計画の作成	○	―
株主	株主総会による承認	○	―
株主	種類株主総会による承認	△（＊1）	―
株主	株主に対する通知・公告	○	―
株主	株式買取請求	○	―
新株予約権者	新株予約権者に対する通知・公告	○	―
新株予約権者	新株予約権買取請求	△（＊2）	―
債権者	債権者保護手続	△（＊3）	―
株主・債権者	法定書面の事前備置	○	―
株主・債権者	法定書面の事後備置	○	○

＊1 ある種類の株式の種類株主に損害を及ぼすおそれがある限りにおいて、種類株主総会による承認が必要となる。

＊2 株式移転計画において、完全子会社の新株予約権者に対し、新株予約権の内容として定められたとおり完全親会社の新株予約権が交付される旨定められた場合は、認められない。

＊3 株式移転計画新株予約権が新株予約権付社債に付されたものである場合、当該社債権者に対して債権者保護手続を行う必要がある。

(1) 株式交換契約・株式移転計画の締結

株式交換・株式移転の当事会社は、株式交換契約・株式移転計画を締結・作成しなければならない（会社767条、772条）。なお、2以上の株式会社が共同して株式移転をする場合には、当該2以上の株式会社は、共同して株式移転計画を作成しなければならず、実務上、かかる株式移転計画を共同株式移転契約と呼ぶ場合がある。株式交換契約・株式移転計画の締結・作成に係る機関決定および締結・作成の時期については、合併の場合と同様であるため、第6章第2節2(1)を参照されたい。株式交換契約・株式移転計画に規定すべき事項については、後記第3節を参照されたい。

(2) 事前備置

　株式交換・株式移転の当事会社[6]は、その株主および債権者に対して、これらの者が株式交換・株式移転に関して会社法上与えられる権利を行使するか否かを判断するために必要な情報を提供するという観点から、一定の事項を記載または記録した書面または電磁的記録を、一定の期間、本店に備え置かなければならない[7][8]。完全子会社の株主および新株予約権者、ならびに株式交換における完全親会社の株主[9]は、当事会社に対し、下記(ii)の備置期間中、営業時間内は、いつでも、事前備置事項が記載された書面の閲覧または謄本もしくは抄本の交付を請求することができる[10]。

(i) 事前備置による開示事項
事前備置による開示事項は、大要、下記のとおりである[11]。
- (a) 株式交換契約・株式移転計画の内容
- (b) 株式交換対価・株式移転対価の相当性に関する事項
- (c) 株式交換対価について参考となるべき事項（株式交換における完全子会社のみ）
- (d) 株式交換・株式移転に係る新株予約権の定めの相当性に関する事項
- (e) 各当事会社の計算書類等に関する事項
- (f) 効力発生日以後の完全親会社の債務の履行の見込みに関する事項（債

---

[6] ただし、株式移転における完全親会社については、株式移転の効力発生まで設立されていないため、株式移転の効力発生までに行うべき会社法上の手続は存在しない。したがって、本(2)において完全親会社という場合には、株式交換における完全親会社を意味する。

[7] 上場会社の場合には、事前備置事項が記載された書面の金融商品取引所への提出が必要とされていることは、合併の場合と同様である。

[8] 会社782条、794条、803条。

[9] ①完全子会社の株主に交付する株式交換対価の合計額のうち、完全親会社の株式以外の財産が5％以上の場合（会社794条3項、会社則194条）、および②完全子会社が新株予約権付社債を発行しており、株式交換によりその新株予約権付社債に対して完全親会社の新株予約権が交付される場合（会社794条3項、768条1項4号ハ）には、完全親会社の債権者も含まれる。

[10] 会社782条3項、794条3項、803条3項。

[11] 会社782条1項、794条1項、803条1項、会社則184条、193条、206条。

権者保護手続の対象となる債権者がいる場合のみ)
- (g) 前記(b)〜(f)の事項に事後的に変更が生じた場合における変更後の当該事項の内容

(a) 株式交換契約・株式移転計画の内容

　実務上、締結・作成済みの株式交換契約書・株式移転計画書の写しを備置することが多いが、開示事項は、株式交換契約・株式移転計画の「内容」とされているため[12]、備置すべき書面は締結済みの書面の原本または写し自体である必要はない。

(b) 株式交換対価・株式移転対価の相当性に関する事項

　会社法は、株式交換における株式交換対価の相当性に関する事項として、完全子会社の事前備置については特に下記の事項を開示すべき旨を定めている（会社則184条1項1号・3項）。下記の事項は、株式交換の完全親会社や株式移転の場合の事前備置による開示事項としては明示的に規定されていないものの（会社則193条1号）、会社法の立案担当者は、当該事項は対価の相当性に関する事項のうち重要なものを注意的に掲げたものであり、株式交換の完全親会社の事前備置や株式移転の場合の事前備置においても開示すべきとしている[13][14]。

- ・株式交換対価の総数または総額の相当性に関する事項
- ・株式交換対価として当該種類の財産を選択した理由
- ・完全子会社と完全親会社とが共通支配下関係にあるときは、完全子会社の株主の利益を害さないように留意した事項（当該事項がない場合にあっては、その旨）

---

12) 会社782条1項、794条1項、803条1項。
13) 相澤哲ほか「合併等対価の柔軟化の施行に伴う『会社法施行規則の一部を改正する省令』」別冊商事法務編集部編『合併等対価の柔軟化への実務対応』別冊商事309号(2007) 33頁。
14) もっとも、会社則184条3項所定の事項は、一般的には、株式交換対価の相当性を基礎付ける事情とはなり得るが、条文上の明示の根拠がないこともあってか、完全親会社の事前備置においては、これらの事項に沿った開示がされていないことも少なくないように思われる。

(c) 株式交換対価について参考となるべき事項

　会社法は、株式交換における株式交換対価について参考となるべき事項を、完全子会社の事前備置による開示事項として定めているが、完全親会社の事前備置に関してはこれを開示すべき旨を定めていない[15]。これは、株式交換対価について、その交付を受けることとなる完全子会社の株主に対してより充実した情報を提供することを目的としたものであると考えられる。当該事項として記載すべき内容は、合併の場合と基本的に同様であるので、**第6章第2節2**(2)(i)(c)を参照されたい。

　また、株式移転については、株式移転対価について参考となるべき事項を事前備置による開示事項として定めていないが、これは、株式移転の場合には、その対価の種類が完全親会社が発行する株式、新株予約権、社債または新株予約権付社債に限定されているためとされている[16]。

(d) 株式交換・株式移転に係る新株予約権の定めの相当性に関する事項

　完全子会社が新株予約権を発行している場合、株式交換契約・株式移転計画には、完全親会社が株式交換・株式移転に際して完全子会社の新株予約権者に対して交付する完全親会社の新株予約権または金銭について一定の事項を規定することができるところ[17]、完全子会社および完全親会社は、その事前備置において、当該定めの相当性を開示することが求められている[18]。当該相当性に関する具体的な開示事項は前記(b)に列挙する事項に準じることとなる。

(e) 各当事会社の計算書類等に関する事項

　完全子会社および完全親会社のいずれの事前備置においても、自己および相手方当事会社（株式移転の場合には、共同株式移転における他の完全子会社を指す）に関して、それぞれ以下の事項を開示するものとされている[19]。

---

15) 会社則184条1項2号・4項、193条。
16) 相澤ほか・前掲注13) 33頁。
17) 会社768条1項4号・5号、773条1項9号・10号。
18) 会社則184条1項3号・5項、193条2号、206条2号。
19) 会社則184条1項4号・6項、193条3号・4号、206条3号・4号。

【自己に関する開示事項】
・最終事業年度がない場合の成立の日における貸借対照表
・最終事業年度末日（最終事業年度がない場合は会社成立の日）後に生じた会社財産の状況に重要な影響を与える事象の内容

【相手方当事会社に関する開示事項】
・最終事業年度に係る計算書類等[20]（最終事業年度がない場合は会社成立の日における貸借対照表）
・最終事業年度末日（最終事業年度がない場合は会社成立の日）後の日を臨時決算日とする臨時計算書類等
・最終事業年度末日（最終事業年度がない場合は会社成立の日）後に生じた会社財産の状況に重要な影響を与える事象の内容

(f) 効力発生日以後の完全親会社の債務の履行の見込みに関する事項

完全子会社および完全親会社のいずれの事前備置においても、債権者保護手続の対象となる債権者がいる場合（後述(6)のとおり、株式交換・株式移転において債権者保護手続の対象となる債権者は限定的である）には、それぞれ自己の債権者に対する債務について、効力発生日以後の完全親会社による履行の見込みを開示するものとされている[21]。

(g) 前記(b)～(f)の事項に事後的に変更が生じた場合における変更後の当該事項の内容

事前備置による開示事項のうち、株式交換契約・株式移転計画の内容以外の事項について、備置開始日後に変更が生じた場合、変更後の当該事項を開示するものとされている[22]。

(ii) 事前備置の期間

株式交換・株式移転の事前備置は、株主および一定の場合の債権者・新株

---

20) 計算書類（貸借対照表、損益計算書、株主資本等変動計算書、個別注記表）、事業報告、監査報告および会計監査報告を総称したものである（会社442条、435条2項、会社計算59条1項）。
21) 会社則184条1項5号、193条5号、206条5号。
22) 会社則184条1項6号、193条6号、206条6号。

予約権者が会社法により与えられた権利の行使時期に先立って開始されることとなっており、その開始日は、大要、①株式交換契約・株式移転計画の承認に係る株主総会の2週間前の日、②株式買取請求に係る株主に対する通知もしくは公告の日、③新株予約権買取請求に係る新株予約権者に対する通知もしくは公告の日または④債権者異議申述公告もしくは催告の日のいずれか早い日であり、また、⑤前記①～④の手続がいずれも不要である場合は株式交換契約・株式移転計画の締結日・作成日から2週間を経過した日である[23]。

事前備置の終期は、株式交換における効力発生日・株式移転における完全親会社の成立の日から6か月を経過する日までとされている[24]。

(3) 株主総会の承認決議

(i) 概説

株式交換の当事会社は、後記(9)の簡易株式交換または略式株式交換により不要となる場合を除き、効力発生日の前日までに、株式移転の完全子会社は、完全親会社の設立登記前に、株主総会決議によって、株式交換契約・株式移転計画の承認を受けなければならない[25][26]。

なお、前記(1)のとおり、株主総会決議による株式交換契約・株式移転計画の承認は、株式交換契約・株式移転計画の締結・作成後になされることが一般的であるが、株主総会決議による株式交換契約・株式移転計画の承認が得られなければ、株式交換・株式移転の効力は発生しないため、実務上、株式交換契約・株式移転計画において、いずれかの当事会社の株主総会決議が得られないことを株式交換契約・株式移転計画の解除条件・終了事由として定めることが多い。

---

23) 会社782条2項、794条2項、803条2項。
24) 会社782条1項、794条1項、803条1項。
25) 会社783条1項、795条1項、804条1項。
26) なお、株主総会において書面または電磁的方法による議決権の行使が行われる場合には、株主総会参考書類（会社301条1項、302条1項）において、①株式交換・株式移転を行う理由、②株式交換契約・株式移転計画の内容の概要、③事前備置書面の記載事項のうち前記(2)(i)(b)～(e)の事項、④株式移転の場合には、完全親会社の取締役・監査役等に関する事項を記載しなければならない（会社則88条、91条）。

(ii) 決議要件
(a) 原則——特別決議

　株式交換契約・株式移転計画を承認する株主総会決議の種類は、原則として特別決議である（会社309条2項12号）。すなわち、株主総会において議決権を行使することができる株主の議決権の過半数（3分の1以上の割合を定款で定めた場合は、その割合以上）を有する株主が出席し、出席した株主の議決権の3分の2（これを上回る割合を定款で定めた場合は、その割合）以上に当たる多数をもって決議するのが原則である（会社309条2項柱書前段）[27]。

(b) 例外——総株主の同意

　株式交換において、完全子会社が種類株式発行会社でない場合であって（すなわち、完全子会社の株主全員が同一の内容の株式を有している場合であって）、株式交換対価の全部または一部が持分等[28]であるときは、完全子会社の総株主の同意を得なければならない（会社783条2項）。このような株式交換対価を交付する場合、完全子会社の株主に対して、完全子会社が株式会社から持分会社に組織変更するのと実質的に同様の影響を与えることになることから、当該組織変更と同様に総株主の同意が必要（会社776条1項参照）とされたものである。なお、完全子会社が種類株式発行会社である場合は、株式交換対価として持分等の割当てを受ける種類の株主の全員の同意を得なければならない（会社783条4項）。

(c) 例外——特殊決議

　株式交換および株式移転の完全子会社が公開会社であり、かつ、その株主に対して交付する株式交換・株式移転対価の全部または一部が譲渡制限株式等[29]である場合は、特殊決議、すなわち株主総会において議決権を行使す

---

[27] なお、当該決議の要件に加えて、一定の数以上の株主の賛成を要する旨その他の要件を定款で定めることも可能である（会社309条2項柱書後段）。
[28] 「持分等」とは、持株会社の持分その他権利の移転または行使に債務者その他第三者の承諾を要するもの（譲渡制限株式を除く）である（会社783条2項、会社則185条）。
[29] 「譲渡制限株式等」とは、譲渡制限株式、および完全親会社の取得条項付種類株式または取得条項付新株予約権であってこれらの取得と引換えに交付される株式が完全親会社の譲渡制限株式であるものである（会社783条3項、会社則186条1号）。

ることができる株主の半数以上（これを上回る割合を定款で定めた場合は、その割合以上）であって、当該株主の議決権の3分の2（これを上回る割合を定款で定めた場合にあっては、その割合）以上に当たる多数をもって決議する必要がある（会社309条3項2号・3号）。このような対価を交付する場合、完全子会社の株主に対して、完全子会社の発行する株式の全てを譲渡制限株式とするための定款変更を行うのと実質的に同様の影響を与えることになることから、当該定款変更と同様の株主総会決議が必要（同項1号参照）とされたものである。なお、完全子会社が種類株式発行会社である場合は、対価として譲渡制限株式等の割当てを受ける種類の株式の種類株主を構成員とする種類株主総会の決議を得なければならない（会社783条3項、804条3項）[30]。

(iii) 株式交換における完全親会社の取締役の説明義務

株式交換により完全親会社に株式交換差損が生じる場合（会社795条2項3号）[31]には、完全親会社の取締役は、株式交換契約の承認を受ける株主総会において、これに関する説明をしなければならない。実務上は、株主により充実した情報を提供する観点から、株式交換差損が生じる旨のみならず、株式交換差損が生じる理由およびその処理方針等についても説明することが考えられるのは、合併の場合と同様である。

(iv) 種類株主総会

株式交換・株式移転の当事会社が種類株式発行会社である場合、定款に別段の定めがない限り、当該株式交換・株式移転がある種類株式の株主に損害を及ぼすおそれがあるときは、当該種類株式の株主を構成員とする種類株主

---

[30] その決議要件は本文記載の特殊決議と同様である（会社324条3項2号）。なお、逆に、株式交換において、完全親会社が種類株式発行会社である場合で、完全子会社の株主に対して、株式交換対価として、完全親会社の譲渡制限種類株式（会社法199条4項の定款の定めのないもの）が交付される場合には、完全親会社において、当該譲渡制限種類株式を有する種類株主を構成員とする種類株主総会の決議が必要となる（会社795条4項3号）。

[31] 大要、完全親会社が完全子会社の株主に対して交付する対価（ただし、完全親会社の株式等（すなわち、完全親会社の株式、新株予約権および社債（会社107条2項2号ホ））を除く）の帳簿価額が、完全親会社が取得する完全子会社の株式の額（会社則195条5項）を超える場合をいう。

総会の特別決議による承認が必要となる[32]。この点、会社法はどのような場合に「損害を及ぼすおそれがある」とされるかを具体的に規定していないことから、実務上は、種類株主総会の承認を受けるケースが多いものと思われることは合併の場合と同様である。

　また、株式交換・株式移転の当事会社のある種類の株式の内容として株式交換・株式移転についてその種類株主総会の決議事項とされているとき（会社108条1項8号）には、（種類株主に損害を及ぼすおそれの有無にかかわらず）当該種類株主総会の決議が必要となる（会社323条）ことも合併の場合と同様である。この場合の決議要件は、定款の定めによることとなる。

(4) 株券・新株予約権証券の提出手続

　完全子会社が株券発行会社であって[33]、実際に株券を発行している場合[34]、その発行する株券は効力発生日に無効となるため（会社219条3項）、完全子会社は、効力発生日までに完全子会社の全ての株式に係る株券を提出しなければならない旨を、効力発生日の1か月前までに、公告し、かつ、株主名簿上の株主および登録質権者に対して各別の通知をしなければならない（同条1項6号）ことは合併の場合と同様である。完全子会社が新株予約権証券を発行している場合も同様である（会社293条1項）。

(5) 反対株主の株式買取請求・新株予約権者の新株予約権買取請求

(i) 概　説

　株式交換・株式移転の当事会社の株主は、原則として、株式交換・株式移転に反対する場合には、自己の有する株式を公正な価格で買い取ることを請求することができる[35]。これは、株式交換・株式移転の重大な効果に鑑み、株式交換・株式移転に反対する当事会社の株主に公正な条件で投下資本を回

---

[32]　会社322条1項11号〜13号・2項・3項、324条2項4号。
[33]　2009年1月5日の株券電子化により、上場会社は全て株券不発行会社となったため、株券発行会社であるのは非上場会社に限られる。
[34]　完全子会社が株券発行会社であっても、全ての発行済株式について株券を発行していない場合には、株券提出手続が不要となるため、実務的には、株式交換・株式移転手続の開始前に、全ての株主が株券不所持の申出（会社217条）を行い、株券提出手続を不要とするケースも多い。
[35]　会社785条1項、797条1項、806条1項。

収する機会を与えるためのものである。

　なお、株式交換における完全子会社については、種類株式発行会社ではなく、株式交換対価の全部または一部が持分等であるために株式交換契約について総株主の同意を得なければならない場合（会社783条2項）には、その株主に株式買取請求権は認められない（会社785条1項1号）。株式交換に反対する株主は、株式交換契約の承認に同意しないことにより、株式交換を阻止することができるためである。

　また、株式交換における完全親会社については、簡易株式交換により株主総会決議による株式交換契約の承認が不要である場合（会社法796条2項本文に規定する場合であって、同条1項但書、同条3項または795条2項各号に規定する場合を除く）には、その株主に株式買取請求権は認められない（会社797条1項但書）。かかる場合には、完全親会社となる会社の株主に対する影響が比較的軽微であるためである。

　さらに、株式交換において、完全子会社であるかまたは完全親会社であるかを問わず、略式株式交換により株主総会決議による株式交換契約の承認が不要である場合（会社796条1項本文）における特別支配会社には株式買取請求権は認められない（会社785条2項2号括弧書、797条2項2号括弧書）。略式株式交換における特別支配会社が当該株式交換に反対することは実務上考えにくく、特別支配会社は、株式買取請求権による保護が不要であるためである。

　なお、株式買取請求権は、株式交換・株式移転の当事会社の「反対株主」に認められているところ[36]、「反対株主」の意義は、合併の場合と同様であるので、詳細は第6章第2節2(5)(ii)を参照されたい。

(ii)　株式買取請求権に関する通知・公告

　株式交換の当事会社は効力発生日の20日前までに、株式移転の完全子会社は株主総会決議の日から2週間以内[37]に、株式買取請求権を認められる株主に対し、株式交換・株式移転をする旨ならびに、株式交換の場合には、

---

36)　会社785条1項、797条1項、806条1項。
37)　なお、株主総会決議の前に株主宛の通知・公告を行うことも可能とされている（相澤哲編著『立案担当者による新・会社法の解説』別冊商事295号（2006）194頁）。

相手方当事者の商号および住所、株式移転の場合には、完全親会社および共同株式移転における他の完全子会社の商号および住所を通知しなければならない[38]。ただし、完全親会社について簡易株式交換の要件を充足する場合には、その株主には、原則として、株式買取請求権は認められないにもかかわらず（会社797条1項但書）、当該通知が必要である点には注意が必要である。当該通知は、完全親会社について簡易株式交換の要件を充足する場合に完全親会社の株主がなし得る株式交換に反対する旨の通知（会社796条3項）の前提としての情報提供の意義を有するためである。なお、株式交換においては、当該通知をすべきとされている会社が公開会社である場合または既に株主総会の決議により株式交換契約の承認を受けている場合に、また、株式移転においては常に、公告をもって当該通知に代えることができる[39]。

(iii) 株式買取請求権の行使方法

株式買取請求権の行使は、株式交換の場合には、効力発生日の20日前の日から効力発生日の前日までの間に、株式移転の場合には、株主宛の通知または公告の日から20日以内に、その対象となる株式の数（種類株式発行会社の場合は、株式の種類および種類毎の数）を明らかにして通知しなければならない[40]。その他具体的な株式買取請求権の行使方法は、合併の場合と同様であるので、第6章第2節2(5)(iv)を参照されたい。

(iv) 株式買取請求権の行使の効果および買取価格の決定

株式買取請求権の行使の効果および買取価格の決定の手続については、合併の場合と同様であるので、第6章第2節2(5)(v)を参照されたい[41]。

(v) 新株予約権買取請求

完全子会社の新株予約権者のうち、①株式交換契約・株式移転計画において、株式交換・株式移転に際して、完全子会社の新株予約権に代わり、完全親会社の新株予約権が交付される旨定められている新株予約権[42]（会社787

---

[38] 会社785条3項、797条3項、806条3項。
[39] 会社785条4項、797条4項、806条4項。
[40] 会社785条5項、797条5項、806条5項。
[41] 会社786条、798条、807条。

条1項3号イ、808条1項3号イ)、および、②①以外の新株予約権で、当該新株予約権の内容として、株式交換・株式移転をする場合において完全親会社の新株予約権を交付する旨の定め(会社236条1項8号)があるもの[43](会社787条1項3号ロ、808条1項3号ロ)の新株予約権者には、新株予約権の買取請求が認められる(会社787条1項3号、808条1項3号)。ただし、株式交換契約・株式移転計画において、当該完全子会社の新株予約権者に対し、新株予約権の内容(会社236条1項8号ニ・ホ)に合致する完全親会社の新株予約権が交付される旨定められたときは、完全子会社の新株予約権者の保護に欠けることはないため、新株予約権の買取請求は認められない(会社787条1項3号、808条1項3号)。新株予約権の買取請求の手続等は、株式買取請求の場合とほぼ同様である。

(6) 債権者保護手続

株式交換・株式移転の場合、完全子会社の債権者については、株式交換契約新株予約権者・株式移転計画新株予約権者を除き、その地位に変動はなく、また、完全親会社についても、完全子会社の株主に対して同社の株式を交付する限り、原則として財産状態の変動は生じないことから、合併の場合とは異なり当事会社の債権者への影響は限定的である。

そこで、株式交換・株式移転において、債権者保護手続が必要な場合は限定されており、具体的には下記の場合にのみ債権者保護手続が必要となる。

① 完全親会社において債権者保護手続が必要な場合

完全親会社において、債権者保護手続が必要になるのは、ⓐ完全親会社が完全子会社の株主に対して交付する対価が完全親会社の株式その他これに準ずるものとして法務省令で定めるもののみであるケース以外の場合(会社799条1項3号)、およびⓑ完全親会社が株式交換契約新株予約権として新株予約権付社債を承継する場合(同号)である。

---

42) この場合には、完全子会社の新株予約権(株式交換契約新株予約権、株式移転計画新株予約権(会社768条1項4号イ、773条1項9号イ))は、株式交換・株式移転の効力発生とともに消滅する(会社769条4項、774条4項)。

43) すなわち、新株予約権の発行決議において、株式交換・株式移転の場合には、完全親会社の新株予約権が交付されるとされていたにもかかわらず、株式交換契約・株式移転計画にその旨が定められなかった場合。

② 完全子会社において債権者保護手続が必要な場合

　　完全子会社において債権者保護手続が必要になるのは、株式交換契約新株予約権・株式移転計画新株予約権が新株予約権付社債に付されたものである場合である（会社789条1項3号、810条1項3号）。

　債権者保護手続の詳細については、合併と同様であるので、**第6章第2節2(6)**を参照されたい。

(7) 登　記

　株式交換の効力は、株式交換契約に定めた効力発生日に生じる（会社769条、771条）が、完全親会社においては、通常、発行可能株式総数、発行済株式総数、資本金の額等の登記事項が変更になることから、変更の登記が必要となる（会社915条1項、商業登記法89条）。なお、株式交換契約新株予約権がある場合、新株予約権に関する登記も必要となる。

　一方、株式移転の効力は、完全親会社が設立の登記により設立されるときに生じるとされており（会社774条1項）、株式移転を行った場合には、①株式移転の承認決議の日、②株主・新株予約権者に対する株式買取請求権または新株予約権買取請求権の通知・公告をした日から20日を経過した日、③債権者保護手続を要するときは手続が完了した日、④当事会社が定めた日のうちいずれか遅い日から2週間以内に完全親会社の設立登記をしなければならない（会社925条）。

(8) 事後備置

　株式交換・株式移転の当事会社は、効力が生じた日から6か月間、一定の事項を記載または記録した書面または電磁的記録を本店に備え置かなければならない（会社791条1項2号、811条1項2号）。

　事後備置書類を閲覧できるのは、株式交換における完全親会社の場合にはその株主および債権者（会社801条6項）、株式移転における完全親会社の場合は、その株主および新株予約権者（会社815条6項）、完全子会社の場合には、効力が生じた日における株主および新株予約権者（会社791条4項、811条4項）である。

　事後備置による開示事項は、大要、下記のとおりである[44]。

　① 　株式交換・株式移転の効力が生じた日

② 各当事会社における差止請求手続、株式買取請求手続、債権者保護手続の経過および完全子会社の新株予約権買取請求手続の経過
③ 完全親会社に移転した完全子会社の株式の数
④ 前記①～③のほか、株式交換・株式移転に関する重要な事項

(9) 簡易株式交換・略式株式交換

(i) 簡易株式交換

株式交換において、完全親会社の株主に及ぼす影響が軽微である場合には、完全親会社につき、株主総会決議による承認が不要とするいわゆる簡易株式交換の制度が設けられている（会社416条4項19号、399条の13第5項16号・6項）。

(a) 簡易株式交換の要件

簡易株式交換の要件は、大要、完全親会社が交付する完全親会社株式の数に1株当たり純資産額を乗じて得た額および株式交換に際し完全親会社が交付する社債その他の財産の帳簿価額の合計額が、完全親会社の純資産額（その算定方法の詳細は、会社則196条による）の5分の1以下であることである（会社796条2項本文）。ただし、前記要件を充足したとしても、完全親会社に株式交換差損が生じる場合（会社795条2項）、および完全親会社の全株式が譲渡制限株式であり、株式交換に際して株式を交付する場合（会社796条1項但書）は、完全親会社の株主への影響が軽微とはいえないため、簡易株式交換は認められない（同条2項但書）。

(b) 簡易株式交換の手続

簡易株式交換の場合、完全親会社において株主総会決議による株式交換契約の承認を要しないことに加え、完全親会社の株主に株式買取請求権が認められないこと（会社797条1項但書）、株式買取請求権に係る株主に対する通知および公告の日から2週間以内に、一定数[45]以上の株式を保有する株主

---

44) 会社791条1項、会社則190条、210条。
45) 詳細については、会社則197条を参照されたいが、原則として総議決権の6分の1となる。

が簡易株式交換に反対する旨を完全親会社に通知したときは、簡易株式交換を行えない点は、簡易合併の場合と同様である。

(ii) 略式株式交換

株式交換の一方当事者が相手方当事会社に支配されている場合、いわゆる略式株式交換として、支配されている会社における株主総会決議による承認が不要とされている（会社784条1項、796条1項）。

(a) 略式株式交換の要件

完全親会社または完全子会社であるかを問わず、株式交換の相手方当事会社が「特別支配会社」である場合、特別支配会社ではない株式交換の当事会社において、株式交換契約の株主総会決議による承認が不要とされている（会社784条1項、796条1項）。「特別支配会社」の意義は合併と同様であるので、**第6章第2節2(9)(ii)(a)**を参照いただきたい。

なお、下記の場合に、略式株式交換が認められないのも合併の場合と同様である。

・完全親会社が特別支配会社である場合、完全子会社が譲渡制限のない株式を発行しており、株式交換の対価の全部または一部が譲渡制限株式等[46]であるとき（会社784条1項但書）。
・完全子会社が特別支配会社である場合、完全親会社が譲渡制限株式のみを発行しており、株式交換の対価の全部または一部が譲渡制限株式であるとき（会社796条1項但書）。

(b) 略式株式交換の手続

略式株式交換の場合、特別支配会社ではない当事会社において株式交換契約の株主総会決議による承認を要しないことに加え、特別支配会社たる株主による株式買取請求権が認められない（会社785条2項2号括弧書、797条2項2号括弧書）点は合併と同様である。また、特別支配会社に該当しない株主（特別支配会社ではない株式交換当事会社の10％未満の議決権を有する株主）は、株式買取請求権を有する点も合併と同様である。

---

46) 「譲渡制限株式等」については、前掲注29) 参照。

⑽　株式交換・株式移転の瑕疵と救済手段

(i)　事前の救済手段

株式交換・株式移転の当事会社の株主[47]は、効力発生前、下記のいずれかの場合であって不利益を受けるおそれがあるときは、当該当事会社に対して、株式交換・株式移転の差止めを請求することができる（会社784条の2、796条の2）。

① 　株式交換・株式移転が法令または定款に違反する場合[48]
② 　略式株式交換の要件を満たす場合であって、株式交換の条件が完全親会社または完全子会社の財産の状況その他の事情に照らして著しく不当であるとき

(ii)　事後の救済手続

株式交換・株式移転の効力発生後は、その無効は、効力が発生した日から6か月間、一定の者[49]が、訴えをもってのみ主張することができる（会社828条1項7号・2項7号）。この場合、完全親会社となった会社と完全子会社となった会社の双方が被告となる固有必要的共同訴訟（民事訴訟法40条）となる。そのほかについては、合併と同様なので**第6章第2節2⑽(ii)**を参照されたい。

3　金商法に基づく有価証券届出書・臨時報告書の提出

金商法上、株式交換・株式移転も「組織再編成」（金商2条の2第1項、金商令2条）に該当し、有価証券が新たに発行され、または既に発行された有価証券が交付される場合のうち、一定の場合について、有価証券の募集または売出しと同様の発行開示規制が課されている点は合併と同様である。また、

---

[47] ただし、簡易株式交換における完全親会社の株主は除かれている（会社796条の2柱書但書）。
[48] 会社法に定める手続が履践されない場合が典型であると考えられる。
[49] ①効力が発生した日において、当事会社の株主、取締役、監査役、執行役または清算人であった者、②完全親会社のそれらの者または破産管財人、および③株式交換・株式移転について承認をしなかった債権者。

株式交換・株式移転の当事会社が金商法上の有価証券報告書の提出義務を負う場合には、一定の軽微基準に該当する場合を除き、臨時報告書の提出義務を負う点も合併と同様である。

有価証券届出書および臨時報告書の提出が必要になる場合等の詳細や留意点については、合併の場合と同様であるので、第6章第2節3を参照されたい。

4　金融商品取引所の有価証券上場規程に基づく適時開示

株式交換・株式移転の当事会社が上場している場合には、上場している金融商品取引所の有価証券上場規程に基づく適時開示を行う必要がある点も合併と同様であるので、第6章第2節4を参照されたい。

5　米国証券法に基づく手続

日本企業間の株式交換・株式移転で当事会社が米国の証券取引所に上場しておらず、証券を登録していないにもかかわらず、当該株式交換・株式移転にあたり、米国の証券法に基づく手続が必要となる場合があることは、合併の場合と同様である。詳細については、第6章第2節5を参照されたい。

第3節
株式交換契約・株式移転計画

株式交換を行う場合には、当事会社は、株式交換契約を締結しなければならず（会社767条）、株式交換契約において定めなければならない事項（法定記載事項）は会社法768条1項に規定されている。株式移転を行う場合には、当事会社は、株式移転計画を作成しなければならず（会社772条）、株式移転計画において定めなければならない事項（法定記載事項）は会社法773条1項に規定されている。完全子会社が一社の場合には単独で株式移転計画が作成され、共同株式移転の場合には、複数の完全子会社が共同で株式移転計画

を作成する[50]。また、法定記載事項以外にも、任意的記載事項が規定されることが実務的に少なくないことは合併の場合と同様である。

1 株式交換契約の必要的記載事項

会社法上、株式交換契約の必要的記載事項として、①完全親会社および完全子会社の商号および住所（会社768条1項1号）、②完全親会社が完全子会社の株主に対して交付する金銭等の内容およびその割当てに関する事項（同項2号・3号）、③完全子会社が新株予約権を発行しており、完全親会社が完全子会社の新株予約権者に対して新株予約権を交付するときは、新株予約権の内容およびその割当てに関する事項（同項4号・5号）、④株式交換の効力発生日（同項6号）が規定されている。以下、特に留意すべき点を順次説明することとする。

(1) 株式交換対価とその割当てに関する事項

株式交換契約には、完全子会社の株主に対して完全親会社が交付する株式交換対価の内容、その数または算定方法および完全子会社の株主に対する株式交換対価の割当てに関する事項を記載しなければならない（会社768条1項2号・3号）。なお、会社法768条1項2号は、完全親会社が完全子会社の「総体としての株主」に対して交付する株式交換対価に関する事項を対象としており、同項3号は、完全親会社が完全子会社の「個々の株主」に対する株式交換対価の割当てを規律するものであるが、この両者は当然のことながら連動するものであり、実務的にも、株式交換契約において、2号に関する定めと3号に関する定めを1つの条文に纏めていることも少なくないのは合併の場合と同様である。

(i) 株式交換対価の内容
(a) 概要
会社法は、完全親会社が完全子会社の株主に対して交付する株式交換対価について、「金銭等」（会社法151条で、「金銭その他の財産」と定義されている）

---

[50] この場合、共同株式移転契約と呼ばれることもある。

としており[51]、対価そのものの種類については特段の制限は設けていない。したがって、完全親会社の親会社の株式を株式交換対価とすること（いわゆる三角株式交換）や、現金を株式交換対価とすること（いわゆる現金対価株式交換）も可能であることは合併の場合と同様である。

なお、株式交換対価として複数の種類の対価を交付する混合型対価の設定（例えば、完全子会社の株主に対して、完全子会社の株式1株に代わり、完全親会社の株式1株および金銭1万円の双方を交付するという方式）も可能であること、株式交換対価を一切交付しないいわゆる無対価交換を許容していること[52]も合併の場合と同様である。

(b) 選択的対価の定めの可否

株式交換の対価として、選択的対価を設定すること（例えば、完全子会社の株主に対して、完全子会社の株式1株に代わり、当該株主の選択により、完全親会社の株式1株または金銭1万円を交付するという方式）ができるかという問題があることは合併の場合と同様であり、この点に関する議論の状況については、**第6章第3節1(1)(i)(b)**を参照されたい。

(c) 完全親会社の株式を株式交換対価とする場合

株式交換対価が完全親会社の株式の場合、株式交換契約には、完全親会社の資本金および準備金[53]の額に関する事項を規定する必要がある（会社768条1項2号イ）。

合併の場合と同様に、株式交換対価として使用する完全親会社の株式とし

---

51) 会社法768条1項2号は、株式交換対価について、完全親会社の株式、社債、新株予約権、新株予約権付社債、完全親会社の株式等以外の財産の場合について書き分けて、それぞれの対価に応じて、株式交換契約に定めるべき事項を規定している。

52) 会社法768条1項2号柱書は、完全子会社の株主に対して、その株式に代わる「金銭等を交付するときは」としており、対価を交付しないこともあることを前提とした文言となっていることを根拠とする。

53) 資本準備金および利益準備金を意味し（会社445条4項）、その他資本剰余金およびその他利益剰余金に関する事項を定める必要はない。なお、完全親会社において増加する資本金および準備金の確定額を記載する必要はなく、適用される会社計算規則の規定（株式交換の場合には、会社計算39条）に従うことを記載することでも足りると解されている。

て、新株を発行することも、自己株式を交付すること(いわゆる代用自己株式)も可能であり、また、新株と自己株式を混合することも可能である。株式交換契約においても、対価として交付する株式について、新株と自己株式の内訳を記載することは必要とされておらず、その内訳を株式交換契約において特定しない方が、株式交換の効力発生日までの変動も踏まえ、柔軟な対応が可能になると考えられることも合併の場合と同様である。

(d) 完全親会社の親会社株式を株式交換対価とする場合

完全親会社は、完全子会社の株主に対して、「完全親会社の株式等[54]以外の財産」(会社768条1項2号ホ)として、完全親会社の親会社株式を交付することも可能であり(いわゆる三角株式交換)、かかる三角株式交換は、税務上の理由から完全親会社がその親会社の100％子会社である場合に利用されることが多いと思われる。三角合併に関する法的論点は三角株式交換も同様であるため、詳細は、**第6章第3節4**を参照されたい。

(e) 現金を株式交換対価とする場合

合併の場合と同様に、完全親会社は、完全子会社の株主に対して、「完全親会社の株式等以外の財産」(会社768条1項2号ホ)として、現金のみを交付することも可能である(いわゆる現金対価株式交換)。その場合、完全親会社の発行済株式数および資本構成を変動させずに、また、完全子会社の株主の個別の同意を取得することなく、完全子会社の株主を退出させ、完全子会社を完全親会社の傘下に収めることができる。なお、従前は、かかる現金対価株式交換については、常に税務上の非適格株式交換となることから、これが行われることは稀であったが、平成29年度税制改正を踏まえた今後の動向が注視されること(詳細は、**第6章第3節1(1)(i)(e)参照**)は、交付金合併の場合と同様である。

(ii) 株式交換対価の数量または算定方法

完全子会社の株主に交付される株式交換対価の数量につき、交換比率を株式交換契約締結時に固定する方法(固定制割当比率)が一般的であること、

---

[54] 株式、新株予約権または社債をいう(会社107条2項2号ホ)。

他方で、完全親会社の市場株価の変動を交換比率に反映させるべく、交換比率を算式で定める場合（変動制割当比率）もあることは合併の場合と同様である。固定制割当比率と変動制割当比率の具体的内容については、**第6章第3節1(1)(ii)** に詳述しているので参照されたい。

(iii) 株式交換対価の割当て

株式交換に際して完全子会社の各株主に対して割り当てる株式交換対価の割当てに関する事項については、株主平等原則（会社109条1項）のあらわれとして、完全子会社の株主の有する株式の数に応じて株式交換対価を交付することを内容とするものでなければならない（会社768条3項）。

合併の場合と同様に、完全親会社が有する完全子会社の株式（いわゆる抱き合わせ株式）については、株式交換対価の割当てを行うことはできないとされている（会社768条1項3号・3項）。他方で、合併の場合と異なり、完全子会社の有する自己株式については、会社法上、株式交換対価の割当てを制限する規定はなく、株式交換対価の割当てを行うことが必要となる。この場合において株式交換対価が完全親会社の株式である場合には、子会社による親会社株式の取得に該当するものの、会社法上許容されており（会社135条2項5号、会社則23条2号）、完全子会社は、株式交換により取得した完全親会社株式を相当の時期に処分しなければならないこととなる（会社135条3項）。もっとも、実務上は、完全子会社に対する完全親会社株式の割当てを避ける観点から、完全子会社の所有する自己株式[55]については、株式交換の効力発生の直前に、完全子会社において消却しておくことも多い[56]。

また、完全子会社が種類株式発行会社である場合には、株式交換対価の割当てに際しての株主平等原則は、同一の種類株式を有する株主において適用され、種類株式の種類毎に、株式交換対価の割当てを行わないことや、異な

---

55) 完全子会社の反対株主による株式買取請求権による買取りの効力は、株式交換の効力発生日に、株式交換の効力が生じる時点の直前時に生じると解されている（小松岳志「組織再編契約に関する実務の動向と諸問題」商事1893号（2010）17頁）。したがって、株式買取請求権の行使により完全子会社が取得した自己株式についても、株式交換対価としての親会社株式の割当てが行われないように、株式買取請求権の行使による自己株式の取得と同時に、当該自己株式を消却することが実務上多い。
56) 取締役会設置会社の場合、自己株式の消却には、取締役会決議が必要となる（会社178条）。

る種類の対価の割当てを行うことができる（会社768条3項・2項1号・2号）ことは合併の場合と同様である。完全子会社が種類株式発行会社である場合の株式交換における実務的な取扱いについては、合併の場合と同様であるので、**第6章第3節1**(1)(iii)を参照されたい。

(2) 新株予約権の取扱い

完全子会社が新株予約権を発行している場合において、株式交換の効力発生後も新株予約権が残存すると、株式交換の効力発生後に当該新株予約権が行使されることによって完全親子会社関係が崩れてしまう可能性がある[57]ため、完全子会社の発行している新株予約権を消滅させるか、完全親会社に対して実質的に承継させる必要性が実務上高い。そこで実務的には、完全子会社が新株予約権や新株予約権付社債を発行している場合には、株式交換の実行前に、新株予約権の放棄や新株予約権付社債の償還・買入消却を行ったり、新株予約権の発行時に設けられていた取得条項（例えば、新株予約権の発行会社が完全子会社となる株式交換契約が株主総会において承認された場合には、発行会社が新株予約権を取得できる旨の取得条項が規定されていることも少なくない）に基づき新株予約権の取得を行うことがある。

他方で、役員・従業員に対するインセンティブ目的で発行されたストック・オプションとしての新株予約権の場合等においては、何らかの形で、新株予約権を存続させたいというケースもある。そこで、株式交換契約において、完全子会社の新株予約権者に対して完全親会社が交付する新株予約権の内容、数または算定方法、および完全子会社の新株予約権者に対する対価の割当てに関する事項を記載する（会社768条1項4号・5号）ことができ、かかる規定が置かれた場合、株式交換の効力発生日に、完全子会社の発行する新株予約権は消滅し、完全子会社の新株予約権者は、株式交換契約の規定に基づき、完全親会社の新株予約権者となる（会社769条4項）[58]。また、完全

---

[57] 合併の場合には、消滅会社が発行している新株予約権は、合併の効力発生日に自動的に消滅するとされている（会社750条4項）こととは取扱いが異なっている。

[58] なお、合併の場合には、消滅会社が新株予約権を発行している場合、消滅会社の新株予約権に代わり交付される対価についての規定が必要とされている（会社749条1項4号参照）（ただし、「対価を交付しない」という定めも可能である。**第6章第3節1**(2)参照）が、株式交換の場合には、完全子会社が発行している新株予約権の対価として、完全親会社の新株予約権を交付する場合にのみ規定が必要となる。

子会社が発行している新株予約権付社債に付された新株予約権の対価として、完全親会社の新株予約権を交付する場合には、あわせて、当該社債に係る債務を承継することも、記載することとなる（会社768条1項4号ハ、769条5項）。

なお、完全子会社の新株予約権者に対して交付する対価は、株主に対して交付する対価と異なり、また、合併の場合とも異なり、完全親会社の新株予約権に限られており、金銭は認められていない。

また、新株予約権の内容として、株式交換に際して完全親会社の新株予約権を交付する旨の定めがある場合（会社236条1項8号）であっても、当該定めにより当然に完全親会社の新株予約権が交付されるわけではなく、株式交換契約の内容に従うこととなる。会社法236条1項8号の定めは、株式交換契約において同一の条件による完全親会社の新株予約権の交付に関する条項が設けられた場合に、新株予約権買取請求権の対象とならないという意義を有するに過ぎない（会社787条1項3号）のは合併の場合と同様である。

(3) 効力発生日

株式交換契約においては、株式交換の効力発生日（会社768条1項6号）を確定日で記載しなければならない。その他詳細については、合併の場合と同様であるので、第6章第3節1(3)を参照されたい。

2 株式移転計画の必要的記載事項

会社法上、株式移転計画の必要的記載事項として、①株式移転により設立する完全親会社の目的、商号、本店の所在地および発行可能株式総数、その他定款で定める事項（会社773条1項1号・2号）、②完全親会社の設立時取締役、設立時会計参与、設立時監査役および設立時会計監査人の氏名・名称（同項3号・4号）、③完全親会社が完全子会社の株主に対して交付する対価の内容およびその割当てに関する事項（同項5号～8号）、④完全子会社が新株予約権を発行しており、完全親会社が完全子会社の新株予約権者に対して新株予約権を交付するときは、新株予約権の内容およびその割当てに関する事項（同項9号・10号）が規定されている。株式移転計画の必要的記載事項は株式交換契約のそれと重複している部分が多いため、以下では、特に留意

すべき点を、株式交換の場合との相違を中心に順次説明することとする。

(1) 完全親会社に関する事項

株式移転においては、完全親会社が株式移転の効果として新たに設立されることになるため、設立にあたって必要となる基本的事項、具体的には、①完全親会社の目的、商号、本店の所在地および発行可能株式総数、その他定款で定める事項（会社773条1項1号・2号）、②完全親会社の設立時取締役、設立時会計参与、設立時監査役および設立時会計監査人の氏名・名称（同項3号・4号）の記載が必要とされている。

実務的には、これらの事項を記載した定款を株式移転計画の別紙として添付することが多い。また、設立後最初の定時株主総会が開催されるまでの間は、取締役等の役員の報酬を決議することができないため、設立初年度のみ有効な暫定的な規定として、定款の附則に、設立初年度の役員の報酬の限度額を規定しておくことが実務上多い。

(2) 株式移転対価とその割当てに関する事項

株式移転計画に記載すべき、完全親会社が完全子会社の株主に対して交付する対価の内容およびその割当てに関する事項については、株式交換における議論が基本的に株式移転にも妥当するため、詳細は、1(1)を参照されたい。

なお、株式移転においては、株式交換の場合と異なり、対価の種類に制限があることには留意が必要である。すなわち、株式交換における株式交換対価は、「金銭等」（会社768条1項2号）とされており対価の種類については特段の制限が設けられていないが、株式移転における株式移転対価は、完全親会社の株式（会社773条1項5号）と完全親会社の社債等（会社773条1項7号。会社法746条1項7号ニで、「社債及び新株予約権」と定義されている）に限定されており、金銭を株式移転の対価としたり、無対価で株式移転を行うことはできない。さらに、完全親会社を新たに設立するという株式移転の本質に照らし、完全親会社において設立時から株主が存在する必要があるため、株式移転対価として、完全親会社の株式を一切交付しないことも認められていない[59]。

(3) 新株予約権の取扱い

完全子会社が新株予約権を発行している場合の株式移転における取扱いについては、株式交換における議論が基本的に株式移転にも妥当するため、詳細は、1(2)を参照されたい。

(4) 効力発生日

株式交換の場合と異なり、株式移転においては、効力発生日は、株式移転計画の記載事項とはされていない。これは、株式移転による完全親会社の設立は、設立の登記の日に発生するためである（会社49条、774条1項）。もっとも、特に共同株式移転の場合には、設立登記の申請を行う日を当事者間で合意し、株式移転計画に記載することも少なくない。

3 任意的記載事項

株式交換契約・株式移転計画には、上記1および2で解説した会社法768条および773条で記載が義務付けられる必要的記載事項以外にも、実務上は、任意的記載事項が規定されることが少なくないことは合併の場合と同様である。

具体的には、①株主総会の期日に関する事項、②効力発生日までの当事会社における業務執行および財産管理に関する善管注意義務に関する事項、③株式交換および株式移転の効力発生前の、完全子会社が保有する自己株式の消却に関する事項[60]、④効力発生日までの当事会社の剰余金の配当の限度額に関する事項、⑤株式交換の効力発生を条件とする完全親会社の定款変更に関する事項、⑥株式交換の効力発生を条件として就任する完全親会社の役員

---

[59] 会社法773条1項5号は、「株主に対して交付するその株式に代わる……株式の数」と規定しており、社債等を株式移転対価として交付する場合の同項7号（「交付するときは」）と規定を書き分けている。なお、共同株式移転において、ある完全子会社の株主に対しては完全親会社の株式を交付し、他の完全子会社の株主に対しては完全親会社の株式を交付しないという取扱いは可能である。

[60] かかる完全子会社の自己株式の消却が行われる背景については、1(1)(iii)を参照されたい。

に関する事項、⑦株式交換・株式移転の効力発生の停止条件に関する事項[61]、⑧一定の事象が生じた場合の株式交換契約・株式移転計画の解除・自動終了・変更に関する事項などが、実務上よく見受けられる。株式交換契約・株式移転計画（特に共同株式移転の場合に問題となる）の解除・自動終了・変更に関する法的論点は、合併の場合の議論が基本的に妥当するところ、**第6章第3節3**において詳述しているので参照されたい。

合併の場合と同様に、これらの任意的記載事項は、株式交換における完全親会社と完全子会社の間、あるいは、共同株式移転における複数の完全子会社の間の債権的合意として当事会社間の合意を確認するものとしての意義があるが、その効力を発生させるために会社法上一定の手続が必要とされている事項については、別途当該手続を経る必要があることには留意が必要である。

なお、株式交換契約・株式移転計画に任意的記載事項として規定された事項は、事前備置の対象となることもあり、当事会社あるいはその大株主等との間で、別途、株式交換・株式移転に関する合意事項を定めた覚書等を締結することもある（第Ⅱ部第3章参照）。

第4節 株式交換・株式移転の効果

株式交換の場合は効力発生日に、株式移転の場合には完全親会社の成立の日に、完全親会社が完全子会社の発行済株式の全部を取得し[62]、完全子会社の株主ならびに株式交換契約新株予約権および株式移転計画新株予約権の新株予約権者はそれぞれ株式交換契約および株式移転計画の定めに従い完全親会社の株主および新株予約権者になる。また、これと同時に完全子会社の既存の株券、株式交換契約新株予約権および株式移転計画新株予約権に係る新

---

61) 例えば、複数の組織再編行為について順序を付けて行う場合や一体のものとして行う場合に、他の組織再編行為の効力発生を株式交換・株式移転の効力発生の条件とすることがある。

62) 会社769条1項・2項、771条1項・2項、774条1項。

株予約権証券は、株券提出期間中に提出されなかった株券を含めて全て無効となる。

なお、合併の場合と異なり完全子会社の法人格に影響はないため、権利義務の承継等の問題は生じないのが原則であるが、完全子会社の締結している契約において、当事者の株式交換や株式移転が禁止されていたり、株式交換や株式移転を行うに際して、契約相手方の承諾が必要とされているケースがある。上記のような場合に契約相手方の承諾なくして株式交換や株式移転を行った場合には、当該契約の債務不履行事由となってしまうため、実務上は、当該契約の重要性に応じて、株式交換や株式移転の実行前に、契約相手方の承諾を取得することになろう。

第8章

会社分割・事業譲渡等

第1節
会社分割や事業譲渡等による M&A

1 会社分割の意義

(1) 会社分割の意義

　会社法第5編第3章は、吸収分割（会社2条29号）および新設分割（同条30号）について規定する。吸収分割は、会社がその事業に関して有する権利義務の全部または一部を既存の他の会社に承継させる組織再編行為であり、新設分割は、会社がその事業に関して有する権利義務の全部または一部を分割により設立する会社に承継させる組織再編行為である。会社分割の対象とされた権利義務は、事業譲渡の場合のように個別に承継・移転されるのではなく、承継先となる会社に、法律上当然に全体として一括して承継（一般承継・包括承継）される[1]。本章においては、吸収分割と新設分割とをあわせて「会社分割」という。

　また、会社法上、吸収分割により権利義務を承継させる会社を「吸収分割会社」（会社758条1号）、吸収分割により権利義務を承継する会社を「吸収分割承継会社」（会社757条）といい、また、新設分割をする会社を「新設分

---

1) コンメ(17) 237頁〔神作裕之〕。

割会社」（会社763条1項5号）、新設分割により設立する会社を「新設分割設立会社」という（同項柱書）。本章においても、これらの用語を用いるが、吸収分割会社および新設分割会社、または吸収分割承継会社および新設分割設立会社について、それぞれ共通して当てはまる手続および制度の説明においては、前者をあわせて「分割会社」といい、後者をあわせて「承継会社」という。

なお、会社分割の当事会社については、分割会社は、株式会社または合同会社のいずれかに限られているが、承継会社は、株式会社、合名会社、合資会社および合同会社のいずれもがこれになり得る。もっとも、本章においては、実務において通例的な形態である、分割会社および承継会社いずれもが株式会社である会社分割を前提として検討する。

(2) 会社分割による承継の対象

会社分割が導入された平成12年改正商法においては、会社分割の対象は「営業」と規定され（平成17年改正前商法373条、374条ノ16）、単なる営業用財産または権利義務の集合の承継では足りないと解されていた。その理由としては、会社分割において、（その一般承継の効果として認められる）免責的債務引受については、本来必要とされる債権者の承認が不要とされ、また、雇用契約の移転についても、譲渡対象となる営業（事業）に主として従事する労働者について、その承諾（民法625条1項）が不要とされているのは、「営業」の承継という形で相手方の保護が実質的に図られているためであるとの点が挙げられていた[2]。

しかし、上記の考え方に対しては、①会社分割における債権者や労働者の保護は、事前・事後の開示制度、債権者保護手続、労働者保護の手続等により図られるものであり、「営業」の承継との限定によりこれらの保護を図る必要性に乏しい、また、②特定の権利義務の集合が、「営業」（事業）に該当するか否かの判断は容易ではなく、事後にその承継がないと判断され、会社分割が無効になる場合には、法的安定性を害する等の批判があり、会社法制定時に、会社分割の承継対象は、「事業に関して有する権利義務」と改められ、営業（事業）自体の承継は、会社分割の要件ではなくなった[3]。

---

[2] 原田晃治「会社分割法制の創設について(上)」商事1563号（2000）12頁。

このように、会社法においては、会社分割の対象は、事業に関して有する権利義務となり、その範囲をどのように定めるかは、会社分割当事者の広汎な裁量に委ねられることとなる。もっとも、会社分割の一般承継の効果等に鑑みれば、会社分割は事業の承継に適した制度として構築されているものであり[4]、機能的に関連する権利義務をその承継の対象とすることが望ましいとする見解もある[5]。

(3) 会社分割の当事者

(i) 外国会社との会社分割

会社法上、分割会社は「株式会社又は合同会社」に限定され（会社2条29号・30号）、また、承継会社は「会社」（同号）、つまり、株式会社、合名会社、合資会社または合同会社に限定されている（会社2条1号）。そのため、外国会社と日本の会社との間で会社分割を行うことについては消極的に解されている[6][7]。実務的には、外国会社が日本子会社を設立し、当該子会社を承継会社とした上で、承継会社の親会社である当該外国会社の株式を分割対価とすること（いわゆる三角分割[8]）により、外国会社を当事会社とする会社分割を行いたいとのニーズの相当部分は解決されたと考えられる。

(ii) 債務超過会社等の会社分割

清算手続中の会社を「承継会社」とする会社分割は認められない（会社474条2号）。一方、清算手続中の会社を「分割会社」とする会社分割は可能である[9]。会社更生および民事再生等の法的手続下の会社における会社分割については、**第Ⅲ部第5章第4節**を参照されたい。

また、会社分割は、分割会社の権利義務の一部を承継させる手法であり、

---

3) 相澤哲＝細川充「組織再編行為(上)」商事1752号（2005）5～6頁。
4) 論点解説669頁。
5) コンメ(17) 264頁〔神作〕。
6) 相澤哲編著『一問一答　新・会社法〔改訂版〕』（商事法務、2009）212頁。
7) なお、外国会社を承継会社とする会社分割を認めるべきとする見解として、江頭904頁。
8) 三角分割に関する、親会社株式の取得方法、取得する親会社株式の数および分割対価の端数処理等の論点については、**第6章第3節4**を参照されたい。
9) コンメ(17) 255頁〔神作〕。

合併とは異なり会社分割後も当事会社がいずれも存続するため、承継対象とする権利義務および会社分割の実行後の各当事会社の状態に着目した規律が設けられている。

具体的には、まず、いわゆる分割差損が発生する会社分割を行おうとする場合、つまり、承継会社の承継債務額が承継資産額を超える場合（会社795条2項1号）、または承継会社が分割会社に対して交付する金銭等の帳簿価額が承継資産額から承継債務額を控除して得た額を超える場合（同項2号）、会社法は、このような会社分割自体は可能であることを前提に、承継会社の取締役に株主総会における説明義務を課し（同項柱書）、株主にその是非の判断を委ねる[10]との規律を設けている。

次に、承継対象とする権利義務が実質的債務超過の状態にある場合については、そもそも、このような会社分割が許されるかが問題となるが、株主の保護としては株式買取請求権、また、債権者の保護としては債権者保護手続を経る以上、許容されるとの見解が有力である[11]。もっとも、実質的債務超過の状態にある権利義務の承継等により、会社分割後に、各当事会社が、その債務について「債務の履行の見込み」がない状態に至る場合であっても、このような会社分割が許容されるかについては、会社分割における事前開示事項の1つである「債務の履行の見込み」に関する事項[12]の意義に関連して解釈が分かれている。すなわち、「債務の履行の見込みがあること」については、平成17年改正前商法においては、会社分割の各当事会社が負担すべき債務について、その履行の見込みがない場合には、会社分割の無効事由となると解されており[13]、会社法下でも、当該解釈を維持する有力な見解がある[14]。当該見解に立てば、上記のような会社分割は許容されないこととなる。もっとも、会社法の立案担当者の解説においては、「債務の履行の見込み」は事前開示事項に過ぎず、会社分割の効力要件ではないとの見解が示さ

---

10) 相澤哲編著『立案担当者による新・会社法の解説』別冊商事295号（2006）186頁。
11) 論点解説673頁。
12) 会社782条1項2号、794条1項、803条1項2号、会社則183条6号、192条7号、205条7号。
13) 原田晃治「会社分割法制の創設について(中)」商事1565号（2000）11〜12頁、名古屋地判平成16年10月29日判時1881号122頁。
14) 江頭914頁注3。

れている[15]。当該見解は、「債務の履行の見込み」は将来に対する予測であるから、これを効力発生要件とすると法的安定性が害されること、また、債権者は、債権者保護手続および詐害行為取消権により別途保護されることをその根拠とする。かかる見解に立つ場合には、会社分割の当事会社につき「債務の履行の見込み」がない会社分割については、その旨、事前開示を行った上で、株主の保護は株式買取請求権により、また、債権者の保護は債権者保護手続により図られることとなる。

なお、債権者保護手続については、分割会社の債権者であって会社分割後も分割会社に対して引き続き債務の履行の請求を行うことができる者（残存債権者）は、後記第2節2にて説明する「人的分割」の場合を除き、分割会社は、承継会社から、移転した純資産の額に見合う対価を得ているため、その財産に実質的な減少はないとの前提に立ち、債権者保護手続において異議を述べることは認められていない。そのため、残存債権者は、分割会社および吸収分割承継会社[16]が当該債権者を害することを知って会社分割を行った場合（詐害的会社分割）、承継財産の価額を限度として、承継会社に対して債務の履行を請求することが認められている[17]。

(iii) 上場会社と非上場会社との間の会社分割

会社分割により、上場会社が非上場会社に対して事業を承継させる場合、または事業を承継する場合のいずれについても、いわゆる裏口上場の防止を目的として、金融商品取引所規則により、これらの会社分割の結果、上場会社が実質的な存続会社ではないと認められる場合には、上場廃止となるとの制度について留意する必要がある。例えば、東京証券取引所においては、上場会社が会社分割を行う場合、東京証券取引所が上場会社の実質的存続性についての審査（確認）を行い[18]、当該審査の結果、上場会社が実質的な存続会社ではないと認めた場合には、猶予期間（会社分割を行った日以後最初に終

---

15) 論点解説674頁。当該見解を支持するものとしてコンメ(17)271～272頁〔神作〕。
16) 新設分割設立会社は、新設分割の効力発生時において成立することから、新設分割の効力発生時に、会社分割により承継会社に承継されない債権者を「害することを知って」いたとの状態を観念できないことから、新設分割設立会社については「害することを知って」との主観的要件は適用されない（坂本・一問一答347頁）。
17) 会社759条4項～7項、764条4項～7項。

了する事業年度の末日から3年を経過する日[19]までの期間）内に、新規上場審査基準に準じた一定の基準に適合しない場合には、上場廃止となるとされている（上場規601条1項9号a、上場規施行則601条8項1号b・d）。

2 事業譲渡等

(1) 事業譲渡等の意義

会社法第2編第7章は、株式会社による事業の全部または重要な一部の譲渡（以下、本章において、総称して「事業譲渡」という）および他の会社の事業の全部の譲受け（以下、本章において、事業譲渡とあわせて「事業譲渡等」という）に必要な手続について規定する。もっとも、事業譲渡等は、合併および会社分割という組織法上の行為とは異なり、譲渡対象となる権利義務等の包括承継は生じない。事業譲渡等の本質は、包括承継の効果を伴わない取引行為である[20]。当該取引行為により、事業に関連する権利義務等の集合を移転する場合に、これらの移転対象が「事業」に該当する場合には、会社法第2編第7章に定める手続規定が適用されることとなる。

しかし、会社法は、事業譲渡等の対象となる「事業」の定義の規定を設けていない。実務においては、検討中の取引が、株主総会の特別決議が必要となり得る「事業」譲渡等に該当するか、当該決議が不要である「資産」譲渡等[21]に該当するかの区別が重要であるが、この点の判断は解釈に委ねられている。判例においては、平成17年改正前商法下での「営業譲渡」の意義に関して、「一定の営業目的のため組織化され、有機的一体として機能する財産（得意先関係等の経済的価値のある事実関係を含む。）の全部または重要な

---

[18] 実質的存続性の判断については、軽微基準が設けられ、当該要件を満たす場合には、実質的存続性があるものとして取り扱われる（上場規施行則601条8項2号c・d）。当該軽微基準に該当しない場合には、東京証券取引所において、当事会社の経営成績および財政状態、役員構成および経営管理組織等を総合的かつ詳細に検討することとなる（適時開示ガイドブック671頁）。

[19] 当該3年が経過する日が当該上場会社の事業年度の末日に当たらない場合は、当該3年を経過する日の直前に終了する事業年度の末日となる（上場規施行則601条8項5号）。

[20] コンメ(12)21頁〔齊藤真紀〕。

一部を譲渡し、これによって、譲渡会社がその財産によって営んでいた営業的活動の全部または重要な一部を譲受人に受け継がせ、譲渡会社がその譲渡の限度に応じ法律上当然に同法25条に定める競業避止義務を負う結果を伴うものをいう」と判示するものがある[22]。これは、営業譲渡、つまり事業譲渡[23]の意義について、①譲渡対象が一定の営業目的のため組織化され、有機的一体として機能する財産であること（いわゆる有機的一体性）に加えて、②譲受会社が譲渡会社の営業活動を承継することおよび③譲渡会社が競業避止義務を負担することを要件とするものといえる[24]。もっとも、かかる基準に従って、株主総会の特別決議を要する「事業」譲渡等の範囲を画する場合には、得意先関係の移転を伴わないもの（例えば、工場等の製造事業のみの譲渡、研究所の譲渡等）の全てについて、株主総会の特別決議が不要となりかねず、株主の利害に大きな影響を与える取引につき、株主の意思を問う機会が極めて限定される。この観点から、上記①のいわゆる有機的一体性の要件が満たされる場合[25]、具体的には、譲渡会社の製造・販売等に係るノウハウ等の譲受人による承継を伴う場合には、従業員・得意先等の移転がなくても、株主の重大な利害に関わるものとして、株主総会の特別決議を要する「事業」譲渡等に該当すると解する見解が有力である[26]。

(2) 子会社の株式または持分の譲渡

上記のとおり、事業譲渡等の対象となる「事業」には、いわゆる有機的一

---

[21] 資産の譲渡等については、重要な財産の処分または譲受けに該当する場合には、取締役会決議が必要となる（会社362条4項1号、399条の13第4項1号。なお、指名委員会等設置会社においては、その決定を執行役に委任可能である（会社416条4項参照））。

[22] 最大判昭和40年9月22日民集19巻6号1600頁。また、最二判昭和36年10月13日民集15巻9号2409頁、最大判昭和41年2月23日民集20巻2号302頁および最二判昭和46年4月9日判時635号149頁においても、営業譲渡の意義について同旨の判断が示されている。

[23] 会社法では、平成17年改正前商法下での「営業」譲渡を「事業」譲渡と改めたが、これは、商人は商号1個毎に1つの「営業」を営むこととされていることとの関係から、1個の商号しか持ち得ない会社が行うものの総体は「営業」と区別して「事業」と呼ぶこととしたという用語の整理に過ぎない（相澤編著・前掲注10）139～140頁）。そのため、平成17年改正前商法下での「営業」の意義に関する判例は、会社法での「事業」の意義を検討する際しても参照に値する。

[24] 事業の意義に関する判例や学説の詳細について、コンメ(12)26～30頁〔齊藤〕参照。

体性として機能する財産であることが求められるが、当該要件の下では、単なる株式や持分の譲渡は、「事業」の譲渡に該当しない。しかし、子会社は、親会社にとって、実質的にその事業の一部と位置付けられる場合も多く、親会社が子会社の株式または持分を他に譲渡し、その支配権を失うような場合に事業譲渡等と同様の規制を及ぼさないのは不均衡であるとの指摘があった。そこで、平成26年改正会社法により、子会社の株式または持分の全部または一部の譲渡について、①譲渡対象子会社の株式または持分の帳簿価額が親会社の総資産額（法務省令で定める方法により算定される）の5分の1[27]を超え、かつ、②親会社が効力発生日において当該子会社の議決権の総数の過半数の議決権を有しないこととなる場合には、株式または持分の譲渡会社である親会社は、事業譲渡における譲渡会社と同様に、当該子会社の株式または持分の譲渡に関する契約について株主総会の特別決議による承認を得ることが義務付けられた（会社467条1項2号の2、309条2項11号。特別支配会社（後記第6節2(7)(ii)(a)参照）への譲渡を除く（会社468条1項））。また、当該親会社の反対株主には株式買取請求権が認められている（会社469条）。

(3) 事業譲渡等の当事者

(i) 外国会社との事業譲渡等

外国の会社その他の主体が、事業の全部の譲受けの譲渡人となることは、「他の会社（外国会社その他の法人を含む。事業において同じ。）の事業の全部の譲受け」（会社467条1項3号）との規定により会社法上、明文で認められている。また、事業譲渡の譲受人について、会社法上、限定はなく、外国会

---

25) もっとも、「有機的一体として機能する財産」との要件の下でも、事業譲渡後に譲渡会社が事業を行えない状態に至るような大規模な資産の譲渡は、これが株主に与える影響にかかわらず、事業譲渡には該当しないこととなる。例えば、ゴルフ場の不動産および動産のほぼ全てを譲渡したことが営業譲渡に該当するかが争点となった裁判例においては、ゴルフ場、つまり、ゴルフクラブとして有機的一体として機能するために最も重要な要素となるべきものは、ゴルフコースおよびクラブハウス等の物的側面のみならず、ゴルフクラブの会員、会員で組織される理事会等の各種委員会および従業員等の人的側面にもあるとして、物的側面のみの譲渡では、有機的一体性として機能する財産の譲渡には該当しないことを主な理由として、営業譲渡には該当しないとの判断が示されている（旭川地判平成7年8月31日判時1569号115頁）。

26) 江頭959～960頁注1。

27) これを下回る割合を定款で定めることも可能である。

社が日本の会社の事業を譲り受けることは可能と解されている[28]。外国会社が事業譲渡等の当事会社となることができるとの点は、合併等の組織法上の行為においては認められていない利点の1つといえる。

(ii) 債務超過会社等の事業譲渡

会社法においては、事業譲渡等に際して、当事者の財産の状況に関する要件は定められていない。もっとも、事業譲渡後、譲渡会社に残された債権者である残存債権者が、譲渡会社から弁済を受けられないこととなる事業譲渡が行われた場合であって、譲渡会社および譲受会社の双方が、当該事業譲渡が、残存債権者を害することとなる事実を知っていた場合（詐害的事業譲渡）には、残存債権者は、承継財産の価額を限度として、譲受会社に対して債務の履行を請求することが認められている（会社23条の2第1項）。

また、解散後、清算手続中の会社においても、清算の目的の範囲内の行為（会社476条）として、事業譲渡を行うことができる。その際、株主総会による承認を得ることが必要であるが[29]、破産、民事再生、会社更生等の法的整理手続が開始された後においては、事業再生局面における事業譲渡（**第Ⅲ部第5章第3節**参照）を迅速に実行するため、株主総会の承認を要しない場合等、会社法の特例が認められている[30]。

(iii) 上場会社と非上場会社との間の事業譲渡等

会社分割と同様に、事業譲渡等により、上場会社が非上場会社に対して事業を承継させる場合、または事業を承継する場合のいずれについても、いわゆる裏口上場の防止を目的として、金融商品取引所規則により、これらの事業譲渡等の結果、上場会社が実質的な存続会社ではないと認められる場合には、上場廃止となるとの制度について留意する必要がある（要件等については、1(3)(iii)参照）。

---

28) 注釈会社(5)270頁〔落合誠一〕。
29) 相澤編著・前掲注10) 150頁。
30) 例えば、民事再生手続においては、再生手続開始後において再生債務者がいわゆる債務超過の場合に、裁判所が、譲渡会社における株主総会の決議による承認に代わる許可を与えることができるとし（民事再生法43条1項本文）、株主総会決議を経る時間の余裕のない場合に事業譲渡を実行するための特例が認められている。

第2節
会社分割の諸類型

　会社分割は、承継会社の属性、分割対価、分割会社の数等の観点から、幾つかの類型に分けることができる。会社分割を用いたM&Aを検討するに際しては、各類型の特性を考慮の上、その目的を達成するために最適な手法を選択すべきこととなる。

1　吸収分割と新設分割

　会社分割には、承継会社が既存の会社である吸収分割および承継会社が会社分割に伴い新設される会社である新設分割の2類型が存する。吸収分割および新設分割のいずれを選択するかに際して考慮すべき主要な差異として、以下の各点を挙げることができる。

(1)　効力発生日

　吸収分割の効力は、吸収分割契約書に記載された効力発生日に生じる（会社758条1項7号、759条1項）。分割の登記は効力発生要件ではない。一方、新設分割の効力は、新設分割により設立される会社の成立の日、つまり、新設分割設立会社の設立登記の日に生じる（会社49条、764条1項）。設立登記の日は、登記申請の受理日となるが、実際には、登記申請の受理日から、登記の完了までに1週間程度の期間を要する。会社分割により一事業部門を子会社として切り出し、当該子会社の全株式を第三者に譲渡（スピン・アウト）する案件や、当該子会社の一部株式を第三者に譲渡しジョイント・ベンチャーとする案件においては、吸収分割を選択することにより、登記申請手続を考慮することなく、株式譲渡を実行できることとなる。

(2)　分割の効力発生前における許認可への事前対応の可否

　会社分割の対象となる事業の遂行に許認可を要する場合、分割会社の取得していた許認可を承継会社が会社分割により承継することが認められるかは、

対象となる許認可の根拠法令がかかる承継を認めているかによる。もっとも、一般的には、会社分割による許認可の承継は認められていない場合も多いことから、そのような場合には、会社分割の前後で事業の中断が生じることを回避するため、会社分割の効力発生前に、吸収分割承継会社において、予め許認可を取得しておくことが必要となる。

上記の観点からは、吸収分割には、その効力発生前から、吸収分割承継会社が存在し、許認可の申請手続を先行させることが可能とのメリットが存する。そして、承継会社を新設会社とするニーズがある場合には、権利義務を承継する受皿となる会社を予め新設し、当該新設会社において必要となる許認可の申請手続を先行することで、吸収分割の効力発生日において当該許認可を取得済みとするとの対応を検討すべきこととなる[31]。

(3) 分割対価

新設分割においては、新設分割設立会社が設立される以上、設立会社の株式を1株以上発行することが必要となるため、新設分割設立会社は、分割対価として、新設分割会社に対して、その株式を交付しなければならない。また、分割対価として、新設分割設立会社の株式のほか、社債、新株予約権および新株予約権付社債を交付することは認められているが（会社763条1項8号参照）、これら以外の財産（例えば金銭）を交付することは認められていない[32]。これに対し、吸収分割に際しては、そもそも、分割対価は必ず交付しなければならないものではなく、分割対価を交付する場合でも、吸収分割承継会社の株式（会社758条4号イ）、社債（同号ロ）、新株予約権（同号ハ）および新株予約権付社債（同号ニ）に加えて、これら以外の財産（同号ホ。例えば金銭）から選択することが許されている[33]。分割対価の選択に際して

---

[31] 許認可の中には、その要件として、対象事業の管理または遂行を適切に行うことのできる者を雇用していること等の人的要素や、資本金の額等の財産的要素を課すものがあるため、受皿会社の設立時にはこれらの要件に配慮の上、許認可の取得に向けて主務官庁との事前協議を行うこととなる。なお、各業種毎の主要な許認可の要件および会社分割による承継の可否等については、**第Ⅲ部第7章**を参照されたい。

[32] コンメ(17)381〜382頁〔神作〕。なお、後述する共同新設分割においては、一部の新設分割会社に対してのみ新設分割設立会社の株式の交付を行うことも可能である（コンメ(17)382頁〔神作〕）。

[33] コンメ(17)312頁〔神作〕。

は、税務面からの検討が重要であるが（第11章第1節3参照）、分割対価として金銭その他の財産を用いたいとのニーズがある場合には、吸収分割を選択すべきこととなる。

2　人的分割と物的分割

　平成17年改正前商法においては、分割対価の交付先が分割会社自身である「物的分割」と、分割会社の株主である「人的分割」との2つの異なる制度が規定されていた。しかし、会社法下における会社分割は、「物的分割」に相当する制度に統一され、平成17年改正前商法における「人的分割」は、分割会社が取得する分割対価を、その効力発生日において、全部取得条項付種類株式の取得対価または剰余金の分配（現物配当）として分割会社の株主に交付するとの手法により実現すべきこととなった[34)][35)]。なお、会社法では、この手法において分割対価を承継会社の株式とする場合につき、吸収分割契約書および新設分割計画書への記載を求め（会社758条8号、763条1項12号）、また、分割会社における債権者保護手続（会社789条1項2号、810条1項2号）を求める一方、一定の要件（第4節2(2)(vii)参照）を満たす場合には、分配可能額規制の対象外とすることを認めている（会社792条、812条）。

　実務においては、人的分割を用いる場面は、グループ内のある完全子会社の事業を他の完全子会社に承継させ、承継会社の交付する株式等を親会社が取得する等、グループ内再編にほぼ限られているが、平成29年度税制改正におけるスピン・オフ税制の導入により、例えば、上場会社における一事業

---

34)　会社法下で「人的分割」が廃止された理由は、会社法下では、金銭を対価とする吸収分割も認められることとなったが、分割対価としての金銭を分割会社の株主に分配する人的分割の場合を考えると、このような会社分割と、分割会社が単に資産等を売却し剰余金の配当を行う場合とを区別する理由付けが困難であるとの点にあるとされている（法務省民事局参事官室「会社法制の現代化に関する要綱試案補足説明」（平成15年10月）第4部第7の5）。

35)　なお、法人税法においては、物的分割に相当する会社分割について「分社型分割」（法税2条12号の10）、人的分割に相当する会社分割について「分割型分割」（法税2条12号の9）との概念および定義が維持されており、これらの分類に沿って適格要件が定められている（法税2条12号の11～12号の13参照）。会社分割の適格要件については、**第11章第1節3**を参照されたい。

部門を（当該上場会社と株主構成を同じくする）独立会社に切り出す組織再編の手法として（第11章第1節、第Ⅲ部第1章第4節参照）、従来より活用の場面が増えることが期待される。

3 単独分割と共同分割

分割会社が1社の場合を「単独分割」、2社以上の場合を「共同分割」という。会社法上、共同新設分割は明示的に認められている（会社762条1項・2項）。共同新設分割は、例えば、複数の新設分割会社が、それぞれの事業の一部を拠出することによってジョイント・ベンチャーを組成する手段として用いることができる。

共同吸収分割については、会社法上の明文規定はないが、複数の吸収分割会社が、1つの吸収分割契約に基づき、同時に吸収分割を行うことにより、単独の吸収分割承継会社に権利義務を承継させることは可能であり[36]、また、複数の吸収分割承継会社に権利義務を承継させることも可能と解される。もっとも、この場合、複数の吸収分割の効力発生を関連付けるか（それぞれの吸収分割の実行を効力発生の停止条件とするか）等について吸収分割契約において明記することが必要となる。

第3節　会社分割の手続

1　概　要

会社法は、会社分割がその当事会社の株主、新株予約権者および債権者等の利害関係者に重大な影響を及ぼすものであることを踏まえて、これらの者を保護するための手続を定めている。加えて、合併と同様に、①日本の独禁

---

[36]　江頭899〜900頁注5。

法または海外の競争法に基づく手続³⁷⁾、②分割対象となる事業に適用のある特別法がある場合には、その特別法に基づく手続（例えば、各種の業法に基づく許認可の再取得や承継のための手続）[38]、③金商法に基づく有価証券届出書の提出、また、④当事会社が上場会社である場合には、金商法に基づく臨時報告書の提出および金融商品取引所の有価証券上場規程に基づく適時開示が必要となる場合がある。以下、本節では、2において、当事会社を株式会社とする会社分割に際して、会社法に基づき必要とされる手続を詳述し、3において、金商法に基づく有価証券届出書および臨時報告書の提出、また4において、金融商品取引所の有価証券上場規程に基づく適時開示について述べる。

なお、会社分割に特有の手続として、労働契約承継法および平成12年商法等改正法附則5条に基づく労働者および労働組合の保護のための手続が必要となり、会社分割を実施するにあたっては、これらの手続に要する期間も織り込む必要がある（手続の詳細については、第13章第2節を参照されたい）。

2 会社法が定める手続

当事会社を株式会社とする会社分割に際して、会社法に基づき必要とされる各手続の要否を、保護を受ける利害関係者に着目して整理すると、下記の図表Ⅰ-8-1のとおりとなる。

---

37) 詳細は、第12章第2節参照。
38) 詳細は、第Ⅲ部第7章参照。

[図表Ⅰ-8-1] 会社分割に関する会社法上の必要手続

保護を受ける利害関係者	手続	通常の会社分割 分割会社	通常の会社分割 承継会社(*1)	簡易分割 分割会社	簡易分割 承継会社(*1)	略式分割 分割会社	略式分割 承継会社(*1)
株主[39]	吸収分割契約の締結または新設分割計画の作成	○	○	○	○	○	○
	株主総会による承認	○	○	×	×	△(*2)	△(*2)
	種類株主総会による承認	△(*3)	△(*3)	△(*3)	△(*3)	△(*3)	△(*3)
	株主に対する通知・公告	○	○	○	○	△(*4)	△(*4)
	株式買取請求	○	○	×	×	△(*4)	△(*4)
新株予約権者	新株予約権者に対する通知・公告	△(*5)	×	△(*5)	×	△(*5)	×
	新株予約権買取請求	△(*6)	×	△(*6)	×	△(*6)	×
債権者	債権者保護手続	△(*7)	○	△(*7)	○	△(*7)	○
株主・債権者	法定書面の事前備置	○	○	○	○	○	○
	法定書面の事後備置	○	○	○	○	○	○

*1 新設分割における新設分割設立会社については、「法定書面の事後備置」のみ該当する。

*2 分割会社または承継会社にとっての相手方当事者が、当該会社の特別支配会社に該当する場合（つまり、当該会社が従属会社となる場合）、当該会社の株主総会における承認が不要となる。

*3 通常の会社分割、簡易分割または略式分割いずれの場合であっても、会社分割の当事会社のある種類の株式の内容として、会社分割についてその種類株主総会の決議事項と定められている場合（会社108条1項8号）には、当該種類株主総会による承認が必要となる。

*4 特別支配会社に該当する株主に対する通知・公告は不要であり、また、当該株主には株式買取請求権は認められない。

*5 会社分割に際しての取扱いが、新株予約権の内容として定められた条件に合致するかの確認の機会を付与するため、①吸収分割契約または新設分割計画において、分割会社の新株予約権者に対し、承継会社の新株予約権が交付される旨定められた分割会社の新株予約権の新株予約権者に加え、②（①に該当しない場合でも）新株予約権の内容として会社分割の際には承継会社の新株予約権を交付する旨の定めがある分割会社の新株予約権の新株予約権者に対し、通知を行う（会社787条3項2号、808条3項2号）。

*6 吸収分割契約または新設分割計画において、分割会社の新株予約権者に対し、その保有する新株予約権の内容として定められたものと合致する条件にて承継会社の新株予約権が交付される旨定められた場合は、認められない（会社787条1項2号、808条1項2号）。

*7 分割会社において、債権者保護手続の対象となる債権者とは、会社分割後に分割会社に対して債務の履行の請求をできない債権者である。また、いわゆる人的分割の場合には、全債権者となる（会社789条1項2号、810条1項2号）。承継会社（吸収分割承継会社）においては、その全債権者が債権者保護手続の対象となる（会社799条1項2号）。

(1) 吸収分割契約の締結または新設分割計画の作成

　会社分割を行うにあたっては、①吸収分割の当事会社は吸収分割契約を締結し（会社757条）、②新設分割の新設分割会社は新設分割計画を作成しなければならない（会社762条1項）。吸収分割契約および新設分割計画の作成は、書面または電磁的記録による必要はない（不要式の行為）とされているが[40]、会社分割の登記申請に際しては吸収分割契約書または新設分割計画書の添付が必要とされ（商業登記法85条1号、86条1号）、実務においても書面にて作成されている。

　吸収分割契約の締結および新設分割計画の作成は、組織法上の行為たる性質を有することから、当事会社の業務執行者としての代表者が行う[41]が、これらの内容の決定は、重要な業務執行の決定に該当し、取締役会設置会社においては取締役会が行う（会社362条4項）[42]。吸収分割契約・新設分割計画に規定すべき事項については、後記**第4節**を参照されたい。

(2) 事前備置

　会社分割の当事会社は、一定の事項を記載または記録した書面または電磁的記録を、一定の期間、本店に備え置かなければならない[43]。分割会社およ

39）　吸収分割契約または新設分割計画は、原則として株主総会決議による承認を要するため（会社783条1項、795条1項、804条）、株主しかこれらを否決することができないという意味で、株主を保護する手続に分類した。

40）　相澤編著・前掲注10) 191頁。

41）　吸収分割契約につき、コンメ⑰276頁〔神作〕、新設分割計画につきコンメ⑰372頁〔神作〕。なお、当事会社の代表者は、取締役会設置会社のうち、指名委員会等設置会社ではないものの場合は代表取締役であり（会社349条4項）、指名委員会等設置会社の場合は代表執行役である（会社420条3項、349条4項）。また、取締役会非設置会社の場合は、別途代表取締役を定めていない限り、各取締役である（会社349条1項〜4項）。

42）　指名委員会等設置会社の場合、株主総会決議による承認を要しない吸収分割契約および新設分割計画の内容の決定は、取締役会決議により、執行役に委任することができる（会社416条4項17号括弧書・18号括弧書）。また、監査等委員会設置会社の場合、取締役の過半数が社外取締役であるときまたは定款に定めがあるときは、株主総会決議による承認を要しない吸収分割契約および新設分割計画の内容の決定は、取締役会決議により、取締役に委任することができる（会社399条の13第5項14号括弧書・15号括弧書・6項）。

び承継会社の株主および債権者は、当事会社に対し、後記(ii)の備置期間中、営業時間内は、いつでも、事前備置事項が記載された書面の閲覧または謄本もしくは抄本の交付を請求することができる[44]。

(i) 事前備置による開示事項

事前備置による開示事項は、大要、下記のとおりである[45]。

(a) 吸収分割契約・新設分割計画の内容
(b) 分割対価の相当性に関する事項
(c) 効力発生日に承継会社の株式を分割会社の株主に交付する剰余金の配当等（いわゆる人的分割）についての株主総会決議が行われている場合には、当該決議の内容
(d) 分割会社の新株予約権者に対して交付する新株予約権の定めの相当性に関する事項
(e) 計算書類等に関する事項
(f) 効力発生日以後の債務の履行の見込みに関する事項
(g) 上記(b)～(f)の事項に事後的に変更が生じた場合における変更後の当該事項の内容

ⓐ 吸収分割契約・新設分割計画の内容

備置・開示が求められているのは、吸収分割契約・新設分割計画の「内容」であり[46]、締結した契約・作成した計画そのものである必要はない。実務上は、締結済みの吸収分割契約または作成した新設分割計画の写しを備置・開示することが多いが、承継対象従業員の氏名等、開示になじまない事項が含まれている場合には、記載を省略する等の配慮が必要となる。

ⓑ 分割対価の相当性に関する事項

分割対価に関する事項は、吸収分割契約・新設分割計画の必要的記載事項であり（後記第4節2(2)(iv)参照）、事前備置においては、当該事項の相当性に

---

43) 会社782条、794条、803条。
44) 会社782条3項、794条3項、803条3項。
45) 会社782条1項2号、794条1項、803条1項2号、会社則183条、192条、205条。
46) 会社782条1項2号、794条1項、803条1項2号。

関して記載することが求められる[47]。

実務においては、分割対価の相当性に関する事項については簡素な記載がなされることが多い。例えば、分割対価として吸収分割承継会社の株式が用いられる場合には、吸収分割契約において、会社分割後の吸収分割承継会社の資本金および準備金に関する事項についても記載する必要があるが、会社分割による吸収分割承継会社の資本金、資本準備金およびその他資本剰余金の増加額は、株主資本等変動額の範囲内で、吸収分割契約に定めることで、会社の裁量により決定することができる（会社計算37条）。事前備置においては、承継会社の資本金および準備金の額の相当性として、この裁量に基づく振分けの理由につき記載することとなるが、株主資本等増加額の全額をその他資本剰余金とする場合には、「機動的かつ柔軟な資本政策を実現可能とするため」との記載、また、株主資本等増加額の全額を資本金とする場合には、「増加した株主資本を内部留保するため」等の記載例が考えられる[48]。

なお、吸収合併の消滅会社、株式交換の完全子会社については、対価の相当性に関する事項として、①対価の総数または総額の相当性に関する事項、②対価として当該種類の財産を選択した理由、および③当事会社が共通支配下にあるときは、消滅会社または完全子会社の株主の利益を害さないように留意した事項を開示する必要があるが（会社則182条1項1号・3項）、会社分割については、かかる記載を求める明示の規定は存在しない。しかし、これらの事項は、対価の相当性に関する重要なものを注意的に掲げたものであり、通常は、会社分割を含むその他の組織再編行為の当事者である会社の事前備置においても開示すべき旨、指摘されている点には留意が必要である[49]。

(c) 分割会社の株主に対する承継会社の株式の交付に関する事項

後記第4節2(2)(vii)において詳述するとおり、会社法下において、いわゆる

---

[47] 会社782条1項2号、794条1項、会社則183条1項イ、192条1号。
[48] 相澤哲編著『立案担当者による新会社法関係法務省令の解説』別冊商事300号（2006）134頁。
[49] 相澤哲ほか「合併等対価の柔軟化の施行に伴う『会社法施行規則の一部を改正する省令』」別冊商事法務編集部編『合併等対価の柔軟化への実務対応』別冊商事309号（2007）33頁。

「人的分割」を実現するに際して、その分割対価を承継会社の株式とする場合には、吸収分割契約または新設分割計画に、全部取得条項付種類株式の取得または剰余金の配当（現物配当）を行う旨を明記の上（会社758条8号、763条1項12号）、全部取得条項付種類株式の取得のための株主総会の特別決議による承認（会社171条1項、309条2項3号）、または、剰余金の配当（現物配当）のための株主総会の特別決議による承認（会社454条4項、309条2項10号）を得る必要がある。事前備置の開始時点において、上記の各決議が得られている場合には、当該決議により承認された全部取得条項付種類株式の取得の対価となる承継会社の株式の数または算定方法や、剰余金配当（現物配当）として交付される承継会社の株式の帳簿価額の総額等を開示することとなる[50][51]。

(d) **分割会社の新株予約権者に対して交付する新株予約権に係る定めの相当性に関する事項**

吸収分割会社の新株予約権者の保有する新株予約権に代わって、吸収分割承継会社の新株予約権を交付する場合には、吸収分割契約において、交付する新株予約権の内容および数またはその算定方法等を定める必要がある（後記第4節2(2)(v)参照）。事前備置においては、当該事項の相当性に関して記載することが求められる[52]。

(e) **各当事会社の計算書類等に関する事項**

分割会社および承継会社のいずれの事前備置においても、自己および相手方当事会社に関して、それぞれ以下の事項を開示しなければならない[53]。

【自己に関する開示事項】
・最終事業年度末日（最終事業年度がない場合は会社成立の日）後に生じた

---

50) 会社則183条2号、192条2号、205条2号。
51) なお、事前備置の開始時点において、これらの決議がなされていない場合には、決議がなされた時点において、後記(g)（前各号に掲げる事項に変更が生じたときは、変更後の当該事項（会社則183条7号、192条8号、205条8号））として開示することとなる。
52) 会社782条1項2号、794条1項、803条1項2号、会社則183条3号、192条3号、205条3号。
53) 会社則183条4号・5号、192条4号・5号・6号、205条4号・5号・6号。

会社財産の状況に重要な影響を与える事象の内容
・最終事業年度がない場合の会社成立の日における貸借対照表[54]

【相手方当事者に関する開示事項】
・最終事業年度に係る計算書類等[55]（最終事業年度がない場合は会社成立の日における貸借対照表）の内容
・最終事業年度末日（最終事業年度がない場合は会社成立の日）後の日を臨時決算日（複数ある場合には最も遅いもの）とする臨時計算書類等があるときは、当該臨時計算書類等の内容
・最終事業年度末日（最終事業年度がない場合は会社成立の日）後に生じた会社財産の状況に重要な影響を与える事象の内容

(f) 効力発生日以後の債務の履行の見込みに関する事項

本事項は、債権者保護手続において異議を述べることができる債権者の保護をその主目的とすることから（債権者保護手続については後記(5)参照）、会社分割の効力発生日以後の債務のうち、その履行の見込みに関する事項を開示する必要のあるものは、以下のように規定されている。

【分割会社】
・分割会社の債務および分割会社が吸収分割により承継会社に承継させる債務（会社則183条6号、205条7号）

【承継会社】
・承継会社の債務（会社則192条7号）

(g) 上記(b)～(f)の事項に事後的に変更が生じた場合における変更後の当該事項の内容

事前備置による開示事項のうち、吸収分割契約および新設分割計画の内容以外の事項について、備置開始日後に変更が生じた場合、変更後の当該事項

---

[54] 事前備置を行う会社自身の計算書類等は、原則として事前備置の対象とされていないが、最終事業年度が存在しない場合には、会社成立の日の貸借対照表を開示することとなる。

[55] 計算書類（貸借対照表、損益計算書、株主資本等変動計算書、個別注記表）、事業報告、監査報告および会計監査報告を総称したものである（会社442条、435条2項、会社計算59条1項）。

を開示する[56]。

(ii) 事前備置の期間

事前備置の開始日は、①吸収分割契約・新設分割計画の承認に係る株主総会の2週間前の日、②株式買取請求に係る株主に対する通知もしくは公告の日、③新株予約権買取請求に係る新株予約権者に対する通知もしくは公告の日、または④債権者異議申述公告もしくは催告の日のいずれか早い日である。また、①〜④の手続がいずれも不要である場合は、吸収分割契約の締結日・新設分割計画の作成の日から2週間を経過した日が開始日となる[57]。

事前備置の終了日は、会社分割の効力発生日から6か月を経過する日である[58]。

(3) 株主総会の承認決議

会社分割の当事会社は、後記(8)の簡易分割または略式分割の場合を除き、会社分割の効力発生日の前日までに、株主総会決議によって、吸収分割契約・新設分割計画の承認を受けなければならない[59]。決議要件等については、合併と同様であるため、**第6章第2節2(3)**を参照されたい。

(4) 反対株主の株式買取請求・新株予約権者の新株予約権買取請求

会社分割に反対する株主は、各当事会社に対して、自己の有する株式を公正な価格で買い取るよう請求することができる[60]。

また、分割会社[61]の新株予約権者であって、①吸収分割契約・新設分割計画において、承継会社の新株予約権の交付を受ける旨定められている新株予約権者（ただし、交付される承継会社の新株予約権の条件が、その保有する分割会社の新株予約権に定められた条件に合致する新株予約権者を除く）、および②かかる新株予約権者以外の新株予約権者であって、吸収分割契約・新設分

---

56) 会社則183条7号、192条8号、205条8号。
57) 会社782条2項、794条2項、803条2項。
58) 会社782条1項2号、794条1項、803条1項2号。
59) 会社783条1項、795条1項、804条1項。
60) 会社785条1項、797条1項、806条1項。
61) 承継会社の新株予約権者には、新株予約権の買取請求は認められていない。

割計画において、その保有する新株予約権に承継会社の新株予約権を交付する旨の定めのある新株予約権者に対しては、分割会社に対し、自己の有する新株予約権を公正な価格で買い取るよう請求する権利が認められている（会社787条1項2号、808条1項2号）。

これらの反対株主および新株予約権者の買取請求権の手続および留意点については、**第6章第2節2(5)および第10章第5節**を参照されたい。

(5) 債権者保護手続

会社分割は、各当事会社の財務状況に重大な影響を及ぼし得ることから、各当事会社は、債権者に異議を申述する機会を与えるための公告および個別の催告を行い、債権者から異議を述べられた場合には、当該債権者を害するおそれがない場合に該当しない限り、効力発生日までに弁済または担保提供もしくは財産の信託を行わなければならない[62]。もっとも、会社分割は、合併とは異なり、会社分割後も分割会社が存続するため、会社分割により債権回収についてのリスクが高まるおそれがあると類型的に判断される債権者のみが、債権者保護手続において異議を述べることができる。その具体的な範囲は下記図表Ⅰ-8-2のとおりである（会社789条1項2号、799条1項2号、810条1項2号）。

また、債権者保護手続としての公告または個別催告の内容、方法および時期、個別催告の対象となる「知れている債権者」[63]の範囲、債権者から異議が述べられた場合の手続については、基本的に合併（**第6章第2節2(6)参照**）の場合と同様であるが、相違点として、以下の2点が存する。第一に、分割会社が、定款において定める公告方法として、①時事に関する事項を掲載する日刊新聞紙において掲載する方法または②電子公告を定めている場合（会社939条1項2号・3号）、当該公告方法に加え、官報において、債権者保護手続における公告を行う場合であっても、不法行為により生じた債務の債権者に対しては、個別催告を省略することができない（会社789条3項括弧書、810条3項括弧書）。第二に、分割会社の債権者であって、会社分割において異議を述べることができる者のうち、個別催告を受けなかった者は、吸収分

---

[62] 会社789条5項、799条5項、810条5項。
[63] 会社789条2項、799条2項、810条2項。

割契約または新設分割計画において、その債務を負担しない旨定められた会社に対しても、当該会社の会社分割の効力発生日の財産の価額（当該会社が承継会社である場合には承継した財産の価額）を限度として、当該債権者の債務の履行の請求をすることが認められている（会社759条2項・3項、764条2項・3項）。

そのため、吸収分割契約または新設分割計画において、承継会社が免責的に債務引受を行う旨定めた場合（つまり、承継対象債務について、分割会社が債務を負担しない旨定めた場合）でも、個別催告を受けなかった承継対象債務の債権者から、会社分割後、分割会社は、会社分割の効力発生日の分割会社の財産の価額を限度として、引き続き債務の履行の請求を受け得ることとなる。また、人的分割の場合には、承継会社は、個別催告を受けなかった分割会社の全債権者から、承継した財産の価額を限度として、債務の履行の請求を受け得ることとなる。これらの場合、分割会社と承継会社は、当該債務について、不真正連帯債務を負うこととなり[64]、実務においては、両社間にて合意した債務承継の内容とは異なる債務の履行請求を受けた場合の両社間における求償関係について、別途合意することが多い。

[図表Ⅰ-8-2]　会社分割において異議を述べることができる債権者

	吸収分割	新設分割
分割会社	・会社分割後に分割会社に対し債務の履行が請求できなくなる分割会社の債権者（＊）（会社789条1項2号、810条1項2号） ・いわゆる人的分割の場合、分割会社の全債権者（会社789条1項2号括弧書、810条1項2号括弧書）	
承継会社	・承継会社の全債権者（会社799条1項2号）	―

＊吸収分割契約または新設分割計画において分割承継の対象とされたが、分割会社が当該債務につき重畳的（併存的）債務引受または連帯保証を行う場合には、これに該当しないこととなる。

---

[64]　コンメ(17)342〜343頁〔神作〕。

(6) 登記

　吸収分割においては、その効力発生日から2週間以内に、吸収分割承継会社の本店所在地を管轄する登記所において、吸収分割会社および吸収分割承継会社に係る各変更の登記を同時に申請しなければならない（会社923条、商業登記法87条1項・2項）。

　新設分割においては、新設分割会社が定めた日または株主総会決議等の必要手続が全て完了した日のいずれか遅い方の日から2週間以内に、新設分割会社の本店所在地を管轄する登記所において、新設分割会社においては変更の登記を、新設分割設立会社においては設立の登記を申請しなければならない（会社924条1項1号、商業登記法87条1項・2項）。吸収分割と異なり、新設分割の効力は、新設分割設立会社成立のとき（すなわち、設立登記のとき）に生じる[65]。

(7) 事後備置

　会社分割の当事会社は、相手方当事会社と共同して、会社分割の効力発生日後遅滞なく、一定の事項を記載または記録した書面または電磁的記録を作成し、効力発生日から6か月間、これを本店に備え置かなければならない[66]。会社分割の当事会社の株主、債権者その他の利害関係人は、上記の期間、営業時間内は、いつでも、事後備置事項が記載された書面の閲覧または謄本もしくは抄本の交付を請求することができる[67]。

　事後備置による開示事項は、大要、下記のとおりである。

【吸収分割における分割会社および承継会社】

① 　吸収分割の効力発生日
② 　分割会社における差止請求手続、株式買取請求手続、新株予約権買取請求手続および債権者保護手続の経過
③ 　承継会社における差止請求手続、株式買取請求手続、債権者保護手続の経過

---

65) 会社49条、764条1項。
66) 会社791条1項1号・2項、801条2項・3項2号、811条1項1号・2項、815条2項・3項2号、会社則189条、201条、209条、212条。
67) 会社791条3項、801条4項・5項、811条3項、815条4項・5項。

④ 承継会社が分割会社から承継した重要な権利義務に関する事項
⑤ 分割による変更登記をした日
⑥ 上記①～⑤のほか、吸収分割に関する重要な事項

【新設分割における分割会社および新設分割設立会社】
① 新設分割の効力発生日
② 分割会社における差止請求手続の経過
③ 株式買取請求手続、新株予約権買取請求手続および債権者保護手続の経過
④ 新設分割設立会社が分割会社から承継した重要な権利義務に関する事項
⑤ その他上記①～④のほか、新設分割に関する重要な事項

(8) **簡易分割・略式分割**

前記(3)のとおり、会社分割を実施する際には、原則として、吸収分割契約または新設分割計画について、当事会社の株主総会の承認を要するが、簡易分割または略式分割に該当する場合、下記のとおり、株主総会による決議は不要とされている。

(i) 簡易分割

合併（第6章第2節2(9)(i)参照）と同じく、会社分割の当事会社の株主に与える影響が軽微な会社分割については、株主総会の承認を得ることなく会社分割を実施することが認められている（簡易分割）[68]。簡易分割の要件は、概要、①分割会社においては、会社分割により承継させる資産の帳簿価額が、分割会社の総資産額として法務省令（会社則187条、207条）に基づき算出する額の5分の1以下であること（会社784条2項、805条）、②承継会社においては、会社分割に際して交付する対価の合計額（会社796条2項1号イ～ハの合計額）が、承継会社の純資産額として法務省令（会社則196条）に基づき算出する額の5分の1以下であることである（会社796条2項）。

ただし、前記要件を充足したとしても、①承継会社に分割差損が生じる場合、および②承継会社が譲渡制限株式のみを発行している会社であって、か

---

[68] 会社784条2項、796条2項、805条。

つ、分割対価の全部または一部が承継会社の譲渡制限株式である場合には、承継会社において簡易分割は認められない（会社796条2項但書）。

(ii) 略式分割

合併（第6章第2節2(9)(ii)参照）と同じく、吸収分割の一方の当事会社が他方の当事会社の「特別支配会社」[69]である場合、特別支配会社ではない会社分割の当事会社（すなわち、支配されている側の会社）において、吸収分割契約の株主総会決議による承認は不要となる（会社784条1項、796条1項）。ただし、承継会社が譲渡制限株式のみを発行している会社であって、かつ、分割対価の全部または一部が承継会社の譲渡制限株式である場合には、承継会社において略式分割は認められない（会社796条1項但書）。

(9) 会社分割の瑕疵と救済手段

合併（第6章第2節2(10)ならびに第10章第2節1および第3節3参照）と同じく、まず、事前の救済手段として、会社分割の当事会社の株主には、会社分割の差止請求が認められている（会社796条の2、805条の2）。また、事後の救済手段については、一定の利害関係者は、会社分割の効力発生日から6か月間、会社分割の無効の訴えを提起することができる（会社828条1項9号・10号）。

合併と共通する上記の制度に加えて、分割会社および吸収分割承継会社が、残存債権者（つまり、会社分割による承継の対象外となる債権者）を害することを知って会社分割をした場合には、残存債権者は、承継会社に対し、承継した財産の価額を限度として、その債務の履行を請求することが認められている（会社759条4項〜7項、764条4項〜7項）。

---

[69] 「特別支配会社」とは、ある株式会社の総株主の議決権の90％（これを上回る割合を当該株式会社の定款で定めた場合は、その割合）以上を他の会社または当該他の会社が直接もしくは間接に発行済株式または持分の全部を有する法人が有している場合における当該他の会社をいう（会社468条1項、会社則136条）。

3 金商法に基づく有価証券届出書・臨時報告書の提出

(1) 有価証券届出書の提出

いわゆる人的分割として、剰余金の配当（現物配当）により分割対価である吸収分割承継会社の株式を吸収分割会社の株主に交付する場合で、当該株主の数が50名以上である場合には、免除事由[70]に該当しない限り、「特定組織再編成発行手続」または「特定組織再編成交付手続」（金商2条の2第4項・5項）として、吸収分割承継会社に有価証券届出書の提出義務が課されることとなる（要件等の詳細につき、**第6章第2節3(1)参照**）[71]。これに対して、上記の人的分割に該当しない会社分割については、かかる有価証券届出書の提出義務が課されることはない（金商令2条の2）。

(2) 臨時報告書の提出

会社分割の当事会社が金商法上の有価証券報告書の提出義務を負う場合には、一定の軽微基準に該当する場合[72]を除き、会社分割を行うことが、そ

---

[70] 一例として、吸収分割会社の株式が非上場株式である場合（金商4条1項2号イ・7項、開示府令6条）または吸収分割承継会社が分割対価として交付する株式が上場株式である場合（金商4条1項2号ロ・7項、開示府令6条）には、免除事由に該当する。

[71] さらに、吸収分割会社の株主に米国株主が存在する場合には、米国の1933年証券法に基づく手続（Form F-4の提出の要否）の検討も必要となる。詳細については、**第6章第2節5**を参照されたい。

[72] 具体的には、有価証券報告書提出会社が分割会社となり、事業の全部または一部を承継させる場合には、最近事業年度の末日における当該分割に係る資産の帳簿価額が、分割会社の同日における純資産額の10％以上である場合、または、当該分割の予定日の属する事業年度および翌事業年度の各事業年度において、当該分割による分割会社の売上高の減少額が、当該会社の最近事業年度の売上高の3％以上と見込まれる場合に、臨時報告書の提出が必要となる。また、有価証券報告書提出会社が承継会社となり、事業の全部または一部を承継する場合には、当該分割による承継会社の資産の増加額が、当該会社の最近事業年度の末日における純資産額の10％以上と見込まれる場合、または、当該分割の予定日の属する事業年度および翌事業年度の各事業年度において、当該分割による承継会社の売上高の増加額が、当該会社の最近事業年度の売上高の3％以上と見込まれる場合に、臨時報告書の提出が必要となる。

の「業務執行を決定する機関により決定された」場合に、遅滞なく臨時報告書を提出しなければならない（金商24条の5第4項、開示府令19条2項7号・7号の2）。提出時期については、**第6章第2節3(2)**を参照されたい。

4　金融商品取引所の有価証券上場規程に基づく適時開示

　会社分割の当事会社が上場している場合には、上場している金融商品取引所の有価証券上場規程に基づく適時開示を行う必要がある。東京証券取引所の場合を例にとると、上場会社の業務執行を決定する機関が、会社分割を行うことについての決定をした場合、直ちにその内容を開示しなければならない（上場規402条1号l）。開示時期については、**第6章第2節4**を参照されたい。

第4節
吸収分割契約・新設分割計画

1　吸収分割契約・新設分割計画の記載事項

　会社法は、吸収分割契約および新設分割計画に定めるべき事項（必要的記載事項）を規定する（会社758条、763条）。その概要は、下記の図表Ⅰ-8-3のとおりである。本節では、以下2および3において、これらの必要的記載事項について、実務上特に留意すべき点について概説する。
　また、吸収分割契約および新設分割計画においては、必要的記載事項以外の事項（任意的記載事項）を定めることも可能である（後記4参照）。もっとも、任意的記載事項（例えば、吸収分割の効力発生日付けでの吸収分割承継会社における役員等の選任）については、吸収分割契約または新設分割計画の承認のみでその効力が発生するものではなく、別途その効力発生のための会社法上の手続の履行が必要である。
　さらに、吸収分割や共同新設分割等が第三者とのM&Aの手法として用い

[図表Ⅰ-8-3] 吸収分割契約・新設分割計画の必要的記載事項の概要

	吸収分割契約	新設分割計画
1	吸収分割会社および吸収分割承継会社の商号および住所（会社758条1号）	新設分割設立会社に関する下記の事項（会社763条1項1号〜4号） ① 商号、本店の所在地および発行可能株式総数（会社763条1項1号） ② 定款で定める事項（同項2号） ③ 設立時取締役等の氏名（同項3号・4号）
2	承継する資産、債務、雇用契約その他の権利義務に関する事項（同条2号）	承継する資産、債務、雇用契約その他の権利義務に関する事項（同項5号）
3	吸収分割会社または吸収分割承継会社の株式を承継する場合には、当該株式に関する事項（同条3号）	（該当なし）
4	分割対価に関する事項（以下の各場合に応じた記載事項） ① 吸収分割承継会社の株式である場合（同条4号イ） ② 吸収分割承継会社の社債、新株予約権、新株予約権付社債である場合（同条4号ロ〜ニ） ③ 上記以外の財産である場合（同条4号ホ）	分割対価に関する事項（以下の各場合に応じた記載事項） ① 新設分割会社の株式である場合（同項6号、共同新設分割につき同項7号） ② 新設分割会社の社債、新株予約権、新株予約権付社債である場合（同項8号、共同新設分割につき同項9号）
5	吸収分割会社の新株予約権者に対して吸収分割承継会社の新株予約権を交付する場合、当該新株予約権および割当に関する事項（同条5号・6号）	新設分割会社の新株予約権者に対して新設分割設立会社の新株予約権を交付する場合、当該新株予約権および割当に関する事項（同項10号、共同新設分割につき同項11号）
6	吸収分割の効力発生日（同条7号）	（該当なし）
7	いわゆる人的分割として全部取得条項付種類株式の取得または剰余金の配当を行う場合にはその旨（同条8号）	いわゆる人的分割として全部取得条項付種類株式の取得または剰余金の配当を行う場合にはその旨（同項12号）

られる場合には、譲渡対象や当事会社に関する表明保証や契約違反に関する補償責任、取引実行までの前提条件、取引実行前後において当事者が遵守すべき事項（コベナンツ）、譲渡会社の善管注意義務などについても当事者間にて合意することが通例であるが、これらについては、吸収分割契約や共同新設分割計画には規定せず、別途、取引全体に関する細部にわたる事項を規定する統合契約を締結することで対応することが通常である（第Ⅱ部第3章第1節参照。また、表明保証、補償等のM&A契約における条項の意義等については、第Ⅱ部第3章第2節参照）。

2　吸収分割契約の必要的記載事項

(1)　吸収分割会社および吸収分割承継会社の商号および住所

吸収分割契約には、その当事者を特定するため、吸収分割会社および吸収分割承継会社の商号および住所（本店所在地。会社4条参照）を記載する（会社758条1号）。

(2)　承継する権利義務

(i)　承継対象の特定

吸収分割承継会社が吸収分割会社から承継する「資産、債務、雇用契約その他の権利義務に関する事項」（会社758条2号）については、当該事項をどの程度詳細に記載すべきか、つまり特定の程度が問題となることが多い。この点、一般論としては、当事会社はもちろん、その株主および債権者が、承継対象を合理的に理解可能な程度の記載であれば足り、必ずしも個々の権利義務を個別に特定してその帰属先を明らかにする必要はないが、特定の権利義務が分割後いずれの会社に帰属するのかが明らかになる程度の記載が求められる[73]。

具体的には、承継対象とする事業名や部署名を記載の上、これに属する全ての権利義務との記載（「吸収分割会社の○○事業に属する全ての資産、債務、契約その他の権利義務」、「吸収分割会社の○○事業部門に属する全ての権利義務」

---

[73]　原田・前掲注13) 7頁、コンメ(17)294頁〔神作〕。

等の記載）についても、適法と解される[74)][75)]。また、承継対象に含まれるか否かが利害関係人にとって特に重要な資産等や、承継対象となるか否かについて判断の分かれる資産等のうち特に重要なものについては、上記の記載に加えて、「○○を含む」という形で、承継対象に含まれることを例示列挙する方法や、「○○を除く」として、除外すべき権利義務等を限定列挙する方法（または、これらの列挙を組み合わせる方法）も、承継対象の特定に際しては有用である。

(ii) 承継の対象たる権利義務

承継する権利義務の検討に際しては、そもそも承継しようとしている権利義務が会社分割により承継可能か、また、承継可能として、どのように特定するかについての検討も必要となる。以下では、実務上特に留意が必要となる事項について概説する。

(a) 公法上の権利義務

公法上の権利義務が会社分割による承継の対象となるか否かは、各根拠法令に基づき判断することになる。事業を営むにあたっての許認可等の承継の可否については、第Ⅲ部第7章を参照されたい。また、租税債務については、原則として吸収分割承継会社には承継されないが、いわゆる人的分割の場合には、承継会社は、分割会社と連帯納付の責任を負う（国税通則法9条の3）。また、同じく租税関連で実務上問題となる点としては、繰越欠損金の承継の可否が挙げられる（第11章第1節参照）。

(b) 債　　務

債務に関する事項としては、承継の手法、つまり、吸収分割承継会社に免責的に承継されるのか、吸収分割会社が重畳的（併存的）に債務引受を行うのかについて明示する必要がある[76)]。併存的債務引受の場合には吸収分割会

---

74) コンメ⑰294頁〔神作〕。
75) また、このような包括的な記載とする場合には、吸収分割契約に明示されなかった権利義務、および契約締結後、効力発生日前の間に発生した権利義務については、承継対象となる事業部門に関する権利義務であれば、会社分割の対象に含まれると解釈することが合理的である（コンメ⑰309頁〔神作〕）。

社および吸収分割承継会社間にて、その内部割合について別途合意すべきこととなる（必要的記載事項ではない）。

また、承継対象債務の根拠法が外国法である場合、当該債務の免責的な承継のためには、当該外国法に基づく手続を要すると解される[77]。

(c) 債権

債権については、譲渡禁止特約付債権についても、原則として、会社分割による承継は可能と解される。例外的に、譲渡禁止特約付債権の発生の根拠である契約や事業は承継しないにもかかわらず、当該債権のみを吸収分割承継会社に承継させる場合には、会社分割の濫用と評価される余地がある[78]。

(d) 契約上の地位

契約上の地位についても、契約の相手方の同意なく、会社分割により承継可能である。なお、承継対象となる契約において、契約の相手方の承諾を得ない会社分割による承継は当該相手方との関係では効力を有しない旨の規定がある場合でも、当該規定は無効と解するべきである[79]。もっとも、承継対象となる契約に、契約の相手方の承諾を得ない会社分割による承継が行われ

---

[76] 原田・前掲注13) 7頁。なお、吸収分割契約において、いずれであるかが記載されていない場合には、当事会社の意思解釈によることとなるが、会社分割の対象が「営業の全部または一部」であった平成17年改正前商法の立案担当者の解説においては、「営業の承継に伴い、当該営業に関連して発生した債務も承継させるというような場合には、原則として免責的な承継の意思であると解すべきこととなろう」（原田・前掲注13) 7頁）との考え方が示されている。会社法下においても、会社分割は、吸収分割会社の一定の事業に属する権利義務を包括的に承継させる手法として用いることは許されており、また、吸収分割契約において「吸収分割会社の○○事業に属する全ての資産、債務、契約その他の権利義務」との包括的な記載をすることも可能とされていることから（コンメ(17) 294頁〔神作〕）、上記の考え方は会社法下でも該当すると解される。

[77] 藤田友敬「国際会社法の諸問題(下)」商事1674号（2003）21頁。なお、債権および契約上の地位の移転に際して、それぞれについて日本法以外の準拠法がある場合についても同様に考えられる。一方、外国に所在する動産・不動産等については、会社分割の場合には、設立・合併の場合に準じて、会社の従属法である日本法が適用される（ただし、物権・不動産等の所在地の裁判所が日本法に基づく会社分割による承継を認めるかについては別途問題となる）と解される（江頭907〜908頁注3）。

[78] コンメ(17) 300〜301頁〔神作〕。

[79] 武井一浩＝平林素子『会社分割の実務』（商事法務研究会、2000）119頁。

た場合には、当該相手方に契約解除権や損害賠償請求権を付与する旨の規定がある場合、当該規定は有効であり、契約の相手方は当該規定による保護を受けることができる[80]。

なお、承継対象契約に基づく権利義務のうち、契約当事者としての地位を有するものが行使すべき権利、例えば、解除権や取消権等を、契約上の地位と切り離して承継させることはできないと解するべきであろう[81]。これに対して、契約当事者としての地位とは切り離してもその性質上不都合が生じない権利義務については、会社分割後の権利義務の帰属主体について、吸収分割契約に定めることにより、吸収分割会社または吸収分割承継会社のいずれかとすることができる。例えば、製造物供給契約に基づく納入義務および代金請求権、また、これに伴う瑕疵担保責任については、吸収分割の効力発生日前に納入期限が到来する対象物に関する権利義務は吸収分割会社が引き続き有することとするが、吸収分割の効力発生日以降は、当該契約上の地位および同日以降に納入期限が到来する対象物に関する権利義務は吸収分割承継会社が負う旨、吸収分割契約に規定することは可能であり、かかる規定は有効と解される。

(iii) 吸収分割会社または吸収分割承継会社の株式の承継

吸収分割会社は、その自己株式である当該吸収分割会社の株式について、吸収分割の対象たる「事業に関して有する権利義務の全部又は一部」(会社757条)に該当することを前提に、吸収分割契約においてこれを記載することにより、自己株式処分の手続によることなく、当該株式(自己株式)を吸収分割承継会社に承継することができる。

また、吸収分割承継会社が、会社分割により、その自己株式である吸収分割承継会社の株式を吸収分割会社から取得することも許容されているが(会社155条12号)、吸収分割契約において、当該株式について記載すべきこととされている。加えて、吸収分割の承認のための株主総会が開催される場合には、吸収分割承継会社の取締役は、当該株式についての説明義務を負い(会社795条3項)、また、株主総会が開催されない場合でも、反対株主の株

---

[80] 江頭925～926頁注6。
[81] コンメ(17)302頁〔神作〕。

式買取請求に関する通知において、当該株式について記載する必要がある（会社797条3項括弧書）。

(iv) 吸収分割の対価

吸収分割契約には、吸収分割承継会社が吸収分割会社に対して交付する、分割対価に関する事項を定める必要がある（会社758条4号）。吸収分割の場合、分割対価は、吸収分割承継会社の①株式[82]、②社債、③新株予約権、④新株予約権付社債および⑤これ以外の財産のいずれも用いることができる（これらの組合せも可能である）。また、図表Ⅰ-8-4のとおり、分割対価とする財産毎に、吸収分割契約において規定すべき事項が定められている。なお、分割対価を交付しないこと（無対価分割）も認められており、無対価分割とする場合には、その旨、吸収分割契約に記載することとなる。

[図表Ⅰ-8-4] 分割対価および必要的記載事項

分割対価とする財産	必要的記載事項
株式	① 株式の数（種類株式発行会社の場合、種類毎の数）または算定方法 ② 吸収分割承継会社の資本金および準備金の額に関する事項
社債（新株予約権付社債を除く）	① 社債の種類 ② 種類毎の合計額または算定方法
新株予約権（新株予約権付社債を除く）	① 新株予約権の内容 ② 新株予約権の数または算定方法
新株予約権付社債	① 社債の種類 ② 種類毎の合計額または算定方法 ③ 新株予約権付社債に付された新株予約権の内容 ④ 上記③の新株予約権の数または算定方法
上記以外の財産（金銭等）	① 内容 ② 数もしくは額またはこれらの算定方法

現在の実務においては、分割対価とする財産として、吸収分割承継会社の株式[83]が選択されることが多い。分割対価の全部または一部に、吸収分割承継会社の株式が用いられる場合には、吸収分割承継会社の「資本金及び準

備金[84]の額に関する事項」(会社758条4号イ)について、吸収分割契約に記載する必要がある。これらの額の算出に関しては、会社計算規則および企業会計基準等に基づき算出された吸収分割承継会社における株主資本等変動額[85](会社計算37条1項)がゼロ以上の額である限り[86]、当該変動額の範囲内で、吸収分割承継会社の裁量により、資本金および資本剰余金[87]の増加額を決定し、吸収分割契約に記載することが認められている[88]。もっとも、吸収分割契約書への記載により増加可能であるのは、資本金、資本準備金およびその他資本剰余金であり、利益準備金およびその他利益剰余金の額を増加させることはできない(会社計算37条2項)。これは、分割対価として株

---

[82] 合併の場合と同様、分割対価として、新株を発行することも、自己株式を交付すること(いわゆる代用自己株式)も可能であり、また新株と自己株式を混合することも可能である(コンメ⑰314頁〔神作〕)。

[83] 子会社を吸収分割会社、親会社を吸収分割承継会社とする吸収分割において、子会社が、分割対価として、親会社株式を取得することは、子会社による親会社株式の取得禁止の例外として認められている(会社135条2項5号、会社則23条1号)。

[84] 準備金とは、資本準備金および利益準備金をいう(会社445条4項)。

[85] 会社計算規則(会社計算37条1項)は、吸収分割の類型を、①支配取得(会社計算2条3項31号)に該当する吸収分割である場合(吸収分割会社による支配取得(逆取得)に該当する場合を除く)(会社計算37条1項1号)、②吸収分割により承継される財産が、企業会計基準第21号「企業結合に関する会計基準」6項にいう「事業」に該当しない場合(会社計算37条1項2号)、③吸収分割会社と吸収分割承継会社が共通支配下関係(会社計算2条3項32号)にある場合(会社計算37条1項3号)、および④共同支配企業の形成または逆取得に該当する場合(同項4号)に分け、株主資本等変動額の算定について、①および②については、承継対象財産の「時価を基礎として算定する方法」を適用し、③および④については、承継対象財産の吸収分割直前の「帳簿価額を基礎として算定する方法」を適用すべきことを定める(弥永真生『コンメンタール会社計算規則・商法施行規則〔第3版〕』(商事法務、2017)251~254頁)。もっとも、「時価を基礎として算定する方法」および「帳簿価額を基礎として算定する方法」については、会社計算規則にはその具体的な計算方法が定められていないため、企業会計基準第21号「企業結合に関する会計基準」および企業会計基準適用指針第10号「企業結合会計基準及び事業分離等会計基準に関する適用指針」をはじめとする一般に公正妥当と認められる企業会計の基準その他の企業会計の慣行を斟酌して算定することとなる(弥永・前掲251頁)。

[86] 吸収分割承継会社の株主資本等変動額がゼロ未満の場合(つまりマイナスの場合)には、当該変動額のうち、分割対価である自己株式の処分により生じる差損の額をその他資本剰余金の減少額とし、その余の額をその他利益剰余金の減少額とすることとなり、資本金、資本準備金および利益準備金の額は変動しない(会社計算37条2項但書)。

[87] 資本剰余金とは、資本準備金およびその他資本剰余金をいう(会社計算76条4項)。

[88] 相澤編著・前掲注48)134頁。

式を発行した場合においては、現物出資と同様、資本金または資本剰余金を増加させるべきであるし、自己株式を処分した場合には、処分差損益はその他資本剰余金を変動させることが原則であること（企業会計基準適用指針第10号「企業結合会計基準及び事業分離等会計基準に関する適用指針」214項(2)・84項）を理由とする[89]。

(v) 分割会社の新株予約権の取扱い

吸収分割会社の新株予約権者の保有する新株予約権に代わって、吸収分割承継会社の新株予約権を交付する場合[90]には、吸収分割契約において、交付する新株予約権の内容および数またはその算定方法等を定める必要がある（会社758条1項5号・6号）。なお、合併とは異なり、会社分割においては、吸収分割会社は存続し、その新株予約権自体が消滅するものではないため、「金銭」を交付することは認められていない[91]。

また、新株予約権の内容として、発行会社が会社分割を行う場合には、当該会社が金銭を対価として（会社236条1項7号イ・チ）、または無償にて（同号イ）[92]、新株予約権を取得できる旨を定めている場合には、当該定めに従い、吸収分割会社の新株予約権者に対して承継会社の新株予約権を交付することなく、会社分割に際して強制的に吸収分割会社の新株予約権を取得することが可能である。

(vi) 効力発生日

吸収分割契約には、確定日を効力発生日として記載する必要がある[93]。効力発生日の変更は、当事会社間での合意に加え、変更前の効力発生日の前日（効力発生日の前倒しの場合には、変更後の効力発生日の前日）までに、変更後の効力発生日を公告することにより可能である（会社790条1項・2項）。

---

[89] 弥永・前掲注85) 255頁。
[90] この場合、分割会社の新株予約権者の有する新株予約権は、会社分割の効力発生日に消滅する（会社759条9項）。
[91] 論点解説684頁。
[92] 新株予約権の内容として、会社による取得を可能とする条項を定める場合（取得条項付新株予約権とする場合）、取得の対価を無償と定めることも可能である（コンメ(6) 30頁〔江頭憲治郎〕）。
[93] 論点解説703〜704頁。

(vii) 人的分割

会社法下において、分割対価の交付先を分割会社の株主とする会社分割（いわゆる人的分割）を実現するに際して、その分割対価を吸収分割承継会社の株式とする場合には、吸収分割契約書に、全部取得条項付種類株式の取得または剰余金の配当（現物配当）を行う旨を明記し、かつ、それぞれの手続を履行する必要がある。具体的には、全部取得条項付種類株式の取得には、株主総会の特別決議を要する（会社171条1項、309条2項3号）。また、剰余金の配当（現物配当）には、金銭分配請求権を与えない限り、株主総会の特別決議を要する（会社454条4項、309条2項10号）[94]。

なお、分割対価を吸収分割承継会社の株式以外の財産とする場合でも、吸収分割の効力発生と同時に、全部取得条項付種類株式の取得または剰余金の配当（現物配当）を行うことで、吸収分割会社の株主に対して分割対価を交付することは可能である。しかし、分割対価が吸収分割承継会社の株式に限定される場合[95]に限り、吸収分割契約書に全部取得条項付種類株式の取得または剰余金の配当（現物配当）を行う旨を明記することが要求される（会社758条8号イ・ロ）一方で、分配可能額規制の適用が除外される（会社792条1号・2号）とのメリットが存する[96]。

もっとも、上記の人的分割に際しては、分割対価の全部または一部が、吸収分割会社ではなくその株主に交付される結果となるため、吸収分割会社の債権者保護の観点から、吸収分割会社の全債権者を対象とする債権者保護手続（会社789条1項2号括弧書）が求められる。

また、人的分割の場合には、吸収分割承継会社に有価証券届出書の提出義

---

[94] コンメ(17) 322頁〔神作〕。

[95] 上記の「吸収分割承継会社の株式に限定される場合」とは、厳密には、①吸収分割会社の株主に交付される吸収分割承継会社の株式が、吸収分割会社に対して分割対価として交付されたものに限られる（つまり、吸収分割会社が吸収分割前から保有していた吸収分割承継会社の株式を含まない）場合であり、かつ、②吸収分割会社の株主に交付される金銭等のうち、吸収分割承継会社の株式以外の財産の占める割合が5％よりも小さい場合（会社758条8号イ括弧書、会社則178条1号）をいう。また、全部取得条項付種類株式の取得を行う場合には、吸収分割会社の株式を取得対価として交付する場合であっても、なお、上記の「吸収分割承継会社の株式に限定される場合」に該当し得る（会社則178条2号）。

[96] 江頭900頁注6。

務が課され得る点については、前記第3節3(1)に記載のとおりである。

3 新設分割計画の必要的記載事項

新設分割計画の必要的記載事項は上記1の図表Ⅰ-8-3のとおりであり、その多くが吸収分割契約の必要的記載事項と同じである。以下では、吸収分割契約の必要的記載事項と異なる点を中心に、新設分割の必要的記載事項に関する実務上の留意点について概説する。

(1) 新設分割設立会社に関する事項

(i) 定款記載事項

新設分割計画には、株式会社の定款の絶対的記載事項の一部である、会社の目的、商号、本店所在地および発行可能株式総数（会社763条1項1号）、ならびにこれら以外の定款記載事項（同項2号）の記載が求められる。実務においては、これらの事項の記載方法として、新設分割設立会社の定款を別紙として添付する例が多い。新設分割設立会社の定款は、新設分割に係る株式会社の設立の登記申請書の添付書類ともなる（商業登記法86条2号）。

(ii) 機関の構成員に関する事項

新設分割計画には、新設分割設立会社の設立時取締役の氏名[97]（会社763条1項3号）、また、その機関設計に応じて、設立時会計参与、設立時監査役および設立時会計監査人の氏名または名称（同項4号）を記載する。発起設立においては、設立時役員は出資の履行の完了後に発起人により選任されるが（会社38条1項）、新設分割による会社設立においては、発起人は存在しないため、新設分割計画において機関の構成員を記載することによりこれらを決定することとされている。

(2) 新設分割設立会社の資本金等

新設分割においては、第2節1(3)記載のとおり、吸収分割とは異なり、分

---

[97] 新設分割設立会社が監査等委員会設置会社である場合には、設立時取締役につき、設立時監査等委員への該当の有無も明記すべきこととなる（会社763条2項）。

割対価として、必ず、新設分割設立会社の株式を発行する必要があり、このため、新設分割設立会社の資本金および準備金の額に関する事項が、新設分割計画の必要的記載事項となる（会社763条6号）。

新設分割設立会社の資本金および準備金の算定方法については、会社計算規則に規定があり、単独新設分割の場合、吸収分割の場合と同様（2(2)(iv)参照）、会社計算規則および企業会計基準に基づき算出される株主資本等変動額（会社計算49条1項）がゼロ以上の額である限り、当該変動額の範囲内で、新設分割会社の裁量により、資本金および資本剰余金の額を決定し、新設分割計画に記載することとなる[98]。なお、この場合、吸収分割と同様の理由から、利益準備金およびその他利益剰余金の額はゼロとする必要がある（会社計算49条2項）[99]。

4 任意的記載事項

吸収分割契約または新設分割計画において、必要的記載事項に加えて、任意的に規定されることが多い条項として、競業避止義務に関する規定を挙げることができる。

---

[98] 単独新設分割においては、新設分割設立会社が新設分割会社の完全子会社となるため、原則として、共通支配下関係（会社計算2条3項32号）となる取引に該当し、株主資本等変動額は、承継対象財産の新設分割直前の「帳簿価額を基礎として算定する方法」を適用すべきこと、例外として、新設分割により承継される財産が、企業会計基準第21号「企業結合に関する会計基準」6項にいう「事業」に該当しない場合には、承継対象財産の「時価を基礎として算定する方法」を適用すべきこととされている（会社計算49条1項）。これらの、「時価を基礎として算定する方法」および「帳簿価額を基礎として算定する方法」については、会社計算規則にはその具体的な計算方法が定められていないため、吸収分割の場合と同じく、企業会計基準等に基づき算定することとなる（弥永・前掲注85）290頁）。

[99] 共同新設分割の場合における新設分割設立会社の資本金、資本剰余金および利益剰余金の額についても、具体的な計算方法については、企業会計基準等に従うべきこととなるが、会社計算規則においては、二段階の算定方法を用いるべきことが規定されている（会社計算51条）。具体的には、第一段階（仮計算）として、各新設分割会社がそれぞれ単独で新設分割を行うと仮定した上で、仮の新設分割設立会社（仮会社）の株主資本等の計算（会社計算49条）を行い、第二階段として、各仮会社が新設合併を行った結果、新設分割設立会社が設立されたと見なし、当該新設合併に適用のある株主資本等の算定方法（会社計算45条〜48条）を用いることとなる（弥永・前掲注85）293〜294頁）。

会社法下での会社分割においては、営業（事業）の承継が必須の要件ではなくなったが、会社分割の対象が事業の全部または一部である場合には、事業譲渡会社の競業避止義務（会社21条）が類推適用されると解される[100]（なお、事業譲渡会社の競業避止義務については、第7節5参照）。しかし、吸収分割契約または新設分割計画の規定のみからは、譲渡対象が事業の全部かまたは一部かについて一義的に明らかになるものではなく、また解釈も分かれ得ることから、会社分割後に、分割会社に競業避止義務を課さないこととする場合には、その旨、吸収分割契約または新設分割計画に明記することが望ましい。また、会社分割後に、分割会社に競業避止義務を課すこととする場合にも、競業避止義務の対象となる事業内容、地理的範囲および期間について限定する規定を設けることが通例である。

第5節　会社分割の効果

1　当事者間の効果

　吸収分割は、吸収分割契約で定めた効力発生日（会社758条7号、759条1項）にその効力を生じる。新設分割は、新設分割設立会社の設立登記（会社924条）による会社の成立の日（会社49条、764条1項）に効力を生じる。効力発生日（会社成立日）において、吸収分割契約・新設分割計画で特定された分割会社の権利義務が、相手方等の個別の合意または移転手続等を要することなく、承継会社に包括承継される（会社759条1項、764条1項）[101]。また、承継会社から分割会社に対する分割対価の交付がなされる。

---

[100]　コンメ(17)325頁〔神作〕。
[101]　コンメ(17)329頁〔神作〕。

2　第三者との関係

会社分割による権利義務の承継は、上記のとおり包括承継であるが、合併とは異なり、会社分割においては、その効力発生後も、分割会社が存続することから、個別の権利義務の移転を第三者に対抗するためには、会社分割の登記では足りず、個別に対抗要件を具備する必要がある[102]。

第6節 事業譲渡等の手続

1　概　要

事業譲渡等においては、譲渡対象となる資産、債務、契約上の地位その他の権利義務の移転のためには、原則として、個別の権利義務の移転手続が必要となる。例えば、譲渡人の債務について、債権者との関係で譲渡人が債務を免れることとなる免責的債務引受の方法で譲受人に移転するためには、事

---

[102] 民法177条、178条、467条等。なお、譲渡制限株式（定款において、譲渡による株式の取得について、発行会社である株式会社の承認を要する旨の定めを設けている場合における当該株式（会社2条17号））については、当該株式の譲渡による取得について、発行会社である株式会社の承認がなければ、当該株式会社は、当該取得者を当該株式に係る株主として株主名簿に記載・記録する義務を負わない（会社134条1号～3号参照）。この点、合併による譲渡制限株式の承継については、「相続その他一般承継」として（同条4号参照）、かかる発行会社の承認は不要と解されているが、合併と同様に法的効果が包括承継とされる会社分割による譲渡制限株式の承継については、発行会社の承認の要否につき見解が分かれている。立案担当者は、会社にとって望ましくない者が株主として権利義務を行使することを防止するとの譲渡制限株式の趣旨に鑑み、会社分割による承継も、「譲渡による取得」に該当し（合併と異なり、「相続その他の一般承継」に該当せず）、発行会社との関係で株主としての権利行使を行うためには、当該会社の承認が必要であり、相続人等の「一般承継」による取得者に対する売渡請求（会社176条1項）の適用もないとの見解に立っている（相澤哲編著『Q&A会社法の実務論点20講』（金融財政事情研究会、2009）11頁・17～18頁）。

業譲渡等の効力発生前に、債権者の承諾を得る必要がある[103]。また、譲渡人の契約上の地位を譲受人に移転するためには、事業譲渡等の効力発生前に、契約の相手方から事業譲渡等に伴う契約上の地位の移転について承諾を得なければならない。このように、事業譲渡等においては、権利義務等の移転のために個別の手続を要することから、合併または会社分割における包括承継とは異なり、会社法上、債権者保護手続や法定書面の事前および事後の備置は求められていない[104]。

また、会社法以外の法律の定める手続として、例えば、①日本の独禁法または外国の競争法により事前または事後の当局への届出等の対応が必要となり得る[105]。さらに、②譲渡対象事業を営むために譲受会社において許認可を要する等、当該事業に適用のある特別法がある場合には、その特別法に基づく手続が必要となる[106]。加えて、③当事会社が上場会社である場合には、金商法に基づく臨時報告書および金融商品取引所の有価証券上場規程に基づく適時開示が必要となる場合がある。以下、本節では、2において、当事会社を株式会社とする事業譲渡等に際して、会社法に基づき必要とされる手続を詳述し、3において、金商法に基づく臨時報告書の提出、また4において金融商品取引所の有価証券上場規程に基づく適時開示について述べる。

2 会社法が定める手続

事業譲渡等に関し、会社法が定める各手続の要否を、保護を受ける利害関

---

[103] もっとも、譲渡人が、事業譲渡後も、譲受人とともに債務の履行の責任を負う重畳的債務引受の方法により移転させる場合には、債権者から承諾を得る必要はない。なお、この場合、譲渡人と譲受人との間では、負担割合についての合意がなされることとなる。

[104] なお、当事会社の営む事業に適用のある特別法において、権利義務等の移転手続の特則が定められていることがある。例えば、保険会社において、認可を得て（保険業法139条）、その保険契約の全部を移転する場合、保険契約者への通知および公告を行い、1か月以上の期間を設けた異議申出期間中に、契約移転について異議を述べた保険契約者が一定数に達しない場合には、異議を述べた保険契約者についても保険契約の移転が認められるとの特則が定められている（同法135条、137条）。詳細は第Ⅲ部第7章第2節参照。

[105] 詳細は、第12章第2節参照。

[106] 詳細は、第Ⅲ部第7章参照。

係者に着目して整理すると、下記の図表 I -8-5 のとおりとなる。上記のとおり、合併または会社分割とは異なり、事業譲渡等による債務の承継のためには、個別の債務引受の手続が必要である。また、事業譲渡等によって、譲渡会社から譲受会社に新株予約権を承継することはできない。そのため、会社法上、債権者および新株予約権者の保護のための個別手続は設けられていない。

[図表 I -8-5]　事業譲渡等に関する会社法上の必要手続

保護を受ける利害関係者	手続	事業譲渡等（＊1）		簡易事業譲受け		略式事業譲渡等	
		譲渡会社	譲受会社	譲渡会社	譲受会社	譲渡会社	譲受会社
株主[107]	事業譲渡契約の締結	○	○	—(＊2)	○	○	○
	株主総会による承認	○	○	—	×	△(＊3)	△(＊3)
	種類株主総会による承認	△(＊4)	△(＊4)	—	△(＊4)	△(＊4)	△(＊4)
	株主に対する通知・公告	○	○	—	○	△(＊5)	△(＊5)
	株式買取請求	○	○	—	×	△(＊5)	△(＊5)
新株予約権者	新株予約権者に対する通知・公告	×	×	×	×	×	×
	新株予約権買取請求	×	×	×	×	×	×
債権者	債権者保護手続	×	×	×	×	×	×
株主・債権者	法定書面の事前備置	×	×	×	×	×	×
	法定書面の事後備置	×	×	×	×	×	×

＊1　譲渡会社においては、事業の全部の譲渡（会社 467 条 1 項 1 号）または事業の重要な一部の譲渡（同項 2 号）を指す。また、譲受会社においては、事業の全部の譲受け（同項 3 号）を指す。

＊2　簡易事業譲受けは、事業の全部の譲受けの場合において、譲受会社における株主総会の承認が不要となる場合であるので、譲渡会社においては、事業の全部の譲渡に関する手続規制に服する。以下、簡易事業譲受けにおける譲渡会社につき同じ。

＊3　譲渡会社または譲受会社にとっての相手方当事者が、当該会社の特別支配会社に該当する場合（つまり、当該会社が従属会社となる場合）、当該会社の株主総会における承認が不要となる。

＊4　通常の事業譲渡、簡易事業譲受けまたは略式事業譲渡等いずれの場合も、事業譲渡等の当事会社のある種類の株式の内容として、事業譲渡等についてその種類株主総会の決議事項と定められている場合（会社 108 条 1 項 8 号）には、当該種類株主総会による承認が必要となる。

＊5　特別支配会社に該当する株主に対する通知・公告は不要であり、また、当該株主には株式買取請求権は認められない。

(1) 事業譲渡契約の締結

　事業譲渡等に係る契約（以下、本章において、「事業譲渡契約」という）の締結は、当事会社の業務執行として代表者[108]が行うが、事業譲渡契約の内容の決定は、「重要な財産の処分及び譲受け」の決定に該当し[109]、取締役会設置会社においては取締役会が行い（会社362条4項1号、416条4項15号）[110]、取締役が2名以上いる取締役会非設置会社においては、定款に別段の定めがある場合を除き、取締役の過半数をもって行う（会社348条2項）こととなる。

　事業譲渡契約の締結の時期について、会社法は特段の規定はなく、形式的には、事業譲渡等の効力発生日までに締結すれば足りるが、実務上は、譲渡対象とする資産等の内容や、効力発生日までのまたは効力発生日後の義務や遵守事項について、当事会社間において合意に至った場合には、すみやかに事業譲渡契約を締結し、事業譲渡の効力発生日に向けて一連の手続を行うことが通例である。事業譲渡契約に規定すべき事項については、後記**第7節**を参照されたい。

(2) 株主総会の承認決議

(i) 譲渡会社

　譲渡会社においては、後記(7)の略式事業譲渡に該当する場合を除き、事業の「全部」または「重要な一部」の譲渡を行うに際して、効力発生日の前日

---

[107] 事業譲渡契約の締結については、事業譲渡契約は、原則として株主総会決議による承認を要するため（会社467条1項）、株主しか事業譲渡契約を否決することができないという意味で、株主を保護する手続に分類した。

[108] 取締役会設置会社のうち、指名委員会等設置会社ではないものの場合は代表取締役であり（会社349条4項）、指名委員会等設置会社の場合は代表執行役であり（会社420条3項）、また、取締役会非設置会社の場合は、別途代表取締役を定めていない限り、各取締役である（会社349条1項～4項）。

[109] 会社大系(4)145頁〔山田隆夫〕。

[110] 指名委員会等設置会社の場合、株主総会決議による承認を要しない事業譲渡契約の内容の決定は、取締役会決議により、執行役に委任することができる（会社416条4項15号）。また、監査等委員会設置会社の場合、取締役の過半数が社外取締役であるときまたは定款に定めがあるときは、株主総会決議による承認を要しない事業譲渡契約の内容の決定は、取締役会決議により、取締役に委任することができる（会社399条の13第5項12号・6項）。

までに、株主総会の特別決議による承認を要する（会社467条1項1号・2号、309条2項11号）。実務においては、事業の「重要な一部」か否かの判断基準が重要だが、この点については後記(3)を参照されたい。

(ii) 譲受会社

譲受会社においては、後記(7)の簡易事業譲受けまたは略式事業譲受けに該当する場合を除き、事業の「全部」の譲受けの場合について、その効力発生日の前日まで株主総会の特別決議による承認を得なければならない（会社467条1項3号、309条2項11号）。事業の「一部」の譲受けについては、対価の多寡にかかわらず、株主総会の決議は不要である[111]。このように、事業の「全部」の譲受けの場合にのみ株主総会の承認が必要とされる理由は、事業の「全部」の譲受けは、簿外の偶発債務を含む譲渡会社の全債務を引き受ける行為であり、譲受会社における危険が大きい点にある[112]。もっとも、簿外債務を引き受けない旨の契約がなされた場合や、わずかな財産や債務を譲渡対象から除外した場合であっても、原則として事業の「全部」の譲渡に該当すると解するべきであろう[113]。

また、条文上、他の会社（外国会社その他の法人を含む）からの事業の全部の譲受けの場合にのみ、株主総会による承認が求められているため、譲渡人が自然人である場合には譲受会社における株主総会の承認決議は不要である。

(iii) 決議要件

事業譲渡等について株主総会の承認が求められる場合、その決議は、対価の額や種類にかかわらず、特別決議である（会社309条2項11号）。

また、事業譲渡等の当事会社のある種類の株式の内容として、事業譲渡等についてその種類株主総会の決議事項と定められている場合（会社108条1項8号）には、当該種類株主総会による承認が必要となる（会社323条）。この場合の決議要件は、定款の定めによることとなる。

---

111) 論点解説662頁。
112) コンメ(12)37頁〔齊藤〕。
113) 江頭964～965頁注2。

(iv) 株主総会による承認の対象

　株主総会の承認の対象は、「当該行為に係る契約」つまり、事業譲渡契約である（会社467条1項）。もっとも、後記**第7節**において検討するとおり、そもそも、事業譲渡契約の記載事項は法定されておらず、解釈に委ねられている。また、事業譲渡契約の全条項を決議の対象とすることは当然可能だが、当事会社および株主に対する影響および意義を有するかを判断できる程度の本質的内容についてのみ決議の対象とすることも可能である[114]。この観点からは、対価の均衡は株主にとってもっとも重要な関心事の1つであることから、譲渡対象事業を構成する資産、負債、契約上の地位その他の権利義務の主要な内容、また、その対価の額または算定方法[115]については、事業譲渡契約の内容としても規定し、かつ、株主総会に付議すべきと考えられる。

　さらに、株主総会参考書類の交付義務のある会社（会社301条、302条）においては、株主総会に先立ち、その株主総会参考書類に、「当該契約に基づき当該株式会社が受け取る対価又は契約の相手方に交付する対価の算定の相当性に関する事項の概要」（会社則92条3号）を記載することが求められる。実務においては、譲渡会社における譲渡対象事業の直近の損益状況や、譲渡対象資産の概要を示した上で、対価の額を記載し、その対価が相当である旨記載する例が多い[116]。また、その際、企業価値評価機関から企業価値算定書を受領していること、さらに、対価が当該算定書に示された企業価値の算定結果の範囲内であることを明記することもある。

(v) 株主総会の承認を欠く場合

　会社法上必要となる株主総会の承認を得ずに事業譲渡等を行った場合の効力については、学説においては、事業譲渡等の対象となる「事業」への該当性の判定が譲受会社にとって容易ではないこと等を理由として、必要な株主

---

[114]　コンメ⑿47頁〔齊藤〕、注釈会社⑸278頁〔落合〕。
[115]　手続の間（事業譲渡等の効力発生日までの間）に適正な価額が変動する可能性もあることから、確定額ではなく算定方法を定め、株主に適正な価額が算定されるかを判断し得るために必要な情報が提供されることを前提に、当該算定方法について承認を得ることも可能である（コンメ⑿47頁〔齊藤〕）。
[116]　プロネクサスディスクロージャー相談部編『招集通知・議案の記載事例〔平成30年版〕』別冊商事429号（2018）385頁。

総会決議を欠く事業譲渡等であっても、当該瑕疵について善意・無重過失である譲受人に対しては、取引の安全保護の見地から、無効主張はできないとする見解もある[117]。もっとも、株主の利益保護の観点から株主総会の承認を求めた趣旨に鑑みると、取引の安全を優先すべきかにつき疑義があり、また、実務においては、事業譲渡等に先立ち、デュー・ディリジェンス（第II部第1章第3節参照）が行われることが通例であることを考慮すると、譲受人の善意・悪意を問わず、必要な取締役会決議を欠く当該譲渡等は無効と解すべきであろう[118][119]。

(3) 事業の「重要な一部」

事業の一部の譲渡に際して、譲渡会社において株主総会の承認が求められるのは、譲渡対象事業が、「重要な一部」に該当する場合に限られる。事業の「重要な一部」か否かは、譲渡対象事業の質および量の両面から実質的に判断することとなるが、量的側面については、平成26年改正会社法により、株主総会の承認を不要とする場合についての形式的基準が設けられた（会社467条1項2号）。具体的には、譲渡資産の帳簿価額が、譲渡会社の総資産額（会社則134条）として、図表I-8-6の①～⑧の額の合計額から⑨の額を減じた額の5分の1[120]を超えない場合には、株主総会による承認は不要となる。また、各項目の算定基準日は図表I-8-6のとおりであり、図表I-8-6の⑤～⑦以外の項目について、事業譲渡契約にて契約締結日から事業譲渡の効力発生日の前日までの任意の日を算定基準日と定めることが許されているのは、当該期間中に事業年度をまたぐ場合に、手続途中で「総資産額」が減少し、

---

[117] 鈴木竹雄「株式会社と取引の安全」同『商法研究II』（有斐閣、1971）52頁。

[118] 判例においても、必要な株主総会決議を欠く事業譲渡は無効であるとする（最一判昭和61年9月11日判時1215号125頁）。また、同判例は、譲受人を不安定な地位に置くことを防止するため、当該無効は譲受人からも主張できるとするが、譲渡後長期間を経過して初めて主張するような場合は、信義則により当該主張が禁じられることがあるとの判断を示している。

[119] このように、事業譲渡等に際して必要となる株主総会決議を得なかった場合、他への影響は重大であるが、事業譲渡等の対象たる「事業」について一義的な基準が存しないこともあり、実務においては、事業譲渡等に該当し得る取引に際しては、念のために、株主総会の承認を得るとの対応がなされることもある。

[120] これを下回る割合を定款で定めることも可能である。

[図表Ⅰ-8-6] 譲渡会社の総資産額の計算項目と算定基準日

項目	算定基準日
① 資本金の額	原則として事業譲渡契約締結日。ただし、当該契約において契約締結日から事業譲渡の効力発生日の前日までの任意の日を算定基準日と定めることができる。
② 資本準備金の額	
③ 利益準備金の額	
④ 会社法446条に規定する剰余金の額	
⑤ 最終事業年度の末日の評価・換算差額等に係る額	最終事業年度が到来してない場合には、会社成立の日（*）。
⑥ 最終事業年度の末日の負債の額	
⑦ 最終事業年度の末日後に吸収合併、吸収分割による他の会社の事業に係る権利義務の承継または他の会社の事業の全部の譲受けをしたときは、これらの行為により承継または譲受けをした負債の額	
⑧ 新株予約権の帳簿価額	上記①〜④と同じ。
⑨ 自己株式または自己新株予約権の帳簿価額の合計額	

＊臨時計算書類が作成され、株主総会（会社441条4項）または取締役会（同条4項但書・3項）により承認された場合（会社461条2項2号）には、当該期間（2以上ある場合には直近のもの）に係る臨時決算日（会社441条1項）となる。

形式的基準の充足が失われる事態が生じ得ることに鑑みたものである[121]。なお、清算中の会社の場合は、純資産の部が細分されないことから（会社則145条3項柱書）、清算事由が生じた日の貸借対照表（会社492条1項）の資産の部に計上した額をもって「総資産額」とすることとされている（会社則134条2項）。

　また、上記の量的側面に関する形式的基準を超える場合あっても、譲渡対象事業が質的に重要なものとはいえない場合には、「重要な一部」には該当せず、株主総会の承認は不要となる[122]。さらに、上記の形式的基準には反映されていない量的な側面から、明らかに重要性がないと判断可能である場合には、株主総会の承認は不要となると解される[123]。

---

121) 相澤編著・前掲注48) 142頁。

(4) 事業譲受けに伴う自己株式の取得

他の会社の事業の「全部」の譲受けに際し、譲渡対象資産に譲受会社自身の株式が含まれる場合、譲受会社の取締役は、事業譲渡契約の承認を受ける株主総会において、当該自己株式に関する事項を説明する義務を負う（会社467条2項）。また、株主総会参考書類の交付義務のある会社においては、その株主総会参考書類に、当該事項を記載しなければならない（会社則73条1項2号）。この説明義務の趣旨は、譲受会社が事業譲受けの効果として自己株式を取得することは認められているが（会社155条10号）、当該自己株式の取得は、特定の株主からの自己株式の取得（会社160条）に類似するにもかかわらず、その規制には服さないため、他の株主に十分な情報を提供してその利益を保護するとの点にある[124]。

なお、事業の「一部」の譲受けに伴う自己株式の取得については、原則どおり、自己株式の買受けとしての手続を要し、特定の株主からの自己株式の取得（会社160条）の手続が必要となる[125]。

(5) 反対株主の株式買取請求

事業譲渡等の当事会社の株主は、事業譲渡等に反対する場合には、原則として、自己の有する株式を公正な価格で買い取ることを請求することができる（会社469条1項）。もっとも、以下の各場合には、株式買取請求は認められていない。

---

[122] 相澤編著・前掲注10）140頁。もっとも、質的側面に関する判断要素としては、沿革等から会社のイメージに大きな影響のある場合等、重要性を肯定する要素について述べる見解はあるが（江頭960〜961頁注3）、質的な面での重要性を否定し得る一般的な要素を挙げる見解は見当たらず、質的側面からの重要性を否定することについては、個別の案件毎に慎重な判断を要すると考えられる。

[123] 学説においては、いわゆるインサイダー取引規制における軽微基準（金商166条2項1号ヲ、取引規制府令49条8号）を参照し、売上高、利益、従業員数等の諸要素を総合的に考慮して事業全体の10％程度を越えない場合には、通常、重要と解されないとの考え方を示すものもあるが（江頭960〜961頁注3）、量的側面に関する形式的基準を超える場合に、他の量的な要素を用いて重要性がないと判断することが可能かについては慎重な検討を要する場合もあると考えられる。

[124] 相澤編著・前掲注10）140〜141頁。

[125] コンメ⑿70頁〔齊藤〕。

① 譲渡会社において事業の「重要な一部」の譲渡に関する形式的基準（会社467条1項2号）を超えない事業の譲渡を行う場合（上記(3)参照）
② 事業の全部の譲渡を行う譲渡会社において、事業の全部の譲渡と同時に解散がその株主総会において承認された場合（会社469条1項1号、467条1項1号、471条3号）
③ 譲受会社において簡易事業譲受けの要件を満たす場合（会社469条1項2号）

①については、形式的基準を超えない小規模な事業の譲渡は、会社法上、事業譲渡に該当しないため、事業譲渡に関する株式買取請求権の適用もないこととなる。②については、会社が解散すれば株主は残余財産の分配を受けること、また、株式買取請求権を認めると債権者の権利を害するおそれがあるため、株式買取請求権は認められていない。また、③の簡易事業譲受けについては、譲受会社における影響が軽微であり、株主総会による承認も不要とされているため、株式買取請求権が付与されていないものであるが、後記(7)(i)(b)のとおり、一定数の株主が事業譲受けに反対の意思を通知したことにより株主総会が開催される場合には（会社468条3項）、反対株主による株式買取請求権も認められる。

なお、反対株主の意義および範囲（会社469条2項）、株式買取請求権に関する手続、買取価格の決定等は、合併における反対株主の株式買取請求権と同様であるため、**第6章第2節2(5)**を参照されたい。また、事業譲渡等においては、合併および会社分割等の組織法上の行為とは異なり、譲渡会社の新株予約権者に対し、譲受会社の新株予約権を交付する制度は設けられていないことから、新株予約権買取請求権（会社787条、808条）は認められていない。

(6) 登 記

事業譲渡等自体についての登記の制度は定められていないが、事業譲渡等により移転した権利義務の対抗要件としての登記は必要となる。例えば、不動産の権利が譲受人に承継された場合において、当該権利の承継を第三者に対抗するためには、譲受人において対抗要件として登記を具備する必要がある（民法177条）。

また、譲受会社が譲渡会社の商号を引き続き使用する場合、譲受会社が譲

渡会社の事業によって生じた債務を弁済する責任を免れるためには、譲受会社がその本店の所在地において譲渡会社の債務を弁済する責任を負わない旨を登記する必要がある（会社22条2項）。

(7) 簡易事業譲受け・略式事業譲渡等

(i) 簡易事業譲受け

前記(2)(ii)のとおり、他の会社からその事業の全部を譲り受ける場合、譲受会社においては株主総会の承認を要するが、その株主に対する影響が軽微である場合には、簡易事業譲受けとして、株主総会の承認は不要[126]とされている（会社468条2項）。

ⓐ 簡易事業譲受けの要件

簡易事業譲受けは、譲受会社が対価として交付する財産の帳簿価額の合計額が、譲受会社の純資産額（会社則137条）として、図表Ⅰ-8-7の①〜⑥の額の合計額から⑦の額を減じた額の5分の1[127]を超えない場合に認められる（会社468条2項）。また、各項目の算定基準日は図表Ⅰ-8-7のとおりであり、図表Ⅰ-8-7の⑤以外の項目について、事業譲渡契約において契約締結日から事業譲受けの効力発生日の前日までの任意の日を算定基準日と定めることが許されているのは、事業譲渡契約の契約締結日を基準として行う場合には、株主への影響の大小の判断をより適切に行うことが可能であるし、一方で、当該期間中に譲受会社において剰余金の配当その他会社の財産に重要な影響を与える行為を行うことが予想される場合には、これらの行為後の日を基準とすることがより適切と考えられるため[128]、算定基準日を当事会社の適切な選択に委ねることにある。なお、譲受会社が清算中の場合は、純資産の部が細分されないことから（会社則145条3項柱書）、清算事由が生じた日の貸借対照表（会社492条1項）の資産の部に計上した額をもって「総

---

[126] なお、定款において事業譲受けについて種類株主総会の決議を要する旨を規定している場合には、簡易事業譲受けの要件を満たす場合を除外していない限り、種類株主総会決議を要すると解される。

[127] これを下回る割合を定款で定めることも可能である。

[128] 弥永真生『コンメンタール会社法施行規則・電子公告規則〔第2版〕』（商事法務、2015）692〜693頁。

[図表Ⅰ-8-7] 譲受会社の純資産額の計算項目と算定基準日

項目	算定基準日
① 資本金の額	原則として事業譲渡契約締結日。ただし、当該契約において契約締結日から事業譲受けの効力発生日の前日までの任意の日を算定基準日と定めることができる。
② 資本準備金の額	
③ 利益準備金の額	
④ 会社法446条に規定する剰余金の額	
⑤ 最終事業年度の末日の評価・換算差額等に係る額	最終事業年度が到来してない場合には、会社成立の日（＊）。
⑥ 新株予約権の帳簿価額	上記①〜④と同じ。
⑦ 自己株式または自己新株予約権の帳簿価額の合計額	

＊臨時計算書類が作成され、株主総会（会社441条4項）または取締役会（同条4項但書・3項）により承認された場合（会社461条2項2号）には、当該期間（2以上ある場合には直近のもの）に係る臨時決算日（会社441条1項）となる。

資産額」とすることとされている（会社則137条2項）。

さらに、譲受会社が清算中か否かを問わず、上記の計算により算出された純資産額が500万円を下回る場合には、500万円が純資産とされる点には留意が必要である（会社則137条1項）。

(b) 簡易事業譲受けの手続

簡易事業譲受けの要件を満たす場合、譲受会社においては、株主総会の承認を要しない（会社468条2項）[129]。

反対株主の株式買取請求権については、原則として認められていないが（会社469条1項2号）、株式買取請求権の前提となる株主に対する通知および公告は必要とされており（同条3項・4項）、当該通知または公告の日から2週間以内に、一定数[130]以上の株式を保有する株主が事業譲受けに反対する旨を譲受会社に通知した場合には、譲受会社は、効力発生日までに、事業譲受けに係る契約につき、株主総会の承認を得なければならない（会社468条

---

129) 簡易事業譲受けの要件を充足する場合に、任意に株主総会の承認を求めることの可否等については、第6章第2節2(9)(i)(c)を参照されたい。
130) 詳細については、会社則138条を参照されたいが、原則として総議決権の6分の1となる。

3項)。この場合には、反対株主による株式買取請求権も認められることとなる(会社469条1項2号括弧書)。

(ii) 略式事業譲渡等

前記(2)のとおり、譲渡会社においては事業の全部または重要な一部の譲渡を行う場合、また、譲受会社においては他の会社の事業の全部を譲り受ける場合、各社において、株主総会の承認を要するが、いずれの場合も、一方当事者が相手方当事会社に支配されている場合、当該被支配会社において、株主総会の承認を得る実質的な意味はないと考えられる。そのため、これらの場合、略式事業譲渡等として、被支配会社における株主総会決議の承認は不要とされている(会社468条1項、467条1項1号・2号・3号)。

(a) 略式事業譲渡等の要件

略式事業譲渡等は、譲渡会社か譲受会社のいずれか一方が、他方の会社の「特別支配会社」(会社468条1項、会社則136条)に該当する場合、つまり、他方の会社の総株主の議決権の90％[131]以上を他の会社および当該他の会社が直接または間接に発行済株式または持分の全部を有する法人が有している場合、被支配会社において、事業譲渡等に係る契約についての株主総会の承認は不要となる。また、略式事業譲渡等の要件の充足は、効力発生時点を基準として判断すべきと解される[132]。

(b) 略式事業譲渡等の手続

略式事業譲渡等に該当する場合、特別支配会社ではない当事会社において事業譲渡契約の株主総会決議による承認を要しない(会社468条1項)[133]。また、特別支配会社たる株主には、株式買取請求権は認められない(会社469条2項2号括弧書)。

---

131) これを上回る割合を定款で定めることも可能である。
132) コンメ(12)87頁〔齊藤〕。
133) 略式事業譲渡等の要件を充足する場合に、任意に株主総会の承認を求めることの可否等については、**第6章第2節2(9)(ii)(C)**を参照されたい。

(8) 事業譲渡等の瑕疵と救済手段

(i) 事前の救済手段

会社法上、事業譲渡等の当事会社の株主が、効力発生前に、当該当事会社に対して、事業譲渡等の中止を請求する権利は認められていない（会社784条の2、796条の2、805条の2参照）。株主は、取締役の違法行為の差止請求（会社360条）を検討すべきこととなる[134]。

(ii) 事後の救済手続

株主総会の承認が必要であるにもかかわらず、当該承認を得ずに事業の全部または一部を譲渡した場合、相手方の善意悪意を問わず当該譲渡は当然に無効と考えられる（前記(2)(v)参照）。合併および会社分割等の組織再編の場合と異なり、事業譲渡等の無効の訴えの制度は存在しないことから（会社828条1項7号～12号参照）、不服がある株主を含め、無効主張の利益がある限り、いつでも誰でも無効を主張し得る[135]。

また、株主総会の承認を得たとしても、特別利害関係人の議決権行使により著しく不当な条件が決定された場合や株主総会決議の判断の前提となる情報が虚偽であった場合には、株主は、株主総会決議取消の訴えを提起することができると解される[136]。

(iii) 債権者の保護

事業譲渡等に際しては、債権者保護のための手続規定は設けられていないが、事業譲渡等においては、債務の免責的引受には債権者の同意が必要であることから、債権者の意に反して債務が譲渡されることはなく、また、事業譲渡等の対価が適正に定められている場合には、譲渡会社および譲受会社のいずれの債権者にとってもその責任財産の減少はもたらさない。そのため、債権者を害する可能性のある事業譲渡等とは、対価が不適正である場合や、詐害的な譲渡である場合等、ある程度限定的な場合といえる。

---

134) 相澤編著・前掲注10) 199頁。
135) 田中・会社法661頁。
136) 合併条件の不公正に関するものとして、江頭864～865頁注2参照。

これらの場合、譲渡会社の債権者においては、詐害的事業譲渡の特別規定（会社23条の2第1項）、詐害行為取消権・否認権等の一般私法上の保護、また、譲受会社が譲渡会社の商号を続用する場合の譲受会社の弁済責任（会社22条1項）、譲受会社が債務引受広告をした場合の債務引受責任（会社23条1項）による保護を検討すべきこととなる。また、譲受会社の債権者に関しては、このような保護規定は特にないことから、取締役の対第三者責任の追及（会社429条）等の一般規定による保護を検討すべきこととなる[137]。

3 金商法に基づく臨時報告書の提出

事業譲渡等の当事会社が金商法上の有価証券報告書の提出義務を負う場合には、一定の軽微基準に該当する場合[138]を除き、事業譲渡等を行うことが、その「業務執行を決定する機関により決定された」場合に、遅滞なく臨時報告書を提出しなければならない（金商24条の5第4項、開示府令19条2項8号）。提出時期については、**第6章第2節3(2)**を参照されたい。

4 金融商品取引所の有価証券上場規程に基づく適時開示

事業譲渡等の当事会社が上場している場合には、上場している金融商品取引所の有価証券上場規程に基づく適時開示を行う必要がある。東京証券取引所の場合を例にとると、上場会社の業務執行を決定する機関が、事業譲渡等を行うことについての決定をした場合、一定の軽微基準に該当する場合[139]

---

[137] なお、譲渡会社および譲受会社のいずれの債権者についても、債務者たる会社との間の契約において、当該会社が事業の全部または一部を債権者の同意なく譲渡する場合には、期限の利益を喪失させる、契約条件を見直すまたは契約を解除する等の条項を設け、いわば自衛策をとるとの対応も考えられる（コンメ⑫60頁〔齊藤〕）。

[138] 具体的には、事業譲渡等の当事会社である有価証券報告書提出会社の資産の額が最終事業年度末日における純資産額の30％以上減少もしくは増加することが見込まれる場合、または、当該会社の売上高が最終事業年度の売上高の10％以上減少もしくは増加することが見込まれる場合に臨時報告書の提出が必要となる。

[139] 当該軽微基準には、臨時報告書における軽微基準とは異なり、①連結の数値を基準とすること、②資産・純資産、売上高に与える影響のほか、経常利益および当期純利益に与える影響に関する基準も設けられていること等の違いがある点に留意が必要である。

を除き、直ちにその内容を開示しなければならない（上場規402条1号m、上場規施行則401条2号）。開示時期については、**第6章第2節4**を参照されたい。

第7節
事業譲渡契約

1 概　説

　会社法上、合併および会社分割等の組織法上の行為に関しては、当該行為の効力発生のために必要となる契約に定めるべき事項が定められている（会社749条1項等）。これに対し、事業譲渡等は、組織法上の行為には該当しない取引行為であり、会社法は、事業譲渡契約に定めるべき事項に関する規定を置いていない。

　この点、実務上、事業譲渡契約において規定される基本的事項として、①譲渡対象とする事業（資産、債務、契約上の地位その他の権利義務）、②対価およびその支払方法、③譲渡期日（クロージング日）ならびに④競業避止義務（義務の限定）を挙げることができる。また、M&Aに関する取引契約において通常定められる、表明保証、契約違反に関する補償責任、取引実行までの前提条件、取引実行前後において当事者が遵守すべき事項（コベナンツ）、譲渡会社の善管注意義務、解除事由の制限または事情変更による契約解除の可能性、契約に定めのない事項に関する協議義務等も、規定されることが多い（表明保証、補償等のM&A契約における条項の意義等については、**第Ⅱ部第3章第2節**参照）。以下、上記①～④の各項目について概説する。

2 譲渡対象資産および債務等

(1) 譲渡対象の特定

事業譲渡等は、譲渡会社の全てまたはその特定の一部について包括承継が生じる合併または会社分割とは異なり、当事者間において譲渡の対象と合意したものについてのみ譲渡会社から譲受会社への移転が生じる。そのため、事業譲渡契約においては、譲渡対象とする資産、債務、契約上の地位その他の権利義務に関する当事者間の合意内容を規定すべきこととなる。譲渡対象とする資産および債務等については、事業譲渡契約の別紙を設けてその明細を記載することが多い。

また、債務の移転の観点からは、事業譲渡による譲渡対象とする債務を明確に規定することで、事業譲渡時点での譲渡会社における偶発債務を承継するリスクを遮断できる。この偶発債務の法的遮断は、事業譲渡の利点の1つである[140]。

なお、実務においては、「譲渡しない」資産、債務、契約上の地位その他の権利義務について明記の上、譲渡対象とする資産や債務等については、概括的な記載（例えば、○○事業に属するたな卸資産、固定資産および契約上の地位の一切）がなされることもある。このような概括的な記載であっても、譲渡しない債務の特定が十分になされていれば、上記の偶発債務の遮断のメリットは引き続き享受し得る。また、承継対象となる債権者との関係では、このような概括的な記載の下でも、下記(2)のとおり、債権者の同意なく免責的債務引受は生じないため、その保護に欠けることはないと考えられる[141]。

---

[140] コンメ(12) 74 頁〔武井一浩〕。

[141] もっとも、譲渡会社において譲渡対象外となる債権者、また、譲受会社における債権者との関係では、事業譲渡等における対価が不合理に設定されている場合（つまり、譲渡会社においては譲渡対象資産等に比して対価が不合理に低い場合、また、譲受会社においては、譲渡対象資産等に比して対価が不合理に高い場合）には、当該事業譲渡等により、各債権者は害されることとなる。しかし、このリスクは、会社の財産が譲渡される場合一般に生じ得る問題であり（コンメ(12) 60 頁〔齊藤〕）、事業譲渡全般について債権者保護のための手続の規定は設けられていない。債権者のとり得る手段については、第6節2(8)(iii)を参照されたい。

さらに、当事者間においては、概括的な記載でも、譲渡対象範囲を合理的に把握可能であれば、記載に不足はないといえる。もっとも、事業譲渡契約について株主総会の承認を得る必要がある場合（前記第6節2(2)(i)・(ii)参照）には、株主も当該記載に基づき譲渡対象範囲が合理的に把握できるか否かについての検証が必要となると解される。

(2) 移転手続等

事業譲渡等では、譲渡対象となる資産、債務、契約上の地位その他の権利義務の個別の移転手続が必要となる。例えば、債務の承継に関して、債権者との関係で譲渡会社が債務を免れることとなる免責的債務引受の方法で譲受会社に移転するためには、事業譲渡等の効力発生前に、債権者の承諾を得る必要がある。また、譲渡会社の契約上の地位や権利を譲受会社に移転するためには、事業譲渡等の効力発生前に、契約の相手方その他の第三者から当該移転について承諾を得なければならない。そのため、事業譲渡契約では、これらの手続（第三者からの同意の取得）の全部または重要な部分の履行を完了させることを事業譲渡等の実行の前提条件とすることも多い。

なお、譲渡会社の公法上の権利義務や許認可については、根拠法令の規定次第であるが、当事者間の合意のみによっては譲受会社に承継されないことが通例である。公法上の権利義務のうち、租税債務等、経済的負担のみを伴うものについては、当事者間での費用負担[142]を定めるとの対応が可能である。また、譲渡会社の保有する事業に関する許認可であって、譲受会社による当該事業の取得後、事業を継続するために取得することが必要なものについては、事業譲渡契約において、譲受会社が効力発生日前にその取得を完了することを事業譲渡等の実行の前提条件と定めることとなる。

---

[142] 例えば、不動産の固定資産税は、毎年1月1日時点の所有者が納税義務者であるため、事業譲渡等によっても当該年度に関する固定資産税は譲受会社に承継されないが、効力発生日以降の期間に相当する固定資産額については、譲受会社の負担とし、譲渡会社が譲受会社に対して相当額を請求可能とするとの対応方法がある。

3　事業譲渡等の対価

(1)　対価の種類

　会社法は、事業譲渡等の対価について制限を設けていないため、金銭のほか、譲受会社の株式や債券その他の資産を対価とすることも可能である。実務上は、金銭を対価とすることが多いが、これは、①譲渡対象資産に含み益があり譲渡益が実現する場合には、譲渡会社は金銭を取得していないにもかかわらず所得課税を受けること、②対価を譲受会社の株式とする場合には、譲受会社において現物出資（会社207条、33条）に該当するため、原則として、裁判所の選任する検査役の調査が必要となること等から、特に譲受会社において金銭以外を対価とする場合には負担が大きいことを理由とする[143]。

(2)　対価の記載

　事業譲渡契約においては、譲渡対価を記載することが通例である。もっとも、一定の要件の下で譲渡価額を調整すること、またその調整方法（算式）について規定することもある。これは、契約締結日から効力発生日（クロージング日）までの期間に生じた譲渡対象事業の価値の変動を反映させることや、譲渡対象とすることを予定していた資産等の譲渡が実現できなかった場合の譲渡対象事業の価値の調整等を目的とすることが多い。さらに、支払方法については、効力発生日に一括支払いする方法のほか、分割払いとすることも可能であり、その際、効力発生日後に一定の事項を成就すること（例えば、効力発生日後の一定期間内に、一定の業績値や財務指標に達すること）を支払い（追加支払い）の条件と規定すること（アーンアウト条項（**第Ⅱ部第2章第5節参照**））もできる。

4　効力発生日

　事業譲渡契約においては、通常、事業譲渡等の効力発生日（会社467条1

---

[143]　コンメ(12)74頁〔武井〕。

項）を特定の上記載する。

　もっとも、海外の競争法当局からの承認の取得時期が不明確である等の事情により、効力発生日について不確定要素がある場合には、効力発生日の変更の手続が必要となる場合もある。会社法上、事業譲渡等については、吸収合併等の効力発生日の変更（会社790条）のような効力発生日を変更する手続は法定されていない。この点、株主総会による承認を得た事業譲渡契約の内容について、その本質的内容を変更する場合には、改めて株主総会の特別決議による承認が必要とされ[144]、効力発生日は、その時点で当事会社の事業内容に重要な変更が生じることから、事業譲渡契約の本質的内容の一部であると解され得る。そこで、効力発生日の変更の必要の可能性がある案件においては、株主総会の招集を改めて行うことを避けるため、事業譲渡契約において、一定の状況（例えば、海外の競争法当局からの承認の取得の遅れ等）が発生した場合には、取締役会決議により効力発生日を変更できる旨を規定し、事業譲渡契約を承認する株主総会決議において、上記規定に基づく取締役会による契約内容の変更について授権を得ておくとの対応が考えられる。

5　競業避止義務

　譲渡会社は、当事者間で別途合意しない限り、同一の市町村の区域内およびこれに隣接する市町村の区域内において、事業を譲渡した日から20年間、譲渡対象の事業と同一の事業を行うことが禁止される（会社21条1項）。かかる規定は任意規定であり、実務では、事業譲渡契約において、競業避止義務の対象となる事業内容、地理的範囲および期間を限定することが多い。

　もっとも、当事会社間で、譲渡会社が競業避止義務を負わないことを合意する場合でも、譲渡会社が不正の競争の目的をもって譲渡対象と同一の事業を行うことは禁じられている（会社21条3項）。

---

[144]　コンメ⑿47頁〔齊藤〕。

第8節
事業譲渡等の効果

1 当事者間の効果

　譲渡会社と譲受会社との間では、事業譲渡等の効力発生日に、事業譲渡契約に従って、譲渡会社の資産、債務、契約上の地位その他の権利義務が譲受会社に移転する。もっとも、譲渡対象資産等の譲渡の効力発生のために、債権者、契約の相手方その他第三者の同意が必要なものであって、効力発生日までに当該同意が取得できない場合、当該譲渡対象資産等の移転は生じない。かかる場合、事業譲渡契約に基づき、譲渡会社が、確定的な譲渡対象資産等の移転義務を負う場合には、同契約に定める同義務違反の責任を負うこととなり、また、同契約において事業譲渡の対価についての価格調整条項を定めていた場合にはその調整の対象となる。

2 第三者との関係

　上記のとおり、効力発生日において、譲渡対象資産等の移転のために必要となる第三者の同意が得られたもののみ、譲受会社は、第三者との関係においても譲渡対象資産等を有効に取得する。また、譲受会社において、権利の取得を第三者に対抗するためには、対抗要件を具備する必要がある（民法177条、178条、467条等）。

第9節
会社分割と事業譲渡等の比較

　本章において概説した会社分割と事業譲渡等は、いずれも、会社の一事業部門を切り出す手法であるという点で共通するが、その法的性質の違いにより、手続面やその効果において違いがある。図表Ⅰ-8-8は、実務上、いずれの手法を選択するかに際して特に重要な相違点について整理したものである。事業譲渡等には、会社法上、債権者や従業員を対象とする法定の保護手続を必要としないため、一例を挙げるとすれば、契約締結日から1か月程度の短期間内に完了させたいとのニーズがある場合であって、譲渡対象資産等の移転に必要となる全ての第三者から個別合意を取得することが実務上可能といえる、中小規模の事業の譲渡に適しているといえる。

　一方、会社分割が選択される理由としては、会社法上の相違点のほか、適格分割の要件を満たすことによる譲渡損益の課税繰延べのメリットが重視されることが多い（第11章第1節参照）。もっとも、会社分割においては、分割会社の従業員を承継する場合には、分割会社における労働条件を原則としてそのまま承継することが求められ、また、会社分割により承継する従業員が一切いない場合でも、承継対象事業に主として従事する従業員については、個別協議（平成12年商法等改正法附則5条1項）や通知（労働契約承継法2条1項1号）等の法定の手続が課される点に留意が必要である（第13章第2節参照）。

[図表Ⅰ-8-8] 会社分割と事業譲渡等の比較

	会社分割	事業譲渡等
承継・移転の効果	包括承継	特定承継（個別移転）
外国会社を相手方とすることの可否	不可	可能
株主総会の承認の要否（*1）	分割会社：必要 承継会社：必要	譲渡会社：必要 譲受会社：事業の「全部」の譲受けに限り必要
反対株主の株式買取請求手続の要否（*1）	分割会社：必要 承継会社：必要	譲渡会社：必要 譲受会社：事業の「全部」の譲受けに限り必要
対価	金銭、株式その他の資産いずれも可 株式とする場合に現物出資規制の適用なし	金銭、株式その他の資産いずれも可 株式とする場合に現物出資規制の適用あり
対価たる株式の交付先	分割会社の株主とすることも可 （ただし、この場合、偶発債務の遮断は不可）	譲渡会社のみ
債権者保護手続の要否	必要	不要
契約・債務の承継・移転についての相手方の個別の同意の要否	不要（*2）	必要
労働者の承継・移転の手続	承継対象事業に主として従事する従業員は、個別の同意なく承継 労働契約承継法等に基づく手続の履行が必要 原則として分割会社における労働条件を承継	労働者の個別の同意を得て移転 原則として譲受会社の労働条件が適用される
事前開示・事後開示手続の要否	必要	不要
通常の自己株式取得と同様の手続の要否	不要	事業の「全部」の譲受けの場合のみ不要

新株予約権の承継の可否	可能 新株予約権買取請求手続が必要(＊3)	不可
登記手続の要否	必要（＊4）	不要（＊5）
適格組織再編税制の有無	あり（適格分割）	あり（適格現物出資） （ただし、現物出資規制の適用あり）
許認可の承継・移転の可否	許認可の根拠規定による （原則不可だが事業譲渡等と比較すると承継可の場合が多い）	許認可の根拠規定による （原則不可）
法定の組織再編無効の訴えの有無	会社分割無効の訴えの制度あり	事業譲渡等無効の訴えの制度なし

＊1 いずれについても、簡易分割・簡易事業譲受けおよび略式分割・略式事業譲渡等の場合には、株主総会による承認および反対株主の株式買取請求手続は不要となる。

＊2 契約において、相手方当事者の同意を得ない会社分割を解除事由や損害賠償事由と定める条項は有効と解されていることから、これらの条項の適用を避けるために相手方の同意を得る必要は別途生じ得る。

＊3 新株予約権買取請求手続の対象となるのは、分割会社の新株予約権者であって、①その新株予約権の内容として、会社分割時の承継条件として定められていた内容（会社236条1項8号ロ・ハ）と異なる内容にて、承継会社・新設会社の新株予約権が交付される者、または②その新株予約権の内容として、会社分割時に承継会社・新設会社の新株予約権が交付される旨、規定されていたが、交付がなされないこととなった者である。

＊4 会社分割自体についての登記が必要。新設分割については、登記が効力発生要件である。また、個別の権利の承継を第三者に対抗するためには、承継会社・設立会社において対抗要件を具備する必要がある。

＊5 事業譲渡等自体についての登記制度はない。個別の権利の承継を第三者に対抗するためには、譲受会社において対抗要件を具備する必要がある。

■第 9 章■

M&A と取締役

第 1 節
取締役の義務——善管注意義務・忠実義務

1 概　説

　会社法は、会社と取締役との関係について、委任に関する規定に従うものと定めており、このことから、取締役は、会社に対し、善良な管理者の注意をもってその職務を遂行する義務、すなわち善管注意義務を負う（会社 330 条、民法 644 条）。

　他方で、会社法は、取締役は、法令および定款ならびに株主総会の決議を遵守し、会社のため忠実にその職務を行わなければならない旨を定めており、取締役は、会社に対し、忠実義務を負っている（会社 355 条）。

　これらの会社法の規定によると、取締役は会社に対して異なる 2 つの義務を負っているようにも思われるが、判例上、忠実義務の規定は、善管注意義務を敷衍し、かつ一層明確にしたに留まるものであって、通常の委任関係に伴う善管注意義務とは別個の高度な義務を規定したものとは解することはできないとしている[1]。この判例に従い、実務上、取締役の善管注意義務というときには、忠実義務をも含む意味で用いられるのが通常である。したがって、本章でも、単に「善管注意義務」という場合、忠実義務をも含む用語と

---

1) 八幡製鉄事件・最大判昭和 45 年 6 月 24 日民集 24 巻 6 号 625 頁。

して用いることとする。

　なお、かかる義務の一内容として、取締役は、会社の利益を犠牲にして自己または第三者の利益を図ることが禁止されており（狭義の忠実義務）、会社法356条1項に定める競業取引および利益相反取引の制限は、かかる狭義の忠実義務から派生するもの、あるいは具体化するものと解されている[2]。

　M&Aの場面においては、当該会社の取締役が、当該M&Aの条件等に関する決定を行うこととなるが、その決定が善管注意義務を尽くした上でなされたものか否かが問題とされる。仮に、善管注意義務を尽くしていなかったとされた場合、後述のとおり、会社に対する損害賠償責任等を負い、株主等から責任追及を受けることになる。

　本章では、このような取締役が負う善管注意義務の内容について、詳述することとする。

2　注意義務の水準

　取締役の善管注意義務としてどの程度の水準のものが求められるかについては、その地位・状況にある者に通常期待される程度のものと解されている[3]。すなわち、当該取締役に着目した主観的な水準ではなく、同様の地位・状況にある取締役一般に通常期待される客観的な水準を意味するものとされる[4]。

　そして、その内容や程度は、会社の規模の大小、業種の種類等によって差異があるとされる。例えば、銀行は、営利性に基づき、株式会社としての利潤の追求を図るだけではなく、その業務の公共性に鑑み、信用の維持および預金者等の保護を確保し、金融の円滑を図る観点から、その業務の健全かつ適切な運営を行うことが強く要請され、銀行法も、その目的として上記の趣

---

[2]　コンメ(8)62頁〔北村雅史〕。

[3]　江頭434頁。なお、監査役の事例において、東京高判昭和58年4月28日判時1081号130頁は、監査役は善管注意義務を負うところ、取締役の職務の執行を会計のみならず業務全般にわたって監査する権限を行使するについても、これに必要な識見を有することが期待されるものとした。

[4]　落合誠一監修『業界別・場面別　役員が知っておきたい法的責任——役員責任追及訴訟に学ぶ現場対応策』（経済法令研究会、2014）6頁。

旨を宣明している（銀行1条1項）。したがって、銀行の取締役については、このような銀行法の目的に反することのないようにその職務を遂行していくことが職責上要請されているということができ、その限りにおいて、他の一般の株式会社における取締役の注意義務よりも厳格な注意義務を負う場合もあり得ると解されている[5]。

また、同じ会社の取締役であっても、選任の際に期待された専門的知識・能力・経験、当該取締役の担当職務、判断の対象となる行為についての関わり等によって差異があるものとされている。例えば、業務執行取締役とそうでない取締役との間では、常に当該判断の対象となる事項に関与しているか否かにより、あるいは、その者が負う義務が、当該業務をモニタリングする義務に留まるかそれを超えてさらに業務執行者として他の者を指揮統制する義務まで負うかにより、注意義務の程度は異なってくる。また、株主からある特定分野における専門的な識見を期待されて取締役に選任されたものは、当該分野における判断に際しては、そうでない取締役と比較して高度の注意義務を負うことになると考えられる[6]。

3　監督（監視）義務

会社法362条2項2号は、取締役会が会社の業務執行を監督する権限を有する旨を規定している。そして、当該監督権の行使は、取締役会の権限であるとともに、それを構成する各取締役の権限であり義務でもあるとされ[7]、各取締役は、取締役会の監督機能の実効化のために、他の取締役が健全かつ

---

[5] 札幌地判平成16年3月26日判タ1158号196頁（銀行の融資判断における取締役の注意義務についての事案）。

[6] 山口拓郎「取締役の善管注意義務・忠実義務(上)——経営判断の原則等」商事1837号（2008）33頁。

[7] 逐条解説(4)501頁〔川村正幸〕。なお、最三判昭和48年5月22日民集27巻5号655頁は、「株式会社の取締役会は会社の業務執行につき監査する地位にあるから、取締役会を構成する取締役は、会社に対し、取締役会に上程された事柄についてだけ監視するにとどまらず、代表取締役の業務執行一般につき、これを監視し、必要があれば、取締役会を自ら招集し、あるいは招集することを求め、取締役会を通じて業務執行が適正に行なわれるようにする職務を有するものと解すべきである」と判示しており、取締役の監視義務の根拠が取締役の取締役会の構成員としての地位に基づくものであることを認めている。

効率的に職務執行をしているかどうかについて、監督（監視）する義務を負う。すなわち、取締役は、他の取締役（主として、業務執行取締役）の職務執行が適法かつ妥当になされているか否かについて、善良なる管理者の注意をもって監視する義務を負っており[8]、かかる監視義務違反は、不作為による任務懈怠となるとされている[9]。

　そして、取締役は、取締役会に上程された事項に限らず、代表取締役や業務執行取締役の業務執行全般について監視義務を負うものとされる[10]。ここで、常に積極的に個別具体的な業務執行を監視する義務を負うかが問題となるが、特に、一定程度以上の規模の会社では、全ての個別具体的な業務執行を監視するのは事実上不可能である。そこで、いわゆる「信頼の原則」が採用されており、特に担当取締役の職務執行が違法であることを疑わせる特段の事情が存在しない限り、担当取締役の職務執行が適法であると信頼することには正当性が認められ、監視義務を内容とする善管注意義務違反に問われることはないと解されている[11]。もっとも、このことを強調すると、取締役の監視義務が無機能化する危険があることから、かかる信頼の原則は、業務執行の適正さを確保するための内部統制システムが適切に構築・運用されていることが前提と解されている[12]。

　また、各取締役の職務や役割によって、注意義務の内容・程度は異なるものと解されている。具体的には、①代表取締役は、業務全般に配慮して他の業務執行取締役の業務執行を監視する義務を[13]、②代表取締役以外の業務執行取締役は、自己の担当分野の下位の業務執行取締役や従業員を監督する義務を[14]、③社外取締役は、基本的には、取締役会に上程される事項についてのみ業務執行取締役の業務執行を監視する義務を負うものと解されてい

---

[8]　コンメ(9) 254 頁〔森本滋〕。
[9]　江頭 473 頁。
[10]　前掲注 7) 最三判昭和 48 年 5 月 22 日。
[11]　ヤクルト本社株主代表訴訟事件・東京高判平成 20 年 5 月 21 日判タ 1281 号 274 頁等。
[12]　コンメ(9) 255 頁〔森本〕。前掲注 11) ヤクルト本社株主代表訴訟事件においても、「相応のリスク管理体制に基づいて職務執行に対する監視が行われている」ことを前提としている。
[13]　コンメ(9) 254 頁〔森本〕。
[14]　コンメ(9) 254 頁〔森本〕。

る[15]。そして、かかる注意義務の内容・程度の相違は、前記「信頼の原則」における「違法な業務執行が行われていることが疑われる特段の事情」の有無の認定に影響を与え得る[16]。

4 善管注意義務に違反した場合の責任

(1) 会社に対する損害賠償責任（会社423条1項）

会社法423条1項は、取締役が任務懈怠により、会社に損害を生じさせた場合、当該損害を賠償する責任を負うものと定めている。取締役が、会社との関係で負っている善管注意義務を尽くしてその職務を遂行することを怠った場合、ここでいう任務懈怠があるものとして、本項に基づく損害賠償責任の追及の対象となり得ることになる。そして、株主は、株主代表訴訟（会社847条）の方法により、会社が被った損害の賠償責任を追及することができる。

なお、本項の責任が認められるためには、任務懈怠とは別の要件として、過失を要するとの考え方があるが[17]、これについては場合分けをして検討することが合理的とされている。すなわち、取締役が、①個別具体的な法令に

---

[15] コンメ(9)235頁〔森本〕参照。
[16] 大阪地判平成24年6月29日資料版商事342号131頁参照。同裁判例では、基準値を超える有害物質が製品に含まれており、それに関する各取締役の責任が問われた事案において、信頼の原則が適用されることを前提に①当該製品の開発等を担当した担当取締役兼工場長のうち一定期間これを務めていた1名について、品質管理手続に沿って開発等がされていないことを疑わせる事情を認識していたとして、過失を認定し、②担当取締役以外の、当該製品の開発・生産の業務執行に係る取締役の一部について、その経歴や属性に基づく見地から、安全性や適法性に問題があることを認識し、認識し得た場合には、安全性や適法性の面から社内規程の遵守を含めた調査・確認をすべき注意義務を負うものとし、品質管理手続から逸脱した運用がなされていること等を認識し得たので、特段の事情があったとして、過失を認定し、③代表取締役については、品質管理手続の具体的な内容を逐一把握することまでは困難であり、品質管理手続の運用から逸脱した取扱いがされていることを認識し得なかったのはやむを得ず、特段の事情があるとはいえないとして、過失を否定し、④当該製品の開発・生産の業務執行に係らない取締役については、特に担当取締役の職務執行が違法であることを疑わせる特段の事情が存在しない限り、担当取締役の職務執行が適法であると信頼すれば足りるところ、特段の事情があるとはいえないとして、過失を否定した。
[17] 相澤哲編著『立案担当者による新・会社法の解説』別冊商事295号（2006）117頁。

違反した場合には、善管注意義務違反か否かを問題にするまでもなく、任務懈怠となり、当該法令違反行為につき故意過失がなければ責任を負わないとされる[18]のに対して、②個別具体的な法令には違反しておらず、善管注意義務違反の有無のみが問題となる場合においては、善管注意義務違反の有無の判断と過失の有無の判断は原則として重なり合い、善管注意義務違反の有無の判断との関連において、過失の有無が問題とされるものと解されている[19]。

(2) 第三者に対する損害賠償責任（会社429条1項）

会社法429条1項は、取締役がその職務を行うについて悪意または重過失があり、第三者に損害を生じさせた場合、当該損害を賠償する責任を負うものと定めている。かかる規定により、株主や債権者が、善管注意義務に違反した業務執行を行った取締役に対して、直接自己に生じた損害の賠償責任を追及することが可能となる。

本項においては、上記(1)の会社法423条1項と異なり、明文上任務懈怠が規定されていないが、任務懈怠の存在が要件とされているものと解されており[20]、取締役が、善管注意義務を尽くしてその職務を遂行することを怠った場合、任務懈怠があるものとして、そのことについて悪意または重過失がある限り、本項に基づく損害賠償責任の追及の対象となり得ることになる。

この点、株主の間接損害（会社に損害が発生し、その結果第三者に生じる損害）について、本項に基づく損害賠償請求が可能とすれば、本来会社に賠償されるべき財産が当該株主の財産になってしまうという不都合があること等から、本項に基づく責任追及はできず、上記(1)の代表訴訟によって責任追及すべきとの見解が有力である[21]。これに対して、株主の直接損害（会社に損

---

[18] 横河電機製作所事件・最三判昭和51年3月23日金法798号36頁、野村證券損失補填株主代表訴訟事件・最二判平成12年7月7日民集54巻6号1767頁。
[19] コンメ(9)237〜238頁〔森本〕。
[20] コンメ(9)347頁〔吉原和志〕。
[21] 東京地判平成8年6月20日判時1578号131頁、東京高判平成17年1月18日金判1209号10頁。他方、上場会社等についてはそのようにいえるとしても、取締役と支配株主とが一体である閉鎖型のタイプの会社の場合、少数株主への加害の救済を代表訴訟に限ると、加害が繰り返され実効的な救済にならない例が多いから、株主の被る間接損害について、かかる損害賠償請求を認める余地があると解すべきとする見解もある（江頭513頁）。

害がなく、直接第三者が被る損害）としては、例えば、取締役が自己の利益のみを図るMBOを実施することによる損害（公開買付価格と価格決定裁判において裁判所が決定した公正な価格との差額)[22]等があり得るが、かかる直接損害については本項に基づく責任追及は可能とされる。

5　法令・定款等の遵守義務

前述の忠実義務を定めた会社法355条は、法令および定款ならびに株主総会の決議を遵守しなければならない旨をも規定している。

ここでいう「法令」には、①会社・株主の利益保護を目的とする具体的規定だけではなく、②公益の保護を目的とする規定（刑法、独禁法等）を含む全ての法令が該当し、②への違反も取締役の責任原因となると解されている[23]。

なお、前述のとおり、取締役が、個別具体的な法令等に違反する行為をしたとして損害賠償責任を負うには、当該取締役に、当該法令等の違反について、故意または過失があったことが必要とされる。

第2節
経営判断原則の概要

1　経営判断原則の意義

取締役の経営判断が善管注意義務に違反するか否かの実際の判断は、いわゆる「経営判断原則」に基づいて行われる。「経営判断原則」とは、一般的には、裁判官は、利害関係のない経営者が誠実に経営判断を行った場合は、法令違反の事実がない限り、その是非には原則として立ち入るべきではない

---

[22]　東京地判平成23年2月18日金判1363号48頁等。
[23]　江頭470頁、独禁法違反につき、前掲注18）野村證券損失補填株主代表訴訟事件。

という考え方とされる[24]。

このような経営判断原則が善管注意義務に違反するかどうかの判断枠組みとして採用される根拠は、下級審裁判例・学説上、以下のとおり説明されている[25]。

すなわち、企業の経営に関する判断は、不確実かつ流動的で複雑多様な諸要素を対象にした専門的、予測的、政策的な判断能力を必要とする総合的判断である。また、取締役が、会社経営を行うにあたり、会社を成長させ、株主の利益の最大化を図るためには、ある程度の冒険をすることは避けられず、そのような冒険をするにあたっては一定の危険が伴うものである。それにもかかわらず、事後的・結果的にみて、当該判断が誤っており、会社に損失をもたらしたからといって、広く前述したような株主等からの損害賠償責任追及のリスクにさらされるのでは、取締役は萎縮し、冒険をすることを避けてしまうこととなり、その結果、会社の成長・株主の利益の最大化につながらないこととなってしまう。

そこで、取締役の経営判断の当否が問題となった場合において、「あるべき判断内容」をまず裁判所が考えた上で、これとの対比において「実際の判断内容」の当否を決定するのは妥当ではなく、取締役が会社の利益のために行った経営判断については、取締役に広い裁量を認め、当該裁量の逸脱が認められない限り、善管注意義務違反を構成しないものとされている。

その他、経営判断原則を採用する根拠として、会社経営は基本的に取締役に委ねられており、当該経営を委ねた株主においても相応のリスクを負担すべきこと、裁判官は、上記のような専門的、予測的、政策的な総合的判断をなす経営の専門家ではなく、その専門家である取締役の判断を尊重すべきこと等が挙げられる。

なお、経営判断原則による保護は、以上のような根拠に基づいて与えられるものであることから、何らの経営判断も下されていない単なる不作為の場合（監督・監視義務違反の場合を含む）にその保護が与えられないことについては、ほぼ異論がないとされている[26]。

---

24) コンメ(9)239頁〔森本〕。
25) 野村證券損失補填株主代表訴訟事件第一審判決・東京地判平成5年9月16日金判928号16頁、そごう旧取締役損害賠償査定異議訴訟判決・東京地判平成16年9月28日判時1886号111頁、コンメ(9)240頁〔森本〕、江頭471頁ほか参照。

2　経営判断原則における審査基準

(1)　米国における経営判断原則

　以上に述べたような経営判断原則について、わが国における具体的な審査基準の考え方についてみていく前に、まず、米国法における信認義務違反に関する審査基準について、簡潔に説明しておきたい。なぜなら、米国法における信認義務に違反するか否かの審査に関する経営判断原則（business judgement rule）その他の様々な基準について、デラウェア州を中心として判例が蓄積されており、これを正確に理解することは日本法の解釈にも有用と思われるからである。

　米国のデラウェア州会社法上、株式会社の取締役は、会社および株主に対して信認義務（fiduciary duties）を負うものとされ、それを構成する要素として、注意義務（duty of care）および忠実義務（duty of loyalty）（ならびに誠実義務（duty of good faith））があるとされる[27)][28)]。

---

26)　吉原和志「取締役の経営判断と株主代表訴訟」近藤光男＝小林秀之編『株主代表訴訟大系〔新版〕』（弘文堂、2002）79〜80頁。もっとも、取締役が違法・不当な業務執行を知っていた場合であっても、その場合にどのような措置をとるべきかについては、取締役には一定の裁量が認められ、そうであれば、知っていたのにとらなかった、あるいは不十分な措置しかとらなかったと疑われる事案においても、そのような取締役の判断の妥当性を審査するときには経営判断原則と類似の配慮が必要となると解されている（大杉謙一「役員の責任——経営判断の原則の意義とその射程」江頭憲治郎編『株式会社法大系』（有斐閣、2013）326頁）。

27)　米国の会社法における信認義務の具体的内容について述べた文献として、メルビン・A・アイゼンバーグ（松尾健一訳）「アメリカ会社法における注意義務」同志社大学日本会社法制研究センター編『日本会社法制への提言』（商事法務、2008）187〜253頁が参考になる。

28)　なお、米国の各州会社法ではこれらの要素を明確に峻別している（例えば、デラウェア州会社法102条(b)(7)は、定款の定めにより一般的に取締役の信認義務違反による責任の免除を認めるが、それが忠実義務違反による責任である場合には免除されないとする）のに対して、前述のとおり、わが国の会社法の解釈においては、「善管注意義務」と「忠実義務」の区別について、最高裁判例上、忠実義務の規定は、善管注意義務を敷衍し、かつ一層明確にしたに留まるものであって、通常の委任関係に伴う善管注意義務とは別個の高度な義務を規定したものとは解することはできないとしている（前掲注1）八幡製鉄事件参照）。

そして、デラウェア州の判例上、経営判断原則が採用されており、これは、取締役が経営上の意思決定を行う場合には、必要な情報を十分に把握した上で、誠実にかつ当該意思決定が会社の最善の利益に適うものであると真摯に信じて行われたと推定されるルールとされる[29]。

かかる経営判断原則が用いられる場合には、①取締役が実際に意思決定を行ったこと、②取締役が十分に情報を有した上で当該意思決定を行ったこと、③当該意思決定が誠実になされたものであること、④当該決定事項について取締役が経済的な利害関係を有していないことの4つの条件が充足されることを前提とする[30]。これら4つの条件が充足された場合、当該経営判断が相当なものである限り[31]、取締役は、信認義務違反による責任を負わないものとされる[32][33]。これに対して、上記①～④の各条件のいずれかを充足しないことが立証された場合には、いわゆる「完全な公正の基準（entire fairness test）」によって審査が行われることになる[34][35]。

(2) わが国における経営判断原則の審査基準

一方、わが国においては、経営判断原則は、多数の下級審の裁判例により、判例法理として定着し[36]、後述するアパマンショップ株主代表訴訟事件（以

---

[29] Aronson v. Lewis, 473 A.2d 805 (Del.1984) 等。
[30] アイゼンバーグ・前掲注27) 196頁・197頁参照。
[31] 当該経営判断が相当ではないと判断されることは極めて稀であるとされる。明らかに相当性の基準を満たさない決定の例としては、アイゼンバーグ・前掲注27) 199頁によれば、その決定について首尾一貫して説明することができない場合が挙げられ、より具体的には、ある工場を操業しても収益が上がらないことを知りながらその工場の建設のために資金を投じたケース（Selheimer v. Manganese Corp. of America, 224 A.2d 634 (Pa.1966)）等が挙げられている。
[32] アイゼンバーグ・前掲注27) 199～202頁参照。
[33] すなわち、相当である限りは、判断内容の審査には立ち入らないものであり、この点が、判断内容に立ち入って審査がなされる後述するわが国の経営判断原則と異なる。
[34] Cede & Co. v. Technicolor, Inc., 634 A.2d 345 (Del.1993). なお、「完全な公正の基準（entire fairness test）」の内容については、後記**第3節2**(3)(i)(a)を参照されたい。
[35] 以上、デラウェア州の判例上の経営判断原則に関しては、アイゼンバーグ・前掲注27) を参照。
[36] 類型別Ⅰ 239頁〔小川雅敏＝飯畑勝之〕参照。なお、蛇の目ミシン株主代表訴訟事件・最二判平成18年4月10日民集60巻4号1273頁の最高裁調査官による解説でも、近時の下級審裁判例において経営判断原則が「ほぼ確立しているといってよい状況」と述べられている（太田晃詳「判解」曹時59巻5号（2007）1599頁）。

下「アパマン事件」という)における最高裁判決(最一判平成22年7月15日判時2091号90頁)により、「経営判断原則」という用語は用いられていないものの、最高裁判所においてもその審査基準が示されるに至った。そこで、以下、まずは、下級審裁判実務において定式化された審査基準を述べた上で、それとの対比において、その後示されたアパマン事件最高裁判決の審査基準を述べることとする。

(i) 下級審裁判実務において定式化された審査基準

わが国の下級審裁判例上の経営判断原則は、前記1にて述べたような観点から、経営判断に際して、取締役には広い裁量の幅が認められることを前提として、

① 経営判断の前提となった事実の認識について不注意な誤りがないこと[37]

② 意思決定の過程・内容が取締役として著しく不合理でないこと

といういずれの要件も充たす場合には、取締役の当該経営判断は、許容された裁量の範囲内であり、取締役に善管注意義務違反は成立しない、との内容の判例法理として、一応定式化し得ると考えられる[38]。

なお、上記①および②については、意思決定の行われた時点を基準として判断されるものとされている[39]。

(ii) アパマン事件最高裁判決において示された審査基準

A社が事業再編計画の一環としてB社の完全子会社のために同社株式(非

---

[37] なお、セメダイン株主代表訴訟事件・東京地判平成8年2月8日資料版商事144号115頁を嚆矢として、事実認識について、「不注意な誤り」ではなく、「重要かつ不注意な誤り」であることを明示的に要求する下級審裁判例も存在しており、東京地裁商事部と同じく経営判断原則の定式化に大きな役割を担ってきた大阪地裁商事部は、基本的にこの判断基準を採用しているとされる(佐療丈文「経営判断の原則」野村修也=松井秀樹編『実務に効くコーポレート・ガバナンス判例精選』(有斐閣、2013)74頁)。

[38] 東京地判平成14年4月25日判夕1098号84頁、東京地判平成14年7月18日判夕1105号194頁、東京地判平成16年3月25日判夕1149号120頁、東京地判平成17年3月3日判夕1256号179頁、等。

[39] 例えば、りそなホールディングス株主代表訴訟事件・大阪地判平成15年9月24日判時1848号134頁等。

上場株式）を取得したが、その取得方法および取得価格の決定に関して、取締役の善管注意義務違反が問題となった事案において、最高裁は、「事業再編計画の策定は、完全子会社とすることのメリットの評価を含め、将来予測にわたる経営上の専門的判断にゆだねられていると解される。そして、この場合における株式取得の方法や価格についても、取締役において、株式の評価額のほか、取得の必要性、A社の財務上の負担、株式の取得を円滑に進める必要性の程度等をも総合考慮して決定することができ、その決定の過程、内容に著しく不合理な点がない限り、取締役としての善管注意義務に違反するものではないと解すべきである」と判示した。

本判決は、経営判断原則という用語は用いていないものの、経営判断原則に係る審査基準を明示した最初の最高裁判決である[40]。上記(i)下級審裁判実務において定式化された要件と比較すると、その特徴は、「その決定の過程、内容に著しく不合理な点がない限り、取締役としての善管注意義務に違反するものではない」としており、ⓐ決定の前提となった事実認識の過程（情報収集とその分析・検討）についての言及がない（①の要件が言及されていない）点とⓑ決定の内容だけでなく、過程についても、著しい不合理性の基準で判断することが明示されている点にあるとされている[41]。

本判決の射程については、経営判断一般に適用されるべきとする見解[42]もあるものの、本判決は、その体裁として一般的な基準を提示するものとは異なる形をとっており、また、経営判断事項については、様々な事柄があって、取締役に認められる裁量の幅は、対象となる経営判断の内容・性質によって異なり得るところであることから、限定的に捉える見解が多い。具体的には、審査基準はそれぞれの経営判断の内容・性質に応じたものを用いるべきとする見解[43]や「将来予測にわたる経営上の専門的判断」が求められるような経営判断に適用されるという見解[44]等が存在し、その後の裁判例

---

40) 同判決以前には、最高裁判決において、取締役の判断が著しく不合理であることを理由に善管注意義務違反があったと認める等、経営判断原則を前提とするような判示をしたもの（最二判平成20年1月28日判時1997号143頁等）があり（岩原紳作「特別背任罪における取締役としての任務違背」ジュリ1422号（2011）138頁）、また、刑事事件ではあるが「いわゆる経営判断の原則」という言葉を用いて正面から同原則を認める決定はあったが（最三決平成21年11月9日判タ1317号142頁）、同原則に係る具体的な審査基準は明示されていなかった。

の集積等による議論の深化が待たれていた。

(iii) アパマン事件最高裁判決後の裁判例の動向

上記アパマン事件における最高裁の判断が示されて以降、下級審裁判所において、取締役の経営判断に関する責任追及が争われた事案においては、前記(i)の従前の下級審裁判所の定式を採用するものも見受けられるものの[45]、前記(ii)のアパマン事件で最高裁が用いた定式によるものが多く見受けられるようになった。

それらのアパマン事件の定式を採用した下級審裁判所の裁判例においては、①決定の対象が「将来予測にわたる経営上の専門的判断にゆだねられている」ことを認定した上で、②決定の「過程、内容に著しく不合理な点がない限り」善管注意義務違反にならないものと判断している。

例えば、アパマン事件の定式を採用した主な裁判例として、ⓐ工場等の用に供するための重要な不動産を購入した後に工場の稼動を断念せざるを得な

---

41) 学説上、経営判断原則を適用する場合に、裁判所が取締役の経営判断に介入する範囲を明確化するという観点から、決定の過程と内容とを区別した上で、第1次的に、過程について、当該判断をするために当時の状況に照らし合理的だと思われる程度に情報収集・調査・検討等をしていたかどうかを審査し（不合理性の基準）、第2次的に、内容について、取締役としての通常の能力・見識を有する者の立場からみて、当該判断が当時の状況に照らして明らかに不合理でないかどうかを審査すべき（著しい不合理性の基準）とする見解が有力に主張されていた（吉原・前掲注26) 96頁、会社大系(3) 234頁〔松山昇平＝門口正人〕）。また、下級審裁判例でも、この有力な見解に整合する表現の判断基準を採用し、例えば、「前提となった事実の認識の過程（情報収集とその分析・検討）に不注意な誤りがあり合理性を欠いているか否か、その事実認識に基づく判断の推論過程及び内容が明らかに不合理なものであったか否かという観点から検討がなされるべきものである」とするものがあった（前掲注38) 東京地判平成17年3月3日等）。これに対して、本判決は、（事実認識の過程が決定過程に含まれると考えると）決定の過程と内容とで同じ著しい不合理性の審査基準を採用している点で特徴があるといえる（佐藤・前掲注37) 74頁・75頁）。

42) 田中亘「判批」ジュリ1442号 (2012) 104頁。

43) 森本滋「経営判断と『経営判断原則』」田原睦夫先生古稀・最高裁判事退官記念論文集『現代民事法の実務と理論(上)』（金融財政事情研究会、2013) 676頁。

44) 神田229頁、佐藤・前掲注37) 81頁。

45) 興亜損保事件・東京地判平成23年9月29日判時2138号134頁等。なお、同事件は、共同株式移転の方法により共同持株会社を設立するにあたっての株式移転比率が問題となった事案である（後記第3節2(1)(ii)参照）。

いほどの騒音規制が発覚し、当該騒音規制が発覚した後に損害拡大の回避のための必要な対応を怠ったものとして善管注意義務違反が争われた事例について、その違反を否定した事例（ユーシン事件・東京地判平成23年11月24日判タ1402号132頁）、ⓑグループ企業の経営再建の過程において行われた金融取引、保有株式の売却、特定種類株式の取得に関して、実質的にその会社の支配株主であった者に利益を得させるために行われたものとして善管注意義務違反が争われた事案について、その違反を否定した事例（国際興業事件・東京地判平成25年2月28日金判1416号38頁）、ⓒ破産した株式会社が経営していた英会話教室が無謀な新規教室の開設を行い、それに伴う経費を支出したものとして、善管注意義務違反が争われた事案について、その違反を否定した事例（ノヴァ事件・大阪高判平成26年2月27日金判1441号19頁）、ⓓ会社が余資の運用として匿名組合契約を締結し、同契約に基づく出資を行ったが、その出資金について貸倒償却を行うことになった事案について、善管注意義務違反を否定した事例（NFKホールディングス事件・東京高判平成26年5月29日LEX/DB25504541）、ⓔ3度にわたり対象会社の株式を取得したが、その数か月後同社が更生手続開始決定を受けた事案について、善管注意義務違反が否定された事例（テーオーシー事件・東京高判平成28年7月20日金判1504号28頁）がある。

　以上の下級審裁判例を踏まえると、①「将来予測にわたる経営上の専門的判断にゆだねられる」事項については、アパマン事件の定式が適用対象となり得るものと考えられる。もっとも、いかなる場合にかかる事項に該当せず、かかる定式が適用されないことになるかについては、定かではないことから、適用されない類型の判断事項については、今後の更なる裁判例の集積が必要と考えられる。

(ⅳ)　実務における具体的な考え方

　以上のアパマン事件最高裁判決およびその後の下級審裁判例の動向に鑑みれば、取締役が利益相反関係のない経営判断を行う場合には、取締役の広い裁量が認められる可能性はある。

　しかしながら、以上に述べたとおり、今後の更なる裁判例の集積を待たなければ、アパマン事件判決の射程は必ずしも明確ではないことから、実務上は、予め、経営判断の内容に応じて、適切かつ慎重な意思決定の手続を履践

することが安全と思われる。

したがって、その置かれた状況に応じて、一定の類型の経営判断については、前記(i)の従前の下級審裁判実務において形成されてきた定式を引き続き参照し、経営判断の目的を達成するために現実的に利用可能な選択肢のメリット・デメリットを勘案し、会社利益の最大化を図る決定をすることを基本とすべきであり、そのために必要な情報収集、分析・検討を適切かつ慎重に行うべき場合もあろう[46]。より具体的には、以下のとおりと考えられる。

(a) 「経営判断の前提となった事実の認識について不注意な誤りがないこと」との要件について

前提として、ある特定の行為を行うことに関する判断について、前記(i)の下級審裁判例の定式における要件②を満たすか否かについては、後記(b)で述べるとおり、当該特定の行為を行うことによってⓐ得られる利益とⓑ失われる利益（機会損失も含む）を勘案した上で、当該特定の行為を行うことが会社の最善の利益に適うとの経営判断を、会社所定の内規に従って慎重に検討を尽くして行ったか否かが基準になると考えておくべきと思われる。

そこで、具体的な事案においても、前記(i)の下級審裁判例の定式における要件①に従い、当該特定の行為を行う判断をするために検討当時の状況に照らして合理的と考えられる程度に、当該行為を行うことによってⓐ得られる利益およびⓑ失われる利益（機会損失も含む）に関する資料・情報の収集等を行うことが必要になると考えられる。

(b) 「意思決定の過程・内容が取締役として著しく不合理でないこと」との要件について

前記のとおり、かかる要件②を満たすか否かの判断にあたっては、当該特定の行為を行うことによってⓐ得られる利益とⓑ失われる利益（機会損失も含む）を検討すべきところ、具体的なケースにおける、これらⓐ得られる利益およびⓑ失われる利益については、実務上、定量的側面の検討に限界もあることから、定性的側面をもあわせた検討が必要となるように思われる。

例えば、株式買収の場面を例にとって当てはめてみると、当該株式買収に

---

[46] 佐藤・前掲注37) 81頁。

よってⓐ得られる利益については、定量的側面として、買収会社と対象会社との協働／業務提携関係の維持・発展によって見込まれる収益、ひいては買収会社の株式価値の上昇等が考えられる。また、定性的側面としては、買収会社にとって対象会社が事業を営む国・地域への進出の足がかりとなること、取引先その他の対象会社の関係者との関係の構築・強化等が考えられよう。

他方、当該株式買収によってⓑ失われる利益については、定量的側面としては、当該株式買収に要するコスト等が考えられる。また、定性的側面としては、対象会社において不祥事等が発覚した場合において、当該対象会社の買収による買収会社グループのレピュテーション低下リスク等が考えられよう。

もっとも、以上のとおり、定量・定性の両側面が存在するとはいっても、定性的側面については抽象的にならざるを得ず、ⓐ得られる利益とⓑ失われる利益との比較衡量にあたって、かかる側面が入り込むと、厳密に比較衡量することが困難となることも少なくない。したがって、実際の経営判断にあたって、最終的に善管注意義務違反を問われないよう、より慎重に進めるためには、過度に定性的側面に依拠しないことも考えられる。

第3節　M&Aにおける経営判断

1　M&Aの必要性とリスク

現在、M&Aは、会社の収益向上・将来的な成長のために必要不可欠な経営戦略として認識されている。特に、国内市場が伸び悩む状況であれば、海外M&Aはグローバルな成長戦略の柱になろう。

もっとも、実際にM&Aを実施するにあたっては、様々なリスクが存在するものであり、そのようなリスクの内容・程度を適切に把握し、受け入れることのできるリスクであるのか、あるいはそれを回避しまたは低減させる必要があるのか、その必要があるとして、いかにして回避しまたは低減させる

のか等を検討することにより、前述した経営判断原則に照らして、いかに取締役の善管注意義務に反しないような経営判断を行うかが重要になる。

そのためには、前述した経営判断原則が、具体的なM&Aの場面において、どのように適用され、逆に、適用されるためにはどのような点を考慮する必要があるかを検討しておく必要があろう。

以下、そのような観点から、M&Aにおいて取締役の経営判断が問題とされる主な場面を挙げて論ずる。

2 M&Aにおいて取締役の経営判断が問題とされる主な場面

(1) 通常のM&Aの場面における買主（または売主）の取締役の場合

多くのM&Aは、買主（または売主）の立場からすると、前述したアパマン事件最高裁判決がいうところの「将来予測にわたる経営上の専門的判断にゆだねられている」事項に該当し、経営判断原則の適用対象になるものと思われる。従来から、裁判例においても、M&Aにおける経営判断が問題となった事案において、経営判断原則を適用し、その判断を下してきた。

以下、通常のM&Aを実施するにあたり、主に生じるリスクの類型毎に、買主（または売主）の取締役の経営判断の合理性が問題とされる場面について整理する。

(i) 買収対価の合理性

典型的なM&Aの場面においては、対象会社をスタンドアローンで評価した上で、これに加えて、買収者が当該対象会社を買収することによってシナジーを出すことができ、その価値を高めることができるものと判断して、その分のプレミアムを付して当該スタンドアローン評価より高い金額にて買収することも可能となる。したがって、買収対価の合理性が問題となる場面としては、①そもそもの対象会社のスタンドアローン評価に誤りがあり、高く評価し過ぎてしまった場合、および②対価として上乗せしたプレミアムに見合ったシナジーを実現することができなかった場合とが考えられる。

以下、裁判例上、買収対価の合理性が問題となった事案を紹介する。

① セメダイン事件・東京地判平成8年2月8日資料版商事144号115頁

本件は、A社が米国での合弁契約を解消し、合弁の相手方から経営不振の合弁会社の株式を買収したこと等に関して、会社に損害を与えたとして提起された株主代表訴訟事件である。

かかる事案において、A社による合弁会社株式の買取価格が、合弁の相手方の合弁会社の株式の取得価格とされ、非公開株式の価格算定方式として一般的に行われている純資産価格法、収益還元法等によるものではなく、その合理性が問題となったが、本判決は、合弁事業から合弁相手を撤退させ、事業の円滑な引継ぎを受けて完全な支配権を取得するための対価として総合的にその妥当性をみるべきもので、企業の信用失墜、取引先との関係悪化、法的紛争の防止といった金銭的な評価が困難な要素も考慮されることになるのに加え、最終的には相手方との交渉によって決定されるものであるから、対価の額の決定が一般的な方式によるものでないことをもって直ちに不当であるとはいえず、合弁事業の完全な支配権を円滑に取得することに大きな積極的・消極的利益を認めて買収を決定したことからすれば、当該買取価格の決定が経営裁量の範囲を逸脱すると認めるだけの根拠はないと判断した。

② 朝日新聞社代表訴訟事件・大阪高判平成12年9月28日資料版商事199号330頁

本件は、旺文社から全国朝日放送の非上場株式を買い取ったソフトバンクらから、そのソフトバンクらの買取価格と同額で、当該株式を朝日新聞社が買い取り、その買取価格の合理性等が争われた事案である。

かかる事案において、本判決は、確かに、朝日新聞社は、ソフトバンクらが旺文社から本件株式を実質的に買い取った際の価格が、類似業種比準法、時価純資産法等により算定される価格を相当程度上回ることを十分認識しつつ、これによることなく、本件取引を行ったとしつつも、非上場株式については、様々な評価の方法があり、相当程度の幅が生じ、また、相対の交渉で決定されるものであり、様々な評価方法は参考資料となるに留まるとした上で、本件株式取得にあたっては、朝日新聞社の経営目標における必要性を考慮しつつ、相手方との交渉を経て決定されるものであるとすると、その評価自体、長期的な視野に立って、諸事情

を総合考慮して行うべき場面であり、専門的かつ総合的な経営判断が要求されるというべきであって、取締役らに委ねられる裁量の範囲も広いとした。そして、朝日新聞社が、ソフトバンクらによる旺文社からの買取価格を慎重に確認していること、9か月前に当該株式を買い取り、4か月前にその代金決済を終えたばかりのソフトバンクらは、当該買取価格と同額以上の価格でなければ朝日新聞社に譲渡しないとの強い意向を示していたこと等から、その裁量の範囲を逸脱するものではないと判示した。

③　アパマン事件・最一判平成22年7月15日判時2091号90頁
　　A社が事業再編計画の一環としてB社の完全子会社のために同社株式（非上場株式）を取得するにあたり、設立時の払込金額と同額の買取価格（1株当たり5万円）とし（平成18年6月9日ころ株主に対してかかる買取価格の案内書を送付し、遅くとも同月29日までには株式を取得）、その直後の株式交換（平成18年6月29日付け株式交換契約締結・同年8月1日効力発生）に備えて算定されたB社の株式の評価額（算定した監査法人等2社のうち、1つは9709円、他の1つは類似会社比較法により6561円〜1万9090円としていた）を大きく上回る金額であったことが問題となった事案において、最高裁は、前述の定式を採用した上で、ⓐB社の設立から5年が経過しているに過ぎないことからすれば、払込金額を基準とすることは一般的にみて相応の合理性がないわけではないこと、ⓑB社の株主にはA社が事業の遂行上重要であると考えていた加盟店等が含まれており、買取りを円満に進めてそれらの加盟店等との友好関係を維持することが今後におけるA社およびその傘下のグループ企業各社の事業遂行のために有益であったこと、ⓒ非上場株式であるB社の株式の評価額には相当の幅があり、事業再編の効果によるB社の企業価値の増加も期待できたことからすれば、買取価格を1株5万円と決定したことは著しく不合理であるとはいい難いと判示した。

(ii)　統合比率の合理性
　前記(i)の場合と異なり、経営統合の手法として、合併や株式移転の方式が用いられる場合、仮にその比率（統合比率）が不公正であったとしても、当

該比率に応じて対価を受ける既存株主に不利益が生じ、当事会社自身には不利益は生じないこととなる。この場合、当事会社の取締役は、既存株主から、その善管注意義務違反となるべき任務懈怠により定められた不公正な統合比率により、本来あるべき統合比率に基づいた対価の交付を受けられなかったとして、会社法429条1項に基づく責任追及を受ける可能性がある。

このような責任追及がなされた例として、例えば、以下の裁判例がある。

・興亜損保事件・東京地判平成23年9月29日判時2138号134頁[47]

本件は、日本興亜損害保険株式会社（以下「興亜損保」という）と株式会社損害保険ジャパン（以下「損保ジャパン」という）が共同株式移転の方法により共同持株会社を設立するにあたっての株式移転比率が問題となった事案である。

かかる事案において、本判決は、前記第2節2(2)(ii)のアパマン事件の定式と基軸を同じくする基準[48]を用いた上で、ⓐ独立した第三者機関に対し、株式移転比率の算定とは別に損保ジャパンの財務デュー・ディリジェンスを行わせたこと、ⓑ当該財務デュー・ディリジェンスは、金融保証保険のリスクに焦点を当てたデュー・ディリジェンスや損失予想の算定を含む通常以上に念入りなものであったこと、ⓒ独立した複数の第三者機関が行った株式移転比率の算定結果を参考にしながら、双方の財務や資産の状況、将来の見通し等の要因を総合的に勘案し、損保ジャパンとの間で、協議、交渉を重ねた上で株式移転比率について合意したこと、ⓓ合意された株式移転比率は、複数の第三者機関が算定した評価

---

[47] なお、株主間で価値の移転が生じる場合であることから、後述するレックス損害賠償請求事件東京高裁判決・東京高判平成25年4月17日判タ1392号226頁が示した公正価値移転義務の射程が本件に及ぶかが問題となり得るところ、本件は利益相反性のない事案であり、公正価値移転義務に言及することなく、通常の経営判断原則の枠組みで判断されている。

[48] 具体的には、「株式移転比率の合意には、将来にわたる企業経営の見通しやシナジーの予測等を踏まえた会社の経営者としての専門的かつ総合的な判断が必要になる」とし、「このような判断事項の内容や性質等に照らし」、善管注意義務違反というためには、「その判断の前提となった事実を認識する過程における情報収集やその分析に誤りがあるか、あるいは、その意思決定の過程や内容に企業経営者として明らかに不合理な点があることを要する」とした。

レンジの範囲内にあるか、むしろ興亜損保に有利なもので、その中間値の平均値とほぼ等しい内容となっていたこと、ⓔ算定を委託した第三者機関2社から、興亜損保の株主にとって財務的な見地から妥当である旨の意見が表明されていたことから、善管注意義務違反となるべき任務懈怠があるとはいえないと判示した。

(iii) 情報収集等の合理性
ⓐ デュー・ディリジェンスの実施の決定の合理性

対象会社の買収を企図して、そのデュー・ディリジェンスを実施したものの、当該買収が実現に至らなかった場合、買収実現の見込みが乏しいにもかかわらず当該デュー・ディリジェンスの実施を決定したものとして、当該デュー・ディリジェンスに要した費用に係る善管注意義務違反に基づく損害賠償請求がなされる可能性も否定できない。

このようにデュー・ディリジェンスの実施の決定に関する善管注意義務違反の有無が争われた裁判例として、以下のものがある。

・ユーシン事件・東京地判平成23年11月24日判タ1402号132頁
　本件は、株式会社ユーシン（以下「ユーシン」という）が、実質的債務超過であった経営統合の相手方会社に対する財務状況等のデュー・ディリジェンスを実施したものの、経営統合が実現しなかったという事案において、当該デュー・ディリジェンスを実施したことについて、ユーシンの取締役としての善管注意義務違反があるとして、当該デュー・ディリジェンスに要した費用に係る損害賠償請求がなされた事案である。
　本判決は、前記第2節2(2)(ii)のアパマン事件の定式と同様の基準を採用した上で[49]、ⓐデュー・ディリジェンスの実施が、ユーシンの取締役会において、出席役員に意見を述べる機会が与えられた上で、全員一致の決議により承認されたこと[50]、ⓑ被告取締役が経営統合の相手方会社が実質的に債務超過であると認識していたとはいえないこと、ⓒ経営統合が筆頭株主による提案であり、デュー・ディリジェンスの結果も待たずに被告取締役の一存で経営統合の準備を取りやめることができなかったこと、ⓓ経営統合によるシナジーに関する報告に相応の合理性があったことに鑑みて、デュー・ディリジェンス実施についての決定の過程、

判断の内容が取締役として著しく不合理なものということはできないとして、取締役としての善管注意義務に違反したということはできないと判断した。

(b) デュー・ディリジェンスの不実施の決定の合理性

対象会社の買収を行うにあたり、デュー・ディリジェンスを実施しないという決定を行った場合において、買収後に、対象会社に偶発債務その他の重大な問題点があることが判明し、それにより買収者または対象会社が損害を被った場合、そのような決定を行ったことに善管注意義務違反があるとして、当該損害に係る賠償請求がなされる可能性がある。

一般的に、会社の買収を行うにあたっては、当該会社に対するデュー・ディリジェンスを実施するのが通常であり、これを実施しないという判断をとることは、いわば例外的であることから、そのような判断を行う場合、その判断の合理性を基礎付ける正当事由が求められよう。こうした正当事由を基礎付ける要素としては、時間的制約、交渉状況、対象会社の規模、公開情報やデュー・ディリジェンス以外の手段を通じた情報入手の程度等を勘案していくことにはなるが、前記第2節2(2)(iv)の視点も踏まえると、友好的な買収である限りは、正当事由の程度によって範囲を限定することがあったとしても、一定の情報収集は行っておくことが望ましいであろう。

なお、デュー・ディリジェンスが不十分であり、事実認識の前提となる調

---

49) 具体的には、「デューデリジェンスが企業再編における相手方企業の詳細な情報を獲得することを目的として行われるものであるという事柄の性質に照らせば、企業再編の検討及び準備段階で行われるデューデリジェンスの実施については、取締役において、相手方となる企業に関する情報が十分でない状況においても決定することができるのであって、デューデリジェンス実施の決定の過程、判断内容に著しく不合理な点がない限り、取締役として善管注意義務違反を問われるものではないと解すべきである」と判示した。

50) 本件では、被告取締役のうちの1名が、ユーシンの代表取締役に就任する前まで相手方会社の代表者であり、また、デュー・ディリジェンスの実施を提案した取締役会の直前まで相手方会社の取締役であったという特殊事情があり、当該被告取締役（代表取締役）は、当該取締役会において、出席役員に対して意見を述べる機会を与えるにあたり、自身が意見を述べることは控える旨を告げている。このような事情から、ⓐの要素、すなわちデュー・ディリジェンスの実施について、（代表取締役による決定ではなく）取締役会による決定がなされたことが、その実施の決定に関する善管注意義務違反を否定する事情として、重視されたのではないかと思われる。

査・分析を十分に行わなかったものとして、善管注意義務違反があると判示した下級審裁判例として、後記(2)②の日本精密事件を参照されたい。

(c) デュー・ディリジェンスで発見された問題点の評価・対応の合理性

デュー・ディリジェンスを実施することとし、それにより、対象会社に関する重大な問題点が発見された場合であっても、当該問題点に係るリスクの程度等に関する評価（買収価格への反映等）またはそれに対する対応（契約における手当等）を誤り、買収者または対象会社が損害を被った場合、そのような評価または対応に係る決定についての善管注意義務違反が問題となり得る。

かかるリスクを低減する観点からは、当該デュー・ディリジェンスを行った外部専門家等から、当該問題点に係るリスクの評価または対応に関する助言を受けておくことや当該問題点に関する評価・対応について、取締役会で十分に議論しておくことが肝要であろう。

(2) 子会社その他のグループ会社支援の場面における親会社取締役の場合

経営不振に陥っている子会社その他のグループ会社を支援・救済するために、親会社が、当該子会社等が行う増資の引受け等により資金を援助したり、当該子会社等の全株式を買い取って完全子会社とし、当該親会社による完全支配下においた上での経営の改善を図ることがあるが、そのような支援策を実行したにもかかわらず、当該子会社が倒産した場合において、当該支援の実施を決定した親会社取締役に善管注意義務違反があるとして、当該支援のために費やした資金等に係る損害賠償請求が親会社取締役に対してなされる可能性がある。

そのような点が争われた事案として、例えば、以下の裁判例がある。

① セメダイン事件・東京地判平成8年2月8日資料版商事144号115頁
　前記(1)(i)①にて紹介したセメダイン事件においては、買収価格の合理性のみならず、子会社の支援・救済という側面も問題となった。

　前述のとおり、本件においては、A社が、経営の行き詰まった海外合弁会社支援のために合弁契約を解消し、合弁相手から合弁会社株式を買収する等の措置をとったことに関し、善管注意義務違反の有無が争われ

た。

　本判決は、ⓐ現地の経営に任せたままで当該海外合弁会社が倒産することになっては、同社に対する債権が回収不能となるばかりか、A社自身の信用失墜につながるおそれが強いこと、ⓑ当該海外合弁会社の設立の経緯には、日本の自動車メーカーの強い要請に応じざるを得なかったという事情もあり、同社を倒産させると、国内自動車メーカーの信頼を裏切る結果となり、国内営業においても重大な事態に立ち至る可能性が大きいこと等の事情を認定した上で、投資を拡大すればその分リスクは増大し、他方、市場から撤退すれば損失拡大の危険はなくなるが、既に生じた損失は確定し、損失を回避するチャンスも失われるし、企業としての信用失墜等の種々の悪影響を心配しなければならず、こうした進むか退くかの判断は、流動的かつ不確実な市場の動向の予測、複雑な要素が絡む企業の将来性の判定の上に立って行われるものであるから、経営者の総合的・専門的な判断力が最大限に発揮されるべき場面であって、その広範な裁量を認めざるを得ないとして、前記**第2節2**(2)(i)の従来の下級審裁判例で確立された経営判断原則に関する定式を採用した。その上で、判断の過程において、銀行のM&A部門、海外事業コンサルタント等、海外M&Aについて知識・経験を有すると認められる者の意見を求め、その賛成を得ていること、前述のとおり、買取価格の決定が経営裁量の範囲を逸脱すると認めるだけの根拠がないこと等から、善管注意義務に違反しないと判示した。

② 　日本精密事件・さいたま地判平成22年3月26日金判1344号47頁

　本件は、A社が、債務超過状態にあるB社の発行済株式について、その全部を保有していたB社の創業者一族から無償取得して、B社を子会社（完全子会社）とした上で、B社に対して1億円の増資を行ったが、程なくB社が経営上大きく依存していた取引先C社が倒産し、その後B社も倒産するに至ったことから、A社は、B社の完全子会社化および1億円の増資は、経営判断原則に照らしても裁量の逸脱があり、取締役の善管注意義務違反があるとして、損害賠償請求がなされた事案である。

　かかる事案において、本判決は、前記**第2節2**(2)(i)の従来の下級審裁

判例で確立された経営判断原則に関する定式を採用した上で、B社を子会社化する対象企業として選択したことそれ自体には、経営判断原則に照らして、裁量の逸脱があるとはいえないが、B社が取引先であるC社の多大な支援をもって経営を成り立たせており、C社の安定的かつ継続的な援助がなければ、その経営が成り立たない状態にあったことから、C社の財務・経営状況に関する調査・分析を行うことが不可欠であり、かつ、それが人的関係において可能であったにもかかわらず、取締役は、C社の財務・経営状況に関する事実認識の前提となる調査・分析を十分に行わなかったという点で、B社の取締役を兼ね本件を主導していたA社の取締役らにおいて、善管注意義務違反があると判示した。

また、その他のA社の取締役会において本件に賛成した取締役らについても、監査役会から、会計デュー・ディリジェンスについて一定の事項について相手方への確認等が行われていないため、その内容の正確性が担保されておらず、また、ビジネスデュー・ディリジェンスおよび法務デュー・ディリジェンスが一切行われていないことから、本件の買収の経営判断の資料としては不十分であり、取締役の責任を問われるリスクがあるとの厳しい意見が突き付けられていることも踏まえると、B社について、中立的、第三者的な立場からの財務、経営状況等の把握、将来性等の検討が不十分であり、事実認識の前提となる調査・分析を十分に行わなかったという点で、善管注意義務違反があると判示した。

(3) **対象会社の取締役の場合**

(i) 対象会社の取締役に生じる利益相反状態およびその典型的場面

対象会社の取締役は、会社から委任を受けて株主のためにその企業価値の最大化を図るべき立場にあるが、M&Aの場面においては、買収後の会社における地位、報酬等の確保等のため、自己の利益を図る方向でのインセンティブが働きやすい構造となっている。例えば、（多額の報酬の支払いを受けるため等）自己の利益のために、対象会社・株主にとって利益にならない買収を受け入れる可能性があり、また、自己の地位を守るために、対象会社・株主の利益になる買収に対して防衛策を発動する可能性もある。このように、対象会社の取締役が、あるM&A取引において、何らかの経営判断を下す必要がある場合、当該経営判断においては、当該取締役と対象会社およびその

株主との間において利益相反状態が生じやすい。

　典型的には、まず、①構造的利益相反取引[51]の場面（買主が対象会社の支配株主である場合、および対象会社の取締役が買主側として取引に参加する場合（MBO））においては、類型的にみて、対象会社の取締役が、本来の取締役としての会社・株主の利益の最大化を図るべき立場と自己（または支配株主）の利益を図る立場とを兼ねることになるため、不可避的に利益相反状態が生じることとなる。加えて、②敵対的買収の場面においても、対象会社の取締役は、自らの地位を維持するためにこれを阻止するインセンティブを有し、利益相反状態が生じやすい。

　このような点を勘案すると、対象会社の取締役と対象会社およびその株主との間において利益相反状態が生じるような場面における対象会社の取締役の経営判断については、「将来予測にわたる経営上の専門的判断」が必要な事項だからといって、ストレートに経営判断原則の適用対象になると考えることはできない。

　すなわち、前述のとおり、経営判断原則が採用される根拠は、経営者の果断な意思決定の促進（取締役に対する萎縮効果の防止）、経営を取締役に委ねた株主においても相応のリスクを負担すべきこと、経営の専門家ではない裁判官ではなくその専門家である取締役に裁量を認めるべきこと等にある。

　しかしながら、取締役が自己の利益を図る方向でのインセンティブが働く場面では、そもそも、かかる根拠において尊重すべきとされる取締役の経営判断が、本来取締役としての立場において企図すべき会社・株主の利益の最大化のためになされたものか疑問があり、これらの経営判断原則の根拠が妥当する前提に疑義が生じる場面であると考えられる。したがって、このように、取締役が会社・株主の利益をないがしろにして自己の利益を図ろうとするおそれがある場合には、ストレートに経営判断原則を適用して、当該取締役に広い裁量を認めるのは妥当ではないと考えられる。

　もっとも、わが国においては、このような場面において、対象会社の取締役の善管注意義務違反が問題とされた裁判例の集積に乏しく、実務上その判断基準や限界が確立しているとはいい難い状況にある。この点、M&Aの事例が豊富な米国[52]においては、多くの裁判例の集積によって、このような

---

51)　構造的利益相反取引に関する詳細については、**第Ⅲ部第2章**を参照されたい。

場面における一定のルールが形成されている。必ずしも米国のルールをそのままわが国に持ち込むことができるわけではないものの、経営判断原則が生まれた米国における裁判例の集積によって、このような利益相反状況にある場面における一定のルールが形成されてきた背景を理解し、当該ルールを把握しておくことは、上記のとおり裁判例の集積に乏しく基準や限界が定まっていないわが国の議論においても参考になるものと思われる。

そこで、以下、①構造的利益相反取引の場面および②敵対的買収の場合のそれぞれにおいて、米国において、いかなる背景をもとに、いかなるルールが形成されてきたかを簡潔に紹介することとする。その上で、わが国における議論の詳細に関しては、上記①の場合に関しては、**第Ⅲ部第2章第2節**に、上記②の場合に関しては、**第Ⅲ部第3章第3節**に、それぞれ委ねることとしたい。

(a) 構造的利益相反取引の場面

前述したとおり、構造的利益相反取引の場面、すなわち、典型的には、①買収者が対象会社の支配株主である場合（例えば、親会社による上場子会社の完全子会社化、合併等）、および②対象会社の取締役が買主側として取引に参加する場合（いわゆるマネジメント・バイアウト（MBO）のケース）においては、対象会社の取締役が、本来の取締役としての会社・株主の利益の最大化を図るべき立場と自己（または支配株主）の利益を図る立場とを兼ねることになるため、不可避的に利益相反状態が生じることとなる。

まず、①買収者が対象会社の支配株主である場合（例えば、親会社による上場子会社の完全子会社化、合併等）について、支配株主および被支配会社間においては、支配株主が、被支配会社の意思決定機関、すなわち取締役会を支配している。被支配会社の取締役は、その多くが支配株主から派遣されるのが通常で、あるいは、支配株主と被支配会社の取締役を兼任する場合さえあり得る。このような状況下において、支配株主から被支配会社に対して、被支配会社を買収する取引（完全子会社化、合併等）の提案がなされた場合、支配株主から派遣されまたは支配株主の取締役を兼任する被支配会社の取締役が、支配株主の利益ではなく、純粋に被支配会社自身の利益の最大化を図

---

52) 以下、本(3)において「米国」という場合、デラウェア州を意味するものとする。

るためだけの判断を行うことができるかは疑問がある。

　また、②対象会社の取締役が買主側として取引に参加する MBO のケースにおいても、より低い価格で当該会社を買い取りたいという買主としての立場と、会社から委任を受けて株主のためにその企業価値を向上させ、当該会社をより高く評価してもらうという取締役の義務に基づき、会社およびその株主のために買取価格を引き上げなければならないという立場とを兼ねているところ、当該取締役が純粋に後者の立場のみに基づいて判断を行うことができるかは疑問である。

　以上のようなことから、米国の裁判例上、これらの場面において、対象会社の取締役が行う経営判断については、経営判断原則を適用することによって当該対象会社の取締役に広い裁量を与えるのではなく、裁判所によって厳格に審査されるべきものとして、いわゆる完全な公正の基準（entire fairness test）が適用されている[53]。この完全な公正の基準の下での公正さとは、公正な手続（fair dealing）と公正な価格（fair price）からなり、対象会社の取締役はこれらの双方の立証を要するとされる。一方、取引が、①有効に機能する特別委員会により承認されること、または、②強圧性のない状況下において、十分に情報を有する少数株主の過半数により承認されることのいずれかの要件を満たす場合には、上記取引の公正性に関する立証責任を原告（少数株主）側に転換する効力が認められる[54]。また、MBO のような利益相反取引のケースにおいて、特別委員会や利益相反のない取締役会・株主によって取引が承認された場合には、裁判所による審査の基準が、完全な公正の基準ではなく、経営判断原則に緩和されるものとする判例がある[55]。さらに、上記①および②の双方の手続的保護が予め取引の条件とされた締め出し合併のケースにおいても同様に、裁判所による審査の基準を経営判断原則に軽減す

---

[53]　ただし、MBO のケースにおいては、その審査基準が必ずしも定式化されておらず、完全な公正の基準が適用されたり、取引前後で対象会社の支配関係に異動が生じる場合には、このことに着目して、後記(ii)で述べるいわゆるレブロン基準が適用されることもある点については、**第Ⅲ部第 2 章第 3 節 4 (4)(i)**を参照されたい。

[54]　以上につき、**第Ⅲ部第 2 章第 3 節 4 (4)(i)**を参照されたい。

[55]　岡崎誠一「M&A の交渉と取締役の経営判断(中)」商事 1563 号（2000）29 頁注 28 によれば、その例として、Technicolor, 634 A.2d at 366 n.34, In re Wheelabrator Technologies, Inc. Shareholders Litigation, 663 A.2d 1194 (Del. Ch. 1995), Solomon v. Armstrong, 747 A.2d 1098 (Del. Ch. 1999) 等が掲げられている。

る効果を認めた判例がある[56]。

これに対して、わが国においては、現時点において、①親会社による上場子会社の完全子会社化に係る取引について、取締役の善管注意義務違反が争われた裁判例は見当たらず、また、②MBO のケースにおいて、取締役の善管注意義務違反が争われた最高裁判例も見当たらない。

もっとも、②MBO の事案に関する下級審裁判例としては、レックス・ホールディングスの MBO 事例に係る損害賠償請求事件の東京高裁判決[57] およびシャルレの MBO 事例に係る株主代表訴訟事件の大阪高裁判決[58] があり、これらの裁判例で述べられた点は、構造的利益相反取引における対象会社の取締役としていかなる行動をとれば善管注意義務違反となるリスクを低減することができるかという意味で、参考になる。これらの下級審裁判例を踏まえた分析の詳細については、第Ⅲ部第2章第2節2(2)を参照されたい。

(b) 敵対的買収の場合

敵対的買収提案を受けた対象会社の取締役は、自己の地位を守るため、仮に、当該買収提案が対象会社・株主の利益になるものであったとしても、これを阻止する方向でのインセンティブが働きやすく、その意味で、利益相反状態が生じることとなる。

もっとも、かかる利益相反状態は、MBO にみられる会社と取締役との経済的な利益相反とは性質が異なるとされる。すなわち、MBO のような自己取引型の利益相反が問題となる場合、裁判所は、当該取引が独立当事者間取引といえるかを審査する等、比較的審査の手がかりを得やすいのに対して、裁判所が敵対的買収の当否を審査する場合、判断の仕方によっては、現経営者と敵対的買収者とのいずれが会社を経営するのが会社・株主のためになるのかを裁判所が決めることになりかねない。したがって、経営判断原則の趣旨に照らして現経営陣に広く裁量を委ねるアプローチ、会社支配の問題であることから株主の判断に委ねられるべきとして現経営陣の防衛行為を限定的に解するアプローチ、さらに、現経営陣・一般株主のいずれも適当な判断を

---

56) Kahn v. M&F Worldwide Corp., 88 A.3d 635, 654 (Del. 2014).
57) 東京高判平成25年4月17日判タ1392号226頁。
58) 大阪高判平成27年10月29日金判1481号28頁。

下すことができない以上、裁判所が積極的に介入すべきとのアプローチもあり得るとされる[59]。

この点、米国の裁判例上では、かかる敵対的買収の場面における審査基準として、経営判断原則と完全な公正の基準との中間的な審査基準として、いわゆるユノカル（Unocal）基準と呼ばれる基準が採用されている。すなわち、敵対的買収に対する防衛策の発動が問題となる場合、当該防衛策の発動が経営判断原則による保護を受ける前提として、対象会社の取締役会の側で、①取締役会が会社の政策および効率性に対する脅威が存在すると信じたことについて、合理的な根拠を有していたこと、および、②防衛措置が、企業買収によってもたらされる脅威に照らして合理的なものであることの２点について、証明しなければならないとされる[60]。この点、②に関しては、まず、採用された防衛策が、ⓐ一般株主にとって「強圧的（coercive）」ではないこと、および、ⓑ「排除的（preclusive）」ではないことについての確認が行われ、ⓐ「強圧的（coercive）」ではなく、ⓑ「排除的（preclusive）」でもないことが認められた場合には、その後、採用された防衛策が「合理性」の範囲内か否かについて判断するものとされる[61]。

わが国においては、敵対的買収に対する対抗措置の適法性に関して述べた最高裁判例として、ブルドックソース事件最高裁決定[62]があり、かかる判決において、対抗措置が株主平等原則に反するか否かに関して、当該買収により、①「会社の企業価値がき損され、会社の利益ひいては株主の共同の利益が害されること」という企業価値に対する脅威の存在（防衛の必要性）、および、②「当該取扱いが衡平の理念に反し、相当性を欠くものでない」こと（手段の相当性）を要件とする判断枠組みを採用した上で、敵対的買収に対する対抗措置の適法性を認める判断を示している。敵対的買収に対する対象会社取締役としての行為規範に関する分析の詳細に関しては、**第Ⅲ部第３章第３節**を参照されたい。

---

59) 岡崎・前掲注 55) 28 頁参照。
60) Unocal Corp. v. Mesa Petroleum Co., 493 A.2d 946, 955 (Del. 1985).
61) Unitrin, Inc. v. American General Corp., 651 A.2d 1361, 1367 (Del. 1995).
62) 最二決平成 19 年 8 月 7 日判タ 1252 号 125 頁。

(ii) 支配権の異動が生じる場合等

　米国における判例法上、対象会社の支配権の異動を伴う場合等、一定のM&Aの場面においては、対象会社の取締役は、もはやそれまでの企業価値を維持向上する義務ではなく、競売人として、株主が受け取る買収対価の価値に関して、合理的に入手可能な最善の価格を入手する義務を負い（レブロン義務）、この義務を果たすべく合理的に取締役が行動したか否かをもってその義務違反の判断基準（レブロン基準）とする法理が確立されている[63]。

　すなわち、①会社が、積極的に、自身を売却しもしくは明確な解体を伴う事業再編を行うためのビッドプロセスを開始する場合、②ビッダーの提案に応じて、対象会社が、その長期的戦略を放棄し、会社の解体を伴う代替取引を模索する場合、または、③支配権の売却または移転をもたらす取引を承認する場合には、かかる基準が適用され、取締役は、株主にとって合理的に入手可能な最善の価格を提示できる取引を追求すべく合理的に行動する義務を負うものとされる[64]。かかる審査に際しては、ⓐ取締役の意思決定手続の適切性、ⓑ意思決定当時の状況に照らしての取締役の意思決定の合理性を検討し、取締役が適切に情報を取得して判断を行ったことおよび合理的な意思決定を行ったことの双方について、取締役側が立証責任を負担するものとされる[65]。なお、③の「支配権の売却または移転」に該当し、かかる基準が適用されるか否かについては、一般株主がコントロール・プレミアムを取得する機会を失うか否かが考慮要素の1つとされる[66]。

　わが国の実務においても、同様の場面において、対象会社の取締役が、かかるレブロン義務に準じて買収対価を最大化する義務を負い、上記基準と同様の審査基準を用いて対象会社の取締役の善管注意義務違反の有無について審査すべきかが議論されることがある。

　この点、MBOの事例において、レックス損害賠償請求事件東京高裁判決[67]は、対象会社の「取締役及び監査役は、善管注意義務の一環として、

---

[63] Revlon, Inc. v. MacAndrews & Forbes Holdings, Inc., 506 A.2d 173, 182 (Del.1986), Paramount Communications v. QVC Network, 637 A.2d 34, 45 (Del. 1994).

[64] Arnold v. Society for Savings Bancorp, Inc., 650 A. 2d 1270, 1290 (Del.1994).

[65] Paramount Communications, 637 A.2d 34, 45 参照。

[66] 岡崎・前掲注55) 30頁参照。

[67] 前掲注57) 東京高判平成25年4月17日。

MBO に際し、公正な企業価値の移転を図らなければならない義務（以下、便宜上「公正価値移転義務」という。）を負うと解するのが相当であり、MBOを行うこと自体が合理的な経営判断に基づいている場合……でも、企業価値を適正に反映しない買収価格により株主間の公正な企業価値の移転が損なわれたときは、取締役及び監査役に善管注意義務違反が認められる余地があるものと解される」と判示して、公正価値移転義務は負うとした上で、「価格最大化義務に関する控訴人らの主張は、MBO 先進国とされている米国デラウェア州の判例法上、MBO に際して取締役が負うとされているという『レブロン義務』なる義務を根拠とする主張であって、我が国で行われた本件MBO に直ちに妥当するものではない。仮に、上記主張が、企業価値の公正な移転を超えて売却価格を最大限に高める義務を負うという趣旨であれば（ただし、控訴人らが依拠するレブロン義務自体は、必ずしもそのような義務であるとは解されない。）、株主が共同所有により把握している企業価値を超えて利益を得ることまでが、会社法上、取締役及び監査役の善管注意義務によって保護されると解する根拠は見当たらない」として、公正価値移転義務と区別される価格最大化義務は否定した[68]。かかるレックス損害賠償請求事件東京高裁判決が示した公正価値移転義務については、第10章第4節3(4)および第Ⅲ部第2章第2節2(2)(ii)を参照されたい。

(4) その他 M&A 取引の局面において取締役の善管注意義務が問題となる場面

(i) M&A 取引契約において取引保護条項が含まれる場合——いわゆる Fiduciary Out 条項による対応

米国においては、従来から、1つの会社を巡り、その買収に関するオファーが競合する場合に、M&A 取引契約の実務上、当該取引の保護のための条項が設けられた上で、対象会社の株主の利益を保護し、対象会社の取締役の信認義務を尽くさせるために、一定の要件の下で対象会社をこれらの条項上の義務から免れさせる、いわゆる Fiduciary-Out の条項（以下「FO 条項」という）を設けることがある。

---

[68] なお、シャルレ代表訴訟事件大阪高裁判決も、レックス損害賠償請求事件東京高裁判決と同様の理解を示している。

わが国においても、一定の場合においてFO条項が問題となる場面が出てきている。

かかるFO条項に関しては、第Ⅱ部第3章第1節3(2)を参照されたい。

(ii) 市場価格より低い買付価格の公開買付けに応募する株主の取締役の場合

大株主と公開買付者との間で予め合意をなし、上限を付した上で、買付価格を市場価格より低い価格に設定して、公開買付けが行われることがある（いわゆるディスカウントTOB）。このような場合において、売主となる当該大株主について、市場価格より低い価格にて株式を売却することとなることから、その取締役において善管注意義務違反とならないかという問題がある。

かかる問題に関しては、東京電力株主代表訴訟事件・東京地判平成18年4月13日判タ1226号192頁が参考になる。これは、ある株主が、その取引先である公開買付者の要請に応じて当該公開買付けに応募したが、公開買付期間中に対象会社株式の市場価格が買付価格を上回ったにもかかわらず、その応募を撤回しなかったことについて、当該株主の取締役の善管注意義務違反が問題となった事案である。かかる事案において、東京地裁は、公開買付けを行った取引先からの要請に応じて自社の保有する株式を売却するか否かの判断についても、経営判断原則が適用されるとした上で、前記第2節2(2)(i)の下級審裁判例の定式を採用し、このような事案においては、買付価格が合理的なものであるか否かは重要な一要素ではあるが、それだけではなく、公開買付けへの応募を要請した企業との円滑な取引関係の維持や発展の要否等、多様な要素を考慮に入れて判断されるべきと判示し、善管注意義務違反を否定した。

かかる裁判例は、前記のように、予め市場価格より低い買付価格にて応募することを合意しておく典型的なディスカウントTOBの事案ではないが、市場価格より低い価格となったことを認識しながら、応募を撤回することなくこれを維持するという判断を行っている点で類似しており、ディスカウントTOBの場合も含め、参考になると思われる。

(iii) 市場価格より低い価格の公開買付けに対する意見表明を行う対象会社取締役の場合

　対象会社は、公開買付けに対する意見表明が求められるところ（金商27条の10）、市場価格より低い価格の公開買付け（例えば、前記(ii)のディスカウントTOBの場合や直前のリークにより市場価格が高騰し買付価格を上回ってしまった場合等）に対していかなる意見表明を行うかに関し、その取締役の善管注意義務違反の有無が問題となり得る。

　このような場合、実務上は、公開買付け自体については賛成の意見としつつ、公開買付けに応募するかどうかについては意見を留保し、株主等の判断に委ねるとの意見が表明されることが多い。公開買付けに対する賛否は、当該公開買付けが実施されることが対象会社自身または対象会社の株主にとって利益となるか否かを基準にして、当該公開買付けを支持するか否かを述べるものであるのに対して、応募推奨するか否かは、主として対象会社の株主にとって当該公開買付けに応募することが利益となるか否かを基準として株主が応募することを勧めるか否かを述べるものであると考えられることから、このように、公開買付けに対して賛同するか否かと株主に対して応募を推奨するか否かを区別することも合理的と思われる。そして、意見表明義務は、投資者への情報提供の充実を図ることが目的であり、公開買付けに賛成するに至った理由・経緯等を十分に開示する限り、公開買付価格が不十分であると判断した場合であっても、公開買付け自体に賛成の意見を表明することは可能であると考えられる[69]。

　なお、MBO後のスクイーズ・アウト価格は公開買付価格と同額で行われるのが通例であるところ、公開買付価格より高い価格が対象会社の株式の「公正な価格」であると認定されたとしても、そのことのみをもって直ちに、当初の公開買付けに賛同し、株主に応募を推奨した取締役の責任が問題となるものではない。この点、MBOにおいて公開買付価格より高い価格が対象会社の株式の「公正な価格」であると認定されたことにより、取締役の責任が問題とされた事例としては、前述のレックス損害賠償請求事件東京高裁判決があるが、その詳細は、第Ⅲ部第2章第2節2(2)を参照されたい。

---

[69] 金商大系Ⅰ(2) 384頁参照。

⑷ 自社株公開買付けにおける買付価格にプレミアムを付す場合

会社が当該株式の本来の価値以上の対価を支払って自己株式を取得する場合、売主となった株主が利益を得る反面、売主とならなかった他の株主は、会社から必要以上の財産が流出した結果、その有する株式の経済的価値が減少することとなり、不利益を被ることとなる。そこで、自社株公開買付けにおける買付価格にプレミアムを付す場合において、その実施に関与した取締役について、善管注意義務違反とならないかが問題となり得よう。

しかしながら、この点については実務上、自己株式取得だけの行為として問題となるよりも[70]、スクイーズ・アウトの手法の中で自己株式取得が用いられる場合に問題となることが多いと思われる。例えば、他社株公開買付けと自社株公開買付けを組み合わせた取引において、その後にスクイーズ・アウトが予定されているような場合には、両者の買付価格を同額とし[71]、自社株公開買付けの買付価格にプレミアムを付したとしても、結局、全ての株主から同額で買い取ることとなることから、買取りがなされないこととなる株主が存在するものでもないことから、上記善管注意義務違反の問題が生じる可能性は低くなると考えられる。

---

70) この点につき、金商大系Ⅰ(2) 476頁・477頁、野田昌毅「公開買付けによるプレミアム価格での自己株買付け」商事1832号(2008) 93頁、理論と実務410頁・411頁参照。

71) 例えば、このような実例として、買収者をシダックス株式会社とする大新東株式会社に対する公開買付け(2007年1月30日)がある。

第10章

M&Aを巡る少数株主との紛争

第1節

紛争類型と日本における特徴

　本節では、これまで述べてきたような各種M&A取引に関して少数株主がとり得る事前および事後的な法的手段について概説する。

　M&A取引においては、当該M&A取引における経済的価値や法的安定性も重要である一方、親会社以外の株主、いわゆる少数株主の利益保護の必要性が存する。というのも、経営陣や親会社が実行しようとするM&A取引の中には、必ずしも会社の企業価値を高めるとはいえないものも含まれている可能性があり、さらに、経営陣や親会社が少数株主の利益を犠牲にして自己の利益を図り得るような利益相反的取引が実行される可能性も否定できないためである。例えば、MBOにおいては、経営陣が会社の株式を買い付けるという取引の構造上、必然的に利益相反的構造が生じるものであり、少数株主の利益保護の必要性が論じられているところである[1]。

　そのような観点から少数株主が自らの権利や利益を守るための手段としては、①M&A取引自体を差し止める等の事前的（予備的）な救済手段、②M&A取引自体を取り消し、または無効とする復帰的な事後的救済手段、③少数株主が手放すことになる株式の「公正な価格」を裁判所に決定してもらうための手続、および、④事後的に会社、会社役員、取引当事者らに対して損害賠償を求める責任追及型の事後的救済手続が考えられる。

---

[1]　第Ⅲ部第2章参照。

[図表Ⅰ-10-1] 少数株主のとり得る手段

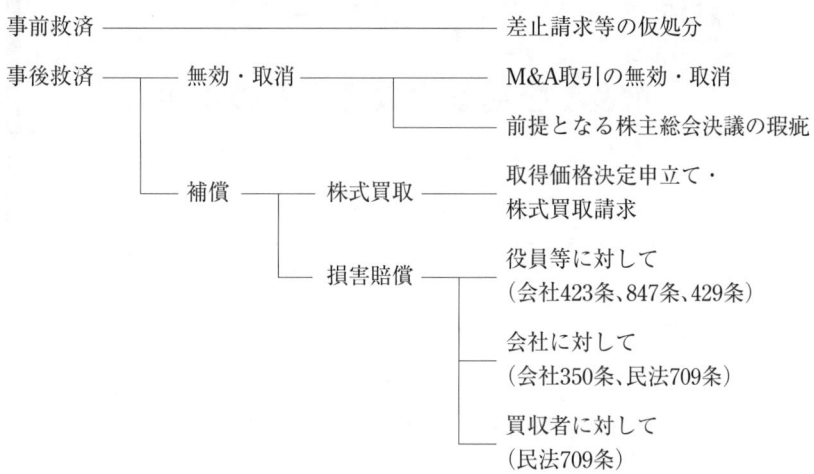

　まず、上記①の事前的な救済手段であるが、少数株主は、ⓐ会社法に規定される各種差止請求権を被保全権利とした仮の地位を定める仮処分命令申立てや、ⓑM&Aにおいては、その実施の過程で株主総会の承認を得ることが必要である場合も多いため、当該株主総会に関する仮処分命令申立てにより、事前に対象となるM&Aを差し止める等して、自己の権利の救済を図ろうとすることが考えられる。

　この点、事前救済は、M&A取引全体が差し止められてしまう場合もあり得るため、事後的な救済手段の1つである少数株主に対する損害賠償等の救済手段と比して、これが裁判所に認められてしまった場合のM&A取引全体に与える影響は極めて大きい。特に、M&A取引全体を差し止めるような、仮処分が認められると本案判決を得たのと同等の効果が得られる満足的仮処分においては、より高度の保全の必要性が要求されることとなる[2]。

　このように、保全の必要性の要件は必要とされるものの、上記のとおり、一部の事前救済制度においては、仮処分によっても本案訴訟と同様の効果を

---

[2] 鈴木正裕「仮の地位を定める仮処分と保全の必要性」吉川大二郎博士還暦記念『保全処分の体系(上)』(法律文化社、1965) 211～212頁。各事前救済制度にかかる保全の必要性の要件の詳細は**第2節**参照。

実現できることから、少数株主が、手続が迅速に行われ申立費用が低額である事前救済制度により権利の救済を図ろうとする例も多い。当該手続は迅速に審理が進むこと、少数株主側の主張が認められ決定が出てしまった場合に、M&A取引全体を差し止められてしまう場合もあり、影響が大きいことから、会社側としては、少数株主から事前救済制度を用いられる可能性があることを念頭に置き、申立てがなされた場合には直ちに対応できるよう備えておくことが望ましい[3]。

次に、上記②のM&A取引自体を取り消し、または無効とする復帰的な事後的救済手段についてであるが、第3節において述べるとおり、この類型の事後的救済手段についても、少数株主の利益保護の必要性と、法的安定性、ならびに会社経営者に対して法的手続を遵守させることを確保させるということの利益の均衡という点から、会社法は、一般原則に従って救済を認める一方で、その瑕疵が重大なものでなければ、その効力を主張できる者を一定範囲に限定し、効力を争う期間を限定するなど、特別の規定を置いている。他方で、一旦組織変更等の効力が否定されれば、民事訴訟法上は、原則として、判決は訴訟の当事者間で相対的効力を持つに過ぎないが、訴訟当事者に限らず第三者に対して画一的な効力が及ぶとされることがある。なお、各法的手続の要件等の詳細については、第3節に述べるが、特にMBOなどの利益相反的構造が必然的に生じるM&A取引については、法令での少数株主保護規定に加え、行政庁からの取引指針の公表などもされており、法令上の少数株主保護規定の解釈に際して参照されるべきところである。

上記③の株式の「公正な価格」の決定手続についてであるが、組織再編やキャッシュ・アウトの手法によるM&A取引を資本多数決の原理により株主の個別の同意なく可能としつつ、取引に反対する少数株主に対し、最終的に裁判所の決定する価格での退出の機会を保障するものである。同手続の詳細や裁判所による決定の状況については、第5節において述べるとおりであるが、①裁判所における価格決定に先立ち、反対株主に株式会社に対して所有する株式の買取りを請求する権利（株式買取請求権）を与え、買取価格について反対株主と株式会社の間での協議の機会を前置するもの（以下「株式買取請求前置型」という）と、かかる請求や協議の機会を経ることなく、直接、

---

[3] 第2節柱書参照。

裁判所に株式の価格決定の申立てを認めるもの（以下「直接申立型」という）に分けられる。また、「公正な価格」については、ジュピターテレコム事件にかかる最高裁決定が判断枠組みを示したとおり、問題となるM&A取引が独立当事者間取引であるか、支配株主による組織再編やMBOのように利益相反のおそれを孕む取引（いわゆる構造的利益相反取引）であるかを区別し、独立当事者間取引である場合には、適切な情報開示の上で取引条件が決定されている限り、ⓐ当該取引が企業価値を増加させるものであり、かつ、ⓑ公正な取引条件で行われたことを前提として、「公正な価格」を決定するべきとし、一方、構造的利益相反取引においては、取引条件の形成過程を含む意思決定過程を審査し、これが独立当事者間取引に比肩し得るような公正な手続を経て行われたと認められる場合には、独立当事者間取引と同様に取引がⓐ効率的であり、かつ、ⓑ公正な取引条件で行われたことを前提として「公正な価格」を決定すべきとしている[4]。なお、この価格決定手続においては、少数株主側には会社にかかる資料が存しないこともあり、文書提出命令申立てが多用されること[5]も特色として挙げられ、会社側としては、営業秘密情報保護の観点から、慎重な対応が求められる。

最後に、上記④の事後的に会社や会社役員らに対して損害賠償を求める責任追及型の事後的救済手続についてであるが、請求の相手方として、役員に対する請求、会社に対する請求、および第三者に対する請求に分類し得る。

まず、役員に対する請求であるが、M&A取引は、その当事者となる会社の取締役の業務執行として行われるものであるから、M&A取引について担当業務（代表行為を含む）としてこれを行う、または取締役会の構成員として関与する取締役がこれらの取引を行うにあたって任務懈怠があり、会社や第三者に損害を生ぜしめれば（後者については悪意または重過失がある場合に限られる）、賠償義務を負うこととなる[6]。この任務懈怠が、法令・定款違反

---

[4]　第5節2参照。

[5]　平成25年施行の非訟事件手続法により、非訟事件においても文書提出命令申立てが認められることとなったことから、会社が公開買付価格を検討するに際して参照した株価算定書等の資料について、文書提出命令の対象となり得る点に留意が必要である。会社が主張書面や証拠として提出した書面に引用されている文書は、引用文書として文書提出命令の対象となり得る（民事訴訟法220条1号、非訟事件手続法53条1項）ことに加え、引用がなくとも、一般文書（民事訴訟法220条4号、非訟事件手続法53条1項）に該当する場合には文書提出命令の対象となり得る。

の場合には、任務懈怠行為の特定は容易な場合が多く、この類型の事例では和解がなされることも多い[7]。一方、問題となる役員らの行為が、法令・定款違反でなくとも、損害発生の原因行為と考えられるM&Aに関与する取締役の職務行為中の任務懈怠（善管注意義務違反）として評価できる場合もあり、この類型には、経営判断の原則を逸脱した事例や監視義務違反の事例、内部統制構築義務違反の事例等がある。

次に会社に対する請求であるが、会社は、その代表取締役その他の代表者がその職務を行うについて第三者に加えた損害を賠償する責任を負うとされていることに加え（会社350条）、民法709条に基づく不法行為に基づく責任追及がなされる場合もある。

最後に、第三者に対する請求であるが、これは具体的には、M&A取引の買収者に対するものが考えられるであろう。買収者は、対象会社の関係者ではなく、かつ、少数株主と買収者には契約関係もないため、この請求は民法709条の不法行為に基づくこととなる。

なお、これらの少数株主の事前的・事後的な救済手段に関しては、1つのM&A取引に関して複数の各種手段がとられる可能性があることにも留意が必要である。少数株主側が徹底的にM&A取引について争う場合には、事前的救済制度の申立てを行い、これが功を奏さなかったとしても、取引後に事後的な救済手段を取る場合もあり得、会社としては、これらの全ての手続について、当該救済手続の要件を満たさない旨争っていく必要があることとなる。

ところで、2015年に公表された米国での上場会社を対象とする1億ドル以上のM&Aの84％が法的手続を惹起されており、また、1件当たりの提訴件数も4.1件に上るということである[8]。日本における同種のデータは不見当であるが、今後米国のようにM&A取引に関する法定手続の惹起が活発化

---

6) 会社に対する賠償義務につき、会社423条、847条。第三者に対する賠償義務につき、会社429条。

7) 大林組事件（提訴日平成6年6月28日）、野村證券事件（提訴日平成9年5月2日等）、日立製作所事件（提訴日平成10年3月31日）、山一証券事件（提訴日平成10年10月5日）、日本航空事件（提訴日平成11年12月17日）、神戸製鋼所事件（提訴日平成12年1月21日）、住友金属工業事件（提訴日平成18年6月19日）等。

8) Cornerstone Research, Rabi Sinha, "Shareholder Litigation Involving Acquisitions of Public Companies—Review of 2015 and 1H 2016 M&A Litigation".

することも想定されるため、会社側としては、M&A 取引を行うに際して、当該取引に関して不満を持った少数株主が各種救済手段を行使して争う可能性も十分考慮の上、取引に関する意思決定を行うに際しては、前提となる情報収集過程および決定過程に関して、裁判所への提出の可能性まで勘案した上で書面化し、紛争に備える必要があるということとなる。

また、近時の国際的な M&A の場合、契約中に仲裁合意があるケースにおいては、これらの救済手段が仲裁合意の対象となるかという論点もあるため、留意が必要である。

第2節 事前的（予防的）な紛争類型

M&A を巡る少数株主との紛争が事前に争われる場合、その緊急性から、仮処分手続によることが多いが、かかる仮処分は、実際には本案判決と同様の結論を実現する満足的仮処分であり、いわゆる「仮処分の本案代替化」が著しい紛争の一類型であるとされる。このように仮処分によっても本案訴訟と同様の効果を実現できることから、緊急性を伴わない場合であっても、手続が迅速に行われ、かつ申立費用が低額である仮処分手続が、その事前的紛争解決手続として当事者により選択されることも多い。したがって、以下に述べる M&A を巡る少数株主との事前的紛争類型は仮処分手続によることが多く、当該手続は近時極めて迅速に進められるため[9][10]、仮処分申立て後、

---

9) 具体的には、申立て後数日の間に決定に至る案件数も相当数存する。特に、東京地裁および大阪地裁の商事部に係属する事件については、極めて迅速な事件処理がされており、保全異議、保全抗告・即時抗告にあたっては特に短期間で処理されているといってよい。例えば、2017 年 7 月 3 日に出光興産株式会社（以下「出光」という）が公募による普通株式の発行（払込期日は同月 20 日）を取締役会にて決議したところ、その株主らは、翌日である同月 4 日、出光に対して、新株発行差止めの仮処分を申し立てたが、かかる仮処分申請は、東京地裁において、わずか 14 日後の同月 18 日に却下された。そして、かかる却下決定に対する即時抗告は同日のうちになされたが、東京高裁はこれを翌日である同月 19 日に棄却する決定をした。以上のとおり、当該事案においては、2 回の裁判所の決定はわずか 15 日間で下された。

数日中に主張と疎明資料の全ての提出を尽くすことが求められることも少なくない。

そして、仮処分手続においては、証人尋問が行われることは想定されていないため[11]、裁判所は提出された書証のみに従い事実認定を行わざるを得ない。

加えて、東京・大阪地裁を除いては会社法関連の紛争を専門とする部は存しない上[12]、許可抗告申立てが容れられない限り、民事保全において原則的に最高裁の判断を受けることが予定されていないことからすれば、仮処分手続が活用される会社法の論点および事実認定について、裁判所の判断が専門的知見に基づき統一されることが保証されているとまではいえず、重要論点についての判断を明確に予測することが極めて困難な場合も多いといわざるを得ない。

したがって、M&Aを巡る少数株主との事前的紛争に際しては、上記のとおりの特色（手続進行の迅速性・心証形成に係る時間的制約、証拠方法の制約（書証への高度の依存性）、事実認定の不確実性等）を十分に認識し、以下に記載の各請求に係る要素、争点、手続の詳細および実務等を理解した上での十分な事前準備・迅速かつ機動的な対応が鍵となるといってよい。

1 各種差止請求およびこれを本案訴訟とする仮処分の要件および効果

本1においては、以下のとおり、M&Aを巡り、会社法に規定される各種差止請求の要件および効果、ならびにかかる差止請求を本案訴訟とする仮処分について述べる。

---

10) 仮処分手続の迅速な進行に伴い、実務上、審尋期日は送達とは異なる一定の方式を有しない呼び出しにより開催されるなど、柔軟な対応がなされている。

11) 疎明の即時性（民事訴訟法188条）からすれば、期日を別に定めて行う証人尋問や日時を要する鑑定等の証拠調べは通常は想定されないと解されている（兼子一ほか『条解民事訴訟法〔第2版〕』（弘文堂、2011）1073頁）。

12) 高裁においてもかかる専門部は存在しない。

(1) 募集株式、募集新株予約権の発行等に対する差止請求（会社210条、247条）

株式の買い占め等により敵対的M&Aが行われようとする場合、会社が、募集株式または募集新株予約権の発行等（自己株式または自己新株予約権の処分を含み、以下「募集株式等の発行等」という）による安定株主作りによりこれに対抗しようとするということが実務上行われてきた。

募集株式等の発行等の決定は公開会社においては取締役会、非公開会社においては株主総会によりなされるが（会社199条2項、201条1項）、「特に有利な発行価格」による発行には株主総会の特別決議が必要であり（会社199条3項）、また、法令もしくは定款に違反し、または著しく不公正な方法により新株の発行を行おうとし、これにより株主が不利益を被るおそれがある場合は、当該株主は、会社に対してその募集株式等の発行等の差止めを請求することができる（会社210条、247条）。

そこで、敵対的M&Aを行う側は、株主として、現経営陣による株主総会の特別決議を経ていない「有利発行」を法令違反とし、また、現経営陣による支配権維持目的の第三者割当増資を「不公正発行」として募集株式等の発行等の差止めを求めてきたものである。もっとも、「有利発行」や「不公正発行」の疎明は困難であること、これらが仮処分手続の中で審理されることが多く、その審理期間の短さ等からか、募集株式等の発行等差止仮処分を認容した例は多くない[13]。さらにいえば、募集株式等の発行等差止仮処分につ

---

[13] 不公正発行を理由として差止仮処分を認めたものとして、クオンツ事件・東京地決平成20年6月23日金判1296号10頁、日本精密事件・さいたま地決平成19年6月22日判タ1253号107頁、ニレコ事件・東京高決平成17年6月15日判時1900号156頁、ニッポン放送事件・東京高決平成17年3月23日判時1899号56頁、ネミック・ラムダ事件・東京地決平成10年6月11日資料版商事173号193頁。
　株主総会決議を経ない有利発行を理由として仮処分を認めたものとして、オープンループ事件・札幌地決平成18年12月13日金判1259号14頁、サンテレホン事件・東京地決平成18年6月30日判タ1220号110頁、宮入バルブ事件・東京地決平成16年6月1日判時1873号159頁。
　そのほか、忠実屋・いなげや事件・東京地決平成元年7月25日判時1317号28頁、第一次ゼネラル事件・大阪地決平成2年6月22日金判851号39頁、山口地決平成26年12月4日金判1458号34頁、福岡地決平成12年7月14日判時1729号121頁、名古屋地半田支決平成12年1月19日判時1715号90頁等。

いての地裁における決定が高裁で覆った事例は不見当であることからしても、本仮処分についての地裁での審理の重要性は特に高く、仮処分の中でも特に十分な事前準備・迅速かつ機動的な対応が鍵となるものであるといってよい。

以下、かかる募集株式等の発行等に対する差止請求の具体的要件および効果について検討する。

(i) 管　轄
会社の主たる事務所または営業所の所在地の地方裁判所である（民事訴訟法4条1項・4項）。

(ii) 当事者
ⓐ 原　告
法令・定款違反または著しく不公正な方法による募集株式等の発行等により不利益を受けるおそれのある株主であり、新株の割当てを受ける権利の有無、保有株式数、株式保有期間、議決権の有無は問わない[14]。新株予約権者については、新株予約権者のままでは差止めを請求することはできない。

ⓑ 被　告
被告は会社である。なお、払込取扱銀行は、発行会社の補助機関であって、当事者とはならないとの裁判例がある[15]。もっとも、払込期日または払込期間内の払込金の払込みにより募集株式等の発行等の効力が生ずることから、これを阻止するのであれば、第三債務者として、払込金の受入禁止または申込証拠金の払込金への充当禁止を求める必要があるということになる。

(iii) 要　件
募集株式等の発行等[16]が①法令もしくは定款に違反し、または②著しく不公正な方法により行われるものであること[17]、③当該募集株式等の発行等により、株主が不利益を被るおそれがあることである。

---

14) 種類株式の株主にも提訴権が認められるが、単元未満株主については、定款により提訴権が制限されている場合（会社189条）は、当事者適格が存しないとの考えがある。

15) 東京地判昭和27年9月10日判タ23号33頁。

上記不利益の内容には争いがあり、会社に不利益が生じるおそれがある場合は株主の不利益があるとの見解もあるが[18]、募集株式等の発行等差止めは、会社法360条と異なり、株主に株式保有期間の要件を課していないことからも、単に会社の利益が侵害される結果被るに過ぎない株主としての不利益は、募集株式等の発行等差止めにおいて必要とされる不利益に該当しないとする見解が有力である[19][20]。逆に、会社に損害が生じるおそれは要件とされておらず、会社の不利益がなくても、株主に不利益があれば、会社法210条に基づく差止請求は可能である。

(a) 出訴期間

募集株式等の発行等差止請求の出訴が可能となるのは、募集株式等の発行等に係る会社の意思が外部に表示された時以降と解されており、実務上、募集株式等の発行等の機関決定（株主総会決議もしくは取締役会決議）がなされた時に募集株式等の発行等に係る意思が発現したとみられることが多いが、特定の銀行との払込取扱契約が締結された場合なども募集株式等の発行等に係る意思の発現とされている[21]。

募集株式等の発行等差止めは、その発行が効力を生じる前に行われなけれ

---

16) 株主による差別的新株予約権無償割当ての差止めについては、会社法に明文規定はないものの、247条を類推適用することが判例上認められており（ブルドックソース事件・最二判平成19年8月7日民集61巻5号2215頁）、また、違法な差別的新株予約権無償割当てにより割り当てられた新株予約権の行使による新株発行についても、210条の類推適用により仮に差し止めることを認めた裁判例が存する（ビコイ事件・東京高決平成20年5月12日判タ1282号273頁）。

なお、株式分割の差止めの仮処分が申し立てられた事案において、裁判所は、問題となった株式分割について、平成17年改正前商法280条ノ10（会社210条に相当）の類推適用を認めなかった（日本技術開発事件・東京地決平成17年7月29日判時1909号87頁）。

17) いかなる場合が不公正発行に該当するかについては**第3章第4節**参照。

18) 大隅健一郎＝大森忠夫『逐条改正会社法解説』（有斐閣、1951）375頁。

19) 山口和男編『会社訴訟非訟の実務〔改訂版〕』（新日本法規出版、2004）669頁。

20) この見解によれば、株主総会の特別決議を経ない第三者割当ての有利発行を理由とする差止めについては、当該割当てを受けない既存株主全員に原告適格が認められるが、不公正発行を理由とする差止めについては、会社支配権を争っていたり、当該発行により少数株主権を失うことになる株主にのみ原告適格が認められることになるとの指摘がある（類型別Ⅱ566頁〔森純子〕）。

21) 注釈会社(7)293頁〔近藤弘二〕。

ばならない。具体的に、募集株式等の引受人は、株主になる日[22]の前日までに差止請求を行わなければならない。

(b) 法令もしくは定款に違反

「法令もしくは定款に違反」とは、募集株式等の発行等に関する具体的な法令の規定の違反を意味し、一般的に、後記(4)の違法行為差止請求の場合と異なり、取締役の善管注意義務・忠実義務違反は含まれないとされる[23]。ただし、取締役会が経営支配権争いに干渉する目的で募集株式等の発行等を行う場合は、取締役個人の保身を目的として募集株式等の発行等を決定したと認められない場合であっても、不公正発行に当たるとして法令違反による差止めの対象とした裁判例が存する[24]。

法令違反の例として以下が挙げられる。

・公開会社における取締役会の適法な決議を欠く発行（会社201条1項）
・非公開会社の場合または公開会社において第三者に有利発行する場合における株主総会の特別決議を欠く発行（会社199条2項、309条2項5号）[25]
・種類株式発行会社で譲渡制限株式を募集する場合における種類株主総会の特別決議を欠く発行（会社199条4項、324条2項2号）
・募集事項が不均等な発行（会社199条5項）
・株主の新株の割当てを受ける権利を無視した新株の割当て（会社202条2項）
・株主総会の特別決議（取締役会設置会社では取締役会決議）を経ない譲渡制限株式の割当て（会社204条2項、309条2項5号）
・募集事項等の通知のない株主割当て（会社202条4項）
・現物出資につき必要な検査役の調査の懈怠（会社207条）

---

22) 募集事項の決定において、金銭の払込みまたは現物出資の給付の期日を定めた場合には当該期日から、期間を定めた場合は出資の履行をした日から株主になる（会社209条）。
23) 注釈会社(7)289頁〔近藤〕、逐条解説(3)142頁〔伊藤靖史〕、山口編・前掲注19)668頁。
24) 前掲注13) ニッポン放送事件。
25) いかなる場合が有利発行に該当するかについては**第3章第3節**参照。

定款違反の例として以下が挙げられる。
- 定款で定めている発行可能株式総数や株式の種類を無視した発行（会社37条1項、113条）
- 定款で定めた株主の新株の割当てを受ける権利を無視した発行（会社108条2項）

(iv) 差止判決の効果・効力

募集株式等の発行差止請求の範囲は、株主個人の損害発生の防止に必要な部分に限られるとされ、一部差止めが認められた場合には、会社はそれ以外の部分の発行手続を進めることができるとされている[26]。

募集株式等の発行等を差し止める判決に対して発行等がなされた場合については、後記(v)(d)の仮処分命令違反の場合と異なり、判例は存在しないが、仮処分命令違反の場合の均衡から、新株発行等の無効原因となると解される[27]。

(v) 仮処分手続

差止訴訟が係属したことのみをもって会社は募集株式等の発行を中止すべき義務を負わないし、会社が当該発行等を実行してしまえば、差止めの対象がなくなって訴えの利益を欠くとして訴えは却下されることとなる。一般に差止判決が確定するまでには長期間を要するから、通常、株主総会または取締役会の募集事項決定の決議から新株が発行されるまでの間が2週間足らずであろうことからも、実務上、募集株式等発行等の差止請求は、株主を債権者、会社を債務者とした当該差止請求権を被保全権利とする仮処分により行われることがほとんどである[28]。また、募集株式等の発行等差止めにかかる仮処分は、会社に対して不作為を命じるものであり、本案と仮処分の内容が同一である満足的仮処分であり、仮の地位を定める仮処分である（民事保全

---

[26] 株主割当分については問題ないが、第三者割当分については著しく不公正な方法によると認められる場合、その第三者割当分のみが差止め対象になるとする裁判例が存する（前掲注13）名古屋地半田支決平成12年1月19日）。

[27] 田中亘「各種差止請求権の性質、要件および効果」神作裕之ほか編『会社裁判にかかる理論の到達点』（商事法務、2014）30頁。

[28] コンメ(5)131頁〔洲崎博史〕。

法23条2項)。

(a) 当事者
仮処分債権者および債務者については、本案たる差止訴訟の当事者と同様である。

(b) 管 轄
差止請求と同じ被告たる会社の本店の所在地を管轄する地方裁判所である(民事保全法12条1項、民事訴訟法4条1項・4項)。

(c) 審理と審判
任意的口頭弁論または当事者双方審尋が要求されている(民事保全法23条4項)。

募集株式等発行等の差止仮処分における債権者株主は、被保全権利と保全の必要性を立証しなければならないが、被保全権利の疎明ができた場合の募集株式等発行差止めの保全の必要性については、募集株式等の発行等が一旦効力発生してしまうと、その差止請求権を行使する余地がなくなることから、会社において自発的に募集株式等発行を差し控えるような事情がない限り、保全の必要性[29]を否定するようなことはあまり考えられないとされている[30]。

(d) 仮処分の効力
募集株式等の発行等を差し止める仮処分決定がなされると、仮処分命令は当事者に送達されることにより効力を生じ、各種不服申立て[31]により仮処分命令が取り消されない限り、かかる効力が維持され、債務者たる会社には募集株式等の発行等を行ってはならないという不作為義務が生じることとなる。そして、募集株式等の発行等が効力を生じる日までに、仮処分命令の取

---

29) 「争いがある権利関係について債権者に生ずる著しい損害又は急迫の危険を避けるため」に仮処分が必要であること(民事保全法23条2項)。
30) 類型別Ⅱ569頁〔森〕、コンメ(5)132頁〔洲崎〕。
31) 保全異議の申立て(民事保全法26条)、保全取消しの申立て(同法37条~39条)、保全抗告の申立て(同法41条)。

消しがなければ、募集株式等の発行等手続を行えない状態が継続し、払込期日の経過により、当該募集株式等の発行等が行われなかったことが確定する。

募集株式等の発行等を差し止める仮処分命令に違反した場合の当該発行の効力については、これを新株発行無効の訴えにおける無効原因となるとした判例が存する[32]。学説は、①最高裁判例同様無効原因となるとする説[33]、②無効原因とはならないとする説[34]、③仮処分違反は原則として無効原因となるが、会社が差止事由がなかったことを証明した場合は無効とならないとする折衷説[35]が存する。

(2) 組織再編の差止請求（会社784条の2、796条の2、805条の2）

敵対的M&Aの対象とされる会社は、かかる会社の現経営陣を支持する株主が多数派である会社と合併すれば、募集株式等の発行等と同様、安定株主を確保し、M&A攻勢に対抗することができるため、合併等の組織再編も、敵対的M&Aに対する有力な防御手段とされる。

合併、会社分割、株式交換および株式移転等の組織再編については[36]、平成26年改正前会社法[37]784条2項および796条2項に定めるいわゆる略式組織再編に対する差止請求[38]を除き、明文での差止請求は認められていなかったが、平成26年改正により、解釈論による対応に伴う様々な障害や事後の無効による混乱を防ぐため、株主が不利益を受けるような組織再編に対

---

32) 最一判平成5年12月16日民集47巻10号5423頁。
33) 中島弘雅「新株発行の差止め」判タ1062号（2001）191頁、味村最高裁判事退官記念論文集『商法と商業登記――法曹生活五十年を顧みて』（商事法務研究会、1998）434頁、門口正人編『新・裁判実務大系⑾会社訴訟・商事仮処分・商事非訟』（青林書院、2001）166頁、鈴木忠一「〝新株発行をめぐる訴訟〟とその法律問題」商事232号（1962）53頁。
34) 新堂幸司「仮処分」同『権利実行法の基礎』（有斐閣、2001）59頁、河本一郎『現代会社法〔新訂第9版〕』（商事法務、2004）300頁、前田296頁、弥永336頁。
35) 注釈会社(7)301頁〔近藤〕、新谷勝『会社仮処分』（中央経済社、1992）269頁、大隅＝今井(中)651頁、北沢正啓『会社法〔第6版〕』（青林書院、2001）544頁。
36) 事業譲渡等も中間試案では差止めの対象として掲げられていたが最終的に導入されなかった（岩原紳作「『会社法制の見直しに関する要綱案』の解説(5)」商事1979号（2012）4頁・8頁等）。
37) 平成26年6月20日に成立し、同月27日に公布され、平成27年5月1日に施行された「会社法の一部を改正する法律」による改正前の会社法をいう。
38) 総株主の議決権の10分の9以上を有する株主との間の組織再編。

する事前の救済手段として、一般的な組織再編の差止請求に係る明文の規定が新設された。

具体的には、組織再編が法令または定款に違反し、当事会社の株主が不利益を受けるおそれがあるときは、株主は、当該組織再編の差止めが請求できる[39]。なお、いわゆる簡易組織再編[40]については、組織再編の差止請求の対象とされていない[41]。

(i) 管 轄
会社の本店所在地の地方裁判所（民事訴訟法4条1項・4項)[42]。

(ii) 当事者
原告は組織再編における法令・定款の違反によって不利益を受けるおそれがある組織再編当事会社の株主[43]であり、被告は組織再編当事会社である。公開会社の取締役の違法行為差止請求と異なり、原告たる株主に、継続保有要件は存しない。

(iii) 要 件
(a)「法令又は定款に違反」

組織再編が法令に違反する場合の例としては、以下が挙げられる[44]。
・組織再編に係る契約内容が違法である場合
・組織再編に係る契約等に関する書面等の不備置ないし不実記載が存する場合
・組織再編に係る契約につき法定の要件を満たす承認がない場合

---

39) 会社784条の2、796条の2、805条の2。
40) 会社784条2項、796条2項、805条。
41) 会社784条の2但書、796条の2但書、805条の2但書。
42) 差止請求の手続は、募集株式等の発行等の差止めの場合に準じる（江頭894頁）。
43) 株式の継続保有要件は規定されていない。
44) 江頭892頁。少数株主を会社から排斥する目的でペーパーカンパニーを存続会社とする交付金合併を行う等の場合に、合併の目的の不当性を理由として法令違反（権利濫用）を主張し得るかについては、目的の不当性を理由に合併の差止めを簡単に認めることには問題があるが、その理由に基づく差止めを認めるべきケースがあることも否定できないとの見解が存する（江頭892頁・893頁）。

- 株式または新株予約権に係る買取請求の手続が履行されない場合
- 債権者の異議手続が履行されない場合
- 簡易組織再編・略式組織再編の要件を満たさないのに当該手続がとられる場合
- 消滅会社等の株主に対する株式または持分の割当てが違法になされる場合
- 独禁法の定める手続に違反して組織再編がなされる場合
- 組織再編の認可を要する場合にそれがない場合

　定款違反の具体例としては、存続会社等の定款所定の目的の範囲外の事業を営むことになる合併等があり得るとされる[45]。

　なお、文言上、法令または定款違反が存在することが必要であって、単に法令違反となる組織再編等がなされる「おそれ」が存するだけでは、差止請求が可能であるとは規定されていない[46]。

(ア) 取締役の善管注意義務・忠実義務違反

　平成26年改正会社法の立案担当者は、組織再編等の差止請求の要件とされている「法令」違反については、平成26年改正前会社法上の略式組織再編についての差止請求の要件とされている「法令又は定款」の違反（平成26年改正前会社法784条2項1号、796条2項1号）が、会社を規範の名宛人とする法令または定款の違反を意味しており、取締役等の善管注意義務や忠実義務の違反を含まないと解されることからすれば[47]、組織再編等の差止請求の

---

45) 江頭892頁。
46) この点につき、上場会社の総株主の議決権の3分の2以上を保有する大株主が存在しているところ、当該会社の少数株主に対しては不十分な対価しか交付せずに、当該会社と当該大株主とが合併するような場合において、対価の相当性に関する開示や株主総会での説明義務は適正に履践されているとすると、たとえ、当該会社の取締役に利益相反があるため善管注意義務違反が認められるようなときでも、特別利害関係株主が不当な議決権行使をすることによって株主総会決議が事後的に取り消され得ることは別論として、株主総会決議取消しの訴え（会社831条1項3号）に係る取消判決が確定するまでの間は、当該株主総会決議は有効なものとして取り扱われ、したがって、株主総会決議取消しの訴えに係る取消判決が確定するまでの間は、法令の違反はないものとされるはずである以上、この場合には、組織再編等の差止請求は認められないことになると解されるとする見解が存する（太田洋ほか「組織再編の差止請求およびキャッシュ・アウトの差止請求に関する実務上の論点(上)」金判1471号（2015）6頁）。

要件とされている「法令」違反についても、これと同様に、取締役等の善管注意義務・忠実義務違反は含まないと解されるとする[48)49)]。

　(ｲ)　**取締役として十分な注意を尽くしたが結果的に法令に違反した場合
　　　——開示義務違反等**

　違法行為差止請求権の場合と同様、結果として法令に違反した場合には、当該法令違反につき取締役が無過失であったとしても、当該法令違反に係る行為は差止めの対象となり、取締役が注意を払っていたとしても差止めが認められ得ることになる。もっとも、要開示事項に該当するか否かにつき解釈上争いがある事項[50)]に関する開示義務違反について取締役に認識がなくその過失が認められないような場合においても法令違反として差止対象になるかについては争いがあり、今後の裁判例の蓄積を通じた明確な基準の形成が望まれるところである[51)52)53)]。

　(ｳ)　**組織再編の比率が「不公正」な場合**

　平成26年改正会社法の立案担当者によれば、組織再編の比率が不公正であることや、組織再編等の対価が不当であることは、当事会社の取締役の善管注意義務・忠実義務の違反の問題が生じ得るとしても、会社を名宛人とす

---

47)　最二判平成12年7月7日民集54巻6号1767頁（野村證券損失補填株主代表訴訟事件）参照。
48)　坂本・一問一答339頁。
49)　これに対して「差止事由に取締役の義務違反が含まれるという解釈の余地は残されておくべき」と指摘する見解も存する（飯田秀総「組織再編等の差止請求規定に対する不満と期待」ビジネス法務12巻12号（2012）79頁、白井正和「組織再編等に関する差止請求権の拡充——会社法の視点から」川嶋四郎 = 中東正文編『会社事件手続法の現代的展開』（日本評論社、2013）217頁。
50)　「合併対価の相当性に関する事項」について、合併等対価の総数・総額等が信頼することができる第三者機関により算定されたことが示される場合の当該第三者機関の独立性に関する事実など。
51)　合併契約等に関する書面等の不備置・不実記載が「法令違反」に当たるとするものとして、江頭892頁。
52)　例えば、対価の相当性に関する事項の開示に不備があるとして、その開示義務違反が問題となる場合等（会社782条1項、会社則182条1項1号・3項参照）。
53)　開示事項に該当するか解釈上争いがあるものについては、否定的な議論もあるが（落合誠一ほか編著『会社法改正要綱の論点と実務対応』（商事法務、2013）168頁・182頁）、従来開示されていなかった事項であれ、一般的に開示義務を狭く解するのは差止制度のメリットを潰すことになり望ましくないとの見解も存する（神田秀樹編『論点詳解平成26年改正会社法』（商事法務、2015）204頁）。

る「法令」の違反となることはないと解されること等から、差止事由とはならないものと説明されている[54)55)]。

(b) 株主が「不利益を受けるおそれ」[56)]

株主が組織再編等の差止請求権を行使するためには、会社法210条および247条所定の募集株式等の発行等に係る差止請求の場合と同様に、当該株主が当該組織再編等により「不利益を受けるおそれ」があることが要件とされているが、同法210条および247条における「不利益を受けるおそれ」の要件については、同条による差止めを求めるための原告適格を根拠付けるものとして機能するとされ、ここでいう「不利益」は、一般に、個別具体的に株主が「直接」受ける不利益をいい、会社が損害を受けることで間接的に株主が被る不利益までは含まれないと解されている[57)]。この点は、組織再編等の差止請求の場合にも同様に解されることになると思われる。

(iv) 差止仮処分ないし差止判決に違反した場合の効力

募集株式等の発行等の差止めと同様に、仮処分が利用されるのが一般と考えられる。差止めを命じる仮処分決定や判決に違反して組織再編行為が行われた場合には、①略式組織再編の差止仮処分命令に違反することが無効原因と考えられている[58)]こととのバランスや、②新株発行差止仮処分を無視して行われた新株発行の効力について、差止請求権の実効性を担保しようとした法の趣旨を重視して、新株発行無効の訴えの原因になるとした判例[59)]が存在すること等に鑑みて、差止めの対象となった組織再編行為の無効原因

---

54) 坂本・一問一答339頁、岩原・前掲注36) 9頁。
55) よって、組織再編の比率が不公正であることや組織再編等の対価が不当であること自体は、組織再編等の差止請求によるものではなく、当該組織再編等を承認する株主総会決議が特別利害関係人の議決権行使によって著しく不当なものとなるおそれがある場合にのみ、株主総会決議取消しの訴え（会社831条1項3号）を本案訴訟とする仮処分による救済が認められることになるものと解される。
56) 岩原・前掲注36) 9頁では、当該要件についても、略式組織再編の差止請求に関する平成26年改正前会社法784条2項1号を参考にしたものであるとされている。
57) 山口編・前掲注19) 669頁参照。前掲注20) 参照。
58) 江頭894頁。
59) 前掲注32) 最一判平成5年12月16日。

なると解するのが妥当との見解が存する[60)][61)]。

(3) キャッシュ・アウト[62)]に対する差止請求（会社 179 条の 7、171 条の 3、182 条の 3）

前記第 5 章第 2 節 1 において述べたとおり、キャッシュ・アウトは、典型的には、いわゆる二段階買収の場面[63)]で行われる。もっとも、キャッシュ・アウトは、対象会社の少数株主の有する株式を少数株主の個別の承諾を得ることなく強制的に取得する手続である一方で、事後的にその効力を否定すれば法律関係が複雑かつ不安定となる可能性があるため、株主に対する事前の救済手段として、以下のとおりの差止請求制度が存する。

(i) 売渡株式等の取得の差止請求制度（会社 179 条の 7）

株式売渡請求による売買株式の取得については、株式併合等の手法によるキャッシュ・アウト（前記第 5 章第 4 節）や組織再編による少数株主の締出し（前記第 5 章第 1 節 2）の場合と異なり、対象会社の株主総会決議を要しないため、締め出される少数株主が、対象会社の株主総会決議が著しく不公正な決議であることを理由に株主総会決議取消訴訟（会社 831 条 1 項）等によりキャッシュ・アウトの効力の発生を事前に阻止する余地がない[64)]。

そこで、これに代わる株主の事前の救済方法として、売渡株主や売渡新株

---

60) 無効原因と解するものとして、江頭 894 頁、田中・前掲注 27）30 頁、中東正文「組織再編等」ジュリ 1472 号（2014）49 頁。
61) なお、一方で、差止めの機会があったにもかかわらず差止めがなされなかった場合には、法律関係の安定の観点から、無効事由を従前よりも限定的に解すべきであるとの見解も存する（中東・前掲注 60）49 頁）。組織再編等の差止請求制度の創設が組織再編行為の無効原因に関する議論に与える影響について論じるものとして、笠原武朗「組織再編行為の無効原因――差止規定の新設を踏まえて」落合誠一先生古稀記念『商事法の新しい礎石』（有斐閣、2014）309 頁以下。
62) 各キャッシュ・アウトのための制度・手続の詳細については**第 5 章**参照。
63) 買収者が上場会社である対象会社を完全子会社化するために公開買付けを実施した後、公開買付けに応募されなかった株式を、その株主の意思にかかわらず全て取得し、完全子会社化を実現することをいう。もっとも、対象会社が上場会社でない場合もキャッシュ・アウトが行われることがある。
64) ただし、対象会社が種類株式発行会社である場合には、特別支配株主からの株式等売渡請求に対する対象会社の承認に際して、種類株主総会の決議が必要となり得る（会社 322 条 1 項 1 号の 2）。

予約権者が売渡株式等の取得の全部の差止めを請求することができるとされている（会社179条の7第1項）[65][66][67]。

(a) 当事者

売渡株主を原告とし、特別支配株主を被告として行われる。組織再編等の差止請求の場合と異なり、性質上、対象会社ではなく特別支配株主が当事者となる点に特徴がある。株式売渡請求にあわせて新株予約権売渡請求がなされている場合には、売渡新株予約権者にも、売渡株式等の取得の差止請求権が認められるため（会社179条の7第2項）、この場合は、売渡新株予約権者を原告とし、特別支配株主を被告として行われることとなる。

(b) 要件——差止事由

本差止制度は、基本的に平成26年改正前会社法上の略式組織再編の差止請求制度（平成26年改正前会社784条2項および796条2項）に倣ったものであるとされ、これと実質的に同様の要件を定めており、以下の場合に差止事由が認められる。

① 株式売渡請求が法令に違反する場合（会社179条の7第1項1号）[68]

② 対象会社が売渡株主に対する通知もしくは公告義務または株式等売渡請求に関する書面等の事前備置義務に違反した場合（同項2号）[69]

③ 売渡株式の対価として交付される金銭の額もしくはその算定方法もし

---

[65] なお、株式売渡請求は、特別支配株主と売渡株主との間の売買契約であり、差止めの対象も当該売買取引による取得であることからすれば、差止めの請求は、対象会社に対する「株主の権利」の行使（社債株式振替147条4項）には該当せず、したがって、差止めを請求する売渡株主が有する売渡株式が振替株式である場合であっても、売渡株主は差止めの請求について個別株主通知（同法154条）をする必要はないとされる（坂本・一問一答261頁）。

[66] 新株予約権者についても同様の規律が設けられている（会社179条の7第2項）。なお、売渡株主（少数株主）を救済するための手段として、価格決定の申立て（会社179条の8）および売渡株式等の取得の無効の訴え（会社846条の2以下）の各制度があわせて設けられている。

[67] 特別支配株主が株式売渡請求をすることを認めるほか、これにあわせて、新株予約権や新株予約権付社債についても売渡請求をすることを認めることとされている（会社179条2項・3項）。

[68] 売渡請求の主体である特別支配株主に違反があった場合。

くは売渡株主に対するその金銭の割当てに関する事項が対象会社の財産の状況その他の事情に照らして著しく不当である場合（同項3号）

　これらの差止事由が存する場合において、「売渡株主が不利益を受けるおそれがあるとき」は、売渡株主は、特別支配株主に対し、当該売渡株式等の取得の全部をやめることを請求することができる。もっとも、上記のとおり、売渡株式等の取得の差止請求については、組織再編等の差止請求の場合と異なり、対象会社ではなく特別支配株主が当事者となるため、定款違反の問題が生じないことから、定款違反は差止事由とはされていない[70]。

　前記①の差止事由について、売渡株式等の全部取得が取締役の善管注意義務違反を構成する場合も「法令違反」に該当するかについてであるが、この点、売渡株式等の全部取得の差止請求の名宛人は特別支配株主であるところ、この制度は基本的に平成26年改正前会社法における略式組織再編の差止請求制度に倣って設計されたと説明されていることからすれば、売渡株式等の全部取得の差止事由たる「法令」についても、略式組織再編の差止事由と同様に、取締役の善管注意義務違反は含まれないと解されていると考えられる[71]。

　前記③の差止事由について、後記(ii)で述べるとおり、同じくキャッシュ・アウトの場面で用いられることが想定される株式併合や全部取得条項付種類株式の取得については、対価の不当性は差止事由とはされておらず、対価の不当性を争う手段は、株主総会決議取消しの訴えまたは価格決定申立てという手段に限定されるところ、株式等売渡請求の場合には、本差止制度に定め

---

69) 対象会社に違反があった場合。対象会社が通知または公告の義務ないし事前開示手続に違反することは、特別支配株主による株式売渡請求そのものの法令違反に該当するとはいい難い面があるため、これらの違反については、法令違反とともに別個の差止事由として定められている。

70) 例えば、定款で特別支配株主の要件を加重している場合でも、その加重された要件を満たすことが法律上の要件となり、当該要件を満たしていない場合には、株式等売渡請求が法令違反になると考えられる（会社法制部会第14回会議（2011年10月26日開催）議事録29頁〔内田修平関係官発言〕）。

71) 田中・前掲注27）19頁。なお、少数株主のキャッシュ・アウト自体が目的の不当な特別支配株主の行為として「法令違反」（権利濫用）となる可能性があるか否かという点について、公開型のタイプの会社の買取後の残存株主を対象に行われるキャッシュ・アウトについてはその可能性はないと考えられるものの、閉鎖型のタイプの会社の内紛に起因する少数株主のキャッシュ・アウトについては、その可能性が皆無とはいえないと指摘するものとして、江頭282頁。

る差止請求により争う手段も付与されているということになる[72]。

(c) 差止請求の効力
(ア) 差止請求の効果——差止めの対象
　差止めの対象は、一体としての、差止請求を行う売渡株主以外の売渡株主が有する売渡株式も含めた売渡株式全部の取得であり、売渡株式等の取得の全部が差し止められることとなる（会社179条の7第1項）。これは、そもそも株式売渡請求は全ての売渡株主の有する売渡株式を一括して取得するものであることから、その差止めも一括してなされるべきであるとの考えに基づくものである。

(イ) 違反の効力
　差止仮処分ないし差止判決に違反した場合の効力については、前記のとおり、本制度が基本的に平成26年改正前会社法における略式組織再編の差止請求制度に倣って設計されたと説明されていることからすれば、略式組織再編の差止請求と同様に、その差止仮処分・差止判決に違反した場合には、売渡株式等の取得の無効原因となると解される[73]。

(ii) 株式の併合の差止請求（会社182条の3）・全部取得条項付種類株式の取得の差止請求（会社171条の3）
　株式の併合および全部取得条項付種類株式の取得は、会社法第5編に規定される合併、会社分割、株式交換および株式移転といった組織再編行為には含まれないが、組織再編行為により被り得る株主の不利益とその効力を事後的に否定することにより株主が不利益を被り得る一方で、その効力を事後的に否定すれば、法律関係が不安定になるおそれは、これらの場合にも当てはまるため、平成26年改正会社法において、組織再編行為に関する差止請求制度と平仄を合わせるべく、株式の併合および全部取得条項付種類株式の取得についても差止請求制度が設けられた。株式の併合および全部取得条項付種類株式の取得についても、組織再編行為の差止請求と同様に、「法令又は

---

[72] 柴田寛子「キャッシュ・アウトの新手法——株式等売渡請求の検討」商事1981号（2012）18頁。
[73] 同様の見解を示すものとして、田中・前掲注27）30頁。

定款に違反する場合」において、「株主が不利益を受けるおそれがあるとき」は、株主は、株式会社に対し、当該株式の併合をやめることを請求することができるものとする制度が設けられている（会社182条の3）[74]。

(a) 管　轄

会社の本店所在地の地方裁判所（民事訴訟法4条1項・4項）。

(b) 当事者

株主を原告とし、会社を被告として行われる。

(c) 要件――差止事由

組織再編行為の差止請求と同様、「法令又は定款に違反する場合」において、「株主が不利益を受けるおそれがあるとき」は、株主は、株式会社に対し、当該株式の併合もしくは当該全部取得条項付種類株式の取得をやめることを請求することができる（会社182の3、171条の3）。この点、「法令」の意義等の解釈上の論点については、前記(i)で述べた内容が同様に妥当する[75]。

また、同じくキャッシュ・アウトの場面で用いられる売渡株式等の全部取得とは異なり、その対価の不当性は差止事由とはされていない。したがって、株式の併合もしくは全部取得条項付種類株式の取得に係る対価の不当性を争う手段としては、株主総会決議取消しの訴えまたは価格決定申立て（会社182条の5）という事後的な手段に限定されることになる。

(iii) 仮処分

募集株式等の発行等の差止請求と同様、仮処分が利用されるのが一般と考えられる。上記キャッシュ・アウトに対する差止めにかかる仮処分は、名宛人に対して不作為を命じるものであり、本案と仮処分の内容が同一である満足的仮処分であり、仮の地位を定める仮処分である（民事保全法23条2項）。

---

[74] 坂本・一問一答307頁。
[75] 前掲注71）参照。

(4) 取締役・執行役による違法行為に対する差止請求（会社360条、385条、399条の6、407条、422条）

取締役には法令・定款の遵守義務があり（会社355条）、M&Aを巡る取締役の業務執行行為において、かかる義務の違反が存するような場合、取締役はこれにより生じた損害を株式会社に対し賠償する責任を負うが（会社423条1項）、賠償によっても会社に生じた損害を回復できない場合もあり得る。かかる場合、会社機関による監督により取締役の法令・定款違反行為を防止できることが望ましい[76]。しかしながら、かかる会社機関による監督による法令・定款違反行為の防止が果たされない場合に備え、取締役が法令・定款遵守義務に違反する行為を行い、またはこれらの行為をするおそれがある場合で、当該行為によって当該株式会社に著しい損害が生じるおそれがあるときは、原則として6か月前から引き続き株式を有する株主が、当該取締役に対し当該行為をやめることを請求することが認められる（会社360条）。

具体的事例として、①招集手続に重大な瑕疵のある株主総会開催の差止め、②善管注意義務に違反する重要な業務執行行為の差止め、③株主総会決議を経ない自己株式取得・事業の重要な一部の譲渡等の差止め、④手続に瑕疵のある社債発行の差止め等が考えられる[77]。

(i) 当事者
(a) 原　告

公開会社においては、本条の差止請求を行う株主は、原則として6か月前から引き続き株式を有していなければならないとされる（会社360条1項）[78]。ただし、これを下回る期間が定款で定められている場合は、かかる期間前か

---

[76] 取締役の互いの監督義務、取締役会設置会社における取締役会による各取締役の監督義務（会社362条2項2号・3号、363条1項2号等）、および監査役による法令・定款違反に対する業務監査権限（会社381条、382条、384条）ならびに差止権限（会社385条）等。

[77] 江頭503頁・504頁。

[78] 相続・合併等包括承継により株式を取得した株主については、被承継人の保有期間をも通算して6か月に達すればよく、また、会社成立後6か月を経ない会社にあっては会社成立後引き続き株主であれば足り、必ずしも同一株式を引き続いて保有している必要はない（大隅＝今井(中)248頁）。

ら引き続き株式を有する株主でなければならない[79]。

公開会社でない株式会社については、上記株式保有期間の制限は存しない（会社360条2項）。

株主は株式保有期間を満たす株式を有する株主である以上、1株の株主でも差止請求権を有し、議決権を有しない株主も本条の差止請求権を有するとされる。もっとも、単元株式制度を採用している会社においては、定款の定めにより単元未満株主について本条の差止請求を否定することができる（会社189条2項6号）[80]。

監査役設置会社の監査役（会社385条）、監査等委員会設置会社の監査等委員（会社399条の6）および指名委員会等設置会社の監査委員（会社407条）にも、取締役・執行役の違法行為について差止請求が認められる。

(b) 被　告

本条による差止請求の相手方は取締役であり、会社は当事者とはならない。

本条の文言上、差止請求権の対象となる取締役に特に限定は加えられていない。この点で、業務執行行為を伴わないとしても、取締役会決議そのものによって対外的な法律効果が生じる場合は、違法な議案を含む取締役会の招集を取締役等による違法な業務執行として差止請求の対象とすべきであり、さらには議決権の行使を差止めの対象とすべきとの説も存するところであるが、事実上、対象になるのは代表取締役の違法行為（もしくは業務執行行為）に限られ、取締役会における決議自体は差し止めることはできないとの見解が有力である[81]。

差止めの対象は、取締役の個別の行為であって、当該取締役の行為を包括的に差し止めることはできないとされる[82]。

---

79) なお、6か月という期間制限は、株主の権利濫用をおそれる会社側の懸念に応えるものであり、会社自身が定款でそれより短い期間を定めてそのような懸念にこだわらない場合は、その判断を尊重して定款自治に委ねることを明らかにしたものであるため、期間を6か月より延長することは、各株主の取締役監督のための共益権を制限することになり、少数株主保護の観点から認められないとされる（コンメ(8)140頁〔岩原紳作〕）。

80) コンメ(8)140頁〔岩原〕。

81) 大隅＝今井(中)247頁、山口編・前掲注19)449頁、注釈会社(6)426頁〔北沢正啓〕、東京地裁商事研究会『商事非訟・保全事件の実務』（判例時報社、1991）318頁。

なお、指名委員会等設置会社の場合、株主は、取締役に加えて執行役の違法行為について差止請求が認められる（会社422条）。

(ii) 要　件

株主による違法行為差止請求権の要件は、①取締役または執行役が法令または定款に違反する行為をし、またはするおそれがあること、および②会社に回復することができない損害（監査役設置会社、監査等委員会設置会社または指名委員会等設置会社の場合）または著しい損害（上記以外の会社）が生ずるおそれがあることである。

(a) 「法令」の違反

具体的な会社法規定の違反[83]はこれに該当する。また、本条による差止請求の相手方が取締役または執行役であることから、上記の会社を名宛人とする差止請求権（募集株式等の発行等の差止請求や組織再編の差止請求等）とは異なり、これら具体的規定に限定されず、取締役および執行役の善管注意義務違反（会社330条、民法644条）や忠実義務違反（会社355条）といった一般的な会社法規定違反も本条の法令違反と解されており[84]、これらの規定に違反する取締役および執行役の任務懈怠行為は全て本件差止請求の対象となる。

さらに、「法令」は、会社法に限定されるものではなく、全ての法令が含まれることが前提とされると解されている[85]。この点で、取締役・執行役が、会社に法令を遵守させる義務[86]に違反して、会社を名宛人とする法令に違

---

82) 東京地裁商事研究会・前掲注81) 319頁。そのような必要がある場合は、取締役の職務執行停止の仮処分（会社352条）を申し立てることになる。

83) 会社法156条に違反して自己株式を取得すること、同法201条に違反して取締役会の決議なくして新株や社債を発行することなどが具体例として挙げられる（山口編・前掲注19) 448頁）。定款で平成17年改正前商法265条（会社356条）違反を理由として差止請求を認めた事例が存する（東京地判昭和37年9月20日判タ136号103頁）。

84) 判例としては、東京地決平成16年6月23日金判1213号61頁、大阪高判平成14年4月11日判タ1120号115頁、東京高判平成11年3月25日判時1686号33頁等。代表的な学説として、注釈会社(6)424頁〔北沢〕、大隅＝今井(中)246頁、コンメ(8)132頁〔岩原〕、山口編・前掲注19) 448頁等。

85) コンメ(8)133頁〔岩原〕。

反することもまた、違法行為差止請求の対象となり得るとされる。

また、結果として法令に違反にした場合には、当該法令違反につき取締役が無過失であったとしても[87]、当該法令違反に係る行為は差止めの対象となり、どれだけ取締役が注意を払っていたとしても差止めが認められ得ることになる[88]。

(b) 「株式会社の目的の範囲外の行為その他法令若しくは定款に違反する行為」

「目的の範囲外の行為」とは、定款に違反する行為の一事例と解される[89]。判例は、定款の目的違反の行為の効力について、定款の目的達成に必要な事項は有効とし[90]、目的達成に必要か否かは外形から客観的に判断するとしている[91]。

本条の差止請求権の対象となる法令・定款違反行為の範囲は、第三者等を不当に害さず、取締役の権限への不当な干渉とならない限り広く認められるべきとされ、法令・定款違反行為の効力の問題と、差止請求権の対象となる当該行為の射程範囲の問題は独立して考えられるべきであるとして、多数説は、かかる判例の基準から目的の範囲内の行為とされるような場合であったとしても、権限濫用等、主観的に会社の目的達成のためになされていない場合は、目的の範囲外の行為として差止めの対象となるとする[92]。

法令または定款に違反する行為には、違反すると無効になる行為も、違反しても有効な行為もいずれも含まれるとされる。ただし、既に当該行為が行われてしまった場合に第三者の利益を害することは許されないため、その履行行為を差し止めることはできないとされる[93]。

---

86) 前掲注47) 野村證券損失補塡株主代表訴訟事件参照。会社を名宛人とする法令一般について、取締役は法令遵守義務があることとされている。
87) この場合には、取締役の会社に対する責任は否定される(前掲注47) 野村證券損失補塡株主代表訴訟事件等参照)。
88) ただし、法令違反であることが事後的に発覚すれば、取締役においては当然に是正措置をとることが期待されるから、実際に取締役の違法行為差止請求の文脈でこの点が問題になることはあまり想定されないであろう。
89) 山口編・前掲注19) 449頁、コンメ(8)134頁〔岩原〕。
90) 大判大正元年12月25日民録18輯1078頁。
91) 最二判昭和27年2月15日民集6巻2号77頁。
92) 学説の状況についてコンメ(8)135頁〔岩原〕。大隅＝今井(中)247頁、山口編・前掲注19) 449頁、注釈会社(6)424頁〔北沢〕、東京地裁商事研究会・前掲注81) 318頁。

(c) 著しい（回復することのできない）損害の生ずるおそれ

本条の差止請求が認められるためには、当該行為によって会社に著しい損害が生ずるおそれが必要である[94]。監査役設置会社、監査等委員会設置会社または指名委員会等設置会社においては、「著しい損害が生ずるおそれ」ではなく、「回復することができない損害が生ずるおそれ」が要件とされる（会社360条3項）。これは、監査役設置会社、監査等委員会設置会社または指名委員会等設置会社ではない株式会社においては、監査役・監査等委員・監査委員が存在せず、それら監督機関によるチェック機能が働かないことから、株主がそれに代わる監督機能を果たすこととして、株主も監査役・監査等委員・監査委員と同じ「著しい損害が生ずるおそれ」という要件で差止請求を行えるものとしたものである[95]。

「回復することができない損害が生ずるおそれ」とは、損害が絶対に回復できない場合でなくても、費用や手続などの点からみて回復が相当に困難な場合でもこれに当たると解すべきとされる[96]。これに対して、「著しい損害」については、その損害の質および量において著しいことを意味し、損害の回復の可能性は問題とならないとされる[97]。

(iii) 差止めの方法・審理・管轄
(a) 方　法

差止めは、訴えによる必要はなく、株主が直接取締役に求めることができるが、取締役がこれに応じない場合、株主は、自ら直ちに[98] ①本条に基づき当該取締役を被告として差止めの訴えを提起することもできるし、②差止請求を本案とする仮処分命令（取締役に一定の不作為を命じる仮の地位を求め

---

93) 大隅＝今井(中)247頁、山口編・前掲注19) 449頁、注釈会社(6)424頁〔北沢〕、東京地裁商事研究会・前掲注81) 318頁。
94) 会社360条1項、385条1項、399条の6第1項、407条1項、422条1項。
95) コンメ(8)136頁〔岩原〕。
96) 大隅＝今井(中)248頁、前田450頁、コンメ(8)137頁〔岩原〕。
97) 注釈会社(6)464頁〔鴻常夫〕。
98) 大隅＝今井(中)249頁、山口編・前掲注19) 450頁、注釈会社(6)428頁〔北沢〕。株主代表訴訟のようにまず会社に対して取締役の行為を差し止めることを請求する必要はない。違法行為の差止めは、事前の措置として速やかに行う必要性が高く、会社の請求をまず行うこととした場合、差止めの目的を達成できないからである。

る仮処分命令（民事保全法23条）や差止内容によっては係争物に関する仮処分命令もあり得る）を申し立てることもできる。

(b) 審　理

差止訴訟の手続に関する規定は設けられておらず、違法行為差止請求訴訟の性質は代表訴訟の一種と考えられているため、基本的には代表訴訟の規定[99]が類推適用されるべきとされる[100]。

(c) 管　轄

会社法は特に規定を置いていないが、当該会社の本店の所在地を管轄する地方裁判所に訴訟を提起することができるとされる[101]。

(iv) 効果・効力

違法行為差止請求訴訟は、会社のためにするものであるから、差止請求を認める判決の効力は、会社に及ぶ（民事訴訟法115条1項2号）[102]。

違法行為差止請求が判決で認められたにもかかわらず、取締役がその判決を無視して当該法令または定款違反行為を行った場合、判決を無視して当該行為を行ったこと自体を理由に当該行為の効力が否定されるべきか問題となるが、当該行為は当然に無効になるものではないが、当該行為の相手方たる第三者が、取締役の行為が法令・定款違反であることについて悪意の場合、会社はかかる第三者に対して当該行為の無効を主張できると解する立場が多い[103]。もっとも、仮処分はあくまでも取締役に会社に対する不作為義務を

---

[99] 担保提供（会社847条の4第2項・3項）、訴訟参加・訴訟告知（会社849条）、株主でなくなった者の訴訟追行（会社851条）、勝訴株主の費用等の会社負担（会社853条1項）、敗訴株主の責任（会社852条2項）。

[100] 鈴木竹雄＝竹内昭夫『会社法〔第3版〕』（有斐閣、1994）305頁、注釈会社(6) 428頁〔北沢〕、江頭504頁。

[101] 江頭504頁、山口編・前掲注19) 451頁、山口和男編『裁判実務大系(21)会社訴訟・会社非訟・会社整理・特別清算』（青林書院、1992）116頁、注釈会社(6) 428頁〔北沢〕。

[102] 注釈会社(6) 428頁〔北沢〕、神田279頁。

[103] 最三判昭和40年9月22日民集19巻6号1656頁、類型別Ⅱ914頁〔飯畑勝之ほか〕、大隅＝今井(中)249頁、田中・前掲注27) 30頁等。

課すに留まるので、義務違反によっては取締役の責任が生じるだけで、取締役による当該行為の効力には影響しないという見解も存する[104]。

(v) 仮処分手続

(a) 保全の必要性

前記のとおり、差止請求を本案とする仮処分命令を申し立てることもできるが、被保全権利たる違法行為差止請求権が認められるためには、そもそも、会社に回復することのできない損害、または著しい損害が生じるおそれがあることが必要であり、さらに、違法行為差止請求には急迫の危険があるといえることが多いため、被保全権利の疎明があれば、原則として保全の必要性の疎明があったといえるとされる[105]。

もっとも、満足的仮処分という性質を有する株主総会開催禁止の仮処分命令を発するにあたっての保全の必要性の判断は特に慎重に行われるべきであり、違法または著しく不公正な方法で決議がされること等の高度の蓋然性があって、会社に回復困難な重大な損害を被らせることを回避するために開催を禁止する緊急の必要性がなければならないが、それが認められないとして、仮処分申立てを却下した決定[106]がある点に留意を要する。

(b) 仮処分の効力

違法行為差止請求を認めた判決に反した場合と同様、仮処分違反であることについて悪意の相手方に対して、会社は無効を主張できると考える立場が有力であるとされる[107]。

(5) 会計帳簿等の閲覧謄写請求（会社433条）

上記のとおり、株主は、各種差止請求権の行使により、直接的に取締役の業務執行や会社の行為を差し止めることができるが、かかる権利の有効・適

[104) 東京高判昭和62年12月23日判タ685号253頁、論点解説411頁、新堂・前掲注34) 67頁、江頭505頁等。
[105) 山口編・前掲注19) 451頁、東京地裁商事研究会・前掲注81) 319頁。
[106) 東京高決平成17年6月28日判タ1209号279頁および東京地決平成17年11月11日金判1245号38頁。
[107) 注釈会社(6)430頁〔北沢〕。

切な行使のためには株主が会社の業務や財産の状況を正確に把握していることが必須である。そこで、株主の会計帳簿等閲覧謄写請求権が規定された（会社433条）。かかる請求権は株主が事前に各種差止請求権を行使するための前提の権利であり、さらに、株主は、閲覧謄写により得た情報を用いて、対象会社の従業員・主力銀行を中心とする取引先等に、買収対象会社の現経営陣の違法・不当を訴えるなどしてM&Aの成功を企図することもある。もっとも、会計帳簿等の閲覧謄写請求権の行使は、その対象たる会計帳簿等が会社の営業秘密に関わるため、濫用的行使を防止する観点から、以下のとおり、一定の持株比率や理由の明示が要求されるとともに、拒絶事由が認められており、さらに仮処分においてもその保全の必要性が精査される点に留意が必要である。

(i) 管　轄

会社の主たる事務所または営業所の所在地の地方裁判所（民事訴訟法4条1項・4項）。

(ii) 当事者

(a) 原　告

総株主の議決権の100分の3以上の数の議決権を有する株主および発行済株式の100分の3以上の数の株式を有する株主が会計帳簿等を閲覧謄写請求できる。「総株主」からは、株主総会において決議をすることができる事項の全部につき議決権を行使することができない株主が除かれ、「発行済株式」からは自己株式が除かれる。また、定款で、持株比率要件として100分の3を下回る割合を定めることもできる（会社433条1項柱書）。

なお、株主1人では100分の3以上の持株比率を満たさない場合であっても、複数の株主が集まってその持株数を合計して要件を充足するのであれば、共同して請求することが可能と解されている[108]。

上記持株要件については、閲覧謄写の請求時のみならず、実際に閲覧謄写する時点で満たされていなければならないため[109]、訴えの提起後に株式譲

---

108) 山口編・前掲注19) 796 頁。
109) 山口編・前掲注19) 796 頁。

渡により、持株比率の要件を欠くに至った場合は、原告適格を失い、訴えは却下される。もっとも、持株比率の低下が会社の新株発行による場合は、請求時に持株比率の要件を満たしていれば、原告適格は失われないとするのが通説とされている[110]。

(b) 被　告

被告は会社である。

(iii) 要件・効果

(a) 請求理由の明示

請求理由の明示が求められる趣旨は、①会社が理由と関連性のある会計帳簿等の範囲を知り、また、閲覧拒絶事由の存否を判断するために必要であり、②一般的な調査が安易に認められると会社の営業に支障が生じ、営業秘密の漏洩、閲覧株主による会計情報の不当利用等の危険を逓減するためと解されるから[111]、株主は、かかる趣旨に沿うよう、請求理由を具体的に記載する必要があると解されている。特に、①の趣旨から、会社がその理由を見て関連性が存する会計帳簿を特定でき、拒絶事由の存否を判断し得る程度に具体的理由を記載する必要があるとされる[112]。

(b) 「会計帳簿又はこれに関する資料」の意義・範囲

その意義・範囲については、①その範囲を限定せず、会計監査人等の調査権の対象と同じ範囲とする説（非限定説）と②「会計帳簿」とは、おおむね商業帳簿、特に商法19条2項に対応する会計帳簿を意味するものと解し、会計学における日記帳、仕訳帳および元帳が含まれ、仕訳帳に代えて伝票が含まれているときは伝票も含まれるものとし、「これに関する資料」とは、

---

110) 山口編・前掲注19) 796頁。
111) 大隅＝今井(中)505頁。
112) 「株主の権利の確保または行使に関し調査をするため」は理由の記載として不十分とされる（大隅＝今井(中)505頁）。会社において安定株主工作としてどのような行為が行われ、どの程度の会社財産が流出したかという事実を知ることが株主総会において議決権を行使する上で必要であることなどを理由とした閲覧謄写請求した事案において、具体性に欠けることはないとした裁判例が存する（東京地決平成19年6月15日金判1270号40頁）。

会計帳簿を作成する材料となった資料その他会計帳簿を実質的に補充する資料を意味するものと解し、契約書、信書等は特に会計帳簿の記録材料として使用された場合に限ってこれに含まれるとする説（限定説）が対立しているが、平成17年改正前商法下においては、上記②のとおりその範囲を限定して考える説が多数であり、裁判例もかかる限定説をとっていたとはいえ[113]、今後の裁判例の集積を待つ必要はあるものの、会社法立案担当者の解説によれば、会社法下における解釈も、平成17年改正前商法時の解釈と異ならないと解してよいと考えられる[114]。

(c) 拒絶事由の追加の可否

会社法433条2項各号規定の拒絶事由は、制限列挙であり、会社の定款でこれ以外の拒絶事由を追加することはできない[115]。

(d) 複数の株主が請求者である場合、そのうちの1人に拒絶事由が存する場合

2人以上の株主が持株数を合わせて要件を充足する場合、そのうちの1人に会社法433条2項3号所定の拒絶事由が存する場合、その1人の持株を除外しても株主要件を満たしている場合であったとしても、かかる閲覧謄写請求は、複数の請求者らが一体として行う1つの請求であり、一体としてその請求における拒絶事由の有無が審査されるべきと考えられているため、会社は閲覧謄写請求を拒絶することができるとされる[116]。

(ⅳ) 仮処分手続

株主が、会計帳簿の閲覧謄写請求を会社に求め、会社がこれを拒否する場合に、株主は、かかる閲覧謄写請求を本案請求とする仮処分を求めることができる。もっとも、会計帳簿等の閲覧謄写という行為の性質上、会計帳簿等の閲覧謄写を命ずる仮処分が認められ、閲覧謄写された後に、本案訴訟において債権者に会計帳簿等の閲覧謄写請求権がないことが確定したときは、会社側は、無権利者に企業秘密等を開示させられてしまったこととなり、その

---

113) 大阪地判平成11年3月24日判タ1063号188頁等。
114) 相澤哲ほか「新会社法の解説⑽株式会社の計算等」商事1746号（2005）28頁。
115) 注釈会社(9)218頁〔和座一清〕、山口編・前掲注19) 793頁。
116) 注釈会社(9)224頁〔和座一清〕、大隅＝今井(中)510頁、山口編・前掲注19) 796頁。

結果、不測かつ甚大な損害を被るおそれが大きい。

よって、会計帳簿等の閲覧謄写を命ずる仮処分は、会計帳簿等の閲覧謄写請求権に係る権利関係が確定しないために生ずる債権者の損害と、上記仮処分によって会社側が被るおそれがある損害を比較衡量し、会社側の被るおそれがある損害を考慮してもなお、債権者の損害を避けるために緊急の必要がある場合に限って認められるものと解されている[117]。

2 株主総会に関する仮処分

(1) はじめに

前記1では、会社法に規定される各種差止請求およびそれを本案訴訟とする仮処分について述べた。

他方、M&Aにおいては、その実施の過程で株主総会の承認を得ることが必要である場合も多いため、その株主総会を巡って紛争となることもある。株主総会を巡る紛争に関しては、株主総会の決議がなされた後に、株主総会決議取消しの訴え（会社831条1項）、株主総会決議無効・不存在の訴え（会社830条）によって、事後的に決議の効力が争われる場合と、株主総会の開催前に、当該株主総会の開催等の禁止を求める仮処分の申請によって、予防的に争われる場合とがある。事後的な紛争については後記第3節において取り上げることとし、ここでは、株主総会の開催等の禁止を求める仮処分を取り上げる。

株主総会の開催等の禁止を求める仮処分には、株主総会の開催そのものを禁止する仮処分（以下「株主総会開催禁止の仮処分」という）と株主総会に上程されることが予定されている決議事項の一部について決議を禁止する仮処分（以下「株主総会決議禁止の仮処分」といい、双方を総称して「株主総会に関する仮処分」という）がある。両者は、瑕疵が株主総会の全体に及んでいる場合には株主総会開催禁止の仮処分、瑕疵が株主総会の決議事項の一部についてのみに存する場合には株主総会決議禁止の仮処分の対象となるというと

---

[117] 東京高決平成13年12月26日金判1140号43頁、東京高決平成19年6月27日金判1270号52頁等。

ころで区別されるが、これらの理論的な根拠に変わりはない。

以下、本２では、これらの株主総会に関する仮処分について述べる。

(2) 被保全権利

株主総会に関する仮処分は、民事保全法23条2項の「仮の地位を定める仮処分」に該当するため、これが認容されるためには、被保全権利の存在と保全の必要性が認められる必要がある。

被保全権利が何かを考えるにあたり、まず、株主総会に関する仮処分の本案訴訟を考える必要があるが、株主総会開催禁止または株主総会決議禁止の仮処分命令が出されると、前者であれば全部の決議、後者であれば該当の決議自体が行われないことから、仮処分命令発令後の株主総会決議取消しの訴え（会社831条）や株主総会決議無効・不存在の訴え（会社830条）を想定することができないため、これらの訴えを本案訴訟と考えることはできない。そのため、株主総会に関する仮処分の本案訴訟は、当該株主総会の招集者に対してその株主総会の開催を止めるべきことを求める差止めないし不作為請求の訴えと解するのが相当である。

これを踏まえ、株主総会に関する仮処分の被保全権利が何であるかについては、いくつかの考え方に分かれているところ、仮処分の対象となる株主総会の招集者が取締役である場合には、会社法が定める株主等の取締役に対する差止請求権[118]が被保全権利となると解することでおおむね一致している。他方、仮処分の対象となる株主総会の招集者が取締役でない場合には、会社法360条等の規定の類推適用による差止請求権であるとの考え方、本来の招集権限を有する者（代表取締役および会社法297条の少数株主）の招集者に対する妨害排除請求権であるとの考え方があるが、両者は互いに排斥し合う関係にはなく、このいずれをも被保全権利とすることができるとの考え方もあり、この最後の考え方が妥当である[119]。

---

118) 株主につき会社360条。また、監査役、監査等委員および監査委員についても同様に差止請求権が認められる（会社385条、399条の6、407条）。

119) 米津稜威雄「株主総会開催停止仮処分」竹下守夫＝藤田耕三編『裁判実務大系(3)会社訴訟・会社更生法〔改訂版〕』（青林書院、1994）128頁、中島弘雅「株主総会をめぐる仮処分」中野貞一郎ほか編『民事保全講座(3)仮処分の諸類型』（法律文化社、1996）311頁、類型別Ⅱ899頁〔飯畑ほか〕参照。

株主総会に関する仮処分において、会社法360条またはその類推適用による株主の差止請求権を被保全権利とするときは、監査役設置会社（会社2条9号）、監査等委員会設置会社（会社2条11号の2）または指名委員会等設置会社（会社2条12号）の場合には会社に「回復することができない損害」が生ずるおそれがあること（会社360条3項）、それらの会社以外の会社の場合には会社に「著しい損害」が生ずるおそれがあること（会社360条1項）を、債権者は疎明すべきこととなる[120]。

(3) 保全の必要性

株主総会に関する仮処分は、株主総会の開催を停止し、あるいは特定の決議事項の決議を停止して、予定された決議を未然に阻止する強力なものである。これが認められると、会社の意思決定を行う最高機関である株主総会において他の株主が議決権を行使する機会を一方的に奪うことになる上、（このような強力な効果を有する事前の仮処分を認めなくても）株主総会決議取消しの訴え等によって事後的に瑕疵を是正し得ることも考慮され、株主総会に関する仮処分を認容する必要性については、厳格に認定されるべきであると解されている。

株主総会に関する仮処分の保全の必要性に関して、コクド株主総会開催禁止仮処分命令申立事件における東京高裁決定[121]は、「満足的仮処分という性質を有する株主総会開催禁止の仮処分命令を発するにあたっての保全の必要性の判断は、特に慎重に行われるべきものであり、その保全の必要性が肯定されるには、当該株主総会の開催を許すと、決議の成否を左右し得る議決権を有する株主が決議から違法に排除されることになるなどのために、違法若しくは著しく不公正な方法で決議がされること等の高度の蓋然性があって、その結果、会社に回復困難な重大な損害を被らせ、これを回避するために開

---

[120] 全ての会社で監査役が設置される平成17年改正前商法においては、株主の差止請求権が認められるためには、会社に「回復スベカラザル損害」が生ずるおそれがあることが要件とされていた。しかし、会社法においては監査役、監査等委員および監査委員のいずれも設置しない会社が認められるようになり、そのような会社では株主が監査役等に代わる監督機能を果たすことが期待され、監査役等の差止請求権が認められる場合と同等の要件（「著しい損害」が生ずるおそれ。会社385条等）で、株主の差止請求権が認められることとなった。

[121] 前掲注106) 東京高決平成17年6月28日。

催を禁止する緊急の必要性があることが要求されるものと解するのが相当である」と判示している。この保全の必要性の判断にあたっての具体的な考慮要素については、開催されようとしている株主総会における決議事項の重要性（決議が会社ないし株主に与える影響の大きさ）と決議の必要性ないし緊急性（予定された決議を行わなければ時機を失し会社が大きな損害を被ることになるかどうか）のほか、決議の瑕疵の種類や軽重も重要な判断要素となると解されている[122]。

同決定は、上記の判示に続けて、「株主総会開催禁止の仮処分命令を発するに当たっての保全の必要性があるといえるためには、会社に回復困難な重大な損害を被らせるおそれのあることが要求されることになるが、このことは、商法第272条〔筆者注：現会社360条〕所定の差止請求の要件である『之ニ因リ会社ニ回復スベカラザル損害ヲ生ズル虞』と同内容の要件と解すべきである」とも述べている。これは、保全の必要性に関し、民事保全法23条2項は、「債権者」すなわち株主総会に関する仮処分を申し立てている株主の損害を要件としていると読めるが、株主総会に関する仮処分に関しては、「会社」の損害を要件とする旨を明確に示したものと考えられる。

また、株主総会に関する仮処分においては、仮処分における保全の必要性の要件と被保全権利である差止請求権自体の発生要件とが同内容である旨が明確に示されているが、同決定が出された後に制定された会社法においては、監査役設置会社、監査等委員会設置会社または指名委員会等設置会社以外の会社の場合に限り、会社の「著しい損害」が差止請求権の発生要件とされた（会社360条）。しかし、監査役設置会社、監査等委員会設置会社または指名委員会等設置会社以外の会社の場合であっても、株主総会に関する仮処分の保全の必要性については、引き続き、会社に回復困難な重大な損害を被らせるおそれのあることの疎明が求められると解されることから[123]、この場合には、仮処分における保全の必要性の要件と被保全権利自体の発生要件とが異なることになる。

なお、保全の必要性が厳格に認定されるべきであることからすると、株主

---

[122] 長谷部幸弥「株主総会をめぐる仮処分——開催・決議・議決権行使禁止」門口編・前掲注33) 230頁、米津・前掲注119) 125頁、中島・前掲注119) 316頁。
[123] 氏本厚司「判批」判タ1245号 (2007) 160頁。

総会の招集通知が発せられていない段階での一般的な株主総会開催禁止の仮処分は、保全の必要性が否定されると考えられる。

(4) 当事者

株主総会に関する仮処分において誰が債権者となり得るかについては、被保全権利の設定の仕方によって異なることになる。

会社法 360 条、385 条、399 条の 6 もしくは 407 条またはそれらの類推適用による差止請求権を被保全権利とする場合は、6 か月（これを下回る期間を定款で定めた会社にあっては、その期間）前から引き続き株式を有する株主（ただし、非公開会社の場合には株主の保有期間制限はかからない）、監査役[124]、監査等委員および監査委員が債権者となり得る。この場合に取締役が債権者となり得るかという点については争いがあるが、会社法においては取締役に差止請求権が認められていないことからすれば、取締役が債権者となることは難しいであろう。

他方、本来の招集権限を有する者の招集者に対する妨害排除請求権を被保全権利とする場合は、招集権限を有する代表取締役および裁判所の株主総会招集許可を得ている少数株主（会社 297 条）が債権者となり得る。具体的には、少数株主が裁判所の許可を受けていない事項を決議事項とする株主総会を招集しているようなときには代表取締役が債権者となり得、少数株主が既に裁判所の株主総会招集許可を得ている場合に代表取締役が招集許可のあった事項と同一か抵触する事項について別の株主総会を招集しているようなときには当該少数株主が債権者となり得る。

債務者は、瑕疵のある株主総会を招集し、開催しようとしている者である。この者に加え、さらに会社をも債務者とすべきかについては、争いがある。株主総会に関する仮処分の場合には、株主総会の招集者だけでなく、株主総会の開催に関与する全ての会社の機関に対して直接効力が生じねばならないことを理由に、会社も債務者に加えるべきである旨の見解もあるが[125]、会

---

[124] 監査役を債権者とする株主総会開催禁止の仮処分が認められた事例としては、春日電機臨時株主総会開催禁止仮処分命令申立事件・東京地決平成 20 年 12 月 3 日資料版商事 299 号 337 頁がある。

[125] 広田富男「会社の行為をめぐる紛争の際の保全処分」西山俊彦＝林屋礼二編『実務法律大系(8)仮差押・仮処分』（青林書院、1972）542 頁。

社を債務者に加える必要はない旨の見解もある[126]。この点に関しては、上記コクド株主総会開催禁止仮処分命令申立事件の東京高裁決定[127]が、株主総会の招集者だけでなく、株式会社コクドも債務者として申し立てられた点について、傍論ではあるが、「相手方会社〔筆者注：株式会社コクド〕は、本件申立てについての当事者適格を欠くから、そもそも相手方会社に対する本件申立ては不適法と言わなければならない」と判示し、会社を債務者とすることに消極的な判断を示している。

(5) **管　轄**

仮処分を含む保全命令事件は、本案訴訟の管轄裁判所が管轄するものとされているところ（民事保全法12条1項）、株主総会に関する仮処分においては、その被保全権利の構成の仕方によって、管轄に関する考え方が分かれている。

まず、被保全権利を妨害排除請求権として構成する場合には、債務者の普通裁判籍、すなわち債務者の住所地を管轄する裁判所の管轄に属する（民事訴訟法4条）。

他方、被保全権利を差止請求権として構成する場合には、当該仮処分は、「社団又は財団からの役員又は役員であった者に対する訴えで役員としての資格に基づくもの」に準ずるとして、当該株式会社の本店所在地を管轄する裁判所の管轄に属すると解されているが（民事訴訟法5条8号ロ・4条）、これに加えて、債務者の住所地を管轄する裁判所にも管轄が認められるか否かに争いがある。この点につき、株式会社の本店所在地を管轄する裁判所に専属管轄を認める見解もあるが、専属管轄とする旨を定める明文の規定がないことを理由として、専属管轄を否定し、債務者の住所地を管轄する裁判所にも管轄を認める見解が有力である[128]。

(6) **審理と裁判**

株主総会に関する仮処分は、具体的な招集手続、すなわち、取締役（取締役会設置会社にあっては取締役会の決議）または裁判所の株主総会招集許可を

---

126) 中島・前掲注119) 319頁。
127) 前掲注106) 東京高決平成17年6月28日。
128) コンメ(8) 141頁〔岩原〕、類型別Ⅱ 908頁〔飯畑ほか〕、江頭504頁。

得ている少数株主による株主総会の招集決定（会社298条）や招集通知の発送（会社299条）が行われた後に申し立てられるため、申立てから株主総会開催日までに間がない場合がほとんどである。そのため、極めて短期間のうちに審理を行う必要があり、時間の余裕がない場合には、口頭弁論および当事者双方が立ち会うことのできる審尋の期日を経ずに決定に至ることもある（民事保全法23条4項但書）。そして、仮処分命令が出された場合には、債務者には保全異議（民事保全法26条）および保全抗告（民事保全法41条）という不服申立ての手段もあるものの、債務者が不服を申し立てても、株主総会の開催日までにこれらの結論が出ると期待することは到底できない。

このようなことから、裁判所が株主総会に関する仮処分を認容することには消極的にならざるを得ないとの指摘がされている[129]。また、株主総会に関する仮処分の申立てが株主総会開催日の直前にされ、当事者双方が立ち会うことのできる審尋等の手続を経る余裕がない場合であっても、債務者審尋すら経ないときには疎明不十分となって仮処分命令が発令されることは実務上はほとんどないであろうとの指摘もされている[130]。

一方、仮処分命令の申立てが認容される場合には、債権者が担保を立てることが条件とされる場合もある（民事保全法14条）。この場合の担保金額については、債務者が改めて株主総会を招集する費用、株主総会の開催停止や決議の停止により事業の執行が遅延するための損害等が考慮されることになるため、相当額に及ぶとされている[131]。なお、担保金額の決定に対しては、その金額は、債権者の資力によっては債権者の権利行使を許すか許さないかを決する重大な結果をもたらすものであるから、債権者からの即時抗告が許されると解される。

(7) 仮処分の効力

株主総会開催禁止の仮処分命令または株主総会決議禁止の仮処分命令に反して株主総会が開催され、決議された場合に、当該決議がいかなる効力を有するかという点については、考え方に争いがある。

---

129) 米津・前掲注119) 124頁。
130) 新谷勝『会社訴訟・仮処分の理論と実務〔第2版〕』（民事法研究会、2011) 171頁。
131) 広田・前掲注125) 542頁、長谷部・前掲注122) 231頁、中島・前掲注119) 314頁。

まず、株主総会に関する仮処分は、債務者に対して株主総会を開催してはならない、あるいは特定の決議事項を決議してはならないとの不作為義務を課するものに過ぎず、その違反が株主総会の決議に瑕疵を及ぼすものではないとの見解もあるが、この見解では、株主総会に関する仮処分の実効性を確保することができず、妥当ではないと考えられる。

次に、仮処分の違反が株主総会の決議に瑕疵を及ぼすものであると考える見解は、決議の不存在となるという見解と決議の取消事由となるという見解に分かれる。

決議の不存在となるという見解は、株主総会に関する仮処分命令が、単なる不作為を命ずる債権的効力を有するに留まらないで、一時的に招集者の招集権限を剥奪する効力を有すると解すべきであることを根拠とし[132]、招集権限を有しない者による株主総会の決議を争うものとして、一様に決議不存在確認の訴えによるべきであるとする。この見解に立つ下級審の裁判例も存在する[133]。

他方、決議の取消事由となるという見解は、仮処分の違反があると株主総会決議が不存在となると解することについて、仮処分に本案訴訟(株主総会または決議を止むべきことを求める差止めないし不作為訴訟)の目的以上の効果を与えることになり、仮処分の付随性に反するおそれがあることを指摘し、仮処分に違反して株主総会の開催や決議がなされた場合には、仮処分の違反を決議取消事由として、後の株主総会決議の瑕疵を争う訴訟の中で考慮されると解するのが妥当であるとする[134]。

---

132) 広田・前掲注125) 543頁、米津・前掲注119) 129頁。
133) 浦和地判平成11年8月6日判タ1032号238頁。
134) 中島・前掲注119) 322頁。

第3節
事後的（復帰的）な紛争類型

1　会社法の規定の概要

　本節は、本書がテーマとするM&Aにおける組織再編等を巡って少数株主の保護のために用いられ得る事後的な司法的紛争解決手段について取り扱う。M&Aの過程では組織再編等に関する様々な決定が会社において行われ、それらの適法性について少数株主が争うことがある。平成17年会社法制定前の商法（以下「旧商法」という）は、そのような適法性を争うための各種訴えについて、対象となる会社の行為毎に個別に規定を置いていた。これに対し、会社法は、会社の組織に関する訴えは関係当事者が多数に及び、法的安定性を考慮する必要があることに考慮して民事訴訟法の特則を規定することとし、その際、各種の訴えに関する規定をまとめて規定して検索性を高めるとともに、可能な限り制度間の平仄をとることとした[135]。

　図表Ⅰ-10-2は、会社法に規定されている組織再編等の事後的な紛争解決手段に関する各種訴えを整理したものである。

---

135)　相澤哲編著『立案担当者による新・会社法の解説』別冊商事295号（2006）210〜211頁〔相澤哲ほか〕。

[図表Ⅰ-10-2] 会社法上の各種訴えの一覧表[136]

対象となる行為	訴えの種類	原告適格	被告適格	出訴期間	対世効	認容判決の効力
会社の設立（なお、持分会社については、下記*も参照）	無効	828Ⅱ①	834①	2年（828Ⅰ①）	あり（838）	不遡及（839）。なお、持分会社の設立の無効判決について、845。
	不成立・不存在確認	制限なし（民訴法上の確認の利益が認められる者）	規定なし	制限なし。なお、訴えの方法による必要はなく、いかなる方法でも（訴えでも攻撃防御方法でも）、不成立・不存在を主張可。	規定なし	規定なし
株式の発行	無効	828Ⅱ②	834②	6か月または1年（828Ⅰ②）	あり（838）	不遡及（839）。なお840。
	不存在確認（829①）	制限なし（民訴法上の確認の利益が認められる者）	834⑬	制限なし	あり（838）	当初から不存在
自己株式の処分	無効	828Ⅱ③	834③	6か月または1年（828Ⅰ③）	あり（838）	不遡及（839）。なお841。
	不存在確認（829②）	制限なし（民訴法上の確認の利益が認められる者）	834⑭	制限なし	あり（838）	当初から不存在
新株予約権の発行	無効	828Ⅱ④	834④	6か月または1年（828Ⅰ④）	あり（838）	不遡及（839）。なお842。
	不存在確認（829③）	制限なし（民訴法上の確認の利益が認められる者）	834⑮	制限なし	あり（838）	当初から不存在

---

136) 表としての一覧性を重視し、詳細な説明は割愛した。

対象となる行為	訴えの種類	原告適格	被告適格	出訴期間	対世効	認容判決の効力
減資	無効	828 Ⅱ⑤	834 ⑤	6か月（828 Ⅰ⑤）	あり（838）	不遡及（839）
組織変更	無効	828 Ⅱ⑥	834 ⑥	6か月（828 Ⅰ⑥）	あり（838）	不遡及（839）
吸収合併	無効	828 Ⅱ⑦	834 ⑦	6か月（828 Ⅰ⑦）	あり（838）	不遡及（839）。なお843。
新設合併	無効	828 Ⅱ⑧	834 ⑧	6か月（828 Ⅰ⑧）	あり（838）	不遡及（839）。なお843。
吸収分割	無効	828 Ⅱ⑨	834 ⑨	6か月（828 Ⅰ⑨）	あり（838）	不遡及（839）。なお843。
新設分割	無効	828 Ⅱ⑩	834 ⑩	6か月（828 Ⅰ⑩）	あり（838）	不遡及（839）。なお843。
株式交換	無効	828 Ⅱ⑪	834 ⑪	6か月（828 Ⅰ⑪）	あり（838）	不遡及（839）。なお844。
株式移転	無効	828 Ⅱ⑫	834 ⑫	6か月（828 Ⅰ⑫）	あり（838）	不遡及（839）。なお844。
株主総会決議	取消しの訴え	831 Ⅰ	834 ⑰	3か月（831 Ⅰ）	あり（838）	遡及
株主総会決議	無効確認（830 Ⅱ）	制限なし（民訴法上の確認の利益が認められる者）	834 ⑯	制限なし	あり（838）	当初から無効
株主総会決議	不存在確認（830 Ⅰ）	制限なし（民訴法上の確認の利益が認められる者）	834 ⑯	制限なし	あり（838）	当初から不存在
*持分会社の設立	取消しの訴え（意思表示の瑕疵）	832 ①	834 ⑱	2年（832柱書）	あり（838）	不遡及（839）
*持分会社の設立	取消しの訴え（詐害的）	832 ②	834 ⑲	2年（832柱書）	あり（838）	不遡及（839）

対象となる行為	訴えの種類	原告適格	被告適格	出訴期間	対世効	認容判決の効力
解散の訴え	株式会社	833 I 柱書	834 ⑳	制限なし	あり（838）	創設的効力
	持分会社	833 II	834 ㉑	制限なし	あり（838）	創設的効力
取締役会決議	無効確認	制限なし（民訴法上の確認の利益が認められる者。通常は株主・取締役）	会社のみ	制限なし。なお、訴えの方法による必要はなく、他の訴訟の請求原因や抗弁によって主張可。	争いあるが認める見解が実務上有力	規定なし。ただし、無効な決議に基づき行われた行為の効力について第三者の信頼の保護が議論される。
	不存在確認	制限なし（民訴法上の確認の利益が認められる者。通常は株主・取締役）	会社のみ	制限なし。なお、訴えの方法による必要はなく、他の訴訟の請求原因や抗弁によって主張可。	争いあるが認める見解が実務上有力	規定なし。ただし、不存在の決議に基づき行われた行為の効力について第三者の信頼の保護が議論される。

＊引用条文は全て会社法の規定である。条はアラビア数字、項はローマ数字、号は○付数字で示した。

　まず、会社法828条1項は、会社の設立の無効の訴え（1号）、新株発行・自己株式処分・新株予約権発行の無効の訴え（2号～4号）、資本金の減少の無効の訴え（5号）、会社の組織変更・吸収合併・新設合併・吸収分割・新設分割、株式会社の株式交換・株式移転の無効の訴え（6号～12号）を規定する（以下、これらを便宜上「組織再編等無効の訴え」という）。これらの組織再編等無効の訴えについては、これらの各号において出訴期間の規定が置かれるとともに、同条2項において原告適格も法定されている。

　また、上記の組織再編等無効の訴えに加え、会社法は、新株発行・自己株式処分・新株予約権発行の不存在確認の訴え（会社829条1号～3号）、株主総会決議不存在・無効確認の訴え（会社830条1項・2項）、株主総会決議取消しの訴え（会社831条）、持分会社の設立の取消しの訴え（会社832条）、株式会社・持分会社の解散の訴え（会社833条）の規定を置き、同法834条で

組織再編等無効の訴えと合わせてこれらを「会社の組織に関する訴え」と法文上定義した上で、これらの訴え各々について被告適格の規定を置いた。すなわち、「会社の組織に関する訴え」には、出訴期間および原告適格について同法828条に規定のある「組織再編等無効の訴え」と、これらについて規定のないそれ以外の訴えが含まれていることになる。

このように、M&Aを巡る組織再編等に何らかの問題があった場合の救済手続には、それぞれの行為の対象毎に詳細な規定が置かれ、権利を侵害された者の救済の必要性、法的安定性、法的手続の遵守を確保する利益など、各種要請の均衡を取りながら、対象となる会社法上の行為毎に、問題となる瑕疵の重大性に応じて適切な規律がされるよう、制度設計がされている。

もっとも、会社法はこのように詳細な規定を整理して置くに至ったが、例えば原告適格といった基本的な問題についても、会社法の整備によって全く争いがなくなったかといえば必ずしもそのようにはなっていないことには留意が必要である。現実に生起する全ての場面について予め想定して規定を置くことは現実的でもないし適切でもない。他方で、会社法の規定が意識的に書き分けている点を無視し、立法者の意思を無視する形でむやみに類推適用・拡張適用をすることもまた適切ではなかろう。例えば会社法828条2項は、提訴権者について、1号～5号は「株主等」に限っているのに対し、6号～12号は「株主等……であった者」に提訴権者を認めている。それにもかかわらず、1号～5号の場合について「株主等……であった者」に提訴権者を拡大することは、立法者の意思に反し許容されないと解すべきである。

2 会社訴訟に関する裁判所の実務

会社法に関する訴えの処理は専門性・迅速性が要求されることが少なくない。そのため、裁判所も大規模な裁判所においてはこれを専門的に取り扱う専門部を置き、例えば東京地方裁判所では民事第8部、大阪地方裁判所では第4民事部が商事専門部として専門的に事件処理を行っている。これらの専門部では、重要な法的問題については、裁判の独立に配慮しながらも裁判官の間で協議を行いながら事件を処理している。また、これらの専門部における日々の事件処理を通じて得られた知見は書籍・雑誌記事等の形で公刊され、弁護士会での講演等で弁護士と共有されるほか、日々の事件動向も定期的・

不定期的に公表されており、これらの情報は事件処理において実務上重要な位置付けを占める[137]。もっとも、これらの実務上の知見は不変・不動のものとして捉えられるべきではなく、日々生じる新しい問題と社会経済情勢を前に必要性と相当性がある場合には、先例としての価値を尊重しながらも、従前の処理に徒らに囚われることなく、訴訟当事者との協働の中で、より適切な法解釈が模索され続けられるべきであろう。小出篤教授は「条文の精緻化の試みは、実務家への明確な指針を与えようとする試みであり、硬直的な解釈を求めるものではないと捉えるべきである」と指摘されるが[138]、正当である。

紙幅の都合で網羅的な説明を行うことはできないが、以下、M&Aの過程で生じる会社の各種行為を争う方法のうち主なものについて、以下、それぞれ説明を行う。

3 組織再編等無効の訴え

(1) 基本的概念

会社法828条に規定されている組織再編等無効の訴えは、紛らわしいが「無効確認の訴え」ではない。「無効の訴え」は、会社の行為を無効にするという意味で、法的関係を変動させるものとして民事訴訟法上の「形成訴訟」に分類されるものであるのに対して、「無効確認の訴え」は、会社の行為の無効を確認する訴えであるという意味で民事訴訟法上の「確認訴訟」に分類されるものである。

組織再編等無効の訴えに対象として挙げられている行為の無効は、これら

---

[137] 垣内忠編・東京地方裁判所商事研究会著『会社訴訟の基礎』（商事法務、2013）、西岡清一郎＝大門匡編『商事関係訴訟〔改訂版〕』（青林書院、2013）、類型別Ⅰ、類型別Ⅱ等。なお、商事専門部で取り扱っている紛争は法人組織内部の紛争であり、会社が当事者となっている紛争でも、社団的規制と関係がない紛争、例えば取引上の債務の履行請求、損害賠償請求、株主が提起したものではない会社法429条に基づく責任追及訴訟や、会社が当事者となっていない株主権確認請求訴訟は、商事専門部の対象ではない。櫻井進「東京地裁における商事事件の概況」商事2075号（2015）37頁。

[138] 小出篤「『組織に関する訴え』における原告適格の法定」神作ほか編・前掲注27) 197頁。

の訴えを通じてのみ主張できる(会社828条1項柱書)[139]。かかる訴えについては、出訴期間(同項各号)および提訴権者(同条2項各号)が制限されている。このように組織再編等に関する行為の効力を争う方法が制限されているのは、これらの行為により会社と取引関係に立つ第三者を含めて広い範囲の法律関係に影響を及ぼす可能性があることから、法的安定性確保のために、法律関係を早期かつ画一的に確定する必要があることによる[140]。

(2) 原告適格

前記1のとおり組織再編等無効の訴えについては、会社法828条2項において、各訴えの類型毎に原告適格が規定されている。

旧商法下では、合併、会社分割、株式交換、株式移転といった2以上の会社が関わる組織再編行為の無効の訴えについては「各会社」の株主が原告適格を有するとされていたが、「各会社」を存続会社または新設会社と解すべきか、または組織再編に関係のある会社、すなわち組織再編の当事会社および組織再編後の存続会社または新設会社の一切を含むと解すべきかとの争いがあった[141]。この点について、会社法は、効力発生日に組織再編行為の当事会社の株主等であった者、および(訴え提起時の)組織再編行為の関係会社(存続会社、新設会社、吸収分割契約・株式交換契約を締結した会社、新設分割会社、新設分割設立会社、株式移転設立完全親会社)の株主等を原告として認めることとした。すなわち、前記の旧商法下の解釈のうち、後説の立場に基づく立法がされたことになる[142]。

このように会社法下で消滅会社側の株主が提訴権者に含まれることが明確化されることとなったが、消滅会社側の株主が提訴した場合、当該原告が消滅会社側の無効原因は主張できるとしても、存続会社側の無効原因を主張できるかという問題がある。消滅会社側の株主が提訴する場合には、当該原告に存続会社側の無効原因を主張させるほどの強い利害関係が当該原告にはないとして、消滅会社側のみの無効原因の主張のみが認められるべきであろ

---

139) 合併無効の訴えについて、東京地判昭和30年2月28日下民集6巻2号361頁。
140) 旧商法下の判例であるが、最三判平成9年1月28日民集51巻1号40頁参照。
141) 旧商法下の議論については、注釈会社(13)247頁〔小橋一郎〕、北沢・前掲注35)765頁参照。
142) 小出・前掲注138)179〜180頁。

う[143]。

　また、存続会社の株主が、訴え提起後、株式を売却してしまった場合、旧商法下では、訴え提起後に株主の地位を失うと原告適格を失うとされていたが、会社法上、吸収合併の効力発生日に存続会社の株主であった者に明文で原告適格が認められたこととの関係で、この点の解釈が議論されている。会社法の立案担当者は「株主等であった」者について原告適格を認めることで「合併後に存続会社の株式を譲渡した者にも原告適格を認めることとしている」と説明しているが[144]、組織再編行為の効力発生日に存続会社の株主であった者であっても、その後、株式を自らの意思で処分して株主の地位を失った者は、会社の組織再編の効力との利害関係をいわば放棄したものとして原告適格を失うと解すべきとの見解もある[145]。

　株式買取請求を行った結果として株主の地位を失った者について原告適格を認めるべきかとの問題もある。株式買取請求権を行使した株主も、組織再編の効力発生日に買取りの効力が発生することから[146]、前述した会社法立案担当者の見解に基づけば、再編の効力発生日に「株主等であった」者という地位に基づいて原告適格が認められるべきと解される[147]。このような解釈論は、買取請求に基づく買取りの効力発生が組織再編の効力発生日に揃えられた平成26年会社法改正後も影響を受けないと思われる。

　組織再編等無効の訴えの原告適格が認められる者として「債権者」が挙げられていることがある（会社828条2項5号～12号）。これは問題となる組織再編等について異議を述べることができる債権者であり、実際に組織再編等を承認しなかった債権者に限られると解される[148]。これに対し、問題とな

---

143)　小出・前掲注138) 180～181頁。江頭895～896頁同旨。
144)　相澤編著・前掲注135) 214～215頁。
145)　小出・前掲注138) 182～183頁。類型別Ⅱ702頁〔金澤秀樹〕も、合併無効の訴えを提起した存続会社・新設会社の株主が自らの意思によりその株式の全てを処分し喪失した場合にまで原告適格を認めるべきかについては疑問の余地があろうと述べる。
146)　会社786条6項、798条6項、807条6項。
147)　類型別Ⅱ702～703頁〔金澤〕。浜田道代ほか編『専門訴訟講座⑦会社訴訟――訴訟・非訟・仮処分』（民事法研究会、2013）549頁〔野宮拓〕は、このような場合について「会社法下においては原告適格を失わないと解する余地もあるかもしれない」と述べる。
148)　田中・会社法652頁。新設分割無効の訴えについて、東京高判平成23年1月26日金判1363号30頁。

る組織再編等について異議を述べることができない債権者は、組織再編等無効の訴えを提起することはできず、その事後的救済は、詐害行為取消権の行使等による必要がある[149]。

(3) 無効原因

会社法は、組織再編等無効の訴えの無効原因について明文の規定を置いておらず、この点は解釈によることになる。抽象的にいえば、組織再編手続の瑕疵のうち重大なものがこれに当たると解されている[150]。

この問題に関しては、組織再編条件に不公正がある場合、例えば合併比率が著しく不公正であった場合に、これが無効原因となるかが議論されてきた[151]。この点については、組織再編条件の不公正は、一般には無効原因とはならないと解されており[152]、この見解が適切であろう。その理由として、反対株主は株式買取請求権（会社785条）を行使できることが挙げられてきた。また、特に相互に独立した会社が交渉して決定した組織再編条件に、裁判所が事後的に介入してその当否を審査する必要性は乏しく、また不当であるともいえるということも理由として挙げられてきた[153]。合併契約の承認には株主総会の特別決議が要求されているところ、同様の決議要件を充足すれば、会社法は、新株を特に有利な発行価額で第三者割当ての方法により発行することを認めており、そうだとすれば、合併契約の承認の場合についてのみ、株主の保護を厚くする合理性に乏しいことが理由として挙げられることもある[154]。このような否定説によれば、組織再編条件の著しい不公正により権利を侵害された者の救済は、株式買取請求権の行使、または会社役員

---

149) 田中・会社法652頁。
150) 田中・会社法652頁は、具体例として、組織再編契約・計画の必要的記載事項の欠缺、意思表示の瑕疵による無効、組織再編の承認総会決議の不存在・無効・取消し、債権者異議手続の不履践、組織再編に関する開示の不備を挙げている。江頭894〜895頁は、合併無効事由となる法令違反を、新株発行等の無効事由のように事項別に分類することは困難であり、生じた法令違反の影響の重大性、差止請求の機会の有無等から、事案毎に判断するほかないと述べる。
151) 合併無効の訴えに限らず、著しく不公正な合併等における株式の救済方法について、浜田道代＝岩原紳作編『会社法の争点』（有斐閣、2009）202〜203頁〔正井章筰〕。
152) 江頭865頁、弥永387〜388頁、会社大系(4)385頁〔佐々木宗啓〕。
153) 田中・会社法654頁。
154) 会社大系(4)385頁〔佐々木〕。

等の責任追及に委ねられるべきことになる。

　他方、組織再編条件の著しい不公正については、無効原因とされるべきとの見解も有力説として存在する[155]。このような肯定説は、会社に株主として留まりながら不公正な合併からの救済を求めようとする者にとっては、株式買取請求権の行使は保護とならないことを理由とする。

　前記のとおり一般的には否定説が適当であるとしても、組織再編条件に関する決定が、特別利害関係人の議決権の行使によって歪められ、そのために著しく不当な条件が決定され、会社法831条1項3号に規定する決議取消事由があると評価されるような場合には、このことが合併無効事由になると解する見解が多く[156]、このような見解が適当であろう。

　この点に関する裁判例として、三井物産事件控訴審判決[157]がある。同判決は、「一般に、合併比率は両合併当事会社の株式の価値に照応して定められるべきところ……株式の価値及びそれに照応する合併比率は、……多くの事情を勘案して種々の方式によって算定されうるのであるから、厳密に客観的正確性をもって唯一の数値とは確定しえず、微妙な企業価値の測定として許される範囲を超えない限り、著しく不当とは言えない。……本件合併における合併比率は両合併当事会社の株式の価値を相当な方法によって算定し、1対1と定められたものと認めることができるから、両合併比率が著しく不当であるということはできない」と判示した。この判決は、明瞭ではないものの、上記の否定説の立場をとったものであるとの読み方が素直であろう[158]。ただし、同判決は、会社法831条1項3号に規定する決議取消事由があると評価される場合については言及していない。

---

[155] 神田375頁、逐条解説(9)83頁〔丸山秀平〕。

[156] 江頭865頁、弥永388頁。

[157] 東京高判平成2年1月31日資料版商事77号193頁。原審東京地判平成元年8月24日判時1331号136頁、上告審最三判平成5年10月5日資料版商事116号197頁。

[158] 同判決については百選186頁〔笠原武朗〕。もっとも、他方で、新王子製紙事件・東京高判平成7年6月14日資料版商事143号161頁は、株主代表訴訟の事案ではあるが、「仮に、合併比率が不当で、被吸収会社の株主に対しその資産内容等に比して過当な存続会社株式の割当が行われたとした場合、被吸収会社の株主が不当に利得する反面、存続会社の株主が損失を被ることになり、合併無効の原因となることはありうるであろう」との原審判決（東京地判平成6年11月24日資料版商事130号91頁）の傍論の判示を引用し、合併比率の不公正が合併無効事由となる可能性を示唆している。

少数株主との紛争という文脈からは離れるが、当事者が合併その他の組織再編に関する錯誤無効をその効力発生後に主張できるかについても、M&A取引との関係で問題となり得るので、便宜上ここでこの問題について触れる。実務上、M&A取引の完了後に、デュー・ディリジェンス（DD）の過程で発見できなかった問題について、買主が売主に責任を追及しようとすることが少なくない。このような場合に常に錯誤無効を主張できるとすれば、M&A取引が成り立たないことから、契約書の規定でこのような主張を排斥する規定が置かれることが通例であると思われる。仮にこのような規定がなかった場合に、錯誤無効の主張が認められるべきかは、意思表示に瑕疵があったかという点のほか、その重大性、両当事会社以外の利害関係人に対して及ぼす影響等を総合的に考慮して決められるべきであるように思われる[159]。錯誤無効に関する主張が、会社法51条2項の類推適用により制限されるべきかが争われたサンジェム事件において、一審判決[160]はこの規定の類推適用を否定し、原告による合併契約の錯誤無効の主張を認めた。もっとも本事件では被告がその請求原因を認めたことから認容されたが、原告が被告の取締役であるため馴れ合い訴訟の可能性が高い典型的なケースであり[161]、錯誤無効が認められるべき事案であったかは議論の余地がある上、一般的には、M&A取引の完了後に錯誤無効の主張が認められるのは極めて例外的な場合に限られると解されるべきである。

(4) 他の類型の訴えとの関係

組織再編等無効の訴えに関する解釈論として、後述の株主総会決議取消しの訴えとの関係が議論されている[162]。この点について、学説の多数は、株主総会決議取消しの訴えは、組織再編等無効の訴えに吸収されると解している（吸収説）。この見解に立つ場合、株主決議取消訴訟の係属中に組織再編等が効力を生じた場合には訴えを変更すべきであり、これをしなければ、当初に提起した株主総会決議取消しの訴えは、訴えの利益を欠くことにな

---

[159] 百選189頁〔森田果〕。
[160] 名古屋地判平成19年11月21日金判1294号60頁（確定）。
[161] 陳若嵐「判批」ジュリ1400号（2010）166〜167頁。
[162] この点については高山崇彦「複数の訴訟が関連する場合の取扱い」神作ほか編・前掲注27）320頁。

る[163]。吸収説に立った上で、組織再編等無効の訴えは、株主総会の決議後3か月以内に限り訴えを提起することができると解する見解もあるが[164]、複数の組織再編等の無効原因は攻撃防御方法の違いに過ぎず、攻撃防御方法の違いによって出訴期間に違いが生じると解すべきではないとして、組織再編等の効力発生日後6か月以内は訴えを提起することができると解すべきとの見解も実務上有力である[165]。後者の立場（6か月以内の出訴を認める立場）をとる見解の中でも、株主総会決議の取消事由は、出訴期間内に主張すべきと解すべきとの見解がある[166]。

　他方で、旧商法下と異なり、会社法下では、組織再編等無効の訴えの認容判決に遡及効が認められないため（後記(5)参照）、吸収説に立った場合には、株主総会決議取消しの訴えを本案訴訟とする決議執行停止の仮処分を得て効力の発生を阻止することができない少数株主の保護に欠けることを理由に、組織再編の効力発生後も株主総会決議取消しの訴えは組織再編等無効の訴えに吸収されずに存続すると解すべきであるとの見解もある（併存説）[167]。この併存説の立場に立ったとしても、株主総会決議取消しの判決が確定すれば組織再編等も当然無効となり、別途組織再編等無効の訴えによらずとも無効を主張できるとする見解[168]と、組織再編等無効の主張は必ず組織再編等無効の訴えによるべきとする見解[169]がある。

(5) 組織再編等無効の訴えの判決の効力

　組織再編等無効の訴えは、会社の組織に関する訴えの一部（会社834条1号～12号）であり、会社の行為を無効とする認容判決について遡及効が否定

---

163)　会社大系(4) 392頁〔佐々木〕。
164)　神田 375頁。
165)　類型別Ⅱ 727頁〔金澤〕。会社大系(4) 392～393頁〔佐々木〕。
166)　類型別Ⅱ 727頁〔金澤〕。弥永 387頁。
167)　江頭 373～374頁（ただし、併存する訴えによる遡及効のある組織再編行為の無効を認める場合でも、決議の瑕疵につき善意の者の権利を害することはできないと解すべきであるとする）。
168)　西原寛一ほか『株主総会』（有斐閣、1958）226頁〔大森忠夫発言〕は、「決議取消の訴がそれ自体として起せるという前提をとった場合、その判決が確定すればあらためてこれにもとづく減資等の無効の訴を起す必要はない」と述べる。
169)　かかる見解の対立に関する解説として奥島孝康ほか編『新基本法コンメンタール会社法3〔第2版〕』（日本評論社、2015）368～369頁〔小林量〕。

されている（会社839条）。また、認容判決の効力には対世効が付与されている（会社838条）。さらに、そのうち、新株発行の無効判決（後記**6**）、自己株式の処分の無効判決、新株予約権発行の無効判決、合併・会社分割の無効判決、株式交換・株式移転の無効判決、持分会社の設立の無効・取消しの判決（後記**7**）が確定した場合の事後処理については、別途規定が置かれている（会社840条～845条）。

前記のとおり組織再編等無効の訴えの認容判決には遡及効が否定されていることから、組織再編等無効の訴えの認容判決がされたとしても、これによって既にされた株式買取請求権の行使の結果された株式の代金の支払いと株式の買取りの効果は影響を受けないとの結論になりそうである。他方で、株式買取請求権による株式の移転が、組織再編の効力発生とリンクされていることからすると、組織再編が無効となれば将来に向かって株式買取請求権行使の効力も失われるべきとの考え方もあり得る。この点、いずれの見解が適当か、いまだ判然としない[170]。この点については無効判決の時点で既に価格決定裁判が確定している場合には、法的安定性を重視して買取請求の効果を維持すべきと考えられるが、価格決定裁判の結果が出ていない状態で無効判決が確定した場合でも、平成26年会社法改正により株式買取請求権に基づく買取りは代金の支払日ではなく組織再編の効力発生日に生じることとされたため同じ結論になるのか、または買取価格が確定していない以上買取請求の効力は失われるべきかについては、今後の裁判例の動向に注目する必要がある。

また、組織再編等無効の訴えの認容判決には対世効があることから、このように対世効のある訴えについて和解ができるかという問題がある。この点について、一般には、認容判決が対世効を持ち、当事者の処分権には属さないと解されることから、和解を否定し、対世効の生じない請求の放棄や訴えの取下げ、また、これらを内容に含む訴訟上の和解が認められるに過ぎないと解されている[171]。実務上、対世効を有する会社訴訟において、原告と被告で馴れ合って判決を得ようとしているのではないかと疑われる事案が珍し

---

[170] 小出・前掲注138）184頁。
[171] 類型別Ⅰ389頁〔西村英樹＝馬渡直史〕。垣内秀介「訴訟上の和解の要件および可否」神作ほか編・前掲注27）351頁。

くないとの指摘が裁判官からされており[172]、和解を有効とすることへの危惧がこのような見解の背景にある。もっとも、この点については、和解を有効に認めるべきであるとする反対説もある[173]。否定説に立った場合であっても、当事者間限りでは和解としての効力を認めてもよいとの考え方もあり得るが、一般的にはこの点も否定的に解されている[174]。

4　株主総会決議の瑕疵に関する訴え

(1)　概　要

株主総会決議の内容または手続が違法である場合に、そのような瑕疵のある決議の法的効力を否定する方法として、その瑕疵の程度の大きさに応じて、会社法は、①株主総会決議取消しの訴え、②株主総会決議無効確認の訴え、③株主総会決議不存在確認の訴えの3種類の訴えの制度を置いている。

重大な瑕疵については、このような訴えによることなく、誰もが株主総会決議の無効ないし不存在を主張することができるが、上記②・③の確認の訴えを経た場合には、当該判決について対世効が付与される。

以下、具体的に説明する。

(2)　株主総会決議取消しの訴え

(i)　制度の概要

M&Aを含む組織再編に関しては、株主総会の決議の瑕疵を問題とし、その効力を問題とする余地があり得る。問題となっている瑕疵が、①招集の手続または決議の方法の法令・定款違反、または著しく不公正なときに当たる場合、②決議の内容が定款に違反するとき、③特別利害関係人の議決権行使によって著しく不当な決議がされたときには、株主総会決議取消しの訴えが可能である（会社831条1項1号〜3号）。招集の手続または決議の方法の法令・定款違反を理由とする場合については、その違反する事実が重大でなく、

---

[172]　類型別Ⅰ57頁〔山﨑栄一郎〕。前述のサンジェム事件（前掲注160）名古屋地判平成19年11月21日）も、そのような事案であろうか。
[173]　伊藤眞『民事訴訟法〔第5版〕』（有斐閣、2016）470頁・478頁。
[174]　垣内・前掲注171）354頁。

かつ、決議に影響を及ぼさないものであると認めるときには、請求を棄却することができるとする裁量棄却の制度がある（会社831条2項）[175]。

(ii) 訴訟要件

株主総会決議取消しの訴えは、訴訟要件が厳格に規定されている。まず、原告適格は、株主等（株主、取締役または清算人、監査役設置会社の監査役、指名委員会等設置会社の執行役）、決議の取消しにより取締役、監査役または清算人となる者（取締役、監査役または清算人としての権利義務を有する者を含む）とされている（会社831条1項柱書）[176]。平成26年会社法改正により、株主総会等の決議取消しの訴えにつき、決議取消しの結果、株主の地位を回復する可能性のある者にも原告適格が認められることが明文化された（会社831条1項）。この点は、後述する。被告は当該決議が行われた株式会社である（会社834条17号）。

出訴期間は、株主総会等の決議の日から3か月以内とされている（会社831条1項）。決議取消訴訟の中で取消事由の追加をいつまでも認めると、出訴期間を制限した意味がなくなってしまうので、これについていつまでであれば認められるかが問題とされている。この点については、出訴期間経過後の取消事由の追加は原則として認められないと解されている[177]。しかしながら、原告が、本来、当該事由を、株主総会決議取消しの訴えの中で主張すべきであるのに、誤って株主総会決議無効確認の訴えを提起し、当該株主総会決議無効確認の訴えの中では、株主総会決議から3か月以内に主張していたときは、当該株主総会決議無効確認の訴えの後、株主総会決議取消しの訴えが追加され、当該追加された訴えの中での取消事由の追加が出訴期間経過

---

175) 例えば東京地判平成27年3月26日LEX/DB25524845（本節の執筆者が会社側を代理した事案）。
176) 会社法の制定前は、原告適格についても争いがあった。谷口安平「判決効の拡張と当事者適格」同『民事手続法論集(2) 多数当事者訴訟・会社訴訟』（信山社、2013（初出1970））202頁。小出・前掲注138）180～181頁。会社法下でも解釈上の問題が生じる余地もあることから、そこで議論された視点は、解釈の視点を示すものとして引き続き価値を持つと解される。
177) 最二判昭和51年12月24日民集30巻11号1076頁。ただし、この点については、民事訴訟法上の原則に従って解決すれば足りる等との理由による少数の反対説がある。注釈会社(5)361頁〔岩原紳作〕（通説である否定説には疑問があると述べる）。

後に追加されたとしても、出訴期間の関係で当該事由の追加が否定されることはない[178]。認容判決の効力には対世効が与えられているが（会社838条）、前記3の組織再編等無効の訴えと異なり認容判決の遡及効を制限する規定がないので、認容判決の効力は遡及する。

株主総会決議取消しの訴えに関しては、平成26年会社法改正前の事案として、全部取得条項付種類株式の制度を用いたスクイーズ・アウトの手続の適法性が争われた日本高速物流事件において、当事者適格および訴えの利益に関する問題が提起された。この事件においては、スクイーズ・アウト時において株式を強制取得された株主が、株主総会決議の瑕疵を理由として、その決議を取り消すことで、株式の取得の効果を争うことができるかが問題とされた[179]。この場合、株主総会決議で決められた取得日の到来により株主でなくなった者について、会社法831条1項柱書の「株主等」の地位を喪失したものとして、原告適格を消滅させるかという問題が出てくる。この事件においては、本節の執筆者が会社側を代理したが、同事件一審判決は、「会社法851条1項2号については、『当該訴訟の係属中に株主でなくなった場合』であることを要するところ、本件においては、本件訴訟の係属前に、A社が吸収合併により解散しており、仮に本件各決議が取り消されたとしても、原告らは本件訴訟係属時には既にA社の株主でなくなっていたと評価されるものであるから、会社法851条1項2号の類推適用する前提を欠くものといわざるを得ない」と述べて訴えを不適法として却下した[180]。これに対し、同事件控訴審判決は、「決議が取り消されればA社の株主の地位を回復する可能性を有している以上、会社法828条2項7号の関係では、A社の株主として扱ってよいと考えられる」と述べて、原告の原告適格を認めた[181]。前記のとおり、平成26年会社法改正により、決議取消しの結果、株主の地位を回復する可能性のある者にも原告適格が認められることが明文化されたのは、この事案を踏まえてのことであった[182]。

日本高速物流事件でもそうであるが、スクイーズ・アウトの手続において

---

178) 最二判昭和54年11月16日民集33巻7号709頁。
179) 大杉謙一「会社事件手続法の総論的考察——会社法からの分析」法時84巻4号（2012）6～8頁。
180) 東京地判平成21年10月23日金判1347号27頁。
181) 東京高判平成22年7月7日判時2095号128頁。

は、上記の手続を経た後、株主が株式を有していた株式会社が、その親会社である株式会社に吸収合併されることがある。この場合、原告の株式が取得されることで株主でなくなった場合には、会社法828条2項7号の「株主等」に当たらず、合併無効の訴えができなくなるのではないかとの問題がある。しかしながら、当該旧株主は、株主総会決議取消しの訴えを提起し、これが認容されれば株主としての地位を回復することになるのであるから、合併無効の訴えとの関係でも「株主等」に当たると解釈できる。したがって、当該旧株主としては、まず決議取消しの訴えを提起し、出訴期間内に合併無効の訴えを提起すべきことになる[183]。

もっとも、株主総会決議取消しの訴えを起こしても、出訴期間内に合併無効の訴えを提起していなければ、もはや合併の効力を争うことはできないから、株主総会決議取消しの訴えの訴えの利益を失うものと解される[184]。日本高速物流事件控訴審判決および同判決を引用する吉本興業事件一審判決[185]は同旨を判示した[186]。

(iii) 決議取消事由

決議の取消事由としては、①招集手続または決議の方法が法令もしくは定款に違反し、または著しく不公正な場合（会社831条1項1号）、②決議の内容が定款に違反する場合（同項2号）、③決議の結果について特別の利害関係を有する者（特別利害関係人）の議決権行使により、著しく不当な決議がされた場合（同項3号）が規定されている。

インターネットナンバー事件一審判決[187]は、全部取得条項付種類株式制度を利用した少数株主のスクイーズ・アウトを行った株主総会決議の取消請

---

182) 坂本・一問一答310頁参照。ここで問題となった訴訟遂行中に原告適格を失った者についての会社法851条の類推の可否に関しては、他の訴訟類型（会社の組織に関する行為の無効の訴えや株主総会等決議取消しの訴え等）における類推適用の可否、完全親会社が訴訟係属中に株式の一部売却により完全親会社ではなくなった場合における原告適格喪失の有無等も、議論の対象となってきた。福井章代「会社法施行後の東京地方裁判所における商事事件の審理の実情と課題」民事訴訟雑誌58号（2012）60〜61頁。
183) 大杉・前掲179）7頁。
184) 大杉・前掲179）7〜8頁。
185) 大阪地判平成24年6月29日判タ1390号309頁（控訴）。

求事件において、多数の重要な法律上の争点について判断を行ったものであるが、同判決は、前記③にいう「著しく不当」といえるかについても判断を行った。同判決は、「全部取得条項付種類株式制度を規定した会社法108条1項7号、2項7号、171条ないし173条が、多数決により公正な対価をもって株主資格を失わせることを予定していることに照らせば、単に会社側に少数株主を排除する目的があるというだけでは足りず、同要件を満たすためには、少なくとも、少数株主に交付される予定の金員が、対象会社の株式の公正な価格に比して著しく低廉であることを必要とすると解すべきである」と判示した。この判示は、対価の著しい低廉性を、不当性判断の条件とするものである。

株主総会決議取消請求を認容した事例として、アムスク事件一審判決[188]がある。この事件では、当該種類株主総会の議決権行使に係る基準日の公告をしていなかったことが、会社法124条3項に違反するとした珍しい認容事例であるが、実務上考えにくい事案であり、参考になるところは少ない。

---

186) 同判決は、反対株主の株式買取請求や価格決定の申立てを行わなくても、決議取消訴訟を提起することができることを判示している。なお、スクイーズ・アウトに係る決議取消しの訴えの利益については、近時、複数の裁判例が公表されており、注意を要する。種類株式の発行について出訴期間が経過し無効主張ができない段階となっていても、当該決議取消しにより、全ての普通株式に全部取得条項を付し、会社が全部取得する部分の限度では遡及的に決議の効力が失われると解する余地があり、また、それらの決議による定款変更は全部取得条項付種類株式の全部取得をもって1回的に効力が消滅するのではなく、その後も変更後の定款として効力を有するから、少なくともその限りにおいて決議の取消しを求める訴えの利益は消滅しないとした裁判例がある（東京高判平成27年3月12日金判1469号58頁）。また、実務上、決議取消訴訟が提起されたときに、決議を追認する決議をとりたいと考えることもあろう。決議取消訴訟が提起された後、訴訟の対象とされた当該先行決議を追認する旨の株主総会決議・種類株主総会の決議が行われた場合に、当該決議取消訴訟の訴えの利益が失われるかが争われた事件がある（東京地判平成27年3月16日判時2272号138頁）。同判決は、これらの追認決議が不存在であることの確認を求める訴えについて確認の利益を認めた。また、当該先行決議が取り消されてそれに基づく効果が生じなかったことを停止条件とする、当該先行決議と同様の内容の株主総会決議・種類株主総会についても、条件が成就した場合には会社がそれらの決議により効力が生じたことを前提とすることが容易に想定されるから、これらが不存在であることの確認を求める訴えについては、確認の利益があると判示した。
187) 東京地判平成22年9月6日判タ1334号117頁。
188) 東京地判平成26年4月17日金判1444号44頁（控訴）。

なお、平成26年改正会社法により、組織再編一般について差止請求権が認められた。このことから、事後救済制度である組織再編等の無効の訴えの下で無効事由として主張できる瑕疵の範囲が従前よりも狭まる可能性があるとの指摘がある[189]。

(3) 株主総会決議無効・不存在の訴え

株主総会決議無効・不存在の訴えについては、私法の一般原則に従うとされていることから、原告適格・出訴期間等についての制約はなく、何人から何人に対しても、いつでもいかなる方法でも決議の無効・不存在を主張できるとされている。

決議が不存在といえるための要件の解釈につき、神奈川県洋服商工業協同組合事件一審判決[190]は、決議が不存在というには、決議の手続的瑕疵が著しく、そのため決議が法律上存在するとは認められないような場合を指すと判示した。実際に決議が不存在と認められた実例として、西島鉄工所事件最高裁判決[191]がある。この事件では、株主総会当時における会社の株主は9名（総株式数5000株）であったが、6名（持株2100株）に対しては株主総会の招集の通知がされず、株主のうち2名に対し招集の通知がされたとしても単なる口頭の招集に過ぎず、しかもこれら2名の株主は代表取締役でもあった株主の実子であったことから、ここでの株主総会の決議は、法律所定の手続によらず単に親子3名によってされたものに過ぎないとの事案で、株主総会が成立し、その決議があったとはいえないと判示したものである。

被告適格については、これを当該株式会社とする規定が置かれている（会社834条16号）。認容判決の判決効は第三者に対して及ぶとの規定があり（会社838条）、認容判決の効力は遡及する。

---

189) 田中勇気「組織再編の無効事由と提訴期間」神田秀樹＝武井一浩編『実務に効くM&A・組織再編判例精選』111頁（有斐閣、2013）。
190) 横浜地判平成元年1月19日判時1319号147頁（控訴）。類型別Ⅰ359頁〔西村＝馬渡〕。
191) 最二判昭和33年10月3日民集12巻14号3053頁。

5 取締役会決議の瑕疵に関する訴え

取締役会決議については、株主総会決議の場合と異なり、会社法上、その効力を争う方法について特別の規定はない。したがって、瑕疵のある取締役会決議は、株主総会決議の場合と異なり、私法の一般原則により無効であり、確認訴訟またはその他の訴訟の中での理由として主張することで、取締役会決議の効力を争うことができると解されている[192]。他方で、取締役会決議の無効の確認の訴え[193]および取締役会決議の不存在の確認の訴え[194]も適法な訴訟類型と解されており、これらの訴訟の認容判決が確定した場合には対世効があると解される[195]。

6 新株発行に関する訴え

組織再編の過程で新株の発行がされることがあり、これについて独立の無効の訴えを提起することが可能となる余地がある。ただし、合併等の組織再編の対価として新株発行をした場合、組織再編として行われる一連の行為の一部である新株発行のみを無効としても、法律関係を徒らに混乱させることになり、適切な解決が図れないことから、その無効は、組織再編の無効の訴え（会社828条1項7号～12号）によってのみ主張することができるとの見解がある[196]。この見解をとる場合には、本書が対象とするM&A等の組織再編の過程で問題となる新株発行に関して、組織再編の無効の訴えと独立し

---

[192] 田中・会社法224頁、類型別Ⅱ545頁〔小川雅敏〕。もっとも例外はある。田中・会社法224～226頁、最三判昭和44年12月2日民集23巻12号2396頁、最二判平成28年1月22日民集70巻1号84頁。

[193] 最大判昭和47年11月8日民集26巻9号1489頁は、この訴えの適法性を認めたものと解される。江頭425頁、類型別Ⅱ543頁〔小川〕。

[194] 江頭425頁、類型別Ⅱ544頁〔小川〕。東京地判平成23年1月7日資料版商事323号67頁。

[195] 類型別Ⅱ542頁〔小川〕。もっとも、会社大系(4)346～347頁〔大寄久〕は、会社法制定前の見解では取締役会決議の無効の確認の訴えについては対世効は認められないとする見解が多いとした上で、少なくとも代表取締役の選定・解職決議に係る無効確認の訴えについては、その認容判決に対世効を認めるべきとする。

[196] 田中・会社法493頁。

て、この類型の訴えを問題とする必要は乏しいことになる。

　新株発行の無効の訴えは、前記の組織再編等無効の訴えの一類型であり、基本的にはそこで述べたことがここにも当てはまる。すなわち、新株発行の無効は、訴えによってのみ主張でき、その他の請求の中で無効主張することはできない。認容判決については対世効があり（会社838条）、認容判決の遡及効は制限されている（会社839条）。認容判決が確定した場合の事後処理について、前記のとおり特別の規定が置かれている（会社840条）。

　新株発行無効の訴えの原告適格は、株主等（株主、取締役または清算人、監査役設置会社の監査役、指名委員会等設置会社の執行役）に限られている（会社828条2項2号）。被告適格は、株式の発行をした株式会社に限られており（会社834条2号）、出訴期間は、新株発行の効力が生じた日から6か月以内（公開会社でない株式会社については株式の発行の効力が生じた日から1年以内）とされている（会社828条1項2号）。出訴期間経過後に新たな無効事由を追加主張することは許されない[197]。

　新株発行無効の訴えの無効事由について明文の規定はなく、一般に、重大な法令・定款違反の場合に限ると解されている[198]。仮装払込みの場合は見解が分かれている。平成26年会社法改正により、募集株式について出資の履行が仮装された場合、当該募集株式については、募集株式の引受人が仮装した払込金額の支払い、仮装した現物出資の給付、もしくは給付に代わる金銭の支払いをする義務（会社213条の2第1項）を履行するか、または同仮装に関与した取締役等が負う責任（会社213条の3第1項）を果たすまでは、当該引受人はその募集株式に係る株主の権利を行使することができないとされている（会社209条2項）。この規定が、仮装払込みも有効であるという趣旨の規定であるとすれば、仮装払込みが無効事由に当たる余地はないことになるが、そうではなくかかる義務または責任の履行がされなければ、このことが無効事由に当たることになると解する余地もある[199]。

　内部的意思決定を欠く新株発行が無効事由に当たるかについても議論があ

---

197) 最二判平成6年7月18日集民172号967頁。
198) 田中・会社法493頁。最三判平成24年4月24日民集66巻6号2908頁は、非公開会社において、株主総会の特別決議を経ないまま株主割当て以外の方法による募集株式の発行がされた場合、その発行手続には重大な法令違反があり、この瑕疵は株式発行の無効原因になると判示した。

る。旧商法下の東急不動産事件最高裁判決[200]は、この場合の新株発行は無効とならないと判示した[201]。

新株発行における瑕疵の程度が大きく、新株発行が実体として存在しないといえる場合には、新株発行不存在確認の訴え（会社834条13号）を提起することが可能である[202]。これについては原告適格や出訴期間の制限の規定はないが、新株の発行をした株式会社が被告となるとの規定が置かれている（会社834条13号）。新株発行を不存在とする判決の効力は対世効があることから第三者に及ぶ（会社838条）。新株発行無効の訴えと異なり、認容判決の効力は遡及する。

7 設立無効・不存在の訴え

M&A等の組織再編の過程で新会社の設立がされることがあり、これについては独立の設立無効・不存在の訴えを提起することが可能となる余地がある。

設立無効の訴えは、前記の組織再編等無効の訴えの一類型であり、会社の成立の日から2年以内に、訴えをもってのみ主張できるとされている（会社828条1項1号）。原告適格は、株主等（株主、取締役または清算人、監査役設置会社の監査役、指名委員会等設置会社の執行役）、設立する持分会社の社員または清算人に限られている（同条2項1号）。設立を無効とする認容判決には対世効があり第三者に及ぶが（会社838条）、遡及しない（会社839条）。持分会社の設立の無効判決が確定した場合の事後処理については前記のとおり規定が置かれている（会社845条）。無効事由についての規定はなく解釈によるが、一般に設立無効事由はできるだけ狭く解されるべきとされている[203]。ここで問題とされるのは、個々の社員の設立行為についての意思欠缺などの

---

199) この点に関する議論について逐条解説(9)72〜73頁〔丸山〕。神田165頁は「事案の具体的事情によっては新株発行無効事由となりうる場合もあると解される」とする。
200) 最二判昭和46年7月16日民集103号407頁。
201) 本判決については百選52頁〔家田崇〕。
202) 被告適格について、最三判平成9年1月28日民集51巻1号40頁が、会社を被告とすべきと判断した。最一判平成15年3月27日民集57巻3号312頁は、出訴期間について制限がないと判断した。会社法は、これらの判例法を制定法化したものである。
203) 逐条解説(9)66頁〔丸山〕。

いわゆる主観的瑕疵ではなく（会社51条、102条3項・4項参照）、設立手続違反などのいわゆる客観的瑕疵である[204]。

仮に瑕疵が甚だしく、会社としての実体が認められない場合は、いつでも誰でもいかなる方法でも会社不存在の主張を行うことができると解されている[205]。

設立無効判決には対世的効力がある（会社838条）。設立無効判決は、会社、その株主および第三者との間で判決時までに生じた権利に影響は及ぼさない（会社839条）。

8 会社分割と詐害行為取消権

平成17年会社法制定により、「債務の履行の見込みがあること」が会社分割の効力要件ではなくなり、債権者保護手続の対象者を狭める等の改正がされたこと等の影響で、濫用的会社分割に関する事案が増加しているといわれる[206]。会社分割への詐害行為取消権の適用について、従前は否定説が有力であったが、エーアールエー事件最高裁判決[207]はこれを認めた。同判決は、認容時の効力について、取り消される対象は新設分割であるとした。平成26年改正会社法は、分割会社が残存債権者を害することを知って新設分割をした場合、残存債権者は設立会社に対し、承継した財産の価額を限度として債務の履行を請求できる旨の規定を新設したが（会社764条4項等）、かかる改正法下でも、残存債権者において詐害行為取消権を行使することは認められると解される[208]。

9 おわりに

大半の会社にとって、実際に会社訴訟の当事者となること、ましてや訴訟の結果、組織再編等が無効とされる事態に至ることは少ないと思われる。し

---

204) 逐条解説(9)66頁〔丸山〕。
205) 実例として東京高判昭和36年11月29日下民集12巻11号2848頁。
206) 福井・前掲注182) 63頁。
207) 最二判平成24年10月12日民集66巻10号3311頁。
208) 百選191頁〔小出篤〕。

かしながら、このような事後的な救済手段が適正で実効的なものとして機能していることは、本書が直接の対象とするM&Aの遂行の上でも、手続の適法性および少数株主の権利の尊重を念頭に置くべきことを関係者に意識させ、その適法性を確保するという観点から重要である。

第4節
責任追及の訴え（損害賠償責任の追及）

1 総論

(1) 取締役の責任の概念

　取締役・執行役（以下、本節においては、特に断りのない限り総称して「取締役」という）は、会社に対して善管注意義務・忠実義務[209]（以下、本節においては、単に「善管注意義務」と記述している場合には、上記善管注意義務・忠実義務を総称したものとする）を負っており、当該義務に違反し（「その任務を怠ったとき」（会社423条1項）。これを「任務懈怠」という）、これにより会社に損害を生ぜしめた場合には、会社に対して損害賠償責任を負う（同項）。これを任務懈怠責任という。言い換えれば、取締役の任務懈怠とは、会社に対する善管注意義務の違反である[210]。

---

[209] 取締役が善管注意義務・忠実義務を負っている対象については、単に会社であるだけでなく、株主でもあるという理解が一般的である。落合誠一「企業法の目的——株主利益最大化原則の検討」岩村正彦ほか編『岩波講座　現代の法7　企業と法』（岩波書店、1998）23頁は、（株式会社の営利社団法人性から、株主利益最大化原則を会社法の強行法規的原則と解した上で）「会社の目的は株主利益の実現であるから、商法254条3項〔筆者注：会社法330条〕・254条の3〔同：会社法355条〕に言う『会社』は株主を意味すると解釈できる。そして取締役は会社の目的実現につき善管注意義務・忠実義務を負うから、したがって取締役は株主利益最大化原則につき株主に対して善管注意義務・忠実義務を負うと解することができる」とする。江頭22～23頁・435～436頁、田中・会社法255～258頁・606頁も同旨。

[210] 江頭469～470頁ほか参照。

任務懈怠責任は会社に対する責任であるから、（損害を被った）会社が任務懈怠のある取締役に対して責任追及訴訟を提起するのが原則である。この場合、具体的に原告である会社を代表して訴訟を追行するのは監査役（監査等委員会設置会社にあっては、原則として監査等委員、指名委員会等設置会社にあっては、原則として監査委員。会社 386 条 1 項 1 号、399 条の 7 第 1 項、408 条 1 項）であるが、監査役といえども被告となる取締役とは役員として同僚ないし元同僚であることから、責任の追及を手控えるおそれがないではない。しかし、それでは取締役の任務懈怠が放置され、企業価値、ひいては株主の保有する株式価値の回復が図られなくなってしまう。そこで、会社法は、会社が責任追及訴訟を提起しない場合、株主が会社を代位して責任追及訴訟を提起できることとしている（株主代表訴訟。会社 847 条 1 項）。そして、平成 26 年会社法改正により、完全子会社の取締役の任務懈怠について、一定の要件を満たす場合には、親会社の株主が当該取締役に対して代表訴訟（いわゆる多重代表訴訟）を提起することが認められた（最終完全親会社等の株主による特定責任追及の訴え。会社 847 条の 3 第 1 項）。

　また、取締役がその職務を行うについて悪意または重大な過失があったときは、取締役は、これによって第三者に生じた損害を賠償する責任を負う（会社 429 条 1 項）。この責任の性質につき、判例は、会社の経済社会に占める地位および取締役の職務の重要性を考慮し、第三者保護の立場から、取締役が悪意・重過失により会社に対する任務を懈怠し、第三者に損害を被らせたときは、当該任務懈怠と第三者の損害との間に因果関係がある限り、取締役に損害賠償責任を負わせたものと解している[211]。

　このように、取締役がその任務懈怠に基づき負うことになる会社法上の責任には、会社に対する損害賠償責任と第三者に対する損害賠償責任（以下、本節において、前者を「任務懈怠責任」、後者を「対第三者責任」という）の 2 種が存在する。しかしながら、後者の対第三者責任についても、悪意・重過失は、判例・通説上、取締役の「会社に対する」任務懈怠について必要となるものと解されている[212]。

---

211) 最大判昭和 44 年 11 月 26 日民集 23 巻 11 号 2150 頁。なお損害を被った第三者が、会社法 429 条 1 項の責任とは別に不法行為責任（民法 709 条）を追及できることはいうまでもない。
212) 前掲注 211) 最大判昭和 44 年 11 月 26 日およびコンメ(9) 347 頁〔吉原和志〕参照。

したがって、裁判上、取締役に対してその責任を追及するためには、原告は、当該取締役に会社に対する任務懈怠(対第三者責任の場合にはこれに加えて当該任務懈怠に関する悪意または重過失)があったことを主張・立証しなければならない[213](帰責事由をどのように位置付けるかは後記(3)において説明する)。そして、これに加えて、会社または第三者に損害が生じたこと、かかる損害と取締役の任務懈怠との間に相当因果関係があることも主張・立証しなければならない。

(2) 任務懈怠(善管注意義務違反)の内容

前述のとおり、取締役の任務懈怠とは、会社に対する善管注意義務の違反であるが、ここでいう「善管注意義務」の具体的内容は、具体的な局面に応じて様々なものであり得る。M&A取引において問題となる具体的な「善管注意義務」にも、M&A取引のスキームやその進行段階等の具体的局面に応じて様々なものがあり得るが、代表的なものとしては、M&A取引に関係する各種の法令(会社法、金商法、独禁法、租税法その他)および定款の遵守義務が挙げられる。取締役が法令ないし定款の遵守義務に違反する作為を行い、または不作為により法令ないし定款の遵守義務に違反した場合には、それは直ちに任務懈怠(善管注意義務違反)となる。

また、取締役は、善管注意義務の一環として、「会社の利益を犠牲にして自己又は第三者の利益を図らない義務」(以下、本節において、かかる義務を「忠実義務」と称することとする)を負っている[214]が、これとの関係で、M&A取引の一環として利益相反取引[215]が行われる場合には、当該取引を行うこと自体も任務懈怠となることがある。すなわち、利益相反取引を行う取締役は、株主総会(取締役会設置会社の場合には取締役会。会社356条1項柱書、

---

213) 不公正な組織再編行為やMBO取引により株主が取締役に対して対第三者責任を追及する場合において問題となる、取締役の株主に対する善管注意義務違反も、会社法429条1項の解釈上は「会社に対する任務懈怠」として捉えられる点については、後記3(1)(ii)および後掲注285)参照。

214) 田中・会社法270頁。

215) ここでは、会社法356条1項2号・3号の利益相反取引、すなわち取締役と会社とが利益相反関係にある取引について述べている。この他、M&A取引においては、MBO取引をはじめとして、取締役と株主との間の利益相反性が問題となる取引もあるが、これに関する任務懈怠責任については、後記3(4)参照。

365条1項)の承認を受ける義務があるので、かかる承認を受けずに利益相反取引を行えば、それは端的に法令違反行為として任務懈怠(善管注意義務違反)となる。しかしながら、承認を受けて行われた利益相反取引であっても、それによって会社に損害が生じ、当該損害と当該利益相反取引との間に相当因果関係があれば、当該利益相反取引は任務懈怠(「会社の利益を犠牲にして自己又は第三者の利益を図らない義務」の違反)となる場合もある。そしてこの場合には、当該利益相反取引を行った取締役等(具体的には会社423条3項各号参照)については、任務懈怠が推定される(すなわち、通常は責任を追及する原告に取締役等の任務懈怠の立証責任があるが、利益相反取引の場合には取締役等の側に当該利益相反取引が任務懈怠でないことの立証責任がある)という、会社法上特別の取扱いがなされていることに注意する必要がある(会社423条3項柱書)[216]。なお、近時、取締役と株主とが利益相反関係にあるMBO取引に関し、株主の利益に配慮すべき義務を善管注意義務の一環として位置付ける裁判例・解釈論も登場しているが、これについては、後記3(4)を参照されたい。

　この他、M&A取引において問題となる善管注意義務の具体的内容のうち代表的なものとしては、対象会社・資産の価値算定・評価を適切に行うべき義務、対象会社・資産についてのデュー・ディリジェンス(調査)を適切に行うべき義務[217]や、M&Aの取引条件の決定等に関し、上記の価値算定・評価やデュー・ディリジェンス(調査)の結果に基づき、合理的な経営判断を行うべき義務がある。また、M&A取引においては、主としてデュー・ディリジェンス(調査)や経営判断に基づき決定した条件に基づく取引の執行の場面において問題となると思われるが、他の取締役や使用人(従業員)に対する監視・監督義務(その一環としての内部統制システム構築・運用義務を含む)も問題となり得る。ただし、上記のような、対象会社・資産の適切な価

---

216) なお、学説上あまり議論されていないところであるが、利益相反取引に該当する任務懈怠行為によって第三者に損害が生じれば、対第三者責任が問題となるが、この場合、当該利益相反取引を行った取締役等については任務懈怠が推定されると解すべきである。会社法429条1項の要件である任務懈怠概念は、同法423条1項の任務懈怠概念と同じである以上、前者に同条3項が適用されないと解する根拠はないからである。

217) 裁判例については、後掲注229)参照。

値算定・評価やデュー・ディリジェンス（調査）の実施、取引条件の決定、内部統制システムの構築および運用といった、M&A取引の過程において取締役が尽くすべき各種義務については、法令・定款違反や利益相反が問題とならない限り[218]、経営判断原則が適用され、当該原則による保護を受ける場合には、仮に取引の結果損害が生じたとしても、任務懈怠（善管注意義務違反）とならないと考えられている[219]。

(3) 任務懈怠の構造（帰責事由との関係）

前記(1)で述べたとおり、取締役の任務懈怠により損害を被った会社が当該取締役に対して任務懈怠責任を追及しようとする場合、その会社は、原告として、当該取締役に任務懈怠（善管注意義務違反）があったことおよび当該任務懈怠と損害との間に相当因果関係が存在することを主張・立証する必要があるが、これに対し、被告である当該取締役の側は、当該任務懈怠が自己の責めに帰すべき事由によらないこと、すなわち、帰責事由（故意・過失）がないことを主張・立証することによって責任を免れることができる[220]。

もっとも、前記(2)で述べた、その違反が任務懈怠となる善管注意義務の具体的内容のうち、法令・定款遵守義務や忠実義務以外のもの（以下、本節において、それらを総称して「取引注意義務」という）[221]については、特定の「結果」を実現することではなく、デュー・ディリジェンス（調査）の実施、取引条件の決定、他の取締役や使用人（従業員）の職務執行の監視・監督、内部統制システムの構築・運用に関して「善良な管理者としての注意」を尽くすことそれ自体が取締役の任務（いわゆる手段債務）であるから、原告において、取締役がかかる任務を尽くしていないことの主張・立証に成功した場合には、取締役の側が帰責事由のないことの主張・立証に成功することは、通常は考えられない。取締役がかかる注意を尽くさなかったと認められる以上、通常、過失がないとは考えられないからである。したがって、取引注意

---

[218] 利益相反につき、田中・会社法 261 頁。
[219] 詳しくは第 9 章を参照されたい。
[220] 田中・会社法 271～272 頁。前掲注 47）野村證券損失補填株主代表訴訟事件。
[221] これらの義務のうち、少なくとも他の取締役・従業員に対する直接的な（すなわち、内部統制システムを介さない）監視・監督義務以外の義務違反の有無の判断に際しては、法令・定款違反および利益相反状況のない限り、経営判断原則が適用される。

義務の違反としての任務懈怠に関しては、任務懈怠から帰責事由を区別して観念する実益に乏しい。

これに対し、法令・定款遵守義務や忠実義務に関しては、法令・定款を遵守することや、会社の利益を犠牲にして自己または第三者の利益を図らないこと（客観的に公正な条件で取引を行うこと）という「結果」を実現することが任務（いわゆる結果債務）である。それ故、原告において、取締役が法令・定款違反行為や忠実義務違反行為（会社の利益を犠牲にして自己または第三者の利益を図る行為、ないし客観的に公正とはいえない条件での取引）を行ったことの主張・立証に成功すれば、取締役の任務懈怠があったことが認められることになるが、かかる場合でも、取締役の側は、法令・定款違反行為を行ったことや、取引条件が客観的に公正でなかったことについて帰責事由（故意または過失）がないことを主張・立証することにより、任務懈怠責任を免れることができる[222]。このように、任務懈怠と帰責事由を区別して考える考え方を「二元説」という。会社法は「二元説」を前提としていると考えられる[223]。

なお、対第三者責任については、会社法429条１項の条文構造からして、その責任を追及しようとする側（原告）において、取締役の任務懈怠のみならず、その悪意・重過失の存在をも主張・立証する必要があるものと考えられる。

(4) **責任追及の訴えにおける任務懈怠の特定と損害との関係**

法令・定款遵守義務および忠実義務と、取引注意義務における任務懈怠の構造の、前記(3)に述べたような差異に由来して、問題となるM&A取引について、担当業務（代表行為を含む）としてそれを執行した、または取締役会の構成員として当該取引に関する議決に関与した取締役（以下、本節において、場合により「M&A関与取締役」という）に対して任務懈怠責任または対第三者責任を追及しようとする場合、任務懈怠の特定の方法について、損害

---

[222] 以上につき、田中・会社法272頁。なお、同頁は、定款違反と利益相反取引について言及しているものではないが、定款違反を法令違反と区別して考える理由はないと考えられる。また、利益相反取引については、田中・会社法274～275頁の記載を前提とすれば、本文記載のような結論になるものと考えられる。

[223] 田中・会社法273頁。

との関係で、以下のような違いが生じる。

　すなわち、(結果債務である) 法令・定款遵守義務および忠実義務については、その具体的な義務内容が法令・定款等で明確に定められている、ないし客観的状況から特定可能であるため、その違反 (任務懈怠) があったか否かは発生した損害の内容とは独立して特定することが可能であり、取締役の側における何らかの義務違反を特定することができれば、後は、これと損害との間に相当因果関係が存することさえ立証できれば、当該取締役に対する責任の追及が可能となる。

　これに対して、(手段債務である) 取引注意義務については、M&A 関与取締役の負う任務は、M&A 取引が計画される段階から最終的に実行される段階までの一連の過程において「善良な管理者としての注意」を尽くすことであり、その具体的な内容は M&A 取引の具体的な局面に応じて様々なものがあり得る。取締役が具体的に負う様々な取引注意義務の中で、通常であれば任務懈怠に該当するような不注意があったとしても、それと相当因果関係にある損害という結果が発生していなければ、通常は、取締役の責任が問題とされることはない。そのため、取締役に対する責任追及が問題となる実務上の場面では、現実に発生した損害から遡ってこれと相当因果関係のある取締役の行為を特定し、その行為に際して取締役が注意を尽くしていたか否かを検討するというプロセスを経る場合が多い。いい換えれば、取引注意義務の場合には、それ自体が究極的には損害の防止の観点から要求されるものであるから、具体的な義務内容は、法令・定款遵守義務や忠実義務の場合と異なり、具体的な事案において発生した損害の内容から遡って特定するのが合理的であって思考経済に適っている。

(5) M&A 取引において生じ得る損害の種類

　以上から、M&A 関与取締役に対する任務懈怠責任または対第三者責任の追及に際して、当該取締役に問い得る (会社に対する) 任務懈怠の内容を検討するには、そもそも問題となる M&A 取引に基づいて会社または第三者にいかなる損害が生じ得るか、という点を整理することが、実務上有益であると考えられる。

　この点、任務懈怠は債務不履行 (民法 415 条) の一種であるところ、債務不履行責任による損害は、財産的損害[224]については、積極的損害 (既存の利

益の減失または減少）と消極的損害（将来の利益の獲得を妨げられたことによる損失。いわゆる逸失利益）の2種に区別することができる[225]。この区別をM&A取引の文脈に引き直すと、M&A取引における損害は、①当該任務懈怠行為により、任務懈怠がなければ流出しなかったはずの財産が会社または第三者から流出した場合における当該財産の流出（当該M&A取引において相手方に移転した財産に対する対価が不足している場合における財産の流出を含む）ないし任務懈怠行為によって会社または第三者の保有していた財産の価値が減少した場合における当該価値の減少（積極的損害）と、②任務懈怠がなければ会社ないしその株主が将来得ることができたはずの利益が失われたときの当該逸失利益（消極の損害）とに区分される。

このうち、上記①の積極的損害が生じる場合としては、まず、任務懈怠により、それがなければ発生するはずのなかったコスト・費用が発生する等して、会社財産の流出が生じた場合が考えられる。このような積極的損害は、法令・定款違反や利益相反取引があった場合には、しばしば発生すると思われる（例えば、合併手続に法令違反があり、無効となって合併を断念した場合の、それまでの準備行為等に要した費用等）が、もちろん、それ以外の場合でも生じ得る（例えば、デュー・ディリジェンス（調査）に想定以上の莫大な費用がかかった等。もっとも、そのような支出が任務懈怠になるか否かは、経営判断原則の問題である）。以下、本節において、かかるタイプの積極的損害を「財産流出損害」という。

この他、上記①の積極的損害としては、（株式の）発行会社の虚偽開示が発覚して株主が保有する当該会社の株式の市場価格が急落することにより株主が被る損害や、不公正な新株発行により株主が保有する当該会社の株式の価値が希釈化される場合が典型であるが、会社が行うM&A取引に伴って、当該会社の株主等が保有する株式その他の財産の価値が下落することにより株主が被る損害もあり得る。以下、本節において、かかるタイプの積極的損害を「価値下落損害」という。法令・定款違反行為や利益相反取引を行ったことによって会社の社会的評価が低下するレピュテーション・ダメージも、

[224) M&A取引による損害として精神的損害が問題となる例はあまりないと思われることから、ここでは検討の対象から除く。
[225) 奥田昌道編『新版注釈民法(10)Ⅱ』（有斐閣、2011）284頁〔北川善太郎＝潮見佳男〕。

これに含まれるであろう。
　しかしながら、M&A 取引における取引注意義務の違反において生じ得る積極的損害の多くは、上記の財産流出損害や価値下落損害ではなく、むしろ、M&A 取引を実行することで、それを行った会社が相手方に移転する資産等の額に見合った反対給付（対価）としての資産等が十分に得られていない（十分に得られていないか否かの評価に際しては、当該 M&A 取引により実現されるいわゆるシナジー（以下、本節において、単に「シナジー」という）も含めて考えることになろう）場合に生じる損害であると考えられる。以下、本節において、かかるタイプの積極的損害を「対価不足損害」という[226]。
　他方、上記②の消極的損害のうち、まず、会社が被るものについていえば、例えば、M&A 取引で採用したスキームの設計が不適切であったために、適切なスキームの設計に基づいて実施していれば当然享受できたはずの利益が享受できなかったという場合における逸失利益や、そもそも当該 M&A 取引自体を行わずその資金を他の M&A 取引等に振り向けた方がより高い利益を享受できたはずであるという場合における逸失利益等が考えられる[227]。ただし、このような逸失利益については、少なくともその一部は、M&A 取引において対価の額に反映させるべきシナジーの評価の問題として、対価不足損害として考えるべきものであるように思われる。
　いずれにしても、このような逸失利益としての消極的損害に関して任務懈怠責任が問われることになるか否かに関しては、法令・定款違反や利益相反

---

[226]　なお、本節では「対価」の語を、あくまで（買収側・被買収側を問わず）M&A 取引の当事者たる会社（以下「当事会社」ということがある）ないしその株主が受ける反対給付の意味で用いていることに留意されたい。例えば、吸収合併における存続会社にとっては、吸収する消滅会社の全権利義務が「対価」に該当する。したがって、消滅会社の株主に交付する存続会社の株式の価値が過大であることは、裏を返せば消滅会社の全権利義務の価値が過少であることに他ならないから、この場合には当該存続会社に「対価不足損害」が生じていることになる。

[227]　なお、後記 2 (2)(ii)において述べるとおり、会社がその発行株式を交付する形態の M&A 取引においては、会社からは積極的な財産の流出はないため、問題となるのは会社または株主がより価値の高い対価を得ることができたか否かという点である。この点からすれば、このような「より価値の高い対価が得られていたはずである」ことは「消極的」損害であるともいえそうであるが、そうであっても、かかる損害が生じているか否かは、会社が交付した株式の価値と比較して会社が取得した対価の額が見合っているか否かで判断されることから、以下では、かかる損害も「対価不足損害」に含めて論じることとする。

状況がない限り、経営判断原則が適用されるため、取締役が任務懈怠責任を負うことになる場合は、相当限定的な範囲に留まると思われる。さらに、仮に上記のシナジーの評価の点も含めた対価不足損害として考慮しきれない逸失利益があり得るとしても、このような逸失利益があったことが判明するのは、通常は、問題となるM&A取引が実行された後、かなりの期間を経た後であることからすれば、かかる逸失利益としての消極的損害が生じたことの原因が、当該M&A取引自体に起因するのか、それとも当該取引後の業務執行に起因するのか、あるいはその他の要因があるのか、事実認定が容易ではない場合が多いと思われる。

次に、上記②の消極的損害のうち、株主が被るものについていえば、その損害の有無や内容は、基本的には、当該株主が保有する株式、ないし当該株主に交付されるべき株式または金銭その他の資産の価値の問題として評価されることになるから、株主が被る逸失利益として理論的に考えられるのは、問題となるM&A取引についてもしM&A関与取締役の任務懈怠がなければ、将来より高い配当を得ることができたはずであるとか、将来より高値で株式を売却することができたはずである、といったものになると考えられる。しかしながら、これも少なくとも一部はシナジーの評価の点も含めた対価不足損害として考慮されるべきものであると考えられるし、仮にそれ以外のものがあるとしても、会社が被る損害について上記で述べたのと同様のことが指摘できる。

以上から、消極的損害については、会社が被るものであれ株主が被るものであれ、取締役の任務懈怠責任または対第三者責任が問われるのはかなり限定的な場合であると思われる[228]ので、以下では、消極的損害と比較してより広く問題となることが多いと思われる積極的損害（財産流出損害、価値下落損害および対価不足損害）に絞って検討することとする。

(6) 対価不足損害の観点からのM&A取引の分類

前記(5)で述べたとおり、M&A取引において生じ得る対価不足損害は、当該M&A取引によって当事会社が相手方に移転する資産等の価値と、反対給付（対価）として取得される資産等の価値との関係から生じるところ、M&A取引の種類によって、当事会社が相手方に移転する資産等、反対給付（対価）として取得される資産等、対価の取得者等といった点はそれぞれ異

なるため、かかる違いに応じて、対価不足損害の具体的な現れ方も多種多様である。このことからすれば、M&A 取引に関連して M&A 関与取締役について問題となる任務懈怠の具体的内容を検討するにあたっては、M&A 取引を、資産等の移転とそれに対する対価の交付から成る取引と捉え、M&A 関与取締役が当事会社の業務として資産等の移転を行う場合に、適正な対価を確保したか、または確保し得ることとなっているかという観点から検討することが有益ではないかと思われる。

そして、かかる観点からは、M&A 取引は、①当該 M&A 取引において資産等を移転する者（以下、本節において、「資産等移転主体」という）は誰か、②その資産等の移転に対しての対価を取得する者（以下、本節において、「対価取得者」という）は誰か、③移転される資産等（以下、本節において、「移転資産等」という）は何か、④対価として取得される資産等（以下、本節におい

---

228) なお、任務懈怠責任が問われた事案ではないが、頓挫した M&A 取引に関して消極的損害が問題となった事案として、旧住友信託銀行と旧 UFJ ホールディングスとの協働事業化が破談になった事件がある。この事件において旧住友信託銀行は、旧 UFJ ホールディングスに対して、協働事業化に関する基本合意違反を理由に第三者への営業等の移転等の禁止を求めた仮処分を申請したが、その許可抗告審において、最高裁は、「相手方〔筆者注：旧 UFJ ホールディングス〕らが本件条項〔同：協働事業化に関する基本合意書の条項〕に違反することにより抗告人〔同：旧住友信託銀行〕が被る損害については、最終的な合意の成立により抗告人が得られるはずの利益相当の損害とみるのは相当ではなく、抗告人が第三者の介入を排除して有利な立場で相手方らと交渉を進めることにより、抗告人と相手方らとの間で本件協働事業化に関する最終的な合意が成立するとの期待が侵害されることによる損害とみるべきである」として、旧住友信託銀行側が主張し得る損害はいわゆる信頼利益に留まり、履行利益〔すなわち逸失利益＝消極的損害〕までは主張し得ないとの判断を示し、保全の必要性を否定した（最三決平成 16 年 8 月 30 日民集 58 巻 6 号 1763 頁）。最高裁が損害の可能性を認めた信頼利益は、具体的には、最終契約の締結を前提に、協働事業化の準備のために支出した諸々の費用等がこれに該当すると思われ、以上で述べてきた分類からすれば、財産流出損害に該当すると思われる。その後、旧住友信託銀行（原告）が旧 UFJ ホールディングス等 3 社（被告。旧三菱 UFJ フィナンシャルグループが訴訟承継人）に対して上記基本合意違反に基づく履行利益 1000 億円の賠償を請求した訴訟において、東京地裁は、被告について、原告との協働事業化に関する基本合意に基づく独占交渉義務および誠実協議義務違反の債務不履行が認められるものの、協働事業化に関する最終契約の締結に至っていない以上、当該債務不履行と、最終契約が成立した場合の得べかりし利益（履行利益）との間に相当因果関係が認められないとして、賠償請求を棄却した（東京地判平成 18 年 2 月 13 日判タ 1202 号 212 頁）。原告は東京高裁に控訴し、控訴審において被告が原告に 25 億円を支払うことで和解が成立した。

て、「対価」という）は何か、⑤移転資産等を取得する者（以下、本節において、「移転資産等取得者」という）は誰か、という各要素に基づいて分類することができると考えられる。

図表Ⅰ-10-3は、上記の考え方に基づいてM&A取引を分類した結果を示したものである。この表でいう「当該会社」とは、M&A関与取締役が属する会社という意味である。なお、網掛け部分は、反対株主の株式買取請求権ないし価格決定申立権が発生し得る取引を示している。

以下では、前記(5)で述べた損害の種類および図表Ⅰ-10-3の分類を基に、M&A取引において問題となるM&A関与取締役の責任の内容およびこれに伴う法的論点について検討することとしたい。

以下、M&A関与取締役について問題となる責任を、大きく任務懈怠責任（対会社責任）と対第三者責任とに分けた上、図表Ⅰ-10-3の分類に基づき、財産流出損害、価値下落損害および対価不足損害が生じ得るM&A取引の類型を整理するとともに、これらの損害に関して問題となる取締役の具体的責任に関する主要な論点を、順次論ずることとする。

2 M&A取引において問題となる取締役の任務懈怠責任（対会社責任）

(1) 財産流出損害または価値下落損害に関する取締役の任務懈怠責任

財産流出損害または価値下落損害に関する任務懈怠責任は、法令・定款遵守義務違反、忠実義務違反ないし取引注意義務違反のいずれによっても生じるものであるから、図表Ⅰ-10-3のいかなる類型のM&A取引においても問題となり得る[229]。

---

[229] 会社が元代表取締役に対し、同人が計画した他社との経営統合（実現せず）に関して実施したデュー・ディリジェンス（調査）の費用（財産流出損害）について会社法423条の責任追及をした事案につき、経営判断原則を適用して請求を棄却した裁判例として、ユーシン責任追及事件・東京地判平成23年11月24日判タ1402号132頁がある。また、後掲注285）において紹介する、シャルレ株主代表訴訟事件（一審判決は神戸地判平成26年10月16日金判1456号15頁、控訴審判決は大阪高判平成27年10月29日金判1481号28頁）は、失敗したMBO取引に関して経営陣に財産流出損害の賠償を命じた判決である。

なお、M&A取引に際して会社に財産流出損害または価値下落損害が生じると、その企業価値が毀損される結果、当該会社の株主には、その保有する株式の価値が毀損（下落）するという、間接損害としての価値下落損害が発生することになる。そのため、会社に財産流出損害または価値下落損害が生じる場合には、同時にその株主に対する対第三者責任も問題となるが、これについては後記 3 (1)(i)で別途論じる。

(2) 対価不足損害に関する取締役の任務懈怠責任

(i) はじめに

対価不足損害は、M&A取引において会社が移転した資産等の価値と対価として取得した資産等の（あり得べき）価値との関係によって生じる。そこで、以下では、図表Ⅰ-10-3の分類を基に、どのような類型のM&A取引において対価不足損害に関する任務懈怠責任が問題となるか、およびそれらに関する法的論点について検討する。

(ii) 買収側会社（存続会社等）がその発行株式を交付するM&A取引

まず、M&A関与取締役が属する会社が、その株式または株式以外の資産を移転させ、その対価として相手方から資産等を取得する類型のM&A取引、すなわち、当該会社が資産等移転主体と対価取得者の双方に該当するM&A取引（図表Ⅰ-10-3の (a)）については、理論的には、対価不足損害は当該会社において生じ得る（以下、本節においては、かかる類型のM&A取引における当該会社を、便宜上「買収側会社」と称することもある）。そして、かかる類型のM&A取引のうち、移転資産等が当該会社の株式である場合（すなわち、買収側となる当該会社がその株式を交付して相手方から資産等を取得するM&A取引。図表Ⅰ-10-3の (a-1) の各取引であり、stock for asset 型、stock for cash 型、stock for stock 型のいずれかである）には、当該会社自身には株式の交付によって財産の流出が生じるわけではないが、当該会社が取得した対価の額が、交付した株式の価値に見合ったものではない場合には、その差額について、対価不足損害が問題になり得る。以下では、さらに個別の類型毎に検討する。

なお、この場合には、当該会社の既存株主が保有する株式の価値に希釈化が発生し、その結果、当該株主に間接損害としての価値下落損害が生じ得る

[図表Ⅰ-10-3] 対価不足損害の観点からのM&A取引分類表

①取引において資産等を移転する者（資産等移転主体）	②取引において対価を取得する者（対価取得者）	③移転される資産等（移転資産等）		④対価である資産等（対価）
当該会社	(a) 当該会社	(a-1) 当該会社の株式		(a-1-1) 相手方会社の権利義務の全部
				(a-1-2) 分割対象権利義務
				(a-1-3) 相手方会社の株式
				(a-1-4) 金銭その他の資産
		当該会社の株式以外の資産	(a-2) 他社株式	金銭その他の資産
			(a-3) 金銭その他の資産	(a-3-1) 他社株式
				(a-3-2) 相手方会社の株式
				(a-3-3) 当該会社の株式
				(a-3-4) 相手方会社の権利義務の全部
				(a-3-5) 分割対象権利義務
				(a-3-6) 相手方会社の株式
				(a-3-7) 譲受対象事業
			(a-4) 譲渡対象事業	金銭その他の資産
			(a-5) 分割対象権利義務	(a-5-1) 相手方会社の株式
				(a-5-2) 新設会社の株式
				(a-5-3) 金銭その他の資産
	(b) 当該会社の株主	(b-1) 当該会社の権利義務の全部		(b-1-1) 相手方会社の株式
				(b-1-2) 新設会社の株式
				(b-1-3) 金銭その他の資産
		(b-2) 当該会社の株式		(b-2-1) 相手方会社の株式
				(b-2-2) 新設会社の株式
				(b-2-3) 金銭その他の資産
当該会社の経営陣ないし支配株主		金銭その他の資産		当該会社の株式

⑤移転資産等を取得する者（移転資産等取得者）		
イ　取引の相手方（会社）または新設会社	ロ　取引の相手方会社の株主	ハ　当該会社の少数株主
	吸収合併（存続会社側）	
吸収分割（承継会社側）		
新設分割（新設会社側）		
	株式交換（完全親会社側）	
第三者割当て（株式発行者）		
（他社）株式譲渡		
（他社）株式取得		
公開買付け（キャッシュ・アウト目的以外）		
第三者割当て（引受者）		
		全部取得条項付種類株式の取得・株式併合によるキャッシュ・アウト
	交付金等吸収合併（存続会社側）	
交付金等吸収分割（承継会社側）		
	交付金等株式交換（完全親会社側）	
事業譲受		
事業譲渡		
吸収分割（分割会社側）		
新設分割（分割会社側）		
交付金等吸収分割（分割会社側）		
吸収合併（消滅会社側）		
新設合併（消滅会社側）		
交付金等吸収合併（消滅会社側）		
交付金等新設合併（消滅会社側）		
株式交換（完全子会社側）		
株式移転（完全子会社側）		
交付金等株式交換（完全子会社側）		
交付金等株式移転（完全子会社側）		
		公開買付け（キャッシュ・アウト目的）
		株式等売渡請求によるキャッシュ・アウト

ため、M&A関与取締役の当該株主に対する対第三者責任も問題となるが、これについては後記3において別途論じる。

(a) 買収側会社（存続会社等）における組織再編条件の不公正

M&A関与取締役が属する会社が存続会社である場合の吸収合併（図表Ⅰ-10-3の(a-1-1)）、承継会社である場合の吸収分割（同(a-1-2)）および完全親会社である場合の株式交換（同(a-1-3)）は、いずれも当該会社が買収側会社となる類型の組織再編行為であり、組織再編条件（合併条件、分割条件、交換条件）が不公正である場合に、当該会社の対価不足損害が問題となり得る。

この点、組織再編行為については、一定の例外を除き、原則として株主総会の特別決議による承認が必要であり（存続株式会社等につき会社795条1項）、かつ、反対株主には株式買取請求権が付与され、その保有株式の「公正な価格」での買取りを会社に対して請求することができるものとされている（会社797条1項）。したがって、実際に不公正な組織再編条件により会社に生じ得る対価不足損害についてM&A関与取締役に対する責任追及を行う動機を有しているのは、組織再編の承認決議に（少なくとも）賛成しなかったものの、株式買取請求権を行使せず、会社に残存した株主ということになろう。そのため、かかる株主が実際に当該組織再編を実施した取締役に対し、（法令・定款違反ではなく）組織再編条件の不公正の・・みを理由[230]として責任追及を行うケースはさほど多くないように思われるが、理論的にはかかる責任追及も可能である。

しかしながら、組織再編条件の不公正の場合には、買収側会社には（後述する法令違反に該当する有利発行の場合と異なり）対価不足損害は生じないため、その取締役に対して代表訴訟により責任追及を行うことはできないとい

---

230) なお、具体的な任務懈怠行為としては、不公正な組織再編条件の決定行為自体以外にも、結果として生じた損害と不公正な組織再編条件を通じて相当因果関係のある任務懈怠行為が含まれる。例えば、適正な組織再編条件を決定したはずであったが、効力発生後、相手方会社に簿外債務があることが発覚したために結果として組織再編条件が不公正であったことが判明した場合には、適切にデュー・ディリジェンス（調査）を行っていれば当該簿外債務を発見することができたといえるときは、かかる不適切なデュー・ディリジェンス（調査）を行ったことが任務懈怠行為となる。

うのが確立した判例である。すなわち、最高裁は、合併において、消滅会社の株主に存続会社の株式が交付される場合、存続会社株主が、不公正な合併比率によって存続会社に損害が生じたとして代表訴訟により同社取締役の責任を追及することはできないとしている[231]。また、通説も、「合併条件の不公正は、①消滅会社の株主・新株予約権者に対し株式・新株予約権が交付される限り、株主・新株予約権者に損害を被らせるものではあり得ても、会社に損害を発生させるわけではないので、株主が代表訴訟により取締役の責任を追及することはできない」としている[232]。

この点は、次の(b)で説明する、法令違反に該当する有利発行の場合について、会社に対価不足損害が生じる（したがって、代表訴訟によりその取締役の任務懈怠責任を追及することもできる）とする裁判例があり、多数説もこの立場をとっているのとは対照的である。かかる違いが生じる理由について、田中亘教授は、「合併の場合には、存続会社が承継する資産は、消滅会社の現有資産として確定しており、いかに存続会社の取締役が善管注意義務・忠実義務を尽くしてもそれ以上に増加しようがない（それを承継する対価として、存続会社株式をどれだけ発行すべきかが問題になるのみである）のに対し、違法な有利発行の場合は、発行会社の取締役が義務を尽くしていれば、払込金額を公正なものとすることによって実際の調達額よりも多くの資金を調達できたといえる可能性がある。それ故、合併に関する上記判例をもって、違法な有利発行について会社に損害が生じるという解釈が否定されたと考える必然性はないであろう」と指摘している[233]。

上記の判例の立場は、合併の場合だけでなく、吸収分割および株式交換の場合についても妥当するであろう。したがって、組織再編条件の不公正の場合、判例の立場によれば、買収側会社の株主は、代表訴訟によって会社の対価不足損害に関する任務懈怠責任（会社423条1項）を追及することはでき

---

231) 新王子製紙株主代表訴訟事件・最三判平成8年1月23日資料版商事143号159頁。その他、合併に関する同旨の裁判例として、レンゴー株主代表訴訟事件・大阪地判平成12年5月31日判時1742号141頁がある。
232) 江頭865頁。
233) 田中亘「募集株式の有利発行と取締役の責任」新堂幸司＝山下友信編『会社法と商事法務』（商事法務、2008）173頁注52。これは結局、組織再編条件が不公正であっても、移転資産等が買収側会社の発行株式である場合には、買収側会社には対価不足損害を観念する余地がない、ということであろう。

ず、会社の対価不足損害を通じて株主に間接的に生じた価値下落損害（希釈化損害）について、会社法429条1項の第三者として、取締役の損害賠償責任を追及することになる[234][235]。なお、この買収側会社における組織再編条件の不公正を含め、M&A関与取締役の株主に対する対第三者責任については、次の(b)の点を除き、後記3でまとめて検討する。

(b) 法令違反に該当する有利発行

次に、M&A関与取締役が属する会社が株式を発行する場合の第三者割当増資（図表Ⅰ-10-3の(a-1-4)）に関して問題となる任務懈怠責任につき、検討する。

組織再編行為では、組織再編条件（移転資産等と対価の額との比率）の決定は両当事会社の交渉に委ねられており、会社法上、一定の場合に差止めが認められる他は、基本的にはその内容に対する直接的な規制はない[236][237]。こ

---

[234] 伊藤ほか434～435頁。
[235] 日本興亜損保損害賠償請求事件・東京地判平成23年9月29日判タ1375号187頁は、独立当事者間の共同株式移転の当事会社の株主が、株式移転比率の不公正を理由に会社法429条1項に基づき取締役の対第三者責任を追及した事案であるが、裁判所は、「判断の前提となった事実を認識する過程における情報収集やその分析に誤りがあるか、あるいは、その意思決定の過程や内容に企業経営者として明らかに不合理な点があることを要するものというべき」として、いわゆる経営判断原則を採用することを明らかにした上で、①利害関係のない第三者機関によるデュー・ディリジェンスが行われていること、②株式移転比率はデュー・ディリジェンスの結果や第三者算定機関の算定結果を踏まえ、協議・交渉の上合意されたこと、③株式移転比率は当該算定機関が算定した評価レンジの範囲内にあること、④当該算定機関からフェアネス・オピニオンが出ていること、⑤市場株価法以外の算定方法による評価額を勘案することを否定すべき事情は認められないこと等を理由として、善管注意義務違反を否定した。
[236] 組織再編行為に対する会社法上の差止事由としては、①法令・定款違反と②対価が著しく不当である場合の2つの事由があるが、②については略式組織再編の場合に限られている（存続株式会社等につき会社796条の2第2号、消滅株式会社等につき会社784条の2第2号）。これは、対価（組織再編条件）については株主総会の承認を得ていることに鑑み、その不当性の問題は、原則として、反対株主の株式買取請求手続の中でのみ争わせることとし、組織再編自体の実施を止めることはしないものとする趣旨と解されている（伊藤ほか418頁）。ただし、親子会社間の組織再編等の場合に、当事会社の一方（A社）が他方当事会社（B社）の株主総会で議決権を行使し、それによって、B社の株主にとって著しく不当な対価で組織再編が承認された場合には、B社の株主は、特別利害関係人の議決権行使によって著しく不当な決議がされたものとして、株主総会決議の取消しを請求することができると解されている（会社831条

れに対して、第三者割当増資に関しては、新株発行（自己株式交付を含む。以下、本節において同じ）条件は有利発行規制（会社199条3項、201条1項）に服する[238)][239)]。すなわち、第三者割当増資における払込金額が、株式を引き受ける者に特に有利な金額であれば、公開会社であるか否かを問わず、株主総会において、当該払込金額でその者に株式を発行することを必要とする理由を説明した上、特別決議による承認を受けなければならないものとされている。したがって、有利発行[240)]であるにもかかわらず、かかる手続を怠って第三者割当増資による新株発行を行った取締役には、法令遵守義務違反としての任務懈怠があることになる。

このような法令違反に該当する有利発行[241)]については、前述のとおり、公正な払込金額であれば当該差額分の金銭を会社が得たはずであるところ、より低い不公正な払込金額による払込みしかなされなかったため当該差額分が損害となるという、会社における対価不足損害に基づく任務懈怠責任と、株主における価値下落損害に基づく対第三者責任とが、いずれも問題となる。本節では、株主に対する対第三者責任については、基本的に後記3で論ず

1項3号）。そのことから、B社の株主は、決議の取消判決が確定する前であっても、当該決議取消訴訟、および当該訴訟が認容されることにより提起可能となる法令違反（総会決議を欠くこと）による組織再編の差止請求訴訟の双方を本案とすることによって、当該組織再編の差止めの仮処分を求めることができるものと解されている（伊藤ほか418頁）。なお、一般に、組織再編条件の不公正は、上記①の法令・定款違反（会社784条の2第1号、796条の2第1号）には含まれないと解されている（坂本・一問一答339頁）。

237) また、裁判例は、組織再編条件が不公正であっても、それ自体は組織再編の無効原因とはならないと解している（東京高判平成2年1月31日資料版商事77号193頁（最三判平成5年10月5日資料版商事116号196頁にて上告棄却））。しかし、特別利害関係人の議決権行使によって著しく不当な組織再編条件が決定された場合には、承認決議の取消事由となり（会社831条1項3号）、組織再編成立後は、当該組織再編の無効原因になると解される。また、組織再編の一方当事会社が他方当事会社を支配しているときは、支配会社の利益のために少数派株主に不利な条件で組織再編が行われるおそれがあるので、裁判所も組織再編条件の公正さを厳格に審査すべきとされる。他方、組織再編の当事会社が相互に独立した関係にあるときは、組織再編条件の不公正それ自体は無効原因とならないと解してよいとされている。もっとも、承認決議に際して取締役が不実の情報開示（重要事実の不開示を含む）を行ったような場合には、決議方法の違法または著しく不公正（会社831条1項1号）として、承認決議の取消事由（組織再編の効力発生後は、その無効原因）になることはあり得るとされている（伊藤ほか434頁）。

ることとしているが、この法令違反に該当する有利発行につき、会社が被る対価不足損害に基づく任務懈怠責任の追及が認められるかという論点は、同じく法令違反に該当する有利発行において、株主が被る価値下落損害に基づく対第三者責任の追及が認められるかという論点と密接に関連しているため、あわせてここで論ずることとする。

　法令違反に該当する有利発行がなされた場合における株主の価値下落損害（希釈化損害）については、特に、これを直接損害（会社には対価不足損害は生じていない）と解するか間接損害（会社に対価不足損害が生じている）と解するか、そして株主からの会社法429条1項に基づく直接の損害賠償請求を認めるか否かという点に関して、裁判例・学説は混迷している。

　判例・学説の立場を大別すると、上記株主の希釈化損害を会社に対価不足

---

238) 第三者割当増資の内容に関する会社法上の規制としては、①有利発行規制の他、②不公正発行（著しく不公正な方法による募集株式の発行。会社210条2号）規制および③公開会社における支配株主の異動を伴う場合の規制（会社206条の2）がある。このうち③は、公開会社において、引受人が株主となった場合にその議決権数が総株主の議決権数の2分の1を超えることとなる場合において、総株主の議決権の10分の1以上の議決権を有する株主が会社に反対する旨を通知したときは、会社は、払込期日の前日までに第三者割当増資について株主総会の承認を受けなければならないという規制である。①と同様、株主総会決議を経ないなどの手続違反があれば法令遵守義務違反の任務懈怠となり、差止事由（会社210条1号）となる。また、②は、会社支配の帰属を巡る争いがあるときに、取締役が議決権の過半数を維持・争奪する目的または反対派の少数株主権を排斥する目的等、不当な目的を達成する手段として行われる第三者割当増資が差止事由とされるものである（会社210条2号）ため、不公正発行に該当する第三者割当増資は任務懈怠となる。

239) 前掲注238)の①および③の規制に違反する第三者割当増資は、いずれも法令違反であるものの、③の違反は新株発行無効事由であるが（江頭779頁）、①の違反は新株発行無効事由ではない（最二判昭和46年7月16日判時641号97頁）。②の違反も新株発行無効事由ではない（最一判平成6年7月14日判時1512号178頁、最三判平成9年1月28日民集51巻1号71頁）。

240) どのような場合に有利発行となるかの判断基準等については、**第3章第3節**参照。

241) 公開会社でない会社については、有利発行であるないにかかわらず、募集事項の決定は株主総会の特別決議事項であり、有利発行である場合には、株主総会において当該払込金額でその者に株式を発行することを必要とする理由を説明しなければならない点が、公正な金額による発行である場合との違いである（会社199条1項1号各号・2項・3項、201条1項）。以下では、「法令違反に該当する有利発行」の文言を、公開会社にあってはかかる説明を怠ったかまたは株主総会の特別決議を経ないでなされた有利発行、公開会社でない会社にあっては株主総会でかかる説明を怠ってなされた有利発行の意味で用いる。

損害が生じたことの反射的効果であると解するのがいわゆる間接損害説であり、反対に、かかる場合には会社にはそもそも対価不足損害は生じておらず、発生しているのは株主の希釈化損害だけであると解するのが直接損害説である[242]。間接損害説は、株主の希釈化損害を独自の損害と認めないから、これを徹底すると、法令違反に該当する有利発行については、株主からM&A関与取締役に対しては、代表訴訟による任務懈怠責任の追及だけが認められるということになる。これに対して、直接損害説を徹底すると、逆に、株主からM&A関与取締役に対しては、対第三者責任の追及だけが認められる、ということになる[243]。

この会社法429条1項の「第三者」に関する間接損害説と直接損害説との対立は、法令違反に該当する有利発行における株主に限って論じられているわけではなく、より一般的に、会社が被った損害を通じて損害を被った第三者は同項の「第三者」といえるか、という問題として論じられている。

この点、判例は、「取締役の任務懈怠の行為と第三者の損害との間に相当の因果関係があるかぎり、会社がこれによつて損害を被つた結果、ひいて第三者に損害を生じた場合〔筆者注：間接損害〕であると、直接第三者が損害を被つた場合〔同：直接損害〕であるとを問うことなく、当該取締役が直接に第三者に対し損害賠償の責に任ずべき」として、いわゆる両損害包含説に立つことを明らかにしている[244]。

しかしながら、取締役の悪意・重過失による任務懈怠により会社財産が減少し、その結果、株式価値が下落することにより株主に生ずる損害（間接損害）については、当該株主が取締役の責任を追及するには、原則として代表訴訟による任務懈怠責任の追及によらなければならず、会社法429条1項の対第三者責任を追及することはできない（かかる株主は、原則として同項の「第三者」に当たらない）というのが下級審裁判例の立場である[245]。学説の多数説も同様に解している[246]。

ところが、法令違反に該当する有利発行の場合には、株主による（希釈化

---

242) 田中・前掲注233) 154頁。
243) 江頭512〜515頁、伊藤ほか251〜255頁。
244) 前掲注211) 最大判昭和44年11月26日。
245) 後掲注269) 雪印食品損害賠償請求事件、日本航空電子工業事件、東京地判昭和43年8月26日。

損害に基づく）直接請求を認める裁判例と（会社の対価不足損害に基づく）代表訴訟による請求を認める裁判例とが併存しており、一部の例外を除けば、裁判所は、株主が選択した請求方法をそのまま認めていると解釈できるとされている[247]。

この点、学説は、伝統的には、間接損害説（会社に対価不足損害が生じ、代表訴訟によって責任を追及できるとする説）が多数説であるが、間接損害説も、株主からの直接請求を認めない説と認める説とに分かれているとされていた[248]。

もっとも、近時は、法令違反に該当する有利発行により会社に損害は発生せず、株主の損害は専ら直接損害と見るべきであるとする直接損害説[249]が有力化しつつある。なお、直接損害説による場合には、基本的には株主からの代表訴訟による責任追及を認めないことになるはずであるが、一部の論者は、取締役が支配権維持のために第三者割当増資を行った場合には、会社に対価不足損害が発生するとして、代表訴訟による責任追及の余地を認めるとしている[250]。

それでは、この点につき、実務上はどのように整理すべきであろうか。上記のとおり、下級審裁判例は、取締役の任務懈怠により会社財産が減少し、その結果、株式価値が下落することにより株主に生ずる損害（間接損害）については、当該株主が取締役の責任を追及するには、代表訴訟による任務懈

---

[246] 河本一郎「商法266条ノ3第1項の『第三者』と株主」服部榮三先生古稀記念『商法学における論争と省察』（商事法務研究会、1990）258頁、大隅＝今井(中)270頁、前田453頁、神崎克郎「取締役の責任」上柳克郎ほか編『会社法演習Ⅱ』（有斐閣、1983）171頁、鈴木竹雄『新版会社法〔全訂第5版〕』（弘文堂、1994）204頁、龍田節『会社法〔第10版〕』（有斐閣、2005）95頁、神田268～269頁、コンメ(9)382頁〔吉原〕。

[247] 田中・前掲注233）163～173頁。同論文が指摘する特に重要な裁判例として、明星自動車事件に関する一連の裁判例（京都地判平成4年8月5日金判918号27頁、大阪高判平成5年11月18日金判1036号26頁、最判平成9年9月9日金判1036号19頁、大阪高判平成11年6月17日金判1088号38頁〔差戻し後控訴審〕）がある。また、最近の裁判例として、アートネイチャー第1次株主代表訴訟の一審判決である東京地判平成24年3月15日金判1414号15頁およびその控訴審判決である東京高判平成25年1月30日金判1414号8頁も、法令違反に該当する有利発行を理由とする会社の対価不足損害に関する代表訴訟で、被告取締役らに賠償を命じた。ただし、この事件については、上告審において、そもそも有利発行に当たらないとされ、原判決破棄、請求棄却となった（最一判平成27年2月19日金判1465号16頁）。

怠責任の追及の方法によらねばならず、会社法429条1項の対第三者責任を追及することはできない（かかる株主は同項の「第三者」に当たらない）と解しているわけであるが、これを、「株主は会社法429条1項の第三者に該当しない」と一般化し、それをそのまま法令違反に該当する有利発行における株主のケースに当てはめて、その希釈化損害について直接請求（会社法429条1項の対第三者責任の追及）はできないと解すべきではないように思われる。問題は、株主の希釈化損害が、会社の対価不足損害を「通じて」発生したもの（株主の希釈化損害は、会社の対価不足損害の反射的効果に過ぎない）といえ

---

248) 間接損害説のうち、株主からの直接請求を認めない説は、その理由を、そもそも株主は会社法429条1項の「第三者」に当たらない上に、もし直接請求をも認めると、取締役は会社と株主の双方に二重の責任を負うことになるとともに、株主に対する責任を履行すると会社に対する責任も消滅すると解した場合には、本来会社に帰属すべき財産を一部の株主が割取することを認めることになって株主間の公平に反し、債権者を害するという点のほか、通謀引受人の対会社責任（会社212条1項1号）が成立する場合に両責任間の調整をどう図るかにつき困難が生じる点に求める。他方、間接損害説のうち、株主からの直接請求を認める説には、①法令違反に該当する有利発行が、会社の支配権争奪の局面で取締役の支配権維持のために行われるなど不公正な方法による発行（会社210条1号参照）でもあるときは、会社に損害を与えると同時に株主に対し損害を与えてもいると理解して直接請求を認める説と、②（法令違反の有利発行の場合に限らず）間接損害一般について、株主からの直接請求を認める説とがあり、後者はさらに、ⓐ取締役と支配株主とが一体である閉鎖型の会社については直接請求が認められるとする説と、ⓑそもそも会社に対する損害賠償責任を履行しない取締役が、直接請求をしてきた株主に対して、代表訴訟によるべきことを理由に賠償を拒むことは不当であるとして、特段の限定なく、株主からの直接請求を認める説とに分かれる。以上の分類につき、田中・前掲注233）154～157頁。

249) 会社は第三者割当増資により所期の資金調達ができている以上、損害は発生しておらず、問題は同額の資金調達のために発行した株式数が、公正な払込金額の場合と比較して多過ぎた点にあるのであって、それは株主に直接生じた希釈化損害に他ならないとする（田中・前掲注233）157～158頁参照）。

250) 藤田友敬「自己株式取得と会社法(上)」商事1615号（2001）15頁（ただし、その後の、同「株式会社の企業金融(2)」法教265号（2002）79頁注17では、「ただし、こういう種類の新株発行〔筆者注：支配権維持のための新株発行〕を認めるべきか否かは別の問題であるが」として、支配権維持のための新株発行が不公正発行になる場合には代表訴訟による責任追及を認めない可能性に関して含みを残す記述となっている）、加藤貴仁「判批」ジュリ1225号（2002）97頁。これらの見解は、支配権維持のための新株発行の場合には、調達資金の額は重要ではなく発行株式数が重要なのであるから、現実に発行した株式数と同数の株式を公正な払込金額で発行した状態を「あるべき状態」とみなして、会社に対価不足損害が生じたと考えてよいとする。田中・前掲注233）158～159頁参照。

るかどうかであろう。

　この点については、前述した一部の学説の考え方を参考に、会社の支配権維持の目的のために不公正発行にも該当する形で法令違反に該当する有利発行がされた場合と、不公正発行には該当しないものの、法令違反に該当する有利発行がされた場合とを比較して考えるのが有益である。

　そのように整理すると、まず、前者の場合には、そもそも不公正な第三者割当増資を実施したことそのものが任務懈怠であるというべきであろう（もちろん、公正な払込金額でなかったこと自体も法令違反であって任務懈怠であるが、第三者割当増資を実施したことそれ自体が任務懈怠である以上、前者の任務懈怠は後者の任務懈怠に包摂されると考えられる[251]）。そうであるとすれば、（払込金額が公正な金額であった場合とではなく）第三者割当増資が実施されなかった状態と比較して会社に損害が生じているかを問題とすべきところ、この場合には、公正な払込金額に足りないとはいえ、現実に会社に資金が払い込まれているのであるから、任務懈怠を「払込金額が公正な金額でなかったこと」ではなく第三者割当増資を行ったこと自体と考える限り、第三者割当増資が実施されなかった状態と比較して、会社の純資産の額自体は増えている以上、会社に損害が生じているとはいえないと解される[252]。しかし、この場合でも、現実に、第三者割当増資前に会社の株式が有していた価値に満たない額で新株が発行されてしまっている以上、株主の希釈化損害は発生している。したがって、株主の希釈化損害は、会社に対価不足損害が発生するか否かにかかわらず、いずれにしろ発生しているといえるから、かかる株主の損害は、そもそも「間接損害」ではなく、会社の対価不足損害とは独立した別の損害であると考えるべきではないだろうか。それ故、法令違反に該当する有利発行がなされた場合には、「株主は会社法429条1項の第三者に該当する」ものと解した上で、株主は、その希釈化損害について、当該有利発行に関与した取締役に対して直接対第三者責任の追及ができるものと解すべきであろう。

　それでは、法令違反に該当する有利発行がなされた場合、会社の対価不足

---

[251]　このような「包摂」という考え方をとらないとしても、少なくとも不公正な目的で第三者割当増資を行ったこと自体が任務懈怠であることは変わらない以上、会社にはこれに基づく対価不足損害は生じないという結論自体は不変である。

[252]　田中・前掲注233) 166～167頁・178～179頁参照。

損害に基づく任務懈怠責任の追及についてはどのように考えるべきであろうか。

まず、上記のとおり、かかる有利発行が同時に不公正発行にも該当する場合には、取締役の任務懈怠は、第三者割当増資の払込金額が不公正であったことよりも、不公正な第三者割当増資を実施したこと自体に存すると考えるべきであるから、会社にはそもそも対価不足損害は発生していないと考えるべきことになろう。

他方、不公正発行には該当しないが法令違反に該当する有利発行がなされた場合については、確かに法令違反に該当する有利発行が行われた場合、「もし公正な払込金額で当該第三者割当増資がされていたならば、会社は、実際の払込金額との差額分だけ多額の資金を得られていたはずである」とはいえよう。もっとも、この点につき、直接損害説の論者は、会社の所期の資金調達目的自体は達せられているのであるから、上記のとおり考えられるとしても、そこにいう実際の払込金額と公正な払込金額との差額は、取締役が責任を負うべき会社の損害ではないとの立場に立つ。

この点、田中亘教授は、取締役が株主総会の特別決議を得ずに有利発行を行うことは法令違反であって任務懈怠であるとしつつ、任務懈怠と損害との間の因果関係を問題として、この因果関係を、取締役が「任務懈怠をしていない」状態（「なすべき行為」をした状態）を仮定して、その状態では会社に損害が発生していなかっただろうといえること、とした上で、（不公正発行には該当しないが）法令違反に該当する有利発行がなされた場合に取締役の「なすべき行為」としては、①実際に発行した株式数と同数の株式を、公正な払込金額で発行することと、②実際に調達した資金と同額の資金を、一株の払込金額を公正にして、より少ない株式の発行により調達することのいずれかが想定され、間接損害説（会社に対価不足損害が生じ、代表訴訟によって責任を追及できるとする説）は「なすべき行為」を上記①と考えているのに対し、直接損害説（会社には対価不足損害は生じておらず、代表訴訟による責任追及はできないとする説）は上記②と考えているとする。そして、実際の第三者割当増資では、資金調達額のみならず、（引受人との間で資本提携関係を結ぶ場合が典型であるが）発行株式数も重要である場合が多いため、「なすべき行為」が上記①と②のいずれとも特定できない場合が多いことから、結論的に、株主は、「なすべき行為」は上記②であったとして（直接損害説の帰結と同様に）自らの希釈化損害に基づいて直接的に対第三者責任の追及をするこ

とも、「なすべき行為」は上記①であったとして(間接損害説の帰結と同様に)会社の対価不足損害に基づき代表訴訟を提起することも、いずれも可能であると解すべきであると論じる[253]。

　この点、確かに、第三者割当増資において取締役が「なすべき行為」を社会経済的な見地から分析すれば、まさにそのとおりであろう。ただ、法令違反に該当する有利発行の場合、法令遵守義務違反行為としての任務懈怠行為は、あくまで「特に有利な金額」による発行であるにもかかわらず、当該払込金額でその者に株式を発行することを必要とする理由を説明して株主総会の特別決議を経なかったこと(公開会社でない株式会社にあっては、株主総会においてかかる理由を説明しなかったこと)であって、発行株式数(「募集株式の数」(会社199条1項1号))をより少なくすべきであったことについてまで任務懈怠が問題となるといえるかという点には、条文構造の観点からはやや疑問が残る(いい換えれば、条文を重視する傾向が強い近時のわが国裁判所が、発行株式数をより少なくすべきであったことに関して任務懈怠を問題とする旨の解釈を採用することになるかは何ともいえないように思われる)。すなわち、直接損害説が前提とする、資金調達行為として第三者割当増資を見た場合、社会経済的な見地からは、確かに、払込金額のみならず発行株式数も適切に定めることが、取締役に課せられた任務であったという評価もあり得るであろうが、その懈怠が法的責任の根拠となるという法的な意味における「任務」には、発行株式数を適切に定めることが含まれるとまで断言できるかは微妙ではないかとも思われる。もし、この点について消極に解した場合には、「法令違反＝任務懈怠」である以上、法令違反の根拠となっていない事項は、任務懈怠ではないといわざるを得ない[254]。そうであるとすれば、法令違反に該当する有利発行に関して、たとえ第三者割当増資を資金調達行為であると理解したとしても、会社法上は、「任務懈怠をしていない」状態(「なすべき行為」をした状態)とは、公正な払込金額で、適法に決定された数の株式を発行することに尽きており、取締役の「なすべき行為」は、この場合でも上記①(実際に発行した株式数と同数の株式を、公正な払込金額で発行すること)であるというべきではないであろうか[255] [256]。そうすると、第三者割当増資の目的をいかに解そうとも、法令違反に該当する有利発行については、会社

---

253)　田中・前掲注233) 178〜196頁。

法上は、会社の対価不足損害は生じるものといわざるを得ないのではないだろうか。したがって、法令違反に該当する有利発行がなされた場合、株主は、発行した株式数と同数の株式を公正な払込金額で発行した場合の資金調達額と実際の払込金額との差額（これが対価不足損害の額となる）につき、当該有利発行に関与した取締役に対して、代表訴訟によって任務懈怠責任を追及できると解すべきように思われる。

ただし、このように考えたとしても、前述のとおり、間接損害説のように、株主の希釈化損害を会社の対価不足損害の反射的効果であると考える必要はなく、いずれも独立に損害として生じているのであって、結局、結論としては、田中亘教授の所説と同じく、株主は、法令違反に該当する有利発行がなされた場合、当該有利発行に関与した取締役に対して、代表訴訟により任務懈怠責任を追及することもできるし、直接対第三者責任を追及することもで

---

254) この点、有利発行の株主総会特別決議は、単に払込金額だけでなく、募集株式の数（発行株式数）をも含むその他の募集事項を決定するものである（会社199条1項各号・2項、201条1項）以上、発行株式数についても、株主総会の特別決議を経なかったという法令違反の任務懈怠があるという反論が考えられる。しかし、仮に払込金額が公正であれば、同じ発行株式数であっても株主総会特別決議は不要であったはずであるから、やはり発行株式数の点については任務懈怠がないようにも思われる。このことは、公開会社でない会社においては、有利発行規制は、募集事項を決定する株主総会で当該払込金額でその者に株式を発行することを必要とする理由を説明しなければならない点のみとされている（発行株式数その他の募集事項については説明が要求されていない）ことを勘案すれば、一層明確であるように思われる。

255) すなわち、社会経済的な見地からは、「なすべき行為」は②ということができるが、会社法上は、これが①に置き換えられてしまうということである。仮に、会社法上の有利発行規制が、現在の、「特に有利な金額」による発行だけでなく、例えば、「株主の権利を特に希釈化させる募集株式の数による発行」の場合も株主総会の特別決議事由とされていれば、その特別決議を経ていない有利発行は、発行株式数の点も含めて法令違反行為ということになり、②が「なすべき行為」、すなわち「任務」であるといえることになるであろう。

256) なお、「特に有利な金額」による発行の点は法令違反としての任務懈怠、必要以上の発行株式数による点は単なる善管注意義務違反としての任務懈怠というように、1つの法令違反に該当する有利発行の中に、任務懈怠の法的根拠が2つあるものとして構成した場合には、現行会社法上の有利発行規制下であっても、②を「任務」として構成することも可能かもしれない。しかし、どのくらいの数であれば、発行株式数が任務懈怠となるか、の判断は非常に困難であり（これに加えて、払込金額の点については法令違反があることから、発行株式数について経営判断原則の適用があるか否かも困難な問題である）、そもそも訴訟を提起する株主の側からすれば、このような複雑な構成は現実的とはいえないと思われる。

きると考えるべきように思われる[257]。

(iii) 買収側会社（存続会社等）がその発行株式以外の資産を移転するM&A取引

次に、M&A関与取締役が属する会社がその発行株式以外の資産を移転させ、その対価として相手方から資産等を取得する類型のM&A取引の場合（すなわち、資産等移転主体および対価取得者が当該会社であって、移転資産等が当該会社の発行株式以外の資産である場合。図表Ⅰ-10-3の(a-2)、(a-3-1)～(a-3-6)、(a-4)、(a-5-1)、(a-5-2)の各取引）には、当該会社から発行株式以外の資産が移転されることにより、当該会社には積極的な財産の流出があるので、当該会社の対価不足損害に関する任務懈怠責任が問題となり得る。

したがって、この場合には、M&A関与取締役には、移転資産等の価値と対価の額（価値）とをそれぞれ適切に評価することにより、対価の額が、当該M&A取引により実現されるシナジーその他の利益をも加えて総合的に考慮して、移転資産等の価値に見合うものといえるか否かを適切に判断することが求められるのであって、法令・定款違反や利益相反状況がなければ、経営判断原則が適用され、その下で、当該取締役に任務懈怠があるか否かが判断されることになる[258][259][260]。

---

[257] このような結論に関し、取締役は会社と株主の双方に二重の責任を負うことになるとともに、株主に対する責任を履行すると会社に対する責任も消滅するとすれば、本来会社に帰属すべき財産を一部の株主が割取することを認めることになって株主間の公平に反し、債権者を害することのほか、通謀引受人の対会社責任（会社212条1項1号）が成立する場合に両責任間の調整をどう図るかにつき、困難な問題を生じる等の問題（前掲注248）参照）の整理については、田中・前掲注233) 205～216頁参照。

[258] 保有する他社株式の譲渡（図表Ⅰ-10-3の(a-2)の類型）に関する裁判例として、①東京電力株主代表訴訟事件・東京高判平成18年10月25日資料版商事274号245頁、東京地判平成18年4月13日判タ1226号192頁、②大阪地判平成25年1月25日金判1423号49頁、および③国際興業株主代表訴訟事件・東京地判平成25年2月28日金判1416号38頁がある。このうち①の事案は、東京電力の株主が、フジテレビジョンの行った公開買付けに応募して保有するニッポン放送株式を売却した東京電力の行為につき、ニッポン放送株式の市場価格が公開買付期間中に買付価格を上回るに至ったことを指摘して、その日以降に当該公開買付けへの応募を維持することは、緊急の資金調達の必要がない状態における市場価格を下回る価格による重要な固定資産の売却に当たるだけでなく、公共企業に求められる社会的信頼を損ない、経営権の紛争に巻き込まれて、紛争の帰趨によっては東京電力の業績が影響を受けるリスクを発

生させるものであるから、取締役らは当該応募を撤回させる義務を負っていたのにこれを維持したことが善管注意義務に違反すると主張し、買付期間終了日におけるニッポン放送株式の市場終値と公開買付価格との差額が会社（東京電力）の損害であるとして損害賠償を請求したというものである。かかる事案につき、一審の東京地裁は、経営判断原則を適用し、取締役らが公開買付けへの応募を維持したことについては、前提とした事実の認識に不注意な誤りはなく、その事実に基づく行為の選択にも著しく不合理な点がないとして請求を棄却し、控訴審もこれを支持した。他方、上記②の事案は、ある会社が、その保有する関係会社の株式を売却した取締役に対し、当該株式の適正価格は1株2556円であったのにこれを1株100円で売却したことは任務懈怠に当たるとして損害賠償を請求した事案であるが、大阪地裁は、当該売却の判断過程にも判断内容にも著しい不合理が認められるとして当該取締役に損害賠償を命じた。また、上記③の事案は、グループ企業の再建の過程において行われた外資系ファンドとの金融取引、関係会社株式の売却、当該ファンドからの特定種類株式の取得について、株主が、取締役の善管注意義務違反に当たるとして代表訴訟を提起したという事案であるが、東京地裁は、経営判断原則を適用し、当該取締役には任務懈怠はないと判示した。

259) 他社株式の取得（図表Ⅰ-10-3 の（a-3-1）の類型）に関する裁判例として、①セメダイン株主代表訴訟事件・東京地判平成8年2月8日資料版商事144号111頁、②アパマンショップ株主代表訴訟事件・最一判平成22年7月15日金判1353号26頁、および③テーオーシー株主代表訴訟事件・東京地判平成27年10月8日判時2295号124頁がある。このうち上記①の事案は、セメダインの株主が、同社取締役らによる、米国での合弁契約の解消および合弁の相手方からの経営不振の合弁会社の株式の譲受けが善管注意義務違反に当たるとして、株式の譲受代金額等の損害賠償を求めた事案であるが、東京地裁は、経営判断原則を適用し、被告取締役らの任務懈怠を否定した。また、上記②の事案は、アパマンショップホールディングスの株主が、同社取締役らによる、グループ会社の完全子会社化のためのフランチャイジーからの当該子会社株式の出資価額5万円での買取り（時価約1万円）が善管注意義務違反に当たるとして、時価と買取価格との差額について損害賠償を求めた事案であるが、最高裁は、経営判断原則を適用し、やはり被告取締役の任務懈怠を否定した。さらに、上記③の事案は、テーオーシーの株主が、同社取締役による、ベンチャー企業への投資や業務提携目的での2社の株式の取得といった買収行為（いずれの買収先も後に経営破綻）が善管注意義務違反に当たるとして、各株式の取得価格について損害賠償を求めた事案であるが、東京地裁は、経営判断原則を適用し、同様に、被告取締役の任務懈怠を否定した。

260) 第三者割当増資の引受け（図表Ⅰ-10-3 の（a-3-2）の類型）に関する裁判例として、積水樹脂株主代表訴訟事件・大阪地判平成11年9月22日判タ1046号216頁がある。これは、他社との業務提携に先立ち、当該他社からの第三者割当増資を引き受けたことが、相当な価額を超える不当なものであり、善管注意義務違反に当たるとして、当該相当な価額を超える部分およびその後の株式の値下がり分を損害として賠償請求した事案であるが、大阪地裁は、当該引受け・払込みが提携関係強化のために行われたものであって投機目的でなかったこと、発行会社が（当時の）店頭登録会社であることから日本証券業協会が指針で定めた内容に沿って発行価額が定められたこと、その他同指針に従って発行価額を決めることが不合理といえるような特段の事情はないとして、被告取締役の任務懈怠を否定した。

このタイプに属するM&A取引については、以下の特徴を指摘することができる。

まず、前記(ii)(a)において、買収側会社がその発行株式を交付する組織再編行為（図表Ⅰ-10-3の (a-1-1)～(a-1-3) の各類型）について、組織再編条件の不公正の場合には、会社には対価不足損害は問題となり得ないと述べたが、これは、移転資産等が当該会社の発行株式であって、当該会社からの財産の流出がないためである。これに対して、買収側会社が、その株式以外の資産を移転資産等とし、その対価として相手方から資産等を取得する吸収合併、吸収分割および株式交換（図表Ⅰ-10-3の (a-3-4)～(a-3-6)）の場合には、実際に当該会社から財産が流出するわけであるから、移転資産等の価値と対価の額との均衡が問題となり、対価不足損害が問題となり得るので、かかる場合には、当該M&A取引に関与した取締役に対して、株主から代表訴訟によって任務懈怠責任を追及されることがあり得る（なお、この場合、当該会社の株主が、会社の損害に起因して自己が保有する株式の価値が毀損したために価値下落損害が発生したことを根拠として、当該取締役に対して対第三者責任を追及できるか否かは、この場合の間接損害を被った株主が会社法429条1項の「第三者」に当たるか否かの問題であるので、後記3(1)(i)を参照のこと）[261]。

もっとも、当該会社の株式以外の資産が移転資産等となる類型のM&A取引に関しては、吸収合併（当該会社が存続会社の場合。図表Ⅰ-10-3の (a-3-4)）、吸収分割（当該会社が承継会社の場合。同 (a-3-5)）、株式交換（当該会社が完全親会社の場合。同 (a-3-6)）、事業譲受（同 (a-3-7)）、事業譲渡（同 (a-4)）、吸収分割（当該会社が分割会社の場合。同 (a-5-1) および (a-5-3)）および新設分割（当該会社が分割会社の場合。同 (a-5-2)）については、いずれもこれらの行為に反対の株主は株式買取請求権を行使することができるため、対価の額（具体的には組織再編比率）に不満であれば、主としてこの方法で救済されることになる。それ故、それら株式買取請求権が行使できる場合には、当該会社の株主が、対価の額が不十分なことにより自己が保有する株式に価値下落損害が生じたとして、M&A関与取締役に対して対第三者責任を追及するようなケースは実際上はあまり出てこないように思われる。

---

261) 江頭865頁、伊藤ほか434～435頁。なお、法令違反に該当する有利発行と異なり、対価不足損害が問題とならない点については、前記(ii)で述べたのと同様である。

第4節　責任追及の訴え（損害賠償責任の追及）　651

(iv)　被買収側会社（消滅会社等）の組織再編行為

　次に、対価取得者がM&A関与取締役が属する会社ではなく、その株主であるタイプのM&A取引（図表Ⅰ-10-3の(b)）について検討する。

　これらは、当該会社が、吸収合併もしくは新設合併における消滅会社または株式交換もしくは株式移転における完全子会社である場合の取引、すなわち、被買収側会社の組織再編行為としてのM&A取引である。これらの取引の場合、当該会社は、他の会社と合併して解散し、または他の会社の完全子会社となるだけであるから、当該会社には、対価不足損害の問題は生じない。

　他方、当該会社の株主については、合併や株式交換または株式移転という組織再編行為の効力発生により、それまで保有していた株式を失い、代わりに存続会社もしくは新設会社または完全親会社（以下、本節において、「存続会社等」という）の株式または金銭その他の資産を対価として得ることになるところ、組織再編条件が、当該会社の株主が失う株式の価値に等しい対価を取得するよう定められたとしても、そのことのみによって、公正な組織再編条件が定められたとはいえない。公正な組織再編条件というためには、組織再編行為により生じるシナジーを存続会社等の株主が独占するのではなく、当該会社の株主にも適切に分配されるよう定められなければならない。そのため、当該会社の株主が失う株式の価値に、組織再編行為により生じるシナジーのうち当該会社の株主に分配すべき分も含め、対価の額（価値）が見合わない場合には、当該会社の株主に対価不足損害が発生し得る。そのため、当該会社の取締役には、株主における対価不足損害に基づく対第三者責任が問題となる[262]。そこで、この点は後記3においてまとめて論じる。

　もっとも、組織再編行為により生じるシナジーは、組織再編行為後の存続会社等の株式の価値に反映されるため、組織再編行為の対価として存続会社等の株式が交付される場合において、消滅会社または完全子会社（以下、本節において、「消滅会社等」という）の株主が、組織再編行為前の評価において自己が有していた株式と等しい価値の存続会社等の株式を対価として取得するのであれば、シナジー分も含め公正な分配を受けたといい得る。それ故、かかる場合には、消滅会社等の株主には対価不足損害は生じないと考えられる。他方、組織再編行為の対価として存続会社等の株式以外の金銭その他の

---

[262]　伊藤ほか434〜435頁。

資産が交付される場合（図表Ⅰ-10-3の(b-1-3)および(b-2-3)）には、その対価の価値には当該組織再編行為により生じるシナジーが当然には反映されないことから、消滅会社等の株主が、組織再編行為前の評価において自己が有していた株式と等しい価値の対価を受け取るだけではシナジーが公正に分配されたとはいえないため、シナジーの分配の不公正が問題になりやすい[263]。

もっとも、以上で述べた被買収側会社の組織再編行為としてのM&A取引については、いずれもこれらの行為に反対の株主は会社法上株式買取請求権を有しているため、対価の内容に不満の場合には、かかる権利を行使することで救済を受けることにより、対価不足損害を回避することが可能である。それ故、実際上は、被買収側会社の株主が、対価の額が不十分であるとして、当該会社のM&A関与取締役に対して対第三者責任を追及するような場合はあまり出てこないであろう。

(v) MBO取引

最後に、資産等移転主体および対価取得者が、いずれもM&A関与取締役が属する会社（以下、本節において、MBO取引の文脈で論じる場合には、「対象会社」という）の経営陣ないし支配株主である取引、すなわち、MBO取引について論じる。

これまで論じたM&A取引は、いずれも、資産等移転主体がM&A関与取締役が属する会社である点において共通しており、これらのM&A取引においては、M&A関与取締役は、代表者、業務執行担当者、取締役会構成員等の立場の違いはあれ、当該会社の業務として、当該M&A取引に関与している。

これに対して、MBO取引の場合、取引そのものは、対象会社の行為として行われるものではなく、対象会社の経営陣ないし支配株主が対象会社の少数株主から有償でその保有株式を取得する取引である。それ故、MBO取引においては、資産等移転主体および対価取得者は対象会社の経営陣ないし支配株主、移転資産等は（対象会社の少数株主が受領する）金銭その他の資産、対価は対象会社の発行株式、移転資産等取得者は対象会社の少数株主である

---

[263] 江頭864～865頁。

と整理できる。

しかしながら、対象会社の取締役については、自らまたは自己を選任した支配株主が、直接またはSPC等の法人を通じて間接的に、対象会社の少数株主から有償で対象会社の発行株式を取得することから、それら少数株主との間で利益相反関係が生じる。そのため、MBO取引は、かかる利益相反関係の影響により、取引条件の公正性が害されやすい構造になっているといえる。MBO取引の条件が不公正なものであれば、対象会社の少数株主に対価不足損害が発生し得ることとなり、実際に対価不足損害が生じた場合には、それら少数株主との関係で、対象会社のM&A関与取締役の対第三者責任が問題となり得る。そこで、この点は、MBO取引における株主に対する対第三者責任について概説する後記3(4)において論じる。

3 M&A取引において問題となる株主に対する取締役の対第三者責任

(1) 総論

(i) 株主の間接損害に関する取締役の対第三者責任

前記2において述べたとおり、M&A取引において、M&A関与取締役が属する会社に財産流出損害、価値下落損害または対価不足損害の別を問わず損害が発生した場合には、当該会社の株式価値の希釈化を通じて、当該会社の株主に間接的に価値下落損害が発生することから、M&A関与取締役の株主に対する対第三者責任が問題となる。

この点、法令違反に該当する有利発行との関係で既に前記2(2)(ii)(b)においても述べたところであるが、判例は、「取締役の任務懈怠の行為と第三者の損害との間に相当の因果関係があるかぎり、会社がこれによつて損害を被つた結果、ひいて第三者に損害を生じた場合〔筆者注：間接損害〕であると、直接第三者が損害を被つた場合〔同：直接損害〕であるとを問うことなく、当該取締役が直接に第三者に対し損害賠償の責に任ずべき」として、いわゆる両損害包含説に立つことを明らかにしており[264]、判例上、間接損害その

---

264) 前掲注211) 最大判昭和44年11月26日。

ものは対第三者責任の対象から除外されているわけではない。しかしながら、学説上は、間接損害についての株主救済は代表訴訟によるべきであるから、株主は「第三者」に含まれないとする否定説が多数説である[265]。その理由としては、仮に取締役が株主に賠償しても会社に対する責任が残るとすると取締役は二重の責任を負う結果となること、仮に株主に賠償することにより会社に対する責任もその分だけ減少するとすれば、取締役の会社に対する責任の免除に総株主の同意が必要とされていること（会社424条）と矛盾し、資本維持の原則にも反する上、会社債権者に劣後すべき株主が債権者に先んじて会社財産を取得する結果を招くことになるほか、株主相互間でも不平等を生ずること等が挙げられている。

もっとも、これに対しては、取締役の会社に対する責任については一部免除が可能であり（会社425条～427条）、また、株主の同意を必要とすることなく裁判上の和解によって取締役の責任の全部または一部を免除することが可能である（会社850条）から、代表訴訟によっては株主の間接損害は必ずしも回復されないとして、間接損害を被った株主も「第三者」に含まれるとする肯定説[266]がある。その他、限定肯定説として、株主の被る間接損害の救済については、上場会社等の場合には代表訴訟によるべきであるが、取締役と支配株主が一体である閉鎖型タイプの会社の場合には取締役に対する直接の対第三者責任の追及を認めるべきとする説[267]や、以前からの株主が会社の業績悪化後に株式を売却した場合には、原則どおり、取締役に対する会社法429条1項や民法709条による損害賠償請求権が付与されると解すべきとする説[268]も依然として有力である。

この点、裁判例は、雪印食品損害賠償請求事件が、「特段の事情」がある場合を除き、原則として株主による間接損害を理由とする取締役に対する直接の損害賠償請求（対第三者責任の追及）は認められないとするなど、おおむね否定説の立場に立っているようである[269]。

---

265) 前掲注246) 参照。
266) 田中誠二『会社法詳論(上)』（勁草書房、1967）496頁、竹内昭夫『会社法の理論Ⅲ 総論・株式・機関・合併』（有斐閣、1990）289頁、弥永226頁、逐条解説(5)423頁〔青竹正一〕。
267) 江頭513頁注3、伊藤ほか251～255頁、田中・会社法354頁。
268) 黒沼悦郎「取締役の投資家に対する責任」商事1740号（2005）21頁。

第 4 節 責任追及の訴え（損害賠償責任の追及）　655

このように、M&A関与取締役に対する、株主の間接損害に基づく対第三者責任の追及は、上記雪印食品損害賠償請求事件が判示する「特段の事情」が存在するような場合を除いては、少なくとも実務上は困難であると考えられる。

(ii)　株主の直接損害に関する取締役の対第三者責任（「株主」に対する善管注意義務についての理論的基礎と会社法 429 条 1 項の解釈）

後記(2)において述べるとおり、M&A取引の中には、M&A関与取締役が属する会社の株主に直接損害が生じ得る類型が存在する（なお、法令違反に該当する有利発行は前記 2(2)(ii)(b)で論じたので除く）。具体的には、以下の類型

---

269)　雪印食品損害賠償請求事件・東京高判平成 17 年 1 月 18 日金判 1209 号 10 頁は、「株式が証券取引所などに上場され公開取引がなされている公開会社である株式会社の業績が取締役の過失により悪化して株価が下落するなど、全株主が平等に不利益を受けた場合、株主が取締役に対しその責任を追及するためには、特段の事情のない限り、商法 267 条に定める会社に代位して会社に対し損害賠償をすることを求める株主代表訴訟を提起する方法によらなければならず、直接民法 709 条に基づき株主に対し損害賠償をすることを求める訴えを提起することはできないものと解すべきである。その理由は、〔1〕上記の場合、会社が損害を回復すれば株主の損害も回復するという関係にあること、〔2〕仮に株主代表訴訟のほかに個々の株主に対する直接の損害賠償請求ができるとすると、取締役は、会社及び株主に対し、二重の責任を負うことになりかねず、これを避けるため、取締役が株主に対し直接その損害を賠償することにより会社に対する責任が免責されるとすると、取締役が会社に対して負う法令違反等の責任を免れるためには総株主の同意を要すると定めている商法 266 条 5 項と矛盾し、資本維持の原則にも反する上、会社債権者に劣後すべき株主が債権者に先んじて会社財産を取得する結果を招くことになるほか、株主相互間でも不平等を生ずることになることである。……もっとも、株式が公開されていない閉鎖会社においては、株式を処分することは必ずしも容易ではなく、違法行為をした取締役と支配株主が同一ないし一体であるような場合には、実質上株主代表訴訟の遂行や勝訴判決の履行が困難であるなどその救済が期待できない場合も想定し得るから、このような場合には、前記の特段の事情があるものとして、株主は民法 709 条に基づき取締役に対し直接株価の下落による損害の賠償を請求することもできると解すべきである」〔傍点筆者〕とし、間接損害を受けた株主は、原則として株主代表訴訟を提起しなければならないが、上記「特段の事情」がある場合には株主が直接自己に対する損害賠償請求をすることも認められると判示した。他に、否定説に立つ裁判例として、日本航空電子工業事件・東京地判平成 8 年 6 月 20 日判タ 927 号 233 頁、東京地判昭和 43 年 8 月 26 日判タ 229 号 276 頁がある。また、福岡地判昭和 62 年 10 月 28 日判時 1287 号 148 頁は、表面的には肯定説に立っているが、任務懈怠を行った代表取締役が大株主でもあった事案であり、上記「特段の事情」がある場合であると整理することができる。

である(括弧内の符号は図表Ⅰ-10-3記載の符号に対応している)。

① 買収側会社の組織再編行為(a-1)
 ・吸収合併(存続会社側)(a-1-1)
 ・吸収分割(承継会社側)(a-1-2)
 ・株式交換(完全親会社側)(a-1-3)

② 被買収側会社の組織再編行為(b)
 ・吸収合併(消滅会社側)(b-1-1)
 ・新設合併(消滅会社側)(b-1-2)
 ・交付金等吸収合併・新設合併(消滅会社側)(b-1-3)
 ・株式交換(完全子会社側)(b-2-1)
 ・株式移転(完全子会社側)(b-2-2)
 ・交付金等株式交換・株式移転(完全子会社側)(b-2-3)

③ MBO取引
 ・公開買付け+全部取得条項付種類株式の取得ないし株式併合によるキャッシュ・アウト(a-3-3)[270]
 ・公開買付け+株式等売渡請求によるキャッシュ・アウト

　上記①から③までの取引は、いずれも株主に直接損害が生じ得るものであるところ、会社法429条1項は、取締役に悪意・重過失による任務懈怠があり、これと第三者の損害との間に相当因果関係があれば、取締役に対第三者責任を課すものであって、会社の株主も、少なくとも直接損害については、この「第三者」に含まれ得るものと解されることから、これらの取引がなされた場合には、M&A関与取締役につき対第三者責任が問題となる。そこで、これらの場合におけるM&A関与取締役の株主に対する対第三者責任について、以下検討する。

---

[270] 前記1(5)で述べたとおり、取得の対価が不当に高ければ、会社に対価不足損害が発生するが、通常問題となるのは対価が低廉である場合であり、この場合には会社に損害は発生せず、対価を受け取る株主の対価不足損害が問題となる。

この点、M&A関与取締役が属する会社の株主に直接損害が生じる場合における、当該取締役の当該株主への対第三者責任については、本来は「会社に対する」義務違反であるはずの「任務懈怠」の概念を、会社法429条1項の解釈上どのように考えるべきかが問題となる。すなわち、そもそも取締役が負う善管注意義務（すなわち、任務。会社330条、民法644条、会社355条）は、会社との委任関係（会社330条）に基づき会社に対し負うものであるところ、会社の損害を経由しない株主の直接損害について、「任務懈怠」を理由として株主に対して直接責任を負うことの理論的根拠を問うものである。

　この点は、以下のように考えるべきであろう。すなわち、前述のとおり、会社法が株主利益最大化原則を強行法的原則としている[271]ことからすれば、会社に対して善管注意義務を負うという場合における「会社」は、単に会社そのものだけでなく、「株主（総株主）」を意味するというのが通説的な理解である。かかる理解に基づけば、取締役の善管注意義務は、会社のみならず、株主共同の利益に配慮する義務も含むものであると解され[272]、したがって、取締役の善管注意義務違反としての「任務懈怠」（会社423条1項の「任務を怠ったとき」）には、会社に損害を与える行為だけでなく、直接、株主共同の利益を害する行為も含まれると解される。そして、不公正な組織再編条件を定めて、既存株主内の特定の株主や、あるいは新株主を不当に有利に取り扱うことにより、これらの株主に価値の移転を生じさせ、当該特定の株主以外の株主や既存株主全体に希釈化損害を与えることは、株主共同の利益を害する行為であって、任務懈怠に当たり得ると解される[273]。

　以上を会社法429条1項の解釈論に引き直して整理すると、次のとおりとなるものと考えられる。すなわち、同項の前身である平成17年改正前商法266条ノ3の法的性質を明らかにした判例である、最大判昭和44年11月26日民集23巻11号2150頁[274]は、「取締役は、会社に対して受任者として善

---

271) 前掲注209) 参照。
272) 学説・裁判例の詳細は、白井正和『友好的買収の場面における取締役に対する規律』（商事法務、2013) 97～100頁参照。
273) 田中・会社法606～607頁。これに対し、「株主利益最大化原則は、株主と株主以外の会社関係者（従業員、債権者、コミュニティ等）との間の利害対立における、その利益調整の基本原則なのであって、株主間の利害対立の局面での取締役の行為規範の指導原理とはいい難い」とする批判もある（飯田秀総「判批(上)」商事2022号（2014) 8頁）。

良な管理者の注意義務を負い……また、忠実義務を負う……とされているのであるから、取締役は、自己の任務を遂行するに当たり、会社との関係で右義務を遵守しなければならないことはいうまでもないことであるが、第三者との間ではかような関係にあるのではなく、取締役は、右義務に違反して第三者に損害を被らせたとしても、当然に損害賠償の義務を負うものではない」「しかし、法は……第三者保護の立場から、取締役において悪意または重大な過失により右義務に違反し、これによつて第三者に損害を被らせたときは、取締役の任務懈怠の行為と第三者の損害との間に相当の因果関係があるかぎり、会社がこれによつて損害を被つた結果、ひいて第三者に損害を生じた場合であると、直接第三者が損害を被つた場合であるとを問うことなく、当該取締役が直接に第三者に対し損害賠償の責に任ずべきことを規定したのである」と判示しているが、上記の「右義務」、すなわち、会社に対する善管注意義務・忠実義務には、前述したところからすれば、株主共同の利益に配慮する義務が含まれる。したがって、不公正な組織再編条件等により直接株主に損害を被らせることは、上記判例のいう「会社に対する任務懈怠」に含まれるものと解し得る[275]ところ、損害を被る株主自体は、法的主体としては「会社」ではなく「第三者」に他ならない。それ故、かかる任務懈怠行為により直接株主が被った損害につき、当該株主が取締役の責任を追及する

---

[274] 前掲注211) 参照。

[275] 玉井利幸「MBOにおける取締役の『株主の共同利益に配慮する義務』の検討」南山法学35巻3＝4号（2012）169〜170頁は、レックス・ホールディングス損害賠償請求事件一審判決・東京地判平成23年2月18日金判1363号48頁が、取締役は会社に対する善管注意義務・忠実義務の一環として「株主の共同利益」に配慮する義務を負うと判示したことについて、「会社法の条文の文言との整合性を図り、取締役の第三者に対する責任に関する判例（最大判昭和44年11月26日民集23巻11号2150頁）の枠組みに収まるようにしようとしたためであると思われる。レックス事件の株主は会社法429条の取締役の第三者に対する義務に違反していることが要求されるので、株主を害することが取締役の会社に対する義務違反であると構成する必要がある」と指摘するが、これは本文で述べたところと同旨と解される。かかる解釈論は、レックス・ホールディングス損害賠償請求事件高裁判決・東京高判平成25年4月17日金判1420号20頁における、「取締役及び監査役の会社に対する善管注意義務は、会社、ひいては、株主の共同の利益を図ることを目的とするものと解される」「取締役及び監査役は、善管注意義務の一環として、MBOに際し、公正な企業価値の移転を図らなければならない義務（以下、便宜上「公正価値移転義務」という）を負うと解するのが相当である」との判示にも当てはまると解される。

には、会社法 423 条 1 項ではなく、同法 429 条 1 項による対第三者責任の追及によるべきことになると解される[276]。

なお、以上の議論は、あくまで、「任務懈怠」の概念が、株主共同の利益を害する行為を含むものであり、かつ、株主間の価値移転によって特定の株主を不当に有利に取り扱う行為を含むものであること、そして、会社法 429 条 1 項の要件としての任務懈怠も同様であることを明らかにするものに留まり、同項が株主の間接損害についても適用されるか否かとは全く別の論点である。それ故、上記のように解したからといって、会社法 429 条 1 項が株主の直接損害に のみ 適用されるという結論に当然に結びつくものでないことはいうまでもない。

(2) 買収側会社（存続会社等）の組織再編行為における組織再編条件の不公正に関する取締役の対第三者責任

以上の理論的な整理を前提に、M&A 取引における株主の直接損害に関する対第三者責任につき、上記①から③までの各取引類型毎に、特に問題となる任務懈怠の内容について検討する。

まず、上記①の類型の取引（買収側会社の組織再編行為）では、不公正な組織再編条件により、新たに M&A 関与取締役が属する会社の株主になる者が、不当に有利な条件で当該会社の発行株式を取得すれば、反射的に、当該会社の既存株主全員が価値下落損害としての希釈化損害を被る（当該会社の既存株主全体から新株主への価値移転が生じる）ことになる。したがって、M&A 関与取締役が、かかる不公正な条件による組織再編を行うことは、「株主共

---

[276] ただし、このように解すると、株主に損害を与える取締役の任務懈怠は、株主に対する義務違反になるとも考えられるため、株主に対する不法行為責任（民法 709 条）をも基礎付けるものとなり、同責任の要件も満たし得ることとなる。しかも、会社法 429 条 1 項の対第三者責任が認められるためには少なくとも重過失が要求され、不法行為責任よりも要件が重いため、株主としては不法行為責任を追及した方が有利となり、会社法 429 条 1 項を設けておく必要性が乏しくなるのではないかという疑問もある。結局、取締役の善管注意義務の対象につき株主も含んだものとして捉えようとすると、会社法 429 条 1 項の解釈論の局面においては、昭和 44 年の最高裁大法廷判決の枠組みでは不合理な点が生ずることは避けられないようにも思われる。そのため、そもそも同項の対第三者責任の規定は不要ではないかとの問題提起をする見解もある（田中・会社法 351～353 頁参照）。

同の利益の保護」という善管注意義務に反し、任務懈怠になり得る。

この場合における M&A 関与取締役が負う善管注意義務（取引注意義務）の具体的内容は、新株主に株式を交付するにあたって既存株主からの不当な価値移転を防止すること、すなわち、既存株主の保有する株式価値を希釈化させないという消極的な義務に尽きるということができよう。そして、上記①の類型の取引においては、M&A 関与取締役と株主間に、上記②や③の類型の取引で指摘する（後記(3)および(4)参照）ような、構造的な利益相反状況も存在しないことから、上記義務違反の有無の判断にあたっては、個別的な利益相反状況がない限り、当然に経営判断原則が適用されることになる[277]。

(3) 被買収側会社（消滅会社等）における組織再編条件の不公正に関する取締役の対第三者責任

次に、上記②の類型の取引（被買収側会社の組織再編行為）は、不公正な組織再編条件により、被買収側会社である消滅会社等の株主が、不当に低い対価で株主たる地位（株式）を失うおそれのある取引であり、当該株主の対価不足損害が問題となる。これも、被買収側会社の既存株主全体から、買収側会社である存続会社等の株主に対する価値移転の問題であり、株主間の価値移転という点では上記①の類型の取引と同様であるが、上記②の類型の取引では、被買収側会社の株主はそれまで有していた株主たる地位を失い、代わりに買収側会社から、その発行する株式または金銭その他の資産を対価として得るという点が異なっている。そのため、被買収側会社の M&A 関与取締役が負っている善管注意義務（取引注意義務）の具体的内容は、買収側会社をして、被買収側会社の株式に代わる、かつ、それに見合う、公正な価値の買収側会社の株式または金銭その他の資産を対価として交付させるという、積極的な義務である。そして、この義務は次のような特色を有している。

第一に、被買収側会社の株主に交付される対価は、買収側会社が発行する株式または買収側会社が保有する金銭その他の資産であり、かかる対価の額等を決定するのは買収側会社の取締役（および株主総会）であるから、上述した被買収側会社の M&A 関与取締役の負う善管注意義務（取引注意義務）の内容をさらに敷衍すると、買収側会社が買収に際して公正な対価を交付す

---

[277] 前掲注235）の裁判例を参照。

ることを決定するよう、買収側会社の業務執行者である取締役との交渉に尽力するとともに、もし対価が公正なものとならないと見込まれるのであれば、当該取引の中止をも検討すべき義務、ということになる。

　第二に、被買収側会社の株主に交付される対価の価値は、単にそれら株主が従前有していた被買収側会社の株式の価値に等しいというだけでなく、当該組織再編行為によって生じるシナジーのうち、被買収側会社の株主に帰属すべき部分も含むものでなければならない。ただし、前記2(2)(iv)で述べたとおり、組織再編行為により生じるシナジーは、組織再編行為後の存続会社等の株式の価値に反映されるため、消滅会社等の株主が、問題となる買収取引（組織再編行為）前の評価において自己が有していた株式と等しい価値の存続会社等の株式を取得するのであれば、シナジー分も含め公正な分配を受けたといい得ることから、シナジーの分配の不公正が対価不足損害として問題になりやすいのは、基本的には組織再編行為の対価として買収側会社である存続会社等の株式以外の金銭その他の資産が交付される場合（図表Ⅰ-10-3の(b-1-3)および(b-2-3)）である。

　第三に、上記②の類型の取引の場合、買収側会社としてどの会社を選択するかや買収条件（組織再編の条件）を巡る交渉は、被買収側会社のM&A関与取締役に委ねられており、その株主はかかる取締役によって合意された買収条件（組織再編の条件）を全体として受け入れるか否かの選択しかできない。然るところ、被買収側会社は解散して消滅する（合併の場合）か相手方会社（完全親会社）の完全子会社となる（株式交換または株式移転の場合）ことから、被買収側会社の取締役は、その地位が失われるか、少なくとも実質的な経営権を奪われるのが通常であるため、被買収側会社の株主は、M&A関与取締役に対し、その後の株主総会における選解任権や報酬の決定権の行使を通じてガバナンスを利かすことが困難である。しかも、それら取締役には、買収側会社との間で、当該買収後の会社における役職の確保、コンサルタント契約の締結、退職金の増額その他の私的利益を確保する「個人的取引」を行う強いインセンティブがあるため、類型的に利益相反的要素が存在する旨の指摘がされている[278]。そのため、上記①の類型の取引と比較して上記②の類型の取引については、より公正性への配慮が必要である旨指摘さ

---

278) 江頭864頁注2、白井・前掲注272) 49～54頁。

れている[279)][280)]。

(4) MBO 取引における取締役の対第三者責任

前記 2(2)(v)で述べたとおり、MBO 取引は、対象会社の経営陣ないし支配株主が、対象会社の少数株主から有償でその保有株式を取得する取引であるところ、かかる取引の構造に起因して、対象会社の取締役には、その少数株主との間で利益相反関係が存在する。そして、かかる利益相反関係が影響することにより、当該取引の条件の公正性が害された場合には、対象会社の少数株主に対価不足損害が生じることとなり、その場合には、対象会社のM&A関与取締役について、それら少数株主への対第三者責任が問題となり得る。

---

279) 江頭 864 頁注 2。
280) 白井・前掲注 272) 479〜505 頁は、取締役の行為の差止めの場面におけるものとしてであるが、このような被買収側会社における取締役の善管注意義務違反の有無に関する司法審査のための考慮要素として、米国デラウェア州の裁判例の分析を基に、①当該事案における被買収側会社の株主と取締役との間の利益相反性の強弱、②当該事案において、情報優位の立場にある被買収側会社の取締役に広範な裁量を認めることで被買収側会社の株主が享受できる利益の大小、③訴訟において審査対象となっている取締役の行為が、株主による最終的な判断権限の行使を通じた規律付けの仕組みの実効性を損ない得る程度の大小、の3点を挙げる。そして、買収の対価が買収側会社の株式以外の金銭その他の資産である場合（図表Ⅰ-10-3 の (b-1-3) および (b-2-3)）には、被買収側会社の「隠れた価値」の存在を踏まえたとしても、被買収側会社の株主がそれに基づく利益を享受することができないため、考慮要素②の観点から、取締役に広範な裁量を認めることはできず、結論として、米国のレブロン基準（第9章参照）と同程度の厳格さの審査基準を用いて取引の合理性を判断すべきとする。次に、買収の対価が買収側会社の株式であったとしても、当該買収取引により支配権の移転が発生する場合には、米国ではレブロン基準が適用されるが、わが国では、株主総会の特別決議が必要である点で考慮要素③の仕組みが働く余地があるものの、米国デラウェア州法と異なり、支配株主について少数株主に対する信認義務が観念されていないという状況に鑑みるならば、やはり同様にレブロン基準と同程度の厳格さの審査基準を用いて取引の合理性を判断すべきとする。最後に、被買収側会社の取締役の経済的な利害関係が、取締役会の判断の独立性に重大な影響を与えていると評価できる場面では、考慮要素①の利益相反性が特に深刻であるとともに、考慮要素②の観点からも取締役に広範な裁量を認めるべきでなく、考慮要素③に関しても支配株主の問題があるため、もはや取引の合理性（合理性基準）で判断するのではなく、取引の公正さを基準とすべき（取締役に、取引が公正な取扱いの産物であり、かつ、公正な価格を反映したものであることの立証を要求する：完全な公正の基準（第9章参照））とする。

ただ、全体が買収側会社ないし被買収側会社の行為（したがって、M&A関与取締役の職務）として行われる、上記①または②の類型の取引と異なり、MBO取引の中心である株式の取得行為（少なくともその大半）は対象会社の行為として行われるものではないので、そのような対象会社自身の行為ではない取引における取引条件の公正性の確保について、対象会社の取締役が善管注意義務を負う法的な根拠が、一応問題となり得る。

この点、MBO取引の具体的な手法は、対象会社とは別個の法的主体としての経営陣たる取締役、支配株主またはそれらの設立したSPC（以下、本節において「バイアウト側」という）が、対象会社の株主から、公開買付けでその保有する対象会社株式を買い付けた上で、当該公開買付けに応募しなかった株主（以下、本節において「残存株主」という）を、全部取得条項付種類株式の取得や株式等売渡請求等の手続を用いてキャッシュ・アウトするというものであるところ、前半段階の取引である公開買付けでは、対象会社はその直接の取引当事者ではないが、取引を全体として見た場合に、MBO取引が、通常、「市場における短期的圧力を回避した長期的思考に基づく経営の実現や、株主構成が変更されることによる柔軟な経営戦略の実現、従業員等の士気の向上などの狙いをもって行われ、規模の拡大等により複雑化した企業内部のインセンティブ構造……を単純化し、経営者及び株主間のエージェンシー問題……の解決を図るなどの経済的意義を有し、有効に活用すれば企業価値の向上に大きく資するもの」（レックス・ホールディングス損害賠償請求事件高裁判決・東京高判平成25年4月17日金判1420号20頁）として行われるものであるため、一般的には、当該公開買付けは、対象会社もバイアウト側と協力する形で（具体的には公開買付けにおける賛同意見表明等）実行される。そして、後半段階の取引であるキャッシュ・アウトの手続は、その方法が全部取得条項付種類株式の取得または株式併合である場合には、まさに対象会社が主体となって実施され、株式等売渡請求である場合にも、対象会社の取締役は、取締役会の承認（会社179条の3）等を通じて対象会社の職務を行う。

したがって、MBO取引は、キャッシュ・アウトの手法としていずれの方法を用いるかを問わず、全体として対象会社の業務として行われる取引ということができ、そのため、対象会社のM&A関与取締役については、一般に、不公正なMBO取引条件による少数株主の対価不足損害について、善管注意義務違反（任務懈怠）が問題となると考えられている[281]。

それでは、MBO 取引において、対象会社の取締役は、対象会社の一般株主との関係で、具体的にどのような内容の善管注意義務（取引注意義務）を負っているものと解されているのであろうか。

この点、現在におけるリーディング・ケースである、レックス損害賠償請求事件高裁判決[282]は、「取締役及び監査役の会社に対する善管注意義務は、会社、ひいては、株主の共同の利益を図ることを目的とするものと解される」「MBO において、株主は、取締役（及びこれを支援するファンド）が企業価値を適正に反映した公正な買収価格で会社を買収し、MBO に際して実現される価値を含めて適正な企業価値の分配を受けることについて、共同の利益を有するものと解されるから、取締役が企業価値を適正に反映しない安価な買収価格で MBO を行い、旧株主に帰属すべき企業価値を取得することは、善管注意義務に違反するというべきである」「したがって、取締役及び監査役は、善管注意義務の一環として、MBO に際し、公正な企業価値[283]の移転を図らなければならない義務（以下、便宜上『公正価値移転義務』という）を負うと解するのが相当であ」るとして、取締役が「株主の共同の利益」を保護する義務を負っていることを根拠として、MBO 取引における M&A 関与取締役は「公正価値移転義務」を負っている旨判示している。

同判決が、対象会社の一般株主は「MBO に際して実現される価値を含めて適正な企業価値の分配を受けることについて、共同の利益を有する」と指摘している点は、MBO 取引等においては、対象会社の株主が受領する対価に当該取引の結果として生じるシナジー（「MBO に際して実現される価値」）の分配分も含まれていなければ、公正な対価の交付を受けたことにならない点を踏まえたものと解される。

また、同判決は、被控訴人の「取締役及び監査役の善管注意義務は、会社

---

281) 森本滋「MBO における取締役の公正価値移転義務と株主に対する責任」私法判例リマークス 49 号（2014）93 頁参照。
282) レックス・ホールディングスを対象会社として実施された MBO（公開買付けおよび全部取得条項付種類株式の取得）に関して、対象会社の株主であった原告らが、MBO の実施により低廉な価格で株式を売却することを余儀なくされ、売却価格と適正な価格（MBO に関して別途提起された価格決定申立事件（東京高決平成 20 年 9 月 12 日金判 1301 号 28 頁）で確定した価格）との差額の損害（対価不足損害）を被ったと主張して、対象会社の取締役らに対し、会社法 429 条 1 項の対第三者責任を追及したという事案であるところ、東京高裁は、結論として、善管注意義務違反を否定した。

に対するものであるから、MBO に際し、取締役及び監査役が、株主の共同の利益に配慮し、株主間における公正な価値移転を図る義務を負うことはない」との主張に対応した傍論としてではあるが、「MBO については、……取締役と株主との間に利益相反的構造が生じることや、大きな情報の非対称性があることなどが、弊害ないし懸念として指摘されており……、いわゆる利益相反取引や競合行為と同様に、取締役及び監査役の善管注意義務による株主の共同の利益の保護が強く求められるものというべきである」と判示しているところ、これは、公正価値移転義務を導き出した背景として、対象会社の M&A 関与取締役と一般株主との構造的利益相反状況の存在を意識したものと思われる[284][285]。

このように、レックス損害賠償請求事件高裁判決は、MBO 取引における、対象会社の M&A 関与取締役と一般株主との間に構造的利益相反状況が存在することを前提に、当該取締役は、一般株主が、当該取引の結果として生じるシナジー（「MBO に際して実現される価値」）の分配分も含めた公正な対価の交付を受けることができるように注意を尽くすべき義務、すなわち、公正価値移転義務を負っていることを判示している。かかる公正価値移転義務の考え方が、MBO 取引と同様に M&A 関与取締役と一般株主との間に構造的利益相反状況が存在する他の取引（例えば、親子会社間の M&A 取引）にも適用されるものであるか否か等、公正価値移転義務の考え方がどの範囲まで及

---

283) この「公正な企業価値」の内容について、レックス損害賠償請求事件高裁判決が、MBO 取引実施前の企業価値に、MBO 取引に際して実現される企業価値のうち、対象会社の株主に帰属すべき部分を加えた価格であると解していることは明らかである。ただし、同判決が、控訴人の「取締役は価格最大化義務を負う」との主張に対して、「株主が共同所有により把握している企業価値を超えて利益を得ることまでが、会社法上、取締役及び監査役の善管注意義務によって保護されると解する根拠は見当たらない」と判示していることからすれば、東京高裁は、「公正な価値」とは「株主が共同所有により把握している企業価値」を意味すると解しているようである。しかし、そうであるとすると、「公正な価値」は、MBO 取引実施前の（株主が共同所有により把握していた）企業価値のことであり、MBO 取引に際して実現される企業価値を含まないと解する余地が生ずる。この点については、平成 17 年の会社法制定による株式買取請求権に係る改正により、企業再編によるシナジー効果を買収者が独占することは妥当ではないという理念が導入されたことに伴い、これを MBO 取引における取締役の義務の内容にも及ぼしたものと位置付けることができる旨指摘されている（飯田・前掲注 273）9〜10 頁）。

284) 白井正和「判批」ビジネス法務 13 巻 11 号（2013）49〜51 頁。

び得るか等に関しては、今後の裁判例および学説の蓄積が期待される（第9章も参照されたい）。

なお、平成26年改正会社法によって導入された、特別支配株主による株式等売渡請求の制度（会社179条〜179条の10）においては、特別支配株主は、対象会社の承認を得なければならないこととされている（会社179条の3）。

285）　シャルレ株主代表訴訟事件高裁判決・大阪高判平成27年10月29日金判1481号28頁は、MBO取引実施過程における対象会社の取締役の善管注意義務違反によりMBO取引が頓挫し、それにより対象会社が被った損害の賠償が請求された事案であるが、大阪高裁は、同判決において、①「取締役は、委任者である会社に対し、善管注意義務を負っているところ、会社の営利企業たる性格に応じて、かかる義務は株主の利益最大化を図る義務に引き直され、かかる義務に違反する行為により会社に損害を生じさせた場合にはこれを賠償する責任を負う。（なお、この点、一審原告は、株主の利益最大化を図る義務というところから、公開買付価格を可能な限り高くすることが取締役の義務であるかのように主張するが、ここでいう利益最大化とは会社の業績向上、損失回避等を通じて将来に向かって企業価値の最大化を図る義務のことをいうのであって、（プレミアムも含めた）株式の適正な現在価値を超えて株式の買取価格を吊り上げることまで要求するものではない。）」、②「MBOを実施する際の株式価格の公正性は、株主に適切な判断機会を保証し、対象会社と買付者側の交渉において恣意性が入ることを排除し、公開買付けにおける買付者とされる者以外の者との競争の機会を保証し、できうる限り一般株主に対する強圧性を排除する措置を執る等の公正な手続を通じた株主の判断に委ねるほかないことになる」、③「もっとも、取締役の義務は、株主との関係では、最終的には一般株主に対する公正な企業価値を移転することに尽きるから、企業価値の移転に係る公正な手続として想定される手続の一部が欠け、あるいは一部の手続に瑕疵があったとしても、最終的に公正な企業価値の移転がされていると認められれば、全体としては公正な手続が執られたと評価すべき場合はあろうし、仮に個々の行為に善管注意義務違反が認められたとしても、損害の発生がないことになり、損害賠償義務は発生しない」、④「しかし、会社との関係を考えると、取締役が企業価値の移転について公正を害する行為を行えば、公開買付け、ひいてはMBO全体の公正に対する信頼を損なうことにより、会社は本来なら不要な出費を余儀なくされることは十分に考えられるから、取締役は、そのことによって会社が被った損害を賠償すべき義務を負うべきものと解される。このように、公開買付けあるいはMBOにおいて、企業（株式）価値の移転について取締役が負う公正性に関する義務は、会社に対する関係と株主に対する関係では異なる点があることに留意すべきである」と判示し、MBO取引における対象会社の取締役の善管注意義務の内容が、会社との関係と株主との関係（この株主との関係における義務が公正価値移転義務ということになろう）とで異なっていることを指摘した。ただし、この判決を前提としても、仮に株主が取締役の公正価値移転義務違反を理由に自己が被った損害の賠償を会社法429条1項に基づき取締役に求める場合には、前記(1)(ii)において述べたことから明らかなように、同項の解釈上、公正価値移転義務違反は、「会社に対する任務懈怠」として把握する他ないものと解される。

この点につき、立案担当者は、「対象会社の取締役は、この承認をするか否かの決定に当たって、売渡株主等の利益に配慮し、株式等売渡請求の条件等が適正といえるか否かを検討する役割を担うこととなります」「取締役は、善管注意義務をもって、株式等売渡請求の条件等が適正といえるか否かを検討することを要し……、当該条件等が適正でないにもかかわらず当該承認をしたことにより売渡株主等に損害を与えた場合には、対象会社に対する善管注意義務……の違反を理由として、売渡株主等に対する損害賠償責任（〔筆者注：会社法〕第429条第1項）を負うこととなり得ます」と解説しており、少なくとも特別支配株主による株式等売渡請求の局面においては、取締役は、善管注意義務の一環として、少数株主である売渡株主が公正な対価を受領できるように配慮する義務を会社法上負っていることが明確化されているところである[286]。

第5節 価格決定裁判

　会社法は、組織再編[287]やキャッシュ・アウトの手法によるM&A取引を資本多数決の原理により個別の株主の同意なく可能としつつ、取引に反対する少数株主に対し、最終的に裁判所の決定する価格での退出の機会を保障[288]している（以下「価格決定制度」といい、この制度の下での裁判を「価格決定裁判」という）。価格決定制度は、①裁判所における価格決定に先立ち、反対株主に株式会社に対して所有する株式の買取りを請求する権利（株式買取請求権）を与え、買取価格について反対株主と株式会社の間での協議の機会

---

[286] 坂本・一問一答271頁。
[287] 本節では合併、会社分割、株式交換および株式移転といった会社法第5編に定める組織再編に加え事業譲渡等（会社468条1項）をあわせた意義で用いる。
[288] 例外として、①組織再編にあたり総株主の同意を要する場合（会社785条1項1号、806条1項1号）および②簡易組織再編に該当し、株主総会の承認決議を経ることなく組織再編が行われる場合（会社785条1項2号、797条1項但書、806条1項2号）には、株主に株式買取請求権は認められない。①の場合には反対株主を観念できず、②の場合は株主への影響が比較的軽微なためである。

を前置するもの（以下「株式買取請求前置型」という）と、かかる請求や協議の機会を経ることなく、直接、裁判所に株式の価格決定の申立てを認めるもの（以下「直接申立型」という）に分けられる。図表Ⅰ-10-4 は、資本多数決により実施可能な M&A 取引の主な手法と少数株主に利用可能な制度をまとめたものである。

[図表Ⅰ-10-4] 取引類型と価格決定制度

	M&A 取引の類型	価格決定制度
組織再編	①事業譲渡等	株式買取請求前置型（会社 469 条）
	②吸収合併、吸収分割、株式交換	株式買取請求前置型（会社 785 条、797 条）
	③新設合併、新設分割、株式移転	株式買取請求前置型（会社 806 条）
キャッシュ・アウト	④全部取得条項付種類株式	
	ⓐ 全部取得条項付種類株式とする定款変更	株式買取請求前置型（会社 116 条 1 項 2 号）
	ⓑ 全部取得条項付種類株式の取得	直接申立型（会社 172 条）
	⑤株式併合	株式買取請求前置型（会社 182 条の 4）
	⑥株式等売渡請求	直接申立型（会社 179 条の 8）

　M&A 取引の手法による制度の差異の理由としては、図表Ⅰ-10-4 の取引類型のうちキャッシュ・アウトの④ⓑ（全部取得条項付種類株式の取得）および⑥（株式等売渡請求）においては、M&A 取引の対象会社の株式が有償で取得されること自体は既に決定されており、会社に対して改めて株式買取請求をするということを理論上観念することができないため、株式買取請求権制度ではなく直接申立型とされているといった説明がなされる[289]。もっとも、このことは、②金銭を対価とする組織再編や、⑤株式併合を用いたキャッシュ・アウトであっても実質的に変わるところはないと思われる。そのため、株式買取請求前置型か直接申立型かにより解釈に差異を設ける場面があり得るとしても、基本的には制度の表面的な差異ではなく、より実質的な差異（特に取引対価の性質の差異）に着目して行われるべきように思われる。
　価格決定制度は、米国会社法のアプレイザル制度（appraisal remedy）を継

---

[289] 論点解説 84 頁。

受したものであり[290]、M&A 取引に関与した取締役等の責任の有無を前提とせず、申立ての対象となる株式（以下「対象株式」という）の価格に焦点を当てた簡便な少数株主の救済手段として、近時の M&A 取引において頻繁に行使されるものとなっている。他方で、会社法は「公正な価格」の意義を解釈に委ねており、実務上、多くの論点が議論されてきた制度であるが、判例・裁判例の蓄積により制度としての成熟度は増しつつある。以下では、価格決定裁判の手続および「公正な価格」の考え方につき、近時の動向も交えて解説する。

1 価格決定裁判の手続

(1) 申立人

(ⅰ) 申立権を有する株主の範囲

価格決定の申立てを行うことができる株主の範囲については、価格決定制度の対象となる各 M&A 取引の類型において既に解説したとおりであるが、これらをまとめると図表Ⅰ-10-5 のとおりである。

---

[290] 飯田秀総『株式買取請求権の構造と買取価格算定の考慮要素』（商事法務、2013）9頁。もっとも、会社法下における日本の価格決定制度は、これを利用可能な株主が議決権株主に限定されず、また、上場会社の株式についても特段の例外なく認められる点や、公正な価格の判断において M&A 取引により生じるシナジー等が考慮され得る点など多くの点において米国のアプレイザル制度とは大きく異なるものとなっている。これは、会社法上、価格決定制度に求められる役割の違いによるものと考えられる（なお、価格決定制度にどのような役割を担わせるべきかは、その国の会社法の有する他の利害関係調整手段の組合せによって決まるとする見解として、藤田友敬「新会社法における株式買取請求権制度」江頭憲治郎先生還暦記念『企業法の理論(上)』（商事法務、2007）284頁）。

[図表Ⅰ-10-5] 価格決定の申立てを行うことができる株主の範囲

M&A 取引の類型		制度を利用できる株主
組織再編	①事業譲渡等	反対株主[*1]（会社469条2項）
	②吸収合併、吸収分割、株式交換	反対株主[*1]（会社785条2項、797条2項）
	③新設合併、新設分割、株式移転	反対株主[*1]（会社806条2項）
キャッシュ・アウト	④全部取得条項付種類株式	
	ⓐ 全部取得条項付種類株式とする定款変更	反対株主[*1]（会社116条2項）
	ⓑ 全部取得条項付種類株式の取得	反対株主[*1, 2]（会社172条1項）
	⑤株式併合	反対株主[*1]（会社182条の4第2項）
	⑥株式等売渡請求	売渡株主等[*3]（会社179条の8第1項）

[*1] 取引類型①〜⑤の反対株主の権利は「少数株主権等」（社債株式振替154条1項、147条4項）に該当するから、その行使には個別株主通知（社債株式振替154条3項）を要する。すなわち、株式買取請求前置型の場合には、株式買取請求権の行使時点で、直接申立型で会社において申立人が株主であることを争う場合には、その審理終結までに[291]、それぞれ個別株主通知がされることを要する。

[*2] 条文上「反対株主」という用語は用いられていないが、実質的には他の制度における「反対株主」と同様であるため、ここでは反対株主としている。

[*3] 取引類型①〜⑤に対し、取引類型⑥は会社に対する権利行使ではないため、個別株主通知は必要とされない[292]。もっとも、この場合でも、特別支配株主（会社179条1項）が申立人が株主であることを争う場合には、申立人において自らが株主であることを疎明すべきであろう。

ここにいう「反対株主」は、概要、(x)取引について株主総会の承認決議を要する場合につき、(i)当該株主総会で議決権を行使できる株主のうち、予め反対の旨を会社に通知し、かつ、実際に反対の議決権行使を行った者、および(ii)当該株主総会で議決権を行使できない株主[293]、ならびに、(y)略式組織再編における全ての株主[294]となる[295]。また、取引類型⑥（株式等売渡請求）

---

291) メディアエクスチェンジ事件・最三決平成22年12月7日金判1360号18頁。
292) 坂本・一問一答262頁。
293) かつては(x)(ii)に該当する株主は、当該株主総会の基準日時点で対象株式を所有していたものの議決権を行使できない株主を指すと解されていたが（神田秀樹「株式買取請求権制度の構造」商事1879号（2009）4頁・7頁）、近時は、基準日後に対象株式を取得した株主もこの類型に該当するとする見解が有力なように見受けられる（後掲注299) 参照）。

については、当該請求により株式を売り渡す株主全てに申立権がある[296]。

このように、会社法は、価格決定申立制度を利用できる株主の範囲の画定にあたり、当該株主が申立ての対象となる株式（以下「対象株式」という）を取得した時期や申立ての動機により明示的な制限は設けていない。一方、実務的には、M&A取引の公表後に敢えて株式を取得または買い増して価格決定申立てを行う株主の存在やその行動の投機性が認知されており[297]、かかる株主の申立てが適法な申立てと認められるべきかが議論されてきた[298]。

近時の裁判例や学説上は、取引公表後や（株主総会の承認決議を要する取引について）株主総会の基準日後に取得された対象株式に係る申立てにつき、取引が公表されたり、株主総会の基準日が設定されたとしても当該取引の条件や実施が必ずしも確定しているとは限らないことや価格決定申立制度の趣旨（特に非効率的なM&A取引を阻止するという意味でのチェック機能。後記2(1)参照）に照らし、これを認める立場のようである[299][300]。しかし、逆にいえば、取引の確度が相当程度高まったと考えられる時点以降に敢えて取得された株式については、その株主が取引により不利益を受けることはないのだから、価格決定制度による保護を与える必要はないと考えられる。この時点

---

[294] 略式組織再編における「特別支配会社」を除く（会社785条2項2号、797条2項2号）。

[295] 取引類型②（吸収合併、吸収分割、株式交換）および取引類型③（新設合併、新設分割、株式移転）においては、消滅会社／分割会社／完全子会社側の新株予約権者についても、一定の場合には新株予約権買取請求権が認められる。**第6章～第8章参照**。

[296] 取引類型⑥（株式等売渡請求）においても、新株予約権売渡請求がなされる場合には、新株予約権者に価格決定の申立権が認められる。

[297] このような株主による申立てが2006年5月の会社法施行後の裁判例にかかる申立てが顕著であることにつき、藤田友敬「株式買取請求権をめぐる諸問題——会社法制定後10年の経験を経て」江頭憲治郎先生古稀記念『企業法の進路』（有斐閣、2017）435～438頁。

[298] なお、平成26年会社法改正に際しても、取引の条件を知りながら対象株式を取得した株主を保護する必要はないのではないか、場合によっては投機的な株式取得も生じかねないのではないかといった問題意識が挙げられたが、会社法制部会やパブリック・コメントでも賛否が分かれ、権利の存否を巡る紛争の増加を招くおそれがあることや、濫用的な申立ては、株式買取請求権の撤回制限の実行化（買取口座の創設）、株式買取請求権に基づく買取りの効力発生日の改正（代金支払時から効力発生日へ）、価格決定前の仮払制度の導入により相当程度防ぐことができるとの考えから、価格決定制度を利用できる株主の範囲についての立法的な見直しは見送られた（岩原・前掲注36）4頁・8頁）。

がいつであるかは、取引条件の公表時期や少数株主の対象会社に対する議決権の保有状況その他の状況に照らして個別的に判断されるべきと考えられるが[301]、特に、株主総会の承認決議を要する取引類型については、株主総会後に取得[302]された対象株式に係る価格決定申立ての適格を欠く（ないし申立権の濫用として不適法である）との見解が有力に主張されており[303]、同様の見解をとる裁判例もみられる[304]。

　この見解を、株主総会の承認決議を要しない取引類型のうち株式等売渡請求によるキャッシュ・アウトに当てはめると、株式等売渡請求においては対象会社の株主総会決議は行われないものの、対象会社が特別支配株主による株式等売渡請求を承認し、その旨の通知または公告を行った場合には、売渡

---

299) 買取請求権前置型の価格決定制度につき公表後または基準日後に取得された対象株式に係る申立てを認めた裁判例として、ダイワボウ情報システム事件・大阪地決平成22年3月30日資料版商事314号31頁（公表後）、テクモ事件東京地裁決定・東京地決平成22年3月31日金判1344号36頁（公表後）、パナソニック電工事件・大阪地決平成24年2月10日判時2152号139頁等、直接申立型の裁判例として、カルチュア・コンビニエンス・クラブ事件・大阪地決平成24年4月13日金判1391号52頁、セレブリックス事件・東京地決平成25年9月17日金判1427号54頁（基準日後）、エース交易事件・東京地決平成25年11月6日金判1432号52頁（基準日後）、ジュピターテレコム事件東京地裁決定・東京地決平成27年3月4日金判1465号42頁（基準日後）、東宝不動産事件東京地裁決定・東京地決平成27年3月25日金判1467号34頁（公表後、基準日後）、東宝不動産事件東京高裁決定・東京高決平成28年3月28日金判1491号32頁（公表後、基準日後）等。また、学説につき、藤田・前掲注290) 295頁、弥永真生「反対株主の株式買取請求権をめぐる若干の問題」商事1867号（2009) 4頁・19頁、弥永真生「反対株主の株式買取請求と全部取得条項付種類株式の取得価格決定(下)」商事1922号（2011) 40頁等。

300) なお、公表後または基準日後に取得された対象株式につき行われた価格決定申立てについては、投機的な申立てを抑止する見地から、申立人が当該株式を取得した時点以降の事情のみを考慮したり、当該取得の価格を「公正な価格」を上限とするなど、他の申立人と異なる取扱いをすべきかも議論されており、これを肯定した裁判例も存在するが（前掲注299）ダイワボウ情報システム事件）、やはり近時の裁判例や学説上は、これを否定する立場が一般的なようである（前掲注299）のその他の裁判例および学説。また、神田・前掲注293）7〜8頁）。ただし、例えば、前掲注299）カルチュア・コンビニエンス・クラブ事件）は、「取得価格決定申立制度の趣旨に反する濫用的な機会主義的な投機行動の一環としての申立てについては、例外的な対応をすれば足りる」とし、価格決定制度の趣旨に反するような濫用的ないし機会主義的な申立てにつき例外的な取扱いをする余地を残している点については注目に値する。

301) 黒沼悦郎「株式買取請求権に関する一省察」江頭古稀・前掲注297）419〜420頁参照。

株主等の意思にかかわらず売渡株式等が取得日に取得されることが決定され、その後に取得された株式について、売買価格決定の申立制度により保護する必要はない（すなわち、対象会社による通知または公告の後に株式を取得した株主は、売買価格決定の申立適格を欠く）と解することが素直と考えられた。この点については下級審裁判例においても見解が分かれている状況にあったが、2017 年に最高裁は、会社法 179 条の 8 第 1 項が売買価格の決定の申立てを認めた趣旨を、「〔筆者注：対象会社の通知または公告の時点における株主〕であって上記の対価の額に不服がある者に対し適正な対価を得る機会を与えることにある」とした上で、「通知又は公告により株式を売り渡すことになることが確定した後に売渡株式を譲り受けた者は、同項による保護の対象として想定されていない」とし、対象会社の通知または公告の後に株式を取得した株主の売買価格決定の申立適格を否定する立場をとることを明らかにした[305]。

翻って、本決定からは、最高裁が株主総会決議を要する取引類型に係る価

---

302) なお、振替株式につき、ここでいう「取得」は、約定日を基準とすべきか、それとも決済日（振替日）を基準とすべきであろうか。総会後に取得された株式につき申立適格を認めるべきでないと考える根拠を、取引の確度が高まった後に殊更に対象株式を取得して行う申立ての濫用性や保護の必要性の欠如に求めるとすれば、約定日を基準とすべきとも考えられる。他方で、振替株式の譲渡については、振替えの完了（振替口座における保有欄に譲渡に係る数の増加の記載または記録を受けること）がその効力発生要件とされていることや（社債株式振替 140 条）、約定日と決済日のずれ（現時点では約定日から数えて 4 営業日目に決済（振替）が行われる、いわゆる「T+3」のローリング決済）は振替株式の取引において周知の事項であり、申立適格を確保するためにいつまでに対象株式を取得すればよいかは株主に明らかであることに照らせば、申立適格の存否の判定に際しても、あくまで決済日（振替日）を基準とすべきとの考え方もあり得よう。

303) 最判解民事篇平成 22 年度（下）766〜768 頁〔田中秀幸〕。なお、価格決定制度のチェック機能を強調すれば、当該株主総会に係る基準日後に取得された対象株式については、もはやかかるチェック機能を果たし得ないものとして、申立適格を認めないとする解釈も合理的であるようには思われる。

304) 例えば、前掲注 299）ジュピターテレコム事件東京地裁決定は「株主総会において……〔筆者注：全部取得条項付種類株式の取得の〕決議がされた後は、既に株式が一定の対価で強制的に取得されることが確定しており、価格決定の申立ての制度趣旨からして、そのような株式をあえて取得した者が保護に値するとはいえないから、このような者からの申立ては申立権の濫用と評価される場合もあるものと考えられる」とする。

格決定制度についても上記の見解（株主総会決議後に取得された株式について取得価格決定の申立適格を欠くという見解）をとることが強くうかがわれる。留意を要するのは、株主総会決議を必要としない取引類型のうち略式組織再編における取扱いである。簡易組織再編については、平成26年会社法改正により、その要件（会社796条2項本文）を満たす場合には、存続株式会社等の株主が株式買取請求権を有しないこととされたため（会社797条1項但書）、申立権を有する株主の範囲は問題にならない。これに対して、略式組織再編については、平成26年会社法改正により特別支配会社が株式買取請求権を有しないとされたが（会社785条2項2号括弧書等）、その他の株主は引き続き株式買取請求権を有している。これらの株主が反対株主の株式買取

---

305) マツヤ事件最高裁決定（最二決平成29年8月30日金判1526号8頁）。なお、同事件の申立人は、原々審（長野地決平成28年8月12日金判1526号15頁）で申立適格が否定されたことを受け、原審（東京高決平成29年1月31日金判1526号14頁）において、①特別支配株主は取得日の前日まで株式等売渡請求を違約金なしで理由なく撤回できるのであるから、これとの均衡上、取得日の前日までに対象会社の株式を取得した者については価格決定の申立権が認められるべきであるし、株主が売買価格決定の申立てをすることで特別支配株主に撤回を促すこともできるのであるから、このような投資手法も保護されるべきである、②特別支配株主から売渡株主等に対する売渡請求がなされた後に対象会社の株式等を取得した者には価格決定の申立適格がないとの解釈は、株式等売渡請求等の前に株式等を取得し、名義書換を失念している株主の権利を不当に害することになり相当ではないとの主張を追加しているが、いずれも排斥されている。すなわち、①については、株式等売渡請求の撤回は、売渡株主等の利益保護が必要な限定的な場面を想定したものであり、かつ、対象会社の承認後は、対象会社の承諾を得た場合に限り撤回を許すものであるところ（会社179条の6第1項）、法が撤回の制度を設けていることと価格決定申立権をどの範囲の株主等に認めるかは関連性を有しない上、申立人の主張する投資手法を可能とするため、株式等売渡請求の後に対象会社の株式等を取得した者に価格決定申立権を付与すべきとの議論は撤回の制度趣旨にも反し、これをもって売買価格決定の申立権を論ずるのは本末転倒であるとし、②については、株主名簿の名義書換をしていない株主は、その地位を会社および第三者に対抗することはできず（会社130条1項）、会社からの通知を受けるべき立場にない（会社126条1項）ところ、特別支配株主の株式等売渡請求の制度はこれを当然の前提としていることからすると、申立人の主張する点が価格決定の申立適格に関する裁判所の解釈を左右するとはいえないとした。いずれも首肯すべき判示であり、特に、②については、失念株主による取得価格の決定の申立てを否定した下級審裁判例（東京地決平成21年10月19日金判1329号30頁。なお、株主総会決議後の株主に関する裁判例との関係については、加藤貴仁「判批」私法判例リマークス49号（2014）97頁参照）を踏まえても、株主が不当に害されているわけではないと解されるところである（以上につき、辰巳郁「判批」金法2080号（2017）45頁）。

請求権を行使するために、いつまでに株主となっている必要があるか、それとも行使の時点で株主となっていれば足りるかは、引き続き問題となり得る。略式組織再編における通知または公告（会社785条3項・4項等）は、反対株主の株式買取請求権の行使の機会を確保するものに過ぎず、株式等売渡請求における対象会社の通知または公告のような効果があるわけではないし、条文上も、特別支配会社を除く「全ての株主」が反対株主とされ（会社785条2項2号等）、上記の最高裁決定のように株式を取得した時点に応じた限定解釈がなされるかは直ちに明らかでない。ただし、実際には、略式組織再編に際して特別支配会社以外の株主の異動が生ずる事態はそれほど多くないであろう[306]。

(ii) 手続の併合

近時、1つのM&A取引について複数の株主から価格決定申立てがなされることは珍しいことではないが、これらの申立てに係る事件は個別の価格決定申立事件として係属し、その裁判手続は当然に併合されるわけでもないため、理論的には1つの取引につき複数の異なる価格が決定されることがあり得る。このこと自体は、後記(3)に述べる当事者主義的な手続運営からしても当然なのではあるが、事件毎に個別の審理が行われ決定価格に差異が生じることは（後記2(2)(ii)(a)に述べる価格決定の基準日の差異によるものは別として）一貫性や公平性の観点から望ましいわけではなく[307]、また、裁判所を含む手続関与者の負担の見地からも必ずしも効率的でないことも考えられる。そのため、1つの取引につき複数の価格決定申立事件が継続した場合、裁判所は、各事件の手続を併合し（非訟事件手続法35条1項）、これを一体として審理することを検討することとなるが、場合によって当事者も手続の併合の是非について意見を述べることになろう。

(2) 会社側の手続参加

株主から価格決定申立てがなされた場合、裁判所は、当該申立てが不適法または理由がないことが明らかであるとしてこれを却下する場合を除き、審

---

[306] 辰巳・前掲注305) 51頁。
[307] 神田・前掲注293) 8～9頁。

問の期日を開いて関係人の陳述を聴く必要がある（会社870条2項）。ここでいう関係人は、**図表Ⅰ-10-4**の取引類型①～⑤（組織再編および全部取得条項付種類株式または株式併合を用いたキャッシュ・アウト）については対象株式の発行会社、取引類型⑥（株式等売渡請求）については、特別支配株主となる。

また、株式買取請求前置型の価格決定裁判の場合、対象株式の発行会社は自ら価格決定申立てを行うこともできるし、株主の申立てによる価格決定裁判に当事者参加（非訟事件手続法20条1項）することもできる。さらに、これらの関係人は、価格決定裁判により決定される売買価格を支払う立場にあるため、「裁判を受ける者」として当該裁判に利害関係参加することも認められる（同法21条1項）[308]。このような手続参加には裁判所の許可を要しない。なお、上記の陳述権に鑑み、関係人には手続参加せずとも裁判所から期日呼出状とともに申立書の写しが送付されるが（会社870条の2第1項）、別途参加の申出をしない限り、自ら証拠申出等の手続行為を行う権利や裁判所の行った事実の調査について通知を受ける権利などは保障されない。

---

[308] なお、取引類型⑥（株式等売渡請求）については、上記のとおり特別支配株主による手続参加が認められるが、対象会社による手続参加も認められるであろうか。裁判所による価格決定の名宛人、すなわち「裁判を受ける者」は申立人（株主）および特別支配株主であり、対象会社はこれに該当せず、また、対象会社は価格決定裁判「の結果により直接の影響を受ける者」ともいえないと考えれば、対象会社による手続参加は認められないということになりそうである（松田亨＝山下知樹編『実務ガイド新・会社非訟〔増補改訂版〕』（金融財政事情研究会、2016）293頁）。もっとも、価格決定裁判においては主に対象会社における検討過程やその企業価値・株式価値に関する事項が審理の焦点になることに鑑みれば、対象会社が何らかのかたちで手続に関与することの意義は否めないように思われる。もちろん、株式等売渡請求について価格決定裁判が行われているということは、既に対象会社が特別支配株主の100％子会社となっているため、一般的には、特別支配株主を通じて対象会社における検討の基礎となった資料等を提出することは可能であろうし、そのような資料に顕れない事項についても、特別支配株主がこれを対象会社に代わって確認して主張・疎明するということは考えられる。もっとも、このような主張・疎明に迂遠さは否定できないし、また、対象会社がその検討に際して委嘱した第三者算定機関や独立委員会との契約上の制限等が特別支配株主への情報共有の障害となるケースや、対象会社の経営上センシティブな事項や対象会社における検討の機微について特別支配株主において主張・疎明することに難があるケースも考えられる。このようなケースへの対応は、今後の手続の運用や法改正において考慮されるべきように思われるものの、対象会社としては、基本的には自らが手続参加しない価格決定裁判において、その検討過程が誤解されることなく裁判所に伝わるよう、その記録化に留意すべきであろう。

(3) 非訟事件としての裁判手続

　価格決定裁判は、公開の法廷で当事者主義の建前にて行われる訴訟事件としてではなく、当事者の権利義務が存在することを前提にその具体的な内容を裁判所が裁量的に形成する非公開の裁判手続である非訟事件として審理され、対象株式の発行会社の本店所在地を管轄する地方裁判所が管轄権を有する（会社868条1項・3項）。

　非訟事件としての性質上、価格決定裁判の審理は職権探知主義（非訟事件手続法49条1項）の建前にて行われるが、裁判所は、常に価格決定に必要な資料を独自に収集するわけではなく、対象株式の価格について当事者対立の構造を有する価格決定裁判の性質上、むしろ、基本的には当事者の主張・立証に基づき決定を行うという当事者主義的な手続運営がなされている[309]。

　また、平成23年新非訟事件手続法制定により、非訟事件における証拠調べが、職権であると申立て[310]であるとを問わず、基本的に民事訴訟法に定める方法によることが明確にされ（非訟事件手続法53条1項）、非訟事件においても証人尋問、鑑定、書証（文書提出命令および送付嘱託を含む）および検証の5つの証拠調べが可能となったが[311]、このうち実務において特に問題となるのが文書提出命令である。具体的には、取引の検討過程や対象株式の価値に関する資料として、株式価値算定書、第三者委員会の答申書、それらにおける検討の基礎とされた資料（事業計画、会社内部での分析・検討資料、議事録等）について申立人（株主）から文書提出命令の申立てがなされることがある。一方、これらの文書は、第三者に対する秘密保持義務の対象とされていたり、企業秘密を含むものであったりすることが多く、会社として安

---

[309] 松田＝山下編・前掲注308）264頁。
[310] 平成23年新非訟事件手続法制定により、当事者に裁判資料の収集における主体的な役割を与えるため、当事者に証拠調べの申立権が認められ、また、適切かつ迅速な審理および裁判の実現のため、当事者が証拠調べに協力する義務を負うことも明確化された（同法49条）。
[311] ただし、非訟事件としての性質上、①手続の非公開（非訟事件手続法30条）、②職権による証拠調べ（同法49条1項）、③証明責任や自白の拘束力の不採用、④集中証拠調べ（民事訴訟法182条）の除外、⑤当事者尋問の補充性（同法207条）の除外、⑥真実擬制（同法208条、224条1項等）の除外など民事訴訟手続とは大きく異なる特徴もあることには、留意する必要がある（松田＝山下編・前掲注308）45〜46頁）。

2 「公正な価格」の意義と論点

(1) 価格決定制度の趣旨

　価格決定制度において裁判所が決定すべき価格は、対象株式の「公正な価格」である[313]。また、この決定は、客観的に定まっている過去のある一定時点の株価を裁判所が確定するものではなく、価格決定制度の趣旨に従い、裁判所が、その合理的な裁量をもって「形成」するものであるとされる[314]。そのため、「公正な価格」とは何かを考えるにあたっては、価格決定制度の趣旨（機能）に立ち返る必要がある。

　会社法の「公正な価格」という定めは、平成17年改正前の商法において「〔組織再編を承認する株主総会の〕決議ナカリセバ其ノ有スベカリシ公正ナル価格」とされていたもののうち「決議ナカリセバ其ノ有スベカリシ」という修飾部分が削除されたものであるが、かかる立法経緯を踏まえ、また、反対株主がなぜ取引に反対するのかという基本的な問題意識[315]も勘案しつつ、学説における通説的な見解は、価格決定制度に、①（企業価値の増加をもた

---

312) 職権探知の建前上、文書提出命令を受けた当事者がこれを拒絶しても真実擬制は働かない（非訟事件手続法53条1項による民事訴訟法224条の適用除外）。

313) 株式買取請求前置型の価格決定制度の下で裁判所が決定すべき価格は、株式買取請求の対象となる株式の「公正な価格」である（会社469条1項、785条1項、797条1項および806条1項）。一方、直接申立型の価格決定制度において裁判所が定めるべき価格につき、会社法は明確な定めを置いていないが、両制度において理解を違えるべき理由もなく、裁判所は、やはり申立てに係る株式の「公正な価格」を定めることとなる（レックス・ホールディングス事件最高裁決定・最三決平成21年5月29日金判1326号35頁〔田原補足意見〕、田中・会社法628頁、藤田友敬「公開買付前置型キャッシュアウトにおける公正な価格――最決平28・7・1と公開買付後の市場動向を勘案した『補正』の可否」資料版商事388号（2016）48頁等）。

314) 楽天・TBS事件・最三決平成23年4月19日金判1366号9頁。

315) この基本的な問いかけは、神田秀樹教授の分析に端を発するものである（飯田・前掲注290）15頁。なお、神田秀樹「資本多数決と株主間の利害調整（5・完）」法協99巻2号（1982）223頁・290〜291頁、神田秀樹「合併と株主間の利害調整の基準――アメリカ法」鴻常夫先生還暦記念『八十年代商事法の諸相』（有斐閣、1985）331頁・335頁を引用する）。

らさない非効率なM&A取引を念頭に）当該M&A取引がなされなかった経済状態の保障機能（この機能により保障される価格を便宜的に、以下「ナカリセバ価格」という）に加えて、②（企業価値の増加をもたらす効率的なM&A取引であっても、その分配が不公正である場合を念頭に）M&A取引により増加する価値の再分配機能（この機能により保障される価格を便宜的に、以下「公正分配価格」という）を求める[316]。このうち②は、典型的には経営者ないし支配株主と少数株主の利益が対立する局面[317]における株主間の利害調整機能を価格決定制度に担わせることを意識するものであり、①とあわせて経営者ないし支配株主の行う決定に対するチェック機能という側面から説明されることが多い[318] [319]。

判例も、学説の通説的見解におおむね整合的な立場をとる。すなわち、最高裁は、（株式対価の組織再編に係る）価格決定制度の趣旨が、組織再編に反対する株主に会社からの退出の機会を与えるとともに、退出を選択した株主には、①当該組織再編がされなかったとした場合と経済的に同等の状況を確保し、さらに、②当該組織再編によりシナジーその他の企業価値の増加が生ずる場合には、上記株主に対してもこれを適切に分配し得るものとすることにより、株主の利益を一定の範囲で保障することにあるとする[320]。なお、

---

316) 江頭880頁、藤田・前掲注290) 282頁等。
317) このいわゆる構造的利益相反取引の詳細については、**第Ⅲ部第2章参照**。
318) 藤田・前掲注290) 276頁。さらに、神田秀樹教授は、①と②の双方について、投下資本回収の保障という価格決定制度の原義的な機能との乖離に着目し、価格決定制度の趣旨を、第一義的には、資本多数決の原理によりM&A取引の実施が許容される中で少数株主に退出（神田教授は、これを「部分解散」と表現される）の機会の保障と捉えつつ、第二義的に、この部分解散により保障される退出価値（企業価値の持分割合に相当する価値）と①または②との差額を、忠実義務に反したM&A取引により少数株主が被った「損害」とみて、その填補（ただし、神田教授はこれを比喩的な表現とされている）に求める見解を示されている（神田・前掲注293) 4～5頁）。
319) これに対し、飯田秀総准教授は、価格決定制度の基礎を非効率なM&A取引を抑止するというスクリーニング機能に求め、ここから独立当事者間のM&A取引においては①ナカリセバ価格とすれば足りるとしつつ、支配株主による組織再編やMBOのように利益相反的な要素のあるM&A取引（構造的利益相反取引）においては、スクリーニング機能のみでは対処できない問題を孕むこと（すなわち、支配株主や経営者の私的利益のためにナカリセバ価格の保障によっては非効率なM&Aが抑止されないおそれ）に照らし、取引過程の公正性に応じて、公正であった場合には①ナカリセバ価格を、公正でなかった場合には②公正分配価格とするという提言をされる（飯田・前掲注290) 326～332頁）。

キャッシュ・アウトに係る価格決定制度につき、これまでこのことを明示的に述べるものは見られないが、法形式の違いにかかわらず同じ趣旨が妥当すると考えてよいであろう。

(2) 「公正な価格」の基本的な考え方（判断枠組み）

次に、上記(1)に述べた価格決定制度の趣旨を踏まえ、「公正な価格」の基本的な考え方がいかにあるべきかについてみていくが、その際にはM&A取引の基本的な分類の1つである対価の違いに着目することが有用である。けだし、取引対価が（その価値について）変動性のものであるか、固定性のものであるかにより、当事会社間で交渉・合意される取引条件や株主の置かれる状況が異なるからである。

まず、変動性の対価が用いられるM&Aの典型例として、存続会社等の株式を対価とする組織再編（以下「株式対価組織再編」という）が挙げられるところ、株式対価組織再編において、当事会社は、取引条件として、対象株式（消滅会社等の株式）と対価株式（存続会社等の株式）の比率を定めることとなる。

これに対し、固定制の対価を有するM&A取引の典型例はキャッシュ・アウト取引であるが、そこでは対象株式の価値（価格）そのものが取引条件として定められる。もちろん、組織再編であっても対価を金銭とする場合にはこの類型に該当するし、さらにいえば、株式対価組織再編であっても、いわゆる変動制比率方式が採用される場合、固定性の対価を定める取引に近い性質を帯びるものとなる。対象株式の価値を固定する方法で定められる変動比率方式の下では、対象株式に対し、一定比率の対価株式ではなく、実質的に一定の価値が保障されることとなるためである[321)][322)]。

以下では、議論を容易にするため、変動制の対価を採用する取引として株式対価組織再編を、固定制の対価を採用する取引としてキャッシュ・アウト取引を、それぞれ念頭に説明を進めることとする。

---

320) 前掲注314）楽天・TBS事件。
321) 変動制比率方式においては、対象株式の価値として固定額が合意されることが多いことによるものである。詳細は**第Ⅱ部第2章第4節**参照。

(i) ナカリセバ価格と公正分配価格
ⓐ 株式対価組織再編
　まず、株式対価組織再編に係る価格決定制度につき、判例は、上記(1)に述べた制度趣旨に従い、「公正な価格」の考え方が、M&A 取引による企業価値の増加の有無によって原則として以下のように分かれることを明らかにしている[323]。

① 株式対価組織再編により企業価値が増加しない場合[324]：取引を前提としない価格（すなわちナカリセバ価格）
② 株式対価組織再編により企業価値が増加する場合：取引を前提として、増加する企業価値を公正に分配した価格（すなわち公正分配価格）

　株式対価組織再編においては対象株式と対価株式の比率が取引条件として定められるため、上記②にいう公正分配価格とは、取引が公正な比率で行われ、それによって当該株式対価組織再編による企業価値の増加分（以下「増加価値」という）が公正に分配されたとすれば対象株式が有する価値ということができる。
　なお、上記①および②の分類に関連して、株主にはナカリセバ価格と公正分配価格のいずれか高い方が保障される（換言すれば、反対株主にはナカリセバ価格が常に保障される）という見解も存在する（あるいは存在した）[325]。これは、会社法が反対株主に対し組織再編に対し反対する理由を開示させる制度を持たないことを主たる理由とするものと考えられるが、（後述するナカリ

---

[322] ただし、変動制比率方式の場合でも、変動制比率が適用される対価株式の値幅に制限（カラー）が付され、結果として比率の変動幅が一定の範囲に制限されることもある。この場合の対象株式は、対価株式に係る一種のオプションを形成するものとなり、全体としては変動性の対価としての性質を帯びることとなるが、その評価は一般的な株式対価組織再編のそれとはかなり異なるものとなる（谷山邦彦『バリュエーションの理論と応用——オプションを含む多種多様な M&A プロダクツの評価』（中央経済社、2010）586 頁参照）。
[323] なお、現金対価の組織再編に係る株式買取請求権制度に関して現時点で刊行された判例・裁判例は見当たらない。
[324] ①には、当該組織再編により企業価値が変化しない場合と、企業価値が毀損される場合が含まれる（前掲注 314）楽天・TBS 事件、インテリジェンス事件最高裁決定・最三決平成 23 年 4 月 26 日金判 1367 号 16 頁）。

セバ価格の算定方法やその限界も考慮すれば、）その妥当性は疑問である。まず上記(1)に述べたように反対株主がなぜ取引に反対するのかという基本的な問題意識が価格決定制度の趣旨を考える背景にあるにせよ、ナカリセバ価格か公正分配価格かは、取引により分配の対象となる価値が生じるか、すなわち取引が企業価値を増加させるものか否かという客観的な状況により決せられるべき問題と考えられ、いずれの状況であるかの判断を経ずに、ナカリセバ価格と公正分配価格いずれか高い方を保障するという立場を判例がとるわけではないと思われる[326]。また、反対株主にはナカリセバ価格が常に保障されるとした場合、株主には、（M&A取引に対する賛否とは無関係に、）取引の公表から後述する価格決定の基準日までの間の株価変動を利用して利益を得る目的（投機目的）で、M&A取引に反対するインセンティブが生じ得ることになる[327]。このような点を踏まえれば、価格決定裁判において、裁判所は、まずM&A取引により企業価値が増加するか否かの判断を行い（この判断については、後記(iii)で検討する）、その判断に応じてナカリセバ価格をもって「公正な価格」とするか、公正分配価格をもって「公正な価格」とするかを決すべきことになろう。

(b) キャッシュ・アウト取引

キャッシュ・アウト取引においては取引条件として対象株式の価値（価格）そのものが定められるところ、特に全部取得条項付種類株式を用いたキャッシュ・アウト取引に係る価格決定制度については、レックス・ホールディングス事件東京高裁決定[328]および同最高裁決定[329]以降、株式対価組織再編のように企業価値の増加または非増加に言及することなく[330]、「公正な価格」を以下の(x)と(y)に分解して定式化[331]する判断枠組み（以下「レックス

---

325) 藤田・前掲注290) 282〜283頁、田中亘「組織再編と対価柔軟化」法教304号 (2006) 75頁・80頁、田中亘「『公正な価格』とは何か」法教350号 (2009) 61頁・64頁。また、裁判例でもかかる見解をとると思われるものとして、あおみ建設株式買取価格決定申立事件・大阪地決平成20年11月13日金判1339号56頁がある。
326) 石丸将利「判批」曹時66巻6号 (2014) 71頁（前掲注314) 楽天・TBS事件に係る判例解説)。
327) 詳しくは、土岐敦司＝辺見紀男編『企業再編の理論と実務――企業再編のすべて』(商事法務、2014) 219〜224頁〔田中亘〕参照。
328) 東京高決平成20年9月12日金判1301号28頁。
329) 前掲注313)。

二分法」という）が裁判実務において定着していた[332) 333)]。

(x) 取引が行われなかったならば株主が享受し得る価値（あるいは、対象株式の客観的価値）
(y) 取引の実施によって増大が期待される価値のうち株主が享受してしかるべき部分（あるいは、強制取得により失われる今後の株価の上昇の期待）

ここでレックス・ホールディングス事件最高裁決定に付された田原睦夫裁判官の補足意見は、「公正な価格」を(x)および(y)を「合算して」算定すべきとする。このレックス二分法は、企業価値研究会の2007年8月2日付「企業価値の向上および公正な手続確保のための経営者による企業買取（MBO）に関する報告書」において「MBOに際して実現される価値の概念整理」として「MBOに際して実現される価値が、(a) MBOを行わなければ実現できない価値と、(b) MBOを行わなくても実現可能な価値の2種類に区別して考えることができる」としたことを踏まえたものと考えられるが、同報告書は、同時に「MBOに際して実現される価値についての概念整理は可能であるものの、実際の案件においては、当該(a)および(b)の価値を客観的に区別・算定すること……は困難である」ともしており、(x)および(y)を別々に算定し、それらを「合算」して「公正な価格」とするという定式化には実務的に違和感が指摘されてきたところである[334)]。

また、レックス事件において示されたキャッシュ・アウト取引における

---

330) 例外として東宝不動産事件東京高裁決定（前掲注299））は、「独立当事者間の取引に当たらない場合であっても、利益相反を抑制し、意思決定の恣意性を排除するための措置が講じられた客観的にみて公正な手続が実質的に履践され、取引条件が定められた場合には、当該取引は企業価値を増加させる取引であり、増加価値分配部分も含めた公正な価格が定められたものとして、特段の事情のない限り、取得価格の決定においても、このような手続で定められた価格を尊重すべきである」（傍点追加）とする。

331) (x)および(y)のうち、括弧内が原審（東京高裁決定）による定式であり、括弧外が最高裁決定田原補足意見による定式である。

332) 鈴木謙也「株式取得価格決定申立事件の審理についての一考察」東京大学法科大学院ローレビュー9号（2014）172頁。

333) なお、株式併合や株式等売渡請求を用いたキャッシュ・アウト取引については、現時点で刊行された判例・裁判例は見当たらない。

「公正な価格」の判断枠組みは、(x)企業価値の増加または非増加を考慮していないように見受けられる点、および、(y)（ナカリセバ価格または公正分配価格という「公正な価格」全体を対象とした判断枠組みではなく）「公正な価格」の構成要素を分析的にみる判断枠組みとなっている点において、株式対価組織再編における「公正な価格」の判断枠組みと整合しないようにも思われる。しかしながら、(x)レックス二分法において企業価値の増加または非増加が考慮されていないように見受けられるのは、キャッシュ・アウト取引においては、通常前置される公開買付けを含め、対価の額が取引公表前の対象株式の市場株価に対して一定のプレミアムを付したものとされることが一般的であり、（公表前の市場株価がその時点の企業価値を反映したものであると考える限り）少なくとも対象会社にとっては取引による企業価値の増加がほとんど自動的に観念できるためであると考えることもできるし[335]、そもそもレックス二分法における(y)は、定義的に取引による企業価値の増加を前提としていると考えざるを得まい。また、(Y)レックス二分法のように(x)と(y)を分けて考えることに実務的な批判があることはともかく、レックス二分法のような分析的な視点は、キャッシュ・アウト取引において対象株式の価値（価格）そのものが取引条件として定められることを踏まえ、当該価値（価格）をどのように理解すればよいかという素朴な疑問に対して答えるものに過ぎないと考えることもできるし、レックス二分法の総体としては、(a)の②と同様に、取引により企業価値が増加する場合にはナカリセバ価格ではなく、公正分配

---

[334] なお、このような批判を踏まえてか、近時の裁判例では、結論的に当事者の定めた価格（キャッシュ・アウト取引においては公開買付けが前置され、第 1 段階の公開買付価格と第 2 段階のキャッシュ・アウトの価格が同じとされることが一般的であるところ、当該価格はまず公開買付価格というかたちで表れる）をもって「公正な価格」とする場合には、(y)を個別に算定して「合算」するのではなく、公開買付価格に(y)が織り込まれている（または含まれている）ことを確認するものが多数を占めていたように見受けられる（オープンループ事件・札幌高決平成 22 年 9 月 16 日金判 1353 号 64 頁、ホリプロ事件東京地裁決定・東京地決平成 25 年 3 月 14 日金判 1429 号 48 頁、同東京高裁決定・東京高決平成 25 年 10 月 8 日金判 1429 号 48 頁、グッドマンジャパン事件・東京地決平成 25 年 7 月 31 日資料版商事 358 号 148 頁、前掲注 299）セレブリックス事件、前掲注 299）エース交易事件、前掲注 299）東宝不動産事件東京高裁決定等）。

[335] ただし、松中学「JCOM 最高裁決定と構造的な利益相反のある二段階買収における『公正な価格』」商事 2114 号（2016）4 頁・13 頁は、この議論が取引前における対象株式の市場の効率性および買収者に私的利益がないことを前提としている旨を述べる。

価格をもって「公正な価格」とすることを意図したものと捉えることもできよう。このように考えて判例・裁判例の表面的な違いを捨象すれば、キャッシュ・アウト取引においても、基本的に株式対価組織再編における基本的な考え方（上記(a)の①および②）が妥当すると考えられよう[336]。

(ii) 基準日と公正な取引条件の決定時点

(a) 基準日

価格決定制度は対象株式の価値を定める手続である点で共通するところ、（特に市場性のある）株式の価値は時々刻々と変化するため、ナカリセバ価格にせよ、公正分配価格にせよ、いつの時点のものであるか（換言すれば、いつの時点で対象株式の価値を金銭評価するものであるのか[337]）を考える必要がある。この時点は価格決定制度においてしばしば「基準日」と呼ばれるが、この基準日をいつと考えるかについては、取引類型により差異がみられる。

まず、株式対価組織再編につき、判例は、株主が株式買取請求権を行使した日を基準日とする見解（以下「権利行使日説」という）をとる[338]。これは、株式買取請求権の行使により、会社と株主の間で売買契約が成立したのと同様の法律関係が生じることを理由とするものである。

これに対し、キャッシュ・アウト取引のうち、図表Ⅰ-10-4 の取引類型④ⓑ（全部取得条項付種類株式の取得）につき、判例は、全部取得条項付種類株式の取得日（会社173条1項）をもって基準日とするという立場（以下「取得日説」という）をとるようである[339]。その理由は必ずしも明らかでないが、全部取得条項付種類株式の取得に係る価格決定申立権は直接申立型であるところ、株式買取請求権の場合と異なり、価格決定申立てにより売買契約と同

---

[336] 田中・会社法 630 頁参照。
[337] 藤田・前掲注 313) 53 頁。
[338] 前掲注 314) 楽天・TBS 事件。
[339] レックス・ホールディングス事件最高裁決定田原補足意見は「裁判所は、取得日……における当該株式の公正な価格を決定する」（傍点筆者）とする。また、ジュピターテレコム事件最高裁決定も、事後市場株価補正（後記(4)(i)）の必要性を否定する理由付けの中でキャッシュ・アウト取引に先行する公開買付価格が「取得日までに生ずべき市場の一般的な価格変動についても織り込んだ上で定められている」（傍点筆者）とし、取得日が基準日となることを前提としている（松中・前掲注 335) 6 頁・14 頁）。

様の法律関係が生じるわけではないこと[340]や、個別の株主の意思にかかわらず一斉に対象株式が取得されるキャッシュ・アウト取引の性質[341]を考慮したものと考えれば、上記判例の立場は、株式対価組織再編における権利行使日説と必ずしも矛盾するわけではない。

もっとも、レックス・ホールディングス事件最高裁決定の田原補足意見により最高裁が取得日説をとることが示唆された時点では、判例上、株式対価組織再編における権利行使日説が確立していたわけではなく、当時下級審において多数であった組織再編の効力発生日を基準日とする立場に平仄を合わせただけだった可能性もあり、もしそうだとすれば、その後、株式対価組織再編について権利行使日説の考え方が整理された時点で、キャッシュ・アウト取引における基準日についても再考されるべきであったのではないかとの指摘もある[342]。判例における権利行使日説と取得日説の理解は、未だ判例の立場が明らかでない取引類型、すなわち金銭対価の組織再編や他のキャッシュ・アウト取引手法[343]に係る価格決定の基準日をどちらと考えるべきかに影響し得る。

(b) 公正な取引条件の決定時点

上記(a)に述べた基準日に関する議論に加え、M&A 取引により企業価値が増加する場合における公正分配価格は、それが当該 M&A 取引が公正な取引条件で行われた場合における対象株式の「公正な価格」であるがために、どの時点を基準として取引条件の公正性を評価するかも問題となる（以下、この時点を、基準日と区別して「取引条件評価基準時点」と呼ぶこととする）。この公正条件評価基準時点は、対象株式の価値を金銭評価する際の基準日と同じである必然性は全くなく、むしろ、公正分配価格が M&A 取引の実施を前提

---

340) 田中・会社法 629 頁。なお、株式買取請求権が一度行使されれば、会社の同意なく撤回ができないのと異なり、価格決定申立てはいつでも取下げが可能である（非訟事件手続法 63 条 1 項）という違いもある。
341) 鳥山恭一「判批」金判 1391 号（2012）5 頁。
342) 藤田・前掲注 313) 51 頁。藤田友敬教授は、もし、上記のとおりだとすれば、その後、株式買取請求権制度に係る基準日の考え方が整理された時点で、キャッシュ・アウト取引における基準日についても再考されるべきであった可能性を示唆される。
343) 図表 I-10-4 の取引類型④ⓐ（普通株式に全部取得条項を付する旨の定款変更）、取引類型⑤（株式併合）および取引類型⑥（株式等売渡請求）。

とするものである以上、その取引条件評価基準時点も、当該 M&A 取引について実際に取引条件が定められた時点を基準とすべきであろう（以下「取引条件決定時説」という）。けだし、それ以外の時点を取引条件評価基準時点とした場合、公正分配価格はもはや M&A 取引の実施を前提としていることと整合性を保ち得ず、価格決定制度が実際には起こり得ない状況における対象株式の価値を少数株主に保障するものとなってしまう上に、取引に関与する者の予測可能性が阻害されることになるためである。

また、取引条件決定時説にいう実際に取引条件が決定された時点とは、(x)株主総会の承認を要する組織再編であれば、当該組織再編の条件の決定時点[344]、(y)公開買付けを前置するキャッシュ・アウト取引であれば、当該取引条件の公表時点と考えられる[345]。ただし、取引条件決定時説による場合でも、その後に取引の基礎となった事情に予期しない変動が生じたような例外的な場合に、かかる事情を公正な取引条件の判断に際して考慮することは排除されまい[346]。

なお、取引条件決定時説は、対価の性質にかかわらず妥当する。そして、キャッシュ・アウト取引では取引条件である対価の額が定められる時点（取引条件評価基準時点）で対象株式は既に金銭評価されており、基本的にはその後の状況の変化にかかわらず、株主は当該対価を受け取る地位にあることとなるため、これと別に基準日を考慮する意味は（上記のような例外的な場合を除いて）ないということになろう[347]。

---

[344] 具体的には、簡易組織再編・略式組織再編以外の通常の組織再編であれば株主総会の承認決議時点とする考え方が提唱されているが（藤田・前掲注290）293頁）、組織再編における条件の決定は、株主総会の承認決議に先立ち、まずは両当事会社における取締役会の決議（およびそれを踏まえた当該組織再編に係る契約の締結または計画の作成）によることになるため、組織再編の条件の決定時点とは、この取締役会レベルでの意思決定時点と捉えるべきように思われる。

[345] 藤田・前掲注290）293〜294頁、藤田・前掲注313）52〜54頁、土岐＝辺見編・前掲注327）224頁〔田中〕。

[346] ジュピターテレコム事件最高裁決定・最一決平成28年7月1日金判1497号8頁、藤田・前掲注313）54頁参照。

[347] 藤田・前掲注313）54頁、松中・前掲注335）7頁。

(iii) 企業価値の増加・非増加、取引条件の公正性の評価その1――当事者の合意を尊重すべき場合

これまでに述べたとおり、「公正な価格」を考えるに際しては、まず、「公正な価格」が①ナカリセバ価格となるか、②公正分配価格となるかにつき、(x) M&A 取引による企業価値の増加の有無を判定する必要があり、さらに、M&A 取引が企業価値を増加させるものと判定される場合には、(y)公正分配価格を定めるために公正な取引条件を定める必要がある。このうち(x) M&A 取引による企業価値増加の有無は、論理的にはイエスかノーかという問題であるのに対し、(y)取引条件の公正性は、企業価値の増加分という余剰をどのように分配すべきかというものであり、正しい価格なるものが観念できないのと同じ意味で正解のある問題ではないという違いはある。しかしながら、この(x)および(y)は、いずれも M&A 取引における経営判断そのものであり、M&A 取引の当事会社やその置かれた状況について十分な情報を有し、かつ、かかる情報を踏まえて将来予測を含む評価・判断を的確に行うための知見を要するところ、当事者が(x)および(y)に関する直接的な疎明資料を提出することは困難であろうし、裁判所としてもかかる判断を適切に行うことは容易でない。さらに、裁判所が不十分な情報に基づき、事後的にこのような判断を行うとすれば、価格決定制度における予測可能性が害され、M&A 取引を萎縮させることとなりかねないし、逆に、株主との関係では、企業価値の増加の有無や取引条件の公正性にかかわらず、裁判所の判断のぶれに投機的な価値を見出す申立てを助長し、取引に反対する不当な誘因を与えることとなりかねない[348]。

そこで、学説の通説的見解[349]は、問題となる M&A 取引が独立当事者間

---

[348] このように裁判所が独自に「公正な価格」を算定することにつき抑制的であるとする考え方につき、加藤貴仁「レックス・ホールディングス事件最高裁決定の検討(中)――『公正な価格』の算定における裁判所の役割」商事1876号(2009)4頁・5頁、白井正和「利益相反回避措置としての第三者委員会の有効性の評価基準」岩原紳作ほか編『会社・金融・法(下)』(商事法務、2013)166頁、田中・会社法631頁、藤田・前掲注297)450〜451頁。

[349] 田中・前掲注325)法教304号75頁・79〜80頁、土岐＝辺見編・前掲注327)224〜230頁〔田中〕、加藤・前掲注348)5頁、M&A 取引による企業価値増加の有無の判定につき、土岐＝辺見編・前掲注327)228頁〔田中〕、田中・会社法631頁、松中・前掲注335)5頁・13頁等。

取引であるか、支配株主による組織再編や MBO のように利益相反のおそれを孕む取引（いわゆる構造的利益相反取引）であるかを区別し、独立当事者間取引である場合には、適切な情報開示の上で取引条件が決定されている限り、裁判所は、(x)当該取引が企業価値を増加させるものであり、かつ、(y)公正な取引条件で行われたことを前提として、「公正な価格」を決定するべきとする。これは、独立した関係にある各当事会社の取締役が敢えて自社ないしその株主に不利益となる取引を決定し、さらに株主がそれを承認することは通常ないと考えられることに加え[350]、増加価値がどのように分配されるかは、上記のとおり、そもそも当事者の交渉によって決まる正解のない問題[351]だからである。

　一方、構造的利益相反取引においては、その利益相反性および情報の非対称性ゆえに、（支配的な地位にある者の私的利益により）非効率な M&A 取引が行われたり、一方当事者に有利な取引条件で取引が行われる類型的なおそれがある。そのため、裁判所は、まずは、取引条件の形成過程を含む意思決定過程を審査し、これが独立当事者間取引に比肩し得るような公正な手続を経て行われたと認められる場合には、独立当事者間取引と同様に取引が(x)効率的であり、かつ、(y)公正な取引条件で行われたことを前提として「公正な価格」を決定すべきとする。

　このような学説の通説的見解に対し、判例もそれに整合的な立場を示すに至っている。まず、独立当事者間取引である株式対価組織再編については、テクモ事件最高裁決定[352]（株式移転事例）が、「相互に特別の資本関係がない会社間において、株主の判断の基礎となる情報が適切に開示された上で適法に株主総会で承認されるなど一般に公正と認められる手続により株式移転の効力が発生した場合には、当該株主総会における株主の合理的な判断が妨げられたと認めるに足りる特段の事情がない限り、当該株式移転における株式移転比率は公正なものとみるのが相当である」と判示し、早くから上記の見解を裏書きしていた。なお、この判示は、直接的には(y)取引条件の公正性を認めるに過ぎず、必ずしも(x)取引が企業価値を増加させるものであることま

---

350) 田中・会社法 631 頁、土岐＝辺見・前掲注 327) 226 頁〔田中〕。
351) 藤田・前掲注 290) 288〜290 頁、藤田・前掲注 297) 440 頁・450 頁。
352) 最二決平成 24 年 2 月 29 日金判 1388 号 16 頁。

で認めるものではない[353]。もっとも、((x)と(y)で上記のように問題の性質に違いがあるとしても、)適切な情報開示の上で(取引当事者に支配関係のない状態での)株主総会による承認決議があったことは、(y)取引条件が公正であることのみでなく、その前段階として、そもそも取引自体が行われるべきであること、すなわち(x)取引が企業価値を増加させるものであることについて根拠を与えるものと考えてよいのではなかろうか。

これに対し、キャッシュ・アウト取引(特に全部取得条項付種類株式を用いたもの)については、テクモ事件最高裁決定後も、独立当事者間取引であるか構造的利益相反取引であるかを問わず、長らくレックス二分法に従った裁判実務が続いてきたが、東宝不動産事件東京高裁決定[354]は、親会社による上場子会社の完全子会社化事例につき、「独立当事者間の取引に当たらない場合であっても、利益相反を抑制し、意思決定の恣意性を排除するための措置が講じられた客観的にみて公正な手続が実質的に履践され、取引条件が定められた場合には、当該取引は企業価値を増加させる取引であり、増加価値分配部分[355]も含めた公正な価格が定められたものとして、特段の事情のない限り、取得価格の決定においても、このような手続で定められた価格を尊重すべきである」との判断を示し、構造的利益相反取引について上記学説の通説的見解に沿う判断を示した。さらに、その直後に出されたジュピターテレコム事件最高裁決定[356]も、やはり構造的利益相反取引の性質を有する事例につき、「〔(X)〕独立した第三者委員会や専門家の意見を聴くなど多数株主等[357]と少数株主との間の利益相反関係の存在により意思決定過程が恣意的になることを排除するための措置が講じられ、〔(Y)〕公開買付けに応募しなかった株主の保有する上記株式も公開買付けに係る買付け等の価格と同額で取得する旨が明示されているなど一般に公正と認められる手続により上記公開買付けが行われ、その後に……株式会社が上記買付け等の価格と同額で全

---

353) 最判解民事篇平成24年度(上)331頁〔柴田義明〕。
354) 前掲注299)。
355) レックス二分法にいう(y)取引の実施によって増大が期待される価値のうち株主が享受してしかるべき部分(あるいは、強制取得により失われる今後の株価の上昇の期待)を指す。
356) 前掲注346)。
357) 本最高裁決定は、対象会社の株式の相当数を保有する株主を「多数株主」と、多数株主および対象会社を「多数株主等」と、それぞれ定義する。

部取得条項付種類株式を取得した場合には、上記取引の基礎となった事情に予期しない変動が生じたと認めるに足りる特段の事情がない限り、裁判所は、上記株式の取得価格を上記公開買付けにおける買付け等の価格と同額とするのが相当である」と判示し、最高裁レベルで上記の見解の正当性が確認されるに至った。なお、同最高裁決定の挙げる条件のうち(Y)は、(構造的利益相反取引に限らず問題となる) いわゆる公開買付けの強圧性の問題を念頭においたものであり、構造的利益相反取引に固有の条件は(X)の部分と考えられる[358]。そして、この(X)にいう意思決定の恣意性を排除することの必要性[359]は、全部取得条項付種類株式を用いたキャッシュ・アウト取引に限られるものではなく、構造的利益相反取引に須く妥当するものであるから、同最高裁決定の射程は、構造的利益相反取引である限り、全部取得条項付種類株式以外の手法を用いるキャッシュ・アウト取引[360]や組織再編にも及ぶと考えてよかろう。

(ⅳ) 企業価値の増加・非増加、取引条件の公正性の評価その2——当事者の合意を尊重することができない場合

上記(ⅲ)に述べたような手続の公正性が認められなければ、裁判所は、当事者の合意を効率的かつ公正なものとみることはできない。そこで、裁判所は、独自に、(x)M&A取引による企業価値の増加または非増加を判定し、さらに、企業価値が増加すると認める場合には、(y)公正な取引条件を定めるべきこととなるが、裁判所によるこれらの判断はどのように行われるべきであろうか。

まず、前提として、(x)および(y)ともに、判断の基準となる時点は、(ⅱ)に述べたとおり、基準日ではなく、取引条件評価基準時と考えるべきである[361]。

その上で、(x)M&A取引による企業価値の増加または非増加の判定は、取

---

[358] 松中・前掲注335) 10頁。
[359] かかる必要性およびそのための措置の具体的な内容については**第Ⅲ部第2章**において検討する。
[360] 桑原聡子ほか「ジュピターテレコム事件最高裁決定の検討——二段階取引による非公開化に係る価格決定手続における公正な価格」商事2114号（2016）16頁・24頁。
[361] 土岐＝辺見編・前掲注327) 224頁〔田中〕、田中・会社法630頁、藤田・前掲注297) 446頁参照。また、株式併合によるキャッシュ・アウト取引に係る価格決定裁判においてジュピターテレコム事件の判断枠組みを適用したものとしてウライ事件・大阪高決平成29年11月29日金判1541号35頁。

引条件評価基準時における事実関係に照らして当該M&A取引が一般投資家から見て企業価値を増加させると期待させるようなものであったか否かにより行うべきであり[362]、当該M&A取引の目的や当事会社の置かれた状況、M&A取引により当事者が企図した戦略等を踏まえて判定すべきことになろう[363]。もっとも、このような判定を裁判所が行うことは（それが将来予測にわたる経営判断事項であることもあり）容易ではない。

そのため、市場株価の推移や市場関係者の見解を参照し、株式市場が当該取引をどのように評価したかをみることが考えられる[364]。しかしながら、ここには以下に述べるような重要な留意点が存在する。第一に、(x)において問題とすべきは、M&A取引全体の効率性、すなわち分配の対象となる増加価値が存在するか否かである（分配の公正性は(y)で判断される）。そのため、取引の公表により対象株式の株価が下落（時価総額が減少）していたとしても、それのみをもって取引が企業価値を増加させないと判断するのは性急であり、両当事会社の株価（時価総額）を合わせてみた場合に企業価値の増加が認められる場合には、やはり取引は企業価値を増加させるものであると考えるべきように思われる[365]。

---

[362] 藤田・前掲注297）446頁参照。

[363] このような事情を考慮しつつ、取引が企業価値を毀損するものとは認められないとした事例としてテクモ事件差戻審東京高裁決定（東京高決平成25年2月28日判タ1393号239頁）がある。なお、同決定では、取引公表後の株価の推移（これについては後掲注364）に述べる）のほか、取引の実施後における実際の業績や株価の推移についても検討している。もっとも、取引の実施後における実際の業績や株価の推移は、取引の実施時点における当事者の目的や戦略が何であったかを推認する上では意味があるとしても、かかる事後の状況を踏まえて結果論的に企業価値の増加または非増加を判定すると裁判時点の前後により企業価値の増加または非増加の判断が分かれ得ることになる上に、取引に関与する者に対する予測可能性を欠き妥当でないと考えられる。

[364] 市場株価や市場関係者の見解を参照して取引が企業価値を毀損するものと認めた事例としては、インテリジェンス事件東京高裁決定・東京高決平成22年10月19日金判1354号14頁があり、毀損するものとは認められないとした事例としては、前掲注363）テクモ事件差戻審東京高裁決定がある。もっとも、株価の変動要因を特定することの困難性のため、株価の推移を直接の根拠として取引による企業価値の増加の有無を判断したり、取引条件が企業価値の増加を適切に反映したものかどうかを判断したりすることにより、十分に説得力のある結論を導くことは必ずしも容易ではなく、手続の公正性の検証に重点を置き、株価の推移が何を示すかについては踏み込まないというアプローチも合理的なものとする見解もある（百選179頁〔白井正和〕）。

第二に、M&A取引自体の公表[366]から取引条件の決定・公表までに時差がある場合には、取引の公表により上昇していた株価が、その後の取引条件の公表により下落したとしても、それは必ずしも当該取引が企業価値を毀損するものであることを意味しない。株式対価の組織再編においては、組織再編自体の公表後、かなりの期間を経過して取引条件（すなわち比率）が公表されることがある。このような場合に、特に当事会社の間に規模の差がある場合には、小規模な当事会社において取引の公表とともに（投機的な思惑も含めた）買い集め等が生じて株価が乱高下し、それが取引条件の公表とともに当該取引条件を踏まえた株価に収斂する（これを「さや寄せ」という）ことは頻繁にみられるところ、かかる株価の推移は(y)増加価値の分配の問題につき1つの参考要素にはなるとしても、(x)取引が企業価値を増加させるものであるか否かとは必ずしも関係しない[367]。

　第三に、取引の公表後に株価の上昇または下落があったとしても、株価は様々な要因により時々刻々と変動するものであり、かかる上昇または下落は必ずしも取引に起因するものとは限らない。そのため、企業価値の増加または非増加を判断するにあたり市場株価を参照するにあたっては、市場株価に影響を与え得る要因を慎重に検討することが不可欠であり、また、市場株価の変動が当該要因に起因するか否かを評価するにあたっては、必要に応じてイベント分析のような統計的な手法を用いた検討も必要となり得る[368]。

　さらに、(x)M&A取引が企業価値を増加させるものと認められる場合に、裁判所が独自に(y)公正な取引条件を定めるにあたっては、取引の対価に応じた検討が必要となるが、これは後記(3)(ii)において検討する。

---

[365]　従来の裁判例は対象会社の企業価値に着目するものがほとんどであるが、学説は上記のように両当事会社の企業価値の合計が増加するか否かを問題とし、最高裁の立場も学説に同じではないかと考えられる（藤田・前掲注297）441～442頁）。

[366]　リークにより、事実上、取引自体の公表が先行するケースも考えられる。

[367]　太田洋「テクモ株式買取価格決定申立事件東京地裁決定の検討（下）」商事1908号（2010）47～48頁。さらに、かかる株価の下落は、必ずしも増加価値の分配の不公正を意味するとも限らない。なぜならば、当事会社は市場よりもそれぞれの経営状況や事業の見通し等について豊富な情報を有しており、さらに、取引条件としての比率は株価のみに基づいて決定されなければならないわけでもなく、結局、取引条件は当事会社間での交渉により定まる性質のものであるところ、かかる交渉の結果がその公表前に市場株価に反映されるわけでもないからである（同54頁参照）。

(v) 小　括

以上に述べた価格決定の基本的な考え方をフローチャートにまとめると図表Ⅰ-10-6 のようになる。

[図表Ⅰ-10-6]　価格決定フローチャート

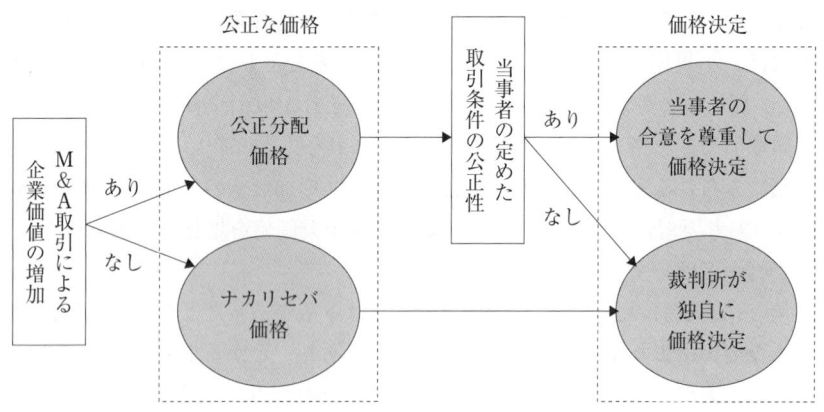

図表Ⅰ-10-6 のとおり、裁判所が「公正な価格」を決定するに際しては、(x) M&A 取引による企業価値の増加の有無、および、(y)当事者の定めた取引条件の公正性が分かれ目となるが、取引が「一般に公正と認められる手続」が経られたものと認められる場合、裁判所は、原則として(x)および(y)の両方について肯定的な判断を行うこととなる（一番上のフロー）。そのため、裁判所は、上記の「公正な価格」の検討に入る前に、まずは、手続の公正性を検討すべきこととなる[369]。逆に、裁判所は、手続の公正性を判断することなく、いきなり当事者の定めた取引条件の公正性を実質的に審査したり、あるいは独自に「公正な価格」を決定したりすべきではないというべきである[370]。

---

368)　藤田・前掲注 297) 447 頁。なお、イベント分析の意義や価格決定裁判の文脈におけるイベント分析の活用については、例えば、森田果「会社訴訟における統計的手法の利用――テクモ株式買取請求事件を題材に」商事 1910 号（2010）4 頁、池谷誠「会社訴訟におけるマーケットモデルとイベント分析の利用（下）――インテリジェンス事件を例として」商事 1991 号（2013）17 頁・20～23 頁、藤田友敬「裁判過程における実証分析の利用――株式買取請求事件を素材に」ソフトロー研究 20 号（2012）5 頁等参照。

(3) 「公正な価格」の決定方法（各論）

上記(2)に述べた「公正な価格」の基本的な考え方を踏まえ、以下では、図表Ⅰ-10-6のフローチャートに示す3つのフロー毎に、具体的に裁判所がどのように「公正な価格」を決定すべきかをみていこう。

まず、各パターンに共通する事項として、既に述べたとおり、価格決定制度は、客観的に定まっている過去の一定時点の株価を確認するものではなく、裁判所が価格決定制度の趣旨に従い「公正な価格」を形成するものであるところ、会社法は企業価値や株式価値の評価手法や市場株価の参照の是非を含めて対象株式の「公正な価格」の具体的な算定方法について何ら規定をおいていないから、「公正な価格」の決定は裁判所の「裁量」に委ねられるが、かかる裁量の行使は「合理的」なものでなければならない[371]。

次に、「公正な価格」の具体的な算定方法を考える上でも、上記(2)に述べたように、M&A取引の対価の性質に着目することが必要となる。かかる対価の性質により、価格決定制度の趣旨の下で、株主にどのような状態が保障されるのかが決まるためである。そこで、本(3)においても、上記(2)と同様に、(A)変動性の対価を定める取引として株式対価組織再編を、(B)固定性の対価を定める取引としてのキャッシュ・アウト取引を、それぞれ念頭に議論を進めることとする。

---

[369] 前掲注346) ジュピターテレコム事件最高裁決定。なお、同最高裁決定に付された小池裕裁判官の補足意見は、「まず、……一般に公正と認められる手続が実質的に行われたか否か、買付価格がそのような手続を通じて形成された公正な価格といえるか否かを認定することを要し」と、手続の公正性の判断が先に行われるべきことを明確にする。

[370] 松中・前掲注335) 10頁は、前掲注346) ジュピターテレコム事件最高裁決定により、裁判所が当事者の定めた取引条件の公正性を実質的に審査することが全て排除されるわけではないとしつつ、キャッシュ・アウト取引においては、まず第一に、手続の公正性が認められる限りわざわざ価格が公正であることに言及する必要はないこと、第二に、手続が公正といえない場合には実体面である価格の公正さを審査し得るが、手続の公正さが必ずしも明らかでない場合でもまずは可能な限り手続面を精査すべきであり、手続の公正性を形式的にのみ審査して疑わしい部分は価格自体が不公正であるという評価に反映させるといった判断手法は同最高裁決定に反することを挙げ、裁判所による実体面の審査が限定的・補完的なものに過ぎないと述べる。

[371] 最一決昭和48年3月1日民集27巻2号161頁、前掲注314) 楽天・TBS事件。

(i) 類型1：M&A取引が企業価値を増加させ、かつ、当事者の定めた取引条件が公正と認められる場合

類型1において、裁判所は、当事者が定めた取引条件でM&A取引が行われた場合に基準日において対象株式が有する価格（公正分配価格）を「公正な価格」として決定する。

ⓐ 株式対価組織再編

取引条件として比率が定められる株式対価組織再編においては、基準日（株式買取請求権の行使日）において対象株式の価値を金銭評価することになる。ここで、当事者が定めた比率が公正であるとすれば、当該比率が公表された後における対象株式の市場株価は、基本的に、当該比率により取引が実施されることを織り込んだ上で形成されていると考えられるから、基準日またはこれに近接した市場株価を参照して「公正な価格」を算定することは裁判所の合理的な裁量の範囲内にあるものと解される[372]。

市場株価を参照した「公正な価格」の算定は、市場株価が株式の価値に影響のある情報をすみやかにかつ完全に織り込んで形成されることを前提とするものと考えられるが（いわゆる効率的資本市場仮説[373]）、裁判所は客観性の高い市場株価への信頼が高いといわれる[374]。なお、株式市場の効率性を認める場合、基本的には基準日におけるピンポイントの市場株価を参照すれば足りるようにも思われるが[375]、株式市場が一般的に効率的であるとしても、短期的には市場株価が偶発的な要素（ノイズ）の影響を受け、株式の本源的な価値から乖離して株価が推移する可能性は残るから、かかる影響を排除す

---

[372] 前掲注352）テクモ事件最高裁決定。
[373] 効率的資本市場仮説については第Ⅱ部第2章第1節3参照。
[374] 株式対価組織再編についてみれば、前掲注314）楽天・TBS事件は、「一般に、市場株価には、当該企業の資産内容、財務状況、収益力、将来の業績見通しなどが考慮された当該企業の客観的価値が、投資家の評価を通して反映されている」と述べるが、これは効率的資本市場仮説に整合的な判示と考えられる（飯田秀総「株式買取請求・取得価格決定事件における株式市場価格の機能」商事2076号（2015）38頁。ただし、飯田准教授は、市場株価が最も容易に入手可能な信頼性の高い証拠だから活用しているに過ぎず、特定のファイナンス理論を前提とする意図はないのかもしれないとも述べる（同39頁））。学説上も、継続企業価値の算定において市場株価が利用できる場合には、市場株価の利用を支持するものが多い（飯田・前掲注290）178～179頁）。

るために一定期間の株価の平均値を参照することも裁判所の合理的な裁量の範囲内にあるとされる[375)]。

また、公開買付けが先行する株式対価組織再編（このような取引は、キャッシュ・アウトに対して「ストックアウト」と呼ばれることもある）については、いわゆる強圧性を防止する観点から公開買付けの買付価格が「公正な価格」の下限とされるべきとの見解もある[377)]。しかし、2段階目の株式対価組織再編の比率の決定にあたり対象株式の価値を公開買付価格と同額としていることが、先行する公開買付けが開始される時点において予め株主に開示されている限り、強圧性の問題は既に取り除かれていると考えてよいであろう[378)]。また、公開買付けを前置するストックアウト取引であっても、株式対価組織再編に対する価格決定裁判であることに違いはなく、基準日までの株価変動のリスクは株主が負担すべきであるという価値判断の下、基準日について権利行使日説をとる以上（上記(2)(ii)(a)参照）、当該変動が「公正な価格」に反映されることは制度上当然に予定されているものであり、「公正な価格」が先行する公開買付価格に拘束されると考える理論的な根拠もないであろう[379)]。むしろ、先行する公開買付けの買付価格が「公正な価格」の下限を画すると考えた場合、少数株主において、取引の公表後に市場株価が上昇すれば株式買取請求権を行使せずに対価株式を受け取り、下落すれば株式買取請求権を行使して公開買付価格を得るという裁定行動が可能となり[380)]、少数株主に

---

375) 基準日の終値を用いるものとしては、例えば、三共生興事件・神戸地決平成21年3月16日金判1320号59頁、ノジマ事件東京高裁決定・東京高決平成25年2月28日判タ1393号239頁、前掲注363)テクモ事件差戻審東京高裁決定がある。

376) 前掲注352)テクモ事件最高裁決定。弥永真生「企業価値が増加する場合の株式買取価格の決定(上)」商事1967号(2012)4頁・6～7頁参照。なお、この参照期間としては1か月とするものが多い（保安工業事件・東京地決平成22年11月15日金判1357号32頁、協和発酵キリン事件・東京地決平成21年4月17日金判1320号31頁および同5月13日金判1320号41頁、ダブルクリック事件・東京地決平成23年3月30日金判1370号19頁、前掲注299)パナソニック電工事件、三洋電機事件・大阪地決平成24年4月27日金判1420号2頁。

377) 日興コーディアル事件・東京地決平成21年3月31日金判1315号26頁。ただし、本件は、変動制比率方式が採用された事例であり、実質的には固定性の対価とみることができた事例であることには留意を要する（前記(2)参照）。

378) 白井正和「公開買付価格を下回る株式交換完全子会社化株式の公正な価格——三洋電機株式買取価格決定申立事件」ジュリ1463号(2014)102頁・105頁。

379) 弥永・前掲注376)9～10頁参照。

取引に反対する不当な誘因が生じ、効率的な取引を阻害する効果が強くなり妥当でない。近時の裁判例上も、ストックアウト取引において「公正な価格」は、先行する公開買付けの買付価格よりも高くなることもあれば低くなることもあるとするものが多い[381]。

(b) キャッシュ・アウト取引

類型1のキャッシュ・アウト取引において、裁判所は、原則として「公正な価格」を自ら算定する必要はない。なぜならば、取引条件として対象株式の価値（価格）が定められるキャッシュ・アウト取引では、取引条件が決定された時点（取引条件評価基準時点）で対象株式の価値は既に金銭評価されており、当事者の定めた取引条件を公正と認める限り、当該取引条件として定められた価格と別に「公正な価格」を算定する意味はないからである（上記(2)(ii)参照）。

ただし、この場合でも、取引条件の決定後に「取引の基礎となった事情に予期しない変動が生じたと認めるに足りる特段の事情」がある場合に、裁判所がかかる事情を考慮することは排除されない[382]。判例は、この特段の事情の具体的な意義について明らかにしていないものの、その表現から少なくとも当事会社に予期し得る事情が「特段の事情」に該当しないことは明らかであろう。また、この類型において裁判所は基本的に当事者の定めた取引条件を尊重すべきことに着目すれば、「特段の事情」として考慮されるものは一定の重大性を有する必要があると考えるべきであろう。けだし、軽微な事情を考慮するとすれば、当事者の定める取引条件の尊重という基本的な考え方自体が形骸化することになりかねないからである。

---

380) これは少数株主が、無償で、公開買付価格を行使価額とする対象株式のプット・オプションを取得している状態と考えることができるが、当該プット・オプションのコストは当事会社（ないし株式買取請求権を行使しない株主）が負担することとなる（白井・前掲注378) 105頁）。
381) 前掲注376) 協和発酵キリン事件、前掲注299) パナソニック電工事件大阪地裁決定、前掲注376) 三洋電機事件大阪地裁決定。
382) 前掲注346) ジュピターテレコム事件最高裁決定。

(ii) 類型２：M&A取引が企業価値を増加させるが、取引条件が公正とは認められない場合

類型２は、M&A取引の実施にあたり「一般に公正と認められる手続」が経られたとは認められないものの、客観的状況に照らし取引自体は企業価値を増加させるものと認められるという状況における「公正な価格」の算定となる。

まず、M&A取引による企業価値の増加が認められる以上、この類型においても、裁判所は、取引が行われたことを前提として公正分配価格を「公正な価格」とすることとなるが、その基礎となる取引条件は、裁判所において独自に定めなければならない。換言すれば、類型２における「公正な価格」は、裁判所の定める公正な取引条件において当該取引が行われたとすれば基準日において対象株式が有したであろう価格ということになる。

(a) 株式対価組織再編取引

類型２に該当する株式対価組織再編について裁判所が「公正な価格」の判断を下したものは、刊行された判例・裁判例上見当たらない。これは、類型２の状況が例外的なものであるためとも考えられるが、「公正な価格」の算定の考え方そのものは既に述べたとおりである。すなわち、比率を取引条件とする株式対価組織再編である以上、まずは(x)取引条件評価基準時（当該M&A取引において実際に取引条件が決定された時点）における公正な取引条件としての比率（以下「公正な比率」という）が観念され、当該比率を前提として(y)基準日（株式買取請求権の行使日）において対象株式の価値が金銭評価される。

このうち、まず、(x)公正な比率は、取引により生じるシナジー等が生み出す増加価値（企業価値の増加分）を当事会社間（ないしその株主の間）でいかに分配するかという問題であるところ、学説上は、取引前に各当事会社が有した価値に比例した分配をもって一応は公正の要請が満たされるとする見解が有力に主張されている。これは、シナジー等の発生原因を厳密に特定することが困難であることを念頭に、現実的に運用可能なルールを構築するという視点からのものである[383]。

次に、公正な比率が定められたとした場合に、(y)基準日において対象株式が有する価値をどのように決定するかであるが、この検討に際しては、(X)取

引により増加する企業価値の総額(これが公正な比率により分配されることとなる)とともに、(Y)取引条件評価基準時から基準日までの期間における株式の価値変動についても考慮する必要がある。1つの試案としては、(X)両当事会社の時価総額の合計は、基本的に分配の対象となる増加価値の総額を含むと考えられること[384]、および、(Y)公正な比率が公表されていたとすれば、取引により生じる増加価値は当該比率をベースとして対象株式の株価に織り込まれ、その後も当該比率を前提として両当事会社の株価がおおむね連動し、基準日における株価を形成していたであろうと考えられることを踏まえ、基準日(またはこれに近接した期間)における両当事会社の時価総額の合計を、公正な比率による希釈化後の存続会社等の発行済株式総数で割ることで存続会社等の株式1株当たりの理論的な価値を求め、これに改めて当該比率を乗じることで対象株式の「公正な価格」を得るという方法が考えられる[385]。

(b) キャッシュ・アウト取引

類型2のキャッシュ・アウト取引において、裁判所は、公正な取引条件として対象株式の価値(価格)を定めることとなるが、その時点は取引条件評価基準時(当該M&A取引において実際に取引条件が決定された時点)である。そして、取引が行われることを前提とする限り、その後の状況の変化にかかわらず、株主は当該金額を受け取る地位にあることになるから(上記(2)(ii)(b)参照)、株式対価組織再編と異なり、取引条件評価基準時から基準日までの

---

[383] かかる有力説の整理につき、田中亘編著『数字でわかる会社法』(有斐閣、2013)212~213頁〔田中亘〕参照。

[384] ただし、当事会社の一部が債務超過ないし財務的な危機状態にある場合、この議論は成り立たない可能性がある。なぜならば、この場合、当該当事会社の株式につき一定の市場株価が形成されているとしても、それは既に株式のオプション価値を反映したものに過ぎず、その反射的な効果として当該当事会社の債権者価値に毀損が生じている可能性が高く、このような状態で企業価値向上に資するM&A取引が公表されたとしても、それによる増加価値はまず債権者価値の回復に充てられることとなるためである。

[385] 例えば吸収合併における存続会社をA、消滅会社をBとし、基準日における両社の時価総額の合計を300億円、AおよびBの発行済株式総数をそれぞれ1000万株、公正な比率をBの株式1株につきAの株式0.5株とすれば、基準日におけるBの株式1株当たりの「公正な価格」は、1000円(=300億円/(1000万株+1000万株×0.5)×0.5)となる。

変化を考慮する必要はない。

　上記(2)(i)(b)に述べたとおり、キャッシュ・アウト取引については、これまで以下のレックス二分法による「公正な価格」の決定が行われていた。

(x)　取引が行われなかったならば株主が享受し得る価値（あるいは対象株式の客観的価値）
(y)　取引の実施によって増大が期待される価値のうち株主が享受してしかるべき部分（あるいは強制取得により失われる今後の株価の上昇の期待）

　このうち(x)については、取引公表後の株価が取引の影響を受けたものとなり、対象株式の客観的価値を反映したものとはいえないことから、取引公表前の一定期間の市場株価の平均株価を用いるものが多い。この期間としては1か月が一般的であるが、取引前の市場株価の信頼性に疑義がある状況においては、より長期間の平均株価が用いられたり[386]、信頼できる時期まで参照する株価の時点を遡るケース[387]もみられる。
　次に(y)については、裁判所が、その裁量で、同種の取引事例や当該案件の価格に含まれるプレミアム率などを参照し、(x)に対するプレミアムとして一定の比率を上乗せするもの[388]や、(y)の価値の分配が買収者と少数株主の間で1対1で分配されることを基本とすべきとして第三者評価期間によるDCF法により算定される価格と(x)の差額を2等分して、これを(y)とするもの[389]などがみられる。
　このようなレックス二分法に対し、学説の有力説は、キャッシュ・アウト取引についても、(a)に述べた増加価値の分配の考え方と同じである[390]。この考え方によれば、取引により生じる増加価値は、取引前における買主と対象会社の価値に比例して分配することが基本となろう。また、分配の対象と

---

[386]　例えば、前掲注328）レックス・ホールディングス事件東京高裁決定は、取引公表前の業績予想の下方修正による影響を排除することを念頭に、取引公表前6か月間の終値平均株価を用いている。また、前掲注299）エース交易事件は、取引の公表日当時、株式市場が急激な上昇局面にあり、対象株式の市場株価も大きく上昇していたことを理由に公表日前3か月の出来高加重平均（VWAP）を用いている。もっとも、これについては、株式市場全体の高騰による対象株式の株価上昇であれば投機的な取引による異常な株価形成ではなく、むしろ客観的価値を反映したものだったのではないかとの批判がある（松中・前掲注335）13頁）。

なる増加価値の総額は、例えば、株式市場の効率性を前提として、取引公表の前後における買主および対象会社の時価総額の合計の変化に着目して測定することが考えられる[391]。

(iii) 類型3：M&A取引が企業価値を増加させない場合

最後の類型は、M&A取引が企業価値を増加させない場合であり、この場合における「公正な価格」は、当該M&A取引が実施されなかったとしたならば対象株式が基準日において有したであろう価値（ナカリセバ価格）となる。なお、取引の不実施を前提とするナカリセバ価格の性質上、取引の対価

---

[387] 例えば、サンスター事件・大阪高決平成21年9月1日金判1326号20頁はMBOの準備開始後の安値誘導の懸念を念頭に、取引公表の1年前の市場株価を参照している。前掲注328）レックス・ホールディングス事件東京高裁決定やこのサンスター事件は、いずれも取引公表前の業績予想の下方修正の開示を問題視したものといえる。これに対し、サイバードホールディングス事件・東京高判平成22年10月27日資料版商事322号174頁は、取引公表の約1年前および約5か月前に行われた子会社株式の減損処理等による特別損失計上の開示につき会計基準に基づく適正な処理であったと認め、サンスター事件にいうような抽象的な懸念から取引公表の1か月よりも前の株価を参照すべきとする申立人の主張を斥けている。また、松尾橋梁事件大阪地裁決定・大阪地決平成23年1月28日金判1390号38頁および同大阪高裁決定・大阪高決平成24年1月31日金判1390号32頁も、取引公表の約3か月前の業績予想の下方修正の開示につき、当該修正にかかる事項が裁量の余地が少ないものであることや当該修正とその後の決算が一致していることを踏まえ、安値誘導の意図の下になされたものとは認められないとしている。

[388] 例えば、前掲注328）レックス・ホールディングス事件東京高裁決定、前掲注387）サンスター事件および前掲注387）サイバードホールディングス事件はいずれも20％とするが、この20％に実証的な根拠はなく、近時はこれ以外の比率を適用した事例（例えば、前掲注387）松尾橋梁事件大阪地裁決定（43％）、前掲注299）ジュピターテレコム事件東京地裁決定（25％））も見られ、20％より高い、あるいは低い割合が妥当な場合もあろう。

[389] 前掲注299）カルチュア・コンビニエンス・クラブ事件。

[390] ただし、買主が対象会社の株式以外に固有の資産を持たないMBOについては別段の検討が必要になるとする見解もある（田中編著・前掲注383）213～214頁〔田中〕）。これは、MBOに限らず、ファンドが買主となるような場合でも同様であろう。なお、この場合における増加価値の分配は、買主と対象会社の間で1対1の分配（当事者の交渉力に差異がないとした場合）を前提としつつ、取引の公正さが立証されず裁判所が介入する場合の価格となることから、一種のサンクションとして、裁判所の裁量により、取引の不公正を示す徴表に応じて対象会社株主に有利に変更できるとする見解もある（田中亘「判批」金判1282号（2008）20頁・21頁）。

の種類による区別を考慮する必要はない。

　このナカリセバ価格は、基準日におけるものであるから、その算定においては基本的には基準日にできるだけ近接した時点（または一定期間）の市場株価を参照することが考えられる。他方で、取引公表後の市場株価は取引による影響を受けて形成されるから、ナカリセバ価格の算定に用いることは相当でない。そこで、判例は、取引公表の前日（またはそれ以前の一定期間）の市場株価を参照して「公正な価格」を定めることが、裁判所の合理的な裁量の範囲内にあるとする[392]。

　もっとも、取引公表から基準日までの間に対象株式の株価に重大な変動が生じていたであろうと考えられる場合でも公表前の株価を参照できるかという問題はあり、その典型例は、取引の公表後に株式市場の状況が大きく変化した場合である。この問題ついては次の(4)(i)において述べる。

(4) 「公正な価格」を巡るその他の論点

(i) 事後市場株価補正

　価格決定制度においては、取引公表後の株価が取引の影響を受けて参照性が限られる一方で、基準日については（権利行使日説にせよ取得日説にせよ）取引の最終段階となる。もっとも、ファイナンス理論によれば、株価は、その銘柄に固有の事情（これを「固有リスク」という）に加え、株式市場全体の動向を含む経済状況の変化の影響（これを「市場リスク」という）も受けて推移する。そのため、「公正な価格」またはその構成要素として取引公表前の市場株価を参照せざるを得ないとしても、取引の公表日から基準日までの期間（以下「補正対象期間」という）に重大な経済状況の変化があった場合には、

---

[391]　弥永真生ほか監修『新会社法実務相談』（商事法務、2006）380頁〔矢野正紘〕。ただし、この方法による増加価値の総額の測定は、取引の公表と時期を同じくして、買主および対象会社の一方または双方の企業価値に影響を与える事象が生じていた場合には用いることができない可能性がある。取引公表前後における合計時価総額の変化には当該事象による影響も含まれてしまうためである。また、当事会社の規模の差が大きく、大きい方の会社にとって取引の影響が軽微であるような場合には、偶発的な要素（ノイズ）により生じる時価総額の変動の影響も無視できない可能性がある。

[392]　前掲注314）楽天・TBS事件。なお、同事件最高裁決定は、取引が企業価値に変動をもたらすものではなかったと認められる場合には、取引公表後の市場株価を参照することも裁判所の合理的な裁量の範囲内にあるとする。

これを勘案した補正（以下「事後市場株価補正」という）を行うことが必要でないかが問題となり、近時の判例・裁判例においてその是非が争われてきた。

(a) 判例・裁判例の状況

刊行された判例・裁判例上、事後市場株価補正の論点が最初に正面から議論されたのは、株式対価組織再編に係るインテリジェンス事件東京高裁決定[393]である。この事例は、最終的に取引が企業価値を増加させないものとして、ナカリセバ価格により「公正な価格」が決定されたものであるが、このナカリセバ価格を公表前の市場株価を参照して算定するにあたり、補正対象期間に生じた株式市場全体の変動（この事例ではいわゆるリーマンショックによる急激な株式相場の下落）を勘案して公表前の株価を補正（下方補正）することの是非が争われたものである。同東京高裁決定は、会社側が主張する回帰分析と呼ばれる統計的手法を用いた事後市場株価補正[394]を行うことの是非につき、補正対象期間における対象株式の株価が市場全体の変動の影響を受けていたことを認めた上で、会社側の主張する事後市場株価補正を行った算定方法が、公表前の市場株価を参照するだけの算定方法よりも「合理性の程度の高いものということができる」として、事後市場株価補正を行うことを認めた。なお、同東京高裁決定は、その後の許可抗告審において差し戻されているが、それは基準日に関する理解の相違を理由とするものであり、その余の点では、同東京高裁決定の重要性は失われていない[395]。

その後、キャッシュ・アウト取引においても地裁レベルでは事後市場株価補正を肯定する裁判例[396]が現れたが、補正の方向は上記と逆であった。すなわち、公表日から基準日までの期間に株式市場全体が上昇したことを勘案

---

393) 前掲注364）。
394) 市場全体を代表する指標（ベンチマーク）の値動きと対象株式の値動きから両者の恒等的な関連性（ベンチマークの値動きを変数とし、定数項 a および係数 β からなる1次方程式の形をとる）を推定し、これを公表日後のベンチマークの値動きに当てはめることで、取引の公表がなかったとすれば対象株式が取得日までに示したであろう値動きを予測する手法である。
395) 江頭憲治郎「裁判における株価の算定——日米比較をまじえて」司法研修所論集122号（2012）36頁・40～41頁。
396) 前掲注387）松尾橋梁事件大阪地裁決定、前掲注299）ジュピターテレコム事件東京地裁決定および前掲注299）東宝不動産事件東京地裁決定。

して、公表前の株価が上方補正されたのである。具体的には、これらの裁判例においては、いずれもレックス二分法に従って「公正な価格」が算定されているところ、まず、取引公表前の市場株価を参照して定めた客観的価値部分について事後市場株価補正[397]が行われ、さらに、かかる補正後の客観的価値部分に対して一定のプレミアムを上乗せすることで増加価値の分配を考慮するという手法が用いられている。なお、これらの裁判例では、取引による企業価値の増加の有無につき明示的な判断はなされていないものの、増加価値の分配を考慮していることに鑑みれば、分類としては、取引が行われることを前提とした公正分配価格により「公正な価格」が決定された事例と考えられる。

しかしながら、このようにキャッシュ・アウト取引において事後市場株価補正を肯定した地裁レベルの判断に対し、2016年に入り、上級審は、事後市場株価補正を否定する立場を明らかにした。まず、東宝不動産事件東京高裁決定は、事後市場株価補正を肯定した原審を破棄し、事後市場株価補正を行わないことを明確に示した。その理由として、同高裁決定は、取引が公正な手続を経て行われたことを認定し、原則として当事者の定めた価格が「公正な価格」として尊重されるべきこと宣言した上で、事後市場株価補正が、①当事者の予測可能性を損なうこと、および、②株主に対して過度の投機的誘因を与えることに加え、③事後市場株価補正が行われない場合に株主が補正対象期間における株式市場全体の上昇の利益を享受できないとしても、「公正な価格」での退出が保障されている以上、かかる不利益はリスクを負担しないことの代償とみることもできること、さらに、④同事例において補正対象期間に生じた程度の市場株価全体の変動（いわゆるアベノミクスの初期段階における株式相場の上昇）が稀なものではないことを挙げる。

さらに、ジュピターテレコム事件最高裁決定[398]は、やはり事後市場株価

---

[397] 前掲注387）松尾橋梁事件大阪地裁決定は、回帰分析の手法ではなく、補正対象期間における日経平均株価の推移や類似会社の株価の推移を踏まえて、取引公表前の1か月間の平均株価に対し10％の上方補正を行った。これに対し、前掲注299）ジュピターテレコム東京地裁決定および前掲注299）東宝不動産事件東京地裁決定は、前掲注364）インテリジェンス事件東京高裁決定と同様に、回帰分析の手法による事後市場株価補正を行っている。

[398] 前掲注346）。

補正を肯定していた原審を破棄し、事後市場株価補正を行わないことを明示したが、その理由は、東宝不動産事件東京高裁決定とはやや異なり、一般に公正と認められる手続により定められた取引価格が、当該取引を前提として「多数株主等と少数株主との利害が適切に調整された結果が反映されたものであるというべきである」とし、そうであるとすれば、当該価格は「取得日までに生ずべき市場の一般的な価格変動についても織り込んだ上で定められているということができる」ことを理由としている[399]。

以上に述べた事後市場株価補正に対する判例の立場をまとめると、図表Ⅰ-10-7のようになる。

[図表Ⅰ-10-7] 事後市場株価補正に対する判例の立場

	取引対価の性質	「公正な価格」の種別
事後市場株価補正を肯定	変動性（株式）	ナカリセバ価格
事後市場株価補正を否定	固定性（現金）	公正分配価格

(b) 事後市場株価補正の有無により生じるインセンティブの差異

以上に述べたように、事後市場株価補正を肯定または否定する判例の当否を、どのように考えるべきであろうか。これを検討する上で、まず、考慮されるべき点が事後市場株価補正の有無により生み出される株主のインセンティブの違いである。

まず、変動性の対価による取引の代表例である株式対価組織再編において、裁判所が事後市場株価補正を行わないとすれば、株主は、補正対象期間に株式市場全体が上昇した場合には、株式買取請求権を行使せず、（かかる上昇の効果が反映された）対価株式を受領することでメリットを享受することができる一方で、株式市場全体が下落した場合には、株式等売渡請求権を行使す

---

[399] 東宝不動産事件東京高裁決定と異なり、ジュピターテレコム事件最高裁決定の理由付けについては、将来の市場動向についての公開買付け時点での予想を反映する形で公開買付価格が決定されたということと、その後実際に生じた市場動向を勘案して事後市場株価補正を行うこととは、それ自体として何ら矛盾しないとして、説明の不十分性を指摘する見解がある（藤田・前掲注313）50頁、松中・前掲注335) 8頁)。

ることで、事後市場株価補正を受けない公表前の市場株価ベースでの「公正な価格」（ナカリセバ価格）を受け取り得る状態となる。これは株主が当該ナカリセバ価格を行使価額とするプット・オプションを無償で取得するものとみることができ、株主には（取引の効率性・公正性とは無関係に）かかるオプションを留保するため取引に反対し、状況に応じて株式買取請求権を行使する投機的な誘因が生じることとなる。これに対し、裁判所が事後市場株価補正を行うことを明らかにしていれば、かかる投機的な誘因が生じることはない。

　他方で、キャッシュ・アウト取引においては、株式対価組織再編と異なり固定性の対価による取引であるために、上記と真逆の状態が生じる。すなわち、キャッシュ・アウト取引において裁判所が事後市場株価補正を行うとすれば、株主は、補正対象期間に株式市場全体が下落した場合には、株式買取請求権を行使せず、（かかる下落が生じる前に）固定された対価を受領することができる一方で、株式市場全体が上昇した場合には、価格決定申立権を行使することで、事後市場株価補正により引き上げられた「公正な価格」（公正分配価格）を受け取り得る状態となる。これは株主が取引条件として定められた価格を行使価額とするコール・オプションを無償で取得するものとみることができ、やはり、株主には（取引の効率性・公正性とは無関係に）かかるオプションを留保するため取引に反対し（あるいは前置される公開買付けに応募せず）、状況に応じて価格決定申立権を行使する投機的な誘因が生じることとなる。逆に、裁判所が事後市場株価補正を行わないことを明らかにしていれば、かかる投機的な誘因が生じることはない。

　このように、公表後における株式市場全体の動向という誰にも予測ができない事情のために株主に取引に反対する誘因が生じるとすれば、取引に係る予測可能性が損なわれるのみでなく、企業価値を増加させる効率的なM&A取引が阻害されるおそれも生じることとなる。かかる観点からは、株式対価組織再編については事後市場株価補正を行い、キャッシュ・アウト取引については事後市場株価補正を行わないとする判例の立場は合理的なものといえる[400]。

---

[400]　なお、日本においては実例が乏しいものの、株式対価と金銭対価を組み合わせた取引を想定すると、株式対価部分については事後市場株価補正を行い、金銭対価部分については事後市場株価補正を行わないということで、同様に株主に取引に反対する投機的な誘因が生じることを回避することはできよう。

(c) 「公正な価格」の判断枠組みからみた整理

次に、これをこれまでみてきた「公正な価格」の判断枠組みからみた場合、事後市場株価補正の要否はどのように整理されるであろうか。

第一に、M&A取引の実施を前提とする公正分配価格については、原則として、事後市場株価補正を考慮する余地はないと考えられる。なぜならば、株式対価組織再編であれば、取引公表後における株式市場全体の変動は（取引条件として定められる比率を基礎として）対象株式の市場価格に反映されるから、それに応じた補正をする必要はないし、キャッシュ・アウト取引であれば、株主は取引条件評価基準時（すなわち取引条件の決定時点）において定められる対価の額を受け取る地位を有するものであり、これはその後の株式市場全体の動向に左右されるものではないからである[401]。

第二に、M&A取引の実施を前提としないナカリセバ価格については、逆に、原則として事後市場株価が行われるべきということになるように思われる[402]。ナカリセバ価格を採用するということは、取引がなかったとした場合に基準日において対象株式が有していたであろう価値を株主に保障するということであり、対象株式は基準日まで株式市場全体の変動を反映して推移していたと考えられるためである。

このような整理も、上記(a)に述べた判例と矛盾しない。なぜならば、判例が事後市場株価補正を肯定したインテリジェンス事件はナカリセバ価格が採用されたものであったのに対し、事後市場株価補正を否定したジュピターテレコム事件は公正分配価格が採用された事例と考えられるからである。

(d) 事後市場株価補正の手法

上記(a)にみたとおり、事後市場株価補正を肯定した裁判例では回帰分析の手法を補正に用いている事例が多い。回帰分析の手法自体についてはこれらの裁判例が統計的・科学的に確立したものであることを認めているところであるが、手法の細部についてみれば、図表Ⅰ-10-8のように事例毎にばらつきがみられる。かかるばらつきの原因は、事例毎の個別性にもあるだろうが、回帰分析を用いたモデル設計の合理性・客観性を確保するという観点か

---

[401] 藤田・前掲注313）54頁、松中・前掲注335）6～8頁。
[402] 弥永・前掲注376）7～9頁。

らは、その理由の検証は必要である。また、これらの裁判例は、回帰分析を用いたモデルの必要条件として、回帰分析により推定された係数（特にβ値）に統計的な有意性が認められることを求めているようであるが、モデルの十分条件としてどの程度の決定係数（R^2）[403]であれば採用に足るかといった検討も慎重に行われなければなるまい[404]。

[図表Ⅰ-10-8]　裁判例において採用された回帰分析

	ベンチマーク（β） ＊：1％有意	定数項 （α）	ダミー変数	自由度補正済決定係数 （R^2）
インテリジェンス事件東京高裁決定	ジャスダック指数（1.439）＊	不採用	採用	0.240（24％）
東宝不動産事件東京地裁決定	TOPIX（0.5743）＊ 東証不動産インデックス（0.3696）＊	採用（＋）	言及なし	0.2696（26.96％）
ジュピターテレコム事件東京地裁決定	ex ジャスダック指数（対象会社を除くジャスダック指数）（0.3819）＊	採用（＋）	不採用	0.027（2.7％）

(ⅱ)　対象株式に市場価格がない場合の「公正な価格」の算定

(ⓐ)　対象株式に市場価格がない場合の「公正な価格」の算定

これまでにみてきたように、対象株式に市場価格がある場合、裁判所が「公正な価格」を独自に算定するに際しては、何らかのかたちで市場株価が参照されることが多い。

これに対し、対象株式に市場価格がない場合には、市場価格を直接参照することはできないため、他の何らかの手法での株式価値評価が必要となる。

---

[403]　モデルの当てはまりの良さを示す尺度であり、係数の数に応じた自由度による補正を行うことが必要となるが、基本的にはベンチマークと対象株式の変動の相関係数（ρ）の2乗により、対象株式全体の変動のうちどの程度がベンチマークの変動により説明できるかを表す。

[404]　特に前掲注299）ジュピターテレコム事件東京地裁決定の採用したモデルの決定係数が低すぎる点を問題として指摘するものとして藤田・前掲注297）445頁、藤田・前掲注313）49頁。

市場性のない株式の評価手法としては、裁判例上、①キャッシュ・フロー（ないし収益）に着目するインカム・アプローチの手法としてDCF法、収益還元法、配当還元法、②間接的に市場を参照するマーケット・アプローチとして類似会社比較法、類似取引法、③純資産額に着目するアセット・アプローチとして時価純資産法、簿価純資産法等が用いられている[405]。なお、これらの手法の1つを選択するのではなく、会社の状況を踏まえて適すると判断される複数の手法を選択し、かつ、その評価結果を一定の割合で配合することで「公正な価格」を算定している裁判例もあるが、このような複数手法の併用や配合については、それが信頼できることの理論的な根拠が乏しいこともあり学説上の批判が少なくない[406]。近時は、継続企業の株式の価値がその受け取るキャッシュ・フローの価値により決まるというファイナンス理論の浸透もあり、裁判例上も、これを評価の対象とするインカム・アプローチが主流となりつつあるようようである[407]。

(b) 規模や流動性に起因するディスカウント

市場性のない対象株式の価値の算定にあたりインカム・アプローチを用いるにあたっては、その①規模の小ささや、②流動性の欠如から、算定にあたり調整が必要であると主張されることがある。

かかる調整の企業価値・株式価値評価における位置付けは、第Ⅱ部第2章第1節3(2)において説明するが、上記①は、概要、インカム・アプローチに属する手法において、将来のキャッシュ・フローや収益等を現在価値に引き直す際に用いられる割引率（資本コストと呼ばれる）を市場を参照しつつ推定するにあたり、対象株式の発行会社の規模が小さいことによる超過的なリスクに対応して、推定された割引率に一定の割増し（小規模リスク・プレミアムと呼ばれる）を行うという調整を行うべきとするものである。裁判例におけ

---

405) これらの手法については、**第Ⅱ部第2章第1節**において解説する。
406) 複数手法の併用により各手法の短所により生じるリスクを分散する効果があるとしても（伊藤達哉「取引相場のない株式の評価方法選択のあり方——感度分析に優れたDCF法の問題点を中心として」商事1892号（2010）40頁・42頁）、一つ一つが信頼に値しない数値を寄せ集めると信頼できる数値が算出されるわけではないからである（江頭憲治郎ほか編『会社法判例百選』（有斐閣、2006）43頁〔江頭憲治郎〕、田中編著・前掲注383）23頁〔久保田安彦〕）。
407) 江頭・前掲395) 63～64頁。

る小規模リスク・プレミアムの採否については判断が分かれているが[408]、これは対象株式の評価を行った鑑定人の意見による影響が大きいと考えられる。

　次に、上記②は流動性ディスカウントと呼ばれ、非上場株式や譲渡制限株式を評価の対象とする場合には、流動性の欠如により処分に追加的なコストを要することから、流動性のある上場株式と比べて低く評価されるべきとするものであり、①と同様に資本コストの上乗せというかたちで組み込まれることや、最終的な評価額の割合的な減額というかたちで考慮される。この流動性ディスカウントにつき、セイコーフレッシュフーズ事件最高裁決定[409]は、合併に反対する株主による価格決定申立てに関して、価格決定制度の趣旨（上記(1)参照）を念頭に置くと「収益還元法によって算定された株式の価格について、同評価手法に要素として含まれていない市場における取引価格との比較によりさらに減価を行うことは、相当でない」としてその採用を否定した。この判示に鑑みれば、同最高裁決定の射程は、①合併のような組織再編[410]に限らず、キャッシュ・アウト取引を含むM&A取引に係る価格決定申立ての文脈に広く当てはまると考えられる[411]。また、評価手法の観点

---

[408]　M&A取引に係る価格決定裁判において小規模リスク・プレミアムを否定した裁判例としてはカネボウ事件東京地裁決定・東京地決平成20年3月14日金判1289号8頁（事業譲渡（営業譲渡）事例）が、肯定した裁判例としてはセイコーフレッシュフーズ事件札幌地裁決定・札幌地決平成26年6月23日金判1466号15頁（合併事例。収益還元法を採用しつつ、割引率の設定にあたり、小規模リスク・プレミアムとして3.89％を加算し、株主資本コストを10.43％とした鑑定人の評価を採用）がある。

[409]　最一決平成27年3月26日民集69巻2号365頁。なお、この最高裁決定は、前掲注408）セイコーフレッシュフーズ事件札幌地裁決定の許可抗告審であるが、原審決定が採用をみとめた小規模リスク・プレミアムの是非については判断されていない。

[410]　事業譲渡（営業譲渡）に係る価格決定裁判についても、同様に流動性ディスカウントの適用を否定した裁判例としては、カネボウ事件東京高裁決定・東京高決平成22年5月22日金判1345号12頁がある。

[411]　弥永真生「判批」ジュリ1483号（2015）2頁・3頁、川島いづみ「判批」商事2080号（2015）23頁・29～30頁、百選185頁〔飯田秀総〕。これに対し、会社の基礎に変更のない状態で株主が売却を希望する場合、すなわち譲渡制限株式の譲渡不承認に際しての価格決定制度（会社144条2項）については、M&A取引に係る価格決定制度と趣旨を異にするから本決定の射程は及ばないとされる。この違いについては、M&A取引に係る価格決定制度が、処分価値ではなく、（増加価値を含む）企業価値をベースとするものであると説明されることがあるが（百選185頁〔飯田〕）、株主に売却の意思があるかは対象株式の価値とは関係がなく、流動性が低いことで価値が下がるのであれば減価すべきとの見解もある（江頭・前掲注395）67頁）。

からは、②収益還元法のみではなく、インカム・アプローチによる評価全般に及ぶと考えられるが[412]、例えば類似会社比較法や類似取引法といった（間接的な）マーケット・アプローチが用いられた場合にも当てはまるかは必ずしも明らかでない[413]。

---

[412] 川島・前掲注411）30頁。なお、前掲注410）カネボウ事件東京高裁決定はDCF法につき流動性ディスカウントの適用を否定している。

[413] 本決定は「類似会社比準法等とは異なり」としていることから、（間接的な）マーケット・アプローチは本決定の射程外と考えられるが（川島・前掲注411）30頁）、価格決定制度の趣旨の観点からやはり流動性ディスカウントの適用は認められないとする見解（百選185頁〔飯田〕）もある。

第11章

M&Aと税務[1]

第1節
M&Aと課税

1 本節の対象および組織再編と課税

(1) 本節の対象

　株式会社がM&Aや企業グループ再編を実行する方法は、大別して、取引行為（典型的には、相対による株式譲渡やキャッシュTOB）と組織再編行為（典型的には合併や会社分割）とに分けることができるが、前者が用いられた場合の課税関係は、基本的に資産の売主がその譲渡価額と取得価額（簿価）との差額につき譲渡損益課税（キャピタル・ゲイン課税）に服し、当該資産の買主においてはその譲受価額が税務上の取得価額（簿価）となる、という比較的単純なものであるのに対し、後者が用いられた場合の課税関係は、当事者の法人レベルの課税関係と株主レベルの課税関係とを分けて考えなければならず、さらに、様々な課税繰延措置が存在することもあって、極めて複雑である。
　そもそも、M&Aや企業グループ再編を実行する際に生じる課税問題は非

---

[1] 本章で論じるM&Aと課税の問題に関する詳細については、太田洋編著『M&A・企業組織再編のスキームと税務〔第3版〕』（大蔵財務協会、2016）を是非参照されたい。

常に多岐にわたっており、本書では紙幅の関係上、それら全てについて触れることは困難である。そこで、本書では、上記の組織再編行為を用いてM&Aや企業グループ再編が行われた場合の課税関係に絞って、論じることとしたい。

また、便宜上、キャッシュ・アウト（スクイーズ・アウト）に伴う課税問題については第5章第2節4(5)、スピン・オフ、スプリット・オフおよびスプリット・アップの課税問題については第Ⅲ部第1章第4節、コーポレート・インバージョンに伴う課税問題については第Ⅲ部第1章第5節で、それぞれその手法等に関する解説とまとめて論じているので、詳しくはそちらを参照されたい。

(2) 「組織再編」と課税

私法上、株式会社を当事者とする「組織再編」は、1つ以上の株式会社が当事者となって組織的な結合や分離を行う行為、および株式会社の貸借対照表に直接的な影響が及ぶ資本的ないし組織的な変動を伴う行為であると、ひとまず考えることができよう。

このような意味における「組織再編」の代表例としては、会社法第5編に規定されている、合併、株式交換・株式移転、会社分割、三角合併（親会社株式を対価とする合併）、三角交換（親会社株式を対価とする株式交換）および三角分割（親会社株式を対価とする会社分割）が挙げられる。また、これら以外に、会社法に定めがあるものの中では、新株発行（自己株式の処分を含む。以下、本章において同じ）、自社株買い、現物出資、事後設立、事業譲渡、現物配当、組織変更および解散も、上記の意味における「組織再編」に該当すると考えられる。

他方、わが国租税法における「組織再編成」の語は、会社法第5編に規定されている典型的な組織再編行為のほか、現物出資や現物配当など、上記の広義の意味における組織再編行為の一部をも包摂する概念として構築されている。もっとも、私法上、（広義の）組織再編と考えられる行為の中でも、新株発行、自社株買い、事業譲渡、組織変更および解散は、少なくとも現時点では、租税法上の「組織再編成」の概念には含まれていない。

しかしながら、わが国の組織再編税制の下における適格組織再編成に対応する、米国連邦内国歳入法典（以下、本章において「内国歳入法典」という）

における非課税組織再編成（tax free reorganization）、すなわち、A 型組織再編成（type A reorganization）ないし G 型組織再編成（type G reorganization）[2] ならびに正三角 A 型組織再編成[3]、逆三角 A 型組織再編成[4]、三角 B 型組織再編成[5]、三角 C 型組織再編成[6] およびドロップ・ダウン組織再編成[7] の 12 種の非課税組織再編成は、わが国の適格組織再編成よりもかなり幅広い行為を包摂する概念である[8]。すなわち、内国歳入法典における非課税組織再編成は、例えば、発行体と株式ないし社債保有者との間における株式と株式、株式と社債ないし社債と社債の交換取引（いわゆる資本再構成取引。一定の要件の下で E 型組織再編成に該当する）のみならず、株式を対価とする新株発行やいわゆる自社株対価 TOB（一定の要件の下で B 型組織再編成に該当する）といった（現物出資による新株発行という要素は含むものの）取引行為の色彩が強い行為までも含む概念とされている。

　これは、米国では連邦レベルの会社法が存在せず、会社法は各州の州法に委ねられている一方で、連邦所得税は連邦法である内国歳入法典によって規律されていることに相当程度由来していると考えられる[9]が、彼我の組織再編税制の拠って立つ設計思想の差異の現れでもあるように思われる。すなわち、わが国では、組織再編税制は、基本的には、会社法第 5 編に規定されている典型的な組織再編行為（を構成する諸概念）を基礎として、それらに対する課税上の取扱いを定める形で構築されている（制定法を基礎としたアプローチ）が、米国では、組織再編税制は、「投資の継続（continuity of interest）」という性質が見られる組織再編的な行為を広く対象とした上で、問題となる行為によって交換される財産の性質や当該行為の結果として達成される結果に着目した機能的な観点からそれらを分類し、それぞれに対する

---

[2]　内国歳入法典 368 条(a)(1)(A)〜(G)参照。
[3]　内国歳入法典 368 条(a)(2)(D)参照。
[4]　内国歳入法典 368 条(a)(2)(E)参照。
[5]　内国歳入法典 368 条(a)(1)(B)括弧書参照。
[6]　内国歳入法典 368 条(a)(1)(C)括弧書参照。
[7]　内国歳入法典 368 条(a)(2)(C)参照。
[8]　なお、このほかに、わが国でいう分割型分割に対応する組織再編行為については内国歳入法典 355 条で、わが国でいう現物出資や分社型分割に対応する組織再編行為については内国歳入法典 351 条で、それぞれ基本的に規律されている。
[9]　渡辺徹也『企業組織再編成と課税』（弘文堂、2006）42 頁および 186 頁参照。

課税上の取扱いを定めるという形で構築されている（機能主義的なアプローチ）。

（米国の組織再編税制が採用する）このような機能主義的なアプローチは、わが国において組織再編行為を用いてM&Aや企業グループ再編が行われた場合の課税関係を検討する際にも、実務の観点からは大いに参考になるように思われる。

例えば、米国では資本再構成取引の一種として位置付けられ、一定の要件の下でE型組織再編成に該当するものとされているデット・エクイティ・スワップ（debt equity swap。以下「DES」という）は、わが国では、私法上、金銭債権を現物出資することによって実行することができるが、実務の観点からは、債権を含む財産の現物出資一般の課税関係を論じるよりも、端的にDESの課税関係を論じた方が便宜であろう。同様に、平成23年7月1日に施行された旧産活法[10]（現・産業競争力強化法）の改正法[11]によって（主務大臣の認定を取得することを条件として）大幅に利用しやすくなった、いわゆる自社株対価TOBないしエクスチェンジ・テンダー・オファー（exchange tender offer）も、私法上は、対象会社の株主が、その保有する対象会社株式を買収会社に対して現物出資して、買収会社から新株の発行を受ける取引であると整理できるが、産業競争力強化法で主務大臣の認定を受けた場合には、会社法第5編所定の組織再編行為に準じた規律が及ぼされるものとされており、現物出資に基づく新株発行一般の課税関係を論じるよりも、端的に自社株対価TOBの課税関係を論じた方が、企業の実務担当者等にとっては便宜であると思われる。

したがって、わが国において組織再編行為を用いてM&Aや企業グループ再編が行われた場合の課税関係を検討するにあたって、以下では、組織再編に係る会社法上の概念（行為）を出発点とした上で、それらを当該行為が行われる際に交換される財産の有無・性質や当該組織再編によって達成される

---

10) 正式名称は「産業活力の再生及び産業活動の革新に関する特別措置法」。
11) なお、旧産活法の規定の多くは、平成25年12月11日に公布され、平成26年1月20日に施行された産業競争力強化法に引き継がれているが、同法でも、同様に、自社株対価TOBに関する特例規定が存置され、平成30年にはTOB以外の方法による株式対価M&Aも特例規定の対象に追加されている（平成30年改正後産業競争力32条）。詳しくは第16章参照。

結果に基づいて分類し（機能主義的アプローチ）、それぞれについての課税上の取扱いを概観する、という手法を採用することとしたい。

(3) 機能主義的アプローチに基づく（広義の）組織再編の分類

　株式会社は、株主の出資によって成立しているため、会社法第5編に規定されている典型的な組織再編については、組織再編の当事者の法人レベルにおける課税とその株主レベルにおける課税とが問題となる点が特徴的である。

　もっとも、新株発行（第三者割当増資）、現物出資、事後設立、事業譲渡、現物配当および現物残余財産分配のように、会社法第5編に規定されていない広義の「組織再編」については、それらの行為を行う主体である株式会社の株主レベルでの課税は、通常問題とならない。

　M&Aや企業グループ再編のために用いられる私法上の（広義の）組織再編は、当該組織再編行為の実行に伴って交換される財産の種類に即して分類すると、以下の9種類に分けられるものと考えられる。

　すなわち、まず、外形的に財産の「交換」が行われるタイプのものとしては、

① 新株（自己株を含む。以下同じ）を対価として（既存）株式が取得される組織再編（stock for stock 型）：ⓐ株式交換・株式移転、およびⓑ（前述した自社株対価 TOB に代表されるような）第三者の発行に係る株式を現物出資財産とする現物出資による新株発行

② 新株を対価として資産（金銭および株式を除く。以下同じ）が取得される組織再編（stock for assets 型）：ⓐ合併、およびⓑ会社分割

③ （上記②を逆方向から見ただけのことであるが、）資産を対価として新株が取得される組織再編（asset for stock 型）：ⓐ（通常の）現物出資、およびⓑ事後設立（これらにはいわゆる DES も含まれる。以下同じ）

④ 金銭を対価として資産（事業）が取得される組織再編（cash for asset 型）：事業譲渡（会社467条1項1号・2号）

⑤ 金銭を対価として新株が取得される組織再編（cash for stock 型）：新株発行

⑥ 親会社の株式を対価として（既存）株式が取得される組織再編：三角交換

⑦ 親会社の株式を対価として資産が取得される組織再編：ⓐ三角合併、

およびⓑ三角分割

の7種類が存在する。この他、外形的には財産の「交換」が行われないタイプの組織再編として、

⑧　(取得者側が) 一方的に株式の交付を受ける組織再編：ⓐ現物配当による子会社株式の分配、ⓑ分割型新設 (会社) 分割、ⓒ現物残余財産分配による子会社株式の分配、およびⓓ無対価交換 (無対価での株式交換)

⑨　(取得者側が) 一方的に資産の交付を受ける組織再編：ⓐ無対価合併 (無対価での合併)、およびⓑ無対価分割 (無対価での会社分割)

の2種類が存在する。

　上記の分類に関しては、留意が必要な点が2点ある。第一点目は、(通常の) 合併の位置付けである。すなわち、(通常の) 合併は、会社法上はいわゆる人格承継説的に把握されているが、株主レベルから見た場合には、その保有株式を対価とする他の会社の新株の取得であり、また、わが国の租税法では、会社法上の理解とは異なり、法人レベルに着目して、被合併法人がその全ての資産と負債とを合併法人に移転し、対価として受領した合併法人の新株や資産を被合併法人の株主に分配して解散する取引 (つまり、合併法人の側から見れば、その新株を対価とする被合併法人からの資産の取得) として整理されているため、上記では、②の「新株を対価として資産が取得される組織再編」に含まれるものとして整理している。第二点目は、会社分割の概念整理についてである。すなわち、会社分割については、平成18年5月1日に施行された会社法の下では、従前の分割型分割 (人的分割) は、「株式を対価とする分社型分割 (物的分割) ＋分割会社が対価として受領した株式の株主への交付」として整理され、概念としては廃止されている (つまり、現在は、「会社分割」は、従前の分社型分割 (物的分割) のみを意味する概念とされている) にもかかわらず、租税法の分野では、この概念が依然として維持されている (法税2条12号の9参照) ことに注意が必要である。そのため、上記の分類においても、分割型 (単独) 新設分割は、一般の会社分割とは区別して、⑧に含める形で整理していることに留意されたい。

(4)　わが国における組織再編に係る課税の基本的枠組み

　わが国の租税法の下では、前述したとおり、組織再編に際しては、法人レベルでの法人保有に係る資産・負債 (以下、本章において「資産等」という)

についての譲渡損益課税（時価評価課税を含む。以下同じ）および租税属性（tax attributes）の引継ぎと株主レベルでのみなし配当課税および譲渡損益課税とが問題となる。上記の①〜⑨の各類型に即して大まかに述べると、以下のとおりとなる。

　まず、上記の①についてであるが、まず、ⓐの株式交換・株式移転では、かつては法人レベルでの課税は問題とならず、株主レベルでの課税についても広い範囲で譲渡損益課税の繰延べが認められていたが、平成18年度税制改正によって、後述する合併等と同様に、㋐適格組織再編成（後述）に該当するか否かで株式交換・株式移転完全子会社の法人レベルでの課税の有無が異なることになり（なお、株主レベルでの課税は適格組織再編成に該当するか否かで異ならない）、㋑株主に対して株式（および100％親会社の株式）以外の金銭その他の財産（いわゆるboot）の交付がなされるか否かで、株主レベルでの譲渡損益課税の有無が決せられることとなった。すなわち、問題となる株式交換・株式移転が適格組織再編成に該当する場合には、法人レベルでは課税問題は生じないが、適格組織再編成に該当しない場合には、法人レベルではその資産等について時価評価課税がなされる（もっとも、株主レベルでのみなし配当課税は、問題となる株式交換・株式移転が適格組織再編成に該当するか否かにかかわらず、生じない）。また、bootが交付されない場合には株主レベルで譲渡損益課税は繰り延べられるが、交付される場合には株主レベルで譲渡損益課税がなされる。また、ⓑの、第三者の発行に係る株式を現物出資財産とする現物出資による新株発行については、新株の発行者側では資本等取引に該当するものとして課税は生じないが、出資者側では当該現物出資財産について譲渡損益課税がなされる。

　次に、上記②の合併・会社分割については、㋐適格組織再編成に該当するか否かで被合併法人または分割法人の法人レベルでの課税とその株主レベルでのみなし配当課税の有無が異なるものとされ、㋑株主に対してbootの交付がなされるか否かで株主レベルでの譲渡損益課税の有無が異なるものとされている。すなわち、問題となる合併等が適格組織再編成に該当する場合には、法人レベルでは譲渡損益課税の繰延べと一定の範囲における租税属性の引継ぎ（特に、合併の場合には、繰越欠損金も引き継がれる場合がある）がなされ、その株主レベルではみなし配当課税の繰延べがなされる（もっとも、分社型分割の場合には、分割法人の株主への分配等がないため、そもそもみなし配

当課税は問題とならない)。

　他方、適格組織再編成の要件を満たさない場合には、法人レベルではその資産等についての譲渡損益課税がなされ(なお、租税属性は引き継がれない)、その株主レベルでは、分社型分割の場合を除き(つまり、分割型分割および合併の場合には)みなし配当課税がなされる。また、株主レベルでの譲渡損益課税に関しては、分社型分割の場合には、分割法人の株主への分配等がないため、そもそも株主レベルでの譲渡損益課税は問題とならないが、分割型分割および合併の場合には、bootが交付されないときは株主レベルで譲渡損益課税は繰り延べられるものの、交付されるときは株主レベルで譲渡損益課税がなされる。

　上記③の現物出資・事後設立については、新株の発行者側では資本等取引に該当するものとして課税は生じないが、出資者側では、原則として、出資対象財産について譲渡損益課税がなされる。もっとも、問題となる現物出資が適格現物出資に該当する場合には、出資者側において譲渡損益課税の繰延べがなされる。なお、平成13年度税制改正による組織再編税制の導入時においては「適格事後設立」の制度が存在していたが、平成22年度税制改正によるグループ法人税制の導入により、現在では当該制度は廃止されている。

　次に、上記④の事業譲渡については、譲渡会社において法人レベルで譲渡損益課税がなされる(同社の株主レベルでは、株主に対する分配等がないため課税は生じない)。ただし、事業譲渡の場合、その譲渡法人において譲渡益として課税される金額のうち、個別の資産の時価としては評価しきれない金額については、事業の譲受法人において、原則として、これを「のれん」(正確には「資産調整勘定」)として計上し、課税所得計算上5年間で均等額を減価償却し損金化することが認められる(すなわち、事業の譲渡法人と譲受法人とを総合して見た場合には、営業権に相当する金額のキャピタル・ゲインに対する課税額は5年間で国から全て回収され得る)点に注意が必要である。ちなみに、株式譲渡の場合には、たとえその譲渡法人において譲渡損益課税に服する場合でも、その譲受法人においてこのような減価償却による損金化は認められていない。したがって、この点で事業譲渡を用いた買収と株式譲渡を用いた買収とは大きく異なる。

　上記⑤の新株発行については、発行会社側では、資本等取引に該当するため、そもそも課税問題は生じない(また、同社の株主レベルでも、株主に対す

る分配等がないため課税は生じない)。他方、引受人側でも、金銭を出資しているだけであるため、課税は生じないのが原則であるが、例外的に、当該新株発行がいわゆる有利発行に該当するときは、受贈益課税(法人の場合)ないし一時所得課税等(個人の場合)の課税問題が生じる。なお、税務上、有利発行に該当するか否かは、新株引受価額が新株発行決議日前日の株価に比しておおむね10％以上ディスカウントされているか否かを基準に判断される(法税令119条1項4号、法人税基本通達2-3-7参照)。

　次に、上記⑥の三角交換については、平成19年5月1日の会社法における合併等対価の柔軟化に関する部分の施行に伴い、平成19年度税制改正によって所要の手当が講じられ、㋐それが適格組織再編成に該当するか否かで買収対象会社(三角交換完全子法人)の法人レベルでの課税の有無が異なるものとされる(なお、買収対象会社の株主レベルでの課税は適格組織再編成に該当するか否かで異ならない)一方、㋑買収対象会社の株主に対してbootの交付がなされるか否かでその株主レベルでの譲渡損益課税の有無が異なるものとされている。すなわち、問題となる三角交換が適格組織再編成に該当する場合には、(直接の三角株式交換完全親法人となる買収ビークルによる親会社株式の取得が時価ベースで行われることを前提とすれば、)買収対象会社の法人レベルでは譲渡損益課税の繰延べ[12]がなされるが、適格組織再編成の要件を満たさない場合には、法人レベルではその保有資産等についての時価評価課税がなされる(なお、買収対象会社の株主レベルにおけるみなし配当課税は、問題となる三角交換が適格組織再編成に該当するか否かにかかわらず、生じない)。また、bootが交付されない場合には買収対象会社の株主レベルで譲渡損益課税は繰り延べられるが、交付される場合には当該株主レベルで譲渡損益課税がなされる[13]。

　また、上記⑦の三角合併・三角分割については、上記の三角交換の場合と同様に平成19年度税制改正によって所要の手当が講じられ、㋐それが適格組織再編成に該当するか否かで買収対象会社(被合併法人・分割会社)の法人レベルでの課税とその株主レベルでのみなし配当課税の有無が異なるもの

[12) 租税属性の引継ぎがない点につき、岡村忠生『法人税法講義〔第3版〕』(成文堂、2007) 458頁参照。
[13) 中里実ほか編著『国際租税訴訟の最前線』(有斐閣、2010) 284頁〔太田洋〕参照。

とされる一方、④買収対象会社の株主に対してbootの交付がなされるか否かで株主レベルでの譲渡損益課税の有無が異なるものとされている。すなわち、問題となる三角合併等が適格組織再編成に該当する場合には、（直接の合併法人等となる買収ビークルによる親会社株式の取得が時価ベースで行われることを前提とすれば、）買収対象会社の法人レベルでは譲渡損益課税の繰延べと一定の範囲での租税属性の引継ぎ（特に、三角合併が適格合併に該当する場合には、繰越欠損金も引き継がれる場合がある）[14]がなされ、その株主レベルではみなし配当課税の繰延べがなされる一方、適格組織再編成の要件を満たさない場合には、買収対象会社の法人レベルではその保有資産等についての譲渡損益課税がなされ、その株主レベルではみなし配当課税がなされる。また、bootが交付されない場合には買収対象会社の株主レベルで譲渡損益課税は繰り延べられるが、交付される場合には当該株主レベルで譲渡損益課税がなされる[15]。

そして、上記の⑧についてであるが、まず、ⓐの現物配当による子会社株式の分配に関しては、わが国では、従来、米国の連邦所得税の場合のように一定の場合に法人レベルおよび株主レベルでの課税繰延べを認める規定が存在せず、課税当局は、原則として、分配会社の法人レベルでは分配対象となる子会社株式に関する譲渡損益課税がなされ、分配会社の株主レベルではみなし配当課税および譲渡損益課税がなされるものとして、それぞれ取り扱ってきた[16]。しかしながら、この原則には、近時の税制改正によって大きな変更が加えられている。

第一は、平成22年度税制改正による「適格現物分配」制度の創設である（法税2条12号の15）。これにより、株主と発行法人との間に完全支配関係がある場合、例えば、ある会社Xが子会社Yの株式を100％保有している場合には、例外的に、子会社Yによる親会社Xへの現物分配に関しては、分配法人であるYのレベルでも被分配法人であるXのレベルでも課税が生じない（当該分配について源泉所得税も課されない）ものとされた。具体例を挙げて説明すると、上記の例で、子会社Yが有する100％子会社Z（Xから見る

---

14) 岡村・前掲注12) 444頁および446頁参照。
15) 中里ほか編著・前掲注13) 284頁〔太田〕参照。
16) 水野忠恒『租税法〔第5版〕』（有斐閣、2011）495頁同旨。

と100％孫会社）の株式を現物配当によって親会社Xに全て分配し、ZをXの直接の子会社（Yの兄弟会社）とする場合には、課税上、Yにおいては当該Z株式に関する譲渡損益課税は繰り延べられる（当該繰り延べられた譲渡損益はXによる当該Z株式の譲渡の際に実現することになる。法税令123条の6第1項参照[17]）ものとされ、他方、Xにおいては、当該Z株式を収受したことにより生ずる収益の額は益金の額に算入されず（法税62条の5第4項。したがって、Yは当該配当に関して源泉徴収義務を負わない。所税24条1項参照）、Xが従前から保有していたYの発行株式についても、税務上譲渡損益は生じない（法税61条の2第17項。その分は、法税令8条1項22号により、Xの資本金等の額を減算または加算することによって調整される）ものとされる。

第二は、平成29年度税制改正によるスピン・オフ税制の導入（この制度により新たに「適格株式分配」という概念も創設されている）および平成30年度税制改正によるスピン・オフの実施の円滑化のためのスピン・オフ前に実施可能な組織再編成の拡充であるが、この点については、**第Ⅲ部第1章第4節**において詳述する。

他方、ⓑの分割型新設分割については、従来から、適格組織再編成の要件を充足すれば（分割法人の発行済株式総数の50％超を保有する株主が存在すれば、）グループ内組織再編として適格組織再編成に該当し得るものとされてきた。したがって、適格組織再編成の要件を充足すれば、分割会社の法人レベルでは課税上の譲渡損益認識の繰延べと一定の範囲での租税属性の引継ぎがなされ、その株主レベルではみなし配当課税の繰延べがなされるが、適格組織再編成の要件を満たさない場合（分割法人の発行済株式総数の50％超を保有する株主が存在しなければ、事業関連性の要件が欠けるため共同事業要件が充たされず、自動的に非適格組織再編成となる）には、分割会社の法人レベルではその保有資産等についての譲渡損益課税がなされ、その株主レベルではみなし配当課税がなされる。また、bootが交付されない場合には分割会社の株主レベルで譲渡損益課税は繰り延べられるが、交付される場合には当該株主レベルで譲渡損益課税がなされる。なお、平成29年度税制改正によるスピン・オフ税制の導入により、会社の事業部門を分離・独立（スピン・オフ）

---

[17] 諸星健司『グループ法人税制と申告調整実務』（税務研究会出版局、2010）118頁、林浩二「組織再編税制における実務上の留意点」租税研究738号（2011）115頁参照。

する場合に、一定の要件に該当すれば、適格組織再編成に該当するものとされたが、詳細については、**第Ⅲ部第1章第4節**において詳述する。

また、ⓒの現物残余財産分配による子会社株式の分配に関しては、わが国では、米国の連邦所得税の場合のように一定の場合に法人レベルおよび株主レベルでの課税繰延べを認める規定が存在しないところ、平成22年度税制改正で法人の清算所得課税制度（平成22年度税制改正前法税92条、93条）が廃止されたため、現在では、原則として、法人レベルでは分配対象となる子会社株式に関する（通常の）譲渡損益課税がなされ（法税62条の5第1項）、株主レベルではみなし配当課税（法税24条1項4号、所税25条1項4号）および譲渡損益課税（法税61条の2第1項、租特37条の10第3項3号）がなされるものとして、それぞれ取り扱われている[18]。

そして、ⓓの無対価交換に関しては、従前その取扱いが不明確であったところ、平成22年度税制改正によって明確化が図られ、株式交換の直前の時点において、その当事者の双方が第三者によって各々の発行済株式等の100％を直接に保有されているか、または、その一方（株式交換完全親法人）およびその100％株主が他方（株式交換完全子法人）の発行済株式等の100％を直接に保有している場合に限り、他の適格組織再編成の要件を充足すれば（平成30年度税制改正前法税令4条の3第18項2号等参照）、株式交換の当事者双方の法人レベルおよび株主レベルのいずれにおいても強制的に時価評価課税（法人レベル）ないし譲渡損益課税（株主レベル）が繰り延べられるものとされた（株主レベルでのみなし配当課税は元々存しない）[19]。

その後、平成30年度税制改正により、上記の強制的に時価評価課税（法人レベル）ないし譲渡損益課税（株主レベル）が繰り延べられる場合が拡充・明確化された。

具体的には、法人レベルについて、㋐株式交換前に、株式交換完全子法人

---

[18] 岡村忠生ほか『ベーシック税法〔第7版〕』（有斐閣、2013）264頁参照。なお、金子宏「法人税における資本等取引と損益取引――『混合取引の法理』の提案（その1.『現物配当』）」同編『租税法の発展』（有斐閣、2010）338頁は、残余財産の現物分配についても、混合取引の一種として、現物配当と同様の解釈論が妥当する可能性を暗に示唆しているようである。

[19] 詳細につき、朝長英樹編著『グループ法人税制〔第2版〕』（法令出版、2015）400～401頁〔掛川雅仁〕・407～425頁〔朝長英樹＝掛川雅仁〕参照。

と株式交換完全親法人との間に、同一の者による完全支配関係がある場合（法税令4条の3第18項2号）、いずれか一方の法人による支配関係がある場合（同条19項1号）または同一の者による支配関係がある場合（同項2号）の無対価交換にあっては、「株主均等割合保有関係」が存在する場合に限り、他の適格組織再編成の要件を充足すれば、適格株式交換等として時価評価課税が繰り延べられることとされた。「株主均等割合保有関係」とは、株式交換完全子法人の株主（その株式交換完全子法人と株式交換完全親法人を除く）および株式交換完全親法人の株主等（その株式交換完全親法人を除く）の全てについて、その者が保有する【その株式交換完全子法人の株式の数のその株式交換完全子法人発行済株式等（その株式交換完全親法人が保有するその株式交換完全子法人の株式を除く）の総数の内に占める割合】と【その株式交換完全親法人の株式の数のその株式交換完全親法人発行済株式等の総数の内に占める割合】とが等しい場合における、その株式交換完全子法人と株式交換完全親法人との間の関係である。平成22年度税制改正で無対価株式交換でも適格株式交換に該当することが明確化された、株式交換完全子法人と株式交換完全親法人の双方が第三者によって発行済株式等の100％を直接に保有されている関係、および、その一方（株式交換完全親法人）およびその100％株主が他方（株主交換完全子法人）の発行済株式等の100％を直接に保有している関係は、いずれも「株主均等割合保有関係」に包含される[20]。また、㋑共同で事業を行うための無対価交換についても、株主均等割合保有関係が存在する場合に限り、他の適格組織再編成の要件（ただし、株式継続保有要件については、"交付された株式交換完全親法人株式の継続保有"を無対価交換では観念し得ないことから[21]、支配株主が無対価交換直後に保有する株式交換完全親法人の株式の数に、支配株主が無対価交換直後に保有する株式交換完全親法人の株式の簿価のうちに無対価交換直前に保有していた株式交換完全子法人の株式の簿価の占める割合を乗じて計算した数だけ、株式交換完全親法人株式を継続保有する見

---

20) 平成22年度税制改正によって適格組織再編成になり得るとされた無対価交換は、平成30年度税制改正後においては「株主均等割合保有関係」がある場合の無対価交換に包含されている（寺﨑寛之ほか『改正税法のすべて〔平成30年版〕』（大蔵財務協会、2018）327頁〔藤田泰弘ほか〕）。

21) 藤田泰弘「平成30年度法人税関係（含む政省令事項）の改正について(1)」租税研究825号（2018）61頁参照。

込みがあることとされている）を充足すれば（法税令4条の3第20項柱書・5号）、適格株式交換等として時価評価課税が繰り延べられることとされた[22]。

株主レベルについては、適格株式交換等に該当する無対価交換の場合に限らず、株主均等割合保有関係がある無対価交換（特定無対価株式交換）により株式交換完全子法人株式を有しないこととなった場合であれば、譲渡損益課税が繰り延べられることが明確にされた（所税57条の4第1項、所税令167条の7第2項、法税61条の2第9項、法税令119条の7の2第5項。なお、株主が株式交換完全親法人の株式を所有している場合、その取得価格についての付替え計算については所税令167条の7第5項、法税令119条の3第15項、119条の4参照）。

最後に、上記⑨の無対価合併・無対価分割については、やはり従前その取扱いが不明確であったところ、平成22年度税制改正によって明確化が図られ、いずれについても、それら組織再編の直前の時点において、当該組織再編の当事者の一方（もしくは当該一方当事者とその100％株主）が他方の発行済株式等の100％を直接に保有しているか、またはその双方が第三者によって各々の発行済株式等の100％を直接に保有されている場合に限り、他の適格組織再編成の要件を充足すれば（平成30年度税制改正前法税令4条の3第2項～8項等参照）、合併・分割の当事者双方の法人レベルおよび株主レベルのいずれにおいても、強制的に譲渡損益課税が繰り延べられるものとされた（株主レベルでのみなし配当課税はない）[23]。

その後、平成30年度税制改正により、無対価交換と同様に、上記の法人レベルおよび株主レベルのいずれにおいても、強制的に譲渡損益課税が繰り延べられる場合が拡充[24]・明確化された。

具体的には、無対価合併および無対価分割型分割については規律が類似しているためまとめて説明すると、⑦合併／分割型分割前に、被合併法人／分

---

[22] なお、無対価交換が適格組織再編成の要件を満たすことができなかった場合の株式交換完全親法人における処理についても、平成30年度税制改正により明確化が図られた（法税令8条1項10号、119条1項10号・27号等参照）。なお、明文の規定は置かれていないが、株主均等割合保有関係がない無対価交換の場合、株式交換完全親法人の資本金等の額は増加せず、原則として株式交換完全子法人の株式の価格による受贈益を計上することとされている（寺崎ほか・前掲注20）328頁〔藤田ほか〕）。

[23] 詳細につき、朝長編著・前掲注19）392～400頁〔掛川〕・401～407頁および410～425頁〔朝長＝掛川〕参照。

割法人と合併法人／分割承継法人との間に、(A)「いずれか一方の法人」による「完全支配関係」がある場合の無対価合併／無対価分割型分割にあっては、合併法人／分割承継法人が被合併法人／分割法人の発行済株式等の全部を保有する関係（法税令4条の3第2項1号・6項1号イ）がそれぞれ存在する場合に限り、(B)「同一の者」による「完全支配関係」がある場合の無対価合併／無対価分割型分割にあっては、(i)合併法人／分割承継法人が被合併法人／分割法人の発行済株式等の全部を保有する関係（同条2項2号イ・6項2号イ(1)、合併法人／分割承継法人による全部保有関係）または(ii)被合併法人／分割法人および合併法人／分割承継法人の株主等（その被合併法人／分割承継法人および合併法人／分割法人を除く）の全てについて、その者が保有する【その被合併法人／分割法人の株式の数のその被合併法人／分割法人の発行済株式等（その合併法人／分割承継法人が保有するその被合併法人／分割法人の株式を除く）の総数のうちに占める割合】と【その合併法人／分割承継法人の株式の数のその合併法人／分割承継法人の発行済株式等（その被合併法人が保有するその合併法人の株式を除く）の総数のうちに占める割合】とが等しい場合におけるその被合併法人／分割法人と合併法人／分割承継法人との間の関係（同条2項2号ロ・6項2号イ(2)、株主均等割合保有関係）がそれぞれ存在する場合に限り、(C)「いずれか一方の法人」による「支配関係」がある場合の無対価合併（同条3項1号）／無対価分割型分割（同条7項1号イ）にあっては、株主均等割合保有関係が存在する場合に限り、(D)「同一の者」による「支配関係」がある場合の無対価合併（同条3項2号）／無対価分割型分割（同条7項2号）にあっては、全部保有関係または株主均等割合保有関係が存在する場合に限り、それぞれ(A)〜(D)の場合に対応する他の適格組織再編成の要件を充足すれば、適格合併／適格分割型分割として法人レベルでの譲渡損益課税

---

24) 平成30年度税制改正によって適格組織再編成となり得る無対価合併・無対価分割は、平成22年度税制改正によって適格組織再編成になり得るとされていた無対価合併・無対価分割を包含している（寺崎ほか・前掲注20）317頁・321〜322頁〔藤田ほか〕）。なお、この拡充の趣旨は、例えば合併について「被合併法人と合併法人の株主構成が等しい場合には、合併の対価として合併法人の株式を交付してもしなくても、各株主の被合併法人株式の持分割合と合併前の合併法人株式の持分割合が合併後の合併法人株式の持分割合と等しいため、対価の交付がなかった場合についても対価の交付の省略があったと認められることから、適格合併になる類型とされた」と説明されている（同書316〜317頁〔藤田ほか〕）。

が繰り延べられ、株主レベルでのみなし配当課税の繰延べがなされることとされた。また、㋑共同で事業を行うための無対価合併／無対価分割型分割についても、株主均等割合保有関係が存在する場合に限り、他の適格組織再編成の要件を充足すれば（同条4項・8項）[25]、適格合併・適格分割型分割として法人レベルでの譲渡損益課税が繰り延べられ、株主レベルでのみなし配当課税の繰延べがなされる。なお、この場合の株式継続保有要件は、"交付された合併法人／分割承継法人の株式の継続保有"を無対価合併／無対価分割型分割では観念し得ないことから[26]修正されており、(A)無対価合併にあっては、【支配株主が無対価合併直後に保有する合併法人の株式の簿価（法税則3条の2第1項）】のうちに【支配株主が無対価合併直前に保有していた被合併法人の株式の簿価】の占める割合を、支配株主が無対価合併直後に保有する合併法人の株式の数に乗じて計算した数の合併法人の株式を継続保有する見込みがあること（法税令4条の3第4項5号）、また、(B)無対価分割型分割にあっては、【支配株主が無対価分割型分割直後に保有する分割承継法人の株式の簿価（法税則3条の2第2項）】のうちに【支配株主が無対価分割型分割直前に保有していた分割法人の株式の簿価のうち無対価分割型分割により分割承継法人に移転した資産または負債に対応する部分の金額（同条3項）】の占める割合を、支配株主が無対価分割型分割の直後に保有する分割承継法人の株式の数に乗じて計算した数の分割承継法人の株式を継続保有する見込みがあることとされている（法税令4条の3第8項6号イ）。

そして、株主均等割合保有関係がある場合の無対価合併（特定無対価合併）により被合併法人株式を有しないこととなった場合であれば、株主レベルでの譲渡損益課税も繰り延べられる（所税令112条2項、法税61条の2第2項、

---

[25] なお、無対価合併・無対価分割が適格組織再編成の要件を満たしていない場合（非適格の無対価合併・無対価分割）の合併法人・分割承継法人における処理についても、平成30年度税制改正により明確化が図られた（法税62条の8、法税令8条1項5号・6号、123条の10第15項、法税則27条の16第2項・3項等参照）。後記3(2)(i)(e)も参照。

[26] 藤田・前掲注21) 61頁参照。本文に述べた計算により、合併法人／分割承継法人の株式のうち合併／分割により取得したものと考えられる数に代えて、その（無対価）合併／分割が適格合併／分割に該当すると仮定した場合の合併法人／分割承継法人の株式の帳簿価額の増加分に相当し得る合併法人／分割承継法人の株式の数を用いて、株式継続保有要件を判定している（寺﨑ほか・前掲注20) 317頁〔藤田ほか〕）。

法税令119条の7の2第2項)。また、無対価分割型分割が行われても分割法人株式を有しないことになるわけではなく、金銭等を交付する会社分割のように「譲渡を行ったものとみな」す（法税61条の2第4項）旨の定めもないため、そもそも譲渡損益課税は問題とならない。なお、株主が合併法人／分割承継法人の株式を所有している場合、株主均等割合保有関係がある無対価合併／無対価分割型分割が行われると、その取得価格について付替え計算がなされる（所税令112条2項、113条2項、法税令119条の3第10項・12項、119条の4）。

　無対価分社型分割についてはやや異なり、㋐分社型分割前に、分割法人と分割承継法人との間に、いずれか一方の法人による完全支配関係がある場合（法税令4条の3第6項1号ロ）、同一の者による完全支配関係がある場合（同項2号ロ）、いずれか一方の法人による支配関係がある場合（同条7項1号ロ）または同一の者による支配関係がある場合（同項2号）の無対価分社型分割にあっては、分割法人が分割承継法人の発行済株式等の全部を保有する関係（分割法人による全部保有関係）が存在する場合に限り、他の適格組織再編成の要件を充足すれば、適格分社型分割として譲渡損益課税が繰り延べられることとされた。また、㋑共同で事業を行うための無対価分社型分割についても、分割法人による全部保有関係が存在する場合に限り、他の適格組織再編成の要件（ただし、株式継続保有要件については、無対価分割型分割と同様に、【分割法人が無対価分社型分割直後に保有する分割承継法人の株式の簿価（法税則3条の2第4項）】のうちに【分社社型分割により移転した資産または負債の簿価を基礎として計算した金額（同条5項）】の占める割合を、分割法人が無対価分社型分割の直後に保有する分割承継法人の株式の数に乗じて計算した数の分割承継法人の株式を継続保有する見込みがあることとされている（法税令4条の3第8項6号ロ））を充足すれば、適格分社型分割となる。なお、分社型分割の場合には、分割法人の株主への分配等がないため、そもそも株主レベルでのみなし配当課税および譲渡損益課税は問題とならない。

　以上を、無対価での組織再編成のうち、全部保有関係または株式均等割合保有関係のいずれがあれば、適格組織再編成となり得るかという観点からまとめると、図表Ⅰ-11-1のとおりとなる。

[図表Ⅰ-11-1] 無対価組織再編成が適格組織再編成となり得る株式保有関係

適格組織再編成となり得る類型		必要となる関係	法税令4条の3の該当条文
いずれか一方の法人による完全支配関係がある場合	合併	合併法人による全部保有関係	2項1号
	分割型分割	分割承継法人による全部保有関係	6項1号イ
	分社型分割	分割法人による全部保有関係	6項1号ロ
	株式交換	－	－
同一の者による完全支配関係がある場合	合併	合併法人による全部保有関係または株主均等割合保有関係	2項2号イまたはロ
	分割型分割	分割承継法人による全部保有関係または株主均等割合保有関係	6項2号イ(1)または(2)
	分社型分割	分割法人による全部保有関係	6項2号ロ
	株式交換	株主均等割合保有関係	18項2号
いずれか一方の法人による支配関係がある場合	合併	株主均等割合保有関係	3項1号
	分割型分割	株主均等割合保有関係	7項1号イ
	分社型分割	分割法人による全部保有関係	7項1号ロ
	株式交換	株主均等割合保有関係	19項1号
同一の者による支配関係がある場合	合併	合併法人による全部保有関係または株主均等割合保有関係	3項2号→2項2号
	分割型分割	分割承継法人による全部保有関係または株主均等割合保有関係	7項2号→6項2号イ
	分社型分割	分割法人による全部保有関係	7項2号→6項2号ロ
	株式交換	株主均等割合保有関係	19項2号
共同事業を行うための組織再編成の場合（※株式継続保有要件について修正）	合併	株主均等割合保有関係	4項柱書・5号
	分割型分割	株主均等割合保有関係	8項柱書・6号イ
	分社型分割	分割法人による全部保有関係	8項柱書・6号ロ
	株式交換	株主均等割合保有関係	20項柱書・5号

なお、平成22年度税制改正により、グループ法人税制が導入され、直接・間接の100％親子会社間および共通の親会社傘下の直接・間接の100％子会社間における組織再編および資産譲渡（ただし、その当事者全てが内国法人であるものに限る）については、以上で述べたところにかかわらず、たとえそれが適格組織再編成に該当しない場合でも、譲渡損益調整資産（具体的には、譲渡直前の帳簿価額が1000万円以上の固定資産、土地、有価証券[27]、金銭債権および繰延資産）の譲渡を行ったことにより生じる譲渡損益への課税は、大雑把にいって、譲受法人が当該資産を譲渡（100％グループ内への譲渡も含む[28]）した時点または貸倒れ、除却その他の戻入事由の発生時点まで繰り延べられることとされている（法税61条の13）。言い換えれば、グループ法人税制が適用される法人を当事者とする組織再編については、それが適格組織再編成に該当すれば、当該組織再編によって移転される資産等について、資産移転法人の法人レベルにおける譲渡損益課税は繰り延べられるが、仮にそれが適格組織再編成に該当しない場合でも、移転する資産等のうち譲渡損益調整資産に該当する資産については、その譲渡損益に関する課税が強制的に繰り延べられるものとされた（なお、のれんは、譲渡直前の帳簿価額が零、すなわち、1000万円未満であることから、譲渡損益調整資産に該当することはなく、グループ法人税制に基づく課税繰延べは行われない）。つまり、組織再編税制とグループ法人税制の適用関係としては、まずは、問題となる組織再編が組織再編税制の下で適格組織再編成に該当するか否かが判断され、該当する場合には、適格組織再編税制の下で所定の課税繰延べがなされる一方、適格組織再編成に該当しない場合であっても、当該組織再編が100％グループ内のものであってそれにより譲渡損益調整資産が移転される場合にはグループ法人税制が適用され、他方、譲渡損益調整資産以外の資産が移転される場合には時価で譲渡したものとして課税所得金額が計算されることになる[29]。

　なお、前述したとおり、グループ法人税制の創設に伴って、従来、組織再編税制の下で、一定の事後設立について出資者側における課税繰延べを認め

---

[27] 売買目的有価証券を除く。

[28] 佐々木拓己「税制関係を踏まえた法人税申告に当たっての留意事項——グループ税制を中心に」租税研究738号（2011）146頁参照。

[29] 以上につき、武田昌輔監修『グループ法人税制の実務』（第一法規、2010）1101頁・1108〜1109頁参照。

ていた「適格事後設立」の制度は廃止され、グループ法人税制の中に吸収されることとなった。

　また、グループ法人税制の一環として、単体納税制度の枠内において一体的経営が行われているという実態を課税上の取扱いに反映させるものとされ、例えば、100％親会社が100％子会社に自社株買いを行わせる場合や、100％子会社が非適格合併や非適格分割型分割等を行って、その100％親会社にみなし配当が生じる場合等に関して、当該親会社側において当該みなし配当についての益金不算入の適用は受けられるものの、当該親会社が保有する当該子会社株式に関する譲渡損益は税務上切り捨てられ[30]、当該親会社自身の資本金等の額の加減算でその分が調整される制度（法税61条の2第17項、法税令8条1項22号）が導入された。ちなみに、平成22年度税制改正によるこのような手当は、平成22年3月に新聞等で報じられた、日本IBMグループに対する巨額の追徴課税事件[31]の事案が契機となったのではないかとも指摘されることがある。

(5) 適格組織再編成の要件と比較法的特徴

(i) 組織再編に関する税制の基本構造

　平成12年商法改正による株式移転・株式交換制度の創設および平成13年商法改正による会社分割制度の創設を受けて、平成13年度税制改正において、法人税法本法の大幅な改正がなされ、それにより、従来、断片的な形で存在した、合併の清算所得に係る法人税（平成13年度税制改正前法税111条）

---

30) 課税上の損益認識の繰延べではなく、切り捨てなので、当該親会社側で従来であれば株式譲渡益が生じるような場合にも、当該株式譲渡益相当額については永久に課税の対象とはならない（大石篤史「平成22年度税制改正がM&Aの実務に与える影響」租税研究735号（2011）163頁、中村慈美「グループ法人税制の今」租税研究737号（2011）291～292頁参照）。

31) 2010年3月18日付け朝日新聞朝刊および同日付け日本経済新聞夕刊等参照。なお、当該事件に関しては、後述のとおり、日本IBMが、課税当局に対して、課税処分取消しを求める訴訟を提起し、一審判決（東京地判平成26年5月9日判タ1415号186頁）および控訴審判決（東京高判平成27年3月25日判時2267号24頁。以下、本章において「IBM事件控訴審判決」という）のいずれにおいても、納税者側の主張が基本的に認められて納税者側が全面的に勝訴し、最高裁は課税当局側による上告受理申立てを不受理とした（最一決平成28年2月18日LEX/DB25542527。以下、本章において「IBM事件最高裁決定」という）。

や特定現物出資に関する規定(平成13年度税制改正前法税51条)が廃止され、新たな考え方に基づく組織再編税制が導入された。これにより、法人税法は、従来の、会計的思考に基づく所得計算規定を中心とする法制から、法人の特殊性を反映する法人と株主との関係を法人課税問題の中心に据えて、それを法人のライフサイクル、すなわち、法人の設立、運営および組織の変更に対応する形で体系化していく方向に大きく変貌を遂げていくことになった[32]。その後、平成18年度税制改正による株式交換・株式移転税制の全面改正および平成19年度税制改正による三角合併等対応税制の創設等によって、少なくとも会社法上の組織再編行為については、全てこの組織再編税制の中で統一的に規律されるに至ったところである。

もっとも、現時点においては、法人税法は、組織再編成に関して、必ずしも完全には体系化されていない。すなわち、組織再編税制は、法人税法2条の定義規定において、組織再編成の諸形態とその税制適格要件とが定められ、組織再編成の課税上の取扱いについては同法62条以下において「組織再編成に係る所得の金額の計算」として規定されているものの、米国の連邦所得税では租税属性と呼ばれて統一的に扱われている、棚卸資産の評価、減価償却資産の評価、繰延資産、引当金および繰越欠損金等の引継ぎ等に関する規定は所得の計算規定の中に散在している状態であり[33]、前述したスプリット・オフおよびスプリット・アップに該当する取引のほとんどや自社株対価TOB、さらにはいわゆる資本再編成に該当する取引の大部分についても、現時点においては、米国の内国歳入法典の下で認められているような課税繰延べ等の措置は講じられていない。

(ii) 適格組織再編成の要件

わが国の法人税法では、法人レベルでの資産の移転に対する課税を中心に組織再編成に関する税制が組み立てられ、基本的には、「移転資産に対する支配が再編成後も(株式保有の形で)継続していること(法人支配の継続)」が、適格組織再編成に該当するものとして課税繰延べが認められるための基礎に据えられている。この点は、株主レベルに焦点を当てて、株主による

---

[32] 水野・前掲注16) 440頁参照。
[33] 水野・前掲注16) 443頁参照。

「投資の継続」性（continuity of interests）を基礎として課税繰延べのための税制適格要件が構築されている米国の連邦所得税の場合とは、大きく異なっている[34]。

　もっとも、法人税法で「移転資産に対する法人支配の継続」を基礎に税制適格要件の構築がなされているといっても、それが完全に貫徹されているわけではない。例えば、①合併の場合には、被合併法人は解散するため、合併法人の被合併法人に対する支配は観念できないし、②分割型分割や、現物分配および株式分配（会社法上の現物配当の方法等で行われる）の場合にも、移転資産に対する直接的な「法人支配の継続」は存在しない。しかし、それらの場合に課税繰延べが一切認められないとするのは不合理であるから、平成13年度税制改正による組織再編税制の導入時においては、共同事業再編類型の適格合併および適格分割型分割に該当するための要件としては、基本的には、直接的な「法人支配の継続」の代わりに、移転資産に対する株式の所有を通じた間接的な「法人支配の継続」の考え方が用いられ、原則として、受領した合併法人株式（分割承継法人株式）の全部を継続して保有することが見込まれている株主の有する被合併法人株式（分割法人株式）が、当該被合併法人株式（分割法人株式）の発行済株式総数の80％以上であることが、適格組織再編成に該当するための要件とされた[35]。かかる株式継続保有要件は、平成18年度税制改正による株式移転・株式交換税制（組織再編税制の株式移転・株式交換への適用範囲拡大）の導入時に、共同事業再編類型の適格株式交換および適格株式移転に該当するための要件としても同様に要求される

---

[34]　もっとも、2000年10月3日付けで政府税制調査会法人課税小委員会から公表された、「会社分割・合併等の企業組織再編成に係る税制の基本的考え方」（以下「基本的考え方」という）第一(3)においては、適格組織再編成において課税繰延べがなされる一般的な根拠を「組織再編成により資産を移転する前後で経済実態に実質的な変更が無い」こととした上で、そのような場合として、「移転資産に対する支配が再編成後も継続していると認められるもの」と、「株主の投資が継続していると認められるもの」の2つを並列的に挙げており、建前としては「移転資産に対する法人支配の継続」と「投資の継続」の両面を考慮して制度設計を行っているということができる。

[35]　泉恒有ほか『改正税法のすべて〔平成20年版〕』（大蔵財務協会、2008）344頁〔佐々木浩ほか〕、武田昌輔編著『DHCコンメンタール法人税法』（第一法規出版、1979）615の10頁〔2017年5月15日最終追録〕参照。もっとも、株式継続保有要件については、「投資の継続性」の考え方に基づくものと理解することも可能である（渡辺・前掲注9）37頁参照）。

に至った[36]。

　なお、平成29年度税制改正により、上記の株式継続保有要件については、支配株主が存在する場合に限り、当該支配株主が、交付された合併法人株式（分割承継法人株式）の全部を継続して保有されることが見込まれていることに改められた。本改正の理由に関しては、「移転資産に対する法人支配の継続」の判断においては、誰が当該グループを支配しているかという点を意識すべきであり、支配株主が存在する法人については、当該支配株主が当該法人を支配していると見るべきであるから、その支配株主にのみ株式の継続保有を課せばよいと考えることになるためであると説明されている[37]（スピン・オフ税制の下で適格組織再編成に該当するための要件についてはこれと異なるが、詳細については第Ⅲ部第1章第4節において詳述する）。他方、支配株主の存在しない法人については、株式継続保有要件は課されないこととされたが、これは、平成29年税制改正において、支配株主が存在しない法人については、当該法人自身が移転資産を支配していると考えるべきとの考え方がとられたこと[38]を考慮すれば、支配株主の存在しない法人については、そもそも当該法人の株主は当該法人の移転資産を支配していないことから、株式継続保有要件と「移転資産に対する法人支配の継続」とが無関係であると考えられることによるものと見ることができよう[39]。

　したがって、上記の平成29年度税制改正後も、依然として「移転資産に対する法人支配の継続」の考え方自体は、形を変えて維持されているものと

---

[36]　なお、株式継続保有要件については、被合併法人等に多数の株主が存在する場合に、その保有割合を管理することは事実上困難であることから、被合併法人等の株主数が50人以上である場合には、適用除外とされていた（武田編著・前掲注35）615の11頁〔2017年5月15日最終追録〕参照）。なお、当該要件については、平成28年度税制改正によって、被合併法人等が複数存在する場合における適用関係が明確化され（平成29年度税制改正前法税令4条の3第4項5号・8項6号・18項5号および22項5号参照）、さらに、平成29年度税制改正により、本文記載のように、上記の被合併法人等の株主数が50人以上か否かで株式継続保有要件を課すか否かを区別する規律が廃止され、被合併法人等に支配株主が存在しない場合には、そもそも株式継続保有要件自体が課されないものとされた（法税令4条の3第4項5号・8項6号イ・20項5号および24項5号参照）。

[37]　藤田泰弘「平成29年度法人税関係（含む政省令事項）の改正について」租税研究813号（2017）59〜60頁参照。

[38]　藤田・前掲注37）56頁参照。

いえる。

　ちなみに、この「移転資産に対する法人支配の継続」の考え方では「法人」支配の継続が基礎とされているため、個人事業を現物出資により法人化した場合（いわゆる「法人成り」の場合）には、「法人」が支配を継続しているわけではないとして、適格組織再編成には該当しないものとされている点に注意が必要である。

　いずれにせよ、法人税法は、原則として「移転資産に対する法人支配の継続」の考え方を基礎として税制適格要件を構築し、まず、①再編前に資産移転の当事法人間に完全支配関係が存在する場合（100％グループ内再編類型）には、基本的に、ⓐ再編後における完全支配関係の継続とⓑ対価としてのbootの交付禁止を条件に、適格組織再編成に該当するものとしている。なお、資産移転の当事法人間に完全支配関係がある場合だけでなく、当事法人が共通の者（個人を含む）によって完全に支配されている場合にも、ここでいう完全支配関係の存在は認められる。

　次に、②再編前に過半数支配が存在する企業グループ内の組織再編（50％超グループ内再編類型）も、上記ⓑおよび上記ⓐを一部修正した要件である支配関係継続の要件に加え[40]、単なる資産譲渡と組織再編とを区別するための要件である、ⓒ資産の移転が独立した事業単位で行われること、ⓓ移転事業について従業者の80％以上が承継されること、およびⓔ移転事業の再編後における継続、という3要件が充足されることを条件に、適格組織再編成

39）　なお、株式継続保有要件（取得株式継続保有要件）を「投資の継続性」の考え方に基づき説明する見解からは、支配株主の存在しない場合に株式継続保有要件が課されないことを整合的に説明することは、やや難しいと考えられる。もっとも、平成29年度税制改正前においても、株主等の数が50人以上である場合には株式継続保有要件は適用除外とされており、「投資の継続性」が常に厳密に要求されていたわけではなかったことを考慮すれば、平成29年度税制改正が支配株主の存在しない場合に株式継続保有要件を課さないこととしたことについても、専ら執行上の観点から、株式継続保有要件を支配株主の存在する場合に限定して適用することとしたと説明することは、なお可能であろう。

40）　なお、平成29年度税制改正により、吸収合併および株式交換について、合併法人または株式交換完全親法人の被合併法人または株式交換完全子法人に対する持株割合が3分の2以上の場合には、被合併法人または株式交換完全子法人の少数株主に対して金銭その他の資産を交付する場合でも、適格組織再編成に該当し得ることとされ、税制適格要件の1つであるbootの交付禁止要件が緩和された（詳細については、**第5章第2節4(5)参照**）。

に該当するものとされる。

　以上は企業グループ内の組織再編成であるが、法人税法は、企業グループ内の組織再編成以外の場合であっても、さらに、前述したように「移転資産に対する法人支配の継続」性ないし「投資の継続」性が認められる場合のうち、③共同で事業を行うための組織再編[41]について、上記ⓑⓒⓓⓔおよび上記ⓐを一部修正した要件である上記の株式継続保有要件（取得株式継続保有要件）に加え、ⓕ移転事業と移転先法人の行う事業とが関連性を有していること（事業関連性要件）、ならびにⓖ移転事業とそれと関連性を有する事業との規模の割合がおおむね1対5の範囲内にあること（事業規模要件）または一定の役員の引継ぎがあること（経営参画要件）、という2つの要件が共に充足される限り、法人段階での事業継続性（Continuity of Business Enterprise：COBE）が認められること等を踏まえ、適格組織再編成に当たるものとしている。

　また、上記ⓑ所定の、対価としてのbootの交付禁止であるが、分社型分割および現物出資では、資産移転の対価が法人レベルにおいて交付されるため、分割法人（現物出資法人）に対し、分割承継法人（被現物出資法人）ないし分割承継法人の100％親会社の株式以外の資産が交付されなければそれで要件が充足される（法税2条12号の11および12号の14等）が、合併および分割型分割では、移転資産の対価が資産移転法人の株主に交付されるため、原則として、被合併法人（分割法人）の株主に対して合併法人（分割承継法人）ないしその100％親会社の株式以外の資産（法税2条12号の8等）が交付されないことが要求されるほか、分割型分割においては、さらに、分割法人の株主が保有する株式の数に応じて分割承継法人の株式が交付される場合（按分型分割）でなければ、そもそも適格分割に該当しないものとされている（法税2条12号の11柱書括弧書参照）。

　なお、平成14年度税制改正により、適格組織再編成の後にさらに適格合併が見込まれている場合には、当初の組織再編についての適格要件が緩和され（いわゆる第2次再編に係る適格要件の緩和）、それが平成18年度税制改正

---

41)　なお、平成29年度税制改正前は、共同で事業を「営む」ための組織再編と呼ばれていたが、非営利法人が行う組織再編成に対応して、共同で事業を「行う」ための組織再編と呼ばれるようになった。

で導入された株式移転・株式交換税制にも(適格株式交換・株式移転の後に適格合併、適格分割ないし適格現物出資が見込まれている場合についての当初の適格組織再編成についての適格要件の緩和という形で)及ぼされ、さらに、平成29年度税制改正により、(スピン・オフ税制の下で非支配の継続が適格要件とされている適格スピン・オフを除き、)当初の適格組織再編成の後に2以上の組織再編が行われることが見込まれている場合に対応するように、当初の組織再編についての適格要件が緩和・整理された(いわゆる第3次再編等に係る適格要件の緩和。法税2条12号の8ロ・12号の11ロ・12号の14ロ・12号の17ロおよび12号の18ロ、法税令4条の3第1項～8項・13項～15項・17項～25項)点にも注意が必要である。また、平成30年度税制改正においては、従業者引継(継続)要件および事業継続要件について、事業の移転を受けた法人との間に完全支配関係がある法人(当初再編成後に行われる適格合併により合併法人に事業がさらに移転する見込みがある場合にはその適格合併に係る合併法人と完全支配関係がある法人)を含めて判断することになり、組織再編成後に従業者や事業が100％グループ内で適格合併によらず移転する場合であっても従業者引継(継続)要件や事業継続要件を満たすことが可能になった。なお、上述のとおり、平成29年度税制改正においては、スピン・オフ税制の導入(それに伴う「適格株式分配」概念の創設)とともに、組織再編税制について、横断的に、50％超グループ内再編類型における支配関係継続要件および共同事業再編類型における株式継続保有要件の修正やいわゆる第3次再編等に係る適格要件の緩和等といった適格要件の修正がなされた。また、平成30年度税制改正においては、スピン・オフ税制拡充とともに、「株主均等割合保有関係」が存在する場合の無対価での組織再編成が適格組織再編成に該当し得ることとなったほか、横断的に、当初の組織再編成後に100％グループ内で従業者または事業が移転することが見込まれている場合についても従業者引継(継続)要件および事業継続要件を満たすことができるとされ、50％超グループ内再編類型および共同事業再編類型における従業者引継要件および事業継続要件を緩和する修正等がなされたが、その概要については、後掲の図表Ⅰ-11-2を参照されたい。

[図表Ⅰ-11-2] 組織再編成の税制適格要件に係る平成29年度税制改正および平成30年度税制改正の概要

	100%グループ内再編	50%超グループ内再編	共同事業を行うための再編	その他
適格合併	[平成29年度] ・3次再編対応（完全支配関係の継続） [平成30年度] ・スピン・オフ円滑化への対応 ・無対価合併の適格類型の追加	[平成29年度] ・3次再編対応（①支配関係の継続、②従業者引継、③主要事業継続） [平成30年度] ・無対価合併の適格類型の追加に伴う整備 ・100％グループ内の従業者引継要件、事業継続要件の緩和	[平成29年度] ・（取得）株式継続保有要件の見直し ・3次再編対応（①従業者引継、②主要事業継続、③株式継続保有） [平成30年度] ・100％グループ内の従業者引継要件、事業継続要件の緩和 ・無対価合併の適格類型の追加に伴う株式継続保有要件の整備	[平成29年度] ・支配株主が存する場合の対価要件の緩和 ・3次再編対応（適格対価となる親法人株式に係る親法人との関係）
適格分割	[平成29年度] 〔分割型分割〕 ・完全支配関係継続要件の見直し 〔分社型分割〕 ・分割後に適格株式分配が予定されている場合の当初要件緩和 〔共通〕 ・3次再編対応（完全支配関係の継続） [平成30年度] ・スピン・オフ円滑化への対応 ・無対価分割型分割の適格要件の追加	[平成29年度] 〔分割型分割〕 ・支配関係継続要件の見直し 〔共通〕 ・3次再編対応（①支配関係の継続、②主要資産負債移転、③従業者引継、④事業継続） [平成30年度] ・無対価分割型分割の適格類型の追加に伴う整備 ・100％グループ内の従業者引継要件、事業継続要件の緩和	[平成29年度] 〔分割型分割〕 ・（取得）株式継続保有要件の見直し 〔共通〕 ・3次再編対応（①主要資産負債移転、②従業者引継、③事業継続、④株式継続保有） [平成30年度] ・100％グループ内の従業者引継要件、事業継続要件の緩和 ・無対価分割型分割の適格類型の追加に伴う株式	[平成29年度] ・分割型スピン・オフに係る適格要件の追加 ・3次再編対応（適格対価となる親法人株式に係る親法人との関係）

	100%グループ内再編	50%超グループ内再編	共同事業を行うための再編	その他
			・継続保有要件の整備 ・対価省略の無対価分社型分割の株式継続保有要件の整備	
適格現物出資	［平成29年度］ ・現物出資後に適格株式分配が予定されている場合の当初要件の緩和 ・3次再編対応（完全支配関係の継続） ［平成30年度］ ・スピン・オフ円滑化への対応	［平成29年度］ ・3次再編対応（①支配関係の継続、②主要資産負債移転、③従業者引継、④事業継続） ［平成30年度］ ・100％グループ内の従業者引継要件、事業継続要件の緩和	［平成29年度］ ・3次再編対応（①主要資産負債移転、②従業者引継、③事業継続、④株式継続保有） ［平成30年度］ ・100％グループ内の従業者引継要件、事業継続要件の緩和	
適格現物分配	［平成29年度］ ・適格株式分配の創設への対応			
適格株式分配				［平成29年度］ ・株式分配に係る適格要件の追加
適格株式交換等	［平成29年度］ ・当事者間100％関係における交換後および2次再編が予定されている場合の2次再編までの間の関係の見直し ・3次再編対応（完全支配関係	［平成29年度］ ・2次再編が予定されている場合の支配関係継続要件の見直し ・3次再編対応（①支配関係の継続、②従業者継続従事、③主要事業継続）	［平成29年度］ ・（取得）株式継続保有要件の見直し ・2次再編が予定されている場合の完全親子関係継続要件の見直し ・3次再編対応	［平成29年度］ ・支配株主が存する場合の対価要件の緩和 ・3次再編対応（適格対価となる親法人株式に係る親法人との関係）

	100% グループ内再編	50%超 グループ内再編	共同事業を行う ための再編	その他
	の継続） ［平成30年度］ ・スピン・オフ円滑化への対応 ・無対価交換の適格類型の追加	・キャッシュ・アウトのための株式交換類似行為の追加に伴う整備 ［平成30年度］ ・無対価交換の適格類型の追加に伴う整備 ・100％グループ内の従業者継続従事要件、事業継続要件の緩和	（①従業者継続従事、②主要事業継続、③完全親子関係継続、④株式継続保有） ［平成30年度］ ・100％グループ内の従業者継続従事要件、事業継続要件の緩和 ・無対価交換の適格類型の追加に伴う株式継続保有要件の整備	
適格株式移転	［平成29年度］ ・2次再編が予定されている場合の完全支配関係継続要件の見直し ・3次再編対応（完全支配関係の継続） ［平成30年度］ ・スピン・オフ円滑化への対応	［平成29年度］ ・2次再編が予定されている場合の支配関係継続要件の見直し ・3次再編対応（①支配関係の継続、②従業者継続従事、③主要事業継続） ［平成30年度］ ・100％グループ内の従業者継続従事要件、事業継続要件の緩和	［平成29年度］ ・（取得）株式継続保有要件の見直し ・2次再編が予定されている場合の完全親子関係継続要件の見直し ・3次再編対応（①従業者継続従事、②主要事業継続、③完全親子関係継続、④株式継続保有） ［平成30年度］ ・100％グループ内の従業者継続従事要件、事業継続要件の緩和	

出典：財務省資料を基に筆者らにて加工

(6) クロスボーダー組織再編に関する課税上の取扱い

最後に、わが国の組織再編に関する税制のうち、わが国企業が行うクロスボーダー組織再編に関する課税上の取扱いについて概観する。

まず、前提として、会社法の制定前から、少なくとも実務上は、内国法人は、外国法人との間で合併、株式交換または会社分割を行うことはできないものと解されている。もっとも、従来から、外国法人に対して現物出資や事後設立を行うことは可能であった。しかしながら、組織再編税制の下で、これらの組織再編が適格組織再編成とされ、それによって移転する資産等に関する譲渡益課税が繰り延べられると、わが国における課税の機会が永久に失われる可能性がある。そこで、このような事態を防止するため、既に平成10年度税制改正により、当時の特定現物出資制度が改正され、一定の場合に当該資産等に関する譲渡益課税の繰延べを否定する手当が講じられていたところであるが、それを継承する形で、現行法の下でも、適格現物出資のうち、外国法人に対して国内にある資産等の移転を行うものについては、原則として、適格組織再編成に該当しないものとされている（法税2条12号の14括弧書）。もっとも、海外子会社を統括する中間持株会社の設立を阻害しないようにするため、例外的に、外国法人の発行済株式等の総数の25％以上の株式[42]を移転する場合には、適格組織再編成への該当性は否定されないものとされている（法税令4条の3第10項括弧書）。

なお、事後設立についても、上記と同様の規律がなされていたが、平成22年度税制改正によるグループ法人税制の導入により、適格事後設立の制度がグループ法人税制の中に吸収されたため、現在では、グループ法人税制の下で、100％グループ内の法人間において譲渡損益調整資産の譲渡が行われた場合における譲渡損益課税の繰延べ措置の例外として、当該譲渡のいずれかの当事者が外国法人である場合には、上記の譲渡損益課税の繰延べ措置

---

[42] 「株式」には出資も含まれる（法税令4条の3第4項5号参照）。なお、「出資」には一般財団法人または公益財団法人につき設立者が拠出した財産は含まれないことについて「合併法人の株主に公益財団法人が含まれている場合の支配関係の判定について」と題する照会に対する平成30年1月26日付けの名古屋国税局審理課長の回答（https://www.nta.go.jp/about/organization/nagoya/bunshokaito/hojin/180126/index.htm にて閲覧可能）参照。

は適用されないものとされ（法税61条の13第1項、62条の5第3項等）、その結果、事後設立のうち外国法人に対するものについては、対象資産に関する譲渡損益課税の繰延べは一律に認められないものとされている。

一方、平成19年5月1日から、会社法の合併等対価の柔軟化に関する部分の施行に伴って三角合併等が可能となったことにより、わが国企業が（三角合併等が認められている法域において）その発行株式をもって外国企業を買収することが可能となった一方、外国企業が、その発行株式をもって、わが国に置かれた買収ビークルを通じてわが国企業を買収し、100％子会社化することが可能となった。そのため、このことを悪用して、わが国の課税権が浸食される可能性が生じたことから、平成19年度税制改正において、以下のような税制上の措置が講じられた。

第一に、外国企業が、三角合併等を用いてわが国企業を買収する場合に、当該対象会社の株主に非居住者または外国法人（以下、本章において「外国株主」という）が含まれているときは、株主レベルでの課税について、当該外国株主に関しては特別の取扱いがなされている。この場合、当該外国株主にとっては、従前保有していたわが国企業の株式が買収者である外国企業の株式に振り替わることになるため、わが国に恒久的施設を有しない外国株主についても課税の繰延べが無条件に認められると、当該外国株主がその後に当該外国企業の株式を売却してもわが国の課税権が最早及ばない結果として、課税のループホールが生じることとなる。したがって、そのような事態を防ぐため、入り口である三角合併等の段階で課税繰延べに一定の制限を課し、このような外国株主に対して、三角合併等を通じて買収ビークルの親会社である外国親会社の株式が買収対価として分配される場合には、たとえわが国の株主については課税繰延べが認められる場合であっても、また、当該外国株主がわが国に恒久的施設を有しない場合であっても、当該外国株主による対象会社株式の譲渡ないし移転が国内源泉所得となるような場合（大雑把にいえば、当該外国株主による対象会社株式の譲渡ないし移転が、買集めによって取得した株式（事業譲渡類似株式）の譲渡や不動産関連法人株式の譲渡に該当する場合）には、原則として、当該三角合併等の時点で当該外国株主についてキャピタル・ゲイン課税がなされる（課税繰延べが認められない）ものとされている（租特37条の10第1項、37条の11第1項、37条の12第1項・3項、37条の14の3第1項〜4項・8項、租特令25条の14第5項〜8項、法税61条の2

第4項前段・8項前段、142条、142条の10、法税令184条1項20号、191条参照)。

　第二に、コーポレート・インバージョン (corporate inversion) の問題に対応するため、コーポレート・インバージョン対策税制が創設された。コーポレート・インバージョンとは、わが国で事業を営んでいる企業がわが国に本店を置いている場合には、わが国の法人税法上、全世界所得課税の原則によって、全世界で稼得した所得について課税がなされることとなるところ、わが国の高い法人税を免れるために、三角合併等を用いて本店機能を外国のタックス・ヘイブン等に移転してしまい、自らを当該タックス・ヘイブン等に設立した外国持株会社等の完全子会社にしてしまう(そのような形で資本関係を「反転」させる)というテクニックを指すが、その手法や課税問題等の詳細については、**第Ⅲ部第1章第5節**を参照されたい、

　また、上記のような典型的なコーポレート・インバージョンではなく、より広義の意味におけるコーポレート・インバージョンに対応するため(具体的には、わが国に所在する含み益を有する資産が、非課税で外国法人の株式に転換されてしまうと、当該含み益に対するわが国の課税権が浸食されてしまうので、このような事態を生じさせないため)、平成19年度税制改正によって、軽課税国に所在する実体のない外国親会社がわが国に買収ビークルを設立し、当該外国親会社がその発行株式を対価とする三角合併等により対象会社を買収するような場合には、当該買収ビークルに事業実体がないことおよび対象会社と当該買収ビークルとが相互にまたは共通の株主グループによってその発行済株式等の50%超を直接または間接に保有されていること等の要件が満たされれば、このような三角合併等は適格組織再編成に該当しないものとされ(租特68条の2の3)、株主レベルでもその再編時に課税がなされるものとされた(租特37条の14の4、68条の3、68条の109の2)(以上は「適格合併等の範囲等に関する特例」(特定グループ内合併等についての税制適格組織再編からの除外)制度と呼ばれる)。この点についても、詳細は**第Ⅲ部第1章第5節**を参照されたい。

　なお、平成29年度税制改正によるスピン・オフ税制の導入に際しても、平成19年度税制改正による組織再編税制の三角合併等への適用範囲拡大時になされた上記の手当のうち第一のものと同様に、親元会社がスピン・オフによって分離・独立する会社が外国子会社であって、かつ、当該親元会社の株主に外国株主が含まれているときは、株主レベルでの課税について、当該

外国株主に関しては特別の取扱いがなされている。この場合、当該外国株主にとっては、従前保有していたわが国企業である親元会社の株式の価値に埋め込まれていた外国子会社たる分離会社の株式の価値が、スピン・オフに際して交付される分離会社の株式に実質的に振り替わることになるため、課税の繰延べがわが国に恒久的施設を有しない外国株主についても無条件に認められると、当該外国株主がその後に外国企業である当該分離会社の株式を売却してもわが国の課税権が最早及ばない結果として、課税のループホールが生じることとなる。したがって、そのような事態を防ぐため、入り口であるスピン・オフの段階で課税繰延べに一定の制限を課し、このような親元会社の外国株主に対して、分離会社である外国子会社の株式がスピン・オフによって分配される場合には、たとえわが国の株主については課税繰延べが認められる場合であっても、また、当該外国株主がわが国に恒久的施設を有しない場合であっても、当該外国株主による当該外国子会社株式の譲渡ないし移転が国内源泉所得となるような場合（大雑把にいえば、当該外国株主による当該外国子会社株式の譲渡ないし移転が、買集めによって取得した株式（事業譲渡類似株式）の譲渡や不動産関連法人株式の譲渡に該当する場合）においては、原則として、当該スピン・オフの時点で当該外国株主について旧株（親元会社株式）のうち、その交付を受けた当該外国子会社株式に対応する部分の譲渡を行ったものとみなして、キャピタル・ゲイン課税がなされる（課税繰延べが認められない）ものとされている（租特37条の10第1項、37条の11第1項、37条の12第1項・3項、37条の14の3第3項・8項、租特令25条の14第7項、所税令281条7項2号、法税61条の2第8項前段、142条、142条の10、法税令178条7項2号、184条1項20号、191条）。

(7) 今後の組織再編に関する税制の課題と展望

平成13年度税制改正による組織再編税制の導入以降、組織再編に関するわが国の税制については、平成14年度税制改正による適格組織再編成後に適格合併が行われた場合に関する税制適格要件の緩和、平成18年度税制改正による株式交換・株式移転税制の改正、平成19年度税制改正による三角合併等対応税制の導入、平成22年度税制改正によるグループ法人税制の導入、法人の清算所得課税制度の廃止および無対価組織再編に係る課税上の取扱いに関する整備、平成29年度税制改正によるスピン・オフ税制の導入、

平成30年度税制改正による「特別事業再編を行う法人の株式を対価とする株式等の譲渡に係る所得の計算の特例」の導入（平成30年度税制改正後の租特66条の2の2。詳細は**第16章**参照）など、毎年のように改正や制度の創設が繰り返され、内容的な整備が進んできた。

しかしながら、米国の組織再編税制との対比でいえば、当該税制におけるＢ型組織再編成（議決権株式を対価とする株式の取得行為）、スプリット・オフおよびスプリット・アップ、ならびにＥ型組織再編成（recapitalization：資本再編成）については、平成29年度税制改正によるスピン・オフ税制の導入、平成30年度税制改正による「特別事業再編を行う法人の株式を対価とする株式等の譲渡に係る所得の計算の特例」の導入後も、依然として、わが国では、適格現物分配に該当する場合や産業競争力強化法上の特別事業再編計画の場合など一部の例外を除いて課税繰延べは認められていない。これらについて課税繰延べを認めるためには、従来、適格再編成に該当するための要件として「移転資産に対する法人支配の継続」が重視されてきたことを改め、「投資の継続」を重視して課税繰延べを認める考え方に転換し、経済的な意味で対象となる資産に対する株主の利益が実質的に継続していると考えられる場合には広く課税繰延べを認めていくことが必要となる[43]と考えられる。

また、組織再編税制の下で適格組織再編成に該当するための前提条件として、原則として会社法第5編所定の組織再編行為（すなわち、組織行為的性格が濃厚な行為）のいずれかに該当することを要求している点を改め、実質的に見て被買収会社ないし対象会社の株主レベル（しかも、上場会社を念頭に置くと、そこでいう「株主」は集合的存在として捉えることが必要であろう[44]）での「投資の継続」が認められる場合には、組織行為的性格よりも取引行為的性格が濃厚な行為であっても、課税繰延べを認めていくべきであろう。現に、平成22年度税制改正前の組織再編税制の下で課税繰延べが認められていた事後設立は、会社の資本を変動させる行為ではなく、単なる契約による資産の取得行為であって、取引行為的性格が極めて濃厚であるし、現行の組織再編税制の下で課税繰延べが認められている現物出資のうち、会社設立後に行

---

[43] 同様の考え方を述べるものとして、例えば、渡辺・前掲注9）185～186頁参照。

[44] もっとも、2016年1月から利用が開始された社会保障・税番号制度（マイナンバー）の活用が、そのための前提条件となろう。

われるものについては、取引行為的性格が濃厚である（DES などが典型である）。

　また、法人税法 61 条の 2 第 14 項 1 号～3 号は、取得請求権付株式等の請求権の行使等による株式の譲渡について、取得された株式と交付を受けた株式とがおおむね同額であることを要件として、譲渡損益の計上を繰り延べるものとしている。これは、従来は転換株式として株主の手許で株式が転換するだけであり、譲渡損益は生じないと解されていたところ、会社法制定に際して、会社側による①取得請求権付株式等の取得と②対価としての株式の交付と整理され、経済的な効果は従前と変わらないにもかかわらず、株主の側から見ると取得請求権付株式等の譲渡として譲渡損益が生じることとなるために手当がなされたものではある[45]が、かかる措置が存在していることは、わが国の税制の下でも、株主において「投資の継続」があると見られる場合には、組織行為的性質が希薄な行為についても課税繰延べを認める余地が存していることを示唆しているものといえよう。

　もっとも、会社法の下で、合併等の対価が柔軟化され、また、全部取得条項付種類株式を用いることを通じて普通株式を（株主総会の特別決議を経ることを条件としてではあるが）あらゆる種類の財産に強制的に「転換」することが可能となった中で、合併等の組織再編によって対象会社の株主が従前保有していた株式等が（合併法人の株式をはじめとする）他の種類の財産に「転換」される場合のうち、どのような場合について対象会社の株主による「投資の継続」が認められるとして対象会社の法人レベルおよび株主レベルでの課税繰延べを許容し、どのような場合にそれを許容しないのかの線引きが、以前と比較して飛躍的に難しくなっていることは確かである。この点、米国の組織再編税制が、取得型の組織再編行為についてその対価を議決権株式に限定していることが参考となるのではないかと思われる[46]。

　自社株対価 TOB や資本再編成等についての課税繰延べの不徹底が、これらを用いた機動的な企業グループ再編や業界再編のための M&A の阻害要因となっている[47]中で、組織再編税制を「再編」してかかる阻害要因を取り

---

45) 青木孝徳ほか『改正税法のすべて〔平成 18 年版〕』（大蔵財務協会、2006）271～273 頁〔佐々木浩ほか〕。
46) 例えば、渡辺・前掲注 9) 176～177 頁参照。

除き、企業グループ再編や業界再編を通じたわが国企業の国際競争力の強化を図ることは、今後のわが国経済の成長戦略にとって極めて重要と思われる。

2 「資本金等の額」および利益積立金額とみなし配当課税

(1) はじめに

組織再編に際しては、株式会社の純資産の部の金額に変動が生じ、また、株主レベルで課税がなされることがある。これらに係る課税関係を理解するために必要な基礎概念が、「資本金等の額」(法税2条16号)、「利益積立金額」(同条18号) およびみなし配当 (所税25条1項、法税24条1項) である。

なお、完全支配関係がある内国法人間の取引については、グループ法人税制が適用されるが、叙述が複雑になるので、特に断らない限り、これについては言及しない。

(2) 「資本金等の額」と利益積立金額

(i) 「資本金等の額」と利益積立金額との区別の意義

株式会社の純資産の部は、法人税法上、「資本金等の額」と「利益積立金額」の2種類から構成される。株式会社がその株主に対して金銭その他の資産を分配する場合、株主レベルでは、その分配の原資が「資本金等の額」と「利益積立金額」のいずれとされるかによって、課税関係が全く異なってくる[48]。すなわち、分配の原資が「資本金等の額」であるとされる場合には、それは株主にとっては出資の回収 (元本の払戻し) に該当するため、課税の対象とはならないとされている一方 (所税25条1項、法税24条1項参照)[49]、分配の原資が「利益積立金額」であるとされる場合には、それは株主に対す

---

[47] 自社株対価TOBによる買収と課税の問題については、太田編著・前掲注1) 419頁以下を参照されたい。また、この問題に関わる平成30年度税制改正 (「特別事業再編を行う法人の株式を対価とする株式等の譲渡に係る所得の計算の特例」) および産業競争力強化法の改正については**第16章**を参照のこと。

[48] 株式会社のレベルでは、分配の原資が「資本金等の額」と利益積立金額のいずれとされる場合であっても、分配する金銭その他の資産の価額を損金に算入することができない点は同じである (法税22条3項3号参照)。

[49] ただし、出資に対応する部分の金額を超えるときは、譲渡益課税の対象となる。

る利益の分配であるとして、その全額が課税の対象となると整理されている。

法人税の本質に関しては、所得税の先取りに過ぎないとの理解[50]や所得税とは本質的に異なる別個独立の税であるとの理解があるが、いずれにせよ、出資者である株主の視点に立てば、現行法は、法人の活動の成果から生じた所得について、法人段階（法人税）と株主段階（終局的には、個人に分配されるので、所得税[51]）の2段階で課税を行うものであると理解される。かかる2段階課税に際して、株主レベルで、「投資元本」と「投資収益」とを継続的に区別して課税関係が決定されることを確保するためには、法人から株主に分配される金銭その他の資産の原資が「投資元本」に相当する部分と「投資収益」に相当する部分のいずれであるかを区分することが重要となる[52]。なぜなら、株主が法人に出資した金銭その他の資産の原資は既に課税済みの所得であるから[53]、これが法人から株主に分配された時点（元本の払戻しの時点）で、かかる「投資元本」に相当する部分についてまで株主レベルで課税がなされるとすれば、二重課税になるからである。このようにみてくると、法人税法上の「資本金等の額」と「利益積立金額」は、法人から株主に分配される金銭その他の資産の原資が「投資元本」に相当する部分と「投資収益」に相当する部分のいずれであるかを区分するための機能概念である、と理解できることになる。

(ii) 「資本金等の額」の意義・機能

「資本金等の額」は、法人税法上の固有概念であり、「法人……が株主等から出資を受けた金額として政令で定める金額」をいうものと定義されている（法税2条16号）。その基本的な機能は、前述のとおり、株主段階で課税済みの資産がどれだけ法人に出資されているかを示すことにあり、これによって、

---

[50] 例えば、「法人税は、法人の活動の成果として生じた所得を課税の対象とし、終局的に株主等の構成員・持分参加者に帰属すべき利益を捕捉することを目的としている」という見解（中里実ほか編『租税法概説〔第2版〕』（有斐閣、2015）183頁〔吉村政穂〕）がある。

[51] 法人である株主については、益金不算入制度の適用があり得る。

[52] 中里ほか編・前掲注50) 184頁〔吉村〕参照。

[53] 借入金によって株式を取得した場合も課税済所得からの出資といえなくはないことについて、渡辺徹也「法人税法における出資と分配——会社法施行を受けた平成18年度改正を中心に」税法学556号（2006）154頁。

株主の「投資元本」部分への課税を防止することを可能にしている[54]。かかる「資本金等の額」は、具体的には、株式会社の場合、下記の**計算式1**のとおり、「資本金の額」に法税令8条1項各号に掲げる各調整額(その合算額は平成18年度税制改正前の「資本積立金額」に相当する。以下、便宜上、現行法における「資本金等の額」から「資本金の額」を差し引いた額を「資本積立金額」と称することとする)を加算または減算する方法で計算される(法税令8条)。

[計算式1] 「資本金等の額」(法税令8条1項)

「資本金等の額」 = 資本金の額(確定決算に基づき貸借対照表に資本金として計上された額) + 法税令8条1項各号に掲げる各調整額の合計額〔資本積立金額〕

「資本金等の額」の計算の出発点となる上記「資本金の額」(法税令8条1項柱書)は、会社法上の「資本金の額」(会社445条1項)と同義であると解されており(いわゆる借用概念である)、確定した決算に基づき貸借対照表に資本金として計上された額を意味する。しかしながら、これに加算または減算される上記の調整額は法人税法独自の観点から規律されているため、「資本金等の額」は、必ずしも会社法上の「資本金」の額と「資本剰余金」(「資本準備金」と「その他資本剰余金」とに区分される。会社計算76条4項)の額との合計額とは一致しない。例えば、会社法の規定(会社448条1項、450条1項)に基づき利益準備金またはその他利益剰余金の額を減少させて資本金の額を増加させたとしても(いわゆる資本組入れ、会社計算25条1項)[55]、法人税法上は、かかる増加額相当額が「資本金等の額」の減算額とされているため(法税令8条1項13号)、「資本金の額」の増加はこの「資本金等の額」の減算によって打ち消され、結局、全体としての「資本金等の額」はかかる資本組入れの前後で変動しない[56][57](なお、平成13年度税制改正前は、利益準備

---

54) 岡村・前掲注12) 319頁参照。
55) 利益準備金およびその他利益剰余金の資本組入れ(平成17年改正前商法293条ノ2、293条ノ3参照)は、平成18年5月1日に施行された会社法により一時認められないものとされていたが、平成21年4月1日施行の会社計算規則改正によって再び可能となった。なお、この間の曲折に関しては、太田洋「マイナスの『資本金等の額』、『資本積立金額』および『利益積立金額』」西村利郎先生追悼論文集『グローバリゼーションの中の日本法』(商事法務、2008) 107頁参照。

金の資本組入れがなされた場合には、株主はいわゆる「2項みなし配当」課税に服するものとされていた[58])が、この「2項みなし配当」課税の制度は、平成13年度税制改正により廃止されている)。利益積立金額から「資本金等の額」への転換は、株主レベルにおける将来の配当課税額を減少させる効果を有するため、会社法に基づく「資本金の額」の増加（ひいては法人税法上の「資本金の額」の増加）の効果を租税法上打ち消すために、このような「資本金等の額」の減算規定が置かれているのである。

　このように、会社法上の資本組入れがなされても法人税法上「資本金等の額」を増加させないような調整がなされるということは、「資本金等の額」という概念が、「法人……の株主等である内国法人が当該法人の次に掲げる事由により金銭その他の資産の交付を受けた場合において、その金銭の額及び金銭以外の資産の価額……の合計額が当該法人の資本金等の額……のうち・・・・・・・・・・・・・・・・・・・・・・・・・・・・・・・・その交付の基因となった当該法人の株式……に対応する部分の金額を超えるときは、この法律の規定の適用については、その超える部分の金額は、第23条第1項第1号……（受取配当等の益金不算入）に掲げる金額とみなす」（傍点筆者）（法税24条1項柱書）といったように、みなし配当（constructive dividend）の額を算出する際の控除項目とされていることから、実質的には、将来においてみなし配当として課税対象となる金額が減少しないようにする効果を持つ。言い換えれば、これによって、当該金額についての将来における配当課税の余地を留保している（「資本金等の額」が不変であれば、利益準備金またはその他利益剰余金の資本組入れによって「会社法上の」利益準備金またはその他利益剰余金の額が減少していたとしても、将来、みなし配当事由が生じた時に、税務上はあたかもそのような減少が起こらなかったかのように、株主レベルでみなし配当課税がなされることになる）わけである。

---

56)　利益準備金およびその他利益剰余金の資本組入れに際しては、それに対応した利益積立金額の減算はなされず、また、株主が「金銭その他の資産の交付」を受けるわけでもないため、みなし配当課税もなされない（所税25条1項、法税24条1項）。

57)　平成13年度税制改正により、このような手当が講じられた結果、「資本金等の額」から「資本金の額」を差し引いた残額である「資本積立金額」がマイナスとなる事態が生じ得ることとなった。この点の詳細については、太田・前掲注55) 106〜122頁参照。

58)　大全202〜204頁・217〜221頁〔太田洋＝小倉美恵〕参照。

(iii) 利益積立金額の意義・機能

利益積立金額も、法人税法上の固有概念であり、「法人……の所得の金額……で留保している金額として政令で定める金額」をいうものと定義されている（法税2条18号）。その基本的な機能は、未だ株主レベルでの配当課税がされずに法人内部に留保されている利益の額を示すことにある[59]。法人レベルで法人税が課された利益のみならず、法人税が課されなかった利益（例えば、受取配当等の益金不算入の規定により所得の金額の計算上益金の額に算入されない金額（法税令9条1項1号ロ））も利益積立金額を構成するため、利益積立金額は、いわば「法人税法というスクリーン」を通過した留保利益の額を示しているともいえよう[60]。利益積立金額の具体的な計算方法は法税令9条1項に規定されているが、その機能から来る当然の帰結として、株主レベルで配当として課税の対象となった場合（受取配当益金不算入のような形で実際には納税額を増加させなくとも、課税の対象となれば足りる）には、その額だけ利益積立金額が減算される[61]。

株式会社が株主に対して利益を分配する最も基本的な方法は、「剰余金の配当」（会社453条）である。会社法上は、その他利益剰余金とその他資本剰余金のいずれを原資としても剰余金の配当を行うことができるが（会社計算23条）[62]、法人税法上は、その原資に着目して異なる規律が適用される。すなわち、「資本剰余金の額の減少に伴」わない剰余金の配当（つまり、その他利益剰余金のみを原資とする配当）が行われた場合には、法人税法23条1項により規律される通常の配当（換言すれば、利益の分配）として、配当額全額が利益積立金額から減算される（法税令9条1項8号）一方、「資本剰余金の額の減少に伴う」剰余金の配当が行われた場合には、法人税法上は「資本の

---

59) 岡村・前掲注12) 368頁参照。
60) 小山真輝「配当に関する税制の在り方――みなし配当と本来の配当概念との統合の観点から」税務大学校論叢62号（2009）89頁参照。
61) なお、その逆は、必ずしも真ではない。すなわち、利益積立金額が減少するから株主レベルで配当課税がなされるという論理的関係にあるわけではない（岡村・前掲注12) 368頁参照）。
62) 剰余金の配当に際してその他利益剰余金とその他資本剰余金のいずれをどれだけ減少させるかについては（会社計算23条参照）、会社法上、取締役会のほか、代表取締役等がこれを決定することができる（郡谷大輔＝和久友子編著『会社法の計算詳解〔第2版〕』（中央経済社、2008）277頁参照）。

払戻し」(法税24条1項4号)として、みなし配当課税(後述)の対象とされ、剰余金の配当の額の一部(後掲の**計算式2**参照)のみが利益積立金額から減算される(法税令9条1項12号、8条1項18号)[63][64][65]。

[計算式2] 資本の払戻しにより減少する「資本金等の額」・利益積立金額(法税令8条1項18号、9条1項12号)

減少する「資本金等の額」(減資資本金額) = 資本の払戻しにより減少した資本剰余金の額 × $\dfrac{\text{資本の払戻しの直前の資本金等の額（A）}}{\text{前事業年度末の簿価純資産価額（前事業年度末後に資本金等の額または利益積立金額の変動があった場合には、これらを加減算した金額）（B）}}$

ただし、上記の分数部分は、(i) A が零以下である場合には零とし、(ii) A が零を超え、かつ、B が零以下である場合には 1 とし、(iii)小数点以下 3 位未満の端数は切り上げる。また、当該分数が 1 を超える場合には 1 とされる。

減少する利益積立金額 = 交付した金銭の額および金銭以外の資産の価額の合計額から減資資本金額を控除した金額

(iv) 組織再編における「資本金等の額」と利益積立金額

(a) 合併および分割型分割

各種の組織再編行為の中で、株主レベルでのみなし配当課税が問題となる代表的なものは合併および分割型分割であるので、以下、それらに関して、法人レベルでの「資本金等の額」および利益積立金額についての規律と株主レベルでのみなし配当課税についての規律との相互関係を概観してみよう。なお、平成29年度税制改正によるスピン・オフ税制の導入に伴い、分割型

---

63) 課税当局は、法税令9条1項8号および12号にいう「資本剰余金」の意義について、株式会社の場合、会社法上の「その他資本剰余金」(会社計算141条3項2号)を意味すると解しているようである(岡村忠生「法人課税の基本問題と会社法制──資金拘束とインセンティブ」税法学559号(2008)96頁参照)。
64) なお、分割型分割における分割法人の株主に対する分割承継法人株式その他の資産の交付については、会社法上は剰余金の配当の1つであると整理されているが(会社758条8号、763条12号参照)、法人税法上は、後述するとおり、その(みなし)配当課税および利益積立金額の計算に関しては別段の規律が設けられている。

単独新設分割を用いた事業部門のスピン・オフについても、一定の要件の下に適格分割型分割に該当することとなったが、当該改正によって手当されたのは、税制適格要件の拡張・・のみであって、以下で述べる適格（分割型）分割に該当する場合および該当しなかった場合の課税上の取扱いについては、従前から適格（分割型）分割に該当するとされていたものと同様である。

　まず、非適格合併または非適格分割型分割が行われる場合、被合併法人または分割法人においては、当該法人からその株主に対して分配が行われるため（後記(3)(ⅲ)参照）、株主レベルでみなし配当課税（後述）が行われ、これに対応して、その「資本金等の額」および利益積立金額が消滅または減少（法税令8条1項15号、9条1項9号）する一方[66]、合併法人または分割承継法人においては、後述するとおり、利益積立金額の「引継ぎ」がなされないものとされる結果、利益積立金額の増加は生じず、大雑把にいって、当該合併または会社分割に伴って発行される株式の価額に相当する額（正確には、下記の**計算式3**および**計算式4**で示される額）が合併法人または分割承継法人の「資本金等の額」に加算される（法税令8条1項5号・6号）（後掲の図表Ⅰ-11-3参照）。なお平成30年度税制改正で株主均等割合保有関係がある場合の非適格合併・非適格分割型分割において合併法人・分割承継法人の増加する資本金等の額の計算に係る規定が整備された（法税令8条1項5号ロ・6

---

[65]　なお、その他資本剰余金とその他利益剰余金の双方を同時に減少して剰余金の配当を行った場合（換言すれば、両者が混合して配当原資を構成する場合）には、その「全体が資本の払戻しとなる」・・・・・・・・・・・（傍点筆者）というのが立案担当者の見解であり（青木ほか・前掲注45）262頁〔佐々木ほか〕）、東京地判平成29年12月6日LEX/DB25560540（控訴審（東京高裁平成29年（行コ）388号）は民事第23部にて係属しているとのことである）も、その他資本剰余金とその他利益剰余金の双方を同時に減少して剰余金の配当を行った場合、それが「資本の払戻し」（法税24条1項4号）に該当すると判断している。利益剰余金からの配当と資本剰余金からの配当の2つの配当を別個の配当決議に基づいて行う場合の問題等については、国税不服審判所裁決平成24年8月15日裁決事例集88集206頁、ならびにその評釈である園浦卓「資本剰余金と利益剰余金の双方を同時に減少して剰余金の配当を行った場合（混合配当）の課税関係に関する裁決事例」太田洋＝伊藤剛志編著『企業取引と税務否認の実務——税務否認を巡る重要裁判例の分析』（大蔵財務協会、2015）512頁および大島恒彦「資本と利益の同時、混合配当に関する裁決事例（平成24年8月15日審判所裁決）の争点とその問題点」租税研究771号（2014）260頁参照。

[66]　なお、非適格分割型分割の場合に減少する利益積立金額は、後述するみなし配当額の合計と一致する。

号ハ等参照)。

[計算式3] 非適格合併における純資産の部の金額の取扱いの概要(法税令8条1項5号)

合併法人において増加する「資本金等の額」

= 合併法人株式その他の合併対価[67](交付株式・金銭等)の価額(時価) − 被合併法人の株主に交付された合併法人株式以外の資産(交付金銭等)の価額(時価) − 合併直前の抱合せ株式の簿価 − 抱合せ株式に係るみなし配当の額

合併法人における利益積立金額：変動せず

(注) 被合併法人は消滅するので、被合併法人についての「資本金等の額」や利益積立金額が問題となることはない。

[計算式4] 非適格分割型分割における純資産の部の金額の取扱いの概要(法税令8条1項6号・15号、9条1項9号)

分割承継法人において増加する「資本金等の額」 = 分割承継法人株式その他の分割対価(交付株式・金銭等)の価額(時価)[68] − 分割法人の株主に交付された分割承継法人株式以外の資産(交付金銭等)の価額(時価)

分割法人において減少する「資本金等の額」 = 分割直前の分割法人の資本金等の額(A) × $\dfrac{\text{分割直前の移転資産および負債の簿価純資産価額 (B)}}{\text{前期期末時の簿価純資産価額(前期期末後に資本金等の額または利益積立金額の変動があった場合には、これらを加減算した金額) (C)}}$

ただし、上記の分数部分は、(i)Aが零以下である場合には零とし、(ii)AおよびBが零を超え、かつ、Cが零以下である場合には1とし、(iii)小数点以下三位未満の端数は切り上げる。また、当該分数が1を超える場合には1とされる。

分割承継法人における利益積立金額：変動せず

分割法人において減少する利益積立金額 = 分割法人の株主に交付された分割対価(交付株式・金銭等)の価額(時価) − 分割法人において減少する「資本金等の額」

---

67) なお、法人税法24条2項の規定により抱合せ株式に対して交付されたとみなされる合併法人株式その他の合併対価を含む(法税令8条1項5号)。

他方、適格合併または適格分割型分割の場合には、概略、後掲の**計算式5**および**計算式6**記載のとおり、被合併法人または分割法人の「資本金等の額」および利益積立金額の合併法人または分割承継法人への引継ぎがなされる（これに対応して、後記(3)(iv)でも述べるとおり、被合併法人または分割法人の株主レベルでもみなし配当課税は行われない）[69]。

[計算式5]　適格合併における純資産の部の金額の取扱いの概要（法税令8条1項5号、9条1項2号）

合併法人において増加する「資本金等の額」 ＝ 被合併法人の最後事業年度終了時の「資本金等の額」 － 被合併法人の株主に交付された合併法人株式以外の資産（交付金銭等）の価額（時価）[70] － 合併直前の抱合せ株式の簿価

合併法人において増加する利益積立金額 ＝ 移転資産および負債の簿価純資産価額 － 当該適格合併により増加した「資本金等の額」 － 被合併法人の株主に交付された合併法人株式以外の資産（交付金銭等）の価額（時価）[71] － 合併直前の抱合せ株式の簿価

＝ 移転資産および負債の簿価純資産価額 － 被合併法人の最後事業年度終了時の「資本金等の額」[72]

（注）被合併法人は消滅するので、被合併法人についての「資本金等の額」や利益積立金額が問題となることはない。

---

[68] ただし、資産調整勘定または負債調整勘定の計上に関する法人税法62条の8の規定が適用されない非適格分割型分割（非適格分割型分割のうち、分割法人の「事業及び当該事業に係る主要な資産又は負債のおおむね全部」（法税令123条の10第1項）を分割承継法人に移転させるものに該当しないもの）の場合には、移転事業に係る時価純資産価額（法税令8条1項6号括弧書）。

[69] 平成22年度税制改正前においては、適格分割型分割の場合の「資本金等の額」および利益積立金額の引継ぎについては、先に利益積立金額の引継ぎ額を計算することとされていたが、同税制改正において、適格分割型分割が行われた場合の「資本金等の額」および利益積立金額の引継ぎ額については、先に「資本金等の額」の引継ぎ額を算出する構成に変更された。この点についての詳細は、太田編著・前掲注1）128頁参照。

第1節　M&Aと課税　757

[計算式6]　適格分割型分割における純資産の部の金額の取扱いの概要（法税令8条1項6号・15号、9条1項3号・10号）

分割承継法人において増加する「資本金等の額」 ＝ 分割法人において減少する「資本金等の額」

分割法人において減少する「資本金等の額」 ＝ 分割直前の分割法人の「資本金等の額」(A) × $\dfrac{\text{分割直前の移転資産および負債の簿価純資産価額 (B)}}{\text{前期期末時の簿価純資産価額（前期期末後に資本金等の額または利益積立金額の変動があった場合には、これらを加減算した金額）(C)}}$

ただし、上記の分数部分は、(i) A が零以下である場合には零とし、(ii) A および B が零を超え、かつ、C が零以下である場合には1とし、(iii) 小数点以下三位未満の端数は切り上げる。また、当該分数が1を超える場合には1とされる。

分割承継法人において増加する利益積立金額 ＝ 分割直前の移転資産および負債の簿価純資産価額 － 当該適格分割型分割により増加した資本金等の額

分割法人において減少する利益積立金額 ＝ 分割直前の移転資産および負債の簿価純資産価額 － 分割法人における資本金等の額の減少額

(b)　分社型分割および現物出資

　分社型分割または現物出資の場合には、分割法人または現物出資法人においては、当該法人からその株主に対して分配が行われるわけではないため

---

70)　平成29年度税制改正において、吸収合併および株式交換に係る適格組織再編成の対価要件の見直しが行われ、吸収合併においては、合併の直前において合併法人が被合併法人の発行済株式等の総数または総額の3分の2以上に相当する数または金額の株式または出資を有する場合には、合併法人以外の株主等に金銭その他の資産を交付する吸収合併も、適格合併に該当し得ることとなった（法税2条12号の8柱書）。詳細については、**第5章第2節4(5)**参照。かかる適格合併に該当する吸収合併において、合併法人が合併法人以外の株主等に交付する金銭その他の資産の価額は、合併法人において増加する資本金等の額および利益積立金額から控除される。

71)　前掲注70)参照。

72)　この第二の計算式の二段目の計算式（岡村ほか・前掲注18）288頁参照）は、適格合併によって増加する合併法人の利益積立金額に関する理解の便宜のため、一段目の計算式（法税令9条1項2号所定の計算式を簡略化したもの）中の「当該適格合併により増加した資本金等の額」に、その計算式である第一の計算式（法税令8条1項5号参照）を代入したものである。

（後記(3)(ii)参照）、その純資産の部の金額は変動せず、分割承継法人または被現物出資法人においては、資産等の移転を受けるに際して純資産の部の金額が変動し、「資本金等の額」が増加する（法税令8条1項7号・8号・9号）。なお、平成30年度税制改正で非適格の分社型分割であって、分割法人による全部保有関係がある場合に分割承継法人の増加する資本金等の額の計算方法が明確化された（法税令8条1項7号ハ）。また、適格分社型分割または適格現物出資の場合も、利益積立金額の「引継ぎ」はなされない。

(c) 適格現物分配および適格株式分配

平成22年度税制改正により、新たに「現物分配」が法人税法上の組織再編成の一類型として位置付けられた。法人税法上の現物分配とは、剰余金の配当、解散による残余財産の分配または自己株式取得等のみなし配当事由により株主等に金銭以外の資産を交付することをいう（法税2条12号の5の2）。

また、平成29年度税制改正に基づくスピン・オフ税制の導入に伴い、「現物分配」の一種として、新たに「株式分配」が法人税法上の組織再編成の一類型に付加されたが、ここでいう株式分配とは、上記の「現物分配」のうち、現物分配法人が所有する完全子法人の発行済株式等の全部を剰余金の配当または利益の配当としてその株主等に交付することをいう[73]ものとされている（法税2条12号の15の2）。

適格現物分配により資産の移転を行った法人（現物分配法人）の側では、税務上、移転資産の譲渡損益の認識が繰り述べられ（法税62条の5第3項）、その純資産の部に関して、①当該適格現物分配が剰余金の配当[74]による場合には、交付した資産の直前の帳簿価額相当額全額の利益積立金額が減少するので（法税令9条1項8号）、その「資本金等の額」は変動せず、②当該適格現物分配がみなし配当事由による場合には、法税令8条1項18号または20号の規定に従って計算される「資本金等の額」が減少するとともに、交付した資産の直前の帳簿価額からその減少する「資本金等の額」を控除した額だけ、利益積立金額が減少する（法税令9条1項12号・14号）。

---

[73] ただし、当該株主等と現物分配法人の間に完全支配関係がある場合を除く。
[74] 資本剰余金の額の減少に伴うものならびに分割型分割によるものおよび株式分配を除く。

また、適格株式分配の場合にも、現物分配法人（親元会社）において、税務上、株主等に移転する完全子法人（分離会社）株式の譲渡損益の認識が繰り述べられ（法税62条の5第3項）、その純資産の部に関しては、適格株式分配の直前における完全子法人（分離会社）株式の帳簿価額相当額全額が資本金等の額から減算され、利益積立金額は変動しないものとされている（法税令8条16号、9条1項8号）。

　他方、適格現物分配により資産の移転を受けた法人（被現物分配法人）の側では、①当該適格現物分配が剰余金の配当[75]による場合には、交付を受けた資産の直前の帳簿価額相当額の全額が利益積立金額に加算されて（法税令9条1項4号）、「資本金等の額」は変動せず、②当該適格現物分配がみなし配当事由に該当する場合には、交付を受けた資産の額の一部であるみなし配当相当額[76]がその利益積立金額に加算される（同号）とともに、被現物分配法人の所有に係る現物分配法人株式についての譲渡損益に相当する額がその「資本金等の額」にチャージされる（法税令8条1項22号）[77]。なお、被現物分配法人が適格現物分配により資産の移転を受けたことで生ずる収益の額（具体的には、①当該適格現物分配が剰余金の配当による場合には交付を受けた資産の直前の帳簿価額相当額の全額、②当該適格現物分配がみなし配当事由に該当する場合には、交付を受けた資産の額の一部であるみなし配当相当額）は、その全額が益金不算入となる[78]。

　また、適格株式分配の場合には、被現物分配法人は、税務上、その所有す

---

[75] 資本剰余金の額の減少に伴うものならびに分割型分割によるものおよび株式分配を除く。

[76] 具体的には、交付を受けた資産の直前の帳簿価額相当額から現物分配法人の「資本金等の額」のうちその交付の基因となった当該法人株式に対応する部分の金額を控除した額である。

[77] 一般的には、みなし配当を受けた株主レベルで株式譲渡損益課税が行われるが（後記(3)(iv)参照）、適格現物分配の場合には、みなし配当を受けた株主（ここでは、被現物分配法人）レベルではみなし配当の基因となった株式（ここでは、現物分配法人株式）に係る譲渡損益は税務上認識されず（法税61条の2第17項）、これに相当する額を当該株主の「資本金等の額」にチャージする（当該譲渡損益相当額は、法税令8条1項22号により、当該株主の「資本金等の額」を減算または加算することによって調整される）ものとされている。これは、適格現物分配制度が、完全支配関係がある内国法人間の資産の移転の時点では当該資産に関する譲渡損益課税を生じさせないことを趣旨とするグループ法人税制の一環であることによる。

る現物分配法人株式のうち、移転を受けた完全子法人（分離会社）株式に対応する部分を、税務上譲渡原価[79]と同額で譲渡したものとみなされる（法税61条の2第8項）。したがって、税務上はこの部分譲渡に伴って被現物分配法人に譲渡損益が生じることはなく、純資産の部の金額も変動しない。

そして、適格現物分配および適格株式分配については、法人税法上、適格組織再編成の一類型として位置付けられ、所得税法上、配当所得の対象となる「配当等」の範囲から除外された（所税24条1項括弧書）結果、源泉徴収も不要とされている[80]。

(3) みなし配当課税と株式譲渡損益課税

(i) みなし配当（constructive dividend）とは

法人からその株主に対して金銭その他の資産の分配がなされる場合、その分配の原資が「投資元本」に相当する部分と「投資収益」に相当する部分（法人が稼得した利益）のいずれであるかによって株主レベルでの課税関係を区別するというのが、現行租税法の基本的な考え方である。すなわち、分配の原資が「投資元本」に相当する部分である場合には、かかる部分については株主レベルでは課税しない（譲渡原価を超える部分のみを譲渡益課税の対象とする）が、分配の原資が「投資収益」に相当する部分（法人が稼得した利益）である場合には、その全額につき株主レベルにおいて配当課税（みなし

---

[78] なお、配当金として法人税法23条（受取配当等の益金不算入）の規定により益金不算入となるのではなく、同法62条の5第4項の規定により益金不算入となる。すなわち、適格現物分配による資産の取得は「無償による資産の譲受け」に該当するが、被現物分配法人が適格現物分配により資産の移転を受けたことによって生ずる収益の額については、同法22条2項の別段の定めとして、当該被現物分配法人の各事業年度の所得の金額の計算上、益金の額に算入しないものとされている（法税62条の5第4項）。以上につき、税理士法人山田＆パートナーズ『逐条詳解　組織再編税制の実務〔第3版〕』（中央経済社、2010）263頁参照。

[79] 譲渡原価は、被現物分配法人が所有する現物分配法人株式の株式分配の直前における帳簿価額に、現物分配法人が所有する完全子法人株式の株式分配の直前の帳簿価額が現物分配法人の株式分配の日の属する事業年度の前事業年度終了の時における簿価純資産額に占める割合を乗じて計算した金額とされている（法税令119条の8の2第1項）。

[80] 適格現物分配につき泉恒有ほか『改正税法のすべて〔平成22年版〕』（大蔵財務協会、2010）96頁〔櫻井淳〕、適格株式分配につき藤山智博ほか『改正税法のすべて〔平成29年版〕』（大蔵財務協会、2017）324頁〔藤田泰弘ほか〕参照。

[図表Ⅰ-11-3] 抱合せ株式がある場合の増加「資本金等の額」・利益積立金額

・非適格合併に係る合併法人(合併法人が抱合せ株式(旧株)を有する場合)

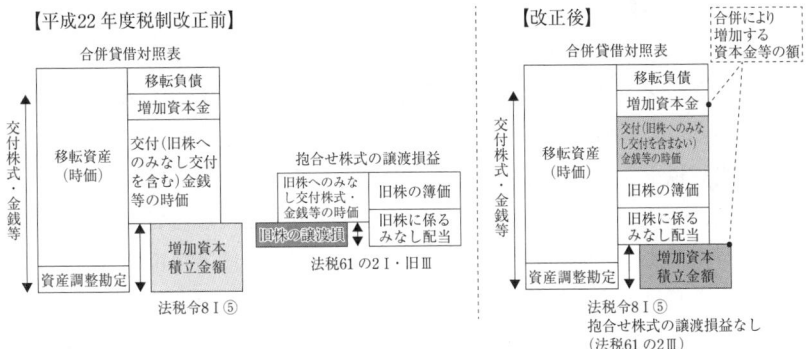

(注) 本図表における「金銭等」には、合併法人の株式は含まない。

・適格合併に係る合併法人(合併法人が抱合せ株式(旧株)を有する場合)

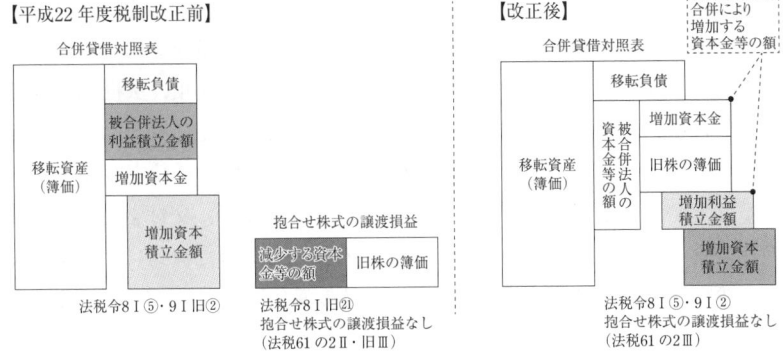

* 条文引用については、条はアラビア数字、項はローマ数字、号は○付数字で示した。
* なお、非適格の無対価合併・無対価分割型分割のうち「対価の交付が省略された」と認められる場合(株主均等割合保有関係がある場合)の処理も上図に類似する(藤田・前掲注21) 95頁の図を参照)。

財務省「平成22年度改正関係参考資料(法人税関係)」38頁記載の図を基に作成

配当課税を含む）を行うという考え方である。

　しかしながら、法人が稼得した利益を原資とする株主への金銭その他の資産の交付は、会社法上の剰余金の配当の方法によるとは限らず、また、法人から株主に対して交付される金銭その他の資産の原資の中に「投資元本」に相当する部分と「投資収益」に相当する部分（法人が稼得した利益）とが混合している場合もある。このような場合、法人が稼得した利益が株主レベルでの配当課税を受けないままに株主に分配されると、課税当局としては、かかる利益について株主レベルでの課税機会を失うことになってしまう。そこで、現行租税法は、前述した「法人所得についての２段階課税の原則」下における株主レベルでの課税を確保するため、株主が剰余金の配当以外の一定の取引により金銭その他の資産の交付を受けた場合にも、分配された資産の価額のうちの一定割合（各株主の実際の株式取得価額とは無関係に、発行会社の税務上の貸借対照表に従って租税法上一律に算出される一定の割合である）を、法人内部に留保されている利益を原資とするものであると擬制する（いわゆる「（強制）プロ・ラタ」方式）ことによって、かかる部分を剰余金の配当とみなして、みなし配当課税を行っている（所税25条１項、法税24条１項）。具体的には、合併や自社株買い等が行われる場合に株主に交付される金銭その他の資産は、「資本金等の額」を原資とする部分と利益積立金額を原資とする部分から成るものとされ、配当とみなされる額は、交付を受けた金銭その他の資産の価額の合計額からその交付の基因となった株式に対応する「資本金等の額」（非常に大雑把にいえば、会社のみなし配当事由発生直前時点における「資本金等の額」を、自己株式を除く発行済株式総数で除して、当該資産の交付を受ける株主が保有する株式（＝「交付の基因となった株式」）の数を乗じて得られた額。後掲の**計算式７**および**計算式８**など参照）を控除した額であり、その計算方法はみなし配当の事由毎に政令で定められている（所税令61条、法税令23条）。

　そして、配当とみなされた金銭その他の資産（みなし配当）は、剰余金の配当と同様の形式・方法で課税される。

　わが国のみなし配当課税制度は非常に複雑であるが、その１つの理由は、「みなし配当」について課税がなされる際に、大抵は同時に株式に関する譲渡損益課税もなされる仕組みが採用されているからである。そもそも、みなし配当が生じるのは、大雑把にいって、株主が従前から保有していた株式が、

組織再編その他の事由に基づいて会社に取得され、その代替物として会社から当該株主に対して金銭等が交付される場合であるから、この場合も、単純に、株主は、その保有株式を発行会社に「譲渡」して、その対価として金銭等の交付を受けていると考えることは、理論的に十分可能である。現に、米国の内国歳入法典の下では、この場合の大部分はキャピタル・ゲイン課税のみによって処理されているところである。

しかしながら、わが国の現行租税法は、この局面をみなし配当課税と株式譲渡損益課税（キャピタル・ゲイン課税）とが交錯する領域であると見て、この場合にまずはみなし配当課税がなされるものとして処理し、株主が交付を受けた金銭等の価額からみなし配当の額を差し引いた残額を株式譲渡損益課税における「譲渡収入」であると擬制して、当該交付の基因となった株式についての譲渡損益課税を行う（後記(ⅳ)参照）、という重畳的な処理を行っている（譲渡損益の計算上、みなし配当の額は、譲渡収入の額から控除される）。しかも、それに加えて、現行租税法では、みなし配当額の計算について、上記の「（強制）プロ・ラタ」方式を採用して、会社側の裁量の余地を封じて[81]、会社の税務上の貸借対照表に基づいて機械的にみなし配当の額が算出されるものとしている。

以上の論理的帰結でもあるが、みなし配当を受ける株主が法人である場合、配当とみなされる額の全部または一部が当該法人株主の益金に算入されないため、みなし配当課税が行われると、みなし配当の基因となった株式の株主側における取得価額やみなし配当を行った法人の税務上の貸借対照表の計数次第では、当該株主側では、株式譲渡損が認識されて、全体としても税務上損失のみが認識される場合も生じる。

なお、かつては、このような構造を利用して、自己株式として取得（みなし配当事由の1つである。法税24条1項5号）されることが予定されている株

---

[81] 平成13年度税制改正前は、減資、合併または自社株買い等の際に株主に交付される資産の額が対応する「資本等の金額」を超えた場合に、その金額が、資本積立金額の取崩しによるものなのか、それとも利益積立金額の取崩しによるものなのかの判断を会社に任せる方式が採用されていた。すなわち、当時の法人税基本通達においては、減資等の場合の配当等の額とみなす金額の計算については「その超える部分の金額が資本積立金額又は利益積立金額のいずれから成るかは、当該交付する法人の計算による」（平成14年2月15日改正前法人税基本通達3-1-8）とされていた。

式(例えば、反対株主に株式買取請求権が付与される組織再編が行われることが公表された株式)について、通常の投資利益を目的とせずに、税務上の譲渡損失の計上を行うことを主たる目的としてこれを取得し、かかる株式について予定どおり発行会社に取得させることでその目的を達成するといった例が見られた(多額の利益積立金を有している会社の株式については、取得価額と同額でそれを会社に引き取らせても、株主側で多額の税務上の譲渡損失を認識することができた)が、平成22年度税制改正によって、自己株式として取得されることを「予定」して取得した株式については、予定されていた自己株式取得の際のみなし配当に係る益金不算入が認められない(すなわち、全額が益金に算入される)こととなった(法税23条3項)[82]。

(ii) 組織再編と株主への分配(組織再編とみなし配当)

組織再編に際しても、下記で見るとおり、株主レベルでみなし配当課税がなされる場合があり、みなし配当課税がどのようにしてなされるかに関するメカニズムの理解は、会社が行う組織再編に関する諸々の課税問題を理解する上で極めて重要である。

組織再編のうち、まず、会社分割であるが、このうち分社型分割については、分割対価が分割会社(分割法人)に対してのみ交付されるものとして構成されている会社法と同様に(会社758条、763条参照)、法人税法上も、分割法人からその株主への分配はなされないものとして構成されているため(法税62条、62条の3参照)、分割会社(分割法人)の株主レベルでのみなし配当課税は、そもそも行われない(所税25条1項2号括弧書、法税24条1項

---

[82] 自社株買いのうち、金融商品取引所の開設する市場を通じた取得の場合、売主たる自社株買いに応じた株主に対してはみなし配当課税はなされず、株式譲渡損益課税のみがなされる(法税24条1項5号括弧書、所税25条1項5号括弧書)。なお、自社株TOBによる自社株の取得は、「金融商品取引所の開設する市場における購入」ではないので、本文記載のとおり、売主たる自社株買いに応じた株主に対しては、みなし配当課税と株式譲渡損益課税が両建てでなされる(その結果、多くの場合、当該売主には、税務上、株式譲渡損失が認識される)。他方、ToSTNeT-2ないし3を用いた方法により行われたものについても、「金融商品取引所の開設する市場における購入」に該当し、みなし配当課税は生じないと考えられる。ゼンショー=カッパ・クリエイト事件・国税不服審判所裁決平成24年5月25日東裁(法)平23第233号、太田編著・前掲注1)138頁および太田=伊藤編著・前掲注65)497頁参照。

2号括弧書)。他方、分割型分割については、会社法上、「(法人税法にいうところの)分社型分割＋剰余金の配当」と整理されている(会社758条8号、763条12号参照)[83]のと同様に、法人税法上も、(分割)法人がその株主へ分配を行うものとして構成されている(法税62条、62条の2参照)ため、分割会社(分割法人)の株主レベルでみなし配当課税が生じる場合がある。

次に、合併については、会社法上は、消滅会社(被合併法人)の株主に対して合併対価を交付するのは存続会社・新設会社(合併法人)であるとされているが(会社749条1項2号、753条1項)、法人税法上は、これと異なり、被合併法人が、移転した資産・負債の対価として合併法人株式その他の資産[84]を合併法人から時価により取得し、直ちにこれらの対価を被合併法人の株主に対して交付するものと擬制されている(法税62条、62条の2)[85]。このような整理がなされている結果、合併についても、租税法上は、(被合併)法人からその株主に対する分配が行われるものとされているため、みなし配当課税の有無が問題となるのである。

他方、株式移転または株式交換の場合は、みなし配当課税は行われない(所税25条1項、法税24条1項参照)。これは、これらの取引に際しては、会社法上だけでなく、租税法上も、完全子会社となる会社ではなく完全親会社となる会社が完全子会社となる会社の株主に対して対価を交付する(換言すれば、法人が自らの株主に対して分配を行うわけではない)ものと構成されているため、非適格株式移転または非適格株式交換の場合であっても、完全子会社となる会社が稼得した利益が当該会社の株主に分配されることはないと整理されているためであろう[86]。

(iii) 合併および分割型分割におけるみなし配当課税

合併と分割型分割については、前述のとおり、租税法上、被合併法人また

---

83) 会社法上の会社分割の概念には、法人税法上の分社型分割に相当する概念しか含まれていない(前記1参照)。
84) 法人税法上は、合併法人が合併の直前に有していた被合併法人の株式(抱合せ株式)に対して(現実には交付されないが)交付されたものとみなされる合併法人の株式その他の資産も、合併対価を構成するとされている(法税62条1項)。
85) このような擬制がなされているので、法人税法上は、「合併は、全ての資産および負債が移転される特殊な(窮極的な)分割型分割」と位置付けることができる(岡村・前掲注12)406頁参照)。

は分割法人からその株主に対して株式その他の資産が交付されるものと構成されているため、非適格合併または非適格分割型分割の場合、被合併法人または分割法人の株主レベルでみなし配当課税がなされる（非適格合併または非適格分割型分割の場合、「資本金等の額」と利益積立金額の双方が被合併法人または分割法人の株主への交付原資となるとの整理がなされている[87)][88)]）。この場合、配当とみなされる額は、それら株主が交付を受けた合併法人株式または分割承継法人株式、金銭その他の資産の価額（時価）の合計額から、その交付の基因となった株式に対応する被合併法人または分割法人の「資本金等の額」（分割型分割の場合は、移転純資産の帳簿価額が分割法人の純資産の帳簿価額に占める割合に対応する部分の額）を控除した額である（所税25条1項1号・2号、所税令61条2項1号・2号、法税24条1項1号・2号、法税令23条1項1号・2号）（後掲の**計算式7**および**計算式8**参照）。なお、合併法人が合併の直前に被合併法人株式（抱合せ株式）[89)]を有していた場合には、かかるみなし配当額の計算上、抱合せ株式に対しても（株式会社の場合、現実には交付されるわけではないが[90)]）合併法人株式その他の資産が交付されたものと擬制さ

---

86)　「仮に、非適格となっても、株式交換という取引の性質上、T社〔完全子会社となる会社〕の利益積立金額がT社内に残るからだと思われる」との理解（渡辺徹也「企業組織再編税制──現行制度における課税繰延の理論的根拠および問題点等」租税研究687号（2007）33頁）もある。現行租税法の構造上、利益積立金額の減少の有無が株主レベルでの配当課税の有無を決するという論理的関係は必ずしも存しないが（前掲注61）参照）、利益積立金額が残存し、将来の課税機会が留保されることは、みなし配当課税を行わないことについての（課税当局から見た）立法の合理性を基礎付けるため、このような説明も可能であろう。

87)　中尾睦ほか『改正税法のすべて〔平成13年版〕』（大蔵財務協会、2001）157頁〔藤本哲也＝朝長英樹〕参照。

88)　制度設計として、論理的には、被合併法人または分割法人に利益積立金額が存する限り、まずは利益積立金額を原資として被合併法人または分割法人の株主に対する合併法人株式または分割承継法人株式の交付がなされる、との整理もあり得たであろうが、現行租税法は、前述のとおり、みなし配当の額の計算について「（強制）プロ・ラタ」方式を採用しているため、本文のような整理がなされたものであろう。

89)　法人税法上の用語は「抱合株式」（例えば、法税24条2項）であるが、ここでは便宜上「抱合せ株式」と称する。

90)　株式会社の場合、そもそも、会社法上、存続会社（合併法人）が、自らが合併前に有していた消滅会社（被合併法人）株式（すなわち、抱合せ株式）に対して、存続会社株式（新設合併の場合は、設立会社株式）その他の合併対価を交付することは禁止されている（会社749条1項3号括弧書、753条1項7号括弧書）。

れる（法税24条2項）（前掲の図表Ⅰ-11-3参照）。なお、無対価合併・無対価分割が適格組織再編成の要件を満たすことができなかった場合に、配当とみなされる金額についても、平成30年度税制改正により明確化が図られ、株主均等割合保有関係がある無対価合併・無対価分割型分割の場合には、抱合せ株式の場合とよく似た処理がなされることとなった[91]。

このようにして計算されるみなし配当額は、合併または分割型分割によって消滅する被合併法人または分割法人における留保利益（含み損益を含む）に対応するものである[92]。

[計算式7] 非適格合併におけるみなし配当の額（法税24条1項1号、法税令23条1項1号）

$$\text{みなし配当の額} = \text{交付株式・金銭等の価額} - \text{被合併法人の合併の日の前日の属する事業年度終了の時の資本金等の額} \times \frac{\text{所有株式数}}{\text{発行済株式（自己株式を除く）の総数}}$$

ただし、零以下となる場合には、みなし配当は生じない。

---

91) すなわち、実際には被合併法人／分割法人の株主に対する対価の交付がないにもかかわらず、合併法人／分割承継法人の株式の"交付が省略されたと認められる"として（所税25条2項、法税24条3項）、大雑把にいえば、移転する純資産の簿価に、発行済株式総数のうち各株主の保有する株式の割合を乗じて求められる額に相当する数の合併法人／分割承継法人の株式が交付されたものと擬制され（所税令61条4項・5項、法税令23条6項・7項）、みなし配当の額が計算される。

92) 前掲注65) 東京地判平成29年12月6日は、法税令23条1項4号の定めは、「資本剰余金と利益剰余金の双方を原資とする剰余金の配当への適用に当たり、当該剰余金の配当により減少した資本剰余金の額を超える『払戻し等の直前の払戻等対応資本金額等』が算出される結果となる限りにおいて法人税法の委任の範囲を逸脱した違法なものとして無効であるというべきであり、この場合の『払戻し等の直前の払戻等対応資本金額等』は、当該剰余金の配当により減少した資本剰余金の額と同額となるものと解するのが相当である」との判断を示した。現在、東京高裁第23民事部にて係争中の控訴審（東京高裁平成29年（行コ）388号）の動向が注目される。

[計算式8]　非適格分割型分割におけるみなし配当の額（法税24条1項2号、法税令23条1項2号）

$$\text{みなし配当の額} = \text{交付株式・金銭等の価額} - \text{分割資本金額等} \times \frac{\text{所有株式数}}{\text{当該分割型分割に係る株式の総数}}$$

ただし、零以下となる場合には、みなし配当は生じない。

$$\text{分割資本金額等} = \text{分割直前の資本金等の額（A）} \times \frac{\text{分割直前の移転資産および負債の簿価純資産価額（B）}}{\text{前期期末時の簿価純資産価額（前期期末後に資本金等の額または利益積立金額の変動があった場合には、これらを加減算した金額）（C）}}$$

ただし、上記の分数部分は、(i) A が零以下である場合には零とし、(ii) A および B が零を超え、かつ、C が零以下である場合には1とし、(iii)小数点以下三位未満の端数は切り上げる。また、当該分数が1を超える場合には1とされる。

他方、適格合併または適格分割型分割の場合にも、被合併法人または分割法人からその株主に対して分配（具体的には、株式の交付）が行われるが（前記(ii)参照）、適格組織再編成は株主レベルの課税も繰り延べる制度として設計されているため、結論的に、みなし配当課税は行われない（所税25条1項1号括弧書・2号括弧書、法税24条1項1号括弧書・2号括弧書）。このことの理由については、従来、「移転資産の譲渡損益の計上を繰り延べる場合には、従前の課税関係を継続させるという観点から、利益積立金額は新設・吸収法人や合併法人に引き継ぐのが適当であり、したがって、配当とみなされる部分は無いものと考えられる」[93]との考え方に基づくものであると説明されてきた。つまり、適格合併または適格分割型分割の場合における被合併法人または分割法人の株主に対する株式の交付は、被合併法人または分割法人の留保利益ではなく、それら株主の「投資元本」に相当する部分（被合併法人または分割法人の「資本金等の額」）のみを原資とするものであるとの整理がなされているという説明である[94]。もっとも、近時では、このような伝統的な理解とは異なって、適格合併および適格分割型分割の場合の「資本金等の

---

[93]　基本的考え方第一(4)。

額」と利益積立金額の引継ぎ額を「資本金等の額」から先に計算する方法に変更した平成22年度税制改正（前記(2)(iv)(a)参照）後は、「改正前にあった過去の課税関係を引き継がせるという考え方は放棄してしまった、と言っても過言ではない状況を生み出してしまってい〔る〕」との指摘もなされている[95]。

(iv) 合併および分割型分割における株式譲渡損益課税

　合併または分割型分割に際して、被合併法人または分割法人の株主が、その保有する被合併法人株式または分割法人株式（本2において、以下「旧株」と総称する）の対価として、合併法人もしくは分割承継法人の株式またはそれらの完全親法人[96]の株式のいずれか一方以外の資産（いわゆるboot）の交付を受けた場合には、原則として、時価による旧株全部の譲渡があったとして、譲渡損益課税がなされる（租特37条の10第3項1号・2号、法税61条の2第1項・4項）。この場合における譲渡損益の計算上、みなし配当の額は、譲渡収入の額から控除される（租特37条の10第3項柱書、法税61条の2第1項1号）。ただし、平成22年度税制改正後においては、合併法人が合併の直前に有していた被合併法人の株式（抱合せ株式）については、被合併法人の資産・負債への投資が継続していると考えられることを理由として[97]、その譲渡収入の額が当該抱合せ株式の合併直前の帳簿価額に相当する金額とされ、税務上譲渡損益は認識されないものとされた（法税61条の2第3項）[98][99]。

---

94)　中村慈美＝内山裕編著『企業組織再編の法人税務〔平成22年改訂〕』（大蔵財務協会、2010）376頁、武田昌輔「法人税改正の重要問題(5)——利益積立金額を巡る問題」税務事例43巻5号（2011）97頁、中里ほか編・前掲注50）185頁〔北村導人〕参照。
95)　朝長編著・前掲注19）359頁〔掛川〕。
96)　合併法人または分割承継法人の発行済株式（自己株式を除く）の全部を直接保有する法人をいう。以下同じ。
97)　泉ほか・前掲注80）339頁〔佐々木浩ほか〕。
98)　かかる改正の結果、合併法人が、自己が保有する抱合せ株式に係る税務上の譲渡損を実現させるために、適格合併の要件を充足することが可能な場合（例えば、親子会社間の合併）においても、敢えて金銭等を交付して非適格合併とする（非適格合併の場合には、抱合せ株式についてもみなし配当が生じるが、前述のとおり、法人株主はその全部または一部について益金に算入しないことができる）というプランニング（大石篤史ほか『税務・法務を統合したM&A戦略』（中央経済社、2009）77頁参照）は利用できなくなった。

かかる抱合せ株式に関する譲渡損益の非認識は、課税の繰延べではなく[100]、税務上の譲渡損益の切捨てである[101]。

他方、合併または分割型分割に際して、合併法人もしくは分割承継法人の株式またはそれらの完全親法人の株式のいずれか一方以外の資産（boot）が被合併法人または分割法人の株主に交付されなかった場合[102]には、たとえ非適格合併または非適格分割型分割の場合であっても、株主による投資の継続を理由として、旧株に係る譲渡損益課税が繰り延べられる（法税61条の2第2項・4項）[103]。なお、この場合、非適格組織再編成としてみなし配当課税がなされることの結果として、合併法人株式等[104]の取得価額の計算上、みなし配当の額が加算される（所税令112条1項、113条1項、法税令119条1項5号・6号）。

(4) マイナスの「資本積立金額」、「資本金等の額」および利益積立金額

(i) マイナスの「資本積立金額」

「資本金等の額」のうち平成18年度税制改正前の「資本積立金額」に相当する部分は、かつては、出資者が法人に拠出した金額のうち資本金に組み入れられなかった部分の金額であるから、およそマイナスの値になることはないと考えられていたところであるが[105]、前述のとおり、平成13年度税制改正後は、いわゆる「資本積立金額」に相当する額がマイナスとなり得ることが、法文上も明確になった[106]。

---

99) なお、平成22年度税制改正前に譲渡損益として損金の額または益金の額とされていた金額は「資本金等の額」にチャージされることになった（法税令8条1項5号）（前掲の図表Ⅰ-11-3参照）。
100) 課税の繰延べは、将来損益が実現した時点で課税を行うことを前提とする制度である。
101) 大石篤史ほか「平成22年度税制改正がM&Aの実務に与える影響(上)」商事1901号(2010) 11頁参照。
102) 被合併法人または分割法人の株主が、無対価の適格組織再編成（無対価適格合併・分割型分割）により当該旧株を有しないこととなった場合を含む。
103) ただし、非按分型の分割型分割については、課税繰延べが認められない（所税令113条4項、法税61条の2第4項）。
104) 合併法人株式もしくは合併親法人株式または分割承継法人株式もしくは分割承継親法人株式を指している。
105) 太田・前掲注55) 106頁注22記載の各文献参照。
106) 中尾ほか・前掲注87) 156頁〔藤本＝朝長〕参照。

前記(2)(ii)で述べたとおり、会社法の規定（会社448条、450条）に基づく利益準備金またはその他利益剰余金の額の資本組入れについては、これがなされても全体としての「資本金等の額」に変動が生じないという意味で、法人税法上は、比喩的にいえば、いわば「なかったもの」とみなされている（具体的には、組み入れられた資本金の額と同じ額だけの「資本積立金額」[107]が減算されるという調整が行われる[108]。法税令8条1項13号参照）。したがって、例えば、当該資本組入れ前の「資本積立金額」（例えば、1000万円）を超える額の利益準備金またはその他利益剰余金（例えば、1200万円）を資本金の額に組み入れた場合には、これによる資本金の額の増加（この数値例では1200万円の加算）にもかかわらず、「資本金等の額」が資本組入れの前後で変動しないように「資本積立金額」に相当する部分を減算する調整（この数値例では1200万円の減算）が行われる結果、結局、「資本積立金額」に相当する部分がマイナス（この数値例ではマイナス200万円）となる[109]。

このほか、マイナスの資本積立金額が生じる代表的なケースとしては、企業会計上パーチェス法[110]が適用されるような組織再編が、組織再編税制の下で税制適格要件を充足することで、企業会計上は被合併法人等において資産の含み益が実現したものとされる一方、税務上は被合併法人等の資産について合併法人等に簿価引継ぎがなされるような場合が挙げられる。例えば、後掲の図表Ⅰ-11-4所掲の吸収合併の事例では、合併前の被合併法人の資産（簿価80、時価300）に220の含み益が存するところ、当該合併にパーチェス法が適用される結果として、企業会計上は、合併法人は当該資産をその時価である300で受け入れるものとされる（それに対応して、合併法人の純資産

---

[107] 正確には「資本金等の額」が減算される。
[108] なお、考え方としては、会社法上の資本金への組入れを税務上「否認」するわけであるから、「資本金等の額」（平成13年度税制改正当時は「資本積立金額」）ではなく「資本金の額」（平成13年度税制改正当時は「資本の金額」）を減算するという処理もあり得たはずであるが、租税法上の「資本金」という概念は会社法上の「資本金」という概念の借用概念であるから両者の額は一致させるべきであるという政策判断の結果として、「資本金の額」の代わりに「資本金等の額」が減算されるものとされていると考えられる。
[109] このような処理がなされていることの税務上の意義については、前記(2)(ii)参照。
[110] 企業組織再編に際してパーチェス法が適用され得ることについては、平成18年4月1日以降に開始される事業年度から適用されている、企業会計審議会の平成15年10月31日付け「企業結合に係る会計基準の設定に関する意見書」に定められている。

[図表 I -11-4]

| 合併前の被合併法人の会計上のB/S | 合併後のパーチェス法による合併法人の会計処理（B/Sの増加額の部分のみ） | 合併後の合併法人の税務上のB/S（簿価引継ぎ） |

合併前の被合併法人の会計上のB/S：資産80／負債20、資本金20、資本準備金20、利益準備金20、含み益220

合併後のパーチェス法による合併法人の会計処理：資産300／負債20、資本金240、資本準備金20、利益準備金20

合併後の合併法人の税務上のB/S：資産80／負債20、資本金240、資本積立金額200、利益積立金額20

の部において、被合併法人の資本金額の20に加えて、さらに実現された含み益相当額である220だけ資本金を増額させることができる[111]）一方、税務上は、当該合併が適格合併に該当する結果、合併法人は当該資産をその簿価である80で受け入れるべきものとされ、資本金を会社法上の限度額まで増加させた場合の資本金の増加額である240（20＋220）は、「資本金等の額」（平成18年度税制改正前の資本積立金額）を当該含み益の額に対応する220だけ減額することでオフセットされるものとして処理される。ここで、合併法人の「資本積立金額」が当該合併前において180であり、被合併法人のそれが20であるとすると、当該合併後の合併法人の「資本積立金額」は180＋20－

---

[111] もっとも、吸収合併の場合の資本金増加額は零でもよいとされている（会社計算35条1項1号・2項）。

220 ＝ 180 − 200 ＝ − 20 となり、結果的にマイナスの値となる（なお、この場合における当該合併法人の「資本金等の額」＝「資本金の額」＋「資本積立金額」の増加額は 240 ＋（− 20）＝ 220 である）。これにより、適格合併に際して課税繰延べがなされた被合併法人の資産含み益相当額は、将来、合併法人にみなし配当事由が生じたときに、当該合併法人の株主が、（上記課税繰延べの際に資本積立金額がその分だけ減算処理されている結果として）その分だけ増加することになるみなし配当額について課税に服するという形で、順次、課税されていくこととなる。

このように、法税令 8 条 1 項各号に掲げる各調整額の合計額（いわゆる資本積立金額に相当する額）は、マイナスの値となることがあるが、「資本金の額」は借用概念であって会社法上の資本金額と一致するため、常に正の値をとる。

もっとも、現行租税法上、「資本積立金額」は、「資本金等の額」と「資本金の額」との差額概念に過ぎず（しかも、前述したとおり、「資本積立金額」という概念自体、法文上からは姿を消している）、みなし配当の額などを算出する際の基礎ともされていないので、本書の理解との関係では、現行の租税法では、上記の利益準備金またはその他利益剰余金の額の資本組入れの場合に典型的に見られるように、将来におけるみなし配当課税の余地を留保しておくための課税上のテクニックとして、「資本金等の額」の減算による調整が次第に多用される傾向にあることに留意しておけば十分である。

(ⅱ) マイナスの「資本金等の額」

さらに、例えば、自己株式の市場取得があった場合（法税令 8 条 1 項 21 号）には、「資本積立金額」に相当する部分のみならず、「資本金等の額」それ自体がマイナスの値になることすらあり得る[112]。

なお、平成 23 年度税制改正により、「マイナスの資本金等の額は前事業年

---

112) 斎須朋之ほか『改正税法のすべて〔平成 23 年版〕』（大蔵財務協会、2011 年）277 頁〔椎谷晃ほか〕。自己株式の市場取得は、本来、みなし配当として利益積立金額を減少させるべきところ、取引相手を特定できないために、みなし配当の額がないものとして取得の対価の相当額の全額につき「資本金等の額」を減少させるものとされている。その結果、株価が 1 株当たりの資本金額よりも相当高い場合などに「資本金等の額」がマイナスとなるような事態も生じることがあり得る。

度から繰り越された欠損金額と同様のものと考えられ」るとして[113]、解散の場合の期限切れ欠損金の損金算入制度について、適用年度終了の時における「資本金等の額」が零以下である場合には、そのマイナスの「資本金等の額」を、欠損金額と同様に、損金算入の対象とすることとされた（法税令118条1号）。

(iii) マイナスの利益積立金額

利益積立金額についても、マイナスの値になることがあり得る。利益積立金額がマイナスとなる原因としては、プラスの利益積立金額が（十分に）ない状況の下での、欠損金額の増加（法税令9条1項1号リ）[114]、完全支配関係がある内国法人間の非適格合併による譲渡損益調整資産の移転に係る譲渡利益額の繰延べ（同号ヲ）[115]およびみなし配当事由の発生（同項9号・11号・12号および14号）[116]が挙げられる。

欠損金額の増加により利益積立金額がマイナスとなっている場合を除き、このように利益積立金額がマイナスの値となっているということは、法人レベルでは未だ法人税が課されていない留保利益について、株主レベルで先取り的に（みなし）配当として課税の対象とされた金額が存するということを意味しているものと考えられる[117]。

利益積立金額がマイナスとなった後、それを解消するだけの利益を計上することができず、利益積立金額がマイナスの状態のままで法人が解散に至ることもあり得ることからすれば、みなし配当事由が生じた結果として利益積

---

[113] 斎須ほか・前掲注112）277頁〔椎谷ほか〕。

[114] 欠損金額の累計額は利益積立金額の減算事由とされている。

[115] 平成22年度税制改正におけるグループ法人税制の導入によって、完全支配関係がある内国法人間で非適格合併が行われた場合、譲渡損益調整資産（法人税法上、損益の繰延べの対象とされている一定の資産）の移転に係る税務上の譲渡損益の認識の繰延べが行われることになった（法税61条の13第7項）。かかる繰延べは、被合併法人で税務上譲渡損益の認識がされないように、譲渡損益調整資産を簿価で移転させる一方で、合併法人において、本来の取得価額（時価）と受入価額（被合併法人における簿価）との差額分だけ利益積立金額を減額する方法で行われる（法税令9条1項1号ヲ）。

[116] 利益積立金額がみなし配当の額に不足していても、マイナスの処理がなされ、利益積立金額が借方に計上される（大島恒彦「最近の2つの事例から資本と利益の区分原則を考える」租税研究723号（2010）37頁）。

[117] 太田・前掲注55）126頁参照。

立金額がマイナスとなることが予定されているということ（換言すれば、みなし配当の原資が法人段階で課税済みの利益に必ずしも限られていないということ）は、法人レベルでの課税が最後までなされない「利益」の分配についても、株主（少なくとも法人株主）は、配当として二重課税排除のための「恩典」（受取配当の益金不算入や、株式譲渡損益の計算に際してみなし配当額の譲渡収入額からの控除）を受けることができる場合があり得ることを意味する[118]。この点を直観的にいえば、現行の法人税法は、「法人段階で課税済みの利益（大雑把にいえば、プラスの利益積立金額）を原資とする分配のみを株主段階での（みなし）配当課税の対象とするような税制」と比較して、相対的に、配当課税がなされる領域が広く、他方、譲渡益課税がなされる領域が狭いというような説明も可能であるように思われる。

なお、利益積立金額がマイナスの状態のままで法人が解散に至った場合、マイナスの利益積立金額の発生原因のうち、譲渡損益調整資産の移転に係る譲渡利益額の繰延額相当分については、当該資産の処分による譲渡利益の実現によってその全部または一部が解消する（利益積立金額の加算事由）ものとされ、繰越欠損金額相当分についても、最終的には、その全部または一部が損金算入により解消する（法税59条3項、法税令118条）ものとされている。

3 合併・会社分割・現物出資・事業譲渡・株式譲渡を用いたM&Aと課税

(1) はじめに

本3では、平成13年度税制改正における組織再編税制導入当初から同税制において規律されていた合併、会社分割および現物出資（ならびにそれらと対比する意味で事業譲渡および株式譲渡）を用いたM&Aに関する課税関係の基礎を概観する。具体的には、現実の買収スキームのタックス・プランニングの参考となるように、企業買収を、対象会社が営む事業の全部または対象会社の支配権の全部を対象とする買収（全部買収）と対象会社が営む事業

---

[118] 「二重課税排除の調整に着目するのであれば、その課税済の部分のみを対象とすべきという考え」方を検討するものとして、小山・前掲注60) 89頁参照。

の一部のみを対象とする買収（部分買収）とに大別した上で、かかる２つの企業買収形態毎に、実際に利用されることの多い代表的な買収スキームを列挙し、各買収スキームについて、買収スキームを選択する際に重要となる事項を中心として、その課税関係を概観する（もっとも、株式交換や共同株式移転、および三角合併や三角株式交換も全部買収のための代表的な手法ではあるが、これらについては、租税法上、合併、会社分割および現物出資とはやや異なる位置付けが与えられているため、本３ではこれらには言及せず、後述の４および５でそれぞれ触れることとする）。企業買収に際しての課税関係のみを取り上げる関係で、企業買収とは直接関係がない場合が多いスピン・オフおよびコーポレート・インバージョンについては、それぞれ、**第Ⅲ部第１章第４節および第５節**において論じることとする。

ちなみに、わが国の組織再編成税制は、組織再編成当事者間の資本関係（株式所有関係）に応じて区別して規律されており、支配関係または完全支配関係がある当事者間の組織再編成（企業グループ内の組織再編成）であるか否かによって課税関係が異なる。然るところ、法人税法上、支配関係とは、①一の者（その者が個人である場合には、その者およびこれと特殊の関係のある個人）が法人の発行済株式もしくは出資（当該法人が有する自己の株式または出資は除外される）の総数等の50％を超える株式等を直接もしくは間接に保有する関係として政令で定める関係（当事者間の支配の関係）または②一の者との間に当事者間の支配の関係がある法人相互の関係をいう（法税２条12号の７の５、法税令４条の２第１項）（後掲の**図表Ⅰ-11-5**参照）[119)][120)]。また、完全支配関係とは、①一の者（その者が個人である場合には、その者およびこれと特殊の関係のある個人）が法人の発行済株式等の全部を直接もしくは間接に保有する関係として政令で定める関係（当事者間の完全支配の関係）または②一の

---

119) 当該株式会社が種類株式を発行している場合も、50％超の株式の保有関係（支配関係）の有無は、議決権の有無その他の各種類株式の内容の如何を問わず、単純に、株式の数のみによって判定されると解されている点に注意が必要である（「議決権のない株式を発行した場合の完全支配関係・支配関係について」と題する照会に対する平成29年３月８日付けの名古屋国税局審理課長の回答（https://www.nta.go.jp/about/organization/nagoya/bunshokaito/hojin/170321/index.htm にて閲覧可能）参照）。

120) 支配関係の有無の判定における当該支配関係を有することとなった日とは、例えば、その有することとなった原因が「株式の購入」である場合には、当該株式の引渡しのあった日をいう（法人税基本通達１-３の２-２(1)）。

者との間に当事者間の完全支配の関係がある法人相互の関係をいう[121]（法税2条12号の7の6、法税令4条の2第2項）（後掲の**図表Ⅰ-11-5**参照）。なお、本3は、主としてM&Aに際しての課税関係を概観することを目的としているため、特に断りがない限り、以下の記述は、取引の当事者間にそのような支配関係または完全支配関係が存しないことを前提としている。

[図表Ⅰ-11-5] 支配関係と完全支配関係

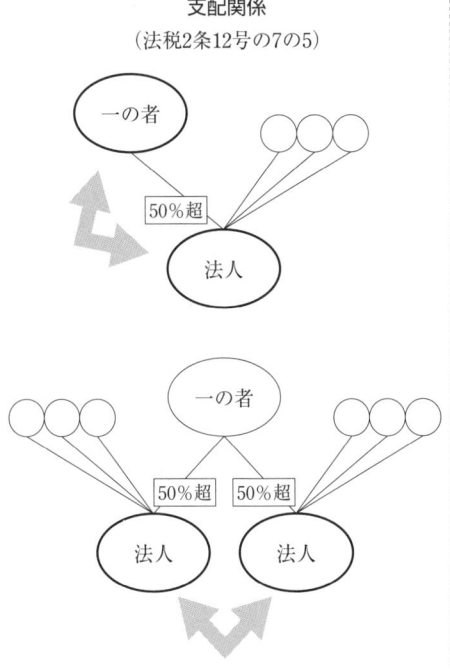
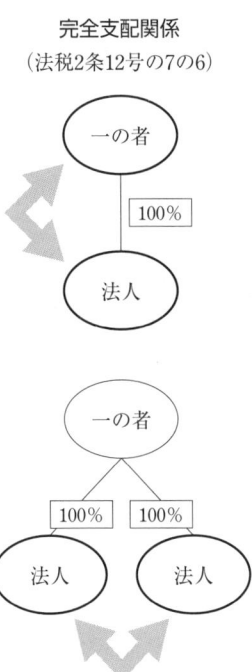

＊50％超か否かの判定にあたっては、間接支配を含む（法税令4条の2第1項）

＊100％の判定にあたっては、以下のとおり（法税令4条の2第2項）
・5％未満の従業員持株会所有株式および役員または使用人のストック・オプション行使による所有株式を除く
・間接支配を含む

---

121) なお、一定の従業員持株会が保有する株式の数およびストック・オプションの行使によって取得された株式で役員等が保有するものの合計が発行済株式等の総数の5％未満である場合には、これらの株式以外の発行済株式等の全部を保有する関係があれば、完全支配関係が肯定される（法税令4条の2第2項）。

間接支配(法税令 4 条の 2 第 1 項)

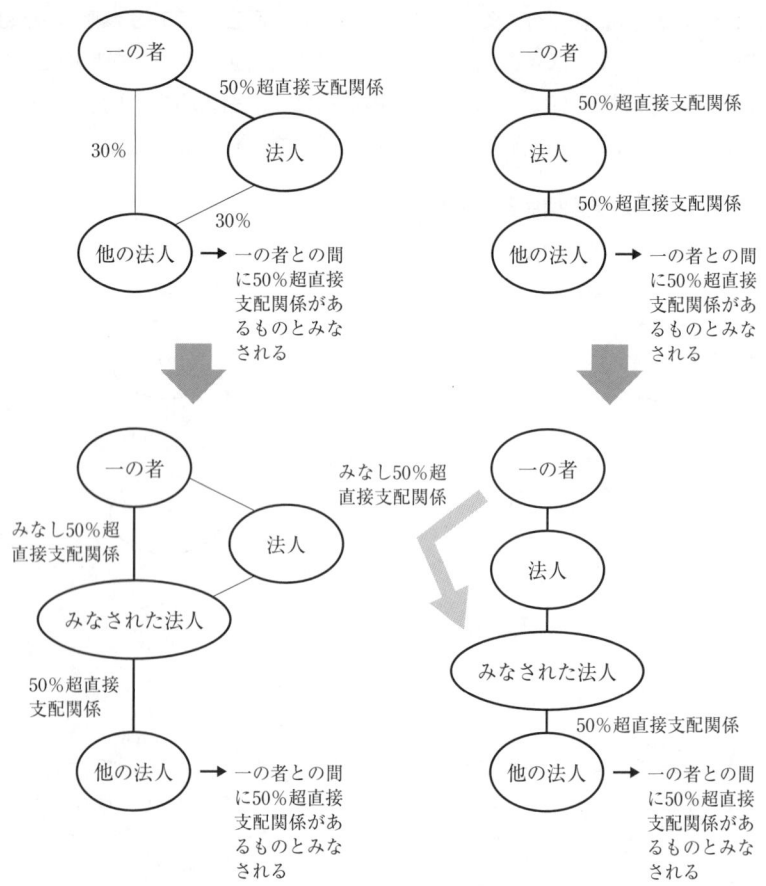

財務省「平成 22 年度改正関係参考資料(法人税関係)」3 頁および 4 頁記載の図を基に作成

(2) 支配関係にない対象会社の完全買収

(i) 株式または金銭を対価とする吸収合併の方法による全部買収

(a) 適格合併と非適格合併における課税関係の概要

対象会社の事業の全部を買収するための最も代表的な手段が、合併である。合併は、合併により消滅する会社（法人税法上の用語では、被合併法人）の権利義務の全部を合併後存続する会社または合併により設立する会社（同法上

の用語では、合併法人）に包括的に承継させる手続である（会社2条27号・28号）。平成19年5月1日以降、会社法上、組織再編成の対価が柔軟化され、存続会社（合併法人）株式のみならず、親会社株式や金銭その他の財産を合併の対価とすることも認められている。

　合併による買収の課税関係を検討する上で出発点となるのが、適格合併への該当性である。当該合併が適格合併に該当するか否かによって、合併により移転する資産等の（被合併法人の）法人レベルにおける譲渡損益課税（キャピタル・ゲイン課税）や、前記2で概説した被合併法人の株主レベルでのみなし配当課税の有無などの課税関係が異なってくる。

　適格合併に該当すると、（被合併法人の）法人レベルと株主レベルの双方で、課税上の損益認識が繰り述べられる。すなわち、適格合併による被合併法人の資産等の移転については簿価による引継ぎが強制されているため（法税62条の2第1項）、移転資産等に含み損益があったとしても、合併の時点では譲渡損益は認識されず、合併法人が当該移転資産等を将来第三者に譲渡する時点まで譲渡損益の認識が繰り延べられる。また、被合併法人の株主レベルでも、適格合併の場合には、保有株式に係る譲渡損益課税もみなし配当課税もなされない（後掲の**図表Ⅰ-11-6**参照）。この点、平成29年度税制改正により、吸収合併について、合併法人の被合併法人に対する持株割合が3分の2以上の場合には、被合併法人の少数株主に対して金銭その他の資産（boot）を交付する場合でも、適格組織再編成に該当し得るものと改正された（法税2条12号の8）一方で、合併の際に、被合併法人の株主がその保有に係る被合併法人株式につき、税務上譲渡損益の認識が不要となるための要件については、株式（および100％親会社の株式）以外の金銭その他の財産（いわゆるboot）の交付がない合併（上記改正で「金銭等不交付合併」と名付けられた）であるとされたまま、特に改正されなかった（法税61条の2第2項）。したがって、適格合併のうち金銭等不交付合併に該当しない合併では、それが適格合併に該当しても、被合併法人の株主レベルで株式の譲渡損益課税がなされる場合が生じることになった（後掲の**図表Ⅰ-11-6**参照）。

　他方、非適格合併に該当すると、被合併法人の法人レベルと株主レベルの双方で、課税が行われ得る。すなわち、非適格合併の場合、合併法人に移転する被合併法人の資産等について時価による譲渡があったとみなされる（法税62条1項）ため、かかる資産等の簿価と時価との差額について損益が認識

され、譲渡損益課税がなされる。また、被合併法人の株主レベルでも、みなし配当課税がなされ[122]、合併の対価として金銭が交付されない場合には、株主は納税資金を別途準備しなければならないこととなる。さらに、当該非適格合併の対価として boot が交付される場合には、保有株式に係る譲渡損益課税もなされる（後掲の図表 I -11-6 参照）。

[図表 I -11-6]　被合併法人の株主レベルにおける課税関係

	金銭等（合併法人株式または合併親法人株式のいずれか一方以外の資産）の交付の有無	課税関係
適格合併	交付がない場合	課税なし
	交付がある場合	譲渡損益課税
非適格合併	交付がない場合	みなし配当課税
	交付がある場合	みなし配当課税＋譲渡損益課税

　一般的には、被合併法人の法人レベルと株主レベルの双方で課税上の損益認識が繰り述べられる適格合併の方が税務上有利である場合が多いが、非適格合併により企業買収を行う方が、当事者の税負担を実質的に軽減させる場合も少なくない。まず、移転資産等を全体としてみて含み損失がある場合には、買収スキームを非適格組織再編成として構成した上で譲渡損を認識した方が、通常は、税負担の面では有利である。また、非適格合併においては、合併の対価の額が移転資産等の時価純資産価額を超える場合には、その超える部分の一定額が資産調整勘定（法人税法上の（正の）のれん）として計上され（法税62条の8第1項）、5年間の均等償却により損金算入できる（同条4項および5項）という課税上のメリットがある。

　したがって、買収スキームを非適格組織再編成として構成することは、適格組織再編成の要件が比較的形式的に規律されていることもあって、いわゆ

---

[122] ただし、非適格合併の場合でも、合併対価として交付される株式・金銭等の価額がその交付の基因となった株式（所有株式）に対応する被合併法人の最後事業年度終了時点の「資本金等の額」に満たないとき（簡単にいえば、被合併法人株式1株当たりの合併対価の額が1株当たりの当該「資本金等の額」に満たないとき）には、結果として、みなし配当は生じない（所税25条1項、法税24条1項）。

る「適格外し」であるとして一般的行為計算否認規定に基づく否認を受けるリスク（後記6参照）を別とすれば、後述するとおり、常に、当事者にとって検討に値する選択肢である[123]。

(b) 対価要件（boot不交付要件）——平成29年度税制改正による改正

平成29年度税制改正前においては、合併の対価に1円でも現金その他の資産（boot）が含まれる場合（かかる場合の合併を、以下本章において「現金対価合併」という）は、常に非適格合併（平成29年度税制改正前法税2条12号の8参照）に該当するものとされていた。その結果、合併の対価に1円でもbootが含まれる場合には、常に、被合併法人が保有する資産の含み損益に対して、合併時に譲渡損益課税がなされるものとされていた（平成29年度税制改正前法税62条の2参照）。

しかしながら、平成29年度税制改正により、上場会社等の完全子会社化のためのキャッシュ・アウトに係る課税上の取扱いについて統一的な規律がなされたことに伴い、現金対価合併の場合であっても、必ずしも税制非適格とはならないこととされ、合併に係る税制適格要件のうち、対価に関する要件（boot不交付要件）については、合併の直前において合併法人が被合併法人の発行済株式（自己株式を除く）の3分の2以上を有する場合における当該合併法人以外の株主に対して交付する対価を除外して判定されることとなった（法税2条12号の8柱書括弧書）。

そのため、平成29年度税制改正後は、吸収合併を用いたM&A（新設合併がM&Aで用いられることは実務上ほとんどないので、以下では基本的に吸収合併を念頭に置いて論じる）では、買収会社（合併法人）の対象会社（被合併法人）に対する持株割合が3分の2以上である限り、対象会社の株主に合併対価としてbootをいくら交付しても（極端な場合、合併対価が現金のみであっても）、対象会社の法人レベルにおける課税は繰り延べられることとなった（上記(a)で述べたとおり、対象会社の株主レベルでは、対価としてbootが交付された分だけ株式譲渡損益課税がなされる）。

現金対価合併が適格合併に該当するための要件は、後掲の図表Ⅰ-11-7記載のとおりである。

---

[123] 岡村・前掲注12）354頁参照。

[図表Ⅰ-11-7] 現金対価合併が適格合併に該当するための要件

		合併法人と被合併法人との関係	適格要件
			AからCに共通する要件 ・合併法人の被合併法人に対する持株割合が3分の2以上であること
A	100%グループ内	完全支配関係 または 同一の者による完全支配関係および合併後におけるその者による合併法人に対する完全支配関係の継続見込み	
B	50%超グループ内	当事者間の支配関係およびその関係の継続見込み または 同一の者による支配関係およびその関係の継続見込み	① 被合併法人の合併直前の従業者のおおむね80%以上の継続従事が見込まれていること（従業者継続従事要件） ② 被合併法人の主要な事業のうち合併法人の合併事業と関連する事業のいずれかが合併法人において引き続き行われることが見込まれていること（事業継続要件）
C	50%以下（共同事業を行うための合併）	上記以外	① 被合併法人の主要な事業のうちのいずれかの事業と合併法人のいずれかの事業とが相互に関連するものであること（事業関連性要件） ② 被合併法人の主要な事業のうちのいずれかの事業とその事業と関連する合併法人の事業のそれぞれの規模（売上金額、従業者数、資本金の額またはこれらに準ずるもの）がおおむね5倍を超えないこと（事業規模要件）または 被合併法人の「特定役員」（常務クラス以上の役員またはこれに準ずる者で法人の経営に従事している者）のいずれかと合併法人の「特定役員」のいずれかとが、合併後に合併法人の「特定役員」となることが見込まれていること（特定役員要件または経営参画要件）

(注) 特定役員とは、社長、副社長、代表取締役、代表執行役、専務取締役もしくは常務取締役またはこれらに準ずる者で法人の経営に従事している者（法税令4条の3第4項2号）を意味する。

③ 被合併法人の合併直前の従業者のおおむね80％以上の継続従事が見込まれていること（従業者継続従事要件）
④ 被合併法人の主要な事業のうち合併法人の合併事業と関連する事業のいずれかが合併法人において引き続き行われることが見込まれていること（事業継続要件）
⑤ 合併により交付される合併法人（いわゆる三角合併の場合には、合併親法人）の議決権株式のうち支配株主に交付されるものの全部が、支配株主により継続して保有されることが見込まれていること（株式継続保有要件（取得株式継続保有要件））

(注) 支配株主とは、合併直前に被合併法人と他の者との間に当該他の者による支配関係がある場合における当該他の者および当該他の者による支配関係があるものを意味する（ただし、合併法人は除く）。
(注) 合併直前に被合併法人の全てについて他の者との間に当該他の者による支配関係がない場合には、本要件は必要とされない。

(c) 共同事業を行うための合併に関する税制適格要件
(ア) 税制適格要件の概要

当事者間に完全支配関係（法税2条12号の7の6、法税令4条の2第2項）または支配関係（法税2条12号の7の5、法税令4条の2第1項）がない場合（概していえば、発行済株式総数の50％超の株式保有関係が存しない場合）における適格組織再編成は、一般に、「共同事業を行うための組織再編成」と呼ばれている。このような完全支配関係または支配関係にない会社を合併により買収する場合、当該合併が適格組織再編成に該当するか否かは、共同事業を行うための組織再編成に係る税制適格要件を充足するか否かに帰着することになるが、その要件（法税2条12号の8ハ、法税令4条の3第4項）の概要は、後掲の図表Ⅰ-11-8のとおりである。以下、各要件に係る解釈上の論点等について、順次検討する。

[図表Ⅰ-11-8] 共同事業を行うための合併に関する税制適格要件の概要

対価要件	合併法人株式（いわゆる三角合併の場合には、合併親法人株式）以外の資産が交付されないこと （注）ただし、配当見合いまたは反対株主の株式買取代金としての金銭等の交付および合併法人の被合併法人に対する持株割合が3分の2以上の場合における被合併法人の少数株主に対する金銭その他の資産の交付は、対価に関する税制適格要件の充足を妨げない（法税2条12号の8柱書括弧書）。
事業関連性要件	被合併法人の主要な事業のうちのいずれかの事業と合併法人のいずれかの事業とが相互に関連するものであること
事業規模要件または経営参画要件	被合併法人の主要な事業のうちのいずれかの事業とその事業と関連する合併法人の事業のそれぞれの規模（売上金額、従業者数、資本金の額またはこれらに準ずるもの）がおおむね5倍を超えないこと〔事業規模要件〕 または 被合併法人の「特定役員」（常務クラス以上の役員またはこれに準ずる者で法人の経営に従事している者）のいずれかと合併法人の「特定役員」のいずれかとが、合併後に合併法人の「特定役員」となることが見込まれていること〔経営参画要件〕
従業者引継要件	被合併法人の合併直前の従業者のおおむね80％以上が合併法人の業務に従事することが見込まれていること

事業継続要件	被合併法人の主要な事業のうち合併法人の合併事業と関連する事業のいずれかが合併法人において引き続き行われることが見込まれていること
株式継続保有要件 (取得株式継続保有要件)	合併により交付される合併法人（いわゆる三角合併の場合には、合併親法人）の議決権株式のうち支配株主に交付されるものの全部が、支配株主により継続して保有されることが見込まれていること (注) 支配株主とは、合併直前に被合併法人と他の者との間に当該他の者による支配関係がある場合における当該他の者および当該他の者による支配関係があるものを意味する（ただし、合併法人は除く）。 (注) 合併直前に被合併法人の全てについて他の者との間に当該他の者による支配関係がない場合には、本要件は必要とされない。

＊なお、当初の合併後に合併法人またはその株主が適格合併を行うことが見込まれている場合には、従業者引継要件、事業継続要件および株式継続保有要件が緩和されている（後記(カ)参照）。

(イ) 対価要件（boot不交付要件）

　前述のとおり、被合併法人の株主に対して合併の対価として合併法人株式（いわゆる三角合併の場合[124]には、合併親法人株式）以外の資産（いわゆるboot）が交付されないことが、適格合併に該当するための要件の１つとされている（法税２条12号の８柱書）。

　このことは、買収スキームを非適格合併として構成しようとする場合には、合併法人株式以外の資産（典型的には金銭）を合併対価とすることによって、それだけで、当該資産の額の多寡や、それが合併対価の全部であるか一部であるかにかかわらず、いわゆる一般的行為計算否認規定に基づく否認のリスク（後記６参照）を別にすれば、当該合併を非適格合併とすることができることを意味する。

　ただし、合併に際しての配当見合いまたは反対株主の株式買取代金としての金銭等の交付および合併法人の被合併法人に対する持株割合が３分の２以上の場合における被合併法人の少数株主に対する金銭その他の資産（boot）

---

[124] 三角合併に関しては、後記５を参照。

の交付は、法人税法上、税制適格要件の充足の有無に影響を与えない（すなわち、これらの場合にbootが交付されても、それだけでは非適格合併とはならない）とされている（法税2条12号の8柱書括弧書）ことは、上記(a)および(b)で述べたとおりである。

(ウ) 事業関連性要件

事業関連性要件に関しては、法税則3条1項1号の事業性の要件および同項2号の事業関係の要件（後掲の**図表Ⅰ-11-9**参照）のいずれをも充足する場合（簡単にいえば、被合併法人の事業と合併法人の事業の双方に事業性が存在し、かつ、その事業が相互に関連している場合）には、事業関連性要件に該当するものとする旨の規定が設けられている（法税則3条1項柱書）。そして、いわゆるペーパー・カンパニーについては、この事業性の要件が欠けるものとされている（後記5(1)(ii)参照）。もっとも、かかる規定は同項各号に掲げられた要件の全・て・を満たした合併が事業関連性要件を充足する旨を定めているに過ぎず、同項各号に掲げられた要件の一部を充足しない合併についても、事業関連性要件を充足する場合があると解されている[125]。

実務上は、例えば、持株会社を一方の当事者とする合併の場合に、事業関連性要件を充足するか否かをどのように判定するかが問題となり得るが、持株会社が子会社と共同してその子会社の事業を行っていると認められる実態が備わっている場合には、その子会社の事業も含めて事業関連性の判定が行われると解されている[126]。

---

125) 金融庁から提出された照会文書（「投資法人が共同で事業を営むための合併を行う場合の適格判定について（照会）」）に対する2009年3月19日付けの国税庁の回答参照。
126) 課税当局は、(株式交換の文脈ではあるが）「持株会社の事業をどのように見るかはその実態に応じることとなりますが、持株会社が子法人の事業について、その重要な機能の一部を担っている場合など、持株会社が子法人と共同してその子法人の事業を行っていると認められる実態が備わっている場合には、その子法人の事業も含めて事業関連性の判定を行うことが考えられます」と説明している（青木ほか・前掲注45）303頁〔佐々木ほか〕。国税庁のホームページ掲載の「持株会社と事業会社が合併する場合の事業関連性の判定について」と題する質疑応答事例（https://www.nta.go.jp/law/shitsugi/hojin/33/05.htm にて閲覧可能）でも、同趣旨の見解が示されている）。

[図表Ⅰ-11-9] 事業性の要件および事業関連性の要件の概要

事業性の要件の概要（法税則３条１項１号）
・被合併法人および合併法人が合併の直前においてそれぞれ次に掲げる要件の全てに該当すること 　イ　事務所、店舗、工場その他の固定施設（その本店または主たる事務所の所在地がある国または地域にあるこれらの施設に限る）を所有し、または賃借していること 　ロ　従業者（役員にあっては、その法人の業務に専ら従事するものに限る）があること 　ハ　自己の名義をもって、かつ、自己の計算において商品販売等、そのための市場調査・許認可等の申請その他の法税則３条１項１号ハに掲げるいずれかの行為をしていること
事業関連性の要件の概要（法税則３条１項２号）
・被合併事業（被合併法人の合併前に行う主要な事業のうちのいずれかの事業）と合併事業（合併法人の合併前に行う事業のうちのいずれかの事業）との関係に関して合併の直前において次に掲げるいずれかの関係があること 　イ　被合併事業と合併事業とが同種のものであること 　ロ　被合併事業に係る商品等または経営資源と合併事業に係る商品等または経営資源とが同一のものまたは類似するものであること 　ハ　被合併事業と合併事業とが合併後に当該被合併事業に係る商品等または経営資源と当該合併事業に係る商品等または経営資源とを活用して行われることが見込まれていること

　㈐　**事業規模要件**

　事業規模要件は、その代替要件である経営参画要件（特定役員引継要件）と比べ、その充足の有無を判定することが困難である場合が少なくない。

　実務上、例えば、持株会社を一方の当事者とする合併の場合、規模を比較すべき「事業」の把握の方法が問題となり得る。この点は、特に純粋持株会社と事業持株会社との合併に際して問題となる。これに関して、事業規模要件との関係では、持株会社の子会社において行う事業を比較対象に含めることはできないと解する見解（すなわち、あくまでも持株会社の単体ベースで事業規模を比較すべきとする見解）[127]がある。しかしながら、条文上は、事業関

---

127)　例えば、佐藤信祐『組織再編における税制適格要件の実務 Q&A〔第３版〕』（中央経済社、2009）382〜384 頁、遠藤敏史『株式交換・株式移転の税務 Q&A』（清文社、2009）39 頁。

連性要件における「事業」と事業規模要件における「事業」とは異なるものとして規定されていないし、また、事業規模要件は、組織再編成の実態が一方当事者による他方当事者の買収でないこと（すなわち、対等合併といえること）を認定するために要求されている要件であること等に照らせば[128]、事業関連性要件の場合と同様に、持株会社が子会社と共同してその子会社の事業を行っていると認められる実態が備わっている場合には、その子会社の事業も含めて事業規模要件を充足するか否かが判定されると解すべきであろう。

(オ) **経営参画要件（特定役員引継要件）**

「経営参画要件」（特定役員引継要件）は、事業規模の割合がおおむね5倍を超えないという「規模要件」を充足しない場合であっても、これを充足する場合には、経営面での共同事業性が担保されているもの（つまり、一方当事者による他方当事者の実質的な買収ではない）として設けられたものであり、規模要件の代替要件とされている[129]。

「特定役員」の範囲について、法税令4条の3第4項2号括弧書は、「社長、副社長、代表取締役、代表執行役、専務取締役若しくは常務取締役又はこれらに準ずる者で法人の経営に従事している者をいう」と規定しており、ここにいう「これらに準ずる者」とは、「役員又は役員以外の者で、社長、副社長、代表取締役、代表執行役、専務取締役又は常務取締役と同等に法人の経営の中枢に参画している者をいう」とされている（法人税基本通達1-4-7）[130]。したがって、役員以外の者（例えば、「顧問」等の地位を有する者）であっても、上記役員等と同等に法人の経営の中枢に参画しているといえる者は「特定役員」に該当するが、「経営の中枢に参画している」か否かは「経営会議に参加しているという事実だけではなく、その法人における経営会議の位置付け（取締役会等との関係）、当該常務執行役員の権限、役割等の具体的な事実関係に基づき総合的な判断を行う」というのが国税庁課税部審理室の見解であり[131]、実務上は、役員以外の者が「特定役員」に該当する場合は限定

---

128) 組織再編成の一方当事者が事業持株会社で、他方当事者が純粋持株会社である場合に、事業持株会社の事業規模と持株会社それ自体の事業規模とをそのまま比較したのでは、（仮に両当事会社グループの規模はほぼ同じであり、組織再編成の実態が買収に該当しない場合であったとしても、）必然的に事業規模要件を充足しないとの結論が導かれてしまい、当該要件が設けられた趣旨に悖る結果となると考えられる。

129) 佐藤・前掲注127) 135頁。

的であると理解されている[132]）。

　「経営参画要件」は、このように企業買収に際してこれを充足させるか否かについて当事者にとって比較的選択の余地がある要件であるという点で、買収スキーム（具体的には、適格組織再編成により企業買収を行うか否か）のプランニング上、重要な要件である。もっとも、専ら経営参画要件の充足のみを目的としてある者を形式的・一時的に合併法人の常務取締役等に就任させる場合には、事実認定のレベルで「合併後に当該合併に係る合併法人の特定役員となることが見込まれていること」との要件が充足されていないと認定されたり、いわゆる一般的行為計算否認規定に基づき否認されたりする可能性がある点に注意が必要である[133]（なお、みなし共同事業要件との関係であるが、実際に法人税法132条の２が適用されて特定役員引継要件の充足が否認された例として、後記６(6)(v)で詳述するヤフー事件の例参照）。もっとも、対象会社

---

130) 　なお、会社法上、役員が存在しない合同会社においては、業務執行社員が法人税法上の役員（いわゆる、みなし役員。法税令７条１号）に該当するとされているが（国税庁のホームページ掲載の「役員の範囲」と題するタックスアンサー（https://www.nta.go.jp/taxes/shiraberu/taxanswer/hojin/5200.htm にて閲覧可能）、事案によっては、「特定役員」に該当するためには、単に業務執行社員であるだけでは足りず（株式会社における平取締役と同様に取り扱われる）、代表社員（会社599条３項）として選任される必要があろう（逆にいえば、代表社員を選任しない限り、特定役員が存在しないこととなり、「経営参画要件」を充足できないおそれがある。以上につき、「共同事業要件の充足による適格合併を考える　LLCは代表社員の選任を　単なる業務執行社員は特定役員に該当しない可能性大」と題する2013年７月11日付けニュースPRO記事参照）。

131) 　山川博樹「金融商品・企業組織再編・企業再生に係る文書回答・事前照会について（下）」租税研究732号（2010）206頁。

132) 　「『これらに準ずるもの』とは、理事長や常務理事等をいうのであって、いわゆる平取締役は、これには入らず、また、監査役、執行役員（専務、常務、上席、シニアー等の役職を定めている場合には、それが付かない単なる執行役員）も含まれないものと解される。つまり、租税法上の役員（法２条15号）の範囲よりは著しく狭いものとなっている」とする見解がある（武田監修・前掲注29）615の７頁）。

133) 　国税庁のホームページ掲載の「特定役員引継要件」と題する質疑応答事例（https://www.nta.go.jp/law/shitsugi/hojin/33/03.htm にて閲覧可能）でも、「極端に短期間で退任したり、特定役員として就任はしたものの、実際にはその職務を遂行していない場合（名目的な特定役員である場合）などには、適格要件を形式的に満たすためだけに就任させたのではないかと見る余地もありますので注意が必要です」とされている。同旨を述べるものとして、渡辺淑夫「適格合併の要件具備のみを目的とする形式的な特定役員の選任の可否」国際税務34巻12号（2014）132頁参照。

の職務分掌規程上、その者が常務取締役・常務執行役員以上のランクの役職者と同等の権限を有しており、実際にその権限を行使しているような実態が存する場合には、通常は、「経営参画要件」の充足が否定されることはないであろう。

　(カ)　第二次再編その他多段階再編が見込まれている場合の取扱い（「見込まれていること」との要件との関係）

　平成 15 年度税制改正前においては、合併の後にさらに別の組織再編成（第 2 次再編）を行うことが予定されている場合には、当初の合併（第 1 次再編）は、税制適格要件（従業者引継要件、事業継続要件および株式継続保有要件等）を充足しないことになり、非適格合併となるのが通例であった。例えば、対象会社（第 1 次合併における被合併法人）を吸収合併により買収する会社（例えば、買収用に設立された SPC）について、当該買収会社（第 1 次合併における合併法人）を第 1 次合併の実行後に別の会社（例えば、当該買収会社の親会社）に吸収合併させることが第 1 次合併の段階において既に見込まれている場合には、当該買収会社（第 1 次合併における合併法人、第 2 次合併における被合併法人）が第 2 次合併の結果消滅することが見込まれているため、被合併法人の合併直前の従業者のおおむね 80％以上が合併法人の業務に従事することが見込まれていることとの要件（従業者引継要件）などを充足しないことになり、実質的には「投資の継続」（前記 1 (5)(ii)参照）が存するといえる場合であっても、第 1 次合併は非適格合併となるとされていた。

　そこで、平成 15 年度税制改正により、当初の合併の後に行うことが見込まれる組織再編成（第 2 次再編）が適格合併に該当する場合には、一定の要件を満たせば、当初の合併（第 1 次再編）を適格合併の要件を充足するものとする旨の税制適格要件（具体的には、従業者引継要件、事業継続要件および株式継続保有要件等）の緩和が行われた[134]（会社分割および現物出資に関しても、同様の改正が行われている）。

---

[134]　法税令 4 条の 3 第 4 項 3 号・4 号および 5 号等。なお、平成 29 年度税制改正により、従業者引継要件について、当初の合併後に行われる適格合併に係る合併法人の業務が、当初の合併後に従業者の従事すべき「合併法人の業務」に含まれることとなった（法税令 4 条の 3 第 4 項 3 号）。これにより、同一の日に、当初の合併と、当初の合併に係る合併法人を被合併法人とする適格合併（第 2 次合併）とが行われ、当初の合併と第 2 次合併の間に、従業者が当初の合併に係る合併法人の業務に従事する時間がない場合であっても、当初の合併が適格合併となり得ることが明確化された。

このように、合併、会社分割および現物出資に関しては[135]、第2次再編を行うことが見込まれている場合の税制適格要件の緩和が、当該第2次再編が適格合併である場合に限って認められている（すなわち、適格分割等は許容されていない）点に注意を要するが、このような立法がなされた理由については、「適格合併であれば当初の組織再編成により交付を受ける株式、移転を受ける事業等の全部がそのまま〔第2次再編における〕合併法人に引き継がれることとなるため」と説明されている[136]。

なお、平成29年度税制改正によって、第2次再編に限らず、当初の合併の後に2以上の適格合併が行われることが見込まれている場合についても、一定の要件を満たせば、当初の合併が適格合併の要件を充足する旨の税制適格要件の緩和がなされた。

具体的には、株式継続保有要件、従業者引継要件および事業継続要件について、対象株式や対象となる従業者および事業が、当初の合併（第1次合併）後に行われる適格合併により、その後続の適格合併に係る合併法人に移転されることが見込まれれば、当初の合併における株式継続保有要件、従業者引継要件および事業継続要件を充足することとされた（法税令4条の3第4項3号・4号・5号等）。すなわち、第1次合併における株式継続保有要件、従業者引継要件および事業継続要件について、株式の継続保有が見込まれているべき法人や、適格要件の対象となる従業者および事業の引継ぎが見込まれているべき法人に、第1次合併後に行われることが見込まれている全ての適格合併に係る合併法人が含まれることとなったことにより、第1次合併後に複数回の適格合併により対価株式や、従業者および事業が順次移転することが見込まれている多段階再編を行っても、第1次合併が適格合併の要件を満たし得ることとなった（なお、会社分割および現物出資についても同様の改正が行われている[137]）。

さらに、平成30年度税制改正により、合併、会社分割および現物出資に

---

135) なお、株式移転または株式交換については、第2次再編が、適格合併である場合に限らず、当該株式移転または株式交換により完全子法人となる会社を分割法人または現物出資法人とする適格分割または適格現物出資である場合にも税制適格要件が緩和されている（後記4参照）。
136) 柴崎澄哉ほか『改正税法のすべて〔平成15年版〕』（大蔵財務協会、2003）202頁〔朝長英樹＝佐々木浩〕。

関して、当初の組織再編成の後に完全支配関係がある法人間で従業者または事業を移転することが見込まれている場合にも、当初の組織再編成の適格要件のうち従業者引継要件および事業継続要件に該当することとされた（法税2条12号の8ロ(1)・(2)・12号の11ロ(2)・(3)・12号の14ロ(2)・(3)、法税令4条の3第4項3号・4号・8項4号・5号・15項4号・5号）。

　支配関係がある法人間の適格合併または共同で事業を行うための適格合併を例にとって説明すると、従業者引継要件において、合併に係る被合併法人のその合併の直前の従業者のうち、その総数のおおむね80％以上に相当する数の者が、その合併後に従事する見込みがあるべき「その合併に係る合併法人の業務（その合併後に行われる適格合併により被合併法人のその合併前に行う事業のうち主要な事業（被合併事業）がその適格合併に係る合併法人に移転することが見込まれている場合には、その適格合併に係る合併法人の業務を含む）」や、事業継続要件において、合併に係る被合併法人のその合併前に行う主要な事業（共同で事業を行うための合併については、合併法人の合併前に行う事業と関連する事業）が引き続き行われるべき「その合併後にその合併に係る合併法人（その合併後に行われる適格合併によりその主要な事業がその適格合併に係る合併法人に移転することが見込まれている場合には、その適格合併に係る合併法人を含む）」には、その合併に係る合併法人との間に完全支配関係がある法人（の業務）およびその適格合併に係る合併法人との間に完全支配関係がある法人（の業務）を含むこととされた（法税2条12号の8ロ(1)・(2)、法税令4条の3第4項3号・4号）。

　このように、上記の法人を「含む」ことと定められているため、被合併法人の従業者の80％相当数が1つの法人の業務に従事する必要もなければ、被合併法人の合併前に行う主要な事業の全てが1つの法人において行われる必要もなくなった。すなわち、その合併法人との間に完全支配関係がある法人、当初の合併後に行われる適格合併に係る合併法人およびその適格合併に係る合併法人との間に完全支配関係がある法人の業務に従事する者を合計しておおむね80％以上となれば従業者引継要件を充足することになり、また、

137）　会社分割と現物出資については、主要資産移転要件についても改正がなされ、分割または現物出資後に分割承継法人または被現物出資法人を被合併法人とする適格合併を行うことが見込まれている場合に、その適格合併に係る合併法人への主要な資産および負債が移転する見込みが、そもそも不要となった。

これらの複数の法人において主要な事業が行われている場合でも事業継続要件を充足することになった。なお、「合併法人との間に完全支配関係がある法人」は、合併後に新設されることが見込まれる法人や被合併法人の完全子会社で合併により合併法人の完全子会社となるものであっても該当するとされている[138]。

(d) 繰越欠損金・含み損

適格合併により企業買収を行うことのメリットの1つは、被合併法人の繰越欠損金を引き継ぐことができることである（合併法人の繰越欠損金も使用することができる）[139]。支配関係にない会社を合併により買収する場合には、企業グループ内の組織再編成の場合とは異なって、それが適格合併（具体的には、そのうちの共同事業を行うための適格合併）に該当するときには、被合併法人の繰越欠損金の引継ぎの制限（法税57条3項）や、合併法人が合併前から有していた繰越欠損金の使用の制限（同条4項）、特定の資産の譲渡等による損失（譲渡等により実現した含み損）の損金算入の制限（法税62条の7第1項）（これらについては、後記(iii)(b)参照）を課されることなく、被合併法人の繰越欠損金をそのまま引き継ぐことができる。

逆に、当該合併が適格合併に該当しないときは、被合併法人の繰越欠損金を引き継ぐことができず（当該繰越欠損金は合併に際して消滅する）、また、移転資産等について時価による譲渡があったとみなされるため、被合併法人が保有する資産等についての含み損を引き継ぐことも税務上できない。なお、非適格合併の場合には、それが完全支配関係にある法人間で行われる場合（すなわち、グループ法人税制の適用により一定の資産に係る譲渡損益課税が繰り延べられる場合。後記(3)(iii)参照）を除き、合併法人が合併前から有していた繰越欠損金の使用の制限や、特定の資産の譲渡等による損失（譲渡等により実現した含み損）についての損金算入制限は課されていない[140]（ただし、後記(e)

---

[138] 寺﨑ほか・前掲注20）314～316頁〔藤田ほか〕参照。
[139] かつては合併類似適格分割型分割による欠損金の引継ぎも認められていたが、平成22年度税制改正によって、かかる制度は廃止された。
[140] 法人税法57条4項所定の「適格組織再編成等」の定義規定および同法62条の7第1項所定の「特定適格組織再編成等」の定義規定部分参照。なお、朝長編著・前掲注19）213頁〔緑川正博＝新沼潮〕も参照。

で述べるとおり、実質的に被合併法人の欠損金額に相当する部分が、資産調整勘定の計上を通じて合併法人において損金算入されることを防止するための措置は設けられている)。

(e) 資産調整勘定・負債調整勘定

非適格合併による企業買収の場合には、移転資産等は、合併法人において時価により取得したものとみなされるところ、移転資産等の時価純資産価額と合併対価の額とが一致しない場合、両者の差額は、資産調整勘定または差額負債調整勘定として税務上の貸借対照表に計上された上で、損金化または益金化される。すなわち、合併の対価の額が移転資産等の時価純資産価額を超えるときは、その超える部分の一定額が、資産調整勘定(法人税法上の「正ののれん」)として税務上の貸借対照表に計上された上で(法税62条の8第1項)、その後5年間、均等償却(なお、平成29年度税制改正により初年度について月割計算をすることになった)により損金に算入され(同条4項および5項)、買収対価の一部を損金化できるという税務上のメリットが生じる(後掲の図表Ⅰ-11-10参照)。他方、合併の対価の額が移転資産等の時価純資産価額に満たないときは、その満たない部分の金額は、差額負債調整勘定(法人税法上の「負ののれん」)として税務上の貸借対照表に計上された上で(同条3項)、その後5年間、均等償却(なお、平成29年度税制改正により初年度について月割計算をすることになった)により益金に算入しなければならず(同条7項および8項)、税務上の負担が生じる(後掲の**図表Ⅰ-11-10**参照)。

これらの資産調整勘定および差額負債調整勘定の額は、時として多額となるため、タックス・プランニング上重要である。この点、資産調整勘定には、このように当事者の税負担を実質的に軽減させる効果が存するが、潜脱防止のための規定も別途設けられている点には注意が必要である。すなわち、前記のとおり、合併の対価の額のうち移転資産等の時価純資産価額を超える部分は原則として5年間の均等償却により損金に算入できるところ、被合併法人に実質的に欠損金に相当する金額がある場合(大雑把にいえば、移転資産等の時価純資産価額がマイナスである場合)には、本来、非適格合併においては被合併法人の繰越欠損金やその保有資産等についての含み損の引継ぎが認められていないにもかかわらず(前記(d)参照)、特段の制限規定がなければ、当該欠損金相当額についても資産調整勘定の計上を通じて結果的には事後的に

損金化されることになり、結局は、被合併法人の当該欠損金相当額が資産調整勘定に置き換わる形で実質的に引き継がれる（別の言い方をすれば、被合併法人の欠損金が合併を通じて実質的に「売買」されているといえる）ことになってしまう（後掲の図表Ⅰ-11-10および図表Ⅰ-11-11参照）。そこで、「合併……により移転を受ける事業により見込まれる収益の額の状況その他の事情からみて実質的に当該合併……に係る被合併法人……の欠損金額（当該移転を受ける事業による収益の額によって補てんされると見込まれるものを除く。）に相当する部分から成ると認められる金額」については、資産等超過差額[141]として資産調整勘定を構成しない（つまり、資産等超過差額は資産調整勘定の減額要素である）ものとされている（法税62条の8第1項、法税令123条の10第4項、法税則27条の16第1項2号。後掲の図表Ⅰ-11-11参照）。

なお、適格合併に該当する場合には、被合併法人の資産等の移転については簿価による引継ぎが強制されているため（法税62条の2第1項）、資産調

[図表Ⅰ-11-10] 資産調整勘定と差額負債調整勘定

・資産調整勘定（法人税法上の「正ののれん」）が計上される場合

・差額負債調整勘定（法人税法上の「負ののれん」）が計上される場合

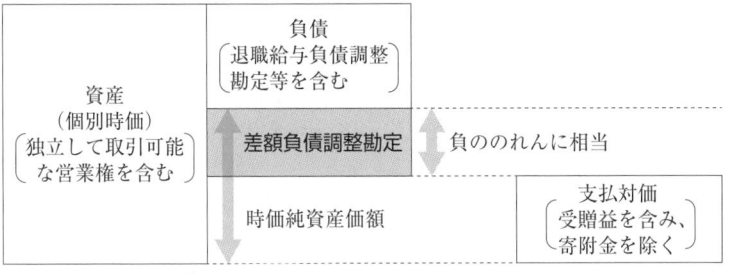

財務省公表資料[142]を基に作成

[図表 I -11-11] 資産等超過差額(実質的に被合併法人の欠損金相当額から成る部分の金額)

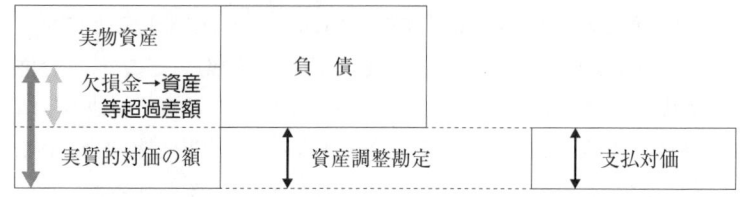

財務省公表資料143)を基に作成

整勘定または差額負債調整勘定が税務上計上されることはない。また、平成30年度税制改正により無対価の非適格組織再編成における資産調整勘定・差額負債調整勘定の計算方法が明確化された[144]。

(f) 潜在的租税債務

合併は、被合併法人(対象会社)の私法上の権利義務の全部を包括的に承継する手続(会社 2 条 27 号・28 号)であって、対象会社の潜在債務(偶発債務)のリスクを遮断することができない買収スキームである。合併により被

---

141) 資産等超過差額は、法人税法上、資産として取り扱われる(財務省大臣官房文書課編『ファイナンス別冊 平成18年度税制改正の解説』(大蔵財務協会、2006) 369頁)。
142) 財務省大臣官房文書課編・前掲注141) 367頁。
143) 財務省大臣官房文書課編・前掲注141) 369頁。
144) 具体的な処理については藤田・前掲注21) 96〜98頁、特に97頁の図を参照。なお、M&Aやグループ再編との関係で特に注目されるのは、㋐株主均等割合保有関係がある非適格の無対価合併㋑株主均等割合保有関係がある非適格の無対価分割型分割または㋒分割法人が分割承継法人の発行済株式等の全部を保有する関係がある無対価分社型分割において一定の「資産評定」(法税則27条の16第2項)がなされている場合には、合併法人の資産調整勘定の金額を算定する基礎となる、移転事業に係る営業権の価額は、その一定の資産評定による価額を用いることができるとされたこと(法税令123条の10第15項1号イ)である。このような取扱いが定められたのは、「対価の省略が可能な組織再編成が行われるのは基本的に100%グループ内であることから、非適格になるのは事業の移転先法人の株式のグループ外の者への譲渡が予定されている場合や事業再生の場合が想定され」ることから「グループ外の者への譲渡の場合において、取引価格の決定に際して参考とされた営業権の価額は一応公正な営業権の価額とみることができると考えられることから、このような場合のデューデリジェンスにおける価額をもって営業権の価額として税務上も受け入れる」こととしたためであると説明されている(寺﨑ほか・前掲注20) 318頁〔藤田ほか〕)。

合併法人の公法上の権利義務が合併法人に承継されるか否かはそれぞれの公法上の制度毎に異なるが、租税債務に関しては、私法上の権利義務と同様に、合併法人が被合併法人の租税債務を承継するものと定められている（国税通則法 6 条、地方税法 9 条の 3）。そのため、合併による企業買収の場合には、対象会社の税務リスクを遮断することはできない。

(ii) 金銭を対価とする事業譲渡の方法による全部買収

事業譲渡（会社法制定前の「営業譲渡」に相当する）とは、株式会社が事業を取引行為（特定承継）の形式で他の者に譲渡する行為である[145]。

金銭を対価とする事業譲渡の法人税法上の位置付けは、資産等の集合体の譲渡であって、その課税関係は、非適格合併等についての課税関係に類似している。すなわち、まず、譲渡会社（対象会社）の法人レベルにおいては、譲渡した資産等の簿価と譲渡価額との差額について譲渡会社（対象会社）に課税上譲渡損益が認識される（すなわち、譲渡会社（対象会社）の法人レベルでの課税の繰延べは認められない）。他方、譲受会社（買収会社）の法人レベルにおいては、譲受会社（買収会社）は、譲渡会社（対象会社）の繰越欠損金を引き継ぐこともできない。ちなみに、譲渡会社（対象会社）の事業およびその主要な資産・負債のおおむね全部を移転する事業譲渡が行われたときは、適格現物出資に該当する場合を除き、非適格合併等がなされた場合と同様に、事業譲渡の対価の額と移転資産等の時価純資産価額との差額が譲受会社（買収会社）の資産調整勘定（法人税法上の正ののれん）または差額負債調整勘定（同法上の負ののれん）として税務上の貸借対照表に計上され、その後 5 年間の均等償却（なお、平成 29 年度税制改正により初年度について月割計算をすることになった）により、損金化または益金化される（法税 62 条の 8 第 1 項、法税令 123 条の 10、法税 62 条の 8 第 4 項・5 項・7 項および 8 項）。なお、事業譲渡による資産等の移転については、土地、有価証券、金銭債権、現金等の移転を除き（消費税法 6 条 1 項）、消費税の課税対象とされている[146]。この点は、合併や会社分割などの組織法上の行為による資産等の移転が「資産の譲渡」に該当せず、消費税の課税対象外取引であると解されていることと異なる。次に、譲渡会社（対象会社）の株主レベルにおける課税であるが、事業譲渡

---

145) 江頭 958〜959 頁。

の場合には、事業譲渡後に譲渡会社が解散・清算等しない限り、株主に対する分配が行われないため、非適格合併等の場合とは異なり、譲渡会社（対象会社）の株主レベルでの課税（具体的には、みなし配当課税や保有株式に係る譲渡損益課税）は生じない。また、譲渡会社（対象会社）の抱える潜在的な税務リスクについてであるが、事業譲渡の場合には、合併の場合と異なって、原則としてそれは譲受会社（買収会社）に承継されない。ただし、無償もしくは著しく低い額の対価で事業を譲り受けた場合（国税徴収法39条、地方税法11条の8）、または、親族その他の特殊関係者から事業を譲り受けた場合（国税徴収法38条、地方税法11条の7）には、買収会社は、譲渡会社（対象会社）の滞納租税について一定の責任（第二次納税義務）を負う場合があるので注意する必要がある。

(iii) 金銭を対価とする株式譲渡の方法による全部買収

ⓐ 株式全部の譲渡

株式譲渡は、対象会社の法人格の独立性を維持しつつ、対象会社の支配権の全部（または一部）を獲得することを可能にする企業買収手段である。

株式譲渡の方法により企業買収を行う場合、対象会社株式を譲渡した者には、譲渡した対象会社株式の取得価額と譲渡価額との差額について株式譲渡損益課税がなされる（すなわち、株主レベルでの課税の繰延べは認められない）。他方、対象会社においては、株主の構成に異動が生じるに過ぎず、その資産等が移転するわけではないため、その資産等について譲渡損益課税がなされることはない（すなわち、対象会社の法人レベルでは課税が繰り延べられる）。

また、株式譲渡の方法による全部買収の場合には、（非適格）合併や事業譲渡による全部買収の場合とは異なり、買収金額が対象会社の移転資産等の時価純資産価額を上回っても、税務上は資産調整勘定（法人税法上の正のの

---

146) もっとも、消費税に関しては、譲受会社（買収会社）側で仕入税額控除（消費税法30条）を受けることができるので、譲渡会社と譲受会社とを全体としてみた場合に、税負担の面において合併や会社分割と比較して常に不利になるというわけではない。なお、事業譲渡により、課税資産と非課税資産とを一括して譲渡する場合には、それらの対価の額を合理的に区分して消費税を課す旨を明らかにするものとして、国税庁による「営業の譲渡をした場合の対価の額」と題する質疑応答事例（https://www.nta.go.jp/law/shitsugi/shohi/14/01.htm にて閲覧可能）参照。

れん）が計上されることはなく、その超過額（買収金額の一部）を損金化し、将来の納税額を軽減させるという効果を享受することはできない。株式譲渡の方法による企業買収は、対象会社の法主体としての同一性を損なわないため、対象会社が買収前に有していた繰越欠損金および保有資産等に係る含み損についての課税関係には影響が生じないのが原則であるが、繰越欠損金を有する法人を買収した上で、利益の見込まれる事業を当該法人に移転することによって課税所得を圧縮する、といった租税回避行為を防止するための制度が設けられている。具体的には、買収の結果、買収者と繰越欠損金または一定の含み損（「評価損資産」についての含み損）を有する対象会社（欠損等法人）との間に特定支配関係（概していえば、発行済株式総数の50％超の株式保有関係）が形成された場合、当該欠損等法人が、かかる関係が形成された日から5年以内に、旧事業を廃止し、その事業規模のおおむね5倍を超える資金借入れ等を行うこと等の適用事由に該当するときは、その該当する日の属する事業年度前において生じた欠損金額につき、繰越控除制度の適用が制限されるとともに、その事業年度開始の日から3年以内に生ずる一定の資産に係る譲渡等損失額の損金算入も制限される（法税57条の2、60条の3）。

(b) 株式全部の譲渡＋適格合併

買収会社が、対象会社の発行済株式の全部を株式譲渡の方法により取得した後に当該対象会社を合併する場合（後掲の図表Ⅰ-11-12参照）、当該合併

[図表Ⅰ-11-12] スキーム図（株式全部の譲渡＋適格合併）

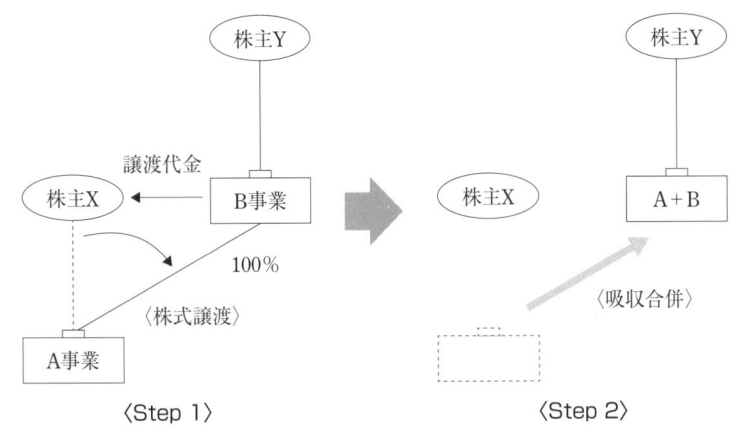

は完全支配関係にある法人間の取引となるため、合併対価として合併法人株式以外の資産が交付されない限り、企業グループ内の組織再編成として適格合併（法税2条12号の8イ）に該当する（後掲の**図表Ⅰ-11-13**参照）。そして、適格合併による被合併法人（ここでは、対象会社）の資産等の移転については、簿価による引継ぎが強制されているため（法税62条の2第1項）、課税上の譲渡損益は認識されず（すなわち、被合併法人の法人レベルでの譲渡損益課税が繰り延べられ）、また、被合併法人の株主（ここでは、買収会社）レベルでの課税は行われない。

適格合併の場合、被合併法人（ここでは、対象会社）の繰越欠損金は合併法人（ここでは、買収会社）に原則として引き継がれ（法税57条2項）、また、

[図表Ⅰ-11-13]　完全支配関係にある法人間の合併に関する税制適格要件の概要

対価要件	合併法人株式（いわゆる三角合併の場合には、合併親法人株式）以外の資産が交付されないこと （注）配当見合いまたは反対株主の株式買取代金としての金銭等の交付ならびに合併法人の被合併法人に対する持株割合が3分の2以上の場合における被合併法人の少数株主に対する金銭その他の資産の交付は、対価に関する税制適格要件の充足を妨げない（法税2条12号の8柱書括弧書）。
完全支配関係	当事者の一方による完全支配関係のある合併の場合：完全支配関係 同一の者による完全支配関係のある合併の場合：完全支配関係および合併後におけるその者による合併法人に対する完全支配関係の継続見込み

＊同一の者による完全支配関係のある合併について、当初の合併後に合併法人を被合併法人とする適格合併を行うことが見込まれている場合には、完全支配関係の継続見込みに係る要件が緩和されている（前記(i)(C)(カ)参照）。

＊平成29年度税制改正によって、同一の者による完全支配関係のある合併について、①同一の者を被合併法人とする適格合併を行うことが見込まれている場合には、その適格合併に係る合併法人をその同一の者とみなすこととし、②同一の者とみなされた法人を被合併法人とするさらなる適格合併が見込まれる場合にも、そのさらなる適格合併に係る合併法人を同一の者とみなすこととされた（法税令4条の3第2項2号・3項2号・25項1号）。このように、当初の合併（第1次合併）の後に、複数回の適格合併により、第1次合併に係る合併法人との間に完全支配関係を有する者が順次変更することが見込まれている場合には、それぞれの適格合併に係る合併法人により継続して完全支配関係が継続することが見込まれていれば、第1次合併が適格合併に該当し得ることとなった。

移転資産等が簿価により引き継がれるため、移転資産等に係る含み損も原則として引き継がれることになる。しかしながら、合併法人と被合併法人との間の（ここでは、株式譲渡によって形成される）支配関係が当該適格合併の日の属する事業年度開始の日の5年前の日以後に形成された場合（概していえば、支配関係形成後5年間を経過せずに適格合併が行われた場合）[147]には（法税令112条4項1号・9項）、当該適格合併が、後述する「共同で事業を行うための合併」に該当しない限り、i) 被合併法人の繰越欠損金の一部[148]の引継ぎが制限されるとともに、ii) 引継ぎが制限される当該被合併法人の繰越欠損金に対応する合併法人の側の繰越欠損金についても、その使用が制限され（法税57条4項）、さらに、iii) 当該適格合併によって被合併法人から合併法人に移転された資産で、被合併法人が支配関係発生日の属する事業年度開始の日以前から保有していた一定の資産（特定引継資産[149]）の含み損および合併法人が支配関係発生日の属する事業年度開始の日以前から保有していた一定の資産（特定保有資産[150]）の含み損が譲渡等により実現した場合の損失額（特定資産譲渡等損失額）は、当該適格合併後一定の期間、損金算入が制限される（同条1項）点に、注意が必要である。なお、ここにいう「共同で事業を行うための合併」（上記の制限規定の適用除外事由）に該当するための要件

---

[147] なお、合併法人と被合併法人との間に「同一の者」による支配関係がある場合、当該「同一の者」が入れ替わった場合であっても「継続して支配関係がある」と考えられることにつき、国税庁による「株式の保有関係が変更している場合の青色欠損金額の引継ぎ」と題する質疑応答事例（https://www.nta.go.jp/law/shitsugi/hojin/33/17.htm にて閲覧可能）、「株主が個人である法人が適格合併を行った場合の未処理欠損金額の引継ぎについて（支配関係の継続により引継制限の判定をする場合）」と題する照会に対する平成29年11月7日付けの名古屋国税局審理課長の回答（https://www.nta.go.jp/about/organization/nagoya/bunshokaito/hojin/171117/index.htm にて閲覧可能）、および「株式の保有関係が変更している場合の支配関係の継続要件の判定について」と題する照会に対する平成29年12月12日付けの名古屋国税局審理課長の回答（https://www.nta.go.jp/about/organization/nagoya/bunshokaito/hojin/171212/index.htm にて閲覧可能）参照。

[148] 具体的には、支配関係形成前の事業年度に係る繰越欠損金（法税57条3項1号）と支配関係形成以後の事業年度に係る繰越欠損金のうち支配関係発生日の属する事業年度の開始の日以前から保有する資産の含み損の実現（特定資産譲渡等損失額）による部分（同項2号）。

[149] 法税62条の7第2項1号、法税令123条の8第3項5号。

[150] 法税62条の7第2項2号。

（法税令112条3項・10項）は「みなし共同事業要件」と呼ばれており、その概要は、下記の図表Ⅰ-11-14記載のとおりである。

[図表Ⅰ-11-14] みなし共同事業要件の概要

次の①から④までに掲げる要件全て、または①および⑤に掲げる要件全てに該当する場合に、みなし共同事業要件が充足される（法税令112条3項・10項）。

①事業関連性要件	被合併法人の被合併事業（被合併法人の主要な事業のうちのいずれかの事業）と合併法人の合併法人のいずれかの事業とが相互に関連するものであること
②事業規模要件（5倍）	被合併法人の被合併事業（被合併法人の主要な事業のうちのいずれかの事業）とその事業と関連する合併法人の事業のそれぞれの規模（売上金額、従業員数、資本金の額[151]またはこれらに準ずるもの）が概ね5倍を超えないこと
③被合併法人の事業規模継続要件（2倍）	被合併法人の被合併事業（被合併法人の主要な事業のうちのいずれかの事業）が、被合併法人と合併法人との間の支配関係発生時から合併の直前まで継続して行われており、かつ、当該支配関係発生時と合併の直前の時点における当該被合併事業の規模（上記②の規模の割合の計算の基礎とした指標に係るものに限る）の割合が概ね2倍を超えないこと
④合併法人の事業規模継続要件（2倍）	合併法人の合併事業（被合併法人の主要な事業のうちのいずれかの事業と関連する合併法人の事業）が、合併法人と被合併法人との間の支配関係発生時から合併の直前まで継続して行われており、かつ、当該支配関係発生時と合併の直前の時点における当該合併事業の規模（上記②の規模の割合の計算の基礎とした指標に係るものに限る）の割合がおおむね2倍を超えないこと
⑤特定役員引継要件	被合併法人の合併の前における「特定役員」（常務クラス以上の役員またはこれに準ずる者で法人の経営に従事している者）のいずれか（支配関係発生時前において役員またはこれに準ずる者であったものに限る）と合併法人の合併の前における「特定役員」のいずれか（支配関係発生時前において役員またはこれに準ずる者であったものに限る）とが、合併後に合併法人の「特定役員」となることが見込まれていること

なお、みなし共同事業要件には、「共同事業を行うための合併」に関する税制適格要件（前掲の図表Ⅰ-11-8参照）とは異なって、従業者引継要件が含まれていない。そのため、仮に、買収会社が対象会社を直接吸収合併した場合には従業者引継要件の点で「共同事業を行うための合併」に関する税制適格要件を充足しないケースであっても、買収会社がまず対象会社の発行済株式の全部を株式譲渡の方法により取得した上で当該対象会社を吸収合併する方法（当該吸収合併はみなし共同事業要件を満たすことが前提）によって、制限を課されることなく対象会社の繰越欠損金およびその保有資産等についての含み損を買収会社に引き継ぐことができる場合もあり得ると考えられる[152]（ただし、いわゆる一般的行為計算否認規定に基づく否認は別途問題となり得る[153]）。

(3) 支配関係にない対象会社の部分買収

(i) 株式または金銭を対価とする会社分割の方法による部分買収

ⓐ 適格分割と非適格分割における課税関係の概要

　対象会社の一部の事業を買収する手段として、第一に考えられるのは、会社分割（通常は、その中でも吸収分割であるので、以下では吸収分割を念頭に論じる）による方法である。これは、買収会社（分割承継法人）が、吸収分割

---

151) 資本金の額については、事業単位ではなく、法人単位で比較する。
152) 玉井裕子編集代表『合併ハンドブック〔第3版〕』（商事法務、2015）549～550頁〔宰田高志〕参照。
153) みなし共同事業要件としての特定役員引継要件に関して、「支配関係を生じさせてから合併するという一連の過程において、合併後に存続会社の特定役員として予定する者を、存続会社と消滅会社の間に支配関係が近々生じることは予定されているがいまだ実際に生じていない段階で……、合併相手たる会社に特定役員として送り込んだり、実際には合併後は合併の相手会社の特定役員に総退陣してもらうところ、合併後の短期間だけ形式的に存続会社の特定役員となってもらう」場合には、「濫用的な事案」として、一般的行為計算否認規定により、欠損金の使用を認めてもらえない可能性もあると指摘する見解がある（玉井編集代表・前掲注152）550頁〔宰田〕）。実際に、特定役員引継要件を形式的に充足している場合において、一般的行為計算否認規定（法税132条の2）が適用され、その充足が否認された事案として、最一判平成28年2月29日民集70巻2号242頁（以下、本章において「ヤフー事件最高裁判決」という）および最二判平成28年2月29日民集70巻2号470頁（以下、本章において「IDCF事件最高裁判決」という）ならびにそれらの評釈として太田洋「ヤフー・IDCF事件最高裁判決の分析と検討」税務弘報64巻6号（2016）44頁等参照。

（会社2条29号）の方法によって、直接、対象会社（分割法人）からその事業に関して有する権利義務の全部または一部を承継するという方法である（後掲の図表I-11-15参照）。吸収分割の対価についても、合併の対価の場合と同様に、会社法上、その全部または一部として、分割法人の株式やその完全親会社の株式だけでなく、金銭を含むそれ以外の資産（いわゆる boot）を用いることが認められている[154]。なお、会社分割は、法人税法上は、①承継する権利義務の対価の全てが分割の日に分割法人（対象会社）の株主に交付されるもの（分割型分割、法税2条12号の9）と、②承継する権利義務の対価が、分割の日に分割法人（対象会社）の株主に交付されずに、分割法人（対象会社）に交付されるもの（分社型分割、法税2条12号の10）とに分類されていることは、前記1において述べたとおりである（なお、会社法上の「会社分割」は、法人税法上の「分社型分割」のみを指す概念とされている）。

吸収分割の方法を用いて部分買収を実行する場合、それが適格分割に該当するか否かによって、会社分割で移転する資産等についての分割法人（対象会社）の法人レベルにおける譲渡損益課税や、分割法人の株主レベルにおけるみなし配当課税の有無などの課税関係が異なってくる。

すなわち、適格分割に該当すると、それが分割型分割または分社型分割のいずれであっても、分割法人の法人レベルと株主レベルの双方で、課税上の譲渡損益認識が繰り述べられる。すなわち、適格分割による分割法人の資産等の移転については、税務上簿価による引継ぎが強制されている（法税62

[図表I-11-15] 分社型(吸収)分割の方法による部分買収と分割型(吸収)分割の方法による部分買収

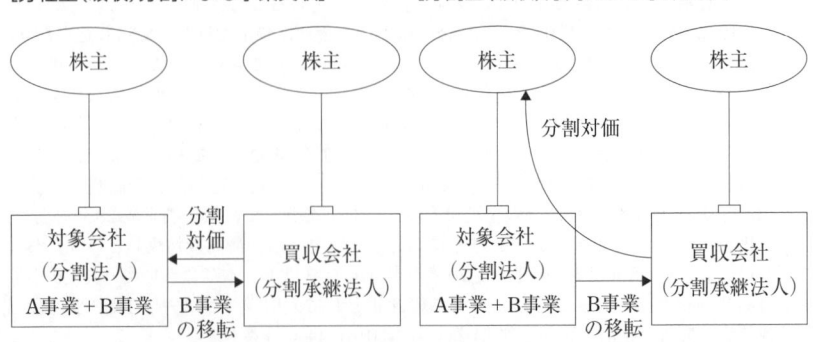

条の2第2項、62条の3第1項）ため、移転資産等に含み損益があったとしても、会社分割の時点では課税上譲渡損益は認識されず、分割承継法人が当該移転資産等を将来第三者に譲渡する時点まで譲渡損益の認識が繰り延べられる。また、分割法人の株主レベルでも、適格分割の場合には、保有株式に係る譲渡損益課税はもちろん、みなし配当課税も生じない（後掲の**図表Ⅰ-11-16**および前記**2**参照）。

　他方、適格分割に該当しないと、分割承継法人（買収会社）に移転する資産等について時価による譲渡があったとみなされる（法税62条1項）ため、分割法人（対象会社）において、当該資産等の簿価と時価との差額について課税上譲渡損益の認識がなされる。さらに、分割法人の株主レベルでも、当該分割が分社型分割の場合にはそもそも株主レベルでの課税は問題とならない（当該分割が適格分割であるか非適格分割であるかを問わない）が、当該分割が分割型分割であって適格分割に該当しない場合には、非適格合併の場合と同様に、みなし配当課税がなされる場合がある（なお、当該分割型分割が適格分割であるか否かにかかわらず、その対価として、分割承継法人株式または分割親法人株式のいずれか一方以外の資産（boot）が分割法人の株主に交付される場合には、当該株主レベルで株式譲渡損益課税もなされる[155]）（後掲の**図表Ⅰ-11-16**および前記**2**参照）。

　適格分割と非適格分割との間のタックス・プランニング上の有利・不利についても、合併について前述したところと同様である（前記(2)(i)参照）。

---

[154] なお、平成29年度税制改正により、吸収合併について、合併法人の被合併法人に対する持株割合が3分の2以上の場合には、被合併法人の少数株主に対して金銭その他の資産（boot）を交付する場合でも、適格組織再編に該当し得ることとされた（法税2条12号の8）が、吸収分割においては、このような形での対価要件（boot不交付要件）の緩和は認められていない（法税2条12号の11柱書参照）。

[155] 逆に、分割型分割の対価として、分割承継法人株式または分割親法人株式のいずれか一方以外の資産（boot）が分割法人の株主に交付されない場合には、当該株主レベルで株式譲渡損益課税が行われることはない（前記**2**(3)(iii)参照）。

[図表 I-11-16]　分割法人の株主レベルでの課税関係

	金銭等（分割承継法人株式または分割親法人株式のいずれか一方以外の資産）の交付の有無	課税関係
適格分割型分割	交付なし	課税なし
非適格分割型分割	交付がない場合	みなし配当課税
	交付がある場合	みなし配当課税＋譲渡損益課税
分社型分割	交付がない場合	課税なし
	交付がある場合	課税なし

(b)　共同事業を行うための会社分割に関する税制適格要件

(ア)　税制適格要件の概要

支配関係にない会社から会社分割（吸収分割）の方法を用いて事業を買収する場合、当該会社分割が適格組織再編成に該当するか否かは「共同事業を行うための組織再編成」に係る税制適格要件を充足するか否かに帰着することとなる。共同事業を行うための会社分割に関する税制適格要件（法税2条12号の11ハ、法税令4条の3第8項）は、合併の場合のそれと類似しているためここでは詳述しないが、その要件の概要は、後掲の図表 I-11-17のとおりである。

[図表 I-11-17]　共同事業を行うための会社分割に関する税制適格要件の概要

対価要件	分割承継法人株式（いわゆる三角分割の場合には、分割承継親法人株式）以外の資産が交付されないこと [分割型分割の場合に追加的に必要となる要件] 分割承継法人株式または分割承継親法人株式が交付される場合には、当該株式が分割法人の株主の有する当該分割法人の株式の数の割合に応じて交付されること（按分型分割への限定）
事業関連性要件	分割事業と分割承継法人のいずれかの事業とが相互に関連するものであること

事業規模要件 または 経営参画要件	分割事業とその事業と関連する分割承継法人の事業のそれぞれの規模(売上金額、従業者数またはこれらに準ずるもの)がおおむね5倍を超えないこと〔事業規模要件〕 または 分割法人の役員等のいずれかと分割承継法人の「特定役員」のいずれかとが、分割後に分割承継法人の「特定役員」となることが見込まれていること〔経営参画要件〕
主要資産・ 負債移転要件	分割事業に係る主要な資産および負債が分割承継法人に移転すること
従業者引継 要件	分割の直前の分割事業に係る従業者のおおむね80%以上が分割承継法人の業務に従事することが見込まれていること
事業継続要件	分割承継法人の事業と関連する分割事業が分割承継法人において引き続き行われることが見込まれていること
株式継続保有 要件 (取得株式継続 保有要件)	[分割型分割の場合] 分割型分割により交付される分割承継法人(いわゆる三角分割の場合には、分割承継親法人)の議決権株式のうち支配株主に交付されるものの全部が、支配株主により継続して保有されることが見込まれていること (注) 支配株主とは、当該分割型分割の直前にその分割型分割に係る分割法人と他の者との間に当該他の者による支配関係がある場合におけるその他の者およびその他の者による支配関係があるものを意味する(ただし、分割承継法人は除く)。 (注) 分割の直前に分割法人の全てについて他の者との間にその他の者による支配関係がない場合には、本要件は必要とされない。 [分社型分割の場合] 分割法人が当該分社型分割により交付を受ける分割承継法人の株式(いわゆる三角分割の場合には、分割承継親法人株式)の全部を継続して保有することが見込まれていること

＊当初の分割後に分割承継法人またはその株主が適格合併を行うことが見込まれている場合には、従業者引継要件、事業継続要件および株式継続保有要件の「見込み」に係る要件が緩和されている(前記(2)(i)(C)(カ)参照)。なお、主要資産・負債移転要件については、分割事業に係る主要な資産および負債が分割承継法人に移転することが要件とされ、そもそもその適格合併に係る合併法人への移転の「見込み」は要件とされていない。

(イ) 合併における税制適格要件との相違

前述のとおり、共同事業を行うための組織再編成に係る税制適格要件に関しては、合併の場合と会社分割（現物出資）の場合とでおおむね相違はないが、いわゆる経営参画要件（特定役員引継要件）および株式継続保有要件（取得株式継続保有要件）の内容については、会社分割（現物出資）の場合のそれは、合併の場合のそれとは若干異なる。

具体的には、経営参画要件については、会社分割（現物出資）の場合には、分割法人（現物出資法人）において「特定役員」（つまり、大雑把にいえば、常務取締役、常務執行役または常務執行役員以上の者。法税令4条の3第4項2号参照）である必要はなく、分割法人（現物出資法人）で「役員等」（「役員」）[156]および法税令4条の3第4項2号にいう「社長、副社長、代表取締役、代表執行役、専務取締役若しくは常務取締役に準ずる者」を意味する。すなわち、大雑把にいえば、取締役、執行役および常務執行役員以上の者。法税令4条の3第8項2号参照）に該当する者が、少なくとも1名以上、分割承継法人（被現物出資法人）においても「特定役員」に就任すれば、当該要件は満たされることになる。この点、合併の場合には、経営参画要件が充足されるためには、被合併法人において「特定役員」に該当する者が、少なくとも1名以上、合併法人においても「特定役員」に就任する必要があるのと異なる（後掲の図表Ⅰ-11-18参照）。

---

[156] 「役員」には、会社法上の役員のみならず、「法人の使用人……以外の者でその法人の経営に従事しているもの」（いわゆる、みなし役員）が含まれる（法税令7条1号）。なお、平の執行役員については、「執行役員制度の下での執行役員は、一般に、代表取締役等の指揮・監督の下で業務執行を行い、会社の経営方針や業務執行の意思決定権限を有していないことから、『法人の経営に従事しているもの』には該当しない」とされており、基本的に、「役員等」には該当しないものとされている（国税庁がホームページにて公表している「所得税基本通達30－2の2《使用人から執行役員への就任に伴い退職手当等として支給される一時金》の取扱いについて（情報）」と題する2007年12月5日付け法人課税課情報（源泉所得税関係）第2号所定の問7に対する回答参照。https://www.nta.go.jp/law/joho-zeikaishaku/shotoku/shinkoku/071205/01.htm にて閲覧可能）。

[図表Ⅰ-11-18] 経営参画要件についての差異

	再編前移転法人	再編前承継法人
合　　併	特定役員	特定役員
会社分割	役員等	特定役員
現物出資	役員等	特定役員

　なお、合併の場合の経営参画要件に関して前記(2)(i)(C)(オ)で述べたとおり、特定役員になった者の就任期間については、租税法令上は何も規定されていないが、あまりに短い就任期間では、共同事業を行うために特定役員として引き継がれるという経営参画要件の趣旨を没却することになり、組織再編成に係る一般的行為計算否認規定である法人税法132条の2の適用などによって、当該要件の充足が否定されるリスクがあるので、この点、十分な注意が必要である。

　次に、株式継続保有要件（取得株式継続保有要件）についてであるが、共同事業を行うための組織再編成においても、グループ内組織再編成の場合における100％の完全支配関係の継続要件や50％超の支配関係の継続要件の場合と同様に、再編後の取得株式の保有に関して、一定の要件が設けられている。

　この点、グループ内組織再編成の場合には、発行済株式総数に対する所定の割合の株式の保有継続が一律に求められているのに対して、共同事業を行うための組織再編成に関しては、組織再編成の法形式（例えば、合併か分社型会社分割か）等により、株式継続保有要件の具体的な内容が異なっている。

　なお、被合併法人または分割法人の全てについて他の者との間にその他の者による支配関係がない合併および分割型分割については、この株式継続保有要件は不要とされている。これは、平成29年度税制改正において、スピン・オフに係る税制適格要件（第Ⅲ部第1章第4節参照）を、誰が支配していたかという要件を意識して見直したことと平仄を合わせ、支配株主さえ株式の保有を継続していればよいと考えたためであるとされている[157]。それぞれの組織再編成の形態毎の具体的な株式継続保有要件の相違については、後掲の図表Ⅰ-11-19に記載のとおりである。

---

157) 藤田・前掲注37) 59頁参照。

[図表Ⅰ-11-19] 合併、会社分割および現物出資それぞれにおける株式継続保有要件の相違

	新株の交付を受ける株主		（取得）株式継続保有要件の内容
合併・分割型分割	被合併法人または分割法人の株主	支配株主なし	（取得）株式継続保有要件は不問
		支配株主あり	再編直前の被合併法人または分割法人の支配株主が、新たに交付を受ける合併法人または分割承継法人の議決権株式の全部を継続して保有することが見込まれていること
分社型分割・現物出資	分割法人または現物出資法人	N/A	分割法人または現物出資法人が、再編により交付される分割承継法人または被現物出資法人の株式の全部を継続して保有することが見込まれていること

(c) 繰越欠損金・含み損

　会社分割（吸収分割）の方法により事業の買収を行う場合、合併の場合と異なり、税制適格要件の充足の有無にかかわらず、分割承継法人（買収会社）は分割法人（対象会社）の繰越欠損金を一切引き継ぐことができず[158]、分割法人の繰越欠損金はそのまま存続する。

　なお、①企業グループ内で適格分割が行われる場合には、繰越欠損金を引き継ぐことができないにもかかわらず、適格合併の場合（前記(2)(ⅲ)(b)参照）と同様に、分割承継法人（買収会社）が当該分割前から有していた繰越欠損金について使用制限（法税57条4項）が課される場合があることに注意を要する[159]が、②支配関係のない会社から会社分割（吸収分割）の方法を用いて事業を買収する場合には、当該分割が適格分割に該当するか否かにかかわら

---

[158] なお、前述したとおり、かつて存在した合併類似適格分割型分割による欠損金の引継ぎ制度は、平成22年度税制改正によって廃止された。

[159] 繰越欠損金が引き継がれない場合にもこのような繰越欠損金の使用制限が課され得るのは、分割法人（対象会社）の「黒字」事業を税務上の譲渡損益を認識させることなく承継させ、当該事業から稼得される利益と相殺する方法によって、分割承継法人（買収会社）の（本来利用できなかったはずの）繰越欠損金が不当に利用されることを防止するためであると考えられる（岡村・前掲注12）451頁参照）。

ず、このような繰越欠損金についての使用制限が課されることはない（同項参照）。他方、吸収分割によって移転する資産等に係る含み損に関しては、当該吸収分割が適格分割に該当する場合には、当該移転資産等が簿価により引き継がれるため、その含み損も分割承継法人（買収会社）に引き継がれることになる。

　また、ⓐ企業グループ内で適格分割が行われる場合には、適格合併の場合（前記(2)(iii)(b)参照）と同様に、分割法人（対象会社）から移転を受けた一定の資産および分割承継法人（買収会社）が支配関係発生日の属する事業年度開始の日前から継続保有する一定の資産の含み損が譲渡等により実現した場合の損失額（特定資産譲渡等損失額）についての損金算入の制限（法税62条の7第1項および2項、法税令123条の8第3項5号）が課される場合があるが、ⓑ支配関係にない会社から会社分割（吸収分割）の方法を用いて事業を買収する場合には、当該分割が適格分割に該当するか否かにかかわらず、このような、譲渡等により後に実現する含み損についての損金算入制限が課されることはない（法税62条の7第1項参照）。

(d) 資産調整勘定・負債調整勘定

　会社分割（吸収分割）の方法により事業の買収を行う場合、当該分割が非適格分割であって、分割法人（対象会社）の「事業及び当該事業に係る主要な資産又は負債のおおむね全部」を分割承継法人（買収会社）に移転させるものである場合（法税令123条の10第1項）には、非適格合併の方法により企業買収を行う場合（前記(2)(i)参照）と同様に、当該分割の対価の額のうち移転資産等の時価純資産価額を超える部分は、資産調整勘定（法人税法上の正ののれん）として分割承継法人（買収会社）の税務上の貸借対照表に計上された上で（法税62条の8第1項）、同法人において、その後5年間の均等償却（なお、平成29年度税制改正により初年度について月割計算をすることになった）によって税務上損金化することができる（同条4項および5項）[160]。

---

[160] 非適格分割による資産調整勘定の計上およびその償却による損金化がなされた場合において、一般的行為計算否認規定（法税132条の2）の適用が問題となった事案として、IDCF事件最高裁判決ならびにその評釈として太田・前掲注153）44頁等参照。

(e) 潜在的租税債務

　分割型分割の方法により事業の買収を行う場合、分割承継法人（買収会社）は、分割法人（対象会社）から承継した財産の価額を限度として、一定の租税債務について、連帯納付責任を負う（国税通則法9条の3、地方税法10条の4）。そのため、分割型分割の方法により事業の買収を行う場合には、合併による場合と同様に、分割法人（対象会社）の税務リスクを遮断することはできない。

　他方、分社型分割の場合には、分割法人の株主に対して分割対価が交付される分割型分割の場合と異なって、分割法人はその担税力を会社分割によって失わないとして、連帯納付責任は定められていない。そのため、分社型分割の方法による事業の買収の場合には、事業譲渡による場合と同様に、分割法人（対象会社）の税務リスクは、原則として、分割承継法人（買収会社）に承継されない。ただし、無償もしくは著しく低い額の対価で会社分割により事業を譲り受けた場合（国税徴収法39条、地方税法11条の8）、または、親族その他の特殊関係者から会社分割により事業を譲り受けた場合（国税徴収法38条、地方税法11条の7）には、分割法人の滞納租税について一定の責任（第二次納税義務）を負う場合があると解されていることに注意が必要である。

(ii) 金銭を対価とする事業譲渡の方法による部分買収

　会社分割の方法による事業買収の場合には、移転対象事業に対する対価は、買収会社（分割承継法人）の株式とすることも金銭その他の資産（boot）とすることも可能であるが、事業譲渡の方法による事業買収の場合には、移転対象事業に対する対価として買収会社の株式を用いることは原理的にできない。

　対象会社の一部の事業のみを、金銭を対価とする事業譲渡の方法により買収する場合の課税関係は、基本的には、その全部の事業を当該方法により買収する場合の課税関係（前記(2)(ii)参照）と同様である。もっとも、事業譲渡により移転を受ける資産等に係る調整勘定についての損金算入（法税62条の8）に関しては、譲渡会社（対象会社）の「事業及び当該事業に係る主要な資産又は負債のおおむね全部」（傍点筆者）を譲受会社（買収会社）に移転させるものであることが、資産調整勘定（法人税法上の正ののれん）を計上するための要件とされているため（法税令123条の10第1項）、対象会社の一部の事業のみを買収する場合には、基本的には資産調整勘定の計上はできない。し

たがって、この場合、譲受会社（買収会社）がこの資産調整勘定（正ののれん）の償却による税務メリットを享受することは、基本的に不可能である。

比較すると、金銭を対価とする事業譲渡についての対象会社レベルでの課税関係は、少なくとも法人税の領域では、税制非適格の分社型分割のそれと同様であり、したがって、分社型分割が適格分割に該当しない限りは、基本的には、事業譲渡の方法を用いる場合と分社型分割の方法を用いる場合との間でいずれかが有利でいずれかが不利ということはない[161]。また、不動産取得税に関しても、少なくとも金銭を対価とする場合には、事業譲渡と分社型分割との間でいずれかが有利でいずれかが不利ということはない[162]。なお、従前は、事業譲渡の方法を用いた事業買収は、会社分割の方法による事業買収と比較して、不動産の所有権の移転登記等に係る税率の軽減制度[163]の適用がない点等において不利であったが、かかる税率の軽減措置は、平成27年度税制改正により廃止されている。また、消費税法上、会社分割による資産等の移転は「資産の譲渡」に該当せず、課税対象外取引であると解されている一方で、事業譲渡による資産等の移転については、土地、有価証券、金銭債権、現金等の移転を除き（消費税法6条1項）、消費税の課税対象とされている。もっとも、消費税に関しては、事業を譲り受けた側（買収会社側）で仕入税額控除（同法30条）を受けることができるため、譲渡会社と譲受会社とを全体としてみた場合には、当事者の税負担の面で、会社分割と比較して常に不利になるわけではない。

(iii) 会社分割または現物出資＋株式譲渡の方法による部分買収

売主の一部の事業のみを「売買」する方法として、実務上、（実質的な意味

---

[161] 佐藤信祐＝松村有紀子『企業買収・グループ内再編の税務』（中央経済社、2010）81頁参照。

[162] 会社分割による不動産の取得については、事業譲渡の方法によるそれと異なって、不動産取得税に係る非課税制度が設けられている（地方税法73条の7第2号）。しかしながら、会社分割による不動産の取得について不動産取得税が非課税とされるためには、分割承継法人の株式以外の資産が分割の対価として交付されないことその他の適格分割の要件に類似した非課税要件（地方税法施行令37条の14）を充足する必要があり、分割の対価が金銭である場合には、かかる非課税要件を充足し得ない。

[163] なお、会社分割に伴う不動産の抵当権の移転登記等に対する登録免許税の税率の軽減制度については、平成24年度税制改正によって廃止された。

での)「売買」対象である売主の事業(以下、本章において「対象事業」という)をまず当該売主の完全子会社に対して切り出した上で、売主と買主との間で、当該完全子会社(対象会社)の株式の譲渡のみを行う、という手法(以下、このようなスキームを本章において「分割等＋株式譲渡スキーム」という)が用いられることがある。売主の一部の事業のみを「売買」する方法としては、前述したとおり、法的には、会社分割(吸収分割)を用いる方法や事業譲渡を用いる方法が存在し、これらは、対象事業を「直接」売主から買主に移転することができる点で、スキームが簡明であるというメリットがあるが、会社分割を用いる場合には、売主において債権者保護手続や法定の労働者保護手続等を行わなければならず、その履践のために一定の時間が必要となる[164]ので、買収のための最終契約の締結から事業買収の完了(クロージング)まで一定の期間を空けざるを得なくなるし、事業譲渡の方法を用いる場合には、他の買収手段とは異なり、事業を構成する債務や契約上の地位等の移転のために、原則として、移転対象となる契約や債権債務のそれぞれの相手方の同意を個別に取得しなければならず、それらの可否や時期が当事者のコントロールが通常及ばない第三者の意思に左右され、買収の完了が円滑に行われるかとの点で不安定性が残る。そこで、事業の買収に関する最終契約の締結から買収完了(クロージング)までの期間をできるだけ短縮し、かつ、クロージングに際しての不安定性を事前に除去しておくための手段として、「分割等＋株式譲渡スキーム」を用いて、予め「売買」の対象となる事業だけで構成される法人をセット・アップしておき、当該法人(対象会社)の株式のみを売買の対象とすることがあるわけである。なお、対象事業を当該売主の完全子会社に切り出すための(会社法上の)手法としては、主として、①新設会社に対して対象事業を承継させる新設分割(分社型新設分割)の手法、②他の事業を営んでいない売主の完全子会社に対して対象事業を承継させる吸収分割(分社型吸収分割)の手法、③対象事業を現物出資して新会社を設立する手法、の3つがある(後掲の図表Ⅰ-11-20参照)。

なお、税制適格要件との関係では、上記の①新設分割(分社型新設分割)、②吸収分割(分社型吸収分割)および③現物出資のいずれについても、これらが対象事業の譲渡の準備として行われるものであって、その後に対象会社

---

164) 債権者保護手続の履行には、少なくとも1か月間を要する(会社789条2項等)。

[図表Ⅰ-11-20] （分社型)分割または現物出資＋株式譲渡の方法による部分買収

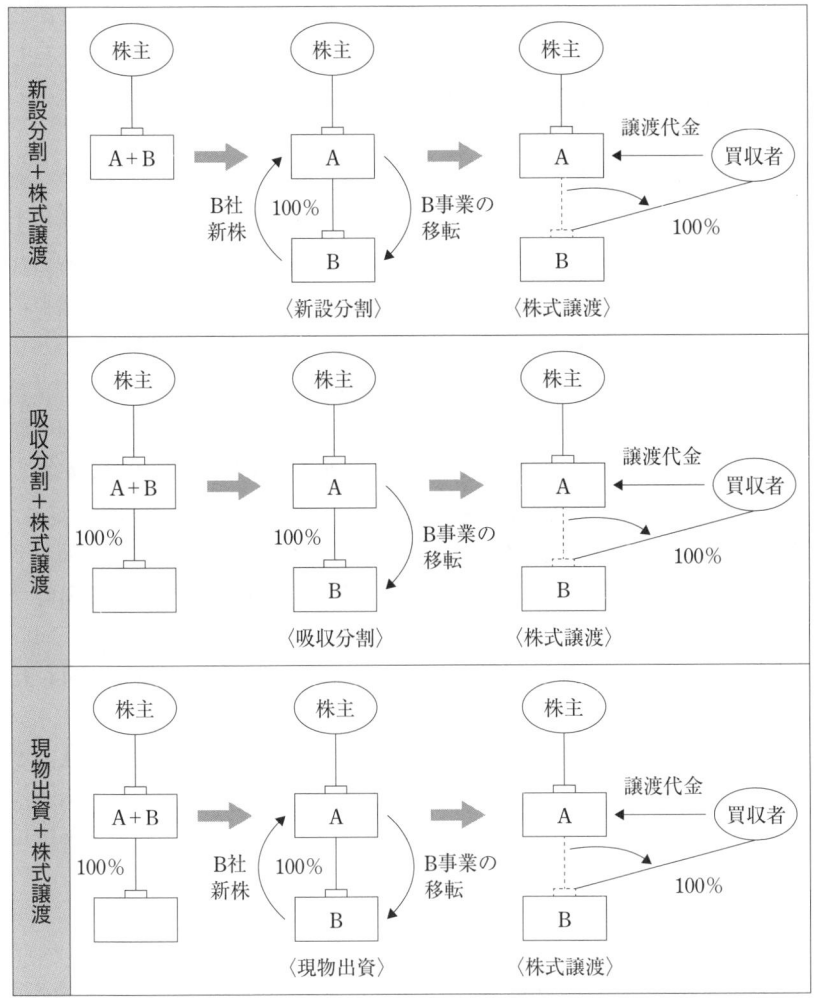

（分割承継法人または被現物出資法人）の発行済株式の全部を第三者に対して譲渡することが予定されている場合には、通常は、当該「分割後に分割法人と分割承継法人との間に支配関係が継続すること」（③現物出資については、当該「現物出資後に現物出資法人と被現物出資法人との間に支配関係が継続すること」）が見込まれているとの要件（法税2条12号の11ロ、法税令4条の3第7項、法税2条12号の14ロ、法税令4条の3第14項）を充足しないため、企

業グループ内の組織再編成に係る税制適格要件を充足せず、加えて、株式継続保有要件（法税2条12号の11ハ、法税令4条の3第8項6号ロ、法税2条12号の14ハ、法税令4条の3第15項6号、前掲の図表Ⅰ-11-7参照）も充足しないため、共同事業を行うための適格組織再編成にも該当しない[165]ことから、結局、適格組織再編成には該当しないことになる。

対象事業の「切出し」（具体的には、①新設分割（分社型新設分割）、②吸収分割（分社型吸収分割）または③現物出資）が税制非適格組織再編成に該当する場合の課税関係は、基本的には、支配関係にない当事者間において行われる会社分割が非適格分割に該当する場合のそれと同様であり（前記(i)参照）、売主（分割法人または現物出資法人）において、時価による譲渡があったとして移転資産等の含み損益について譲渡損益課税がなされることになる（法税62条1項参照）。なお、平成22年度税制改正におけるグループ法人税制の導入によって、完全支配関係（前記(1)および前掲の図表Ⅰ-11-5参照）がある内国法人間で税制非適格組織再編成により資産の移転が行われる場合には、譲渡法人（ここでは、分割法人または現物出資法人）が譲受法人（ここでは、分割承継法人または被現物出資法人）との間に完全支配関係を有しなくなる時点まで[166]、当該譲渡法人において譲渡損益調整資産（一定の固定資産、土地、有価証券、金銭債権および繰延資産）に係る譲渡損益課税が繰り延べられる[167]ことになったが（法税61条の13第1項）、上記の「切出し」のタイミングと切り出された対象会社の株式全部の譲渡の実行日[168]とが譲渡法人（売主）の事業年度の末日を跨がなければ、結局、かかる課税繰延べは行われないままに、当該「切出し」の時点で移転資産等の含み損益について譲渡損益

---

[165] 佐藤＝松村・前掲注161）76頁参照。
[166] 譲渡法人と譲受法人との間の完全支配関係が崩れた場合には、原則として、譲渡損益調整資産に係る譲渡利益額または譲渡損失額に相当する金額が、譲渡法人のその有しないこととなった日の前日の属する事業年度において、課税所得計算上益金または損金に算入される（法税61条の13第3項）。
[167] 具体的には、譲渡した事業年度の所得の金額の計算上、譲渡利益額と同じ額が損金に算入され、または譲渡損失額と同じ額が益金に算入される方法で譲渡損益が繰り延べられ（法税61条の13第1項）、それによって譲受法人における移転資産等の取得価額は（譲渡法人における簿価ではなく）時価で認識される。この点は、資産等を譲渡した側における簿価を引き継ぐ方法で譲渡損益の繰延べが行われる適格組織再編成の場合とは異なるところである。

課税が行われることになる。その場合、上記の「切出し」に伴って、売主の保有に係る対象会社（分割承継法人または被現物出資法人）株式の税務上の取得価額（簿価）が（かかる移転資産等の含み損益認識後の）当該「切出し」時点における時価に修正されるため（法税令119条1項27号）、売主が当該株式を買主に対して譲渡する段階では、かかる時価と同額を譲渡価額として定めれば、その段階では基本的には課税は生じないことになる。

[図表Ⅰ-11-21] 合併・会社分割・現物出資に係る税制適格要件の概要のまとめ

	企業グループ内の組織再編成		共同事業を行うための組織再編成
	完全支配関係のある法人間の組織再編成	支配関係のある法人間の組織再編成	
対価要件：被合併法人等の株式または親法人の株式のみ（適格分割型分割の場合には＋按分型分割） ＊吸収合併において、合併法人の被合併法人に対する持株割合が3分の2以上の場合には被合併法人の少数株主に対する金銭その他の資産の交付も可能			
適格合併	完全支配関係（およびその継続見込み）	支配関係（およびその継続見込み） [合併法人] ・従業者引継要件 ・事業継続要件 （主要な事業の継続）	[合併法人] ・事業関連性要件 ・事業規模要件または経営参画要件 ・従業者引継要件 ・事業継続要件 [被合併法人の株主：支配株主が存在する場合の・・み] ・取得株式継続保有要件

---

168) 株式譲渡の場合、株式の引渡しの日において「完全支配関係を有しなくなった」とされることについて、国税庁の2010年8月10日付け「平成22年度税制改正に係る法人税質疑応答事例（グループ法人税制関係）（情報）」問1参照（https://www.nta.go.jp/law/joho-zeikaishaku/hojin/100810/pdf/01.pdf にて閲覧可能）。

適格分割型分割	完全支配関係（およびその継続見込み）	支配関係およびその継続見込み	[分割承継法人] ・事業関連性要件 ・事業規模要件または経営参画要件 ・主要資産・負債移転要件 ・従業者引継要件 ・事業継続要件
		[分割承継法人] ・主要資産・負債移転要件 ・従業者引継要件 ・事業継続要件	[分割法人の株主：支配株主が存在する場合の・み・] ・取得株式継続保有要件
適格分社型分割／適格現物出資	完全支配関係およびその継続見込み	支配関係およびその継続見込み	[分割承継法人] ・事業関連性要件 ・事業規模要件または経営参画要件 ・主要資産・負債移転要件 ・従業者引継要件 ・事業継続要件
		[分割承継法人／被現物出資法人] ・主要資産・負債移転要件 ・従業者引継要件 ・事業継続要件	[分割法人／現物出資法人] ・取得株式継続保有要件

中里実ほか編『租税法概説〔第2版〕』（有斐閣、2015）192頁記載の表を基に加筆・修正して作成

(4) 共同出資（合弁）会社設立による（個別）事業統合（相互型の「割合的」買収）

　平成 12 年改正商法によって会社分割制度が創設されて以降、世界的な競争激化の波の中で、複数の会社が、従来それぞれ別個独立に営んでいた事業を一体化させて競争力を強化する等の目的で、それら各社の事業を会社分割や現物出資によって切り出して共同出資会社（合弁会社）に移管し、事業統合を行う事例が急速に増加した。このような共同出資会社の設立ないし同社への事業移管を通じた事業統合は、どの参加当事者が統合対象の事業の「買い手」であるかが判別し難いことも多いが、実質的には、各参加当事者による、他社が移転する事業についての相互的な割合の買収と評価することもできる（後掲の図表Ⅰ-11-22 参照）。

[図表Ⅰ-11-22] 共同出資会社の設立による事業統合

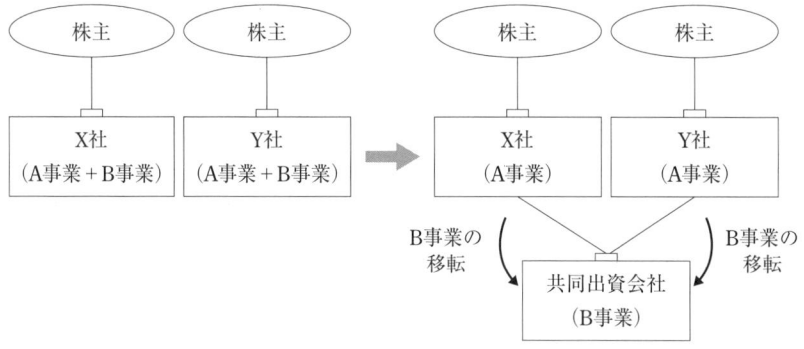

　以上を前提として、会社分割（具体的には、分社型新設分割もしくは分社型吸収分割）または現物出資を用いた共同出資会社の設立等の方法によって行われる事業統合に関する課税関係について、以下検討する。まず、前提として、このような方法で行われる事業統合は、いわゆる「共同事業を行うための組織再編成」として適格分割または適格現物出資に該当する場合があり、それらに該当すれば、共同出資者のレベルでは移転事業に係る資産等についての譲渡損益課税が繰り延べられることになる（なお、事業統合の受皿となる共同出資会社側では、その設立または資本金の増額分に関する登録免許税を除けば特段の課税は生じない）。そして、「共同事業を行うための組織再編成」として適格分割または適格現物出資に該当するための要件に関しては、共同出資者の数には特に制限は設けられていない。したがって、2社のみならず3社以上の会社が共同出資者となって事業統合を行う場合でも、各共同出資者が行う会社分割または現物出資は、適格分割または適格現物出資に該当し得る。その上で、会社分割または現物出資を用いた共同出資会社の設立等の方法によって行われる事業統合についての課税関係は、事業統合の受皿会社として新設会社と既存の会社とのいずれを用いるかによって大きく異なってくる。まず、①受皿会社（共同出資会社）として新設会社を用いる場合、すなわち、支配関係のない2社以上の会社（共同出資者）が（分社型）共同新設分割（法人税法上の複数新設分割）または（分社型）共同新設現物出資（同法上の複数新設現物出資）によって新設する会社（共同出資会社）に対して事業を移転させる場合には、「共同事業を行うための適格組織再編成」として当

該移転対象事業に係る移転資産等に係る譲渡損益課税が繰り延べられることになるか否かに関しては、各共同出資者（分割法人または現物出資法人）と当該共同出資会社（分割承継法人または被現物出資法人）との間における共同事業性ではなく、各共同出資者間における共同事業性が問題とされる（法税令4条の3第8項および15項）[169]。すなわち、複数新設分割の場合には、「共同事業を行うための会社分割」に関する税制適格要件（前掲の図表Ⅰ-11-7参照）のうち、各共同出資者が行う新設分割が事業関連性要件や事業規模要件を充足するか否かは、当該共同出資会社の事業とではなく、他の共同出資者（分割法人）の事業（具体的には、分割前に行う事業のうち、当該分割により分割承継法人＝共同出資会社において行われることとなるもの）との比較によって判定され、また、経営参画要件に関しても、「全ての」共同出資者（分割法人）のいずれかの役員等が分割後に共同出資会社（分割承継法人）の特定役員となることが見込まれていなければならないものとされる（この点は、複数新設現物出資の場合も同様である）。なお、この場合には、適格分割または適格現物出資に該当するための要件に関して、共同出資者それぞれの当該共同出資会社に対する持株比率がどのようなものであるかは特に問題とされていない。他方、②受皿会社（共同出資会社）として既存の会社を用いる場合には、2社以上の共同出資者（分割法人または現物出資法人）が同時に吸収分割または現物出資により当該共同出資会社に対して移転対象事業を移転させたとしても、法人税法上は、複数の吸収分割または現物出資が同時に行われたとみなされるに過ぎず、それぞれの共同出資者（分割法人または現物出資法人）毎に単独吸収分割または単独現物出資が行われたものとして、適格組織再編成への該当性が判定されることになると解されている[170]。したがって、この場合には、共同出資者それぞれの当該共同出資会社に対する持株比率によって税制適格要件が異なることになり、概していえば、ⓐ共同出資会社に対す

---

[169] なお、3社の共同出資者が複数新設分割を行う場合にも、分割法人毎に税制適格要件の充足の有無が判定されるわけではないため、例えば、3社のうち2社が支配関係にあり（すなわち、同一の企業グループ内にあり）、残り1社が他の2社と資本関係を有しないときは、当該複数新設分割全体が共同事業を行うための会社分割に該当するか否かによって税制適格要件の充足の有無が判定されることになると解されている（佐藤・前掲注127) 213〜214頁）。

[170] 佐藤・前掲注127) 225頁。

る持株比率が50％超である出資者からの移転資産等について譲渡損益課税が繰り延べられるか否かは、「企業グループ内の適格組織再編成」に該当するか否かの問題に帰着することになり、他方、ⓑ当該持株比率が50％以下である出資者からの移転資産等についてのそれは、結局、「共同事業を行うための適格組織再編成」に該当するか否かの問題に帰着することになる。この場合における、それぞれの共同出資者が行う吸収分割または現物出資が「共同事業を行うための適格組織再編成」に該当するか否かを左右する事業関連性要件[171]や事業規模要件の充足の有無は、上述の共同新設分割または共同新設現物出資の場合とは異なって、他の共同出資者（分割法人または現物出資法人）が移転する事業との比較ではなく、共同出資会社（分割承継法人または被現物出資法人）の事業との比較によって判定されるので、各共同出資者による出資の順序如何によっては、ある共同出資者が行う吸収分割または現物出資が適格分割または適格現物出資として譲渡損益課税が繰り延べられるにもかかわらず、別の順序で出資が行われる場合には、当該共同出資者が行う吸収分割または現物出資が適格分割または適格現物出資に該当せず、移転対象事業に係る資産についての譲渡損益課税が生じることもあり得るので、この点、注意を要する。

(5) 組織再編行為の無効が課税関係に与える影響[172]

最後に、合併等の組織法上の行為が私法上（つまり、会社法上）無効とされた場合に、それが課税関係に与える影響について検討する。この点に関してのリーディング・ケースは、大阪高判平成14年12月26日判タ1134号216頁[173][174]である。同判決の事案は、平成17年改正前商法の下で、訴外A社（有限会社）を吸収合併したX₁社（株式会社）が、A社に清算所得（平成13年度税制改正前法税112条）が生じた[175]として、また、A社の社員X₂およ

---

[171] 組織再編成の当事者の一方がペーパー・カンパニーである場合については一般に事業関連性要件を欠くと解されている（後記 **5**(1)(ii)参照）。

[172] 本(5)の詳細については、太田編著・前掲注1) 210〜221頁参照。

[173] 原審判決は、大阪地判平成14年5月31日判タ1098号140頁。この判決の評釈としては、例えば、北佳子「判批」民事研修545号（2002）27頁、同「合併無効判決の確定と更正の請求の可否」税理46巻12号（2003）220頁参照。

[174] なお、本件はその後上告されたが、最一決平成17年6月2日税務訴訟資料255号順号10046によって上告不受理決定がなされ、確定している。

び X_3 が、みなし配当所得（平成13年度税制改正前所税25条1項4号）が生じたとして、それぞれ確定申告を行ったが、その後、本件合併に係る合併無効判決が確定したことから、課税当局に対し、いわゆる後発的理由に基づく更正の請求（国税通則法23条2項1号）を行ったが、認められなかった（更正すべき理由がない旨の通知処分がなされた）ことから、当該通知処分の取消しを求めて X_1 ～ X_3 が提訴したというものである。この事案につき、大阪高裁は、合併により生じた所得について、存続会社（X_1 社）および消滅会社（A社）の社員が確定申告を行った後に合併無効判決が確定した場合、当該合併無効判決の効力は租税法律関係においても遡及せず、既に行った確定申告は、更正の請求の対象とはならないと判示した。本判決は平成17年改正前商法下の事案であり、その判決の射程について検討の余地はあるものの、実務的には、合併や会社分割など組織法上の行為が私法上（つまり、会社法上）無効とされた場合でも、それら組織法上の行為につき無効判決が確定したことは、従前形成されていた課税関係の効力に影響を与えず、更正の請求などは認められない、ということを前提に、タックス・プランニングを行っていくほかないであろう。

4 株式移転・株式交換と課税

(1) 株式移転・株式交換税制の抜本改正の意義

平成18年10月1日に施行された株式移転・株式交換税制の抜本改正（以下、本章において「平成18年改正」という）は、平成13年度税制改正による組織再編税制の導入以来のM&A関連税制の分野における重要な改正であり、株式を対価とするわが国企業のM&A（合併、会社分割および株式交換）について、対象会社および株主の各レベルにおいてストラクチャーの工夫次第で課税繰延べ（つまり、当該M&Aの時点における非課税）を享受しつつM&Aを実行することが比較的容易であった「牧歌的な」時代が完全に終焉を迎えたことを意味する点で、わが国のM&A関連税制の歴史の中でも大きな意義

---

175) なお、平成13年度税制改正で企業組織再編税制が導入されたことから、本件で問題となった合併に係る清算所得に対する法人税の制度は既に廃止されている。

を有するものであった。すなわち、平成18年改正によって、わが国企業同士のM&Aにあっては、それが企業グループの枠を超えたものである限り、その対価が現金であれ、株式であれ、買収対象企業による公正価額による第三者割当増資の引受けを手段とするM&Aの場合を除いて、法人税法等に定められた税制適格要件を充足しない限り、買収対象企業の資産（ないし買収対象の事業または資産）の含み損益についてはキャピタル・ゲイン課税（時価評価課税）が、買収対象企業の株主レベルでは場合によりみなし配当課税および／またはキャピタル・ゲイン課税が、各々なされ得ることとなった。

(2) 株式移転・株式交換税制の抜本改正の概要

(i) かつての株式移転・株式交換税制の概要

平成18年9月30日以前を株式移転または株式交換の日とする株式移転・株式交換に関する課税上の取扱いについて概観しておくと、法人レベルの課税については、株式移転または株式交換により完全親会社となる会社の資産の含み損益が税務上認識されることがないのはもちろん、完全子会社となる会社の有する資産の含み損益についても、当該資産自身については私法上所有権の移転等が生じないことから、わが国のキャピタル・ゲイン課税に関する一般原則である実現主義に従って、当該株式移転または株式交換を原因として税務上その含み損益について認識がなされることはなかった。これに対して、株主レベルの課税に関しては、完全子会社となる会社の株主は、その有する完全子会社の株式と引換えに完全親会社の株式を交付されることとなるため、その段階で税務上株式譲渡損益の認識が行われるのが原則であるが、当該株式移転または株式交換が、①完全子会社となる会社の株主に対して交付される対価のうち、金銭等の占める割合が5％以下であること、および②完全親会社となる会社における完全子会社となる会社の株式の受入価額が、株式移転または株式交換の直前時の完全子会社となる会社の株主における当該株式の帳簿価額ないし取得価額の合計額以下であること（株式移転または株式交換の直前時において当該完全子会社となる会社の株主の数が50人未満の場合）または当該受入価額が当該完全子会社となる会社の純資産の帳簿価額以下であること（上記の株主の数が50人以上の場合）といった所定の要件を満たしている場合には、税務上株式譲渡損益の認識は繰り延べられる（平成18年度税制改正前租特37条の14および67条の9ならびに同改正前租特令25条の

13 および 39 条の 30)というものであった。

(ii) 現行の株式移転・株式交換税制の概要
(a) 平成 18 年改正の骨子

　平成 18 年改正による改正後の株式移転・株式交換税制は、平成 18 年 10 月 1 日以降の日を株式移転または株式交換の日(すなわち、株式移転または株式交換の効力発生日)とする株式移転または株式交換から適用されているが、同改正の骨子をまとめると、以下の 7 点となる。すなわち、①株式移転・株式交換税制は、従前は租特法において規律されていたところ、法人税法本則の下で規律されることになった。②平成 18 年改正後における株式移転・株式交換税制の下では、株式移転・株式交換も合併や会社分割等の組織再編行為とパラレルな形で「適格」株式移転・株式交換と「非適格」株式移転・株式交換とに分けて規律されることとなった[176]。③適格「株式移転・株式交換」に該当するための要件は、合併や会社分割等の他の組織再編行為についてと同様、基本的に、株式以外の資産(いわゆる boot)が交付されないことおよび企業グループ内の株式移転・株式交換であることまたは共同事業のための株式移転・株式交換であることであり、具体的な税制適格要件の内容も、おおむね他の組織再編行為の税制適格要件とパラレルである。④適格株式移転・株式交換に該当しない場合、法人レベルの課税については、完全親会社となる会社に関しては特段の課税関係は生じないが、完全子会社となる会社に関しては、その保有資産の時価評価課税が行われる。すなわち、当該移転・交換の結果として完全子会社となる会社が保有する資産のうち一定のものについては、その会計上の取扱いにかかわらず(言い換えれば、会計上は、たとえパーチェス法が適用される場合であっても、完全子会社となる会社の保有資産については時価評価損益の認識は特に行われないにもかかわらず)、税務上は時価評価が行われ、その評価損益のネット分について評価損益課税がなされる。⑤具体的には、上記④の時価評価課税に際しては当該株式移転・株式

[176) ある会社が単独で株式移転を行った場合であっても、いわゆる現金等不交付要件を満たしており、株式移転後に株式移転完全親法人が株式移転完全子法人の発行済株式等の 100％を直接または間接に保有する関係が継続することが見込まれている場合には、適格株式移転に該当するものとされている(法税 2 条 12 号の 18 イ、法税令 4 条の 3 第 21 項)。

交換の実施直前の時価が用いられ、当該時価評価により発生した益金または損金は、それぞれ当該株式移転・株式交換を実施した年度における当該完全子会社となる会社の課税所得の増額または減額要因となる（ネットで評価益が存する場合には当該評価益の金額につき所得課税がなされる）。⑥一方、株式移転・株式交換の当事会社の株主レベルでは、完全親会社となる会社の株主に関しては特段の課税関係は生じない一方、完全子会社となる会社の株主に関しては、法人レベルでの課税上の取扱いとは異なり、当該株式移転・株式交換が適格株式移転・株式交換に該当するか否かを問わず、およそ完全親会社となる会社の発行株式（いわゆる三角株式交換の場合には、株式交換完全支配親法人株式）以外の資産（boot）の交付がない限りは常に税務上の損益認識の繰延べが認められ、かかる資産の交付がある場合にのみ、従前それら株主が保有していた完全子会社となる会社の株式が時価で譲渡されたものとして税務上の損益が認識される（ただし、完全子会社となる会社から株主への資産の交付がないことから、合併等の場合とは異なり、みなし配当課税は一切なされない[177]）。

　なお、この株式移転・株式交換税制に関しては、平成28年度税制改正によって、適格要件の一部見直し（特定役員引継要件につき、従前の、特定役員の「いずれか」が株式移転・株式交換に伴って退任するものでないことから、特定役員の「全て」が退任するものでないことへの改正等）がなされたほか、平成29年度税制改正によって、**第5章第2節4⑸**で述べたとおり、上場会社等の完全子会社化のためのキャッシュ・アウトに係る課税上の取扱いについて統一的な規律がなされることとなった結果として、株式等売渡請求、株式併合ないし全部取得条項付種類株式を用いたキャッシュ・アウトが、株式交換と同様に、組織再編税制の一環として位置付けられることとなった。そのため、平成29年度税制改正後は、全部取得条項付種類株式の端数処理、株式併合の端数処理ないし株式売渡請求による完全子会社化に際しては、全て、当該完全子会社化の対象となった会社の有する資産につき、株式交換による完全子会社化の場合と同様、原則として時価評価課税がなされることとなり、一定の税制適格要件が満たされた場合のみ、「適格株式交換等」（法税2条12号の17）として、当該時価評価課税の対象から除かれることとなった

---

177)　青木ほか・前掲注45) 299頁〔佐々木ほか〕参照。

(法税 62 条の 9 第 1 項参照)。それ故、平成 29 年度税制改正後は、「適格株式交換」の語は正確には「適格株式交換等」と表記すべきであるが、株式等売渡請求、株式併合ないし全部取得条項付種類株式を用いたキャッシュ・アウトのうち、かかる税制適格要件を充足するものは、株式交換のうち税制適格要件を充足するものとは（キャッシュ・アウトのために行われる現金株式交換のうち税制適格要件を充足するものを除き）性質を大きく異にしているので、本章においては、キャッシュ・アウトのために行われる現金株式交換のうち税制適格要件を充足するものに言及する場合を除き、基本的に「適格株式交換等」の語は「適格株式交換」と表記することとする。

(b) 株式移転・株式交換に関する税制適格要件

上記のとおり、平成 18 年改正後における株式移転・株式交換税制の下では、株式移転および株式交換に関する（当事会社の法人レベルの）課税関係は、合併や会社分割等の組織再編行為に係る組織再編税制とパラレルな形で適格株式移転・株式交換と非適格株式移転・株式交換とに分けて規律されており、適格株式移転・株式交換に該当するための要件は、合併や会社分割等の他の組織再編行為に係る税制適格要件と基本的には同様である（要件の詳細は後掲の図表 I -11-23 および図表 I -11-24 参照）。しかしながら、とりわけ共同事業を行うための株式移転・株式交換に係る税制適格要件については、その細部において合併・分割等の税制適格要件と異なる点があるため、プランニングに際しては十分な注意が必要である。

[図表 I -11-23] 株式移転に係る税制適格要件

		完全子法人と他の完全子法人との関係	適格要件
			A から C に共通する要件 完全子法人の株主に、完全親法人の株式以外の資産が交付されないこと
A	100%グループ内	同一の者による完全支配関係およびその関係の継続見込み（単独株式移転の場合：完全支配関係の継続見込み）	

B	50%超グループ内	移転前の50%超の支配関係および完全親法人による支配関係の継続見込みまたは同一の者による支配関係およびその関係の継続見込み	① 完全子法人の従業者のおおむね80％以上の継続従事が見込まれていること（従業者継続従事要件） ② 完全子法人の主要な事業が引き続き行われることが見込まれていること（事業継続要件）
C	50%以下（共同事業を行うための株式移転）	上記以外	① 子法人同士の子法人事業が相互に関連すること（事業関連性要件） ② 事業規模の割合がおおむね5倍を超えない（事業規模要件）または完全子法人の特定役員の全てが株式移転に伴って退任するものでないこと（特定役員要件[178]または経営参画要件） （注）特定役員とは、社長、副社長、代表取締役、代表執行役、専務取締役もしくは常務取締役またはこれらに準ずる者で法人の経営に従事している者（法税令4条の3第20項2号・24項2号・4項2号）を意味する。 ③ 完全子法人の従業者のおおむね80％以上の継続従事が見込まれていること（従業者継続従事要件） ④ 完全子法人の子法人事業が引き続き行われることが見込まれていること（事業継続要件） ⑤ 株式移転により交付される当該株式移転に係る株式移転完全親法人の議決権株式のうち支配株主に交付されるものの全部が支配株主により継続して保有されることが見込まれていること[179] ⑥ 株式移転後に完全子法人と他の完全子法人との間に、株式移転に係る株式移転完全親法人による完全支配関係の継続が見込まれていること

---

178) 平成28年度税制改正前の要件につき後記(5)(iii)(b)参照。
179) 本要件の改正の経緯については、前掲注36)参照。

| | | | （注）支配株主とは、株式移転の直前に完全子法人と他の者との間にその他の者による支配関係がある場合におけるその他の者およびその他の者による支配関係があるものを意味する。
（注）株式移転直前に完全子法人と他の者との間に当該他の者による支配関係がない場合には、本要件は必要とされない。 |

[図表Ⅰ-11-24] 株式交換に係る税制適格要件

		完全親法人と 完全子法人との関係	適格要件
			AからCに共通する要件 完全子法人の株主に、完全親法人の株式（いわゆる三角株式交換の場合には、株式交換完全支配親法人株式）以外の資産が交付されないこと（ただし、完全親法人の完全子法人に対する持株割合が3分の2以上の場合における株式交換完全子法人の少数株主に対しては金銭その他の資産の交付がある場合でも適格要件を満たすとされている）
A	100% グループ 内	完全支配関係およびその継続見込みまたは同一の者による完全支配関係およびその関係の継続見込み	
B	50%超 グループ 内	当事者間の支配関係およびその関係の継続見込み または 同一の者による支配関係およびその関係の継続見込み	① 完全子法人の従業者のおおむね80％以上の継続従事が見込まれていること（従業者継続従事要件） ② 完全子法人の主要な事業が引き続き行われることが見込まれていること（事業継続要件）

第 1 節　M&A と課税　829

C	50％以下（共同事業を行うための株式交換）	上記以外	① 子法人事業と親法人事業が相互に関連すること（事業関連性要件） ② 事業規模の割合がおおむね5倍を超えない（事業規模要件）または完全子法人の特定役員の全てが株式交換に伴って退任するものでないこと（特定役員要件[180]または経営参画要件） （注）特定役員とは、社長、副社長、代表取締役、代表執行役、専務取締役もしくは常務取締役またはこれらに準ずる者で法人の経営に従事している者（法税令4条の3第20項2号・24項2号・4項2号）を意味する。 ③ 完全子法人の従業者のおおむね80％以上の継続従事が見込まれていること（従業者継続従事要件） ④ 完全子法人の子法人事業が引き続き行われることが見込まれていること（事業継続要件） ⑤ 株式交換により交付される当該株式交換に係る株式交換完全親法人（三角株式交換の場合は株式交換完全支配親法人）の議決権株式のうち支配株主に交付されるものの全部が支配株主により継続して保有されることが見込まれていること[181] ⑥ 完全親法人と完全子法人との間に完全親法人による完全支配関係の継続が見込まれていること （注）支配株主とは、株式交換の直前に完全子法人と他の者との間にその他の者による支配関係がある場合におけるその他の者およびその他の者による支配関係があるものを意味する（ただし、完全親法人を除く）。 （注）株式交換直前に完全子法人と他の者との間に当該他の者による支配関係がない場合には、本要件は必要とされない。

(iii) 法人レベルにおける課税に関する問題
(a) 株式移転・株式交換完全子法人における時価評価課税

　現行税制の下では、税制適格要件を充足しない、いわゆる非適格株式移転・株式交換が行われる場合、完全子法人となる会社が保有する一定の資産につき、税務上、時価評価による損益が認識され、当該評価損益に課税がなされる（法税62条の9第1項）（ただし、非適格株式移転・株式交換の場合であっても、株式移転または株式交換の直前に、①株式移転完全子法人と他の株式移転完全子法人との間に完全支配関係がある場合または②株式交換完全子法人と株式交換完全親法人との間に完全支配関係があるときは、時価評価課税はなされない（同項括弧書））。この場合、時価評価課税の対象となる一定の資産とは、主に固定資産（後述するように営業権も含まれるが、一定の圧縮記帳の適用を受けた減価償却資産は除かれる）、土地（土地の上に存する権利を含み、固定資産に該当するものを除く）、有価証券（売買目的有価証券および償還有価証券を除く）、金銭債権および繰延資産であって、これらのうちその含み損益が1000万円以上のもの[182]である。この時価評価課税との関係でかつて問題となっていたのが、時価評価課税の対象とされる資産に、不動産等だけでなく、法人税法上の「営業権」まで含まれるとされている点であった[183]。すなわち、法人税法上の「営業権」については特に定義規定はなく、かつては、一般にM&Aに際して買収企業が支払う買取対価が被買収企業の時価純資産価額を上回っている場合に買収企業側で会計上認識される、いわゆるのれん（被買収企業の超過収益力を表したもの）をも含む概念として理解されてきたことから、万一、この「被買収企業の超過収益力が化体された存在としてののれん」を、株式移転・株式交換を契機として完全子会社の側で税務上時価評価課税しなければならないものとすると、企業結合会計の下でパーチェス法が

---

180) 平成28年度税制改正前の要件につき後記(5)(iii)(b)参照。
181) 本要件の改正の経緯については、前掲注36) 参照。
182) ただし、当該資産を保有する内国法人の資本金等の額の2分の1に相当する金額が1000万円よりも小さい場合は、当該資本金等の額の2分の1に相当する金額以上のもの（法税令123条の11第1項5号）。なお、平成29年度税制改正により、簿価が1000万円未満の資産については時価評価の対象から除外されることとなった（法税令123条の11第1項4号、法税則27条の15および27条の16の2）。
183) ちなみに、法人税法62条の9第1項所定の「固定資産」には、「営業権」も含まれるものとされている（法税令1条、法税2条22号、法税令12条2号、13条8号ヲ）。

適用される場合であっても、完全子会社側では会計上は通常このようなのれん（自己創設営業権）は認識されることがないにもかかわらず、税務上の目的からこのようなのれんが認識され、その時価が、最大で、株式移転・株式交換によって発行される完全親会社株式の時価の合計額（X）から完全子会社の時価純資産価額（Y）を控除した額（Z）であると評価されて、その額につき課税が発生する（完全子会社側では税務上そのようなのれんは認識されていないのが通常であろうから、通常は、最大でZに相当する額に対して法人実効税率で課税が行われることになる）おそれがあった。万一このような意味でののれんに対する課税が行われるのであれば、高い超過収益力を有するグループ外企業を株式交換で買収すること[184]に対する極めて大きな阻害要因となりかねなかった。もっとも、この問題については、平成29年度税制改正によって、適格要件を満たさない株式等売渡請求、株式併合ないし全部取得条項付種類株式を用いたキャッシュ・アウトについても、非適格株式交換等として時価評価を行う一方、時価評価を行う場合が拡張されたことを受けて、事務負担に配慮するため、簿価価額が1000万円未満と少額である資産を一律で対象外とする改正がなされた（法税令123条の11第1項4号）。この結果、それまで未計上の（つまりは、そもそも簿価が存在しない）自己創設営業権は時価評価の対象外であることが明確になった（なお、連結納税グループ開始または同グループへの加入時における時価評価課税（法税61条の11第1項柱書および61条の12第1項柱書）に係る規定に関しても、同様の改正がなされた（法税令122条の12第1項4号、法税則27条の13の2および27条の15第1項））。

(b) **株式移転・株式交換完全親法人が取得した株式移転・株式交換完全子法人の株式の取得価額**

株式移転・株式交換完全親法人が取得した株式移転・株式交換完全子法人の株式の取得価額は、以下のとおり、適格株式移転・株式交換または完全支配関係を有する法人間の株式移転・株式交換の場合、当該株式移転・株式交換の直前の株式交換完全子法人の株主数によって異なる。

---

[184] この場合、共同事業要件まで満たさない限り適格株式交換に該当しないために、その資産に対する時価評価課税が行われるリスクが相対的に高いといえる。

[図表 I-11-25] 株式移転・株式交換完全親法人が取得した株式移転・株式交換完全子法人の株式の取得価額

株式移転・株式交換の直前における株式移転・株式交換完全子法人の株主数	50人未満	50人以上
適格株式移転・株式交換（金銭不交付株式交換に限る） 完全支配関係を有する法人間の株式移転・株式交換	株式移転・株式交換完全子法人の株式の株式移転・株式交換等の直前の帳簿価額に相当する金額の合計額（法税令119条1項10号イ・12号イ）	株式移転・株式交換完全子法人の（組織再編時ではなく）前期期末時の資産の帳簿価額から負債の帳簿価額を減じた額（法税令119条1項10号ロ・12号ロ）[185]
上記以外の非適格株式移転・株式交換	株式移転・株式交換の時における取得のために通常要する価額（法税令119条1項27号）	

(iv) 株主レベルにおける課税に関する問題

　株式移転または株式交換を行うことによって、完全子法人となる会社の株主は、完全子法人となる会社の株式と引換えに完全親法人となる会社の株式等の対価を受け取ることになるため、わが国租税法の下では、これによって株式譲渡損益が実現することが原則である。

　しかしながら、前述したとおり、株式移転または株式交換において完全子法人となる会社の株主[186]に対して交付される対価が完全親法人の株式（いわゆる三角株式交換の場合には、株式交換完全支配親法人株式）に限定されてい

---

185) 平成28年度税制改正以前は、株式移転完全子法人または株式交換完全子法人の、株式移転または株式交換の直前の簿価純資産額（資産の帳簿価額から負債の帳簿価額を減算した金額）に相当する金額とされていたため、株式移転または株式交換が期中で行われた場合には、実務上、取得価額の計算が煩雑であった。このため、平成28年度税制改正によって、前期期末時（株式移転完全子法人または株式交換完全子法人の、その株式移転または株式交換の日の属する事業年度の前事業年度終了の時）の簿価純資産額に相当する金額を取得価額とすることとされた。

186) かかる株主が内国法人または居住者の場合である。かかる株主が外国法人や非居住者である場合には、別途恒久的施設の有無や国内源泉所得への該当性および租税条約の適用等について検討する必要がある。

る等の一定の要件(以下、本章においてこの要件を「現金等不交付要件」という)を満たしている場合[187)188)]には、株主レベルでの株式譲渡損益は税務上認識されない(法税61条の2第9項〜11項、所税57条の4第1項および2項)。また、非適格株式移転・株式交換であってもみなし配当課税は行われない(法人税法24条1項に規定されるみなし配当の対象外)。以上のとおり、株式移転または株式交換によって完全子法人となる会社の株主について株式譲渡損益課税がなされるか否かは、当該株式移転または株式交換が適格株式移転・株式交換になるか否かとは関係がなく、非適格株式移転・株式交換であっても、株式移転または株式交換により完全子法人となる会社の株主について、株式譲渡損益の認識が税務上繰り延べられることがあり得る。

なお、内国法人または居住者が完全子法人の発行する新株予約権または新株予約権付社債を所有している場合に、株式移転または株式交換によって当

---

187) なお、「対価として交付される資産が完全親会社の株式のみであること」との要件に関しては、配当代わり金や株式買取請求に対する対価として交付されるものに関して若干の例外が設けられている。この点、株式交換の場合には、株式交換によって完全子法人になる会社の株主に対して交付される対価が、①完全親法人の株式または株式交換完全支配親法人株式のいずれか一方、②当該株主に対する剰余金の配当として交付された金銭その他の資産、および③株式交換に反対する当該株主に対するその買取請求に基づく対価として交付される金銭その他の資産に限られている場合には、株主レベルにおける課税繰延べ(正確には税務上の損益認識の繰延べ。以下同じ)が認められているのに対して(法税61条の2第9項、所税57条の4第1項)、株式移転の場合には、上記の課税繰延べが認められるための対価の種類が、①完全親法人の株式および②株式移転に反対する当該株主に対するその買取請求に基づく対価として交付される金銭その他の資産に限定されており、株式交換の場合とは微妙に要件が異なっている(法税61条の2第11項、所税57条の4第2項)点に留意する必要がある。ちなみに、前述のとおり、現行税制の下で株式移転・株式交換に際して株主レベルで課税繰延べが認められるか否かは適格株式移転・株式交換に該当するか否かと直接リンクしていないが、上記の、現金等不交付要件が充足されていることは、後記(3)で詳述するキャッシュ・アウトのために行われる現金株式交換のうち一定の要件を充足する場合を除いて、適格株式移転・株式交換に該当するための前提条件とされている(法税2条12号の17・12号の18)。

188) なお、後記(3)で詳述するとおり、平成29年度税制改正の結果、キャッシュ・アウトのために行われる現金株式交換のうち一定の要件を充足するものについては、現金等不交付要件は税制適格要件とされないこととなった。もっとも、株式交換において株主における株式交換完全子法人株式の譲渡損益を計上しないための要件は、あくまで現金等不交付要件のまま改正されておらず、適格株式交換であっても「金銭等不交付株式交換」に該当しない限りは、株主レベルでの譲渡損益は税務上認識される(法税61条の2第9項)。

該新株予約権または新株予約権付社債と引換えに対価を交付された場合には、譲渡損益課税がなされることが原則であるが、当該新株予約権または新株予約権付社債に代えて完全親法人の新株予約権または新株予約権付社債のみの交付を受けた場合には、税務上譲渡損益の認識が繰り延べられるものとされている（法税61条の2第12項、所税令116条）[189]。

(v) 第2次再編その他多段階再編が見込まれている場合の取扱い

株式移転または株式交換の実施後に別の組織再編成（第2次再編）を行うことが予め見込まれている場合について、当初の株式移転および株式交換（第1次再編）に係る税制適格要件を緩和する規定が設けられていたところ、平成29年度税制改正[190]によって、第2次再編に限らず、当初の株式移転および株式交換の後に2以上の組織再編成が行われることが見込まれている場合についても、一定の要件を満たせば、それぞれの組織再編成が適格組織再編成の要件を充足する旨の税制適格要件の緩和が行われた（法税2条12号の17ロ・ハ、法税令4条の3第20項3号および4号、法税2条12号の18ロ・ハ、

---

[189] なお、完全子法人が発行していた新株予約権について、当該新株予約権者が株式移転・株式交換によって完全親法人の新株予約権の新株予約権者になることは、会社法上は、完全子法人が発行していた新株予約権の消滅と完全親法人による新たな新株予約権の発行とされている（会社768条1項4号・5号、769条4項、773条1項9号・10号、774条4項。相澤哲＝豊田祐子「新会社法の解説(6) 新株予約権」商事1742号（2005年）24頁参照）。そのため、完全子法人が税制適格ストック・オプション（租特29条の2）を発行していた場合に、そのストック・オプションの権利者が、株式移転・株式交換によって当該ストック・オプションに代えて完全親会社の新株予約権の発行を受けた場合に、当該新株予約権が、従前の条件を引き継いだ税制適格ストック・オプションになり得るのかという問題がある。この点、税制適格ストック・オプションを発行していた会社が株式移転を行うにあたって、株式移転により設立される親会社が、株式移転計画に基づいて、そのストック・オプションの権利者に対して従前の新株予約権と同一内容の新株予約権を交付する旨の事案に関する事前照会に対して、東京国税局は、2010年1月25日付けで、かかる親会社が発行する当該新株予約権についても、引き続き税制適格要件を満たす旨の回答をしている（https://www.nta.go.jp/about/organization/tokyo/bunshokaito/gensen/03/01.htm にて閲覧可能）。

[190] なお、平成29年度税制改正に先立ち、平成28年度税制改正では、株式交換または株式移転の実施後に、完全子法人を被合併法人等とする適格合併等が行われることにより、当該子法人事業の全部または一部が移転することが見込まれている場合には、その移転する子法人事業がその適格合併等に係る合併法人等において引き続き営まれることにより、事業継続要件が満たされる旨を明確化する改正がなされていた（平成29年度税制改正前法税令4条の3第18項4号・22項4号）。

法税令4条の3第24項3号および4号等)。その結果、このような緩和規定がない場合には非適格組織再編成となる株式移転および株式交換についても、適格組織再編成に該当し得ることとされている。

　この点、合併、会社分割および現物出資に関しては、2以上の再編を行うことが見込まれている場合の税制適格要件の緩和が、当該2以上の再編が適格合̇併̇である場合に限って認められている(すなわち、適格分割等は許容されていない)のに対して、株式移転および株式交換については、それに続く2以上の再編が適格合併である場合に限らず、他の類型の組織再編成(具体的には、株式移転または株式交換により完全子法人となる会社を分割法人または現物出資法人とする適格分割または適格現物出資)である場合にも税制適格要件が緩和される[191]という点において、合併、会社分割および現物出資と比較して、ストラクチャー設計上の自由度が高い手段であるといえる[192]。

　さらに、平成30年度税制改正により、株式移転または株式交換に関して、当初の組織再編成の後に完全支配関係がある法人間で従業者または事業を移転することが見込まれている場合にも、当初の組織再編成の適格要件のうち従業者継続従事要件および事業継続要件に該当することとされ(法税2条12号の17ロ(1)・(2)・12号の18ロ(1)・(2)、法税令4条の3第20項3号・4号・24項3号・4号)、上記とあわせてストラクチャー設計上の自由度は一層高まった(緩和された税制適格要件については後掲の図表Ⅰ-11-26および図表Ⅰ-11-27を参照。また、株式移転または株式交換の実施後に第2次再編が実施される例については後掲の図表Ⅰ-11-28を参照)。

---

191) ただし、適格合併は、被合併法人が限定されていないため、適格合併を2回以上行って事業を順次移転することが見込まれている場合にも緩和された要件を満たすことができるが、会社分割および現物出資はその株式移転完全子法人または株式交換完全子法人を分割法人または現物出資法人とするものに限られるため、適格要件緩和の対象となるのは1回限りとなる。

192) 「株式交換・株式移転はその後の合併、分割の前段階として行われる場合が多いことから、このような場合の株式交換・株式移転またはその後の組織再編成の適格要件について、一定の緩和を行う規定が置かれている」と説明されている(岡村・前掲注12) 430頁)。

[図表Ⅰ-11-26] 株式移転後に適格合併または完全子法人を分割法人もしくは現物出資法人とする適格分割もしくは適格現物出資（適格合併等）（第2次以降の再編）の実施が見込まれている場合の適格株式移転（第1次再編）の従業者継続従事要件および事業継続要件

		従業者継続従事要件	事業継続要件
A	100%グループ内	なし	なし
B	50%超グループ内	以下の①または②の業務に引き続き従事する各完全子法人の従業者の合計数がその総数のおおむね80％以上となることが見込まれていること ① 株式移転（第1次再編）後に行われる適格合併等（第2次以降の再編）により完全子法人の行う主要な事業がその適格合併等（第2次以降の再編）に係る合併法人等に移転することが見込まれている場合の、(i)その合併法人等または(ii)その合併法人等との間に完全支配関係のある法人の業務 ② (i)完全子法人または(ii)その完全子法人との間に完全支配関係のある法人の業務	各完全子法人の株式移転（第1次再編）前に行う主要な事業が、以下の①または②の法人において引き続き行われることが見込まれていること ① 株式移転（第1次再編）後に行われる適格合併等（第2次以降の再編）により、各完全子法人の行う主要な事業が、合併法人等に移転することが見込まれている場合の、(i)その合併法人等または(ii)その合併法人等との間に完全支配関係のある法人 ② (i)完全子法人または(ii)その完全子法人との間に完全支配関係のある法人
C	50%以下（共同事業を行うための株式移転）	以下の①または②の業務に引き続き従事する完全子法人または他の完全子法人の従業者のそれぞれの合計数がそれぞれの総数のおおむね80％以上となることが見込まれていること	完全子法人の株式移転（第1次再編）前に行う主要な事業のうちのいずれかの事業の中で、他の完全子法人の株式移転（第1次再編）前に行う事業のうちのいずれかの事業と相互に関連する事業が、以下の①または②の法人において引き続き行われることが見込まれていること ① 株式移転（第1次再編）後に行わ

① 株式移転（第1次再編）後に行われる適格合併等（第2次以降の再編）により完全子法人の行う主要な事業のうちのいずれかの事業または他の完全子法人の行う事業のうちのいずれかの事業が、合併法人等に移転することが見込まれている場合の、(i)その合併法人等または(ii)その合併法人等との間に完全支配関係のある法人の業務 ② (i)完全子法人もしくは他の完全子法人または(ii)その完全子法人もしくは他の完全子法人との間に完全支配関係のある法人の業務	れる適格合併等（第2次以降の再編）により、完全子法人の行う主要な事業のうちのいずれかの事業の中で、他の完全子法人の行う事業のうちのいずれかの事業と相互に関連する事業が、合併法人等に移転することが見込まれている場合の、(i)その合併法人等または(ii)その合併法人等との間に完全支配関係のある法人 ② (i)完全子法人もしくは他の完全子法人または(ii)その完全子法人もしくは他の完全子法人との間に完全支配関係のある法人

＊株式移転に係る完全子法人（②(i)）だけでなく、その完全子法人との間に完全支配関係がある法人（②(ii)）、当初の株式移転の後に行われる適格合併等に係る合併法人等（①(i)）およびその適格合併等との間に完全支配関係がある法人（①(ii)）を「含む」との定めとなっているため、これらの複数の法人の業務に従事する者を合計しておおむね80％以上となれば従業者継続従事要件を充足することになり、また、主要な事業を複数の部分に分けてこれらの複数の法人において分担して行っている場合であっても事業継続要件を充足する（前記３(2)(i)(C)カ参照）。

＊従業者継続従事要件および事業継続要件以外の適格要件に関しては、前掲の図表Ⅰ-11-23参照（なお、従業者継続従事要件および事業継続要件以外の適格要件および同図表の「完全子法人と他の完全子法人との関係」欄に記載した（完全）支配関係継続見込み要件についても、多段階再編の実施が見込まれている場合には適格要件が緩和される場合がある）。

[図表 I-11-27] 株式交換後に適格合併または完全子法人を分割法人もしくは現物出資法人とする適格分割もしくは適格現物出資(適格合併等)(第2次以降の再編)の実施が見込まれている場合の適格株式交換(第1次再編)の従業者継続従事要件および事業継続要件

		従業者継続従事要件	事業継続要件
A	100%グループ内	なし	なし
B	50%超グループ内	以下の①または②の業務に引き続き従事する完全子法人の従業者の合計数がその総数のおおむね80％以上となることが見込まれていること ① 株式交換(第1次再編)後に行われる適格合併等(第2次以降の再編)により完全子法人の行う主要な事業がその適格合併等(第2次以降の再編)に係る合併法人等に移転することが見込まれている場合の、(i)その合併法人等または(ii)その合併法人等との間に完全支配関係のある法人の業務 ② (i)完全子法人または(ii)その完全子法人との間に完全支配関係のある法人の業務	完全子法人の株式交換(第1次再編)前に行う主要な事業が、以下の①または②の法人において引き続き行われることが見込まれていること ① 株式交換(第1次再編)後に行われる適格合併等(第2次以降の再編)により、完全子法人の行う主要な事業が、合併法人等に移転することが見込まれている場合の、(i)その合併法人等または(ii)その合併法人等との間に完全支配関係のある法人 ② (i)完全子法人または(ii)その完全子法人との間に完全支配関係のある法人

C	50％以下（共同事業を行うための株式交換）	以下の①または②の業務に引き続き従事する完全子法人の従業者の合計数がその総数のおおむね80％以上となることが見込まれていること ①　株式交換（第1次再編）後に行われる適格合併等（第2次以降の再編）により完全子法人の行う主要な事業のうちのいずれかの事業が、合併法人等に移転することが見込まれている場合の、(i)その合併法人等または(ii)その合併法人等との間に完全支配関係のある法人の業務 ②　(i)完全子法人または(ii)その完全子法人との間に完全支配関係のある法人の業務	完全子法人の株式交換（第1次再編）前に行う主要な事業のうちのいずれかの事業の中で、完全親法人の株式交換（第1次再編）前に行う事業のうちのいずれかの事業と関連する事業が、以下の①または②の法人において引き続き行われることが見込まれていること ①　株式交換（第1次再編）後に行われる適格合併等（第2次以降の再編）により、完全子法人の行う主要な事業のうちのいずれかの事業の中で、完全親法人の行う事業のうちのいずれかの事業と関連する事業が、合併法人等に移転することが見込まれている場合の、(i)その合併法人等または(ii)その合併法人等との間に完全支配関係のある法人 ②　(i)完全子法人もしくは他の完全子法人または(ii)その完全子法人もしくは他の完全子法人との間に完全支配関係のある法人

＊株式交換に係る完全子法人（②(i)）だけでなく、その完全子法人との間に完全支配関係がある法人（②(ii)）、当初の株式交換の後に行われる適格合併等に係る合併法人等（①(i)）およびその適格合併等との間に完全支配関係がある法人（①(ii)）を「含む」との定めとなっているため、これらの複数の法人の業務に従事する者を合計しておおむね80％以上となれば従業者継続従事要件を充足することになり、また、主要な事業を複数の部分に分けてこれらの複数の法人において分担して行っている場合であっても事業継続要件を充足する（前記3(2)(i)(C)カ参照）。

＊従業者継続従事要件および事業継続要件以外の適格要件に関しては、前掲の図表Ⅰ-11-24参照（なお、従業者継続従事要件および事業継続要件以外の適格要件および同図表の「完全子法人と他の完全子法人との関係」欄に記載した（完全）支配関係継続見込み要件についても、多段階再編の実施が見込まれている場合には適格要件が緩和される場合がある）。

[図表 I-11-28] 株式移転または株式交換に続いて第2次再編が行われる例

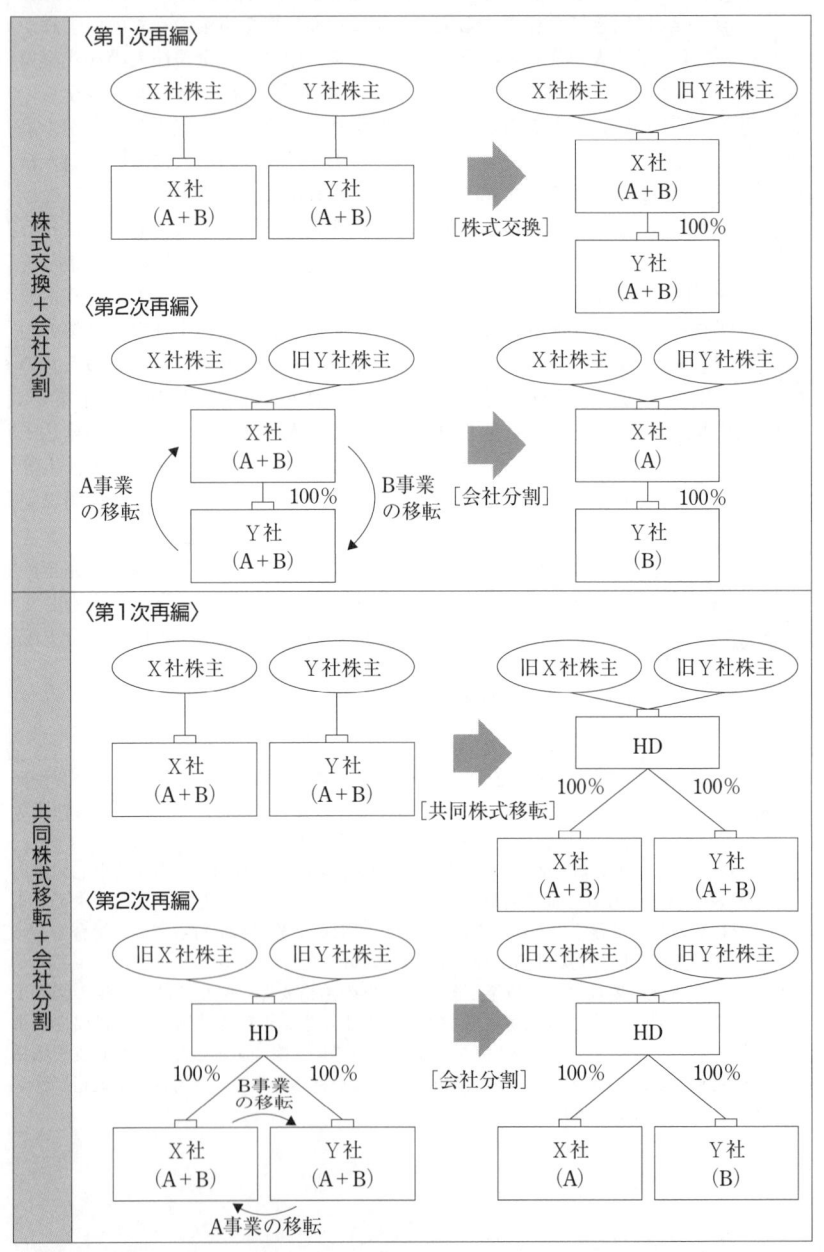

＊上記の図中の「A」と「B」とは、異なる種類の会社の事業を示している。

なお、関東信越国税局は、一社のみが完全子法人となる株式移転（単独株式移転）に係る照会事例（単独株式移転後に、株式移転完全子法人Y社がその子会社A社を吸収合併しつつ、あわせて、株式移転完全親法人X社と同完全子法人Y社との間に中間持株会社を介在させるスキームに関する照会事例：後掲の図表Ⅰ-11-29参照）について、第2次再編を行うことが見込まれている場合の適格要件は、（株式移転後に合併が行われ、株式移転完全親法人が株式移転完全子法人の発行済株式の全部を直接または間接に保有する関係を有しないこととなった場合であっても、①当該株式移転後に当該株式移転完全親法人が当該株式移転完全子法人の発行済株式の全部を（直接）保有する関係が継続し、②当該適格合併後に当該株式移転完全親法人が当該株式移転完全子法人の当該適格合併の直前の発行済株式の全部に相当する数の株式を継続して（直接）保有する関係が見込まれているときには、要件を充足し得るものとする）要件の緩和措置であるため、この緩和された適格要件自体は充足しないものの、緩和される前の本則的な要件を充足する場合には適格組織再編成になると解されるという照会者の見解を、結論的に肯定している[193]。

なお、問題となった規定（照会当時の法税令4条の2第19項）は、平成29年度税制改正に際して改正され、株式移転完全子法人を被合併法人または合併法人とする適格合併を行うことが見込まれている場合、株式移転の時からその適格合併の直前の時まで、当該完全子法人と株式移転完全親法人との間に、当該完全親法人による完全支配関係が継続することが見込まれていれば、税制適格要件を充足し得るものとされた（法税令4条の3第22項）。このように、平成29年度税制改正後は、発行済株式の全部に相当する数の株式を継続して（直接）保有する関係に限られず、（間接的に保有する場合も含まれる）完全支配関係が要求されるに留まることから、仮に上記照会事例と同様の組織再編が実施されても、上記の解釈問題は生じないこととなった。

---

[193] 「株式移転後に株式移転完全子法人を合併法人とする適格合併が見込まれている場合の当該株式移転に対する適格判定について（照会）」と題する照会に対する2009年3月31日付けの関東信越国税局審理課長の回答（https://www.nta.go.jp/about/organization/kantoshinetsu/bunshokaito/hojin/090331/index.htm にて閲覧可能）参照。

[図表Ⅰ-11-29] 株式移転後、株式移転完全子法人を株式移転完全親法人の間接子会社とする事例

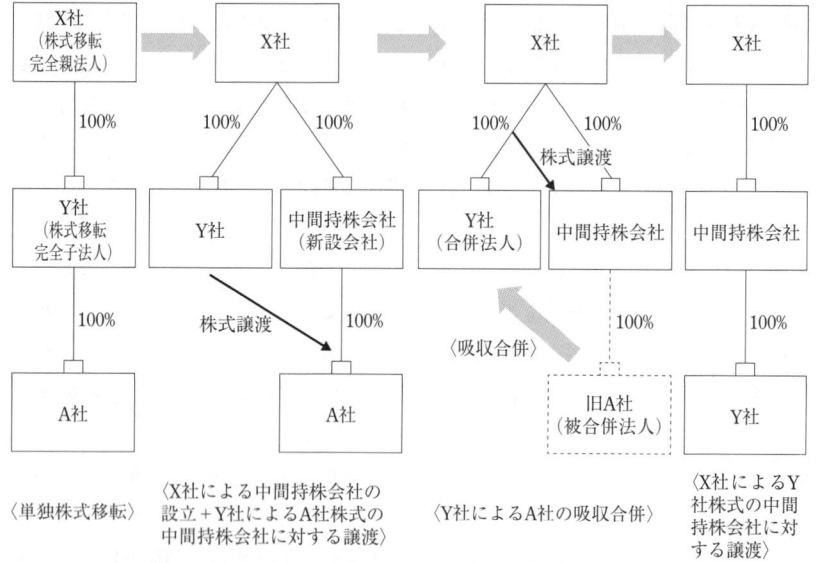

本図表は、前掲注193）記載の照会の前提とされた事案を簡略化したものである。

(3) 一部現金対価株式交換の課税上の取扱いに関する平成29年度税制改正による改正

平成18年改正後、平成29年度税制改正前においては、株式交換の対価に1円でも現金その他の資産（boot）が含まれる場合（かかる場合の株式交換を、以下本章において「一部現金対価株式交換」という）は、常に、非適格株式交換（平成29年度税制改正前法税2条12号の16参照）に該当するものとされていた。その結果、株式交換による完全子会社化の対象となる会社が当該株式交換の直前の時において有する時価評価資産の評価損益は、常に、当該株式交換の日の属する事業年度の所得の金額の計算上、益金の額または損金の額に算入しなければならないものとされていた（いわゆる時価評価課税。平成29年度税制改正前法税62条の9第1項参照）。

しかしながら、平成29年度税制改正により、上場会社等の完全子会社化のためのキャッシュ・アウトに係る課税上の取扱いについて統一的な規律が

なされたことに伴い、一部現金対価株式交換の場合であっても、必ずしも税制非適格とはならないこととされ、株式交換に係る適格要件のうち、対価に関する要件（boot不交付要件）については、株式交換の直前において株式交換完全親法人が株式交換完全子法人の発行済株式（自己株式を除く）の3分の2以上を有する場合における株式交換完全親法人以外の株主に対して交付する対価を除外して判定されることとなった（法税2条12号の17）。そして、①全部取得条項付種類株式の取得に係る決議、②株式併合または③株式売渡請求の承認により、対象会社が買収者との間に「完全支配関係」（法税2条12号の7の6、法税令4条の2第2項）を有することとなることが、④株式交換とあわせて「株式交換等」と定義されることとなり（法税2条12号の16）、中でも、企業グループ内の株式交換と同様の税制適格要件が満たされる場合が「適格株式交換等」と定義されることとなって（同条12号の17）、この「適格株式交換等」に該当する場合に限り、従前の「適格株式交換」の場合と同様、対象会社の資産については時価評価課税がなされないこととなった（法税62条の9第1項参照）。

そのため、結論的に、買収会社が買収対象会社を株式交換によって買収しようとする場合であって、当該買収会社が当該買収対象会社の発行済株式（自己株式を除く）の3分の2以上を有するときには、当該株式交換は、たとえ一部現金対価株式交換であっても、「適格株式交換等」に該当し得ることとなった。そして、「適格株式交換等」に該当することとなった場合には、対象会社の資産については時価評価課税はなされないことになる[194]。

---

194) なお、適格株式交換等に該当しない場合でも、平成29年度税制改正により、簿価が1000万円未満の資産（貸借対照表に計上されていない帳簿価額が零のいわゆる自己創設のれんを含む）については時価評価の対象から除外されることとなった（法税令123条の11第1項4号）。

[図表Ⅰ-11-30] 一部現金対価株式交換が適格株式交換等に該当するための要件

		完全親法人と完全子法人との関係	適格要件 AからCに共通する要件 完全親法人の完全子法人に対する持株割合が3分の2以上であること
A	100%グループ内	完全支配関係およびその継続見込みまたは同一の者による完全支配関係およびその関係の継続見込み	
B	50%超グループ内	当事者間の支配関係およびその関係の継続見込みまたは同一の者による支配関係およびその関係の継続見込み	① 完全子法人の従業者のおおむね80％以上の継続従事が見込まれていること（従業者継続従事要件） ② 完全子法人の主要な事業が引き続き行われることが見込まれていること（事業継続要件）
C	50%以下（共同事業を行うための株式交換）	上記以外	① 子法人事業と親法人事業が相互に関連すること（事業関連性要件） ② 事業規模の割合がおおむね5倍を超えない（事業規模要件）または完全子法人の特定役員の全てが株式交換に伴って退任するものでないこと（特定役員要件または経営参画要件） （注）特定役員とは、社長、副社長、代表取締役、代表執行役、専務取締役もしくは常務取締役またはこれらに準ずる者で法人の経営に従事している者（法税令4条の3第20項2号・4項2号）を意味する。 （注）特定役員とは、社長、副社長、代表取締役、代表執行役、専務取締役もしくは常務取締役またはこれらに準ずる者で法人の経営に従事している者（法税令4条の3第20項2号・4項2号）を意味する。

③ 完全子法人の従業者のおおむね80％以上の継続従事が見込まれていること（従業者継続従事要件）
④ 完全子法人の子法人事業が引き続き行われることが見込まれていること（事業継続要件）
⑤ 株式交換により交付される当該株式交換に係る株式交換完全親法人（三角株式交換の場合は株式交換完全支配親法人）の議決権株式のうち支配株主に交付されるものの全部が支配株主により継続して保有されることが見込まれていること
⑥ 完全親法人と完全子法人との間に完全親法人による完全支配関係の継続が見込まれていること

（注）支配株主とは、株式交換の直前に完全子法人と他の者との間にその他の者による支配関係がある場合におけるその他の者およびその他の者による支配関係があるものを意味する（ただし当該株式交換完全親法人を除く）。
（注）株式交換直前に完全子法人と他の者との間に当該他の者による支配関係がない場合には、本要件は必要とされない。

(4) 株式移転に際しての子会社の兄弟会社化に関する課税問題

通常の事業会社は、子会社を保有していることも多いが、そのような事業会社が株式移転によって持株会社体制に移行する場合、あわせて、従来の子会社を持株会社傘下の直接の子会社とし、従前の親子関係を持株会社傘下における兄弟関係に転換することが企図されることがある（後掲の図表Ⅰ-11-31参照）。

[図表Ⅰ-11-31] 従前の親子関係の持株会社傘下における兄弟関係への転換

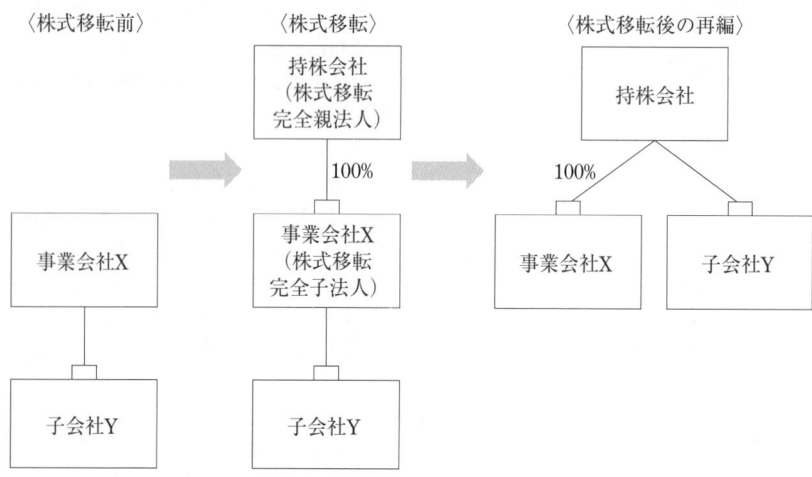

そのための手法としては様々なものがあり得るが、最も単純な方法、すなわち、①当該事業会社による、その子会社株式の当該持株会社に対する譲渡の方法を用いた場合には、当該事業会社は当該子会社株式の譲渡につき譲渡損益課税に服することになる。しかしながら、グループ内組織再編であるにもかかわらず、課税がなされることになると、持株会社制度の下で企業グループの資本構造を最適化することが妨げられることになりかねないため、平成18年度税制改正前租特法67条の10では、一定の要件が満たされた場合には[195]、上記の事業会社がその有する子会社株式を持株会社に譲渡したとしても、当該子会社株式の譲渡に係る株式譲渡益相当額を当該事業年度において損金に算入することを認め、結果的に当該譲渡益に係る課税の繰延べ

を認めていたが、この特例は平成18年度税制改正で廃止された[196]。

　もっとも、平成18年度税制改正後においても、上記のような事例で、②事業会社が有している「子会社管理事業」を会社分割（これは所定の要件の下で「適格分割」に該当し得る）により移転する方法を利用して、事業会社傘下から持株会社傘下に付け替えられる場合の子会社の株式譲渡益について課税繰延べを行うことは、可能と解されてきた[197][198]。この点、平成18年度税制改正に際しての租特法67条の10の廃止は、このような「子会社管理事業」を会社分割によって移転するというスキームを用いた兄弟会社化が、組織再編税制上「適格分割」に該当することを前提としたものである（その意味で、平成18年度税制改正に際しての租特法67条の10の廃止は、課税当局が、かかるスキームによる兄弟会社化が「適格分割」に該当することを、いわば「裏から」確認したものである）と考えられてきたところである[199]。しかしなが

---

[195] その要件の概要は、ある会社が株式移転によって持株会社を設立し、当該会社が有する子会社株式を当該持株会社に対して譲渡する場合であって、①株式移転を行う会社が、譲渡に係る子会社の発行済株式等の100％を、株式移転による持株会社設立の日の1年前の日から当該子会社株式の当該持株会社に対する譲渡の日まで引き続き有していること、②譲渡に係る当該子会社株式の譲渡時における価額が、譲渡を行う会社における当該子会社株式の譲渡直前の帳簿価額を超えていること、③当該子会社株式の譲渡を受けた当該持株会社が、その子会社株式の取得価額を、当該子会社株式の譲渡を行った会社の譲渡直前における帳簿価額に相当する金額としていること、④株式移転による当該持株会社の設立の日を含む事業年度からその設立の日以後1年を経過した日を含む事業年度までのいずれかの事業年度において、当該持株会社に対して当該子会社株式の全部の譲渡が行われていることであった（平成18年度税制改正前租特67条の10）。

[196] 会社の成立後2年以内に、その成立前から存在する財産であってその事業のために継続して使用するものを一定の金額（平成17年改正前商法下においては資本の5％以上の金額、会社法下においては純資産額の20％以上の金額）を対価として取得する場合には事後設立規制に服することになる（平成17年改正前商法246条、会社467条1項5号）。ある会社の持株会社が株式移転によって設立された場合に当該持株会社に事後設立規制が適用されるのかについては、株式移転を行った全ての当事会社（株式移転により新規に設立された持株会社を除く）が会社成立後2年を経過していた場合には、当該持株会社について事後設立規制の適用はないという有力説もあったところであるが、平成17年改正前商法下では、条文の文言上、株式移転によって設立された会社に事後設立規制の適用がない旨が明確になっているとはいえなかったため、実際上、平成18年度税制改正前租特法67条の10の特例はあまり利用されていなかった。ちなみに、会社法においては、株式移転によって新規に設立された会社に事後設立規制の適用がないことが条文の文言上明確になっているため（会社467条1項5号、25条参照）、上記のような事後設立規制による問題は生じない。

ら、このスキームを用いた兄弟会社化については、債権者保護手続等の会社分割のための手続が別途必要になるため手続が煩雑化することに加え、株式移転による持株会社化の場合には、持株会社が株式移転によって設立された後でなければ分割契約書の締結ができないため、兄弟会社化が完了するまでに一定程度の時間が必要となるという難点もある。

以上のような状況の中、平成22年度税制改正において新たな組織再編税制の類型として適格現物分配制度が導入されるとともに、グループ内での取引についていわゆるグループ法人税制が導入されたため、上記のような事例で、事業会社傘下の子会社を持株会社傘下に付け替えて兄弟会社化しつつ、当該子会社の株式譲渡益について課税繰延べの利益を享受し得る方法として、新たに、③子会社株式を持株会社に対して現物分配する方法、および④グループ法人税制の下で子会社株式を譲渡する方法が利用可能となった[200]。

そこで、上記②～④の３つの手法のうち、いずれを採用するのが適切であるかが問題となる。

---

[197] そもそも平成17年改正前商法ないし会社法上の「会社分割」に該当しないものについては、法人税法上の適格分割に該当する余地がないと考えられるところ、平成17年改正前商法においては、会社分割によって承継するものは「営業ノ全部又ハ一部」（平成17年改正前商法373条、374条の16）とされていたため、いかなる場合に子会社管理事業（営業）として会社分割の対象となり得るのかについて議論がなされていた。しかしながら、会社法においては会社分割の対象が「その事業に関して有する権利義務の全部又は一部」（会社2条29号・30号）とされ、その趣旨について、平成17年改正前商法とは異なり、有機的一体性や事業活動の承継が会社分割の要件ではないことを明らかにするものであると説明されている（相澤哲＝細川充「新会社法の解説(14)組織再編行為(上)」商事1752号（2005）5頁、論点解説668頁）。なお、江頭898頁、神田377～378頁、弥永359頁も同旨であるが、前田722頁はこのような解釈に反対している。

[198] なお、子会社管理事業が会社分割の対象とされたと解される実例としては、例えば、いずれも会社法制定前の事案であるが、①第一勧業銀行、富士銀行および日本興業銀行を分割会社、みずほホールディングスを分割承継会社、証券子会社管理「営業」および信託銀行子会社管理「営業」を分割対象とする2002年4月1日付けの会社分割、②日本航空を分割会社、日本航空システムを分割承継会社、ジャルセールスおよびジャルキャピタルに係る管理「営業」を分割対象とする2003年4月1日付けの会社分割、③東京海上動火災保険を分割会社、ミレアホールディングスを分割承継会社、日新火災海上保険の管理「営業」を分割対象とする、2006年4月1日付けの会社分割等が存する。

[199] 以上につき、岡村忠生ほか「〈座談会〉日本のM&A税制の到達点と改革の視点」MARR141号（2006）14頁〔貞森恵祐発言、太田洋発言〕参照。

まず、前提として、組織再編税制とグループ法人税制との適用関係（どちらが優先して適用されるか）であるが、この点について、現行税制は、前記 1 で述べたとおり、まずは、問題となる組織再編が組織再編税制の下で適格組織再編成に該当するか否かを判定し、該当する場合には、適格組織再編税制の下で所定の課税繰延べがなされるが、適格組織再編成に該当しない場合であっても、当該組織再編が 100％グループ内のものであってそれにより譲渡損益調整資産が移転される場合にはグループ法人税制が適用され、当該資産に係る譲渡損益の税務上の認識が繰り延べられる（なお、譲渡損益調整資産以外の資産が移転される場合には時価で譲渡がなされたものとして課税所得金額が計算される）、という構造を採用している[201]。したがって、上記の②〜④の各手法のうち、②における「適格分割」または③における「適格現物分配」のいずれにも該当しないとされたときに、④のグループ法人税制が適用されることになる。

　以上を踏まえた上で、上記③の方法（子会社株式を適格現物分配により親会社に移転する方法）についてであるが、この方法を用いた場合、子会社株式の現物分配を行った法人（上記事例にいう事業会社）においては当該子会社株式に関する含み損益の実現が繰り延べられる（法税 62 条の 5 第 3 項）とともに、親会社（上記事例にいう持株会社）において子会社株式を受け入れることにより生ずる収益は益金不算入とされている（同条 4 項）ため、課税繰延べの利益を享受しつつ、事業会社傘下の子会社を持株会社傘下に付け替えて兄弟会社化することが可能である。しかしながら、「適格現物分配」も会社法所定の「剰余金の配当」に該当するため、分配可能額規制その他の剰余金の配当に関する規制に服することになる（会社 461 条 1 項 8 号、462 条）点に注意が必要である。

　最後に、上記④の方法（グループ法人税制の下で子会社株式を譲渡する方法）であるが、グループ法人税制の下では、直接・間接の 100％親子会社間およ

---

200) 完全子会社となる会社が保有している自己株式に対して株式交換・株式移転により割り当てられた完全親会社株式をどのように処分するかについての検討の文脈ではあるが、完全支配関係のある内国法人間での株式の無償譲渡による方式と現物配当による方式とを比較検討したものとして、大石篤史ほか「平成 22 年度税制改正が M&A の実務に与える影響（下）」商事 1902 号（2010）49 頁参照。
201) 以上につき、武田監修・前掲注 29) 1101 頁・1108〜1109 頁参照。

び共通の親会社傘下の直接・間接の100％子会社間における組織再編および資産譲渡（ただし、その当事者全てが内国法人であるものに限る）については、たとえそれが適格組織再編成に該当しない場合でも、譲渡損益調整資産（具体的には、譲渡直前の帳簿価額が1000万円以上の固定資産、土地、有価証券[202]、金銭債権および繰延資産）の譲渡を行ったことにより生じる譲渡損益への課税は、大雑把にいって、譲受法人が当該資産を譲渡（100％グループ内への譲渡も含む[203]）した時点または貸倒れ、除却その他の戻入事由の発生時点まで繰り延べられることとされている（法税61条の13）ため、株式移転を行う会社（上記事例における事業会社）が、その有する子会社株式を、当該株式移転によって設立される100％親会社である持株会社に対して無償で譲渡する場合にも、譲渡される子会社株式の含み損益と同額の益金または損金が計上されることになり、結果として当該含み損益についての課税は繰り延べられる。しかしながら、当該持株会社が、譲り受けた子会社株式をさらに譲渡等した場合（100％グループ内における譲渡も含まれることに注意）には、当該子会社株式に係る譲渡損益課税が、当該子会社株式を持株会社に譲渡した会社（上記事例における事業会社）に対してなされることになる（法税61条の13第2項以下）。

したがって、上記②～④のいずれの手法を用いて兄弟会社化を実行するかについては、当該子会社の再譲渡が想定し難いような場合であれば、基本的には上記④の手法を用いるのが、上記事例にいう事業会社における分配可能額規制を気にすることなく簡便に兄弟会社化を実現できる点で、適切であると考えられる。

(5) 株式移転・株式交換を用いたM&Aの類型毎の課税問題について

(i) 株式交換を用いたグループ内組織再編（完全子会社化）と課税

近時、わが国上場会社の間では、その上場子会社を株式交換等を用いて完全子会社化する動きが広がっている[204]。株式交換は、企業グループ内において子会社ないし関連会社を完全子会社化する手段として多用されているが、

---

[202] 売買目的有価証券を除く。
[203] 佐々木・前掲注28）146頁参照。
[204] 例えば、藤田勉『上場会社法制の国際比較』（中央経済社、2010）281～297頁参照。

株式保有比率が50％超の子会社を株式交換により完全子会社化する場合における税制適格要件は、前掲の図表Ⅰ-11-24のBに記載のとおり、それほど厳格ではないので、このような取引に用いられる株式交換については、課税上の問題はあまり存在しない。

また、平成18年改正は、全体的に見れば、上記(2)で述べたとおり、M&Aに対する阻害要因として機能する点の多い改正であったと評価し得るが、少なくとも、株式交換を用いたグループ会社等の完全子会社化を促進する効果を有していた面もある。

すなわち、平成18年改正前においては、連結納税グループに自社の100％子会社を加入させる場合、当該100％子会社の有する資産については、原則として、その時点で税務上時価評価損益の認識が行われるものとされており、株式交換によって完全子会社となった100％子会社についても、それを連結納税グループに組み入れるに際しては、厳格な要件（連結開始後譲渡損益を計上しない等。平成18年改正前法税61条の11第1項1号～6号、61条の12第1項1号～4号参照）を充足しない限り、連結納税グループへの加入段階において当該100％子会社の有する資産につき税務上時価評価損益の認識が行われるものとされていた。しかしながら、平成18年改正により、適格株式交換によって連結親法人が法人の発行済株式の100％を取得した場合には、一律に税務上時価評価損益の認識が行われないこととされた（法税61条の11第1項4号、61条の12第1項2号）ため、グループ会社その他の会社を連結納税グループに組み入れる際に、従来は、当該グループ会社等の保有資産についての時価評価課税を回避することが極めて困難であったものが、適格株式交換による完全子会社化の途を経由することにより、そのような時価評価課税を回避しつつ、当該グループ会社等を連結納税グループに組み入れることが可能となった。したがって、少なくともこの点では、平成18年改正は株式交換を用いたグループ会社等の完全子会社化を促進する効果を有していたといえる。

(ii) 株式交換によるグループ外企業の買収と課税（事業関連性要件の問題）
(a) 株式交換によるグループ外企業の買収と事業関連性要件

株式交換は、対象会社の法人格を維持しつつ、それを、買収会社の株式を対価として100％買収することを可能にする方法（ちなみに、同様に、対象会

社の法人格を維持しつつ、それを、買収会社の株式を対価として部分的に買収することを可能にする方法が、自社株対価TOBである[205]）であり、そのような特質を生かして、グループ外の企業を買収する手段として株式交換を用いた例も存在する[206]が、そのような例はあまり多くない。

その主たる理由は、一般に、対象会社の株主にとっては、買収会社の株式よりも現金の方が買収の対価として魅力的であるためであると思われる[207]が、それ以外に、平成18年改正後の現行税制の下では、税制適格要件の1つとして事業関連性要件が課されることになった（法税2条12号の17ハ・12号の18ハ、法税令4条の3第20項・24項）ことも若干影響しているのではな

---

[205] 自社株対価TOBによる買収と課税の問題については、太田編著・前掲注1）419頁以下を参照されたい。

[206] 近時の例としては、例えば、①2011年12月に公表された、自動車用品販売チェーンであるイエローハット（東京証券取引所第1部上場（以下「東証1部上場」という））による、同業のモンテカルロ（ジャスダック証券取引所上場（以下「ジャスダック上場」という））の株式交換による買収の事例や、②2011年5月に公表された、住宅資材業を営む住生活グループ（東証1部上場）による、同業のハイビック（ジャスダック上場）の株式交換による買収の事例、③2010年9月に公表された、娯楽事業を営むコナミ（東証1部上場）による、パチスロ事業を営むアビリット（東証1部上場）の株式交換による買収の事例、④2012年10月1日に公表された、ソフトバンク（東証1部上場）による、イー・アクセス（東証1部上場）の株式交換による買収の事例、⑤2014年1月に公表された、百貨店事業等の経営を行う持株会社であるエイチ・ツー・オー リテイリング（東証1部上場）（以下「H2Oリテイリング」という）による、衣料品販売事業を営むイズミヤ（東証1部上場）の株式交換による買収の事例、⑥2015年12月に公表された、自動車部品製造業を営むアイシン精機（東証1部上場）による、同業のシロキ工業（東証1部上場）の株式交換による買収の事例、⑦2016年1月に公表された、自動車事業を営むトヨタ自動車（東証1部上場）による、同業のダイハツ工業（東証1部上場）の株式交換による買収の事例、⑧2016年3月に公表された、機械加工品事業等を営むミネベア（東証1部上場）による、電気機械器具の製造販売業を営むミツミ電機（東証1部上場）の株式交換による買収の事例などが存する。

[207] なお、TOBの直後に株式交換を行って対象会社株式の100％を買収した例として、例えば、2009年11月に公表された、ドラッグストアチェーンのマツモトキヨシホールディングス（東証1部上場）による、同業のミドリ薬品（ジャスダック上場）の買収の事例、2010年12月に公表された、パナソニック（東証1部上場）による、同業の三洋電機（東証1部上場）の買収の事例、2015年7月に公表された、不動産事業の経営等を行う持株会社である野村不動産ホールディングス（東証1部上場）による、スポーツクラブ運営等の事業を行うメガロス（ジャスダック上場）の買収の事例、2016年7月に公表された、モバイルサービス事業を営むコロプラ（東証1部上場）による、ゲームコンテンツの開発等の事業を営むエイティング（東京証券取引所マザーズ上場）の買収の事例が存する。

第 1 節 M&A と課税

いかと思われる。すなわち、平成 18 年改正により、税制適格要件の 1 つとして事業関連性要件が課された結果、ある会社（買収会社）が新規事業に進出するためにグループ外の企業（対象会社）を株式交換によって買収する場合には、事業関連性要件が充足されていないとして、当該株式交換が「適格株式交換」に該当しないものとされ、当該対象会社の保有資産について時価評価課税がなされる事態があり得ることとなった。言い換えれば、平成 18 年改正により、株式のみを対価としてコングロマリット化（事業多角化）のための企業買収を行う場合に、対象会社（被買収会社）レベルでその保有資産の含み益に対する時価評価課税を回避することは困難になった（平成 18 年改正前においては、合併や会社分割の方法を用いた場合には適格組織再編成の要件を充足しない場合であっても、株式交換の方法を用いることにより、かかる時価評価課税ないしキャピタル・ゲイン課税を回避することが可能であった）ということができる。その意味で、わが国の現行税制は、平成 13 年度税制改正による組織再編税制の創設や平成 18 年度税制改正による株式移転・株式交換税制の組織再編税制への組み込みにより、各種の組織再編行為につき税制適格要件として事業関連性要件が課されていくことで、全体として、既存子会社の完全子会社化をはじめとする「選択と集中」（そのうち特に「集中」）のための M&A に比して、コングロマリット化（事業多角化）のための M&A が、課税上相対的に不利になりつつあるようにも思われる。

　もっとも、単純に株式交換のみを行う方法に代えて、最初に TOB により対象会社の発行済株式総数の過半数を取得した上で、株式交換を通じて残りの株式の全てを取得するスキームを利用すれば、買収会社が、自らの事業と事業関連性のない事業を営んでいる会社（対象会社）の株式の 100％を、その法人格を維持した上で、かつ、その保有資産に対して時価評価課税がなされることを回避しつつ買収することは可能である。この方法を用いれば、最初の TOB の段階で、TOB に応じた対象会社の株主は、応募した対象会社株式につき譲渡損益課税に服するものの、二段階目の株式交換は支配関係の存する当事者間における株式交換（前掲の図表 I-11-24 の B 参照）として、①対象会社の従業者のおおむね 80％以上の継続従事が見込まれていること、②対象会社の主要な事業が引き続き行われることが見込まれていること、および③買収会社（またはその完全親会社）の株式以外の資産（boot）が対象会社の株主に交付されないこと[208]、という要件が満たされれば、「適格株式交

換」に該当し、対象会社の保有資産についての時価評価課税を回避することができるからである。

(b) 純粋持株会社が当事者となる株式交換と事業関連性要件

上記(a)で述べたとおり、グループ外の対象会社を株式交換によって買収するにあたり、事前にTOB等によりその発行済株式総数の過半数を取得できる場合には、株式交換に際して支配関係のある法人間のグループ内再編としての税制適格要件を充足すれば足りるが、事前にその発行済株式総数の過半数を取得せずに株式交換によって対象会社を買収する場合には、税制適格要件を充足するためには、共同事業を行うための組織再編成として、共同事業要件を充足しなければ、非適格株式交換として対象会社の保有資産につき時価評価課税がなされることとなる（グループ外の企業と共同株式移転を行う場合も同様である）。この際、実務上特に問題となり得る共同事業要件の1つが、事業関連性要件である。

事業関連性要件とは、株式交換の場合には、株式交換に係る株式交換完全子法人の事業と株式交換完全親法人の事業とが相互に関連するものであること、株式移転の場合は、株式移転完全子法人の事業と他の株式移転完全子法人の事業とが相互に関連するものであるという要件である。この事業関連性要件で特に問題となり得るのは、事業関連性要件の判定対象となる当事会社が純粋持株会社の場合である。なぜなら、純粋持株会社それ自体は株式の保有等を主たる事業としているため、純粋持株会社の傘下に買収会社（ないし対象会社）と関連する事業を行う会社があるとしても、純粋持株会社そ

---

208) ただし、前記(3)で述べたとおり、平成29年度税制改正により、上場会社等の完全子会社化のためのキャッシュ・アウトに係る課税上の取扱いについて統一的な規律がなされたことに伴い、この対価に関する要件については、株式交換の直前において株式交換完全親法人が株式交換完全子法人の発行済株式（自己株式を除く）の3分の2以上を有する場合におけるその他の株主に対して交付する対価を除外して判定されることとなった（法税2条12号の17）。したがって、TOBによって買収者が対象会社の発行済株式（自己株式を除く）の3分の2以上を有するに至った場合には、現金対価株式交換であっても「適格株式交換等」（同号）に該当し得ることとなった。そして、「適格株式交換等」に該当することとなった場合には、従前の「適格株式交換」の場合と同様、対象会社の資産については時価評価課税がなされないこととなった（法税61条の11第1項4号・5号）。

れ自体の事業と買収会社(ないし対象会社)の事業との間に関連性があるかという点について疑義が生じ得るからである。

　この点、課税当局は、一般に、純粋持株会社の「事業」はその実態に応じて判断するものとしているようであり、純粋持株会社が、自らの子会社の事業について、その重要な機能の一部を担っている場合など、純粋持株会社がその子会社と共同してその子会社の事業を行っていると認められる実態が備わっている場合(例えば、単に株主としての立場のみしか有しない持株会社ではなく、事業最適化等を踏まえた事業計画の策定や事業に関する指導および監査業務などの経営管理業務を行うことによって、持株会社としてグループ全体の財務面、監査面などを経営上監督する立場にあり、持株会社と子会社とが相俟って1つの事業を営んでいる実態にあるような場合)には、当該子会社の事業も含めて事業関連性の判定を行うことができるとされている[209]。かかる見解に従えば、ある会社がその子会社と共同してその子会社の事業を行っていると認められる実態が備わっていると認められるのは、必ずしも純粋持株会社の場

---

[209]　青木ほか・前掲注45) 303頁〔佐々木ほか〕は、「持株会社の事業をどのように見るかはその実態に応じることとなりますが、持株会社が子法人の事業について、その重要な機能の一部を担っている場合など、持株会社が子法人と共同してその子法人の事業を行っていると認められる実態が備わっている場合には、その子法人の事業も含めて事業関連性の判定を行うことが考えられます」としており、佐々木浩 = 小原一博「平成18年度税制改正(法人税関係)について——会社法制定に伴う整備等を中心に」租税研究681号(2006) 38頁も同旨を述べている。なお、国税庁ホームページ掲載の「持株会社と事業会社が合併する場合の事業関連性の判定について」と題する質疑応答事例(https://www.nta.go.jp/law/shitsugi/hojin/33/05.htm にて閲覧可能)および平成26年11月12日付け大阪国税局による事前照会に対する文書回答事例「持株会社を株式交換完全親法人とする株式交換における事業関連性の判定について」(https://www.nta.go.jp/about/organization/osaka/bunshokaito/hojin/141112/01.htm にて閲覧可能)も参照。後者の事前照会では、小売業(百貨店等)を営む事業会社を含む子会社の経営指導等を主な事業とする持株会社であるH2Oリテイリングを株式交換完全親法人、小売業(大規模スーパー等)を営む事業会社であるイズミヤを株式交換完全子法人とする株式交換において、H2Oリテイリングは、百貨店等を中心に多様な小売業等を営む各子会社との間に経営指導に関する包括的な契約を締結し、各子会社の事業計画の策定、予算管理、監査などの経営指導のほか、H2Oリテイリンググループ共通のシステムを活用した各子会社の資金管理、経理業務支援を行うなど、小売業に係る経営指導等の事業を営んでいることから、H2Oリテイリングは小売業を営む子会社と共同して事業を行っており、当該事業とイズミヤの小売業等の事業とは、事業関連性要件を満たすものとして解して差し支えないかとの事前照会に対し、貴見のとおりで差し支えない旨の回答が出されている。

合に限られるわけではないことから、通常の事業（持株）会社と対象会社との間の株式交換の場合でも、当該事業（持株）会社にそのような実態が認められるのであれば、事業関連性の判定にあたっては、当該事業（持株）会社の子会社の事業を含めて検討することができると解すべきであろう。

　なお、純粋持株会社が純粋持株会社を株式交換により買収しようとする場合などにおいては、以上で論じたような事業関連性要件・事業規模要件との関係で、そもそも純粋持株会社それ自体には「事業」が存するといえるのか、という点も問題となり得る。この点、①いわゆる純粋持株会社についても、少なくとも事業がないと評価されるものではなく、「株式保有に係る事業」を行っているものと考えられること（課税当局においてもこのように認識されていると思われる）、②仮に純粋持株会社には「事業」がないとすると、（当事者間に完全支配関係が存在しない限り）純粋持株会社を当事者とする組織再編がおよそ適格組織再編に該当する余地がなくなるという不合理な結果が生じること、および③適用場面や文脈は異なるものの、外国子会社合算税制（タックス・ヘイブン対策税制）においては、経済活動基準（平成29年度税制改正前には適用除外基準）の事業基準として「株式等の保有を主たる事業とするもの」との規定が設けられており（租特66条の6第2項3号イ）、当該税制の下で当該規定における「事業」に該当するか否かを判断する際には、専従の従業員が存在すること等が必要であるとの議論はされていないこと[210]等、に鑑みれば、専従の従業員が存在していないような（つまり、それに所属する人員は役員のみであるような）純粋持株会社についても、「株式保有に係る事業」ないし「子会社管理事業」を営んでいるものと解し得ると考えられる。

---

210) むしろ、課税当局が、特定外国子会社等が子会社株式（日本の親会社から見れば孫会社株式）を保有していることおよび子会社（孫会社）からの受取配当を収受していることを根拠に、当該特定外国子会社等の「株式の保有に係る事業」を認定し、さらには特定外国子会社等が保有する子会社株式の金額や受取配当の額が大きいことを根拠に「株式の保有に係る事業」を「主要な事業」であるとして、タックス・ヘイブン対策税制を適用した下級審裁判例があった（いわゆる第一次デンソー事件に関する名古屋高判平成28年2月10日訟月62巻11号1943頁）が、当該下級審の判断は、最高裁によって覆された（最三判平成29年10月24日裁判所ホームページ）。

第 1 節　M&A と課税　857

(iii)　共同株式移転を用いた経営統合と課税（特定役員要件および事業規模要件）

ⓐ　共同株式移転を用いた経営統合

　商法平成 11 年改正に基づき、平成 11 年 10 月 1 日に株式移転・株式交換制度が創設されて以降、平成 18 年改正がなされるまでの間は、共同株式移転を用いた場合には、基本的には当事者会社の法人レベルでも株主レベルでも課税を生じさせることなく経営統合を行うことが可能であったため、日本興業銀行、富士銀行および第一勧業銀行による共同持株会社であるみずほホールディングスの下での経営統合、日本製紙と大昭和製紙による共同持株会社である日本ユニパックホールディングスの下での経営統合など、従来の合併の代わりに、共同株式移転を用いた共同持株会社設立方式により経営統合を行った例が多数登場した。

　これに対して、平成 18 年改正がなされて以降は、共同株式移転が「適格株式移転」に該当し、当事者会社の法人レベルでも株主レベルでも課税が繰り延べられるためには、前掲の図表Ｉ-11-23 の C 所定の要件（いわゆる共同事業要件）を充足することが必要となったが、平成 18 年改正の後も、2006 年 11 月に公表されたコーエーとテクモとの経営統合、2008 年 5 月に公表された日本ビクターとケンウッドとの経営統合、2008 年 12 月に公表された新日本石油と新日鉱ホールディングスとの経営統合、2009 年 7 月公表の損害保険ジャパンと日本興亜損害保険との経営統合、2014 年 5 月公表の八千代銀行と東京都民銀行との経営統合、2014 年 5 月公表のドワンゴと KADOKAWA との経営統合など、数多くの経営統合が、共同株式移転により共同持株会社を設立する方式によって行われている。

　この共同株式移転による経営統合が「適格株式移転」に該当するかに関して、解釈論上、特に問題となるのは、①経営統合の前後に共同株式移転を行う当事会社の役員を退任する者があった場合の特定役員引継要件（いわゆる経営参画要件）の充足に関する問題と、②純粋持株会社と事業（持株）会社とが共同株式移転によって経営統合を行う場合における事業規模要件の捉え方に関する問題である。

ⓑ　共同株式移転による経営統合と特定役員の退任を巡る問題

　まず、上記ⓐ記載の①の特定役員引継要件（経営参画要件）に関してであ

るが、現行税制では、事業規模要件の代替要件として、株式移転・株式交換前の株式移転・株式交換完全子法人または他の株式移転・株式交換完全子法人の特定役員[211]の全てが当該株式移転・株式交換に「伴って」「退任をするものでない」こと、が要求されている（法税令4条の3第24項2号）[212]。

この特定役員引継要件（経営参画要件）は、事業規模の割合がおおむね5倍を超えないという事業規模要件が満たされていない場合であっても、これが満たされている場合には、経営面での共同事業性が担保されている（つまり、株式移転の一方当事者による他方当事者の実質的な買収ではない）として、税制適格要件が充足されるというものであって、事業規模要件の代替要件として設けられたものである[213]。

この特定役員引継要件は、平成28年度税制改正前は、株式移転または株式交換前の株式移転または株式交換完全子法人の特定役員のいずれかが当該株式移転または株式交換に伴って退任（当該株式移転または株式交換完全親法人の役員への就任に伴う退任を除く）するものでないこと（平成28年度税制改正前法税令4条の3第16項2号・20項2号）とされていた（つまり法文上は1人でも特定役員から退任すれば特定役員引継要件が充足されないことになった）ため、問題となりやすかった。しかしながら、平成28年度税制改正により、それぞれの特定役員の全てが当該株式移転または株式交換に伴って退任するものでないこと、と要件が緩和されたため、今後はこの要件が実務上問題となることは少なくなるのではないかと考えられる。

この特定役員引継要件における「伴って」の意義に関しては、その文言自体がやや曖昧である（「同時に」などとはされていない）のと、それに関する確立した解釈が存しないため、実務上問題となりやすいが、特定役員引継要件が定められた上記の趣旨からすれば、「特定役員」の退任が株式移転・株式交換を行うか否かにかかわらずなされたものである場合には、株式移転・

---

211) 社長、副社長、代表取締役、代表執行役、専務取締役もしくは常務取締役またはこれらに準ずる者で法人の経営に従事している者をいう（法税令4条の3第4項2号参照）。
212) なお、この場合の「退任」とは、「特定役員であることを退任する」という意味であると解されている（佐藤・前掲注127）390頁）。したがって、社長、副社長、代表取締役、代表執行役、専務取締役もしくは常務取締役等が平取締役（で法人の経営に従事していない者）に降格された場合でも、特定役員の「退任」に該当する。
213) 合併に関する記載であるが、佐藤・前掲注127）135頁参照。

株式交換に「伴って」退任するものではないと解することができると考えられる[214]。したがって、例えば、①死亡や、病気等のほか、②定年や通常の任期を全うして退任する場合、③企業グループとしての人員の適材適所への配置という観点からの人事異動により退任する場合などについても、株式移転・株式交換がなかったとしても当然に行われるべき性質のものであることから、株式移転・株式交換に伴う退任とはいえず、特定役員引継要件の充足を妨げないものと解すべきであろう[215]。

(c) 共同株式移転による経営統合と事業規模要件を巡る問題

次に、前記(a)記載の②の純粋持株会社と事業(持株)会社とが共同株式移転によって経営統合を行う場合における事業規模要件の捉え方に関する問題であるが、前述のとおり、現行税制においては、特定役員引継要件の代替要件として、株式移転・株式交換前の株式移転・株式交換完全子法人の事業と株式移転・株式交換完全親法人の事業(当該子法人の事業と関連する事業に限定されている)のそれぞれの「売上金額、当該子法人事業と親法人事業のそれぞれの従業者の数若しくはこれらに準ずるものの規模の割合」がおおむね5倍を超えないことが要求されている(法税令4条の3第20項2号・24項2号)。

この点、純粋持株会社と事業(持株)会社とが共同株式移転によって経営統合を実行しようとするときは、通常は、純粋持株会社それ自体の売上高や従業者数は、それが事業(持株)会社形態をとっていたとした場合に想定される売上高や従業者数よりも相当小規模であることから、それをベースに判定を行うとすれば、事業規模要件を充足しないこととなるのではないかということが問題となる。

この問題に関しては、まず、事業規模判定の指標となる「売上金額、当該

---

214) 佐藤・前掲注127) 391〜392頁参照。なお、波戸本尚ほか『改正税法のすべて〔平成28年版〕』(大蔵財務協会、2016) 326頁〔藤田泰弘ほか〕では、「この要件は特定役員が株式交換に伴って退任をするものでないこととされているとおり、基本的には株式交換と同時期に、ないし付随して特定役員が退任するものかどうかで判定されるものと考えられます」(傍点は原文ママ)と説明されている。
215) 稲見誠一=佐藤信祐『新版 制度別逐条解説 企業組織再編の税務』(清文社、2009) 951頁および979頁参照。

子法人事業と親法人事業のそれぞれの従業者の数若しくはこれらに準ずるものの規模の割合」のうち、「これらに準ずるもの」は何かが問題となる。この点、「これらに準ずるもの」には、金融機関における預金量なども該当するといわれており[216]、そうである以上、事業規模を示す指標たり得るものであれば、様々な指標が含まれ得るものと解される。したがって、純粋持株会社が営んでいる「株式保有に係る事業」ないし「子会社管理事業」についていえば、それら事業における主たる資産は関係会社株式であることから、それら関係会社株式の価額が、上記の「これらに準ずるもの」に該当すると考えることもできるように思われる。このほか、関係会社から収受する経営管理料およびブランド料等に受取配当金額を加算した額が、「株式保有に係る事業」ないし「子会社管理事業」に係る「売上金額」に相当するものとして、上記の「これらに準ずるもの」に該当すると解することもできよう。

しかしながら、以上のように解したとしても、純粋持株会社それ自体の事業規模は、一般に、それを頂点とする企業グループと同規模の企業グループの頂点に立つ事業（持株）会社よりも相当小さい（または、関係会社株式の価額をベースに比較した場合等では、逆に相当大きい）ものと判定される可能性が高いように思われる。

そうであるとすれば、前述したとおり、一般に、純粋持株会社が子法人の事業について、その重要な機能の一部を担っている場合など、純粋持株会社が子法人と共同してその子法人の事業を行っていると認められる実態が備わっている場合には、事業関連性要件の当てはめに際して、純粋持株会社の「子法人の事業」を含めて判断してよいと解されている[217]ところからすれば、条文上は、事業「規模」要件における「子法人事業」の定義は事業「関連性」要件における「子法人事業」の定義と全く同一である以上[218]、事業「規模」要件の当てはめにおいても、持株会社の子会社の事業も含めて判断

---

216) 阿部泰久ほか「〈座談会〉企業組織再編通達をめぐって」税務弘報50巻5号（2002）66頁〔山本守之発言〕では、「『金融機関における預金量』というのは、『例えば』ということですからね。いろいろな要素は、それぞれの法人の業種と業態によって違ってきていいのではないかという感じがしています」と述べられている。
217) 前掲注209) 参照。
218) 法税令4条の3第24項1号は、「株式移転に係る株式移転完全子法人の子法人事業（当該株式移転完全子法人の当該株式移転前に行う主要な事業のうちのいずれかの事業をいう。以下この項において同じ。)」と規定している。

してよいと解すべきであるように思われる。実質的にも、事業規模要件は、組織再編成の実態が一方当事者による他方当事者の買収でないこと（おおむね対等合併であること）を認定するために要求されている要件であることに照らせば、組織再編成の一方当事者が事業（持株）会社で、他方当事者が純粋持株会社である場合に、当該事業（持株）会社の事業規模と当該純粋持株会社それ自体の事業規模をそのまま比較したのでは、（仮に両当事会社グループの規模はほぼ同じであり、組織再編成の実態が「買収」に該当しない場合であったとしても、）必然的に事業規模要件を満たさないとの結論が導かれてしまい、当該要件が設けられた趣旨に悖る結果となる。

(d) その他のタックス・プランニング上の留意点

なお、共同株式移転による共同持株会社設立方式によって経営統合を行う場合、当該持株会社の資本金が多額に上るため、当該資本金額について課せられる登録免許税（税率0.7％）の額が実務上無視し得ないほど多額になる場合が多いが、産業競争力強化法[219]に基づく主務大臣による所定の計画認定を受けることができれば、かかる登録免許税の税率を通常の半分の0.35％にまで軽減できる（租特80条1項1号参照）[220]。したがって、特に経営統合後の共同持株会社の資本金額が多額に上るような場合には、タックス・プランニング上、この産業競争力強化法による計画認定の取得も検討しておくべきであろう。

---

[219] 平成11年に制定された旧産活法は、平成26年1月20日付けで、産業競争力強化法の施行に伴って廃止されている。なお、産業競争力強化法に基づく措置の詳細については、**第16章**を参照されたい。

[220] 例えば、前述した日本興業銀行、富士銀行および第一勧業銀行によるみずほホールディングスの下での経営統合の場合、みずほホールディングスの資本金額は約2兆6000億円にも上り、これについて通常の税率で登録免許税が課せられるとすると、その税額は約180億円にもなるはずであった。しかしながら、みずほホールディングスは、旧産活法の認定を受けることで、この税額を半分の約90億円にまで圧縮できたといわれている。産業競争力強化法の下では、例えば、東京都民銀行と八千代銀行は、2014年10月1日付けで、共同株式移転により持株会社である東京TYフィナンシャルグループを設立したが、当該共同株式移転につき認定事業再編計画の認定を受け、資本金200億円に係る登録免許税の税率について軽減措置を受けている（通常の税率0.7％であれば1億4000万円であるところ、軽減税率0.35％により7000万円の納税で済んでいる）。

5 三角合併等と課税

(1) 三角合併等の解禁と三角合併等対応税制の概要

(i) はじめに

平成19年5月1日の会社法下における三角合併等の全面解禁(合併等対価の柔軟化の全面解禁)の施行に伴い、一定の三角合併等につき課税繰延べを認める税制上の手当(以下「三角合併等対応税制」という)が施行された。これにより、①合併対価の柔軟化を利用した三角合併方式による買収親会社(以下、その完全子会社を買収ビークルとして用いて、三角合併等により対象会社を買収しようとする会社を「買収親会社」または単に「買収会社」ということがある)の発行株式を用いた企業買収(後掲図表Ⅰ-11-32参照)だけでなく、その応用版として、②株式交換対価の柔軟化を利用した「三角株式交換」方式による企業買収(買収対象会社が許認可等を要する事業を営んでおり、それを消滅会社とする形で合併が行われると当該許認可等が失われてしまう場合に用いられる。後掲図表Ⅰ-11-33参照)や③会社分割対価の柔軟化を利用した「三角分割」方式による事業買収(買収対象会社を100%買収するのではなく、その事業の一部のみを買収親会社の発行株式により買収する場合に用いられる。後掲図表Ⅰ-11-34および図表Ⅰ-11-35参照)の場合にも、一定の要件の下で、株主レベルでも買収対象会社レベルでも課税繰延べが認められることとなった。

[図表Ⅰ-11-32] 合併対価の柔軟化(正三角合併)

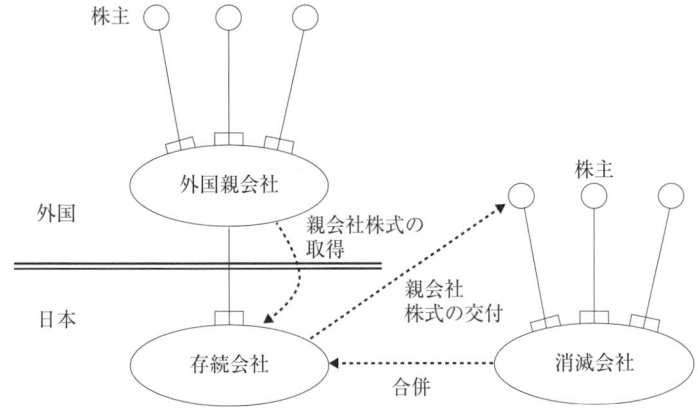

[図表Ⅰ-11-33] 株式交換対価の柔軟化(三角株式交換)

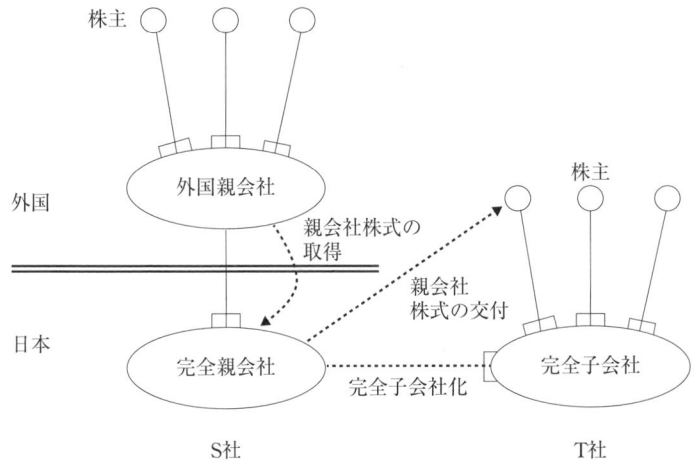

[図表 I-11-34]　三角分割（分社型分割）の例

《三角分割実行前》

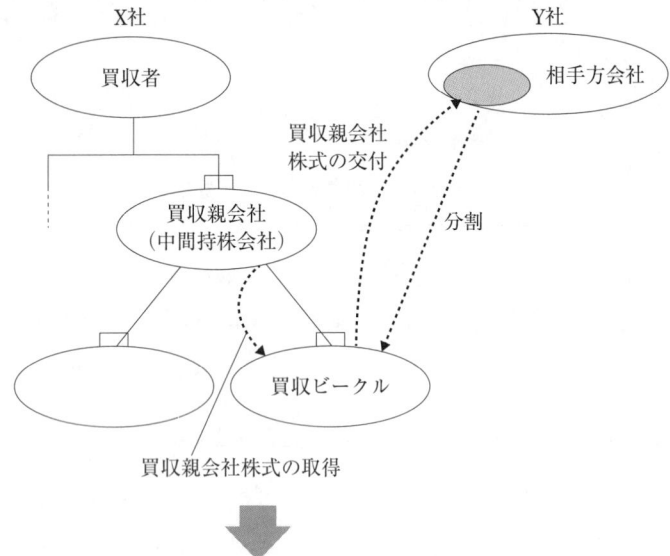

《三角分割実行後》

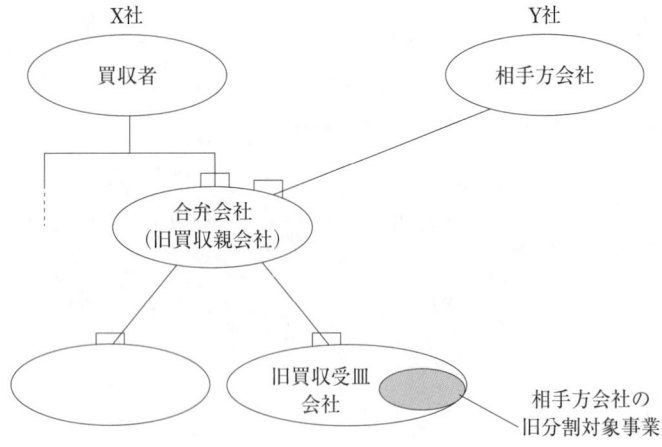

[図表 I-11-35] 三角分割(分割型分割)の例

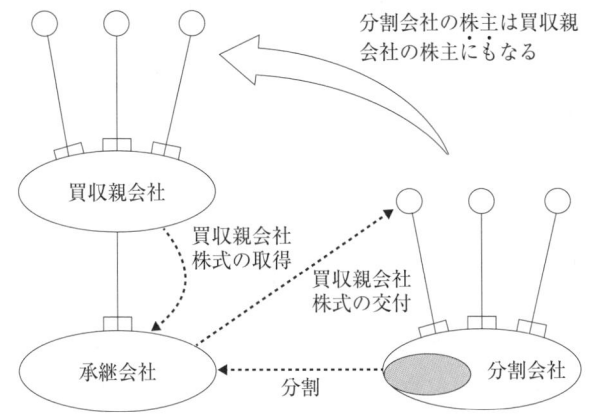

(ii) 三角合併等対応税制の概要

 それでは、三角合併等は、わが国の課税上、どのように取り扱われているのであろうか。まず、三角合併等対応税制の要点を概観してみることとしよう。
 この点、三角合併等対応税制の要点をごく簡単にまとめると、次のようになる。
 すなわち、第一に、三角合併についても、三角株式交換や三角分割についても、買収対象会社のレベルにおいては、一定の税制適格要件を満たせば、それによって買収される対象会社の資産の含み損益に対する税務上の損益認識が繰り延べられる一方、それが充足されなければ、買収対象会社が被合併法人となる場合（正三角合併の場合）や分割法人となる場合（三角分割の場合）に、当該会社の資産の含み損益についてキャピタル・ゲイン課税がなされるのはもちろんのこと、買収対象会社の法人格には何ら影響がない場合（三角株式交換の場合）であっても、正三角合併の場合とパラレルに、その資産の含み損益について強制的に時価評価課税がされることとなる。
 第二に、買収対象会社の株主レベルにおいては、三角合併および三角分割の場合には、みなし配当課税に関しては、適格三角合併等の要件に該当すれば課税はなく、逆に非適格の場合には課税がなされるが、株式譲渡損益課税に関しては、買収親会社の株式以外の対価が交付されなければ税務上の損益

認識が繰り延べられ、かかる対価の交付があれば税務上の損益認識がなされる[221]。一方、三角株式交換の場合には、みなし配当課税は一律に行われず、株式譲渡損益課税に関しては、買収親会社の株式以外の対価が交付されなければ税務上の損益認識が繰り延べられ、かかる対価の交付があれば税務上の損益認識がなされるものとされている[222]。

　第三に、税制適格要件に関しては、三角合併、三角株式交換または三角分割によって買収される対象会社の株主に対して、買収ビークルとして用いられるわが国の会社（以下、本章において単に「買収ビークル」という）の100％親会社（間接保有を含まない）の株式以外の資産が交付されないことが税制適格要件を充足するための必須の要件とされた上で、グループの枠を超えたM&Aが税制適格となるために必要とされる「共同事業要件」の主たる構成要素である事業関連性要件に関しては、その有無につき、上記の100％親会社（実質的な買収会社）と対象会社との間で判定するのではなく、合併等の当事会社間、すなわち、買収ビークルと対象会社との間で判定すべきものとされている。また、事業関連性要件が充足される前提として、買収ビークルは、実際に事業を営んでいることまでは不要であるものの、事業を行う場所および人を確保した上で事業の開始を準備している事業準備会社である必要があるとされ、いわゆるペーパー・カンパニーでは上記の事業性の要件が欠けるものとされている[223]。

　第四に、三角合併等によって買収されることとなった対象会社の株主に外国株主が含まれている場合に課税繰延べを認めることによる課税ベースの浸食の問題に対処するための措置が税制上講じられている。すなわち、合併、吸収分割または株式交換といった手段を用いた株式を対価とする株式の買収（stock for stock の買収）について、それらをわが国企業と外国企業との間で行う余地がない法制の下では、買収の対象となったわが国の対象会社の株主に外国株主が含まれているときに課税繰延べを認めた場合、それらの外国株主について当該買収完了後にわが国の課税権が及ばなくなり、結果として課税漏れが生じる、といった事態は生じないが、三角合併等が許容されている

[221) 所税25条1項1号・2号、法税24条1項1号・2号、61条の2第2項・4項、租特37条の10第3項1号・2号、法税令119条の7の2第1項・2項。
222) 法税61条の2第9項、法税令119条の7の2第3項。
223) 法税2条12号の8・12号の11・12号の17、法税令4条の3、法税則3条1項1号。

法制の下では、株式を対価とする会社または事業の買収を、国境を越えた形で行うことが可能であり、その結果として、そのような課税漏れ（わが国企業の株式が無税で外国企業の株式に転換されることによる課税漏れ）が生じ得る。このような課税漏れの問題に対処するため、（わが国企業である）買収ビークルが、買収対象会社の既存の外国株主に対して、買収ビークルの親会社である外国企業の株式を買収対価として分配する場合には、たとえそれが税制適格要件を充足する三角合併等によるものであって、対象会社の株主のうち居住者ないし内国法人には課税繰延べが認められるようなときでも、また、当該外国株主がわが国に恒久的施設を有しないときであっても、それら外国株主は、その保有に係る対象会社株式を手放すことによる譲渡益が国内源泉所得となる場合（すなわち、買集めにより取得した株式や事業譲渡類似株式または不動産関連法人株式等の譲渡益に該当する場合）には、一定の場合[224]を除き、キャピタル・ゲイン課税に服するものとされている[225]。

　第五に、広い意味でのコーポレート・インバージョンの問題（詳細は後述）、特にわが国所在の含み益を有する資産が外国（特に軽課税国）法人の株式に非課税で転換されることによるわが国の課税ベースの浸食の問題等に対処するため、軽課税国に所在する実体のない外国親会社が、わが国に買収ビークルを作って、それと含み益のある資産を保有する買収対象会社とを三角合併等させるような場合には、①当該ビークルに事業実体が存しないことおよび買収対象会社と当該ビークルとが相互にまたは同一の者によってその発行済株式等の50％超を直接または間接に保有されていること[226]等の一定の条件

---

[224] ごく大雑把にいうと、①それら外国株主が日本国内に恒久的施設（いわゆるPermanent Establishment）を有している場合であって、買収対象会社の株式を、自らが国内において行う事業に係る資産として当該恒久的施設において管理している場合（この場合における買収対象会社株式は「恒久的施設管理親法人株式」と呼ばれる）、および②日本と当該外国株主との間において適用される租税条約によって、わが国が買収対象会社株式の譲渡益につき課税権を有しないものとされている場合、の2つの場合である。

[225] 租特37条の14の3、法税142条、142条の10、法税令184条1項20号、191条。

[226] 租特68条の2の3第1項・5項、租特令39条の34の3第10項・1項等参照。なお、三角合併において、仮に買収対象会社と買収ビークルとが相互にまたは同一の者によってその発行済株式等の50％超を直接または間接に保有されていた場合でも、租特令39条の34の3第1項所定の全ての要件を満たす場合には、税制非適格組織再編成にはならない。

に当てはまれば、当該三角合併等は適格三角合併等に該当しないものとされ、法人段階での資産の移転に対する課税の繰延べおよび買収対象会社の株主段階におけるみなし配当課税の繰延べは認められないものとされている[227]（この制度は、「適格合併等の範囲に関する特例」（特定グループ内合併等についての税制適格組織再編からの除外）制度と呼ばれている）。これは、三角合併等が許容される法制の下では、国境を越える形で株式を対価とする会社または事業の買収を行うことが可能であり、その結果、例えば、含み益を有する資産を保有するわが国の対象会社を支配する者が、タックス・ヘイブン対策税制の適用を受けない軽課税国に持株会社を設立し、当該持株会社が、わが国に設立した買収ビークルを通じた三角合併等によって当該対象会社を買収した場合に、もし当該対象会社の保有資産の含み益に課税がなされなければ、当該含み益を有する資産を外国持株会社の株式の形式に転換し、それを第三者に譲渡すること等によって、わが国における当該資産の含み益に対するキャピタル・ゲイン課税を回避することが可能となってしまうことに鑑みて、そのような方法による課税逃れを封じること等を目的として設けられている措置である。

なお、わが国に所在する含み益を有する資産を軽課税国への現物出資または事後設立の方法によって当該軽課税国所在の法人の発行に係る株式ないし出資持分に転換し、それによってわが国の課税ベースを浸食する行為については、従前から、平成10年度税制改正による、特定の現物出資により取得した有価証券の圧縮額の損金算入制度の改正（国内にある不動産等の出資により海外子会社を設立する場合には圧縮記帳の特例による課税繰延べを否定する旨を規定）以来、立法的手当が随時行われ、外国法人に対して国内にある事業所に属する資産等の移転を行った場合には適格現物出資には該当しないものとされていた（法税2条12号の14柱書、法税令4条の3第10項[228]）ところであるが、上記の「適格合併等の範囲に関する特例」（特定グループ内合併等についての税制適格組織再編からの除外）制度は、それらの延長線上の制度として位置付けられるものである。

---

227) 租特68条の2の3、68条の3、37条の14の3。
228) もっとも、単独分社型分割については同様の規定は存在しないが、これは、外国に会社法上の新設分割の方法によって新たに法人を設立することが、会社法の解釈上、一般には不可能であると考えられていることによるものと考えられる。

第六は、corporate inversion（資本関係の反転）による課税逃れに対する対策税制[229]（コーポレート・インバージョン対策税制）である。コーポレート・インバージョンについての課税上の問題については、**第Ⅲ部第 1 章第 5 節**で詳述するが、コーポレート・インバージョン（corporate inversion）とは、内国企業が、自らないしその株主等によってタックス・ヘイブン等の軽課税国に設立されたペーパー・カンパニーを買収者として当該ペーパー・カンパニーに自らを三角合併等の方法により買収させ、それによって自らの株主を当該ペーパー・カンパニーの株主に振り替え、資本関係を反転させることで、タックス・ヘイブン対策税制の適用を回避しつつ、本国における国内源泉所得「以外」の所得についての課税を免れ、さらに上記の軽課税国にプールした資金を借り入れて支払利子を経費控除するなどして国内源泉所得を圧縮し、結果的に、本国における課税負担を大幅に軽減することによる課税逃れをいう。米国においては、このような行為による課税ベースの浸食を防止するために、1996 年に内国歳入法典 367 条(a)(1)の下で詳細な対処規定が設けられたところであるが、三角合併等の全面解禁により、わが国企業の中にもこのような方法によって「本社」を軽課税国に移し、わが国における課税負担を大幅に軽減させる企業が出現してくる可能性が出てきたことから、三角合併等対応税制の一環として、このようなコーポレート・インバージョンに対する対策税制が設けられている。

なお、以上のうち、第一から第三までについては、平成 19 年 5 月 1 日以降に行われる合併等から適用され、第四から第六までの国際的な租税回避行為の防止措置については、同年 10 月 1 日以降に行われる合併等から適用されている。

---

[229] 内国法人である「特殊関係株主等」についての留保所得合算課税制度につき、租特 66 条の 9 の 2 （創設当時は租特 66 条の 9 の 6）、租特令 39 条の 20 の 2 （創設当時は租特令 39 条の 20 の 8）等、居住者である「特殊関係株主等」についての留保所得合算課税制度につき、租特 40 条の 7 （創設当時は租特 40 条の 10）、租特令 25 条の 25 （創設当時は租特令 25 条の 30）等を各々参照。なお、本文記載のコーポレート・インバージョン対策税制の詳細については、前田睦人「国際課税関係の改正」税務弘報 55 巻 7 号（2007）255 頁以下などを参照。

(2) **親会社株式の取得および交付を巡る買収ビークルにおける税務上の取扱い**

(i) 親会社株式の交付に際しての買収ビークルにおける課税

　三角合併等が行われる場合には、買収ビークルが、その親会社の株式を、買収対象会社の株主等に対して交付することになるので、当該親会社株式の取得および交付を巡って買収ビークルがいかなる課税上の取扱いを受けるかが問題となる[230]。

　この点、当該三角合併等が適格組織再編成に該当するときは、買収ビークルが、その親会社の株式[231]を対象会社の株主等へ交付した場合には、当該三角合併等の効力発生日において、下記に記載する一定の場合を除き、当該親会社株式の帳簿価額により譲渡したものとみなされ、買収ビークルでは当該親会社株式の譲渡損益を認識しない（すなわち、課税繰延べがなされる）ものとされている（法税61条の2第6項・7項・10項[232]）。ただし、当該親会社が、買収ビークルの発行済株式の全部を保有することが、当該三角合併等の契約日において見込まれる法人であって、①当該買収ビークルが、当該三角合併等の契約日以前から親会社株式を保有していたような場合や、または②当該三角合併等の契約日以降に親会社となることが見込まれる法人以外の法人から、当該買収ビークルを存続会社とする一定の適格組織再編成[233]により親会社株式の移転を受けた場合には、当該三角合併等の契約日またはかかる移転を受けた日において、当該親会社株式を時価により譲渡し、再度取得したものとみなして、当該親会社株式に係るそれまでの含み損益を課税上精算（ただし、対象会社株主に交付することが見込まれる数の親会社株式についてのものに限る）するものとされている（合併法人等が有する親法人株式のみなし譲渡：法税61条の2第23項、法税令119条の11の2第1項）。これは、何らかの

---

[230] 以下の記述につき、佐々木浩「平成19年度の法人税関係の税制改正の概要——組織再編税制を中心に」別冊商事法務編集部編『合併等対価の柔軟化への実務対応』別冊商事309号（2007）75頁を参照。

[231] ここでいう親会社は、当該三角合併等の効力発生日において買収ビークルの発行済株式等の全部を直接保有する法人であることが前提とされていることは、前述したとおりである。

[232] なお、三角合併等対応税制の創設当時は、これらの条項の条数はそれぞれ、法人税法61条の2第7項・8項・10項であった。

形で親会社株式を保有していた内国法人が、含み益について課税されることなく親会社株式を保有し続けるインセンティブをなくすことや、自らが保有する親会社株式の含み益についてのキャピタル・ゲイン課税を免れるために、課税繰延べが可能な適格三角合併等を通じて親会社株式の移転を行うことを防止する趣旨である。

他方、当該三角合併等が適格組織再編成に該当しない場合には、買収ビークルは、対価として交付する親会社株式の当該三角合併等の効力日における時価とその（親会社からの）取得価額との差額について、株式譲渡損益課税に服する。

(ii) 親会社株式の取得に際しての買収ビークルにおける課税

三角合併等に際して買収対象会社の株主に交付するために買収ビークルがその親会社株式を取得した場合、基本的には、当該買収ビークルが取得した当該親会社株式の税務上の取得価額は、その取得のために支払った価額とな

---

233) ここでいう一定の適格組織再編成とは、当該三角合併等の契約日以降に行われる、次のイからヘまでに掲げる組織再編成とされているが、当該契約日以降に親会社となることが見込まれる法人から移転を受けるものは除かれている（法税令119条の11の2第2項）。これは、買収ビークルの完全親会社から、当該三角合併等に際して対象会社株主に交付する対価として使用する目的で、買収ビークルに対して移転された当該完全親会社株式を除く趣旨である。

　イ　当該買収ビークルを合併法人、分割承継法人、被現物出資法人または被現物分配法人とする適格合併、適格分割、適格現物出資または適格現物分配
　ロ　当該買収ビークルが有していた株式を発行していた法人が、合併により消滅した場合の、当該合併（株式の譲渡損益の計上が繰り延べられるもの、すなわち、金銭等が対価として交付されないものに限る）
　ハ　当該買収ビークルが有している株式を発行していた法人が、金銭等の交付がない分割型分割（金銭等不交付分割型分割）における分割法人となって、分割の対価として親法人株式を交付する場合における当該分割型分割
　ニ　当該買収ビークルを分割法人とする適格三角分社型分割
　ホ　当該買収ビークルが有している株式を発行していた法人が、株式分配を行ってその完全子法人の株式を交付する場合であって、当該完全子法人の株式が親法人株式である場合の当該株式分配（株式の譲渡損益の計上が繰り延べられるもの、すなわち、金銭等が対価として交付されないものに限る）
　ヘ　当該買収ビークルが有していた株式を発行していた法人の株式交換により、株式交換完全親法人から、交換の対価として親会社株式の交付を受ける場合における、当該株式交換（株式の譲渡損益の計上が繰り延べられるもの、すなわち、金銭等が対価として交付されないものに限る）

る。

　とはいっても、当該親会社株式が、適格組織再編成に該当する三角合併等により買収対象会社の株主に交付された場合には、上記(i)で述べたとおり、その税務上の譲渡価額は原則としてその税務上の取得価額と同一とされる（法税61の2第1項・6項・7項・10項）ので、当該買収ビークルが、かかる親会社株式の譲渡によって税務上損益を認識されることはない。かかる親会社株式の取得が、その時点における親会社株式の時価で行われていれば（例えば、買収ビークルが当該時価相当額を現金でその親会社に対して払い込むことにより当該取得がなされていれば）、それ以上特に問題は生じない。

　しかしながら、実際には、買収ビークルは、買収対象会社の株主に交付するのに十分な数量の親会社株式を取得することのできるだけの現金を手許に保有していないことも多い。そのような場合には、買収ビークルは、どのように親会社株式を調達すればよいのであろうか。1つの方法としては、①親会社（買収会社）が貸付け[234]または出資により、そのために必要な現金を買収ビークルに供給することが考えられる[235]。しかしながら、親会社自身もそれだけの量の現金を保有していない場合等においては、他の方法として、②買収ビークルには少額の現金のみを供給しておき、有利発行の方法によって、当該現金相当額のみを払込金額として必要な数量の親会社株式を発行することが考えられる（ただし、この方法では、当該親会社がわが国の株式会社である場合には、原則として、会社法上、有利発行規制に服さなければならないものと考えられる[236]）。

　もっとも、かかる方法を用いた場合には、買収ビークルにおいて受贈益課税の問題が生じる可能性がある[237]。一般に、新株発行等がいわゆる有利発行に該当する場合には、引受人が法人である場合には受贈益課税の問題が生

---

[234]　もっとも、買収会社が外国企業である場合に、買収ビークルにおいて必要な資金調達をその親会社（買収会社）からの借入れで調達するときは、過少資本税制（租特66条の5）の適用が問題となり、一定の場合（典型的には、買収ビークルの親会社からの借入金の平均残高が、当該親会社の当該買収ビークルに対する資本持分の3倍を超えている場合など）には支払利子につき買収ビークル側において税務上損金算入が認められなくなる可能性があることに注意が必要である。

[235]　会社法上の仮装払込規制との関係などの詳細については、森・濱田松本法律事務所編『税務・法務を統合したM&A戦略〔第2版〕』（中央経済社、2015）189頁参照。

[236]　詳細については、森・濱田松本法律事務所編・前掲注235）200頁参照。

じる（法税22条2項、法税令119条1項4号）ものとされているためである[238]。ちなみに、税務上、有利発行に該当するか否かは、新株引受価額が新株発行決議日前日の株価に比しておおむね10％以上ディスカウントされているか否かを基準に判断されるものとされている（法人税基本通達2-3-7参照）ため、10％以上のディスカウント価格で親会社株式をわが国の買収ビークルに対して発行すると、当該買収ビークルにおいて、引き受けた親会社株式の時価相当額と親会社に払い込んだ払込金額との差額について受贈益課税が生じる可能性があることになる[239]。もっとも、受贈益課税がなされた場合には、その分だけ、買収ビークルが取得した親会社株式の取得価額はステップ・アップするので、結果としては、当該買収ビークルにおける当該親会社株式の税務上の取得価額は、当該親会社株式の時価相当額と等しくなるものと考えられる。

このような受贈益課税の問題を回避するために、親会社（買収会社）が、買収ビークルに対して、行使価額が1円の新株予約権A（目的となる当該親会社株式の数は三角合併等で対象会社の株主に交付することが予定されている数量とする）を第三者割当ての方法により（時価）発行し（その発行価額の払込みは、当該買収ビークルが自己宛てに1円で有利発行した行使価額1円の新株予約権Bをその親会社に対して現物出資する方法によって行う）、当該買収ビーク

---

[237] 大石篤史「三角合併の税務──適格要件の判定と留意点」ビジネス法務7巻9号（2007）38頁参照。

[238] 岡村忠生ほか「有利発行課税の構造と問題」岡村忠生編『新しい法人税法』（有斐閣、2007）257頁など参照。

[239] この問題の詳細については、太田＝伊藤編著・前掲注65）331～391頁および森・濱田松本法律事務所編・前掲注235）201頁参照。なお、平成22年度税制改正でグループ法人税制が導入された結果、内国法人である完全親子会社間の取引に関しては、たとえ完全子会社の側で（会計上）受贈益が生じる場合であっても、そのうち完全親会社側における寄附金の額に対応する金額については、完全子会社の課税所得計算上、益金に算入されないこととなった。しかしながら、本文記載の場合において、完全親会社が行う新株発行等は、税務上は「資本等取引」であって、有利発行に該当する場合でも、基本的に完全親会社側では税務上「寄附金」の額が認識されることはないほか、完全親会社が外国法人である場合には、そもそも内国法人間での利益移転のみを対象とするグループ法人税制が適用される余地はないことから、結局のところ、やはり完全子会社側において税務上受贈益課税の問題が生じるといわざるを得ない（篠原倫太郎「三角組織再編制度の利用における今後の課題と展望」岩原紳作＝小松岳志編『会社法施行5年 理論と実務の現状と課題』（有斐閣、2011）157頁注12参照）。

ルに（当該親会社株式を目的とする）新株予約権Aを行使させる方法などが提唱されている[240]が、非常に技巧的な方法であるため、その税務上の取扱いには不明な点もある。この問題をどのように解決するのが最善かについては今後の実務の蓄積を待つほかないであろう。

(3) 買収ビークルが保有する対象会社株式の取扱いと税制適格要件について

三角合併等を用いた買収を行う際に、買収親会社またはその子会社である買収ビークルが予め対象会社の株式を保有している必要性は特にない。対象会社の株主総会の特別決議で当該三角合併等が承認されるのであれば、会社法上は、当該三角合併等は有効に実施できる。しかしながら、わが国の三角合併等対応税制の下では、当該三角合併等の対価として対象会社の株主に現金等のboot（正確には買収ビークルの直接の完全親会社の株式以外の財産）が1円でも交付されると税制適格要件を充足しなくなってしまうことから[241]、対象会社の株主の中に、自らの保有する対象会社株式の対価として現金の交付を受けることを望む者がいるような場合には、現金で当該株式を買い集める必要があるし、また、対象会社の株主総会で三角合併等の承認決議が得られることを確実にしておくためにも、買収親会社としては、三角合併等を実行するに先立って、現金を対価とするTOB等の方法で、買収ビークルを通じて、対象会社の株式を一定量取得しておくことが通常である。

しかしながら、会社法上、買収ビークル自身が保有する対象会社株式に対しては、三角合併または三角株式交換に伴って当該買収ビークルの親会社（つまり、買収親会社）株式を割り当てることができないとされている（会社749条1項3号括弧書および768条1項3号括弧書参照）[242]ことから、上述の場合には、対象会社の株主間（つまり、買収ビークルとその他の株主との間）において、三角合併または三角株式交換の対価の割当てが非按分的になされる結果となる。そのため、そのことが、税制適格要件との関係で問題とされるのではないかということが、一時、問題とされた[243)244]。

---

240) 葉玉匡美「国内企業の三角合併活用法」ビジネス法務7巻9号（2007）19～20頁および森・濱田松本法律事務所編・前掲注235）204頁参照。
241) なお、後記(4)参照。
242) 江頭263頁注4参照。

もっとも、この点に関しては、シティ・グループによる、三角株式交換を用いた日興コーディアル・グループ（以下、本章において「日興CG」という）の完全子会社化の際に、買収ビークルであったシティグループ・ジャパン・ホールディングス（以下、本章において「CJH」という）が保有する日興CG株式（約67.2％分相当）に対して、CJHの完全親会社であるシティ・グループ株式の割当てがなされなかったにもかかわらず、当該三角株式交換は適格組織再編成に該当するとされたため、結論的には、三角株式交換の場合、買収ビークル自身が保有する対象会社株式に対して三角株式交換に伴って当該買収ビークルの親会社（つまり、買収親会社）株式を割り当てないことが、適格組織再編成への該当性を否定することにはならないものと解される[245]。条文上も、三角株式交換が税制適格組織再編成に該当するための要件としては、「株式交換等完全子法人の株主等に株式交換等完全親法人の株式又は株式交換完全支配親法人株式……のいずれか一方の株式以外の資産……が交付されない」との要件等が要求されているに過ぎず（法税2条12号の17柱書参照）、株式交換完全子法人の「全」株主に対して株式交換完全親法人株式を交付することまでは要求されていない。

　同様に、三角合併の場合でも、三角合併が税制適格組織再編成に該当するための要件としては、被合併法人の「全」株主に対して合併親法人株式を交付することまでは要求されていない（法税2条12号の8柱書参照）ため、三角合併に伴って買収ビークル自身が保有する対象会社株式に対して当該買収ビークルの親会社（つまり、買収親会社）株式を割り当てないことが、適格組織再編成への該当性を否定することにはならないと考えられる。

　しかしながら、三角分割の場合には、それが適格組織再編成に該当するための要件として、「〔分割承継親法人〕株式が交付される分割型分割にあつては、当該株式が……分割法人の各株主等の有する当該分割法人の株式の数

---

243) Lotus21の配信に係る、「三角株式交換　株式交換完全親法人への株式交付なしでも適格再編に」と題する2007年10月16日付けニュースPRO記事参照。
244) なお、分割型分割においては、分割法人の株主が保有する株式の数に応じて分割承継法人の株式が交付される場合（按分型分割）でなければ、そもそも適格分割に該当しないものとされている（法税2条12号の11柱書括弧内参照）。
245) 「日本初"三角株式交換"で気になる課税上の疑問点」週刊T&A master 231号（2007）4～5頁参照。

……の割合に応じて交付されるものに限る」(法税2条12号の11柱書括弧書参照)と規定されているため、対象会社の株主間(つまり、買収ビークルとその他の株主との間)において、三角分割の対価の割当てが非按分的になされた場合には、当該三角分割は適格組織再編成に該当しないことになると解される。もっとも、この場合、剰余金の配当等としてなされることになる[246]、対象会社の株主に対する買収ビークルによる買収親会社株式の分配に際しては、会社法上、買収ビークル(=吸収分割承継会社)を含めた対象会社の株主全てに当該買収親会社株式の分配を行うことが許容されているので[247]、結論的には、三角分割の場合にも、買収ビークルが事前に対象会社の株式を取得していたときを含めて、当該三角分割は適格組織再編成に該当し得ることになると考えられる。

(4) 三角株式交換に関する諸問題──逆三角合併の問題

(i) 「三角株式交換+逆さ合併」方式を用いた場合における税制適格要件の充足の問題

買収対象会社が許認可等を要する事業を営んでおり、合併の際に消滅会社となると当該許認可等が失われてしまうような場合には、三角合併(米国における正三角合併に相当する)方式による買収の代わりに三角株式交換が用いられることになると思われる。しかしながら、この場合に買収ビークルと買収対象会社の双方を存続させると事務管理コストがかさむことになるので、その問題への対処として、買収ビークルを消滅会社とする形で買収対象会社に吸収合併(いわゆる逆さ合併)させ、仕上がりベースで三角合併方式による買収が行われたのと同一の状態(米国でいう逆三角合併が行われたのと同一の結果)を実現させる実務上のニーズがある。

しかしながら、この場合に、当該三角株式交換が税制上の適格要件を満たすためには、第2次再編として、株式交換完全親法人である買収ビークル(図表Ⅰ-11-33のS社)を被合併法人(消滅会社)とする適格合併を行うことが見込まれているような三角株式交換が、適格(三角)株式交換に該当す

[246) 会社758条8号参照。なお、この場合には、会社法792条により分配可能額の制限は適用されない。
[247) 江頭264頁注5参照。

るための要件である、当該株式交換前に当該株式交換完全子法人と株式交換完全親法人との間に同一者による支配関係があり、かつ、当該株式交換の時から当該適格合併の直前の時まで当該株式交換完全子法人と株式交換完全親法人との間に当該株式交換完全親法人による完全支配関係が継続し、当該適格合併後に当該適格合併に係る合併法人と当該株式交換完全子法人との間に当該合併法人による完全支配関係が継続すること（法税令4条の3第19項2号ハ(2)）との要件を充足する必要があるところ、上記の例では、三角株式交換に係る株式交換完全子法人と第2次再編における逆さ合併に係る合併法人（存続社）とが共に買収対象会社（図表Ⅰ-11-33のT社）であるため、上記の「当該適格合併〔筆者注：第2次再編の際の逆さ合併〕後に当該適格合併に係る合併法人〔筆者注：上記の例では買収対象会社（図表Ⅰ-11-33のT社）〕と当該株式交換完全子法人〔筆者注：上記の例では買収対象会社（図表Ⅰ-11-33のT社）〕との間に当該合併法人による完全支配関係が継続すること」との要件を文理上充足し得ないのではないかとの疑義がある[248]。もしそのような解釈に従うのであれば、上記の「三角株式交換＋逆さ合併」のスキームを用いた買収に関しては、三角株式交換が税制非適格となるため、課税繰延べが認められず、買収対象会社の資産の含み益が原則時価評価課税に服することとなってしまう[249]。

　この点、文理の制約はあるものの、実質的に見れば、この「三角株式交換＋逆さ合併」のスキームは、仕上がりベースで買収対象会社（＋買収ビークル）が買収親会社[250]の100％子会社となる点で、税制適格とされる「三角株式交換＋（通常の）合併」や三角合併のスキームと全く異なるところはなく、買収対象会社の許認可等の維持という正当な事業目的ないし事業上のニーズも存在するのであるから、課税当局が、このような「三角株式交換＋逆さ合

---

[248] 平成29年度税制改正後は、適格株式交換等に含まれる、株式等売渡請求、株式併合ないし全部取得条項付種類株式を用いたキャッシュ・アウト後に買収ビークルを消滅会社とする合併が予定されている場合も同様の問題が生ずることとなった。

[249] 結論的にそのように解するものとして、平成29年度税制改正前の文献ではあるが、例えば、遠藤敏史「政省令で明らかになった　合併等対価の柔軟化の税務徹底研究」ターンアラウンドマネージャー3巻7号（2007）86〜87頁、大石・前掲注237）43頁など参照。また、平成29年度税制改正後の文献として、例えば、大石篤史「平成29年度税制改正がM&Aの実務に与える影響」租税研究814号（2017）74頁参照。

[250] 法人税法上は、株式交換完全支配親法人（法税2条12号の17）と呼ばれる。

併」のスキームも、その運用上、法税令4条の3第19項2号ハ(2)その他の税制適格要件を充足するものとして取り扱うことが望まれるところである[251]。

なお、実質的に米国でいう逆三角合併が行われたのと同一の結果を実現する手段としては、その他に、①買収ビークルに予め買収親会社の株式を保有させておいた上で、②買収対象会社においてその発行済株式に全部取得条項を付し（従来の株主の保有株式は全部取得条項付種類株式に変換される）、さらに③買収対象会社において買収ビークルを消滅会社として吸収合併（逆さ合併）を行って（買収ビークルの親会社である）買収親会社には買収ビークル株式の代わりに買収対象会社の普通株式を割り当て（この際、存続会社である買収対象会社は、買収ビークルが保有していた買収親会社株式を承継する）、然る後に、④買収対象会社において全部取得条項を発動して、従前の株主であった全部取得条項付種類株主に対して承継した買収親会社株式を交付する方法[252][253]も考えられるが、この方法にも、上記④の段階で買収対象会社の株主に課税の問題が生じる[254]などの問題点が存在する。

---

[251] 平成29年度税制改正前の文献であるが、大石篤史「組織再編税制と租税回避」金子編・前掲注18）517頁は、三角株式交換後の第2次再編における逆合併を順合併と読み替えるという柔軟な解釈が許される余地があるのではないかとする。

[252] ただし、この方法については、子会社による親会社株式の取得に該当する買収ビークルによる買収親会社株主の取得が会社法800条または会社則23条8号の例外として認められるかという問題がある。もっとも、会社法135条1項が禁じているのは、「親会社である株式会社の株式」であり、文言上は、外国会社親会社は含まれていないので、買収親会社が外国会社である場合には、わが国会社法との関係ではこの点は特に問題とはならない（なお、解釈論として、会社法135条の目的は親会社に生ずる弊害を防止する目的に出たものであり、外国会社が親会社の場合には会社法の禁止は及ばないとする説が有力であることについては、江頭272頁、藤田友敬「会社の従属法の適用範囲」ジュリ1175号（2000）14～15頁、龍田節「国際化と企業組織法」竹内昭夫＝龍田節編『現代企業法講座2　企業組織』（東京大学出版会、1985）313頁等を参照）。もっとも、買収親会社の設立準拠法国の会社法が子会社による親会社株式の取得を禁じている場合（英国会社法など）には、それとの関係でこの方法を用いることは実質的に不可能である。

[253] なお、葉玉・前掲注240）21頁は、全部取得条項付種類株式を用いて実質的に逆三角合併を実現する手法を紹介するが、それが本文で述べたものと同一のものであるのかは判然としない。

[254] 葉玉・前掲注240）21頁も、全部取得条項付種類株式を用いて実質的に逆三角合併を実現する手法につき、買収対象会社株主への課税の問題を指摘する。

(ii) 「三角株式交換＋逆さ合併」方式による事実上の逆三角合併を用いた場合と正三角合併を用いた場合との間の課税上の不均衡

上記の「三角株式交換＋逆さ合併」方式を用いたスキームにつき、仮に適格組織再編成に該当すると認められたとしても、さらに、①買収対象会社をかかるスキームで買収した場合と②正三角合併を用いて買収した場合とでは、買収対象会社の株主に対する課税上の結果が異なるという問題は残る（なお、「三角株式交換＋逆さ合併」方式を用いたスキームについて、仮に課税当局の運用上、適格組織再編成への該当性が認められたとした場合には、上記の①と②で買収対象会社レベルでの課税上の結果は同一となる）。

すなわち、買収対象会社の株主レベルの課税関係については、上記②の場合（正三角合併方式を用いた場合）には、当該正三角合併が適格三角合併に該当しないときにはみなし配当課税が問題となるにもかかわらず、上記①の場合（「三角株式交換＋逆さ合併」方式を用いた場合）には、みなし配当課税がおよそ問題とならず、買収対象会社の株主に買収親会社株式以外の資産（すなわち、boot）が分配されるか否かによって株式譲渡益課税の有無が決せられる（対象会社の株主に買収親会社株式以外の資産が分配されない場合には、それら株主には常に課税繰延べが認められる）のみとなって、両者の間には不整合が生じる（つまり、上記①の「三角株式交換＋逆さ合併」方式を用いた場合の方が、買収対象会社の株主レベルの課税に関しては、課税繰延べが認められる範囲が広い）こととなる。最終的な結果（買収対象会社が買収親会社の100％子会社となること）が全く同一であるにもかかわらず、上記の①の場合と②の場合とでそのような不整合が生じる点は問題ではあるが、これが課税理論上やむを得ない結果であるとすれば[255]、上記①の「三角株式交換＋逆さ合併」方式を用いた場合について課税当局が適格組織再編成への該当性を認める運用をする限りにおいては、買収対象会社の株主についての課税上のメリットを考慮して、実務上は、買収対象会社が（吸収合併消滅会社となることで失効し

---

255) 渡辺・前掲注86) 29頁・33頁は、合併の場合と株式交換との場合との株主レベルにおけるこのような課税のあり方の違いは、株式交換の場合には税制非適格となるときでも（買収対象会社の法人格がそのまま保全される）株式交換という取引の性質上、買収対象会社の利益積立金額がそのまま同社内に残るのに対し、合併の場合には、取引が税制非適格となれば利益積立金の引き継ぎが認められず消滅してしまうため、最後の課税機会としてみなし配当課税を行っておく必要があるからであろうとする。

てしまうような)許認可等を要する事業を営んでいない場合においても、上記①の「三角株式交換+逆さ合併」方式を用いることが検討されることになろう。

(5) 一部現金対価三角合併および一部現金対価三角株式交換の課税上の取扱いに関する平成29年度税制改正による改正

平成29年度税制改正前においては、三角合併および三角株式交換に際して、買収ビークルが買収対象会社の株主に対して交付する買収対価に、当該買収ビークルの親会社(買収会社)の株式のみならず、1円でも現金その他の資産(boot)が含まれる場合(かかる場合の三角合併ないし三角株式交換を、以下本章において「一部現金対価三角合併」ないし「一部現金対価三角株式交換」という)には、常に非適格組織再編成に該当するものとされていた。その結果、それらの場合には、常に、当該三角合併における消滅会社たる買収対象会社が保有する資産の含み損益に対してはキャピタル・ゲイン課税がなされ、当該三角株式交換における株式交換完全子会社たる買収対象会社が保有する時価評価資産の評価損益に対しては時価評価課税がなされるものとされていた。

しかしながら、平成29年度税制改正により、上場会社等の完全子会社化のためのキャッシュ・アウトに係る課税上の取扱いについて統一的な規律がなされたことに伴い、一部現金対価三角合併や一部現金対価三角株式交換の場合であっても、必ずしも非適格組織再編成とはならないこととされ、①三角合併に係る税制適格要件のうち、boot不交付要件については、三角合併の直前において買収ビークル(合併法人)が買収対象会社(被合併法人)の発行済株式(自己株式を除く)の3分の2以上を有する場合におけるその他の株主に対して交付する対価を除外して判定されることとなり(法税2条12号の8)、②三角株式交換に係る税制適格要件のうち、boot不交付要件についても、三角株式交換の直前において買収ビークル(株式交換完全親法人)が買収対象会社(株式交換完全子法人)の発行済株式(自己株式を除く)の3分の2以上を有する場合におけるその他の株主に対して交付する対価を除外して判定されることとなった(法税2条12号の17)。

そして、上記①で修正されたboot不交付要件を含む適格要件を満たす三角合併(上記の一部現金対価三角合併を含む)は、「適格合併」(法税2条12号

の8）に該当することとなって、その場合には、当該三角合併における消滅会社たる買収対象会社が保有する資産の含み損益に対しては、その時点ではキャピタル・ゲイン課税はなされず、課税繰延べがなされるものとされる（法税62条の2第1項）一方、上記②で修正されたboot不交付要件を含む税制適格要件を満たす三角株式交換（上記の一部現金対価三角株式交換を含む）は、前記4(3)でも述べたとおり、ⓐ全部取得条項付種類株式の取得に係る決議、ⓑ株式併合、もしくはⓒ株式売渡請求の承認により、対象会社が買収者との間に「完全支配関係」を有することとなるもの、またはⓓ（通常の）株式交換であって、上記②で修正されたboot不交付要件と同様の要件を含む、企業グループ内の株式交換と同様の税制適格要件が満たされるものとあわせて、全て「適格株式交換等」（法税2条12号の17）に該当することとなって、その場合には、当該三角株式交換における株式交換完全子会社たる買収対象会社が保有する時価評価資産の評価損益に対しては時価評価課税がなされず[256]、課税繰延べがなされることとなった（法税62条の9参照）。

　そのため、結論的に、三角合併または三角株式交換における買収ビークルが買収対象会社の発行済株式（自己株式を除く）の3分の2以上を有する場合、それが一部現金対価三角合併または一部現金対価三角株式交換であっても、それぞれ「適格合併」または「適格株式交換等」に該当し得ることとなった。そして、「適格合併」に該当することとなった場合には、当該三角合併における消滅会社たる買収対象会社が保有する資産の含み損益に対しては、その時点ではキャピタル・ゲイン課税はなされず、課税繰延べがなされるものとされ、「適格株式交換等」に該当することとなった場合には、当該三角株式交換における株式交換完全子会社たる買収対象会社が保有する時価評価資産の評価損益に対しては時価評価課税がなされず、課税繰延べがなされることとなる。

(6)　三角分割の税制適格要件について

　三角分割には、前掲図表Ⅰ-11-34のような分社型分割タイプと前掲図表

---

[256]　なお、前述のとおり、適格株式交換等に該当しない場合でも、平成29年度税制改正により、簿価が1000万円未満の資産（貸借対照表に計上されていない帳簿価額が零のいわゆる自己創設のれんを含む）については時価評価の対象から除外されることとなった（法税令123条の11第1項4号）。

Ⅰ-11-35のような分割型分割タイプとがある。

このうち、分社型分割タイプの三角分割とは、買収親会社が買収受皿子会社（分割承継法人）に対象会社（分割法人）の事業を吸収し、その対価として、当該対象会社に対して、買収受皿子会社の株式ではなく、買収親会社の株式を交付する、という形の組織再編成である。このタイプの三角分割は、前掲図表Ⅰ-11-34のように、買収者が傘下に中間持株会社を有しており、当該中間持株会社が複数の事業子会社を支配しているときに、相手方会社の事業の一部を切り出して当該事業子会社のうちの一社に統合するが、合弁事業のビークル（合弁会社）としては上記の中間持株会社を活用するという場合等で利用できる。これに対して、分割型分割タイプの三角分割は、前掲図表Ⅰ-11-35のように、上記で当該対象会社に対して交付される買収親会社の株式が、当該対象会社の株主に対して当該分割の日に直ちに分割される、という形の組織再編成である。

これらの三角分割に関する税制適格要件は、基本的には一般の会社分割（分社型分割・分割型分割）と同様であるが、上記でその株式が交付されることになる買収親会社の株式が、買収受皿子会社（分割承継法人）の直接の100％親会社でなければならない（法税2条12号の11柱書）点のみが異なっている[257]。

なお、三角分割においては、分社型分割タイプであるか分割型分割タイプであるかを問わず、税制適格要件のうちのいわゆる共同事業要件を構成する、①事業関連性要件、②従業者引継要件、③事業継続要件、④事業規模要件および⑤経営参画要件（特定役員引継要件）については、上記の買収受皿子会社（分割承継法人）と対象会社（分割法人）との間で判定される（すなわち、買収親会社と対象会社との間で判定されるわけではない）ことに注意する必要がある。

---

[257] 国税庁ホームページ（https://www.nta.go.jp/law/shitsugi/hojin/33/33.htm および https://www.nta.go.jp/law/shitsugi/hojin/33/34.htm にて閲覧可能）における、「いわゆる『三角分割（分社型分割）』に係る適格要件について」および「いわゆる『三角分割（分割型分割）』に係る適格要件について」と題する質疑応答事例参照。

(7) 適格三角合併等に該当するための要件を充足しているか否かが問題となる場合

　適格三角合併等に該当するための要件を充足しているか否かが実務上問題となる場合としては様々なケースが想定されるが、本章では、紙幅の関係上、そのうち2つのケースについて特に触れることとする。

　第一は、外国の買収親会社が三角合併等によりわが国の買収対象会社を買収する際、対価として当該買収親会社株式そのものではなく、それを表章する預託証券（いわゆる「日本預託証券（JDR）」[258]）が交付される場合でも、当該三角合併等は適格三角合併等に該当するかという問題である。この点、適格組織再編成に該当するためには、対象会社株主に対して交付される対価は「株式又は出資」である必要があるため、条文上は疑義もあるが、国税庁は、過去に米国預託証券（ADR）について、明文の規定はないものの、課税上はそれが表章する原株式と同様に取り扱うものとしており[259]、適格組織再編成への該当性の文脈においても、課税当局が、その運用上、JDR をそれが表章する原株式である外国の買収親会社の「株式」として取り扱う可能性は十分に存するものと解される[260]。

　第二は、三角合併等を行う際に対象会社株主に対して交付すべき買収親会社株式に端数が生じた場合、三角合併等に際しては会社法234条を利用することができないために、その部分についてはそれらの株主に対して株式の代わりに現金（その他の財産）を交付せざるを得ないが、これによって当該三角合併等が適格三角合併等に該当しないこととなるか、という問題である[261]。この問題については、かつては疑義が存していたところであるが、平成20年度税制改正により、端数に応じて金銭が交付されるときは、当該端数に相当する部分は存続会社の完全親会社の株式（合併親法人株式等）に

---

[258] なお、JDR については、2008年1月に解禁されている（同年1月28日付け日本経済新聞朝刊参照）。また、西村あさひ法律事務所編『ファイナンス法大全(下)〔全訂版〕』（商事法務、2017）632〜643頁参照。

[259] 平成3年6月3日直審 3-49、4-23、5-6（メキシコの電話会社テレフォノス・デ・メヒコ社株式に係る ADR（米国預託証書）の課税上の取扱いについて）。

[260] 中山龍太郎「外国会社による三角合併利用に係る実務上の課題」商事1802号（2007）33頁参照。

[261] 法税2条12号の8本文および葉玉・前掲注240）20〜21頁参照。

含まれるものとされた（平成20年度税制改正後法税令139条の3の2第1項参照）ため、現在では、このような端数相当分の現金の交付により税制適格該当性が崩れることはないという形で、立法的に解決がなされている。もっとも、実務上は、三角合併等に係る契約書において、それら交付される現金が端数調整分であることを明記しておくことが慎重な対応であろう。

(8) 孫会社を買収ビークルとする三角合併を用いた買収

適格三角合併等に該当するためには、買収対象会社の株主に対して交付される買収親会社の株式は、当該三角合併等の直前および直後に買収ビークルを「直接」100％保有する法人の株式である必要がある[262]。したがって、買収親会社からみて孫会社以下に相当する資本関係にある法人を買収ビークルとして利用する形で、買収親会社の株式を交付するような場合には、税制適格要件が充足されないことになる。

その結果、海外の多国籍企業においてよくみられるように、本体の直接の子会社として香港やシンガポールにアジア統括の中間持株会社を設置し、当該中間持株会社を通じて日本法人（本体からみて孫会社）を保有しているような場合には、当該日本法人を買収ビークルとして三角合併等を用いてわが国の対象会社を買収しようとしても、当該三角合併等が適格三角合併等に該当せず、課税繰延べが認められないこととなる。

このような場合に、そのような孫会社以下の日本法人と最終的に統合することを視野に入れて、わが国の会社である対象会社Tを、本体の株式（究極の買収親会社Pの株式）を対価として買収する必要があるときには、例えば、後掲の図表I-11-36記載のとおり、①究極の買収親会社Pが、直接完全支配する買収ビークルS_4をわが国において設立し、対象会社Tと共同事業要件を充足する適格三角合併を行って買収対象会社Tをひとまず究極の買収親会社の直接の子会社（$S_4 + T$）としておいた上で、②アジア統括会社S_1が従来から保有する日本子会社または新たに受皿会社として設立した日本子会社（S_3）を合併法人とし、上記の旧対象会社（$S_4 + T$）を被合併法人とする形で適格合併（100％の資本関係を有するグループ内合併）を行うことで、買収に際して課税繰延べの適用を受けることが可能となる（なお、S_3と$S_4 + T$と

---

[262] 法税2条12号の8、法税令4条の3第1項。

[図表Ⅰ-11-36] 孫会社以下の日本法人と統合させる形での三角合併方式による買収

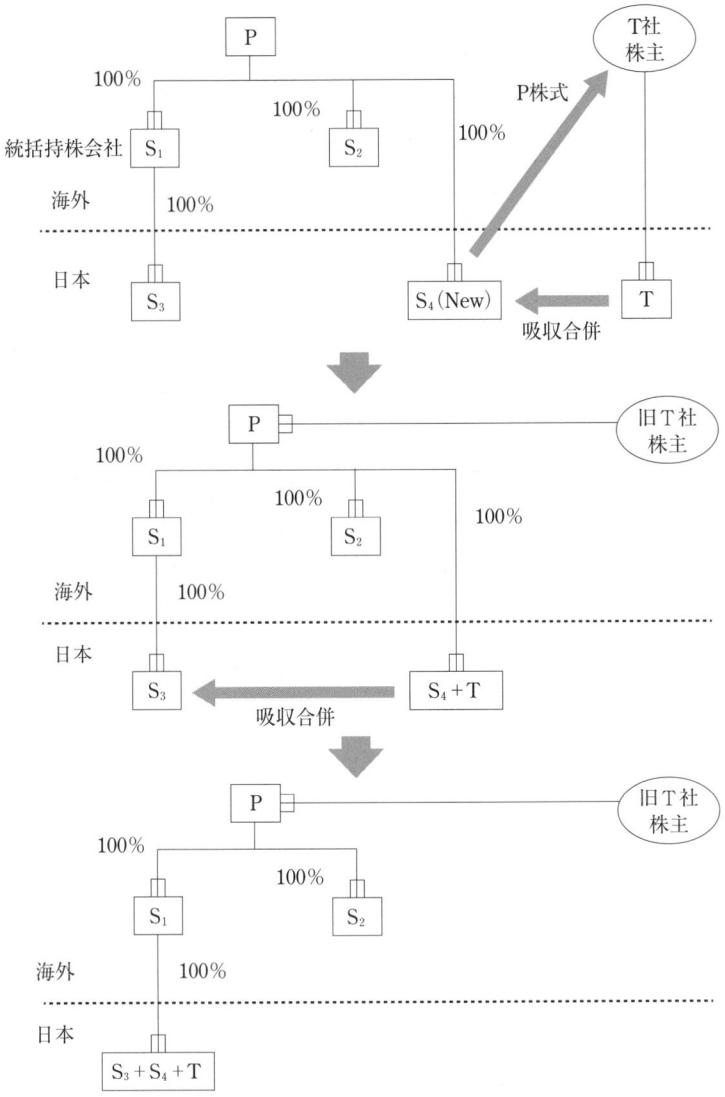

遠藤・前掲注249) 86頁掲記の図を基に筆者が修正

の合併により究極の買収親会社Pが取得するS_3株式はS_1に対して適格現物出資することになろう)[263]。

このスキームを用いた場合には、対象会社Tは、最終的に究極の買収親会社の孫会社となるわけであるが、上記①の三角合併の際の合併法人であるS_4が上記②の第2次再編における被合併法人となることが見込まれている場合には、第2次再編での適格合併の直前までPによるS_4(+T)に対する直接完全支配関係が継続すれば、税制適格要件が充足されるものとされる(ただし、第2次再編では、100％グループ内における適格合併の税制適格要件として、Pが直接または間接にS_3(+S_4+T)の完全支配関係を継続することが要求される)[264]。

もっとも、このようなスキームをわざわざ利用することを強制する合理的な理由は特に見出し難いので、立法論としては、孫会社以下の会社を買収ビークルとするような三角合併等についても、税制適格該当性を認めるべきもののように思われる(具体的には、対象会社株主に交付される親法人株式として、買収ビークルに対して直接完全支配関係を有する親法人の株式でなく、間接完全支配関係を有する親法人の株式を用いた場合でも、税制適格組織再編成に該当するようにすべきである)[265]。

(9) 対象会社のストック・オプションを買収親会社のストック・オプションに振り替える場合の課税問題

三角合併等によって買収される対象会社がストック・オプション(新株予約権)を発行していた場合、買収目的の達成のためには、三角合併等に伴ってその新株予約権については消滅させる措置を講じざるを得ないが、対象会社の役職員のインセンティブを維持する観点から、それら役職員に対して代わりに買収親会社のストック・オプション等を付与することが実務上必要とされる場合がある。

この場合、それら役職員に対象会社の新株予約権を無償で放棄させ、代わりに買収親会社の新株予約権を無償で付与することが、それら役職員に課税

[263) 遠藤・前掲注249)86頁参照。
[264) 以上につき、法税令4条の3第1項括弧書・5項括弧書・17項括弧書参照。
[265) 以上につき、遠藤・前掲注249)86頁参照。

の問題を生ぜしめるかとの問題が存する（租特令25条の8第4項1号参照）[266]。

この点についても実務上あまり議論はなされていないが、個人であるそれら役職員に付与された新株予約権が譲渡制限の付されたストック・オプションであるような場合には、当該新株予約権に代えて同種の買収親会社の新株予約権が無償で付与されたとしても、課税問題は生じないものと解すべきではないかとの見解が提唱されている（所税令84条2項4号参照）[267]。傾聴すべき見解であり、基本的には支持されるべきものと思われる。

⑽ 買収親会社における買収ビークル株式の取得価額を巡る問題

三角合併等対応税制の下では、対象会社を三角合併によりプレミアム付きで買収した場合（対象会社の時価純資産価額を上回る時価の買収親会社株式を対価として買収した場合）であっても、当該三角合併等が適格三角合併等に該当すれば対象会社の保有する資産の含み益についての課税は繰り延べられることになるが、税務上、買収親会社においては、対価として用いた自己の発行株式の時価をコスト（取得価額）として認識することができず、将来買収した（買収ビークルとの合併後の）対象会社を売却する場合、その分だけ税務上不効率が生じることとなる。

例えば、時価純資産価額が1000億円（簿価純資産価額は500億円とする）の対象会社（T社。上場会社であって株式時価総額は1500億円とする）を時価1800億円相当の買収親会社株式を対価として三角合併を用いて買収する場合（対象会社株式を、その時価に2割のプレミアムを上乗せして買収する場合）を考える。そして、合併法人となる買収ビークル（S社）が取得する買収親会社（P社）株式の取得価額を、当該株式のその時点における時価である1800億円とする。

この場合、P社が、S社を買収ビークルとして、三角合併を用いてT社を買収するときに、当該三角合併が適格組織再編成に該当するとすれば、S社はT社の資産等をその取得価額を引き継ぐ形で受け入れることとなるので、

---

[266] 大石・前掲注237）42〜43頁、森・濱田松本法律事務所編・前掲注235）211頁参照。

[267] 森・濱田松本法律事務所編・前掲注235）211〜212頁および大石篤史「株式を対価とする外国企業とのM&Aの実務（下）――『クロスボーダー合併』の新展開」商事2045号（2014）124頁参照。

S社は、T社の資産等を、その簿価である500億円を税務上の取得価額として受け入れることとなる。この際、S社におけるP社株式の取得価額1800億円（いわゆるアウトサイド・ベイシス）とT社の資産等の取得（受入）価額500億円（いわゆるインサイド・ベイシス[268]）の差額である1300億円は、S社における「資本金等の額」の減少額として処理されることとなる（法税令8条1項5号）。

　ここで、買収親会社P社がS社の全株式を第三者に2000億円で転売する場合を考えると、この場合にはS社株式の譲渡は事業譲渡類似株式の譲渡となるので当該譲渡に係る譲渡益は国内源泉所得とされ、P社の本国とわが国との間において日米租税条約や日蘭租税条約のような租税条約による特段の定めが存しない限り、このS社株式の譲渡益についてはわが国で課税がなされることになる。この場合、P社が三角合併の方法によりS社にT社を吸収したことでその保有に係るS社株式の取得価額（basis）が税務上どのような調整を受けるかは、わが国の租税法令によって決せられることになるが、三角合併等対応法制には何らの調整規定も設けられていないため、S社がT社を三角合併の方法により吸収しても、P社の保有に係るS社株式の取得価額がわが国における課税上調整されることはない。したがって、P社におけるS社株式の取得価額はわが国の課税上は1800億円のままとして取り扱われると考えられる。

　そうであるとすると、①P社がS社株式を将来2000億円で第三者に売却した場合には、P社においては200億円の株式譲渡益が生じ、これに対して国内源泉所得としてわが国で譲渡益課税がなされることになる一方、②S社が将来T社から受け入れた全事業（T社から受け入れた資産等の全てを含む）を2000億円で第三者に売却した場合、S社においては2000億円から（T社から受け入れた資産等の取得価額である）500億円を差し引いた1500億円の譲渡益が課税上認識されることになり、これに対して譲渡益課税がなされることになる。つまり、この②の場合には、①の場合と比較して、経済実態としては実質的に同じ取引を行っているにもかかわらず、「資本金等の額の減少」として処理されることとなって失われるに至った税務上の取得価額に相

---

[268] インサイド・ベイシスおよびアウトサイド・ベイシスについては、例えば、岡村・前掲注12）396〜397頁ほか参照。

当する1300億円に対応する法人課税額が、P社グループ全体にとっての余計な税務上のコストになってしまう。このことは、タックス・プランニング上、十分留意すべきであろう[269]。

(11) **コーポレート・インバージョン対策税制に関する実務上の問題点**

仮に三角合併等によって軽課税国の持株会社に対象会社の株式を移転することができたとしても、コーポレート・インバージョン対策税制が適用される場合には、タックス・ヘイブン対策税制類似の留保所得合算課税の規制が及ぶことになり、当該三角合併等の結果として軽課税国の持株会社の株主となった者については、当該持株会社に留保された所得も、その持分割合に応じて自らの所得に合算されて課税されることになるため、注意が必要である。コーポレート・インバージョン対策税制については、第Ⅲ部第1章第5節を参照されたい。

(12) **日本企業による外国企業の三角合併等を用いた買収に関連する問題**

三角合併等対応税制の創設に伴い、外国の租税法令によって外国企業間における三角合併等につき課税繰延べがなされた際に、当該三角合併等によって買収される対象会社の株主に日本株主が含まれている場合に、それら日本株主についてわが国の課税関係は発生することになるかという問題も生じることとなる。

この点は、従来から、外国企業同士の合併等が、わが国の組織再編税制の下で適格組織再編の要件を充足する場合に、当該組織再編によって買収される対象会社の日本株主についてわが国ではどのような税務上の取扱いがされることになるのか、という形で問題とされてきたところである[270][271]が、三角合併等対応税制の創設により、わが国企業が外国企業を現地の法令に基づ

---

[269] そもそも、この②の場合に、所得課税の原則からすると本来課税すべきではないbasisの性質を有するものを、実質的に課税対象とすることが理論的に許されるのかどうかは問題である。この点は、岡村忠生教授の示唆に基づく（なお、岡村・前掲注12）536〜541頁参照）。

[270] 国税不服審判所裁決平成15年4月9日裁決事例集65集84頁ならびにその評釈である増井良啓「外国会社からの現物分配と所得税——再論」税務事例研究126号（2012）47頁以下および浅妻敬＝坂本英之「外国法人の組織再編により関連会社株式の分配を受けた株式に対する配当課税」税研120号（2005）90頁以下参照。

き三角合併等により買収した場合に、当該外国企業の日本株主は当該三角合併等に関連して一体どのような課税を受けることになるか、ということが問題となるに至った。

すなわち、平成18年5月1日の会社法本体の施行に伴い、わが国企業が外国企業を三角合併等により買収する目的で、当該対象会社の所在国に買収ビークルとして外国子会社を設立し、当該外国子会社に親会社たる自らの株式を取得させることが子会社による親会社株式の取得禁止規制に反しない旨が法令上明文で明らかにされた[272]が、当該外国の租税法令の下では三角合併等による買収につき（当該対象会社レベルでもその株主レベルでも）課税繰延べが認められている場合、当該対象会社の日本株主（当該対象会社がNYSEやNASDAQなどに上場している国際的な大手企業である場合には、通常、日本株主が存在するであろう）は、わが国でもみなし配当課税（および／または株式譲渡益課税）の課税繰延べの恩典を受けることができるのかが問題となる。

---

[271] なお、課税当局による課税処分の取消しが争われた事案ではないが、米国法人が行った（75％の減資を伴う）スピン・オフ（内国歳入法典の下では課税繰延べが認められていた）により分離会社2社の株式の交付を受けたことにつき、これらの株式の交付が配当所得ないしみなし配当所得に該当し、被告（控訴人）がわが国で所得課税に服することになるかが争われた事案において、東京地判平成21年11月12日判タ1324号134頁およびその控訴審判決である東京高判平成22年8月4日公刊物未登載（当該判決については、最一決平成23年4月21日（平成22（オ）1775、平成22（受）2148）により上告棄却および上告不受理決定がなされ、確定している）は、当該スピン・オフによる株式の交付が内国歳入法典において課税繰延べの対象であったとしても、そのことはわが国の税法の解釈について特段の影響を及ぼすものではないとして、被告（控訴人）側の主張を退け、それら株式の交付により被告（控訴人）は配当所得ないしみなし配当所得を得ているものと判示している。もっとも、当該判決は、いずれも、当該スピン・オフがわが国法人税法所定の分割型分割ないし適格分割型分割に相当するものであるかについては触れていない（Lotus21の配信に係る、「米国法人のスピン・オフにより取得した株式は配当所得・みなし配当所得に該当　最高裁の上告棄却により、一審判決支持の東京高裁判決が確定」と題する2011年6月16日付けニュースPRO参照。また、同様の問題を指摘するものとして、小塚真啓「税法上の配当概念の意義と課題」Kyoto University Research Information Repository（2014）2頁参照）。

[272] 会社135条2項5号、会社則23条8号等参照。なお、三角合併等を用いた日本企業によるその発行株式を用いた外国企業の買収に関しては、例えば、弥永真生ほか監修『新会社法実務相談』（商事法務、2006）301頁以下〔太田洋〕参照。

この点、米国では、2006年1月23日以降、上記に相当する場合に、内国歳入法典および関連する財務省規則上の所定の要件さえ充足すれば、米国法以外の外国の法令に基づく合併に際しても、被合併法人の米国株主に課税繰延べが認められる（当該外国において当該合併が課税繰延べを認められるものであるか否かを問わない）ことを明記した財務省規則が施行されているところである[273]が、わが国でも、上記のような場合に関して、外国法令に基づいて行われた組織再編成がわが国の租税法令所定の適格組織再編成に該当する限り（なお、当該外国において当該組織再編成が課税繰延べを認められるものであるか否かを問わない）、対象会社の日本株主には課税繰延べが認められる（逆に、わが国における適格組織再編成の要件に該当しない限り、当該外国において課税繰延べが認められる場合であっても課税繰延べは認められない[274]）と一般に解釈されている[275]。

(13) その他の問題

　三角合併等を用いたM&Aを実際に行う場合には、本5で論じた以外にも数多くの税務上の問題が実務上生じ得る。そのうち主なものとしては、例えば、①（いわゆる「共同事業要件」を充たすための要件の1つである）前述の事業性の要件を充足するためには、買収ビークルが自己の名義かつ自己の計算で商品販売等の事業ないしその事業準備を行っている必要があるとされる[276]ところ、買収ビークルとして既存の事業会社ではなく新設の子会社が

---

273) Treas. Reg. §1.368-2(b)(1)(ii)および同(iii)掲記のExample 13参照。なお、当該規則に関する規則案の解説として、渡邊健樹「国際間の株式を対価とする企業買収と課税および会社法——三角合併を中心として」中里実＝神田秀樹編著『ビジネス・タックス』（有斐閣、2005）179〜180頁・195〜196頁参照。
274) この点につき、前掲注270）国税不服審判所裁決平成15年4月9日参照。
275) 公益社団法人日本租税研究協会・国際的組織再編等課税問題検討会による2012年4月9日付け「外国における組織再編成に係る我が国租税法上の取扱いについて」と題する報告書参照。なお、当該報告書は、「単なる検討会の意見というよりは、むしろ国税当局のお墨付きを得た内容のものとご理解いただいて結構ではないかと思います。したがいまして、この報告書で示した基準に沿っている限りにおいては、国税当局から否認されるリスクはほとんどない、という意味において、本報告書の内容は、セーフ・ハーバーとして利用していただけるものと考えております」とされている（国際的組織再編等課税問題検討会専門部会「外国における組織再編成に係る我が国租税法上の取扱いについて」租税研究753号（2012）41頁〔座長：小田嶋清治発言〕）。

用いられる場合に、その事業準備が買収対象会社のために行われるものと認められず、したがって「自己の計算」で行われていると認められるためには具体的にどのような事情が存する必要があるのかとの問題[277]や、②買収親会社が保有する買収ビークル株式の取得価額について調整（米国で認められるいわゆる over-the-top）を認めるべきではないかとの問題[278]、といった点が挙げられる。

これらの問題については紙幅の関係上割愛するが、詳細は適宜脚注に掲記の論文等を参照されたい。

6 M&A・企業グループ再編と一般的行為計算否認規定

(1) はじめに

平成13年度税制改正によって組織再編税制が創設されたことも追い風となって、わが国でも、21世紀に入ってから、グループ内企業再編やグループの枠を超えた経営統合が急速に増加している。

組織再編税制の創設は、わが国における企業再編の増加を後押しする役割を果たした点で高く評価されるが、平成13年4月1日の施行から10年余りを経て、様々な課題も明らかになってきている。その1つが、組織再編税制の中に埋め込まれた租税回避行為に対する一般的否認規定である法人税法132条の2の射程を巡る問題である。この点、わが国では、これまで同条の適用の是非が直接問題となった裁判例や裁決例は見当たらなかったところであるが、近時、ヤフーが、ソフトバンクIDCソリューションズ（以下「IDC」という）をソフトバンクから約450億円で買収した上で同社を吸収合併した取引につき、附帯税を含めて総額約265億円の更正処分がなされた事例（いわゆるヤフー事件)[279]や、同じく、IDCがその営業部門を分離して、

---

[276] 法税則3条1項1号。
[277] 大石・前掲注237) 40頁参照。
[278] 立法論としての問題である。詳しくは大石篤史「三角合併を利用したクロスボーダーのM&A」租税研究680号（2006）107頁参照。
[279] 2010年7月1日付け北海道新聞朝刊、同日付け日本経済新聞朝刊、ヤフーの同年6月30日付けプレスリリースおよびソフトバンクの同日付けプレスリリースを参照。

IDC フロンティアを設立した際に計上された IDC の税務上の「のれん」を損金算入した税務処理につき、過少申告加算税を含めて約 6 億円の更正処分がなされた事例[280]、日本 IBM グループに対する巨額の追徴課税事件[281] など、企業再編に関連して、同条や同族会社に関する一般的な行為計算否認規定である法人税法 132 条の適用が問題とされる課税処分事案が、相次いで公になっている。そこで、本 6 では、今後、実務上の重みがさらに増していくと予想される、この法人税法 132 条、132 条の 2 および 132 条の 3 の適用範囲を巡る問題について、概説することとしたい。

(2) 同族会社の行為計算否認規定（法税 132 条）の趣旨および概要

同族会社の行為計算否認規定が初めて設けられたのは、大正 12 年（1923 年）の所得税法の改正においてであり、その後、昭和 22 年および昭和 25 年の改正で改められ、現在の姿になっている。

この規定は、所有と経営とが未分離・一体であり株主間の牽制作用が弱い同族会社においては、そのこと故に、税負担の軽減または排除を目的として、必ずしも経済的合理性があるとはいえない、いわゆる「お手盛り」による取引・経理等が行われやすいという構造的な問題が見られるということを背景として、そのような行為・経理等により税負担が軽減または排除されることを防止するために設けられたもの[282] であり、伝統的に、租税回避の否認規定と解されてきた[283]。

法人税法 132 条に基づき同族会社の行為または計算の否認が認められるための要件およびその効果は、以下のとおりである。

---

280) 2012 年 4 月 1 日付け朝日新聞朝刊参照。
281) 2010 年 3 月 18 日付け朝日新聞朝刊および同日付け日本経済新聞夕刊等参照。
282) 谷口勢津夫『租税回避論』（清文社、2014）290 頁参照。
283) 例えば、最三判昭和 52 年 7 月 12 日訟月 23 巻 8 号 1523 頁は、この規定を「同族会社であるためにされた不自然、不合理な租税負担の不当回避行為」を否認する規定と判示している。学説上もかかる解釈が通説といえる（清永敬次『租税回避の研究』（ミネルヴァ書房、1995）385 頁・413 頁、水野・前掲注 16）535〜537 頁等）。

① 税務署長は、
② 内国法人である同族会社および法人税法132条1項2号イ～ハのいずれにも該当する内国法人[284]（以下「同族会社等」という）に係る法人税につき更正または決定をする場合において、
③ その法人の行為または計算で、
④ これを容認した場合には法人税の負担を不当に減少させる結果となると認められるものがあるときは、
⑤ その行為または計算にかかわらず、税務署長の認めるところにより、その法人に係る法人税の課税標準もしくは欠損金額または法人税の額を計算することができる。

(3) 法人税法132条の適用要件とその射程

(i) 否認の対象となる行為または計算の主体

　法人税法132条の適用対象となる行為または計算は、上記(2)の③記載のとおり、「〔同族会社等〕の行為又は計算」とされている。それ故、「同族会社等」以外の法人の行為または計算により、結果的に同族会社等に係る法人税の負担が減少したとしても、当該行為または計算を同条の適用により否認することはできない[285]。この点、上場会社等の非同族会社が100％子会社（当該子会社は法人税法上同族会社に該当する）を有しているような場合に、当該子会社との間の資本等取引について、法人税法132条が適用され、非同族会社である親会社が課税処分を受けることがないかが一応問題とされることがあるが、同条1項は、「次に掲げる法人に係る法人税につき更正又は決定をする場合において……その法人に係る法人税の課税標準若しくは欠損金額又は法人税の額を計算することができる」（傍点筆者）と規定しており、その「次に掲げる法人」には「同族会社等」のみが含まれている（同族会社等の株主その他の同族会社の関係者は含まれていない）ことは明らかであるから、非同族会社である親会社が同条の適用によって課税処分を受けることはない[286][287]。

---

284) いわゆる企業組合を念頭に置いたものである。
285) なお、法人税法132条1項とは異なり、所得税法157条1項、相続税法64条1項および地価税法32条1項は、同族会社の株主その他の同族会社の関係者を更正または決定の対象としている。

(ii) 否認の対象となる「行為」の範囲

　法人税法132条1項は、その否認の対象を「その法人〔筆者注：次に掲げる法人、すなわち、同族会社等〕の行為」とのみ規定しており、その行為が同族会社等と誰との間の取引であるかは特段問題とされていない。したがって、同項の文言上、同族会社の行為であれば、（たとえ第三者との間の取引であったとしても）すべからく同条による否認の対象となり得ることは明らかである[288]。

(iii) 否認の対象となる「計算」の範囲

　法人税法132条1項にいう「計算」の否認とは何を意味するかについては、学説上あまり論じられていないが、それは「行為自体は認めるがそれに基づいて行われた計算が不当である場合に、その計算の全部又は一部を否認する」ものであると解する見解[289]が有力である。そうであるとすれば、法人

---

[286]　過去の裁判例においても、法人税法132条1項により法人税につき更正または決定を受ける法人が同族会社に限定されることは当然の前提とされていると考えられ、例えば、東京高判昭和53年11月30日訟月25巻4号1145頁（最一判昭和54年9月20日税務訴訟資料106号562頁により上告棄却判決がなされ確定）は、「同族会社に対してのみこのような行為計算の否認の規定〔筆者注：法税132条〕を設けたことについては十分な合理性がある」と判示している。

[287]　この点、清永・前掲注283）386頁も、「租税回避の否認の一般規定〔筆者注：法税132条〕は同族会社についてのみ行為計算の否認規定として定められているにすぎないことから、非同族会社の場合には租税回避の否認は許されない」と述べる。また、大淵博義「法人税法解釈の判例理論の検証とその実践的展開(33)同族会社の行為計算の否認規定（法法132条）を巡る論点の考察(3)」税経通信63巻14号（2008）61頁も、「法人税法132条1項の行為計算の否認は、同族会社の行為計算を否認して、当該同族会社の法人税の不当減少を正当なあるべき税額に更正するものであるから、『同族会社の行為計算＝同族会社の法人税の不当減少』を否認するのに対して、所得税法157条1項及び相続税法64条1項の場合には、『同族会社の行為計算＝株主等の所得税（相続税等）の不当減少』を否認するという点で異なる」と述べている。

[288]　広島地判平成2年1月25日判タ736号135頁（確定）も、「〔法人税法132条による〕否認の対象は、同族会社とその株主その他特殊関係者（個人）との間における作為的取引（隠れたる利益処分）に限られる」（傍点筆者）との納税者の主張を排斥している。また、武田編著・前掲注35）5566頁も、「同族会社の行為又は計算は、たとえ第三者との取引に関するものであっても、その行為によってその同族会社の法人税の負担を不当に減少させる結果となれば、これは当然に否認されるべきである」と述べる。

[289]　武田編著・前掲注35）5565頁。

税法132条所定の「計算」は、あくまで「同族会社等」の「行為」に基づく「計算」に限られるということになろう。

(iv) 「法人税の負担を……減少させる結果となる」の意義

法人税法132条1項を適用するには「法人税の負担を……減少させる結果となる」ことが必要とされているため、同項を適用するには、行為または計算を行った同族会社等の法人税の負担が減少した、すなわち、現実に行われた行為または計算による法人税の負担が、通常なされたであろう行為または計算による法人税の負担と比較して軽いと認められる必要がある[290]。

同族会社等の経済的合理性を欠いた行為または計算が、その年度の税負担には影響を及ぼさず、後の年度の税負担を減少させた場合には、一連の経過を一体的に捉えて、税負担の減少した年度において当該行為または計算が否認され、税額が計算し直されることになると解されている[291][292]ため、この点には注意が必要である。

(v) 「不当に」の意義

法人税法132条1項にいう「不当に」の意味については、判例上、①非同

---

[290] 東京地判平成13年11月9日判時1784号45頁(なお、控訴審である東京高判平成16年1月28日判時1913号51頁、上告審である最三決平成17年10月11日税務訴訟資料255号順号10154および最三判平成18年1月24日判時1923号20頁ならびに差戻控訴審である東京高判平成19年1月30日判時1974号138頁では、法人税法132条に関する判断は示されていない)参照。

[291] 前掲注283)最三判昭和52年7月12日および金子501頁参照。

[292] なお、東京高判平成18年6月29日税務訴訟資料256号順号10440(最二決平成20年6月27日税務訴訟資料258号順号10980により上告棄却および上告不受理決定がなされ確定)は、「当期の法人税額が更正処分後も異動しない場合であっても、当初計上された欠損金額のうちに、通常の経済人としては不自然、不合理な行為によって作出された欠損金額が含まれており、当該欠損金額が翌期以降に繰り越されることによって、それが翌期以降の損金に算入されることで法人税を減少させることが可能となる状態が作出されるのであれば、所得金額を不当に減少させたことに変わりはない以上、当該欠損金額について、『法人税の負担を不当に減少させる結果となる』と認められ、法人税法132条の適用のためには現実の損金への算入の有無を問わない」と判示しており、同族会社の行為または計算により繰越欠損金額が増加したに過ぎない場合であっても、それが翌事業年度以降損金の額に算入される可能性がある限りは、法人税法132条所定の「法人税の負担を……減少させる結果となる」との要件を充足すると解されている。

族会社では通常なし得ないような行為・計算、すなわち、同族会社なるが故に容易になし得る行為・計算がこれに当たると解する傾向（非同族会社基準説）と、②純経済人の行為として不合理・不自然な行為・計算がこれに当たると解する傾向（経済的合理性基準説）の2つが存在するといわれている[293]。これについて、金子宏名誉教授は、「抽象的な基準としては」上記②の考え方が妥当であるとし、「ある行為または計算が経済的合理性を欠いている場合に否認が認められると解すべき」とした上で、ⓐ「行為・計算が経済的合理性を欠いている場合とは、それが異常ないし変則的で租税回避以外に正当な理由ないし事業目的が存在しないと認められる場合のことであり」、ⓑ「独立・対等で相互に特殊関係のない当事者間で通常行われる取引……とは異なっている取引には、それにあたると解すべき場合が多いであろう」（傍点筆者）と論じている[294]（「正当な事業目的の不存在」を基準とする考え方。以下、かかる考え方を、本章において、便宜上「異常変則性・事業目的併用説」という）。この異常変則性・事業目的併用説の考え方は、一部の下級審裁判例[295]によっても支持されており、従来、少なくとも学界においては多数説であったものと考えられる。これに対して、法人税法132条の適用の可否が正面から争われた近時の事案である前述のIBM事件控訴審判決[296]は、上記

293） 清永・前掲注283）385頁・413頁、水野・前掲注16）422〜423頁。

294） 金子498頁参照。なお、金子宏名誉教授は、同書第16版までは、「行為・計算が経済的合理性を欠いている場合とは、それが異常ないし変則的で租税回避以外に正当な理由ないし事業目的が存在しないと認められる場合のみでなく、独立・対等で相互に特殊関係のない当事者間で通常行われる取引……とは異なっている場合をも含む」（傍点筆者）との表現を用いている（『租税法〔第16版〕』（弘文堂、2011）421頁参照）が、同書第17版からは、基本的に本文に記載した表現に改めている（『租税法〔第17版〕』（弘文堂、2012）431頁参照）。もっとも、同書第17版では、「……とは異なっている取引の中には、それにあたると解すべき場合が少なくないであろう」（傍点筆者）との表現が用いられている。

295） 福岡地判平成22年9月6日税務訴訟資料260号順号11501（福岡高判平成23年3月11日税務訴訟資料261号順号11638も支持）および前掲注288）広島地判平成2年1月25日参照。

296） 前掲注31）参照。同判決についての詳細な評釈として、岡村忠生「最近の重要判例——IBM事件」ジュリ1483号（2015）37頁、太田洋「IBM事件東京高裁判決の検討」国際税務35巻9号（2015）80頁参照。このほか、同判決について言及したものとして、朝長英樹「検証・IBM事件高裁判決(1)〜(3)」T&A master 592号4頁・595号4頁・596号（2015）4頁、大淵博義『「租税回避」概念の混迷と否認の限界」T&A master 614号（2015）7〜8頁等がある。

②の経済的合理性基準説を妥当として、「同族会社の行為又は計算が経済的合理性を欠く場合」に法人税法132条1項所定の「不当性」の要件が充たされるとしつつ、同項の適用には同族会社に租税回避の意図があることが不要であると解されるということ（後記(vi)で述べる）から、一足飛びに、上記の異常変則性・事業目的併用説のうち前段の@の部分を否定しており、極めて注目される[297]。さらに、同判決は、最二判昭和53年4月21日訟月24巻8号1694頁および最一判昭和59年10月25日集民143号75頁を引用しつつ、同族会社の行為または計算が、法人税法132条1項にいう「これを容認した場合には法人税の負担を不当に減少させる結果となると認められるもの」か否かは、「専ら経済的、実質的見地において当該行為又は計算が純粋経済人として不合理、不自然なものと認められるか否かという客観的、合理的基準に従って判断すべき」ものと判示した上で、「同項が同族会社と非同族会社の間の税負担の公平を維持する趣旨であることに鑑みれば」という簡単な理由だけを挙げて、「当該行為又は計算が、純粋経済人として不合理、不自然なもの、すなわち、経済的合理性を欠く場合には、独立かつ対等で相互に特殊関係のない当事者間で通常行われる取引（独立当事者間の通常の取引）と異なっている場合を含むものと解するのが相当」と判示している[298]（IBM事件控訴審判決が判示する以上のような考え方を、以下、本章において、便宜上「独

---

[297] しかしながら、同族会社に租税回避の意図があることが法人税法132条1項を適用するための「独立の要件」でないからといって、それだけで同項の「不当性」の要件の解釈について、異常変則性・事業目的併用説の前段の@の部分のように解することが妥当でないということにはならないはずである。そもそも、異常変則性・事業目的併用説の上記@の部分は、その論理構造上、租税回避の意図ないし目的が存することを「不当性」の要件が充足されるための必要条件としたものではなく、「不当性」の要件が充たされるためには「行為・計算が異常ないし変則的であること」および「正当な理由ないし事業目的が存在しないこと」の双方が認定されることが必要十分条件であるとしているに過ぎない（租税回避の意図ないし目的が積極的に認定できなくとも、これら2つが認定されれば「不当性」の要件は充たされることになる）と解釈することが十分可能である。したがって、IBM事件控訴審判決が、異常変則性・事業目的併用説の上記@の部分を「不当性」の要件に関する解釈論として妥当でないと判断するのであれば、「不当性」の要件が充足されるためには「行為・計算が異常ないし変則的であること」および「正当な理由ないし事業目的が存在しないこと」の双方が認定されることが必要十分条件であると解釈することが、なぜ不適切であるのかを示すべきであったといえよう。

[298] なお、国税不服審判所裁決平成10年6月23日裁決事例集55集175頁も同旨。

立当事者間取引基準説」という)。この判示の表現は、上記の異常変則性・事業目的併用説のうち後段のⓑの部分と表面的には似通っているようにも見えるが、その論理構造は大きく異なっている。まず、異常変則性・事業目的併用説は、独立当事者間の通常の取引とは異なっている取引には、「行為・計算が経済的合理性を欠いている場合」、すなわち、「〔行為・計算〕が異常ないし変則的で租税回避以外に正当な理由ないし事業目的が存在しないと認められる場合」(異常変則性・事業目的併用説のうち後段のⓐの部分)に当たると解すべき場合が多いとしているのみであって、独立当事者間の通常の取引とは異なっている取引であれば当然に「行為・計算が経済的合理性を欠いている場合」に該当すると論じているわけではない。他方、IBM事件控訴審判決は、「行為又は計算が……経済的合理性を欠く場合」には、それが「独立当事者間の通常の取引」と「異なっている場合を含む」(傍点筆者)と判示しており、独立当事者間の通常の取引とは異なっている取引であれば、当然に「行為・計算が経済的合理性を欠いている場合」に該当すると述べているように読める。つまり、(少なくとも判文の字面の上では、)独立当事者間の通常の取引とは異なっている取引であれば当然に法人税法132条1項にいう「不当性」の要件を充たすといえるだけでなく、同族会社のそれ以外の行為・計算についても「不当性」の要件を充たす場合があり得ると解しているわけである。これは、所得税法157条(同族会社等の行為または計算の否認)に関してではあるが、パチンコ平和事件一審判決(東京地判平成9年4月25日訟月44巻11号1952頁)が判示した、当該「規定の対象となる同族会社の行為又は計算は、典型的には株主等の収入を減少させ、又は経費を増加させる性質を有するものということができ……右の収入の減少又は経費の増加が同族会社以外の会社との間における通常の経済活動としては不合理又は不自然で、少数の株主等によって支配される同族会社でなければ通常は行われないものであり、このような行為又は計算の結果として同族会社の株主等特定の個人の所得税が発生せず、又は減少する結果となる場合には、特段の事情がない限り、右の所得税の不発生又は減少自体が一般的に不当と評価されるものと解すべきである。すなわち、右のように経済活動として不合理、不自然であり、独立かつ対等で相互に特殊な関係にない当事者間で通常行われるであろう取引と乖離した同族会社の行為又は計算により、株主等の所得税が減少するときは、不当と評価されることになるが、所得税の減少の程度が軽微で

あったり、株主等の経済的利益の不発生又は減少により同族会社の経済的利益を増加させることが、社会通念上相当と解される場合においては、不当と評価するまでもないと解すべき」という考え方[299]と近似している。IBM事件控訴審判決が判示したこのような考え方は、法人税法132条1項の射程を、従来学説上一般に考えられていたよりも大きく拡張するものであり[300][301]、また、同族会社が行う取引について、同項を実質的にあたかも移転価格税制に関する規定であるかのように取り扱うものであって、租税法律主義の観点から重大な疑問がある。なお、かかる考え方は、一見すると、法人税法132条1項の「不当性」の要件に関する水野忠恒教授の考え方（独立当事者間取引を指標とする考え方[302]）にも比較的近いようにも見えるが、同教授は、"arm's length transaction"でなければ直ちに租税回避として否認されるというものではないと明言した上で、第一に、当事者の特殊関係に着目して、その行為・計算が適正なものかを精査した後、第二に、事業上の必要性の認定ないし事業目的の不存在を問うことになるとしており[303]、結論的には、同教授の考え方とIBM事件控訴審判決が判示している上記の考え方とはかなり異なっていることが明らかである。なお、IBM事件について、前述のIBM事件最高裁決定[304]は、後述のヤフー事件最高裁判決と全く同一の裁判体において、課税当局側の上告受理申立てを不受理とした[305]が、IBM事件

---

[299]　なお、名古屋地判平成20年12月18日税務訴訟資料258号順号11107も、パチンコ平和事件一審判決とほぼ同様に、「同族会社以外の会社との間における通常の経済活動としては不合理又は不自然であって同族会社とでなければ通常は行われないもの」である場合には「特段の事情」のない限り、不当性の要件が充たされるとしている。

[300]　朝長英樹税理士も、本判決につき、「裁判所は、『租税回避』の範囲を広く解することになる国の主張を採用し、納税者の主張を排斥しています」と評価している（朝長・前掲注296）(1) 8頁）。

[301]　なお、一部の裁判例も、おおむね異常変則性・事業目的併用説と近い判断枠組みを採用していると考えられることについては、前掲注295）参照。

[302]　水野・前掲注16）539頁は、同族会社の行為・計算否認規定の解釈にあたっては、同族会社においては閉鎖的、家族的な事業が行われていて役員・事業主と会社の利害対立が見られず、役員（株主）の都合により法人が操作されることが容易であるところに問題点の本質があることから、このような当事者間の特殊関係を重視すべきであり、移転価格税制の場合と同様、「独立当事者間取引」（"arm's length transaction"）を指標とする観点が重要である旨を指摘する。

[303]　水野・前掲注16）539頁参照。

[304]　前掲注31）参照。

控訴審判決が示した独立当事者間取引基準説を妥当とする趣旨と解するのは早計であろう。むしろ、ヤフー事件最高裁判決が、法人税法132条の2の「不当に」の要件の解釈として、同法132条1項における異常変則性・事業目的併用説を基礎とし、それに組織再編税制の一環をなす一般的行為計算否認規定であるという同法132条の2のあり方に適合させるための修正を加えた解釈を採用していると解されることに鑑みれば、最高裁は、基本的には、同法132条1項の「不当に」の解釈につき、独立当事者間取引基準説のような緩やかな解釈を採用することには否定的であると考えるべきように思われる[306]。IBM事件控訴審判決は、「不当に」の解釈に関する一般論としては独立当事者間取引基準説の立場をとることを明らかにしたとはいえ、具体的な事案との関係では、納税者がその購入価格とほぼ同額の譲渡価額で行った日本IBMに対する同社株式の譲渡（2002年、2003年および2005年に実施された日本IBMによる自社株買いに対応してなされた各譲渡。以下、本章において「本件各譲渡」という）の譲渡価額は、独立したFAによって算定されたもので、その算定過程および算定結果が不合理であると認めるに足りる証拠はなく、本件各譲渡はそれ自体で独立当事者間の通常の取引と異なるものとはいえない等として、結論的に法人税法132条に基づいて行われた課税当局による課

---

305) 前掲注31) 最一決平成28年2月18日。
306) この点、IBM事件では法人税法132条1項の適用が問題になったのに対し、ヤフー事件およびIDCF事件で問題となっていたのは同法132条の2の適用の可否であるので、IBM事件最高裁決定とヤフー・IDCF事件最高裁判決との間には矛盾はなく、両者間の関係について議論する意味はないと解することも、論理的には不可能ではない。しかしながら、IBM事件最高裁決定とヤフー・IDCF事件最高裁判決との時期的近接性（後者は前者の11日後の判決である）やIBM事件最高裁決定とヤフー事件最高裁判決とが全く同一の裁判体による判断であること等からすると、結論的には、この両者の差異は、IBM事件最高際決定においては、納税者勝訴の原判決の結論がそのまま維持されることとなったが故に、原判決の示した、一般的には納税者にとって不利益な法人税法132条1項の不当性減少要件についての緩やかな解釈を敢えて問題とする意味がなかった（不当性減少要件についての緩やかな解釈の下でも納税者勝訴の判断に至る以上、そのような解釈は緩きに失するのではないかということを敢えて問題とする必要がなかった）のに対し、ヤフー・IDCF事件最高裁判決においては、納税者敗訴の原判決の結論を維持するためには、そもそも法人税法132条の2の不当性減少要件に関する解釈が納税者にとって過度に不利益なものとなっていないかどうかを検証しなければならなかった故に、ヤフー・IDCF事件控訴審判決における当該要件に関する解釈の是非を吟味する必要があったことに基づくものと考えるのが合理的であろう。太田・前掲注153) 44頁・48〜50頁参照。

税処分を全て取り消し、納税者全面勝訴の判決を下している。したがって、実務上の対応としては、当面、従来からの多数説である異常変則性・事業目的併用説に依拠して、法人税法132条1項にいう「行為又は計算」が「不当に」の要件を満たすのは当該行為または計算が「純経済人の行為として不合理・不自然」である場合であって、より具体的には、「経済的合理性を欠いている場合とは、それが異常ないし変則的で租税回避以外に正当な理由ないし事業目的が存在しないと認められる場合」であると解しつつ、IBM事件控訴審判決が独立当事者間取引基準説の立場を採用していることに鑑み、取引を行う主体が同族会社である場合には、念のため、当該取引が「独立かつ対等で相互に特殊関係のない当事者間で通常行われる取引（独立当事者間の通常の取引）と異な」るものではないことを基礎付ける資料をできる限り確保しておくのが無難であるものと解される。

(vi) 主観的な租税回避目的の要否

法人税法132条の適用要件として、主観的な租税回避の意図ないし目的が存在することまで必要か、という点もしばしば問題となるが、同条については、主観的な租税回避目的の存在は要件ではないとするのが通説[307]および判例[308]である。

(4) 法人税法132条の効果に関する問題

法人税法132条による否認の効果はどの範囲にまで及ぶのであろうか。この点、一般に、同条による否認の効果は同条の適用を受ける同族会社に係る

---

[307] 昭和25年度税制改正によって、同族会社の行為計算否認規定から「法人税を免れる目的」の語句が削除されたことなどを理由とする（清永・前掲注283) 421頁、佐藤信祐『組織再編における包括的租税回避防止規定の実務』（中央経済社、2009) 11頁参照)。

[308] 前掲のIBM事件控訴審判決は、法人税法132条の適用要件として、主観的な租税回避の意図ないし目的が存在することは不要である旨を明言している。その他、所得税法157条の事案ではあるが、前掲のパチンコ平和事件一審判決（東京地判平成9年4月25日訟月44巻11号1952頁）は、「租税回避等の目的あるいは不当性に関する認識を有していることを要件とするものではない」と判示しており、当該判断は、控訴審判決である東京高判平成11年5月31日税務訴訟資料243号127頁（これに対する納税者側からの上告および上告受理申立ては、最三決平成16年4月20日公刊物未登載により棄却・不受理）でも維持されている。

法人税の関係においてのみ生じ、当該否認の対象となった取引の相手方その他の当該同族会社以外の者の課税関係に影響を及ぼすものではないと解されており[309]、例外的に、同条が同族会社に適用された場合に、当該同族会社の株主その他の当該同族会社の関係者の所得税、相続税、贈与税または地価税について一定の範囲で更正または決定をする権限が税務署長に与えられているに過ぎない（いわゆる対応的調整の規定。所税157条3項、相続税法64条2項、地価税法32条3項）。

(5) 法人税法132条の2の趣旨と概要

法人税法132条の2は、平成13年度税制改正における組織再編税制の創設の際に、組織再編に係る一般的な租税回避の行為計算否認規定として制定された。同条の制定の趣旨については、立案担当者によって、「近年の企業組織法制の大幅な緩和に伴って組織再編成の形態や方法は相当に多様となっており、組織再編成を利用する複雑、かつ、巧妙な租税回避行為が増加するおそれがあ」るところ、「繰越欠損金や含み損を利用した租税回避行為に対しては、個別に防止規定……が設けられていますが、これらの組織再編成を利用した租税回避行為は、上記のようなものに止まらず、その行為の形態や方法が相当に多様なものとなると考えられる」ことから、「これに適正な課税を行うことができるように」、個別的な租税回避防止規定とは別に、包括的な組織再編成に係る租税回避防止規定として創設されたもの、と説明されている[310]。このように、同条は、「組織再編成に係る」という点で一定の限定が付されてはいるものの、一般的な租税回避行為防止規定として制定されており、この点で、同族会社の行為計算に係る一般的な租税回避行為防止規定である同法132条1項に「類似する」または「同様の」規定であると説明されている[311]（実際、法人税法132条の2は132条の枝番として規定され、その

---

[309] 塚本商店事件・最二判昭和48年12月14日訟月20巻6号146頁は、「法人税法132条に基づく同族会社等の行為計算の否認は、当該法人税の関係においてのみ、否認された行為計算に代えて課税庁の適正と認めるところに従い課税を行なうというものであって、もとより現実になされた行為計算そのものに実体的変動を生ぜしめるものではない」と述べた上で、法人税法132条による否認は、その否認の対象となった取引の相手方の所得税額の計算に「なんら影響を及ぼすものではな」い旨判示している。

[310] 中尾ほか・前掲注87）243～244頁〔藤本＝朝長〕参照。

文言は、否認の対象となるのが組織再編成に係る特定の法人の行為または計算とされているところを除けば、同法132条1項とほぼ同様の規定振りである）。

しかしながら、ヤフー・IDCF事件一審判決[312]ならびにヤフー事件控訴審判決[313]およびIDCF事件控訴審判決[314]は、同族会社の経済的合理性を欠いた行為または計算を否認するために設けられた法人税法132条と132条の2とはその基本的な趣旨・目的を異にするため、両者の要件を同義に解しなければならない理由はないと判示し、同法132条の2に基づく否認の要件は同法132条と同様であるとの納税者の主張を排斥した。そして、前掲のヤフー事件最高裁判決およびIDCF事件最高裁判決[315]は、組織再編成は、その形態や方法が複雑かつ多様であるため、これを利用する巧妙な租税回避行為が行われやすく、租税回避の手段として濫用されるおそれがあることから、組織再編成に係る租税回避を包括的に防止する規定として法人税法132条の2が設けられたものである旨を判示し、後述のように、同条が組織再編税制に係る各規定の濫用防止規定であることを明確にした。

なお、法人税法132条の2に基づき組織再編に係る行為または計算の否認が認められるための要件およびその効果は、以下のとおりである。

① 税務署長は、
② 合併、分割、現物出資もしくは現物分配または株式交換等もしくは株式移転（以下「合併等」という）に係る次に掲げる法人*の法人税につき更正または決定をする場合において、
③ その法人の行為または計算で、

---

311) 中尾ほか・前掲注87) 137～138頁〔藤本＝朝長〕、金子488頁、水野・前掲注16) 455頁参照。
312) ヤフー事件につき、東京地判平成26年3月18日判時2236号25頁（以下、本章において「ヤフー事件一審判決」という）、IDCF事件につき、東京地判平成26年3月18日判時2236号47頁（以下、本章において「IDCF事件一審判決」という）。これらを併せて、以下、本章において「ヤフー・IDCF事件一審判決」という。
313) 東京高判平成26年11月5日訟月60巻9号1967頁（以下、本章において「ヤフー事件控訴審判決」という）。
314) 東京高判平成27年1月15日税務訴訟資料265号順号12585（以下、本章において「IDCF事件控訴審判決」という）。
315) 前掲注153) 参照。

④　これを容認した場合には、合併等により移転する資産および負債の譲渡に係る利益の額の減少または損失の額の増加、法人税の額から控除する金額の増加、第1号または第2号に掲げる法人の株式の譲渡に係る利益の額の減少または損失の額の増加、みなし配当金額の減少その他の事由により法人税の負担を不当に減少させる結果となると認められるものがあるときは、
⑤　その行為または計算にかかわらず、税務署長の認めるところにより、その法人に係る法人税の課税標準もしくは欠損金額または法人税の額を計算することができる。

＊一　合併等をした法人または合併等により資産および負債の移転を受けた法人
　二　合併等により交付された株式を発行した法人（前号に掲げる法人を除く）
　三　前二号に掲げる法人の株主等である法人（前二号に掲げる法人を除く）

(6) 法人税法 132 条の 2 の適用要件とその射程

法人税法 132 条の 2 については、その制定当時から、その射程範囲が不明確であって、納税者の予測可能性を損ない、場合によっては、社会経済的に見て有益であって、組織再編税制の趣旨からも課税繰延べが認められて然るべきような企業再編が行われることを阻害するのではないかと指摘されていた[316]。そこで、以下では、同条の射程範囲を画する、その適用要件のそれぞれについて、順次検討していくこととしたい。

(i) 適用対象となる行為・計算

平成 13 年度税制改正によって組織再編税制が創設された当時は、法人税法 132 条の 2 の適用対象となる行為・計算は、合併、会社分割、現物出資または事後設立に係る同条に定める法人の行為または計算、と規定されていた。その後、平成 18 年度税制改正によって株式交換・株式移転に係る税制が組織再編税制の中に組み込まれると、同条の適用対象に、株式交換・株式移転に係る同条に定める法人の行為または計算が付加され、平成 19 年度税制改正で三角合併等対応税制が導入されると、同条の適用対象に、組織再編の対価となる株式を発行した法人、すなわち、三角合併等の場合における合併法人等の親法人等が追加された（現在の同条 2 号の追加等）[317]。さらに、平成 22

---

[316]　渡辺徹也『企業取引と租税回避』（中央経済社、2002）201〜203 頁参照。
[317]　佐々木・前掲注 230) 76 頁参照。

年度税制改正によって、①グループ法人税制が導入され、これによって基本的に100％グループ内における資産譲渡全般について強制的な課税繰延べが適用されるに至ったことに伴い、一定の資産譲渡に限って組織再編税制の下で課税繰延べを認めてきた「適格事後設立」の制度が廃止される一方、②新たな組織再編成の類型として「適格現物分配」の制度が創設（法税2条12号の15）された。これに伴って、法人税法132条の2も改正され、従前、同条の適用対象とされていた「事後設立」が同条の適用対象から除外される一方、新たに「現物分配」が同条の適用対象に追加された。そして、平成29年度税制改正に基づくスピン・オフ税制の導入に伴って、上記の「現物分配」の一種として、新たに「株式分配」が法人税法上の組織再編成の一類型として追加され（法税2条12号の15の2）、これについても法人税法132条の2の適用対象に含まれることとなった。

以上のような改正経緯は、法人税法132条の2が、組織再編税制において（課税繰延べが認められる）「税制適格要件」が規定されているような行為類型を適用対象としたものであり、具体的には、問題とされる行為の税制適格要件の充足に関わる不当な「操作」としてなされる租税回避行為を対象とする規定であることを強く示唆している[318]。したがって、同条が対象とする取引類型と同様の経済的効果をもたらす取引であっても、同条が限定列挙する取引類型に該当するものでない限りは、同条の適用は問題とならない。

例えば、現金を対価として上場会社等の少数株主を締め出す（いわゆるキャッシュ・アウトないしスクイーズ・アウト）ための方法としては、従来、①いわゆる現金株式交換のほかに、実務上、②全部取得条項付種類株式を用いる方法が多用されていた[319]が、この②の方法を用いた場合に、キャッシュ・アウトを行った対象会社に対して、課税当局が、法人税法132条の2を根拠として、（上記①の方法を用いたときには問題となる）対象会社が保有す

---

[318] 本来非適格組織再編成となるべきものを適格組織再編成となるように「操作」する類型および本来適格組織再編成となるべきものを非適格組織再編成となるように「操作」する類型が、法人税法132条の2の適用対象であることを指摘する文献等として、例えば、朝長英樹「会社組織再編成に係る税制について(3)」租税研究621号（2001）32頁参照。

[319] なお、平成26年会社法改正により、新たなキャッシュ・アウトのための方法として、株式等売渡請求制度が導入されたが、詳細については**第5章**を参照されたい。

る資産の含み損益についての時価評価課税を行った事例は、平成29年度税制改正によって、このようなキャッシュ・アウトの課税上の取扱いについても組織再編税制の下で統一的に規律されるようになる（詳細については、**第5章第2節4(5)参照**）までは見当たらないところであった[320]。もっとも、この点については、第5章第2節4(5)ならびに上記4(3)および5(5)で詳述したとおり、平成29年度税制改正後は、株式等売渡請求、株式併合ないし全部取得条項付種類株式を用いたキャッシュ・アウトも、株式交換と同様に組織再編税制によって規律される組織再編成の一環として位置付けられることとなり、全部取得条項付種類株式の端数処理、株式併合の端数処理ないし株式売渡等請求による完全子会社化に際しては、全て、当該完全子会社化の対象となった会社の有する資産につき、株式交換（または三角株式交換）による完全子会社化の場合と同様、原則として時価評価課税がなされることとなり、一定の税制適格要件が満たされた場合の・み・、「適格株式交換・等・」（法税2条12号の16・12号の17）として、当該時価評価課税の対象から除かれることとされているところである（法税62条の9参照）。他方、法人税法132条の2の適用対象となり得る典型的な行為類型としては、①本来非適格組織再編成となるべきものを、敢えて適格組織再編成に該当するに至るように「操作」する類型[321]および②本来適格組織再編成に該当するものを非適格組織再編成となるように「操作」する類型（いわゆる「適格外し」の類型）[322]が挙げられる。このうち、上記①の例としては、例えば、ⓐ平成29年度税制改正前における、上場会社等の完全子会社化のためのキャッシュ・アウトの手段としていわゆる「端数株式交換スキーム」を用いる行為[323]等が挙げられる[324]。これは、株式交換を用いて対象会社を完全子会社化する際に、当該

---

320) 平成29年度税制改正によって、このようなキャッシュ・アウトに係る課税上の取扱いについても組織再編税制の下で規律されることとなった結果、今後は、キャッシュ・アウトにも、法人税法132条の2所定の組織再編成に係る一般的行為計算否認規定が適用されることになるであろう。

321) 朝長・前掲注318) 32頁参照。

322) 朝長・前掲注318) 32頁参照。

323) 渡辺裕泰「組織再編税制の適格要件に関する一考察——配当見合い金銭、端数株式の代り金はどこまで可能か」金子宏編『租税法の基本問題』（有斐閣、2007）543頁参照。

324) 太田編著・前掲注1) 375頁参照。

対象会社の少数株主には1株に満たない端数株式が交付されるように株式交換比率を調整することで、少数株主には端数株式に代わる金銭を交付し、少数株主を対象会社から締め出すスキームであるが、平成29年度税制改正前は、端数株式に代わる金銭を株式交換の対価として用いても当該株式交換は適格株式交換に該当するものとされていたため（法人税基本通達1-4-2参照）、現金株式交換により完全子会社化のためのキャッシュ・アウトが行われた場合と異なり、当該対象会社の資産についての時価評価課税がなされない結果となっていたことを利用する行為である[325]。もっとも、これについては、まさに組織再編行為である株式交換を用いるスキームであり、平成29年度税制改正前においても、法人税法132条の2の適用が当然問題となり得たものと解される。このほかの上記①の例としては、例えば、ⓑ子会社の株式の51％を有する親会社が、当該子会社を吸収合併するにあたって、当該子会社の少数株主に対して現金を交付する現金交付合併の方法を用いた場合には、当該合併は非適格合併となるところ、当該合併を適格合併とするために、全く合理的な必要性がないにもかかわらず、敢えて、まず当該子会社の発行済株式の3分の2まで買い増した上で（または当該子会社から新株発行を受けて、当該子会社の発行済株式の3分の2を保有するに至った上で）、当該子会社を現金交付適格合併の方法により合併するようなケースが考えられる。これは、平成29年度税制改正により、前記5(5)で述べたとおり、三角合併に係る税制適格要件のうち、boot不交付要件については、三角合併の直前において買収ビークル（合併法人）が買収対象会社（被合併法人）の発行済株式（自己株式を除く）の3分の2以上を有する場合におけるその他の株主に対して交付する対価を除外して判定されることとなった（法税2条12号の8）ことを利用したスキームである。また、このほかの例として、例えば、**第Ⅲ部第1章第4節**で詳述するスピン・オフ税制の下で、いわゆる「分割型単独新設分割類型」のスピン・オフについても課税繰延べが認められることとなったが、

---

[325] もっとも、平成29年度税制改正により、キャッシュ・アウトの課税上の取扱いについても組織再編税制の下で統一的に規律されることとなった結果、この「端数株式交換スキーム」を用いた上場会社等の完全子会社化のためのキャッシュ・アウトについても、現金株式交換を用いた場合と同様、企業グループ内の株式交換と同様の税制適格要件を満たさない限り、「適格株式交換等」には該当せず、当該完全子会社化の対象となった会社については、その資産につき時価評価課税がなされることとなった。

当該類型については税制適格要件として、スピン・オフ後の分離会社に支配株主が登場する見込みがないこと（非支配関係継続要件）が定められている[326]ところ、当該要件との抵触を回避するために、事業A・Bを兼営している親元会社が、本来は許認可等の関係で事業Aを分離会社に承継させる方が合理的であるのに、敢えて事業Bを分離会社に承継させ、事業Aが残った親元会社に支配株主が登場するスキームを採用することも考えられるように思われる。

また、上記②の例として平成13年度税制改正による組織再編税制の導入当時に議論されていたものとしては、例えば、ⓐ合併交付金等を交付して、組織再編成を敢えて非適格組織再編成に該当させ（法税2条12号の8等参照）、本来であれば認識できないはずの資産の含み損を実現させる行為[327]（例えば、分社型分割を実施する前に、分割承継法人が第三者割当増資を行って、分割法人に会社分割の対価に相当する金銭を出資させ、分社型分割の際に当該分割承継法人が当該出資を受けた金銭を当該分割法人に対して会社分割の対価として交付するスキーム（「第三者割当増資＋現金会社分割」スキーム）を採用する行為[328]）、ⓑ完全親子会社間で吸収合併を実施する前に、親会社が子会社株式を一部敢えて第三者に譲渡するスキームを採用する行為[329]、ⓒ親会社が子会社を吸収合併する際に、親会社に引き継がれる子会社の従業者数を減らすようにする、または子会社の主要な事業を引き継がないようなスキームを敢えて採用する行為[330]、ⓓ特別利益および含み損を有する子会社を他の子会社に敢えて非適格合併させる行為[331]、ⓔ分割型分割を実施する際に、分割法人の株主間で異なる種類の種類株式を交付するスキームを採用する行為[332]等があ

---

326) 法税令4条の3第9項1号柱書参照。
327) 武田昌輔ほか編集代表『企業再編の税務』（第一法規、2002）6657頁参照。
328) 現金を対価とする会社分割は非適格分割に該当する（法税2条12号の11柱書参照）ため、分割により移転する資産の含み損失が分割法人において損金計上されることになる（佐藤・前掲注307）114頁参照）。
329) 合併法人と被合併法人との間の完全支配関係をなくすことで、当該合併が非適格合併となり（法税2条12号の8イ参照）、合併により移転する資産の含み損失が損金計上されることになる（武田ほか編集代表・前掲注327）6657頁参照）。
330) 合併法人へ引き継がれる従業者を被合併法人の従業者数の80％未満とする、または被合併法人が営む主要な事業を引き継がないとすることで、当該合併が非適格合併となり（法税2条12号の8ロ参照）、合併により移転する資産の含み損失が損金算入されることになる（武田ほか編集代表・前掲注327）6657頁参照）。

り、その他の例としては、例えば、㈠種類株式等の消却を、それが本来可能な時期には行わず、意図的に組織再編成の際に当該種類株式等の対価として現金等を交付することで、本来適格要件を充足し得る組織再編成を税制非適格とするような行為等が考えられよう。なお、上記に関連して、IDCF 事件では、「否認の対象となる行為は、納税者が選択した私法上の法形式をもつ行為であって、引き直される正常な法形式は、納税者が選択した私法上の法形式とは別の法形式を持つ私法上の行為でなければならず、私法上の法形式としては同一であるものは否認の対象とならない」と解されるかということが問題となった。

　この点、IDCF 事件一審判決は、「〔法人税〕法 132 条の 2 の規定は、組織再編成の形態や方法が相当に複雑かつ多様となっており、組織再編成が租税回避の手段として濫用されるおそれがあるため、適正な課税を行うことができるように包括的な組織再編成に係る租税回避防止規定として設けられたものである」から、「法 132 条の 2 の規定により否認され、引き直される〔もの〕は、法形式を異にするものには限られず、」「事実行為としてその内容を異にするものも含む」と判示していたところであるが、IDCF 事件控訴審判決は、「法 132 条の 2 の規定は、……同条各号所定の法人の行為又は計算にかかわらず、税務署長の認めるところにより、法人税の課税標準若しくは欠損金額又は法人税の額を計算することができる旨を定めるものであって、これは法人税法その他の税法の諸規定を離れて判断することはできないから、上記『行為又は計算』に該当する事実と税務署長が同条の規定により計算する基礎となる事実との関係」につき、「〔IDCF〕主張のように〔否認の対象となる行為は、納税者が選択した私法上の法形式をもつ行為であって、引き直される正常な法形式は、納税者が選択した私法上の法形式とは別の法形式を持つ私法

---

331)　武田編著・前掲注 35) 5603 の 3 頁は、法人税法 132 条の 2 の想定適用事例として、特別利益および含み損を有する子会社を他の子会社に非適格合併させる事例を挙げている。

332)　この場合、分割法人の株主が有する分割法人株式の数の割合に応じた株式の交付がなされない（いわゆる「非按分分割」に該当する）ので、会社分割が非適格分割となり（法税 2 条 12 号の 11 柱書）、分割により移転する資産の含み損失が分割法人において損金算入されることになる（種類株式を用いずに会社分割すれば適格分割に該当するため課税所得計算の基礎とならなかったはずの含み損失が、損金算入されることによって、結果的に課税所得が減少する）。以上につき、朝長・前掲注 318) 36 頁参照。

上の行為でなければならず、私法上の法形式としては同一であるものは否認の対象とならないと〕解すべき理由はない」との理由付けを、新たに追加している。いずれにしろ、IDCF 事件最高裁判決では、上記の論点に関して IDCF 事件控訴審判決が示した上記結論を当然の前提として判示がなされており（判決文では当該論点について直接言及はなされていない）、理由付けはともかくとして、判例上は、この点に関する解釈は固まったものと解される。

(ii) 適用対象となる法人

　法人税法 132 条の 2 の適用対象となる法人は、①組織再編成を行ったまたは組織再編成により資産および負債の移転を受けた法人、②組織再編成により交付された株式を発行した法人、ならびに③上記①の法人または上記②の法人の株主等である法人であるが、このうち上記②および上記③の一部（すなわち、上記②の法人の株主等である法人）は、前述のとおり、平成 19 年度税制改正において三角合併等対応税制が創設された際に追加されたものである。ところで、ヤフー・IDCF 事件では、法人税法 132 条の 2 に基づき否認することができる行為または計算は、法人税につき更正または決定を受ける法人の行為または計算に限られるかという問題が争点の 1 つとなった。この点、ヤフー・IDCF 事件一審判決は、法人税法 132 条の 2 の規定に基づき否認することができる行為または計算は、法人税につき更正または決定を受ける法人の行為または計算に限られず、同条により否認することができる行為または計算の主体である法人と法人税につき更正または決定を受ける法人とは異なり得ると判示しており、この判示はヤフー事件控訴審判決および IDCF 事件控訴審判決でも踏襲されたところである。そして、ヤフー事件最高裁判決および IDCF 事件最高裁判決では、組織再編成の形態や方法は複雑で多様であるため、これを利用する巧妙な租税回避が行われやすいことから法人税法 132 条の 2 が設けられたというその趣旨と、平成 19 年度税制改正前の規定も行為または計算の主体である法人を更正または決定を受ける法人に限定していなかったところ、平成 19 年度税制改正が行為または計算の主体である法人を更正または決定を受ける法人に限定するものであるとはうかがわれないという改正の経緯等を踏まえ、法人税法 132 条の 2 に基づき否認することができる行為または計算は、法人税につき更正または決定を受ける法人の行為または計算に限られるものではないと結論付けている。

(iii) 「不当に」という文言の意義

法人税法132条の2は、その適用要件として、問題となる行為・計算が、適用対象となる法人の「法人税の負担を不当に減少させる結果となる」ものであることを挙げているが、ここでいう「不当に」の意義は、それがいわゆる不確定概念であるだけに不明確であって、それについて明示的に議論している判例・学説等も、ヤフー・IDCF事件一審判決が登場するまでは、ほとんど見られなかった。

(a) ヤフー・IDCF事件一審判決ならびにヤフー事件控訴審判決およびIDCF事件控訴審判決

この点、従来の学説の大勢では、法人税法132条の2の「不当に」の意義につき、同法132条1項にいう「不当に」の意義とパラレルに解すべきことを前提に、問題となる行為・計算が「異常ないし変則的」であることや「異常、不合理」であることが重視されてきた。これに対し、ヤフー・IDCF事件一審判決ならびにヤフー事件控訴審判決およびIDCF事件控訴審判決は、このような従来の学説の大勢とは異なり、法人税法132条の2所定の「法人税の負担を不当に減少させる結果となると認められるもの」は、「(i)法132条と同様に、取引が経済的取引として不合理・不自然〔筆者注：ヤフー事件控訴審判決では、この部分は「不自然・不合理」と修正されている〕である場合」に限られるものではないと判示したばかりか、「(ii)組織再編成に係る行為の一部が、組織再編成に係る個別規定の要件を形式的には充足し、当該行為を含む一連の組織再編成に係る税負担を減少させる効果を有するものの、当該効果を容認することが組織再編税制の趣旨・目的又は当該個別規定の趣旨・目的に反することが明らかであるものも含む」と判示して、学界および実務に衝撃を与えた。さらに、これらの判決は、以上に続けて、「組織再編成を構成する個々の行為について個別にみると事業目的がないとはいえないような場合であっても、当該行為又は事実に個別規定を形式的に適用したときにもたらされる税負担減少効果が、組織再編成全体としてみた場合に組織再編税制の趣旨・目的に明らかに反し、又は個々の行為を規律する個別規定の趣旨・目的に明らかに反するときは、上記(ii)に該当するものというべき」であると述べ、法人税法132条の2の適用範囲を、従来一般に考えられていたよりも大きく拡張していた。これによれば、①組織再編成それ自体やそれ

を構成する個々の行為については「異常ないし変則的」とまではいえず、また、「正当な理由ないし事業目的」がないとはいえないような場合でも、同条による否認の対象となり得るばかりでなく、②組織再編税制に含まれる個別の規定において一定の課税上の効果が発生するための要件が厳格に定められている場合でも、同条により当該要件の充足が否認され得ることになる。このような拡張的な解釈は、同条が同族会社の行為計算否認規定と「類似」ないし「同様」の規定であるとする従来の通説的見解に反しているだけでなく、「不当に」の要件への該当性を判断するに際して、租税回避行為の概念に関する考え方を手掛かりに、問題となる行為・計算が「異常ないし変則的」であることや「異常、不合理」であることを重視してきた従来の学説の大勢からも大きく逸脱するものとして、厳しい批判に晒された[333]。

(b) ヤフー事件最高裁判決およびIDCF事件最高裁判決

ヤフー事件最高裁判決およびIDCF事件最高裁判決は、以上のような下級審の判示内容を大きく変更し、法人税法132条の2にいう「『法人税の負担を不当に減少させる結果となると認められるもの』とは、法人の行為又は計算が組織再編成に関する税制（以下「組織再編税制」という。）に係る各規定を租税回避の手段として濫用することにより法人税の負担を減少させるものであることをいうと解すべきであり、その濫用の有無の判断に当たっては、①当該法人の行為又は計算が、通常は想定されない組織再編成の手順や方法に基づいたり、実態とは乖離した形式を作出したりするなど、不自然なものであるかどうか、②税負担の減少以外にそのような行為又は計算を行うことの合理的な理由となる事業目的その他の事由が存在するかどうか等の事情を考慮した上で、当該行為又は計算が、組織再編成を利用して税負担を減少させることを意図したものであって、組織再編税制に係る各規定の本来の趣旨及び目的から逸脱する態様でその適用を受けるもの又は免れるものと認められるか否かという観点から判断するのが相当である」（傍点筆者）と判示した。

---

[333] 例えば、岡村忠生「組織再編成と行為計算否認(1)」税研177号（2014）80〜81頁、吉村政穂「『不当に減少』とその判断基準としての経済合理性」税務弘報62巻7号（2014）60〜62頁、水野忠恒「東京地裁平成26年3月18日判決（ヤフー事件）の検討——組織再編成と租税回避」国際税務34巻8号（2014）103〜105頁参照。

かかる判示は、ヤフー事件およびIDCF事件の下級審判決が示した考え方、すなわち、「法人税の負担を不当に減少させる結果となると認められるもの」には、①法人税法132条1項所定の不当減少性が満たされる場合と、②同法132条の2に特有の場合の両者が含まれるとする考え方（以下、本章において便宜上「二元説」という）を明確に否定し、「法人税の負担を不当に減少させる結果となると認められるもの」とは、抽象的には、「法人の行為又は計算が組織再編税制に係る各規定を租税回避の手段として濫用することにより法人税の負担を減少させるもの」であって、「濫用」に当たるか否かは「当該行為又は計算が、組織再編成を利用して税負担を減少させることを意図したものであって、組織再編税制に係る各規定の本来の趣旨及び目的から逸脱する態様でその適用を受けるもの又は免れるものと認められるか否か」で一元的に判断されるという考え方（以下、本章において便宜上「濫用基準説」という）を採用したものと整理することができよう。

(c) 小 括

ヤフー事件最高裁判決およびIDCF事件最高裁判決が示した濫用基準説は、法人税法132条の2は同法132条1項に「類似する」または「同様の」規定であるとの解釈を前提として、法人税法132条1項にいう「法人税の負担を不当に減少させる結果となると認められるもの」とは、抽象的には、「行為又は計算が経済的合理性を欠いている場合」であって、そのような場合とは、具体的には「それが異常ないし変則的で租税回避以外に正当な理由ないし事業目的が存在しないと認められる場合のこと」であると解される以上、同法132条の2にいう「法人税の負担を不当に減少させる結果となると認められるもの」とは、「私的経済取引として異常又は変則的で、かつ、租税回避以外に正当な理由ないし事業目的が存在しないと認められる」ものであるとする考え方（前記(3)(v)で触れた「異常変則性・事業目的併用説」という）とは、二元説を否定する点では共通しているが、その内容および力点の中心は若干異なっている。

すなわち、ヤフー事件最高裁判決およびIDCF事件最高裁判決の判示では、①（組織再編成の手順、方法および形式等に着目した上で、）行為または計算が「不自然なものであるか」どうかと、②当該行為または計算を行うことにつき「税負担の減少以外に」「合理的な理由となる事業目的その他の事由が存

在するかどうか」ということが考慮されるものとされており、この点では、行為または計算が「異常又は変則的」かどうかおよび「租税回避以外に正当な理由ないし事業目的が存在しないと認められる」かどうかを基準とする異常変則性・事業目的基準説と似通っているが、ⓐそもそも上記の①と②の双方のテストをクリアすることが法人税法 132 条の 2 の不当性減少要件が充足されるための必須の要件とはされていないだけでなく、ⓑ上記①と②とは当該行為または計算が組織再編税制に係る規定を「濫用する」ものか否かを判断するための考慮事由の 1 つに過ぎないとされており、さらに、ⓒ「濫用する」ものか否かは、最終的には、税負担を減少させる意図があるか否かおよび組織再編税制に係る各規定の適用を受ける（または免れる）ことがそれらの規定の本来の趣旨および目的から逸脱するか否かという観点からなされるべきものとされている点で大きく異なっている。

　そのため、この判示の下では、理論上は、ヤフー事件控訴審判決および IDCF 事件控訴審判決の判示の下におけるのと同様、㋐組織再編成それ自体やそれを構成する個々の行為については「異常ないし変則的」とまではいえず、また、「正当な理由ないし事業目的」がないとはいえないような場合でも、法人税法 132 条の 2 による否認の対象となり得るばかりでなく、㋑組織再編税制に含まれる個別の規定において一定の課税上の効果が発生するための要件が厳格に定められている場合でも、同条により当該要件の充足が否認され得ることになる[334]。

　その意味で、ヤフー事件最高裁判決および IDCF 事件最高裁判決の示した濫用基準説には、納税者の予測可能性を損なう面があることは否定し難い。他方で、ヤフー事件最高裁判決および IDCF 事件最高裁判決は、ヤフー事件控訴審判決および IDCF 事件控訴審判決が示した法人税法 132 条の 2 の不当減少性要件に関する緩やかな解釈に一定の歯止めを掛けたものとして、積極的に評価することもできるように思われる。いずれにせよ、この点については今後の裁判例および学説の蓄積が期待される[335][336]。

---

[334] そうであるが故に、結論的には、ヤフー事件においても IDCF 事件においても、法人税法 132 条の 2 の適用が肯定され、納税者は敗訴することとなったわけである。

(iv) 税負担の減少をもたらす事由

法人税法132条の2は、当該行為・計算によって税負担が減少することをその適用要件として定めているが、同時に、当該税負担の減少が一定の事由によるべき旨を定めている。かかる事由として、同条は、具体的に、

① 組織再編成により移転する資産および負債の譲渡に係る利益の額の減少または損失の額の増加
② 法人税の額から控除する金額の増加
③ 法人の株式の譲渡に係る利益の額の減少または損失の額の増加
④ みなし配当金額の減少
⑤ その他の事由

という5つを挙げているが、解釈論上は、同条の適用範囲の外延を画す上でも、最後の⑤「その他の事由」の意義が特に問題となる。この点は従来あまり議論されてこなかったところであるが、論理的には、ⓐ上記①から④までに類似する事由に限定されるものと解する方向（限定説）とⓑ法人税負担を減少させる結果となる事由を広く含むと解する方向（非限定説）とがあり得る。また、これらとは別の角度からの議論として、論理的には、ⓧ税負担の

---

335) 金子名誉教授も、法人税法132条の2について「『税負担を不当に減少させる』とは、法人の組織再編成にかかる租税減免規定（課税繰延規定を含む）の趣旨・目的に適合しないにもかかわらず、税負担の軽減または排除を唯一のまたは主要な目的として、私法上の形成可能性を異常または変則的な態様で利用すること（濫用）によって、自己の行為や計算を減免規定の要件を充足させるように仕組むことである」として、ヤフー事件最高裁判決およびIDCF事件最高裁判決を踏まえた具体的な解釈論を展開しつつも、「この規定の解釈・適用については、同族会社の行為・計算の否認の場合と同様に、公平な税負担の確保と法的安定性の維持という2つの相反する要請の調整に細心の注意を払う必要がある」と述べ、具体的な解釈・適用に関してはなお問題が残されていることを示唆している（金子488～489頁）。

336) なお、納税者と納税者が吸収合併した旧子会社の間には5年以上の支配関係があり、欠損金引継ぎの要件（法税57条3項）を満たしていたが、当該吸収合併と同日に、旧子会社と名称・役員構成を同じくする新子会社に対して旧子会社の事業が引き継がれていたケースにおいて、課税当局が法人税法132条の2を適用して当該欠損金の引継ぎを否定し、当該処分は国税不服審判所裁決平成28年7月7日においても支持された。同裁決は、ヤフー事件最高裁判決およびIDCF事件最高裁判決を踏襲したものと評価されているが（「行為計算否認、ヤフー及びIBM判決の影響鮮明」週刊T&A master 695号（2017）5頁）、その後、東京地裁にて係争中とのことであり（「ヤフー・IDCFに続く否認事例が訴訟に」週刊T&A master 703号（2017）11頁）、その動向が注目される。

減少が組織再編行為の「直接的な」効果としてなされるものであることを要するか（直接効果限定説）、それとも、ⓨ組織再編行為の結果生み出された状態に基づいて「間接的に」生じるような場合でも足りるか（間接効果包含説）、ということも問題となり得る。

　この点、法人税法132条の2が、組織再編行為の態様や方法が多岐にわたることを踏まえ、一般的な行為計算否認規定として設けられたことを重視すれば、「その他の事由」を広く捉えてⓑ非限定説をとり、さらに、ⓨ間接効果包含説をとって、現物出資その他の組織再編行為を「起点」として「間接的な」税務上のメリットを得るような行為も、同条の射程の内に含めるべきということになろう。ちなみに、組織再編税制が導入された平成13年度税制改正の立案担当者は、法人税法132条の2が想定する典型的な否認対象事例として、㋐繰越欠損金や含み損のある会社を買収し、その繰越欠損金や含み損を利用するために組織再編成を行うこと（なお、平成18年度税制改正で創設された法税57条の2参照）、㋑複数の組織再編成を段階的に組み合わせることなどにより、課税を受けることなく、実質的な法人の資産譲渡や株主の株式譲渡を行うこと、㋒相手先法人の税額控除枠や各種実績率を利用する目的で組織再編成を行うこと[337]、㋓株式の譲渡損を計上したり、株式の評価を下げたりするために分割等を行うこと、といった事例を挙げており[338]、これらのうち、特に㋒や㋓（なかんずく、株式の評価を下げるために分割等を行うこと）まで法人税法132条の2の射程に含めていることからすれば、ⓑ非限定説、かつⓨ間接効果包含説を正当とする立場に立っているのではないかと考えられる。

　しかしながら、特に㋓所定の株式の譲渡損の計上や株式の評価を引き下げること[339]などは組織再編行為を用いなくとも行い得るものであり、通常の取引行為等を用いた場合と異なって、たまたま組織再編行為を「手段」とし

---

[337]　この㋒の事例の具体例としては、例えば、合併を行って資本金や所得金額等を増加させて、外国税額控除枠や貸倒引当金の繰入額または寄附金損金算入限度額を引き上げる方法や、会社分割によって資本金の額を引き下げて、全体としての交際費の損金算入額の増額を図る方法（以上につき、成道秀雄「組織再編成における租税回避行為」日本税務研究センター編『同族会社の行為計算の否認規定の再検討──租税回避行為との関係を含めて』（財経詳報社、2007）175頁参照）などが挙げられている。

[338]　以上の㋐〜㋓につき、中尾ほか・前掲注87）244頁〔藤本＝朝長〕を参照。

て用いた場合のみ、行為計算否認の対象となるというのは、あまりに衡平を失するのではないかと思われる。それ故、仮に上記のⓨ間接効果包含説をとるとしても、法人税法132条の2の適用範囲は、少なくとも、組織再編行為を用いることによってのみ初めて問題となる結果（税負担の減少）が生じる場合に限定すべきではないだろうか。また、そもそも、ⓑ非限定説はともかくとして、上記のⓧ直接効果限定説の代わりにⓨ間接効果包含説まで採用する場合には、法人税法132条の2の適用範囲があまりに広汎、かつ不明確になり過ぎるようにも思われる[340]。したがって、前記⑦のような類型は、外国税額控除りそな銀行事件・最二判平成17年12月19日民集59巻10号2964頁[341]が採用した、いわゆる課税減免規定の限定解釈の手法（一定の政策目的を実現するために税負担を免除ないし軽減している規定に形式的には該当し得る行為や取引であっても、税負担の回避・軽減が主な目的で、その規定の本来の政策目的とは無縁であるという場合に、その規定がもともと予定している行為や取引には当たらないと考えて、その規定の縮小解釈ないし限定解釈によって適用を否定するという否認の手法[342)343)]）を、組織再編税制の税制適格要件や法人税法所定の他の課税減免規定についても応用すること[344]によって対応すべきように思われる。

　いずれにせよ、この「税負担の減少」をもたらす事由とは何かは、法人税法132条の2の適用範囲の外延を画す上でも非常に重要であり、今後の判例および学説の蓄積を通じてその解釈が明確化することが強く期待される。

---

339)　株式の評価を引き下げる事例としては、例えば、利益の出ている事業を会社分割で子会社に移し、（類似業種比準方式での）親会社株式の相続税評価額を引き下げる行為（武田編著・前掲注35）5603の3頁および5604頁参照。なお、佐藤・前掲注307）31頁参照）などが挙げられている。これについては、法人税法132条の2の適用範囲の外延があまりに不明確になり過ぎるとの批判がある（例えば、佐藤・前掲注307）9頁は、この類型は、法人税法132条の2の適用によって解決すべきではなく、時価の妥当性の問題として処理すれば足りるとする。なお、財産評価基本通達第6項参照）。
340)　太田洋「〈講演録〉組織再編行為と否認」租税研究741号（2011）80頁参照。また、これに言及するものとして、秋元秀仁「組織再編成に係る行為又は計算の否認規定（法132条の2）の適用の是非」国税速報6315号（2014）19頁がある。
341)　なお、外国税額控除UFJ銀行事件・最一判平成18年2月23日訟月53巻8号2461頁も、ほぼ同趣旨の判示をしている。
342)　金子131～132頁、中里実「政策税制の政策目的に沿った限定解釈」税研129号（2006）75頁（以下「中里・税研論文」として引用する）、中里実「租税法における事実認定と租税回避否認」金子編・前掲注323）121頁を参照。

(v) 主観的な租税回避目的の要否

　法人税法132条の2の適用要件については、主観的な租税回避の意図ないし目的が存在することまで必要か、という点も問題となる。この点、法人税法132条1項（同族会社の行為計算否認規定）については、前述のとおり、主観的な租税回避目的の存在は要件ではないとするのが通説および判例である。したがって、法人税法132条の2が、前述のとおり、同族会社の行為計算否認規定と「類似する」または「同様の」規定であるとするなら、主観的な租税回避の意図ないし目的の存在は、同条の適用要件ではないと解するのが自然であろう。

　もっとも、ヤフー事件最高裁判決は、前記(iii)(b)で述べた法人税法132条の2の不当減少性要件の意義に関する一般論（濫用基準説）に即して、当該不当減少性要件が充足され、同条が適用される結果、法税令112条7項5号（当時。現112条3項5号）所定の特定役員引継要件の充足が認められないこととなるかを判断しているところ、法人税法132条の2による否認を正当化する事情として、以下の具体的事実を認定する等している。すなわち、同判決は、まず、「本件の一連の組織再編成に係る行為は、……IDCSの利益だけでは容易に償却し得ない約543億円もの未処理欠損金額（本件欠損金額）

343）　なお、一定の政策目的を有する「課税規定」の限定解釈の手法が、現実に課税当局の実務において用いられた例ではないかと解されるものとして、移転価格事務運営要領3-2(3)ロがある。すなわち、中里・税研論文79頁は、移転価格税制に係る租特法の規定は、一定の政策目的を有する「課税規定」の一例である旨指摘しているところ、同運営要領3-2(3)ロは、国外関連取引の当事者が共同出資会社（合弁会社）である場合、「その出資者など国外関連取引の当事者以外の者が当該国外関連取引に係る取引条件等の交渉の当事者となる場合があること。また、当該交渉において独立企業原則を考慮した交渉が行われる場合があること」に配慮し、50対50の出資比率で設立された海外合弁会社と一方の合弁当事者である内国法人との取引については、移転価格税制の各要件の形式的な解釈・適用に基づく機械的な課税処分を行うべきではない旨を強く示唆している。その詳細については、国税庁ホームページ（https://www.nta.go.jp/law/zeiho-kaishaku/jimu-unei/hojin/010601/02.htm）参照。

344）　吉村政穂「判批」判時1937号（判評572号）（2006）188頁を参照。なお、前述のとおり、課税減免規定のみならず、一定の政策目的を有する「課税規定」についても、外国税額控除りそな銀行事件最高裁判決の採用した限定解釈論が適用され得る旨を説くものとして、中里・税研論文77頁以下および中里実「タックスヘイブン対策税制と子会社の赤字」西村利郎先生追悼論文集『グローバリゼーションの中の日本法』（商事法務、2008）234頁参照。

を〔ヤフー〕の欠損金額とみなし、これを〔ヤフー〕の損金に算入することによりその全額を活用することを意図して、……ごく短期間に計画的に実行されたもの」であって、かかる本件欠損金額全額の活用のためには特定役員引継要件が充足される必要があったと認定した上で、「本件では、……従来のIDCSの特定役員については、本件合併後に〔ヤフー〕の特定役員となる事業上の必要性はないと判断され、実際にそのような予定もなかったため、本件合併後に〔井上氏〕が〔ヤフー〕の代表取締役社長の地位にとどまってさえいれば特定役員引継要件が満たされることとなるよう、本件買収の前に〔井上氏〕がIDCSの取締役副社長に就任することとされたものということができる」と認定し、本件副社長就任は、「法人税の負担の軽減を目的として、特定役員引継要件を満たすことを意図して行われたものである」（傍点筆者）と判示した（本件副社長就任が、法人税軽減のために特定役員引継要件を充足させる意図でなされたことの指摘）。そして、続けて、本件においては、①本件副社長就任は、SBの代表取締役社長である孫氏の依頼を受けてなされたものであるところ、かかる「依頼の前からIDCSと〔ヤフー〕においてその事業上の目的や必要性が具体的に協議された形跡はないこと」、②「本件提案、本件副社長就任、本件買収等の行為は……ごく短期間に行われたものであって、〔井上氏〕がIDCSの取締役副社長に就任していた期間もわずか3か月程度であり、本件買収により特定資本関係が発生するまでの期間に限ればわずか2か月程度にすぎないこと」、③井上氏がIDCSの取締役副社長として行っていた「業務の内容は、おおむね本件合併等に向けた準備やその後の事業計画に関するものにとどまること」、④井上氏は、IDCSの「取締役副社長となったものの、代表権のない非常勤の取締役であった上、具体的な権限を伴う専任の担当業務を有していたわけでもなく、IDCSから役員報酬も受領していなかったこと」等の事情を認定し、「これらの事情に鑑みると、〔井上氏〕は、IDCSにおいて、経営の中枢を継続的かつ実質的に担ってきた者という……特定役員引継要件において想定されている特定役員の実質を備えていたということはできず、本件副社長就任は、本件合併後に〔井上氏〕が〔ヤフー〕の代表取締役社長の地位にとどまってさえいれば上記要件が満たされることとなるよう企図されたものであって、実態とは乖離した上記要件の形式を作出する明らかに不自然なものというべきである」と判示した（本件副社長就任が実態とは乖離した特定役員引継要件の形式を作出する明らかに不

自然なものであったことの指摘)。そして、上記①に照らせば、IDCS およびヤフーにおいて「事前に本件副社長就任の事業上の目的や必要性が認識されていたとは考え難い」こと、また、上記③の井上氏の IDCS における業務内容や、上記②および④の井上氏の取締役副社長としての在籍期間や権限等にも鑑みると、「本件副社長就任につき、税負担の減少以外にその合理的な理由といえるような事業目的等があったとはいい難い」旨判示している(税負担の減少以外に本件副社長就任を行うことの合理的な理由となる事業目的等が存しなかったことの指摘)。同判決は、これらの検討を踏まえて、「以上を総合すると、本件副社長就任は、組織再編成を利用して税負担を減少させることを意図したものであって、適格合併における未処理欠損金額の引継ぎを定める〔法人税〕法57条2項、みなし共同事業要件に該当しない適格合併につき同項の例外を定める同条3項及び特定役員引継要件を定める〔法人税法〕施行令112条7項5号の本来の趣旨及び目的を逸脱する態様でその適用を受けるもの又は免れるものと認められるというべき」であるので、法人税法132条の2の不当減少性要件は充足されており、結論的に、同条を適用することは認められる旨判示した。

以上のとおり、ヤフー事件最高裁判決が、本件副社長就任が、法人税軽減のために特定役員引継要件を充足させる意図でなされたことを明示的に認定し、この点を重視していることからすると、同判決は、法人税法132条の2を適用するための独立の要件としては租税回避の意図・目的を要求しないものの、同条所定の不当減少性要件の解釈という形で、同条を適用するためには、①租税回避の意図・目的が存在しており、かつ、②問題となる取引を行うに際して、租税回避の意図・目的が正当な事業上の目的に優越していることが必要であること(しかも、恐らくはそれを課税当局側で立証すること)を、(少なくとも暗黙裡には)前提としているように思われる[345]。

なお、この点については、紙幅の関係上詳細は省略するが、IDCF 事件最高裁判決も同様の立場をとっているものと解される[346]。いずれにせよ、この点については、今後、裁判例や学説等でさらに議論が深められることが期

---

345) 太田洋「関連企業間取引の税務否認を巡る近時の裁判例」金子宏監修『現代租税法講座第3巻 企業・市場』(日本評論社、2017) 277頁参照。
346) 太田・前掲注345) 282〜284頁等参照。

待される。

(7) 法人税法132条の2の適用の効果

　法人税法132条の2が適用され、「行為」の否認がなされたときは、従来、当事者が用いた私法上の法形式は租税法上無視され、通常用いられる私法上の法形式に対応する課税要件が充足されたものとして取り扱われる（税務署長は、それに基づいて税額等を計算することになる[347]）べきであると一般に解されてきたところである。しかしながら、IDCF事件一審判決および同控訴審判決（ならびにそれらの結論を暗黙裡に前提とした判示を行っているIDCF事件最高裁判決）によって、「行為」の否認には、①当事者が用いた私法上の法形式を課税上無視し、通常用いられる私法上の法形式に対応する課税要件が充足されたものとして取り扱うという類型だけでなく、②一定の課税上の効果Xと結び付けられた事実行為xを別の事実行為yに読み替えることや、当該事実行為xが存在しなかったものとして取り扱うことまで含まれることが明らかとなった[348]。それでは、そのような事実行為xの読み替えに関して、具体的にどのような「読み替え」をすることまでが可能なのであろうか。

　この点、①当該事実行為xを課税上の効果Xと結び付かない別の内容の事実行為yと読み替えること、および②当該事実行為xは「行われなかった」とみなすことまでは、論理的に可能であるように思われるが、さらに進んで、③当該事実行為xと他の行為または事実（行為）zとの時間的先後関係が入れ替わったとみなすことや、④実際には行われていない事実行為が「行われた」ものとみなすことは、法人税法132条の2柱書の文理に照らして、租税法律主義の観点から困難ではないかと思われる[349]。法人税法132条の2に基づく「行為」の否認に関しては、上記に加えて、同条の適用の効果として、ⓐ複数の組織再編行為を課税上一体の組織再編行為または取引（売買等）とみなすこと[350]や、ⓑ単一の組織再編行為を課税上複数の（組織再編行為ではない）取引（売買等）に分解すること、ⓒ単一の組織再編行為を

---

[347] 金子487〜488頁参照。
[348] この点の詳細については、太田・前掲注345）280〜281頁参照。
[349] この点の詳細については、太田洋「ヤフー・IDCF事件東京地裁判決とM&A実務への影響（下）」商事2038号（2014）44頁参照。

課税上複数の組織再編行為に分解すること、更にはⓓ複数の取引行為（売買等）を課税上一体の組織再編行為とみなすことが可能であるかも、それぞれ解釈論上問題となる。

　この点、上記ⓐからⓒまでは、法人税法132条の2の文理に照らしても、解釈論上可能であるように思われるが、上記ⓓに関しては、同条各号の文理との関係で、やはり解釈論上無理なように思われる。かかる否認を行うためには、いわゆる「私法上の法律構成に基づく『否認』」の理論（納税者が行ったと主張する、税負担の免除・軽減をもたらす私法上の行為ないし取引について、慎重に事実認定および法律行為の解釈を行った結果、納税者の主張と異なる私法上の真実の法律関係を認定し、その真の法律関係に則した課税を行うというもの[351]）を用いる以外にないであろう。なお、この問題に関連して、米国において判例上認められている、いわゆる「ステップ・トランザクションの法理」（段階取引の法理）がわが国でも妥当する余地があるかという問題については、次の(8)において触れることとする。

　以上、「行為」の否認について述べてきたが、「計算」の否認がなされたときは、例えば、不適切な取引価格で行われた組織再編行為につき、組織再編の法形式は当事者が採用したものを前提とした上で、当該組織再編所定の対価の価格についてのみ、時価に引き直して課税所得が計算されることになる。

---

[350] 平成13年度税制改正の立案担当者は、複数の組織再編成を段階的に組み合わせることなどにより、課税を受けることなく、実質的な法人の資産譲渡や株主の株式譲渡を行う行為を例示している（中尾ほか・前掲注87) 244頁〔藤本＝朝長〕参照）。このような事例としては、例えば、㋐他の法人の土地を取得する際に、その法人を株式交換によって完全子法人化し、爾後、当該法人からの現物出資によって土地を取得する方法を用いる行為（完全子会社からの現物出資は適格現物出資に該当（法税2条12号の14イ）し、当該土地の含み益は課税所得に含まれないため、売買によって取得した場合には課税所得とされていたはずの土地の含み益が、課税所得から除かれることになる。以上、成道・前掲注337) 175頁参照）や、㋑適格合併を実施する前に、含み損失を有する資産のみを抽出して合併法人に資産譲渡し、爾後、適格合併を行うというスキームを採用する行為（適格合併によって移転していれば課税所得計算の基礎とされなかったはずの当該資産の含み損失が損金算入され、課税所得が減少する。以上につき、佐藤・前掲注307) 105～106頁参照）等が議論されている。
[351] 金子132～133頁。

(8) 「ステップ・トランザクションの法理」（段階取引の法理）

　IBM事件控訴審判決は、米国において租税回避否認の法理として判例上用いられているstep transaction doctrine、すなわち、「ステップ・トランザクションの法理（段階取引の法理）」に近い判断枠組みを用いているのではないかと指摘されている[352]。

　そもそも、IBM事件の事案は、次のようなものであった（後掲の図表 I -11-37参照）。すなわち、IBMグループは、2001年から2004年にかけて、北米、欧州および日本を含む事業上主要と考えられる地域に、地域または国単位の中間持株会社を置くことによるグループ会社再編を行うこととし、日本においても中間持株会社として有限会社アイ・ビー・エム・エイ・ピー・ホールディングス（以下、本章において「IBMAP」という）を設置し、その下に、日本IBM等4社を置くこととする組織再編を実施することとした。そして、その一環として、米国IBMの子会社であるIBM World Trade Corporation（米国IBMの海外の関連会社を統括する持株会社。以下、本章において「米国WT」という）が、グループ外の第三者から、休眠有限会社であったIBMAPを買収し、それによって米国WTの100％子会社となったIBMAPは、米国WTから日本IBM等4社の発行済株式の全てを買収し（以下、本章において「本件株式購入」という）、その買収対価の一部を米国WTからの増資（以下、本章において「本件増資」という）によって得た資金で賄った上で、残額については準消費貸借とした（以下、本章において「本件融資」という）。そして、かかるグループ会社再編後に、日本IBMは、2002年、2003年および2005年の3回にわたって自社株買いを行い、IBMAPは、本件株式購入における1株当たりの購入価格とほぼ同額の1株当たりの譲渡価格で日本IBMに対して同社株式（以下、本章においてまとめて「本件株式」という）を譲渡し（以下、本章において「本件各譲渡」という）、本件各譲渡の譲渡代金として日本IBMから受け取った金額を、本件融資の返済のために米国WTに送金した。本件各譲渡の結果、IBMAPにはみなし配当と同額の株式譲渡損失が発生し、それは各事業年度の法人税の確定申告において繰越欠損金として計上されていた。

---

[352] 太田・前掲注345）252～253頁参照。

[図表Ⅰ-11-37] IBM事件の事実関係

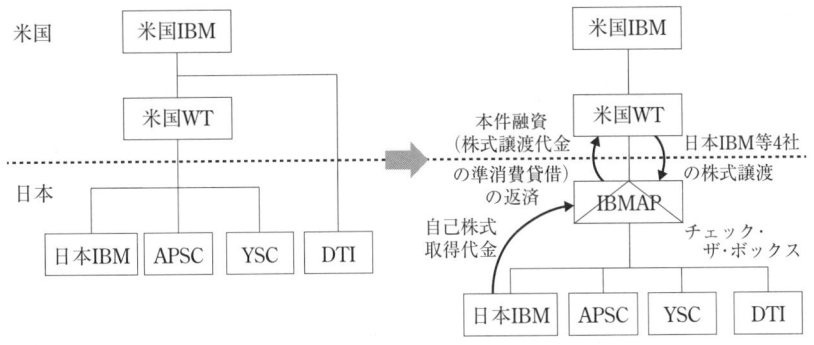

　かかる事実関係の下で、課税当局側は、控訴審段階から新たに、上記で述べた本件一連の行為は、IBMグループが日本国内において負担する源泉所得税額を圧縮しその利益を米国IBMに還元すること（以下、本章において「本件税額圧縮」という）の実現のために一体的に行われたものであるところ、法人税法132条1項所定の不当減少性要件が充足されるか否かにつき独立当事者間取引基準説（前記(3)(v)参照）をとることを前提に、本件一連の行為は、独立当事者間の通常の取引とは明らかに異なるもので経済的合理性を欠くものであって、その結果、IBMAPは、本件税額圧縮を実現しただけでなく、本件各譲渡による巨額の有価証券譲渡に係る譲渡損失額を計上し、(当該譲渡損失額に由来する繰越欠損金の連結損金への算入を通じて、最終的に）法人税の負担を減少させているので、本件一連の行為の一部を構成する本件各譲渡を容認した場合には「法人税の負担を不当に減少させる結果となると認められるものがあるとき」に当たる、と主張した。

　これに対して、IBM事件控訴審判決は、上記の課税当局側の主張に沿って、本件一連の行為が、本件税額圧縮の実現のために一体的に行われたものか否かについて検討し、本件でIBMAPを中間持株会社とすること、すなわち、「本件各譲渡以外の本件一連の行為（米国WTによる〔IBMAP〕の持分取得、本件増資、本件融資及び本件株式購入）は、日本IBMから米国IBMへの利益還元に係る日本の源泉所得税の負担を軽減すること」、言い換えれば、「本件税額圧縮の実現も重要な目的として、米国IBMが決定した計画に従って実施されたものであることが明らかである」（傍点筆者）と認定したが、

それにもかかわらず、同判決は、そうであるとしても、本件各譲渡については、「本件税額圧縮の実現のため、〔IBMAP〕の中間持株会社化（米国WTによる〔IBMAP〕の持分取得、本件増資、本件融資及び本件株式購入）と一体的に行われたことを認めるに足りる証拠はない」と判示して、結論的には、納税者（IBMAP）側全面勝訴の判決を下した。

このように、IBM事件控訴審判決は、課税当局側の主張に対応した形ではあるものの、ステップ・トランザクションの法理（段階取引の法理）に近い判断枠組みを用いたようにも見える。

この「ステッ・プ・ト・ラ・ン・ザ・ク・シ・ョ・ン・の・法・理（段・階・取・引・の・法・理）」とは、法・形・式・的・に・は・別・個・独・立・の・一・連・の・取・引を、裁判所が実質に応じ、税務上、1・つ・の・取・引・と・し・て・取・り・扱・う・こ・と・を・許・容・す・る・原・則である。この法理の下では、裁判所は、統合された個別の取引を無視し、その取引に関する課税上の効果の発生を否定することができるものとされる[353]。

この点、わが国では、一般に、課税は私法上の取引を前提として行うべきとの原則が存在するものと考えられており、当事者の意思を無視して、課税の観点から、単一の私法上の取引ないし行為（以下、本章において「取引等」という）を複数の取引等に分解し、それら複数の取引等の存在を前提に課税することや、逆に、複数の取引等を単一の取引等に引き直し、そのように引き直された単一の取引等を前提に課税することは、法人税法132条1項や132条の2などの明文の否認規定に依らない限り、明文なき租税回避の否認（当事者が意図した私法上の法律関係を無視する課税）を行うに等しく、租税法律主義に抵触するものとして、そもそも許されないものと考えられる[354]。このことは、場面は異なるものの、「いわゆる租税法律主義の下においては、法律の根拠なしに、当事者の選択した法形式を通常用いられる法形式に引き

---

[353] Joshua D. Blank and Nancy C. Staudt, *Corporate Shams*, 87 N.Y.U. L. Rev. 1641, 1651 (2012).

[354] 財務省主税局において法人税法改正等に従事していた佐々木浩氏は、「日本の組織再編税制は、構造的にステップトランザクションの考え方をとっていなくて、その時点、その時点で決着を付けるという考え方で整理されています。……もちろん、行為計算否認規定あたりの適用まで考えるのであればそれもありますけれども、一般的にはそうではない」と述べている（仲谷修ほか「〈座談会〉企業組織再編税制及びグループ法人税制の現状と今後の展望」大蔵財務協会編『企業組織再編税制及びグループ法人税制の現状と今後の展望』（大蔵財務協会、2012）69～70頁）。

直し、それに対応する課税要件が充足されたものとして取り扱う権限が課税庁に認められているものではない」とした、いわゆる相互売買事件に関する東京高判平成 11 年 6 月 21 日高民集 52 巻 1 号 26 頁[355]の趣旨からも導き出すことができると解される。

　それ故、わが国では、租税事件の処理に際して「ステップ・トランザクションの法理（段階取引の法理）」の考え方を応用することができるか、できるとして具体的にどのように応用すべきかという問題は、法人税法 132 条 1 項や 132 条の 2 などの行為計算否認規定との関係で、「複数の行為ないし取引（または計算）を課税上一体の行為ないし取引（または計算）とみなすこと」がどのような要件の下で認められるべきか、という問題に還元されるものとして議論されてきた。具体的には、「複数の行為ないし取引（または計算）」が相互にどのような関係にある場合に、法人税法 132 条 1 項や 132 条の 2 などでいう「不当減少性要件」が充足されることになるのか、という問題である[356]。この点、米国では、「ステップ・トランザクションの法理（段階取引の法理）」が適用され、単一の取引として課税すべき取引か否かを判断する基準としては、以下の 3 つの基準があると指摘されている[357]（なお、①、②、③の順で「単一の取引」として取り扱われる範囲が拡大する[358]）。

① 拘束的約定基準：第 1 の段階において第 2 の段階が続くことが拘束力ある合意をもって約束されている場合にのみ、両段階を単一の取引として取り扱う旨の判断基準

---

355) 最二決平成 15 年 6 月 13 日税務訴訟資料 253 号順号 9367 による上告不受理決定により確定。

356) 川端一真「複数の組織再編等の組み合わせによる租税回避とその否認――取引の一体的把握の是非をめぐって」第 23 回租税資料館賞租税資料館奨励賞入賞作品（2014）（http://www.sozeishiryokan.or.jp/award/023/008.html にて閲覧可能）146～147 頁参照。

357) Yoram Keinan, *Rethinking the Role of the Judicial Step Transaction Principle and a Proposal for Codification*, 22 Akron Tax J. 45, 61-74（2007）. なお、段階取引の法理については、例えば、大石篤史「M&A における租税回避問題の検討（上）――米国の議論からの示唆」商事 1710 号（2004）43～44 頁、岡村忠生「グレゴリー判決再考――事業目的と段階取引」税務大学校論叢 40 周年記念論文集（2008）129～130 頁、川端一真「複数の組織再編等の組み合わせによる租税回避とその否認(2)――米国における否認ルールからの示唆」福岡大学大学院論集 45 巻 2 号（2013）245～263 頁および川端・前掲注 356）103～122 頁参照。

358) 岡村・前掲注 357）129～130 頁参照。

② 相互依存基準：複数の段階が全て完了しない限り、その全部または一部の段階が意味を失ってしまう場合に、それらを単一の取引として取り扱う旨の判断基準
③ 最終結果基準：複数の段階が、最終の結果を実現するために当初から意図された計画の一部に過ぎない場合に、それらを単一の取引として取り扱う旨の判断基準

なお、上記①～③の各基準のうち、どの基準をどのような場合に適用すべきかの統一的なルールは現状では存在せず、それら相互間における適用順序や排他性が定まっているわけでもないとされている[359]。

しかるに、IBM 事件に関しては、控訴審段階における課税当局側の主張を見る限り、課税当局は、本件一連の行為が、本件税額圧縮（IBM グループが日本国内において負担する源泉所得税額を圧縮しその利益を米国 IBM に還元すること）の実現のために行われたことを立証することで、法人税法 132 条 1 項の不当減少性要件が充足されることが立証できると考えているようであって、上記①～③の判断基準の中では、上記③の基準に依拠していたのではないかと推測される（課税当局は、ここでいう「最終の結果」を「本件税額圧縮の実現」と捉えていたものと考えられる）。しかしながら、IBM 事件控訴審判決は、本件一連の行為のうち本件各譲渡（IBMAP が日本 IBM による自社株買いに応じて行った本件株式の各譲渡）は、「日本 IBM から米国 IBM への利益還元に係る日本の源泉所得税の負担を軽減すること」（すなわち、本件税額圧縮の実現）とはそもそも直接関係ない（本件株式購入を行うか否かは本件税額圧縮が実現するか否かとは直接関係ない）と指摘して、課税当局側の主張を排斥したわけである。そして、IBM 事件控訴審判決が、本件各譲渡はそれ自体で独立当事者間の通常の取引と異なるものであり経済的合理性を欠くといえるかを検討していることに鑑みると、これによって、同判決は、実質的には、本件で問題となった「本件各譲渡による巨額の株式譲渡損失」に起因する IBMAP の法人税額減少の効果を直接的にもたらした同族会社の行為が、「純粋経済人として不合理、不自然」な行為計算（すなわち、「経済的合理性を欠く」と認められる行為計算）と一体として捉えられるものでなければ、法人税法 132 条 1 項にいう「これを容認した場合には法人税の負担を不当に減少さ

---

[359] 川端・前掲注 356) 120 頁参照。

せる結果となると認められるもの」には該当しないという解釈を示したのではないかと考えられる。

　言い換えれば、IBM事件控訴審判決は、法人税法132条1項の適用のためには「不合理、不自然な」行為計算が法人税負担の減少に「直接」向けられたものでなくとも構わないが、少なくとも、問題となった法人税額の減少に直接つながった行為計算が「純粋経済人として不合理、不自然」な行為計算（すなわち、「経済的合理性を欠く」と認められる行為計算）と一体として捉えられるものであることを要する、との解釈（一体性要求説）を示したものと考えられる。

　いずれにせよ、本件で問題となっている「本件各譲渡による巨額の株式譲渡損失」に起因するIBMAPの法人税額減少の効果は、直接的には本件各譲渡によってもたらされているのであるから、課税当局としては、本件各譲渡がそれ自体で独立当事者間の通常の取引と異なるものであり経済的合理性を欠くといえない（実際、IBM事件控訴審判決は結論的にそのように判断している）のであれば、法人税法132条1項を適用するためには、本件株式購入も（課税当局側の主張においては「不合理、不自然」な一連の行為として位置付けられる）本件税額圧縮の実現を目的とした一連の行為の一環をなすものであることを立証する必要があったはずであり、それができなかった以上、IBM事件控訴審判決の上記判断はある意味で当然の判断であって、課税当局側の主張自体に根本的欠陥があったといわざるを得ない。

　その意味で、本件では、たとえ裁判所が「ステップ・トランザクションの法理（段階取引の法理）」の考え方を採用し、かつ、上記③の最終結果基準を採用することを肯定したとしても、そもそも課税当局側の主張が認められる余地はなかったものといえ、結論的には、「複数の行為ないし取引（または計算）」が相互にどのような関係にある場合に、法人税法132条1項や132条の2などでいう「不当減少性要件」が充足されることになるのか、という問題（例えば、「複数の行為ないし取引（または計算）」が上記①～③のどの基準を充たせば、それを単一の「行為ないし取引（または計算）」と取り扱って「不当減少性要件」が充たされているか否かを判断することができるのか、という問題）については、IBM事件控訴審判決は何らの回答も示していないものと解すべきように思われる[360]。

　前記(7)で述べたとおり、法人税法132条の2の下で、ⓐの「複数の組織再

編行為を課税上一体の組織再編行為または取引（売買等）とみなすこと」はともかくとして、少なくとも、ⓓの「複数の取引行為（売買等）を課税上一体の組織再編行為とみなすこと」については、同条各号の文理との関係で、解釈論上無理であるように思われるが、この点については、今後の裁判例および学説の動向に十分注意する必要があろう。

(9) 連結法人に係る行為計算否認規定（法税132条の3）の趣旨および概要

平成14年度税制改正により連結納税制度が導入された際、同族会社の行為計算否認規定（法税132条）および組織再編成の行為計算否認規定（法税132条の2）に加えて、新たに連結法人に係る行為計算否認規定（法税132条の3）が設けられた。

この規定は、「単体納税制度と連結納税制度の違いを利用した租税回避行為としては、含み損益や繰越欠損金を利用するものが考えられ」るところ、「これに対しては、連結納税の開始等に伴う時価評価資産の時価評価……や繰越欠損金の連結納税への持込みを認めないことといった個別の規定により、一定程度その防止を図ることができる」が、「連結納税制度の仕組みを利用したり、あるいは、連結納税制度と単体納税制度の違いを利用した租税回避行為については、これらに止まらず、その行為の形態や方法が相当に多様なものとなると考えられることから、これに適正な課税を行うことができるように」包括的な租税回避防止規定として設けられたものである[361]。

法人税法132条の3により連結法人に係る行為または計算の否認が認められるための要件およびその効果は、以下のとおりである。

---

① 税務署長は、
② 連結法人の各連結事業年度の連結所得に対する法人税または各事業年度の所得に対する法人税につき更正または決定をする場合において、
③ その連結法人の行為または計算で、

---

360) 太田・前掲注345) 256頁参照。
361) 柴崎澄哉ほか『改正税法のすべて〔平成14年版〕』（大蔵財務協会、2002）370頁〔井口裕之ほか〕参照。

④ これを容認した場合には、
　(a) 当該各連結事業年度の連結所得の金額または当該各事業年度の所得の金額から控除する金額の増加、
　(b) これらの法人税の額から控除する金額の増加、
　(c) 連結法人間の資産の譲渡に係る利益の額の減少または損失の額の増加
　(d) その他の事由により
⑤ 法人税の負担を不当に減少させる結果となると認められるものがあるときは、
⑥ その行為または計算にかかわらず、税務署長の認めるところにより、その連結法人に係るこれらの法人税の課税標準もしくは欠損金額もしくは連結欠損金額またはこれらの法人税の額を計算することができる。

⑽ 法人税法 132 条の 3 に係る解釈上の留意点および問題点

(i) 否認の対象となる行為または計算の主体

　法人税法 132 条の 3 の適用対象となる行為または計算は、上記⑼に記載した③のとおり、「連結法人の行為又は計算」とされている。それ故、「連結法人」以外の法人の行為または計算により、結果的に連結法人の各連結事業年度の連結所得に対する法人税等が減少したとしても、当該行為または計算を、同条の適用により否認することはできない。例えば、連結納税グループ外の法人が連結納税開始または加入の前に組織再編成を行うことにより、連結納税の開始もしくは加入の際またはその後に、保有資産の時価評価または繰越欠損金の引継ぎもしくは利用の点で、結果的に、当該組織再編成を行わない場合よりも有利な取扱いを受けることがあり得る[362]。このような事例では、

---

[362] 例えば、連結納税制度の適用開始時には、連結子法人となる法人（以下、本章において「連結子法人予定法人」という）が有する繰越欠損金は原則として切り捨てられるが、連結親法人となる法人（以下、本章において「連結親法人予定法人」という）が有する繰越欠損金は切り捨てられないため、当該開始前に、当該連結子法人予定法人を被合併法人とし、当該連結親法人予定法人を合併法人とする適格合併を行い、一定の要件の下、当該連結子法人予定法人が有する繰越欠損金を当該連結親法人予定法人に引き継いでおけば、当該適格合併を行わなければ切り捨てられるはずだった繰越欠損金を連結納税グループへ持ち込むことが可能となる（稲見誠一＝佐藤信祐『グループ法人税制・連結納税制度における組織再編成の税務詳解』（清文社、2012）120〜122 頁参照）。

そもそも連結納税開始または加入前に行われた組織再編成に係る行為または計算は、「連結法人」によるものではないため、仮に、連結納税制度上、当該組織再編成を行わない場合よりも有利な取扱いを受ける結果が生じたとしても、法人税法132条の3を適用することにより当該組織再編成に係る行為または計算を否認することはできないと解される[363]。

　もっとも、上記のような事例において、連結納税開始または加入前の組織再編成に係る行為または計算は、法人税法132条の3の適用により否認することはできないものの、例えば、連結納税制度上の損益の相殺を利用することそれ自体が「連結法人の……計算」に該当するものと解し、なお同条が適用され得るという解釈も理論上はあり得る。この点については、同条所定の「計算」の意義をどのように解するかが問題となる[364]ところ、同様の規定構造を有する同法132条所定の「計算」の否認について、前記(3)(iii)で述べたとおり、「行為自体は認めるがそれに基づいて行われた計算が不当である場合に、その計算の全部又は一部を否認する」ものであるとする通説的な見解を前提とすれば、同法132条の3所定の「計算」は、あくまで「連結法人」の「行為」に基づく「計算」に限られるものと解されるため、上述したような同条の適用は認められないということになろう[365]。

　なお、法人の行為または計算が法人税法132条の3の適用対象から外れる

---

[363] 稲見誠一＝大野久子監修『詳解　連結納税Q&A〔第9版〕』（清文社、2017）766頁も、「この規定〔筆者注：法税132条の3〕は『連結法人の』連結事業年度の連結所得（または事業年度の所得）に対する法人税についての更正または決定をする場合に適用ができることとされており、連結法人でない法人の所得については適用できません。……従って、連結法人に該当しない法人の所得や税額計算等（例えば、連結開始前の時価評価（法61の11）に関する行為や計算）については、この規定の適用対象外と考えられます」と述べる。

[364] 他方、同条の文理上「又は計算」と規定されている点を重視して、「計算」は「行為」とは独立して観念されるべきであるという解釈をとる場合は、本文のような事例においても、連結法人における損益相殺それ自体が「連結法人の……計算」に該当するとして、同条の適用が認められ得るが、この場合はさらに、「計算」の意義および範囲が問題となり得よう（なお、入谷淳『組織再編　包括的否認規定の実務解釈』（中央経済社、2013）67〜70頁は、法人税法132条の3と同様の規定構造を有する同法132条の2における「計算」の否認に関して、同条にいう「計算」とは「対価の計算や時価の計算等、一定の金額を算出する行為を意味するもの」（傍点筆者）と解されるべきであり、結論的に、「計算」の否認として、税務上の処理のみを否認することは許されない、と述べている）。

場合であっても、別途、同族会社の行為計算否認規定（法税132条）または組織再編成の行為計算否認規定（法税132条の2）の適用があり得ないかは、問題である。すなわち、連結納税制度の下では、（納税義務者である）連結親法人により納税された法人税額は、各連結法人の「法人税の負担額」として割り付けられる（法税81条の18）ことから、例えば、連結納税開始または加入前における法人の行為または計算であって法人税法132条の3の適用があり得ないとしても、当該行為または計算により連結納税開始または加入後における当該法人の「法人税の負担額」を減少させる結果となる場合は、法人税法132条1項または132条の2所定の「法人税の負担を……減少させる結果となると認められる」に該当するものと解され得る。それ故、これら条項の他の要件（前者については同族会社の行為または計算、後者については組織再編成に係る当事者たる法人の行為または計算であること等）を充足する限り、否認の対象となり得ると考えられる[366]。

(ii) 否認の対象となる「行為」の範囲

法人税法132条の3は、その否認の対象を「その連結法人の行為」とのみ規定しており、その行為が連結法人と誰との間の取引であるかは特段問題とされていない。したがって、法人税法132条の場合と同様、同法132条の3

---

[365] なお、岡村・前掲注296）41頁は、IBM事件控訴審判決に関連して、法人税法132条の3の「不当減少性要件」が、ヤフー事件控訴審判決が同法132条の2の不当減少性要件に関して判示した解釈（前記(6)(iii)で触れた「二元説」）とパラレルであるとすると、本件では、「国は、連結子法人となった日本IBMの留保利益から反射像のように生じた株式譲渡損失を、日本IBMの利益から控除する結果となることは、一連の取引の経済的合理性にかかわらず、連結納税制度の根幹に反すると主張すること」によって、本件各譲渡によって生じた株式譲渡損失に由来する繰越欠損金の連結損金への算入という「計算」を、同法132条の3に基づいて否認することができたのではないかと示唆するが、本文で述べた理由から、かかる解釈にはいずれにせよ無理があるように思われる。

[366] なお、連結納税グループへの加入条件（直接または間接での100％の保有）は、同族会社の要件も同時に充足するため、法人税法132条の3の新設の必要性について疑問を呈する見解もある（村井正「連結納税制度と行為計算否認規定」税経通信57巻11号（2002）21頁、増井良啓「連結納税制度をめぐる若干の論点(3)――法人税制の変容を中心として」税研93号（2000）132頁）。同族会社が連結親法人である場合、法人税法132条と132条の3の双方が適用されると述べるものとして、野田秀三「連結納税制度と同族会社の否認規定」日本税務研究センター編・前掲注337) 185頁。

の文言上、連結法人の行為であれば、(たとえ第三者との間の取引であったとしても) すべからく同条による否認の対象となり得ることは明らかである。

(iii) 否認の対象となる「計算」の範囲

法人税法132条の3にいう「計算」とは何を意味するかについては、上記(i)で論じたとおり、あくまで「連結法人」の「行為」に基づく「計算」に限られるものと解される。

(iv) 法人税法132条の3所定の「不当に」の意義と個別否認規定との関係

法人税法132条の3所定の「不当に」の解釈については、裁判例はなく、かつ、学説においても従前ほとんど議論されていない[367]ところである。この点、従来の学説では、同条についても同法132条1項と同様に「不当に」という字句が用いられている以上、同法132条の3の「不当に」の意義に関しては、同法132条1項にいう「不当に」の意義とパラレルに解すべきことを前提に、問題となる行為・計算が「異常ないし変則的」であることや「異常、不合理」であることを重視する考え方が大勢であったのではないかと思われる。そして、同法132条1項所定の「不当に」の解釈については、「純経済人の行為として不合理・不自然な行為・計算」と解する見解(前記(3)(v)で述べた異常変則性・事業目的併用説)が判例および通説であり、さらに、従前の学説の大勢および一部の裁判例では、前述のとおり、「純経済人の行為として不合理・不自然な行為・計算」とは、「経済合理性を欠いている場合

---

367) 金子452頁は、法人税法132条の3所定の「不当に」の解釈について、「組織再編成にかかる行為・計算の否認の場合と同様に、公平な税負担と法的安定性の2つの価値の対立を軸として、種々の解釈理論と判例が形成されてゆくことになろう」として、今後の課題であることを指摘している。なお、稲見=大野監修・前掲注363) 730頁は、法人税法132条の3に関して、「一般的には、法人税を減らす以外に経済的合理性の無い行為を行った場合には、法人税の負担を『不当に』減少させる場合に該当すると考えられています」と指摘するのみであり、佐々・前掲注307) 18頁も、同条に関して、「連結納税制度を利用することにより法人税の負担が減少したという理由で否認」することは認められるべきではなく、「経済人として不合理不自然な行為を行うことにより」法人税の負担が減少した場合についてのみ否認が認められるべきである、と指摘するにとどまる。

とは、それが異常ないし変則的で租税回避以外に正当な理由ないし事業目的が存在しないと認められる場合」と解されてきた[368]ため、結論的には、同法132条の3所定の「不当に」についても、それが充足されるのは、連結納税制度の仕組みや連結納税制度と単体納税制度との違いを利用して税負担の減少を生ぜしめる行為または計算で、「それが異常ないし変則的で租税回避以外に正当な理由ないし事業目的が存在しないと認められる」場合であると解されてきたのではないかと思われる。もっとも、同法132条の3所定の「不当に」の解釈に関しても、仮に前記(6)(iii)で述べた、ヤフー・IDCF事件一審判決ならびにヤフー事件控訴審判決およびIDCF事件控訴審判決による同法132条の2所定の「不当に」の要件に関する解釈（二元説）が基本的に妥当するものと解されるのであれば、同法132条の3所定の「法人税の負担を不当に減少させる結果となると認められるもの」は、①同法132条1項の場合と同様に、取引が経済的取引として不合理・不自然である場合に限られるものではなく、②連結法人の行為が、連結納税制度に係る個別規定の要件を形式的には充足し、連結法人の税負担を減少させる効果を有するものの、当該効果を容認することが連結納税制度の趣旨・目的または当該個別規定の趣旨・目的に反することが明らかであるものも含まれるものとされ、それ故、連結法人の個別の行為について単独でみると事業目的がないとはいえないような場合であっても、当該行為または事実に個別規定を形式的に適用したときにもたらされる税負担減少効果が、連結納税制度の趣旨・目的に明らかに反し、または個々の行為を規律する個別規定の趣旨・目的に明らかに反するときは、上記の②に該当する、と解されることになるのではないかとも指摘されていた[369]。しかしながら、この点に関しては、前記(6)(iii)で述べたとおり、ヤフー事件最高裁判決およびIDCF事件最高裁判決が、上記の二元説を否定し、法人税法132条の2にいう「法人税の負担を不当に減少させる結果となると認められるもの」とは、抽象的には、「法人の行為又は計算が組織再編税制に係る各規定を租税回避の手段として濫用することにより法人税の負担を減少させるもの」であって、「濫用」に当たるか否かは「当該行為又

---

[368] 金子498頁。
[369] 太田洋「ヤフー・IDCF事件東京地裁判決とM&A実務への影響(上)」商事2037号（2014）14～16頁および太田・前掲注349) 44～45頁および太田洋「ヤフー事件控訴審判決の分析と検討」税務弘報63巻3号（2015）32頁・37頁参照。

は計算が、組織再編成を利用して税負担を減少させることを意図したものであって、組織再編税制に係る各規定の本来の趣旨及び目的から逸脱する態様でその適用を受けるもの又は免れるものと認められるか否か」で一元的に判断されるという考え方（濫用基準説。なお、この考え方は、法人税法132条の2にいう「法人税の負担を不当に減少させる結果となると認められるもの」には同法132条1項の不当減少性要件を満たす場合は含まれないとする考え方であり、上記の二元説と対比する意味では、「一元説」と呼ぶこともできる）を示し、判例上は決着がつけられたところである。

　この濫用基準説は、既に前記(6)(ⅲ)(c)で述べたとおり、法人税法132条1項にいう「法人税の負担を不当に減少させる結果となると認められるもの」の意義に関する異常変則性・事業目的併用説（前記(3)(ⅴ)参照）とは、その内容および力点の中心が若干異なっている。すなわち、ヤフー事件最高裁判決およびIDCF事件最高裁判決の判示では、①（組織再編成の手順、方法および形式等に着目した上で、）行為または計算が「不自然なものであるか」どうかと、②当該行為または計算を行うことにつき「税負担の減少以外に」「合理的な理由となる事業目的その他の事由が存在するかどうか」ということが考慮されるものとされており、この点では、行為または計算が「異常又は変則的」かどうかおよび「租税回避以外に正当な理由ないし事業目的が存在しないと認められる」かどうかを基準とする異常変則性・事業目的併用説と似通っているが、ⓐそもそも上記の①と②の双方のテストをクリアすることが法人税法132条の2の不当性減少要件が充足されるための必須の要件とはされていないだけでなく、ⓑ上記①と②とは当該行為または計算が組織再編税制に係る規定を「濫用する」ものか否かを判断するための考慮事由の1つに過ぎないとされており、さらに、ⓒ「濫用する」ものか否かは、最終的には、税負担を減少させる意図があるか否かおよび組織再編税制に係る各規定の適用を受ける（または免れる）ことがそれらの規定の本来の趣旨および目的から逸脱するか否かという観点からなされるべきものとされている点で大きく異なっている。そのため、この判示の下では、理論上は、ヤフー事件控訴審判決およびIDCF事件控訴審判決の判示の下におけるのと同様、㋐組織再編成それ自体やそれを構成する個々の行為については「異常ないし変則的」とまではいえず、また、「正当な理由ないし事業目的」がないとはいえないような場合でも、法人税法132条の2による否認の対象となり得るばかりでなく、

④組織再編税制に含まれる個別の規定において一定の課税上の効果が発生するための要件が厳格に定められている場合でも、同条により当該要件の充足が否認され得ることになる。

とはいえ、この濫用基準説の考え方は、二元説の考え方を否定するものであるため、ヤフー事件最高裁判決およびIDCF事件最高裁判決の考え方を論理的に演繹すれば、法人税法132条の2だけでなく、同法132条の3(連結納税に係る行為計算否認)、さらには同法147条の2(恒久的施設帰属所得に係る行為計算否認)についても、それら各条所定の不当性減少要件が充足される範囲は、同法132条1項の不当減少性要件が充足される範囲とは無関係に定まることとなり、同法132条の3にいう「法人税の負担を不当に減少させる結果となると認められるもの」とは、基本的には、「法人の行為又は計算が連結納税制度に係る各規定を租税回避の手段として濫用することにより法人税の負担を減少させるもの」であって、「濫用」に当たるか否かは「当該行為又は計算が、連結納税制度を利用して税負担を減少させることを意図したものであって、連結納税制度に係る各規定の本来の趣旨及び目的から逸脱する態様でその適用を受けるもの又は免れるものと認められるか否か」で一元的に判断されることになるのではないかと考えられる。いずれにせよ、この点については、今後の裁判例および学説の動向が注目される。

(v) 主観的な租税回避目的の要否

法人税法132条の3については、同法132条や132条の2の場合と同様、その適用要件として、主観的な租税回避の意図ないし目的が存在することまで必要か、という点も問題となる。この点、同族会社の行為計算否認規定である同法132条については、前述のとおり、主観的な租税回避目的の存在は要件ではないとするのが通説および判例である。したがって、同法132条の3と132条の条文構造や文言等の共通性に照らして、同法132条の3が132条の同族会社の行為計算否認規定と「類似する」または「同様の」規定であるとするなら、主観的な租税回避の意図ないし目的の存在は、同法132条の3の(独立した)適用要件ではないと解するのが自然であろう。

もっとも、前記(6)(v)で述べたとおり、同じく条文構造や文言等が法人税法132条と共通する132条の2について、同条にいう「不当に」の解釈として、同条を適用するためには、租税回避の意図・目的の存在を課税当局側で立証

することが必要であると解されるのであれば、同法132条の3の連結法人に係る行為計算否認規定における「不当に」の解釈においても、同様に解すべきではないかと思われる。この点についても、今後の裁判例および学説の動向が注目される。

(vi) その他の問題

その他、法人税法132条の3についても、同法132条の2の場合と同様、同法132条の3に列挙されている否認の対象となる事由のうち、キャッチ・オール条項である「その他の事由」の外延をどのように解すべきであるか等が問題となる[370]。

第2節 M&Aと会計

1 会計制度がM&Aに及ぼす影響（総論）

M&A取引を会計上どのように処理すべきかという問題は、M&A取引の成否自体をも左右する非常に大きなインパクトを有する問題である。そこで、まずは、このことを端的に示していると思われる、1990年代の米国におけるM&A会計の変更を巡る経緯を紹介する。

2001年までの米国会計基準（APB意見書[371]第16号[372]）では、企業買収に際しての会計処理について、原則的にはパーチェス法に基づいた処理が要求されるものの、一定の場合には持分プーリング法による処理が強制されていた。

---

[370] これらの問題の詳細については、北村導人＝黒松昂蔵「連結納税制度と行為計算否認——ヤフー・IDCF事件東京地裁判決を踏まえた初期的検討」太田＝伊藤編著・前掲注65）等参照。

[371] 正式名称はAccounting Principles Board Opinion。以下「APB意見書」という。

[372] 1970年8月制定。

第2節 M&Aと会計   939

[図表 I -11-38]　企業結合に係る日米会計基準の変遷

	米国会計基準	日本会計基準
～2000年	APB意見書第16号[373] ・パーチェス法と持分プーリング法が併存	
2001年	SFAS第141号「企業結合」制定[374] ・持分プーリング法を廃止し、パーチェス法に一本化 ・のれんの償却が禁止に	
2002年		
2003年		企業会計基準第21号「企業結合に関する会計基準」制定[375] ・パーチェス法と持分プーリング法が併存
2004年		
2005年		
2006年		「企業結合に関する会計基準」の強制適用開始[376]
2007年		
2008年	SFAS第141号「企業結合」等の改正[377] ・子会社株式を売買しても、支配を喪失しない限り損益が発生しないことに ・子会社に対する支配が喪失した場合には、残存の投資について評価替えすることに	企業会計基準第21号「企業結合に関する会計基準」改正（平成20年基準）[378] ・持分プーリング法を廃止し、パーチェス法に一本化
2009年		
2010年		平成20年基準の強制適用開始[379]
2011年		
2012年		
2013年		企業会計基準第21号「企業結合に関する会計基準」再改正（平成25年基準）[380] ・子会社株式を売買しても、支配を喪失しない限り損益が発生しないことに
2014年		
2015年		平成25年基準の強制適用開始[381]
2016年～		以下の点については、引き続き検討課題に ・のれんの規則的償却を禁止するか ・子会社に対する支配が喪失した場合には、残存の投資について評価替えするか

パーチェス法とは、買収時に被買収企業の資産・負債を時価で評価替えして買収後の新会社の結合貸借対照表を作成する方法で、この方法の下では、被買収企業の実際の価値を示す時価純資産価額と買収価額との差額を「のれん」として当該貸借対照表の資産の部に計上することが要求される。このれんは、無形資産として、当時のアメリカの会計基準（APB 意見書第 17 号）の下では 40 年以内に償却＝費用化していくことが義務付けられていたため、パーチェス法を用いて M&A 取引の会計処理をした場合には、買収側企業の会計上の利益は圧迫されることとなっていた。他方、持分プーリング法とは、一定の要件を充たした株式の交換取引による買収の場合に適用されていた方式で、買収時に、被買収企業の資産・負債を簿価ベースで単純に合算して、買収後の新会社の結合貸借対照表を作成する方法である。この方法では、①買収に伴うのれんの計上が生じないため、買収側企業の会計上の利益が圧迫されない利点があったほか、②買収の結果として資産価値を失うことになる被買収企業の商号などの無形資産について一括償却が要求されず、その償却を長期間（当時の会計基準の下では最大で 40 年間）にわたって先送りすること

---

373) 制定は 1970 年 8 月。
374) 2001 年 6 月 30 日以降に開始される企業結合に適用。
375) 制定は 2003 年 10 月 31 日。
376) 2006 年 4 月 1 日より強制適用。
377) 略称は「SFAS141R」。制定は 2008 年 1 月 10 日。2008 年 12 月 16 日以降に開始する事業年度中に完了した企業結合から適用。
378) 改正は 2008 年 12 月 26 日。
379) 2010 年 4 月 1 日より強制適用。
380) 公開草案の公表は 2013 年 1 月 11 日、改正は同年 9 月 13 日。従来は、子会社株式を追加取得した場合、追加取得持分と追加投資額との間に生じた差額は、連結財務諸表上、のれん（または負ののれん。以下同じ）として処理することとされていたが、この改正により、当該差額は損益ではなく資本剰余金として処理することとなった。これにより、例えば、TOB 等により対象会社を子会社化した（支配を獲得した）後、その翌事業年度以降に、株式交換により対象会社の非支配株主から残存株式を取得する等の方法で当該会社を完全子会社化した場合、支配獲得後における子会社株式の追加取得に際してはのれんが生じないため、支配関係の存しない対象会社を株式交換等により一挙に完全子会社化する場合と比較して、生じるのれんの金額が大きく異なり得ることとなった。この改正では、この他、取得関連費用（外部のアドバイザー等に支払った特定の報酬・費用）を取得原価に含めることを改め、発生時に費用処理することとされた。
381) 2015 年 4 月 1 日より強制適用。

が可能であったため、この点からも、買収直後における買収側企業の会計上の利益が圧迫されずに済むメリットがあった。

そして、米国では、特に1990年代以降は、連結フリー・キャッシュフローや EBITDA（後記２で述べる）などが投資指標として重視されるようになってきていたとはいえ、投資家の間では依然として１株当たり利益（EPS）を重視する傾向が強かったところ、上記で述べたとおり、持分プーリング法が適用される場合には、１株当たり利益に悪影響を与えることなく M&A を実行することが可能であった[382]。その結果、1990年代の米国における M&A 案件は、シティーコープとトラベラーズ・グループとの経営統合など代表的な大型 M&A を含む９割以上の M&A がこの持分プーリング法が適用されるスキームによって行われていたといわれており、持分プーリング法は、1990年代における米国の大型 M&A ブームを支える制度的要因の１つとも指摘されていた[383]。

このような状況の下で、米国財務会計基準審議会（Financial Accounting Standards Board。以下「FASB」という）が、1999年４月に、2000年から持分プーリング法の採用を禁止し、パーチェス法の一律適用を義務付けることを

---

[382] 持分プーリング法の適用に際しては、買収スキームとして三角合併などの株式の交換スキームの利用が要求されているため、1990年代ではそれが大きな要因となって株式の交換スキームが広く利用されていた。

[383] ちなみに、典型的なレバレッジド・バイアウト（以下「LBO」という）が全盛であった1980年代において、投資リターンを主目的とする LBO による買い手は、当該買収の会計処理をパーチェス法で処理するか持分プーリング法で処理するかといった問題にほとんど関心を持たなかったといわれている。それらの買い手は、専ら対象会社のキャッシュ・フローを重視し、IPO ではなく、同様の目的を有する買い手に対して M&A 市場で対象会社を売却するのが基本的な出口戦略であったからである。ところが1990年代に入ると、投資リターン目的（財務目的）の買い手は、株式公開市場の活況を利用して、買収した企業を一旦非公開化（Going Private）した後、再度早期に公開し（IPO）、多額のキャピタル・ゲインを狙う戦略に切り替えるようになった。それ故、1990年代以降は、特に投資ファンドによって、取得した企業の株式をできるだけ早く（再）公開することを意図して買収が行われることが多くなった。その場合、1990年代以降、投資リターン目的の買い手は、有利に株式を公開するため、対象会社の１株当たり利益（EPS）を押し上げることに重点を置くようになり、それが1990年代の M&A 会計における持分プーリング法の利用、買収スキームとしての株式の交換スキームの利用の増加に寄与している面もあると指摘されていた。なぜなら、上述のとおり、１株当たり利益を大きくしたい場合、パーチェス法が適用されることは大きな障害となるからである。

柱とするM&Aに関する会計基準の変更を実施する旨の草案を発表したため、米国の産業界は騒然となった。この変更案には、M&Aブームに冷水を浴びせるものであるとして産業界から激しい反対論が噴出したが、FASBが同年9月に基本的にこの案を基礎として最終案[384]を正式決定したため、一時、ハイテク企業などを中心に会計基準案の変更前に買収を済ませようとする「駆け込みM&A」の動きすら生じたと報じられていた。

結局、さらなる紆余曲折を経て、最終的に、2001年6月に、企業買収についてパーチェス法の適用を義務付ける財務会計基準書（Statement of Financial Accounting Standards。以下「SFAS」という）第141号およびのれんの規則的償却を禁止（ただし、毎期減損テストが義務付けられ、減損が生じたときには強制一括償却）する旨のSFAS第142号が制定され、米国会計基準においては、この問題に決着がつけられた[385]。

その後、会計基準の国際的なコンバージェンス（convergence：収斂）の流れの中で、EU諸国を中心として世界各国で採用されている国際財務報告基準（International Financial Reporting Standards。以下「IFRS」という）においては、2004年3月に、企業買収につきパーチェス法の適用を義務付けるとともにのれんの規則的償却を禁止するIFRS第3号（企業結合会計基準）が制定された[386][387][388]。そして、わが国でも、2003年10月に、経済界からの反対論を押し切る形で、企業買収につきパーチェス法による処理を原則とし、持分プーリング法による処理は一部についてのみ認める企業会計基準第21号

---

384) 当該最終案では、のれんの償却期間は40年以内から20年以内に短縮するものとされていた。
385) その後、2008年1月10日にSFAS第141号は改正され、SFAS141Rとなっている。なお、改正後は、パーチェス法の名称は「取得法（Acquisition method）」に変更されている。
386) なお、IFRSの下では、IFRS第3号が制定されるまでは、1998年に公表された国際会計基準（International Accounting Standards。以下「IAS」という）第22号の下で、のれんの償却は20年以内とされていた。
387) なお、IFRSの下では、既に1998年に公表されたIAS第36号から、のれんについては毎期減損テストが義務付けられ、減損が生じたときには強制一括償却するものとされていた。
388) その後、2008年1月10日にIFRS第3号およびそれと密接に関係するIAS第27号（連結及び個別財務諸表）の改正が公表されている。なお、改正後は、米国会計基準におけるのと同様、パーチェス法の名称は「取得法（Acquisition method）」に変更されている。

「企業結合に関する会計基準」（以下「企業結合会計基準」という）が制定され、その後、2008年12月の当該基準の改正により、持分プーリング法の使用が最終的に禁止された。

　もっとも、わが国では、現在でも、20年以内の期間におけるのれんの規則的償却が認められている[389]が、企業結合会計基準で、のれんについては「固定資産の減損に係る会計基準」（以下「減損会計基準」という）が適用されるものとされたため、米国会計基準などと同様、毎期における減損テストの実施と、減損が生じたときにおける強制一括償却の実施は義務付けられている（以上のM&A取引の会計処理に関する米国会計基準と日本会計基準の変遷については、前掲の図表Ⅰ-11-38参照）。なお、2015年6月30日に企業会計基準委員会（以下「ASBJ」という）[390]によって公表された「修正国際基準（国際会計基準と企業会計基準委員会による修正会計基準によって構成される会計基準）」における修正会計基準第1号「のれんの会計処理」でも、上述した現行の日本会計基準と同様、のれんの会計処理については、規則的償却および減損アプローチが踏襲されている[391]。

　ただし、のれんについて規則的償却を行うべきか否かについては、国際的にも会計的に決着がついたわけではなく、減損アプローチ一本でのれんの償却の是非を判断する場合には、減損するか否かについて経営者の恣意的判断が入り込む余地が否定できないという問題、償却期間の設定や減損処理の判断が実務上非常に困難であるという問題、減損アプローチ一本では相対的に

---

[389]　それまでは租税法の下での処理に倣って5年間の均等償却が一般的であったが、1997年の連結財務諸表原則の改正により20年以内の期間における規則的償却が認められることとなった。

[390]　2003年に公表された企業結合会計基準を含め、わが国の各種の企業会計基準は、戦後、前身となる企業会計制度対策調査会が経済安定本部に設置され、その後、大蔵省の所管を経て、金融庁長官の諮問機関となった企業会計審議会が策定してきた。しかし、2001年に国際会計基準委員会（IASC）が国際会計基準委員会財団（IASCF）と国際会計基準審議会（IASB）に改組された際に、各加盟国の基準設定主体は民間団体でなければならないとされたことから、わが国においては、公益財団法人財務会計基準機構が新設され、その常設委員会として設置された企業会計基準委員会が民間の会計基準設定主体となった。

[391]　近時におけるのれんの規則的償却の要否を巡る議論の概括的紹介については、例えば、西川郁生「経済教室　国際会計基準の展望(下)『のれん』処理、日本型は妥当」2015年1月15日付け日本経済新聞朝刊を参照。

一時により多額の減損が生じ得るという問題、規則的な償却をしなければ増収増益を維持するための買収を誘発し、事業等の買収の価格交渉に際しても買収側が高値掴みをしがちになるのではないかという問題等を考慮して、のれんについて規則的償却を必須とすべきという意見は、学界等でも依然根強いものがある。そのため、日本会計基準に関しては、上記のとおり、2013年の企業結合会計基準の改正に際しても、のれんについて規則的償却を必須とする取扱いが維持されており、IFRS に関しても、IASB が IFRS におけるのれんの減損処理の問題点も認識した上で、のれんの会計処理についてさらなる検討を行うことを表明しており[392]、今後も、M&A 取引によって生じるのれんの処理に関する主要な会計基準の動向については注視を要する。

しかしながら、上記の米国などにおける会計基準の変更に関する政治的論争の意味合いを考える場合には、以下のことに注意する必要がある。すなわち、パーチェス法が適用されても持分プーリング法が適用されても、いずれにせよ近時において企業を評価する際の重要な指標の1つとなるに至ったフリー・キャッシュフローの数値には全く影響がない、ということである。企業買収がパーチェス法で処理されようと持分プーリング法で処理されようと、企業価値の観点からは本質的には問題ではない（のれんの年間償却費は非現金項目であり、企業の本来の営業成績には関係しない）はずであり、現在では、機関投資家などの洗練された投資家は、のれんの償却が企業の財務に与える影響を割り引いて考えるようになってきている[393]。このような動きを受ける形で、わが国でも、大型買収を繰り返しているような企業では、決算発表に際して、既にのれん代の償却費などを除いた修正純利益を公表する例が増えてきている。

このように、投資家の間において、企業価値評価の基準が、従来伝統的であった1株当たり利益（EPS）からフリー・キャッシュフロー（ないしその代

---

[392] 2014年9月6日付け日本経済新聞電子版セクションの「『IFRS の減損基準、緩すぎる』IASB 議長」と題する記事および2015年1月9日付け日本経済新聞朝刊17面の「国際会計基準審議会、のれん会計処理を見直し」と題する記事を参照。

[393] EBITDA は、かかる見地から、営業権を計上・償却している企業の利益に営業権償却費を加え、数値を標準化して比較できるようにした指標として、現在では、投資銀行や機関投資家だけでなく、M&A の実務に携わる企業の担当者等によっても広く利用されている。

用としての EBITDA) 等へと変化しており、パーチェス法による処理か持分プーリング法による処理かという問題はもちろん、のれんの償却に関する会計基準の動向についても、それが M&A 取引のマーケットに与える影響は、次第に限定的になってきているものと考えられる。

　もっとも、特にわが国では、伝統的な会計上の1株当たり利益の額にこだわる投資家心理にも依然として根強いものがあり、今後も、特にのれんの償却に関する会計基準の動向は、少なからず M&A 取引のマーケットにも影響を及ぼすものと考えられる。

2　EPS と EBITDA

　上述のとおり、企業価値ないし株式価値を評価する際の指標としては、伝統的には1株当たり利益（EPS）および株価をそれで割った PER（Price-Earnings Ratio：株価収益率）[394]がよく用いられており、現在でも、個人投資家はこれらの指標を重視する傾向が強いといわれている。

　他方、近時、特に機関投資家が重視している指標が EBITDA である。これは、Earnings Before Interest, Taxes, Depreciation and Amortization の略で、税引前当期利益に支払利息および有形・無形固定資産の減価償却費を加算したものである。実務上は、特別損益等の一時的な損益も除いて考え、営業利益＋減価償却費で求めることが多い（損益計算書記載の営業利益にキャッシュ・フロー計算書記載の減価償却費を加算して求める）。

　そもそも、①支払利息の金額は、それぞれの企業の資本構成（特に Debt/Equity Ratio）や国または通貨圏によって異なる金利水準の影響を受ける。また、②支払税額は、国毎に法人実効税率が異なることや租税優遇措置の影響を大きく受ける。さらに、③減価償却費の金額は、国毎にその会計上および

---

394)　P/E レシオともいわれる。対象会社の株価を1株当たり利益（EPS）で割った数値であり、EPS と同様、伝統的に用いられてきた代表的な投資指標。この値が業界平均等と比べて高いと現在の株価が割高であることを、低いと現在の株価が割安であることを、各々示す。ごく一般的には、15〜20倍未満であれば株価は割安であるといわれることが多いが、成長期待の高い企業では高い値となることも多い。ちなみに、東京証券取引所上場企業の各月毎の業種別の平均 PER および平均 PBR の値は、http://www.jpx.co.jp/markets/statistics-equities/misc/04.html にて閲覧可能。

税務上の取扱いが異なることによって大きく左右される。その点、EBITDAは、事業の収益性から、支払利息、支払税額および減価償却費の影響を除去した数値であるため、特に複数の国にまたがる複数の同業種に属する企業（または同種の事業）の収益性を相互に比較する際に非常に有益であり、それが故に、特にグローバルに投資を行っている機関投資家に好んで利用されている。

また、このような特性から、M&Aの世界では、第Ⅱ部第２章第１節３(2)(i)(C)(イ)・(3)(ii)(a)で後述するように、企業価値（Enterprise Value）がEBITDAの何倍で取引されているか、ないし取引されるべきか、を示すEV/EBITDAマルチプル（EBITDA倍率）が広く用いられている。

また、EBITDAを売上高で割った指標であるEBITDAマージンは、企業の本業の収益力を表す指標として、経営分析における財務分析等で広く利用されている[395]。

もっとも、EBITDAは企業価値評価に際して有用な指標であるとはいえ、減価償却費を単なるコストとしてのみ把握しているため、企業や事業の存続のために必要不可欠な設備投資の必要性が十分に考慮されなくなってしまう憾みがある。この点を考慮するため、EBITDAだけでなく、あわせて、EBITDA − Capex[396]（設備投資）やEBITA（EBITDAから設備投資に起因する有形資産の減価償却費のみを控除したもの[397]）なども、実務上、あわせて考慮されることが多い。

---

[395] 日本企業でEBITDAおよびEBITDAマージンの値を公表している例としては、例えば、ソフトバンクグループが挙げられる（同社の2017年度アニュアル・レポート26頁参照）。多国籍企業の中には、四半期毎のEBITDAおよびEBITDAマージンの値を公表している企業もある（例えば、Alibaba Group Holding Limitedの2016会計年度第３四半期に係る業績プレスリリース（http://www.alibabagroup.com/en/news/press_pdf/p170124.pdfにて閲覧可能）等を参照）。

[396] Capital Expenditureの略。不動産や設備の価値を維持または向上させるための設備投資に関する資本的支出を意味する。単なる修繕費は含まない。

[397] 無形資産の減価償却費を控除しないのは、当該減価償却費の大半は、企業買収の際に生じるのれんの償却費であるところ、企業買収は、設備投資と異なって継続的に行われるものではなく、また、事業の「成長」についてはともかく、その「継続」に必要なものでもないため、有形資産の減価償却費とは異なって、事業の収益性を測るための数値から敢えて控除するまでの必要性はない、との理由に基づく。

3 のれんと減価償却

　EBITDA および EBITA に関する上記の説明から明らかなとおり、「のれん (goodwill)」およびその減価償却という概念は、企業（または株式）価値評価や企業の財務分析を行うに際して極めて重要である。

　「のれん」には「正ののれん」と「負ののれん」とがある。「正ののれん」とは、企業買収を行った際に、被取得企業または取得した事業の取得原価が、取得した資産および引き受けた負債に配分された純額を超過する場合の当該超過額（大雑把にいえば、企業ないし事業買収の対価の額が当該企業ないし事業の時価純資産価額を超過する場合の当該超過額[398]）をいい、他方、「負ののれん」とは、上記の取得原価が上記の純額に不足する場合の当該不足額（大雑把にいえば、企業ないし事業買収の対価の額が当該企業ないし事業の時価純資産価額に不足する場合の当該不足額）をいう。

　この「正ののれん」については、わが国会計基準の下では、1997年の連結財務諸表原則の改正以来、20年間の期間内における規則的償却が求められている（税務上は5年間の均等償却が認められている）が、「負ののれん」についても、かつては「正ののれん」と同様、20年間の期間内における規則的償却が求められていた（この場合、「償却」といっても、その結果、損益計算書上で営業外収益に加算されていた）ところ、2008年12月26日に企業会計基準委員会によって公表され、2010年4月1日から強制適用されている改正企業結合会計基準（前述した平成20年基準）の下では、IFRS と同様、まず識別した資産・負債の公正価値を確認・認識した上で、その後即時に損益計算書上で一括して特別利益として利益認識されることとなった。

　なお、減価償却とは、費用収益対応の原則に基づき、収益の獲得に貢献する資産の取得価額を、収益に貢献し得る期間にわたって費用として配分し、

---

[398] もっとも、2008年12月26日公表の改正（平成20年基準）前のわが国企業結合会計基準の下では、実務上、企業結合会計において無形資産の識別が強制されておらず、対象会社の取得価額から対象会社の時価純資産額を差し引いた金額がそのまま「のれん」として計上されることが多かったが、改正後の企業結合会計基準の下では、（仕掛）研究開発費や識別可能な無形資産を時価で認識した後の差額のみが「のれん」として計上されることとなった。

当該期間内における各会計年度毎の損益を適正に表示するための会計上の手法であり、当該取得価額を、収益貢献を期待し得る期間である耐用年数内における各会計年度に、それぞれ費用として割り付けるものである。もっとも、このことから明らかなとおり、耐用年数（収益を生み出すことが期待し得る期間）が∞である（言い換えれば、時間の経過によっても価値が減少しない）と考えられる土地や株式などは償却不能資産とされ、減価償却の対象とならない。また、償却可能資産については、取得価額は減価償却費を耐用年数分だけ積み上げたものに等しい（言い換えれば、会計上および税務上、減価償却費と取得価額とは exchangeable な存在である）。

4　日本における M&A 会計の発展

　1990年代後半から2000年代前半にかけて、米国において M&A 会計が変容を遂げる中で、わが国においても、それまでは各社が商法（平成17年改正前商法）による規制の範囲内で裁量により処理してきた M&A 会計について、共通の基準を設ける機運が高まった。特に、平成9年に純粋持株会社の創設を解禁する独禁法の改正が行われたことを皮切りに、平成9年の合併制度に関する商法改正、平成11年の株式交換・移転制度を創設する商法改正とこれに伴って税制上の手当を講じた平成12年度税制改正、平成12年の会社分割制度を創設する商法改正とこれに伴って合併や会社分割等の課税上の取扱いを全面的に見直す組織再編税制を創設した平成13年度税制改正など、M&A に関する私法上および税制上の整備が大幅に進展したことを受けて、会計面でも M&A に関する会計上の取扱いについて統一的なルールを策定することが強く要請されることとなった。

　こうした背景の中で、前述したとおり、2003年10月31日に企業会計審議会から企業結合会計基準が公表された。

　もっとも、企業結合会計基準は、その名のとおり、ある企業またはある企業を構成する事業と他の企業または他の企業を構成する事業とが1つの会計上の報告単位に統合される「企業結合」（企業結合会計基準5項）に該当する取引に適用されるものであったが、会社分割や事業譲渡など、事業が切り離される場合の会計処理については規律されていなかった上、このような企業結合を行う当事会社の株主における会計処理についても特に規律していな

かった。そこで、企業結合会計基準と同日付けで企業会計審議会が公表した「企業結合に係る会計基準の設定に関する意見書」を踏まえて、財務会計基準機構（FASF）の内部組織として設置されたASBJが、特に資産の現物出資等における事業の分離元企業の会計処理と事業の分離先企業（事業を承継する企業）の株主に係る会計処理を中心に検討を行い、最終的に、2005年12月27日付けで、企業会計基準第7号「事業分離等に関する会計基準」（以下「事業分離等会計基準」という）および企業会計基準適用指針第10号「企業結合会計基準及び事業分離等会計基準に関する適用指針」（以下「適用指針」という）が公表された。これによって、実務的なガイドラインを含めて、わが国におけるM&Aに関する会計ルールの整備は一応完了した。

このようなM&Aに関する会計ルールの整備は、企業の経済活動のグローバル化が進展するに伴って、わが国の会計基準を国際的な会計基準と調和させる必要性が高まっていくのと並行して進められてきたものであるが、ASBJおよび国際会計基準審議会（IASB）が、2007年8月8日付けで、2011年6月30日までに日本会計基準とIFRSとのコンバージェンスを達成するという「会計基準のコンバージェンスの加速化に向けた取組みへの合意」（いわゆる東京合意）を公表したことで、上述したわが国のM&Aに関する会計ルールも、国際的な会計基準との調和を迫られることとなった。その結果、2013年9月13日付けで、上記合意におけるコンバージェンスの対象となる項目の検討および見直しが反映された企業結合会計基準および事業分離等会計基準の最終改正が公表された[399]。

5 わが国M&A会計基準の枠組み

(1) 概　観

いかなる会計基準に則り、いかなる会計処理がなされるかは、前述ののれんの償却の要否やその金額等に影響し、ひいては買収側企業の営業損益の額

---

[399] なお、両基準については、2014年11月18日付けで企業会計基準委員会から公表された「企業会計基準第21号『企業結合に関する会計基準』」に関連する他の会計基準等の訂正について」による訂正が加えられている。

に大きな影響を及ぼす（その結果、当該企業が上場会社である場合にはその株価にも大きな影響を及ぼす）可能性があることから、M&Aにおいては現在でも重要な考慮要素である。このことから逆に、M&Aを数多く実行しているわが国企業の中には、後記6で述べるように、連結会計基準として、わが国会計基準ではなく、のれんの規則的償却を行う必要のない米国会計基準やIFRSを採用する企業も出てきている。そこで、以下においては、わが国会計基準の下におけるM&Aに関する会計ルールの中核をなす、上記の企業結合会計基準と事業分離等会計基準の内容を概説する[400]。

まず、企業結合会計基準は、合併や株式交換など企業結合に該当する取引を対象とし、当該企業結合において他の企業または事業を受け入れてその対価を支払う企業（結合企業）を中心に結合当事企業の会計処理を定めている。他方、事業分離等会計基準は、会社分割や事業譲渡など事業分離に該当する取引を対象とし、事業を分離する企業（分離元企業）の会計処理を定める[401]とともに、合併や株式交換などの企業結合における結合当事企業の株主における会計処理等を定めている。このように、企業結合会計基準は結合当事企業の株主の会計処理については規律していない点に注意が必要である。

M&Aの類型毎にその関係当事者に適用される会計基準を図示すると、以下の図表Ⅰ-11-39のとおりである。

[図表Ⅰ-11-39] わが国会計基準の下におけるM&Aに関する会計基準の適用関係

会計処理の主体＼M&Aの類型	企業結合	事業分離
結合企業（分離先企業）	企業結合会計基準	
分離元企業	事業分離等会計基準	
株主		

---

[400] M&Aとの関係では、その実行時の会計処理に関するルールである企業結合会計基準および事業分離等会計基準に加えて、実行後に作成される連結財務諸表に適用される企業会計基準第22号「連結財務諸表に関する会計基準」（以下、「連結会計基準」という）も重要であるが、ここではそのことを指摘するに留め、具体的な内容については、紙幅の都合上、本書では記載を割愛する。

[401] 分離された事業を受け入れる側の企業（分離先企業）にとっては企業結合に該当することから、企業結合会計基準に従うことになる。

(2) 投資の継続と清算、持分の継続と非継続

　企業結合会計基準と事業分離等会計基準の大枠を理解するにあたっては、「投資の継続・清算」と「持分の継続・非継続」という2つの概念の理解が不可欠であるので、まずこれらの概念について簡単に説明する。

　そもそも、一般的な企業取引に係る会計処理においては、企業と外部者との間で何らかの財の授受がなされた場合、その対価として現金または現金等価物（以下「現金等」という）の支払いをしたときには財の購入（新規の「投資」）の会計処理が行われ、現金等を財の対価として受け取ったときには財の売却（「投資」の清算）の会計処理が行われる。また、財Xの対価が現金等以外（すなわち、財Y）の場合には財Xと財Yとの交換の会計処理が行われる。

　これとは異なり、企業結合の場合には企業自体が取引の対象となることもあるため、上記の一般的な会計処理のように、取引当事者となる企業の立場からは「投資」の継続または清算の判断ができない場合がある。そこで、企業結合会計基準は、（総体としての）株主の立場から、株主にとっての当該企業に対する投資が継続しているか否かを判断基準として会計処理を行うことを求めている[402]。すなわち、一方の結合当事企業（取得企業）に対する株主の投資持分は継続しているものの、事業または企業（以下「事業等」という）の対価として現金等が交付されたこと等によって、他方の結合当事企業（被取得企業）に対する株主の投資持分の継続が断たれた（非継続）とみなされる場合には、被取得企業の資産および負債に対する（従前の）投資を一旦清算し、改めてその資産および負債に対して投資を行ったものと考えられるとして（「投資の清算」）[403]、この場合を事業等の「取得」と整理した。また、事業等の対価として株式等が交付され、全ての結合当事企業の持分が継続しているとみなされる場合には、対象となる資産および負債に対するこれまでの投資がそのまま継続しているものと考えられるとして（「投資の継続」）、この場合を「持分の結合」と整理した。

---

[402]　株主による投資の継続性を重視する点は、移転資産に対する支配（法人支配）の継続性を中心に組織再編税制を構築したわが国の法人税法の考え方よりも、株主レベルに焦点を当てて、株主による投資の継続性を基礎として課税繰延べのための税制適格要件が構築されている米国の内国歳入法典の考え方に馴染みやすいと思われる。

そして、企業結合会計基準の下では、上記の「取得」に該当する場合には、移転対象の事業等を引き継ぐ側の企業（取得企業）の財務諸表に結合するため、対象となる資産および負債を時価で再評価し、当該資産および負債の時価純資産額と取得の対価との間に差額があればのれんを計上するものとされている（パーチェス法）。他方、上記の「持分の結合」に該当する場合には、対象となる資産および負債を評価替えし、それに伴う損益の認識をする必要はなく、当該資産および負債を（当該企業結合の直前に付されていた）帳簿価額で引き継ぐものとされている[404]。その結果、のれんが発生することもない。

また、事業分離等会計基準の下では、上記の投資の継続・清算の考え方に基づき、分離元企業において移転した事業に関する投資が継続しているとみられる場合には、移転した事業に係る資産および負債の移転損益を認識せず、移転直前の帳簿価額をそのまま投資原価とし、投資が清算されたとみられる場合には、これらの移転損益を認識するものとされている。

(3) 企業結合会計基準の概要

企業結合会計基準の基本的な考え方は上記で述べたとおりであるが、以下では、企業結合が行われた際に具体的にはどのような会計処理が行われるのかについて、概観する。

---

[403] 言い換えれば、投資に対する収益が実現して収益計上をすべきといえる実態に至ったということであり、投資の清算はいわゆる実現主義とも表裏の関係を成していると考えられている。実現概念の核心や本質が何かについては様々な議論があるところであるが、「投資から得られる成果がその主要なリスクから解放されたかどうかに着目する考え方は、比較的有力なものと思われる」（事業分離等会計基準71項）との指摘は、投資の継続または清算を区別する上で参考になろう。

[404] 従来はこのような会計処理方法を「持分プーリング法に準じた処理方法」と呼んでいたが、2008年の企業結合会計基準の改正で持分プーリング法を廃止したことに伴い、かかる呼称も使用しないこととされた。なお、それ以前には、パーチェス法による場合にはのれんの償却費が増大してしまうことに加え、特に著名企業同士のM&Aにおいては、いずれかの当事者が他方の当事者を一方的に「買収」するというニュアンスを極力薄めるために「対等合併」ないし「対等統合」という表現が好まれるという事情もあり、わが国においてもできる限り持分プーリング法による処理が用いられる傾向が強かった。

(i) 取引の分類

 ある M&A 取引が、ある企業またはある企業を構成する事業と他の企業または他の企業を構成する事業とが1つの（会計上の）報告単位に統合されるものと判定される場合には、「企業結合」に該当するものとして、企業結合会計基準によって規律されることになる。かかる「企業結合」は、取引前後の投資の性質に応じて、「取得」、「共同支配企業の形成」または「共通支配下の取引」の3つのいずれかに分類される。

　(a) 「取得」とは、ある企業が他の企業または企業を構成する事業に対する支配を獲得することをいう。企業結合のうち、「共同支配企業の形成」または「共通支配下の取引」以外のものが「取得」とされている（企業結合会計基準17項）ことから、一方が他方に対する支配を獲得する場合には該当しないようにも思われる、いわゆる「対等合併」についても、「取得」に分類される点に注意が必要である。

　(b) 「共同支配企業の形成」とは、複数の独立した企業が、契約等に基づき、共同で支配される企業（共同支配企業）を形成する企業結合をいう。共同支配企業の形成の典型例としては、共同新設分割や別々のグループ企業に属する子会社同士の合併によるジョイント・ベンチャー（以下「JV」という）の形成などが挙げられる。

　(c) 「共通支配下の取引」とは、結合当事企業（または事業）の全てが、企業結合の前後で同一の株主により最終的に支配され、かつ、その支配が一時的ではない場合における企業結合をいう。共通支配下の取引の典型例としては、親会社と子会社の合併や子会社同士の合併など、いわゆるグループ内再編とよばれる取引が挙げられる。

 以下においては、「取得」、「共同支配企業の形成」および「共通支配下の取引」それぞれの具体的な会計処理を概観する。

(ii) 取得の会計処理

　(a) 取得企業の決定

 企業結合が「取得」に該当する場合、まず、結合当事企業のいずれかが取得企業、すなわち、他方の企業（被取得企業）に対して支配を獲得する企業であるかを決定する必要がある。

 取得企業の決定を行う際の最初のスクリーニング・ポイントは、支配権の

獲得の有無であり、その判定に際しては、まず連結会計基準における「支配」、すなわち、他の企業の意思決定機関を支配する関係にあるか否かが検討されるべきものとされている（企業結合会計基準18項）。

そして、上記の基準では支配を獲得する企業が明確にならない場合には、次の要素を考慮して取得企業を決定するものとされている。すなわち、まず、①対価として、現金その他の資産を引き渡す企業のほか、負債を引き受ける企業も取得企業となる。また、②自社の株式を対価として交付する場合には、通常は当該自社株式を交付する企業が取得企業となる。ただし、ⓐ総体としての株主が占める議決権比率の大きさ、ⓑ最も大きな議決権比率を有する株主の存在、ⓒ取締役等を選解任できる株主の存在、ⓓ取締役会等の構成、ⓔ株式の交換条件といった要素も総合的に考慮した結果、株式を交付した企業が被取得企業になる「逆取得」の場合があり得る[405]。さらに、結合当事企業のいずれかの相対的な規模（総資産額、売上高または純利益等）が著しく大きい場合には、通常は、当該著しく大きい企業が取得企業になる。

(b) 取得原価の算定

取得企業とされた結合当事企業は、被取得企業または取得した事業の取得原価を算定すべきものとされる。取得原価は、原則として、企業結合日における取得の対価（支払対価）となる財の時価で算定する。支払対価が現金等の場合にはその支出額が取得原価となる。また、支払対価が現金等以外の場合、取得原価は、支払対価となる財の時価と被取得企業または取得した事業の時価のうち、より高い信頼性をもって測定可能な時価で算定する。さらに、支払対価が市場価格のある取得企業等の株式である場合、原則として、企業結合日における当該株式の時価を基礎として取得原価を算定する。

取得が複数の取引によって達成された場合（以下「段階取引」という）には、個別財務諸表上は個別の取引に着目し、支配を獲得するに至った個々の取引

---

[405] 逆取得は、規模の大きな会社が規模の小さな会社に吸収合併される場合など、存続会社が議決権株式を交付するものの、合併後に消滅会社の旧株主が存続会社の議決権総数の過半数を保有することになる結果、企業結合会計上は、消滅会社が取得企業に該当し、存続会社が被取得企業に該当するものとされ、株式を交付した会社が取得企業にはならない場合に発生する。吸収合併のほか、株式交換、吸収分割、現物出資などの手法で企業結合を実行する際にも発生し得る。

毎の原価の合計額をもって被取得企業の取得原価とする一方、連結財務諸表上は、一連の取引全体に着目し、支配を獲得するに至った個々の取引全ての企業結合日における時価を算定し、これらの差額を当期の段階取引に係る損益として処理するものとされている。

　なお、従来は、取得に直接要した支出額のうち、取得の対価性が認められる外部のアドバイザー等に対する報酬・手数料等は取得原価に含めるものとされていたが、国際的な会計基準に基づく財務諸表との比較可能性を改善する観点やこれらの支出のどこまでを取得原価の範囲とするかに関する実務上の課題を解消する観点から、2013年の企業結合会計基準の改正により、これらの支出は発生した事業年度の費用として処理することとなった。ただし、個別財務諸表における子会社株式の取得原価の算定においては、従来どおり、取得時における付随費用（支払手数料等）を取得原価に含めることが原則的な取扱いとされている。

(c) 取得原価の配分とのれんの取扱い

　次に、取得企業は、企業結合時の時価を基礎として、算定された取得原価を被取得企業から受け入れた資産および負債に対して、企業結合日後1年以内に配分する。取得原価たる支払対価の総額と、被取得企業から受け入れた資産および負債に配分された純額との間に生じる差額が、正値（＋）の場合には「のれん」、負値（−）の場合には「負ののれん」となる。

　のれんは、資産に計上し、20年以内の効果が及ぶ期間にわたって、定額法などの合理的な方法によって規則的に償却する[406]。前記1で述べたとおり、IFRSにおいては、規則的な償却は行わないものとされ、のれんの価値が損なわれたときに減損処理を行うべきとされている一方で、日本においては、のれんが超過収益力を反映したものであり、競争の進展によってその価値が減価することを重視し[407]、規則的な償却が採用されている（企業結合会

---

406) ただし、金額に重要性が乏しい場合には、例外的に、発生した事業年度の費用として処理することができる。
407) のれんの減損処理を実施するためには、のれんの価値についての評価方法を確立する必要があるものの、そのためには課題が多いという実務的な問題（企業結合会計基準106項参照）も、わが国の会計基準が規則的な償却を原則としている理由の1つである。

計基準32項、のれんの会計処理4項)。もっとも、前述のとおり、固定資産であるのれんは減損会計基準の適用対象資産になるため、のれんの未償却残高については当該基準に従った減損処理を行うべき場合がある点に注意が必要である(減損会計基準二8項、のれんの会計処理5項)。他方、負ののれんは、前記1で述べたとおり、現在では、発生した事業年度において特別利益として計上されるものとされている。

なお、前述のとおり、M&Aを実施するにあたって海外企業とのイコール・フッティング(equal footing)の確保等を重視する立場から、日本会計基準においてものれんの規則的償却を廃止し減損処理による処理に一本化すべきという意見も経済界を中心に根強く主張されているため、今後も、のれんの会計処理に関する改正がなされるか否かは、常に注視すべきであろう。

(iii) 共同支配企業の形成の会計処理

前述のとおり、「共同支配企業の形成」および「共通支配下の取引」のいずれにも該当しない企業結合が「取得」に分類されることから、企業結合について会計処理を行う場合には、まず、ある企業結合が「共同支配企業の形成」または「共通支配下の取引」のいずれかに該当するか否かを判定することになる。

この点、「共同支配企業の形成」と判定されるためには、①共同支配投資企業となる複数の企業がそれぞれ独立していること、②共同支配となる契約等を締結していること、③原則として、企業結合の対価の全てが議決権のある株式であること、および、④共同支配企業に対する結合当事企業のいずれかによる支配関係を示す事実がないこと、の4つの要件を充足する必要がある(企業結合会計基準37項)。

「共同支配企業の形成」は「持分の結合」に該当することから、共同支配投資企業から資産および負債の移転を受ける共同支配企業の個別財務諸表においては、移転する資産および負債を、共同支配投資企業における移転直前の適正な帳簿価額で計上すべきものとされている[408]。

---

408) このような処理は、従来、「持分プーリング法に準じた処理方法」とよばれていたが、2008年の会計基準の改正による持分プーリング法の廃止に伴い、当該呼称も使用されないこととなった。

他方、共同支配投資企業においては、個別財務諸表上は、共同支配企業に移転した事業に係る株主資本相当額に基づいて共同支配企業に対する投資の取得原価を算定し、また、連結財務諸表上は、共同支配企業への投資について持分法を適用すべきものとされている。

(ⅳ) 共通支配下の取引の会計処理

「共通支配下の取引」に該当する場合、資産および負債の移転を受ける企業において、当該資産および負債を移転直前の適正な帳簿価額で計上し、また、移転した資産および負債に差額があれば純資産に計上する。他方、資産および負債を移転した企業においては、移転した資産と負債の適正な帳簿価額に基づいて対価として交付された株式の取得価額を算定する。なお、合併などで子会社が法律上消滅する場合には、当該子会社の株式（抱合せ株式）の適正な帳簿価額とこれに対応する増加資本の差額が親会社の特別損益（抱合せ株式消滅差損益）となる。

一般に、親会社の連結財務諸表においては、連結上の業績や純資産などに影響を与えないよう、子会社間の取引は全て内部取引として相殺消去される。「共通支配下の取引」に該当する子会社同士の合併などのグループ内再編についても同様に、親会社では、企業集団内において純資産等を移転する内部取引として、基本的に連結財務諸表に影響しないように処理され、結合当事企業の個別財務諸表の作成にあたっても、企業結合の前後で当該純資産等の帳簿価額に変更が生じないよう、上記のような適正な帳簿価額による引継ぎがなされる。

なお、株式交換等により、非支配株主から子会社株式を取得する取引（非支配株主との取引）については、当該取引によって新たに（会計上の）報告単位が1つに統合されるわけではないため「企業結合」には該当しないものの、グループ内再編の一環として、かかる取引が行われることもある。このような非支配株主との取引についても、「共通支配下の取引等」として上記の共通支配下の取引と並べて会計処理が規律されているが（企業結合会計基準40項以下）、あくまでも企業集団内における内部取引には当たらないことから、上記の「共通支配下の取引」についての会計処理とは異なり、取得原価等は時価ベースで算定される。

(4) 事業分離等会計基準の概要

前記(1)のとおり、事業分離等会計基準は、①事業分離に該当する取引における分離元企業の会計処理および②企業結合における結合当事企業の株主の会計処理を定めている。これら①および②の会計処理の主なポイントは、以下のとおりである。

(i) 分離元企業の会計処理

事業分離の対価として現金等の資産の交付を受ける場合には、基本的には、移転した事業への投資が清算されたものとみなされる[409]。その結果、分離元企業の個別財務諸表上、当該交付を受けた対価の時価と移転した事業に係る株主資本相当額（移転した事業に係る資産および負債の移転直前の適正な帳簿価額による差額から、当該事業に係る評価・換算差額等および新株予約権の価額を控除した額。以下同じ）との差額を移転損益として認識する。ただし、分離先企業が子会社または関連会社の場合には、分離元企業の連結財務諸表上、当該移転損益は消去される。

他方、事業分離の対価が分離先企業の株式であり、かつ、（当該株式の交付後において）分離先企業が分離元企業の子会社または関連会社となる場合には、移転した事業への投資が継続しているものとみなされる。その結果、対価として交付された分離先企業の株式の取得価額は移転した事業の株主資本相当額とされ、移転損益は認識されない。分離先企業の株式の交付によっても当該分離先企業が分離元企業の子会社または関連会社とならない場合には、分離元企業による移転した事業への投資が清算されたとみなされる結果、移転損益が認識され、また、分離先企業の株式の取得価額は時価で算定される。

(ii) 結合当事企業の株主の会計処理

結合当事企業の株主についても、基本的に、分離元企業の会計処理と同様に、投資の清算または継続の判定に従って、その会計処理が規律されている。

---

[409] 対価が現金等であっても、事業分離後に分離元企業の継続的関与があり、それが重要であることによって、移転した事業に係る成果の変動性を従来と同様に負っている場合には、投資が清算されたとはみなされず、移転損益は認識されないものとされている（事業分離等会計基準10項(1)）。

まず、被結合企業の株主については、それらの者が被結合企業（対象会社）の株式の対価として現金等の資産を受け取る場合[410]には、投資が清算されたとみなされる。その結果、（被結合企業の株式と引換えに交付を受けた）対価の時価と被結合企業の株式の企業結合直前の適正な帳簿価額との差額が、交換損益として認識される。

　他方、対価として結合企業（買収企業）の株式の・み・を交付された場合、基本的には投資が継続しているとみなされる結果、被結合企業の株式に係る交換損益は認識されない。もっとも、対価として結合企業の株式が交付されるものの、子会社または関連会社であった被結合企業が企業結合後にそのいずれにも該当しなくなる場合には、投資が清算されたとみなされ、交換損益が認識される。

　上記に対して、結合企業の株主については、企業結合の前後で結合企業の株式を交換することはないものの、その持分比率は増減するため、かかる増減に応じて投資の清算または継続の判定に基づく会計処理がなされる。すなわち、企業結合により結合企業の株主としての持分比率が減少し、子会社または関連会社のいずれにも該当しなくなる場合（言い換えると、自らが保有する結合企業株式の保有区分が子会社株式または関連会社株式から「その他有価証券」に変更になる場合[411]）には交換損益を認識し、企業結合前から被結合企業の株式をも保有しているために結合企業の株主としての持分比率が増加する場合には交換損益を認識しない。

---

[410] 分離元企業の会計処理の場合と同様に、対価が現金等であっても、企業結合後に被結合企業の株主が結合後企業に継続的に関与し、それが重要であることによって、交換した株式に係る成果の変動性を従来と同様に負っている場合には、投資が清算されたとはみなされず、交換損益は認識されないこととされている（事業分離等会計基準32項(1)）。

[411] 企業結合の前後において保有区分が「その他有価証券」のままである場合には、結合企業の株主において何らの会計処理も必要とされない。

6 M&A 取引の会計処理に関する実務上の論点

(1) のれんの償却と減損

　前述のとおり、グローバルに会計基準のコンバージェンスが進められた結果、わが国の会計基準と IFRS および米国会計基準との差異は相当程度解消されたものの、依然として M&A の会計処理について重要な差異が存在している。その中でも最も大きな差異は、これまでにも述べてきたとおり、のれんの取扱いである。

　IFRS および米国会計基準[412]においては、のれんは将来の収益力によって価値が変動する資産であり、かかる収益力が低下した場合に資産価値に反映すべきという考え方に基づき、規則的な償却を行わず、減損テストを毎期行って収益力の低下が認められた場合に減損するという方法が採用されている。他方、わが国の会計基準では、のれんは超過収益力を表す費用性・消耗性の資産であり、時間の経過に伴ってその価値が徐々に減価していくという考え方に基づき、その効果の及ぶ期間にわたり規則的な償却を行うという方法が採用されている（もっとも、前述のとおり、わが国の会計基準においてものれんは減損会計基準の適用対象資産として、規則的な償却に加えて、のれんの価値が損なわれた場合には減損処理を行うことになっている）[413]。なお、規則的な

---

[412] 米国会計基準については、2002 年 10 月のノーウォーク合意に基づき、わが国よりも一足先に IFRS とのコンバージェンスに着手した結果、IFRS との差異はおおむね解消されているようである。もっとも、M&A 取引の会計処理においては、非支配株主持分（少数株主持分）の測定方法に関して、米国会計基準では、取得日の公正価値で測定される一方で、IFRS では、①取得日時点における非支配株主持分の公正価値または②取得日時点における被支配企業の識別可能純資産の公正価値に対する非支配株主持分に相当する額のいずれかを企業結合毎に選択することができるという差異が残っている。なお、米国会計基準（および日本会計基準）では適用すべきルールを詳細に定める規則主義（または細則主義）が採用されている一方で、IFRS では数値等の詳細な基準が定められていない原則主義が採用されており、会計基準のあり方についての根本的な考え方が異なることも、完全なコンバージェンスにまで至らない要因の1つになっていると思われる。

[413] なお、これらのほかに、計上されたのれんを即時に一括して償却する方法も考えられる。

償却を行う際ののれんの償却期間につき、日本会計基準では、20年を上限とした上で、「売却による回収額と利用による回収額が等しくなると考えられる時点までの期間」等を参考に、償却期間を定めるものとされており、特に陳腐化のスピードが速い技術等が価値の源泉となっている事業等の買収に際しては、実務上、会計監査を担当する監査法人から、償却期間を10年以下の短い期間（例えば、5年等）にするよう要求されることが多いように思われる[414]。

したがって、買収した事業等の収益力が大きく落ち込むことがない限り、連結決算に日本会計基準を適用している企業はIFRSや米国会計基準を適用している企業と比較して、のれんの規則的な償却が必要な分、営業費用が増加して営業利益が見かけ上減少することになる（特に、のれんの償却期間が5年など非常に短い期間に設定された場合には、この営業利益へのネガティブ・インパクトは非常に深刻になる）ため、一般的には、買収の結果として多額ののれんが計上される（別の言い方をすれば、多額の買収プレミアムを支払う）ようなM&Aに積極的に取り組むことができるといわれており、そのため、M&Aに積極的な企業はIFRSを任意適用する傾向が強いとも指摘されている[415]。もっとも、日本会計基準とIFRS等では、のれんの範囲が異なるため、IFRSを任意適用すれば、日本会計基準でいうところの「のれん」の全額について規則的な償却が不要となるわけではない点に注意する必要がある。すなわち、日本会計基準では、のれんも無形資産も規則的償却の対象とされて

---

[414] この点、2014年7月22日にASBJ、欧州財務報告諮問グループ（EFRAG）およびイタリアの会計基準設定主体（OIC）によるリサーチ・グループが公表した「のれんはなお償却しなくてよいか——のれんの会計処理及び開示」と題するディスカッション・ペーパーの84項(c)では、のれんの償却期間に関し、企業は、通常、①取得した事業が単独の事業としてより高い収益率を稼得すると取得企業が見込む予想期間、②取得企業と被取得企業の純資産および事業の結合により生じるシナジーや他の便益が実現する期間、③企業結合に係る投資の予想回収期間、④主たる識別可能な長期性有形資産（無形資産を含む）である主要な資産の耐用年数（または資産のグループの加重平均耐用年数）を考慮することになるとの考え方が紹介されており、参考になる。

[415] 2016年6月12日付け日本経済新聞朝刊1面の「国際会計基準広がる アサヒや味の素 採用140社へ M&A加速で」と題する記事のほか、「適用する企業が急増『打って出る』からIFRS」日経ビジネス1854号（2016）42～46頁および「急増するM&Aの罠 米国＆国際財務報告基準の採用企業 積み上がる『のれん代』の落とし穴」エコノミスト94巻11号（2016）74～77頁等参照。

いるため、のれんに分類するか無形資産に分類するかに関するルールはIFRSと比較してそれほど厳密ではないが、IFRSでは、のれんは規則的償却の対象とされない一方で無形資産は規則的償却の対象とされているため、市場関連資産（ブランド、販売権等）、顧客関連資産（顧客リスト、顧客基盤等）および技術関連資産（特許権、ソフトウェア等）等は、実務上、手間をかけて慎重に無形資産に分類されている。そのため、日本会計基準でいう「のれん」の金額には、実務上、IFRSでも規則的償却の対象とされている無形資産の金額が含まれている可能性がある[416]。

　また、連結決算においてIFRSないし米国会計基準を用いている企業がそれらに従ってのれんの規則的な償却を行わない場合には、のれんの減損テストの実施負担が重い点、および相対的に減損リスクが高くなる点にも注意が必要である。すなわち、例えば、日本会計基準では、減損の兆候がある場合にのみ減損損失を認識するかどうかの判定を行えば足りるが（減損会計基準二1項）、IFRSでは、減損テストを毎期実施する必要がある。また、日本会計基準では、割引前将来キャッシュ・フローの総額が帳簿価額を下回る場合にのみ（減損会計基準二2項(1)）、帳簿価額を回収可能価額まで減額して減損損失を認識すれば足りるが（減損会計基準二3項）、IFRSでは、回収可能価額が帳簿価額を下回る場合には減損損失を認識することになるため、回収可能価額の評価にはよるものの、相対的に減損リスクは高くなるといえる。

　なお、わが国においては、IFRSの内容を一部修正した新たな会計基準として、2015年6月30日付けで修正国際基準（国際会計基準と企業会計基準委員会による修正会計基準によって構成される会計基準）（Japan's Modified International Standards）（以下「JMIS」という）が策定され、2016年3月期から適用が可能となった。JMISは、M&A取引において発生する「のれん」の取扱いについて、IFRSのルールを変更し、日本会計基準と同様に最大20年間で規則的に償却することができることとしている。「ピュアIFRSとほとんど同じコストをかけて偽物を公表するインセンティブは、ほとんどないと思われる」といった厳しい指摘[417]に代表されるように、JMISに対しては

---

416) https://www2.deloitte.com/jp/ja/pages/mergers-and-acquisitions/articles/acounting-qa-04.html 参照。
417) 小宮山賢「消えた日本基準のコンバージェンスの行方」証券アナリストジャーナル54巻3号（2016）45頁参照。

批判的な論調が目立つこともあり[418]、未だ JMIS を採用した企業はないが、IFRS と日本会計基準のいわば「いいとこ取り」をした基準と考えれば、選択肢になり得るようにも思われる[419]。

(2) 条件付取得対価の取扱い

国際的な M&A や投資ファンドによる M&A が増加するにつれて、従来、わが国の M&A の実務ではあまり見られなかった取引条件が設定されることが増えてきているが、そのような新しい取引条件の代表的なものの1つに、いわゆるアーンアウト条項（第Ⅱ部第2章第5節参照）等に代表される条件付取得対価[420]の支払いがある。

かかる条件付取得対価の会計処理につき、日本会計基準では、当該対価の交付または引渡しが確実となり、時価が合理的に決定可能となった時点で初めて、支払対価を取得原価として追加的に認識するとともに、一定の場合にはのれんの金額を修正するものとし、それまでは特段の会計処理を行わないこととされている。

他方、例えば、IFRS においては、取得企業は、取得日の公正価値で当該対価の価値を認識し、当該対価を支払う債務を負債または資本に分類した上で、企業結合契約に定められた一定の条件の達成[421]といった取得日後の事象による公正価値の変動について一定の会計処理を行うものとされている。このように、IFRS による場合、取得対価が追加的に支払われるタイミングにもよるが、当初の対価の支払い時点において条件付取得対価の公正価値分を負債または資本に計上することとの見合いで計上されるのれんの金額が増加するため、日本会計基準によった場合と比べて、特にのれんの減損処理が

---

[418] 2015年6月30日付け日本経済新聞朝刊17面の「修正国際基準を決議」と題する記事等参照。
[419] 実際、2016年3月19日付けの日本経済新聞朝刊17面の「会計基準19年までに変更 新日鉄住金 国際基準か修正基準」と題する記事において、新日鐵住金が IFRS または JMIS に会計基準を変更する方針であると報じられている。
[420] 企業結合契約において定められるものであって、企業結合契約の締結後の将来の特定の事象または取引の結果に依存して、企業結合日後に追加的に交付または引き渡される取得対価をいう（企業結合会計基準27項・95項）。
[421] 例えば、事業計画に定めた売上高ないし利益目標の達成、一定の株価の到達、研究開発におけるマイルストーンの達成などが考えられる。

必要となったときには、減損の金額が膨らむことがあり得る。

(3) 連結対象範囲の確定の問題

　対象企業を完全買収する場合を除き、買収企業にとって、企業買収を実行したり第三者とJVを組成したりする場合において、その対象企業を連結子会社とするか持分法適用会社とするか非持分法適用会社とするかは、買収後における自らの連結決算に大きく影響し得る重要な問題である。然るところ、特に日本会計基準とIFRSとの間では、この問題について実務上無視し難い相違がある。

　すなわち、日本会計基準（連結会計基準および「連結財務諸表における子会社及び関連会社の範囲の決定に関する適用指針」）では、基本的に、①買収企業は、対象企業の総株主の議決権を40％以上取得しない限りは、当該対象企業を連結子会社化することはそもそもできない（言い換えれば、当該対象企業を連結子会社から外したい場合には、その総株主の議決権の40％未満しか取得しなければよい）し、②買収企業が対象企業の総株主の議決権を20％以上取得した場合には、当該対象企業は持分法適用会社となり、逆に、③買収企業が対象企業の総株主の議決権を15％未満しか取得しなければ、当該対象企業を持分法適用会社とすることはできない[422]。このように、日本会計基準では、基本的に、対象企業の総株主の議決権のうち、どの程度の割合を取得するかという数値基準に基づき、その対象企業が連結子会社となるか持分法適用会社となるかが決せられることになるところ、IFRSの下では、そのような議決権割合を指標とする数値基準によって明確に連結子会社ないし持分法適用会社となるか否かが決せられるという判定の枠組みが採用されておらず、実質支配力基準という曖昧な基準によって、対象企業が連結子会社となるか持分法適用会社となるかが定まるものとされている。すなわち、対象企業が連結子会社となるか否かはIFRS第10号のB2項(a)「投資先に対するパワー」の有無に基づいて決せられるものとされているが、その検討に際しては、同B15項所定の、(a)投資先の議決権（または潜在的議決権）の形をとる権利（同B34項〜B50項参照）、(b)関連性のある活動を指図する能力のある投資先の経営幹部のメンバーの選任、職務変更または解任を行う権利、(c)関連性のある

---

[422] 財務諸表等規則8条4項・6項。

活動を指図する別の企業を指名または解任する権利、(d)投資者の便益のために、取引を行うことを投資先に指図するか、または取引の変更を拒否する権利、および(e)その他の権利で、関連性のある活動を指図する能力を保有者に与えるもの（経営管理契約で特定された意思決定権など）を考慮すべきものとされ、同 B38 項では、「投資者は、投資先の議決権の過半数を有していなくても、パワーを有する可能性がある。投資者は、例えば、次のことを通じて、投資先の議決権の過半数未満でもパワーを有する可能性がある」として、「(a)投資者と他の議決権保有者との間の契約上の取決め（同 B39 項参照）」および「(b)他の契約上の取決めから生じる権利（同 B40 項参照）」等が例示されている。また、IFRS の下では、対象企業が持分法の適用対象となる「関連会社」となるか否かは IAS 第 28 号の 3 項「重要な影響力」、すなわち、「投資先の財務及び営業の方針決定に参加するパワーであるが、当該方針に対する支配又は共同支配ではないもの」の有無に基づいて決せられるものとされているところ、同 5 項では、「重要な影響力」の有無について、企業が投資先の議決権の 20％以上を直接的または間接的に保有している場合には、重要な影響力がないことが明確に証明できない限り、企業は重要な影響力を有していると推定され、逆に、企業が直接的または間接的に投資先の議決権の 20％未満しか保有していない場合には、重要な影響力が明確に証明できる場合を除き、企業は重要な影響力を有していないと推定されるが、他の投資者が（議決権の）大部分または過半数を所有していても、ある企業が重要な影響力を有することを必ずしも妨げるものではないとされている。そして、同 6 項では、「重要な影響力」の通常の証明方法として、(a)投資先の取締役会または同等の経営機関への参加、(b)方針決定プロセスへの参加（配当その他の分配の意思決定への参加を含む）、(c)企業と投資先との間の重要な取引、(d)経営陣の人事交流、または(e)重要な技術情報の提供が挙げられている。

　したがって、連結決算について、日本会計基準ではなく IFRS を任意適用している企業では、企業買収を実行したり第三者と JV を組成したりする場合において、特に、その対象企業を連結子会社としたくないとき（持分法適用会社に留めたいとき）や持分法適用会社としたくないときに、かかる結果を実現するために、当該企業買収や JV 組成に係る契約（具体的には、株式売買契約、JV 契約（株主間契約）等）においてどのようなアレンジを定めればよいか、実務上、非常に頭を悩ませなければならなくなることがある。

上記(1)および(2)では、連結決算に関して日本会計基準を適用するかIFRSを任意適用するかによって大きな差異が生じる場合があることについて論じたが、上記の問題も、実務上大きな影響が生じ得る点といえる。したがって、わが国上場企業が、今後海外売上比率が高くなるにつれて、日本会計基準の代わりにIFRSを任意適用するかどうかを決定する場合には、上記(1)および(2)で論じた点の他に、上述した、IFRSを任意適用した場合には、企業買収を実行したり第三者とJVを組成したりする場合において、特に、その対象企業を連結子会社としたくないときや持分法適用会社としたくないときに、かかる結果を実現するために当該企業買収やJV組成に係る契約でどのような手当をすべきかに関して実務上の難題に逢着する可能性が高まる点についても、事前に十分考慮しておく必要があると思われる。

(4) IFRSの任意適用および米国上場に伴う米国会計基準適用の是非

わが国では、前述したコンバージェンスの世界的潮流を受けて、金融庁が、一時、上場会社の連結決算についてIFRSを2015年または2016年から強制適用するとの方針を示したものの、2011年6月に事実上この方針は棚上げされ、現在に至っている[423)424)]。しかしながら、わが国上場会社は、連結決算について、日本会計基準のほかに、IFRS[425)]や前述したJMISを任意で適用することができ、また、米国のニューヨーク証券取引所やNASDAQに株式を上場する企業など、米国会計基準に基づく連結財務諸表を米国証券取引

---

423) 2011年6月21日の自見庄三郎金融担当大臣談話（http://www.fsa.go.jp/common/conference/minister/2011a/20110621-1.htmlにて閲覧可能）参照。

424) もっとも、主要な先進国でIFRSを強制適用していない国としては、日本のほかに米国が存在する程度で、日本が強制適用を見送っているのはIFRSの強制適用を受け入れるか否かについての米国の判断待ちという事情があるとも指摘されており（企業会計審議会が2012年7月2日付けで公表した「国際会計基準（IFRS）への対応のあり方についてのこれまでの議論（中間的論点整理）」5頁参照）、米国がIFRSの強制適用に踏み切る場合には、日本もそれに従って否応なく強制適用となる可能性がある点には注意しておくべきであろう。

425) 平成21年12月11日に公布され、即日施行された、「連結財務諸表の用語、様式及び作成方法に関する規則等の一部を改正する内閣府令」および「会社計算規則の一部を改正する省令」により、わが国企業も、2010年3月期の連結財務諸表からIFRSを任意適用することが可能となった。平成27年の「連結財務諸表の用語、様式及び作成方法に関する規則」等の改正により、IFRSを任意適用することができる対象が大幅に拡大された。

委員会（以下「SEC」という）に登録した企業等は、米国会計基準を適用することも可能である[426]。

　したがって、現在、わが国上場企業にとっては、連結決算のために用いる会計基準について、基本的に、日本会計基準、JMIS、IFRS[427]および米国会計基準という 4 つの選択肢が存するわけであるが、M&A が企業の経営戦略の重要な一部となってきている今日においては、それら 4 つの会計基準のいずれを選択するかを決定するにあたっては、上記(1)～(3)で述べたような M&A に係る会計処理が連結決算にもたらすインパクトの問題を十分考慮すべきであろう。そして、M&A を実行した場合におけるのれんの規則的な償却がもたらす連結営業利益の（見かけ上の）減少が大きな問題であると認識する企業等では、今後、連結決算について、日本会計基準に代えて、IFRS 等を適用する動きが徐々に進んでいくのではないかと思われる[428]。

---

[426]　現在、わが国において米国会計基準を適用することができるのは、①米国会計基準に基づく連結財務諸表を SEC に登録している会社、②今後、新たに SEC にかかる登録をした会社、および③（既に SEC への登録を廃止したものの、）わが国に連結財務諸表制度が導入された 1977 年 4 月以前から米国会計基準に基づいて連結財務諸表を作成・開示している会社に限られている（連結財務諸表の用語、様式及び作成方法に関する規則 95 条および 96 条、ならびに平成 14 年内閣府令第 11 号附則 3 項）。

[427]　2017 年 12 月 31 日現在、法律上 IFRS を任意適用することができる企業のうち上場会社だけでも 3500 社を超えているが、わが国において既に IFRS を適用済みおよび適用を決定した上場会社の数は合計 140 社（うち、適用を決定した企業数は 21 社）に過ぎない（日本取引所グループのウェブサイト（http://www.jpx.co.jp/listing/others/ifrs/index.html にて閲覧可能）等を参照）。

[428]　この点、既に IFRS を任意適用済みの会社においては、M&A の業績への適切な反映や経営管理の高度化などの観点から、IFRS の適用に対して肯定的な評価も見られる（金融庁が 2015 年 4 月 15 日付けで公表した「IFRS 適用レポート」29～32 頁参照）。

■第12章■

M&Aと競争法

第1節
総 論

1　M&Aにおける競争法の存在意義

　競争法・独禁法は、例えば、日本の独禁法1条が定めるように「公正且つ自由な競争を促進し、事業者の創意を発揮させ、事業活動を盛んにし、雇傭及び国民実所得の水準を高め、以て、一般消費者の利益を確保するとともに、国民経済の民主的で健全な発達を促進することを目的」としている。そしてその実現のため、「私的独占、不当な取引制限及び不公正な取引方法を禁止し、事業支配力の過度の集中を防止して、結合、協定等の方法による生産、販売、価格、技術等の不当な制限その他一切の事業活動の不当な拘束を排除する」こととしている。

　この中で、「事業支配力の過度の集中」を防止したり、「結合」による生産、販売、価格、技術等の不当な制限その他一切の事業活動の不当な拘束を排除することを目的として行われるのが、企業結合規制に他ならない。

　競争法は、主として、競争事業者間での競争制限行為（カルテル・談合）の規制、市場において支配的な力を有する事業者の単独行為の規制に加えて、企業結合の規制を適用対象としている。企業結合のもたらす経済への影響は、競争事業者間でのカルテルや談合と同様のものがあるため、世界各国の競争当局・独禁当局は過去20年間で急速に企業結合審査制度を整備しつつあり、

現在、M&Aを実施するにあたって、各国当局によって並行して行われる企業結合審査への対応が重要な課題になっている。

M&Aの世界では、ファンド（ファイナンシャル・バイヤーとも呼ばれる）が日本ではもちろん、世界的にもM&Aの主役であるが、買収者であるファンドが保有するその他のビジネスと対象企業のビジネスとの間で事業が重複することは必ずしも多くはなく、その結果、ファンドの主導するM&Aと競争法の企業結合規制との間で緊張が生じることは例外的である。しかし、日本の主要企業を含めた国際的な競争にさらされている数多の企業で、収縮する国内市場での生き残り、拡大する国際市場での競争力の強化、多額の研究開発資金の確保、重複投資の削減、その他様々な理由で、同業者間または垂直関係にある事業者間でのM&Aを考えない企業は、もはや存在しないといっても過言ではない状況になってきている。いわゆるストラテジックバイヤーと呼ばれる投資家である。

しかし、こうしたストラテジックバイヤーによるM&Aの実施は不可避的に企業結合規制の問題を惹起させることになる。とりわけ、ある程度の寡占化が進み、例えば競争事業者が同一市場で3、4社しか存在しない市場では、深刻な問題となる。例えば、2016年度には、日本の公正取引委員会（以下「公取委」という）は、こうした寡占市場における競争事業者同士の企業結合案件について、同時に5件もの第2次審査を開始した（2017年度も引き続き審査継続した案件も含む）。すなわち、①出光興産株式会社による昭和シェル石油株式会社の株式取得、②JXホールディングス株式会社による東燃ゼネラル石油株式会社の株式取得、③新日鐵住金株式会社による日新製鋼株式会社の株式取得、④株式会社ふくおかフィナンシャルグループと株式会社十八銀行の経営統合、および⑤東洋製罐グループホールディングス株式会社によるホッカンホールディングス株式会社の株式取得である。このような寡占市場でのM&A案件では、比較的長期にわたる公取委の審査が行われ、最終的に企業結合が認められる場合でも、問題解消措置をとることが求められることも多い。こうした事態は、日本国内だけで発生することでもない。例えば、同年のラム・リサーチ・コーポレーションとケーエルエー・テンコール・コーポレーションの統合については、米国司法省（DOJ）反トラスト局をはじめとする各国競争当局の否定的な反応を受けて、統合計画自体が撤回されている。

競争当局から否定的な反応を受けた結果として、問題解消措置をとった上で統合するのでは、当初企業結合の実施にあたって想定していたシナジーが得られなくなることもあるし、場合によっては、企業結合そのものが認められないといった事態すらも考えられる。M&Aの実現には、当事会社のスタッフ、利害関係者、各種アドバイザーの努力が必要とされるし、関係者間の真摯な交渉の結果として、最終的な妥協が成立することが不可欠である。しかしながら、競争法に基づく企業結合審査のクリアランスの取得には、世界各国の競争当局という、取引当事者から見ると完全な第三者、しかも公権力を有する当局との間での折衝が求められ、場合によっては、関係者がその英知の限りを尽くして創り上げたM&Aスキームが、こうしたスキームには全く関心のない、たった一国の競争当局の担当官の判断によって無に帰してしまう事態すらある。それだけに、競争法上のクリアランスを取得するために、意見や価値評価の異なる両当事会社間で落としどころを探す交渉とは明らかに性質の異なる折衝を、世界各国の競争当局との間で行う必要がある場合も多い。

　M&Aの実現のために乗り越えなければならない障壁は多々あるが、その中で、その実現を拒んだり、制限する可能性を与えるという意味で、加えて、世界各国の競争当局による制度整備を受けて、そうした制約がますます高まっているという意味で、競争法がM&Aにおいてまさに死活的に重要な意味を持つに至っているといえよう。

2　M&Aにおける競争専門弁護士の役割と競争法のカバレッジ

　2000年以前、多くの日本のM&A取引では、競争法を専門とする弁護士（以下「競争法弁護士」という）は、取引内容がほぼ確定した段階で、形式的に、関係する各国競争当局に対して企業結合審査のための届出書を提出する程度の補助的・形式的な業務が中心であり、例えば、1970年の八幡製鐵と富士製鐵の統合のように、よほど市場占拠率が高くなる案件でない限り、取引の早期からM&A案件に関与をすることは稀であった。しかしながら、現在では、市場占拠率が高まるような大規模案件では、M&Aを専門とする弁護士や、財務アドバイザーの選任以前に、密かに競争法を専門とする弁護士が当事会社に求められてM&Aのスケジュールの策定に関わることが増えて

きている。

このような大規模M&A案件で、競争法弁護士の果たしている、あるいは今後果たすべき役割について、簡単に説明する。

もちろん、M&A取引においては、競争法のほかにも、会社法、租税法、金商法（特に上場会社の場合）、労働法、社会保障法、不動産法、保険法などの各法分野を専門とする弁護士の関与が必要となる。のみならず、多数の取引を経験したM&A専門弁護士が契約交渉を主導することが一般的であって、このこと自体は今後とも変わらないであろう。

しかしながら、競争法に基づく企業結合審査が、M&Aの実現において、死活的に重要な意味を持つような案件では、世界各国の競争当局との間での折衝・交渉のために、理論武装を行い、世界各国の弁護士やエコノミストを活用し、場合によっては自らも当局との折衝を実施する専門家が早い段階で必要になる。

大型のM&A、とりわけ、事業の重複する当事者間のM&Aにおいて、競争法弁護士が果たしている役割には、以下のようなものもある。

(1) 提案された企業結合案件の分析

企業結合審査でクリアランスを得られるか否かおよびそれに要する時間の検討は、案件の成否自体に関わる問題であり、M&A案件の交渉を開始するか否かを左右するものである。このため、過去に同種の案件に関与をした経験を有しているばかりでなく、最新の世界各国の競争当局の実務の動向を熟知した専門家の関与が求められることが多くなってきている。M&Aの交渉を一旦開始してしまうと、多額の取引費用を要するばかりでなく、交渉開始がマスコミを通じて報じられることにより、利害関係者間において、あたかも企業結合が既定の事実であるかのように受け止められてしまい、その結果として、事業環境の大きな変化に直面することもある。にもかかわらず、いずれかの競争当局によって当該M&Aが認められない事態が生じると、それまでに要した多額の費用が無駄になってしまうだけではなく、M&Aの成立を前提として形成された外部環境が大きな影響を受けることとなる。このような案件では、M&A専門弁護士とともに世界各国の企業結合審査実務に通じた弁護士が、各地の競争当局の審査姿勢や当該M&Aにより影響を受けるであろう利害関係者の動向を想定して、クリアランスを得られる可能性、そ

れに要する時間、クリアランスを得るために必要となるであろう代償としての問題解消措置の内容を早い段階から検討することとなる。とりわけ、競争当局の審査結果を予め想定して、スムーズに案件を進めるための問題解消措置の準備を早い段階で用意する等、競争法弁護士の果たす役割は極めて重要となる。

(2) 企業結合審査のスケジュールとM&A取引のスケジュールとの調整

次に必要となるのは、M&A取引のスケジュールと各国競争当局による企業結合審査のスケジュールとをアラインさせることである。もちろん、取引スケジュールは、会社法上の規制、TOB規制を含む金商法上の規制、証券取引所のルールや、取引当事会社と第三者との契約上の制限に服するため、企業結合審査だけが取引スケジュールを左右するわけではない。

他方で、現在世界では100か国前後の国々に企業結合審査制度があるといわれており、当該M&A取引がそれらのうちどの国の企業結合審査を受ける必要があるかを早期に確定し、そこでの審査スケジュールを早急に確認した上で、M&A取引で想定されている各種のスケジュールとの整合性を確保する作業が不可欠になりつつある（後述第2節1(4)）。特に、各国の企業結合審査の手続やスケジュールは一様ではないため、確定的な契約締結のタイミングと、想定されている取引の実行日を、こうした世界各国の審査スケジュールと整合的なものとする必要がある。日本や韓国のように両当事者間で契約が締結されていなくても企業結合審査の開始に柔軟な国がある一方で、中国のように確定的な契約が締結されていなければ企業結合審査の申請を受け付けない、あるいは立件しないとする国も存在する。中国での審査が必要な場合、審査に要する期間を想定し、確定契約締結と取引の実行日との間に適切な期間を置いておく必要が生じ得る。また、確定契約の締結など一定の要件に該当する事象の生じた後の一定期間内に企業結合審査の届出を行わなくてはならないとする国も存在している。こうした国では、たとえ競争法上の問題が生じる可能性が乏しくても、求められた期限までに届出を行う必要が生じる。このように、大型のM&A取引では世界で複数の競争当局に届出を提出しなければならないところ、各国において企業結合審査を受けるスケジュールを取引のスケジュールと予め整合的に組み立てておかなければ、想定されている取引実行日までに競争当局のクリアランスが取れていないとい

う事態すらも発生しかねない。

　また、スケジュールの問題は、制度間の調整だけの問題ではない。近時、競争当局は相互に情報交換を積極的に行っているが、その中でもその判断が尊重されたり、基準とみなされている当局が存在している。各国当局は他の当局がどのような判断を行うかについて気を配るため、その判断がでるまで自らの判断を躊躇する傾向が近時急速に高まっているし、欧州委員会の審査結果はとりわけ注目を浴びがちである。その意味でも、世界各国の競争当局の中でどのような当局の審査を先行させるのかという点も重要な考慮要素となる。

　さらに、企業結合審査のための届出書の提出とその公開の問題もスケジュール調整上、重要な検討項目となる（後述第2節1(4)）。

(3)　両当事会社間における M&A 交渉の情報交換ルールの確立

　また、近年、急速に意識されるようになってきている問題として、M&A 当事者（とりわけ、競争関係にある M&A 当事者）間での情報交換や、M&A の完了を前提とした事前準備活動の問題がある。詳細は、後記第4節にて論じるとおりであるが、そもそも、M&A の当事会社は、取引実行日の翌日から、両当事会社が以前から一体の会社であったかのように事業を行う、いわゆる、垂直立ち上げを目指して、事前に当事会社間で事業に関する情報を交換し、あるいは、実際にも必要な投資を調整するなどの準備行為を実施することを強く希望するのが一般的である。しかしながら、両当事会社が競争事業者である場合には、その間での情報交換や一定の共同行為は、独禁法上、不当な取引制限（カルテル）として取締りの対象となり、また、競争当局への届出とクリアランスの取得が必要とされる統合案件においてクリアランス取得前にこのような行為を行うことは届出制度の潜脱となるため、独禁法に携わる弁護士は、当事会社の希望する情報交換行為や事前準備行為に対しては慎重な姿勢をとらざるを得ない。こうした問題は、日本では、従前、さほど問題視されていなかったところであるが、欧米で裁判で争われたり、欧州の競争当局が摘発の動きを示したことなどもあり、近年、実務において急速に関心を集めるに至っている。

(4) M&A 検討文書の確認（文書管理）

また、M&A の検討にあたって作成される各種の文書の確認・管理の問題も重要である。日本企業間の大型の M&A 案件の場合、米国や欧州においても企業結合審査の届出が必要となることが多く、場合によっては、30 日程度の簡易な審査では完了せず、詳細審査（二次審査）が必要となる例もある。例えば、パナソニックによる三洋電機の買収では、モトローラ社等の反対運動もあり、日本のみならず、欧米や中国などでも二次審査が行われた。このような段階に至ると、欧米の競争当局などは、様々な文書の提出を当事会社に求めることとなる。この点、米国の場合には、一次審査段階でも、企業結合審査に関する法律であるハート・スコット・ロディーノ法（HSR法）に基づき、当事会社およびそのグループ会社の役員により、またはそれらの役員のために、当該企業結合に関し、マーケット・シェア、競争状況、競合他社、市場、製品または地理的市場における成長の見通し、シナジーや効率性効果などについて評価・分析するために作成された各種の企業の内部文書（投資銀行などの外部のアドバイザーが作成するものを含む）の提出が、企業結合審査の届出の際に求められている。欧州委員会も、最近では、当事会社に対して、このような資料の提出を求める例が増えてきているし、日本でも公取委は同様の文書の提出を求めることが多くなっている。

一般的に、M&A 取引を斡旋仲介する財務アドバイザーや、企業内で M&A を推進する企画部門は、案件を積極的に進めようとするあまり、役員らに対する説明文書において、両当事会社間の M&A の期待される効果として、市場において主導的かつ圧倒的な地位を占めるとか、顧客との価格交渉力が強化されるなど、現実以上に誇張して M&A により達成されるであろう効果を記載しがちである。こうした書面が作成され、競争当局にその提出が後になって求められてから、その記載内容が誇張表現であったとか事実に反する記載であったなどという説明をしても説得力は乏しいであろう。こうした事態を回避するためには、競争当局に対しての提出が求められる可能性のある文書についての作成指針（誇張や願望を込めた記載を避け、客観的な事実記載に徹すること）をアドバイスすることも、競争法弁護士の重要な業務になりつつある。

(5) 広報戦略との調整

さらに最近では、企業の広報担当者あるいは PR 会社との間での調整をすることが求められる例が増えている。企業の広報担当者の一般的傾向として、M&A に関する合意を発表する場合に、M&A の効果を過大に表現しがちである。また、記者会見に臨む経営者も、M&A 案件が利害関係者や経済・市場にもたらす影響（競争促進的な効果も競争制限的な効果もある）を正確に理解せず、過去からの営業の延長線上で主観的な見解を表明する例もないではない。利害関係者に及ぼす影響を正確に把握するとともに、どのような視点で競争当局が案件を分析するのかを承知した上で、何を関係者に理解してもらうべく訴えるのかを事前に調整をしておくことは不可欠であろう。

上記のほかに、後述（第3節2）するとおり、競争法弁護士が果たしている役割には、提案されている M&A 案件に対して、利害関係者としてその内容に異議を述べて、案件の成立を阻止したり、当該案件の結果として被ることが想定される競争制限効果に伴う負の影響を最小化するための問題解消措置の導入を競争当局に求める活動もある[1]。

3 審査にあたってのその他の考慮事項

企業結合審査に臨むにあたって、当事会社として、その他の検討項目には以下のようなものがある。

(1) 一定の取引分野での並行する複数の M&A の企業結合審査

同一の一定の取引分野で事業を営む企業は、一般に、同様の事業環境に置

---

[1] 本書では詳述はしないが、海外企業間の M&A 案件について、積極的に反対活動を展開し、統合を阻止した例として、公正取引委員会「平成 22 年度における主要な企業結合事例」事例1（以下「平成○年度事例○」という）：ビーエイチピー・ビリトン・ピーエルシー及びビーエイチピー・ビリトン・リミテッド並びにリオ・ティント・ピーエルシー及びリオ・ティント・リミテッドによる鉄鉱石の生産ジョイントベンチャーの設立。また、川合弘造「域外企業の企業結合に対する日本の独占禁止法の適用——BHP Billiton - Rio Tinto 事件を題材として」NBL905 号（2009）47 頁を参照。

かれており、また共通の問題を抱えていることもある。こうした問題の対処方法として、M&Aに同時期に取り組むことも多い。

　こうした案件では、並行する案件について届出の先後で優先順位をつけて、先行して届出がなされた案件については、後続するM&A案件が存在しないとして審査するのか（Priority Rule）、複数の届出について同時に双方共が存在するものとして審査をするのか（Combined Approach）により、市場の競争状況の評価が全く異なることもあり得る。Combined Approachでは、複数の企業結合計画があったとしても、市場への競争制限効果の評価はただ一つとなる。一方、Priority Ruleは、先に届出がなされた企業結合計画の審査においては、後で届出がなされた企業結合計画はないものとしてその審査を行い、後に届出がなされた企業結合計画については、先に届出がなされた企業結合計画の実行を前提としてその審査を行うことから、2つの異なった評価を行うことになり、一般に先に届出を行った方が、競争制限効果の評価が有利なものになるといわれる[2]。

　こうした同一業界内で複数のM&Aが並行する場合の企業結合審査のあり方の問題は、かつて、HDD（ハードディスク）分野での事業統合が進められた際に、とりわけ問題になって以来、実務家の関心を集めている。同案件については、世界的に、5社しか事業者が存在しなかったところ、①Western Digital社が旧日立系のViviti Technologies Limitedの株式取得を目指し、ほぼ同時並行的に、②Seagate社がSamsung Electronics社のHDD事業の譲受けを目指したところ、各国毎に両案件の届出順も異なるなど錯綜した状況を示した。

　欧州委員会では、①について、2011年4月20日に届出書が提出されている一方で、②についてその1日前の2011年4月19日に届出書が提出されている。この僅か1日の差をもとに、欧州委員会がPriority Ruleを採択したため（すなわち、翌日に届出がなされた①について考慮せずに②の審査をするとの方針が明らかにされたこともあり[3]）、1日届出が遅れたWestern Digital社は問

---

[2]　以上の分類と解説については、若井大輔ほか「出光興産株式会社による昭和シェル石油株式会社の株式取得及びJXホールディングス株式会社による東燃ゼネラル石油株式会社の株式取得に関する審査結果について」公正取引797号（2017）57頁注2を参照。

[3]　http://europa.eu/rapid/press-release_IP-11-660_en.htm

題解消措置をとることを条件としてしかクリアランスを受けることができないこととなった。しかし、その他の国では、Combined Approach をとった。例えばわが国では、①について 2011 年 6 月 10 日に、②については同年 5 月 19 日に一次審査の届出が行われたところ、同時並行して審理が行われ、ほぼ同時期に、Western Digital 社が申し出た問題解消措置を条件として、両案件共に排除措置命令を行わない旨の通知が出されている。もっとも、結局のところ、日本でも、欧州委員会で求められた問題解消措置と同様のものをWestern Digital 社のみがとることとされており、並行審査だからといって、Seagate 社は問題解消措置をとることまで求められたわけではない。他方で、中国当局は、両案件共に問題解消措置をとることを求めており（Western Digital については欧州委員会が求めた以上の追加措置）、明らかに並行審査を行ったものと思われる。

　同様の問題は、日本でも、石油元売業界の出光＝昭和シェル経営統合とJX＝東燃経営統合が並行して審査された案件でも見られる[4]。石油元売業界案件では、最終的に、両案件共に類似の問題解消措置をとることが求められており、出光＝昭和シェル経営統合案件が事前相談段階では数か月間先行していたにもかかわらず、1 次審査のための届出書提出段階で 2 か月半、2 次審査に際しての報告等要請に対する「全ての報告等の受理」が終了した日に至っては 1 日逆転している。このように事実上、審査期間が大幅に重複したために並行審査となったのか、公取委が並行審査をするとしたために、審査の最終段階で日程がそろったのかは、公取委の公表文からは明らかではないが、おそらく後者であろう。

　とはいうものの、僅かでも審査期間が重複すれば並行審査が行われるべきとするのは、先行する統合案件に制約を加えたいと考える競争事業者に他社との統合を公表するだけで容易に妨害行為を行う余地を与えかねないため、不適切である。おそらく、審査期間が大幅に重複するような事案であり、実際にも審査が重複して行われたような事態であることが並行審査（Combined Approach）の条件になるであろう。

　いずれにせよ、企業結合審査が継続している中で、同一の取引分野における後発案件が審査にかかることとなった場合には、審査プロセス全体のコン

---

[4]　http://www.jftc.go.jp/houdou/pressrelease/h28/dec/161219.html

トロールも容易でなくなるとともに、企業結合を計画どおり実行できるかどうかについての不確実性も高まることとなる。その意味でも、案件公表後に企業結合審査をすみやかに終えるためのプランニングは極めて重要となる。

逆に、同業種間でのM&Aを検討している過程で、同一業界における先行企業結合案件が公表された場合には、並行審査を受けることができるかどうかが案件の帰趨を大きく左右することとなることに留意した上で、必要に応じてM&Aの合意プロセスを加速させることも必要となろう。

(2) 関係省庁の関与

企業結合審査に臨むにあたり、検討する項目として、官公庁によって各種の規制が課せられている規制業種の統合において顕著であるが、業所管官庁に公取委への働きかけ等をどこまで期待するのか、さらに、外国競争当局での審査にあたり、現地の日本大使館等を通じた外交チャネルでどこまで働きかけが可能かという問題がある。

海外当局への働きかけについてであるが、とりわけ大手企業が倒産し、雇用確保その他の目的でスポンサーとなる企業とのM&Aを迅速に進める必要がある場合など、各国政府にとって大きな利害関係がある事案では、外交チャネルを通じた働きかけが行われることもある。こうした特殊な事情の場合には、各国競争当局としても、迅速な審査の必要性を感じて対応をすることがあろうかと思われる。

他方で、国内の業所管官庁を通じた公取委への働きかけについては、全く無意味とはいえないものの制約があることも多い。とりわけ、業所管官庁の各種政策に従って業界再編のためのM&Aを目指したとしても、公取委の審査基準は競争政策であり、明確に業法上、公取委の企業結合審査について定める規定があるような場合や、業績の急激な悪化や市場環境の急激な変化により対象となる企業の存続が危ぶまれるような事案を除くと、国内官庁の介入は逆に問題を複雑化する場合もあり得る。とはいうものの、過去の一部の例では、明らかに他省庁の介入があったと推測可能な案件もある（例えば、平成13年度事例10：日本航空㈱及び㈱日本エアシステムの持株会社の設立による事業統合）。

また、平成23年改正旧産業活力再生特別措置法は、国会での議員提案で修正を受けて成立しているが、そこでは、主務大臣が同法に基づき支援措置

の対象となる計画を認定しようとする際に、同法13条1項の規定に基づいて公取委に意見を述べることができるとしていた。公取委は、こうした意見に対する対応方針について別途公表しているが[5]、その運用は積極的なものとはいい難く、実態としては、公取委に対して当事会社が行っている説明と同様の説明を主務官庁に繰り返して行うという負担を当事会社が負っているだけの結果になる場合もあった。

また、規制業種の典型である金融機関、とりわけ人口減少等による市場の収縮に直面している地方金融機関の統合について、近時、競争当局である公取委と業所管官庁である金融庁との間での意見の相違が目立つようになっている。金融庁は、とりわけ難航する長崎県における地方銀行の統合問題を契機として、2018年4月11日に「金融仲介の改善に向けた検討会議」と題する有識者会議の作成した「地域金融の課題と競争のあり方」と題する書面を公表し[6]、「人口減少下における地域のインフラ確保や、経済産業構造の変化に適切に応える」必要があるとして、公取委による企業結合審査に対する姿勢に挑戦するかのような姿勢を示している。ただ、こうした公取委以外の規制官庁による企業結合審査への介入は、競争政策以外の見地からの分析や競争政策上必要とされる問題解消措置以上の追加措置が必要になる可能性があり、事案の複雑化や審査の長期化を招く可能性もあることに注意を要する。

4 国家ファンド問題

事業者間の有効な競争環境の維持は競争法の主要な目的であるが、経営の失敗や、他事業者との競争そのほかの理由で、有力な事業者が経営危機に直面したような場合、公的資金を投入してその再建を促すことも、雇用の確保・地方経済の安定・産業技術の確保という面で極めて重要な場合も多い。

他方で、本来であれば自由競争で生き残れなかった企業に公的な補助を与えることで、市場に存続させることを許すとすれば、効率的な既存の事業者または新規参入事業者への需要の移転や人的・物的な資源の適正な配分が妨

---

[5] http://www.jftc.go.jp/dk/kiketsu/guideline/guideline/oshirase/071015.html
http://www.jftc.go.jp/dk/kiketsu/guideline/guideline/oshirase/071015.files/sangyo-gl.pdf

[6] https://www.fsa.go.jp/singi/kinyuchukai/kyousou/20180411/01.pdf

げられたり、その他の競争事業者を不利益に取り扱うことにもなりかねないし、その結果、公正な市場での競争を歪曲させる可能性もある。特に、非効率的な被支援事業者が、公的再生支援を梃子に効率的な事業者に対して競争上優位に立つ場合には、非効率的な事業者への需要の移転や資源の配分が過大になるとされる[7]。

　欧州では、欧州連合加盟国間で公的支援を行うことが、自由競争を阻害する可能性があるとして、国家補助（state aid）について競争当局が介入をする例が多い。また、WTO の補助金協定も、国家による輸出補助金や国内産品優遇補助金のみならず、各種の補助金が自由貿易体制に及ぼす悪影響を懸念して一定の制約を加えている。

　わが国では、この問題についてあまり検討されてこなかったが、2016 年 3 月 31 日、公取委は、「公的再生支援に関する競争政策上の考え方」を発表し、今後、公的再生支援機関が公的再生支援を行うにあたって、この「考え方に十分留意し、必要に応じ規制当局とも連携しながら、あらかじめ競争への影響を検討・評価した上で公的再生支援の内容を決定することにより、公的再生支援のもたらす競争への影響が最小化されることを期待する」としている[8]。

　こうした公的再生支援機関には各種のものがあるが、とりわけ、公取委の発表する資料を見ると、官民ファンドというものに意識が向けられているようであり、その例には、産業革新機構などが挙げられる。

　近年こうした官民ファンドによる日本国内の事業再編が進められている例も見られるが、ここで示された考え方は、海外企業との競争で困難に陥っている企業の事業再編型の企業結合審査の場面において、特に、考慮されることになろう。

　公取委のこの「考え方」の内容は、相当程度、欧州委員会の国家補助に関する規定を参考にしているようにも思われるが、企業結合審査において「競争に与える影響を最小化するため」の対応が充分とられているかについて、丁寧に審査が行われることが想定される。そこでは、こうした公的再生支援が、支援の規模・期間・回数や手法が競争政策の見地から吟味されるほか、

---

[7]　http://www.jftc.go.jp/houdou/pressrelease/h28/mar/160331_files/02.pdf
[8]　http://www.jftc.go.jp/houdou/pressrelease/h28/mar/160331.html

支援開始後の経営状況を開示するなどの事後的なモニタリングが必要になる可能性があろう。

5 審査期間の短縮とパーキング問題

　昨今のM&A取引は、多くの場合、複数国での競争当局による企業結合審査を必要とする場合が多く、その審査に要する時間も長短様々であるほか、水平的な競争関係がある事業者による統合の場合、どうしても時間がかかりがちである。

　他方で、企業買収や合併については、年度末の決算対策その他の目的で行われることも多いし、M&A交渉が長引いた結果、企業結合審査手続の開始が遅れるなどするとM&A取引の対象となる企業価値（取引実行時点）と従前合意していた価格との乖離が生じてしまい、そのままでは取引が不可能になる場合もある。M&A取引では、クロージング日の目標が予め設定されることが多いが、他方で、契約交渉が長引くなどの理由で、契約合意日とクロージング予定日までに残された期間が短くなってしまい、その間で企業結合審査が完了しないという事態が生じ得る。

　こうした場合に備えて、各国の競争当局とも、審査期間の短縮制度を設けていることが多いし、日本の独禁法の場合でも10条8項但書で、公正取引委員会が審査期間を短縮することができるとしている。同様に企業結合ガイドラインでも、どのような場合に期間短縮ができるか定めがなされている。

　しかし、現実には、昨今の経済のグローバル化や企業結合審査法制を採用する国々が増加するにつれて、同時に多数国に届出が必要になる場合が多いが、こうした各国全てから期間短縮を得ることは極めて困難である。

　他方で、M&Aの当事会社は、あからさまに企業結合審査を回避することは、届出義務違反として制裁を受けるためこれができないし、場合によっては排除措置を命じられたり、企業結合を当該国では法的に無効と解釈されるような事態になりかねないため、審査そのものを回避することもできない。

　このため、当事会社やファイナンシャルアドバイザーは、M&Aの対象会社を一時的に、形式的に届出義務がない第三者の支配下に移し、その後に、改めて時間をとって企業結合審査を受けて、M&Aを完結しようとする試みがなされることがある。

欧州や米国では、こうした第三者を介した企業結合審査については「Parking」問題あるいは「Warehousing」問題として取り扱っており、欧州委員会などでは、中間的な取得者ではなく、当初から最終的な取得者を取得者とする企業結合審査の届出がなされるべきであるとしている[9]。

いずれにしても、M&A 契約の妥結からクロージングまでの期間を、その間で各国の企業結合審査を完了させるべく充分に確保しておくことが、最も重要であり、他方で、これが難しい場合に、第三者に株式を一時的に所有させるというようなアレンジは、全ての競争当局によって受け入れられているわけではないため、その採用は極めて慎重であるべきであろう。

6 少数出資の場合の取扱い

取得割合が過半数に満たない株式取得に関する企業結合審査における取扱いは法域によって異なるが、欧州委員会や中国のように「支配権（control）」の取得が届出要件とされている法域では、少数出資の場合でも「支配権（control）」の取得があったとみなされ、過半数取得と同様に競争に与える影響について審査がなされる（各法域における「支配権」の認定基準の詳細については後述第 2 節 3）。

これに対して、わが国では実質的な支配権の取得とは直接関連せず、議決権保有比率が 20％超となる取引については、売上基準を満たせば、形式的に届出が必要とされている。その上で、実体的な競争審査にあたっても、企業結合集団による議決権保有比率が 20％超かつ単独第 1 位である場合には、原則として企業結合関係が認められることとされている（企業結合ガイドライン第 1 の 1(1)ア(イ)）[10]。

ひとたび、企業結合関係が認められれば、議決権保有比率が過半数となる場合と同様に競争上の影響が分析されるのが原則であるが、個別具体的ケー

---

[9] para. 198 of COMMISSION STAFF WORKING DOCUMENT Accompanying the document, WHITE PAPER, Towards more effective EU merger control, SWD (2014) 221 final.

[10] それ以外の場合でも、議決権保有比率の程度や順位、当事会社間の既存の関係等を総合的に考慮して企業結合関係が認められる場合はある（企業結合ガイドライン第 1 の 1(1)イ）。

スにおいて、少数出資先との結合関係や少数出資先との競合状況の評価については、役員兼任関係や取引関係および現実の競合状況等の諸要素を総合的に勘案して、実質的競争制限の判断においては結合関係の程度に応じた評価がなされることもある[11]（第3節1⑴(ii)参照）。

第2節
日本および諸外国における企業結合審査制度

1 届出制度の概論

⑴ 届出制度の趣旨

企業結合は、経営の効率化や規模の経済性を達成するなど社会的に望ましい効果や目的を有する場合もある。しかし、同時に、企業結合は、経済力の過度の集中や競争単位の減少など、市場構造を競争制限的なものに変化させてしまう場合があるため、そのような市場構造発生を阻止するために規制が行われている。さらに、一旦競争制限的な市場構造が成立すると、事後的にこれを排除することは難しい。

このような背景から、競争制限的な効果をもたらす可能性が高い一定規模以上の会社・事業間で行われる企業結合については、一律に事前届出義務を課し、事前に競争当局で競争法上問題がないかどうかを検討し、問題ないとの判断を経た上で実行させる仕組みがとられている。よって必ずしも実質的に関連市場における競争状況に影響を与えることがない企業結合であっても、一定の基準を満たせば、事前の届出が求められる。

⑵ 届出制度の分類

企業結合に関する届出制度は、日本だけでなく、多くの国において設けら

---

[11] 田辺治「企業結合審査における『結合関係』概念」商事1991号（2013）4頁。

れている。それぞれの国の法律や制度によって、届出制度は様々であるが、大きく分けて、以下のような分類をすることができる。

まず、企業結合に関する届出が法律上義務とされ、届出を懈怠することについて罰則等が設けられている義務的な制度になっているか、義務ではなく当事会社が自らの判断で行えばよい任意の届出制度か、という分類がある。世界の多くの国では義務的な制度が採用されているが、一部の国、とりわけ旧イギリス系の国では、任意的な制度が採用されていることも多い。任意的な制度の場合に、届出を行う意味は、上記のとおり、企業結合審査は、競争法上問題がないかどうかの事前確認という意味を持つところ、任意で届出を行っておけば、事後的に当該企業結合が当局に問題とされ、その効力について争われるような命令が出されるという事態を防止することができるという点にある。

さらに、事前審査と事後審査という分類もある。事前審査は、企業結合の実行（クロージング）前に、届出を行い、当局の認可（クリアランス）を得る必要がある制度であり、事後審査は、企業結合が実行（クロージング）された後に、届出を行い、当局の認可を得ればよいという制度である。当然、事前審査の方が企業に対する影響力は強く、現在、ほとんどの国では事前審査が採用されている[12]。現在、事後審査制度が採用されている国としては、例えばインドネシア（ただし、外国企業間の結合）・アルゼンチン（ただし、実行後7日以内）があるが、近く事前審査制度に移行するといわれている。

また、届出の必要な企業結合を特定する基準として、当該国における当事会社の売上高や資産が一定以上であることを要件とするか、当事会社の関連市場における合算・単独のシェアが一定以上であることを要件とするか、という分類もある。企業結合審査の目的は、当該企業結合が当該国の関連市場における競争を制限するおそれがあるかどうかを確認するというものであり、その意味では、後者のシェア基準をとることにも合理性があるが、一方で、シェアの算定は、関連市場の範囲をどのように画定するのか、シェアの根拠となる情報があるのか等、一律には決め難い面がある。そのため、多くの国では、客観的に定まる売上高や資産等の基準によって、当該企業結合とその

---

[12] 平成21年独禁法改正までは、日本では、株式取得については、事後審査制度が採用されていた。

国との結びつきの強さを一律にスクリーニングした上で、一定以上の結びつきがあると考えられる企業結合について届出を求め、届出された情報に基づいた審査によって、実質的な競争制限のおそれを判断するという仕組みをとっている。このように、シェアは必ずしも一律に決まるものではないことから、シェア基準をとる国と、上記の任意的な届出制度をとる国とは、ある程度重なっている。

(3) 届出における実務的留意点

届出における実務的留意点としては、当該企業結合に関与する当事会社のうち、届出を行う義務を負う者は誰か、という点がある。一般的には、対象となる会社の株式等を取得する側が届出を行う義務を負う場合が多い。ただし、一部の国では、対象となる会社、ないしその究極の親会社である会社が、売主としての立場で届出義務を負うこともある（米国、フィリピン等）。また、特に届出義務を負う者を定めず、当該企業結合に関与する当事会社が全体として届出義務を負うという形式になっている国もある。

また、届出にあたって、当局に届出費用（filing fee）を納める義務がある国と、そうした届出費用が不要の国がある。日本では届出に関する費用は一切求められず、費用が求められるとしても少額に留まる国も多いが、例えば米国では、相当額の届出費用が必要となるため、事前の準備も必要である。

さらに、実務的に重要なのは、届出に必要な情報の程度である。国により届出に際して提出を求められる情報は様々ではあるが、一般的に、当該取引に関する情報（取引の趣旨、方法、対価の規模等）、会社に関する一般情報（corporate information、例えば会社の所在地や売上高、扱う製品・サービスの概要、子会社の名称や出資比率等）と、市場に関する情報（market information、当該取引により影響を受け得る関連市場における当事会社・競争事業者のシェア、関連市場における当事会社の顧客や、当事会社への供給事業者など）が求められることが多い。多くの国では、後述する一次審査の段階では、一定の範囲の情報を求め、さらに詳細な審査が必要と判断した場合には二次審査に進み、より詳細な情報を求めるという仕組みをとっている。一次審査の段階においても、例えば欧州委員会や中国では、通常の届出様式とは別に、簡易審査の届出様式を設けており、一定の基準に該当する、あるいは当局が適切と判断した場合には、求める情報が少ない簡易審査の様式で足りるものとしている。

また、M&Aを計画する際に留意すべき点として、企業結合審査の届出に際して、届出の有無が当局により公表されるか、また審査の内容についてもどの程度公表されるかということがある。この点は、国により様々であるが、基本的に正式な届出をしたものは公表される国（欧州委員会等）、簡易審査ないし早期の認可を希望する場合は公表される国（米国、中国など）、二次審査に進まない限り、届出の有無について公表されないし、外部からの届出の有無に関する問い合わせにも一切回答をしない国[13]がある。欧州委員会やドイツの競争当局では、企業結合審査のための届出がなされると、届出の事実が当事会社名とともに競争当局のウェブサイト等で公示され、企業結合に利害関係を有する当事者は、競争当局に意見を述べたり、資料を提出することが認められている。

　最後に、M&Aの計画において、頻繁に問題となる点として、ジョイント・ベンチャー（合弁会社）の取扱いがある。合弁会社の設立の場合、例えば、新規に設立される合弁会社に売上高がなく、かつ当該合弁会社が日本で設立され、当該国における事業や当該国所在の事業者との間での取引が予定されていない場合であっても、当該合弁会社を共同して支配することになる合弁当事者について、それぞれ、当該国における売上高等が届出要件の閾値を超える場合には、当該国の競争法に基づく事前の届出が必要となる場合がある。その趣旨は、当該合弁会社が当該国での事業を予定していない場合であっても、当該合弁会社を通じて、これを共同して支配する合弁当事者間において一定の情報の共有等の結合関係が生じる可能性があるため、競争法上問題がないかどうかを審査する必要があるというものである。具体的には、中国、韓国、欧州委員会、欧州域内各国やトルコ等がそのような制度を採用している。

(4) スケジューリングとタイムテーブル

　第1節2(2)でも検討したが、M&Aのスケジューリングにおいて、企業結合審査のタイムテーブルがどのようになるのかは重要なポイントである。多数の国において企業結合審査を行う場合、届出を行った国のうち1つでも認

---

[13] 日本は従前この類型であったが、2017年11月から、四半期毎に届出に関する情報を公表することとしている。

可を得られていない状態では、取引の実行（クロージング）は原則としてできないため、M&Aのスケジューリングにおいて、いつから届出の準備を開始するか、複数の国におけるスケジュール管理をどのように行うかを適切にプランニングすることが必要になる。

この観点では、まず、届出が可能な時期、あるいは届出を行うべき時期を確認する必要がある。企業結合審査のための届出時期について、インドのように、契約の締結または取締役会での承認から30日以内と定められている国もある一方で、日本のように届出時期に関する定めがない国もある。また、届出に際して、取引実行に関し一定の確度を求めるために、確定契約が締結されていないと届出を受理しない国（中国等）もあれば、日本のように特にそのような定めがない国もある。国・地域によっては、届出書を提出すれば直ちに正式審査が開始されるわけではなく、届出書が正式受理されるまでに審査が必要とされる場合（中国、台湾、フィリピン等）や、届出書の形式チェックのための事前相談が必要とされる場合（欧州委員会、日本等）もある。なお、一度得た認可の有効期限が定められている国（例えば米国では、認可の有効期限は1年とされている）もある。

企業結合審査に要する期間については、各国・地域においてそれぞれ法定審査期間が定められている。具体的な期間は国・地域によって異なるが、日本と同様に、実質的な問題がないか、あるいは小さいと考えられる案件については比較的短い一次審査期間（フェーズⅠ、30日が多い）で審査を完了し、より詳細な審査が必要な案件については二次審査（フェーズⅡ、60日あるいは90日という場合が多い）に移行するという2段階の審査期間をとっている国・地域が多い。ただし、中国のように、3段階の審査期間が設けられている場合もあり、また、インドのように、二次審査期間が180日間と長期に設定されている場合もある。さらに、当局から質問がなされた時点で審査期間の進行が止まり、全ての質問に回答してはじめて審査期間の進行が開始ないし再開される制度をとっている国・地域（台湾等）も存在するため、法定の審査期間のとおりに進むとは限らないことに注意が必要である。

とりわけ、二次審査に移行した場合には、法定の審査期間は定められているものの、一般的には、その起算点は、当事会社が当局からの情報提供要請への回答を完了した時とされていることが多い。二次審査に移行する案件は、競争に与える実質的な問題点について慎重な検討を要する場合が多く、その

ために当局は当事会社に対して膨大な情報提供を求めるのが通常であり、時間がかかることが多い。よって、二次審査の場合には、法定の審査期間はあまり実効的な意味を持たず、スケジュールのコントロールの観点では、当局からの情報提供要請にどれほど迅速かつ充実した内容で対応できるかが鍵となる。

一方で、競争に与える実質的な影響という観点で特に問題のない案件については、審査期間の短縮が認められる場合もある。特に、株式の公開買付け（TOB）を利用する場合には、TOBの制度上、一定期間内の取引実行（クロージング）が求められることから、審査期間の短縮が必要となる場合も多い。この場合は、当局に対し、必要性を説明した上で、審査期間の短縮を申請することになる（日本等）。

法定審査期間について、一定期間が経過すれば取引を実行できるという意味での待機期間であるのか、あるいは、当局の明示的な認可がないと取引が実行できないため、そのための審査に要する期間という位置付けであるのかという点も、スケジューリング上、問題となることがある。多くの場合は後者であり、法定審査期間内に明示的な認可の通知があることが多い。

(5) 事後対応

義務的な届出制度をとっている国において、届出をすべきであった企業結合について、届出を行わなかった場合には、どのような結果となるか。

国によって様々ではあるが、多くの場合、届出義務を怠った場合には、手続的な違反として罰則を設け、罰金を科す等して、制度の実効性を担保している。日本の例を挙げれば、届出対象となっている企業結合につき、届出を怠った場合、また、虚偽の記載をした届出書を提出した場合は、200万円以下の罰金が科される可能性がある[14]。

この点が、近年、厳格に運用されている国としては中国がある。中国では、届出が必要であるにもかかわらず、事前届出を行わなかった場合は、法的制裁として、企業結合の実行禁止命令、一定期間内における株式等の譲渡等、結合前の状態に回復するために必要な措置をとることの命令、50万人民元以下の過料が課せられる可能性がある。さらに、中国の競争当局は、届出の

---

14) 独禁91条の2第3号・5号・7号・9号・11号。

懈怠については、厳しい態度で臨むことを明確にしており、一定の証拠により嫌疑ありと判断される取引については必ず調査を開始し、調査の結果、処罰の決定をしたときは、当該企業に通知すると同時に、社会一般に対して公表することができるとしている。実務的には、企業結合の実行禁止命令や排除措置命令を出すことは実際上は困難であるが、50万人民元以下の過料およびその公表については珍しいことではなく、多くの事例において実施されている。

また、米国においても、必要な届出を行わずに取引を実行した場合には、ガン・ジャンピング規制として、取引の実効性とは別途、手続違反に対し、1日当たり4万ドル[15]という高額の罰金を科すことが可能な制度となっている。

手続的な違反とは別途、届出をすべきであった企業結合について、届出を行わなかった場合には、当該企業結合の効力そのものについてどのような影響があるか。

日本では、公取委に対し事前に行われるべき届出が行われず、あるいは、届出後必要とされる待機期間の満了を待たずにクロージングがなされた場合には、独禁法上の届出義務違反は成立するものの、当該取引が、競争を実質的に制限することとなる場合にのみ、公取委が排除措置命令（独禁17条の2）を発することができる（場合により、取引の実行を拒むために、取引の実行前に裁判所に対して緊急停止命令を求めることができる）とする構成がとられている。取引実行後に公取委が当該取引は競争を実質的に制限することとなる旨の判断をした場合には、当該取引について、その効果を排除するものとして公取委が定める措置をとるよう事後的に命じられる可能性があるが、当該取引の私法上の効力まで無効とされるわけではないと解される[16]。また、効果の排除のための措置としては、当該取引を取り消すことが求められるわけではなく、例えば、株式取得の場合には、競争法上の懸念のない第三者へ当該株式を売却することであってもよいと考えられる。

他方、日本以外の法域においては、企業結合審査のための事前届出が必要

---

15) 2016年8月1日以降。それまでは1日当たり1万6000ドルであった。
16) ただし、届出義務の対象となる合併、共同新設分割または吸収分割、および共同株式移転について、届出をせず、または届出後30日間の待機期間内に実行された場合は、公取委による合併等の無効の訴えの対象となる。

とされる取引について、事前に行われるべき届出が行われず、あるいは、競争当局によるクリアランスを得ることなくクロージングがなされた場合に、その法的構成はともかくとして、当該法域においては当該取引は私法上も無効であると解される可能性も理論的には否定できない法域も存在すると思われる[17]。

しかしながら、競争当局が取引の実行後に当該取引の取消しを命じたり、当該取引が私法上無効であるとの判断を下すためには、当該取引の競争制限効果が相当程度高い等の事情が必要であると考えられる。

実務上、各国競争当局に対する企業結合に係る届出を行うことを免れたり、当該国の競争法上必要とされるクリアランスを事前に得ることなく議決権または支配権を取得した場合に、罰金・制裁金が課された実例は、米国、中国、欧州およびブラジルにおいて、相当数存在している。また、競争上の実質的問題が存在している場合については、例えば米国において、裁判所の判断で、既に実行された企業結合の取消しが命じられた事例もある。日本では、独禁法上、届出義務違反に対する制裁として罰則が規定されているにもかかわらず、これまでの先例では、届出義務の存在に反して届出が行われないまま取引が実行された場合であっても、実務上、公取委による注意が行われたり[18]、事実上、始末書の提出を求められたりすることはあるものの、実際に刑事制裁を受けた例はない。

2 日本の届出制度[19]

(1) 届出の手続

(i) 概 要

日本では、一定以上の規模を満たす①株式取得、②合併、③共同新設分割または吸収分割、④共同株式移転、⑤事業の譲受け等については、企業結合

---

17) 中国では、当局は、届出義務に違反した企業結合に対し、企業結合の実行禁止命令、一定期間内における株式等の譲渡等、結合前の状態に回復するために必要な措置をとることの命令を出すことができるとされている。
18) キヤノン株式会社による東芝メディカルシステムズ株式会社の株式取得について（公取委平成28年6月30日）。

を実行する前に、公取委に対し、所定の様式による届出を行わなければならないとされている。事前届出を受けて行われる第1次審査の期間は、原則として届出受理から30日間であり、公取委が届出に係る企業結合につき、独禁法上問題ないと判断した場合は、排除措置命令を行わない旨の通知[20]（いわゆる「9条通知」）がなされる。届出要件を満たす企業結合については、届出受理の日から原則として30日を経過するまでの期間は実行することができないため、実行予定日の少なくとも30日前には公取委に届出を行う必要がある。

上記のとおり、上記30日の第1次審査期間は、日本においては待機期間であると解されるが、実務上は9条通知を待つのが通常である。

一方、公取委がより詳細な審査を要するため第2次審査に進むと判断した場合は、第1次審査期間中に「報告等の要請」（第2次審査に必要な追加資料の請求）が行われ、これにより第2次審査が開始される。第2次審査の開始と同時に、当該案件は公取委のウェブサイトに掲示され、第三者からの意見の提出を受け付ける。第2次審査の期間は、最大で、①届出受理の日から120日を経過した日と②全ての報告等を当事会社から公取委が受理した日から90日を経過した日とのいずれか遅い日までとされているが、実務上は、上記②となることが多い。公取委は、当該期間内に、届出に係る企業結合が独禁法上問題かどうかを判断し、問題ないと判断すれば、排除措置命令を行わない旨の通知を、問題ありと判断すれば排除措置命令前の通知（「事前通知」）を行う。

(ii) 届出前相談

届出を予定する当事会社（以下「届出予定会社」という）は、届出を行う前に公取委に対して相談し、届出書の記載方法等について相談することができる[21]。この届出前相談は、あくまでも当事会社が必要に応じて任意に行うも

---

19) 本2の内容については、村上政博編集代表『条解独占禁止法』（弘文堂、2014）第7章を参照している。
20) 私的独占の禁止及び公正取引の確保に関する法律第9条から第16条までの規定による認可の申請、報告及び届出等に関する規則（以下「届出規則」という）9条に基づき届出者に交付される通知をいう。
21) 企業結合審査の手続に関する対応方針（以下「手続対応方針」という）2。

ので、行うか否か、また行う場合の開始時期および終了時期や相談の内容等は、いずれも当事会社の裁量に委ねられており、届出前相談を行わなかったからといって届出後の審査において不利益に取り扱われることはない。

もっとも、届出書を提出しても記載に不備があれば受理されないので、希望する届出日に確実に受理されるために、担当官による届出書の記載内容に不備がないかどうかの事前確認（ドラフトチェック）を行うことが通常である。このドラフトチェックは、実質的な内容ではなく、形式上、届出書の記載事項に不足がないかという観点で行われ、数日から1週間程度で行われることが多い。

届出前相談において、公取委の企業結合審査における考え方を確認することも可能である。例えば、届出書には届出会社等の国内の市場における地位を記載する項目があるが、当事会社がその記載について公取委に相談する場合、公取委は、企業結合ガイドラインおよび過去の事案で示した考え方に照らし、その時点での情報に基づき可能な範囲で一定の取引分野に関する考え方を説明することとされている[22]。また、当事会社は、届出前相談に対する適切な説明を得るために必要と思われる資料を公取委に提出することができる。届出書の様式により必要とされる情報は限定的なものであるため、事案によっては、届出前相談の段階で、届出予定会社から公取委に対し審査に必要と思われる情報・資料や届出予定会社の見解の提出がなされる。複雑な事案の場合、このような実質面にわたる届出前相談が数か月にわたって行われることもある。

独禁法上、届出を提出するタイミングについて、企業結合に係る取引の契約締結や社内決定といった要件は特に課されておらず、届出書の記載事項や添付資料についても、未定部分については追完を認める等、実務上は柔軟な取扱いがなされている。したがって、取引実行から30日以上前である必要がある点を除けば、届出のタイミングは届出予定会社の裁量に委ねられている。

(iii) 第1次審査

第1次審査は届出受理から開始され、期間は30日間（起算日は受理日の翌

---

[22] 手続対応方針2。

日）である。この 30 日間は、届出会社は企業結合を実行することができないが、下記に述べるとおり、一定の場合は期間の短縮が認められる。第 1 次審査において、公取委は、届出に係る企業結合につき、①独禁法上問題がないか、それとも、②より詳細な審査が必要であるか（第 2 次審査に進む必要があるか）を判断する。第 1 次審査で終了した事案のうち、他の会社等の参考となるものは、審査終了後に、審査結果が公表される場合がある（手続対応方針 5(2)）。その場合、公取委は、届出会社に公表案を事前に送付し、事業者の秘密情報が含まれていないことを確認している。

公取委は、より詳細な審査のため第 2 次審査に進む必要があると判断した場合、第 1 次審査期間中に「報告等の要請」を行い、そこから第 2 次審査が開始される。第 2 次審査に進む事案は、届出された企業結合のうちごく一部に限られる[23]。

(iv) 第 2 次審査
(a) 報告等の要請

「報告等の要請」とは、第 2 次審査に必要な追加資料の請求であり、第 1 次審査期間中に行われ、これをもって公取委による第 2 次審査が開始される。公取委が報告等の要請を行うと、公取委が事前通知をすることのできる期間は、①届出受理の日から 120 日間を経過した日と、②全ての報告等（報告等の要請に対する回答）を受理した日から 90 日を経過した日との、いずれか遅い日までの期間に延長される。

報告等の要請は、法令上の回数制限はないものの、通常 1 回であるため、公取委は報告等の要請で第 2 次審査に必要な資料を網羅的に請求することになる。

公取委が届出会社から報告等の要請に対する全ての報告等を受理した場合には、公取委は届出会社に対し、報告等受理書を交付し[24]、第 2 次審査期間の期限を画する「90 日間」の審査期間が開始される。

---

23) 過去には、数年にわたり第 2 次審査案件が存在しない時期もあった。手続対応方針が公表された 2011 年以降は、年に数件程度の割合で推移している。なお、公取委に提出された企業結合に関する届出の全体数は、平成 29 年度において 306 件である。
24) 届出規則 8 条 2 項。

(b) 公表・第三者からの意見聴取

　公取委が第2次審査を開始する際は、公取委のウェブサイトに公表されるほか（手続対応方針6(1)）、対象事案について第三者からの意見（パブリックコメント）募集がなされる。パブリックコメントの募集期間は報告等要請の公表後30日以内とされているが（手続対応方針6(2)）、必要に応じてより早い段階でなされる例もある。

　また、公取委は、当事会社の競争者や需要者に対し、ヒアリングやアンケート調査を行っており、競争者の競争余力や需要者からの競争圧力に係る事項など当事会社からの情報提供が難しい部分についての情報を得ているほか[25]、一定の取引分野の範囲や競争状況に係る当事会社の主張を検証しているものと考えられる。競争者や需要者へのヒアリングについては、特に期間が法令等で定められたものではなく、公表済みの事案であれば、第1次審査や届出前相談の段階で行われ、そのために、届出会社は競争者リストや需要者リストを事前に求められることが通常である。

(c) 論点等の説明・意見書等の提出

　届出会社と公取委との意思疎通を密にし、迅速かつ透明性の高い企業結合審査を行うため、第1次審査および第2次審査の審査期間を通じて、届出会社は、公取委に対し、その時点における論点等につき説明を求めることができる。また、意見書や資料を提出することができ、それには問題解消措置の申出も含まれる[26]。

　問題解消措置の申出については、具体的な期限は設けられていないが、通常、論点等の説明などの機会に、公取委から独禁法上問題があるのではないかという指摘を受けてなされることが多い[27]。届出会社は、公取委に対し、まず問題解消措置を提案し、それが公取委の指摘する独禁法上の問題を解消するものとして適当であるとの公取委による判断を経た上で、上申書の形式により、正式に提出する。

　公取委が定める届出書様式の末尾近くに、問題解消措置の内容を記載する

---

25) 菅久修一編著『独占禁止法〔第2版〕』（商事法務、2015）318〜319頁。
26) 手続対応方針4。
27) 菅久編著・前掲注25）323頁。

欄が存在するが、問題解消措置は届出後の審査の過程で定まるため、当初の届出時点では記載しないことが通常である。そのため、届出会社による問題解消措置提出の具体的な手続としては、上記の上申書の提出のほか、届出会社が、既に公取委に提出された届出書の内容を変更報告書の提出により変更する（上記の欄に問題解消措置の記載を追加する）という方法でなされることが多い。

(d) 第2次審査の終了

第2次審査の結果、公取委が、独禁法上問題がないと判断した場合は、その理由を届出会社に書面で説明した上で9条通知を行う。公取委の判断の方向性については、審査の中のコミュニケーションで届出会社にはおおむね伝わっていることが通常である。公取委が問題があると考える場合は、上記のとおり、審査の中で示唆され、これに対し届出会社が問題解消措置の申出を行うことで、最終的には独禁法上問題がないとの結論に至ることが通常であるため、このような対応がなされる。

第2次審査の結果、公取委が独禁法上問題ありと判断した場合は、届出会社に対し、第2次審査の終了期限までに事前通知書が送達される。事前通知を受けた場合でも、届出会社から公取委が適切と考える問題解消措置が提出され、排除措置命令の必要がなくなった場合は、そこで審査は終了する。

事前通知後の手続を経て、公取委が最終的に排除措置命令を行う必要性があると判断した場合は、排除措置命令が出されることになる。当事会社が排除措置命令を争う手段は、他の独禁法違反事件同様、取消訴訟であり、それに先立ち、排除措置命令の効力についての執行停止を裁判所に求めることになる点もその他の独禁法違反事件と同じである。排除措置命令の違反については、罰則が存在する。

なお、企業結合は、届出後30日間はその実行が禁止されるが、それ以降は、第2次審査に進んだ場合であっても、独禁法の条文上は、実行が禁止されていない。もっとも、企業結合が実行されることで、排除措置命令が出されるまでの間に競争秩序が回復し難い状況に陥ると認められる場合、公取委は、東京地裁に申し立てることにより、裁判所が緊急の必要があると認めるときは企業結合の緊急停止命令を発出させることができる[28]。

事前通知が行われた事案については、その段階では公表されず、排除措置

命令の段階で審査結果が公表される。事前通知後、届出会社から問題解消措置の申出があるなどして、公取委が排除措置命令を行わないこととした事案については、その段階で企業結合審査の結果が公表される[29]。

(v) 審査終了後

独禁法上問題がないと公取委が判断した事案については、企業結合計画の実行後、「完了報告書」を公取委に提出しなければならない(届出規則7条5項)。完了報告書が提出された事案については、2011年度以降、公取委の年次報告において、当事会社名と受理日が公表されている。

(2) 日本の届出制度の特色

(i) 届出書の形式性

日本の独禁法上の届出制度は、独禁法が米国から輸入されたことに端を発し、届出書の様式も、米国と一部類似した形式で、形式的な情報のみが記載されるものとなっている。企業結合が競争に与える影響を判断するのに必要となる情報については、当事会社間において重複する製品やサービス、あるいは垂直関係に立つ製品やサービスに関する関連市場における当事会社および競争事業者のシェアに関する情報の提供は求められるが、重複する製品やサービスの具体的説明や、関連市場の範囲の画定を行う理由、企業結合が競争に与える影響に関する定性的な説明を記載する欄はない。これらの情報については、必要な場合には、事実上、別途の説明資料を公取委に提出したり、公取委から発せられる質問に回答することによって提供される。一方で、欧州委員会や中国等では、簡易審査用の様式の場合であっても、これらの定性的説明を含んだ説明資料を提出することが通常であり、通常審査用の様式の場合には、特に複雑な案件の場合は、その情報量は相当量となることが多い。その意味では、日本の場合、届出書により提供される情報は少ないが、複雑な案件の場合には、事実上、公取委に提供される情報量が多くなっている。

---

28) 独禁70条の4。企業結合について公取委が緊急停止命令の申立てを行った事例は、八幡製鐵㈱および富士製鐵㈱の合併事件のみであり(昭和44年5月7日申立て)、同事件では、当事会社が合併期日を延期したため、申立ては取り下げられた。
29) 手続対応方針6(3)イ注4。

また、日本の届出制度においては、法人格に即した届出や、情報・資料の提供が求められることも特色の1つである。例えば届出を行う会社については、M&Aのスキーム組成上、実際の株式取得や合併等の行為を行う法主体は、企業結合のために設立された、それ自体は事業を行っていない会社であることも多いが、日本の届出制度上は、届出会社の法人格を厳密に特定することが必要となるため、行為を行う主体が変更されれば、企業グループの実態としては変わりなくても、当該主体に即した情報や資料の提供が求められる。また、届出書において、届出会社の属する企業結合集団全体の情報を求められる部分もあるが、届出会社の単体の情報や資料が求められる部分もあり、そのために、届出会社が単体では事業を行っていない会社である場合には、届出書の記載内容には実際はあまり意味がないようなケースもみられるところである。

　また、合併後存続する会社が、消滅する会社の株主に対して自社の親会社の株式を交付することにより、一方の会社が他方の会社の傘下に入る形式を実現する、いわゆる三角合併の場合は、届出要件に該当する場合は、過去の実務では、実質をみて株式取得の届出を行うことが多かったが、現在は、合併の届出と株式取得の両方の届出が形式上必要とされるという実務慣行となっている[30]。

(ii) 合弁会社についての取扱い

　日本の届出制度上、合弁会社については、届出について特段の要件は定められておらず、株式取得等、合弁会社の組成に対応する取引類型に応じて届出の要件に該当するかどうかが判断されることになる。株式取得の場合、株式取得会社の国内売上高合計額が200億円を超えるかどうかに加え、対象会社となる株式発行会社およびその子会社の国内売上高合計額が50億円を超えるかどうかが要件となっており、株式発行会社の他の出資者（株式取得会社への株式発行会社の株式の売主や、その他の出資者がいれば当該出資者）の国内売上高合計額は、届出要否の判断において勘案されない。

　よって、合弁会社の新規設立の場合には、株式発行会社である合弁会社には国内売上高が存在しないことから、株式取得の届出は不要である。ただし、

---

[30] http://www.jftc.go.jp/dk/kiketsu/kigyoketsugo/qa/kabutodokedeyouhi.html 参照。

合弁会社に親会社が事業や資産を譲渡したり、分割により一部の事業部門を譲り渡す場合には、状況により事業等の譲受けや会社分割の届出が必要となることがある。

(iii) 競争当局間の情報交換と調整

日本は、米国、欧州委員会およびカナダとの間で独占禁止協力協定を締結しており、具体的には、反競争的行為に係る協力に関する日本国政府とアメリカ合衆国政府との間の協定（1999年）、反競争的行為に係る協力に関する日本国政府と欧州共同体との間の協定（2003年）および反競争的行為に係る協力に関する日本国政府とカナダ政府との間の協定（2005年）があるが、これらの協定および各国との経済連携協定（EPA）に基づき、各国競争当局と情報交換を行うこととされている。実際には、これまでのところ、個別の企業結合審査に関する情報交換は、あくまで当事会社から同意（waiver）を確保した上で行われている。当事会社は、ある当局から他の当局と情報交換を行うための同意を求められた場合、当局間の情報交換を認めるかどうか（どの当局に対して認めるか）および認める場合のタイミングについて、審査の状況を見極めた上で判断する必要がある。

(iv) 届出を要しない企業結合に対する規制

企業結合の中には、①国内売上高が届出基準を満たさず、または②結合の行為類型が届出対象の5類型（株式取得、合併、事業等の譲受け、会社分割および共同株式移転）から外れているために、届出を要しないものも存在する。そのような届出対象外の企業結合であっても、上記5類型に役員の兼任をあわせたいわゆる市場集中規制の対象となる6類型の行為のいずれかであれば、競争を実質的に制限することとなる場合は禁止される。日本の独禁法上、日本に拠点を有しない海外企業間の企業結合についても届出基準に達していれば届出義務が発生するが、届出基準に達しているか否かにかかわらず、当該企業結合が、日本市場の競争を実質的に制限することとなる場合には、企業結合審査の対象となり得る[31]。

---

31) 実際に、2010年のBHPビリトン社とRio Tinto社による鉄鉱石採掘事業の統合案件（第2次BHPビリトン事件）では、公取委は職権で企業結合審査を開始した。

また、海外企業間の企業結合では、日本とは異なる各国独自の法制もあり、一見したところ上記の6類型のいずれにも該当しないと思われる企業結合がなされる場合もあるが、そのような場合であっても、公取委が何らかの解釈により市場集中規制の対象となる6類型のいずれかに該当するものと判断して企業結合審査を行う可能性はあり得るところである[32]。

この観点から、届出対象外の企業結合についても、当事会社が任意で公取委へ相談した場合には、公取委は届出を要する企業結合の審査手続に準じて対応するものとされ、事実上の独禁法上のクリアランスを得る機会が確保されている[33]。ただし、公取委への相談を開始してから公取委の回答が得られるまでの期間は事案次第であり、相談から30日以内に回答が得られるとは限らない。

現行の企業結合審査では、日本に拠点を有しない海外企業間の企業結合についても届出基準に達していれば届出義務が発生する。また、届出基準に達しているか否かにかかわらず、当該企業結合が、日本市場の競争を実質的に制限することとなる場合には、企業結合審査の対象となり得る。もっとも、海外企業が、任意に届出や相談を行わず、公取委の調査に協力をしない場合に、公取委がどこまで有効な措置を講じることができるかは疑義があり、実

---

[32] 例としては、2010年のBHPビリトン社とRio Tinto社による鉄鉱石採掘事業の統合案件（第2次BHPビリトン事件（平成22年度事例1））が挙げられる。同案件における鉄鉱石生産のジョイント・ベンチャーの設立は、現地法上、基本的には法人形態ではなく一種の組合に類似した契約形態であり、市場集中規制の対象となる6類型のいずれにも該当しない可能性のある事業統合であったものと考えられるが、当事会社が自発的に企業結合事案として公取委に事前相談を行ったのに対し、公取委は株式取得事案として企業結合審査を行っている。これは、公取委において、当該ジョイント・ベンチャーの組成は実態としては企業結合に当たると判断し、取引スキームの一部において株式取得に該当する（あるいは該当すると解釈できる）行為がなされていることを捉えて企業結合審査の対象としたものと考えられる。

[33] 小林渉「企業結合規制（審査手続及び審査基準）の見直しの概要」商事1938号（2011）6頁。実際にも、企業結合当事者の国内売上高が届出基準に達しない規模の企業結合でも、一定の取引分野における市場参加者が3社から2社になったり、2社が1社になるような事例や、株式取得比率が20％に満たないため届出基準を満たさないような事例でも、市場の特性等の理由から企業結合審査の必要性があるとされ得るような場合には、企業結合当事者が、事後的に公取委が介入することで取引が混乱することを懸念して、任意に事前相談を行い、これを受けて公取委が相当詳細な審査をしている例もしばしば見られる（平成25年度事例4：三菱日立製鉄機械㈱によるIHIメタルテック㈱の圧延設備の製造販売事業の吸収分割）。

際には困難な場合もある[34]。また、届出義務について、これを怠った海外企業に対して、独禁法の域外適用として、独禁法95条および91条の2の刑事罰を科すことができるのかについても、国外犯の処罰規定がない中では、実際上は困難が予想される。

3　諸外国の届出制度

(1)　各国の届出制度の概要

(i)　欧州委員会および域内各国

欧州委員会と、欧州域内各国には、それぞれの競争法に基づく個別の企業結合審査制度が存在する。検討している企業結合について、欧州委員会の届出基準に該当する場合は、欧州委員会において届出を行うことで、域内各国の届出は不要となる。一方で、欧州委員会の届出基準を満たさない企業結合であっても、域内各国の届出基準を満たせば、当該国における届出が必要となる。

欧州委員会の届出基準は、概要、以下のとおりである。

1. (1)　全当事会社グループの全世界での売上高が50億ユーロ超；かつ
   (2)　各当事会社グループ（少なくとも2グループ）のEU全体での売上高が、それぞれ2億5000万ユーロ超；または
2. (1)　全当事会社グループの全世界での売上高が25億ユーロ超；かつ
   (2)　各当事会社グループ（少なくとも2グループ）のEU全体での売上高が、それぞれ1億ユーロ超；かつ
   (3)　少なくとも3つのEU加盟国において当事会社グループの売上高

---

[34]　2008年のBHPビリトン社によるRio Tinto社の買収案件（結果として中断）（第1次BHPビリトン事件）では、BHPビリトン社が公取委の審査に対し任意の協力をしなかったため、公取委は、豪州当局の了解を得て、在豪州大使館の領事を通じて、独禁法47条1項1号に基づく報告命令を送達しようとしたが（独禁法70条の7が準用する民事訴訟法108条）、BHPビリトン社に受領を拒まれた。そこで、公取委は、公取委の掲示場に送達すべき書類を掲示することによって行ういわゆる「公示送達」（独禁70条の8）を選択した。

が 1 億ユーロ超；かつ
　⑷　上記 3 つの EU 加盟国において、各当事会社グループ（少なくとも 2 グループ）の売上高が 2500 万ユーロ超
※上記 1・2 いずれも、各当事会社グループの EU 全体における売上高の 3 分の 2 以上が単一かつ同一の加盟国内で生じている場合を除く。

　この場合、「EU 全体の売上高」とは、欧州経済領域（EEA）加盟国における売上高の合計額を指す。このように、欧州委員会の届出基準は、欧州全体で一定以上の売上高を持つ当事会社同士の企業結合について捕捉するとともに、それらの売上高の 3 分の 2 以上が単一かつ同一の加盟国内で生じている場合を除くことにより、特定の国にのみつながりの強い企業結合についてはその国の届出制度により対応させる、という性質を持ったものである。このように、欧州委員会での届出の要否を判断するには、欧州全体における売上高のみならず、域内各国での売上高を個別に確認する必要がある。
　欧州委員会の届出基準と、域内各国の届出基準は、例えば「共同支配」の考え方など、共通する点もあるが、国毎に異なる。おおむね、当事会社のうち、当該国に一定の売上高を持つ当事会社グループが 2 つ以上あるかどうか、というものが多いが、欧州域内であっても、イギリスのように、シェアにより判断する基準を持っている国もある。
　欧州委員会の届出制度においては、Form CO と呼ばれる、詳細な情報を記載する様式を提出し、受理されてから 30 日後に一次審査の認可、あるいは詳細審査へ進むかどうかの判断がなされ、詳細審査に進むという段取りとなっている。競争上の実質的問題が少ない案件については、Short Form と呼ばれる簡易型の様式によって届出を行うことが許される。こうした Short Form が利用できるかどうかも含めて、欧州委員会においては、届出書を提出する前に、担当官との届出前相談が行われる。
　欧州委員会においては、届出を行った案件は欧州委員会のウェブサイトに掲示され、審査の進捗も随時掲示される。また、届出された企業結合に反対の意見を持つ第三者は、その意見を述べる機会を与えられる。競争上の実質的問題が大きいものについては、当局から当事会社に対し、Statement of Objection（異議告知書）と呼ばれる文書が発出される。
　欧州委員会において、留意すべきは、株式取得等の場合、具体的な出資比

率ではなく、直接的または間接的な他の事業者の支配権の取得が生じたかどうかによって届出要否が定まることである。さらに、少数出資者であっても、例えば株主間契約における経営上の重要事項に関する拒否権によって、株式の取得者が対象会社の戦略的な事業上の行動を決定することを阻止できる場合には、出資比率が少なくても、「共同支配」(joint control) を持つものとみられる。具体的には、株主間契約において、対象会社の経営方針に関する戦略的決定に関する事項、例えば予算、事業計画、主要な投資案件、経営幹部の指名や解任等の承認に関する拒否権を持つ場合には、共同支配を持つとされる。一方で、少数株主権の保護のためとみられる取り決めのみでは、共同支配があるとまでは認められない可能性が高い。仮に少数出資者であっても、共同支配があると認められる場合には、届出要件への該非を判断する上で、当該少数出資者の企業グループの欧州全体での売上高も、当事会社グループの1つとして勘案しなければならない。

実務的には、例えば複数の出資者が出資する合弁会社の案件において、当該合弁会社が日本においてのみ事業を行う予定の会社であっても、出資者のうち、欧州において閾値を超える売上高を持つ企業グループが2社以上あれば、当該合弁会社が「full function joint venture」（親会社から自立して活動する機能を持つ合弁会社を指す。この概念に該当するかどうかについてはいくつかの要素を総合的に勘案する必要がある）である限り、欧州委員会での届出が必要となる。欧州委員会の届出は、実質的な問題がない場合であっても、その準備と認可の取得のために、相当の手間と時間を要することから、M&Aのスケジュール上、大きな影響を与えることになる。

域内各国の届出制度において、日本企業の企業結合の場合に、よく問題となる国として、閾値が相対的に低いドイツがある。ドイツの届出基準は以下のとおりである。

1. 全当事会社グループの全世界売上高が5億ユーロを超える；かつ
2. 一の当事会社グループのドイツにおける売上高が2500万ユーロを超える；かつ
3. 他の少なくとも一の当事会社グループのドイツにおける売上高が500万ユーロを超える

ドイツの場合は、上記のとおり、3.の閾値が500万ユーロと低いことから、閾値を満たすことが多い。また、少数出資の場合であっても、他の事業者の25％以上の株式を取得する場合には、上記の売上高の要件に該当すれば届出が必要となるので、注意が必要である。さらに、これらの閾値を満たしたとしても、対象会社のドイツにおける売上高が5億ユーロを超えない場合には、一定の要件を満たせば「domestic effects」が認められないとして届出不要となる場合がある。合弁会社について、欧州委員会ではfull function joint ventureに該当しない場合は届出が不要であるが、ドイツでは、full function joint ventureに該当しない合弁会社であっても、上記基準を満たせば届出が必要となる。

(ii) 米　国

米国では、Hart Scott Rodino（HSR）法と呼ばれる法律に基づいて、企業結合の事前審査制度が存在する。米国の場合、一義的には、当事会社の米国における売上高・資産等を基準とするのではなく（適用除外の判断においては基準となる）、また他の事業者の支配を取得するかどうかにかかわらず、基本的には、取引額を基準としてHSR法に基づく届出が必要とされる。また、届出書の様式も、欧州委員会とは異なり、客観的な情報を中心に記載することとなっており、定性的な記載を行うことはない。米国における届出要件は以下のとおりである（閾値の数値は毎年見直される。以下の数値は2018年のもの）。

1. 取引要件：取得会社グループまたは対象会社グループがアメリカにおいて取引を行っている；かつ
2. 取引規模要件：取引の結果、取得会社グループが取得する資産または株式の価格（value）が8440万ドル超；かつ
3. 当事者規模要件：一方当事会社グループの全世界における売上または資産が1690万ドル超、かつ他方当事会社グループの全世界における売上または資産が1億6880万ドル超
※取引規模が3億3760万ドルを超えるときは3.の要件の充足は不要。

【適用除外】
1. 外国資産の取得の場合
   ① 取得会社グループが保有することとなる外国資産から生じる米国売上が8440万ドル以下；または
   ② 以下の要件をいずれも満たす場合
   ・両当事会社グループが米国法人ではないこと
   ・両当事会社グループの米国売上高および米国資産がいずれも1億8570万ドル未満
   ・取得会社グループが保有することとなる資産の価値（value）が3億3760万ドル以下
2. 米国人による外国会社株式の取得の場合
   ・外国会社（その支配下にある会社を含む）が8440万ドル超の米国資産または米国売上高を有しないこと
3. 外国人による外国会社株式の取得の場合
   ① 以下の要件に該当しない場合
   (i) 50％以上の議決権取得の場合；かつ
   (ii) 議決権取得の対象となる外国会社（その支配下にある会社を含む）が8440万ドル超の米国資産または米国売上高を有すること；または
   ② 以下の要件をいずれも満たす場合
   ・両当事会社グループが米国法人ではないこと
   ・両当事会社グループの米国売上高および米国資産がいずれも1億8570万ドル未満
   ・取得会社グループが所有することとなる株式の価格（value）が3億3760万ドル以下

　米国では、一次審査の期間は30日であるが、Early Terminationの申請を行うと、申請を行ったことが公表されるものの、競争の実質的問題がない事例の場合には、認可までの期間が短縮される。一次審査において審査が終了せず、より詳細な調査が必要とされた場合には、二次審査（second request）と呼ばれる詳細審査の段階に移行する。この場合、当局から当事会社に対して、膨大な情報の提出を求められることが多く、審査には時間がかかることが通常である。

(iii) 中　国

　中国では、2008年に独占禁止法が施行され、それ以降、商務部（MOFCOM）によって、企業結合審査が行われてきたが、2018年5月、組織改編により、国家市場監督管理総局（SAMR）と呼ばれる当局がこれを管轄することとなった。中国の届出制度は、届出要件における売上高基準の閾値が低いことから、届出が必要とされるケースが多く、また、届出の準備および審査に数か月の時間を要することが多いことから、一般的に、M&A取引において、スケジュール上の制約要因となりやすいことが認識されている。M&Aのプランニングにおいて、中国の当局への届出が必要になるかどうかが重要なポイントとなっている。中国の届出基準は以下のとおりである。

1. 企業結合に関与する全ての事業者グループの前会計年度の全世界における売上高が100億人民元を超え、かつ、そのうちの少なくとも2つの事業者グループの前会計年度の中国における売上高がいずれも4億人民元を超える場合；または
2. 企業結合に関与する全ての事業者グループの前会計年度の中国における売上高がそれぞれ20億人民元を超え、かつ、そのうちの少なくとも2つの事業者グループの前会計年度の中国における売上高がいずれも4億人民元を超える場合

　中国においても、欧州委員会と同様に、上記基準を満たす当事会社による株式取得等の企業結合について、出資比率を基準とせずに、出資者が「支配」を取得するかにより届出の要否を判断している。この点について、中国では、「支配」の定義が必ずしも明確にはされていないが、出資者が、対象会社の経営上の重要事項、例えば予算や事業計画に関する拒否権を持つ場合には、「支配」を取得すると解されることが多い。一方で、定款の変更や資本の増減、事業の廃止・清算等についての拒否権は、少数株主権の保護という観点から、それだけでは「支配」の取得にはつながらないとされている。
　欧州委員会における考え方と同様に、合弁会社の設立、あるいは少数出資者を受け入れる場合において、「支配」を取得している出資者のうち、少なくとも2つの企業グループが中国で上記基準を満たす売上高を持つ場合には、合弁会社そのものが中国で事業活動を行っていなくても、届出が必要となる

ので、注意が必要である。

　中国の届出制度については、届出書提出、届出書の審査および受理、審査期間（一次審査、二次審査、二次審査の延長としての三次審査）を経て、認可を得るという流れとなる。一次審査は、届出書の受理から30日以内にさらなる審査を要するかどうかの決定を行うこととなっており、二次審査は一次審査の決定日から90日以内に当該企業結合を禁止するかどうかの決定を行うことになっている。二次審査の延長については、当事会社が審査期間の延長に同意した場合や、さらなる事実確認を要する場合、届出後に重大な事情変更が生じた場合には、最大60日まで審査期間の延長が可能となっている。

　中国の企業結合審査には、簡易審査、通常審査の2種類がある。簡易審査の場合には、通常審査の場合よりも、届出に必要とされる情報が少なく、かつ、受理された場合には、必ず一次審査の30日の期間内で審査が終了することとなっている。簡易審査の場合には、当該案件について審査していることが、中国競争当局のウェブサイトにおいて掲示される。簡易審査に該当するためには、以下のいずれかに当てはまることが必要である。

ⅰ．当該集中に参加する全ての事業者について水平的重複がある場合、関連する市場における市場シェア合計が15％に満たない場合
ⅱ．当該集中に参加する事業者が垂直的関係にある場合には、それぞれの事業者の川上市場および川下市場での市場シェアが25％に満たない場合
ⅲ．当該集中に参加する事業者について水平的重複がなく、垂直的な関係にもない場合、当該取引に関連する市場における各事業者のシェアが25％に満たない場合
ⅳ．中国以外の国において各事業者が合弁会社を設立する場合、当該合弁会社が中国国内でいかなる経済活動にも従事しない場合
ⅴ．当該集中に参加する事業者が外国の企業の株式あるいは資産を取得する場合、当該外国の企業が中国国内でいかなる経済活動にも従事しない場合
ⅵ．少なくとも2社以上の事業者により共同支配されていた合弁会社が、当該取引を通じて、そのうちの1社以上の事業者により支配されることになる場合

ただし、簡易審査、通常審査を問わず、届出書を提出してから受理に至るまでには、およそ4週間から8週間程度の時間を要することが多く、期間の見通しが立てにくいのが実態である。

(iv) 韓 国

韓国では、他の事業者の20％以上（韓国上場会社の場合は15％）の株式取得、他の事業者の事業・資産の取得、合併、役員兼任等の場合に、韓国公正取引委員会（以下「KFTC」という）への届出が必要とされる。韓国における届出要件は以下のとおりである（2017年10月19日から施行されている新しい基準）。

1. 取得会社グループの全世界の資産または売上高が3000億ウォン以上：かつ
2. 対象会社グループの全世界の資産または売上高が300億ウォン以上
※取得会社および対象会社がいずれも外国会社の場合、買収会社グループおよび対象会社グループの韓国における売上高がいずれも300億ウォン以上。

韓国においても、合弁会社の場合、合弁会社そのものに韓国での売上高がなくても、出資者が上記基準を満たす場合には、届出が必要となり得るため、注意が必要である。

KFTCは、近年活発に企業結合審査を運用しており、届出書において求められる情報量も比較的多い。

(v) インド

インドでは、2011年から、競争法が施行され、企業結合審査が開始された。インドの競争当局であるCCIは、現在、活発に企業結合審査を運用している。インドにおける届出基準は以下のとおりである。売上高のみならず、インドにおける資産（なお計算方法が特殊であるので注意が必要である）も勘案される。

1. 単体（全当事会社合計、以下同じ）のインドにおける資産200億ルピー

以上；または

2. 単体のインドにおける売上高600億ルピー以上；または
3. 単体の全世界での資産10億USドル以上（うちインド国内で100億ルピー以上）；または
4. 単体の全世界売上高30億USドル以上（うちインド国内で300億ルピー以上）；または
5. グループ（全当事会社グループ合計、以下同じ）のインドにおける資産800億ルピー以上；または
6. グループのインドにおける売上高2400億ルピー以上；または
7. グループの全世界での資産40億USドル以上（うちインド国内で100億ルピー以上）；または
8. グループの全世界売上高120億USドル以上（うちインド国内で300億ルピー以上）

【適用除外（2022年3月まで）】
1. 対象会社のインドにおける資産が35億ルピー未満；または
2. 対象会社のインドにおける売上高が100億ルピー未満

　上記のとおり、届出基準を満たす企業結合であっても、対象会社のインドにおける資産あるいは売上高が一定金額を下回る場合は、インドとの結びつきが強くない案件として、届出が不要となるという適用除外制度がある。この制度は時限措置である。

　審査期間については、一次審査に30日、二次審査に最大270日かかるとされており、二次審査の期間が長く定められているが、競争上の実質的問題が少ない案件では、より短い期間で認可が得られることが多い。

(vi)　ブラジル

　ブラジルにおいても、企業結合審査は活発に運用されている。株式取得、合併、事業提携等について、以下の要件を満たす場合に、ブラジル当局（CADE）に対する事前の届出が必要となる。

1. 当事会社グループの少なくとも1グループのブラジルにおける年間の

売上高が7.5億レアル以上；かつ
2. 当事会社グループのその他の少なくとも1グループのブラジルにおける年間の売上高が7500万レアル以上

審査期間は比較的長く、原則最長240日であるが、90日または60日（取引関係者による請求の場合）延長することが可能とされている。さらに、認可を得てから15日間の待機期間がある。

ブラジルにおいては、株式取得等の場合、基本的に20％以上の取得の場合に届出が必要となるが、例外的に、出資者と対象会社間で重複商品が存在し、あるいは両社が垂直関係にある場合において、取得者が対象会社の5％以上の株式を取得する場合に、ブラジルにおける当事会社の売上高等次第では届出が必要となる。

(vii) その他注意すべき国

上記の主要な国々のほか、実務上、注意すべき国として、届出要件が特殊な国、閾値が低く届出要件を満たしやすい国が存在する。その例としては、台湾、ウクライナ、ポーランド、トルコ等が挙げられる。また、当該国における売上高や資産等によらず、当該国における当事会社の製品・サービスのシェアによって、届出要否を定める国も複数存在する。その場合、届出制度として、任意審査の方式がとられていることが多い。例として、イギリス（当該企業結合により国内におけるシェアが25％増加、または取得対象会社の英国における売上が7000万ポンド超）、シンガポール（統合後のシェアが40％以上、または統合後のシェアが20～40％かつ上位3社のシェアが70％以上）、オーストラリア（統合後のシェアが20％以上）などがある。

その他、企業結合審査は、地域的にも広がりを見せている。例えば、東南アジアでは、実効的な企業結合審査制度を持つ国は依然として限定的であるが、そのうちの1つとして、フィリピンおよびインドネシアがある。フィリピンは事前届出であり、当事会社グループの一方にフィリピン国内で一定の売上高または資産があれば届出要件を満たすことがある。インドネシアでは、多くの場合、事後届出（クロージング後30日以内に届出を行う必要がある）であり、その要件として、統合後の全当事会社グループのインドネシアにおける資産あるいは売上高の価値が一定の数値を超えることを基準としている。

よって、対象会社にインドネシアにおける売上高や資産がなくても、閾値を満たすことがあるので注意が必要である。ただし、現在、事後届出から事前届出に変更する旨の法改正が行われている。

ベトナムでは、現状、関連市場における統合後のシェアが30％以上50％以下となる場合には、届出が必要とされており（50％以上となる企業結合は禁止）、実際にも運用されている。ただし、ベトナムでも、シェアではなく取引規模や売上高を基準とする届出制度が導入される予定である。タイやマレーシアにおいては、現時点で把握できる範囲で、実効的な企業結合審査は行われていない。

また、南米では、ブラジルをはじめ、メキシコ、アルゼンチン、チリ（任意審査）、コロンビア、ベネズエラなど多くの国で、実効的な企業結合審査制度が運用されている。例えば、メキシコでは、取引の価値が一定金額超の場合、一定金額を超えるメキシコ資産または売上を有する会社の資産または株式の35％以上を取得する場合、または2つ以上の当事会社が単独または合算で、一定金額を超えるメキシコ資産または売上を有しており、かつ、一定金額以上のメキシコ資産等を取得する場合は、届出が必要とされている。

アフリカにおいても、南アフリカでは、企業結合審査が活発に運用されている。南アフリカの届出要件においては、南アフリカにおける売上高のみならず、南アフリカにおける資産の額も勘案する必要があるため、注意が必要である。

(ⅷ) 届出基準が低い国々への実務的対応

80を超える国と地域で企業結合審査制度が存在し、かつ、企業の経済活動もグローバル化している中で、届出基準が著しく低い一部の国も存在する。このような国の場合、一定規模以上の企業の統合案件であれば全てが基準に該当するというような場合もある。このような場合、当該国にさほどの結びつきがなくても、理論上は届出が必要となることがあるが、このような国々に全て届出を行い、認可を得てからクロージングを行うことは、スケジュール、ないしマンパワーの面から現実的に困難であることも多い。また、こうした国（先進国でない場合が多い）では、競争法上の届出制度を利用して、先進国の企業から情報を集めることが目的の1つではないかと思われるようなこともあり、情報管理という観点でも、慎重な対応が必要となることもある。

(ix) 競争法以外の届出制度

競争法以外にも、安全保障目的や、外資規制の目的のための届出制度がある国が存在しており、近年、例えば中国やロシアの企業による現地企業の買収にあたって、当該国政府がこれを認めないとする事例も出てきている[35]。その代表的なものを挙げる。なお、外国企業の日本企業への出資の場合には日本の外為法上の規制を受けることがある。

(a) 米国の対米外国投資委員会（CFIUS）

米国では、いわゆるエクソン・フロリオ修正条項（大統領に対して、米国の安全保障を害するおそれのある取引を停止または禁止するために適切な措置を適切な時期にとる権限を与える条項）に基づいて、対米外国投資委員会（CFIUS）による対内資本買収の審査が行われる。CFIUSは、当該取引が、米国の安全保障を脅かす可能性があると判断した場合に、中止するよう命じることができる。公式に公表されている対象分野のリストはないが、米国の重要なインフラとみなされる事業分野に対する外国企業の出資や、外国の政府が支配しているとみられる団体による出資が対象となる。

CFIUSへの届出は、基本的には当事会社による任意となっており、一次審査（30日間）と、必要に応じ二次審査（45日間）の手続となる（2018年7月末時点。2018年10月、制度改正が行われ、一定の条件を満たす投資については届出が義務づけられている）。最終的には大統領の判断で投資案件を差し止めることもある。近年、中国企業による米国企業の買収（米国以外の企業の買収であっても、そこに含まれる米国子会社等）について、実際にCFIUSがこれを認めない決定を出す例が増加している。詳細については、**第Ⅲ部第4章第2節1**を参照されたい。

---

35) 最近では、アメリカの穀物会社アーチャー・ダニエルズ・ミッドランドによるオーストラリアの穀物会社グレインコープの買収計画がオーストラリア政府により拒否された例（2016年3月）、中国企業によるドイツの半導体製造装置メーカーAixtronの買収にあたり同社の米国子会社の取得が米政府により拒否された例（2016年12月）などがある。また、2018年3月には、ブロードコムによるクアルコムの買収が米政府により拒否された。

(b) 欧州における CFIUS 類似の制度

米国における CFIUS の活発化を受け、欧州においても、同様の制度を導入、あるいは既存制度を強化する動きが出てきている。とりわけ、中国企業による一定の分野の自国企業への投資について、慎重な審査を行う傾向が強まっている。

ドイツでは、2017 年 7 月、対外経済法施行令を改正し、自国企業に対する外国企業による 25％以上の株式所有について、公益・安全保障の観点からの審査をより強化することができるようにした。安全保障の観点からセンシティブとされる特定の産業セクター向けの投資については報告義務があるが、それ以外のセクター向けの投資についても、欧州域外の企業による投資については、ドイツの当局がその裁量により審査することができる。

また、イギリスにおいても、2018 年 7 月、外国企業による自国企業への投資について、安全保障の観点からの自主的な届出制度と政府による審査を導入すべきという内容の提案がなされている。このような制度が実際に導入されれば、政府による、安全保障上の懸念のある案件への介入が可能となる。

(c) オーストラリアの外国投資審査委員会（FIRB）

オーストラリアでは、外国人によるオーストラリア企業への投資については、競争法とは別途、FIRB（外国投資審査委員会）の審査を受ける。その要件は以下のとおりである。

1. 事前認可を必要とする外資投資案件
   - 2 億 6100 万豪ドル以上（2018 年の基準。毎年改訂される）の資産価値を持つ企業（センシティブ分野を除く）に対して、外国人が単独で 20％以上、複数で 40％以上の投資を行う場合
   - 5700 万豪ドル以上の資産価値を持つ農業関連企業
   - あらゆる外国政府／同関連機関による直接投資
2. 自由貿易協定（FTA）締結相手国の事前認可を必要とする外資投資案件
   - 11 億 3400 万豪ドル以上の資産価値を持つ企業（センシティブ分野を除く）に対して、外国人が単独で 20％以上、複数で 40％以上の投資を行う場合

- 2億6100万豪ドル以上の資産価値を持つセンシティブ分野
- 5700万豪ドル以上の資産価値を持つ農業関連企業（中国、日本、韓国）
- 11億3400万豪ドル以上の資産価値を持つ農業関連企業（チリ、ニュージーランド、米国）
- あらゆる外国政府／同関連機関による直接投資

　審査は、"national interest" に反しないかが検討され、30日（場合によって120日まで延長可）以内に審査され、その後に結果が通知される。投資をする前に事前承認の申請を行うか、または、外資承認の取得を条件として購入契約書を作成する必要があり、政府が審査の結果を通知するまでは、取引実行はできない。

(d) 　カナダ（Investment Canada Act）

　カナダでは、外国人（外国法人含む）がカナダで新たに事業を始める場合、またはカナダにおける事業の支配権を取得する場合は、カナダの当局に対し、投資実行から30日以内の通知または事前の審査申請が必要とされている。事前の審査申請が必要とされる要件は以下のとおりである。

取得対象となるカナダ事業の資産価値が下記基準額以上の場合
（WTO非加盟国の投資家の場合）
　直接取得：500万カナダドル
　間接取得：5000万カナダドル
（WTO加盟国の投資家の場合）
　直接取得：10億カナダドル（2017年6月より）。外国の国営企業については3億7900万カナダドルが基準となる。
　間接取得：事後の通知義務のみ

　事前審査申請が行われる場合、当該投資がカナダ国益に合致する旨の大臣決定を得なければ、投資を実行できない。審査期間は45日間だが、30日間の延長が可能であり、投資家の合意があればさらに延長することがある。

(2) 届出国間での調整の必要性

複数の国・地域で届出を行うにあたっては、①効率的な情報の収集、届出書の準備、②案件全体の適切なスケジュール管理、③各当局に対して矛盾した対応をとることのないよう、主張の一貫性・整合性を確保すること、④各国・地域における競争法上の懸念等を踏まえた全世界レベルでの共通戦略の検討・策定等が重要になってくるところ、かかる目的のためには、各国・地域における企業結合審査の専門家（現地弁護士）を選任した上で、密に連絡を取り合い、各国・地域間の調整を図ることが肝要である。

複数の国・地域での届出、企業結合審査が非常に増える中、競争当局間の情報交換も活発になりつつある（公取委と各国競争当局との間の情報交換につき、前記2(2)(iii)参照）。各国・地域において論点が共通する場合（例えば、地理的な一定の取引分野が世界市場である場合）には、各当局が審査に関する情報とお互いの意見を交換することで、効率的な審査が可能となるほか、一貫性のある判断が下される可能性が期待できるため、かかる情報交換は当事者にとっても有益に働く場合がある。このことからすれば、当事会社側から各国競争当局に説明する内容についても、一貫性を保つことが重要である。

第3節 競争当局による実体的な企業結合審査

前述の届出義務に始まる手続的な規制に加えて、企業結合規制を有している法域においては、当該M&Aが競争に重大な悪影響を与える場合には、競争当局は当該M&Aの実行を妨げること（block the deal）が可能である。

以下では、わが国の企業結合規制を前提として実体的な企業結合審査の枠組みを解説する。

1 企業結合審査

(1) 企業結合審査の対象

(i) 企業結合の判定基準

　企業結合ガイドラインによれば、企業結合が企業結合審査の対象となるのは、企業結合により結合関係（複数の企業が一定程度または完全に一体化して事業活動を行う関係）が形成・維持・強化される場合であり、具体的には株式保有について企業結合審査の対象となる場合として、以下のような基準が示されている。
　① 企業結合集団による議決権保有比率が50％超となる場合、または
　② 企業結合集団による議決権保有比率が20％超かつ単独で第1位となる場合

逆に「企業結合集団による議決権保有比率が10％以下または第4位以下の場合」には企業結合審査の対象とならないとされている。
　これ以外の場合には、①議決権保有比率の程度、②議決権保有比率の順位、株主間の議決権保有比率の格差、株主の分散の状況その他株主相互間の関係、③株式発行会社が株式所有会社の議決権を有しているかなどの当事会社相互間の関係、④一方の当事会社の役員または従業員が、他方の当事会社の役員となっているか否かの関係、⑤当事会社間の取引関係（融資関係を含む）、⑥当事会社間の業務提携、技術援助その他の契約、協定等の関係、⑦当事会社と既に結合関係が形成されている会社を含めた上記①～⑥の事項等を勘案して判断されることとなる。
　多くの場合、企業結合審査の対象と前述の届出義務の範囲は一致するが、必ずしも完全には一致しない。例えば、過去には議決権保有比率が15.7％で単独1位の場合に結合関係の存在が認められている（平成23年度事例2：新日本製鐵㈱と住友金属工業㈱の合併）。

(ii) 少数持分保有の場合の企業結合審査

　もっとも、企業結合関係が認められた場合でも少数持分保有の場合には、後述する実質的競争制限の判断においては結合関係の程度に応じた評価がな

されることがある。

過去の案件においても、少数持分保有会社との関係で企業結合が生じることは認めたものの、保有会社との間で一定程度の競争関係を維持されることが見込まれていることを考慮に入れて競争制限性を否定した案件（平成23年度事例2：新日本製鐵㈱と住友金属工業㈱の合併）が存在する。

また、上場会社の議決権の20.9％を保有することとなる案件について、複数の市場において競争制限効果が生じるおそれがあるとした上で、株式取得会社と対象会社との情報遮断の徹底や対象会社の経営の独立性を維持する措置を講ずる等の問題解消措置を踏まえて当事会社が独立して事業活動を行う関係が維持されることが認められるとして株式取得を認めた案件も存在する（平成26年度事例3：王子ホールディングス㈱による中越パルプ工業㈱の株式取得）。

このように取引後の出資割合が少数持分保有に留まる場合には、取引後の対象会社との独立性を維持するか否かによって、企業結合審査の内容にも影響が及ぶこととなる。したがって、企業結合の実体審査が必要となることが見込まれるM&A取引のプランニング段階においては、予め取引後の対象会社との関係を整理しておくことが重要となる。

(iii) 共同出資会社における企業結合関係

共同出資会社（ジョイント・ベンチャー）の場合は、①出資会社と共同出資会社間および②出資会社間の結合関係が、それぞれ検討される。また、出資会社が行っていた特定の事業部門の一部が共同出資会社によって統合される場合、③共同出資会社における事業の共同による結合も審査される。

［図表Ⅰ-12-1］　共同出資会社における企業結合関係

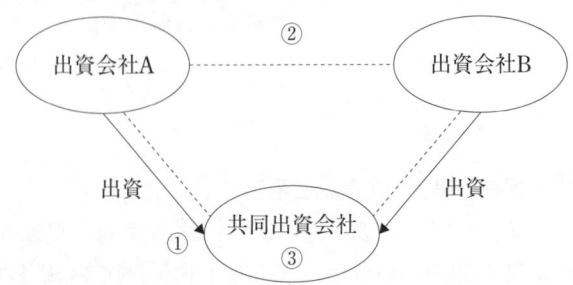

①と③の企業結合は直感的にも理解しやすいが、②の出資会社間の結合関係は競争法に慣れていないものには理解しにくい面があるかもしれない。

　②の具体的な場面としては、例えば、ある商品の生産部門のみが共同出資会社によって統合され、出資会社は引き続きそれぞれ単独で当該商品の販売を行う場合がある。この場合、共同出資会社の運営を通じて当該商品の互いのコスト構造や販売数量・戦略等の情報が共有されるなどの状況があれば、当該商品に係る事業全体について、出資会社相互間に協調関係が生じる可能性がある。企業結合ガイドラインにおいては、出資会社相互間に協調関係が生じるかどうかについては、共同出資会社に係る出資会社間の具体的な契約の内容や結合の実態、出資会社相互間に取引関係がある場合にはその内容等を考慮するとされている。また、共同出資会社の意思決定の独立性確保や出資会社と共同出資会社との間の情報遮断措置の有無も考慮要素となるとされている。

　なお、出資会社と共同出資会社との間の情報遮断措置などが講じられている場合であっても、出資会社間の生産費用が共通化されることにより協調的な行動をとる誘因が生じる場合があることにも留意が必要である（企業結合ガイドライン第4の3(1)エ）。

(2)　一定の取引分野（市場画定）

(i)　一定の取引分野の意義

　原則として、企業結合審査において競争を実質的に制限することとなるか否かは、「一定の取引分野」について判断される。具体的な「一定の取引分野」の例については公取委のホームページに掲載されている[36]が、実際の市場画定は審査時点での競争状況や案件規模、当事会社の取扱商品の範囲等によって異なり得るため、将来の案件において必ずしも先例のとおりに画定されるわけではない。

(ii)　一定の取引分野の画定の方法

　一定の取引分野は、一定の取引の対象となる商品・役務の範囲（「商品範囲」）、取引の地域の範囲（「地理的範囲」）等に関して、基本的には、需要者

---

36) http://www.jftc.go.jp/dk/kiketsu/toukeishiryo/index.files/1806torihikibunnya.pdf

にとっての代替性（「需要の代替性」）という観点から判断され、必要に応じて供給者にとっての代替性（「供給の代替性」）という観点も考慮される。

(a) 需要の代替性

需要の代替性とは、ある地域においてある商品の価格引上げがあった場合に、需要者がかかる価格引上げを受けて、当該商品の購入を他の商品や他の地域に振り替える程度をいう。

企業結合ガイドラインにおいては、需要の代替性を検討するにあたっては、いわゆるSSNIP（Small but Significant and Non-transitory Increase in Price）テスト（仮想的独占者基準ともいう）が用いられることとされている。SSNIPテストは、ある地域において、ある事業者が、ある商品を独占して供給しているという仮定の下で、当該独占事業者が、利潤最大化を図る目的で、「小幅ではあるが、実質的かつ一時的ではない価格引上げ」（通常、引上げの幅については5％から10％程度であり、期間については1年程度）をした場合に、当該商品および地域について、需要者が当該商品の購入を他の商品または地域に振り替える程度を考慮する。他の商品または地域への振替の程度が小さいために、当該独占事業者が価格引上げにより利潤を拡大できる場合には、その範囲が、当該企業結合によって競争上何らかの影響が及び得る範囲であるから、一定の取引分野の候補となるという考え方である。

(b) 供給の代替性

供給の代替性とは、ある地域においてある商品の価格引上げがあった場合に、供給者がかかる価格引上げを受けて、他の商品または他の地域から、当該商品または地域に製造・販売を転換する可能性の程度をいう。

供給の代替性を検討するにあたっては、ある商品および地域について、小幅ではあるが、実質的かつ一時的ではない価格引上げがあった場合に、他の供給者が、多大な追加的費用やリスクを負うことなく、短期間（1年以内を目途）のうちに、別の商品または地域から当該商品に製造・販売を転換する可能性の程度を考慮する。そのような転換の可能性の程度が小さいために、当該独占事業者が価格引上げにより利潤を拡大できるような場合には、その範囲が、当該企業結合によって競争上何らかの影響が及び得る範囲であるから、一定の取引分野たり得ると考える。

(c) 一定の取引分野の画定と実質的競争制限の評価の関係

　一定の取引分野の画定は、企業結合により競争に影響が及び得る範囲を画定することでもあるため、その過程では実質的競争制限の評価において検討されるような種々の競争圧力（輸入圧力等）も検討される。そして、ある範囲で一定の取引分野が画定されたとしても、実質的競争制限の評価にあたっては、当該市場の中における競争圧力（当事会社間および競争者との具体的な競争状況や需要者からの競争圧力等）のみならず、市場外からの競争圧力（隣接市場や輸入・参入圧力等）も考慮されるなど、そもそも一定の取引分野の画定自体が実質的競争制限の評価を先取りしている面がある。

　実務における当事会社と公取委との議論においても、必ずしも、一定の取引分野を画定した後に実質的競争制限を検討するという順序で行われるわけではなく、暫定的に取引分野を画定し、その取引分野をスタートとして実質的競争制限に関する議論を進め、その議論を踏まえて一定の取引分野の画定に戻るといった実務も行われている[37]。

(iii) 国境を越えて地理的範囲が画定される場合

　国際的に取引され得る商品については、日本よりも広い地理的範囲、すなわち、世界市場や東アジア市場などが画定され得る。このような国境を越えた市場画定について、企業結合ガイドラインは、「ある商品について、内外の需要者が内外の供給者を差別することなく取引しているような場合……には、国境を越えて地理的範囲が画定されることとなる。例えば、内外の主要な供給者が世界（又は東アジア）中の販売地域において実質的に同等の価格で販売しており、需要者が世界（又は東アジア）各地の供給者から主要な調達先を選定しているような場合は、世界（又は東アジア）市場が画定され得る」とし、具体的考慮要素として、制度上・輸送上の条件、品質面、国際的価格指標等を挙げている。

　なお、このように国境を越えて地理的範囲が画定される場合であっても、企業結合審査の目的は、あくまで当該企業結合が日本の競争に与える影響を審査することにある。すなわち、需要者側はあくまで日本国内の需要者であ

---

[37] 川合弘造＝中山龍太郎「改正企業結合届出手続下における巨大統合案件の実務」商事1957号（2012）26頁。

ることが求められているということである。逆にいえば、海外の需要者が内外の供給者から商品を調達しており、その意味で当事会社が国際的競争にさらされていても、そのことはわが国の企業結合審査上は必ずしも国境を越えた市場画定につながるわけではない[38]。

実際に世界市場や東アジア市場が認定された事例も存在するが、その数は決して多くはなく、実務的には国境を越えた地理的範囲が画定されることは容易ではない。

日本企業の多くが国境を越えた競争環境に置かれているという実感を持っているにもかかわらず、企業結合審査においては容易に国境を越えた競争が認められないことには留意が必要である。

(3) 競争の実質的制限

企業結合における実質的競争制限の意義については、不当な取引制限の事案において実質的競争制限の意義を明らかにした東宝・新東宝事件(東京高判昭和28年12月7日高民集6巻13号868頁)をベースとしている。ただし、企業結合規制では、当該企業結合が一定の取引分野における競争を実質的に制限する「こととなる」場合に禁止するとされ、将来の弊害発生の蓋然性をもって規制していることを踏まえて、「企業結合により市場構造が非競争的に変化して、当事会社が単独で又は他の会社と協調的行動をとることによって、ある程度自由に価格、品質、数量、その他各般の条件を左右することができる状態が容易に現出し得るとみられる場合」には、一定の取引分野における競争を実質的に制限することとなり、禁止されるとする。

かかる考え方を踏まえた上で企業結合ガイドラインにおいては、企業結合を、①水平型企業結合(同一の一定の取引分野において競争関係にある会社間の企業結合をいう)、②垂直型企業結合(メーカーとその商品の販売業者との間の合併など取引段階を異にする会社間の企業結合をいう)、③混合型企業結合(異業種に属する会社間の合併、一定の取引分野の地理的範囲を異にする会社間の株式保有など水平型企業結合または垂直型企業結合のいずれにも該当しない企業結

---

[38] このように公取委があくまで国内需要者重視の立場から国際市場を画定していることを指摘するものとして、白石忠志「企業結合規制と市場画定」ジュリ1423号(2011)49〜51頁。

合をいう）に分類し、これらは一定の取引分野における競争に与える影響がそれぞれ異なることから、各形態毎の実質的競争制限の判断基準を示している。

(4) 水平型企業結合

水平型企業結合は、同一の取引分野において競争関係にある会社間の企業結合であり、一定の取引分野における競争単位の数を減少させるので、一定の取引分野における競争を実質的に制限することとなるおそれが比較的高いと考えられている。

水平型企業結合が一定の取引分野における競争を実質的に制限することとなるのは、①当事会社グループの単独行動による場合と、②当事会社グループとその一または複数の競争者（「競争者」）が協調的行動をとることによる場合とがあり、企業結合審査においては、これらの2つの観点から審査がなされる。

(i) セーフハーバー

企業結合ガイドラインは、企業結合後の当事会社グループが次の①〜③のいずれかに該当する場合には、水平型企業結合が一定の取引分野における競争を実質的に制限することとなるとは通常考えられず、それ以上の具体的な検討が必要になるとは通常考えられない、として、セーフハーバー基準を設けている。かかるセーフハーバー基準に該当した場合は、競争の実質的制限について実質的な審査が行われないので、企業結合の当事会社の負担は相当軽減される。

① 企業結合後のハーフィンダール・ハーシュマン指数（当該一定の取引分野における各事業者の市場シェア（原則として数量シェア）の2乗の総和。「HHI」）が1500以下である場合
② 企業結合後のHHIが1500超2500以下であって、かつ、HHIの増分が250以下である場合
③ 企業結合後のHHIが2500を超え、かつ、HHIの増分が150以下である場合

また、上記の基準に該当しない場合であっても、過去の事例に照らせば、企業結合後のHHIが2500以下であり、かつ、企業結合後の当事会社グルー

プの市場シェアが35％以下の場合には、競争を実質的に制限することとなるおそれは小さいと通常考えられるとされている。

(ii) 単独行動による競争制限の判断要素

単独行動による競争の実質的制限は、次のような要素を総合的に勘案して判断するとされる。これらの内、いかなる要素がどの程度強い競争圧力として評価されるかは事案毎の事実関係により異なる。もっとも、一般的には、商品が同質的な場合には市場シェアや供給余力が特に重要な要素となり、商品が差別化されている場合には商品の差別化の程度が特に重要となる傾向があるといえる。

(a) 当事会社グループの地位および競争者の状況

当事会社グループの地位および競争者の状況を検討する具体的要素として、①市場シェア、②順位、③当事会社間の従来の競争状況、④競争者のシェアとの格差、⑤競争者の供給余力、⑥差別化の程度が挙げられる。

(b) 輸　入

輸入圧力を検討する具体的要素として、①制度上の障壁の程度、②輸入に係る輸送費用の程度や流通上の問題（物流・貯蔵設備、流通・販売体制等）の有無、③輸入品と当事会社グループの商品の代替性の程度（品質差、使い慣れの問題、価格水準、価格・数量の動き、需要者が輸入品を使用した経験の有無等）、④海外事業者からの供給可能性の程度（生産費用、供給余力、具体的計画、内外価格差）が挙げられる。また、現に輸入が行われていないとしても、上記①から④までの状況を考慮の上で潜在的な輸入圧力が考慮されることがある。

輸入圧力を判断するにあたっては、これらの輸入に係る状況を検討し、商品の価格が引き上げられた場合に、輸入の増加が一定の期間（おおむね2年以内）に生じ、当事会社グループがある程度自由に価格等を左右することを妨げる要因となり得るか否かについて検討がなされる。

(c) 参　入

参入圧力を検討する具体的要素として、①制度上の参入障壁の程度、②実

体面での参入障壁の程度(必要資本、技術条件等)、③参入者の商品と当事会社の商品の代替性の程度、④参入可能性の程度(他の事業者の参入計画、今後の需要拡大、技術革新の頻度等)が挙げられる。

参入圧力を判断するにあたっては、これらの参入に係る状況を検討し、参入が一定の期間(おおむね2年以内)に行われ、当事会社グループがある程度自由に価格等を左右することを妨げる要因となり得るか否かについて検討がなされる。

　(d)　隣接市場からの競争圧力

隣接市場とは、商品範囲として画定された商品と効用等が類似している競合品の市場や、地理的に隣接している同一商品の市場など、商品範囲あるいは地理的範囲において一定の取引分野の外部にありながら、一定の取引分野に対し競争上の影響を及ぼし得る市場をいう。企業結合審査においては、このような隣接市場からの競争圧力が、競争を促進する要素として評価され得る場合がある。

市場画定において、一定の取引分野に含まれる可能性があることが認定されつつも、データの制約等の事情から一定の取引分野から外された商品・地域からの競争圧力は、この隣接市場からの競争圧力として検討される。また、一定の取引分野として画定された商品と間接的に関連する商品であっても、競争圧力として捉えることができる場合がある。

競合品市場からの競争圧力を検討する具体的要素としては、販売網、需要者、価格等の面からみた効用等の類似性があり、地理的隣接市場からの競争圧力を検討する具体的要素としては、近接度、物流手段、交通手段、当該市場の事業者の規模がある。

　(e)　需要者からの競争圧力

需要者が、当事会社グループに対して対抗的な交渉力(価格交渉力)を有している場合には、当事会社グループがある程度自由に価格等を左右することを妨げる要因となり得る。需要者からの競争圧力の有無・程度は、需要者の間の競争状況、取引先変更の容易性、市場の縮小など需要者と当事会社の取引関係等に係る状況を考慮して判断される。

とりわけ、市場の縮小については、わが国において需要が継続的構造的に

減少している業界は少なくないものと思われ、かかる市場環境を適切に訴えることが企業結合審査のポイントとなることも珍しくない。

(f) 総合的な事業能力

企業結合ガイドラインでは、企業結合後において、当事会社グループの原材料調達力、技術力、販売力、信用力、ブランド力、広告宣伝力等の総合的な事業能力が増大する場合には、その点も加味して競争に与える影響が判断されるとされているが、この要素が水平的企業結合における競争の実質的制限の判断において重要視された最近の事例は見当たらない。むしろ、後述する混合型企業結合における検討要素と重なってくることが多い。

(g) 効率性

企業結合後において、当事会社グループの効率性が向上する場合には、限界費用の低下が市場価格の低下という形で需要者に還元され得ることから、その点も加味して競争に与える影響が判断される。

このような効率性が考慮されるためには、以下の3要素を満たす必要がある。

① 企業結合に固有の効果として効率性が向上するものであること（固有性）
② 効率性の向上が実現可能であること（実現可能性）
③ 効率性の向上により需要者の厚生が増大するものであること（需要者の厚生増大）

また、独占または独占に近い状況をもたらす企業結合の場合には、当事会社にとって効率性の達成により競争を行うインセンティブが存在しなくなるため、かかる企業結合を効率性が正当化することはほとんどないとされる。

上記3要件を全て満たすことは実際上極めて難しく、効率性の主張が認められることはまれである。もっとも、実務的には、企業結合が価格支配力による需要者からの利益移転を目的としたものではなく、コスト低減による効率化等、総体としての効率性（厚生改善）を意図していることを企業結合審査において訴えることには一定の意味が存すると思われる。

(h) 当事会社グループの経営状況（「破綻会社の法理」）

　企業結合審査では、当事会社グループの一部の会社または企業結合の対象となる事業部門の経営状況（業績不振の状況）が考慮され、以下の場合には、水平型企業結合が単独行動により一定の取引分野における競争を実質的に制限することとなるおそれは小さいと通常考えられるとされる（いわゆる「破綻会社の法理」(The Failing Company Doctrine)）。

① 当事会社の一方が継続的に大幅な経常損失を計上しているか、実質的に債務超過に陥っているか、運転資金の融資が受けられない状況であって、企業結合がなければ近い将来において倒産し市場から退出する蓋然性が高いことが明らかな場合において、これを企業結合により救済することが可能な事業者で、他方当事会社による企業結合よりも競争に与える影響が小さいものの存在が認め難いとき、または、

② 当事会社の一方の企業結合の対象となる事業部門が、継続的に大幅な損失を計上するなど著しい業績不振に陥っており、企業結合がなければ近い将来において市場から退出する蓋然性が高いことが明らかな場合において、これを企業結合により救済することが可能な事業者で、他方当事会社による企業結合よりも競争に与える影響が小さいものの存在が認め難いとき

　また、当該要件に該当しない場合であっても、当事会社グループの一部の会社等の業績不振の状況は、企業審査において考慮され得る。

(iii) 協調的行動による競争制限

　水平型企業結合では競争単位の数が減少するが、さらに当該一定の取引分野の市場構造、商品の特性、取引慣行等の要素などがあいまって市場構造が変化し、当事会社グループや競争者を含む一定の取引分野における事業者が互いの行動を高い確度で予測することができるようになる場合がある。このように競争事業者同士が互いの行動を高い確度で予測することができる場合、いずれかの事業者が価格を引き上げた場合であっても、他の事業者は価格を引き下げたり据え置くといった競争的な行動をとるよりは、互いに当該商品の価格を引き上げることが利益となり、価格を引き上げた事業者に追随して価格の引上げを行うといった協調的行動がとられやすくなる。このような場合も、企業結合によって当該商品の価格等をある程度自由に左右することが

できる状態が容易に現出し得るため、企業結合審査においては、かかる協調的行動による競争制限についても審査が行われる。

協調的行動は、①事業者が他の事業者の価格や数量等に関する戦略上の行動を相互に高い確度で予測でき、②協調的行動からの逸脱を監視することが容易であり、③協調的行動からの逸脱に対する報復が容易であり、④一定の取引分野の外からの競争圧力が小さい、といった条件が揃う場合に生じやすく、企業結合審査における協調的行動による競争の実質的制限は、当事会社グループの地位および競争者の状況、取引の実態、輸入・参入および隣接市場・需要者からの競争圧力、効率性・当事会社グループの経営状況等を総合的に勘案して判断される。

(a) 当事会社グループの地位および競争者の状況

競争者の数が少ない場合または少数の有力な事業者に市場シェアが集中している場合には、競争者の行動を高い確度で予測しやすい。また、各事業者が同質的な商品を販売しており、費用条件が類似している場合も、競争者が協調的な行動をとるか否かを高い確度で予測しやすい。逆に、企業結合により当事会社の事業規模や生産技術が競争者と比べて従来よりも顕著に異なることとなる場合は、費用条件等が異なってくるため、協調的行動がとられる可能性は低くなると考えられる。

また、当事会社間において活発に競争が行われてきた場合や、一方当事会社の行動が市場の競争を活発にしてきた場合には、企業結合後の当事会社グループの市場シェアやその順位が高くなかったとしても、競争に与える影響は大きくなり得る。例えば、規模が小さくても活発に競争的な行動をとり、市場の攪乱的要素となっていた事業者(maverick)が企業結合により消滅する場合には、協調的行動が行われやすくなり得る。

(b) 供給余力

当事会社の供給余力と競争者の供給余力の双方を勘案し、協調的行動をとる誘因(インセンティブ)の程度と、協調的行動から逸脱しようとするインセンティブの程度、さらには逸脱者に対して報復を行う能力・インセンティブの程度を総合考慮する。例えば、自社の供給余力が大きくない場合には、価格を引き下げて市場シェアを拡大できる余地は限られているため、価格引

下げによって得られる利益は大きくなく、協調的行動をとるインセンティブが生じやすい。他方、自社の供給余力が大きく競争者の供給余力は小さい場合には、商品の価格を引き下げて売上を拡大しても近い将来に競争者の価格引下げにより奪われる売上は限定的であり、当該商品の価格を引き下げて売上を拡大することによる利益を期待し得るので、協調的行動をとるインセンティブは生じにくいと考えられる。

(c) 取引の実態等

価格・数量など、競争者の取引条件に関する情報が容易に入手することができるときには、競争者の行動を高い確度で予測しやすく、また、競争者が協調的行動をとっているかどうか監視することも容易となる。

逆に、需要の変動が大きい場合や技術革新が頻繁で商品のライフサイクルが短い場合にも、協調的行動はとられにくくなる。

加えて、過去の市場シェアや価格の変動の度合いによっても協調的行動の容易さは異なってくる。

(d) その他

以上に加えて単独行動においても問題となる輸入・参入および隣接市場・需要者からの競争圧力や効率性および当事会社グループの経営状況は協調的行動においても同様に考慮される。

(5) 垂直型企業結合

垂直型企業結合とは、メーカーとその商品の販売業者との間の合併のように取引段階を異にする会社間の企業結合をいう。

垂直型企業結合は、一定の取引分野における競争単位の数を減少させないので、水平型企業結合に比べて競争に与える影響は大きくなく、むしろ、生産・取引に関する費用削減等の効率性を向上させる可能性も高い。

もっとも、垂直型企業結合が行われると、当事会社グループ間でのみ取引することが有利になるため、事実上、他の事業者の取引の機会が奪われ、当事会社グループ間の取引部分について閉鎖性・排他性の問題が生じる場合がある。

(i) セーフハーバー

垂直型企業結合においては、水平型企業結合同様にセーフハーバーが定められ、次のいずれかに該当する場合には、実質的競争制限のおそれは通常考えられないとされている。

① 当事会社が関係する全ての一定の取引分野において、企業結合後の当事会社グループの市場シェアが10％以下である場合
② 当事会社が関係する全ての一定の取引分野において、企業結合後のHHIが2500以下の場合であって、企業結合後の当事会社グループの市場シェアが25％以下である場合

なお、上記の基準に該当しない場合であっても、直ちに競争を実質的に制限することとなるものではない。この点、企業結合ガイドラインは、個々の事案毎に判断されることとなるとしつつも、過去の事例に照らせば、企業結合後のHHIが2500以下であり、かつ、企業結合後の当事会社グループの市場シェアが35％以下の場合には、競争を実質的に制限することとなるおそれは小さいと通常考えられるとしている。

(ii) 単独行動による競争制限の判断要素

垂直型企業結合が行われると、企業結合後の当事会社が、自らのグループ会社とのみ取引することによって、事実上、他の事業者の取引の機会が奪われる可能性がある。このような問題は大別して「顧客閉鎖」および「投入物閉鎖」に分類される。

顧客閉鎖とは、企業結合によって川上・川下の関係にある事業部門が統合される場合において、川下事業部門が、川上市場における競争者からの投入物（川上市場における商品・役務）の購入を拒否し、または不公正な取引条件でしか購入しないとすることにより、当該川上市場における競争者が顧客を見つけることを妨害、または困難にすることで、当該川上市場における競争者の事業活動を困難にする（市場を閉鎖する）ことをいう。企業結合ガイドラインは、例として、複数の原材料メーカーより原材料を購入し、かつ、大きな市場シェアを有する完成品メーカーと原材料メーカーが合併し、当事会社の完成品メーカー部門が当事会社の原材料部門からのみ原材料を調達する場合に、他の原材料メーカーが、事実上、大口の需要先との取引の機会を奪われるように、競争者が顧客を見つけることを妨害し、または困難にするこ

とによって競争者の事業活動を困難にする場合を挙げている。

　一方、投入物閉鎖とは、同じく企業結合によって川上・川下の関係にある事業部門が統合される場合において、川上事業部門が、川下市場における競争者への投入物（川上市場における商品・役務）の販売を拒否し、または不公正な取引条件でしか販売しないとすることにより、当該川下市場における競争者が投入物を調達しあるいは利用することを妨害または困難にすることで、当該川下市場における競争者の事業活動を困難にすることである。企業結合ガイドラインは、例として、複数の完成品メーカーに原材料を販売し、かつ、大きな市場シェアを有する原材料メーカーと当該原材料の需要者である完成品メーカーが合併し、当事会社の原材料メーカー部門がその完成品メーカー部門にのみ原材料を販売するようになる場合に、他の完成品メーカーが、事実上、主要な原材料の供給元を奪われるように、競争者が投入物を調達しあるいは利用することを妨害または困難にすることで、競争者の事業活動を困難にすることを挙げている。実際にも、平成28年度事例8：ラム・リサーチ・コーポレーションとケーエルエー・テンコール・コーポレーションの統合は、こうした投入物閉鎖の問題を理由に、日米競争当局は、提案された企業結合に反対意見を表明した模様である。

　なお、企業結合によってこのような顧客閉鎖または投入物閉鎖が生じるおそれがある場合であっても、直ちに競争の実質的制限ありと判断されるわけではない。効率性を含む後述する各考慮要素を検討の上で、当該垂直型企業結合が「競争を実質的に制限することとなる」かが判断される。

　以上のような観点の下、具体的には水平的企業結合と同様に、当事会社グループの地位および競争者の状況、輸入、参入、総合的な事業能力、効率性等の要素が検討されることとなる。

　また、このような典型的な顧客閉鎖または投入物閉鎖とは別に、企業結合の当事者が、垂直的取引関係を通じて、水平的な競争関係にある事業者の競争上センシティブな情報を入手し、これを自己に有利に用いることによって、水平関係にある競争事業者が不利な立場に置かれ、市場の閉鎖性・排他性の問題が生じる蓋然性が生まれることが問題視されることもある。このような場合には、そのような競争上センシティブな情報について適切な情報遮断措置を実施することが必要となることもある。

(6) 混合型企業結合

　混合型企業結合とは、異業種に属する会社間の合併、一定の取引分野の地理的範囲を異にする会社間の株式保有など水平型企業結合または垂直型企業結合のいずれにも該当しない企業結合を意味する。

　混合型企業結合も、競争単位の数を減少させず、むしろ、効率性の向上をもたらす可能性があるため、競争の実質的制限のおそれは小さいが、企業結合ガイドラインは、例えば、企業結合後の当事会社グループの原材料調達力、技術力、販売力、信用力、ブランド力、広告宣伝力等の事業能力が増大し、競争力が著しく高まり、それによって競争者が競争的な行動をとることが困難になり、市場の閉鎖性・排他性等の問題が生じるときがあるとしている。

　企業結合ガイドラインには明示的には記載されていないが、一般に、混合型企業結合において考え得る反競争的な効果としては「ポートフォリオ効果」が指摘されている。これは、混合型企業結合においては、異なる一定の取引分野に属する製品AおよびBが結合後の会社に持ち込まれることとなるところ、当該会社がこれらの製品を抱き合わせて販売することで、製品AまたはBを販売する競争者の販売を妨害し、市場から排除する（市場を閉鎖する）ことをいう。

　理論的には、ポートフォリオ効果による競争の実質的制限の可能性はあるとしても、具体的な認定は容易ではないが、近年、各国の競争当局、特に欧州委員会が従前よりもポートフォリオ効果に基づく市場閉鎖について関心を高めていることには留意が必要である。

2　企業結合に対する反対運動

(1)　企業結合審査における利害関係者の意見の重要性

　企業結合審査を進めるにあたり、各国の競争当局は、(明らかに競争への影響が想定されず、形式的なファイリングだけが必要とされるような場合を除き)顧客、サプライヤー、競争事業者等の利害関係者からの意見および情報を重視している。これらの利害関係者が審査に積極的に関与し、反対活動を行う場合には問題解消措置の要否やクリアランスのスケジュールに大きな影響が

生じ得るだけでなく、場合によっては当該M&Aの成否自体が左右されることがある。

したがって、M&Aを計画するにあたっては、顧客、サプライヤー、競争事業者等の利害関係者からの反対活動が想定されるかどうかを事前に検討すべきであり、懸念の表明が想定される案件においては、そのような懸念をどのように、かつ、すみやかに払拭するか、競争当局に対してどのように働きかけるべきか、慎重な検討が必要となる。例えば、案件によっては、企業結合に係る計画の発表後、すみやかに主たる顧客やサプライヤーを訪問して計画の意義や当該利害関係者へのメリットを説明し、理解を求めることがある。この場合、特定の方向で競争当局に対して意見を述べるよう不当に圧力を掛けるようなことがあってはならないことは当然である。

競争当局による利害関係者への意見照会は、ウェブサイトによる意見募集、アンケートの送付[39]、個別訪問等、様々な形で行われる。これらの意見照会においては、企業結合自体の是非だけではなく、当事者が提案する問題解消措置の妥当性や効果についても問合せがなされることがある。

なお、競争当局は、顧客やサプライヤーだけでなく、競争事業者からの意見や情報も評価している。一般論としては、競争事業者の意見や情報は（当事会社に不利に働く方向で）バイアスがかかっていることも多いが、競争当局はそういった競争事業者の意見や情報も含めて検討・確認し、審査を行っている。

近年では企業結合の計画に対して懸念を有する利害関係者が、自ら（あるいは代理人を起用して）競争当局に対して接触し、自らの見解や懸念を表明し、それを裏付ける詳細な資料を提出することも珍しくない。この場合、当事者は、届出が義務付けられる全ての国・地域において競争当局からの承認を得る必要があるのに対し、利害関係者は、いずれかの主要な国・地域において当局が計画に反対し、または懸念を表明してくれれば目的を達することが可能である。したがって、利害関係者の側では、全ての届出国・地域において同様に競争当局に働きかけるのではなく、どの国・地域において反対活

---

[39] なお、欧州委員会等の一部の国においては、かかるアンケートへの回答は義務とされており、受領者が回答を懈怠した場合、罰金等の制裁を受ける可能性もあるため、注意を要する。

動を行うのが最も効果的・効率的であるかを検討することになる。

(2) 利害関係者による参加・関与のための制度

　利害関係者に企業結合審査手続への関与をどの程度認めるかは国・地域によって制度が異なる。

　欧州委員会の届出制度においては、ある企業結合の計画に対して十分な利害（sufficient interest）を有する利害関係者は、申立てを行い、当該利害を証明することによって正式に審査手続に参加することができる。正式に手続に参加すれば、利害関係者は、当該計画に対する意見の表明や当該意見を裏付ける証拠の提出をすることができるほか、詳細審査が必要となる二次審査（フェーズⅡ）に入る案件においては、当局が当事者に示す異議告知書（Statement of Objection）を（当事者の秘密情報が黒塗りされた形で）受領することができ、その時点で示される当局の初期的な見解に対してコメントする機会が与えられる。当局は、利害関係者と二者間の打合せを行うほか、必要に応じ、当事者、利害関係者および当局が全て参加する三者ヒアリングを実施することもあり、その場合、当事者と利害関係者は直接議論を交わすこともあり得る。さらに、かかる手続に正式に参加する利害関係者は、企業結合計画を承認する当局の決定に対し、裁判所（General Court）に訴えを提起することも可能とされており、審査手続において重要な役割を付与されている。

　ドイツにおける企業結合審査制度も、ある企業結合の計画に対して重大な利害を有する利害関係者は、申立てを行うことによって、当該計画の審査手続に正式に参加することができるようになっており、この場合、利害関係者は、当局が有する審査関連資料に（当事者の秘密情報が黒塗りされた形で）アクセスすることが可能となる。また、当該利害関係者は、二次審査案件においては、企業結合計画を承認する当局の決定に対し、自らが当該決定によって悪影響を受ける限り、裁判所（Higher Regional Court）に訴えを提起することが可能である（他方、一次審査で承認がなされる場合においては、かかる権利は認められていない）。

　他方、米国、日本、中国、韓国等、多くの国々においては、利害関係者が正式に審査手続に参加することができる制度は定められていない。もっとも、そのような制度の有無にかかわらず、実際には、競争当局はいずれも利害関係者からの情報および意見を重視しており、利害関係者に積極的に意見照会

を行っている。上記のとおり、企業結合計画に対して懸念を有する利害関係者が、自ら積極的に審査手続に関与することもある。例えば、米国においては、当局は、利害関係者への意見照会を行った上で、二次審査（Second Request）に進むか否かを判断することがあるが、二次審査となれば、審査には長期間を要することとなり、当事者の審査対応の負担も格段に大きくなるため、利害関係者の意見によって取引全体のスケジュールに大きく影響が生じることとなる。

3 企業結合審査における経済分析の意義

　企業結合ガイドラインは経済分析について特に言及していないが、近年、企業結合審査において公取委担当官が経済分析を行う例や、当事会社が自らの主張を裏付けるために経済分析意見書を提出する例がある。このような経済分析に対応するため、公取委企業結合課にもエコノミストが在籍し、特に二次審査相当案件については案件の当初から審査に関わり、経済分析のための情報提供が独立して求められることも少なくなくなってきている。

　経済分析は、典型的には、一定の取引分野の画定、水平型企業結合案件における単独行動による競争制限の評価などにおいて行われる。一定の取引分野の画定のために用いられる代表的な手法としては、①臨界損失分析、②価格相関分析、③需要の交差価格弾力性の推定、④需要者アンケートによる転換率分析が挙げられる。

　①臨界損失分析は、幾つかの方法があるものの、実務では、ある暫定的な一定の取引分野を画定した上で、事業者が「小幅ではあるが、実質的かつ一時的ではない価格の引上げ」（SSNIP）を行う場合にSSNIPの実行前よりも仮想的独占的事業者の利益が減少しない需要量減少分（臨界損失）とSSNIPを行う場合に実際に見込まれる需要量減少分（実際損失）を比較する手法（ブレークイーブンの場合の臨界損失分析）が用いられることが多い。臨界損失の方が実際損失よりも大きい場合には、事業者は自らの利益が増大するため需要量減少にかかわらず値上げでき、価格支配力を有することを意味するため、上記の暫定的な取引分野で市場を画定させる。他方、実際損失の方が臨界損失よりも大きい場合には、事業者は値上げすれば自らの利益が減少するため、価格支配力を有しないことを意味することから、より広い範囲で取引

分野を画定する必要があることとなる。

　②価格相関分析とは、2つの異なる商品の価格の相関係数をもって2つの異なる商品の価格の連動性を確認しつつ一定の取引分野を画定しようとする手法である。典型的には日本国内の価格と東アジア市場や国際市場における価格との相関を分析して、地域的市場を東アジアないし世界として認定できないかを検討する場合がある。

　③需要の交差価格弾力性の推定とは、A商品の価格が1％上昇した場合に、A商品と競合関係にあるB商品の需要が何％増加するかを示す指標を推定するものであり、正の大きな値になるほど、A商品とB商品の代替性は高いと評価される。

　④需要者アンケートによる転換率分析とは、ある商品の価格が上昇したことに伴い失われた当該商品の需要のうち、別の商品に移った需要の割合の分析である。

　このような経済分析に用いられるデータとしては、商品の価格・販売数量データ、商品の主たる原材料の価格データ、当事会社の財務・会計データ等があり、これらが報告等要請をはじめとした当局からの情報要請に含まれることが増えつつある。もっとも、これらのデータを、正確な経済分析が可能な程度にまで揃えることは、当事会社自身のものに限っても必ずしも容易なことではなく、ましてや他社のデータについては入手不可能な場合も多く、推計をもって対応せざるを得ない場合も多い。

　このようなデータの準備やそれを用いた経済分析への対応を効率的に行うためには、二次審査が見込まれる複雑な案件においては事前にエコノミスト等と十分な打合せを行った上で進めることが必要である。

第4節 ガン・ジャンピング

1 ガン・ジャンピングの概要

「ガン・ジャンピング」（gun jumping）とは、法令等において明確な定義のある用語ではないが、一般に、法令等による許認可が得られる前、あるいは、法令等に基づく待機期間が満了する前に、当事者が規制の対象となる行為や取引を行うことをいう。

企業結合規制の文脈における「ガン・ジャンピング」も、企業結合について法令上の待機期間や当局によるクリアランス手続が完了する[40]前に、当事会社が実質的に企業結合の効果を先取りしてしまうという意味で用いられる場合がある。

元々、米国におけるガン・ジャンピングは、主としてHSR法[41]に基づく待機期間を遵守しないことを根拠とするものであり[42]、欧州において近時巨額の制裁金が賦課されたのも、このような意味におけるガン・ジャンピングの事案であった[43]。このようなガン・ジャンピングを、次に述べる類型との

---

[40] 待機期間の満了とクリアランス手続の完了は必ずしも一致するとは限らない。わが国においては、企業結合計画の提出・受理後、届出受理の日から原則として30日を経過するまでの期間（以下「禁止期間」という）は企業結合を行うことができないとされている（例えば、株式取得について独禁法10条8項参照。以下、特に断りのない限り、独禁法については株式取得に関する条文のみを例示として掲記する）。なお、禁止期間は、短縮される場合もある）。しかし、公取委が報告等要請を行い、いわゆる第二次審査に入った場合には、禁止期間が満了してもクリアランス手続は完了せず、排除措置命令を行わない旨の通知（届出規則9条）をもってクリアランス手続は満了となる。

なお、理論的には、禁止期間中に排除措置命令を行わない旨の通知がなされた場合には、独禁法上の問題がないことが確認された後も待機期間が続くこととなるが、このような場合には、届出会社からの書面での申出に対応して、あわせて禁止期間の短縮もなされることが多いであろう。

[41] 米国の企業結合手続について定めたThe Hart-Scott-Rodino Antitrust Improvements Act of 1976による改正後のThe Clayton Act 7Aのことを指す。以下、同じ。

区別の便宜上、「狭義のガン・ジャンピング」と呼ぶこととする。

これとは別に、企業結合の実現までの過程でなされる情報交換や一定の行為制限が競争者同士の違法な協調行為に該当する場合についてもガン・ジャンピングと呼ばれる[44]。このような意味でのガン・ジャンピングは、前述した狭義のガン・ジャンピングと密接に関連するところもあるが、なお、理論的には異なる枠組みで論ずることが適切と思われることから、便宜上、このような意味でのガン・ジャンピングを「広義のガン・ジャンピング」あるいは、単に「ガン・ジャンピング」と呼ぶこととする。

2 企業結合の過程における情報交換や協調行為

(1) デュー・ディリジェンス等における情報交換等

そもそも当事会社は合併について合意する前に[45]、合併を妨げる重大な問題が存在しないか、あるいは、適切な対価（合併比率）や統合のもたらす効果（シナジー等）を検討するために、相互に相手企業に対する調査

---

42) この意味での米国のガン・ジャンピングに関する議論状況についての邦語の文献として、内藤裕史＝菊川秀明「米国HSR法に基づくガン・ジャンピング規制と実務——司法省が訴訟提起した四つの先例に学ぶ」商事1898号（2010）77頁、井上朗「ガン・ジャンピングに関するコロンビア特別区連邦地方裁判所判決についての一考察」国際商事法務39巻1号（2011）33頁。

43) See 'Mergers: Commission fines Electrabel 20 million Euros for implementing its acquisition of Compagnie Nationale du Rhône without prior Commission approval' Commission Press Release IP/09/895 and MEMO/09/267 (June 10, 2009). 本件についての邦語の解説文献として、井上朗「ガン・ジャンピングに関する欧州委員会決定についての一考察」国際商事法務39巻10号（2011）1411頁。

44) この場合に主に問題となるのはHSR法ではなく、カルテルを問題とするシャーマン法（The Sherman Act）1条違反である。See Omnicare, Inc. v. UnitedHealth Group, Inc., 594 F. Supp. 2d 945 (N.D. Ill. Jan.16, 2009). 邦語の解説文献として、中山龍太郎＝藤井康次郎「企業結合におけるガン・ジャンピング問題への対処法——米国イリノイ北地区連邦地方裁判所判決を参考として」商事1880号（2009）29頁。

2018年3月に米国FTCは、届出義務の有無とは関係なく、企業結合当事者の情報交換には気をつけるべきであることを改めて注意喚起した。

See 'Avoiding antitrust pitfalls during pre-merger negotiations and due diligence' (March 20, 2018) available at https://www.ftc.gov/news-events/blogs/competition-matters/2018/03/avoiding-antitrust-pitfalls-during-pre-merger

(デュー・ディリジェンス）を行うことが一般的である。

　このようなデュー・ディリジェンスにあたっては、例えば、合併を妨げる重大な問題の内容を確認するために重要な取引先との間の契約内容が開示されたり、対価の検討のために既存のコストや売上に関する情報の分析が必要となるほか、統合効果を分析するための一定の情報交換や協議が行われることもある（以下、総称して「情報交換等」という）。

　このようにデュー・ディリジェンスをはじめとした合併の検討過程でなされる情報交換等においては、独立した事業者同士であればなされない情報が交換され、相互の事業活動に影響を及ぼす可能性があるという意味において、ガン・ジャンピングの問題が生じ得る。

(2) コベナンツ条項

　次に、ひとたび合併についての合意が成立したとしても、実際の統合完了までには、株主総会の承認等の法定手続や独禁法はもちろんのこと、諸外国における競争法のクリアランス手続や、競争法以外の許認可取得、あるいは、実務的な対応期間の必要性から実行までには一定の期間を要することとなる。

　このような合意から実行（クロージング）までの期間において、当事会社が合併の実行や自らの企業価値に重大な影響を及ぼす行為[46]を自由に行ってしまうと、合併自体の実行が困難となったり、合意した対価の適正性が損なわれてしまうおそれがある。そこで、一般的には、合意から実行までの期間における一定の行為について禁止したり、相手方の同意にかからしめる条項（コベナンツ（covenants）条項）が置かれる。

　このような条項は、デュー・ディリジェンスと同様に合併という企業価値に極めて重大な影響を及ぼす取引においては不可欠なものであるが、相互の事業活動を一定の限度で拘束する側面があることは否めず、合併の計画がな

---

[45] 実務では、合併の合意後も、引き続き合意内容の適正さを確認するための確認的デュー・ディリジェンスが行われたり、当初の合意（基本合意）では対価は定められず、その後のデュー・ディリジェンスを踏まえて、最終的に対価が定められる場合もある。

[46] 極端な例としては、当事会社の一方が、合併実行前に他の会社に買収される契約を締結する場合もあり得る。このような事態を避けるために、契約締結後は同種の契約の交渉を第三者とは行ってはならないという義務（ノートーク／ノーショップ条項）が課される場合もある。

ければそもそもこのような合意がなされることはないという意味においては、不可避的にガン・ジャンピングの要素をはらむものである。

(3) 統合後の事業プランの事実上の影響

以上述べたデュー・ディリジェンスやコベナンツ条項に加えて、実務で往々にして問題となるのが、統合後の事業プランが統合前の当事会社の事業活動に及ぼす事実上の影響である。

例えば、合併した場合のシナジーとして生産設備やシステムの統合によるコスト削減などが見込まれている中で、当事会社が従前どおりの方針で設備投資やシステム更新などを行った場合、そのような投資は合併が実現した場合には結局のところ無駄な投資となってしまう可能性が高い。このような場合には、当事会社としては、合併が予定されていなければ行ったであろう新規投資を見送るのが合理的な行動であるが、このような行動も合併の計画がなければ、このような行動原理はとられないという意味においては、ガン・ジャンピングの要素をはらむこととなる。

3 ガン・ジャンピング問題への実務的対処

このようなガン・ジャンピング問題に対する対処法について、海外における先例や実務とわが国の独禁法体系を踏まえれば、おおむね以下のような対処をとることが考えられるところである。

(1) 適切な情報管理体制の整備

わが国の独禁法の下では、競争事業者同士の情報交換等それ自体が即違法となるわけではなく、あくまで情報交換等によって事業者間の協調行為が促進され、それが競争の実質的制限をもたらす場合に違法となる。

もっとも、情報交換等が実際になされている一方で、外形的に何らかの協調行為と疑われるような行為が行われた場合に、それが情報交換等に起因するものではないことを直接に証明したり、あるいは、競争の実質的制限がないことを立証することは困難な場合も多い。

したがって、実務的には、情報交換等にあたって、それが現状の競争に影響を与えないよう、以下のような適切な情報管理体制を整備することが重要

となる。
　① 初期段階における適切にドラフトされた守秘義務契約の締結
　② 検討に関与する人員（チーム）の適切な画定
　③ 交換される情報の競争上のセンシティブさに応じた対応
　④ 受領した情報の適切な管理
　⑤ 情報交換等およびその検討過程の記録化

　②〜⑤については、情報交換ガイドラインを当事会社の間で取り交わし、内容を具体化することが実務上多い。このうち、とりわけ重要なのは②および③である。

　一般論としては、情報の受領主体が、直接に顧客と接したり、取引を担当する者でなければ、価格、コスト、取引先に関する情報等の競争上のセンシティブさが高い情報がやりとりされる可能性や、情報が競争制限的な目的に利用される可能性は低くなる。このような観点から、実務では営業や調達等に携わらない人員で構成されたクリーン・チームを組織し、競争上センシティブな情報については外部アドバイザーとクリーン・チームのみが取り扱うという対応がとられている。なお、競争上センシティブな情報に、会社内の役職員がクリーン・チームに入るなどして触れる場合には、当該役職員については営業や開発等の一定の部門への所属や復職が一定期間制限されるなどの措置がとられることもある。

　また、③については、元々、統合前の情報交換等の目的は、統合に重大な支障をもたらす事項の発見や企業価値やシナジーの検討にあることからすれば、あくまでクリアランス前の情報交換等は、そのような目的との関係で必要な範囲に限定されることが原則となる。

　さらに、価格、コスト、取引先に関する情報など、特に競争上センシティブな情報については、内容を抽象的なものとしたり（価格についてはレンジや平均値、取引先については規模や地域的分布等で抽象化して、具体的名称は開示しない等）、外部アドバイザーに分析を依頼し、一次資料は外部アドバイザーが取り扱い、当事会社の担当者はその分析結果のみを受領するといった対応をとることも考えられよう[47]。

　もちろん、当事会社の事業規模や市場における地位等によっては、そもそも情報交換が行われたとしても競争制限効果が生じないことが明らかな場合もあり得る。したがって、どの程度厳格な管理を行うかはケース・バイ・

ケースではあるが、いずれにせよ事案の性格に応じた適切な情報管理体制を整えることは、ガン・ジャンピング対策において最も重要なポイントの1つである。

(2) コベナンツ条項規定にあたっての留意点

前述のように、一定のコベナンツ条項は、企業結合案件における当事会社の利益を保護する上で不可欠のものである。とりわけ、統合後の事業活動や企業価値に重大な悪影響（いわゆるMAC（Material Adverse Change）またはMAE（Material Adverse Effect））を及ぼす可能性のある行為を禁止することを目的としたコベナンツについては、当事会社にとっての必要性も高く、また、目的としても統合前の協調を狙ったものではなく、統合の実現という本来の目的に即したものであると見られる可能性が高い[48]。

これに対して、例えば、一般にはみられないが、当事会社の商品役務の販売先や販売価格を具体的に制限したり、そのような指図権を相手方当事者に付与するような効果を有する条項[49]は、競争法上の問題を惹起する可能性が高いものと思われる。

(3) 統合後の事業プランの事実上の影響への対処について

前述のように統合後の事業プランにおいて設備やシステムの統廃合がなされることが予想される場合に、そのような設備投資を強要することは、より広い意味で非効率性をもたらす。競争法の究極の目的の1つが効率性にある

---

47) これ以外にも、具体的な情報共有の手法として、情報のセンシティブさに応じて開示手法（電子データは用いず、ナンバリング入りのハードコピーのみの開示とする等）に段階を設けることや、当事会社の情報の交換にあたって競争法に詳しい弁護士によるレビューを挟むことも有用である。

48) より具体的には、相手方に対して通常の事業運営（ordinary course of business）の範囲内での活動を義務付ける規定や、MACやMAEをもたらし得る行為を禁止する規定について問題視される可能性は低い。

49) Computer Associates事件（U.S. v. Computer Associates International, Inc. and Platinum Technology International, Inc）では、まさにこのようなコベナンツ条項が規定されていた。See 'JUSTICE DEPARTMENT SETTLES LAWSUIT AGAINST COMPUTER ASSOCIATES FOR ILLEGAL PRE-MERGER COORDINATION' DOJ Press Release (April 23, 2002) available at http://www.justice.gov/archive/atr/public/press_releases/2002/11029.pdf.

以上、統合の実行前には独立の競争単位であるという形式論に拘泥して、かえって効率性を阻害する結果となるのは、競争当局としても意図するところではなかろう[50]。したがって、このような統合後の事業プランを踏まえた統合前の行為により競争が制限される程度と、統合後の事業プランの円滑な実現によって効率性が高まる程度との比較衡量において、統合前のこうした行為が認められる余地は十分にあるものと思われる。

もっとも、このような一般論の下で、具体的にどの程度の行為が許容されるかはケース・バイ・ケースの判断にならざるを得ない。例えば、前述のような設備投資の見送りの例をとれば、統合後に見込まれる効率性向上の度合いや、逆にそのような設備投資が見送られることによる競争上の悪影響の度合い[51]を個別に考えざるを得ないであろう。さらに、たとえ、前者が後者を上回ることが想定されるとしても、コベナンツのような形で強固な相互拘束を行うことは避けるべきであろう[52]。

なお、予定されていた設備投資を控えることと異なり、既に存在する設備の廃棄や取引先の整理等を統合前から始めることは、競争を減殺する程度が高いことから、より慎重な検討を要するであろう。

(4) 統合前の提携関係の維持・実行に関する留意点

なお、本来の意味でのガン・ジャンピングの問題ではないが、当事会社同士が従前から統合を前提としない形で一定の提携関係を有していたり、あるいは、計画していた場合には、そのような提携関係の維持や（計画の）実行が、統合の実質的な実行行為や統合を前提とした協調行為と見られるのではないかという問題が生じる。

理論的にいえば、統合とは独立して、当該提携関係自体が独禁法上問題となるものでなければ、そのような提携関係の維持・実行は問題となるもので

---

[50] このような競争当局側の関心を明確に述べたものとして、William Blumenthal, *The Rhetoric of Gun-Jumping: Remarks before the Association of Corporate Counsel*, p.12 (November 10, 2005) *available at* http://www.ftc.gov/sites/default/files/documents/public_statements/rhetoric-gun-jumping/20051110gunjumping.pdf.

[51] これには、実際に統合過程において生ずる競争状況の悪化だけでなく、最終的に統合がなされなかった場合の仮定的な悪影響も含まれる。

[52] *See* Blumenthal *supra* note 50, p.12.

はないが、実務的には、かかる「独立性」を説明できるような準備は必要となる。

具体的には、企業結合審査の対象となる統合計画の検討が開始される以前から、そのような提携関係が存在していたことや、あるいは、統合計画の検討とは独立した形で、提携関係の協議・交渉がなされていたことを明らかにできることが望ましい。また、あくまで統合とは独立してなされるものである以上、統合自体が中止となった場合であっても、当該提携関係は独立して維持されるものかどうかという観点も重要であろう。

4 クリアランスとガン・ジャンピング

わが国の企業結合審査とカルテル規制は、どちらも基本的には競争の実質的制限の有無を問題としている。したがって、理論的にいえば、企業結合審査においてクリアランスを得たということは、当事会社が完全に一体化しても競争の実質的制限が生じることはないと公取委が判断したということを意味する以上、それ以降は、当事会社間の共同行為について独禁法上の問題が生じる余地はないという帰結となる。

しかしながら、実務的にみれば、企業結合審査における判断は、企業結合審査において当事者や関係者が提供した情報や資料に基づく判断であり、これが一定の強制力を有した調査手続によって収集した証拠を前提としたカルテル被疑事件の審査手続の判断と完全に一致する保証はない。とりわけ、企業結合のクリアランス取得後、結局、競争法以外の事由により統合が実行されなかった場合には、統合を前提としてなされた当事会社の共同行為が、改めてカルテル規制の観点から問題視される可能性は無視できない。

その意味では、わが国の独禁法との関係に限ってみても、企業結合手続上のクリアランスを得ることとあわせて、企業結合実行の蓋然性という観点からの考慮も必要となる[53]。

また、本節の冒頭で述べたように、欧米では、クリアランス完了前に実質

---

[53] このような観点から、例えば、企業結合の実行にあたって株主総会の承認等、企業結合手続以外に企業結合の実行にとって重要な前提手続がある場合には、情報交換等に関する措置の緩和は、企業結合手続上のクリアランスに加えて、そのような他の前提が充足した後とすることがある。

的な企業結合の実行を行ったことを理由として高額の制裁金・罰金が課される事例も見られる。とりわけ米国では、少なくとも形式的には、たとえHSR法上の待機期間が満了しても、正式な企業結合実行までに、実質的な企業結合の実行行為やカルテル行為を行った場合には、それぞれHSR法およびシャーマン法1条違反の問題を惹起することとなる。

　当事会社としては、統合の実を早期に上げるべく、一刻でも早く事業活動の共同化に向けた取組みを開始したいという要求を有することは当然であるが、本節で述べたような狭義および広義のガン・ジャンピング規制の広がりをよく認識した上で、関連する各国の競争法専門家の知見を得ながら、統合後に不測の制裁金等が課されることのないよう慎重な対応が求められよう。

第5節 問題解消措置

1 問題解消措置の基本的な考え方

　問題解消措置は、企業結合審査の結果、提案されている企業結合が、一定の取引分野における競争を実質的に制限することとなると判断された場合に、クリアランス取得の条件として当事会社がその問題を解消すべく講じることとする一定の措置である。一定の取引分野における競争を実質的に制限することとなると判断された企業結合であっても、競争当局が問題解消措置を有効・適切なものと認めた場合は、当該問題解消措置をとることを条件として、企業結合が認められる場合がある。

　問題解消措置を講じることなくクリアランスを得ることが困難であることが予期される場合はもちろん、M&A案件のクロージングが迫っているなどの理由から早期に競争当局の承認を得ることを目的として、案件の初期段階、場合によっては競争当局に対するコンタクトを開始する前に問題解消措置の検討を始め、審査の初期段階でこれを提示することで、審査期間の短縮を図る場合もある。例えば、ニッポンダイナウェーブパッケージングによるウェ

アーハウザーエヌアールカンパニーの液体用紙容器原紙の製造販売事業の譲受け（平成28年度事例1）も、「公正取引委員会の審査の迅速化のため」として、当事会社は情報遮断措置を問題解消措置として届出書において上申しているが、同案件では、案件公表から事業の譲受けまでの期間は、公表情報によれば2か月強であり、実際にも企業結合審査が迅速に進められたことが分かる（このほか、平成28年度事例9：アボットラボラトリーズグループとセントジュードメディカルグループの合併でも、問題解消措置は競争当局の承認を早期に得ることを目的として提示されている）。

当事会社としては、時間的な制約がない場合には、実施することで競争当局の懸念を解消し得る措置の中で、措置の実施による事業価値の減少が最小となる措置を探ることになる。当事会社の一方のみにおいて実施する措置の場合、いずれの当事会社において実施するかについて、当事会社間で利害の対立が生じ得る。統合案件の場合には、問題解消措置の実施による事業価値の減少は最終的には統合会社全体にて負担するものだと整理はできるものの、人事上の影響をはじめ、一方の当事会社のみに一次的には負担が生じることは否定できないことから、当事会社間の利害調整は時に難航し得る。

問題解消措置は、当事会社が保有している製造設備を第三者に譲渡するなどの構造的な措置が原則とされるが、市場構造の変動が激しい市場や垂直統合案件などでは行動措置が妥当な場合もある。

2　問題解消措置の類型・実例

(1)　事業譲渡、コストベース引取権の設定

構造的措置の典型として、事業譲渡が挙げられる。構造的措置は、典型的には、①1回完結の行為であること、②当事会社グループの事業能力を切り出して当該能力を第三者に付け替えるものであること、③②により新規の独立した競争者を創設（または既存の競争者を強化）する効果を有すること、④③の結果として競争上の弊害の発生が防止されること、といった特徴を有するところ[54]、事業譲渡はこれらの特徴の全てを有する。構造的措置は、新規

---

54) 田辺治＝深町正徳編著『企業結合ガイドライン』（商事法務、2014）216頁。

の独立した競争者を創出（または既存の競争者を強化）して競争を維持し、かつ1回完結の行為であるためその後の競争当局による継続的な監視も不要である点で、最も望ましいとされる。

　近時、事業譲渡の措置が講じられた事例として、ハードディスクドライブの製造販売業者の統合に際して、製造設備の譲渡の例がある。PC・家電向け3.5インチHDDについて、市場シェア約10％分に相当する量を製造する設備の一部を譲渡することが問題解消措置とされた例がある（平成23年度事例6：ハードディスクドライブの製造販売業者の統合）。

　また、ヤマダ電機によるベスト電器の株式取得に関しては、当該株式取得により競争が実質的に制限されることとなる10地域において、当該地域に所在する当事会社の店舗のうち1店舗を第三者に譲渡することとされた（平成24年度事例9：㈱ヤマダ電機による㈱ベスト電器の株式取得）。またJXホールディングスによる東燃ゼネラル石油の株式取得案件では、プロパン元売業およびブタン元売業（LPガス元売業）について、JXTGエネルギー（JX統合当事会社）は、統合実行日から6か月以内に、東燃ゼネラルが保有するLPガス元売業者であるジクシス株式会社の株式全ての譲渡に係る契約を締結し、当該契約締結日から3か月以内に当該株式の譲渡を実行するとされている（平成28年度事例3：出光興産㈱による昭和シェル石油㈱の株式取得及びJXホールディングス㈱による東燃ゼネラル石油㈱の株式取得)[55]。

　事業譲渡以外の構造的措置として、コストベースの引取権の設定が挙げられよう。コストベースの引取権の設定は、事業譲渡に比べ、1回完結の行為でないため継続的な監視の必要性があり、また商品の種類やコスト条件が共通化されてしまい、技術革新競争も回復しない等の制約があるため、事業譲渡よりは望ましくないと考えられているが、需要が減少傾向にあるなど譲受先が容易に出現する状況がなかったり、改良、技術サポート、アフター・サービス等が競争上あまり重要でない場合には、コストベースの引取権の設定でも有効な問題解消措置であると判断されることもある。

　新日本製鐵と住友金属工業の合併の件において、無方向性電磁鋼板について、合併後5年間、住友商事に対し、国内ユーザー向けに住友金属が販売してきた全グレードの製品について、住友金属の直近5年間における国内年間販売数量の最大値を上限として、合併会社の無方向性電磁鋼板のフルコストをベースとして計算した平均生産費用に相当する価格で供給するとされた

（平成23年度事例2：新日本製鐵㈱と住友金属工業㈱の合併）。

なお、新日鐵住金による日新製鋼の株式取得（平成28年度事例5）では、ステンレス冷延鋼板については、日本冶金工業またはその子会社に対して、①需要者リストを含む営業情報の提供および営業担当者の同行を含む営業支援を行うこと、②技術ノウハウをライセンスすること、③一定期間一定数量を上限とするOEM供給をすること、④一定期間一定数量を上限とする受託メッキ加工を行うこと、⑤一定期間原板の供給を行うこと等の措置を講じることとされているが、このうち、①および②については、一種の「商権」譲渡とでもいうべきものであって、一種の構造的措置としての事業譲渡と行動的な措置との中間的な形態とでもいうべきものである。

(2) その他

(i) 輸入・参入を促進する措置、特許権等の適正な条件での実施許諾等

需要が減少傾向にある等のために、当事会社グループの事業部門の全部または一部の譲受先が容易に出現する状況にないなどの理由から、事業譲渡等を問題解消措置として講じることができないと認められる場合には、輸入・参入に必要な設備等の提供および特許権等の適正な条件での実施許諾等によ

---

55) 近時、長崎県における地方銀行の統合案件との関係で、地方金融機関の統合における企業結合審査のあり方が問題になっているが、過去の地銀統合案件では、平成2年の山陰合同銀行による旧ふそう銀行の合併（平成2年度公正取引委員会年次報告（http://www.jftc.go.jp/info/nenpou/h02/top_h02.html））において、店舗付債権譲渡が問題解消措置として実施されている（このほかに平成3年の伊予銀行と旧東邦相互銀行との統合案件（平成3年度公正取引委員会年次報告（http://www.jftc.go.jp/info/nenpou/h03/top_h03.html））がある）。ただ、こうした地方銀行の統合が行われた当時は、金融行政当局による支店の出店制限が厳しく、店舗の譲渡を受ける金融機関にとっても譲受けのメリットが大きかったと考えられること、旧ふそう銀行にしても、旧東邦相互銀行にしても事実上経営破綻をしていたことなどから、破綻処理という側面があったと考えられる。本書執筆時点で、長崎県の地銀統合案件について最終的な処理方針は明らかになっていないが、現在の金融規制の下で、店舗譲渡では問題解消措置の目的である既存の競争者の競争力強化という効果がもたらされるとも思われず、また、個別の債権譲渡も顧客である融資先の同意が得られるのかという問題があるほか、融資先が何の見返りもなく無条件で承諾するとも思われず、仮に問題解消措置を検討するとすれば、もう少し別の方途を考えるほかにはないと思われる（本書脱稿後の平成30年8月24日に当事行が、1000億円弱相当の貸出債権を他の金融機関に譲渡することを条件として、公取委は排除措置命令を行わない旨の通知をした（https://www.jftc.go.jp/houdou/pressrelease/h30/aug/kiketsu/180824.pdf））。

り、輸入・参入を促進することが例外的に問題解消措置として認められる場合がある。

近時の事例として、石油元売会社の統合に際して、主燃料（ガソリン、軽油、灯油およびＡ重油）の輸入促進のために、石油元売会社が商社等による輸入時の備蓄義務を肩代わりする措置が講じられた例がある（平成28年度事例3：出光興産㈱による昭和シェル石油㈱の株式取得及びJXホールディングス㈱による東燃ゼネラル石油㈱の株式取得）。当事会社が、油種毎に、石油元売会社以外の事業者によって輸入される数量が内需の10％に相当する数量になるまで、輸入時に課せられる石油備蓄法に基づく備蓄義務を肩代わりし、措置利用者から、タンクの維持管理に係るコストベースの委託料を受け取るという措置がとられた。本件においては、主燃料について、問題解消措置なしでは、石油元売会社間で協調的行動による競争の実質的制限が生じることとなるとされていたところ、本肩代わり措置によって、輸入に係る備蓄義務の負担および心理的な障害が軽減され、輸入が促進されることをもって、かかる協調的行動による競争制限の懸念は解消されると評価された。なお、本肩代わり措置によって直ちに内需の10％の輸入が生じるものではないものの、石油元売会社が輸入を行う石油元売会社以外の事業者による行動を高い確度で予測することは容易ではないことから、本肩代わり措置による輸入促進効果は、石油元売会社間の協調的行動に対する十分な牽制力となり得るとされた。

新日鐵住金による日新製鋼の株式取得の件においては、表面処理鋼板の一種である「溶融亜鉛-アルミニウム-マグネシウム合金めっき鋼板」、ステンレス鋼の一種である「ステンレス冷延鋼板」について、それぞれ、新規参入を促進すること、競争事業者の競争力を強化することを企図した問題解消措置がとられた（平成28年度事例5：新日鐵住金㈱による日新製鋼㈱の株式取得）。溶融亜鉛-アルミニウム-マグネシウム合金めっき鋼板については、競争事業者である神戸製鋼所に対して、①当事会社が保有する特許および製造ノウハウを期限の定めなくライセンスすること、②ライセンス品の受注活動に必要な情報を提供すること、③一定期間一定数量を上限とするOEM供給をすること、④一定期間一定数量を上限とする受託メッキ加工を行うこと等の措置を講じることとされた。特許権をはじめとする技術ライセンスによる問題解消措置は、欧米等でもしばしば見られるところであり、その条件設定のあり

方について、適切な水準に設定することの重要性が指摘されている。

新日本製鐵と住友金属工業の合併の件においては、新規参入者から要請があった場合には、当該新規参入者に対して、UO鋼管の安定供給および自動溶接機の供給およびその取扱いに係る技術指導を行うという問題解消措置がとられた（平成23年度事例2：新日本製鐵㈱と住友金属工業㈱の合併）。

東京証券取引所グループと大阪証券取引所の統合の件においては、東京証券取引所は、NYSE Liffe との契約において、NYSE Liffe の TOPIX 先物取引の取引時間を、東京証券取引所の TOPIX 先物取引の取引量が多い日本時間の午前9時から午後3時までと重複しないよう、日本時間の午後3時から翌午前6時（英国の夏時間では午前5時）までに制限しているところ、NYSE Liffe が、TOPIX 先物取引の売買関連業務を、東京証券取引所の TOPIX 先物取引の取引量が多い日本時間の午前9時から午後3時まで（英国の夏時間以外は、日本時間の午前10時から午後3時まで）の間も行うことができるよう、当該時間帯における TOPIX の使用に関する合理的な条件のライセンスを、本件統合の実行日までに提供するという問題解消措置がとられた（平成24年度事例10：㈱東京証券取引所グループと㈱大阪証券取引所の統合）。

(ii) 当事会社グループの行動に関する措置（共同出資会社における情報遮断措置等、差別的取扱いの禁止）

ⓐ 水平型企業結合の場合

新規の独立した競争者を創出（または既存の競争者を強化）する効果はないものの、当事会社グループの行動に関する問題解消措置をとることによって、市場構造を競争的に維持できる場合もある。

例えば、出資者間の統合を通じて、出資先の事業者間で協調的行動が生じ得る企業結合の場合において、出資比率の引下げ、役員派遣の制限、出向者の人事評価制度の変更、情報遮断等の措置を講じることにより、協調関係の形成を阻害する問題解消措置があり得る。

例えば、前記の石油元売会社の統合の件においては、LPガスの元売業者のうち、主要な4社について、出資者たる石油元売会社2社ずつの2件の統合によって新たに結合関係が形成されることで、（問題解消措置なしでは）LPガス元売業者間の協調的行動による競争の実質的制限が生じることとなるとされた。具体的には、石油元売会社の2件の統合によって、統合後の石油元

売会社 X 社が、LP ガス元売業者 A 社、B 社、C 社の各株式について、議決権保有割合でそれぞれ 51％、50％、25％保有することとなり、統合後の石油元売会社 Y 社が、LP ガス元売会社 C 社（ジクシス株式会社）、D 社の株式について、議決権保有割合でそれぞれ 25％、51％保有することになることで、X 社および Y 社のいずれもが出資することとなる C 社（ジクシス株式会社）への出向役員等が出向元である X 社（A 社および B 社を子会社または関連会社としている）および Y 社（D 社を関連会社としている）の利益を図って行動することなどを通じて、A 社、B 社、C 社および D 社が競争回避的な協調的行動をとるインセンティブが生じるとされた。そこで、①X 社については、前記(1)のとおり、企業結合実行後一定期間内に保有するジクシス社株式を全部譲渡する等の構造的な措置をとるとともに、②Y 社については、ⓐ企業結合実行後一定期間内に Y 社の保有する C 社株式について、出資比率を 20％に引き下げること、ⓑ企業結合実行後一定期間内に出向役員を非常勤監査役 1 名に限定すること、ならびにⓒ企業結合実行日以降、出向役員等に対する C 社の人事評価に関与しないこと、株主として会社法上認められる権利を超えた権利を行使しないこと、C 社に対する生産 LP ガスの供給を継続すること、C 社に対する設備の賃貸を継続すること、および情報遮断措置を実施することを内容とする問題解消措置を講じることとされた。かかる問題解消措置によって、結合関係が解消または制限されることで LP ガス元売会社間の利害が共通化する状態が解消され、また、LP ガス元売業者間で競争上センシティブな情報が共有される事態も防止され、さらに、C 社が従前と同等の競争力を維持することができるため、協調的行動による競争の実質的制限が生じることとはならないとされた（平成 28 年度事例 3：出光興産㈱による昭和シェル石油㈱の株式取得及び JX ホールディングス㈱による東燃ゼネラル石油㈱の株式取得）。

　少数持分の保有に留まるものの、結合関係を生じさせ得る株式取得において、株式取得会社と株式発行会社との間の情報遮断措置、役員派遣の制限、その他株式発行会社の経営の独立性を維持する措置を講じることで、市場構造を維持する措置もあり得る。

　王子ホールディングスが上場会社である中越パルプ工業の株式を取得し、議決権保有割合が 20.9％となる案件において、①競争の実質的制限が生じることとなるとされた 6 品種の競争上センシティブな情報について、当事会社

間で相互に開示しないこととし、かつ、かかる義務に違反した場合には懲戒処分の対象となることを確認・周知すること、②派遣する取締役は非業務執行取締役1名に限定すること、③当該6品種の製造販売に関して企業結合または事業提携を行う場合には、予め公取委の了解を得ること等の措置を講じることとされた（平成26年度事例3：王子ホールディングス㈱による中越パルプ工業㈱の株式取得）。

　商品の生産は共同出資会社において行うが、販売は出資会社がそれぞれ個別に行うこととしている企業結合の場合において、出資会社相互間および出資会社と共同出資会社間において当該商品の販売に関する情報の交換を遮断したり、共同資材調達の禁止など独立性を確保する措置を講じることにより、出資会社間の協調関係の形成を阻害して、単独行動により競争に及ぼす影響を小さくする問題解消措置もあり得る。

　三井金属鉱業と住友金属鉱山による伸銅品事業の統合の件においては、三井金属および本件共同出資会社は、本件行為により、当事会社間で電気銅地金に関する情報が共有されることを防ぐため、情報遮断措置の設計、実行および監視を責任を持って行う体制を構築することとされた（平成21年度事例3：三井金属鉱業㈱と住友金属鉱山㈱による伸銅品事業の統合）。

　例外的に、企業結合により非競争的に変化した市場構造の下で、当事会社が利潤最大化行動をとらないことを約する問題解消措置もあり得る。

　東京証券取引所グループと大阪証券取引所の統合の件において、新興市場における上場関連手数料の決定を外部の有識者の判断にかからしめ、当事会社のみでは上場関連手数料を決定できないようにするとの措置がとられた（平成24年度事例10：㈱東京証券取引所グループと㈱大阪証券取引所の統合）。

(b)　垂直型企業結合または混合型企業結合の場合

　垂直型企業結合または混合型企業結合により市場の閉鎖性・排他性の問題が生じる場合に、結合関係にない事業者を差別的に取り扱うことを禁止することにより、市場の閉鎖性・排他性の問題を解消する問題解消措置もあり得る。

　大建工業によるC&Hの株式取得の件において、大建は、本件株式取得実行後5年間、薄物MタイプのMDFに関し、外販先に対し、価格・数量・納期・品質・規格（厚さ・寸法等）等の取引条件について、大建グループに

対して供給する場合と実質的に同等かつ合理的な条件で引き合いに応じさせる、との問題解消措置がとられた（平成24年度事例1：大建工業㈱によるC&H㈱の株式取得）。

　また、日立金属による三徳の株式取得案件は、川下製品であるネオジム磁石の生産者である日立金属（市場シェア約30％）による川上製品であるネオジム磁石合金の生産者である三徳（約75％のシェア）の株式取得案件であり、当事会社グループには、投入物閉鎖および顧客閉鎖を行う能力およびインセンティブがあるとして、市場の閉鎖性・排他性の生じる蓋然性が認められると公取委に判断されたことを受けて、川上製品の生産者であった三徳においては、日立金属以外の川下製品である磁石メーカーに対し、今後5年間、原材料費および加工費の合計額にて、過去3か年度の供給数量の平均値を上限とする数量のネオジム磁石合金の供給を行うこと、川下製品の生産者であった日立金属においては、三徳以外の川上製品の生産者から、原則1年間、本件問題解消措置申出時点における当該企業との間の品種毎の取引価格を上限とする価格にて、日立金属が過去3か年度の供給量の平均値を上限とする数量のネオジム磁石合金の供給を受けることなどを問題解消措置として実施することとしている（平成29年度事例2：日立金属㈱による㈱三徳の株式取得）。このような一定価格・一定量の供給や引取りを従前からの取引先に保証するような行動的措置を問題解消措置とする例は、世界的にも垂直型の企業結合案件では比較的よく見られる。

　このほか、混合型の垂直統合案件としての要素も含むクアルコム・リバー・ホールディングス・ビーブイによるNXPセミコンダクターズの株式取得事案では、ベースバンドチップ市場で約50％のシェアを有するクアルコムは、今後8年間、全世界において、企業結合の当事会社および第三者の製品間の接続性のレベルを、クアルコムのベースバンドチップとNXP製の製品の間において将来存在し得る接続性と同一に維持することを問題解消措置としてとることを約束することでクリアランスを得ている（平成29年度事例3：クアルコム・リバー・ホールディングス・ビーブイによるエヌエックスピー・セミコンダクターズ・エヌブイの株式取得。なお、同案件は、中国当局の承認を得られなかったことから、実際には実行されなかった）。同案件は、全世界的に、将来にわたっての同等の接続性の確保という競争を実質的に確保するとの行動的な措置が約束されたという点で、先端的な技術が関わる分野に

おける問題解消措置の例と考えられる（同様の事例として、平成29年度事例4：ブロードコム・リミテッドとブロケード・コミュニケーションズ・システムズ・インクの統合）。

(c) 情報遮断措置

近時の事案で問題解消措置がとられる場合には、その一部に情報遮断措置やそれを補足する手段が求められることが多い。これは完全に1回限りで完結する事業譲渡といった構造的措置以外の問題解消措置がとられることが多いためであるが、近時の公取委の実務では、その内容としてより緻密なものが求められ、場合により人事政策（出向後の人事異動先等）にまで関わる内容のものが見られるようになっている。

(d) 特殊な要請に基づく問題解消措置

ところで、中国など一部の海外当局は、競争政策的な配慮とは異なる理由で求めたとしか考えにくい行動的措置をM&A当事会社がとることを条件にクリアランスを出している事案が散見される。例えば、中国の川下企業への販売価格の値上げ禁止や、中国内の子会社の生産能力増強禁止などが挙げられる。こうした措置を海外当局から求められた場合、どこまでこれを受け入れるのか、慎重な検討が必要となる。

(iii) 競争事業者の存続の確保

前記の石油元売業者間での経営統合案件では、出光興産による昭和シェル石油の株式取得およびJXホールディングスによる東燃ゼネラル石油の株式取得の結果として、その他の競争事業者がそれまで依存してきた、バーター取引が解消されるなどして、競争圧力が減じるおそれを解消して、競争事業者の競争力を維持するための現行のバーター取引の維持等に係る措置が問題解消措置としてとられている（平成28年度事例3：出光興産㈱による昭和シェル石油㈱の株式取得及びJXホールディングス㈱による東燃ゼネラル石油㈱の株式取得）。このような競争事業者の競争力維持のための措置がとられる例は必ずしも多くはなかったが、前記(ii)(b)に挙げた近時の先端技術分野の案件では、事業者の競争力維持のため、同等の接続性の確保が問題解消措置としてとられるなどしている。

3　問題解消措置の実施の確保

　問題解消措置は、取引実行前に講じられることが原則であるが、一定の期限の定めのもと、実行後に行われる場合もあり得る。企業結合の実行後に問題解消措置を講じることになる場合には、当該問題解消措置の実行までの間に競争上の弊害が生じないような手当や、譲渡の対象となる事業等の価値が毀損されないような手当が講じられることもある。

　例えば、ヤマダ電機によるベスト電器の株式取得の件においては、株式取得の実行から約半年後までに譲渡の契約を締結し、期限までに譲渡が実行できない場合は入札手続に付するとされた。また、譲渡までに事業等の価値が毀損されないための手当として、「店舗の譲渡が完了するまでの間、対象店舗の事業価値を毀損しないようにするとともに、各対象店舗において消費者に不当に不利な価格設定を行わない」ことも措置の内容に含まれた（平成24年度事例9：㈱ヤマダ電機による㈱ベスト電器の株式取得）。

　企業結合の実行後一定期間内に事業を売却する措置においては、当事会社から独立した第三者である divestiture trustee（事業処分受託者）に対して、当事会社が当該時期までに措置を実行しない場合に、同等以上の事業を売却する権限が与えられるという仕組みが考えられる。米国においては一般的な制度として定着しているが、日本においても、近年、かかる仕組みが設けられた事例が登場した。

　ジンマーとバイオメットの統合案件において、当事会社が製造販売する人工関節のうち、UKA（人工膝関節の一種）および人工肘関節について、統合によって競争の実質的制限が生じることとなるとされた。問題解消措置として、UKAおよび人工肘関節について、それぞれ、当事会社が、一定の市場シェアに相当するブランドに係る有形資産、知的財産権等を適切な譲渡先に譲渡することとされたが、当事会社が一定の期間内に譲渡先との契約締結に至らなかった場合には、独立した第三者である事業処分受託者が、公正取引委員会の同意を得た上で、各事業を売却することとされた（平成26年度事例7：ジンマーとバイオメットの統合）。事業処分受託者の仕組みは、当事会社に自ら積極的に対象事業の売却先を探すインセンティブを生じさせることで、問題解消措置の迅速な履行を促進させるものであり、措置の実効性確保の点

で評価できるものとされている[56]。

　また、特に欧州において定着している制度であるが、企業結合の実行後に当事会社が一定の措置を行うことが予定されている場合には、前記の事業所分受託者に加えて、当該措置が履行されていることを監視するために、いわゆる監視受託者（monitoring trustee）を設けることが考えられる。例えば、ダウグループとデュポングループの統合（平成28年度事例2）では、ダウグループの酸性コポリマー事業の一定期間内の第三者への譲渡が問題解消措置としてとられているが、本件措置の完了までの間、ダウグループが行う他の事業から譲渡対象事業を切り離し、販売に適した事業として管理されることを確保する独立した第三者（監視受託者）が選任されることとされている。

　こうした当事会社から独立した受託者の選任は現在までのところ、外国企業間での統合のほかに、外国競争当局の要求で日本企業間での統合についても導入される例はあったが、海外当局が強い関心を有しない日本企業間の統合案件での導入例はないし、そもそも、適切な受託者を選任することは困難なのが実情であるが、昨今の企業結合審査では、公取委担当官からはその導入が示唆される例も出てきている。今後の展開が注目される分野である。

---

[56]　久保研介ほか「ジンマーとバイオメットの統合計画に関する審査結果について」公正取引776号（2015年）62頁。

第6節
M&A契約における企業結合審査の取扱いと競業避止義務条項

1 意 義

　企業結合審査によりM&Aが遅延・毀損・中止され得るリスクをここでは「競争法リスク」と呼ぶことにするが、M&A契約において競争法リスクの分担について取引当事者間で適切に合意する必要性が高まっている。日本では、競争法リスクに関して、M&A契約でその分配のあり方について詳細な定めを置く例は、今まで少数に留まっているように思われるが、海外、特に欧米では、とりわけ、競争事業者の数が限定的で寡占度の高まっている産業の場合には、当事者間の適切なリスク分配の観点からM&A契約で詳細な条項を置くことが少なくない。以下ではクロージングの前提条件、誓約事項等のM&A契約における位置付け毎に競争法リスクの当事会社間での配分方法に関する具体的ないくつかの条項を概観する[57]。

　あわせて、M&A契約にしばしば盛り込まれることの多い競業避止義務の問題も検討する。

2 クロージングの前提条件・停止条件（Conditions Precedent）と競争法リスク

(1) 競争法クリアランスの取得

　M&A契約では、クロージングの前提条件（Conditions Precedent）として、

---

[57] 本節の記載内容に関する文献としては、Frank Aquila and Melissa Sawyer, Speed Reading: Top 10 Ways to Address Antitrust Risk in M&A Transactions, LexisNexis Emerging Issues Analysis, Sep. 2012; Peter D. Lyons, Beau W. Buffier and Jessica K. Delbaum, Strategic Deals Require Strategic Thinking: Antitrust Provisions to Consider in Negotiated Transactions, The M&A Lawyer (Feb. 2010 Volume 14 Issue 2) 等がある。

取引実行に必要な許認可の取得が規定されることが多いが、競争法リスクに関しても同様に、管轄を有する競争当局から当該 M&A の実行に関して必要となる「当該 M&A について競争法上の問題がない」旨のクリアランス（以下「競争法クリアランス」という）を取得したことが前提条件として規定されることが一般的である。

　日本では公取委によるいわゆる 9 条通知[58]が競争法クリアランスに該当するため、純粋な国内 M&A では、当該通知を受領したことを前提条件として規定することがよくある。国際的な M&A のみならず、国際的な事業活動を行っている日本企業間の M&A では、海外の競争当局への届出も必要となる場合が多いが、法域によっては競争法クリアランス取得を示す書面の交付が行われず、競争当局が何らの措置をとらずに待機期間が経過した場合には M&A の実行が可能とする法域もあり得るため、M&A 契約の文言もその点を意識したより抽象的なものにする必要がある。

　国際的な大型 M&A で海外の複数の競争当局への届出が必要になる場合、クロージングの前提条件として、届出対象の全ての競争当局から競争法クリアランスの取得を要することまで規定するかが実務上問題となることがある。新興国等では、届出義務の閾値が著しく低く定められていることも多いため形式的には届出義務が発生するが、こうした国・地域の場合、競争法の法執行の歴史が浅いこともあって、他の法域と比較して審査に大幅に時間を要するばかりか競争政策とはかけ離れた不合理な要求が競争法クリアランスの条件としてなされることもあるため、順調なクロージングの阻害要因となり得る場合がある。そのため当事会社の各法域におけるビジネスの重要性等に鑑みて一定の法域の競争法クリアランスの取得のみを前提条件として合意することもある。その場合には、競争法クリアランスの取得を要する特定の法域を明示的に合意するほか、競争法クリアランスを取得できないことが M&A に重大な悪影響を及ぼすことになる（いわゆる MAC/MAE）法域からの競争法クリアランスの取得を前提条件とする旨合意することも考えられる。このように特定の法域を前提条件から除外した場合、M&A 契約上はその法域の競争法クリアランスを取得しないままでクロージングを行うことが可能ということになる。しかし、特にその法域で今後も継続的にビジネスを行う場合、

---

[58]　前掲注 20) 参照。

当局との関係の悪化、レピュテーションの低下といったリスクのほか、当該取引の有効性が争われたり罰金・制裁金等の制裁が課される可能性もある。したがって、M&A 契約上はクロージングを行うことが可能になっても、実際にその法域の競争法クリアランスを取得しないままで取引を実行するかの判断は慎重に行う必要がある。

(2) 競争当局による差止訴訟等の不存在

競争当局が、競争上の懸念を理由として、当該 M&A を禁止・差し止める行政措置をとったり訴訟を提起した場合に M&A をそのまま実行するのは通常想定し難い。日本において M&A に独禁法上の問題があるとして公取委から事前通知、排除措置命令、または裁判所への緊急停止命令の申立て（独禁 70 条の 4）が行われた場合に、そのそれぞれについて、裁判所等で争うことは可能ではあるものの、そのまま M&A を実行することは必ずしも容易なことではない。したがって、競争当局によるこのような法的措置が存在していないことをクロージングの前提条件として規定することが考えられる。

上記(1)の競争法クリアランスの取得を前提条件として定めている場合には、この前提条件の独自の意義は想定し難い。他方、複数の海外競争当局への届出が必要な M&A で特定の競争当局からの競争法クリアランスの取得を前提条件の対象から除外した場合を想定すると、その除外された競争当局が法的措置をとる可能性がある場合にこの前提条件が独自の意義を有することがあり得る。さらに、当事会社が届出義務はないと判断した法域において競争当局が独自に当該 M&A の調査を職権で開始するような場面でも、この前提条件が意味を有することになろう。

3 誓約事項（Covenants）と競争法リスク

(1) 届出義務・手続の協力義務

M&A の実行に競争当局への届出が必要になる場合、M&A 契約に誓約事項として、届出義務者について競争当局への届出を行う義務を規定すべきことが多い。

競争当局への届出のためには必要な情報の収集等、両当事会社の協力が必

要不可欠な場合がほとんどであるため、各国競争法上は必ずしも届出義務を負担していない当事会社に対しても、届出への協力を義務付ける規定が導入されることが多い。確認的に、競争当局への届出や提出資料の内容が法的要件や当局から要求される水準に適合するものでなければならない点も合意されることがある。

　この届出義務・協力義務に関してさらに具体的な規定が置かれることもある。まず、クロージングを可能な限り早める観点から、M&A契約の締結日から一定の日以内（例えば30～45日以内）に競争当局への届出を行う義務を規定する場合がある。もっとも、競争に与える影響が大きいことが想定され競争当局の詳細な審査が見込まれる場合には、当事会社の準備に予想以上の期間が必要になることもあるため、例えば両当事会社の担当者による協議等によって当該期日が猶予・延長される等の措置に関しても合意しておくことが望ましいであろう。あわせて、当局によっては届出前に事前審査を行う場合もあり、その期間が長期に及ぶ場合もあるので、こうした当局との関係では、正式な届出に代えて、一定の資料を用意しての各国当局への事前説明のための接触を一定期間内に行うことが定められている場合もある。

　また、届出後も競争当局からは追加での情報提供が求められることも多いが、特に二次審査（日本の場合、「第2次審査」）に進むような案件では、競争当局から膨大な追加情報・資料の提供を求められることがある。このような競争当局からの要求に迅速に対応する義務が合意されることも必要といえ、例えば、日本の場合であれば、公取委からの第2次審査に必要な追加資料の請求である「報告等の要請」およびそれに相当する海外当局からの請求（米国のセカンド・リクエスト等）に関しても、対応の期限を具体的な日数で合意することもあり得よう。

　さらに、届出後は迅速なクリアランス取得のために、競争当局との間で積極的かつ戦略的にコミュニケーションをとる必要があるが、これに両当事会社を関与・同席させるか、それが不可能な場合にはそのコミュニケーションの内容を迅速に他方当事会社に知らせてアップデートを行う義務を規定することも考えられる。

　関連して、競争当局への提出資料を当局への提出前に両当事者がレビューすることができる旨の合意や、当局対応戦略の決定権（例えば、当事会社による意見書の内容やいわゆるpull & refile[59]の決定等）につき、双方の合意が必

要か、それとも一方当事者（多くの場合は買主）が他方当事者との協議に基づき最終的な決定権を有することにするかについて合意することもある。

スケジュールに関して、M&A契約では解除事由の1つとして、「クロージングの前提条件が充足されないままクロージング期限日が経過したこと」が規定されることが多い。ここで、充足（実現）されていない前提条件が競争法クリアランスの取得のみである場合、欧米のM&A契約では、両当事者の合意または一方当事者の単独の意思決定で当該クロージング期限日を一定期間（例えば3か月程度）延長させることができる旨の合意も有益であり、実際にもしばしば見られるところである。これは、競争当局による審査が当初の想定より遅れてはいるが、延長期間内であれば競争法クリアランスを取得できる見込みがある場合に備えた規定である。

以上のほか、当事会社（特に買主）に対し、当該M&Aの企業結合審査を遅延・困難にさせるような他のM&Aを実行しない義務を課す規定も有益である。

(2) 努力義務

M&A契約では、当事会社に対しクロージングの前提条件を充足するための努力義務を課すことが多い。そのため、競争法クリアランスの取得を前提条件の1つとして規定した場合には当事会社は競争法クリアランス取得のための努力義務を負っていることになる。また、特に競争法リスクが高いM&Aの場合には、別途、競争法クリアランスを取得するための努力義務を明示的に規定することもある。

なお、クリアランスを取得できるか否かは競争当局による審査結果次第であり、当事会社のコントロールが及ばない事項であるため努力義務に留めることが通常である。努力義務の内容として競争法クリアランスを取得する時期につき、例えば、「可能な限りすみやかに」競争法クリアランスを取得する努力義務を課すことも考えられる。

努力義務の種類としては「最大限の努力」（best efforts）、「合理的な最大限

---

59) 詳細な情報・資料の提出が要求される二次審査に入ることを避けるために、届出を一度取り下げた後に再度届出を行い一次審査から手続を再開する手法を指す。米国や日本で当事会社によりしばしばとられる手法である。

の努力」（reasonable best efforts）、「商業上合理的な努力」（commercially reasonable efforts）等がある。しかし、これらの種類によって当事者に課される義務が大きく変わるわけでもなく、また、そもそも努力義務の具体的意義は明確ではない。そのため、競争当局による企業結合審査の過程における具体的な場面で、当事会社にどのような行動が義務付けられるのか予め決することは容易ではない。したがって、下記のような努力義務の内容をより具体化した規定を置くことが望ましい場合もある。

(3) **処分義務（Divestiture Obligation）**

上記(2)のとおり、当事会社は競争法クリアランス取得に向けた努力義務を負うことが多いが、その具体化の1つの例が処分義務である。企業結合審査の結果、競争当局から競争制限への懸念が示され、M&Aを実行するためには当事会社のいずれかまたは双方が一定の事業・資産の譲渡等の問題解消措置（第5節参照）をとらなければならない場合がある。処分義務とは、このような問題解消措置に関して、競争法クリアランスを得るために当事会社がどの程度の事業・資産等の処分を行わなければならないか、M&A契約において予め合意しておくというものである。

売主の立場からの処分義務の意義は、買主に対して広範な処分義務を負わせることができれば、M&Aが実際にクロージングに至る可能性を高めることができるところにある。すなわち、売主と買主双方の市場における地位を考えるとそのままでは企業結合のクリアランスを取得できない場合でも、いずれかの当事者の事業の一部を第三者に売却する等の問題解消措置をとることで競争法クリアランスを取得できる場合、売主としては買主に対し、取引実現のためにあらゆる事業・資産を処分しなければならないといった広範な義務を負わせたいと考えることが多いと思われる。M&Aが企業結合審査の結果、中止に追い込まれた場合には当事会社に少なからぬ悪影響を及ぼす。M&A実行のために費やされた費用および時間、公表済みの案件についての取引の中止による株価下落のリスクに加え、特に売主側は、M&A契約において契約締結時から取引完了までの間、買収対象会社の価値を維持する観点から事業運営に関して様々な制約が課せられることも多い。加えて売主側はM&Aの公表により顧客や従業員を失う可能性もある。このような中で、最終的にM&Aが中止された場合には、売主側に対する悪影響は甚大といえ、

売主としてはM&Aがクロージングに至る可能性を高めるために広範な処分義務を買主側に課したいと考えることが多いといえる。

買主の立場からの処分義務の意義としては、処分義務の合意によって努力義務の内容が明確化・限定化されて、実際に買主がどの程度の競争法クリアランス取得のための行為をとる義務を負担するのかについての予測可能性を得ることができる点が挙げられる。一般的な努力義務の合意のみでは、競争当局から競争上の懸念が示された場合にそもそも事業を一部譲渡しなければ努力義務に反することになるのか、どの程度まで譲渡すれば努力義務を尽くしたといえるのか、必ずしも明らかではない。他方で、何らかの形での対価の調整条項がない限り、競争法クリアランス取得のために事業・資産を処分した場合、その分だけM&A後の統合会社ないし買収対象会社の価値が低下することにもなりかねないだけに、買主としては処分義務の内容は可能な限り軽くしておきたいと考えるのが通常となる。

処分義務の内容は多岐にわたるが、大きく以下の類型に分けることが可能である。

(i) 処分義務を負わない旨の合意

当事会社が競争法クリアランス取得のために、事業・資産等の処分を行う必要がないことを明確に合意するものであり、これは一般に買主に有利な規定と考えられている。なぜなら、競争当局からM&Aの実行に対して否定的な見解が示された場合において、買主としては競争法クリアランス取得のために何らの処分を行わなかったとしても、それだけではM&A契約上の義務の違反を構成せず、買主はクロージングの前提条件である競争法クリアランスの取得が達成されていないことを理由に、特段の負担なくM&A契約から離脱することができるからである。

実務的にはこうした規定が設けられることは通常まれといえ、売主としては、買主に有利なこのような内容を明記するよりも抽象的な努力義務だけを規定して、解釈によって一定の事業・資産の処分義務を含み得る、曖昧な義務を買主に負わせる方が好ましいであろう。

(ii) 特定の事業・資産の処分義務

当事会社が事前に競争当局が表明するであろう懸念の内容を高い確度で予

想できる場合、問題となる可能性が高い特定の事業・資産の処分義務の内容をM&A契約で合意しておくことが考えられる。当事会社、特に買主にとっては事前に処分リスクの内容を明確化できる点では好ましいが、この規定は競争当局に対して企業結合審査についての「ロードマップ」を与えてしまいかねない点に留意が必要である。すなわち、企業結合審査ではその資料として競争当局に対してM&A契約を提出する必要があるのが通常であるが、そのM&A契約上で当事会社が、特定の事業に関する資産を処分する準備がある旨を合意していた場合、競争当局に対してその事業に関して重点的に審査を行えばよいという示唆を与えることになりかねない。これは企業結合審査の迅速化に寄与するという側面もあるが、競争当局に対して「そもそも資産の処分は一切不要である」との反論を行うのが難しくなることや、こうした事業の処分について当事会社側にその用意があることを先行して「自白」してしまっているといえる点には留意が必要である。

実務的には、審査を迅速に進め、競争法クリアランスを早期に実現することを最も重視するような取引の場合に、こうした規定が設けられることはあり得るが、それ以外の場合にはあまり使われない規定となろう。

(iii) 一定基準以下の事業・資産の処分義務

これは、例えば「買主（および／または売主）の前年度売上のX％以内に相当する金額の事業・資産」といった一定の抽象的な基準を設けて、競争法クリアランス取得のために、金額的にそれ以下の事業・資産の処分を買主に義務付けるものである。上記のように、前年度売上等の一定の経営指標に数％を乗じた値や固定された金額が基準として用いられる場合のほか、当該M&A取引に「重大な悪影響」（いわゆるMAE/MAC）を与えない範囲での事業・資産の処分義務を課すものもある。

この方法のメリットは一定程度処分義務の内容を具体化できる一方で、競争当局に対して審査の「ロードマップ」を与えてしまうという懸念を上記(ii)の場合に比して軽減することができる点にあり、実務的に使いやすい規定といえる。他方で、上記の特定の事業・資産の処分義務ほど具体的な内容を定めるわけではないので企業結合審査を迅速化する効果は期待できない。当事会社、特に処分義務を負担することになる買主としては、金額的基準の妥当性およびMAE/MACの定義について慎重に検討する必要がある。

⑷ 必要な全ての事業・資産の処分義務（Hell or High water）

この処分義務は競争法クリアランスを取得するために必要となる全ての事業・資産の処分を行うことを義務付けるものである。M&Aのクロージング実現の可能性を最大限に高めるため売主に著しく有利な一方、買主としてはどの程度の処分義務が課せられるのか予測困難であるため、合意には買主の強い抵抗が予想される条項である。もっとも、事業・資産の処分の結果、M&Aの対象会社の企業価値が変化した場合に関するM&Aの対価の調整条項次第では、実務的に機能する条項になる可能性もある。

(4) 争訟義務（Obligation to Litigate）

これはM&Aのクロージング実行を妨げ得る競争当局の見解・法的措置に対して、当事会社に争う義務を課すものである。海外、特に米国の競争当局である司法省（DOJ）や連邦取引委員会（FTC）は、競争法上の問題点があると考えるM&Aに関して裁判所への差止訴訟を提起することがしばしばあるが、そのような場合でも当該M&Aのクロージングの実現可能性を高めるためには、当事会社に争訟義務を課す必要性が高い。争訟義務は買主・売主の双方が義務を負う場合と一方当事者（典型的には買主）のみが義務を負う場合があり得る。

争訟義務がM&A契約に規定されていることで、当事会社が企業結合審査で提示する意見について強い自信を有していることを競争当局に示すことができ、より有利な審査結果を得ることができる可能性が一応はある。他方で、米国を含め一般に、競争当局がM&Aに対して否定的な見解を示した場合や、排除措置命令・訴訟提起等の法的措置をとった場合、当事会社がそれを覆して最終的にクロージングを実行できる見込みは必ずしも高くはなく、多額の労力・費用・さらには時間も必要となる。そのため、クロージング実現の可能性を高めたい売主としては広範な争訟義務を規定したい一方で、競争当局と争う場合に訴訟を主導することとなる買主としては、争訟義務を負わないか、その内容を限定したいと考えることが多いといえる。

争訟義務の限定の手法としては、競争当局と争うかどうかは売主との協議の上で最終的には買主が決定できるとする定めや、争訟義務を負うのは取引実行期限日（drop dead date）まででありその経過後は同義務を負わないとする定めが考えられる。また、当事者が争う対象を、競争当局による正式な法

的措置以前の見解・意見に限定し、正式な法的措置がとられた場合にまで争う必要はないことを定めることもあり得る。他方、売主の立場からは、買主の争訟義務は、競争当局による法的措置を争うための手段が尽くされ最終的に確定する段階まで争う必要がある（それに伴い取引実行期限日は自動的に延長される）とする合意や、争訟義務の存在が別途規定された処分義務の内容を変更・緩和するものではないことを明記することが有利となろう。

4 解除（Termination）・補償（Indemnification）と競争法リスク

(1) 解除権

M&A契約における解除事由としては、両当事者の合意のほか、クロージング期限日の経過、クロージングを不可能にするM&Aに対する法的制限・障害の存在等が考えられる。

競争法リスクとの関係ではまず、想定される競争法リスクの程度に鑑み、契約合意日とクロージング期限日との間にどの程度の期間を置くのが適切か検討する必要がある。競争法リスクが大きいM&Aでこの期間を比較的短く設定した場合、当事会社は競争当局からM&Aに対し否定的な反応が示された場合に早期にM&A契約を解除できることになり、結果的に無駄となる可能性があった時間・費用・労力を省くことができるが、クロージング実現の可能性はその分低くなることを意味するため特に売主にとっては望ましくないと考えられる。

これに対して、契約合意日とクロージング期限日との間を長く設定した場合、クロージング実現の可能性は相対的には高まるものの、当事会社（特に買主）は競争当局のM&Aに対する反対の程度に鑑みて実現可能性が低いと考えられる場合でもクロージング期限日までは当局との折衝を続けなければならず、その分不要な時間・費用・労力を要することになる。このような事態を回避するためには、競争法リスクの程度、届出対象の競争当局の数、当該法域において企業結合審査に必要とされる期間等の要素を事前に十分に検討し適切な期間を合意する必要がある。

また、クロージングを不可能にするM&Aに対する法的制限・障害とは、

典型的には日本の公取委による排除措置命令に代表される競争当局によるM&Aの停止・差止命令が挙げられる。ここでの論点は、この差止命令が法的手続で争うことができない最終的に確定したものである必要があるかという点である。すなわち、一般的には、競争当局が長期間にわたる企業結合審査の結果、当該M&Aの差止命令を行った場合に、それを裁判所で争う手続が用意されていても、当事会社の勝訴の見込みは必ずしも高いとはいえない場合が多い。その場合でもM&A契約において、こうした命令が法的に最終的に確定してはじめて当事会社の解除権が認められるとされているケースでは、裁判所等で徹底的に争わないと解除権が認められないことを意味し、当事会社（特に訴訟手続を主導するであろう買主）は勝訴の見込みが低い場合でも訴訟手続を継続しなければならないこととなる。そのため、解除事由となる法的制限・障害の内容として、法的に確定してはいないが競争当局から出された一定の命令や措置（日本の公取委による排除措置命令等）で足りる旨を合意することが考えられる[60]。例えば米国では一次審査で審査が完了せず詳細な審査を行うために二次審査に移行する場合、競争当局からセカンド・リクエストという膨大な資料・情報の提供の要請が行われるが、それに対応するための労力・費用等の当事会社に対する負担が大きいため、セカンド・リクエストが行われたことをもって解除権を発生させるという合意もあり得る。

(2) リバース・ターミネーション・フィー（Reverse Termination Fee）

リバース・ターミネーション・フィー[61]（以下「RTF」という）とは一般に、M&Aが何らかの理由で予定どおり実行されなかった場合に買主から売主に対して支払われる金銭のことを意味する。競争法リスクの観点からは、一定期間内に競争法クリアランスを取得できなかったこと等の競争法関連の事由

---

60) もっとも、日本の場合には、現実問題として排除措置命令が出される段階に至ることは考えにくく、実際には提案されているM&Aに対し、公取委が否定的な見解を示す（あるいは、提案された問題解消措置では不十分であるとの見解を示す）段階で解除権を認めることが実務的であろう。
61) リバース・ブレークアップ・フィー（Reverse Break-up Fee）とも呼ばれる。その名称は、米国ではM&Aが売主側の理由で予定どおり実行されなかった場合（例えばFiduciary-Outの場合）に、売主から買主に支払われる金銭がBreak-up FeeまたはTermination Feeと呼ばれていることに由来し、ここでは逆に買主から売主に金銭が支払われることになるため「リバース（逆）」と呼ばれるようになったと思われる。

を根拠に M&A が実行されなかった場合に、買主から売主に対して支払われる金銭を意味する。RTF は元々米国ではプライベート・エクイティ取引で用いられてきたが、2011 年の Google による Motorola Mobility の買収や同年の AT&T と T-Mobile との経営統合等の競争法リスクが高い大型 M&A で用いられたことで、競争法リスクの適切な分配の観点からも実務上注目を集めるようになってきた。

　RTF には、M&A が競争法クリアランスを取得できないことを理由に中止された場合に売主側に生じ得る損害、具体的には上記 3(3)で述べたような事業活動への制約、株価・顧客・従業員への悪影響等から生じる各種損害を填補する役割が期待されている。また、RTF の金額が高ければ、買主の競争法クリアランス取得への努力を動機付けることになるため、M&A のクロージング実現の可能性が高まることになり売主の利益となる。

　他方で RTF は買主にとっても利点を有する。まず、競争法リスクを理由に M&A に消極的な売主がいる場合、RTF を提案することによって売主に M&A の検討・合意を行うインセンティブを与えることができる。また、競争法クリアランス取得のために問題解消措置として事業・資産の処分が必要になった場合、買主としては受け入れ難い事業・資産の処分を強いられることを避けるため、RTF を支払うことで M&A から離脱することを可能とする買主のオプションとして設計することもできる。

　RTF の典型例としては、その他のクロージングの前提条件は全て満たされているにもかかわらず、競争法クリアランスが一定の期日までに取得できなかった場合に、当事会社に M&A の解除権を与え、買主による当該解除権の行使には RTF の支払いが必要と定めるものである[62]。その他の RTF の発生条件としては、競争当局による差止訴訟等の法的措置（日本の場合には、現実には法的措置は考えにくいので、公取委の否定的意見の表明のような事実上のものを含む必要があるかもしれない）によってクロージングが不可能になったことが考えられる。

　当事会社間の RTF に関する交渉の主要な争点は、RTF 支払義務の発生条

---

62)　最近の事例としては、クアルコム社の NXP セミコンダクターズ社の買収断念の例が挙げられよう。同案件について、クアルコム社は 2018 年 7 月 25 日、中国の競争当局が一定期日までに当該買収についてクリアランスを与えなければ、NXP セミコンダクターズ社に 20 億ドルの違約金を支払って買収計画を断念するとした。

件および金額であり、売主は当然高額のRTFの設定を求め、買主としてはRTF支払条件の限定および低額での合意を求めることが通常といえよう。また、買主としては売主が競争法クリアランス取得に向けた努力義務等の誓約事項に違反した場合にはRTFを支払う必要がない旨を要求したい場面が多いであろう。

(3) Ticking Fee

RTFにおいて想定されていた売主に対する損害は、競争法リスクによりM&Aが中止された場合のみならず、競争当局の審査の遅延の結果、最終的にM&Aが実行されたものの当初の予定より遅延した場合にも生じ得る。買主に早期の競争法クリアランス取得のための努力を動機付けるために用いられるのがTicking Feeである。典型例としては、当初のクロージング予定日を経過したがその日までに競争法クリアランスを取得できなかったためクロージング期限日が延長された場合に、買収対価が増額されるとするものである。その派生形として、買収対価ではなくRTFの額を増額させる規定もある。

Ticking Feeは米国でも実務的に用いられる例は必ずしも多くはないとされ、買主はその合意を拒むことが多いと考えられる。ただし、RTFと同様、競争法リスクを理由にM&Aに消極的な売主がいる場合にTicking Feeを提案することで売主にM&Aの検討・合意を行うインセンティブを与えることができるため、買主にとっても活用を検討すべき場面はあろう。

5 競業避止義務に関する条項

M&A契約においては競業避止義務が規定されることが多い。その内容は、株式譲渡のような売主・買主間の企業買収のケースであれば売主に一定期間、買収対象会社が行っている事業と競業する事業を禁止するものが通常であり、また、2つ以上の会社によるジョイント・ベンチャー（合弁会社）の設立の場合、合弁会社の株主となる会社が合弁会社の事業と競業する事業を営むことを禁止するものが通常と考えられる。

日本法でも、商法16条、会社法21条には、事業譲渡の場合に一定の地理的範囲内での競業避止義務を定めているが、その範囲は限定的である。こう

した地理的範囲を超えて、競業避止義務を定めることは果たして競争法に整合的であるのかがここでの論点である。

　この点は、これまで日本ではあまり議論されてこなかった問題ではあるが、このような競業避止義務は競争行為を直接禁止する合意であり、それ単体で捉えた場合にはカルテルと同様の競争法上の懸念（日本法では「不当な取引制限」の懸念等）を生じさせかねない。しかしながら、競業避止義務はM&A契約で非常に重要な意義を有しており、競業避止義務がなければM&Aの合意に至らなかったという場面も多いと考えられ、M&Aから切り離して単体で評価することは必ずしも適切ではない。

　欧米ではこの問題は「Ancillary Restraints」（付随的制限）としてその競争法上の意義が議論されているが、特に欧州委員会は付随的制限に関して告示（以下「付随的制限告示」という）[63]を公表しており、その考え方は日本法においても参考になるのではないかとも考えられる[64][65]。

　欧州委員会の付随的制限告示では、競業避止義務等の付随的制限が企業結合審査においてどのように検討されるべきか述べられており、基本原則として、当該制限が取引の実行に「直接的に関係し必要（directly related and necessary）」である限り、当該制限の競争法上の問題点は企業結合審査において企業結合それ自体とあわせて評価されるとしている。これに対して、取引の実行に「直接的に関係し必要」ではない制限は、企業結合審査とは別に

---

[63]　Commission Notice on restrictions directly related and necessary to concentrations (Official Journal C 56, 05.03.2005).

[64]　米国では付随的制限に関する競争当局によるガイドライン等は存在しないが判例法理が形成されており、その内容は欧州委員会の付随的制限告示と類似している。米国における判例法理の概要は、それ単体で捉えた場合には「当然違法」（per se illegal）の原則が適用され得る競争事業者間の競業避止義務等の合意であっても、それが協業・JVの正当な事業上の目的に付随的（ancillary）なものであり、当該義務の受益者の正当な利益を確保するためにその範囲が合理的に限定されているといえれば、当然違法の原則は適用されず協業・JVと一体として合理の原則（rule of reason）の下、その違法性が判断されるとするものである。合理の原則下では競業避止義務の合理性は通常、その期間・対象地域・対象製品の範囲が広範に過ぎないかが検討される（ABA Section of Antitrust, Antitrust Law Developments (7th ed. 2012) 134-135等）。

[65]　付随的制限告示において競業避止義務以外に言及され欧州委員会の考え方が示されているのは、売主による買収対象会社の競合他社の株式取得の禁止、非勧誘義務、守秘義務、移転事業・資産に関連するライセンス契約、事業・資産の移転を円滑に行うための一定期間の購入・供給義務である。

その競争法上の問題点が検討される必要があるとしているが、それが直ちに競争法違反を意味するわけではないことも明示している。なお、そもそもいかなる合意が「付随的」といえるかが問題となるが、付随的制限告示は、対象会社の株式・資産の譲渡に関する定めといった取引に不可欠な部分を構成するものではなく、当事者の市場における行動の自由を制限する合意のうち、上記の「直接的に関係し必要」の要件を満たすものが、企業結合審査において企業結合とあわせて評価される付随的制限になるとしている。

　付随的制限告示で示された考え方は実務上参考になるが、あくまで欧州委員会によるものであり日本国内だけで完結する M&A の場合には必ずしもその内容に従う必要はない。他方で、こうした付随的制限という考え方そのものは、米国などでも一般的に広く認められているものであって、競争法との整合性を考える上で、欧州の付随的制限告示は極めて参考になるところである。

　いずれにしても、付随的制限に該当すると認められない内容であってもそれが直ちに競争法違反を構成するわけではないが、競争当局に対してその内容の合理的な説明を行うことができるように準備をしておく必要がある。これまで日本では付随的制限について詳細な議論は行われてこなかったように思われるが、企業結合審査における競争当局間の協力関係の進展に伴い、海外の議論が日本の公取委による企業結合審査に具体的な影響を与えることは十分に考えられ、付随的制限に関する議論もその1つとなり得る。そのため、特に競争当局への届出を行う必要がある M&A では、M&A 契約書そのものの当局への提出が必要とされるのが通常であるため、競業避止義務の内容に関して競争法の観点からの検討を行っておくことが実務上望ましいといえる。

　なお、問題解消措置（第5節参照）としての事業譲渡が行われる場合、こうして切り出された事業が有力な競争者として市場に存続することを確保するための手段として、一定期間の競業避止義務が、一定程度必要となる場合も考えられる。このような競争制限条項の内容や期間は、問題解消措置の内容についての競争当局との協議で具体化されることになるが、欧米等では合理の原則に基づいて検討されている。

6 交渉上の留意点

　上記のような競争法リスクに関する各種条項は、日本のM&A実務ではこれまで実際に用いられることは少なかったように思われるが、特に欧米企業が当事者となる、あるいは欧米企業をターゲットとする国際的なM&Aで競争法リスクが大きい案件であれば、これらの条項が交渉上の主要な争点となることは十分に予想される。その際の留意点として、まずは競争法リスクも買収金額その他のM&Aの条件とあわせて総体として交渉されるべきものであり、交渉の初期段階から競争法リスクを意識して交渉に臨むことが極めて重要である。

　また、上記の競争法リスクに関する各種条項、特に処分義務、争訟義務およびRTFの相互関係を理解して交渉に臨むことも重要である。例えばRTFの合意が存在しないかその金額が低い場合、買主がM&Aを離脱する際の障害が低いことになるので、売主側としては広範な処分義務・争訟義務を買主側に課してM&A実行の可能性を高めたいと考えるであろう。逆に十分なRTFの支払合意があれば広範な処分義務・争訟義務を規定することまでは不要とも考えられる。

　M&A契約において競争法リスクを当事者間で適切に分配するためには、案件の初期段階で競争法リスクの検討・評価を行うことが非常に重要である。そのため、競争法リスクが大きいM&Aを成功させるためには、M&Aの初期段階から競争法を専門とする弁護士とM&Aチームとが緊密に連携していくことが必須といえるであろう。

第13章

M&Aと労働法

第1節
総　論

　M&A取引が実行される要因には様々なものがあり得るが、最大の要因は、当該M&A取引のもたらす正のシナジー効果により、買収者側にとっての対象会社の企業価値が、売主側にとってのそれを上回ることにある[1]。ところが、事業を遂行するのは「人」であり、M&A取引によって労使関係が悪化したり、重要な従業員が対象会社を離れるなど、対象会社の人的資源が十全に活用されない場合には、かかる正のシナジー効果が結果としては絵に描いた餅となるおそれがある上、逆に負のシナジー効果が生じてしまうおそれもある。また、シナジー効果には、例えばリストラによる人件費の節減も含まれ得るが、M&Aを契機とするリストラには法的にも実務的にも様々な障害があり、その実行にあたっては綿密なプランニングが必要である。

　このように、人事・労務はM&Aの成否の鍵を握る最も重要な要素の1つといっても過言ではなく、PMIの観点から、デュー・ディリジェンスにおいて対象会社の人事・労務の現状を正確に把握した上で、買収者側の当該M&A取引の目的の実現に向けて、人事・労務関連の施策をどのようなステップで実施するかを検討することが必要となる。また、デュー・ディリ

---

[1]　換言すると、M&A取引の対象会社のスタンドアローン・ベースでの企業価値が売主側と買収者側にとって等しいと仮定しても、正のシナジー効果による買収者側にとっての対象会社の企業価値の増分が、売主側と買収者側の取引コストの総和を上回るのであれば、M&A取引は成立し得るということになる。

ジェンスにおいて、人事・労務関連の潜在債務や法令違反等の問題が発見されることもあり、その場合には企業価値（買収対価）の算定や M&A 契約における適切な対応が必要となる。

PMI の観点からの検討は主にビジネスサイドが行い、近時は専門の人事コンサルタントがリテインされることも珍しくない。一方、M&A 取引に関与する弁護士・法務の立場からすると、ビジネスサイドの検討のための前提となる対象会社の人事・労務の現状を法的に分析すること、ビジネスサイドの要望する人事・労務関連の施策のストラクチャリングを行うこと、デュー・ディリジェンスにおいて発見された人事・労務関連の問題等につき法的に分析するとともに M&A 契約において適切な手当をすることがその主要な役割といえよう。

以下では、かかる弁護士・法務の役割に照らし、まず、ストラクチャリングに関連するものとして、M&A の実行と雇用関係の帰趨（第 2 節 1）、M&A の実行に伴う労働条件の変更および人員削減（第 2 節 2・3）について概観し、次に、潜在債務の取扱いや一般的に検討されることの多い M&A 契約における人事・労務関連の条項（第 3 節）、さらに特殊な考慮が必要となる退職年金・健康保険制度の取扱い（第 4 節）について解説することとしたい。最後に、M&A 取引における労使協議・交渉（第 5 節）についても言及することとする。

第 2 節
M&A における労働契約の取扱い

1　M&A の実行と雇用関係の帰趨

(1)　株式譲渡・新株発行・株式交換・株式移転

株式譲渡、新株発行、株式交換または株式移転により買収者が対象会社の経営権を取得する場合には、対象会社の株主（資本関係）に変動が生じるに

過ぎず、対象会社と労働者との間の雇用関係を含む権利義務関係にはそれ自体では何らの影響も与えるものではない。したがって、当該M&Aの実行後も、対象会社における従前の雇用関係はそのまま存続することになる。

(2) 合　併

　合併を行う場合には、存続会社[2]または新設会社[3]は、合併の効力発生日において、消滅会社[4]の権利義務を包括的に承継する（会社750条1項、754条1項）ところ、消滅会社とその労働者の間の労働契約も、同様にそのまま存続会社または新設会社に承継される[5]。この点に関して、「使用者は、労働者の承諾を得なければ、その権利を第三者に譲り渡すことができない」と規定する民法625条1項は、合併においては適用されないと解されており[6]、合併によって労働契約を承継することについての承諾を労働者から個別に得る必要はない[7]。

　合併により包括的に承継されるのは個別の労働契約に限らず、労働協約[8]、就業規則もそのまま承継される（すなわち、労働契約の内容たる労働条件は同一の内容のまま承継される）ことになる[9]。したがって、合併の効力発生日以降の存続会社においては、①もとから存続会社に在籍していた労働者の労働

---

[2] 吸収合併後に存続する会社をいう。
[3] 新設合併により設立される会社をいう。
[4] 合併により消滅する会社をいう。
[5] コンメ(17) 161頁〔柴田和史〕。
[6] 「企業組織変更に係る労働関係法制等研究会報告」（労働省平成12年2月10日発表）。
[7] 合併後存続する会社または合併により新設される会社は、合併に際して合併により消滅する会社から承継する労働契約を取捨選択することもできない（コンメ(17) 159頁〔柴田〕参照）。したがって、合併当事者間で、合併に際し、解雇の手続を踏むことなく、合併契約書に規定するだけで合併により消滅する会社の全部または一部の労働者を承継の対象から除外する旨を合意したとしても、当該合意は無効になると解されている（土田607頁、清正寛「企業合併・営業譲渡と労働契約」蓼沼謙一ほか編『労働法の争点〔新版〕』（有斐閣、1990）206頁）。
[8] 消滅会社（A社）と存続会社（B社）の双方において労働組合が存在していた場合、A社とB社の合併に伴ってこれらの労働組合が当然に統合されるものではない（むしろ、合併後の労働組合の組織をどのようにするかといった問題について会社側が介入することは、いわゆる「支配介入」（労働組合法7条3号）に該当し許されないものと考えられる）。労働組合の統合については、奥川貴弥「組織再編における労働組合の統合」「倒産と労働」実務研究会編『詳説 倒産と労働』（商事法務、2013）459頁参照。

条件と、②消滅会社から雇用関係および権利義務が承継された労働者の労働条件とが、併存して維持されることとなる。このように単一の会社の中に複数の労働条件体系が併存している状況は人事政策上望ましくない等の観点から、合併の前後において、労働協約の変更や就業規則の変更等の方法によって労働条件体系の統一・調整が図られることが実務上は少なくない（詳細については、2参照）。

(3) 会社分割

(i) 部分的包括承継

会社分割を行う場合には、承継会社[10]または設立会社[11]は、会社分割の効力発生日において、分割会社[12]の権利義務を、吸収分割契約または新設分割計画の定めに従い包括的に承継する（会社759条1項、764条1項）。したがって、吸収分割契約または新設分割計画において承継対象とされた分割会社とその労働者の間の労働契約も承継会社または設立会社に承継されるのが原則である。

しかし、消滅会社と労働者の間の労働契約が全て包括的に承継される合併の場合と異なり、会社分割の場合には、どの労働者の労働契約が承継会社または設立会社に承継されるかは吸収分割契約または新設分割計画の定め次第であり、分割会社に残存する労働者と承継会社または設立会社に承継される労働者に分かれ得ることとなる。このような会社分割の特性から、承継される労働者および労働契約について使用者によって恣意的な選別が行われることによって、労働者の利益が不当に侵害されることを防止する等の労働者の保護の観点から、承継法および平成12年商法等改正法附則5条による特別な規制がなされている。

---

9) 平成28年9月1日から施行・適用されている事業譲渡等指針においても、「合併に当たって留意すべき事項」として、「合併における権利義務の承継の性質は、いわゆる包括承継であるため、合併により消滅する会社等との間で締結している労働者の労働契約は、合併後存続する会社等又は合併により設立される会社等に包括的に承継されるものであること。このため、労働契約の内容である労働条件についても、そのまま維持されるものであること」とされている。
10) 吸収分割において会社分割を受ける会社をいう。
11) 新設分割において会社分割を受けて設立される会社をいう。
12) 会社分割を行う会社をいう。

(ii) 承継法の下での労働契約の承継

　分割会社が雇用する労働者[13]であって、承継会社または設立会社に承継される事業（以下「承継対象事業」という）に主として従事する者（承継法2条1項1号。以下「主従事労働者」という）の労働契約について、吸収分割契約または新設分割計画に承継される旨規定されていれば、会社分割に伴い当然に承継会社または設立会社に承継される（承継法3条）。そして、主従事労働者の労働契約について、吸収分割契約または新設分割計画に承継される旨が規定されていない場合には、当該主従事労働者は承継されないことにつき異議を申し出ることができ（承継法4条1項）、異議を申し出たときには当該労働契約は吸収分割契約または新設分割計画の定めにかかわらず承継される（同条4項）。

　これに対して、分割会社が雇用する労働者のうち、主従事労働者に該当しない者（以下「非主従事労働者」という）の労働契約については、吸収分割契約または新設分割計画に承継される旨規定することによって、会社分割に伴い承継会社または設立会社に承継させることが可能であるものの、当該非主従事労働者は承継されることにつき異議を申し出ることができ（承継法5条1項）、異議を申し出たときには当該労働契約は吸収分割契約または新設分割計画の定めにかかわらず承継されないこととなる（同条3項）。

　会社分割による労働契約の承継については、合併と同様に民法625条1項の適用はなく、労働者の個別の同意は必要とされないと解されているが[14]、上記のとおり主従事労働者および非主従事労働者のいずれも、異議を申し出ることによって吸収分割契約または新設分割計画と異なる取扱いを求めることができる場合が存するため、会社分割の当事者が承継対象となる労働者を完全に自由に決定できるわけではないことに留意する必要がある[15]。

　なお、会社分割により労働契約が承継される場合には、労働契約上の権利義務（労働条件）は全て包括的に承継会社または設立会社に承継され[16]、その結果、合併の場合と同様に単一の会社の中に複数の労働条件体系が併存す

---

13) 承継法の適用対象となる「労働者」とは、雇用形態や会社での呼称にかかわらず、分割会社との間で労働契約を締結している労働者全てが含まれる（承継法Q&A Q4）。したがって、正社員だけでなく、非正規雇用社員や採用内定者も含まれるが、派遣会社から受け入れている派遣社員は含まれない。

14) 江頭921頁。

ることになる。このため、会社分割においても、労働協約の変更や就業規則の変更等の方法によって労働条件体系の統一・調整が図られることが実務上は少なくない（詳細については、2参照）。

(iii) 主従事労働者の範囲

上記(ii)のとおり、吸収分割契約または新設分割計画に承継する旨の定めがある場合に、当該定めに従って「当然に」承継されるのは、主従事労働者の労働契約に限られることから、実務上主従事労働者に該当するかどうかは非常に重要な意味を持っている。

「主従事労働者」の範囲については、承継法規則2条に定義されており、また、承継法指針がその適用にあたっての解釈を示している。これらを総合すると、主従事労働者か否かは、原則として以下の図表Ⅰ-13-1記載の基準により判定されることとなる。

[図表Ⅰ-13-1] 主従事労働者の判定

吸収分割契約または新設分割計画の締結日または作成日における従事態様		主従事労働者の別
承継対象事業[17]に従事	承継対象事業に「専ら」従事	主従事労働者
	承継対象事業とそれ以外の事業に従事	それぞれの事業に従事する時間、それぞれの事業における当該労働者の果たしている役割等を総合的に判断して、当該労働者が承継対象事業に主として従事しているか否かを決定
承継対象事業に従事せず		非主従事労働者

---

15) 非主従事労働者は承継されることについて異議を申し出ることができるため、非主従事労働者が承継されるのはかかる異議申出を行わない場合に限られるという意味で、非主従事労働者の承継には常にその消極的な同意が必要ともいえる。なお、分割会社および承継会社・設立会社は、労働者が異議申出を行おうとしていることまたは行ったことを理由として、解雇その他不利益な取扱いをしてはならない（承継法指針第2・2(2)ハ）。

16) 後記(iv)のとおり、会社分割による労働協約の承継については特別な定めがあるが、労働条件を定めるいわゆる規範的部分については、吸収分割契約または新設分割計画の定めにかかわらず、承継会社または設立会社に承継されることとなる。

なお、総務、人事、経理、銀行業における資産運用等のいわゆる間接部門に従事する労働者についても、原則として図表Ⅰ-13-1の基準により主従事労働者への該当性が判断されることになるが[18]、図表Ⅰ-13-1の基準によって判断できない場合には、特段の事情のない限り、当該判断することができない労働者を除いた分割会社の雇用する労働者の過半数の労働者に係る労働契約が承継会社に承継される場合に限り、当該労働者は主従事労働者に該当するとされている（承継法指針第2・2(3)ロ(ハ)）。

図表Ⅰ-13-1に記載のとおり、主従事労働者か否かは吸収分割契約または新設分割計画の締結日または作成日を基準に判定されるが、承継法指針は、例外的に、当該日時点以外の事情もあわせて考慮することにより主従事労働者への該当性を判断することが適当な場合として、以下の図表Ⅰ-13-2の類型を挙げている（承継法指針第2・2(3)ハ(イ)・(ロ)）。

---

[17] 承継法および承継法指針が制定された当時の会社分割の対象は「営業」であったが（平成17年改正前商法373条、374条ノ16）、会社法の制定により会社分割の対象は「事業に関して有する権利義務」とされている（会社2条29号・30号）。この点につき、承継法指針は、平成28年9月1日施行の改正（以下「平成28年改正」という）により、主従事労働者の該当性はあくまで承継会社または設立会社に承継される「事業」の単位で判断するものであることを明示し、また、「事業」の解釈については、「労働者の雇用及び職務を確保するといった法の労働者保護の趣旨も踏まえつつ、『一定の事業目的のために組織化され、有機的一体として機能する財産』であることを基本とすること」としている（承継法指針第2・2(3)イ）。

[18] 具体的には、人事部門なら各事業における労働者数、経理部門なら各事業で扱う金銭額、資産運用部なら各事業から資産運用部に回す資産の額、庁舎管理部門なら各事業で占有する庁舎の面積、総合受付なら各事業への来客数で判断することなどが一応の目安として考えられるとされている（承継法Q&A Q29）。

[図表 I-13-2] 分割契約等の締結日または作成日で判断することが適当でない場合

吸収分割契約または新設分割計画の締結日または作成日において承継対象事業に主として従事する労働者であっても、主従事労働者に該当しないものとすべき場合	① 分割会社が、研修命令、応援命令、一定の期間で終了する企画業務への従事命令等一時的に承継対象事業に当該労働者を従事させた場合であって、当該命令による業務が終了した場合には承継対象事業に主として従事しないこととなることが明らかであるもの ② 育児等のために承継対象事業からの配置転換を希望する労働者等であって分割会社との間の従前の合意により当該日後に承継対象事業に主として従事しないこととなることが明らかであるもの
吸収分割契約または新設分割計画の締結日または作成日において承継対象事業に主として従事していない労働者であっても、主従事労働者に該当するものとすべき場合	① 当該日前において承継対象事業に主として従事していた労働者であって、分割会社による研修命令、応援命令、一定の期間で終了する企画業務への従事命令（出向命令を含む）等によって当該日において一時的に承継対象事業以外の事業に主として従事することとなったもののうち、当該命令による業務が終了した場合には承継対象事業に主として従事することとなることが明らかであるもの ② 当該日前において承継対象事業に主として従事していた労働者であって、その後休業することとなり当該日時点では承継対象事業に主として従事しないこととなったもののうち、当該休業から復帰する場合は再度承継対象事業に主として従事することとなることが明らかであるもの ③ 労働契約が成立している採用内定者、育児等のための配置転換希望者等、当該日時点では承継対象事業に主として従事していなかった労働者であっても、当該日後に承継対象事業に主として従事することとなることが明らかであるもの

なお、過去の勤務の実態から判断してその労働契約が承継会社に承継されるべきことまたは承継されるべきでないことが明らかな労働者に関し、分割会社が、合理的理由なく会社分割の効力発生日以後に当該労働者を承継会社もしくは設立会社または分割会社から排除することを目的として、当該効力発生日前に配置転換等を意図的に行った場合[19]における主従事労働者への

該当性の判断について、承継法指針は、当該労働者の過去の勤務の実態に基づくべきであるとしている（承継法指針第2・2(3)ハ(ハ)）。また、承継法指針では、特定の労働者が主従事労働者に該当するか否かについて、分割会社と労働者との間で見解の相違が生じる場合には、承継法7条に基づく措置（(v)(a)参照）および平成12年商法等改正法附則5条に基づく協議（(v)(b)参照）を通じて見解の相違の解消に努めることとし、当該協議を行っても解消しない場合は裁判により解決するものとしている（承継法指針第2・2(3)ニ）。

(iv) 労働協約の承継

分割会社と労働組合との間で労働協約が締結されている場合、合併と異なり会社分割では当該労働組合の組合員が分割会社に残存するものと承継会社または設立会社に承継されるものに分かれることになるため、承継法においてその処理について特別な定めが置かれている。

まず、前提として、労働協約の内容は、①規範的部分と②債務的部分に分かれる。①規範的部分とは、これに違反する労働契約の部分を無効とする規範的効力を有するものであり、「労働条件その他の労働者の待遇に関する基準」（労働組合法16条)[20]を定める部分である。②債務的部分とは、規範的部分以外の部分のことであり、使用者と労働組合間で団体的労使関係の運営についてルールを設定するものがその主要な内容となる[21]。

このうち、②債務的部分については、吸収分割契約または新設分割計画において承継会社または設立会社が承継する旨を定めることによって、分割会社の労働協約から、承継会社または設立会社の労働協約にこれを承継させる

---

19) 承継法指針は、かかる配置転換等は無効となるとしている（承継法指針第2・2(3)ホ(イ)）。

20) 「労働条件その他の労働者の待遇」とは、賃金、労働時間、休日、休暇、安全衛生、職場環境、災害補償、服務規律、懲戒、人事、休職、解雇、定年制、教育訓練、福利厚生など、企業における労働者の個別的または集団的な取扱いのほとんど全てを含み得る広い概念であるが、「基準」とは、労働者の処遇に関する具体的で客観的な準則とされている（菅野880頁）。

21) 具体的には、ユニオン・ショップ協定（使用者が自己の雇用する労働者のうち当該労働組合に加入しない者および当該組合の組合員ではなくなった者を解雇する義務を負う制度）、在籍専従（労働組合の役員が従業員としての地位を保持したまま組合業務に専従すること）、組合事務所・掲示板の貸与等の便宜供与、団体交渉の手続・ルール等が挙げられる（菅野883頁）。

こと（つまり、分割会社と承継会社または設立会社との間で、労働協約上の権利義務を分割すること）が可能である（承継法6条2項）[22]。

これに対して、①規範的部分（吸収分割契約または新設分割計画に承継する旨が規定されているか否かにかかわらない）と、②債務的部分のうち吸収分割契約または新設分割計画に承継する旨が定められていないものについては、分割会社は会社分割の効力発生日以後も当該労働協約の当事者としての地位に留まりつつ（承継法指針第2・3(1)ロ(ロ)・(ハ)）、当該労働組合の組合員の労働契約が当該会社分割により承継会社または設立会社に承継される限りにおいて、承継会社または設立会社と当該労働組合との間でも同一内容の労働協約が締結されたものとみなされる（つまり、分割会社と承継会社または設立会社双方が、労働協約上同一の権利義務を有することとなる。承継法6条3項）[23]。

(v) 承継法上の手続

分割会社は、会社分割を行うにあたっては、承継法および平成12年商法等改正法附則5条に従い、労働者保護の観点から、①労働者の理解と協力を得る努力（以下「7条措置」という）、②労働者との事前個別協議（以下「5条協議」という）、③労働者への事前通知（以下「2条通知」という）、および④労働組合への事前通知という4つの手続を履践する必要がある。

(a) 7条措置

分割会社[24]は、会社分割を行うにあたり、その雇用する労働者の理解と協力を得るよう努めるものとされている（承継法7条）。承継法指針によれば、その具体的な内容は以下の図表 I-13-3 のとおりである。

---

[22] 例えば、「『会社は、労働組合に対し100平方メートルの規模の組合事務所を貸与する。』という労働協約の内容のうち、40平方メートル分の規模の組合事務所を貸与する義務については当該会社に残し、残り60平方メートル分の規模の組合事務所を貸与する義務については承継会社に承継させる」という内容の吸収分割契約または新設分割計画の定めが可能とされている（承継法指針第2・3(1)ロ(イ)）。

[23] なお、締結されたものとみなされる労働協約の適用範囲は、原則として当該労働協約の当事者である労働組合の組合員であるため、承継会社または設立会社で新たな労働組合を結成した場合や、承継会社の既存の労働組合に鞍替えしたような場合には当該労働協約は適用されないこととなる（厚生労働省労政担当参事官室編『労働契約承継法の実務』（日本労働研究機構、2001）103頁）。

[図表Ⅰ-13-3] 7条措置の具体的内容

期限・期間	遅くとも5条協議の開始までに開始し、その後必要に応じて適宜行う（承継法指針第2・4(2)ニ）
対象労働者	全事業場において、過半数労働組合または過半数代表者との協議その他これに準じる方法[25]によって（承継法指針第2・4(2)イ）、分割会社の全従業員について行う（承継法指針第2・4(1)ロ）
対象事項	① 会社分割を行う背景・理由 ② 効力発生日以後における分割会社および承継会社または設立会社の債務の履行の見込みに関する事項[26] ③ 労働者が主従事労働者に該当するか否かの判断基準 ④ 労働協約の承継に関する事項 ⑤ 会社分割にあたり、分割会社または承継会社もしくは設立会社と関係労働組合または労働者との間に生じた労働関係上の問題を解決するための手続（承継法指針第2・4(2)ロ）

　図表Ⅰ-13-3に記載のとおり、承継法指針において、7条措置は5条協議の開始までに開始することとされているが、明確な始期については定められていない。7条措置の主たる目的が、過半数組合ないし過半数代表者等との間で会社分割の背景事情や必要性等について話し合い、それによって会社分

---

[24] 承継法指針第2・4(2)ハにおいて、判例上団体交渉に応ずべき使用者に雇用主以外の事業主が該当し得る旨が留意事項として掲げられていることに関連して（後記**第5節1(3)**参照）、塩津立人ほか「労働契約承継法施行規則・指針および事業譲渡等指針の改正等と実務上の留意点」商事2112号（2016）49頁は、7条措置についても同様に考えるべきとしているが、7条措置が「分割会社」の努力義務であることは承継法の文言上明らかであり、承継会社が7条措置を行うことが必要となる場合は限定的であろう。

[25] 名称のいかんを問わず、労働者の理解と協力を得るために、労使対等の立場に立ち誠意をもって協議が行われることが確保される場において協議することが含まれるとされている（承継法指針第2・4(2)イ）。

[26] 会社法の立案担当者の解説においては、収益性のある事業を分割して不採算事業のみを分割会社に残したり、逆に不採算事業のみを承継会社または設立会社に切り出すなど、分割会社または承継会社もしくは設立会社に債務の履行の見込みがない場合でも、会社分割の効力自体は否定されないと解されている（前記**第8章第1節1(3)(ii)**参照）。しかし、不採算事業とともに残留する労働者または不採算事業とともに承継される労働者の保護の観点から、従前は「債務の履行に関する事項」が7条措置の対象事項とされていたところ、平成28年改正により「債務の履行の『見込み』」に関する事項」に変更された。

割に対する全社的な理解を得て円滑に手続を進めるという努力義務を分割会社に課す点にあることからすると、吸収分割契約または新設分割計画の締結または作成より前から十分な余裕を持って協議を行うことが本来望ましいが、特に上場会社の場合には、情報管理の観点から会社分割を対外的に公表する前に7条措置を行うことは現実的ではなく、実務上は公表後直ちに7条措置を行う例が多い。なお、7条措置違反の効果について、日本IBM事件・最二判平成22年7月12日民集64巻5号1333頁は、7条措置は分割会社の努力義務であり、分割会社がこれに違反したこと自体によって労働契約の承継の効力を左右するものではなく、7条措置において十分な情報提供等がされなかったがために5条協議がその実質を欠くことになったといった特段の事情がある場合に、5条協議義務違反の有無を判断する一事情として7条措置のいかんが問題となるに留まる旨判示している[27]。

(b) 5条協議

平成12年商法等改正法附則5条は、会社分割を行うにあたり、分割会社が労働者と協議する義務を定めている。その具体的な内容は以下の図表Ⅰ-13-4のとおりである。

---

[27] なお、日本IBM事件では、①イントラネット上で、承継対象事業部門に関連する従業員向けに当該会社分割の内容および雇用契約等に係る情報提供を開始するとともに、質問受付窓口を開設し、主な質問とそれに対する回答を掲載した、②各事業場毎の従業員代表者を選出させた上、当該代表者70人を4グループに分けて、各グループに対して当該会社分割の背景と目的、新会社の事業の概要、承継対象となる部署と今後の日程、承継される従業員の新会社における処遇、主従事労働者か否かの判断基準、労使間で問題が生じた場合の問題解決の方法等について説明し、新会社の債務の履行の見込みに係る質問への回答も行った、③各種資料にまとめたデータベースをイントラネット上に設置し、従業員代表者が閲覧できるようにした、④新会社の中核となることが予定される事業所の従業員代表者とは個別的にも協議を行い、同代表者から3回にわたり出された要望書に対して回答書を送付する等した、という事案であるが、最高裁は、結論として承継法指針の趣旨にもかなうものであり、7条措置が不十分であったとはいえないと判示している。

[図表Ⅰ-13-4]　5条協議の具体的内容

期限・期間	通知期限日（後記(c)参照）までに協議する（平成12年商法等改正法附則5条1項）。通知期限日までに十分な協議ができるよう、時間的余裕をみて協議を開始するのが望ましい（承継法指針第2・4(1)ホ）
対象労働者	① 承継される事業に従事している労働者（当該労働者に係る労働契約が承継されるか否かを問わない） ② 承継される事業に従事していない労働者であって、吸収分割契約または新設分割計画に当該労働者に係る労働契約が承継会社または設立会社に承継する旨の定めがあるもの[28] （承継法指針第2・4(1)イ）[29]
対象事項	① 当該労働者が会社分割の効力発生日後に勤務することとなる会社の概要[30] ② 効力発生日以後における分割会社および承継会社または設立会社の債務の履行の見込みに関する事項[31] ③ 当該労働者が主従事労働者に該当するか否かの考え方 ④ 当該労働者に係る労働契約の承継の有無 ⑤ 承継するとした場合または承継しないとした場合の当該労働者が従事することが予定される業務の内容、就業場所その他の就業形態 （承継法指針第2・4(1)イ）

[28] 平成28年改正により追加された。
[29] 対象労働者が個別に労働組合を当該協議の全部または一部に係る代理人として選定した場合には、分割会社は当該労働組合と協議を行う（承継法指針第2・4(1)ハ）。
[30] なお、EMIミュージック・ジャパン事件・静岡地判平成22年1月15日労判999号5頁は、会社分割後に承継会社・設立会社が労働条件を変更することは5条協議の対象とならず、分割会社はこれを説明する義務を原則として負わないが、取引の相手方（同事件では設立会社の株式の譲受人）がすみやかに労働条件の変更の交渉を行うことを具体的に予定し、そのことを承継予定の従業員に周知させるよう希望しており、分割会社側も周知を合意している場合など、承継会社または設立会社の労働条件変更の予定につき、会社分割後に勤務することとなる承継会社または設立会社の概要の一内容として説明が可能である等の一定の場合には、例外的に、分割会社は、労働契約に基づく法的義務としてこれを説明する義務を負うと判示している。したがって、会社分割後に承継会社または設立会社において労働条件の不利益変更が具体的に予定されている場合には、上記図表Ⅰ-13-4の対象事項①の内容としてその説明を行っておくことが無難であろう。
[31] 従前は5条協議の対象事項として明示されていなかったが、7条措置と同様の理由から、平成28年改正により追加された。

図表Ⅰ-13-4に記載のとおり、承継法指針において、5条協議は、通知期限日までに行わなければならず、かつ、同日までに十分な協議ができるよう、時間的余裕をみて協議を開始するのが望ましいとされているが、7条措置と同様に、特に上場会社の場合には、情報管理の観点から会社分割を対外的に公表する前に5条協議を行うことは現実的ではなく、実務上は公表後直ちにこれを行う例も多い[32]。

5条協議違反の効果については、まず、5条協議を全く行わなかった場合または実質的にこれと同視し得る場合は会社分割の無効原因になるとされている[33]。さらに、日本IBM事件において、最高裁は、5条協議が全く行われなかった場合または5条協議が行われた場合であっても、その際の分割会社からの説明や協議の内容が著しく不十分であるため、法が5条協議を求めた趣旨に反することが明らかな場合には、主従事労働者は承継法の定めに従った労働契約の承継の効力を争うことができると判示している[34]。

7条措置が分割会社に勤務する労働者全体の理解と協力を得るものであるのに対し、5条協議は承継される事業に従事する個別労働者の保護のための手続であり（承継法指針第2・4(1)ロ）、各労働者と個別に協議することが本来望ましいと思われるが、承継される事業に従事する労働者が多数にのぼる場合にはかかる労働者全員につき1人ずつ個別に協議を行うことは必ずしも現実的ではない。このため、実務的には、詳細な説明資料を準備した上で各事業場で説明会を開催する等の方法により対応する例も多い。ただし、説明会等の方法による場合であっても、法が5条協議を求めた趣旨に照らせば、労働者の希望を聞いた上で、希望する者については個別協議を行う等、可能な限り労働者から個別に意見を聴き、協議を行うための機会を設けることが望ましいであろう。なお、日本IBM事件は、労働者1人ずつの個別の協議までは行われなかった事例であるが、最高裁は、結論として5条協議義務違反

---

[32] なお、日本IBM事件は、5条協議について、「分割会社が分割計画書を作成して個々の労働者の労働契約の承継について決定するに先立ち」協議を行わせる趣旨であると判示していることに留意を要する。

[33] 原田晃治「会社分割法制の創設について——平成12年改正商法の解説」原田晃治ほか『会社分割に関する質疑応答』別冊商事233号（2000）16頁、承継法指針第2・4(1)へ。

[34] 平成28年改正により、かかる判示内容が留意事項として追加されている（承継法指針第2・4(1)へ）。

はないと判示している[35]。

(c) 2条通知

分割会社は、以下の図表Ⅰ-13-5に記載するとおり、労働者に対して書面[36]により通知[37]を行わなければならない（承継法2条1項）。

[図表Ⅰ-13-5] 2条通知の具体的内容

期限・期間	通知期限日までに行う（承継法2条1項）
対象労働者	① 主従事労働者（承継法2条1項1号） ② 非主従事労働者であって、吸収分割契約または新設分割計画の中に当該労働者との労働契約を承継する旨の定めのあるもの（承継法2条1項2号）
対象事項	① 当該労働者との間で締結している労働契約を承継会社が承継する旨の分割契約中における定めの有無（承継法2条1項） ② 異議申出期限日（承継法2条1項、4条3項） ③ 当該労働者が、(x)主従事労働者または(y)非主従事労働者であっ

---

[35] なお、日本IBM事件では、①ライン専門職に対し、5条協議のための資料として、新会社の就業規則案や従業員代表者への説明時に使用した説明資料を送付した上で、ライン従業員にこれらの資料を示すなどして説明した上で労働契約の承継に関する意向を確認すること、承継に納得しない従業員に対しては最低3回の協議を行うこと、各従業員の状況を分割会社に報告することを指示した、②かかる指示に従いライン専門職は説明会を開催し、多くの従業員は承継に同意した、③労働者らはその所属する労働組合の支部を代理人として5条協議を行ったが、合計7回の協議がされるとともに、3回にわたる書面のやり取りがなされた、④分割会社は、支部に対し、新会社の事業の概要に関わる事情や労働者らが主従事労働者に該当するとの判断結果等について説明した、という事案であるが、最高裁は、結論として、承継法指針の趣旨にもかなうものであり、他に分割会社の説明が不十分であったがために労働者らが適切に意向等を述べることができなかったような事情もうかがわれないから、5条協議義務違反はないと判示している。

[36] 電子媒体を使用する方法（電子メール、ホームページ等）による通知は認められないことに留意する必要がある。

[37] 事後の紛争を避ける観点からは、郵便等により通知することが望ましいと考えられる。通知を郵便等により行う場合は、通知期限日までに到達する必要がある（民法97条1項、承継法指針第2・1(1)ハ）。なお、コストの面から、各事業場において、通知事項の内容を労働者に回覧する方法も考えられるが、その場合であっても、通知対象となる全ての労働者に回覧がなされる必要があるため、回覧した労働者から署名を求める等、通知の記録を残す取組みを行うことが望ましいと考えられる。

て吸収分割契約または新設分割計画の中に当該労働者との労働契約を承継する旨の定めのあるもののいずれに該当するかの別（承継法規則1条1号）
④ 吸収分割契約または新設分割計画に当該労働者に係る労働契約が承継される旨の定めがある場合には、当該労働契約は、会社分割の効力発生日以後、分割会社から承継会社または設立会社に包括的に承継されるため、その内容である労働条件はそのまま維持されるものであること（承継法規則1条2号）[38]
⑤ 承継会社または設立会社に承継される事業の概要（承継法規則1条3号）
⑥ 会社分割の効力発生日以後の分割会社および承継会社または設立会社の商号、住所または所在地、事業内容および雇用することを予定している労働者の数（承継法規則1条4号）
⑦ 会社分割の効力発生日（承継法規則1条5号）
⑧ 会社分割の効力発生日以後における分割会社または承継会社もしくは設立会社において当該労働者について予定されている従事する業務の内容、就業場所その他の就業形態（承継法規則1条6号）
⑨ 会社分割の効力発生日以後における分割会社および承継会社または設立会社の債務の履行の見込みに関する事項（承継法規則1条7号）
⑩ 異議の申出を行うことができる旨および異議の申出を行う際の当該申出を受理する部門の名称および住所または担当者の氏名、職名および勤務場所（承継法規則1条8号）

　図表Ⅰ-13-5に記載のとおり、2条通知は「通知期限日」までに行う必要があるが、「通知期限日」とは、①分割会社において株主総会決議の承認が必要な場合には、当該株主総会の日の2週間前の日の前日を、②分割会社において株主総会決議の承認を要しない場合[39]には、吸収分割契約または新設分割計画の締結または作成日から起算して2週間を経過する日をいう（承継法2条3項）。なお、承継法指針においては、株主や債権者と同じタイミングで労働者にも情報提供を行うという観点から、ⓐ会社法上の事前備置書類

---

38) 平成28年9月1日施行の承継法規則の改正により追加された。
39) 合同会社が会社分割をする場合も同様である。

の備置開始日または⑥株主総会招集通知発送日のいずれか早い日に2条通知を行うことが望ましいとされており（承継法指針第2・1(1)）、実際そのようにしている例が実務上も多い。

　上記(ii)のとおり、①主従事労働者の労働契約について、吸収分割契約または新設分割計画に承継される旨が規定されていない場合には、当該主従事労働者は承継されないことにつき異議を申し出ることができ（承継法4条1項）、また、②非主従事労働者の労働契約について、吸収分割契約または新設分割計画に承継される旨規定されていれば、当該非主従事労働者は承継されることにつき異議を申し出ることができる（承継法5条1項）。かかる異議申出は、2条通知がされた日から「異議申出期限日」までの間に、分割会社に対して書面[40]で行うことができる。「異議申出期限日」とは、ⓐ分割会社において株主総会決議の承認が必要な場合には、通知期限日の翌日から当該株主総会の日の前日までの期間中の分割会社が定める日を、ⓑ分割会社において株主総会決議の承認を要しない場合[41]には、会社分割の効力発生日の前日までの日で分割会社が定める日をいうが（承継法4条3項）、2条通知がなされた日と異議申出期限日との間には最低13日間を置く必要がある（同条2項）。

　なお、主従事労働者であって、吸収分割契約または新設分割計画に労働契約が承継される旨が規定されていない者が2条通知を適法に受けなかった場合は、当該労働者は、会社分割の効力発生日以後においても、承継会社または設立会社に対してその雇用する労働者たる地位の保全または確認を求めることができ、分割会社に対してその雇用する労働者でないことの確認を求めることができる[42]。逆に、主従事労働者以外の労働者であって、吸収分割契約または新設分割計画に労働契約が承継される旨が規定されている者が2条通知を適法に受けなかった場合は、当該労働者は、会社分割の効力発生日以後においても、分割会社に対してその雇用する労働者たる地位の保全または確認を求めることができ、承継会社または設立会社に対してその雇用する労働者でないことの確認を求めることができる[43]。

---

40) 2条通知と同様に、電子媒体を使用する方法（電子メール、ホームページ等）による異議申出は認められない。
41) 合同会社が会社分割をする場合も同様である。
42) 承継法指針第2・2(3)ニ(イ)。
43) 承継法指針第2・2(3)ニ(ロ)。

(d) 労働組合への事前通知

分割会社は、以下の図表Ⅰ-13-6に記載するとおり、労働組合に対して書面[44]により通知[45]を行わなければならない（承継法2条2項）。

[図表Ⅰ-13-6] 労働組合への通知の具体的内容

期限・期間	通知期限日[46]までに行う（承継法2条2項）
対象	労働協約[47]を締結している労働組合（承継法2条2項）
対象事項	① 吸収分割契約または新設分割計画における当該労働協約を承継する旨の定めの有無（承継法2条2項） ② 承継会社または設立会社に承継される事業の概要（承継法規則3条1号） ③ 会社分割の効力発生日以後の分割会社および承継会社または設立会社の商号、住所または所在地、事業内容および雇用することを予定している労働者の数（承継法規則3条1号） ④ 会社分割の効力発生日（承継法規則3条1号） ⑤ 会社分割の効力発生日以後における分割会社および承継会社または設立会社の債務の履行の見込みに関する事項（承継法規則3条1号） ⑥ 労働契約が承継される労働者の範囲および当該範囲の明示によっては当該労働組合にとって当該労働者の氏名が明らかとならない場合には当該労働者の氏名（承継法規則3条2号） ⑦ 承継会社または設立会社が承継する労働協約の内容（承継法規則3条3号）

---

[44] 2条通知と同様に、電子媒体を使用する方法（電子メール、ホームページ等）による通知は認められない。

[45] 事後の紛争を避ける観点からは、郵便等により通知することが望ましいと考えられる。通知を郵便等により行う場合は、通知期限日までに到達する必要がある（民法97条1項、承継法指針第2・1(1)ハ）。

[46] 2条通知と同様に、①会社法上の事前備置書類の備置開始日または②株主総会招集通知発送日のいずれか早い日に労働組合に対する通知も行うことが望ましいとされている（承継法指針第2・1(1)）。

[47] 承継法指針では、労働組合の組合員が分割会社との間で労働契約を締結している場合には、労働協約を締結していない労働組合に対しても通知するのが望ましいとされている（承継法指針第2・1(3)）。

(vi) 承継対象が事業を構成するに至らない権利義務である場合

　会社法の制定により会社分割の対象は「事業に関して有する権利義務」とされたため（会社 2 条 29 号・30 号）、「事業」を構成するに至らない個別の権利義務（例えば、特定の設備機械）のみを会社分割の対象とすることも可能である。

　このような会社分割を行う場合であっても、前記(v)(a)の 7 条措置は、分割会社の全従業員について行われるものである以上、これを行う必要があり、また、分割会社と労働協約を締結している労働組合が存在する限りは、前記(v)(d)の労働組合への事前通知も必要になる。一方で、会社分割による承継対象となる「事業」が存在しないため、主従事労働者も存在せず[48]、分割会社の労働者は全て非主従事労働者になると考えられるため、吸収分割契約または新設分割計画において労働契約が承継される旨定められた労働者がいれば、当該労働者との関係でのみ、前記(v)(b)の 5 条協議および前記(v)(c)の 2 条通知を行うことになる（かかる労働者がいなければ、いずれの手続も不要となる）ものと解される。ただし、「事業」の承継ではなくとも、重要な資産等を承継することによって分割会社の事業が変容し、分割会社に残存する労働者に影響を及ぼすことも想定されるため、平成 28 年改正により、労働契約が承継されない労働者との関係においても、このような会社分割がその職務内容等に影響し得る場合には、7 条措置とは別に、職務内容等の変更について説明を行うなど、一定の情報を提供することが望ましいことが承継法指針に明記されている（承継法指針第 2・4(1)イ）。

(vii) 会社分割による承継によらず個別同意により転籍させる場合

　会社分割後の労働条件の統一の便宜等のため、実務上会社分割により労働契約を承継させるのではなく、敢えて労働者から個別に同意を取得した上で[49] 承継会社または設立会社に転籍させる場合がある。このような場合、

---

[48] 　前掲注 17) のとおり、平成 28 年改正により、会社法上は「事業」の承継が会社分割の要件ではないことを前提としてもなお、主従事労働者の該当性は承継会社または設立会社に承継される「事業」の単位で判断されることが明確化されている。

[49] 　会社分割の手続によらずに労働者の労働契約を承継会社または設立会社に承継させる場合には、民法 625 条 1 項が適用され、当該労働者の個別の承諾を得る必要がある（承継法指針第 2・2(3)ホ(ロ)）。

労働者が主従事労働者であれば、承継法上は、異議を申し出ることにより、従前の労働条件のまま労働契約が承継されることになるため（前記(ii)参照）、かかる異議申出権の行使が可能であることを十分認識した上で、当該労働者が任意に転籍に同意することが前提になると考えられる[50]。

かかる観点から、承継法指針は、平成28年改正により、主従事労働者を会社分割の対象とすることなく転籍同意によって転籍させる場合の留意事項として、以下の図表Ⅰ-13-7記載の事項を定めている（承継法指針第2・2(5)イ）。

[図表Ⅰ-13-7] 個別同意により転籍させる場合の留意事項

① 2条通知、労働組合に対する通知、5条協議等[51]の手続は省略できないこと[52]
② ⓐ吸収分割契約または新設分割計画に当該労働者の労働契約が承継される旨の定めがある場合には、当該労働契約は承継会社または設立会社に包括的に承継されるため、その内容である労働条件はそのまま維持されること、およびⓑ当該労働契約が承継される旨の定めがない場合には、承継法上異議の申出をすることができることを、当該労働者に対して説明すべきこと
③ 当該労働者が、吸収分割契約または新設分割計画に当該労働者の労働契約が承継される旨の定めがないことにつき異議の申出をした場合には、承継法上の効果として、当該労働契約がその内容である労働条件を維持したまま承継会社または設立会社に承継されるため、<u>これに反する転籍合意部分は、その効力が否定される</u>こと

---

50) 承継法に従って承継される選択肢が認められる状況下において、労働者が結果的に転籍に応じ、労働条件の不利益変更がもたらされたとしても、そうした承継方法の法的効力は否定されない（竹内（奥野）寿「事業譲渡、会社分割と労働条件の変更」野川忍ほか編『企業変動における労働法の課題』（有斐閣、2016）125頁）。
51) 7条措置も省略することはできないと考えられる。
52) なお、阪神バス事件・神戸地尼崎支判平成26年4月22日判時2237号127頁は、承継法の手続を省略して、会社分割の対象とすることなく転籍同意によって転籍させた事案につき、承継法により保障される労働条件が維持されたままで承継されるという利益を奪うものである以上、転籍合意は公序良俗（民法90条）に反し無効とした上で、2条通知が行われず、その結果適法に異議申出を行う機会が失われた場合には、労働者は適法な異議申出が行われた場合と同様の効果を主張できるとして、労働条件が維持されたままの労働契約の承継の効果を導いている。

(viii) 会社分割による承継によらず出向させる場合

実務上、例えば、会社分割後も分割会社に残存してもらう必要の高い労働者（例えば、システムについての専門知識を有している労働者等）について、会社分割により当該労働者の労働契約を承継させることなく、会社分割の効力発生後に承継会社または設立会社に出向させる場合がある。このような出向をさせる場合であっても、承継法上の手続が不要になるわけではなく、承継法指針においても、平成28年改正により、2条通知、労働組合に対する通知、5条協議等の手続は省略できないことが明記されている（承継法指針第2・2(5)ロ）。

なお、出向は通常は就業規則における出向命令権の包括的根拠規定に基づいて行われるが、このような包括的根拠規定によって出向させるには、密接な関連会社間の日常的な出向であって、出向先での賃金・労働条件、出向期間、復帰の仕方などが出向規程等によって労働者の利益に配慮して整備され、当該職場で労働者が通常の人事異動の手段として受容しているものであることを要すると解する見解が有力であり[53]、会社分割後に分割会社とは資本関係のない承継会社に労働者を出向させる場合[54]には、当該労働者の個別同意を得ておくのが無難な対応であると考えられる。このように出向に個別同意が必要となる場合には、前記(vii)の転籍させる場合と同様に、出向に任意で同意することが前提になると考えられるため、図表 I-13-7 記載の留意事項はかかる出向にも妥当すると解する余地もあるように思われる。

(4) 事業譲渡

(i) 特定承継の原則

事業譲渡による対象事業を構成する債務・契約上の地位の承継には、合併または会社分割と異なり、個別に債務者・契約相手方の同意が必要と解されており[55]、これを特定（個別）承継という（前記第8章第8節1参照）。

労働契約についてもこの特定承継の考え方が妥当するとして、事業譲渡に

---

53) 菅野 691 頁。
54) 会社分割が独立当事者間の M&A の手法として用いられる場合には、対価を現金としたり、株式譲渡と組み合わせることによって、結果として分割会社と承継会社との間に資本関係は存在しないこととなる場合が多いと思われる。
55) 江頭 958 頁。

よる労働契約の承継には、①譲渡会社と譲受会社の間で当該労働契約の承継についての合意が必要であり、かつ、②当該労働者の同意[56]も必要となると解するのが通説的な見解（合意承継説）である[57]。また、労働協約についても、会社分割のような特則（前記(3)(iv)参照）が存在しない以上、通常の財産・権利義務関係と同様に、譲渡会社と譲受会社の間で合意がない限り、譲受会社に承継されることはないというのが一般的な見解である[58]。

(ii) 特定承継の例外

合意承継説の帰結として、労働契約が事業譲渡により承継されるか否かは、譲渡会社および譲受会社間の合意によることになり、譲受会社にとっては承継したい労働者のみを選択してその労働契約を承継することができるというメリットがある[59]一方で、労働者としては承継を望んでいるにもかかわら

---

[56] 民法625条1項。なお、当該同意は単なる就業規則・労働協約上の包括的な事前同意規定に基づく同意では足りず、事業譲渡時における個別具体的な同意である必要がある（大全738頁）。

[57] 荒木434頁、菅野717頁。なお、事業譲渡による労働契約の承継については、事業譲渡により労働契約が当然に承継されるとする見解（当然承継説）をはじめとして、学説が入り乱れ、議論が複雑に重層化し、混沌とした状況を形成しているとも指摘されている（池田悠「事業譲渡と労働契約関係」野川ほか編・前掲注50) 64頁）。裁判例では、かつては当然承継説をとるものがみられたが（例えば、播磨鉄鋼事件・大阪高判昭和38年3月26日労民集14巻2号439頁等）、近年の多くの裁判例は合意承継説を採用しており（東京日新学園事件〔1審〕・さいたま地判平成16年12月22日労判888号13頁、同事件〔控訴審〕・東京高判平成17年7月13日労判899号19頁、更生会社フットワーク物流ほか事件・大阪地判平成18年9月20日労判928号58頁、パナホーム事件・東京高判平成20年6月26日労判970号32頁等）、実務上も合意承継説を前提とした対応が行われている。事業譲渡等指針（後記(iv)参照）も、合意承継説を前提として、事業譲渡による労働契約の承継には民法625条1項に基づく労働者の個別の承諾が必要であるとしている（事業譲渡等指針第2・1(1)）。

[58] 菅野899頁。裁判例も同様である（インチケープマーケティングジャパン事件・大阪地判平成10年8月31日労判751号23頁）。なお、従来の学説における議論は個別的な労働契約の承継にかかる問題に集中しており、労働協約の承継については必ずしも活性化した議論が存在するとはいえない状況にあるとも指摘されている（池田・前掲注57) 64頁）。

[59] 選択した労働者の労働契約の承継のためには譲渡会社と当該労働者の同意がそれぞれ必要となるため、かかる労働契約を必ず承継できる保証があるわけではないが、譲受会社としては、少なくとも承継したくない労働者の労働契約を承継しないことは確保できる。

ず承継から排除されてしまうという不利益を被る[60]ことになる。特に、譲渡会社がその事業の全部を譲受会社に譲渡するような場合には、譲受会社によって労働契約が承継されない労働者は行き場を失い、重大な不利益を被る可能性がある。かかる労働者側の不利益に配慮し、裁判例上、事業譲渡の当事者間では労働契約の承継が合意されていない場合であっても、事案の特殊性に着目して例外的に当該労働契約の承継が認められる場合があるため、注意が必要である。かかる裁判例の傾向をまとめると、以下の図表Ⅰ-13-8のとおりである[61]。

[図表Ⅰ-13-8] 例外的に労働契約の承継を認める裁判例

黙示的な承継合意を認めるもの	① 特定の労働契約を承継しない旨の特約がない限り、労働契約を包括的に承継する旨の譲渡会社・譲受会社間の黙示の合意があるとするもの[62] ② 事業譲渡の直前に解雇されたために事業譲渡時に承継対象とされなかった労働者について、当該解雇の無効を確認した上で、労働契約を包括的に承継する旨の譲渡会社・譲受会社間の黙示の合意があるとして、譲受会社への労働契約の承継を認めるもの[63] ③ 労働契約を包括的に承継する旨の譲渡会社・譲受会社間の黙示の合意があることを前提として、特定の労働者の承継を譲受会社が拒否することを実質的に解雇と同視し、解雇権濫用法理[64]を適用して労働契約の承継を認めるもの[65] ④ 譲渡会社・譲受会社間の合意内容につき、強行法規違反により一部無効としつつ、残った有効な合意部分にかかる意思解釈として労働契約の承継を認めるもの[66]
法人格否認の法理[67]を適用するもの	① 譲渡会社および譲受会社の実質的同一性を認定し、法人格否認の法理を適用し、労働契約の承継を認めるもの[68] ② 子会社である旧会社を解散して他の子会社に事業を承継させた場合について、旧会社と親会社との関係で法人格否認の法理を適用しつつ、実質的に事業を承継している他の子会社または親会社に対する労働契約の承継を認めるもの[69]

---

60) 前記(3)(ii)のとおり、会社分割の場合には、主従事労働者である限り、承継を希望する場合には異議申出を行うことによってその労働契約は承継されることになる。

61) 図表Ⅰ-13-8のとおり、合意承継説を前提に、承継合意の意思解釈または法人格否認の法理の活用によって個々の事案に応じて妥当な解決を導こうとするのが一般的な処理方法となっている（荒木434頁）。事業譲渡等指針（後記(iv)参照）も、事業譲渡時の労働契約の承継の有無や労働条件の変更に関し、裁判例においても、労働契約の承継についての黙示の合意の認定、法人格否認の法理および公序良俗違反の法理等を用いて、個別の事案に即して、承継から排除された労働者の承継を認める等の救済がなされていることに留意すべきとしている（事業譲渡等指針第2・1(4)）。
62) 友愛会病院事件・大阪地判昭和39年9月25日労民集15巻5号937頁、Ａラーメン事件・仙台高判平成20年7月25日労判968号29頁等。
63) 日伸運輸事件・大阪高判昭和40年2月12日判時404号53頁、松山市民病院事件・高松高判昭和42年9月6日労民集18巻5号890頁、タジマヤ事件・大阪地判平成11年12月8日労判777号25頁等。
64) 後記3(3)参照。
65) 前掲注57) 東京日新学園事件〔1審〕。
66) 勝英自動車（大船自動車興業）事件〔1審〕・横浜地判平成15年12月16日労判871号108頁、同事件〔控訴審〕・東京高判平成17年5月31日労判898号16頁。同事件では、労働条件引下げのために譲渡会社の労働者全員に退職届を提出させ、新労働条件に異議のない者（退職届を提出した者）のみを譲受会社で再雇用し、退職届を提出しない労働者は譲渡会社の解散を理由に解雇するという譲渡会社および譲受会社間の合意につき、民法90条に違反して無効とした上で、労働者全員の労働契約が承継されると判示されている。
67) 法人格否認の法理とは、本来株主と会社は別個の法人格を有しているところ、両者の法人格の独立性を形式的に貫くことが正義・衡平に反するような場合に、特定の事案について会社の法人格の独立性を否定し、会社と株主とを同一視して事案の衡平な解決をはかる法理である（江頭41頁）。譲渡会社と譲受会社は必ずしも会社と株主の関係にあるわけではなく、また、裁判例によっては解雇権濫用法理（整理解雇法理）の潜脱に該当することを理由に法人格否認の法理の適用を認めるものもあり（新関西通信システムズ事件・大阪地決平成6年8月5日労判668号48頁）、労働契約保護の場面においては会社法上の本来的な適用よりも拡張的に適用されている面があるが（池田・前掲注57) 73頁）、このような法人格否認の法理の新たな拡大は定着しつつあるとの評価もある（菅野719頁）。
68) 宝塚映像事件・神戸地伊丹支決昭和59年10月3日労判441号27頁、前掲注67) 新関西通信システムズ事件、日進工機事件・奈良地決平成11年1月11日労判753号15頁、日本言語研究所ほか事件・東京地判平成21年12月10日労判1000号35頁等。このうち日進工機事件は、譲渡会社・譲受会社間の実質的同一性を理由に、譲渡会社において行われた解雇を無効と判断し、譲受会社への労働契約の承継を認めるものであるが、一種の法人格否認の法理を適用したものと評価されている（池田・前掲注57) 73頁）。
69) 他の子会社への労働契約の承継を認めるものとして、第一交通産業（佐野第一交通・仮処分）事件・大阪高決平成17年3月30日労判896号64頁、第一交通産業（佐野第一交通・本訴）事件〔1審〕・大阪地堺支判平成18年5月31日労判タ1252号223頁、親会社への労働契約の承継を認めるものとして、同事件〔控訴審〕・大阪高判平成19年10月26日労判975号50頁。

上記図表Ⅰ-13-8のとおり、黙示的な承継合意を認める裁判例が存在していることからすると、一部の労働者の労働契約を承継の対象外とする場合には、事業譲渡契約においてその旨明記しておく必要がある。また、事業の全部または実質的全部を譲渡する場合には、承継の対象外とする労働者がいたとしても、結果として当該労働者の労働契約の承継が認められる可能性があることを念頭に置いて、当該事業譲渡取引を実行する必要がある[70]。

(iii) 承継の手法

　事業譲渡により労働契約を承継させる場合、その手法としては、①労働契約上の使用者としての地位を譲渡会社から譲受会社に移転する方法、②譲渡会社との労働契約を合意により終了させ、譲受会社において新規採用する方法の2種類がある。譲受会社に承継された労働者の労働条件は、原則として、①の方法による場合には、譲渡会社における従前の労働条件が承継され、②の方法による場合には、譲受会社における労働条件に従うことになるが[71]、①②いずれの方法による場合であっても、譲受会社と労働者の同意が必要であるから、上記と異なる取扱いについて、譲受会社と労働者が同意しているのであれば、それに従うことになる。例えば、①の方法による場合であっても、譲渡会社における労働条件の一部については譲受会社では適用されない旨の説明を受けた上で労働者が使用者としての地位の移転に同意するのであれば、労働条件の当該一部については承継されないことになろうし、②の方法による場合であっても、譲渡会社の労働条件を引き継ぎ、退職金算定上の

---

[70] もっとも、事業の全部または実質的全部を譲渡する場合に常に労働契約の承継が強制されるわけではないと解すべきである。日本では、明文上、事業譲渡により労働契約が労働条件を維持したまま当然に承継されるというルールはなく、かかるルールを立法措置で定めることについては、厚生労働省「企業組織再編に伴う労働関係上の諸問題に関する研究会」報告（2002年8月）・厚生労働省「組織の変動に伴う労働関係に関する研究会報告書」（2015年11月）のいずれにおいても見送られている。実質的にも、例えば、苦境に陥った企業が再建目的で事業譲渡を行う場合には、余剰人員を抱え、人件費も過剰となっていることが多いが、全労働者について労働契約が承継されると、かえって事業の再建を困難にするおそれもあり、最悪の場合には救われた雇用も全て失われることにもなりかねない（荒木435頁）。少なくとも解雇権濫用法理に照らしてもなお一部の労働者を承継対象から除外することに合理性が認められるような場合についてまで、当該労働者の労働契約が承継されることはないと思われる。

[71] 菅野718頁。

勤続年数を通算することを譲受会社と労働者が合意するのであれば、そのような取扱いとすることは差し支えない。

(iv) 事業譲渡等指針上の手続

事業譲渡における労働契約の承継に必要な労働者の承諾の実質を担保し、労使間の納得性を高めることにより、事業譲渡の円滑な実施と労働者の保護に資するよう、事業譲渡等指針が新たに策定され、平成28年9月1日から適用されている。事業譲渡等指針においては、大別して、①譲渡会社の雇用する労働者全体の理解と協力を得るための協議（以下「全体協議」という）、および②労働者からの承諾を取得するにあたっての協議（以下「個別協議」という）という2種類の手続を履践することが適当であるとされている。その具体的な内容は以下の図表Ⅰ-13-9のとおりである。

[図表Ⅰ-13-9] 全体協議と個別協議の具体的内容

全体協議	
協議開始時期	遅くとも個別協議の開始までに開始され、その後も必要に応じて適宜行う（事業譲渡等指針第2・2(1)ニ）
対象労働者	過半数労働組合または過半数代表者との協議その他これに準じる方法[72]によって、譲渡会社の全従業員について行う（事業譲渡等指針第2・2(1)イ）
対象事項	① 事業譲渡を行う背景・理由 ② 譲渡会社および譲受会社の債務の履行の見込みに関する事項 ③ 承継予定労働者[73]の範囲 ④ 労働協約の承継に関する事項 （事業譲渡等指針第2・2(1)ロ）
個別協議	
協議開始時期	真意による承諾を得るまでに十分な協議ができるよう、時間的余裕をみて当該協議を行う（事業譲渡等指針第2・1(2)ニ）
対象労働者	承継予定労働者
対象事項	① 事業譲渡に関する全体の状況（譲渡会社および譲受会社の債務の履行の見込みに関する事項を含む） ② 承継予定労働者が勤務することとなる譲受会社の概要および労働条件（従事することを予定する業務の内容および就業場所その他の就業形態等を含む）

> なお、特に、その労働条件を変更して譲受会社に労働契約を承継させる場合には、承継予定労働者の同意を得る必要がある。
> （事業譲渡等指針第2・1(2)イ）

　全体協議は会社分割における7条措置（前記(3)(v)(a)参照）、個別協議は5条協議（前記(3)(v)(b)参照）に実質的に相当する手続とすることが企図されているように思われるが、7条措置および5条協議はそれぞれ法律の規定に基づくものである一方、全体協議および個別協議はそのような法律上の根拠を有するものではないため、これらの協議を行わなかったからといって直ちに法令違反となるわけではなく、その意味では、5条協議義務違反のように、事業譲渡の無効原因となるなどの直接的な法的効果は有しないものと思われる。しかし、承継予定労働者の同意が真意による同意として有効であるか否かの判断においては、事業譲渡等指針に従った手続が履践されているかが重要なファクターの1つになることは十分考えられ、5条協議に関する日本IBM事件の判旨に照らすと、これらの協議が全く行われなかった場合や、これらの協議が行われた場合であっても、その際の譲渡会社からの説明や協議の内容が著しく不十分であるため、事業譲渡等指針の趣旨に反することが明らかな場合には、承継予定労働者の同意の効力が否定される可能性があるように思われる[74]。

2　M&Aの実行に伴う労働条件の変更

　前記1(2)および1(3)(ii)のとおり、合併または会社分割により雇用関係が

---

[72]　名称のいかんを問わず、労働者の理解と協力を得るために、労使対等の立場に立ち誠意をもって協議が行われることが確保される場において協議することが含まれるとされている（事業譲渡等指針第2・2(1)イ）。
[73]　労働契約の承継を予定している労働者をいう。
[74]　塩津ほか・前掲注24）50頁、大庭浩一郎＝岩元昭博「会社組織の変動（会社分割、事業譲渡、合併）に伴う労働契約の取扱いにおける留意点——平成28年8月改正施行規則・指針等の解説」ビジネスガイド831号（2016）72頁。なお、事業譲渡等指針上、譲渡会社が意図的に虚偽の情報の説明を行う等により、承継予定労働者から承諾を得た場合には、承継予定労働者によって民法96条1項（詐欺・強迫）の規定に基づく意思表示の取消しがなされ得るとされている（事業譲渡等指針第2・1(2)ホ）。

承継される場合には、労働条件についても従前の内容のまま承継されることになるため、当事会社間で労働条件が異なっていれば[75]、合併または会社分割後の存続会社または承継会社には2つの異なる労働条件が併存することになる。しかし、同じ会社の従業員につき異なる労働条件が適用されると、機動的な人員の適正配置が困難となったり、同一の職種・スキルの従業員間で不公平感が生じるなど、合併または会社分割後の経営に重大な支障が生じ得るため、合併または会社分割に際して労働条件を統一する必要性は高い。また、同様に、株式譲渡や株式交換を行う場合であっても、同一企業グループ内の労働条件の統一が必要となる場合があり得る[76]。

このようにM&A取引において労働条件の統一を行う場合、いずれかの従業員にとって、何らかの面において労働条件が変更されることとなる。当該変更の内容が従前よりも従業員にとって有利なものであれば問題は生じないが[77]、実際には、労働条件が不利益に変更される従業員が生じることが避け難いことが多い。以下では、このようなM&A取引の実行に伴う労働条件の不利益変更の手法と限界について、概説することとする。

(1) 就業規則の不利益変更

労働条件の不利益変更の方法としては、まず、事業場の労働者全体に対して統一的に適用される労働条件を設定する就業規則の規定を新設または変更することによって、労働条件を不利益に変更することが考えられる。このような就業規則の不利益変更については、労働者がかかる変更に合意するので

---

75) 同一の企業グループ内の再編でない限り、労働条件は異なるのが通常であろう。
76) ただし、株式譲渡や株式交換などの株式取得型M&Aの場合、対象会社はあくまで別法人として存続する以上、合併や会社分割の場合に比べると、労働条件を統一するために不利益変更を行う必要性は高くないであろう。もっとも、株式取得型M&Aについては、再建・救済目的でM&A取引が行われる場合など、対象会社の経営状況を理由として不利益変更を行う場合も考えられる。その場合でも、新株発行による場合には、資金が注入されるため、不利益変更を行う必要性が低下する可能性がある（土田道夫「M&Aと労働法の課題——株式取得型M&Aを中心に」野川ほか編・前掲注50）265頁）。
77) 有利な変更について同意をしない労働者は事実上考え難く、また、就業規則の変更により労働条件を有利に変更する場合には、労働者の同意を問題とすることなく、当該変更後の労働条件が労働契約の内容になる（労働契約法12条）と解されている（荒木383頁）。

あれば、当該労働者を拘束することになる（労働契約法9条本文)[78]。しかし、対象となる労働者全員から個別に同意を取得することは必ずしも容易ではなく、同意を拒んだ労働者がいた場合には労働条件の統一という目的も達成できないこととなる。そこで、労働者から個別の同意を取得することなく就業規則を不利益に変更することの可否が問題となるが、労働契約法10条本文は、変更後の就業規則を労働者に周知させており[79]、かつ、就業規則の変更が「合理的なもの」である限り、労働者の同意の有無にかかわらず、労働条件は当該変更後の就業規則に定めるところによる（すなわち、労働条件は不利益に変更される）こととしている[80]。そして、同条は、「合理的なもの」であるか否かについて、①労働者の受ける不利益の程度、②労働条件の変更の必要性、③変更後の就業規則の内容の相当性、④労働組合等との交渉の状況その他の就業規則の変更に係る事情に照らして判断することとしている。同条は、就業規則の不利益変更に関する判例法理[81]を明文化したものであり[82]、判例における合理性判断手法が同条にも妥当すると解されている[83]。判例に

---

[78] 菅野202頁、荒木380頁。反対説もあるが、判例上も、一般論として、労働者の個別同意をもって、就業規則の変更により労働条件を不利益に変更することが可能であることが認められている（山梨県民信用組合事件・最二判平成28年2月19日民集70巻2号123頁）。ただし、個々の労働者は使用者に対して交渉力の弱い立場にあり、情報収集能力にも限界があることから、労働者の同意の認定は慎重・厳格になされる必要があると思われる。上記判例も、変更により労働者にもたらされる不利益の内容および程度、労働者が同意するに至った経緯およびその態様、同意に先立つ労働者への情報提供または説明の内容等に照らして、同意が労働者の自由な意思に基づいてされたものと認めるに足りる合理的な理由が客観的に存在するかという観点から判断すべきと判示している。

[79] 労働基準法106条および労働基準法施行規則52条の2に定められた法定周知手続によるものに限られず、労働者が知ろうと思えば知り得る状態にしておけば足りる（実質的周知）と解されている（荒木369頁・385頁、菅野209頁）。かかる実質的周知が行われていないことを理由として不利益変更の効力を否定した裁判例として、日本郵便輸送事件・大阪高判平成24年4月12日労判1050号5頁がある。

[80] ただし、労働契約において、就業規則の変更によっては変更されない労働条件として合意していた部分（例えば、勤務地限定特約など）がある場合には、当該労働者の同意なく当該部分が不利益に変更されることはない（労働契約法10条但書）。

[81] 秋北バス事件・最大判昭和43年12月25日民集22巻13号3459頁により初めて示され、今日では判例法理として完全に確立しているとされる（荒木360頁）。

[82] 厚生労働省労働基準局長「労働契約法の施行について」（平成20年1月23日基発第0123004号）。

[83] 菅野205頁、荒木388頁。

おける合理性判断手法を踏まえ敷衍すると、変更の必要性（②）と変更内容の相当性（①③）の比較考量を基本として、これに労働組合等との交渉状況その他の事情（④）を加味して、総合的に合理性が判断されるといえよう。

(i) 変更の必要性（②）

②労働条件の変更の必要性とは、現在の労働条件を維持するのが困難である事情をいうが、程度には差があり、最終的には変更内容の相当性との比較考量となる[84]。M&A 取引においては、まさに労働条件を統一する必要性がこれに該当し、判例上も、合併が行われる場合につき、労働条件の統一的画一的処理の要請から雇用制度を統合しなければならない必要性は高いとして、これが合理性を裏付ける根拠となり得ることが認められている[85]。しかし、M&A 取引による雇用制度統一の必要性のみで全ての不利益変更が正当化されるわけではなく、変更内容（不利益の程度）次第では合理性が否定される可能性も十分あり[86]、合理性の立証のハードルは決して低くないことに留意する必要がある。

(ii) 変更内容の相当性（①および③）

変更内容の相当性として考慮される①労働者の受ける不利益の程度とは、就業規則の当該変更によって個々の労働者が被る不利益の程度をいい、ここにいう「不利益」には、当該変更により実際に不利益を受ける場合だけでなく、不利益を受ける可能性が生じる場合[87]も含まれる。変更内容の相当性としては、①労働者の受ける不利益の程度の他に、③変更後の就業規則の内

---

[84] 荒木388頁。
[85] 大曲市農業協同組合事件・最三判昭和63年2月16日民集42巻2号60頁。
[86] 例えば、経営危機の克服策として、合併後不統一となっていた55歳・63歳の定年を57歳とし、60歳までは賃金を6割に下げて再雇用すること、退職金支給率を勤続30年で70か月から51か月とすることとした就業規則の変更において、変更当時57歳であった者の退職金減額につき、不利益が大き過ぎるとして一定の限度で合理性がないと判断したものとして、朝日火災海上保険（高田）事件・最三判平成8年3月26日民集50巻4号1008頁がある。
[87] 例えば、年功賃金を成果主義賃金に変更する場合には、従来の賃金体系に比して減額の可能性が生じており、それ自体が「不利益」と捉えられることになる（荒木384頁）。

容自体の相当性、経過措置の有無・内容、代償措置その他関連する他の労働条件の改善状況、同種事項に関するわが国社会における一般的状況等の社会的相当性も考慮される[88]。

なお、判例上、賃金・退職金など労働者にとって重要な権利・労働条件に関する不利益変更については、当該不利益を労働者に法的に受任させることを許容できるだけの高度の必要性に基づいた合理的な内容のものであることが必要とされており[89]、賃金・退職金に関して不利益変更を行う場合には、その他の労働条件の不利益変更よりも厳格に合理性が判断されると解されている[90]。このような不利益変更を行うにあたっては、不利益変更後の制度により支給される賃金・退職金と従前の制度により支給されるはずであった賃金・退職金の差額の全部または一部を（一定期間）補填する、定年制を延長することにより雇用を確保するなどの経過措置または代償措置を導入して、変更内容の相当性を補強することが必要となる場合も多いであろう。また、特定の労働者層（高齢の管理職層）に労働条件の不利益変更が集中するような場合についても、十分な経過措置または代償措置が講じられていることが重視されることがある[91]。

(iii) 労働組合その他労働者との交渉状況その他の事情（④）

上記の変更の必要性（②）および変更内容の相当性（①③）の比較考量に加えて、その他の事情として、当該変更に際して、労働者側とどのような手

---

[88] 荒木388頁。
[89] 前掲注85）大曲市農業協同組合事件。
[90] 荒木390頁、土田561頁。
[91] 例えば、みちのく銀行事件・最一判平成12年9月7日民集54巻7号2075頁は、経営低迷が続いた銀行において、賃金水準が高かった55歳以上の管理職を専任職という職種に移行させ、業績給の削減、専任職手当の廃止等を内容とする就業規則の変更により、結果としてこれらの従業員層の賃金が33～46％引き下げられたというケースにつき、経営状況の悪化や経営体質の改善の必要性に基づく変更の必要性を肯定し、従業員全体の立場から長期的に見た場合の相当性を肯定しつつも、短期的に特に不利益を受ける特定層の労働者について不利益を緩和するなど経過措置を設けることにより適切な救済を図るべきであるところ、十分な経過措置を講じていないことを理由の1つとして、合理性を否定した。土田564頁および577頁は、就業規則による労働条件の不利益変更は労働条件を集団的かつ一方的に変更するものであるから、不利益は従業員集団に公平に及ぶべきものであり、経過措置を含め、労働者間の利益・リスクの公平な配分が要請されるとしている。

続が履践されたかも考慮される[92]。判例には、多数組合との合意がある点について、「変更後の就業規則の内容は労使間の利益調整がされた結果としての合理的なものであると一応推測することができ」ると判示するもの[93]があり、多数組合が存在する場合には、十分な説明と質疑応答等の真摯なプロセスを通じて、同組合から合意を得ることを目指すことになろう。もっとも、多数組合の合意があっても合理性を否定した判例[94]もあり、また、少数組合や多数組合に所属しない労働者が変更に反対している場合にはこれらの少数組合や労働者との交渉状況も当然考慮されることになるため[95]、多数組合の合意があれば常に合理性が認められるわけではない。特に、特定の労働者層（高齢の管理職層）に労働条件の不利益変更が集中するような場合については、前記(ii)のとおり経過措置・代償措置が講じられていることに加えて、当該労働者層との協議および交渉の経緯が重視されることになろう[96]。

(2) **労働協約による労働条件の不利益変更**

労働条件の不利益変更を検討する会社に労働組合が存在する場合には、労働協約を締結しまたは変更することによって、労働条件を不利益に変更することも考えられる。特に、既に労働協約が締結されている場合で、就業規則の変更が当該労働協約と抵触するときには、労働協約に反する就業規則として当該変更は無効になるため（労働基準法92条1項、労働契約法13条）、労働協約の変更も必要となる。

(i) 規範的効力との関係

労働協約には、労働協約の当事者となる労働組合の組合員に対する規範的効力が認められており、労働協約に定める「労働条件その他の労働者の待遇

---

[92] さらに、就業規則変更に際しての意見聴取・届出義務（労働契約法11条、労働基準法89条、90条）の履践の有無等も考慮される（荒木389頁）。
[93] 第四銀行事件・最二判平成9年2月28日民集51巻2号705頁。
[94] 例えば、前掲注91）みちのく銀行事件においては、労働者の約73％を組織する労働組合の合意を得て就業規則が変更されたが、影響を受ける労働者の不利益性の程度や内容を勘案すると、多数組合との合意を大きな考慮要素と評価することは相当ではないとして、合理性を否定した。
[95] 菅野207頁。
[96] 土田567頁。

に関する基準」に違反する労働契約の部分は無効となり、当該無効となった部分および労働契約に定めがない部分は労働協約に定める基準によって直接規律される（労働組合法16条）。そこで、労働協約の締結または変更により労働条件を不利益に変更する場合であっても、かかる規範的効力が認められるかが問題となる。

この点については、労働条件を不利益に変更するものであったとしても原則として規範的効力が認められるが、問題となる労働協約が締結された経緯、当時の会社の経営状態、当該労働協約に定められた基準の全体としての合理性に照らし、「特定の又は一部の組合員を殊更不利益に取り扱うことを目的として締結されたなど労働組合の目的を逸脱して締結されたもの」である場合には例外的に規範的効力を否定するのが最高裁判例の立場である[97]。「特定の又は一部の組合員を殊更不利益に取り扱うことを目的として締結された」ような「労働組合の目的を逸脱」する場合に限り規範的効力が否定されるというのは、前記(1)の就業規則の不利益変更と比較すると、一般論としてはより緩やかに不利益変更を認めるものといえるが[98]、近時の裁判例の多くは、具体的にどのような場合に規範的効力が否定されるのかについて、労働協約締結の経緯・手続を重視しており[99]、学説上もプロセスの適正性に注目する見解が有力である[100]。

これらの裁判例や学説に照らすと、組合規約上要求される手続に従うことは当然として、従業員全体に大きな不利益を及ぼすような労働条件の変更を行う場合には、組合員大会での決議や組合員投票などの集団的な意思確認手続を踏み、従業員の一部に特に不利益が及ぶような労働条件の変更を行う場合には、当該従業員の意見を十分にくみ上げるよう努めるなど、労働条件の変更のもたらす不利益の内容および性質に照らして、組合員の利益が公正に

---

[97] 朝日火災海上保険（石堂）事件・最一判平成9年3月27日労判713号27頁。なお、同事件は、55歳定年制と63歳定年制が併存していた企業において、定年を57歳で統一し、あわせて退職金の支給基準を切り下げる内容の労働協約が締結されたという事例に関するものである。

[98] 最高裁判例の立場につき、規範的効力が否定される「きわめて稀な例外」として、労働組合の目的の逸脱とみなされる場合を挙げているとするものとして、野川忍『労働協約法』（弘文堂、2015）397頁。また、就業規則の不利益変更の合理性の立証責任は使用者側が負うが（土田559頁）、規範的効力との関係では「労働組合の目的を逸脱して締結されたもの」であることについて労働者側で立証責任を負うことになろう。

調整されているといえるよう慎重に手続を進める必要があろう[101]。

(ii) 一般的拘束力との関係

労働協約の規範的効力は、当該協約の当事者である労働組合の組合員にのみ及ぶのが原則であるが、ある工場・事業場において常時使用される同種の労働者の４分の３以上の労働者に対して当該労働協約が適用される場合には、当該工場・事業場で使用される他の同種の労働者に対しても当該労働協約が適用されることになる（一般的拘束力。労働組合法17条）。したがって、事業場の４分の３以上の労働者が加入している労働組合が存在している場合には、労働協約を締結または変更することにより、当該労働組合の組合員のみならず、当該事業場全体について統一的に労働条件を不利益に変更することが考えられるが[102]、非組合員は当該労働協約の締結について通常関与できる立場にないため、労働条件の不利益変更の効力が一般的拘束力により非組合員に及ぶのかが問題となる。

この点については、労働条件の不利益変更の効力も一般的拘束力により原

---

[99] 規範的効力を否定したものとして、中根製作所事件・東京高判平成12年7月26日労判789号6頁（協約締結権は組合大会の決議を要すると規約に明記されていたにもかかわらず、職場大会において多数の賛同を得たことをもってこれに変えた場合の規範的効力を否定）、鞆鉄道事件・広島高判平成16年4月15日労判879号82頁（規約に定められた組合大会の開催がなく、不利益を受ける立場の労働者の意見を十分にくみ上げる努力もなされていないとして、規範的効力を否定）、淀川海運事件・東京地判平成21年3月16日労判988号66頁（組合執行委員長が規約に反して組合大会を開催せずに締結したものであり、組合の意思表示には瑕疵があるとして、労働協約自体の成立を否定）などがある。これに対して、規範的効力を肯定したものとして、日本鋼管事件・横浜地判平成12年7月17日労判792号74頁（規約に従った手続が履践され、組合員の意見が十分考慮されているとして、規範的効力を肯定）、日本郵便逓送事件・大阪地判平成17年9月21日労判906号36頁（規約上労働条件の変更の決議方法は組合の自治に委ねられており、全国支部長会議で決議され、その過程で組合員の意思も反映されていると認め、規範的効力を肯定）、中央建設国民健康保険組合事件・東京高判平成20年4月23日労判960号25頁（職場集会を3回開催して職員の意見の反映を図っており、2回の団体交渉を経た上で臨時大会で決議されている等として、規範的効力を肯定）などがある。
[100] そのような見解として、菅野879頁、荒木620頁、野川・前掲注98）407頁、土田588頁等。
[101] 菅野879頁。なお、不利益の程度が大きい場合には、より手続審査が厳格になるとするものとして、荒木620頁、野川・前掲注98）408頁等。

則として非組合員に及ぶが、労働協約によって特定の未組織労働者（非組合員）にもたらされる不利益の程度・内容、当該労働協約が締結されるに至った経緯、当該労働者が労働組合の組合員資格を認められているかどうか等に照らし、当該労働協約を非組合員に適用することが「著しく不合理であると認められる特段の事情」がある場合には、当該不利益変更の効力は当該非組合員には及ばないとするのが最高裁判例の立場である[103]。「著しく不合理であると認められる特段の事情」がある場合に限り一般的拘束力が否定されるというのは、前記(1)の就業規則の不利益変更と比較すると、やはり一般論としてはより緩やかに不利益変更を認めるものといえるが[104]、非組合員の一部に特に不利益が及ぶような労働条件の変更を行う場合には、当該非組合員の意見を十分にくみ上げるよう努めるなど、労働条件の変更のもたらす不利益の内容および性質に照らして、組合員のみならず関係する労働者の利益が公正に調整されているといえるよう慎重に手続を進める必要があろう[105]。

(3) 会社分割と転籍の組み合わせによる実質的な労働条件の不利益変更

　会社分割を行う場合に、会社分割により分割会社の労働者の労働契約を承継会社または設立会社に承継し、会社分割の効力発生後に承継会社または設立会社において労働条件の不利益変更を行うのではなく、労働者から個別に同意を取得した上で、会社分割とは別に承継会社または設立会社に分割会社

---

102) 事業場の4分の3以上の労働者が加入している労働組合が存在しない場合には、労働協約は一般的拘束力を持ち得ないため、労働条件の統一という目的を達成することはできず、そのような場合には就業規則の変更等の方法を検討することになろう。なお、一般的拘束力が及ぶのは非組合員であり、別の労働組合の組合員には及ばないため（菅野893頁、荒木630頁）、当該事業場に少数組合が存在する場合に労働条件を統一するには、当該少数組合との間でも同一の労働協約を締結するか、就業規則の変更等の方法による必要がある。
103) 前掲注86) 朝日火災海上保険（高田）事件。事例は前掲注97) と同じである。
104) 立証責任も「著しく不合理であると認められる特段の事情」を立証する労働者側に課されている（野川・前掲注98) 398頁）。なお、同頁は、「著しく不合理であると認められる特段の事情」がある場合の例として、特定の未組織労働者に課される不利益の程度が賃金の半減など極めて大きく、しかもそれが月例賃金の本給部分であるといった重要な内容であり、労働協約は企業側の要請によって1か月ほどの検討により2〜3回の交渉を経て、組合規約の所定の手続の一部を省略して拙速としかいえない段取りで締結された場合を挙げている。
105) 菅野892頁、野川・前掲注98) 410頁。

の労働者を転籍させることとし、結果として分割会社におけるよりも不利益な労働条件により承継会社または設立会社において当該労働者を雇用する例がある。しかし、かかる手法により実質的な労働条件の不利益変更を行おうとする場合であっても、承継法上の手続を省略することはできず、分割会社の主従事労働者が承継法に従い異議を申し出た場合には、分割会社における労働条件のまま労働契約が承継されることになり、結果として不利益変更は認められないことになるため、留意する必要がある（前記1(3)(vii)参照）。

(4) 事業譲渡に伴う実質的な労働条件の不利益変更

事業譲渡を行う場合に、事業譲渡の実行後に譲受会社において労働条件の不利益変更を行うのではなく、譲受会社における労働条件として譲渡会社における労働条件よりも不利益な労働条件を提示し、当該労働条件に同意しない労働者については譲受会社において承継しないとすることにより、結果として譲渡会社におけるよりも不利益な労働条件により譲受会社において労働者を雇用する例がある。しかし、事業の全部または実質的全部を譲渡する場合には、不利益な労働条件に同意しない労働者は譲渡会社に解雇されるケースが多く、そのようなケースにおいては、当該解雇ならびに不利益な労働条件に同意しない労働者を承継しないとする譲渡会社および譲受会社間の同意をそれぞれ無効とした上で、譲渡会社と当該労働者との間の労働契約がそのまま譲受会社に承継される旨判示した裁判例[106]もあるため、留意する必要がある（前記1(4)(ii)参照）。

3　M&Aの実行に伴う人員削減

M&Aを実行することに伴い、売主側[107]において買主側に承継されず残存した労働者が余剰人員となる場合や、買主側[108]における組織の統廃合等の

---

106)　前掲注66)　勝英自動車（大船自動車興業）事件〔1審〕、同事件〔控訴審〕。
107)　典型的には、会社分割の分割会社や事業譲渡の譲渡会社である。
108)　典型的には、会社分割の承継会社や事業譲渡の譲受会社であるが、合併の存続会社においても消滅会社との統合に伴い余剰人員が発生し得る。また、株式譲渡においても、買主自身に直接余剰人員は発生しないものの、買主グループ全体としてみた場合に対象会社の労働者が余剰人員として問題となることはあり得る。

結果、売主側から承継した労働者が余剰人員となる場合があり得る。特に後者の場合については、かかる余剰人員を整理し、経営の合理化を達成できなければ、当該M&A取引が目的とするシナジーを実現できないことにもなりかねない。かかる余剰人員の削減の手法としては、一般的に、①転籍、②希望退職募集・退職勧奨、③整理解雇の3つが挙げられるところ、以下では、これらの手法とその限界について概説することとする。

(1) 転　籍

転籍とは、労働者が自己の雇用先の企業から他の企業へ籍を移して当該他の企業の業務に従事することをいう。これを実現する手段としては、現労働契約の合意解約と新労働契約の締結、または労働契約上の使用者の地位の譲渡が存在するが、いずれの方法でも、労働者の個別同意が必要とされる（事業譲渡による労働契約の承継も法的には転籍と同じである。前記1(4)(i)参照）。

転籍の場合には、その対象となる労働者を受け入れる別の企業が必要になるが、余剰人員を抱える会社の属する企業グループの別の会社が余剰人員を引き受けることは（よほど有為の人材でない限り）問題の解決にはならない場合が多いと思われ、転籍による余剰人員の削減はそもそも困難であるか、可能であるとしても実際に削減できる人数には自ずと限界がある。さらに、対象となる労働者自身の個別同意も必要であることを考え併せると、転籍という手段の有する余剰人員削減効果は一般的には限定的であろう。

(2) 希望退職募集・退職勧奨

希望退職募集とは、一般的に、会社が定めている退職金・退職年金制度の下で支給される金額に加えて上乗せの給付[109]を行う等の優遇条件を提示することにより、労働者の自発的な応募による退職を働きかけ、人員削減を行うものである。希望退職募集は、あくまで労働者の側の任意の選択を促すものに過ぎず、労働者が合意しない限り退職することはない。したがって、（どの程度の「上乗せ」の給付をするかにもよるが）目標人数の余剰人員を必ず削減できるという保証はない。しかし、労働者を強制的に退職させる整理解

---

[109] 「上乗せ」として提示される金額は、個別具体的事情に応じて様々であるが、月収の数か月分から2年分程度の金額とすることが多い。

雇と比べると、法的安定性は高く、また、整理解雇の要件として要求される解雇回避努力義務を尽くしているかの判断において希望退職募集を行っていることが考慮されるため、余剰人員の削減が必要となる場合にはまず希望退職募集を行うことが一般的である。

希望退職募集については、上記のとおり目標人数の余剰人数を削減できる保証がないという点のほかに、優秀な人材（キーパーソン）が流出してしまうリスクがあることに留意する必要がある。かかるリスクを可能な限り低減するためには、希望退職募集の条件として、募集対象（年齢・勤続年数等）を示すとともに、優遇条件の適用は会社が認めた者に限る旨の条件を明示することが考えられる[110]。また、目標人数が達成できなかった場合に整理解雇を実施する可能性がある場合には、整理解雇の有効性の判断に悪影響が及ぶことのないよう、整理解雇の4要件（後記(3)参照）を意識した対応を心がけることが重要である。

募集期間を経過しても応募人数が目標人数に達しなかった場合には、その程度に応じて、第二次募集を行うか（行うとして、募集条件を引き上げるか）を検討することになるが、一定の労働者に対して退職勧奨を行うことも考えられる。退職勧奨は、労働者に対して労働契約の合意解約または辞職としての退職を働きかける行為であり、労働者の退職はあくまでその自由意思によるものであることが前提となるため、かかる労働者の判断の任意性を確保する必要がある。したがって、労働者の自由な意思決定を妨げるような態様での退職勧奨は許されず、その回数・内容・手段等に照らし、社会的相当性を逸脱するような態様での半強制的ないし執拗な退職勧奨が行われた場合には不法行為（民法709条）を構成し、当該労働者に対する損害賠償責任が発生し得るため[111]、留意が必要である。

---

110) 裁判例上は、希望退職募集は合意退職の申込みの誘引であって申込みそのものではなく、したがって優遇条件の適用には労働者による申込みに対する使用者の承諾が必要であるとされているが（大和銀行事件・大阪地判平成12年5月12日労判785号31頁等）、無用な紛争を避ける観点からは、使用者である会社の承諾した者のみが優遇条件の適用を受ける旨を明示することが望ましい。

111) 下関商業高校事件・最一判昭和55年7月10日労判345号20頁。労働者が自発的な退職意思を形成するために社会通念上相当と認められる程度を超えて、当該労働者に対して不当な心理的威迫を加えたりその名誉感情を不当に害する言辞を用いたりする退職勧奨は不法行為となる（東京地判平成23年12月28日労経速2133号3頁）。

(3) 整理解雇

　希望退職募集・退職勧奨を実施したものの目標人数を達成できず、余剰人員削減の必要性が未だ高い場合や、退職金の支払原資の調達が困難であるなど希望退職募集・退職勧奨を実施できない事情がある場合には、整理解雇の実施を検討することとなる。

　解雇とは、会社が労働者に対して一方的な意思表示を行うことにより労働契約を終了させる行為であり、(1)や(2)の手法と異なり労働者の同意は不要である。しかし、会社は解雇を常に自由に行うことができるわけではなく、客観的に合理的な理由を欠き、社会通念上相当であると認められない場合は、その権利を濫用したものとして無効となるといういわゆる解雇権濫用法理に服する（労働契約法16条）[112]。そして、整理解雇は経営上必要とされる人員削減のために行われる解雇であり、非違行為などの労働者の責めに帰すべき事由による解雇ではないため、解雇権濫用法理の適用においてより厳しく判断すべきものと考えられており[113]、裁判例[114]は、従来より、①人員削減の必要性があること、②人員削減を実現する前に、配転、出向、転籍、希望退職募集などの他の方法によって、解雇回避の最善の努力を尽くしたこと（人員削減の方法として整理解雇を選択することの必要性）、③整理解雇の対象となる労働者の選定が客観的・合理的でかつ公正に行われること、④整理解雇に至る手続・過程が公正であることの4要件によって、整理解雇の有効性を厳格に判断している。

　上記4要件を若干敷衍すると、まず、①は、倒産必至の状況にあることまで求められるものではないが、不況、斜陽化、経営不振などによる企業経営上の十分な必要性に基づいてることや、企業の合理的な運営上やむを得ない措置と認められることが必要とされている[115]。②については、残業規制、

[112) 労働契約法16条は、日本食塩製造事件・最二判昭和50年4月25日民集29巻4号456頁以降確立した判例法理としての解雇権濫用法理を明文化したものである。
[113) 菅野745頁。
[114) 代表的なものとして、東洋酸素事件・東京高判昭和54年10月29日労民集30巻5号1002頁等。
[115) 菅野746頁。新規採用、賃上げ、経営陣の報酬カットがなされていない等の矛盾する経営行動がなされているような場合には、①の要件は否定されることになろう。

中途採用中止、配置転換、転籍・出向、新規採用停止、有期契約労働者の雇止め[116]、希望退職募集、退職勧奨等の他の手段によって解雇回避の努力を行うことが必要であり、これらの解雇回避措置を試みることなくなされた整理解雇は、ほとんど例外なく解雇権の濫用として無効とされる[117]。③については、客観的で合理的な基準を設定し、かつ、これを実際に公正に適用して行うことが必要であり[118]、労働組合員や共働きの女性を対象とする等の法令違反（労働組合法7条1号、雇用の分野における男女の均等な機会及び待遇の確保等に関する法律6条4号）の基準を設定しないことは当然として、会社側の恣意的選択を排除する基準を設定し適用する必要がある。④については、会社は、労働組合や労働者集団に対して整理解雇の必要性、その時期・規模・方法等につき説明・協議を行う信義則上の義務があるとされている[119]。

なお、日本経済の長期低迷、市場競争の激化等を背景として、近時は、上記の4要件をその1つでも欠けると直ちに解雇権の濫用となるような厳密な意味での「要件」ではなく、これら4つの事項を「要素」として総合的に判断し権利濫用の成否を判断する裁判例[120]や、上記4要件を部分的に緩和する裁判例[121]が増加する傾向にあるとも指摘されている[122]。しかし、整理解雇は従業員側に帰責事由がない解雇であるため、その有効性が厳格に審査されることに変わりはなく、依然として整理解雇が無効とされるリスクは高く、

---

116) なお、有期労働契約であって、①当該有期労働契約が過去に反復して更新され、その契約期間の満了時に当該有期労働契約を更新しないことが、期間の定めのない労働契約を締結している労働者（いわゆる正社員）を解雇することと社会通念上同視できると認められるもの、または②当該労働者において当該有期労働契約の契約期間の満了時に当該有期労働契約が更新されるものと期待することについて合理的な理由があると認められるものについて、使用者が当該有期労働契約の更新または有期労働契約の新規締結を拒絶すること（雇止め）が、客観的に合理的な理由を欠き、社会通念上相当であると認められないときは、かかる雇止めは認められない（雇止め法理。労働契約法19条）ため、雇止めを行うこと自体必ずしも容易ではないことに留意が必要である。

117) 菅野746頁、荒木305頁。裁判例としては、あさひ保育園事件・最一判昭和58年10月27日労判427号63頁等。なお、荒木305頁は、日本では、使用者側にこの解雇回避措置を行う広範な権限が与えられていることが、整理解雇が容易に認められない大きな要因であると指摘する。

118) 菅野747頁。

119) 菅野747頁、荒木306頁。裁判例としては、ミザール事件・大阪地決昭和62年10月21日労判506号41頁等。

法的安定性は乏しいといわざるを得ない。また、整理解雇は一般的に経営合理化策の最後の手段として行われるため、これを行うこと自体によるレピュテーションリスクも考慮する必要がある。

したがって、整理解雇の実施は、これらのリスクを慎重に検討した上で、それを上回る余剰人員削減の高度の必要性が認められる場合にのみ、雇用調整の最終手段として行われるべきものであろう。

第3節
M&A 契約における労務関連問題の取扱い

M&A 取引を実行するにあたって行われるデュー・ディリジェンスにおいて、人事労務の観点からは、対象会社の人事労務制度の基礎情報を把握するとともに、人事労務関連の潜在債務・簿外債務の有無、労務関連法令の遵守状況、労務関連紛争の有無等を調査し、また、事業計画の作成にあたって適切な労務コストを見積もるために必要な情報を収集することになる[123]。そしてデュー・ディリジェンスの結果を踏まえ、M&A 契約の中で、発見された人事労務関連の問題についてその是正を求めたり、発見されたもの以外に問題がないことを表明保証させるといった手当がなされることになる。また、

---

[120] ナショナル・ウエストミンスター銀行〔第3次仮処分〕事件・東京地決平成12年1月21日労判782号23頁、CSFB セキュリティーズ・ジャパン・リミテッド事件・東京高判平成18年12月26日労判931号30頁、日本通信事件・東京地判平成24年2月29日労判1048号45頁、専修大北海道短大事件・札幌地判平成25年12月2日労判1100号70頁、学校法人金蘭会学園事件・大阪地判平成26年2月25日労判1093号14頁等。

[121] 例えば、企業が全体として経営危機に陥っていなくとも、経営合理化や競争力強化のために行う人員整理に必要性を認め、解雇回避措置が困難な場合には経済的補償や再就職支援措置で足りるとするもの（前掲注120）ナショナル・ウエストミンスター銀行〔第3次仮処分〕事件や、解雇回避の努力との関係で、希望退職募集によって有能な労働者の退職や労働者に無用の不安をもたらす場合には、当該募集の必要性を否定するもの（シンガポール・デベロップメント銀行〔本訴〕事件・大阪地判平成12年6月23日労判786号16頁）等がある。

[122] 菅野749頁。

対象会社のビジネスの性質・状況や案件毎の実情に応じて、キーパーソンのリテンション等様々な人事労務関連の論点が検討される。紙幅の関係上、M&A契約における人事労務関連の論点の全てを網羅することは困難であるが[124]、典型的に問題となるものとして、①人事労務関連の潜在債務の取扱い、②キーパーソンが存在する場合の対処、③雇用・労働条件の維持について、以下概説する。

1 人事労務関連の潜在債務の取扱い

(1) 潜在債務の典型例

人事労務関連の潜在債務として実務上最もよく問題となるのは未払賃金債務である[125]。未払賃金債務の発生原因には様々なものが考えられるが、①対象会社において労働者の労働時間を正確に把握していないため[126]、実際

---

[123] 財務的に計上されている労務コストが適切かどうかは、企業価値算定との関係で重要である。現状の売上または事業計画上の売上を達成するための労務コストが（例えばサービス残業等によって）過小に評価されているとすると、フリー・キャッシュフローは過大に評価されることになる結果、バリュエーション上の事業価値も過大に評価されることになり、潜在債務の額それ自体よりも企業価値に与えるインパクトは大きくなる場合が多い。

[124] なお、表明保証その他のM&A契約における各条項の詳細な解説については第Ⅱ部第3章第2節を参照されたい。

[125] 未払賃金債務の他にも、M&A取引の実行に伴う特殊な報酬（ゴールデン・パラシュート等）の支払債務、労働災害や違法な労働実務に係る損害賠償債務等があり得るが、M&A契約における手当としては本文記載のものに準じて処理することが可能な場合が多いと思われる。

[126] 厚生労働省が平成29年1月20日付けで策定した「労働時間の適正な把握のために使用者が講ずべき措置に関するガイドライン」によれば、使用者が労働時間を適切に管理する責務を有することを明らかにした上で、①使用者の指示により就業を命じられた業務に必要な準備行為や業務終了後の業務に関連した後始末を事業場内において行った時間、使用者の指示があった場合には即時に業務に従事することを求められており、労働から離れることが保障されていない状態で待機等している時間（いわゆる「手待時間」）、参加することが業務上義務付けられている研修・教育訓練の受講や使用者の指示により業務に必要な学習等を行っていた時間が労働時間に含まれること、②使用者は、原則として、使用者自ら現認するか、タイムカード、ICカード、パソコンの使用時間等の客観的記録を基礎として、労働時間を確認し適正に記録する必要があること、③自己申告制によらざるを得ない場合には、労働者および労働時間を管理す

に行われた時間外・休日・深夜労働に対して割増賃金が支払われていない場合、②いわゆる「管理監督者」(労働基準法41条2号) に対しては時間外・休日労働の割増賃金の支払いは不要であるが[127]、「管理監督者」の範囲は裁判例上限定的に解釈されているところ[128]、法的には「管理監督者」に該当しない者が「管理監督者」として取り扱われているために割増賃金が未払いとなっている場合、③営業社員に対する営業手当や年俸制社員のように、時間外労働等に対する割増賃金部分を固定額で支払う取扱いとなっているが、通常の労働時間の賃金部分と割増賃金相当部分が区別できない形となっているため[129]、割増賃金が未払いとなっていたり、区別できる形となってい

る者に対して十分な説明を行い、実際の労働時間と合致しているか否かについて必要に応じて実態調査を実施し、自己申告した労働時間を超えて事業場内にいる時間について、その理由等を労働者に報告させる場合には、当該報告が適正に行われているかについて確認する必要があり、かつ、その他労働者による労働時間の適正な申告を阻害する措置を講じてはならないこと等が「使用者が講ずべき措置」として示されている。特に、③との関係では、自己申告できる時間外労働の時間数への上限の設定、時間外労働時間の削減のための社内通達や時間外労働手当の定額払い、実際には36協定により延長することができる時間数を超えて労働しているにもかかわらず、記録上これを守っているようにすることが、適正な申告を阻害する措置・要因となり得る例として挙げられている。

127) ただし、深夜労働に対する割増賃金の支払いは必要である。
128) 行政実務および裁判例は、①事業主の経営に関する決定に参画し、労務管理に関する指揮監督権限を認められていること、②自己の出退勤等の労働時間について裁量権を有していること、③一般の従業員に比してその地位と権限にふさわしい賃金上の処遇を与えられていることを要件としており (菅野474頁)、銀行の支店長代理 (静岡銀行事件・静岡地判昭和53年3月28日労民集29巻3号273頁)、学習塾の営業課長 (育英舎事件・札幌地判平成14年4月18日労判839号58頁)、ファミリー・レストラン店長 (レストラン「ビュッフェ」事件・大阪地判昭和61年7月30日労判481号51頁)、カラオケ店店長 (シン・コーポレーション事件・大阪地判平成21年6月12日労判988号28頁)、ホテル料理長 (セントラル・パーク事件・岡山地判平成19年3月27日労判941号23頁)、ファーストフード・チェーン店店長 (日本マクドナルド事件・東京地判平成20年1月28日労判953号10頁)、コンビニ店店長 (ボス事件・東京地判平成21年10月21日労判1000号65頁) につき、「管理監督者」該当性が否定されている。
129) 判例上、定額賃金中の通常の労働時間の賃金部分と割増賃金相当部分が区別できない場合には、割増賃金が支払われたものとすることはできないとされている (高知県観光事件・最二判平成6年6月13日労判653号12頁、徳島南海タクシー事件・最三決平成11年12月14日労判775号14頁、テックジャパン事件・最一判平成24年3月8日労判1060号5頁)。

としても、当該固定額が法所定の割増賃金額固定額に不足するため、当該不足額分が未払いとなっている場合、④変形労働時間制[130]、フレックスタイム制[131]、事業場外労働のみなし労働時間制[132]、裁量労働制[133]等の適用を前提に割増賃金を支払っていない場合に、これらの制度の実施に必要な所定の要件を充足していないために[134]、割増賃金が未払いとなっている場合等が典型例である。かかる未払賃金債務の消滅時効は2年間であるため（労働基準法115条）、過去2年分の支払いが求められるリスクがあり[135]、また、裁判所から未払金額と同一額の付加金を課されること（労働基準法114条）もあり得る[136]。個々の労働者の労働時間を完璧に把握することは性質上難し

---

[130] 一定期間を単位として、その期間内の所定労働時間を平均して法定労働時間以内であることを条件に、1日および1週間の法定労働時間を超えても、時間外労働とはならないという制度である（労働基準法32条の2、32条の4、32条の5）。

[131] 単位期間内で一定時間数労働することを条件として、1日の始業・終業時間を労働者が選択できる制度である（労働基準法32条の3）。単位期間（清算期間）内の労働時間を平均して法定労働時間以内であれば、特定の1日や1週の法定労働時間を超過していても時間外労働とはならない。

[132] 労働者が労働時間の全部または一部について事業場施設の外で業務に従事した場合において、労働時間を算定し難いときは、所定労働時間（または当該業務の遂行に通常必要とされる時間もしくは労使協定に定める時間）だけ労働したものとみなす制度である（労働基準法38条の2）。

[133] 法所定の業務について労使協定でみなし労働時間数を定めた場合には、当該業務に従事する労働者については、実際の労働時間数を問わず、当該労使協定に定める時間数労働したものとみなす制度である（労働基準法38条の3、38条の4）。

[134] 例えば、1か月以内を単位期間とする変形労働時間制を実施するには、単位期間を平均して週当たりの労働時間が週法定労働時間（40時間）以内とするだけでは足りず、各週・各日の所定労働時間を始業・終業時間とも労使協定または就業規則で原則として特定するか、少なくとも基本的事項を労使協定または就業規則で定めた上で各人の各日の労働時間を勤務割表で特定することが必要とされるが（菅野503頁）、かかる特定が不十分であることも少なくない。そのような場合に割増賃金請求を認容した例として、日本レストランシステム事件・東京地判平成22年4月7日判時2118号142頁。

[135] 未払いとなっている時間外勤務手当相当分について、使用者の時間管理・時間外労働手続等の義務違反を理由とする不法行為に基づく損害賠償請求が認められた裁判例（広島高判平成19年9月4日労判952号33頁）もあり、過去2年を超える期間（従業員において未払いの事実を把握している場合が多いと思われ、そうであれば民法724条により過去3年分となることが想定される）について支払いが求められる可能性もある。なお、未払賃金請求権の消滅時効を5年間に延長することが検討されているとの新聞報道もあり、今後の改正動向に留意が必要である。

く、何らかの未払賃金債務が存在する会社が実態としては多いと思われるが[137]、特に近年は当局の姿勢や社会的な視線が厳しくなっており[138]、問題が顕在化するリスクは高まっているといえよう。

(2) 潜在債務が発見されていない場合

具体的な潜在債務がデュー・ディリジェンスによって発見されていない場合であっても、労働者による申告漏れなど対象会社が把握していない時間外労働等が存在する可能性は一般論としては否定できず、また、デュー・ディリジェンスは比較的短期間で実行する必要があり、対象会社の任意の協力の下で行われるものであるため、買収者側として潜在債務の不存在を確信できるわけではない。したがって、M&A契約において、未払賃金債務その他の潜在債務が存在しないことを売主側に表明保証させ、その後未払賃金債務の存在が判明した場合（つまり、当該表明保証の違反があった場合）には、前提条件の不充足による対価の再交渉もしくは契約解除または損害の補償請求による救済を得るという対応をとるのが一般的である。

(3) 潜在債務が発見されている場合

具体的な潜在債務がデュー・ディリジェンス等により既に判明している場合には、M&A取引の対価から当該潜在債務の金額を減額するのが最も簡明かつ（買収者側から見た場合に）安全[139]であり、当事者間の取引費用の観点からも効率的な対応策である。しかし、潜在債務の存在だけでなく、その金

---

136) さらに、遅延損害金は原則として年6％（商事法定利率）であるが、退職者に対しては年14.6％である（賃金の支払の確保等に関する法律6条1項、同法施行令1条）。
137) 厚生労働省の平成29年8月9日付け報道発表によれば、平成28年度に賃金不払残業に関する是正指導を行い、不払いの割増賃金の支払額が1企業で合計100万円以上となった事案につき、是正企業数が1349企業（うち、1000万以上の割増賃金を支払ったのは184企業）、支払われた割増賃金合計額は127億2327万円、支払われた割増賃金の平均額は1企業当たり943万円・労働者1人当たり13万円となっている。
138) 厚生労働省長時間労働削減推進本部が平成28年12月26日に公表した「『過労死等ゼロ』緊急対策」によれば、月80時間超の違法な長時間労働や過労死等・過労自殺等による労災支給決定が1年間に2事業場に認められた場合に、指導を実施し是正されない場合に公表するなど、是正指導強化策が示されている。
139) 事後的に売主側に損害の補償を求める場合には、売主側の信用リスクを買収者側が負担することになる。

額まで明らかになっていることはむしろ稀である。例えば未払賃金債務であれば、割増賃金が支払われていない時間外労働の存在はうかがわれるものの、対象会社において実際に時間外労働が何時間あるかは把握していないというケースがほとんどであり、その金額を正確に計算した上で対価に反映するのは困難な場合が多い[140]。

対価の減額によって対応できない場合には、(2)と同様に、売主側に潜在債務の不存在を表明保証させることが考えられる[141]。しかし、デュー・ディリジェンスにおいて判明している潜在債務については、いわゆる disclosure schedule[142] において表明保証の対象から除外されることもあり、また、明示的に除外されないとしても、買収者側が既に認識している表明保証違反の事実であるとして、当該表明保証の違反の主張が認められない可能性がある[143]。したがって、買収者側としては、かかる潜在債務が顕在化した場合に発生する損害を売主側に請求できることをより確実にするべく、当該潜在債務を別紙等において特定した上で、将来当該潜在債務が顕在化したことにより損害が発生した場合には、売主がこれを補償する旨を明示的に定めるいわゆる特別補償条項を規定することを検討することも多い[144]。

---

[140] 勤務実態等から一定の前提を置いて試算した金額を減額することも考えられるが、勤務実態は従業員毎に様々であるため、前提の設定自体が容易ではなく、また、潜在債務が顕在化していない段階で顕在化したものと取り扱い、一定の金額を減額することには売主側の抵抗が大きいであろう。

[141] 仮に潜在債務の原因となっている行為が是正可能なものである場合には、M&A 取引の実行までに当該行為を是正し、潜在債務の支払いを完了することを売主側のコベナンツとして規定することも考えられる。しかし、例えば、時間外労働の実態について全社的に調査を行い、クロージングまでに未払いとなっている割増賃金の支払いを行い、かつ、今後の正確な労働時間の把握のために IC カードによる時間管理制度を導入するといった対応策をクロージングまでに完了することは現実的ではなく、また、労働基準監督署による指導もなされていない状況でこのような調査を自発的に行うことには売主・対象会社の抵抗が強く、コベナンツとして規定することは一般的ではないように思われる。

[142] 第Ⅱ部第 3 章第 2 節 4 (3)(i)参照。

[143] アルコ事件・東京地判平成 18 年 1 月 17 日判時 1920 号 136 頁等。サンドバッギング条項により対応することも考えられる。詳細は第Ⅱ部第 3 章第 2 節 4 (5)(i)参照。

[144] なお、合併を行う場合には、売主に対する補償請求という建付け自体が機能しないが、当該潜在債務が顕在化することによって対象会社（消滅会社）の財務状況が著しく悪化した場合に取引を実行する義務を負わないよう、前提条件の文言を調整する等の対応が考えられよう。

2 キーパーソンが存在する場合の対処

　対象会社の事業運営において特定の役員・従業員が特に重要な役割を担っている場合には、当該役員・従業員（キーパーソン）の退職により、対象会社の企業価値が大きく毀損してしまうことがある。典型的には、経営の意思決定等を実質的に特定の役員が行っているようなオーナー企業等や、会社の売上が特定の役員・従業員の特殊技能・知識に依存しているような場合[145]が考えられる。

　対象会社にこのようなキーパーソンが存在している場合には、買収者側としては、キーパーソンがクロージングまでに退職してしまったにもかかわらず、M&A取引の実行を強制されることを避けるため、クロージングの前提条件として、当該キーパーソンが退職していないことを規定すること[146]が考えられる。また、M&A取引自体は実行しつつ、当該キーパーソンの退職により対象会社の企業価値が下落することに伴う損害[147]の補償を売主に対して求めることも可能にするため、当該キーパーソンが退職の意思を表明していないこと等を売主に表明保証させること[148]も考えられよう。

　しかし、キーパーソンが自らの意思により退職することを禁止することはできないため、これらの条項により、売主は、自らがコントロールできない事由によりM&A取引が実行されないリスクや損害の補償義務を負うリスク

---

[145]　例えば、会社の売上の大半を占める製品の開発に不可欠であり短期間での習得が困難な技術・ノウハウを特定の役員・従業員のみが保有している企業、会社の事業運営を行う上で不可欠であり短期間での取得が困難な資格を特定の役員・従業員のみが保有している企業、製品の原材料を特定の役員・従業員のみが把握している場合などが考えられる。

[146]　なお、売主のコベナンツとして、当該キーパーソンの雇用を維持することを義務付けることも考えられるが、当該キーパーソンが退職すること自体を防ぐことはできないため、規定されるとしても努力義務となることが多いと思われ、本文記載のように前提条件として規定するか、売主の表明保証を求める方が買収者側にとっては実効性がある。

[147]　もっとも、かかる損害を立証することが難しい場合も多いであろう。例えば、当該キーパーソン在籍時の売上と退職後の売上を比較した場合に、退職後の売上が減少していたとしても、売上の減少には様々な要因が考えられるため、当該減少分が当該キーパーソンの退職と相当因果関係のある損害であると立証することは必ずしも容易ではない。

を負担することになる。したがって、これらの条項を受け入れることについては売主側の抵抗が大きく、非常に厳しい交渉となることも珍しくない[149]。なお、キーパーソンが自らの意思により退職することを禁止することはできないというのはクロージング後も同様であり、クロージング後もキーパーソンが対象会社に留まることを可及的に確保するため、買収者側が、より魅力的な雇用条件（リテンション・パッケージ）をキーパーソンに対して事前に提示し、クロージングまでにかかる新たな雇用条件について当該キーパーソンと合意することを目指す場合もある。このような場合には、キーパーソンの在籍は買収者側の提示条件および交渉によることになるため、上記のようにキーパーソンが退職していないことを前提条件にすること等をM&A契約に定めることは難しい場合が多いと思われる[150]。

また、クロージング後のキーパーソンのリテンションという観点からは、クロージング後の売主の義務として、キーパーソンを含む対象会社の役職員に対して退職等の働きかけを行うことを禁止すること（勧誘禁止）も考えられる[151]。

3　雇用・労働条件の維持

M&A契約において、売主側から、クロージング後の買収者の義務として、対象会社の従業員の雇用維持および労働条件の不利益変更の禁止を定めるよ

---

[148] これらのほか、譲渡代金をクロージング後に調整することを目的とした価格調整条項を定め、キーパーソンの退職を当該価格調整の対象事由とする（例えば、キーパーソンが1人辞める毎に譲渡代金を一定割合ずつ減額する等）場合もある旨が指摘されているが（藤原総一郎編著『M&Aの契約実務』（中央経済社、2010）105頁）、特定のキーパーソンが対象会社を辞めた場合に当該会社に生じ得る損失（株式価値の下落）を事前に定量化して合意することは一般的には困難である場合が多いと思われ、そのような条項が規定されることは稀であろう。

[149] これらの条項を規定する場合であっても、キーパーソンは非常に限定された人数の特定の役職員とすることが多いであろう。

[150] かかる前提条件を規定する場合には、キーパーソンの在籍がM&A取引の成否の鍵を握ることになるため、リテンション・パッケージに関するキーパーソン側の交渉力を強める側面があることにも留意が必要である。

[151] かかる勧誘禁止義務に対しては、売主は、対象会社の役職員を特に対象としていない一般的な人材募集に対して、対象会社の役職員が自発的に応募した場合を例外とするよう求めることが多い。なお、**第Ⅱ部第3章第2節5**(3)(i)も参照。

う求められることも多い。かかる義務に買収者が違反した場合、理論的には売主は買収者に対して当該違反に基づく損害の補償請求が可能となるが、クロージング後売主は対象会社の従業員の雇用に関して特段の法的な利害関係を有しておらず、売主自身には金銭的な損害が生じない場合が通常であろう。むしろ、売主がこのような買収者の義務を規定することを求めるのは、M&A取引を円滑に実行するために、労働者個人および労働組合への説明の観点やレピュテーション上の観点から、対象会社の従業員の雇用および労働条件が一定期間保証されていることを買収者側に約束させることに主眼があると考えられる。

買収者側としても、労働者側と良好な関係を保ち、M&A取引を円滑に進めることに関しては売主側と利害関係は共通している。また、売主から損害の補償請求を受けるリスクは上記のとおり限定的であり、かつ、かかる義務はあくまでM&A契約の相手方当事者である売主に負うものであって、対象会社の従業員に対して負うものではないため、かかる義務に違反したとしても対象会社の従業員から責任を追及される可能性は低い[152]。

もっとも、買収者側がかかる義務に違反して対象会社の従業員を解雇したり、労働条件の不利益変更を行った場合、M&A契約におけるかかる義務の存在が明らかになれば、当該解雇または不利益変更の必要性を大きく疑わせる事情ともなり得るため[153]、買収者としては、クロージング後の対象会社の事業運営の大きな支障とならないよう、かかる義務を合理的な範囲に限定しておくことが重要であると考えられる。具体的には、雇用維持義務については、希望退職募集・退職勧奨などの従業員の同意を得て行われる人員削減策の実行や、従業員の非違行為等を理由とする懲戒解雇等を例外とすることや、労働条件維持義務については、対象会社の業績が悪化した場合の不利益変更等を例外とすることが考えられる。また、いずれについても、義務の存

---

[152] 理論的には、かかる義務を定める条項を第三者のためにする契約（民法537条）と構成すれば、対象会社の従業員による買収者に対する権利行使が認められる余地もなくはないが、当事者が第三者のためにする契約としてかかる条項を規定する意思を有していることは通常なく、従業員としても、対象会社による解雇や労働条件の不利益変更の効力を争う方がより直接的であり、かかる構成は迂遠と思われる（土田・前掲注76）293頁参照）。

[153] 土田・前掲注76）292頁。

続期間は一定の期間に限定されるのが通常である[154]。

4 余剰人員の削減

買収者としては、M&A取引の実行後に対象会社において余剰人員の削減を行う場合には、前記第2節3のとおり、希望退職募集・退職勧奨による場合には、退職金の上乗せ等の追加のコスト負担が発生し、目標人数の削減が達成できるかも不明確であること、また、整理解雇を行う場合には、レピュテーションリスクや紛争となり法的に整理解雇が無効となるリスクを抱えることになるため、M&A取引の実行前に売主側でそのリスクとコスト負担において余剰人員の削減を行うことを求めることがあり得る。具体的には、M&A契約において、対象会社の一定人数の従業員をクロージングまでに退職させることを売主に義務付け[155]、かつ、かかる一定人数の従業員が退職していることを買収者がM&A取引を実行する前提条件とすること等が考えられる。

しかし、M&A契約においては、M&A取引の実行について様々な前提条件が付されるのが通常であり[156]、株式譲渡が実行されるか否かが確定していない段階で売主側がそのリスクとコスト負担において人員削減の実行を確約することは一般的には難しいと思われる。また、人員削減手法として希望退職募集による場合には、前記のとおり目標人数の削減を達成できる保証はないため、一定人数の従業員が退職していることを前提条件とすると、当該前提条件を達成できないリスクは大きく、これも売主としては応諾困難である場合が多いと思われる[157]。

---

154) 実務上は1年～3年程度の期間が設定されることが多い。なお、第Ⅱ部第3章第2節5(3)(iii)も参照。
155) 一定人数の定め方として、割合で定めることも具体的な人数として定めることもあり得る。また、義務の内容としても、退職させることを確約することも、(特に希望退職募集の場合には従業員の個別同意という売主側にはコントロールできない事情によるため)希望退職募集等の特定の行為を行う義務または退職させるよう努力する義務といった内容に留めることも考えられる。
156) 典型的には、表明保証の違反の不存在、M&A契約上の義務違反の不存在、必要な許認可の取得、対象会社の事業に重大な悪影響を及ぼす事情の不存在等である。詳細は第Ⅱ部第3章第2節6(2)参照。

したがって、M&A 取引の実行前に、売主側において余剰人員の削減を行わせることは一般的には困難であり、そのような取決めがなされるのは、対象会社が経済的に苦境にあり、M&A 取引の成否にかかわらず、もともと売主側で余剰人員の削減その他のリストラ策を実行することが予定されており、かつ、買収者側に提示された対象会社の事業計画も当該リストラ策の実行を前提としている場合などに限られよう。

　余剰人員削減の必要性が高いものの、M&A 契約において売主側にそのリスクとコストを負担させることが難しい場合には、買主側としては当該リスクおよびコストを負担する前提で、M&A 取引を行うことの可否を検討し、また、対価の算定を行うことになろう[158]。

---

[157]　また、一定人数の退職を前提条件とすると、これを成就するためにかえって不相当な退職勧奨が行われやすくなるなど、負の副次的効果が生じることも軽視できない。

[158]　前記第2節3のとおり、買収者側が M&A 取引の実行後に目標人数の削減を行うことができるかの確証はなく、また、そのために負担する上乗せ退職金等の金額を正確に予測することは困難ではあるが、人事労務アドバイザーを選任し、過去の同種規模・同業種の会社における人員削減の実例等を踏まえ、一定の前提を基に算定した人員削減コストを予め対価に織り込む等の対応が考えられる。実際の人員削減コストと、対価に織り込んだ人員削減コストに大きな差異が生じた場合、当該差異について事後的に対価の調整を行うことも理論的には考えられるが、実際の人員削減コストが想定より大きかったとしても、それがやむを得ない事情によるものか、買収者側の不手際によるものかの判別は難しく（価格調整が行われるのであれば、買主側として上乗せ退職金を合理的な金額に留めようとするインセンティブは働かないことになる）、逆に実際の人員削減コストが想定より小さかったとしても、それは買収者側の努力によるものであって売主側にその差異に相当する額を追加で支払う理由はないとも言え、現実的にはそのようなアレンジは難しいであろう。

第4節 M&Aにおける退職年金・健康保険制度の取扱い

1 退職年金制度の取扱い

(1) 退職年金制度の種類

M&Aにおいて特に取扱いが問題となるのは外部積立型[159]の退職年金制度であるが、大きく分けると、退職金・退職年金として支払われる金額が確定している確定給付型（Defined Benefit（DB））のものと、退職金・退職年金として支払われる金額が変動する確定拠出型（Defined Contribution（DC））のものがある。

(i) 確定給付型

確定給付型の退職年金制度としては、まず、確定給付企業年金法（以下「DB法」という）に基づき設定・運営される確定給付企業年金制度がある。これは、退職時の一時金または退職後一定期間の年金もしくは死亡するまでの終身年金の金額を確定した額で定め[160]、会社が掛金を拠出して外部積立てを行った資産から当該退職金または退職年金の支払いを行うものである。

---

[159] 支払原資の外部積立を行わず、退職金・退職年金の支給を会社自らの資金で行う自家運営型の退職年金制度であれば、企業年金関連法令における移管の問題は生じないため、本節では対象としない。

[160] ただし、確定拠出年金法等の一部を改正する法律（平成28年法律第66号）に基づくDB法の改正により導入されたリスク分担型企業年金では、財政状況（積立余剰・積立不足）に応じて給付の額が変動することが予定されている。リスク分担型企業年金は、事業主が財政悪化リスクに対応する掛金を含む固定の掛金を拠出することにより一定のリスクを負うとともに、財政悪化に伴い給付の調整を行うことにより加入者も一定のリスクを負うように制度設計されており、このうち一定の要件を満たすものは会計上「確定拠出制度」に分類されることから（実務対応報告第33号「リスク分担型企業年金の会計処理等に関する実務上の取扱い」）、DBとDCの性質も併せ持つ新たな企業年金制度であるが、紙幅の関係上ここでは詳細には立ち入らない。

確定給付企業年金制度には、年金規約に基づき、会社自らが信託会社や生命保険会社等と契約して、これらの外部機関に年金資産を積み立てて管理・運用を行う「規約型」と、会社とは別の法人格を有する基金を設置し、当該基金が信託会社や生命保険会社等と契約して年金資産の管理・運用を行う「基金型」の2種類が存在する。

　確定給付型の退職年金制度としては、厚生年金保険法に基づく厚生年金基金も存在する。上記「基金型」と同様に、厚生年金基金は、会社とは別の法人格を有する基金であり、厚生年金基金が信託会社や生命保険会社等と契約して年金資産の管理・運用を行う。「基金型」の確定給付企業年金との違いは、国の厚生年金制度とも結合している点であり、国の厚生年金の代行として掛金徴収・運用・給付が行われる（「代行部分」）。もっとも、低金利環境における代行部分の運用の負担が重いため、いわゆる代行返上[161]を行うこともでき、その場合には確定給付企業年金に改組されることとなる。また、平成26年4月1日に改正厚生年金保険法が施行され、当該施行日以降の厚生年金基金の新設は認められず、既存の厚生年金基金については解散または他の退職年金制度への移行が進められることになっている[162]。このため、以下では、確定給付型の退職年金制度としては確定給付企業年金制度を念頭に置いて叙述することとする。

(ii) 確定拠出型

　確定拠出型の退職年金制度は、確定拠出年金法（以下「DC法」という）に基づき運用・管理されるものであり、会社自身が実施する「企業型」と国民年金基金連合会が主体となって実施する「個人型」（iDeCo）が存在する。企業型確定拠出年金においては、年金規約に基づいて、会社が従業員の口座に掛金を拠出し、従業員がその運用先を選択し、その結果当該口座に残存する金額が年金給付の原資となる[163]。以下では、確定拠出型の退職年金制度と

---

[161]　国の厚生年金の代行を行うことをやめ、これに係る掛金徴収・運用・給付の義務を免れることをいう。

[162]　平成26年度末時点では厚生年金基金は444基金存在していたが、平成30年7月1日時点では23基金までその数を減らしている。
　　　https://www.pfa.or.jp/activity/tokei/nenkin/suii/suii01.html

[163]　森戸英幸『企業年金の法と政策』（有斐閣、2003）33頁。

しては企業型確定拠出年金制度を念頭に置いて叙述することとする。

(2) 対象会社が確定給付企業年金を実施している場合

(i) M&A に伴い移換が必要となる場合

一般論として、企業年金制度は基礎的単位を「事業所」[164]として制度設計されており、法人を単位としていないため、M&A を実行したからといって自動的に対象会社・対象事業が従前実施していた企業年金から離脱するわけではない。企業年金の実施態様（対象会社が単独で実施しているか、それとも売主グループの他の会社と共同で実施しているか）および M&A の手法別に場合分けをすると、おおむね以下の図表 I -13-10 のとおりとなる。

[図表 I -13-10] M&Aの手法別の場合分け

企業年金の実施態様	M&A の手法	ケース
対象会社が単独で実施	株式譲渡、新株発行、株式交換、株式移転	①
	合併	②
	会社分割、事業譲渡	③
売主グループの他の会社と共同で実施（グループ企業年金の場合）	株式譲渡、新株発行、株式交換、株式移転	④
	合併	⑤
	会社分割、事業譲渡	⑥

このうち、まず、ケース①については、対象会社の株主に変動が生じるだけであり、対象会社が従前実施している確定給付企業年金はそのまま継続することになる。次に、ケース②については、対象会社の実施する確定給付企業年金が基金型であれば、合併にかかわらず当該基金は存続することになり、合併後もそのまま継続することになる。対象会社の実施する確定給付企業年金が規約型であれば、唯一の実施事業主である対象会社が合併により消滅するため、当該確定給付企業年金の終了事由となるが（DB 法 83 条 1 項 2 号、

---

[164] 一定の目的のもとに継続的に事業を行う場所をいう（有泉亨＝中野徹雄編『全訂社会保障関係法(1)厚生年金保険法』（日本評論社、1982）25頁）。

86条2号)[165]、合併の存続会社（つまり買主側）が合併後20日以内に地位承継の届出を行えば、従前の制度が存続会社の下でそのまま継続することになる[166]。このように、ケース①およびケース②については、M&Aの実行後も対象会社の実施する従前の確定給付企業年金がそのまま継続するのが原則といえよう[167]。

これに対して、ケース③〜⑥の場合には、特段の措置をとらない限り、各M&Aの実行後も、当該M&Aによって雇用関係が承継される従業員は、売主側の実施する確定給付企業年金に加入し続けることになってしまう[168]。しかし、このような事態は、売主および買主の双方にとって望ましいことではない。例えば、買主側は、売主側の実施する確定給付企業年金に対して掛金を拠出することになるが、売主グループが決定する年金資産の運用指針に基づく運用成績の影響を受けることになり、自らがコントロールできない事由により、積立不足に伴う追加の掛金の支払いを余儀なくされるなどの財務的リスクを負うことになってしまう[169]。

---

[165] これに対して、ケース⑤の場合には、対象会社以外にも実施事業主が存在するため、対象会社の合併は確定給付企業年金の終了事由とはならない。
[166] 確定給付企業年金法施行令（以下「DB法施行令」という）65条。
[167] もっとも、労働条件・人事制度の統一の観点から、買主側の企業年金制度と統合する場合には別途の考慮が必要となる。後記(iv)(a)参照。
[168] まず、ケース④についてみると、株式譲渡等により、対象会社と従業員との間の雇用関係が全て（株主が売主から買主に変動することを通じて）買主側に承継されることになるが、対象会社の各事業所自体は引き続き売主グループの確定給付企業年金制度に加入したままの状態となる。ケース⑤についても、合併により対象会社は消滅し、対象会社と従業員との間の雇用関係は全て存続会社（買主側）が承継するが、事業所自体はケース④と同様に引き続き売主グループの確定給付企業年金制度に加入している状態となる。最後に、ケース③および⑥についても、会社分割・事業譲渡により、承継対象となった従業員の雇用関係のみが買主側に承継されることになるが、当該従業員の就労する事業所自体は引き続き対象会社が単独で実施する確定給付企業年金制度（ケース③）または売主グループの確定給付企業年金制度（ケース⑥）に加入している状態となる。このように、企業年金制度への加入は「事業所」単位となるため、雇用関係の帰趨とのずれが生じることになる。
[169] また、例えば、ケース⑤において、合併後に、確定給付企業年金制度に加入していない別の事業所に従業員が転勤することになった場合には、当該確定給付企業年金制度の加入者の資格を喪失することになるが、転勤の都度加入者資格の得喪が生じるのは非常に煩雑である（杉原えり「企業再編における企業年金制度」ジュリ1437号（2012）34頁）。

したがって、ケース③〜⑥の場合には、M&Aの実行に伴い、従前の確定給付企業年金から当該M&Aによって雇用関係が承継された従業員を離脱させ、買主側で新たに設ける年金制度または買主側の既存の年金制度に加入させること（以下「DB移換」という）が検討されるのが通常である。後記(iv)(a)のとおり、企業年金制度の変更についても労働条件の不利益変更の問題が生じ得るため、DB移換にあたっては、移換先となる買主側の年金制度は確定給付企業年金とすることが多いであろう[170]。

(ii) 移換の手法

DB法上、確定給付企業年金間の再編方法として、①規約型企業年金の統合（74条）、②規約型企業年金の分割（75条）、③基金型企業年金の合併（76条）、④基金型企業年金の分割（77条）、⑤実施事業所の増減（78条、78条の2）、⑥企業年金（規約型であるか基金型であるかを問わない）間の権利義務の移転（79条）、⑦規約型企業年金から基金型企業年金への移行（80条）、⑧基金型企業年金から規約型企業年金への移行（81条）が挙げられており、それぞれにつき必要な手続が定められている。このうち、実務上は⑥の権利義務移転の方法によることが多いため[171]、以下では、権利義務移転の方法によりDB移換を行う場合のポイントを概説する。

---

[170] 労働条件の不利益変更の問題から、従前の確定給付企業年金から当該M&Aによって雇用関係が承継された従業員を脱退させ、その受皿となる制度を用意しないという対応を行うことは、全従業員から個別の同意を得ない限り、困難であろう。また、DB法上は、規約型か基金型かを問わず、確定給付企業年金制度から企業型確定拠出年金制度へ移換（積立済み資産の移換）を行うことが可能であるが（DB法82条の2）、確定拠出年金制度は、給付額が確定しておらず、退職時の脱退一時金制度もないため、労働条件の不利益変更の問題が生じよう。なお、確定給付企業年金制度から厚生年金基金へ移換（権利義務移転）を行うことも可能であるが（公的年金制度の健全性及び信頼性の確保のための厚生年金保険法等の一部を改正する法律附則5条1項2号に基づき適用される改正前確定給付企業年金法107条）、前記(1)(i)のとおり厚生年金基金の新設が認められない以上、今後厚生年金基金への移換（権利義務移転）が行われることはまずないものと思われる。なお、平成28年5月のDB法の改正により、合併等の場合に、確定給付企業年金から中小企業退職金共済に移換することも認められることになった。

(iii) 権利義務移転の手続

　権利義務移転の方法により DB 移換を行う場合、移転を行う売主側の企業年金と移転を受ける買主側の企業年金のそれぞれにおいて、規約型については「労働組合等の同意」[172]を得た上で厚生労働大臣の承認を受けること、基金型については基金の代議員会で代議員の定数の 4 分の 3 以上の多数による議決を得た上で厚生労働大臣の認可を受けることが必要となる[173]。買主側が確定給付企業年金を新たに実施して、当該企業年金に権利義務移転を行う場合には、買主側で、新たに実施する企業年金に係る規約を作成し、当該規約について「労働組合等の同意」を得た上で、厚生労働大臣の承認（規約型の場合）または認可（基金型）[174]を取得する必要もある（DB 法 3 条）[175]。

171）②・④・⑥以外の手法によるのは、買主側に既存の年金制度が存在し、当該既存の年金制度に移管する場合がほとんどであると思われるが（なお、⑦・⑧は同じ事業主にかかる確定給付企業年金間の再編手法である）、いかなる給付条件の企業年金に移管するかによって、後記(iv)(a)のとおり労働条件の不利益変更の問題が生じ得るため、このような一足飛びの手法によるのではなく、⑥の手法により従前の給付条件を維持したまま一旦 DB 移換を行い、買主側の既存の年金制度との統合はその後時間をかけて対応したいという実務上のニーズの現れであると推測される。なお、②・④の分割の手法によっても、従前の給付条件が維持されることになるため、⑥と同様に活用できる場面もあると思われるが、権利義務移転の場合と異なり、買主側の確定給付企業年金とは別制度としての確定給付企業年金制度が併存することになるため、一事業所一制度の原則（DB 法 3 条 2 項本文）に抵触する場合があり得る。紙幅との関係上ここでは詳細には立ち入らない。

172）当該企業年金の各実施事業所毎に、当該実施事業所に使用される厚生年金保険の被保険者（法人の従業員はこれに該当する。厚生年金保険法 6 条 1 項 2 号）の過半数で組織する労働組合があるときは当該労働組合、当該厚生年金保険の被保険者の過半数で組織する労働組合がないときは当該厚生年金保険の被保険者の過半数を代表する者の同意をいう（DB 法 79 条 4 項、74 条 2 項・3 項）。さらに、規約型・基金型を問わず、上記の「労働組合等の同意」に加えて、移転を行う売主側の企業年金については、①移換の対象となる加入者（以下「移転加入者」という）が使用される実施事業所の事業主の全部の同意のほか、各実施事業所毎に、②移転加入者の過半数で組織する労働組合があるときは当該労働組合、当該移転加入者の過半数で組織する労働組合がないときは当該移転加入者の過半数を代表する者の同意が必要となり、また、③ⓐ規約型で実施事業所の一部の権利義務移転を行う場合には、移転加入者以外の加入者の過半数で組織する労働組合があるときは当該労働組合、当該移転加入者以外の加入者の過半数で組織する労働組合がないときは当該移転加入者以外の加入者の過半数を代表する者の同意、ⓑ基金型の場合には、移転加入者以外の加入者が使用される実施事業所に係る代議員（実施事業所の一部の権利義務移転を行う場合は、移転加入者となる代議員を除く）の 4 分の 3 以上の同意を得る必要がある（DB 法施行令 50 条 1 項～5 項）。

これらの手続を完了するには、年金債務の計算作業、労働組合等との交渉、当局（厚生労働省や地方厚生局）との事前折衝、承認・認可申請後の当局による審理[176]等に必要な期間を考慮すると、一般論としては少なくとも半年から1年程度の期間を要するとされている[177]。さらに、権利義務の移転には上記のとおり労働組合等の同意や厚生労働大臣の承認等が必要であるところ、その取得にかかる時間や見込みは案件毎に区々であり、売主・買主がコントロールできるものではない。したがって、クロージングと同時にDB移換を

---

[173]　DB法79条1項・2項・4項・5項、74条2項・3項、76条2項。さらに、権利義務移転に伴い、実施事業所の追加・削除（追加・削除される事業所の事業主の全部の同意および各事業所毎の「労働組合等の同意」）が必要。DB法78条1項・4項、74条3項）、規約変更（規約型であれば各実施事業所毎の「労働組合等の同意」、基金型であれば代議員会の議決を取得した上で、さらに、規約変更の内容により、厚生労働大臣に対する届出または厚生労働大臣の承認・認可取得が必要。DB法6条、7条、16条、17条、19条1項1号）の手続が必要となり得る。なお、権利義務移転に伴い売主グループの企業年金において実施事業所を減少させる際に、当該企業年金が基金型である場合には、実施事業所を減少させた後においても、売主側の当該企業年金の加入者が300人以上であるかまたは300人以上となることが見込まれなければならないという要件も満たす必要がある（DB法78条2項、DB法施行令6条。基金型企業年金の分割を行う場合についても、DB法77条3項により、分割により設立される買主側の基金型企業年金または分割後の売主グループの基金型企業年金の加入者数はいずれも300人以上であるかまたは300人以上となることが見込まれなければならない）。したがって、DB法の条文上は、売主側の企業年金が基金型である場合において、買主側の企業年金に加入させる結果として、売主側の企業年金の加入者数が300人未満となることが見込まれるようなときは、実施事務所の減少を行うことができず、クロージング後も売主側の企業年金に加入し続けることになるため、留意が必要である。

[174]　基金型の場合には当該企業年金の加入者となる従業員の数が300人以上であるかまたは300人以上となることが見込まれなければならない（DB法12条1項4号、DB法施行令6条）。

[175]　この場合には、規約についての「労働組合等の同意」とあわせて権利義務移転についての「労働組合等の同意」を得た上で、規約の承認（規約型の場合）または基金の設立の認可（基金型の場合）についての申請とあわせて権利義務移転についての承認（規約型の場合）または認可（基金型の場合）の申請を行う必要がある（DB法施行令53条1項～6項）。

[176]　例えば、確定給付企業年金に係る規約の承認のための標準処理期間は申請後2か月とされている（「確定給付企業年金の規約の承認及び認可の基準等について」（平成14年3月29日年企発第0329003号・年運発第0329002号。最終改正：平成29年11月8日年企発1108第1号））。

[177]　ウイリス・タワーズワトソン編『M&Aシナジーを実現するPMI――事業統合を成功へ導く人材マネジメントの実践』（東洋経済新報社、2016）101頁。

行うことは必ずしも容易ではなく、クロージングの遅延や不確実性の増大につながり、売主と買主の双方にとって望ましくないことから、実務上は、クロージング後に暫定的な移行期間を設け、かかる移行期間中は当該M&Aによって雇用関係が承継される従業員が売主側の確定給付企業年金に引き続き加入することとした上で、かかる移行期間中にDB移換の手続を完了させることを目指す場合が多い。このような移行期間が設けられる場合には、当該期間中、当該M&Aによって雇用関係が承継される従業員に係る掛金を、買主側が売主側の確定給付企業年金に拠出することになる。

(iv) 権利義務移転の設計
(a) 給付条件の設定

　権利義務移転によりDB移換を行う場合、移転を受ける買主側の企業年金は新規に実施されるものであることも、既存の企業年金であることもあり得る。前者の場合には、新規に給付条件を設定することになるため、移転する売主側の企業年金と（実質的に）同一の給付条件とすることも、これと異なる給付条件とすることも可能である。また、後者の場合には、既に買主側で設定されている給付条件が権利義務移転の対象となる（移換される）従業員にも適用される（既存の別々の企業年金における給付条件が同一ということは稀であり、この場合は必然的に移転する売主側の企業年金とは異なる給付条件となる）のが素直であるが、当該従業員に対しては移転する売主側の企業年金と実質的に同一の給付条件が適用される形とすることも実務上行われている。買主側からすると、買主側での人事制度・労働条件の統一のため、企業年金制度についても給付条件を統一するニーズはあり、そのために敢えて移転する売主側の企業年金の給付条件とは異なる給付条件を設定することを検討することもあり得る。

　権利義務移転の対象となる（移換される）従業員に対してDB移換後適用される給付条件が、従前の売主側の企業年金における給付条件と比べて、実質的に変更がないか、当該従業員にとって有利である場合には特段問題は生じない。しかし、当該従業員にとって不利益に変更される場合には、DB法および労働法の観点から別途の考慮を要する。

　まず、DB法との関係では、不利益変更の内容が給付額の減額である場合には、DB移換にあたっての規約の変更（前記(iii)参照）につき要件が加重さ

れ、大まかにいうと、厚生労働大臣の承認または認可の要件として、①「やむを得ない事由」があり、かつ、②加入者の3分の1以上で組織される労働組合があるときには当該労働組合の同意および加入者の3分の2以上の同意（またはその3分の2以上で組織される労働組合の同意）を得ることが必要となる[178]。

また、労働法との関係では、かかる給付条件の不利益変更は労働条件の不利益変更に該当し、前記**第2節2**(1)記載の就業規則の不利益変更と同様の制約に服するのではないかが問題となる。まず、企業年金制度がいわゆる内枠方式[179]である場合には、就業規則に定める退職金額を支払うという内容の労働契約が成立しており、その一部が企業年金制度を通じて支払われるという関係にあるため、規約型であるか基金型であるかを問わず、企業年金制度も就業規則の定める労働条件を構成しており、給付条件の変更については、就業規則の不利益変更と同様の規律に服すると解されている[180]。企業年金制度がいわゆる外枠方式[181]である場合であっても、規約型の場合には、制度実施主体はあくまで事業主である以上、企業年金制度は就業規則の定める労働条件を構成しており[182]、給付条件の変更については、就業規則の不利益変更と同様に取り扱われると解されている[183]。これに対して、外枠方式でかつ基金型の場合には、企業年金制度の運営主体である基金が事業主から独立した別法人である以上、企業年金制度が就業規則の定める労働条件を構成するとは通常いえないとされるが[184]、当該企業年金制度に基づく給付は

---

[178] DB法6条4項、5条1項5号、16条3項、12条1項7号、DB法施行令4条2号、7条、確定給付企業年金法施行規則（以下「DB法施行規則」という）5条3号、6条1項1号。受給権者等の給付額を減額する場合については、DB法施行規則6条1項2号参照。

[179] 退職金制度の内枠に企業年金制度を位置付けるものであり、就業規則には「別に定める○○年金基金規約により支給される給付を受ける者については、当該給付額（年金給付については年金現価相当額）をこの規程により計算される退職金額より控除して支給する」といった規定が置かれる（森戸・前掲注163）39頁）。

[180] 森戸・前掲注163）212頁。

[181] 退職金制度との調整を行わず、別建てで外部積立の企業年金制度が実施されるものであり、就業規則には「別に定める○○年金基金規約により、年金または一時金を支給する」といった規定が置かれる（森戸・前掲注163）40頁）。

[182] 承継法指針第2・2(4)ハ(イ)においても、規約型の確定給付企業年金制度が労働契約の内容となり得ることが明記されている。

[183] 森戸・前掲注163）212頁。

実質的には従業員の提供する労働の対償としての意味を有することは否定し難く、従業員の立場からすれば、規約型であろうが基金型であろうが、企業年金制度は自らの労働条件を構成するものと認識しているのが通常であろう。そうであれば、規約型か基金型かで取扱いを変える合理性はなく、外枠方式かつ基金型であったとしても、やはり給付条件の変更については、就業規則の不利益変更と同様に取り扱われると解するのが穏当である[185]。このように給付条件の不利益変更が就業規則の不利益変更と同様に扱われると解する場合には、前記第2節2(1)のとおり、変更の必要性と変更内容の相当性の比較考量を基本として、総合的に当該変更の合理性が判断されることになるが、前記第2節2(1)(ii)のとおり、退職金に関して不利益変更を行う場合には、その他の労働条件の不利益変更よりもより厳格に合理性が判断されると一般に解されており、経過措置・代償措置を講じない限り、かかる要件を満たすことが容易ではないケースもあり得る[186]。

　前記(iii)のとおり、給付条件の不利益変更を含まない場合であっても、権利義務移転によるDB移換には時間を要し、当事者のコントロールできない事情に左右されるものであるところ、給付条件の不利益変更を行う場合には、DB移換の完了がさらに遅延し、その不確実性も増大することになる。このため、実務上は、DB移換後に適用される給付条件は移転する売主側の企業年金の給付条件と実質的に同一かこれを下回らない給付条件とすることをM&A契約に明記することにより、M&A取引とこれに伴うDB移換の完了を最優先し、買主側の人事制度・労働条件の統一の観点からの給付条件の統合はその後時間をかけて行うこととする場合も多い[187]。

---

[184]　森戸・前掲注163）212頁。

[185]　同趣旨の見解として、大系987頁および酒井竜児編著『会社分割ハンドブック〔第2版〕』（商事法務、2015）532頁。森戸・前掲注163）213頁は、「労働条件の不利益変更に関する法理の類推適用、あるいは同法理の趣旨を根拠に、過度の不利益変更に歯止めをかけることはできるのではないかと思われる」とする。

[186]　なお、給付条件の不利益変更の内容が給付額の減額である場合には、DB法の加重された手続を履践して（すなわち、労働者側の同意や厚生労働大臣の承認等を取得して）いる限り、労働法の問題として不利益変更の合理性が推定されることはあり得る。しかし、給付額の減額以外の場合には、DB法上加重された手続が規定されているわけではないため、合理性の検証が別途必要となろう。

(b) 移換する積立金（年金資産）の額の算定方法

権利義務移転に伴い積立金（年金資産）も移換されることになるが、その金額は、権利義務移転日の前日における移転する売主側の企業年金の積立金を、一定の基準日における権利義務移転の対象となる従業員に係る年金債務の売主側の当該企業年金に加入している従業員に係る年金債務に対する割合で按分した金額となる[188]。

まず、移換される積立金の算定に用いられる年金債務の額は、①通常予測給付額の現価、②数理債務の額、③責任準備金の額または④最低積立基準額のいずれかの額によるのが原則である[189]。①は将来発生する給付の通常の予測に基づく予想額を割引計算して現在価値に引き直したもの[190]、②は①の金額から今後拠出される標準掛金の予想額を割引計算して現在価値に引き直した額（標準掛金収入現価）を控除したもの[191]、③は②の金額から今後拠出される特別掛金の予想額を割引計算して現在価値に引き直した額（特別掛金収入現価）を控除したもの[192]、④は基準日までの加入期間に応じた給付予

---

[187] このようにクロージングを優先し、クロージング後時間をかけて条件を統一するという対応は、企業年金制度の給付条件に限らず、人事制度・労働条件一般についても実務上よく行われている。また、M&A契約に明記することにより、売主側としては従業員への説明がしやすくなるという効果もあろう（その意味では、前記**第3節3**の雇用・労働条件の維持義務と類似した取扱いである）。

[188] DB法79条1項・3項、DB法施行規則87条の2。

[189] DB法施行規則87条の2第1項1号イ〜ニ。なお、①〜④のいずれかの金額を基準としつつ、受給権者等に係る積立金を先取りした上で、残余を受給権者等以外の加入者に係る積立金として按分する方法もある（DB法施行規則87条の2第1項2号）。なお、「受給権者等」とは、加入者である受給権者（給付を受ける権利を有する者）および加入者であった者をいうと定義されており（DB法施行規則5条柱書）、主として、退職したもののまだ受給が開始されていない者（待機者）および退職して既に受給が開始されている者（受給者）を指す。

[190] DB法施行規則4条3項。

[191] DB法施行規則4条3項。つまり、標準掛金が今後も払い込まれ続けると仮定した場合に、将来発生する給付の予想額を賄うために現在積み立てておかなければならない金額ともいえる。

[192] 特別掛金は、年金資産が②の数理債務の額を下回っている場合（つまり、標準掛金だけでは将来の給付を賄い切れなくなっている場合）に、不足額（過去勤務債務）を補う（償却する）ために支払われる掛金である。つまり、③の責任準備金の額は、標準掛金および特別掛金が今後も払い込まれ続けると仮定した場合に、将来発生する給付の予想額を賄うために現在積み立てておかなければならない金額ともいえる。

想額の合計を割引計算して現在価値に引き直したもの[193]である。①から④までの金額は、あくまで積立金を按分する際の基準として用いられるものに過ぎないため、いずれかの額を用いることが売主または買主にとって常に正解であるとか有利であるというわけではない。もっとも、④は企業年金自体が継続しない前提で、①は企業年金自体は継続するものの、掛金拠出が継続しない前提で、それぞれ算定されるものであるため、企業年金の財政状態を理論上はより正確に表している②または③を基準とすることが実務上は多いと思われる[194]。

次に、年金債務の金額を算定すべき基準日は、ⓐ権利義務移転日の前日、ⓑ直近の財政計算の計算基準日、ⓒその前の財政計算の計算基準日またはⓓ権利義務移転日が属する事業年度の前事業年度の末日のいずれかによる[195]。かかる年金債務の金額の算定の基準日と権利義務移転日との乖離が大きければ大きいほど、その間に従業員が退職するなどの理由から基準日と権利義務移転日における従業員数の乖離（つまり、計算上の年金債務と、実際に移換の対象となる従業員に係る年金債務の乖離）も大きくなる可能性がある。そのため、一般論としては、最も権利義務移転日に近い日であるⓐを基準日とすることが望ましいであろう[196]。

移換される積立金の算定に用いられる年金債務およびその算定基準日としていずれを選択するかによって、移換される積立金の金額が大きく異なる場合もあり、年金専門家や信託会社等の運用機関と協議し、個々の事案毎に適切な方法を検討する必要がある。

(c) 受給権者等の取扱い

権利義務の移転に伴い移換対象となる従業員の範囲は、法令上一義的に決定されるものではなく、当事者間の合意により決定されるものであり、既に

---

[193] DB法施行規則44条柱書、DB法60条3項。つまり、基準日において企業年金を終了させたと仮定した場合に必要になる給付金額ともいえる。
[194] 一般論としては、③の責任準備金の額が年金債務としての実態を最も反映したものといえよう。
[195] DB法施行規則87条の2第2項・1項1号。
[196] もっとも、ⓐの権利義務移転日の前日を基準日とする場合、年金債務の額を財政計算とは別に算定する必要があることから、作業負担が増大する可能性もある。

退職して受給権者等となっている者についても移換の対象とすることが可能である[197]。しかし、かかる受給権者等を移換の対象とする場合であっても、加入者であった者またはその遺族の移換には個別同意が必要であり（DB法施行令50条7項）[198]、同意が得られなかった受給権者等については結局売主側の確定給付企業年金に残ることになる。そこで、同意取得に係る負担を考慮し、権利関係の明確化の観点から、移換対象となる従業員は、クロージング日において売主側の確定給付企業年金に現に加入している従業員のみとする（同日時点において受給権者等となっている者は除く）場合も多い。

このように移換対象となる従業員を、クロージング日において売主側の確定給付企業年金に現に加入している従業員とする場合であっても、前記(iii)のとおり、クロージング後に移行期間を設けて、当該移行期間中にDB移換を行う場合には、当該移行期間中に退職して新たに受給権者等となる者が生じる可能性もある。かかる受給権者等について、移換の対象とすることもしないこともできるが、かかる受給権者等の移換についても個別同意が必要となることは上記と同様であり、かかる受給権者等を最終的な移換の対象から除外する取扱いとすることも実務上はよく見受けられる。

(v) M&Aの対価算定との関係
(a) 「退職給付に係る負債」との関係

現行の退職給付に関する会計基準（以下「退職給付会計基準」という）[199]の下では、退職給付債務[200]＞年金資産額である限り、連結貸借対照表上は、退職給付債務から年金資産額を控除した「退職給付に係る負債」が負債として計上されることになる[201]。この「退職給付に係る負債」について、M&A

---

[197] 既に給付が開始されているか、近い将来に給付が開始される受給権者等が移換の対象となるということは、買主側に移換される年金債務の額もその分増大することになるが、逆に移換される年金資産額もその分増大することになるため、一概に有利・不利があるわけではない。なお、会社分割や事業譲渡の手法による場合には、そもそもM&A取引で承継対象となるのはクロージング時点で効力を有する雇用契約（に基づく雇用関係）のみであるため、クロージング日における受給権者等を移換対象とすることは通常想定されない。

[198] なお、権利義務移転ではなく企業年金の分割による場合は、文言上個別同意は要求されていない。

[199] 企業会計基準第26号「退職給付に関する会計基準」。

の対価としての株主価値の算定上、これを有利子負債と同等のものとして企業価値から控除して算定する場合がある[202]。

このようにM&Aの対価の算定時に「退職給付に係る負債」を控除項目としている場合には、その算定方法について、M&Aの対価の算定時の前提と、DB移換時の前提に齟齬が生じないように注意する必要がある。すなわち、DB移換が必要となる場合というのは、前記のとおり、売主または売主グループから対象会社または対象事業がカーブアウトされる場合であるから、「退職給付に係る負債」も当該対象会社・対象事業ベースで算定することになり、当該「退職給付に係る負債」を算定する際に控除される年金資産額も、確定給付企業年金全体の年金資産を当該対象会社・対象事業に係る部分につき按分したものとなるはずである。かかる按分を行う際には、グループで設立・運営している確定給付企業年金（複数事業主制度）の会計処理における按分の基準が参考となるが、退職給付会計基準33項(1)は「合理的な基準」によるものとしており、その適用指針63項[203]はかかる「合理的な基準」と

---

[200] 退職給付債務は、将来の予想給付額のうち、当期までの勤務により発生したと認められる額を現在価値に割引計算した金額であり、言い換えると、将来の予想給付額を現在価値に割引計算した額から、将来の勤務期間に対応する給付の現在価値を控除した部分の金額である（井上雅彦『キーワードでわかる退職給付会計〔3訂増補版〕』（税務研究会出版局、2013）78頁）。一方、前記(iv)(b)のとおり、数理債務は、将来の予想給付額を現在価値に割引計算した額から、今後拠出される標準掛金の予想額を割引計算して現在価値に引き直した額（標準掛金収入現価）を控除した金額である。したがって、仮に計算の基礎となる前提および割引計算が同じであると仮定すれば、退職給付債務と数理債務の差は、将来の勤務期間に対応する給付の現在価値と標準掛金収入現価の差に過ぎないが、数理債務の割引計算に用いる予定利率と退職給付債務の割引計算に用いる割引率は異なる概念であり、常に一致するわけではなく、数理債務と退職給付債務の額にはある程度の差が生じているのが一般的とされる（井上雅彦＝江村弘志『退職給付会計の実務Q&A——会計・数理・制度・税務』（税務研究会出版局、2014）137頁）。

[201] 個別財務諸表上は、退職給付債務から、年金資産と未認識数理計算上の差異および未認識過去勤務費用（いわゆる「未認識債務」）を控除した額が「退職給付引当金」として計上される。したがって、退職給付に係る負債＝退職給付債務－年金資産額＝退職給付引当金＋未認識債務の関係にある。実務上は、控除項目としては「退職給付引当金（及び未認識債務）」と表現することの方が多いが、「退職給付に係る負債」と同じ意味である。

[202] これを運転資本と考え、有利子負債と同等のものとしては企業価値から控除しない取扱いとすることもあり得る。プルータス・コンサルティング編『企業価値評価の実務Q&A〔第3版〕』（中央経済社、2014）144頁参照。

して5つの基準を例示している[204]。当該例示された基準は、前記(iv)(b)の権利義務移転によるDB移換の際の年金資産の按分基準と共通するものもあれば異なるものもあり、対象会社のB/Sや対象事業のカーブアウトB/Sにおいて、権利義務移転によるDB移換の際の年金資産の按分基準として想定されるもの（例えば、責任準備金基準）と異なる按分基準（例えば、退職給付債務基準）が用いられている場合には、会計上認識されていた年金資産額とDB移換時に実際に移換される年金資産額（＝DB移換後に買主側で会計上認識される年金資産額）がずれる可能性がある。また、対象会社のB/Sには、受給権者等に係るものも含めて「退職給付に係る負債」が計上されているが、前記(iv)(c)のとおり受給権者等を移換対象から除外する場合には、DB移換後の退職給付債務および年金資産額（つまり「退職給付に係る負債」）は、B/Sにおいて認識されていた額からは当然変動することになる[205]。かかる変動により、DB移換後の「退職給付に係る負債」がM&Aの対価算定時の想定額と大きく異なるものとなる[206]可能性があるため、前記(iv)(c)のとおり、DB移換における年金資産の按分方法および受給権者等の取扱いについて予め合意するとともに、M&A対価の算定において控除する「退職給付に係る負債」については、これらと同一の基準に基づき算定された金額を用いることが望ましい[207]。

---

203) 企業会計基準適用指針第25号「退職給付に関する会計基準の適用指針」。
204) 具体的には、①退職給付債務、②年金財政計算における数理債務の額から年金財政計算における未償却過去勤務債務を控除した額、③年金財政計算における数理債務の額、④掛金累計額、⑤年金財政計算における資産分割の額である。
205) 退職給付債務は加入者に係る部分に縮減することになり、また、年金資産についても、例えば、特別掛金が多額に及ぶ場合には、加入者の責任準備金の受給権者等の責任準備金に対する比率は、加入者の退職給付債務・数理債務の受給権者等の退職給付債務・数理債務に対する比率よりも大幅に低下することになり（受給権者等については、給付額の現在価値＝数理債務＝責任準備金であり、特別掛金の将来拠出額の現在価値が控除されないため）、退職給付債務に占める年金資産額の割合も大幅に低下することになる。権利義務移転における年金資産の按分方法を受給権者等に係る積立金を先取りする方式による場合には（前掲注189）参照）、変動額はさらに増幅する可能性がある。福原琢磨「加入制度に応じて対応を変える　退職給付デューデリジェンスの実施上の着眼点」経理情報1419号（2015）55頁参照。
206) 買主側から見ると、想定外の積立不足が発生する可能性があるということである。

(b) 移行期間中の変動に応じた価格調整

前記(a)のとおり、M&Aの対価算定において控除する「退職給付に係る負債」の算定基準をDB移換における年金資産の按分方法および受給権者等の取扱いの基準と揃えたとしても、前記(iii)のとおりクロージング後一定の移行期間を設ける場合には、①退職等による新たな受給権者等の発生（およびこれに伴う給付）、②売主側における加入事業所の変動等による年金資産の変動といった要因により、クロージング時に想定していた年金資産移換額と実際の年金資産移換額には差異が生じることになる。したがって、M&Aの対価に当該差異を反映するため、実際の年金資産移換額がクロージング時に想定していた年金資産移換額を下回る場合には、売主から買主に対して当該差額を支払い、逆の場合には買主が売主に対して当該差額を支払うという形で、これを事後的に調整することが考えられる[208]。もっとも、当該調整は、売主・買主にとって有利・不利いずれにも働き得るものであるため、敢えてかかる事後的な価格調整を行わないこともある。

(vi) 一括拠出金

権利義務移転により、対象会社または対象事業の事業所は売主グループの確定給付企業年金の実施事業所ではなくなるが、かかる実施事業所の減少に伴い、売主グループの確定給付企業年金の他の実施事業所の事業主（売主グループの参加企業）の掛金が増加する場合は、当該減少に係る実施事業所の

---

[207] クロージングB/Sを作成することにより価格調整を行う場合には（第Ⅱ部第2章第3節1参照）、少なくとも「退職給付に係る負債」を調整項目とし、かつ、クロージングB/S上の「退職給付に係る負債」の算定方法をDB移換における年金資産の按分方法および受給権者等の取扱いと揃えておくことが必要であろう。

[208] かかる調整を行う場合には、「クロージング時に想定していた年金資産移換額」をどのように算定するかがポイントとなるが、例えば、①クロージング時点においてDB移換を行ったと仮定した場合の年金資産移換額を算定し（当該金額の算定はクロージング時点での価格調整においても必要となる）、②①の金額に、ⓐ移行期間中に買主側が拠出した掛金額および運用収益額（移行期間中の年金資産の平均残高に運用利回りを乗じた額）を加算し、ⓑ移行期間中に支払われた給付額および新たに受給権者等となった者に係る給付額の現在価値（かかる受給権者等が移換の対象から除外される場合）を減算することによって、算出することが考えられる。これは、要するに、クロージング時点においてDB移換を行っていれば移換されたであろう年金資産額が、移行期間満了時にどのような額になっていたはずであるかを計算しているということである。

事業主（対象会社または買主）は、DB法施行規則88条の2で定める計算方法のうち、売主グループの確定給付企業年金に係る規約で定めるもの[209]により算定した額を、掛金として一括して拠出しなければならない（DB法78条3項。以下、かかる拠出金を「一括拠出金」という）。

　一般的には、年金制度上の積立不足が生じており、かつ、受給権者等が移換対象とならず、当該受給権者等に係る積立不足が移換元（売主グループ）の確定給付企業年金に残る場合に、かかる一括拠出金が必要となる可能性があるとされる[210]。積立不足は売主側の既存の問題（レガシー）であり、買主としては、かかる一括拠出金を売主が負担することを求めること[211]が考えられる。一方で、移行期間中に受給権者等が発生するかどうかは買主側の労務管理の問題でもあるため、一括拠出金が買主側の原因により生じる可能性もないわけではない。いずれにしても、買主としては、一括拠出金の負担が生じる可能性とその影響額について予め検証の上、必要に応じてそのリスク分担について売主と協議することが望ましいということになろう。

(3) 対象会社が企業型確定拠出年金を有している場合

(i) M&Aに伴い移換が必要となる場合

　前記図表Ｉ-13-10のケース①（単独実施＋株式譲渡等）については、対象会社の株主に変動が生じるだけであり、対象会社が従前実施している企業型確定拠出年金はそのまま継続することになる。

　次に、前記図表Ｉ-13-10のケース②（単独実施＋合併）については、唯一の実施事業主である対象会社が合併により消滅することになるため、これ

---

[209] 具体的な計算方法としては、①当該減少に係る実施事業所が減少しないとしたならば当該事業所の事業主が拠出することとなる特別掛金額の予想額の現価とする方法、②当該減少に係る実施事業所が減少する日における積立金の額が、当該日を事業年度の末日とみなして算定した最低積立基準額を下回ることが見込まれる場合において、当該下回る額の見込額のうち当該事業所に係る分として確定給付企業年金に係る規約で定めるところにより合理的に計算した額とする方法、③①の額と②の額のうちいずれか大きい額とする方法その他の方法が定められている（DB法施行規則88条の2第1項）。

[210] 福原・前掲注205）56頁。

[211] 規約における計算方法の変更により、一括拠出金の負担が実質的に生じない形とすることも実務上は行われているようであり、そのような対応を求めることも考えられる。

に伴い対象会社の実施していた企業型確定拠出年金も終了することになり（DC法45条2号、47条2号）[212]、規約型確定給付企業年金と異なり（前記(2)(i)参照）、合併の場合の地位承継の手続は存在しない。したがって、この場合には、必然的に従前の企業型確定拠出年金から当該M&Aによって雇用関係が承継された従業員は離脱することになるため、買主側の新設もしくは既存の年金制度またはその他の年金制度に加入させること（以下「DC移換」という）を検討する必要がある。

さらに、前記図表Ⅰ-13-10のケース③（単独実施＋会社分割等）やケース④～⑥（共同実施）の場合には、特段の措置をとらない限り、各M&Aの実行後も、当該M&Aによって雇用関係が承継される従業員は、売主側の実施する企業型確定拠出年金に加入し続けることになる。確定給付企業年金と異なり、企業型確定拠出年金には積立不足が生じないため、売主側の運用成績により買主側が財務的リスクを負うというような問題は生じない。しかし、一般論としては、やはりグループ外の会社の従業員のために自社グループの年金制度の運用を行うということは合理的ではなく、ケース③～⑥の場合についても、DC移換が検討されるのが通常であろう。

(ii) **移換の手法**

企業型確定拠出年金においては、拠出された掛金による積立済み資産は個人毎に管理されているため（DC法2条12項。以下、かかる資産を「個人別管理資産」という）、確定給付企業年金に比べると、移換の仕組みはシンプルである。まず、企業型確定拠出年金から確定給付企業年金等の他の外部積立型制度への移換は認められていないため、移換先の選択肢としては、買主側の新設もしくは既存の企業型確定拠出年金か、国民年金基金連合会が実施する個人型確定拠出年金（iDeCo）しかない[213]。

そして、買主側に既存の企業型確定拠出年金があるかまたはこれを新設する場合には、買主側の当該年金の実施事業所に対象となる従業員に係る事業所を追加することにより、当該従業員の個人別管理資産が買主側の年金に移

---

[212] これに対して、前記**図表Ⅰ-13-10**のケース⑤の場合には、対象会社以外にも実施事業主が存在するため、対象会社の合併は企業型確定拠出年金の終了事由とはならない。

換されることになる（DC法80条1項）。

　一方で、買主側に企業型確定拠出年金が存在しない場合には、前記図表Ⅰ-13-10のケース②（単独実施＋合併）については、対象となる従業員の個人別管理資産は個人型確定拠出年金に移換されることになる（DC法83条1項2号）。前記図表Ⅰ-13-10のケース③（単独実施＋会社分割等）やケース④〜⑥（共同実施）についても、売主側の企業型確定拠出年金に留まれないとすれば、やはり対象となる従業員の個人別管理資産は個人型確定拠出年金に移換されることになる（DC法83条1項1号）[214]。しかし、個人型確定拠出年金は、企業型確定拠出年金と異なり、従業員個人が掛金を拠出しなければならず[215]、一般論としては従業員の負担が重くなるため、個人型確定拠出年金への移換は労働条件の不利益変更の問題を惹起することになる（後記(iv)参照）。このため、実務上は、買主側に受皿として企業型確定拠出年金を新設して、当該年金に移換することを検討する場合が多い。

　そこで、以下では、売主側の企業型確定拠出年金から買主側の企業型確定拠出年金に移換することを前提に、手続その他の留意点を概説することとする。

---

213) なお、確定拠出年金法等の一部を改正する法律（平成28年6月3日法律第66号）に基づくDC法の改正により、確定給付企業年金の規約において予め企業型確定拠出年金からの移換を受けることができる旨を定めておくことにより、加入者からの申出により、企業型確定拠出年金から確定給付企業年金への移換も認められることになった。また、同様に、合併等の場合に、企業型確定拠出年金から中小企業退職金共済に移換することも認められることになった。なお、当該改正が施行された後であっても、一般論としては、確定給付企業年金は積立不足のリスク等の事業主側の負担が重いため、人事制度・年金制度の統一の必要性との比較考量の問題ではあるが、M&Aの際に企業型確定拠出年金から確定給付企業年金に移換する例はあまり多くないのではないかと思われる。

214) 売主側の企業型確定拠出年金の加入資格を喪失してから（例えば、実施事業所から外れてから）6か月以内に、従業員から移換の申出（DC法62条1項、81条1項）がなければ、自動的に個人型確定拠出年金に移換することになる。

215) なお、平成28年5月のDC法の改正およびこれに伴う確定拠出年金法施行令（以下「DC法施行令」という）の改正前は、買主側に企業型確定拠出年金はないものの、確定給付企業年金や厚生年金基金が存在する場合には、移換される従業員は個人型確定拠出年金の加入者としての資格を有しないため（改正前DC法62条1項2号、改正前DC法施行令35条）、掛金の拠出はできず運用の指図のみを行うことができる「個人型年金運用指図者」にしかなることができなかった。しかし、平成29年1月1日に施行された当該改正により、改正前DC法施行令35条は削除され、そのような場合でも個人型確定拠出年金の加入者となる（掛金を拠出する）ことができるようになった。

(iii) 移換の手続

　売主側の企業型確定拠出年金から買主側の企業型確定拠出年金に移換する場合には、売主側の企業型確定拠出年金の実施事業所から対象となる従業員の属する事業所を除き、当該事業所を買主側の企業型確定拠出年金の実施事業所に追加することが必要となるため[216]、それぞれの年金において事業所の削除・追加のための規約変更が必要になる[217]。また、買主側で企業型確定拠出年金を新設する場合には、当該年金に係る規約を作成し、当該規約について、当該企業年金を実施しようとする各厚生年金適用事業所毎に、当該厚生年金適用事業所に使用される厚生年金の被保険者の過半数で組織する労働組合があるときは当該労働組合、当該厚生年金の被保険者の過半数で組織する労働組合がないときは当該厚生年金の被保険者の過半数を代表する者の同意を得た上で、厚生労働大臣の承認を受けなければならない（DC法3条1項・2項）。

　買主側で企業型確定拠出年金を新設する場合には、労働組合等との交渉、当局との事前折衝・当局による審理[218]や、運営管理機関の選定・交渉等にかかる期間を考慮すると、少なくとも半年以上はかかることが多いようである。また、買主側で企業型確定拠出年金を新設しない場合であっても、移換にあたっては、個人別管理資産を一旦現金化する必要があるため、やはり2か月～3か月程度の期間を見込んでおく必要がある。これらの事情から、権利義務移転によるDB移換と同様に、実務上は、クロージング後に暫定的な移行期間を設け、かかる移行期間中は当該M&Aによって雇用関係が承継さ

---

[216] 厚生労働省「確定拠出年金Q&A」No.5参照（http://www.mhlw.go.jp/stf/seisakunitsuite/bunya/0000181948.html）。

[217] 具体的には、当該企業年金の各実施事業所毎に、当該実施事業所に使用される厚生年金の被保険者（法人の従業員はこれに該当する。厚生年金保険法6条1項2号）の過半数で組織する労働組合があるときは当該労働組合、当該厚生年金の被保険者の過半数で組織する労働組合がないときは当該厚生年金の被保険者の過半数を代表する者の同意を得た上で、当該変更について厚生労働大臣に届出を行うことになる（なお、事業所の削除・追加に伴い、規約上のその他の事項の変更も必要となる場合があり得るが、その場合には厚生労働大臣の承認が必要となり得る）（DC法5条、6条、3条3項1号および2号、同法施行規則5条1項1号および2号）。

[218] 確定給付企業年金と同様に、規約の承認のための標準処理期間は申請後2か月とされている（http://shinsei.e-gov.go.jp/search/servlet/Procedure?CLASSNAME=GTAMSTDETAIL&id=4950000005505）。

れる従業員が売主側の企業型確定拠出年金に引き続き加入することとした上で[219]、かかる移行期間中にDC移換手続を完了させることを目指す場合が多い。このような移行期間が設けられる場合には、当該期間中、当該M&Aによって雇用関係が承継される従業員に係る掛金を、買主側が売主側の企業型確定拠出年金に拠出することになる。

(ⅳ) 条件設計その他の留意点

権利義務移転によりDB移換を行う場合と同様に（前記(2)(ⅳ)(a)参照）、DC移換においても、移換後に対象従業員に適用される条件につき、売主側の企業型確定拠出年金と（実質的に）同一の条件とすることも、これと異なる条件とする（例えば、買主側の人事制度・労働条件の統一のため、買主側の企業型確定拠出年金の条件をそのまま適用するなど）ことも可能である。

DC移換後に対象従業員に適用される条件につき、売主側の企業型確定拠出年金よりも不利益な条件とする場合には、DB移換と同様に、労働条件の不利益変更の問題が生じる。そして、企業型確定拠出年金の実施主体は常に事業主であるため（基金型は存在しない）、その条件の不利益変更については、就業規則の不利益変更と同様に取り扱われると解されている[220]。したがって、かかる不利益変更を行う場合には、前記第2節2(1)のとおり、変更の必要性と変更内容の相当性の比較考量を基本として、総合的に当該変更の合理性が判断されることになる。このため、不利益変更を行う場合には、DC移換の完了がさらに遅延し、その不確実性も増大することとなるから、DB移換と同様に、実務上は、DC移換後に適用される条件は移換する売主側の企

---

219) 個人型確定拠出年金から企業型確定拠出年金に移換することも可能であるため（DC法80条1項）、クロージング日をもって売主側の企業型確定拠出年金から個人型確定拠出年金に移換し、買主側での手続が整った後に個人型確定拠出年金から買主側の企業型確定拠出年金に移換するということも考えられる。しかし、移換の都度、個人別管理資産の現金化が必要となり、その期間は運用できないことになるため（運用機会の喪失）、やはり移行期間を設け、売主側の企業型確定拠出年金から買主側の企業型確定拠出年金への一回の移換で済ませる方が、従業員にとっての不利益という観点からは望ましいであろう。なお、前記図表Ⅰ-13-10のケース②（単独実施＋合併）については、合併により対象会社の企業型確定拠出年金は終了してしまうため、買主側の企業型確定拠出年金への移換のタイミングが合併の効力発生よりも遅れる場合には、必然的に個人型確定拠出年金に一旦移換せざるを得ないことになる。

220) 森戸・前掲注163）212頁。

業年金の条件と実質的に同一かこれを下回らない条件とすることをM&A契約に明記する場合も多い。

　なお、企業型確定拠出年金においては、事業主は、掛金の拠出義務のみを負い、運用リスクを全く負担しないため、積立不足の問題は生じず、会計上も要拠出額が費用処理されるだけで、B/Sに債務は計上されない。したがって、DC移換においては、DB移換のような、移換される年金資産額の算定、M&Aの対価との調整、一括拠出金といった複雑な問題は発生しない。

2　健康保険制度の取扱い

(1)　健康保険制度の概要

　会社の事業所は、常時従業員を使用する限り、健康保険法上「適用事業所」となり（健康保険法3条3項2号）、かかる「適用事業所」に使用される従業員は原則として健康保険の被保険者となるため（健康保険法3条1項）、M&A取引の対象となる従業員はほぼ常に何らかの健康保険に加入しているといってよい。

　健康保険には、①全国健康保険協会が管掌するいわゆる「協会けんぽ」と、②健康保険組合が管掌する健康保険の2種類がある。②の健康保険組合は、適用事業所の事業主が設立する、当該事業主と当該適用事業所に使用される従業員を組合員とする法人である[221]。事業主が単独で設立するものもあれば、グループ会社が連合して設立するものや、同種・同業の事業主が連合して設立するものもある[222]。①の協会けんぽは、②の健康保険組合が設立されていない適用事業所の従業員を被保険者とするものである（健康保険法7条の2第1項）。

---

221)　健康保険法8条、9条1項、11条、14条1項、17条1項。
222)　事業主が単独で設立するものとグループ会社が連合して設立するものは「単一組合」と呼ばれ、同種・同業の事業主が連合して設立するものは「総合組合」と呼ばれる（全国社会保険労務士会連合会編『社会保険労務ハンドブック平成30年度版』（中央経済社、2017）263頁）。

(2) 対象従業員が協会けんぽに加入している場合

M&A 取引の対象となる従業員が協会けんぽに加入している場合（対象会社・対象事業に健康保険組合が存在しない場合）には、M&A 取引後もそのまま協会けんぽを継続するか、または買主側の新設もしくは既存の健康保険組合に加入させることになる。そのまま協会けんぽを継続する場合には一定の届出を除き特別な手続は不要である。これに対して、買主側で健康保険組合を新設する場合には、当該健康保険組合の被保険者となる従業員の数が700人以上でなければならず（健康保険法11条1項、健康保険法施行令1条の2第1項）[223]、また、適用事業所毎に被保険者となる従業員の2分の1以上の同意を得て規約を作成し、厚生労働大臣の認可を受けなければならない（健康保険法12条）。また、買主側の既存の健康保険組合に加入させる場合には、当該健康保険組合に適用事業所として追加することとなるため、当該適用事業所の被保険者となる従業員の2分の1以上の同意が（健康保険法25条1項）、また、規約の変更となるため、組合会議員の定数の3分の2以上の多数による組合会の決議（健康保険法19条1号、健康保険法施行令10条3項）と厚生労働大臣の認可（健康保険法16条2項）がそれぞれ必要となる。このように、買主側の健康保険組合への加入には一定の手続と時間を要するが、クロージング時点ではそのまま協会けんぽを継続し、クロージング後に買主側の健康保険組合への加入手続を進める形とすれば、M&A 取引自体は特段の支障なく実行できるものと考えられる。

(3) 対象従業員が健康保険組合に加入している場合

M&A 取引の対象となる従業員が健康保険組合に加入している場合（対象会社・対象事業に健康保険組合が存在する場合）には、確定給付企業年金および企業型確定拠出年金と同様に、前記図表 I-13-10 の各ケースに準じて考えるのが便宜である。

---

[223] なお、買主グループの他のグループ会社と連合して新規に設立する場合も、単一組合（前掲注222）参照）と取り扱われ、基準は700人となる（昭和60年4月30日保発第44号、最終改正：昭和63年5月16日保発第56号）。これに対して、「総合組合」の場合には3000人以上でなければならない（健康保険法11条2項、健康保険法施行令1条の2第2項）。

(i) 単独実施＋株式譲渡等／合併の場合

まず、前記図表Ⅰ-13-10のケース①（単独実施＋株式譲渡等）およびケース②（単独実施＋合併）については、健康保険組合はそのまま存続するため、加入を継続するのが原則的な対応となろう。なお、買主側に既存の健康保険組合が存在する場合には、対象会社の健康保険組合と買主側の健康保険組合を合併して統合することも考えられる。健康保険組合の合併には、組合会における組合会議員の定数の4分の3以上の多数による議決と、厚生労働大臣の認可が必要であり（健康保険法23条1項）、その手続負担・時間を考慮すると、クロージング時点では対象会社の健康保険組合をそのまま継続しておき、クロージング後に合併の手続を進めるというのが実務的な対応と思われる。

(ii) 単独実施＋会社分割等および共同実施の場合

次に、前記図表Ⅰ-13-10のケース③（単独実施＋会社分割等）やケース④〜⑥（共同実施）の場合には、特段の措置をとらない限り、各M&A取引の実行後も、当該M&A取引によって雇用関係が承継される従業員は、売主側の実施する健康保険組合に加入し続けることになる。企業型確定拠出年金と同様に、そのこと自体で買主側が財務的リスクを負うわけではないが、一般論としては、やはりグループ外の会社の従業員のために自社グループの健康保険組合の運用を行うということは合理的ではなく、ケース③〜⑥の場合については、買主側の新設もしくは既存の健康保険組合または協会けんぽに加入させることが検討されるのが通常であろう。

協会けんぽに加入させる場合には一定の届出を除き特別な手続は不要である。買主側で健康保険組合を新設する場合[224]および既存の健康保険組合に加入させる場合の買主側の手続は前記(2)と同様である。また、売主側の健康

---

224) 買主側で健康保険組合を新設するのに代えて、売主側の健康保険組合につき、対象となる適用事業所ごと分割することも考えられる（なお、適用事業所の一部のみを分割することはできない）。この場合には、売主側の健康保険組合において、組合会議員の定数の4分の3以上の多数による組合会の議決と、厚生労働大臣の認可が必要となり、また、新設する場合と同様に、分割により設立される健康保険組合の組合員となるべき被保険者または分割後存続する健康保険組合の組合員である被保険者の数が700人以上となる必要がある（健康保険法24条）。

保険組合において、適用事業所が減少することになるため、当該減少とそのための規約の変更の手続も必要となる（これらの手続の要件は、適用事務所を増加させる場合と同様である）[225]。これらの手続に要する負担・時間を考慮し、DB移換やDC移換と同様に、実務上は、クロージング後に暫定的な移行期間を設け、かかる移行期間中は対象となる従業員が売主側の健康保険組合に引き続き加入することとした上で、かかる移行期間中に買主側の健康保険組合または協会けんぽへの加入手続を完了させることを目指す場合も多い。このような移行期間が設けられる場合には、当該期間中、対象となる従業員に係る保険料の事業主負担部分を、買主側が売主側の健康保険組合に拠出することになる。

(iii) 健康保険組合からの異動に伴う条件の変更

健康保険の保険料は、一般的には健康保険組合が管掌する健康保険よりも、協会けんぽの方が料率が高いことが多い。また、協会けんぽでは保険料を事業主と被保険者が折半することになるが（健康保険法161条1項）、健康保険組合が管掌する健康保険においては事業主の負担割合をこれよりも増加させることができる（同法162条）。したがって、健康保険組合に加入していた従業員が協会けんぽに加入することになる場合には、その負担する保険料が増額することが多く、また、保険料に関する条件は健康保険組合毎に異なるため、買主側の健康保険組合の方が売主側の健康保険組合よりも従業員の保険料の負担が重いということもあり得る。さらに、健康保険組合では出産育児一時金等の付加給付を独自に行っていることもあるため、協会けんぽに加入することや、そういった付加給付のない買主側の健康保険組合に加入するこ

---

[225] なお、売主側の健康保険組合の適用事務所の減少については、当該減少させた後においても、売主側の健康保険組合の被保険者数が700人以上とならなければならないという要件も満たす必要がある（健康保険法25条3項。前掲注224）の健康保険組合の分割を行う場合についても、健康保険法24条3項により、分割により設立される健康保険組合の組合員となるべき被保険者または分割後存続する売主グループの健康保険組合の組合員である被保険者の数が700人以上とならなければならない）。したがって、健康保険法の条文上は、買主側の健康保険組合に加入させる結果として、売主側の健康保険組合の被保険者数が700人未満となることが見込まれるような場合には、適用事務所の減少を行うことができず、クロージング後も売主側の健康保険組合に加入し続けることになるため、留意が必要である。

とで、かかる付加給付が受給できなくなる場合もあり得る。

　売主側の健康保険組合から買主側の健康保険組合または協会けんぽに加入することにより、上記のような不利益を従業員が受ける場合には、DB 移換および DC 移換と同様に、労働条件の不利益変更の問題が生じる。健康保険組合それ自体は別法人であるが、従業員の立場からすれば、健康保険組合の保険料や付加給付も自らの労働条件を構成するものと認識しているのが通常であると思われ、外枠方式かつ基金型の確定給付企業年金と同様に（前記 1 ⑵(ⅳ)(a)参照）、やはり保険料や付加給付が不利益に変更される場合には、就業規則の不利益変更と同様に取り扱われると解するのが穏当であろう[226]。このため、DB 移換および DC 移換と同様に、買主側において新設した健康保険組合に加入させるスキームとする場合には、売主側で適用されていた条件と実質的に同一かこれを下回らない条件の健康保険組合を新設することを M&A 契約に明記する場合も多い。一方、買主側の既存の健康保険組合や協会けんぽに加入させる場合、確定給付企業年金や企業型確定拠出年金と異なり、適用事業所毎に保険料や付加給付の条件を異ならせることができないため、例えば保険料の増額部分を賞与に上乗せする[227]等の代償措置の検討が必要となる場合もある。

第 5 節
M&A と労使協議・交渉

　M&A は、対象会社[228]に勤務している労働者に多大な影響を与える。M&A 取引の形態がどのようなものであっても、M&A 取引の実行後に買収

---

[226] 同趣旨の見解として、大系 988 頁、酒井編著・前掲注 185）564 頁。

[227] 野中健次『M&A の人事労務管理』（中央経済社、2013）337 頁は、給与に上乗せをするとその分社会保険料も増額するおそれがあるため、賞与に上乗せして支給する方法を選択すべきとする。

[228] 合併・会社分割・事業譲渡については当該 M&A 取引の当事会社、株式譲渡・新株発行については株式発行会社、株式交換・株式移転については完全子会社となる会社を意味する。

者側の傘下に新たに入ることになる労働者にとっては、経営方針やレポーティング・ラインの変更等による影響を受けるほか、当該 M&A 取引に伴い労働条件の統一のために労働条件自体が変更されることもあり得る。また、事業譲渡や会社分割により一部の事業をカーブアウトする M&A 取引で、譲渡会社・分割会社の経営が既に悪化しているような場合には、自身の労働契約が当該 M&A 取引の承継対象となるかが雇用の継続に直結する場合もある。M&A 取引を成功させるためには、かかる影響を受ける労働者の理解と協力が不可欠であり、M&A 取引の過程においては、労働者の納得を得るため何らかの形で説明が行われ、場合によっては労働組合等と協議・交渉を行うことが必要となることもある。以下では、対象会社に労働組合がある場合とそうでない場合それぞれにつき、M&A の過程における労使協議・交渉の留意点について概説することとする。

1 労働組合が存在する場合

(1) 労働協約上の M&A 取引に関する協議条項

対象会社に労働組合が存在する場合には、労働協約において、合併その他の M&A 取引について労働組合との事前の協議を必要とする旨の条項[229]が設けられている場合がある。このような場合には、M&A 取引の実行前に、対象会社は当該労働組合との間で協議を行うことが必要となる。また、労働協約には、M&A 取引自体でなくとも、雇用制度や労働条件の変更について事前の協議を必要とする条項があることが多く、当該 M&A 取引に伴い雇用制度・労働条件を統一するためにこれらを変更する場合には、同様に協議が必要となる[230]。

---

[229] 労働協約上、事前協議だけでなく、労働組合の事前の同意を要するとする条項が規定されることも理論的には想定されるが、実務上は稀であろう。なお、解雇に関して労働組合の事前同意を要するとする条項については、使用者が労働組合と十分に協議を尽くし、その解雇がやむを得ないものであるにもかかわらず、労働組合が同意を拒むのであれば、使用者は同条項上の義務を尽くしたものと解されており（菅野 882 頁、高見澤電機製作所事件・東京地判平成 23 年 5 月 12 日判時 2139 号 108 頁）、仮に M&A 取引について労働組合の事前同意を要するという条項が定められていたとしても、同様に解されるべきであろう。

労働組合との協議については、誠実に協議することは当然として[231]、どの程度まで協議を尽くすべきかについては案件毎の個別事情に応じて判断するほかない[232]。特に、M&A取引に伴い労働条件の不利益変更を行う場合には、労働組合との合意がその有効性を判断するにあたっての重要なファクターの1つとなるため（前記**第2節2**(1)(iii)参照）、実務上は労働組合との合意を目指して十分な協議を行うことになろう。

労働協約上M&A取引自体について事前協議が必要となる場合に、かかる協議義務に違反した場合の効果については必ずしも明らかではないが、M&A取引自体は、原則として規範的効力を有した義務的団交事項ともなる「労働条件その他の待遇」ではないと考えられ、当該協議義務違反を理由にM&A取引が無効とされたり、差し止められるリスクは低いであろう。もっとも、M&A取引に伴い雇用制度や労働条件の変更を行う場合には、当該変更自体が無効とされたり、当該変更に対して不当労働行為の救済申立てが行われることは十分あり得る[233]。

(2) **協議のタイミング**

M&A取引は、案件毎に異なるタイムラインにより慎重な検討と交渉を重ねて行われる非常にデリケートなプロセスであり、通常は秘密保持義務の下、限定された役職員およびアドバイザーのみに情報を共有して進められる[234]。

---

230) これらの条項が労働協約に規定されていない場合であっても、実務上は、M&A取引が労働者に与える影響の重大性に鑑み、任意に労働組合と会社との間で協議が行われる場合が少なくない。
231) 雇用制度や労働条件を変更する場合など、労働者の労働条件その他の待遇を協議する場合には、いわゆる義務的団交事項に該当するため（菅野851頁）、使用者は誠実に交渉に当たる義務を負う（菅野855頁）。M&A取引自体について協議を行う場合であっても、良好な労使関係の維持の観点からは、同様に対応すべきであろう。
232) 労働協約上の解雇に関して労働組合の事前同意を要する条項の違反が問題となった事例につき「客観的資料の裏付けを伴った相当詳細な説明をなし、了解を得るよう努力すべき」と判示した裁判例（大鵬産業事件・大阪地決昭和55年3月26日労判340号63頁）参照。
233) なお、木下潮音「企業再編における労働者意見聴取の重要性と方法」「倒産と労働」実務研究会編・前掲注8) 376頁は、「企業再編の取組み」が不当労働行為として救済申立ての対象となることがあり得ることを示唆する。
234) 当事会社が上場会社であれば、インサイダー取引規制の観点からの情報管理も不可欠である。

労働組合との協議についても、特に上場会社の場合には、対外公表がなされる時点（基本合意書または最終契約の締結時点）以降から行われる場合が多いであろう。労働条件の変更が予定されているなど、労働組合の理解を得ることの重要性が高い場合には、対外公表に先立ち労働組合の幹部に非公式に打診・接触することもあり得るが、間違った情報が労働者内に拡散するとM&A取引の成否自体を危うくする可能性もあり、適切な情報管理を行うことが必須である。

(3) 買収者と団体交渉・不当労働行為

労働組合法は、「使用者」による、①労働組合員であることや労働組合の正当な行為をしたこと等を理由に不利益取扱いをすること（不利益取扱い）、②正当な理由なく団体交渉を拒否すること（団交拒否）、③労働組合の結成や運営を支配しそれに介入すること（支配介入）を「不当労働行為」として禁止し（同法7条）、当該禁止の違反について労働委員会による特別な救済手続を定めている（同法27条以下）。

団交拒否が不当労働行為となるのは、「組合員である労働者の労働条件その他の待遇や当該団体的労使関係の運営に関する事項であって、使用者に処分可能なもの」（義務的団交事項）に限られるところ[235]、当該M&A取引を行うこと自体は直ちに義務的団交事項に該当しないと考えられるが[236]、当該M&A取引に伴う雇用の承継、解雇、雇用制度・労働条件の変更が問題となる場合には、義務的団交事項に該当する場合もあり得るであろう。M&A取引の対象会社に労働組合が存在する場合、ここでいう「使用者」に当該対象会社が含まれることは当然である。それでは、当該M&A取引の過程において、対象会社の労働組合が買収者[237]に対して団体交渉を要求した場合、買収者がこれを拒むことが不当労働行為に該当するのであろうか。

---

[235] 菅野850頁。
[236] 小畑史子「企業変動と労働組合法上の使用者」野川ほか編・前掲注50) 171頁は、義務的団交事項になるのは労働条件や雇用そのものに関係ある（影響ある）場合であり、労働者個人の譲受会社・新会社等への移籍や、譲渡会社・旧会社への残留は義務的団交事項となるとする。
[237] 合併・会社分割・事業譲渡については当該M&A取引の相手方当事会社、株式譲渡・新株発行については買主・引受人、株式交換・株式移転については完全親会社となる会社を意味する。

不当労働行為における「使用者」の意義については、学説上対立があるが[238]、最高裁判例[239]は、派遣元企業の労働組合との関係で派遣先企業が「使用者」に該当するかが争われた事案につき、直接の雇用主でなくとも、「その労働者の基本的な労働条件等について、雇用主と部分的とはいえ同視できる程度に現実的かつ具体的に支配、決定することができる地位にある」者は「使用者」に該当すると判示している。

　学説・判例上、直接の雇用主以外であっても不当労働行為の「使用者」に該当する場合があり得ること自体は認められており、また、買収者のうち、少なくとも合併・会社分割・事業譲渡における合併先企業・承継会社・設立会社・譲受会社については、近い将来労働契約の相手方になる可能性のある者であるため、合併・会社分割・事業譲渡がまだ実行されておらず、雇用主となっていない場合であっても、「使用者」に該当し、団体交渉を拒めない（拒んだ場合には不当労働行為になる）とされていること[240]に留意が必要である。どの時点から「使用者」に該当するのかは必ずしも明らかではないが、最高裁判例の「使用者」の定義に照らせば、少なくとも合併・会社分割・事業譲渡に係る法的拘束力のある最終契約の交渉段階に入っている場合には、これが肯定される可能性があると考えて対応するのが無難であるように思われる[241]。

　これに対して、買収者のうち、株式譲渡・新株発行における買主・引受人や、株式交換・株式移転における完全親会社となる会社については、対象会社の労働者の雇用主となることは通常ないため、上記の考え方に照らしても、M&A取引の実行前に「使用者」となる可能性は低いように思われる[242]。

---

238) 「労働関係上の諸利益に何らかの直接的な影響力や支配力を及ぼしうる者」と解する支配力説と、「労働契約関係ないしはそれに近似ないし隣接した関係を基盤として成立する団体的労使関係の一方当事者」と解する労働契約基準説が対立している（菅野953〜954頁）。
239) 朝日放送事件・最三判平成7年2月28日民集49巻2号559頁。
240) 小畑・前掲注236) 183頁は、この結論については、学説・命令例・裁判例ともに、大きな隔たりはないとしている。また、平成28年改正により、承継法指針および事業譲渡等指針においても、前記最高裁判例の立場を引用した上で、雇用主以外の事業主であっても団体交渉に応ずべき使用者に該当し得ることに留意すべきとされている（承継法指針第2・4(2)ハ、事業譲渡等指針第2・2(2)）。

2 労働組合が存在しない場合

対象会社に労働組合が存在しない場合であっても、労働条件の変更が予定されている場合には、就業規則の変更のために従業員代表から意見を聴取する必要があり（労働基準法90条1項）、また、法定の手続による場合だけでなく、労働者側の理解と納得を得るため、説明会を開催するなど、一定の説明・協議プロセスを踏むことが多い。かかる説明・協議プロセスにおける説明・協議の程度やタイミングについては、基本的には労働組合との協議に準じたものになるであろう。

3 会社分割および事業譲渡

会社分割および事業譲渡については、承継法指針および事業譲渡等指針において、それぞれ労働者との協議の手続が定められており、対象会社に労働

---

241) 小畑・前掲注236）175頁は、労働組合が企業変動の情報を得る時点では経営陣同士の話合いはかなり進んでいると見るべきであり、実際上は団交申入れや救済申立ての際に未だ「使用者」になっていないと考えられるケースは少ないとする。承継法指針においても、団体交渉が7条措置や5条協議と並行して行われる場合があり得ることが想定されている（7条措置や5条協議が行われていることをもって、適法な団体交渉の申入れを拒否できない。承継法指針第2・4(1)ニ、同(2)ハ）。なお、事業譲渡等指針は、「譲受会社等が、団体交渉の申入れの時点から『近接した時期』に譲渡会社等の労働組合の『組合員らを引き続き雇用する可能性が現実的かつ具体的に存する』場合であれば、事業譲渡前であっても労働組合法上の使用者に該当するとされた命令があることにも留意すべきであること」としているが（同指針第2・2(2)）、「近接した時期」や「現実的かつ具体的」可能性の判断基準は示されていない。

242) これらの株式取得型M&Aの場合には、当該M&A取引に伴う雇用の承継、解雇、雇用制度・労働条件の変更が相対的に問題となりにくく、実際に団体交渉の申入れが行われるケースも少ないであろう。なお、M&A取引の実行後においては、例えば、子会社となった対象会社の労働条件の設定について積極的に関与する場合には、対象会社とは別法人の親会社であったとしても、「使用者」として団体交渉を拒めない場合があり得ることに留意が必要である（倉重公太朗「協議主体の範囲――ファンド、メインバンク、主要債権者等の使用者性と交渉主体について」「倒産と労働」実務研究会編・前掲注8）361頁、「持株会社解禁に伴う労使関係懇談会中間とりまとめ」（1999年12月24日）、「投資ファンド等により買収された企業の労使関係に関する研究会報告書」（2006年5月26日））。

組合が存在するか否かにかかわらず、当該手続を履践して進めることも必要となる。詳細については第2節1(3)(v)および(4)(iv)を参照されたい。

第14章

M&A と知的財産法・情報法

第1節
総　論

　現在、人工知能（AI）や IoT（Internet of Things）等の第四次産業革命とも呼ばれる技術革新が過去にない規模と速度で進行し、ビッグデータに代表されるような蓄積および情報処理が可能な情報も飛躍的に増大している。

　以下では、このような環境の中で、企業の競争力の源泉として従来より一層重要な価値を有するに至った知的財産権と、企業が蓄積する情報の中でも、その取扱いに特別な配慮が必要となる個人情報について、M&A における留意点を述べる。

第2節
M&A において問題となる知的財産権の取扱い

　近年、経済のグローバル化の進展に伴い、特に先端技術に関連する業界において国内外における競争が激化し、製品・サービスに求められるニーズも高度化・多様化している。従来は、競争力の源泉となり得る先端技術の研究開発は自社において行うことが主流であったが、上記競争環境下において競合他社に対して優位に立つために、自社で行う研究開発の対象を絞り込んで特定のテーマに開発リソースを集中し、その他の技術分野においては積極的

に知的財産を含む様々な技術を第三者から取り込み、技術開発のスピードを非連続に加速させる、いわゆるオープン・イノベーション戦略が注目されている。

　このような背景の中で、従来のような事業規模の拡大のための手段としてではなく、新たな技術を獲得し、イノベーションを推進するための手段としてM&Aが積極的に活用されるに至っている。このような目的を持ったM&Aにおいては特に[1]、知的財産権を含む対象会社が保有する技術や、対象会社が第三者からライセンスによって導入している技術はM&Aの成否を決する重要な要素となる。

　以下では、まず1において知的財産権の概要について述べるとともに、主に買主側の立場に立って対象会社が保有する知的財産権についてM&Aにおける留意点を述べ、2においては、第三者が保有する知的財産権について、特にM&Aにおいて留意すべき事項を述べる。なお、以下では原則として日本法について述べるが、特に重要と思われる点については、必要に応じて外国法についても言及する。

1　知的財産権

　知的財産法は、情報を財産権として保護する法律の総称であり、その保護対象である知的財産権は、特許権、実用新案権、意匠権、商標権、著作権、半導体集積回路の回路配置利用権、植物の新品種に関する育成者権および営業秘密（ノウハウ）等を含む広い概念として理解されている。

　以下では、知的財産法の保護対象のうち、M&Aにおいて、対象会社の事業競争力を基礎付けるものとしてその扱いが問題になることが多い、特許権、商標権、著作権および営業秘密（ノウハウ）について概説した上で、M&Aに際して特に留意すべき点を指摘する。

---

[1]　従来のような事業規模拡大の手段としてのM&Aであっても、買収後に対象会社が第三者からライセンスによって導入している技術が利用できなくなる等の問題が生じる場合もあり、知的財産権がM&Aの重要な要素となり得ることはいうまでもない。

(1) 特許権

　特許法は、その保護対象である「発明」を「自然法則を利用した技術的思想の創作のうち高度のものをいう」（特許法2条1項）とし、このような発明が産業上の利用可能性、新規性、進歩性等（同法29条）の特許要件を満たせば、特許庁により登録が認められ、特許権者は、「業として特許発明の実施をする権利を専有」（同法68条1項）し、特許発明を独占排他的に実施することができる。なお、特許権の存続期間は、原則として、出願の日から20年間[2]である。

　前記の「自然法則を利用した技術的思想」の要件との関係で特許性が問題になる代表例が、いわゆるビジネス方法特許である[3]。

　ビジネス方法特許については、金融サービスに関する特許権の有効性を認めた1998年の米国の連邦巡回区高等裁判所のステート・ストリート・バンク事件判決[4]を契機として、わが国においてもにわかに関心が高まり、従来特許出願を行うことが稀であった金融機関等からも相当数の特許出願が行われた。しかし、前述のとおり、特許法の保護対象は「自然法則を利用した技術的思想」であり、単なる人為的な取決めに過ぎないビジネス方法そのもの

---

[2]　医薬・農薬等のように、安全性確保のために製品の製造・販売を許認可にかからしめている分野では、特許権が成立しても直ちに製品を製造・販売することができないため、実質的に特許権の有効期間が浸食される場合がある。そのため、特許権の存続期間の延長制度が設けられ（特許法67条2項）、具体的には、医薬品、医療機器等の品質、有効性及び安全性の確保等に関する法律による承認および農薬取締法による登録を受けるために製品を製造・販売できなかった期間について、5年を限度に特許権の有効期間の延長が認められている（特許法施行令2条）。したがって、対象会社の競合会社が保有する特許権が出願から20年を経過しているために失効したものと判断すると、後日想定外の権利行使を受ける可能性があり、この点については、特にいわゆるジェネリック医薬品を取り扱う企業等のM&Aにおいては留意が必要である。

[3]　その他にもバイオテクノロジーに関する特許、とりわけ近年増加している遺伝子（DNA）レベルでの発明について、遺伝子は本来は生物の体内に存在するものであり、DNAを構成する塩基配列を解明することは単なる「発見」に過ぎず「自然法則を利用した」ものではないのではないかとの疑問も生じ得るが、DNAを人為的に取り出し、それに特定の機能のあることを見出せば特許性を満たすと考えられている（中山信弘『特許法〔第3版〕』（弘文堂、2016）151頁）。

[4]　State Street Bank & Trust Co. v. Signature Financial Group, Inc., 149 F.3d 1368（Fed. Cir. 1998）.

は保護の対象ではなく[5]、現在わが国で登録されているビジネス方法に関する特許権の多くが、あくまでもビジネス方法を実現するプログラムに関するものであり、ビジネス方法特許との語感から想起されるような広範な権利範囲ではないことには留意が必要である。例えば、客層毎に商品に関するアンケートを実施し、結果を分析・表示するというビジネス方法自体は、人為的な取決めや経済法則に基づくものなので特許にならないとされているが[6]、仮に当該ビジネス方法を実現するソフトウェアについて、ソフトウェアによる情報処理がハードウェア資源を用いて具体的に実現されている場合等は、当該ソフトウェアは「自然法則を利用した技術的思想」として特許性が認められる余地がある[7]。

以下では、特許権について、M&Aにおいて特に留意すべきと思われる点について述べる。

(i) 特許権の特定

特許権は、対象会社の競争力の源泉となり得るものであるため、デュー・ディリジェンスにおいては、わが国のみならず外国において出願・登録されている特許権を含め、全てについて、出願・登録状況を調査し、その権利範囲について検証することが理想的ではある。

しかしながら、対象会社の属する業界やその事業規模によっては、保有する特許権が数万件に及ぶこともあり、その中には、既に陳腐化した技術や、

---

5) 高林龍『標準特許法〔第6版〕』(有斐閣、2017) 28頁は、「State Street Bank & Trust Co. v. Signature Financial Group Inc., 149 F.3d 1368 (Fed. Cir. 1998) 事件でも、特許の対象となるためには、『有用で、具体的でかつ現実的な結果 (useful, concrete and tangible results)』をもたらすことが必要であるとされており、その後の連邦最高裁判所のビルスキー事件判決 (Bilski v. Kappos, 561 U.S. 593 (2010)) では、方法発明が特許の対象となるためには当該方法が特定の装置と結合していることや対象物を他の状態に変換するものであることも一つの基準になるとされた」ことを指摘し、「米国においても特許の対象となるためにはわが国の『自然法則の利用』に類似する要件の充足が求められていると評価することができる」としている。

6) 特許庁「特許にならないビジネス関連発明の事例集」事例1-1 (https://www.jpo.go.jp/seido/bijinesu/tt1303-090_jirei.htm#anchor1-1) 参照。

7) 特許庁「特許・実用新案審査基準」第Ⅲ部第1章「発明該当性及び産業上の利用可能性」5頁参照。なお、当該審査基準は、審査官のガイドラインに過ぎず、法的拘束力を有するものではないが、現実の審査は当該基準に従って行われるため、実務上は重要な意義を有する。

出願は行ったものの実用化しなかった技術に関するものが含まれる可能性があり、それらを含む全ての特許権について詳細な調査・検証を行うことがデュー・ディリジェンスに要する時間・費用の観点から適切でない場合もある。

このような場合は、対象会社の技術責任者のインタビュー等を通じ、重要な技術分野を絞り込むとともに、競合他社に対する差止・損害賠償請求、侵害警告の対象となった特許権や、発明者である従業者等に対して高額な職務発明の対価を支払った特許権等の、開示された資料により客観的に重要性が判断できる重要な特許権に絞って、詳細な調査・検証を行うことも考えられる。

(ii) **特許権の有効性**

特許権は特許庁による登録査定により一旦は成立しても、付与後異議申立て（特許法113条）[8]、無効審判（同法123条）または審決取消訴訟（同法178条）により、無効とされる可能性があり、その意味で特許権の有効性に関する検証は重要である。

しかしながら、特許権の有効性の検証には、公知文献の調査等に高度の技術的な知見が必要となる場合が多く、技術的な知見をもって特許権の有効性を判断できる者が買主側の技術者にいない場合には、事前に当該技術分野に通じた弁護士・弁理士等の外部アドバイザーを慎重に選定する必要がある。

仮に特許権の有効性を検証する知見を有する技術者や外部アドバイザーが存在する場合であっても、検証には相当な期間を要するのが通常であり、対象会社の事業運営上特に重要な特許権に対象を絞って検証を行うことや、第三者から無効審判等により有効性を争われた特許権や、第三者に対する侵害訴訟の対象とした権利については、既に対象会社において有効性を検証している場合も多く、そのような検証結果の提出を求め、その妥当性を確認することが効率的であると思われる。

---

[8] 特許権に瑕疵があるときは、早期にその是正を図ることを目的として、平成26年特許法改正により、特許掲載公報発行の日から6か月以内に限り、何人も特許異議の申立てを行うことができるとする付与後異議申立制度が導入された（特許法113条〜120条の8）。

(iii) 特許発明の実施に関する制限

　対象会社が単独で保有する特許権について、その特許発明の実施を第三者によって制限されている場合は稀であるが、対象会社が第三者と共有している特許権については留意が必要である。すなわち、日本の特許法上は、特許権が共有されている場合は、各共有者は、共有相手方の同意を得ることなく共有にかかる特許発明について自由に実施することができるのが原則であるが、共有者間の特約により、共有相手方の実施を制限することが可能である（特許法73条2項）。例えば、材料メーカーと製品メーカーとの間で共有している特許権について、他社に対する販売・供給を相互に制限するようなケースが存在するため、デュー・ディリジェンスにおいて、共有相手方との共同開発契約や共同出願契約について、特許発明の実施を制限する旨の規定がないか確認し、仮にそのような規定が存在する場合にはその制限内容と対処方法を対象会社から話を聞きながら慎重に検討する必要がある。

(iv) 特許権の権利行使に関する制限

　特許法は、特許権者が第三者に対して実施権限を付与する制度として、専用実施権と通常実施権という2つの制度を設けている。

　専用実施権は、設定行為で定めた範囲内で、特許発明を独占的に実施し得る権限であり（特許法77条）、専用実施権の設定後は、特許権者であっても専用実施権者の許諾がない限り特許発明を実施することができず、専用実施権者は、自己の名で特許権の侵害者に対して差止請求および損害賠償請求を行うことができる。仮に、専用実施権が対象会社の保有する特許権に設定されていた場合は、買主による実施が制限され、特許権の価値を大きく毀損することにもなり得るが、専用実施権の設定は、その登録が効力発生要件とされており（同法98条1項2号）、特許登録原簿を確認することにより、その設定の有無を比較的容易に確認することができる。

　他方、通常実施権は、設定行為で定めた範囲内で、特許発明を実施し得る権限とされており（特許法78条2項）、専用実施権のような独占的・排他的な権限ではないが、登録を要することなく、当事者間の合意によって効力が発生する。また、従来は、通常実施権が設定された特許権が譲渡された場合、通常実施権者は、特許権の譲受人に対して通常実施権を対抗するためには登録が必要とされていたが（平成23年改正前特許法99条）、平成23年特許法改

正により、通常実施権の登録制度自体が廃止されるとともに、通常実施権は、その発生後にその特許権を取得した者に対しても、その効力を有する（特許法99条[9]）とされ、いわゆる当然対抗制度が導入された[10][11]。

その結果、買主がM&Aの実行後に競合他社に対する差止請求等の権利行使を企図して特許権を取得した場合であっても、競合他社に対して通常実施権が設定されていれば、当該競合他社から通常実施権の存在を対抗され、権利行使が不能となる。特に、対象会社において競合他社と包括的クロスライセンス契約を締結しており、買主が対象会社から一部の事業および特許権を会社分割または事業譲渡等により承継するものの、包括的クロスライセンス契約は対象会社に残すようなケースを想定すると、競合他社からの実施許諾は買主には及ばない一方で、買主が承継した特許権は当該競合他社から通常実施権の存在を対抗され、競合他社に対する競争力が著しく減殺されることになりかねない。

したがって、デュー・ディリジェンスにおいては、第三者とのライセンス契約については、対象会社が実施許諾を受けているという側面だけではなく、対象会社が第三者に対してどのような範囲で実施許諾を行っているかという点についても十分な確認が必要である。

また、対象会社が保有する特許権について、前記のように第三者に対して明示的に実施権が設定されていなくても、第三者に対する差止請求が制限さ

---

9) 登録前の特許について許諾される仮通常実施権については特許法34条の5。
10) 実用新案法19条、4条の2第3項、意匠法28条3項、5条の2第3項においても同様の制度が導入されている。なお、商標法については、「商標においては、特許と異なり、実務上、1つの製品について多数の商標ライセンス契約が締結されているといった複雑な状況は考えられず通常使用権が登録できない決定的な事情は見当たらない」等の理由により、当然対抗制度は導入されないこととなった（特許庁工業所有権制度改正審議室編『産業財産権法の解説　平成23年特許法等の一部改正』（発明協会、2011）29頁参照）ため、商標権の通常使用権はその登録が対抗要件である（商標法31条4項）。また、著作権法についても当然対抗制度は導入されておらず、著作権法には、実名や第一発行年月日等に関する登録制度は存在するものの、著作物の利用権に関する登録制度は出版権以外には存在しない。
11) なお、特許権が移転された場合、旧特許権者と通常実施権者との間で締結されていたライセンス契約が新特許権者と通常実施権者に移転するのか、その帰趨が問題となるが、この点については特許法99条は何ら触れておらず、学説においては新特許権者にライセンス契約が承継されるとする説と、承継されないとする説および両者の中間説が存在する（中山・前掲注3）518頁）。

れる場合が存在する。

　近年、技術の普及を促進するために標準化組織によって技術標準が策定されるケースが多く存在するが（特に、機器間の互換性を維持する必要がある電気通信業界においてはその傾向が顕著である）、そのような場合において標準化団体はその加盟会員が技術標準を実現するために必須の特許権を保有している場合は、その特許権について第三者に対して「公正、合理的かつ非差別的な条件」（fair, reasonable and non-discriminatory terms and conditions）で許諾する用意がある旨の宣言（いわゆる「FRAND 宣言」）を行うことを求めるのが通常である。このような宣言が行われた特許権については、第三者が FRAND 条件により実施許諾を受ける意志を有している場合には、当該第三者に対する差止請求は権利の濫用（民法 1 条 3 項）により認められない場合がある[12]。

　したがって、対象会社が保有する特許権について、第三者に対して明示的な実施許諾を行っているか否かだけではなく、対象会社が属する業界において技術標準化が行われているような場合には、対象会社が上記のような標準化団体に加盟していないか、FRAND 宣言やそれに類する宣言を行っていないかについても確認する必要がある。

(v) 職務発明

　発明者である従業者等は、会社に特許を受ける権利を取得[13]させ、または会社に特許を受ける権利を承継した場合には、会社から相当の利益[14]を受ける権利を有する（特許法 35 条 4 項）。

---

12) サムスン・アップル抗告申立事件・知財高決平成 26 年 5 月 16 日判時 2224 号 89 頁。本件で問題となった特許権は、通信技術に関する標準化団体である ETSI (European Telecommunications Standards Institute) 等が設立した第 3 世代移動通信システム (3G) の標準化を目的とする民間団体である 3GPP が策定した通信規格である UMTS (Universal Mobile Telecommunications System) 規格における必須特許であり、サムスンは、ETSI の IPR ポリシーに基づき、本件特許権について FRAND 宣言を行っていた。
13) 従来、従業者のなした職務発明につき、特許を受ける権利は当該従業者に原始的に帰属することとされてきたが、2016 年 4 月 1 日から施行された平成 27 年改正特許法により、予め使用者である会社に特許を受ける権利を取得させることを定めたときは、会社は特許を受ける権利を原始的に取得することが認められた（特許法 35 条 3 項）。

この相当の利益の支払債務は、M&Aにおいて合併、会社分割等のストラクチャーが用いられた場合は買主に包括承継されることになる。さらに、相当な利益の請求権の消滅時効期間は10年（民法167条1項）とされ、多くの会社では特許権の活用の実績に応じ、特許権が存続している間、一定期間毎に分割して相当の利益を支払う方式を採用しているところ、そのような場合は、各期間に対応する支払時期から時効が進行するため[15]、特許権の有効期間が出願から20年ということと相俟って、買主は相当長期間にわたり相当の利益の支払債務を負担することとなる。

この相当な利益（平成27年特許法改正前は「対価」）について、平成16年特許法改正前は、「使用者等が受けるべき利益の額」（平成16年改正前特許法35条4項）とされており、かかる制度の下で、仮に職務発明規程により発明者に相当の対価が支払われていてもその額が法の定める額に満たない場合には、発明者はその不足額を会社に請求できるとする判決[16]が現れ、相当な対価に関する訴訟が急増し産業界は混乱した。

このことを受け、2004年に特許法が改正され、相当な対価を定める基準の策定に際しての会社と従業者との間の協議状況等の手続の正当性を重視し、合理的な手続を踏む限りは職務発明規程等により支給される相当な対価は正当な額であるとの一応の推定を受けられることになった（平成16年改正特許法35条4項）。

したがって、平成16年改正特許法の施行日である2005年4月1日以降に発明者から会社に承継された職務発明については、上記手続の状況等をデュー・ディリジェンスにおいて確認することにより、買主が負う職務発明に関するリスクをある程度評価することも可能であるが、施行日より前に承継された職務発明については、今後も平成16年改正前特許法の規定が適用され[17]、M&Aの実行後に買主が高額な相当の対価の請求を受ける可能性も否定できないため、特に事業へ多大な貢献をしている特許権については、対

14） 従来は、「相当の対価」とされ、金銭に限られると解されてきたが、企業戦略に応じた柔軟なインセンティブ施策を可能とするため、平成27年改正特許法においては、「相当の金銭その他の経済上の利益（相当の利益）」（特許法35条4項）とされた。

15） 例えば、東芝ステンレス鋼製缶体事件・東京地判平成16年9月30日判時1880号84頁。

16） オリンパスピックアップ事件・最三判平成15年4月22日民集57巻4号477頁。

価の支給額や、発明者からの異議の有無等について詳細な調査が必要である。

(2) 商標権

商標法は、その保護対象である「標章」を「人の知覚によって認識することができるもののうち、文字、図形、記号、立体的形状若しくは色彩又はこれらの結合、音その他政令で定めるもの」（商標法2条1項柱書）[18]とし、出願人が保護を受けようとする商品・役務を指定して出願を行い、登録要件を満たせば特許庁により登録が認められ、商標権が成立する。商標権の存続期間は10年間とされているが、更新登録が認められており、事実上半永久的に存続させることができる（同法19条）。

商標権者は、指定商品・役務について登録商標を使用する権利を専有し（商標法25条）、登録商標を独占排他的に使用することができる（いわゆる「専用権」）。さらに、商標法は、商標権の効力を専用権の範囲に限定すると、第三者が商品・役務または登録商標の類似範囲において商標を使用し得ることになり、商品・役務の出所について需要者に混同を生じかねないので、商品・役務または登録商標の類似範囲についても第三者による使用を排除することができる権利（いわゆる「禁止権」）を商標権者に与えている（同法37条1号）。なお、Xが商標権Aを保有し、Yが商標権Bを保有する場合において、商標権AとBの禁止権の範囲が重複する場合、XとYは相互に当該重複部分における相手方の使用を排除することができるが、逆に相互に使用範囲等について合意しない限り自ら使用することはできないことには留意が必要である。

以下では、商標権について、M&Aにおいて特に留意すべきと思われる点について述べる。

---

[17] 特許法平成16年改正附則2条は、「この法律の施行前にした特許を受ける権利若しくは特許権の承継又は専用実施権の設定に係る対価については、なお従前の例による」と定めている。

[18] 平成26年商標法改正により保護対象が拡充され、色彩のみや音からなる商標も保護の対象に加えられた（商標法2条1項）。なお、「動き商標」、「ホログラム商標」および「位置商標」については、平成26年改正前商標法においても、文字商標や図形商標に含まれるものと考えられていたもののこれらの商標を出願し登録するための制度が整備されていなかったため登録が認められていなかったが、平成26年商標法改正にあわせて制度の整備が行われ、これらについても登録が認められることとなった。

(i) 商標権の有効性

商標権についても、特許権と同様に、特許庁による登録査定の後であっても、無効審判（商標法46条）等によって事後的に無効になる可能性が存在するが、特許権にはない①不使用取消審判（同法50条）、②不正使用取消審判（同法51条）制度が存在する点には留意が必要である。

まず、①については、日本国内において、商標権者または使用権者が3年以上継続して登録商標を指定商品・役務に使用していなければ商標登録が取り消される（商標法50条2項）。したがって、デュー・ディリジェンスにおいては、M&Aの実行後に使用が見込まれる商標権については、対象会社に対するインタビュー等を通じて過去の使用実績の有無を確認することが必要である。

次に、②については、商標権者が類似商標を使用して、故意に商品・役務の出所を混同させ、一般需要者の利益を害する場合（商標法51条1項）に加え、商標権者から登録商標の使用を許諾された使用権者が不正使用した場合であっても、商標権者がその事実を知らず、かつ相当の注意を払っていた場合を除き、商標登録が取り消され得る（同法53条1項）ことには留意が必要である。したがって、デュー・ディリジェンスにおいては、対象会社による登録商標の使用態様の確認のみならず、対象会社が登録商標の使用を第三者に許諾している場合には、当該第三者の使用態様や、対象会社による当該第三者の管理状況について確認することが必要となる。

(ii) 商標権の分割譲渡

商標法は、同一人に帰属する相互に類似する商標権について、それぞれを分離して譲渡することを認めており[19]、さらに1つの商標権であっても、その指定商品・役務毎に分割して譲渡することを認めている（商標法24条の2第1項）[20]。

このことから、売主と対象会社が相互に類似する登録商標を使用している

---

[19] 平成8年商標法改正前は、同一人の相互に類似する商標を連合商標とし、それにかかる商標権の分離移転を禁止していた。

[20] なお、周知商標について商標権の効力を拡大するための制度である防護標章登録制度に基づき登録を行った商標権を分割譲渡すると、当該防護標章登録は消滅することには留意が必要である（商標法66条1項）。

場合や、同一の商標権のうち異なる商品・役務において使用している場合、M&Aの実行に際し、類似する商標権の一部を移転し、または1つの商標権を分割して移転することが検討されることがある。このような場合は、類似範囲に含まれる商標権が売主・対象会社に分属することになり得るため、相互に自社の商標権の使用が阻害される可能性が存在し、さらに、売主・対象会社のいずれかが、登録商標を他方またはその使用権者の商品・役務と出所の混同を生じる使用を行った場合は、当該商標登録が取り消される可能性がある（商標法52条の2第1項）。したがって、M&Aの結果、類似範囲に含まれる商標権が分属する場合には、それぞれの使用範囲の明確化と、商標の使用に際しては、相互に商品・役務の出所混合を防止するための表示を義務付ける必要がある。

(3) 著作権

著作権法によって保護される権利は複数の権利により構成されているが、広義の著作権は、著作物の著作者に認められる権利と、著作者ではないものの、著作物の伝達に重要な役割を果たす実演家、レコード製作者等に与えられる権利を意味し、前者の権利は著作者の財産的な権利を保護する狭義の著作権（著作財産権）および著作者の人格的な利益を保護する著作者人格権からなり、後者の権利は著作隣接権と呼ばれる。

なお、著作財産権、著作者人格権および著作隣接権はそれぞれの権利を構成する権利（いわゆる「支分権」）の総称であり、例えば、著作財産権は、複製権（著作権法21条）、譲渡権（同法26条の2）、貸与権（同法26条の3）、翻訳・翻案権（同法27条）および二次的著作物の利用に関する原著作者の権利（同法28条）等の細分化された権利によって構成される。

著作権は、特許権のような登録を要することなく、著作物の創作のときに成立し、原則として著作者の死後50年[21]（法人等が著作の名義を有する著作物については、その公表後50年。映画の著作権はその公表後70年)[22]を経過するまで存続する（著作権法51条～54条）。

---

21) 環太平洋パートナーシップに関する包括的及び先進的な協定（いわゆるTPP11）の締結に伴い、平成30年6月29日、著作権の存続期間を原則70年とする「環太平洋パートナーシップ協定の締結に伴う関係法律の整備に関する法律の一部を改正する法律」が成立したが、本書執筆時点で未施行である。

以下では、著作権について、M&Aにおいて特に留意すべきと思われる点について述べる。

(i) 著作権の特定と帰属の確認

　対象会社がソフトウェアの開発やコンテンツビジネスを行っている場合は、著作権が対象会社の競争力を維持するために重要な資産であることが多いが、前記のとおり著作権は創作のときに発生し、実名や第一発行年月日等に関する登録制度は存在するものの（著作権法75条〜76条の2）、登録が著作権の効力発生要件とされておらず、実務上、登録されていないケースがほとんどであり、登録状況から対象会社が保有する著作権を特定することは困難である。

　このような場合は、デュー・ディリジェンスにおけるインタビュー等を通じてソフトウェアやコンテンツを特定し、特にソフトウェア・ベンダー等の第三者が開発に関与している場合は、開発委託契約等の契約内容を調査することにより、著作権の帰属状況を確認する必要がある。その際に、仮に委託先から委託元である対象会社に委託の成果物にかかる著作権を譲渡する旨の契約が存在しても、翻案権および二次的著作物の利用に関する原著作者の権利[23]についても譲渡する旨が明記されていなければ、別途委託先から利用許諾を受けない限り対象会社において当該著作物を改変し利用することはできなくなる点には留意が必要である（著作権法61条2項）[24]。

---

[22] 第二次世界大戦の間は、わが国において連合国国民の著作権が事実上保護されていなかったことを理由として、各連合国と日本国との平和条約15条(c)ならびに連合国及び連合国民の著作権の特例に関する法律4条1項により、第二次世界大戦への日本の参戦の前日（1941年12月7日）に連合国国民が保有していた著作権の保護期間には、同月8日から平和条約締結の前日までの期間が加算される（いわゆる「戦時加算」）。具体的には各連合国毎に平和条約締結の日が異なるため延長期間は異なるが、例えば米国、英国、フランスの場合には、3794日延長されることになる。

[23] 二次的著作物、すなわち、著作物を翻訳し、編曲し、もしくは変形し、または脚色し、映画化し、その他翻案することにより創作した著作物（著作権法2条1項11号）について、同法28条は、「二次的著作物の原著作物の著作者は、当該二次的著作物の利用に関し、……当該二次的著作物の著作者が有するものと同一の種類の権利を専有する」と定める。

[24] なお、プログラムの著作物については、プログラムの複製物の所有者は、自ら電子計算機で利用するために必要と認められる限度でプログラムを複製、翻案することができる（著作権法47条の3）ため、この限度では翻案が認められる。

(ii) 著作者人格権

　デュー・ディリジェンスにおいては、専ら著作者の財産的な権利を保護する著作財産権や著作隣接権に関心が向けられ、その名称からあたかも財産的な価値がないかのような印象を与える著作者人格権はあまり留意されていないように思われる。

　著作者人格権は、公表権（著作権法18条）、氏名表示権（同法19条）および同一性保持権（同法20条）等の支分権から構成されるが、特にソフトウェアやコンテンツビジネス業界におけるM&Aにおいて留意すべきは同一性保持権である。

　すなわち、例えば、第三者がゲームのソフトウェア自体には一切改変を加えず、当該ゲームと合わせて使用するとゲーム本来のストーリー展開が変化するようなソフトウェアを提供する場合を例にとると、第三者はゲームのソフトウェア自体には一切改変を加えていないため、著作財産権の支分権である翻案権の侵害には当たらないが、同一性保持権の侵害にはなり得るため[25]、ストーリー展開等の同一性にこだわりの強い業界においては、同一性保持権が重要な意味を有する場合がある。

　なお、著作者人格権は一身専属的な権利とされており（著作権法59条）、対象会社が著作者人格権を保有している場合、事業譲渡等の特定承継型のスキームでは承継されないが、合併等の包括承継型のスキームの場合には承継されるとする立場が有力である[26]。

(iii) プログラムの著作物

　著作権の保護対象は、あくまでも著作物における「表現」（著作権法2条1項1号）であって、プログラムの著作物（同法10条1項9号）が著作権法で保護される場合にその機能が保護される側面はあるものの、あくまでも保護の対象は「表現」、すなわちプログラムのコードそのものであって、プログラムの背後にあるアルゴリズム等の技術的思想は著作権法では保護されず、産業上の利用可能性、新規性、進歩性等の特許要件を満たした場合に限り、

---

[25] ときめきメモリアル事件・最三判平成13年2月13日民集55巻1号87頁・判時1740号78頁。
[26] 加戸守行『著作権法逐条講義〔6訂新版〕』（著作権情報センター、2013）431頁参照。

特許権として保護され得る。

したがって、対象会社がプログラムの著作権を有していたとしても、特許権を有していなければ、そのプログラムのコードに依拠しない第三者のプログラムの使用を排除することはできず、裏をかえせば、対象会社が使用しているプログラムが第三者の保有する特許権を侵害している可能性も存在することになる。

(4) 営業秘密（ノウハウ）

営業秘密（ノウハウ）が、①秘密として管理されていること（秘密管理性）、②事業活動に有用な技術上または営業上の情報であること（有用性）、③公然と知られていないこと（非公知性）との要件を満たす場合には、不正競争防止法上の「営業秘密」（不正競争防止法2条6項）として保護され、第三者の侵害に対して使用差止め（同法3条）、損害賠償請求（同法4条）が認められる。

なお、営業秘密の保護は、上記の不正競争防止法による保護に加え、秘密保持契約（従業員からの提出を求める秘密保持誓約書を含む）ないしノウハウライセンス契約等の私的に締結した契約による保護のほか、場合によっては一般不法行為による法的な保護も考えられるが、営業秘密がひとたび漏洩すると、特にIT化の進んだ今日においては瞬時に拡散し、対象会社に法的には回復が困難な損害を生じさせる可能性がある。したがって、後述するとおり、デュー・ディリジェンスにおいては、対象会社が保有する営業秘密の特定のみならず、その管理体制についても十分な注意を払う必要がある。

営業秘密は、製品の図面・仕様書、製造工程表や顧客名簿のように紙や電磁的記録媒体のような有体物に記録されて管理されている場合もあれば、従業員の知見のように人の記憶としてのみ保有されているものも存在し、その特定は容易でない場合が多い。

デュー・ディリジェンスにおいて、可能な限り営業秘密の特定を行うことも必要であるが、営業秘密のリスト等による特定を無理に進めると、かえって重要な営業秘密が対象から脱漏する可能性すらある。また、営業秘密によって対象会社の競争力が維持されているような場合は、営業秘密の有用性だけではなく、営業秘密が非公知のものとして管理されていることに基礎付けられている。したがって、営業秘密の特定がある程度まで進めば、特定を

精緻化するよりも、営業秘密の管理体制、例えば、①営業秘密が保管された居室・サーバへのアクセス制限、アクセス・ログの管理状況、②就業規則等における秘密保持義務に関する規定の存在、従業員に対する教育の実施状況、③過去に営業秘密の漏洩が疑われた事例の有無等について確認することが有益であることも多い。

2 第三者が保有する知的財産権

本節冒頭のとおり、技術開発のスピードを非連続に加速するために、いわゆる自前主義の技術開発から、積極的に第三者の知的財産を含む様々な技術を導入するオープン・イノベーション戦略へ技術開発戦略を転換する企業が増加している。

また、特に電子機器等のように複数の部品群で製品が構成されている場合には、1つの製品を製造するために必要となる特許権は数万件にも及ぶ（「特許の藪」と称される）ともいわれる状態が生じている。

このような背景から、対象会社が先端技術分野において事業を営んでいる場合は、第三者（ライセンサー）とライセンス契約を締結することによって多岐にわたる技術を導入していることが多く、そのライセンサーは、対象会社の製造・販売する製品のサプライチェーンを構成する、いわば自陣営の部品・材料メーカーや提携している研究機関等の友好的な相手方であることもあれば、市場における競合会社であることも稀ではない。特にライセンサーが対象会社または買主の競合会社である場合には、M&Aの実行を契機に、対象会社に対して競争上優位に立つために、または買主の資金力や販売網により対象会社の製造・販売能力が飛躍的に向上することに対する危機感から、ライセンス契約がChange of Control条項の存在を理由に解除される可能性が現実に生じることとなり、対象会社がライセンサーから当該契約に基づいて導入している技術が代替不可能または困難なものである場合は、売主による表明保証または補償によっては到底治癒できない重大な損害を買主に及ぼすこととなる。

また、上記のオープン・イノベーション戦略は必ずしもライセンスによる技術導入によって図られるものとは限らず、従来自社内で製造していた基幹部品を、第三者から調達することにより実現される場合もある。このような

場合にM&Aの実行後に、サプライチェーンを見直し、当該第三者の競合会社から部品を調達すると当該第三者から特許権の行使を受ける可能性が存在する。

以下では、①対象会社が第三者との間で明示的にライセンス契約を締結している場合、②ライセンス契約を締結していないが何らかの理由により知的財産権を保有する第三者からの権利行使を免れている可能性がある場合、および③第三者の保有する知的財産の侵害の問題について、M&Aにおいて特に留意すべき点について述べる。

(1) ライセンス契約が存在する場合

(i) Change of Control 条項

Change of Control 条項とは、資本拘束条項ともいわれ、契約の相手方にM&A等による経営権の移動が生じた場合に発動する条項をいう。その内容は、支配権の移動が生じた場合に単なる通知義務を課すに留まるものや、そのような変更を契約の即時解約事由とするものまで様々である。従来はライセンス契約に Change of Control 条項が規定されることはそれ程多くはなかったが、2000 年代のわが国における M&A の増加を受け、現在は、事業再編を通じてライセンスの範囲が買主に拡張されることを防止する目的で、契約の一方当事者に合併、会社分割、事業譲渡等があった場合に、他方当事者が何らの催告を行うことなく直ちにライセンス契約を解除することができる旨の条項が規定されることが多い。

ここで、Change of Control 条項と、「通常実施権は、……実施の事業とともにする場合、……移転することができる」と規定する特許法 94 条 1 項の法的性質との関係が問題となるが、少なくとも M&A デュー・ディリジェンスにおいて M&A の実行に伴うリスクを評価する文脈においては、同項は、当事者間の特約で適用を排除し得る任意規定と解し、ライセンス契約に Change of Control 条項が存在する場合において、合併、会社分割、事業譲渡等によって当該ライセンス契約を承継する場合には、ライセンサーから契約を解除されるリスクが存在するものと考えるべきであろう。

なお、厳密には上記の Change of Control 条項の意味には含まれないが、これに類するものとして、対象会社がライセンシーである親会社（売主）の子会社として、親会社を通じてサブライセンスを受けている場合には、

M&Aの実行により、対象会社が子会社としての地位を喪失し、サブライセンスを受けられなくなる可能性がある点には留意が必要である。特に、親会社と子会社が類似する製品・サービスに関する事業を行っている場合等には、親会社が第三者とライセンス契約を締結し、当該契約に基づき対象会社にサブライセンスを行っていることが多いが、親会社がサブライセンスを行うことのできる子会社は「契約当事者が議決権付株式の過半数を直接または間接に保有する法人」のように定義されていることが多い。このような場合は、M&Aの実行によって対象会社がサブライセンスを受けられなくなり、M&A実行後の対象会社の事業継続に重大な影響を及ぼし得る。そのような影響を回避するために、売主に対してM&Aの実行までに当該第三者から対象会社へのライセンス継続について同意を取得することを義務付けることも考えられるが、当該第三者が対象会社の競合会社であり、対象会社が当該第三者に対抗し得るだけの特許権等を保有しない場合には、同意を取得することは必ずしも容易ではない。このような場合には、売主に同意取得を義務付けるだけではなく、同意が得られない場合にも備え、当該第三者に対する競争力を維持するために必要となる特許権等を売主から追加で移転を受ける等の方策についても検討すべきであろう。

　さらに、ライセンス契約において、ライセンサーに支払う実施料を製造・販売量に実施料率を乗じた金額とするランニング・ロイヤルティ方式が採用されている場合には、製造・販売量が一定の規模を超えれば実施料率が低減されるボリューム・ディスカウント方式があわせて採用されていることがあるが、M&Aの実行により、売主の製造・販売量が対象会社のそれに合算されなくなり、実施料率が上昇することもある。また、対象会社に対するライセンスの範囲を、M&Aの実行時点における仕様の製品・サービスに限定する契約も稀に存在し、M&A実行後の対象会社の成長戦略が著しく制限を受ける場合もある。

　このように、M&Aの実行により、ライセンス契約が解除されることまではないものの、ライセンス契約の適用条件が変更され、対象会社の事業運営に重大な影響を与える場合もあるので、これらの点についても留意が必要である。

(ii) 買主に影響を及ぼす条項

前記(i)のように Change of Control 条項に基づいてライセンス契約が解除されない場合であっても、対象会社と第三者が、一定の製品・サービスの範囲において、特許番号を特定せず相互に実施許諾を行う、いわゆる包括クロスライセンス契約を締結している場合は、M&Aの実行によって、買主の当該第三者に対する技術優位性が失われる可能性が存在する点には留意が必要である。

例えば、対象会社Xが、製品Aに関して、実施許諾の対象となる特許権を「Xが契約期間中に保有する特許権」のような文言で規定した包括クロスライセンス契約を第三者と締結している場合において、M&Aの実行により、当該包括クロスライセンス契約を買主Yが承継した場合を想定する。このような場合は、Xの契約上の地位をYが承継することによって、対象となる特許権はその他の特約がない限り「Yが契約期間中に保有する特許権」と読み替えられることになるが、仮に、第三者は製品A、買主Yは製品Bのみを製造・販売している場合は、買主Yが保有する特許権は第三者の製品Aに対して実施許諾される一方で、買主Yの製品Bには第三者が保有する特許権は何ら実施許諾されないことになる。

このように、ライセンス契約には、対象会社だけではなく、買主にも影響を及ぼしその技術優位性を毀損させ得る規定が存在する場合があるため、買主とライセンス契約の相手方との関係も踏まえ、綿密な確認が必要である。

(2) 明示的なライセンス契約が存在しない場合

対象会社が属する業界のサプライチェーンの構造や、対象会社が用いている技術の性質によっては、対象会社と知的財産権を保有する第三者との間にライセンス契約が存在しない場合であっても、対象会社が第三者からの権利行使を免れている場合が存在する。以下では、代表的な例として、①権利の消尽の効果による場合、②オープンソースソフトウェア（以下「OSS」という）の利用について取り上げる。

(i) 権利の消尽

特許権者または特許権の実施許諾を受けた者から、特許発明を実施した製品を購入した者が、自らこれを使用し、さらに転売する行為は特許権侵害と

はならない（いわゆる「消尽」[27]）。特許法には、このような実施を合法とする明文の規定がない[28]ため、理論構成については様々な議論が積み重ねられてきたが、特許権者等の正当な実施権限を有する者から購入した製品を再販売することが特許権侵害とされれば、製品の流通を著しく阻害するため、いずれの立場においても消尽の効果は認められている[29]。

したがって、対象会社が、特許権者である部品メーカーが当該特許発明を実施して製造した部品を購入し、製品に組み込んで販売しているような場合は、対象会社と当該メーカーとの間にライセンス契約が存在しない場合であっても、当該部品メーカーの特許権は、特許発明を実施した製品の販売によって消尽し、対象会社はその効果によって部品メーカーからの権利行使を免れている場合がある。このような場合に、例えば買主がM&Aの実行後に、製造コスト削減のために部品メーカーとのサプライチェーンを見直し、他の部品メーカーから当該特許発明を実施した部品を調達すると、元の部品メーカーから特許権の行使を受けることがある。

完成品メーカーにおいては、1つの完成品を製造する際に、複数の構成部品を購入する場合が多く、特に電機業界においてその傾向が顕著であり、完成品メーカーがほとんど全ての構成部品の供給を部品メーカーから受けるようなケースも見受けられる。

このような場合には、デュー・ディリジェンスにおいて、対象会社が締結しているライセンス契約だけではなく、特に製品の基幹部品については、その供給を受けている部品メーカーを特定し、同社が保有する特許権についても把握しておく必要がある。

(ⅱ) OSS

OSSとは、一般にソフトウェアのソースコードが開示され、誰でも使用することができるソフトウェアのことを意味し、Java、Ruby等のプログラミング言語、Linux、Android等のオペレーティングシステム、Mozilla Firefox、Apache OpenOffice等のアプリケーションに関するものまで多種・

---

[27] なお、「消尽」の他に権利の「消耗」、「用尽」との用語が用いられることがある。
[28] 半導体集積回路の回路配置に関する法律12条3項、著作権法26条の2第2項1号および4号は消尽を明文で規定している。
[29] 中山・前掲注3) 411頁。

多様なものが存在し、非常に幅広い技術領域をカバーしている。

　本節冒頭のように、技術開発競争が激化する環境下においては、ソフトウェア開発に要する時間と費用を削減するために、ソフトウェアの全てを自社で開発するのではなく、機能の一部にOSSを利用する場合が多いが、何らの制限なく無償で使用できるいわゆるフリーウェアと異なり、OSSを利用する場合はあくまでも各OSSに適用されるOSSライセンスの条件に従って利用することが必要である。

　このOSSライセンス条件は、OSSの普及促進団体等によって様々なものが定められているが、多くの場合、OSSの普及を促進するために、OSSの利用者がOSSを改変した場合には、改変されたソフトウェアのソースコードをその頒布先に開示することを義務付けている。例えば、OSSの普及促進団体であるFree Software Foundation, Inc.（以下「FSF」という）により策定されたLinux等に適用されるOSSライセンス条件であるGeneral Public License[30]（以下「GPL」という）においては、OSSを改変したソフトウェアだけではなく、OSSに基づくソフトウェア（a work based on the Program）もGPLの適用を受け、これを頒布する場合にはソースコードの開示を行う必要がある。

　このように対象会社がOSSを使用している場合には、開発したソフトウェアのソースコードを秘匿し、自社において独占的に使用することを意図していたとしても、頒布先に開示せざるを得なくなり、これに違反した場合は、OSSの普及促進団体等からOSSの使用の差止請求や損害賠償請求を受ける可能性があるため[31]、デュー・ディリジェンスにおいては、OSSの利用状況や、適用されるOSSライセンス等について確認する必要がある。

(3) 第三者が保有する知的財産権の侵害

　対象会社が、第三者の知的財産権を侵害することによって、製品やサービスの販売・提供を差し止められたり、損害賠償請求を受けることは、知的財

---

30) GPL version 3のライセンス条件について、https://www.gnu.org/licenses/gpl-3.0.htmlを参照。

31) 米国、欧州におけるOSSに関する主要な係争につき、情報処理推進機構「OSSライセンスの比較および利用動向ならびに係争に関する調査　調査報告書」（2010）90頁以降を参照。

産に関する最大のリスクである。

　しかしながら、特許権のように、権利範囲と対象会社の製品・サービスとの精緻な技術分析を要するものについては、デュー・ディリジェンスの限られた期間の中で、対象会社の製品・サービスについて十分な知識のない者が、前記のような「特許の藪」のような状況下において、個別に対象会社による侵害の有無やその可能性を確認することは、およそ現実的ではない。

　したがって、第三者からの侵害訴訟の提起、知的財産の侵害についての警告や顧客からの知的財産の侵害を理由とした補償請求の有無のような客観的事実に加え、潜在的な侵害の可能性を把握するためには、対象会社にその認識を確認するほかないが、対象会社から、侵害の可能性は認識していないとの回答を得たとしても、その回答のみに依拠して知的財産権に関するリスクの有無を判断することは危険といわざるを得ない。そのような回答がどのような調査や知見に基づくものか、対象会社の知的財産部門の体制や、新たな製品・サービスを販売・提供する前の第三者の知的財産権に関するリスク調査の方法、過去の知的財産権に関する紛争の有無やその処理内容について詳細に確認する必要がある。

　なお、著作権については、「依拠」、すなわち他人の著作物に接し、それを自己の作品の中に取り入れることが複製権および翻案権侵害の要件と考えられているため[32]、例えば、対象会社がソフトウェアの開発を行っている場合は、開発部門の人員が、第三者からライセンスを受けて使用している複製・翻案等の禁じられたソフトウェアのソースコードにアクセスすることができる環境にないか等、ソフトウェアの開発・管理体制を確認する等の方法によることも考えられる。ただし、形式的に情報遮断の措置が講じられていたとしても、経験則上、依拠していなければここまで類似することはあり得ないといえるほどに著作物が相当程度類似している場合には、類似の事実をもって依拠が立証されることもあり得るため、留意が必要である。

　また、デュー・ディリジェンスにおいて、対象会社に対して製品・サービスが第三者の知的財産権に抵触するか否かに関する弁護士の鑑定書や意見書の開示を求めた場合、第三者である買主（候補）に対する情報の開示が、米国の訴訟手続における弁護士・依頼者間の秘匿特権（Attorney-Client

---

[32]　中山信弘『著作権法〔第2版〕』（有斐閣、2014）587頁参照。

Privilege）の放棄になり得るものとして、情報の開示を拒否される場合がある。すなわち、米国の訴訟手続においては、事実審理前に証拠収集を目的としたディスカバリー（証拠開示）手続が存在し、当該手続において原告または被告が証拠として相手方に提出を求めることができる証拠資料の範囲は極めて広範であるが、弁護士と依頼者との間の一定の通信内容は秘匿特権により保護され、開示義務の範囲から除外される。ただし、この秘匿特権による保護を受けるためには、当該通信内容が秘密に保たれている必要があり、依頼者または弁護士がその内容を第三者に開示した場合は秘匿特権は放棄されたものとみなされ、ディスカバリー手続における開示対象となる。このため、売主や対象会社は、特に鑑定書等に第三者の知的財産権との抵触を示唆する記載がある場合等は、第三者である買主に対する開示が秘匿特権の放棄になるリスクをおそれ開示を拒否することが往々にしてあるが、このこと自体合理的であるばかりか、このようなリスクはM&Aを実行した後には買主のリスクとなり得るため、買主としても極めて慎重な対応を行う必要がある。具体的には、売主・対象会社に対して開示拒否の理由を確認するとともに、米国弁護士にも助言を求め、情報開示要求の範囲から鑑定書等を除外し、鑑定書等に記載されている意見の前提となった事実の開示要求に留めること等を検討すべきであろう。

第3節 M&Aにおける個人情報の取扱い

1 問題の所在

　M&Aにおいては、その段階毎に当事者の間で様々な情報がやりとりされ、また新たな情報が生み出される。やりとりされる情報としては、事業内容、既存契約の条項や財務情報、営業秘密、役職員や顧客に関する情報等が考えられ、M&Aに伴って生じる情報としては、M&A契約交渉の内容および交渉の存在、M&A後の事業計画等が挙げられる。

その中でも、個人に関する情報の取扱いについては、近時、いわゆるマイナンバー制度の導入や個人情報保護法の改正[33]があったこと等に伴い、M&Aにおいても一層の留意が必要と思われる。また、クロスボーダーや多国籍企業のM&Aにおいては、日本の個人情報保護法に限らず、EUや米国をはじめとする各国の情報保護法制も遵守する必要がある[34]。

本節では、買収側と対象会社がともに国内法人であることを前提に、まず個人情報の取扱いに焦点を当て、デュー・ディリジェンス等における個人情報の開示に関する問題、デュー・ディリジェンス等において開示された情報の保存先に関する問題、M&Aのクロージング以降の問題に分けて記載する。その上で、特定個人情報の例外的な取扱いについても言及することとしたい。

2 デュー・ディリジェンス等における個人情報の開示に関する問題

デュー・ディリジェンスにおいては、対象会社における重要な役職員のリストや雇用関連契約の写し、個人顧客からのクレーム内容の詳細や個人顧客との訴訟関係記録等が開示資料に含まれることがある。また、契約交渉においても、会社分割における承継対象従業員の特定等、個人に関する情報がやりとりされることがある。

個人情報保護法は、ある者が個人に関する何らかの情報を他者に開示すること自体を網羅的に禁じるものではない。個人情報[35]を含む情報の集合物であって検索が可能なように体系的に構成されたものを「個人情報データベース等」と定義し（例えば顧客リストや人事管理データベースがこれに該当する）、個人情報データベース等を構成する個々の情報（「個人データ」と定義さ

---

33) 以下、本節における「個人情報保護法」とは、平成29年5月に全面施行された改正後の個人情報の保護に関する法律を指す。

34) 欧州においては、いわゆるGDPR（一般データ保護規則。General Data Protection Regulation）が2018年5月に施行された。GDPRは、EU加盟国のほかアイスランド、リヒテンシュタインおよびノルウェーに直接適用される。本書では詳細な説明は行わないが、制裁金の上限額が高額であること、および日本企業の事業活動の実態によってはGDPRが域外適用される場合があること等から、留意が必要である。

　さらに、日本、米国、欧州等の各国や地域間の情報・データの越境移転に関する国際的なルール作りについては、米谷三以＝藤井康次郎＝河合優子「TPPと政府・企業法務　第9回　電子商取引」NBL 1080号（2016）84頁以下を参照。

れる)を、個人情報取扱事業者[36]が第三者に提供[37]する場合に、原則として本人の同意が必要であるとしている(同法23条1項)[38]。したがって、「個人データ」に該当しない個人に関する情報は、同条1項の規制の対象とはなっていないことに留意を要する。個人情報取扱事業者が個人データを第三者に提供した場合、原則として、提供年月日や第三者の氏名等を記録し、当該記録を一定期間保存する義務が生じる(同法25条)[39]。

---

[35] 個人情報保護法上、「個人情報」とは、生存する個人に関する情報であって、概要、①当該情報に含まれる氏名、生年月日その他の記述等により特定の個人を識別することができるもの(他の情報と容易に照合することができ、それにより特定の個人を識別することができることとなるものを含む)または②個人識別符号が含まれるもののいずれかに該当するものをいう(同法2条1項)。例えば、顔認証データ、個人の氏名と生年月日に紐付けられた当該個人の購買履歴、パスポート番号といった情報が個人情報に該当する。クレジットカード番号は単体では個人情報に該当しないが(②の個人識別符号に含まれないため)、氏名等の記述と紐付けて管理されていれば個人情報に該当する(①の要件を充足するため)と考えられる。また、個人情報は、要配慮個人情報(例えば、個人の犯罪の経歴や病歴といった情報)を包摂する概念である。同法施行令および施行規則により詳細が定められているが、本書においては詳述しない。詳細は瓜生和久編著『一問一答 平成27年改正個人情報保護法』(商事法務、2015)、宇賀克也『個人情報保護法の逐条解説〔第5版〕』(有斐閣、2016)、岡村久道『個人情報保護法〔第3版〕』(商事法務、2017)等を参照。

[36] 個人情報保護法上、「個人情報取扱事業者」とは、個人情報データベース等を事業の用に供している者をいう(ただし、国の機関、地方公共団体、独立行政法人等、地方独立行政法人は除く)(同法2条5項)。「個人情報取扱事業者」の該当性の判断において、事業者の所在地や国籍は関係しない(同法75条参照)。以下、対象会社が個人情報取扱事業者に該当することを前提とする。

[37] 個人情報保護委員会「個人情報の保護に関する法律についてのガイドライン(通則編)」(2016年11月)(以下「ガイドライン通則編」という)25頁によれば、「提供」とは個人データ等を自己以外の者が利用可能な状況に置くことをいう。物理的に提供されていない場合であっても、ネットワーク等を利用することにより個人データ等を利用する権限が与えられていれば「提供」に該当するので、例えば、オンラインのデータルームにアップロードされた資料が実際に閲覧されたか否かは、「提供」の有無の判断に影響しない。

[38] 適切な根拠を欠いたまま個人データを第三者に提供する行為が直ちに罰則の対象となるわけではなく、個人情報保護委員会がなした措置命令に違反した場合に、6か月以下の懲役または30万円以下の罰金に処される可能性がある(両罰規定あり。個人情報保護法84条、87条)。なお、個人情報取扱事業者やその従業者等が、その業務に関して取り扱った個人情報データベース等を自己や第三者の不正な利益を図る目的で提供しまたは盗用した場合は、1年以下の懲役または50万円以下の罰金に処される可能性がある(個人情報データベース等不正提供・盗用罪。両罰規定あり。同法83条、87条)。

それでは、デュー・ディリジェンスや契約交渉において対象会社と買収側が上記のような個人データをやりとりすることは、個人情報保護法上許容されるのであろうか。この問題点は、M&Aの具体的なストラクチャーにより異なる検討過程をたどるため、以下、合併、分割および事業譲渡等の場合と株式取得の場合とに分けて述べる。

(1) 合併、分割および事業譲渡の場合

　個人情報保護法23条5項2号は、合併その他の事由による事業の承継に伴って個人データが提供される場合は、「第三者」への提供に当たらず、本人の同意は不要とする[40]。合併のほか、分割や事業譲渡といった、事業承継を伴うストラクチャーを念頭に置いた規定である。

　これらの実行の前段階であるデュー・ディリジェンスや契約交渉における買収側に対する個人データの提供も、同号に該当すると解されており、予め本人の同意を得ることなく行うことができる[41]。もっとも、デュー・ディリジェンスや契約交渉の段階はあくまで事業承継が実現する前の準備的な段階であり、流動的な側面があるため、①当該データの利用目的および取扱方法、②漏洩等が発生した場合の措置、③事業承継の交渉が不調となった場合の措置等、買収側に安全管理措置を遵守させるために必要な契約を締結しなければならないとされている[42]。実務的には、デュー・ディリジェンス開始前に秘密保持契約を締結することが通常であり、当該契約に上記の事項がカバーされた条項を含めることにより手当するケースが多いであろう。

　したがって、適切な秘密保持契約が締結・遵守されている限り、合併、分割や事業譲渡のためのデュー・ディリジェンスや契約交渉において対象会社から買収側に対して個人データが提供されても、個人情報保護法自体への抵触を懸念する必要性は高くないといえる。もちろん、個人のプライバシーの確保、営業秘密の保持、各契約上の秘密保持義務の遵守といった、個人情報

---

39) なお、個人情報保護法23条および25条は、国内所在の個人に対する物品やサービスの提供に関連して当該本人の個人情報を取得した個人情報取扱事業者が、外国で当該個人情報を取り扱う場合についても適用される（同法75条）。
40) 要配慮個人情報に関する個人データについても同様である。
41) ガイドライン通則編52頁。
42) ガイドライン通則編52頁。

保護法とは別の観点に基づく配慮は別途必要となり得るが、個人情報保護法との関係では、役職員リストの氏名を全てマスキングするといった対応は必要ないものと考えられる。

(2) 株式譲渡の場合

他方、株式譲渡は、個人情報保護法23条5項2号にいう「合併その他の事由による事業の承継」には文言上直接的には該当しないことから、別途検討する必要がある。対象会社が自己の株主（または株主候補）に対して個人データを提供することについて、個人情報保護法やガイドライン通則編上、特段の言及がないので、下記(i)～(iii)のいずれかの方策をとらない限り、当該個人データを株主側に提供することは慎重にならざるを得ないと考えられる。M&Aを行う際の実務的な観点からすれば、株式譲渡も、合併、分割、事業譲渡と同様に当該会社が営む事業の支配権が承継される場面であり、一定の個人データをデュー・ディリジェンス等の過程で提供する必要性が高い場合が多いことから、株式譲渡であっても、100％ないしそれに近い持分の譲渡のような場合には、合併等の場合の個人情報保護法23条5項2号に準じて、適切な秘密保持契約の締結および遵守等を前提に個人データの提供が許容されるという解釈がなされる余地（あるいはルールの改正）も追求したいところであるが、この点は今後の議論に委ねるとして、以下では現行ルールの文言を前提に、実務的な対応を検討する。

(i) 本人の同意

まず、本人の同意を得た上で株主候補者に個人データを提供することが考えられる。個人データを第三者に提供する際の原則的な対応である。当該同意の取得にあたっては、事案の規模および性質、個人データの取扱状況（取り扱う個人データの性質および量を含む）等に応じ、本人が同意に係る判断を行うために必要と考えられる合理的かつ適切な範囲の内容を明確に示す必要があるとされていること[43]からすれば、M&Aの具体的なストラクチャーまで本人に逐一説明する必要はないとしても、デュー・ディリジェンスにおける資料開示または契約交渉の一環として本人の個人データを提供するという

---

43) ガイドライン通則編45頁。

点は、明確に本人に示すべきであると解される。

　しかしながら、M&Aの実施の検討は極秘で進めることが多く、重要な役職員に対してであってもデュー・ディリジェンスや契約交渉の存在自体を知らせることができないし、また、当該M&Aのスケジュール等の制限から、本人の同意を得る時間的猶予のない場合もあろう。そのような場合を含め、多くのM&A取引の実際の場面では、本(i)の方策は現実的でないと思われる。

　なお、本人から明示の同意を得られないとしても黙示の同意を得たと整理するという対応が考えられるものの、かかる対応をとることには慎重になるべきであり、少なくともそのような同意を根拠付ける具体的な事実や事情が存在する場合に限定して検討するべきであろう。

(ii) オプトアウト

　他の方策として、オプトアウト手続によることが考えられる。オプトアウト手続による第三者提供とは、事前に本人通知や届出等の所定の要件[44]を充足しておくことにより、本人の同意を得ずに個人データを第三者に提供する方法である。例えば、株式譲渡が頻繁に行われることが事前に想定される（したがってデュー・ディリジェンス等において個人データを買収者側に提供することが容易に想像される）会社の事案においては、個別に本人の同意を得る必要がない点で便宜であろう。

　しかしながら、オプトアウト手続をとる前に取得済みであった個人情報については、その取得時の利用目的のうちに第三者提供を行うことが含まれていない場合、利用目的の変更が必要であり、当該変更のために別途本人の同意を得る等の手当が必要である[45]。また、オプトアウト手続をとる場合は個人情報保護委員会への事前届出が必要であり、当該手続をとっている事実が

---

[44] 個人情報保護法23条2項。第三者に提供される個人データ（ただし、要配慮個人情報を除く）について、本人の求めに応じて当該本人が識別される個人データの第三者への提供を停止することとしている場合であって、①第三者への提供を利用目的とすること、②第三者に提供される個人データの項目、③第三者への提供の方法、④本人の求めに応じて当該本人が識別される個人データの第三者への提供を停止すること、⑤本人の求めを受け付ける方法のそれぞれについて、予め、本人に通知しまたは本人が容易に知り得る状態に置くとともに、個人情報保護委員会に届け出たときは、本人の同意がなくとも当該個人データを第三者に提供することができる。

[45] 個人情報保護法15条、16条1項。

一般に公表される（個人情報保護法23条4項）点にも留意が必要である。また、オプトアウト方式は、病歴や犯罪歴といった要配慮個人情報に関する個人データには用いることができない[46]。実務的には、M&Aにおける情報のやりとりに関する問題点を解消する方策としては稀なものと思われる。

(iii) 「個人データ」非該当

そこで、本人同意やオプトアウト手続によるのではなく、デュー・ディリジェンス等においてやりとりする情報をそもそも「個人データ」に該当しないものに限定することが考えられる。

「個人データ」は個人情報データベース等を構成する個人情報をいう（個人情報保護法2条6項）ので、個人情報データベース等を構成しない個人情報は「個人データ」に該当しない。例えば、重要な役職員の氏名・職位・報酬・勤務年数等の一覧表やその抜粋は「個人データ」に該当するが、対象会社が役員の委任契約や従業員の雇用条件通知書の締結版そのものの写しを特に系統立てることなく保管しており、それを閲覧させた場合は「個人データ」の提供に当たらないと解する余地がある。具体的な事情により異なるものの、あらゆる個人情報が「個人データ」に該当するわけではないことから、開示する情報の管理態様や性質によっては、このような整理が可能であろう。逆にいえば、「個人データ」に該当しない個人情報のみをデュー・ディリジェンスおよび契約交渉における開示資料とすることが、現行ルールにおける実務的な方策として考えられる。

3 デュー・ディリジェンス等において開示された情報の保存先に関する問題

上記2の問題点をクリアして、対象会社から買収側に個人データが提供されるとしても、開示された当該個人データの保存先については別途の考慮が必要である。例えば、デュー・ディリジェンスにおいて開示されたPDFファイル（個人データが含まれているもの）を、①買収側が自社で所有・管理する海外所在サーバに保存するケース、②クラウドサービスを提供する国内

---

[46] 個人情報保護法23条2項柱書参照。

業者のサーバに保存するケース、③クラウドサービスを提供する海外業者のサーバに保存するケース等、様々なケースが想定される[47]。このうち、①は第三者への提供に該当せず、②は業務委託（個人情報保護法23条5項1号）または一定の場合には個人データの提供に当たらない行為[48]として許容されるため、いずれも本人の同意を得る必要はないが、③は、少なくとも現行ルールにおいては、クラウドサービス業者次第では、当該サーバの所在地を問わず[49]「外国にある第三者」への提供（同法24条）に該当して本人の同意が必要となる場合があり得るので、留意が必要である[50]。

4　M&Aのクロージング以降の問題

(1)　クロージングに伴う個人データの移転と利用

合併、分割や事業譲渡といった、事業承継を伴うストラクチャーのM&A

---

[47]　なお、データに限らず、ハードコピーの保存についても同様の問題が生じる。また、安全管理措置を講じる義務（個人情報保護法20条）や委託先の監督義務（同法22条）にも留意が必要である。

[48]　個人情報保護委員会『『個人情報の保護に関する法律についてのガイドライン』及び『個人データの漏えい等の事案が発生した場合等の対応について』に関するQ&A』（平成29年2月16日公表、同年5月30日更新）（以下「ガイドライン等Q&A」という）QA5-33によれば、クラウドサービス提供事業者が個人データを取り扱わないこととなっている場合、個人情報取扱事業者は当該クラウドサービス提供事業者に個人データを提供したことにはならないと整理されている。具体的には、クラウドの利用関連契約の条項において当該クラウドサービス提供事業者がサーバに保存された個人データを取り扱わない旨が定められており、適切にアクセス制御を行っている場合等が考えられる。

[49]　瓜生編著・前掲注35）84頁（QA54）参照。

[50]　個人情報保護法24条は、個人情報取扱事業者が「外国」にある「第三者」に個人データを提供する場合には、原則として、外国にある第三者への提供を認める旨の本人の同意を事前に得なければならないと定める。オプトアウト手続による第三者提供はできず、業務委託・事業統合に伴う例外規定も適用されない。また、本人の同意を得て実際に第三者提供を行えば、第三者提供に係る記録の作成義務等が生じる（同法25条1項但書括弧書）。なお、「外国」と「第三者」からは一定の国・者が除外される。詳細は同法施行規則11条の2、個人情報保護委員会「個人情報の保護に関する法律についてのガイドライン（外国にある第三者への提供編）」等を参照。海外のクラウドサービス提供事業者であっても、一定の体制を整備していること等により「外国」の「第三者」にあたらない場合は、本文②と同様の帰結になるものと考えられる。

が実行されると、消滅会社・被承継会社が保有していた個人データが存続会社・承継会社に移転する。このような、クロージングに伴う個人データの移転は、上記2で記載したとおり、「第三者」への提供に当たらず、本人の同意は不要である（個人情報保護法23条5項2号）。要配慮個人情報に関する個人データもこれに含まれるので、個人の病歴や犯罪歴といった情報も本人の同意なくして存続会社・承継会社に移転することになる。なお、存続会社・承継会社は、移転された個人データを利用する場合には、クロージング前に消滅会社・被承継会社が定めていた利用目的の範囲内でのみ利用しなければならないことに留意が必要である[51]。

他方、株式譲渡の実行は、対象会社から買主に対する事業の承継を伴わないので、自動的に個人データが移転するものではない。

(2) グループ内での個人データの利用

M&Aストラクチャーを問わず、クロージングにより新たにグループ傘下に入った法人・事業部門の保有する個人データを、グループ内の他法人が利用できるか。実務上、販売宣伝活動の充実化、顧客管理の徹底、グループ法人の役職員の適切な管理等の目的で、そのような利用のニーズは非常に高い。

国内法人同士の利用であれば、本人の同意を得た上で当該他法人に対して提供する（第三者提供）か、共同利用の方法によることが考えられる。共同利用は、①特定の者との間で個人データを共同で利用する旨、②共同利用される個人データの項目、③共同利用者の範囲、④利用者の利用目的および⑤

---

[51] ガイドライン通則編52頁。なお、事業の承継後に利用目的を変更する場合、「変更前の利用目的と関連性を有すると合理的に認められる範囲」（個人情報保護法15条2項）の変更でなければ、予め本人の同意を得る必要が生じる。「変更前の利用目的と関連性を有すると合理的に認められる範囲」か否かは、社会通念上本人が通常予期し得る限度と客観的に認められる範囲内であるか否かが基準とされる（ガイドライン通則編27頁）。例えば、フィットネス事業者が、顧客の食事メニューの指導を行うサービスを提供するために個人情報を保有していたところ、これらの顧客に対し、新たに当該食事メニューに関する食品の販売サービスを始める場合、取得した個人情報を用いて食品の販売サービスの案内を行うことは食事メニューの指導に関連するものであるため、当該範囲内であるとの指摘がある（瓜生編著・前掲注35）60頁（QA36））。他方、当該範囲を超えた変更は予め本人の同意を得る必要があるが、当該同意を得るために個人情報を利用すること（メール送信や架電等）は、当初の利用目的として記載されていないとしても、目的外利用には該当しない（ガイドライン通則編28頁）。

当該個人データの管理責任者の氏名または名称を、予め本人に通知または本人が容易に知り得る状態に置いているとき、本人の同意を得ずとも複数事業者間で個人データを利用できるとする制度である（個人情報保護法23条5項3号）。M&Aに伴いグループ会社が増減する可能性を考慮すれば、プライバシーポリシー制定の当初から、共同利用者の範囲は（具体的な法人名を限定列挙するのではなく）「当社の子会社および関連会社」等と定め、該当する会社群を公表しているホームページ上のページにリンクを張ることが望ましい[52]。M&Aによりグループ構成に変動があった場合にもプライバシーポリシーを変更せずに対処することが可能である[53]。

　なお、外国法人との個人データのやりとりについては、別途考慮が必要である。日本法人から外国法人への個人データの提供は国内法人間の提供よりも制約され、本人の同意を得た場合や一定の要件を満たした場合のみ許容される場合がある（個人情報保護法24条、同法施行規則11条の2。前記3も参照）。共同利用が認められない場合もある。日本法人の役職員に関する情報であれば本人の同意を得ることはさほど難しくないと思われるが、退職者や顧客の個人データを外国法人に提供することは容易でない可能性があるため、クロージングに先立って、当該データを外国法人に提供することが必要であるか十分に確認し、必要であれば提供のための具体的手法について検討を進めておく必要がある。また、これとは逆に、海外法人から日本法人に対する個人データの移転に際しては、①当該海外法人の所在地等における個人情報保護関連法制が適用されるほか、②当該海外法人自体が日本市場をターゲットとして事業を展開している場合には日本の個人情報保護法も適用される（同

---

[52] 当該構成企業の全てについて外部の者が容易に分かる状態（例えば、一覧表が別紙に添付されていたり、ホームページ上で公表された一覧にリンクが張られている場合等）であれば、このような定めも許容される。園部逸夫＝藤原靜雄編『個人情報保護法の解説〔第二次改訂版〕』（ぎょうせい、2018）188頁。この点についてガイドライン通則編53頁は、範囲が明確である限りにおいては、必ずしも事業者の名称を個別列挙する必要はないが、本人がどの事業者まで利用されるか判断できるようにしなければならないとする。ガイドライン等Q&A QA5-28も参照。

[53] プライバシーポリシーにおいて、共同利用者の範囲を限定列挙していた場合で、株式取得による買収に伴って共同利用者の範囲を広げたい場合には、該当する本人の同意を得て当該記載を変更することが考えられる（個人情報保護法23条6項は共同利用者の範囲の変更について言及していないため、原則どおり本人の同意が必要と解される）。ガイドライン通則編55頁。

法75条)ことに留意が必要である。

5　M&Aと特定個人情報

　特定個人情報とは、個人番号(いわゆるマイナンバー)等をその内容に含む個人情報をいう(行政手続における特定の個人を識別するための番号の利用等に関する法律(以下「番号法」という)2条8項)。

　番号法は、個人情報保護法等の特則として厳格な保護措置を定めるものであり、特定個人情報を第三者に提供することが許されるのは、番号法所定の場合に限られる[54]。

　合併その他の事由による事業の承継が行われた際に特定個人情報を提供することは、番号法19条5号に定めがあるので、合併や分割の効力発生に伴って存続会社が消滅会社の役職員等のマイナンバーに関する情報を承継することは可能である。もっとも、その前段階であるデュー・ディリジェンスや契約交渉における提供は許容されないと解するのが慎重であろう(実務上も、そのような段階においてマイナンバーを把握する必要性はほぼないと思われる)。他方、株式譲渡に伴う特定個人情報の提供については、その前段階であるデュー・ディリジェンスや契約交渉における提供を含めて、番号法上の根拠がなく、許容されないと解される。

　また、クロージング後に親法人が子法人従業員から特定個人情報の提供を受けることは、親法人が当該従業員にストック・オプションを交付する場合など個人番号関係事務を処理する必要性が認められる場合は別として、原則不可である[55]。

　デュー・ディリジェンスにおいては、特定個人情報の取得・取扱い、取扱事務委託先の監督が適切になされているか等を確認する必要がある。

---

54)　番号法19条。特定個人情報には個人情報保護法23条が適用されないため、オプトアウト手続による第三者提供や共同利用等は行えない(番号法30条3項)。また、本人の同意により第三者提供が許容されるのは、人の生命、身体または財産の保護のために必要がある場合に限定される(同法19条15号参照)。

55)　個人情報保護委員会「『特定個人情報の適正な取扱いに関するガイドライン(事業者編)』及び『(別冊)金融業務における特定個人情報の適正な取扱いに関するガイドライン』に関するQ&A」(2014年12月11日公表、2017年7月12日更新) QA4-3参照。

■第15章■

M&Aと環境法

第1節
総　論

　日本の環境法は、環境基本法を頂点とし、土壌、水質、大気等の汚染排出の防止・削減に関する法、有害化学物質の管理に関する法、廃棄物処分、リサイクル等の物質循環の管理に関する法、公害・環境事件の司法的・行政的解決に関する法、さらに、各地方公共団体による環境関連の条例等から構成される広範な分野をカバーするものである[1]。現代の企業活動においてこれら環境関連法令との関わりは避けて通れないものであり、仮にM&A取引実行後に対象会社の環境関連法令違反や環境汚染等の環境リスクが顕在化した場合、刑事罰、操業停止命令や汚染の除去命令、第三者に対する損害賠償責任、レピュテーションへの悪影響といった重大なインパクトをもたらし得る。したがって、M&A取引においては、対象会社の環境リスクを可能な限り把握した上で、それらの評価および対応を検討することが重要であり、以下では主な留意点を述べる。

---

1)　環境法の体系の分類につき、大塚直『環境法〔第3版〕』（有斐閣、2010）42頁参照。

第 2 節
M&A における環境問題の取扱い

　M&A 取引に際しては、デュー・ディリジェンスの一環として対象会社の環境問題についても調査し、その検出事項を踏まえ M&A 契約での対応の要否や内容を検討していくことになる。通常、法務デュー・ディリジェンスにおいては、対象会社の事業に関連する環境関連法令とその遵守状況、環境関連の偶発債務の原因となり得る第三者との契約や紛争の有無および内容といった点を中心に検討するが、具体的な環境汚染の存否や環境汚染が法令上指定される基準値を超過しているかといった点は技術的な事項でもあり法務デュー・ディリジェンスでの対応が難しいため、必要に応じて別途環境アドバイザーをリテインし環境デュー・ディリジェンスを実施してカバーすることになる。

1　デュー・ディリジェンス

　以下では、M&A 取引のためのデュー・ディリジェンスにおいて典型的に検討の対象となる事項として、①環境汚染（公害）、②環境関連法令の遵守、③公害防止協定その他第三者との契約、④環境に関連する紛争につき、また環境問題自体ではないが⑤ ISO14001 についても、その概要を述べる。

(1)　環境汚染（公害）

　環境基本法には、国による施策が要請される公害の類型として、土壌汚染、大気汚染、水質汚濁、悪臭、騒音、振動および地盤沈下の 7 種類が列挙されている（同法 2 条 3 項、16 条）。対象会社の事業がこれらの公害の発生源となり得る場合、あるいは対象会社が保有または使用する資産等に公害の原因となる環境汚染が存在する場合には、適用法令違反や第三者への損害賠償リスクのほか、将来的な事業・資産売却や土地建物の用途変更の可能性も踏まえ、企業価値の減額要素となり得るところである。

　上記のとおり、具体的な環境汚染の調査には通常、環境デュー・ディリ

ジェンスが必要となるが、その実施には追加の費用や時間がかかることから、対象会社の業種、事業沿革、事業地域、保有・使用資産の履歴・現状等を踏まえ、環境汚染の存在の可能性を評価の上で必要性を判断することになろう。一般には、一定の製造業（化学、電機、鉄鋼等）、エネルギー産業、運輸業、食品加工業、ガソリンスタンド、クリーニングといった業種は有害物質の使用の可能性が高く、また不動産業も土壌汚染やアスベストのリスク管理が常に問題となり、これらが対象会社となるM&A取引においては、環境デュー・ディリジェンスの必要性が高い場合が多いものと考えられる[2]。

(i) 土壌汚染

平成15年の土壌汚染対策法の施行以来、土地取引における土壌汚染リスクへの意識が高まっており、M&A取引に際しても、対象会社が事業において土壌汚染の原因となり得る有害物質を使用している場合や地歴等から土壌汚染リスクが見込まれる土地を所有している場合等には、土壌汚染に起因する環境リスクの調査および検討が重要となる場合が多いといえる。

土壌汚染対策法による規制の概要を以下に述べる。

(a) 調査および報告

以下のいずれかに該当する場合、当該土地の所有者等[3]は、当該土地の特定有害物質[4]による汚染の状況について、指定調査機関に調査を行わせ、その結果を都道府県知事に報告しなければならない。

① 有害物質使用特定施設[5]の使用を廃止する場合（人の健康に係る被害が

---

[2] 早川晃ほか『M&Aを成功に導く 環境デューデリジェンスの実務』（中央経済社、2007）125頁以下参照。
[3] 所有者、管理者または占有者をいう（土壌汚染対策法3条1項）。
[4] 鉛、砒素、トリクロロエチレンその他、人の健康に係る被害を生ずるおそれがあるものとして政令で定めるものをいい（土壌汚染対策法2条1項）、平成29年4月1日施行の土壌汚染対策法施行令の改正によりクロロエチレンが追加され、2017年8月時点で26物質が指定されている（土壌汚染対策法施行令1条、下記図表Ⅰ-15-1も参照）。なお、土壌汚染対策法上の特定有害物質には含まれないものの、実務上は油による汚染も問題視されることが多い（中央環境審議会土壌農薬部会土壌汚染技術基準等専門委員会「油汚染対策ガイドライン」（2006）参照）。
[5] 水質汚濁防止法2条2項に規定する特定施設であって、特定有害物質をその施設において製造、使用または処理するものをいう（土壌汚染対策法3条1項）。

生じるおそれがない旨の都道府県知事の確認を受けた場合を除く、土壌汚染対策法3条1項、「3条調査」)
② 一定規模（3000㎡）以上の土地の掘削その他の土地の形質の変更の届出の際に、特定有害物質による土壌汚染のおそれがあると都道府県知事が認める場合（同法4条3項、「4条調査」）
③ 特定有害物質による土壌汚染により人の健康に係る被害が生ずるおそれがあると都道府県知事が認める場合（同法5条1項、「5条調査」）

(b) 区域指定

上記の調査の結果、以下の①および②のいずれにも該当する場合、当該土地は、汚染の除去、汚染の拡散の防止その他の措置が必要な区域に指定され（土壌汚染対策法6条1項、「要措置区域」）、以下の①に該当するが②には該当しない場合、当該土地は、形質の変更をしようとする際に届出が必要な区域に指定される（同法11条1項、「形質変更時要届出区域」）。

① 当該土地の土壌の特定有害物質による汚染状態が指定基準を超過した場合
② 土壌の特定有害物質による汚染により、人の健康に係る被害が生じまたは生じるおそれがあるものとされる基準に該当する場合

上記①の指定基準は、各特定有害物質の土壌溶出量および土壌含有量に応じて以下の**図表Ⅰ-15-1**のとおり定められている（土壌汚染対策法施行規則31条、別表3および別表4、環境省＝日本環境協会「土壌汚染対策法のしくみ」(2018) 23頁）。

[図表 I-15-1]　特定有害物質および指定基準

特定有害物質の種類		〈地下水の摂取などによるリスク〉土壌溶出量基準	〈直接摂取によるリスク〉土壌含有量基準
第一種特定有害物質（揮発性有機化合物）	クロロエチレン	検液 1L につき 0.002mg 以下であること	
	四塩化炭素	検液 1L につき 0.002mg 以下であること	
	1,2-ジクロロエタン	検液 1L につき 0.004mg 以下であること	
	1,1-ジクロロエチレン	検液 1L につき 0.1mg 以下であること	
	シス-1,2-ジクロロエチレン	検液 1L につき 0.04mg 以下であること	
	1,3-ジクロロプロペン	検液 1L につき 0.002mg 以下であること	
	ジクロロメタン	検液 1L につき 0.02mg 以下であること	
	テトラクロロエチレン	検液 1L につき 0.01mg 以下であること	
	1,1,1-トリクロロエタン	検液 1L につき 1mg 以下であること	
	1,1,2-トリクロロエタン	検液 1L につき 0.006mg 以下であること	
	トリクロロエチレン	検液 1L につき 0.03mg 以下であること	
	ベンゼン	検液 1L につき 0.01mg 以下であること	
	カドミウム及びその化合物	検液 1L につきカドミウム 0.01mg 以下であること	土壌 1kg につきカドミウム 150mg 以下であること
	六価クロム化合物	検液 1L につき六価クロム 0.05mg 以下であること	土壌 1kg につき六価クロム 250mg 以下であること
	シアン化合物	検液中にシアンが検出されないこと	土壌 1kg につき遊離シアン 50mg 以下であること

第二種特定有害物質（重金属等）	水銀及びその化合物	検液1Lにつき水銀0.0005mg以下であり、かつ、検液中にアルキル水銀が検出されないこと	土壌1kgにつき水銀15mg以下であること
	セレン及びその化合物	検液1Lにつきセレン0.01mg以下であること	土壌1kgにつきセレン150mg以下であること
	鉛及びその化合物	検液1Lにつき鉛0.01mg以下であること	土壌1kgにつき鉛150mg以下であること
	砒素及びその化合物	検液1Lにつき砒素0.01mg以下であること	土壌1kgにつき砒素150mg以下であること
	ふっ素及びその化合物	検液1Lにつきふっ素0.8mg以下であること	土壌1kgにつきふっ素4,000mg以下であること
	ほう素及びその化合物	検液1Lにつきほう素1mg以下であること	土壌1kgにつきほう素4,000mg以下であること
第三種特定有害物質（農薬等／農薬＋PCB）	シマジン	検液1Lにつき0.003mg以下であること	
	チオベンカルブ	検液1Lにつき0.02mg以下であること	
	チウラム	検液1Lにつき0.006mg以下であること	
	ポリ塩化ビフェニル（PCB）	検液中に検出されないこと	
	有機りん化合物	検液中に検出されないこと	

(c) 措置命令／届出義務

　要措置区域の指定がなされた場合、都道府県知事は、同区域内の土地の所有者等（一定の場合には汚染原因者）に対して、汚染の除去、汚染の拡散の防止その他の措置を講じることを指示する（土壌汚染対策法7条1項）。土地の所有者等がその費用において措置を行った場合に、他に汚染原因者がいるときは、土地の所有者等はかかる措置に要した費用の償還を汚染原因者に請求できる（同法8条1項）。形質変更時要届出区域の指定がなされた場合、同区域内の土地の形質を変更しようとする者は、原則として事前に都道府県知事に届出を行わなくてはならない（同法12条1項）。

上記に関連する調査命令や指示措置等を講ずべき命令等に違反した場合は罰則の対象となる（1年以下の懲役または100万円以下の罰金、土壌汚染対策法65条1号）。

過去5年間に土壌汚染対策法上の3条調査、4条調査、5条調査および区域指定がなされた件数は以下の**図表Ⅰ-15-2**のとおりである（環境省水・大気環境局「平成28年度　土壌汚染対策法の施行状況及び土壌汚染調査・対策事例等に関する調査結果」（2018）16頁）。

[図表Ⅰ-15-2]　土壌汚染対策法上の調査および区域指定件数

		平成24年度	平成25年度	平成26年度	平成27年度	平成28年度
法第3条（3条調査）	有害物質使用特定施設の廃止件数	1,233	1,080	1,350	1,343	1,204
	うち、一時的免除件数	970 (78.6%)	628 (58.1%)	653 (48.3%)	758 (56.4%)	650 (53.9%)
法第4条（4条調査）	形質変更届出件数	9,949	10,848	10,602	10,650	10,946
	うち、調査命令件数	126 (1.2%)	142 (1.3%)	164 (1.5%)	118 (1.1%)	118 (1.0%)
法第5条（5条調査）	調査命令発出件数	0	0	1	1	0
法第6条法第11条（区域指定）	要措置区域への指定件数	72	73	84	72	80
	形質変更時要届出区域への指定件数	394	407	448	407	448

上記を踏まえた土壌汚染対策法による規制の実務的なポイントとしては、以下のような点が挙げられる。

・措置を講じる指示、命令の対象者は、原則として当該土地の所有者等（所有者、管理者または占有者）であり、かかる所有者等が汚染原因者でなくとも（例えば過去の所有者等を原因とする汚染や近隣からのもらい汚染等についても）、土壌汚染対策法上の責任を負い得る[6]。

・指定基準を超過する土壌汚染が存在したとしても、当該事実のみを原因として直ちに当該汚染の除去義務を負うものではない[7]。

・当該土地における工場等（有害物質使用特定施設）の廃止や掘削等の土地の形質変更が行われない限り、実務的には土壌汚染対策法上の調査または措置命令がトリガーされる可能性は低い[8]。

一方で、土壌汚染対策法とは直接関係せずとも、対象会社が保有または使用する資産につき土壌汚染が存在する場合、例えば、M&A取引後に対象会社の事業や資産を売却する場合に買収者候補との売却交渉において土壌汚染を原因として減額や厳しい補償義務等が主張されるリスク、土壌汚染に起因する近隣との紛争やトラブルのリスク、あるいは土壌汚染の事実が公になることによるレピュテーションリスクといった土壌汚染に起因するリスクも考えられるところである。

したがって、M&A取引に際してのデュー・ディリジェンスとの関係では、まずは対象会社が保有または使用する土地における土壌汚染対策法上の指定基準を超過する汚染の存否がポイントにはなるものの、あわせて土壌汚染の程度、敷地外への汚染流出の有無や可能性（人の健康への被害発生の可能性）、将来的な対象会社の事業や資産の売却あるいは工場等の施設廃止の可能性等も勘案の上で、以下で述べる買収価格の減額調整や特別補償の要否および内容を検討することになろう。

なお、土壌汚染に関する環境デュー・ディリジェンスは、一般的に、対象となる土地に関する汚染物質の使用履歴や化学物質等の保管状況、廃棄物の管理体制・処理方法に関する資料や情報を通じた調査や現地調査を通じて行う履歴調査（フェーズⅠ）、フェーズⅠで指摘された問題箇所についてのボーリング調査およびサンプル分析による土壌汚染確認調査（フェーズⅡ）の2段階に分けられる。フェーズⅠは資料をベースに行うことも可能であり他のデュー・ディリジェンスと同様のタイムラインで実施できることが多いが、フェーズⅡは時間も費用も要する上、対象会社の業務にも影響が生じる場合

---

6) なお、上記のとおり、土壌汚染対策法の規定上、措置に要した費用の汚染原因者への償還請求は可能である。

7) もちろん、上記の要件および手続に従った上で最終的に所有者等に対して汚染の除去等の措置命令が発出される可能性は存在する。

8) 5条調査は包括的に特定有害物質による土壌汚染により人の健康に係る被害が生ずるおそれがある場合を端緒とするが、上記図表Ⅰ-15-2のとおり、5条調査命令の発出件数は過去5年間で2件のみである。

もあるため、実施するか否か、実施する時期をどうするか（例えば基本合意後、正式契約後クロージングまで、またはクロージング後）、検討する必要がある。

(ii) その他の環境汚染

環境基本法に列挙されるその他の各公害類型（大気汚染、水質汚濁、悪臭、騒音、振動および地盤沈下）に対する規制措置の根拠法令と主な規制の概要は以下の図表 I -15-3 のとおりである。

[図表 I -15-3] その他の公害類型と規制概要

類型	根拠法令	概要
大気汚染	大気汚染防止法	・ばい煙発生施設（大気汚染防止法2条2項）における排出基準 ・粉じん発生施設（同条10項・11項）の構造・管理に関する基準 ・VOC（揮発性有機化合物）排出施設（同条5項）における排出基準 ・有害大気汚染物質（同条15項）の排出抑制努力義務
水質汚濁	水質汚濁防止法	・特定施設（水質汚濁防止法2条2項）における排水基準
騒音	騒音規制法	・規制地域（騒音規制法3条）における騒音基準
振動	振動規制法	・規制地域（振動規制法3条）における振動基準
地盤沈下	工業用水法、ビル用水法	・規制地域における地下水の採取許可（工業用水法3条1項、ビル用水法4条）
悪臭	悪臭防止法	・規制地域（悪臭防止法3条）における特定悪臭物質（同法2条1項）の規制基準

また、複数の公害類型にまたがる規制として、ダイオキシン類に対しては、その強い有害性や社会的関心の高まりからも、ダイオキシン類対策特別措置法により大気、水質、土壌にわたる横断的な規制が設けられている。具体的には、同法上の特定施設[9]につき排出ガスおよび排出水への排出基準が設けられ（同法8条）、ダイオキシン類により汚染された土地についての対策地

域の指定等の規制がなされている（同法29条～32条）。

　これらの環境汚染に対する規制は、基本的には所轄官庁への届出等が必要となる特定の施設に対して課されるもの（大気、水質）、あるいは特定の指定地域における規制（騒音、振動、地盤沈下、悪臭）であることから、M&A取引に際してのデュー・ディリジェンスにおいては、対象会社がこれら特定の施設を有しているか、また指定地域において関連する事業を行っているかを確認の上、該当する場合には各規制の遵守状況等を調査することになろう。

(2) 環境関連法令遵守

　上記(1)のほか、M&A取引に際してのデュー・ディリジェンスにおいて、環境関連法令の遵守状況について実務上しばしば問題となるものとして、①産業廃棄物処理、②PCB廃棄物管理、③アスベスト管理に関する各規制の概要を以下に述べる。

(i) 産業廃棄物処理

　事業活動に伴って生じた一定の廃棄物である産業廃棄物[10]については、排出事業者の自己処理が原則とされているが（廃棄物の処理及び清掃に関する法律（以下「廃棄物処理法」という）11条1項）、排出事業者は産業廃棄物の運搬および処理を適用法令に従い第三者に委託することは可能とされており（同法12条5項）、実務的には多くの場合第三者への委託がなされていると思われる。

　産業廃棄物の運搬および処分を第三者に委託する場合、廃棄物処理法に定める委託の基準に従う必要があり（廃棄物処理法12条6項、同法施行令6条の2）、具体的には、受託者は適切な許認可を有する事業者であることを要し、また、運搬および処分の委託契約は所定の内容を記載した書面によるべきこ

---

9) 製鋼の用に供する電気炉、廃棄物焼却炉その他の施設であって、ダイオキシン類を大気中に排出し、またはダイオキシン類を含む汚水等を排出する施設で政令で定めるものをいう（ダイオキシン類対策特別措置法2条2項、同法施行令1条）。

10) 燃え殻、汚泥、廃油、廃酸、廃アルカリ、廃プラスチック類、紙くず、木くず、繊維くず、動植物性残渣、動物系固形不要物、ゴムくず、金属くず、ガラス、コンクリートおよび陶磁器くず、鉱さい、がれき類、動物のふん尿、動物の死体、ばいじん類、左記19種類の産業廃棄物を処分するために処理したものが指定されている（廃棄物処理法2条4項、同法施行令2条～2条の3）。

と[11]等が定められている。また、最終処分までの廃棄物の流れを管理するため、産業廃棄物管理票（マニフェスト）制度が採用されている（同法12条の3）。排出事業者は、運搬および処分を第三者に委託する際に、所定の内容を記載したマニフェストを受託者に交付し（同条1項）、受託者は、所定期間内に受託事項が終了した旨を記載したマニフェストを排出事業者に送付し（同条3項・4項・5項、同法施行規則8条の23、8条の25、8条の25の3）、排出事業者は、一定期間（90日、ただし中間処理業者が最終処分の確認を経て送付する場合は180日）内にマニフェストの送付を受けない場合や法定記載事項を欠くまたは虚偽の記載のあるマニフェストの送付を受けた場合は、生活環境の保全上の支障の除去または発生の防止のために必要な措置を講ずるとともに、都道府県知事に報告する必要がある（廃棄物処理法12条の3第8項、同法施行規則8条の28、8条の29）。かかるマニフェスト制度の違反は、勧告および命令（廃棄物処理法12条の6）、措置命令（同法19条の5第1項3号）、罰則（同法27条の2）の対象となる。

M&A取引に際してのデュー・ディリジェンスにおいては、対象会社による産業廃棄物処理の方法を確認し、第三者に運搬および処分を委託をしている場合には、保管されている委託契約書やマニフェスト等を通じて上記の規制の遵守状況を確認することとなる。

(ii) PCB廃棄物管理

ポリ塩化ビフェニル（PCB）は、カネミ油症事件を契機として、化学物質の審査及び製造等の規制に関する法律に基づき1974年に製造が禁止されたが、難分解性の性状を有し、かつ、人の健康および生活環境に係る被害を生ずるおそれがある物質であること、また、ポリ塩化ビフェニル廃棄物が長期にわたり処分されていない状況にあることから、その管理および処分に関して、平成13年に廃棄物処理法の特別法としてポリ塩化ビフェニル廃棄物の適正な処理の推進に関する特別措置法（以下「PCB特措法」という）が制定された。同法に従い、PCB廃棄物を保管する事業者は、毎年高濃度PCB廃棄物の保管および処分の状況を都道府県知事に届け出なくてはならず（同法

---

11) 委託者は、委託契約終了後5年間、委託契約書を保存する義務を負う（廃棄物処理法施行令6条の2第5号、同法施行規則8条の4の3）。

8条1項)、法定の処分期間[12]内に高濃度PCB廃棄物およびその他のPCB廃棄物を自ら処分しまたは処分を第三者に委託しなくてはならない(同法10条1項、14条)。また、PCB廃棄物を保管する事業者は、原則としてPCB廃棄物を第三者との間で譲渡または譲受してはならず(同法17条)、合併または会社分割(保管するPCB廃棄物に係る事業を承継させるもの)を行う場合は合併の新設・存続会社および会社分割の承継会社が当該保管事業者の地位を承継することとされ(同法16条)、上記の保管および処分の状況の届出、法定期間内の処分等の義務を負うこととなる。

なお、PCBは土壌汚染対策法上の特定有害物質にも指定されており(上記図表Ⅰ-15-1参照)、過去におけるPCB使用機器の取扱いやPCB廃棄物の保管による土壌への漏洩リスクについても留意が必要となる。

M&A取引に際してのデュー・ディリジェンスにおいては、対象会社がPCB廃棄物を保管しているか[13]、保管している場合は上記の規制の遵守状況、また会計デュー・ディリジェンスとも関係するが、PCB廃棄物の保管および処分費用の適切な引当てがなされているか等を確認する必要があると考えられる。上記のとおり、合併および会社分割の際の保管事業者の地位の承継が法定されている点もストラクチャーとの関係で留意が必要である。

(iii) アスベスト管理

石綿(アスベスト)に関しては、いわゆるクボタ・ショック[14]以降、主に労働者保護の観点から各種の立法措置がなされ[15]、現在では石綿および石綿をその重量の0.1%を超えて含有する全ての物の製造、輸入、譲渡、提供および使用は原則として禁止されている(労働安全衛生法55条、同法施行令16条4号)。また、既存のアスベストについては、一律除去等の措置が義務付

---

[12] 2018年7月時点では、高濃度ポリ塩化ビフェニル廃棄物については、その種類および保管場所に応じて2018年3月31日から2023年3月31日、その他のポリ塩化ビフェニル廃棄物については、2027年3月31日が期限である(PCB特措法施行令6条、7条)。

[13] PCBが使用された代表的な電気機器等には高圧変圧器、高圧コンデンサーおよび安定器等があるとされ(環境省=経済産業省「ポリ塩化ビフェニル(PCB)使用製品及びPCB廃棄物の期限内処理に向けて」(2017年3月版)3頁)、これらの機器の製造業者や典型的に使用されている業種(エネルギー産業における変電設備等)においては特に留意が必要である。

けられているわけではないものの、事業者には、労働者を就業させる建築物に使用されている吹付けアスベストまたはアスベストを使用する保温材、耐火被覆材等の損傷、劣化等により粉じんの発散および暴露のおそれがある場合、アスベストの除去、封じ込め、囲い込み等の措置を講じる義務（石綿障害予防規則10条1項）、事業所または工場の用に供される建築物の賃貸人には、共用部分につき同様の措置を講じる義務（同条4項）、建築物の解体等の作業の発注者は、請負人に対してアスベスト等の使用状況等を通知するよう努める義務（同規則8条）がそれぞれ課されている。また、事業者によるアスベストの使用や飛散等により、その従業員や近隣住民等に健康被害が発生した場合には、労働契約または不法行為に基づく損害賠償責任の対象となり得る。

M&A取引に際してのデュー・ディリジェンスにおいては、対象会社が所有または使用する建物におけるアスベストの使用状況、アスベストが使用されている場合は上記を含む規制の遵守状況、過去に事業所においてアスベストの飛散があったような場合は従業員や周辺住民の健康被害の発生状況やその可能性を調査および検討することになろう。

(3) 公害防止協定その他環境に関連する契約

日本においては歴史的に公害防止を目的とする手法の1つとして、企業と行政または企業と住民の間で公害防止協定を締結する実務が行われてきた。公害防止協定においては、一般に地域の実情を踏まえた法令より厳しい条件

---

14) 株式会社クボタが、2005年6月、同社従業員の石綿疾病への罹患および同社旧神崎工場周辺住民が石綿との因果関係が特に強いといわれる中皮腫に罹患していること等を公表し、従来、石綿による健康被害は職業性の暴露に限定されると考えられてきたため、行政関係者をはじめ日本全国にショックを与えたもの（大塚・前掲注1）649頁）。なお、これに続き2005年7月15日に経済産業省が公表した「アスベストによる健康被害の実態調査の結果について」によれば、アスベスト含有製品の製造企業等89社への調査の結果、アスベストによる健康被害により亡くなった従業員等は374名、療養中の従業員等は88名とのことであった。

15) 労働安全衛生法関連以外にも、建築基準法（吹付けアスベスト等の使用禁止および増改築等の際の除去、封じ込め、囲い込み等の措置等）、大気汚染防止法（建物解体作業等の際のアスベスト飛散防止対策）、廃棄物処理法（特別管理産業廃棄物としての管理等）、宅地建物取引業法（重要事項説明事項としての位置付け）等の立法措置がなされている。

の賦課、地方公共団体の立入調査権限や指導権限、情報開示請求等が規定されるようである。公害防止協定の法的効力については議論があるものの、法的拘束力を認める契約説[16]が多数説と考えられ、判例もこれを前提とすると考えられる[17]。

対象会社がこのような公害防止協定を締結している場合、内容によっては事業運営の制約になり得ることから、M&A取引に際してのデュー・ディリジェンスにおいてはその存否や内容を確認する必要がある。その他、環境に関連する第三者との契約（過去に売却した事業や不動産に関する環境関係の表明保証および補償義務等）も、環境に関する偶発債務の原因となり得ることから、同様に存否や内容を確認の上、リスクの程度を分析する必要がある。

(4) 環境関連の紛争

環境関連の紛争（所轄官庁からの調査命令や措置命令、環境汚染に起因する訴訟その他の法的手続（過去に売却した不動産の環境問題に起因するもの等）、近隣住民からのクレーム等が考えられる）がある場合、上記(3)と同様に対象会社の事業の制約や偶発債務となり得ることから、M&A取引に際してのデュー・ディリジェンスにおいてはその存否や内容を確認の上、リスクの程度を分析する必要がある。

(5) ISO14001

ISO14001とは、国際標準化機構（International Organization for Standardization）により1996年に発行された環境マネジメントの仕様を定めた規格であり、環境マネジメントシステムを構築する際に守らなければならない事項が盛り込まれている。事業者は、自社の環境マネジメントシステムが同規格に合致していることにつき一定の第三者機関による認証を受けることができ、既に多くの日本企業がISO14001認証を取得しているところである。ISO14001認証は、あくまで環境マネジメントシステムの規格適合性を担保するものに過ぎず、同認証を取得していることで環境リスクの不存在が保証されるものではないが、対象会社がISO14001認証を取得している場合、環境問題への

---

[16] 野村好弘「公害防止協定の民事法的側面」判タ248号（1970）3頁等。
[17] 最二判平成21年7月10日判時2058号53頁。

対処に積極的であることは推認され、またM&A取引に際してのデュー・ディリジェンスにおいては、ISO14001の関連資料を見ることで、対象会社に関連する環境問題の全体像を把握し、さらに調査を進める際の端緒とすることが期待できる。

2　M&A契約

環境問題に関して上記1のような観点からデュー・ディリジェンスを行った上で、その検出事項も踏まえ、M&A契約における環境問題の取扱い（売主および買収者間でのリスク分配）を検討することになる。

(1) 具体的な環境リスクが検出されていない場合

デュー・ディリジェンスの結果、具体的な環境リスクが検出されなかった場合であっても、対象会社の任意の協力の下で行われるデュー・ディリジェンスの限界もあり、買収者側としてリスクの不存在を完全に確認することはできない。したがって、買収者側としては、M&A契約において、環境関連法令の遵守、重大な環境汚染の不存在、環境関連法令の不存在等の表明保証を売主側に求め、その違反があった場合（事後に環境リスクの存在が明らかになった場合）には、クロージング前であれば表明保証違反による前提条件の未充足によりM&A取引から撤退できるようにし（あるいはかかる権利をレバレッジとして価格減額交渉を行い）、クロージング後であれば表明保証違反に基づく補償請求を通じて損害等の補填ができるようにしておくことが考えられる。なお、一般に環境リスクの顕在化までには時間を要することも多いため[18]、M&A契約においては、環境に関する表明保証については、通常の表明保証事項より長期の期間が設定されることも多い。また、環境リスクが顕在化してはいないが事業の性質等からみてリスクが大きいことが見込まれる

---

[18]　例えば、土壌汚染対策法上の3条調査は工場等の廃止が契機となるため、M&A取引後かかる工場の廃止等が行われる時点において土壌調査や汚染除去等の措置が必要となることも考えられる。また、アスベスト摂取による代表的な健康被害である中皮腫の潜伏期間は平均35年程度とされているため、対象会社の過去の事業において従業員等のアスベスト摂取が疑われる場合、かかる潜伏期間後に健康被害に基づく損害賠償請求等のリスクが顕在化する可能性もある。

ような場合には、通常の表明保証事項とは別に補償額の上限が高い金額で設定されることもある。

(2) 具体的な環境リスクが検出されている場合

(i) 価格への反映

デュー・ディリジェンスの結果、具体的な環境リスクが検出された場合、当該リスクを数値化し買収価格に反映（買収価格を減額）することができれば、M&A契約の締結段階で環境リスクの処理が完結することから、いずれの当事者にとっても明確な解決方法とはいえる。具体的に検出された環境リスクにもよるが、例えば、対象会社の所有する土地に土壌汚染が存在する場合における汚染除去等に要する費用、環境関連法令の遵守状況に問題がある場合における是正に要する費用、環境関連紛争がある場合における最終的に支払う可能性のある金額の見積額等は、買収価格の調整対象としてしばしば議論になるところである。

なお、契約締結時点で判明している環境リスクだけでは当事者が環境関連の費用等の見積額に合意できない場合等には、契約締結時点では買収価格の調整メカニズムを合意しておき、契約締結後クロージングまでの間またはクロージング後一定期間内に追加調査（環境デュー・ディリジェンスのフェーズⅡ調査等）を行って汚染等の環境問題の状況をさらに明確化した上で、事後的に買収価格の調整内容を確定させることもある。このような合意は、買収者が対象会社の土地をさらに売却したり当該土地を再開発したりする等、土地の形質を変更する予定がある場合や、下記(ii)で述べる特別補償を売主に対して義務付けることの難しい事業再生案件における取引において多くなされる傾向にある。

(ii) 特別補償

環境リスク自体は存在するものの、M&A契約締結段階においては必ずしも当該リスクに起因する損害等が顕在化しておらず、環境リスクを数値的に評価および合意し買収価格に反映することが難しい場合も多い。例えば、操業中の工場敷地に土壌汚染対策法上の指定基準を超える土壌汚染が認められるが、敷地外への汚染拡散の具体的なリスクは認められず、今後操業を中止し土地を売却したり土地の形質を変更する具体的予定もない場合等である。

そのような場合、M&A契約において、M&A取引実行後に当該リスクが顕在化し、買収者または対象会社に損害等が発生した場合の売主の補償義務を定めておくことが考えられる。かかる特別補償の規定に関する考え方や論点の多くはM&A契約全般に共通するものであるが、特に環境リスクの取扱いにおいて実務上しばしば議論となる点を以下に述べる。

(a) 特別補償の対象事項
(ア) デュー・ディリジェンスの結果検出された特定の事項への限定

特別補償の対象はデュー・ディリジェンスによる検出事項に限定するとしても、M&A契約においてどの程度詳細に特定するかは議論になり得るところである。例えば、売主としては、対象会社の特定のサイトにおける特定の汚染物質に起因する損害等に限定したい方向で交渉するが、デュー・ディリジェンスにおける検査項目の抽出やサンプル調査の対象ポイントの数・密度は契約交渉の期間による制約を受けた限定的なものとなっている場合もあり、調査の対象と補償の対象は案件の諸事情に応じた交渉のポイントになる。

(イ) （環境汚染につき）対象会社が汚染原因者であるものへの限定、汚染原因の立証責任

クロージング後に対象会社における環境汚染が顕在化する場合、その原因として、クロージング前後の事業のいずれによるものかという点のほか、自然由来の汚染や隣接地からの汚染なども存在し得るため、汚染原因者の特定ができない場合も多い。しかし、例えば土壌汚染対策法3条1項では、汚染原因者以外に土地の所有者、管理者または占有者も同法上の責任を負うこととされているため、いずれにしても対象会社には法令上の環境責任が生じ得るところであり、同法8条1項によって、責任を負担した所有者、管理者または占有者は汚染原因者に求償ができるとされてはいるが、実務的には、売主または対象会社が前の所有者に対して契約上の請求権を有するような特殊な場合を除き、汚染原因者を特定して求償することは困難である。したがって、M&A契約における特別補償の規定においては、売主への特別補償が認められる条件として対象会社に汚染の帰責性があることを必要とするか、その場合に、補償請求をする買収者側に汚染原因がクロージング前の対象会社にあることについて立証責任を負わせるのか、補償請求を受けた売主側に汚染原因がクロージング前の対象会社にないことの立証責任を負わせるのか等

のリスクアロケーションが議論になり得る。実務上は、例えば、汚染原因の立証責任をいずれかに負わせた上で、当該立証責任を軽減するために、クロージング後に汚染物質が含まれる可能性のある排水の排出口その他のポイントを定期的にモニタリングして数値の記録をとることを両者の合意事項とすることや、汚染原因者を立証できない場合の責任負担割合を、クロージング直後は売主100％とし、その後時間の経過とともに段階的に買収者の負担割合を増加させていく仕組みを合意すること等も考えられる。

(ウ) 環境に関する一般の表明保証との関係

特別補償の対象とするものは一般の環境に関する表明保証の対象からは除外するかが論点となり得る。売主側としては、デュー・ディリジェンスで判明した環境リスクを特別補償の対象とする以上は表明保証の対象からは除外すべきと主張することになろうが、買収者側としては、特別補償と一般保証両方のルートで請求ができるようにしたいと主張することが考えられる。

(b) 特別補償の対象となる損害等の範囲

(ア) 法令上義務付けられるものへの限定

売主側としては、仮に対象会社に環境汚染が存在していたとしても、買収者側が任意で行う汚染除去等の作業に要する費用まで補償対象にすると買収者側の裁量で補償額が膨らみ得るため、法令上義務付けられるもののみ等の一定の限定を付すことが望ましいところである。さらに、仮に法令上義務付けられるものに限定するとしても、法令上の義務が当事者の任意の行為によりトリガーされることもあり得るため（例えば、土壌汚染対策法上の調査義務は工場の廃止や土地の形質変更等が要件の１つであるが、これらは基本的にはM&A取引後は買収者側の任意で実施できるものといえる）、どこまでを特別補償の対象とすべきかがM&A契約における論点となり得る。また、契約締結後に環境基準が厳格化したことが理由で汚染対策費用が生じた場合などにおけるリスクアロケーションの観点から、対象となる法令および対象条項の定義やどの時点の法令を基準とするかも論点となり得る。

(イ) 第三者の請求に起因する損害等の範囲

通常の特別補償と同様に第三者請求に起因するものも補償対象とすべきとの議論はあり得るが、売主側としては、第三者請求に起因する損害等全般を補償対象とする場合、例えば、対象会社がM&A取引後に土壌汚染の存在す

る土地を売却する際に、(最終的に売主側に求償できる前提で) 土地売買契約において広範な環境に関する補償義務を負担してしまうといった事態も想定し得るため、買収者または対象会社の行為に起因する請求を除く、あるいは近隣住民の健康被害が出た場合に限定するなど、一定の限定を付すことが望ましいところである。

(ウ) **一般の表明保証違反に基づく補償の上限額との関係**

特別補償に関する上限額を設ける場合に、一般の環境に関する表明保証違反に基づく補償義務の上限額と合算するかが論点となり得る。この点は、環境に関する特別補償の対象事項を一般の環境に関する表明保証の対象とするか否かの論点とも関連してくる。

(iii) その他

上記のほか、①売主に対してその費用においてクロージング前に汚染除去を義務付ける、②買収者にクロージング後一定期限内の土地調査義務を課して損害額をすみやかに確定する、③損害が無限定に拡がることを防ぐために、土地の形質変更を生じるような建設工事をクロージング後補償期限内に買収者が行うことを禁止する (あるいはそのような行為を行った場合は補償義務の対象外とする) など、事案に応じた個別の合意がなされることもある。

第16章

産業競争力強化法

第1節
産業競争力強化法の概要

1 はじめに

　平成25年12月4日に成立し、平成30年改正により拡充された産業競争力強化法は、①規制の特例措置を通じた規制改革を推進し、あわせて、②産業活動における新陳代謝の活性化を促進するための措置、③株式会社産業革新投資機構に特定事業活動の支援等に関する業務を行わせるための措置、および④中小企業の活力の再生を円滑化するための措置を設け、もって国民生活の向上および国民経済の健全な発展に寄与することを目的としている（産業競争力1条参照）。本章では、②のうち収益力の飛躍的な向上に向けた事業再編の促進等、M&Aに関連する規定について概説する。

2 事業再編計画

　事業の生産性を相当程度向上させることを目指して、組織再編等を通じ事業構造を変更し、新商品の開発等に取り組む事業者は、実施しようとするこれらの取組に関する計画を作成し、「事業再編計画」として認定を受けることができる（産業競争力23条）。認定を受けた事業者は、その計画の実施に関して、**第2節**以降で述べるような各種の政策的支援を受けることができる。

第1節　産業競争力強化法の概要　1207

　事業再編の要件の概要は図表Ⅰ-16-1、計画認定要件の概要は図表Ⅰ-16-2のとおりである。認定基準の詳細は、「事業再編の実施に関する指針」（平成30年財務省・経済産業省告示第3号）（以下「実施指針」という）で定められている。

[図表Ⅰ-16-1]　事業再編の要件（産業競争力2条11項）

(1) 生産性向上に関する要件（産業競争力2条11項柱書）
　　事業者がその事業の全部または一部の生産性を相当程度向上させることを目指した事業活動であること。

(2) 取引の外形に関する要件（産業競争力2条11項1号）
　　次に掲げる措置のいずれかによる事業の全部または一部の構造の変更（当該事業者の関係事業者および外国関係法人が行う事業の構造の変更を含む）を行うものであること。
　イ　合併
　ロ　会社の分割
　ハ　株式交換
　ニ　株式移転
　ホ　事業または資産の譲受けまたは譲渡（外国におけるこれらに相当するものを含む）
　ヘ　出資の受入れ
　ト　他の会社の株式または持分の取得（当該他の会社が関係事業者である場合または当該取得により当該他の会社が関係事業者となる場合に限る）
　チ　関係事業者の株式または持分の譲渡（当該株式または持分を配当財産とする剰余金の配当をすることを含み、当該譲渡により当該事業者の関係事業者でなくなる場合に限る）
　リ　外国法人の株式もしくは持分またはこれらに類似するものの取得（当該外国法人が外国関係法人である場合または当該取得により当該外国法人が外国関係法人となる場合に限る）
　ヌ　外国関係法人の株式もしくは持分またはこれらに類似するものの譲渡（当該株式もしくは持分またはこれらに類似するものを配当財産とする剰余金の配当をすることを含み、当該譲渡により当該事業者の外国関係法人でなくなる場合に限る）
　ル　会社または外国法人の設立または清算
　ヲ　有限責任事業組合（有限責任事業組合契約に関する法律2条）に対する出資
　ワ　保有する施設の相当程度の撤去または設備の相当程度の廃棄

(3) **事業活動に関する要件（産業競争力2条11項2号、実施指針二イ）**
   事業者がその経営資源を活用して行う事業の全部または一部の分野または方式の変更であって、次に掲げるもののいずれかを行うものであること。
   イ　新商品の開発および生産または新たな役務の開発および提供により、生産もしくは販売に係る商品の構成または提供に係る役務の構成を相当程度変化させること：新商品等の売上高比率を全社売上高の1%以上とすること
   ロ　商品の新たな生産の方式の導入または設備の能率の向上により、商品の生産を著しく効率化すること：商品1単位当たりの製造原価を5%以上低減[1]
   ハ　商品の新たな販売の方式の導入または役務の新たな提供の方式の導入により、商品の販売または役務の提供を著しく効率化すること：商品等1単位当たりの販売費を5%以上低減[2]
   ニ　新たな原材料、部品もしくは半製品の使用または原材料、部品もしくは半製品の新たな購入の方式の導入により、商品の生産に係る費用を相当程度低減すること：商品1単位当たりの製造原価を5%以上低減

[図表 I -16-2]　事業再編計画および特別事業再編計画の認定要件

事業再編計画 （産業競争力23条5項、実施指針一・二ロ）	特別事業再編計画 （産業競争力25条5項、実施指針三・四ロ）
① 実施指針に照らし適切なものであること：事業再編計画の実施期間（原則3年以内）の終了年度に、イおよびロの目標達成が見込まれること イ　事業再編の対象となる事業部門単位で、以下のいずれかを達成[3] 　(i) 修正ROA2%ポイント向上 　(ii) 有形固定資産回転率5%向上 　(iii) 従業員1人当たり付加価値額	① 実施指針に照らし適切なものであること：特別事業再編計画の実施期間（原則3年以内）の終了年度に、イおよびロの目標達成が見込まれること イ　特別事業再編の対象となる事業部門単位で、以下のいずれかを達成 　(i) 修正ROA3%ポイント向上

---

1) 商品1単位当たりの材料費の低減が困難と認められる場合、製造原価から材料費を控除した額を10%以上低減させることも認められる。また、商品1単位当たりの製造原価の低減額の算定が困難と認められる場合には、当該商品に係る売上原価の金額を売上高で除した値を5%以上（売上原価から材料費を控除する場合は10%以上）低減させることでもよい。
2) 1単位当たりの販売費の算定が困難と認められる場合は、商品または役務の提供に係る販売費および一般管理費の金額を売上高の金額で除した値を5%以上低減させることでもよい。

6％向上 ロ　事業再編を行う事業者単位で、以下の(i)および(ii)を達成[4] 　(i)　（有利子負債－現預金－信用度の高い有価証券等の評価額－運転資金）÷（留保利益＋減価償却費＋前事業年度からの引当金増減額）≦ 10 　(ii)　経常収入＞経常支出	(ii)　有形固定資産回転率10％向上 (iii)　従業員1人当たり付加価値額12％向上 ロ　（事業再編計画に同じ）
②　事業再編が円滑かつ確実に実施されると見込まれるものであること：申請事業者の技術力、販売力等に照らして過度に実施困難なものでなく、かつ、当該計画の実施に必要な資金の調達が不可能なものでないこと	②　特別事業再編が円滑かつ確実に実施されると見込まれるものであること：申請事業者の技術力、販売力等に照らして過度に実施困難なものでなく、特別事業再編計画に係る事業再編が産業競争力強化法2条12項1号に該当するものであることにより他の会社の株式等の取得が円滑に行われるものであり、かつ、当該計画の実施に必要な資金の調達が不可能なものでないこと
③　（特別）事業再編による生産性の向上が、当該事業分野における市場構造に照らして、持続的なものと見込まれるものであること	
④　当該（特別）事業再編計画に係る事業の属する事業分野が過剰供給構造にある場合（実施指針二ロ(3)）にあっては、当該（特別）事業再編計画に係る（特別）事業再編が、当該事業分野の過剰供給構造の解消に資するものであること：計画実施により供給能力が減少するまたは需要を開拓すること	
⑤　従業員の地位を不当に害するものでないこと：（特別）事業再編に係る事業所における労働組合等と協議により十分に話し合いを行い、かつ、（特別）事業再編計画の実施に際して雇用の安定等に十分に配慮すること	

---

[3]　（減価償却費および研究開発費を控除する前の営業利益）÷総資産金額を便宜的に「修正ROA」と表記している（実施指針一イ(1)）。「有形固定資産回転率」は、売上高÷有形固定資産の帳簿価格、付加価値額は、営業利益＋人件費＋減価償却費、でそれぞれ計算される（実施指針九ロ(1)）。

[4]　ただし、事業者の業態の特性等の固有の事情を勘案して柔軟に判断される（実施指針一ロ）。

⑥ 内外の市場の状況に照らして、当該申請を行う事業者とその営む事業と同一の事業分野に属する事業を営む他の事業者との間の適正な競争が確保されるものであること：（特別）事業再編計画が、申請事業者の営む事業と同一の事業分野に属する事業を営む他の事業者の活動を著しく困難にさせるおそれのあるもの、申請事業者と当該事業分野に属する事業を営む他の事業者との間の協調的な行為を伴うもの、その他の当該申請事業者と当該事業分野に属する事業を営む他の事業者との間の適正な競争を阻害することとなるものでないこと
⑦ 一般消費者および関連事業者の利益を不当に害するおそれがあるものでないこと：（特別）事業再編計画を実施することにより、申請事業者が製造、販売もしくは提供する商品または役務の価格の不当な引上げ等が誘発されること、その他の一般消費者および関連事業者の利益を不当に害するおそれが生ずるものでないこと

　事業再編計画には、認定を受けようとする申請事業者が経営を実質的に支配していると認められる事業者（関係事業者・外国関係法人）が事業再編のために行う措置に関する計画を含めることができる（産業競争力23条4項）。関係事業者・外国関係法人の範囲の概要は、**図表Ⅰ-16-3**のとおりである[5]。

　事業再編計画の認定の申請は、所定の様式により、対象事業を所管する主務大臣に対して行う[6]。複数の事業者が事業再編のための措置を共同して行おうとする場合には、共同で計画申請を行い、その認定を受けることで、認定に基づく政策的支援（認定に連動する税制措置を含む）を共に受けることができる[7]。「事業者」とは事業を行う者を意味し、法人に限られない。「事業」は、生産性を概念できるものであればよく、事業規模や業種、営利性を問わない[8]。

　主務大臣は、申請書の提出を受けた日から原則として1か月以内[9]に計画の認定書を申請者に交付する（産業競争力規則13条1項）、申請書提出の2か

---

[5] 産業競争力2条8項・9項、産業競争力規則3条・4条。
[6] 産業競争力23条1項、産業競争力規則12条、様式19。
[7] 産業競争力23条2項、経済産業省編・後掲注10) 136頁。
[8] 経済産業省編・後掲注10) 135頁。
[9] 企業結合の届出が必要な場合等、事業再編または特別事業再編のための措置が、申請事業者の営む事業の属する事業分野における適正な競争が確保されないおそれがある場合として政令で定める場合に該当するときは、主務大臣は予め公正取引委員会と協議するものとされている。この場合には、必ずしも1か月以内に認定がされるわけではない（産業競争力27条、産業競争力強化法施行令4条、産業競争力規則13条1項括弧書）。

[図表Ⅰ-16-3] 関係事業者・外国関係法人の概要[10]

1. 関係事業者は、申請事業者との間で以下のA、B、CまたはDの関係を満たす事業者。外国関係法人は、申請事業者との間で以下のA、BまたはCの関係を満たす外国法人。
2. 1の関係を満たす事業者、外国法人が、単独もしくは複数で、または申請事業者と共同して、1のA、BまたはCの関係を満たす事業者も関係事業者、外国関係法人となる。

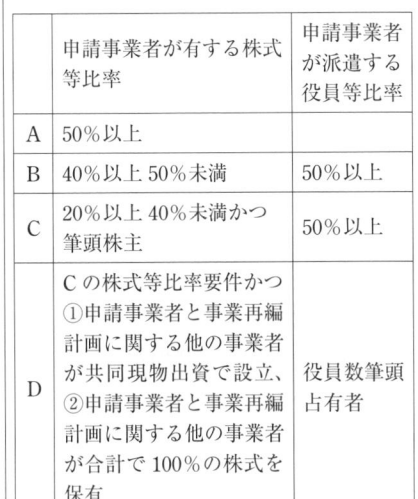

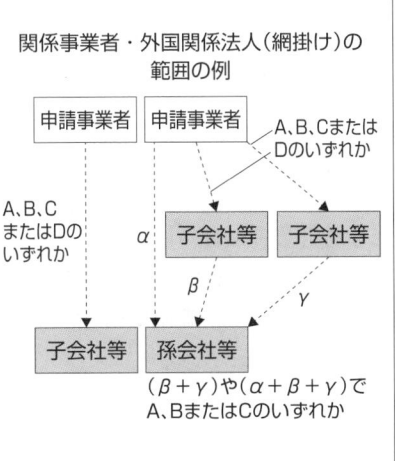

月程度前から事前相談を行うことが想定されている[11]。

計画が認定された場合、主務官庁から、認定年月日、認定事業者名、事業再編の目標・内容・実施時期、事業再編に伴う労務に関する事項、その他が公表される[12]。事業上の秘密に該当する部分は公表対象から除くことができるので、主務官庁との事前相談で公表範囲についても協議しておく必要があろう。

---

10) 経済産業省経済産業政策局産業再生課編『産業競争力強化法逐条解説』(経済産業調査会、2014) 31頁を基に筆者作成。
11) 経済産業省「産業競争力強化法における事業再編計画の認定要件と支援措置について」(http://www.meti.go.jp/policy/jigyou_saisei/kyousouryoku_kyouka/180604_gaiyou.pdf) 46頁。
12) 産業競争力23条6項、産業競争力規則13条3項、様式21。

認定後は、計画の実施期間中、原則として毎事業年度終了後3か月以内に、所定の様式[13]で計画の実施状況を主務大臣に報告しなければならない。債権放棄を含む計画は、毎四半期毎などのタイミングで別途報告書を提出する必要がある[14]。

認定後、計画に変更が生じた場合、認定された事業再編計画の趣旨の変更を伴わない軽微な変更を除き、計画変更の申請を行い、再度主務官庁の認定を得る必要がある[15]。計画実施期間中に認定要件を満たさなくなったと認められる場合には、主務大臣は、計画変更を指示しまたは認定を取り消すことができる（産業競争力24条3項）。

3　特別事業再編計画

特別事業再編計画は、事業再編計画の加重類型として平成30年産業競争力強化法改正で設けられた。特別事業再編計画の認定を受けることが、後記第2節の自社株対価M&Aについて、譲渡株主が株式譲渡課税の繰延べを受ける要件とされている[16]。

特別事業再編計画の認定を受けるためには、自社株対価M&Aが「特別事業再編」の要件（図表Ⅰ-16-4）を満たし、さらに、計画認定の要件（前記図表Ⅰ-16-2）を満たすことが必要である。

[図表Ⅰ-16-4]　特別事業再編の要件（産業競争力2条12項、実施指針四）

(1)　生産性向上に関する要件（産業競争力2条12項柱書） 事業再編のうち、事業者が当該事業者と他の会社または外国法人の経営資源を有効に組み合わせて一体的に活用[17]して、その事業の全部または一部の生産性を著しく向上させることを目指したものであること

---

13) 産業競争力規則48条1項、様式48。
14) 産業競争力規則48条3項・4項。
15) 産業競争力24条1項、産業競争力規則14条1項・2項、様式22。
16) 租特37条の13の3、66条の2の2、68条の86。
17) それぞれの有する知識、技術または技能等を活用することにより、商品の開発、資材調達、生産もしくは販売または役務の開発もしくは提供等において協力すること（実施指針四イ(1)）。

(2) 取引の外形に関する要件（産業競争力2条12項1号）
　① 次に掲げる措置のいずれかによる事業の全部または一部の構造の変更を行うものであること
　　イ　他の会社の株式または持分の取得（当該取得により当該他の会社が関係事業者となる場合に限る）
　　ロ　外国法人の株式もしくは持分またはこれらに類似するものの取得（当該取得により当該外国法人が外国関係法人となる場合に限る）
　② 自社株式のみを対価とすること
　③ 対価の額が、余剰資金の額を上回ること

(3) 事業活動に関する要件（産業競争力2条12項2号）
　新事業活動（産業競争力2条3項）であって、次に掲げる事業活動のいずれかを行うことにより、当該事業活動に係る商品または役務の新たな需要を相当程度開拓するものであること
　① 著しい成長発展が見込まれる事業分野における事業活動
　② プラットフォームを提供する事業活動
　③ 中核的事業へ経営資源を集中する事業活動

　事業再編における他の会社等の株式または持分の取得（産業競争力2条11項1号ト・リ）と比較した場合の特別事業再編の特徴としては次のような点が挙げられる。

　(1) 事業再編と異なり、特別事業再編に該当するのは、株式等の取得により他の会社等が関係事業者または関係外国法人となる場合に限られている。既に関係事業者となっている会社の株式の追加取得は含まれない。

　(2) 株式会社である認定事業者の「株式のみ」が対価であることが特別事業再編の要件の1つである[18]。ただし、交付する株式の端数処理金の支払いが行われても「株式のみ」要件は満たされる[19]。また、1段階目で公開買付けを行い、2段階目の取引でキャッシュアウトを行う二段階買収の場合も、1段階目の取引と2段階目の取引は別の行為と整理できるので、1段階目の自社株対価公開買付けについて、特別事業再編計画の認定を受けることは可

---

18) そのため、現金と株式のいわゆる混合対価の場合には、特別事業再編の要件を満たさず課税繰延措置を受けられない。この場合でも、事業再編計画の認定を受けて、会社法の特例を受けることは可能である。

19) 産業競争力規則51条2項2号参照、安藤元太＝中山龍太郎＝松尾拓也＝武井一浩「M&A新時代——株対価M&Aの幕開け」MARR Online 286号（2018）〔安藤発言〕。

能と考えられる[20]。

(3) 特別事業再編では、対価の額が余剰資金の額を上回ることが求められている。「対価の額」は、計画申請時に交付を見込んでいる申請事業者の株式の数に、1株当たりの時価を乗じて算出する（実施指針四イ(2)）。時価は直近の株価に限定されず、例えば◯か月前平均など、合理性のある考え方が示せればよい[21]。「余剰資金」は、原則として特別事業再編計画実施予定日の属する事業年度の直前事業年度末の貸借対照表[22]の帳簿価格を用いて、現預金－運転資金（売上債権＋棚卸資産－仕入債務）で計算され、特別事業再編計画に他の株式等の取得が含まれるときは、当該買収において支払われる金銭の額および手数料等その他の取得に要する費用を余剰資金の額から控除することができる（経済産業省関係産業競争力強化法施行規則4条の2）。

(4) 特別事業再編では、新事業活動[23]であって、①著しい成長発展が見込まれる事業分野における事業活動、②プラットフォームを提供する事業活動、または③中核的事業へ経営資源を集中する事業活動のいずれかを行うことで、当該事業活動に係る商品または役務の新たな需要を相当程度開拓するものであることが要件とされている。産業競争力強化法2条11項2号のイ・ロ・ハ・ニ（図表Ⅰ-16-1(3)参照）のいずれかを行い、かつ、計画終了年度における当該事業活動に係る商品または役務の売上高伸び率が、過去3事業年度における当該商品または役務に係る業種の売上高伸び率の実績値を5％ポイント以上上回った場合に、「新たな需要を相当程度開拓するもの」と認められる（実施指針四イ(3)）。

---

20) 安藤ほか・前掲注19)〔安藤発言〕。
21) 安藤ほか・前掲注19)〔武井・安藤発言〕。
22) 申請日において、計画実施予定日の属する事業年度の直前事業年度の確定申告書提出期限が到来していないときは、当該事業年度の前事業年度末の貸借対照表とすることができる。また、有価証券報告書提出会社である申請事業者は、計画実施予定日の属する四半期会計期間の直前の四半期会計期間末（申請日において、当該四半期会計期間に係る四半期報告書の提出期限が到来していない場合は、前四半期会計期間末）の貸借対照表を用いることもできる。
23) ①新商品の開発または生産、②新たな役務の開発または提供、③商品の新たな生産または販売の方式の導入、④役務の新たな提供の方式の導入その他の新たな事業活動のうち、当該新たな事業活動を通じて、生産性の向上または新たな需要の開拓が見込まれるものであって、公の秩序または善良の風俗を害するおそれがないものをいう（産業競争力規則2条）。

①は、国内外の市場において著しい成長発展が見込まれるⓐ健康、医療または介護、ⓑ移動の次世代化、ⓒ製品等の供給プロセスの次世代化、ⓓ快適なインフラ、まちづくり、およびⓔ先端技術を活用した金融関連サービスの事業分野において、関係事業者となる他の会社の革新的な技術や事業の実施方式を活用して行う事業活動をいい、実施指針で具体的な事業分野が定められている（実施指針五イ）。

　②は、情報通信技術を活用する商品または役務で、ⓐ相当数の事業者の事業活動に不可欠であって、他社が供給する商品または役務によって代替することが容易でないこと、またはⓑ商品または役務を利用する事業者または消費者の数が増加することに応じて当該商品または役務を利用する事業者の便益が相当程度増進すること、のいずれかの特性を有していることにより、相当数の事業者の事業活動に広く用いられるものとされている（実施指針六イ）。

　③は、中核的事業（当該事業者が行う他の事業に比して現に生産性が高い事業または将来高い生産性が見込まれる事業）の売上高等（売上高または総資産。経済産業省関係産業競争力強化法施行規則4条の3）の当該事業者の全事業の売上高等の総額に対する割合が、3％ポイント以上上回ることが見込まれる場合に該当する（産業競争力2条12項2号ハ。計算方法の詳細は、実施指針四イ(4)参照）。多角化している大企業や業界再編を行う企業が、買収により事業ポートフォリオの転換を図る場合等に利用が想定される。

第2節 自社株対価M&A

1 会社法上の規律

　買収会社（またはその親会社）の株式を対価とする対象会社の株式の取得（以下「自社株対価M&A」という）は、わが国では、会社法上の組織再編を除き、積極的に利用されてこなかった。その理由として、1つには、税制上、対象会社株主に課税負担が生じることが指摘されている。

[図表Ⅰ-16-5] 自社株対価M&A

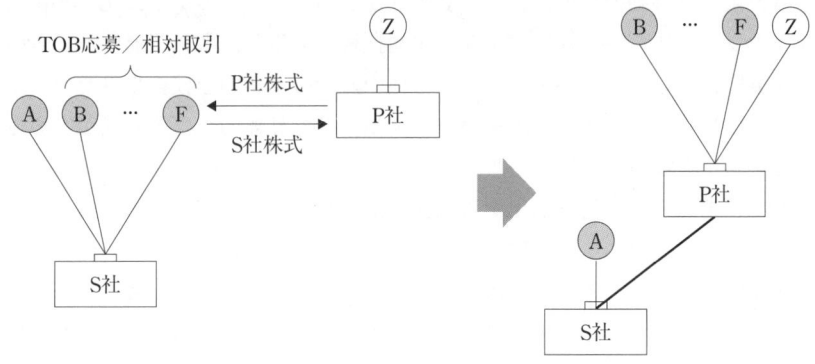

　また、このような自社株対価M&Aは、会社法上、対象会社株式の現物出資による買収会社株式の発行等として整理されるため、原則として裁判所が選任する検査役の調査が必要になる上（会社207条）、当該発行等の決議（募集事項の決定）の日から、発行等の日までの間に対象会社株式（現物出資財産）の価額が、募集事項に定めた価額に著しく不足する場合には、引受人である対象会社株主や買収会社の取締役等が出資財産の価額填補責任（会社212条、213条）を負う可能性もある。さらに、公開会社の場合、取締役会決議で募集株式の発行等を行うことが可能であるが、取引条件が対象会社株式の価格にプレミアムを付したものとなる場合などには、株式を引き受ける者に特に有利な払込金額での発行（いわゆる有利発行）に該当し、株主総会の特別決議が必要となる可能性もある[24]。

　加えて、子会社が親会社株式を対価として買収しようとする場合には、子会社による親会社株式の取得禁止規定（会社135条）との関係が問題となる。

2　産業競争力強化法による会社法の特例

　産業競争力強化法は、事業再編計画または特別事業再編計画の認定事業者が、認定計画に従って、自社株式を対価として譲渡により対象会社の株式を取得する場合に、対価となる株式の発行等について、次のとおり、現物出資規制、有利発行規制および子会社による親会社株式の取得禁止規定を適用し

ないこととし、代わりに株式交換と同等の規律を課すこととしている。買収会社は、認定事業者または認定事業者の完全子会社とすることができる（産業競争力32条。図表Ⅰ-16-6）。

[図表Ⅰ-16-6] 自社株対価M&Aに係る会社法の特例

	会社法の原則	産業競争力強化法による会社法の特例
検査役の調査	原則として必要	不要
出資財産である対象会社株式の「価額」の決定	必要	不要（対象会社株式と買収会社株式の交換比率を決定すれば足りる）
応募株主・買収会社取締役等の価額填補責任	あり	なし
有利発行規制	あり	なし

---

24) 会社199条2項・3項、201条1項、309条2項5号。
　なお、会社法においても、株式を対価とする買収を円滑に行うことができるようにする観点からの見直しが検討されている。「会社法制（企業統治等関係）の見直しに関する中間試案」（平成30年2月14日・法制審議会会社法制（企業統治等関係）部会）（以下「平成30年会社法制見直し中間試案」という）で提案された株式交付は、株式会社（株式交付親会社）が、現物出資規制や有利発行規制等の適用を受けずに、自社株式を対価として、他の株式会社（株式交付子会社）を新たに会社法施行規則3条3項1号に掲げる場合（議決権50％超）に該当する子会社とすることを可能にする制度である。平成30年会社法制見直し中間試案では、株式交付親会社は、対価として交付する自社株式の数や算定方法、譲り受ける株式の数の下限（株式交付により株式交付子会社の議決権の過半数を保有することとなるよう定めなければならない）等を記載した株式交付計画を作成して、株式譲渡の申込みをしようとする株式交付子会社の株主に通知し、申込期日までに書面で譲渡の申込みをした者の中から株式交付子会社株式の譲渡人と譲り渡す数を定め、通知することとされており、効力発生日に株式交付親会社との間で譲渡の効力が発生する（譲り受ける株式の数が下限に満たない場合は効力は発生しない）。株式交付親会社の株主および債権者には、株式交換と同様の規律（株主総会特別決議による株式交付計画の承認、反対株主の株式買取請求権、債権者異議手続、事前および事後の開示、株主による差止請求権）を適用することが想定されている。一方、譲渡制限株式の譲渡承認等が必要になる場合はあるものの、株式交換とは異なり、株式交付子会社側では特段の手続は要しない。現時点で判明している株式交付制度の詳細は本章**第8節**を参照されたい。

買収会社における募集事項の決議機関	公開会社の場合、有利発行でなければ取締役会。有利発行のときは株主総会特別決議	有利発行かどうかを問わず、株主総会特別決議が必要。ただし、簡易要件を満たすときは取締役会決議
子会社を通じた株対価M&A	子会社による親会社株式の取得禁止規定あり	子会社による親会社株式の取得禁止規定なし
買収会社株主の株式買取請求権	なし	あり。ただし、簡易要件を満たすときはなし

　親会社株式を対価とする場合、子会社である買収会社は、親会社の完全子会社等に限られる（産業競争力32条1項、産業競争力規則25条）。この場合、当該完全子会社等は、親会社株式のほか、親会社株式を裏付けとする預託証券を対価とすることもできる（産業競争力32条1項）。

　平成30年改正前の産業競争力強化法は、対象となる取引が、公開買付けにより対象会社を新たに関係事業者等としようとする場合に限定されていた（改正前の産業競争力34条）。平成30年改正により、①相対取引等の公開買付け以外の方法による買収や、②既存の関係事業者等を対象会社として株式等の買増しを行う場合にも、会社法上の特例を利用することができるようになった。

　なお、申請時点で対象会社の40％以上の議決権を保有していない事業者は、公開買付けまたは外国における公開買付けに相当するものにより他社の株式等を取得しようとする場合には、事業者の議決権保有割合が40％以上になるように買付予定数の下限を付さなければならず（実施指針ハニ(1)）、公開買付け以外の方法によるときも、議決権保有割合が40％以上となるために必要な措置を講じなければならない（実施指針ハニ(2)）。また、計画認定の申請書に、対価の相当性に関する事項を記載した書類を添付しなければならない（産業競争力規則31条1項）。計画認定がされた場合、当該書類は公表される（同条2項）。

3　税法の特例

　平成30年に改正された租税特別措置法では、特別事業再編計画の認定を受けた事業者が特別事業再編により他の法人の株式（出資を含む）を取得し、対価として自己株式を交付した場合について、株主側の課税繰延べを認めている。特別事業再編計画の認定は、産業競争力強化法改正の施行日から2021年3月31日までに受けることが必要である[25]。

　なお、特別事業再編計画の認定を受けた場合には、税法の特例と上記2の会社法の特例の両方が利用できる。

第3節
略式組織再編等

1　会社法上の規律

　会社法上、①事業譲渡、②総資産額の5分の1を超える子会社の株式または持分の譲渡、③事業の全部の譲受け、④吸収合併、⑤吸収分割、および⑥株式交換については、原則として株主総会の特別決議が必要であり、例外的に、他の会社（およびその完全子会社）によってその議決権の10分の9以上を保有されている会社が当該「他の会社」（特別支配会社）との間で組織再編等を行う場合には、原則として株主総会決議は不要（取締役会決議のみで足りる）とされている（略式手続）[26]。

　なお、組織再編行為のうち、株式移転、新設合併および新設分割については、略式手続は設けられていない（会社804条1項）。

---

[25]　租特37条の13の3、66条の2の2、68条の86。
[26]　会社468条1項、784条1項、796条1項。

2 産業競争力強化法による会社法の特例

　上記1①～⑥の行為が認定計画に従って認定事業者とその関係事業者との間で行われる場合には、略式手続を利用するための議決権保有要件が「3分の2以上」に引き下げられる（産業競争力30条1項。認定事業者およびその完全子会社が3分の2以上の議決権を有する関係事業者を「特定関係事業者」という）。

　また、認定計画に従って、特定関係事業者が新設合併または新設分割を行うときは、当該特定関係事業者における株主総会特別決議は不要となる（産業競争力30条2項）。

　なお、平成30年産業競争力強化法改正前は、1社の認定事業者（およびその完全子会社）のみで議決権の3分の2以上を保有している必要があったが、平成30年改正により、複数の認定事業者およびその完全子会社の有する議決権を合算して3分の2以上か判断されることとなった[27]。

　ただし、略式組織再編等および第4節の株式等売渡請求に係る会社法の特例を受けるためには、①1社の認定事業者（およびその完全子会社）のみでは議決権の3分の2以上を保有していない場合、複数の事業者が認定計画に従って事業再編または特別事業再編のための措置を共同して行うことを書面により合意していることが認定要件とされている（実施指針八ロ）。

　また、②特定関係事業者とその取締役との利益が相反する状況にある場合その他の不公正な条件で略式組織再編等が行われることにより他の一般株主の利益が害されるおそれがある状況にある場合には、行政機関によって策定された関連する指針等[28]を勘案し、略式組織再編等に係る条件の公正性を担保するための措置を講ずることが認定要件となる（実施指針八ハ）。

　①に係る合意の内容や、②の一般株主の利益が害されるおそれがある状況の内容および条件の公正性を担保するために講じる措置の内容は、計画認定

---

[27] ただし複数の認定事業者のうち、1社が対象会社を関係事業者としていることが必要であり、この点は、後述する株式等売渡請求に関する特例においても同様である。経済産業省・前掲注11）35頁。

[28] 経済産業省「企業価値の向上及び公正な手続確保のための経営者による企業買収（MBO）に関する指針」（2007年9月4日）などが想定される。

の申請書別表に記載する必要がある[29]。

さらに、略式組織再編等および**第4節**の株式等売渡請求に関する特例を受けようとする事業者は、申請書に対価の相当性に関する事項を記載した書類を添付しなければならない（産業競争力規則22条1項）。計画認定がされた場合、当該書類は公表される（同条2項）。

第4節
株式等売渡請求

1　会社法上の規律

株式等売渡請求制度は、対象会社の総株主の議決権の10分の9以上を有する株主（特別支配株主）が、対象会社を除く他の株主の全員に対して、その有する対象会社株式の全部を売り渡すことを請求できるとする制度である（会社179条1項本文）。

2　産業競争力強化法による会社法の特例

平成30年産業競争力強化法改正で、認定事業者が、その関係事業者を対象会社として、認定計画に従って株式等売渡請求を行う場合、議決権保有要件を「3分の2」に引き下げる特例が設けられた（産業競争力30条5項・1項）。略式組織再編等と同様に、「3分の2」の算定にあたっては、複数の認定事業者およびそれらの完全子会社の保有議決権が合算される。

また、会社法上は、対象会社および特別支配株主の完全子会社以外の全ての株主は売渡請求の対象とせざるを得ないが、産業競争力強化法上は、共同認定事業者およびその完全子会社も、売渡請求の対象から除くことができる（産業競争力30条5項括弧書）。そのため、キャッシュ・アウト後に完全支配

---

[29]　産業競争力規則様式19、様式28。

関係にない二者を株主として残したい場合にも活用可能である。

株式等売渡請求に係る認定要件等は、略式組織再編等と重複する部分が多いので、前記第3節も参照されたい。

第5節 株式併合

1 会社法上の規律

株式併合の実施には、対象会社の株主総会特別決議が必要である（会社309条2項4号・180条2項）。

2 産業競争力強化法による会社法の特例

認定事業者またはその関係事業者が、認定計画に従って行う株式併合で、以下のいずれにも該当する場合には、各株主の保有する議決権数は影響を受けず、株式併合が既存株主に与える影響が少ないことから、株主総会の特別決議に代わり取締役会決議で株式併合を行うことができる（産業競争力31条1項）。

① 資本金、資本準備金または利益準備金の額の減少と同時に株式併合を行うこと
② 株式併合と同時に単元株式数を減少し、またはその数を廃止すること
③ 株式併合後に各株主が有する単元の数（株式併合と同時に単元株式数を廃止する場合は、各株主が有する株式の数）が、当該株式併合前に各株主が有していた単元数を下回らないこと

第6節　スピン・オフ

1　会社法および税法上の規律

　スピン・オフは、現物配当等によって、株主に対して、既存子会社または事業を切り出して設立された会社等の株式を交付することにより当該子会社または事業を切り離す組織再編である[30]。

　この点、会社法上、剰余金の配当は原則として株主総会決議が必要であり（会社454条1項）、①取締役会決議により中間配当を行う旨の定款の定めがある場合（同条5項）および②ⓐ会計監査人設置会社である監査役会設置会社で取締役の任期が1年である会社またはⓑ監査等委員会設置会社もしくは指名委員会等設置会社で、剰余金の配当等の決定を取締役会決議で行う旨の定款の定めがある場合（会社459条1項）には、取締役会決議により剰余金の配当を行うことができる。もっとも、①の中間配当は、配当財産が金銭であるものに限られている（会社454条5項括弧書）。また、②においても、いわゆる現物分配を行う場合には、株主に金銭分配請求権（当該配当財産に代えて金銭を交付することを株式会社に対して請求する権利）を与えなければならないため（会社459条1項4号、454条4項）、税制適格要件の1つである対価要件（分離会社の株式のみが交付されること）を満たさない。

　株主に金銭分配請求権を与えず、適格組織再編としてスピン・オフを行うには、現物配当について親元会社の株主総会の特別決議を経る必要がある（会社454条4項、309条2項10号）。

2　産業競争力強化法による会社法の特例

　認定事業者が、認定計画に従って、当該認定事業者の関係事業者または外

---

30)　スピン・オフの詳細については、後記第Ⅲ部第1章第4節参照。

国関係法人の株式もしくは持分もしくはこれらに類似するものを配当する場合（特定剰余金配当）は、金銭を配当する場合と同様の手続によって現物分配を行うことができる（産業競争力33条）。

すなわち、①会社法459条1項の規定による定款の定めがある株式会社は、取締役会決議[31]、②①の定款の定めがない株式会社は、株主総会の普通決議を経ることとなる。いずれの場合も金銭分配請求権を与える必要はない（産業競争力33条1項による会社459条1項4号、309条2項10号の読替え）。

本特例を利用するには、現物配当される株式等の上場承認が現物配当の効力発生条件になっていることその他の現物配当の効力発生日後遅滞なく上場が予定されていることが、計画認定の要件になっており（実施指針ハホ[32]）、金融商品取引所への上場に関する日程が事業再編計画または特別事業再編計画の申請書類別表の記載事項とされている（産業競争力規則様式19、様式28）。

第7節 登録免許税

産業競争力強化法の施行日（2018年7月9日）から2020年3月31日までに認定された計画に従って行う組織再編行為等について、認定の日から1年以内に登記を受ける場合、図表Ⅰ-16-7のとおり、登録免許税の軽減を受けることができる（租特80条1項）。

---

31) 産業競争力強化法による特定剰余金配当については、定款の定めにより株主総会の決定権限を排除することはできない（産業競争力33条1項による会社460条1項の読替え）。
32) 現物配当された株式等の売却をすることが困難な場合は当該要件を満たさない（実施指針ハホ括弧書）。

[図表Ⅰ-16-7] 軽減税率

	通常の税率*	軽減された税率*
① 株式会社の設立または資本金の額の増加[33]	0.7%	0.35%
② 合併による株式会社の設立または資本金の額の増加		
イ　資本金の額または合併により増加した資本金の額のうち、合併消滅会社の合併直前における資本金の額として財務省令で定める額まで	0.15%	0.1%
ロ　イ以外[34]	0.7%	0.35%
③ 分割による株式会社の設立または資本金の額の増加[35]	0.7%	0.5%
④ 法人の設立、資本金もしくは出資金の額の増加または事業に必要な資産の譲受けの場合における不動産または船舶の所有権の取得[36]		
イ　不動産の所有権の取得	2.0%	1.6%
ロ　船舶の所有権の取得	2.8%	2.3%
⑤ 合併による法人の設立または資本金もしくは出資金の額の増加の場合における不動産または船舶の所有権の取得		
イ　不動産の所有権の取得	0.4%	0.2%
ロ　船舶の所有権の取得	0.4%	0.3%
⑥ 分割による法人の設立または資本金もしくは出資金の額の増加の場合における不動産または船舶の所有権の取得		
イ　不動産の所有権の取得	2.0%	0.4%
ロ　船舶の所有権の取得	2.8%	2.3%

＊税率はいずれも2018年7月現在。

---

[33] 認定により増加した資本金の額として政令で定めるところにより計算した金額のうち、3000億円を超える部分および②または③に掲げるものを除く。
[34] 認定により増加した資本金の額として政令で定めるところにより計算した金額のうち、3000億円を超える部分を除く。
[35] 認定により増加した資本金の額として政令で定めるところにより計算した金額のうち、3000億円を超える部分を除く。
[36] ⑤または⑥に掲げるものを除く。

第 8 節
補論──株式交付制度の創設
（平成 30 年会社法制見直し中間試案）

　産業競争力強化法に基づく自社株対価 M&A に加えて、自社株式を対価とする対象会社株式の取得を会社法一般の制度にまで拡張した「株式交付」制度の導入が、平成 30 年会社法制見直し中間試案において謳われている（平成 30 年会社法制見直し中間試案第 3 部第 2 参照）。そこで、以下では、補論として、この制度の概要を現時点で判明している限度で簡単に解説することとしたい[37]。なお、最終的に次期の会社法改正においてこの制度の創設が盛り込まれるか、盛り込まれるとしてもどのような制度内容となるかについては、引き続き注視する必要がある。

1　制度の概要

　平成 30 年会社法制見直し中間試案において提案されている「株式交付」制度の概要は、以下のとおりである（詳細については、平成 30 年会社法制見直し中間試案第 3 部第 2 参照）。
　株式交付とは、ある株式会社（以下「株式交付親会社」という）が、他の株式会社（これと同種の外国会社を含む。以下「株式交付子会社」という）をその子会社とするために当該株式交付子会社の株式を譲り受け、その譲渡人に対して株式交付親会社の株式を交付することをいうものとされている。ここで、株式交付子会社にはわが国の株式会社と同種の外国会社を含むものとされているため、株式交付制度を外国企業の買収（クロスボーダー M&A）に用いることも可能である。
　株式交付は、いわば部分的な株式交換として、それまで親子会社関係が存しなかった株式交付親会社と株式交付子会社との間に親子会社関係が創設される組織法上の行為と位置付けられており、そのため、性質上株式交換とは

---

[37]　株式交付制度の概要等については、例えば、大杉謙一「株式交付制度への期待」商事 2168 号（2018）17 頁以下参照。

異なる規律とすることが適当と考えられるものを除き、基本的に株式交換と同様の規律を設けることが提案されている。そのため、株式交付については、その基本的な性質は対象会社（株式交付子会社）株式の現物出資による買収会社（株式交付親会社）の新株発行または自己株式処分と共通する部分があるものの、株式交換の場合と同様に、有利発行規制（会社199条3項）や、現物出資財産に係る検査役の調査（会社207条）、募集株式の引受人および取締役等の財産価額填補責任に係る規律（会社212条、213条）は適用されないことが前提とされている。

なお、株式交付制度は、会社法の本則に規定される制度となることが予定されているため、平成30年改正前の産業競争力強化法の下における自社株対価公開買付けについての会社法の特例措置の場合と異なり、他の株式会社の株式等を、相対取引等の公開買付け以外の方法を通じて、買収会社が、自らが発行する新株または処分する自己株式を対価として取得する場合にも利用できるものとされ、対象会社が非上場会社である場合や会社法上の非公開会社である場合にも利用できるものとされている（この点は、平成30年改正後の産業競争力強化法の下における特例措置の場合と同様である）。

また、株式交付親会社の株式が、金商法所定の要件を満たす場合には、当該株式の交付は、別途、同法上の発行開示規制の適用対象となることがあるほか、株式交付子会社の株式に流通市場が存在する場合（例えば、株式交付子会社が上場会社である場合）には、当該株式の取得には、別途、当該流通市場を規律する規制（公開買付規制）が適用されることになる[38]。したがって、株式交付子会社が例えばわが国の上場会社である場合には、金商法の定める他社株公開買付けに係る規制（金商27条の2以下）のうち、いわゆるエクスチェンジ・オファーに係る規制が適用されることになる[39]。

2　株式交付親会社における決定事項

株式交付親会社は、株式交付をしようとするときは、(a)①株式交付子会社の商号および住所、②株式交付により譲り受ける株式交付子会社の株式の数

---

[38]　大杉・前掲注37) 19～20頁参照。
[39]　大杉・前掲注37) 19頁参照。

（株式交付子会社が種類株式発行会社[40]である場合にあっては、株式の種類および種類毎の数）の下限、③株式交付子会社の株式の譲渡人に対して当該株式の対価として交付する株式交付親会社の株式の数またはその数の算定方法ならびに増加する資本金および準備金の額に関する事項、④株式交付により株式交付子会社の株式の譲渡人に対して当該株式の対価として株式交付親会社の株式以外の財産を交付するときは、当該財産の種類に応じ、当該財産の内容および数もしくは額またはこれらの算定方法等、⑤株式交付子会社の株式の譲渡人に対する上記③の株式[41]の割当てに関する事項、⑥株式交付子会社の株式の譲渡しの申込みの期日（以下、本節において「申込期日」という）、⑦株式交付がその効力を生ずる日（以下、本節において「効力発生日」という）を定めなければならず、また、(b)上記(a)②所定の下限は、効力発生日において株式交付子会社が株式交付親会社の子会社（会社法2条3号に規定する会社が他の会社等の財務および事業の方針の決定を支配している場合[42]における当該他の会社等に限る）となるように定めなければならないとされている。

　このうち、上記(b)の要件は、株式交付が、従前は親子会社関係が存在しなかった株式交付親会社と株式交付子会社との間に新たに親子会社関係を創設するものとして組織法上の行為と位置付けられ、そうであるがゆえに募集株式の発行等と異なる規律を適用することが基礎付けられると解されているところ、このために設けられている「株式交付子会社をその子会社としようとする場合」という要件が満たされることを担保すべく、株式交付の規律の対象となる株式の交付の範囲を、客観的かつ形式的な基準によって定める趣旨で設けられている。言い換えれば、株式交付子会社に対する議決権割合が40％以上50％以下で、いわゆる実質支配基準（会社則3条3項2号）を満たすという場合には、会社法上は親子会社関係が創設されるとしても、株式交付が利用できる要件を満たさないこととなる。

　なお、株式交付は、株式交付親会社の株式を対価として株式交付子会社を買収するための制度であり、この手続の中で株式交付親会社の株式を全く交付しないことは想定されていない。そのため、株式交付計画においては、株式交付により株式交付子会社の株式の譲渡人に対して当該株式の対価として

---

40) これに相当する外国会社を含む。
41) なお、上記④に該当する場合には、上記④所定の財産を含む。
42) 会社法施行規則3条3項1号に掲げる場合に限る。

交付する株式交付親会社の株式の数またはその数の算定方法ならびに増加する資本金および準備金の額に関する事項を必ず定めなければならないものとされている（上記(a)③参照）。すなわち、株式交付によっていわゆる三角株式対価M&A（買収会社（株式交付親会社）の親会社が発行する株式のみを対価とする親会社株対価M&A）を行うことはできない。この点、前述したとおり、産業競争力強化法の下で行われる自社株対価M&Aについては、その一環として、買収会社の親会社株式を対価とした三角株式対価M&Aを実施することも認められているのとは異なっている。

　もっとも、株式交付親会社は、株式交付親会社の株式とあわせて当該株式以外の財産をも対価とすることができることが前提とされており（すなわち、「一部現金交付株式交付」のようなものも認められている。上記(a)④参照）、また、株式交付子会社が種類株式発行会社である場合には、一部の種類の株式交付子会社の株式についてのみ株式交付親会社の株式を対価とした上で、その他の種類の株式については無対価とし、または株式交付親会社の株式以外の財産を対価とすることができることも前提とされている[43]。

3　株式交付子会社の株式の譲渡しの申込み等

　株式交付親会社は、株式交付子会社の株主等に対し、前記2(a)①から⑦までの事項等を通知しなければならず、株式交付子会社の株式等の譲渡しの申込みをする者は、譲り渡そうとする株式等の数その他の事項を記載した書面を株式交付親会社に交付することとされている。譲渡しを行うか否かは、株式交付子会社の株主等の任意の裁量に委ねられている。その意味で、株式交付制度の下における株式交付は、組織法上の行為として位置付けられてはいるものの、取引法上の行為としての性格も一部帯びている。

　株式交付親会社は、申込期日において、譲渡しに係る申込者が申込みをした株式の数の総数が下限に満たない場合を除き、効力発生日の前日までに申込者に対して当該申込者から譲り受ける株式等の数を通知することとされている。これに対して、申込者は、効力発生日に、株式交付親会社が通知した

---

[43] 2018年2月14日付けで法務省民事局参事官室が公表した、平成30年会社法制見直し中間試案の補足説明59頁参照。

数の株式等を給付しなければならず、効力発生日に株式交付親会社が給付を受けた株式の総数が下限以上である場合には、当該給付をした申込者は、効力発生日に株式交付親会社の株主となる。

大要、以上のような手続を経て株式交付子会社の株主のうち申込みをした者に株式交付親会社の株式が交付されるところ、前記1のとおり、株式交付親会社においては、有利発行規制（会社199条3項）や、現物出資財産に係る検査役の調査（会社207条）、募集株式の引受人および取締役等の財産価額填補責任に相当する規律（会社212条、213条）の適用はないものとされている。

4 株式交付親会社におけるその他の手続

株式交付親会社において必要となり得る手続としては、株式交換完全親会社の手続に準じて、㋑株主総会の特別決議による前記2(a)①から⑦までの事項の決定、㋺反対株主による株式買取請求に係る手続、㋩一定の場合における債権者異議申述手続、㋥事前備置書類の備置き等が挙げられる。

もっとも、上記㋑については、株式交付子会社の株主に対して交付する株式交付親会社の株式その他の財産の価額の株式交付親会社の純資産額に対する割合が20％以下である場合には、株主総会の特別決議は不要とされている。このように、株式交付親会社において、いわゆる簡易手続によることも認められている（いわゆる簡易株式交付）。

なお、株式交付手続を通じた株式交付子会社の株式の取得については、前記1で述べたとおり、別途、金商法上の公開買付規制の適用があり得ることが前提とされているところ、株式交付子会社が有価証券報告書提出会社である場合には、前記2のとおり効力発生日において株式交付子会社が株式交付親会社の子会社[44]となるように定めなければならないとされている結果、自ずから買付け等の後の株券等保有割合が3分の1超となるため、株式交付制度を利用すると常に株式公開買付け（対価が株式となるため、いわゆるエクスチェンジ・オファーとなる）を行う必要があることになる（金商27条の

---

44) 会社法2条3号に規定する会社が他の会社等の財務および事業の方針の決定を支配している場合（会社法施行規則3条3項1号に掲げる場合に限る）における当該他の会社等に限る。

2第1項2号)。

5 株式交付子会社における手続

　株式交付子会社においては、株式交付について、株主総会の決議や取締役会の決議等の特段の手続を要しないものとされている。株式交付制度においては、株式交付子会社の株主等は、自らの申込みに基づいて、自らが有する株式交付子会社の株式等を譲り渡すものとすることが想定されていることから、株式交付子会社において株主総会決議を要求するなど、株主の保護に関する手続を要求する必要は特にないと考えられているためである。

　もっとも、株式交付子会社については、わが国の株式会社と同種の外国会社でもよいとされているところ、株式交付子会社が外国会社である場合、当該外国会社側の手続は、国際私法（国際会社法）の一般理論に基づき、当該外国会社の従属法である同社の設立準拠法において必要な手続も、別途履践される必要がある[45]。

6 他の自社株対価M&Aの手法との比較

　以上を踏まえ、株式交付を用いて行う自社株対価M&Aが、他の自社株対価M&Aの各手法（買収会社と対象会社との法人格が融合することになる合併、および三角合併は除く）、すなわち、会社法上の現物出資による募集株式の発行等、産業競争力強化法上の自社株対価M&A、および株式交換について、その利用可能範囲および利用した場合の効果の点でどのように異なるかを表にまとめると、図表I-16-8のとおりとなる。

---

[45] 大杉・前掲注37) 19～20頁参照。

[図表Ⅰ-16-8] 自社株対価M&Aの各手法の比較

	募集株式の発行等	産業競争力強化法上の自社株対価M&A	株式交換	株式交付
買収会社	日本法上の株式会社	日本法上の株式会社	日本法上の株式会社・合同会社	日本法上の株式会社
対象会社	制限なし	日本法上の株式会社・外国法人	日本法上の株式会社のみ	日本法上の株式会社・外国法人
全部/部分買収	両方可能	両方可能	全部買収のみ	両方可能
現物出資規制（検査役調査・財産価額填補責任）	適用され得る	不適用	不適用	不適用
買収会社における決定機関・決議要件	①公開会社の場合 原則： 取締役会決議 有利発行の場合： 株主総会特別決議 ②非公開会社の場合 株主総会特別決議	原則： 株主総会特別決議 簡易要件充足： 取締役会決議	原則： 株主総会特別決議 簡易要件充足： 取締役会決議	原則： 株主総会特別決議 簡易要件充足： 取締役会決議
買収会社の反対株主の株式買取請求権	なし	あり	あり	あり
買収会社株主による差止請求権	会社210条	会社210条	会社796条の2	あり
対価に株式等以外の財産が含まれる場合の債権者異議手続	なし	なし	あり	あり

子会社による親会社株式の取得の禁止	抵触	抵触せず	抵触せず	抵触
対象会社における決定機関・決議要件	機関決定不要	機関決定不要	原則：株主総会特別決議 略式要件充足：取締役会決議	機関決定不要
わが国上場会社が買収に用いた実例	そーせいによる英アラキス買収（2005） オリックスによる蘭ロベコの買収〔対価の一部のみ〕（2013）等	本書脱稿日現在不見当	多数	N/A

＊越智晋平「産業競争力強化法における会社法特例の改正の解説」商事2173号（2018）7頁所掲の表を筆者にて一部改訂して作成

●事項索引●

あ 行

アーニングス・ストリッピング……(下)497
アーリーステージ…………(下)811, 863, 872
アーンアウト（earn-out）……(下)122, 918, 998
アーンアウト条項……………………(上)963
アキュハイヤー（acquhire, acqhire,
　acquihire）………………………(下)910, 919
アクティビスト・ファンド…………(下)485
アジャスティッド・プレゼント・バリュー
　法……………………………………(下)85
アセットディール……………………(下)3
アパマン事件………………(上)532, 540
アフリカ商事法調和化機構…………(下)798
アムスク事件…………………………(上)615
アモン法……………………………(下)727
アルコ事件…………………………(下)187
アンチ・サンドバッギング条項……(下)191
アンチダミー法……………………(下)757
安定株主工作………………………(下)625
按分比例………………………(上)234, 265
アンレバードβ（unlevered beta）……(下)79
異議申出期限日………………………(上)1087
意見表明報告書……(上)255, 260, 287, (下)240
移行期間サービス（Transition Service）
　……………………………………(下)200, 210
移行期間サービス契約………………(下)200
移行時業務委託契約………(下)200, 283, 284
移行時ライセンス契約………(下)283, 284
意向表明書…………………………(下)27〜29
意思決定過程の恣意性………………(下)541
異常変則性・事業目的併用説
　………………………(上)897, 914, 934
石　綿………………………………(上)1198
イスラム法…………………………(下)805
1号保有者…………………………(上)86

一元説………………………………(上)936
著しい損害…………………………(上)592
著しく少数の者から買付け等を行うものと
　して政令で定める場合……………(上)219
一段階合併（one-step merger）………(下)688
一段階取引と二段階取引……………(下)407
一段階買収…………………………(上)319
一部現金対価株式交換………………(上)842
一部現金対価三角合併………………(上)880
一部現金対価三角株式交換…………(上)880
一部変更承認申請……………………(下)986
一括拠出金…………………………(上)1137
逸失利益……………………………(上)628
一定の取引分野………………………(上)1017
一般に認められた会計原則…………(下)111
一般用医薬品………………………(下)974
移転資産等…………………………(上)631
移転資産等取得者……………………(上)632
委任状説明書………………………(下)689
委任状争奪戦（proxy fight/contest）
　………………………(下)485, 609, 646
委任状の勧誘………………………(下)649
イベント・スタディ………………(上)20
医薬品医療機器総合機構……………(下)973
医薬品医療機器等法…………(下)492, 973
医薬品製造販売業許可………………(下)492
医療機器…………………………(下)974
医療機器業公正取引協議会…………(下)989
医療用医薬品………………………(下)974
医療用医薬品製造販売業公正取引協議会
　……………………………………(下)989
インサイダー取引規制………(下)245, 250
　——の適用除外……………………(上)121
インサイダー取引防止条項…………(下)23
インセンティブ報酬………(下)877, 878
インターネットナンバー事件………(上)614

事項索引　1235

インディケーション・レター………(下)316
インバージョン……………………(下)495
インフォメーション・パッケージ……(下)17
インフォメーション・メモランダム
　…………………………(下)17, 26, 56
ヴァーチャル・データ・ルーム（VDR）
　…………………………………(下)57, 192
ウィリアムズ法……………………(上)17
ウォール・ストリート・ルール……(上)14
裏口上場……………(上)377, 428, 462, 466
売出規制……………………………(下)252
　──の適用除外取引…………(上)75, 99
売付け勧誘等………………………(上)74
売渡株式等の取得の無効の訴え……(上)352
運転資本……………………………(下)73
運転資本調整………………………(下)109
永久還元法…………………………(下)82
エーアールエー事件………………(上)620
エージェンシー問題………(下)403, 527, 596
エクイティ・カーブアウト（equity
　curve-out）………(下)421, 422, 439, 443, 488
エクイティキッカー………………(下)374
エクイティ・キュア………………(下)339
エクイティ・セルダウン…………(下)349
エグジット………………(下)865, 902, 917
エグジット・マルチプル法………(下)82
エクスチェンジ・オファー
　……………(上)293, 300,(下)408, 440
エスクロー（escrow）……………(下)229
エスクロー口座……………………(下)792
閲覧謄写請求………………………(上)586
欧州委員会…………………………(下)702
欧州医薬品市場調査協会（EphMRA）
　…………………………………(下)1000
欧州議会……………………………(下)702
応募株券等…………………………(上)233
応募株主等…………………………(上)232
　──による撤回の自由…………(上)248
応募義務……………………………(下)235
応募契約………………(上)205, 249,(下)235
応募の撤回……………………(下)236, 247

応募の方法…………………………(上)272
オークション…………(下)17, 18, 24, 26, 587
オープンイノベーション…………(下)861
オブザーバー派遣…………………(下)896
オプション評価理論………………(上)182
オプションプール…………(下)876, 877, 881
オプトアウト手続…………………(上)1181
親会社等状況報告書………………(上)264
親会社の異動………………………(上)155
親子上場………………………(下)401, 423
　──の解消………………………(下)403

か　行

カーブアウト………………………(下)283
海外子会社…………………………(下)353
外国製造業者………………………(下)977
外国仲裁判断の承認及び執行に関する条約
　…………………………………(下)234
外国投資委員会………………(下)693, 694
外国保険会社等……………………(下)950
外資規制……………………………(下)806
開示別紙（disclosure schedule）
　……………………………(下)179, 192
　──による除外…………………(下)180
　──の修正（アップデート）…(下)205
外資保護……………………………(下)806
会社関係者…………………………(上)105
会社の組織に関する訴え…………(上)602
会社分割……………………………(上)719
　──と雇用関係…………………(上)1074
　──と詐害行為取消権…………(上)620
　──と事業譲渡等との比較……(上)519
　──と労働協約…………………(上)1079
　共同事業を行うための──……(上)806
会社法審判所………………………(下)737
外為法の事前届出…………………(下)631
買付価格の均一性…………………(下)248
買付条件等……………………(上)231, 236
　──に係る規制…………………(下)231
買付け等………………(上)200,(下)249
　──の条件……………………(下)237, 242

事項索引

――への該当時期………………………(上)205
――を行う株券等の下限
　　　………………(上)234, (下)238, 247
　他者の公開買付期間中の大株主による
　　　――………………………………(上)224
買付け等対象外株券等………………(上)229
買付予定数の上限……………………(上)234
回復することができない損害………(上)592
外部有識者……………………………(下)580
買戻請求権……………………………(下)901
価格決定制度………………(上)632, 667, (下)540
価格調整………………………………(下)108
価額填補責任…………………………(上)297
革新的医療機器条件付早期承認制度
　　　………………………………(下)980
確定給付企業年金……………………(上)1122
　　――と価格調整……………………(上)1137
　　――と不利益変更…………………(上)1129
　　――の移換…………………………(上)1124
　　――の移換と受給権者等…………(上)1133
　　――の積立金の算定………………(上)1132
貸金業の登録…………………………(下)492
貸金業法………………………………(下)492
貸付期間………………………………(下)331
貸付実行前提条件……………………(下)335
加重平均資本コスト…………………(下)68
価値下落損害…………………………(上)628
課徴金納付命令………………………(上)301
合　併…………………………………(上)719
　　――と雇用関係……………………(上)1073
　共同事業を行うための――………(上)784
合併契約………………………(上)381, 409
合併差損………………………………(上)388
合併対価………………………………(上)409
合併比率………………………………(上)412
神奈川県洋服商工業協同組合事件…(上)616
カネボウ事件…………………………(上)249
株券交付の欠缺………………………(上)68
株券等………………………………(上)198, 250
　　――の取得に関する許可等………(上)284
　組合財産である対象者の――……(上)214

株券等所有割合………………(上)212, 218
　　――の計算方法……………………(上)213
株券等保有割合………………(上)88, (下)241
株式移転………………………(上)425, 719
　　――と雇用関係……………………(上)1072
　　――に係る税制適格要件…………(上)826
株式移転計画………………(上)431, 447, 453
株式移転方式………………………(下)388, 389
株式買取請求……(上)390, 439, 478, 506, 632
株式・株主権の時効取得……………(上)69
株式継続保有要件………(上)734, 735, 809
株式交換………………………(上)425, 719
　　――と雇用関係……………………(上)1072
　　――に係る税制適格要件…………(上)828
　　――によるグループ外企業の買収
　　　………………………………(上)851
　　――を用いたグループ内組織再編
　　　………………………………(上)850
株式交換契約…………………(上)431, 448
株式交換差損…………………………(上)438
株式交換対価…………………………(上)448
株式交換等……………………(上)336, (下)412
株式交付………………………(上)1226, (下)409
株式償還型分割………………………(下)438
株式譲渡………………………(上)798, (下)168
　　――と雇用関係……………………(上)1072
　株券発行前の――……………………(上)67
株式譲渡契約…………………(下)167, 168
株式譲渡損益課税……………………(上)769
株式等売渡請求………………(上)340, 663
株式分配………………………………(上)758
株式併合………………………………(上)360
株式報酬………………………………(下)437
株式ロックアップ……………………(下)628
株主意思の原則………………………(下)641
株主価値………………………………(下)64
株主間協定……………………………(下)363
株主間契約……………(下)253, 254, 873, 897
株主共同の利益………………………(下)657
株主均等割合保有関係………(上)725, 727, 796
株主総会開催禁止の仮処分…………(上)590

事項索引　1237

株主総会決議禁止の仮処分………………(上)590
株主総会決議取消しの訴え………(上)608, 611
株主総会決議の瑕疵に関する訴え……(上)611
株主総会決議不存在確認の訴え
　………………………………………(上)611, 616
株主総会決議無効確認の訴え……(上)611, 616
株主総会招集許可……………………………(上)594
株主平等原則……………………………………(上)317
株主有限責任……………………………………(下)257
カラー……………………………………………(下)113
仮処分……………………………………(上)562, 563
　──の違反………………………………(上)597
為替取引税……………………………………(下)796
簡易合併………………………………………(上)398
簡易株式交換…………………(上)333, 444, (下)413
簡易事業譲受け………………………………(上)508
簡易分割………………………………………(上)482
環境デュー・ディリジェンス………(上)1194
関係者間協定…………………………………(下)363
関係法人等……………………………………(上)228
ガン・ジャンピング
　………………………(上)1035, (下)21, 725, 795
　　狭義の──………………………(上)1036
　　広義の──………………………(上)1036
勘定系システム……………………………(下)926
間接取得………………………………………(上)203
間接損害……………………………(上)527, 641, 653
間接損害説……………………………………(上)641
完全開示条項…………………………………(下)185
完全希釈化ベース……………………………(下)877
完全合意 (entire agreement)………(下)232
完全子会社化……………(上)316, (下)4, 401, 526
完全支配関係…………………………………(下)776
「完全支配グループ内組織再編成＋現物分
　配」類型……………………………(下)452, 469
完全な公正の基準 (entire fairness test)
　………………………(上)531, 549, 662, (下)582
監督 (監視) 義務……………………………(上)524
勧誘禁止義務…………………………………(下)199
管理監督者………………………………………(上)1113
キーパーソン………………………(上)1117, (下)919

キーパーソン条項……………(下)211, 902, 906
既開示有価証券…………………………(上)78, 100
期間延長請求……………………………(上)233, 289
企業会計基準委員会………………………(上)943
企業型確定拠出年金………………………(上)1123
　──と不利益変更………………………(上)1142
　──の移換………………………………(上)1138
企業価値…………………………………………(下)62
　──の増加・非増加……………………(上)688
企業価値・株主共同の利益の確保・向上の
　原則……………………………………………(下)640
企業価値基準…………………………………(下)639
企業結合………………………………………(上)1015
企業結合会計基準及び事業分離等会計基準
　に関する適用指針………………………(上)949
企業結合審査…………………………………(下)794
企業結合に関する会計基準 (企業結合会計
　基準) ………………………………………(上)943
企業行動規範…………………………………(上)158
議決権…………………………………………(下)894
議決権行使禁止の仮処分……………………(上)305
議決権行使促進レター………………………(下)650
議決権拘束条項………………………………(下)266
議決権保有規制………………………………(下)362
議決権保有要件………………………………(上)331
帰結主義…………………………………………(上)2
期限の利益喪失事由…………………………(下)347
疑似 DES………………………………………(下)819
希釈化……………(上)633, 653, (下)878, 902
　──の防止 (anti-dilution)…………(下)259
希釈化損害……………………………………(上)638
希釈化防止条項………………………………(下)884
基準 BS…………………………………………(下)108
帰責事由………………………………………(上)625
希薄化率………………………………………(上)158
希望退職募集……………………………………(上)1107
基本合意…………………………………………(下)30
基本合意書………………………………………(下)18
　──の法的拘束力………(下)32, 36, 38, 40
逆三角合併……………………………………(上)876
逆取得…………………………………………(上)954

キャッシュ・アウト……(上)28, 315, 575, 663
キャップテーブル………………………(下)880
救済手段の限定……………………(下)226
吸収説……………………………………(上)608
急速な買付け……………………(上)218, 221
強圧性（coercion)
　………(上)324, 326, 332, 341,(下)567, 597
強圧的（coercive)………………………(上)39
　実質的に――（substantially coercive)
　………………………………………(上)39
協会けんぽ……………………………(上)1143
　――の移換………………………(上)1144
供給の代替性……………………(上)1018
競業避止義務
　………(上)496, 517,(下)199, 257, 281, 906
　合弁当事者の――……………(下)268
強制期限前返済…………………(下)338
強制公開買付規制…………(上)30, 198, 217
　――における数量基準…………(上)212
　――の対象会社…………………(上)200
　――の対象行為…………………(上)200
　――の適用除外…………………(上)225
強制転換条項……………………(下)891
競争上センシティブな情報…………(上)1039
競争の実質的制限………………(上)1020
兄弟法人等…………………………(上)227
協調的な行動による競争制限………(上)1025
共通支配下の取引…………………(上)953
共同事業組織再編型スピン・オフ…(下)457
共同事業組織再編類型……………(下)454
共同支配企業の形成………………(上)953
共同出資会社………………………(上)1016
共同操業契約………………………(下)1038
共同保有者………………(上)86,(下)251
共同持株会社………………………(下)397
共同利用………………………………(上)1184
業務等に関する重要事実……………(上)111
業務範囲規制………………………(下)942, 970
拒否権…………(下)258, 259, 260, 263, 264,
　　　　　266, 271, 894, 902, 904
拒否権条項……………………(下)265, 273

拒否権付株式………………………(上)168
規律効果（disciplinary effect)
　…………………………(上)37,(下)101
緊急差止命令………………………(上)304
銀行議決権大量保有者………………(下)932
銀行主要株主認可……………(下)933, 936
銀行持株会社………………………(下)939
銀行持株会社認可…………………(下)938
組合が買収者となる場合……………(上)209
クラウン・ジュエル…………………(下)628
クラスアクション…………………(下)692
クリアランス………………………(上)1042
グリーンシート銘柄…………………(上)219
クリーン・ハンズ原則………………(下)193
グリーンメイラー………………(上)193,(下)604
繰越欠損金………………(上)793, 810,(下)15
グループ法人税制………………(上)731,(下)465
クレジット・パーティ………………(下)352, 380
クロージング（closing)……(下)169, 874, 918
　――の時期………………………(下)170
　――の前提条件（conditions precedent)
　…………………………………(下)202
　――の場所………………………(下)171
クロージング BS……………………(下)108
クロージング後の誓約（post-closing
　covenants)………………………(下)193, 199
クロージングチェックリスト…………(下)172
クロージング日…………………(下)170
クロージング前の誓約（pre-closing
　covenants)………………………(下)193, 194
クロージングメモランダム…………(下)172
クロ・クロ取引……………………(上)121
クロスデフォルト…………………(下)348
クロスボーダー・エグゼンプション
　……………………………(上)308, 309
クロスボーダー組織再編……………(上)742
経営参画要件………(上)788, 809, 857,(下)474
経営判断原則（business judgement rule)
　………(上)528, 530, 625,(下)179, 582
　米国における――………………(上)530
計画外事業譲渡……………………(下)842

経済制裁…………………………(下)808
経済的合理性基準説………………(上)897
経済分析…………………………(上)1033
経済擁護行政委員会………………(下)794
経済連携協定……………………(下)704
形成権………………………(上)340, 349
継続開示…………………………(下)293
継続開示義務の免除………………(下)416
継続価値（terminal value）………(下)69
継続企業…………………………(下)68
契約交渉の破棄…………………(下)43
契約締結上の過失…………(下)36, 38, 43
契約変更条項……………………(下)912
決議要件の加重…………………(下)264
決定事実…………………………(上)112
減価償却…………………………(上)947
現金対価合併……………………(上)781
現金対価株式交換………………(上)372, 450
健康保険組合……………………(上)1143
　　──と不利益変更……………(上)1147
　　──の移換…………………(上)1144
原則適用類型……………………(上)217
減損会計基準　→　固定資産の減損に係る会計基準
減損テスト………………………(上)943, 960
現地人雇用規制…………………(下)808
兼任取締役………………………(下)536
現物残余財産分配………………(上)724
現物出資…………………(上)143, 719, 720, 757
現物配当…………………………(上)722
現物分配…………………………(上)758
権利義務移転……………………(上)1127
権利行使価額修正条項付新株予約権
　　（moving strike warrant）……(上)216
公開買付け…………(上)197, (下)235, 795
　　──の実体的規制…………(上)230
　　──の撤回…………………(上)245
　　──の目的…………………(上)268
公開買付開始公告…(上)254, 259, 265, (下)238
公開買付価格の均一性……(上)235, 244, 252
公開買付期間……………………(上)231
　　──の延長…………………(上)232
公開買付規制の域外適用………(上)306
公開買付事務取扱者……………(上)265
公開買付者………………………(上)259
公開買付説明書……………(上)261, 290
公開買付代理人…………………(上)254
公開買付届出書
　　………(上)254, 259, 267, (下)238, 250
　　──の訂正届出書…………(下)248
公開買付報告書……………(上)262, 292
交換比率…………………………(上)450
恒久的施設………………………(下)460
恒久的施設管理親法人株式……(上)867
工商部門…………………………(下)731
公正価値移転義務……(上)553, 664, (下)545
厚生主義…………………………(上)2
公正性担保措置……………(下)239, 556
公正手続実施義務………………(下)548
公正な価格（fair price）…(上)393, 678, (下)582
　　──の決定方法……………(上)695
公正な手続（fair dealing）………(下)582
厚生年金基金……………………(上)1123
公正分配価格……………………(上)679
構造的利益相反………(上)547, 665, (下)524
構造的劣後関係…………………(下)315
口頭証拠排除法則（parol evidence rule）
　　………………………………(下)232
後発医薬品………………………(下)975
交付金合併………………………(上)412
合　弁………………(上)953, 1016, (下)253
合弁会社…………………………(下)253
　　──の解散…………………(下)280
　　──の機関設計……………(下)259
　　──の事業目的……………(下)257
　　──の資金調達……………(下)270
　　──の商号…………………(下)257
　　──の剰余金の配当………(下)269
　　──の取締役の善管注意義務…(下)267
　　──の法的形態……………(下)257
合弁会社株式の譲渡制限………(下)273
合弁契約……………………(下)253, 254

合弁事業の解消・・・・・・・・・・・・・・・・・・・・・・・(下)440
合弁当事者の情報開示請求権・・・・・・・・・(下)269
合弁当事者の持株比率・・・・・・・・・・・・・・・(下)258
合理性確保義務・・・・・・・・・・・・・・・・・・・・・・(下)544
合理性基準・・・・・・・・・・・・・・・・・・・・・・・・・・・(上)662
効率性・・・・・・・・・・・・・・・・・・・・・・・・・・・・・・・(上)1024
効率的資本市場仮説・・・・・・・・・・・・・(下)88, 558
効力発生日の変更・・・・・・(上)416, 493, 517,(下)8
コーポレート・インバージョン
　→　インバージョン
コーポレート・インバージョン対策税制
　・・・・・・・・・・・・・・・・・・・・・・・・・・・・・・・(上)744, 869
コーポレートガバナンス・コード・・・・(下)484
コーポレートベンチャーキャピタル
　（CVC）・・・・・・・・・・・・・・・・・・・・・・・・・・・・(下)861
コール・オプション（call option）
　・・・・・・・・・・・・・・・・(上)202, 211,(下)279, 370, 373
ゴールデン・パラシュート・・・・・・・・・・・(下)629
子会社事業連動株式・・・・・・・・・・・・・・・・・(下)441
子会社上場　→　エクイティ・カーブアウト
子会社対象会社・・・・・・・・・・・・・・・・・・・・・・(下)957
子会社の株式等の譲渡・・・・・・・・・・・・・・・・(上)71
子会社連動株式・・・・・・・・・・・・・・・・・・・・・・(下)441
顧客閉鎖・・・・・・・・・・・・・・・・・・・・・・・・・・・・(上)1028
国外源泉所得非課税方式・・・・・・・・・・・・・(下)504
国際財務報告基準・・・・・・・・・(上)942,(下)111
国際仲裁・・・・・・・・・・・・・・・・・・・・・・・・・・・・・(下)234
50%超グループ内組織再編類型・・・・・・・(下)454
5条協議・・・・・・・・・・・・・・・・・・・・・・・・・・・・・(上)1082
個人情報・・・・・・・・・・・・・・・・・・・・・・・・・・・・(上)1177
個人情報保護法・・・・・・・・・・・・・・・・・・・・・(上)1177
個人データ・・・・・・・・・・・・・・・・・・・・・・・・・・(上)1177
コ・セール権・・・・・・・・・・・・・・・・・・・・・・・・(下)909
固定資産の減損に係る会計基準（減損会計
　基準）・・・・・・・・・・・・・・・・・・・・・・・・・・・・・・(上)943
固定制割当比率・・・・・・・・・・・・・・・・・・・・・・(上)412
5%基準・・・・・・・・・・・・・・・・・・・・・・・・(上)218, 219
5%超・・・・・・・・・・・・・・・・・・・・・・・・・・・・・・・・(上)222
個別催告・・・・・・・・・・・・・・・・・・・・・・・・・・・・・(下)927
コベナンツ　→　誓約

コミットメント型ライツ・オファリング
　・・・・・・・・・・・・・・・・・・・・・・(上)202, 216, 217, 226
コミットメントライン・・・・・・・・・・・・・・・(下)330
コミットメント・レター・・・・・・・・・・・・・(下)316
コングロマリット企業・・・・・・・・・・・・・・・(下)387
コングロマリット・ディスカウント
　・・・・・・・・・・・・・・・・・・・・・・・・・・・・・・(下)436, 441
混合型企業結合・・・・・・・・・・・・・・・・・・・・・(上)1030
コンティンジェント・バリュー・ライツ
　・・・・・・・・・・・・・・・・・・・・・・・・・・(下)122, 134, 998
コントロール・プレミアム・・・・・・・・・・・・(上)31
コンバージェンス・・・・・・・・・・・・・・・・・・・(上)942
コンバーティブル・エクイティ
　・・・・・・・・・・・・・・・・・・・・・・・・・・(下)861, 914, 916
コンバーティブル・ノート・・・・・・・・・・・(下)914
コンバーティブル・ボンド・・・・・・・(下)861, 914
コンファーマトリー・デュー・ディリジェ
　ンス・・・・・・・・・・・・・・・・・・・・・・・・・・・・・・・・・(下)48

さ　行

債権者異議手続・・・・・・・・・・・・・・・・・・・・・・(下)927
債権者価値・・・・・・・・・・・・・・・・・・・・・・・・・・・(下)64
債権者間協定・・・・・・・・・・・・・・・・・・・・・・・・(下)363
債権者保護手続・・・・・・・・・・・(上)395, 442, 479
財産権・・・・・・・・・・・・・・・・・・・・・・・・・・・・・・・(上)317
財産的損害・・・・・・・・・・・・・・・・・・・・・・・・・・(上)627
財産流出損害・・・・・・・・・・・・・・・・・・・・・・・・(上)628
最終契約・・・・・・・・・・・・・・・・・・・・・(下)18, 27, 167
再審査制度・・・・・・・・・・・・・・・・・・・・・・・・・・(下)992
サイズ・プレミアム（size premium）
　・・・・・・・・・・・・・・・・・・・・・・・・・・・・・・・・・・・・・(下)80
再生医療等製品・・・・・・・・・・・・・・・・・・・・・・(下)974
サイドレター（覚書）・・・・・・・・・・・・(下)873, 897
債務者審尋・・・・・・・・・・・・・・・・・・・・・・・・・・(上)596
財務制限条項・・・・・・・・・・・・・・・・・・(下)334, 828
債務の履行の見込み・・・・(上)385, 435, 461, 477
債務不履行・・・・・・・・・・・・・・・・・・・・・・・・・・(上)627
財務予測・・・・・・・・・・・・・・・・・・・・・・・・・・・・・(下)71
　――の下方修正・・・・・・・・・・・・・・・・・・・(下)563
詐害的会社分割・・・・・・・・・・・・・・・・・・・・・・(上)462
詐害的事業譲渡・・・・・・・・・・・・・・・(上)466, 512

事項索引 1241

差額負債調整勘定……………………(上)794, 797
先買権 (first refusal right) …(下)275, 896, 909
錯誤無効………………………………(上)608
差止事由………………………………(上)638
差止請求……………………(上)563, 564, (下)40
サタデー・ナイト・スペシャル…………(上)17
差別的行使条件付新株予約権…………(下)618
さや寄せ………………………………(上)693
参加型…………………………………(下)882
三角合併………(上)412, 420, 721, 863, (下)513
三角合併等対応税制……………(上)862, 865
三角株式交換………………(上)450, 863, (下)513
三角交換………………………………(上)721
三角分割………………(上)721, 864, 865, 881
　分割型分割タイプの——……………(上)882
　分社型分割タイプの——……………(上)882
産活法方式……………………………(上)328
産業廃棄物……………………………(上)1196
サンジェム事件…………………(上)608, 611
サンドバッギング（プロ・サンドバッギ
　ング）条項……………………………(下)191
参入圧力………………………………(上)1023
サンパウロ証券・商品・先物取引所
　………………………………………(下)795
3分の1ルール……………………(上)218, 220
残余財産の分配による株券等の取得
　………………………………………(上)203
残余財産分配の優先……………………(下)882
私売出し………………………………(上)75
ジェネリック医薬品……………………(下)975
ジェン・プローブ………………………(下)433
時価評価課税…………………………(上)824
時間差スピン・オフ……………(下)468, 469
事業価値………………………………(下)67
事業関連性要件……………(上)786, 851, 854
事業規模要件……………………(上)787, 859
事業継続要件………………(上)338, (下)462
事業再編計画…………………………(上)1208
事業譲渡……………………(上)720, 797
　——等の対価…………………………(上)516
　——と雇用関係………………………(上)1091

事業譲渡等指針………………………(上)1096
事業の意義……………………………(上)463
事業の「重要な一部」…………………(上)504
　——の譲渡…………………………(上)463
事業の全部の譲渡………………………(上)463
事業の全部の譲受け……………………(上)463
事業部門業績連動株式…………………(下)441
事業部門連動株式……………………(下)441
事業分離等に関する会計基準…………(上)949
事業持株会社…………………………(下)385
資金調達………………………………(下)863
　——のラウンド………………………(下)864
資金を確保する方法…………………(上)347
事後市場株価補正……………………(上)704
事後設立………………(上)72, 720, (下)406
自己創設営業権………………………(上)831
事後備置…………………(上)397, 443, 481
資産価格理論　→　CAPM理論
資産管理会社…………………………(上)203
資産調整勘定……(上)720, 794, 797, 811, 812
資産等移転主体………………………(上)631
資産ロックアップ……………………(下)628
自社株公開買付け……………(上)556, (下)494
自社株対価M&A……………………(上)1215
自社株対価TOB……………(上)293, (下)408
市場価格がない場合の株式価値評価
　………………………………………(上)709
市場画定………………………………(上)1017
市場リスク・プレミアム（market risk
　premium）……………………………(下)77
事前開示の原則………………………(下)641
事前警告型買収防衛策……………(下)25, 614
事前警告型ライツ・プラン……………(下)612
事前備置…………………(上)381, 432, 473
事前的紛争解決………………………(上)562
実質基準に該当する合意……………(上)210
実質上の減資に伴う株式の有償消却
　………………………………………(下)433
実質的共同保有者………………………(上)87
実質的存続性………………(上)378, 428, 462
質問回答報告書………………………(上)288

質問権……………………………(上)288
私的自治の原則…………………(下)186
　　――の修正……………………(下)190
私的整理手続……………………(下)811, 855
自動終了事由……………………(下)143
シナジー（synergy）
　　………………(上)7, 629, 651, 661,(下)66
シナジー効果（synergy effect）………(下)101
シナジー財務予測………………(下)561
シニアローン契約………………(下)328
シニアローンの条件変更・借換……(下)372
支配株主…………………(下)453, 456, 474
　　――との取引…………………(上)161
　　――の異動……………………(上)136
　　――の異動を伴う募集株式の割当て等
　　……………………………………(上)326
　　――の少数株主に対する忠実義務
　　……………………………………(下)404
支配株主存在型スピン・オフ………(下)457
支配関係…………………………(上)776
支配権の変動　→　チェンジ・オブ・コントロール
支配権プレミアム………………(下)103
資本金等の額……………………(上)748, 749
資本コスト………………………(下)67
　　株式の――……………………(下)76
　　負債の――……………………(下)82
資本再編成（recapitalization）………(下)443
資本参加免税……………………(下)504
資本政策…………………………(下)865
資本多数決の原則………(下)255, 258, 264, 278
指名権……………………………(下)261
締出し……………………………(上)315
締出し合併（freeze-out merger）……(下)582
諮問事項…………………………(下)574
社外監査役………………………(下)579
社外取締役………………………(下)578
従業員代表機関…………………(下)726
従業員1人当たり付加価値額………(上)1208
就業規則の不利益変更…………(上)1098
従業者継続従事要件……………(上)338

従業者引継要件…………………(下)462
修正ROA…………………………(上)1208
修正国際基準……………………(上)962
重大な悪影響（material adverse effect）
　　………………………………(下)182, 207
重大な悪化（material adverse change）
　　………………………………(下)181, 207
重要事実の公表…………………(上)115
「重要性」による限定（materiality qualification）………………(下)179, 181
重要な使用人……………………(下)463
主観的な租税回避の意図・目的
　　……………………………………(上)902, 919
主観的な租税回避目的………(上)902, 919, 937
受給権者等………………………(上)1132
主従事労働者……………………(上)1075, 1076
受贈益課税………………………(上)721
出資証明書………………………(上)256
取得者の意思に基づかない取得……(上)203
取得条項…………………………(下)891
　　金銭を対価とする――…………(下)368
取得請求権………………………(下)884
　　金銭を対価とする――…………(下)368
取得日……………………………(上)349
主要株主基準値…………………(下)961
主要株主の異動…………………(上)155
主要株主の売買報告書…………(上)264
主要資産等引継要件……………(下)462
主要投資家………………………(下)903
需要の代替性……………………(上)1018
主要目的ルール……………(上)190, 353,(下)637
種類株式………………(下)258, 262, 266, 270
　　――と公開買付規制…………(上)249
　　――の要綱……………………(上)166
種類株主総会……………………(下)894
　　――の承認………………(上)389, 414, 438
種類株主総会決議を要しない旨の定款規定
　　……………………………………(下)332
準拠法……………………………(下)793
純資産調整………………………(下)110
純粋持株会社………(上)854, 856, 859,(下)385

純粋持株会社実態調査……………(下)386	知れている債権者………………(上)396
準備会社…………………………(下)396	新王子製紙事件…………………(上)607
ジョイント・ベンチャー　→　合弁	新株発行と雇用関係……………(上)1072
少額短期保険業者………………(下)949	新株発行の無効の訴え…………(上)618
少額短期保険持株会社…………(下)950	新株発行不存在確認の訴え……(上)619
小規模所有者……………(上)218, 229, 272	新株発行無効事由………………(上)640
小規模保有者……………………(上)225	新株予約権売渡請求…………(上)347, 356
小規模リスク・プレミアム（small risk premium）……………………(上)711, (下)80	新株予約権買取請求………(上)390, 439, 478
	新株予約権付社債………………(下)914
消極的損害………………………(上)628	新規発行取得………………(上)201, 223
承継届……………………………(下)984	シンジケートローン……………(下)350
条件および期限付承認…………(下)981	新設合併…………………………(上)374
条件付き早期承認制度…………(下)977	新設分割…………………………(上)458
条件付対価（contingent consideration）……………………………(下)121	新設分割計画…………(上)473, 485, 495
	人的分割………………………(上)469, 494
証券取引等監視委員会………(上)302, 304	信認義務（fiduciary duties）……………………(上)530, (下)582, 687
証拠制限契約……………………(下)232	
少数株主権等……………………(上)351	信頼の原則………………………(上)525
少数持分保有……………………(上)1015	垂直型企業結合…………………(上)1027
譲渡損益調整資産………………(上)731	垂直的結合………………………(上)9
譲渡担保の法的性質……………(下)365	水平型企業結合…………………(上)1021
常任代理人………………………(上)273	水平的結合………………………(上)8
消費者契約法……………………(上)65	スキーム・オブ・アレンジメント……………………………(下)715, 749
商品範囲…………………………(上)1017	
情報開示機能……………………(下)177	スクイーズ・アウト……(上)315, 613, (下)500
情報管理体制……………………(上)1038	スクープ報道……………………(下)304
情報交換ガイドライン…………(上)1039	スタートアップ…………………(下)862
情報受領者………………………(上)109	スタンド・アローン・イシュー（stand-alone issue）………………………(下)200
情報請求権……………………(下)902, 905	
情報提供（説明）義務…………(下)186	スタンドアローン価値…………(下)66
情報伝達・取引推奨規制………(上)123	スタンドアローン財務予測……(下)561
情報伝達・取引推奨禁止………(下)24	スタンドスティル（standstill）条項……………………(上)212, (下)24, 26
情報の非対称性…………………(下)600	
商務主管部門……………………(下)731	スチュワードシップ・コード…(下)484
剰余権者…………………………(下)64	ステップ・トランザクションの法理……………………………(上)924, 926
処分清算型の担保権の実行……(上)226	
シリーズＡラウンド……………(下)863	ストック・オプション…(上)886, (下)437, 877
「知る限り」による限定（knowledge qualification）……………(下)179, 182	ストックディール………………(下)3
	スピン・オフ…(上)12, 1223, (下)404, 420, 432
知る前計画………………(上)122, 348, 358	スピン・オフ税制……………(下)447, 458
知る前契約………………………(上)122	スプリット・アップ……………(下)432

事項索引

スプリット・オフ……………(下)432
請求失期事由………………(下)347
生産物分与契約……………(下)1036
誠実協議義務………………(下)43
税制適格ストック・オプション……(下)878
税制適格要件…………(上)739, 817
製造販売……………………(下)975
製造販売承認………………(下)977
制定法………………………(下)797
正当な事業目的………(上)316, 318
誓約（covenants）……(下)193, 343, 792
誓約事項……………………(下)245
整理解雇……………………(上)1109
セーフハーバー………(上)1021, 1028
責任投資原則（Principles for Responsible Investment）……………(上)53
セキュリティ・エージェント………(下)379
セキュリティ・トラスト……………(下)379
セキュリティ・パッケージ…………(下)351
積極的損害…………………(上)627
絶対劣後構成………………(下)371
設備投資制限………………(下)345
設立無効・不存在の訴え…………(上)619
善管注意義務………(上)522, 621
1933年証券法……(上)307, 407, (下)413, 414
1934年証券取引所法………(上)307, (下)689
1940年投資会社法…………(下)699
潜在的租税債務………(上)796, 812
全資産担保…………………(下)311
　　——の原則………………(下)351
選択的対価…………………(下)416
前提条件……………………(下)792
全部買付義務………………(上)239
全部勧誘義務………(上)239, 324, 355
　　——の例外………………(上)239
全部取得条項付種類株式
　　…………(上)365, 613, 614, 663, (下)500
全部保有関係………………(上)727, 729
総株主等の議決権…………(上)213
創業者………………………(下)867
相互会社……………(下)948, 972

総数引受契約………………(上)136
相対劣後構成………………(下)371
相当因果関係………………(上)623
双方審尋……………………(上)596
属地主義……………………(上)306
組織再編……………………(上)717
　　——とみなし配当…………(上)764
　　——による取得……………(上)201
　　——の延期………………(下)145
　　——の中止………………(下)145
　　——の分類………………(上)717
組織再編条件………………(上)636
　　——の不公正……………(上)606
組織再編成…………(上)404, 446, 714, (下)293
　　——に係る一般的行為計算否認規定
　　…………………(上)903, (下)494
　　共同事業を行うための——
　　…………………(上)784, 806, 819
組織再編税制………………(上)714
組織再編成対象会社………(上)404
組織再編成対象会社株主等…………(上)404
組織再編対価の柔軟化……(下)409
組織再編等無効の訴え……(上)601
損害軽減義務………………(下)227
損害担保契約………………(下)178

た　行

タームシート………(下)868, 871, 912
タームローン………………(下)329
ダイオキシン類……………(上)1195
対　価………………(上)629, 632
　　——の組み合わせ…………(下)415
　　——の公正性……………(上)321
　　——の交付の見込み………(上)349
　　——の支払期日……………(上)349
　　——の相当性……………(上)349
対会社責任…………………(上)632
対価取得者…………………(上)631
対価調整条項………………(下)146
対価不足損害………………(上)629
対価要件……………(上)785, (下)462

事項索引　1245

待機期間‥‥‥‥‥‥‥‥‥‥‥(上)1035
大規模買付行為‥‥‥‥‥‥‥‥(下)615
大規模増資‥‥‥‥‥‥‥‥‥‥(上)158
対抗公開買付け‥‥‥‥‥‥(下)239, 243
対抗提案‥‥‥‥‥‥‥‥‥‥‥(上)278
対抗的買収提案‥‥‥‥‥‥‥‥(下)586
第三者委員会‥‥‥‥‥‥‥‥‥(下)573
　──の目‥‥‥‥‥‥‥‥‥‥(下)584
第三者請求‥‥‥‥‥‥‥‥‥‥(下)225
第三者提供‥‥‥‥‥‥‥‥‥‥(上)1181
第三者割当増資‥‥‥‥‥‥‥‥(上)638
対象会社グループ保証の原則‥‥(下)351
退職勧奨‥‥‥‥‥‥‥‥‥‥‥(上)1108
退職給付債務‥‥‥‥‥‥‥‥‥(上)1134
退職給付に係る負債‥‥‥‥‥‥(上)1134
退職給付引当金‥‥‥‥‥‥‥‥(上)1135
対第三者責任‥‥‥‥‥‥‥‥‥(上)622
対等合併‥‥‥‥‥‥‥‥‥‥‥(上)953
第2次再編‥‥‥‥‥‥‥‥‥‥(上)791
大量保有報告書‥‥‥‥(上)263, (下)237, 240
ダウンラウンド‥‥‥‥‥‥‥‥(下)884
多角化買収‥‥‥‥‥‥‥‥‥‥(上)10
抱合せ株式‥‥‥‥‥‥‥‥‥‥(上)957
抱合せ株式消滅差損益‥‥‥‥‥(上)957
タグ・アロング・ライト（tag-along-right）
　‥‥‥‥‥‥‥‥‥‥(下)374, 896, 909
他者の公開買付期間中の買付け‥(上)218
多重代表訴訟‥‥‥‥‥‥‥‥‥(上)622
多段階再編‥‥‥‥‥‥‥‥(上)790, 834
立会外取引に関する規制‥‥‥‥(上)221
タックス・ヘイブン対策税制‥‥(下)497
段階取引‥‥‥‥‥‥‥‥‥‥‥(上)954
　──の法理　→　ステップ・トランザク
　　ションの法理
短期売買利益の返還‥‥‥‥‥‥(上)359
単純現物分配類型‥‥‥‥‥‥‥(下)450
団体交渉とM&A‥‥‥‥‥‥‥(上)1150
単独分割‥‥‥‥‥‥‥‥‥‥‥(上)470
担　保‥‥‥‥‥‥‥‥‥‥‥‥(上)596
担保契約等重要な契約‥‥‥‥‥(上)357
担保権者間協定‥‥‥‥‥‥‥‥(下)373

担保権信託‥‥‥‥‥‥‥‥‥‥(下)360
担保権の実行による取得‥‥‥‥(上)202
担保付社債信託法‥‥‥‥‥‥‥(下)360
地域経済共同体‥‥‥‥‥‥‥‥(下)799
チェンジ・オブ・コントロール（change
　of control）‥‥‥‥(下)51, 195, 206, 277, 369
治　験‥‥‥‥‥‥‥‥‥‥‥‥(下)977
注意喚起制度‥‥‥‥‥‥‥‥‥(下)306
仲　裁‥‥‥‥‥‥‥‥‥‥‥‥(下)793
仲裁合意条項‥‥‥‥‥‥‥‥‥(下)235
忠実義務‥‥‥‥‥‥‥‥‥(上)522, 625
中立義務‥‥‥‥‥‥‥‥‥‥‥(下)634
超過収益力‥‥‥‥‥‥‥‥‥‥(上)960
直接損害‥‥‥‥‥‥‥‥(上)527, 641, 653
直接損害説‥‥‥‥‥‥‥‥‥‥(上)641
地理的範囲‥‥‥‥‥‥‥‥‥‥(上)1017
通知期限日‥‥‥‥‥‥‥‥‥‥(上)1086
ティアーⅠ免除‥‥‥‥‥‥‥‥(上)310
ティアーⅡ免除‥‥‥‥‥‥‥‥(上)311
ティーザー‥‥‥‥‥‥‥‥‥‥(下)16
テイクオーバー・コード‥‥‥‥(下)713
ディスカウントTOB‥‥‥‥‥(上)554
訂正届出書‥‥‥‥‥‥‥‥(上)261, 282
定足数の加重‥‥‥‥‥‥‥‥‥(下)264
手形債権‥‥‥‥‥‥‥‥‥‥‥(下)358
適格合併‥‥‥‥‥‥‥(上)756, 768, 779, 793
適格合併等の範囲に関する特例制度
　‥‥‥‥‥‥‥‥‥‥‥‥‥‥(上)868
適格株式交換等
　‥‥‥‥‥‥(上)335, 336, (下)407, 410, 412
適格株式分配‥‥‥‥‥‥(上)723, 759, (下)466
適格現物分配‥‥(上)722, 758, 759, 848, (下)465
適格事後設立‥‥‥‥‥‥‥‥‥(上)732
適格組織再編成‥‥‥‥‥(上)719, 733, (下)11
適格外し‥‥‥‥‥‥‥‥‥‥‥(上)907
適格分割‥‥‥‥‥‥‥‥‥‥‥(上)804
適格分割型分割‥‥‥‥‥‥(上)756, 768
適時開示‥‥‥‥‥‥‥‥‥(下)34, 241
適正情報開示義務‥‥‥‥‥‥‥(下)551
敵対的買収‥‥‥‥‥‥‥(上)37, 547, (下)594
適用除外買付け等‥‥‥‥‥‥‥(上)355

適用除外類型……………………(上)217, 225
テクニカル上場…………………………(下)394
デット・エクイティ・スワップ（DES）
　……………………………(上)143, (下)817
デット・エクイティ・レシオ…………(下)377
デット・サービス・カバレッジ・レシオ
　（DSCR）……………………………(下)335
デッドロック
　…………(下)256, 258, 264, 271, 272, 278
デュー・ディリジェンス
　………(上)608, 624, (下)13, 18, 27, 29, 31,
　　　　　　　178, 324, 789, 871, 872, 918
　――と善管注意義務………………(下)47
　――の報告書の第三者への開示……(下)58
　セラー――…………………………(下)45
転換社債…………………………………(下)914
電気通信事業………………(下)1020, 1021
電気通信事業者……………………(下)1022
典型的スピン・オフ……………………(下)453
転　籍……………………………………(上)1107
転籍取締役………………………………(下)536
店頭売買有価証券市場…………………(上)219
東急不動産事件…………………………(上)619
統合契約…………………………………(下)137
統合準備委員会…………………………(下)140
統合版 FDI ポリシー……………………(下)737
投資契約……………………………(下)873, 897
投資の継続………………………………(上)746
答　申……………………………………(下)581
当然失期事由……………………………(下)347
当然対抗制度……………………………(上)1160
同族会社の行為計算否認規定…………(上)893
東南部アフリカ市場共同体……………(下)799
投入物閉鎖………………………………(上)1029
トゥホールド戦術………………………(下)608
トータル DSCR…………………………(下)365
トータル・レバレッジ・レシオ………(下)365
独占交渉……………………(下)40, 872, 912
　――の法的拘束力……………………(下)40
特定買付け等……………………………(上)219
特定子会社………………………………(下)295

特定組織再編成交付手続
　……………………………(上)405, 484, (下)293
特定組織再編成発行手続
　……………………………(上)405, 484, (下)293
特定の資産の譲渡等による損失の損金算入
　の制限…………………………………(上)793
特定売買等………………………………(上)221
特定無対価合併…………………………(上)728
特定無対価株式交換……………………(上)726
特定役員……………………………(上)788, (下)463
特定役員就任要件………………………(下)462
特定役員引継要件…………(上)788, 857, (下)466
特定有価証券等…………………………(上)119
特に有利な金額…………………………(上)172
特別委員会……………………………(下)250, 573
特別関係者……………………(上)206, (下)238, 251
　形式基準による――…………………(上)206
　実質基準による――……………(上)206, 210
特別事業再編……………………(上)1208, (下)408
特別支配株主……………………………(上)344
　――の株式等売渡請求………(上)230, 666
特別資本関係………………………(上)207, (下)540
特別補償……………………………(下)180, 191, 225
特別利害関係取締役……………………(下)535
独立委員会………………………………(下)573, 617
土壌汚染対策法…………………………(上)1189
トッピング条項…………………………(下)160
トップ・アップ・オプション（top-up
　option）……………(上)326, 352, (下)406, 691
届出前勧誘の禁止………………………(上)153
トラッキング・ストック………………(下)433, 441
ドラッグ・アロング条項………………(下)909, 918
ドラッグ・アロング・ライト（drag-along-
　right）…………………(上)211, (下)276, 374
取扱有価証券……………………………(上)219
取締役会決議の瑕疵に関する訴え……(下)617
取締役指名権………………………(下)902, 905
取締役の責任……………………………(上)621
取締役派遣………………………………(下)871
取引コスト………………………………(下)10
取引条件…………………………………(上)347

取引注意義務·················(上)625
取引保護条項··············(下)149, 587
努力義務······················(下)196

な 行

ナカリセバ価格············(上)679, 702
ナッシュ交渉解（Nash Bargaining Solution）
　·······························(上)26
7条措置·····················(上)1080
ナローベース加重平均方式·········(下)886
南部アフリカ開発共同体············(下)799
二元説·················(上)626, 914, 935
二項格子モデル·················(上)182
2号保有者·····················(上)86
西アフリカ諸国経済共同体··········(下)799
西島鉄工所事件··················(上)616
二重公告······················(下)928
25名未満全員同意の例外············(上)249
2条通知·····················(上)1085
2007年外国投資及び国家安全保障法
　·····························(下)694
二段階合併（two-step merger）······(下)688
二段階公開買付け·················(下)597
二段階買収····················(上)319
　——の第一段階の取引···········(上)323
日伯租税条約··············(下)796, 797
日証協ルール···················(上)174
日本高速物流事件············(上)613, 614
ニッポン放送事件·················(下)601
日本IBM事件·········(上)1082, 1084, 1085
日本預託証券（JDR）············(上)883
入札手続の場合の情報へのアクセス···(下)56
ニューヨーク証券取引所·····(上)966,(下)486
ニューヨーク条約　→　外国仲裁判断の承
　認及び執行に関する条約
任意売却手続···················(上)334
認定放送持株会社···············(下)1029
任務懈怠··················(上)526, 621
脱け殻方式···············(下)388, 394, 406
ネガティブリスト··········(下)729, 743, 768
根担保························(下)354

ネット・デット調整··············(下)109
ネット・ベース·················(上)222
年金積立金管理運用独立行政法人·····(上)54
ノーコメントポリシー·············(下)309
ノミニー·····················(下)393
のれん·······················(上)940
　正の——···················(上)947
　負の——···················(上)947
ノン・フラストレーション・ルール
　（Non-Frustration Rule）··········(下)634

は 行

パーチェス法···················(上)938
買収側会社····················(上)633
買収実現の見込みの乏しいデュー・ディリ
　ジェンスの実施費用··············(下)47
買収ファイナンス················(下)310
買収防衛のための自社株買い········(下)626
配当リスク····················(上)247
売買価格の決定の申立て···········(上)351
売買停止·····················(下)394
売買等······················(下)250
売買報告書制度·················(上)359
白馬の騎士　→　ホワイト・ナイト
白馬の従者　→　ホワイト・スクワイア
端数処理手続···················(上)334
バスケット条項·················(上)114
破綻会社の法理················(上)1025
8要素基準（eight factor test）·······(下)689
発行開示·····················(下)293
発行可能株式総数···············(下)369
発行登録制度···················(上)148
パラレル・デット···············(下)379
バリュエーション···············(下)876
バリュエーション・キャップ········(下)915
バリュエーション・レポート········(下)558
反対株主················(上)391, 670
非按分比例型スプリット・オフ······(下)478
ピープル・ピル·················(下)629
東アフリカ共同体···············(下)799
非課税組織再編成（tax free reorganization）

··(上)715
非参加···(下)368, 882
ビジネス方法特許···························(上)1156
非支配関係継続要件························(下)462
被支配法人等·································(上)207
必要性・相当性の原則····················(下)643
非適格合併··················(上)754, 766, 770, 779
非適格株式移転・株式交換···········(上)830
非適格分割型分割··············(上)754, 766, 770
非典型的スピン・オフ····················(下)457
非同族会社基準説··························(上)897
1株当たり利益·······(上)941, 945, (下)98, 439
1株未満問題·································(上)372
否認の対象となる「計算」··········(上)895, 934
否認の対象となる「行為」··········(上)895, 933
秘密情報·······································(下)19
秘密保持義務·································(下)231
秘密保持契約····················(下)17, 18, 26
非持分法適用会社··························(上)964
100%減資····································(上)365
費用収益対応の原則·······················(上)947
表明保証（representations and warranties）
·································(下)173, 340, 721, 792
　──の機能·····························(下)174, 177
　英国法における──···················(下)721
表明保証違反責任（補償義務）の法的性質
···(下)178
表明保証保険·························(下)223, 723
比例交付要件···························(下)462, 494
ファームアウト（farm-out）··········(下)1041
ファイナンス・アウト···(上)246, 258, (下)211, 322
ファシリティ·································(下)328
フィジカル・データ・ルーム··········(下)56
フェアネス・オピニオン·········(下)558, 570
フォロー投資家················(下)866, 867, 870
複数議決権株式··················(上)168, (下)624
含み損·································(上)793, 810
不公正発行·····························(上)564, 640
負債調整勘定·································(上)794
負債類似項目·································(下)69

付随義務·································(下)193, 230
付随的契約·································(下)283
不正競争防止法···························(下)791
普通株式を対価とする取得請求権·····(下)369
普通担保·································(下)354
物的分割·································(上)469
プット・オプション（put option）
······················(上)202, 211, (下)279
不撤回義務·································(下)235
不当に（法人税法）··········(上)896, 912, 934
腐敗認識指数·································(下)791
部分的スピン・オフ（partial spin-off）
···(下)436
プライシング・ガイドラインズ（Pricing Guidelines）·································(下)738
プライバシーポリシー···················(上)1185
ブラック・ショールズ・モデル······(上)182
フリー・キャッシュ・フロー······(下)68, 334
フリーズ・アウト···························(上)315
振替株式·································(上)82, (下)366
ブリッジローン·································(下)329
ブリング・ダウン（bring down）
···(下)173, 205
ブルースカイロー···························(上)308
ブルドックソース事件············(上)551, (下)619
フル・ラチェット方式····················(下)886
ブレークアップ・フィー（解約金）
············(上)278, (下)36, 44, 151, 159, 720
プレ・クロージング·······················(下)172
プレパッケージ型倒産手続·············(下)856
プレマネー・バリュエーション·(下)876, 881
プレミアム（premium）·················(下)100
フロー・トゥー・エクイティ法·······(下)86
ブロードベース加重平均方式·········(下)886
フロー・バック·······························(下)439
プロジェクトチーム·······················(下)570
プロセスレター·······················(下)27, 28
ブロックトレード··························(下)430
分割型新設分割·······························(上)723
分割型単独新設分割類型·················(下)450
分割差損·······································(上)461

事項索引　1249

「分社型新設分割または現物出資＋現物分配」類型……………………………(下)450
分社型分割………………………………(上)757
紛争解決…………………………(下)234, 792
ベアハグ…………………………………(下)611
米国会計基準……………………………(上)938
米国株主の株式保有比率………(上)407, (下)414
米国公開買付規制………………………(下)686
米国財務会計基準審議会………………(上)941
米国証券取引委員会
　………………………(上)966, 967, (下)414, 689
米国証券法…………………(上)274, 307, (下)391
米国統一商法典（Uniform Commercial Code）……………………………(下)379
平成30年会社法制見直し中間試案
　…………………………………………(上)1226
平成19年度税制改正……………………(下)505
平成22年度税制改正……………………(下)448
平成29年度税制改正………(上)322, 335, 373,
　　　　　　　　(下)387, 454, 456, 472, 474
平成30年度税制改正
　………………(上)791, 835, (下)433, 451, 468
併存説……………………………………(上)609
ペイ・トゥ・プレイ条項………………(下)908
ベスティング……………………………(下)906
別途買付けの禁止………………………(上)241
　──の例外……………………………(上)242
ベルシステム24事件……………………(下)638
変更報告書………………………(下)237, 240
ベンチャーキャピタル……(下)861, 864, 866
ベンチャー投資…………………………(下)862
変動制比率方式…………………(上)413, (下)119
包括承継…………………(上)374, 422, 497, 498
法人支配の継続…………………………(上)733
防戦買い…………………………………(下)631
法的倒産手続……………………(下)811, 855
　──における株主の権利の制約……(下)830
法令・定款遵守義務……………………(上)625
ポートフォリオ効果……………………(上)1030
ホールド・アウト効果…………………(上)28
保険議決権保有届出書…………………(下)961

保険契約の移転…………………………(下)968
保険持株会社………………………(下)949, 961
募集株式…………………………………(上)564
　──の発行手続………………………(上)135
募集事項…………………………………(上)137
募集新株予約権の発行……………(上)135, 564
補　償……………………………(下)212, 792
　──の下限（額）……………………(下)220
　──の上限（額）……………………(下)219
　──の法的性質………………………(下)212
補償期間…………………………………(下)222
補償金等請求権…………………………(下)356
補償請求の手続…………………………(下)224
補償責任の限定…………………………(下)219
ポストマネー・バリュエーション
　…………………………………(下)876, 881
ポリ塩化ビフェニル……………………(上)1197
ホワイト・スクワイア…………………(下)630
ホワイト・ナイト………………………(下)630
本文保有者………………………………(上)85

ま　行

マーケット・スイープ…………………(下)608
マーケット・チェック…………………(下)587
マイナスの「資本積立金額」…………(上)770
マイナンバー……………………………(上)1186
マイノリティ・ディスカウント………(下)103
マイルストーン（milestone）…………(下)129
マイルストーン・ペイメント…………(下)997
マジョリティ・オブ・マイノリティ
　…………………………………………(下)588
マスメディア集中排除原則……………(下)1028
マネジメント・バイアウト
　………(上)278, 288, 547, (下)239, 439, 516, 525
マルチプル法……………………………(下)88
満足的仮処分……………………………(上)592
マンデート・レター……………………(下)317
未公表の重要事実………………………(下)245
三井物産事件……………………………(上)607
みなし議決権保有者………………(下)934, 960
みなし共同事業要件……………………(上)802

みなし共同保有者……………………(上)87
みなし銀行業免許……………………(下)930
みなし清算……………………(下)883, 910
みなし配当課税……………………(上)753, 766
みなし被支配法人等……………………(上)208
未払賃金債務……………………(上)1112
無対価合併……………………(上)410, 726
無対価交換……………………(上)724
無対価分割……………………(上)491, 726
無対価分割型分割……………………(上)726
無対価分社型分割……………………(上)729
持株会社化……………………(下)384
　――の目的……………………(下)386
　経営統合型の――……………………(下)397
　単独型の――……………………(下)388
持株会社体制の解消……………………(下)399
持株会社優遇税制……………………(下)504
持分の結合……………………(上)951
持分プーリング法……………………(上)938
持分法適用会社……………………(上)964
モディリアーニ＝ミラー……………………(下)75
元会社関係者……………………(上)109
モンテカルロ・シミュレーション……(上)182

や 行

役　員……………………(上)207
役員指名権……………………(下)895
役員持株会……………………(上)243
薬価基準収載品目……………………(下)987
ヤフー事件……………(上)904, 911〜914, 919
優越的地位の濫用……………………(下)375
有価証券届出書……………………(下)293
有価証券の売出し……………(上)74, (下)293
有価証券の募集……………(上)147, (下)293
有形固定資産回転率……………………(上)1208
融資証明書……………………(上)256, (下)317
優先引受権……………………(下)907
有利発行……………(上)136, 172, 564, 639, 721
輸入圧力……………………(上)1022
ユノカル（Unocal）基準
　……………………(上)551, (下)153, 635

要指導医薬品……………………(下)974
預金集中……………………(下)346
吉本興業事件……………………(上)614
余剰キャッシュ・フロー……………………(下)335
予備審査……………………(下)923

ら 行

ライツ・プランの解除……………………(下)623
ラウンド……………………(下)863
濫用基準説……………………(上)914, 936
濫用的買収……………………(下)622
濫用的買収者……………………(上)194
リーケージ（leakage）……………………(下)115
リーケージ禁止コベナンツ（no leakage
　covenants）……………………(下)116
リード投資家……………………(下)866, 870
利益相反関係……………………(上)662
利益相反の要素……………………(上)661
利益相反取引……………………(上)623
利益相反を回避するための措置………(下)239
利益積立金額……………………(上)748, 752
利子率……………………(下)77
リスク分担機能……………………(下)174〜176
リテンションボーナス……………………(下)919
リバース・ブレークアップ・フィー
　……………………(下)211
リバースベスティング……………(下)901, 906
略式合併……………………(上)401
略式株式交換……………(上)445, (下)414
略式事業譲渡等……………………(上)510
流動性ディスカウント（liquidity discount）
　……………………(上)711, (下)81
領土内所得課税方式……………………(下)503
リレバード β（relevered beta）………(下)79
臨時報告書……………(上)263, (下)33, 294
臨床研究法……………………(下)989
隣接市場……………………(上)1023
類似会社比較法……………………(下)91
累積条項……………………(下)367
ルール802……………………(上)312
レートステージ……………………(下)873

事項索引　1251

レギュレーション 14E…………………(上)308
レックス損害賠償請求事件………(上)550, 552
劣後債…………………………………(下)360
レバード β（levered beta）……………(下)79
レバレッジ効果………………………(下)65
レバレッジ・レシオ…………………(下)334
レピュテーション・ダメージ………(上)628
レブロン基準………(上)552, 662,(下)152, 583
レブロン義務……………(上)552,(下)637
連結子会社化…………………………(上)964
連結財務諸表に関する会計基準（連結会計
　基準）………………………(上)950, 954
連結納税グループ…………………(下)411, 419
連結納税制度…………………………(下)419
連結法人に係る行為計算否認規定……(上)930
連帯納付責任…………………………(上)812
労働協約による労働条件の不利益変更
　………………………………………(上)1102
労働者利益分配金……………………(下)791
ローリングクロージング……………(下)899
ロックアップ戦術……………………(下)627
ロック・ボックス・メカニズム……(下)114
ロングストップデート………………(下)171

わ　行

ワークス・カウンシル………………(下)726
和　解…………………………………(上)610
割引配当モデル………………………(下)87
割引率…………………………………(下)915

アルファベット

AG………………………………………(下)705
appraisal remedy……………………(上)668
APV 法　→　アジャスティッド・プレゼ
　ント・バリュー法
ASBJ　→　企業会計基準委員会
Asset Lockup 条項……………………(下)160
back door MAC 条項…………………(下)208
basket…………………………………(下)220
BEE 制度………………………………(下)800
Best Alternative to a Negotiated Agreement
　（BATNA）……………………………(上)26
boot……………………………(上)719〜723, 781
break-up fee　→　ブレークアップ・
　フィー（解約金）
Bribery Act……………………………(下)791
cap………………………………………(下)219
capital expenditure（CapEx）………(下)73
CAPM 理論…………………………(上)5,(下)76
Certain Funds………………………(下)324, 380
CFC 税制………………………………(下)497
Civil Law………………………………(下)797
COMESA　→　東南部アフリカ市場共同体
Committee on Foreign Investment in the
　United States（CFIUS）　→　外国投資委
　員会
Comprehensive Environmental Response,
　Compensation and Liability Act
　（CERCLA）…………………………(下)701
Contingent Value Rights（CVR）　→　コン
　ティンジェント・バリュー・ライツ
Corruption Perceptions Index（CPI）
　→　腐敗認識指数
cost of financial distress……………(下)10
CSE　→　従業員代表機関
DCF 法…………………………………(下)68
deal contingent hedging contracts……(下)106
deductible……………………………(下)221
Defined Benefit（DB）………………(上)1122
Defined Contribution（DC）…………(上)1122
de minimis……………………………(下)220
Dividend Discount Model（DDM）……(下)87
Don't Ask, Don't Waive Standstill 条項
　………………………………………(下)26
double materiality の問題………(下)204, 230
duty to correct………………………(下)309
duty to mitigate……………………(下)228
duty to update………………………(下)309
D 型組織再編…………………………(下)449
EAC　→　東アフリカ共同体
EBIT……………………………………(下)72
EBITDA…………………………(上)945,(下)334

1252 事項索引

EBITDA マージン……………………(上)946
ECOWAS → 西アフリカ諸国経済共同体
EDINET……………………………(上)259
efficient capital market hypothesis (ECMH)
　→ 効率的資本市場仮説
EphMRA → 欧州医薬品市場調査協会
EPS → 1株当たり利益
equity risk premium (ERP)……………(下)77
ESG………………………………………(上)53
ES 細胞（胚性幹細胞）………………(下)981
EU 運営条約……………………………(下)703
EU 規則…………………………………(下)702
EU 決定…………………………………(下)702
EU 条約……………………………(下)702, 703
EU 指令…………………………………(下)702
EU 法……………………………………(下)702
EU 理事会………………………………(下)702
EV/EBITDA マルチプル（EBITDA 倍率）
……………………………………(上)946
Fairly Disclosed……………………(下)181, 192
FC-GPR………………………………(下)742
FCPA……………………………………(下)791
FC-TRS………………………………(下)742
fiduciary-out……(上)278, 553,(下)40, 151, 158
Financial Assistance Rule……………(下)379
FinTech…………………………………(下)921
first refusal right……………………(上)211
floor……………………………………(下)220
Foreign Institutional Investor (FINI)
………………………………………(下)769
Foreign Investment and National Security
　Act of 2007 (FINSA) → 2007 年外国
　投資及び国家安全保障法
Foreign Investment Approval (FIA)
………………………………………(下)768
Form 20-F………………………………(下)392
Form CB……………………(上)408,(下)392, 521
Form F-4
　…(上)312, 407,(下)307, 391, 413, 414, 419, 521
Form F-X………………………(上)408,(下)392
FO 条項 → fiduciary-out

FRAND 宣言……………………………(上)1161
FTE 法 → フロー・トゥー・エクイ
　ティ法
fundamental representations……(下)221, 223
GCP 省令………………………………(下)978
generally accepted accounting principles
　(GAAP) → 一般に認められた会計原
　則
GmbH……………………………………(下)705
GMP 省令………………………………(下)977
Go-Shop 条項……………………(下)26, 151, 156
GQP 省令………………………………(下)976
GVP 省令………………………………(下)976
Hold-harmless letter……………………(下)58
IBM 事件……………………………(上)897, 924
ICL………………………………………(下)344
IDCF 事件…………………………(上)904, 910〜914
Indemnification………………………(下)212
international financial reporting standards
　(IFRS) → 国際財務報告基準
Investment Company Act of 1940
　→ 1940 年投資会社法
IPO………………………………………(下)420
IPO ラチェット…………………………(下)893
iPS 細胞（人工多能性幹細胞）………(下)981
ISO14001………………………………(上)1200
JMIS → 修正国際基準
Joint Operating Agreement (JOA)
　→ 共同操業契約
JV → ジョイント・ベンチャー
JV 契約……………………………(下)253, 254
knowledge qualifier……………………(下)342
LOI (Letter of Intent)…………………(下)30
long stop date…………………………(下)231
MAC 条項………(下)182, 207, 323, 720, 794
MAE 条項……………………(下)182, 207, 720
Majority of Minority 要件……………(上)324
M&A 関与取締役………………………(上)626
M&A のストラクチャー………………(下)2
M&A の対価……………………………(下)8
Matching-Right 条項………………(下)151, 157

事項索引　1253

materiality qualifier……………………(下)342
MBO（management buyout）→　マネジメント・バイアウト
MBO 等………………………………(上)281
MBO 取引……………………(上)652, 662
MEBO……………………(下)359, 439, 499
MoM　→　マジョリティ・オブ・マイノリティ
MOU（Memorandum of Understanding）
　………………………………………(下)30
MSCB 等………………………………(上)168
MSSO　→　権利行使価額修正条項付新株予約権
NASDAQ…………………(上)966,（下)433
net present value（NPV）………………(上)6
NOPLAT（net operating profit less adjusted tax）……………………………………(下)73
no-shop 条項………………(下)40, 151, 154
no-talk 条項………………(下)40, 151, 154
OHADA　→　アフリカ商事法調和化機構
PER……………………………………(上)945
PIK（Payment In Kind）………………(下)364
pre-IPO investment……………………(下)428
production sharing agreement　→　生産物分与契約
production sharing contract　→　生産物分与契約
PTS……………………………………(上)219
PTU　→　労働者利益分配金
QMS 省令………………………………(下)979
Reverse Break-up Fee 条項……………(下)322
ROE……………………………………(下)484
SA………………………………………(下)705
SADC　→　南部アフリカ開発共同体
SARL…………………………………(下)705
SAS……………………………………(下)705
SE………………………………………(下)704
SEC　→　米国証券取引委員会

Securities Exchange Act of 1934　→　1934 年証券取引所法
short-form merger……………………(上)352
Single Master Form……………………(下)742
Sociedad Anónima de Capital Variable
　……………………………………(下)787
Sociedade Limitada……………………(下)787
Sociedade por Ações……………………(下)787
SPC……………………………………(下)15
SSNIP（Small but Significant and Non-transitory Increase in Price）テスト
　……………………………………(上)1018
Steering Committee……………(下)261, 272
Stock Lockup 条項……………………(下)160
threshold………………………………(下)221
tipping basket…………………………(下)221
TOB　→　公開買付け
ToSTNeT-2……………………………(下)494
ToSTNeT-3……………………………(下)494
ToSTNeT 取引等………………………(上)218
transition license agreement（TLA）
　→　移行時ライセンス契約
transition service agreement（TSA）
　→　移行時業務委託契約
Transparency International……………(下)791
TUPE 規制……………………………(下)710
UFJ 事件………………………………(下)41
Vender DD……………………………(下)45
WACC…………………………………(下)68
　　——の公式………………………(下)74
walk away……………………………(下)176
walk right………………………………(下)176
W&I 保険　→　表明保証保険
Williams Act　→　ウィリアムズ法
Worker Adjustment and Retraining Notification Act of 1988（WARN Act）
　……………………………………(下)700
β…………………………………………(下)77

●執筆者紹介●
（＊は編者）

草野　耕一（くさの　こういち）　　　序章、第Ⅱ部第2章第1節・第2節担当

西村あさひ法律事務所代表パートナー　弁護士・ニューヨーク州弁護士・東京大学博士（法学）
1978年東京大学法学部第一類卒業、1980年弁護士登録、1986年ハーバード大学ロースクール卒業（LL.M.）、1987年ニューヨーク州弁護士登録、1986年～1987年ニューヨークのデビボイス・アンド・プリンプトン法律事務所に勤務、2007年～2010年東京大学大学院法学政治学研究科客員教授、2013年～慶應義塾大学大学院法務研究科教授、2014年ハーバード大学ロースクール客員教授。
[主な著書・論文]『株主の利益に反する経営の適法性と持続可能性——会社が築く豊かで住みよい社会』（有斐閣、2018）、『数理法務のすすめ』（有斐閣、2016）、『未央の夢——ある国際弁護士の青春』（商事法務、2012）、『会社法の正義』（商事法務、2011）、『金融課税法講義』（商事法務、初版2009、補訂版2010）、『説得の論理 3つの技法』（日本経済新聞社、2003）、『M&A法大全』（共著、商事法務研究会、2001）、『ゲームとしての交渉』（丸善、1994）など。

手塚　裕之（てづか　ひろゆき）　　　第Ⅰ部第10章第1節担当

西村あさひ法律事務所パートナー　弁護士・ニューヨーク州弁護士
1984年東京大学法学部第一類卒業、1986年弁護士登録、1992年ハーバード大学ロースクール卒業（LL.M.）、1993年ニューヨーク州弁護士登録、1992年～1993年ニューヨークのクリアリー・ゴットリーブ・スティーン・アンド・ハミルトン法律事務所に勤務、2008年～昭和電工株式会社社外監査役。
[主な著書・論文]『国際商事仲裁の法と実務』（共著、丸善雄松堂、2016）、「国際裁判管轄合意」『実務に効く　国際ビジネス判例精選』（有斐閣、2015）、「アジア仲裁の展開と日本」法律時報1084号（共著、2015）、『国際仲裁と企業戦略』（共編著、有斐閣、2014）、「Arbitration World - Fourth Edition - (Japan Chapter)」（共著、Sweet & Maxwell U.K.、2012）、「The International Arbitration Review - Third Edition - (Japan Chapter)」（共著、Law Business Research、2012）、「福岡魚市場株主代表訴訟事件控訴審判決の解説——子会社管理・救済における親会社取締役の責任」商事法務1970号（共著、2012）など多数。

川合　弘造（かわい　こうぞう）　　　第Ⅰ部第12章担当

西村あさひ法律事務所パートナー　弁護士
1984年東京大学法学部第一類卒業、1988年弁護士登録、1993年コロンビア大学ロースクール卒業（LL.M）、1994年ベルギー・ルーベン・カトリック大学大学院修士課程（EC法専攻）修了。1994年～1995年ブラッセルのクリアリー・ゴットリーブ・スティーン・アンド・ハミルトン法律事務所に勤務、1995年～1997年通商産業省（当時）通商政策局通商協定管理課課長補佐、2006年～2015年東京大学法科大学院非常勤講師（経済法（独禁法））、2016年～司法試験考査委員（経済法）。
[主な著書・論文]「独占禁止法施行70周年——70年の評価と今後の長期的な課題」公正取引801号（2017）、「営業秘密侵害と不法行為地管轄」ジュリスト1495号（共著、2016）、「企業における独占禁止法・競争法コンプライアンスの確立について——米国・EU（日本企業の見地から）」公正取引775号（共著、2015）、『条解　独占禁止法』（共編著、弘文堂、2014）、『事業法と独禁法』『論点体系　独占禁止法』（第一法規、2014）、「改正独占禁止法による実務への影響と課題」商事法務2028号（2014）など多数。

武井　一浩（たけい　かずひろ）　　　　　　　　第Ⅲ部第4章第1節担当

西村あさひ法律事務所パートナー　弁護士・ニューヨーク州弁護士
1989 年東京大学法学部第一類卒業、1991 年弁護士登録、1996 年ハーバード大学ロースクール卒業（LL.M.）、1997 年オックスフォード大学経営学修士修了（MBA）、1997 年ニューヨーク州弁護士登録。金融庁「コーポレートガバナンス・コードの策定に関する有識者会議」「スチュワードシップ・コード及びコーポレートガバナンス・コードのフォローアップ会議」メンバー、経済産業省「CGS（コーポレート・ガバナンス・システム）研究会」委員などを務める。
［主な著書・論文］『株対価 M&A の実務』（共編著、商事法務、2019）、『日本経済復活の処方箋 役員報酬改革論〔増補改訂第 2 版〕』（共編著、商事法務、2018）、『コーポレートガバナンス・コードの実践〔改訂版〕』（編著、日経 BP 社、2018）、『会社補償の実務』（共編著、商事法務、2018）、『D&O 保険の先端 I 』（共編著、商事法務、2017）、『BEPS の実務 I 』（共編著、商事法務、2017）、『企業担当者のための消費者法制実践ガイド』（共監修、日経 BP 社、2016）、『日本企業のためのインド進出戦略ガイド Q&A〔第 2 版〕』（共編著、中央経済社、2016）、『金商法大系 I ──公開買付け(1)(2)』（共編著、商事法務、2011・2012）など多数。

山口　勝之（やまぐち　かつゆき）　　　　　　　　第Ⅲ部第4章第2節4担当

西村あさひ法律事務所ニューヨーク事務所執行パートナー　弁護士・ニューヨーク州弁護士
1989 年東京大学法学部第一類卒業、1991 年弁護士登録、1997 年コロンビア大学ロースクール卒業（LL.M.）、1998 年ニューヨーク州弁護士登録、1997 年〜1998 年ニューヨークのデビボイス・アンド・プリンプトン法律事務所、1998 年〜1999 年パリのデビボイス・アンド・プリンプトン法律事務所およびパリのシメオン・エ・アソシエ法律事務所に勤務、2018 年〜西村あさひ法律事務所ニューヨーク事務所執行パートナー。上場会社の社外役員を多数歴任。
［主な著書・論文］「Practical Law Corporate Governance and Directors' Duties Global Guide 2016/17（Japan Chapter）」（共著、Thomson Reuters、2016）、「『中南米（ラテンアメリカ）進出法務の基礎講座』掲載開始にあたって」商事法務ポータル Website（2016）、「ラテンアメリカ進出法務の基礎(1)〜(3)」NBL 1058 号・1060 号・1062 号（共著、2015）、「フランス語圏のアフリカ諸国における法務(上)(中)(下)」国際商事法務 43 巻 8 号・9 号・10 号（共著、2015）、「アフリカ法務の基礎［Ⅳ］［Ⅴ］」商事法務 2046 号・2047 号（共著、2014）、『アフリカビジネス法ガイド』（共監修、2014）など多数。

新川　麻（しんかわ　あさ）　　　　　　　　第Ⅲ部第7章第3節・第7節担当

西村あさひ法律事務所パートナー　弁護士・ニューヨーク州弁護士
1989 年東京大学法学部第一類卒業、1991 年弁護士登録、1997 年ハーバード大学ロースクール卒業（LL.M.）、1998 年ニューヨーク州弁護士登録、1997 年〜1998 年ワシントン D.C. のアーノルド・アンド・ポーター法律事務所に勤務、2004 年〜2016 年早稲田大学法科大学院講師、2012 年〜2015 年経済産業省火力電源入札ワーキンググループ委員、2015 年〜経済産業省電力・ガス取引監視等委員会制度設計専門会合専門委員、同委員会火力電源入札専門会合専門委員、2017 年〜経済産業省資源エネルギー庁総合資源エネルギー調査会再生可能エネルギー大量導入・次世代電力ネットワーク小委員会委員。
［主な著書・論文］「Getting the Deal Through - Private Equity 2017（Japan Chapter, Transactions）」（共著、Law Business Research、2017）、「The 2013 Guide to Japan（Cashing-out fast）」（共著、IFLR、2013）、「M&A law in Asia Pacific（Japan Chapter）」（共著、Norton Rose Group、2012）、「The 2012 Guide to Japan（Liability through an Olympus lens）」（共著、IFLR、2012）、「Freeze-Out Prices and the Need for Due Process」（共著、The European Business Council、2010）など多数。

内間　裕（うちま　ひろし）＊　　第Ⅰ部第10章第5節・第14章、第Ⅲ部第2章担当

西村あさひ法律事務所パートナー　弁護士・ニューヨーク州弁護士
1991年東京大学法学部第一類卒業、1993年弁護士登録、1998年ハーバード大学ロースクール卒業（LL.M.）、1999年ニューヨーク州弁護士登録、1998年～1999年ニューヨークのサリヴァン・アンド・クロムウェル法律事務所に勤務、2003年～2006年中央大学大学院法学研究科兼任講師、2016年～東京大学大学院法学政治学研究科客員教授。
[主な著書・論文]「公開買付制度・大量保有報告制度の改正と実務への影響(上)(中)(下)」商事法務1790号～1792号（共著、2007）、「ゴーイング・プライベートの法的手法と留意点」商事法務1675号（共著、2003）、「株式公開買付制度の適用範囲に関する諸問題」商事法務1641号（2002）、「商法大改正の課題と展望Ⅰ　中間試案の検討——検査役調査・外国会社」ジュリスト1206号（2001）、『M&A法大全』（共著、商事法務研究会、2001）、「米国会社分割制度の実態と日本への示唆(1)～(5)」商事法務1525号～1532号（共著、1999）、「日本におけるMBOの普及・活性化に向けて(上)(中)(下)」商事法務1537号～1540号（共著、1999）、「米国テンダーオファー・ルールとクロスボーダー取引に関する問題点(上)(下)」国際商事法務445号・446号（1999）。

太田　洋（おおた　よう）＊　　第Ⅰ部第10章第4節・第11章第1節・第2節、第Ⅲ部第1章第1節～第5節担当

西村あさひ法律事務所パートナー　弁護士・ニューヨーク州弁護士
1991年東京大学法学部卒業、1993年弁護士登録、2000年ハーバード大学ロースクール卒業（LL.M.）、2001年ニューヨーク州弁護士登録。2001年～2002年法務省民事局付（参事官室商法改正担当）、2013年～2016年東京大学大学院法学政治学研究科教授。
現在、日本取締役協会幹事、同協会コーポレート・ガバナンス委員会副委員長、金融庁金融審議会ディスクロージャーWGメンバー、経済産業省「我が国企業による海外M&A研究会」委員、株式会社リコー社外監査役、日本化薬株式会社社外取締役、電気興業株式会社社外取締役。
[主な著書・論文]『社債ハンドブック』（共編著、商事法務、2018）、『新株予約権ハンドブック〔第4版〕』（共編著、商事法務、2018）、『個人情報保護法制と実務対応』（共編著、商事法務、2017）、『種類株式ハンドブック』（共編著、商事法務、2017）、『経済刑法——実務と理論』（共著、商事法務、2017）、『会社法実務相談』（共監修、商事法務、2016）、『M&A・企業組織再編のスキームと税務——M&Aを巡る戦略的税務プランニングの最先端〔第3版〕』（編著、大蔵財務協会、2016）、『平成26年会社法改正と実務対応〔改訂版〕』（共編著、商事法務、2015）、『企業取引と税務否認の実務——税務否認を巡る重要裁判例の分析』（共編著、大蔵財務協会、2015）、『クロスボーダー取引課税のフロンティア』（共編著、有斐閣、2014）、『論点体系金融商品取引法(1)(2)』（共編著、第一法規、2014）、『タックス・ヘイブン対策税制のフロンティア』（共編著、有斐閣、2013）、『M&A法務の最先端』（共編著、商事法務、2010）など多数。

錦織　康高（にしこり　やすたか）　　第Ⅲ部第7章第1節担当

西村あさひ法律事務所パートナー　弁護士・ニューヨーク州弁護士
1992年東京大学法学部第一類卒業、1995年弁護士登録、2001年ハーバード大学ロースクール卒業（LL.M.）、2002年ニューヨーク州弁護士登録、2001年～2002年ニューヨークのサリヴァン・アンド・クロムウェル法律事務所に勤務、2010年～2013年東京大学大学院法学政治学研究科客員准教授、2013年経済産業省「タックスヘイブン対策税制及び無形資産に関する研究会」委員、2014年～慶應義塾大学法科大学院非常勤講師。
[主な著書・論文]「これからの租税実務」ジュリスト1500号（共著、2016）、「株式発行価額の検討」論究ジュリスト10号（共著、2014）、『Comparative Income Taxation-Third Edition-』（共著、Kluwer Law International、2010）、「居住地国課税と源泉地国課税——日本ガイダント事件を考える」フィナンシャル・レビュー94号（2009）など多数。

佐藤　丈文（さとう　たけふみ）＊　　　　第Ⅱ部第3章第2節・第5節担当

西村あさひ法律事務所パートナー　弁護士・ニューヨーク州弁護士
1993年東京大学法学部第一類卒業、1995年弁護士登録、2002年コロンビア大学ロースクール卒業（LL.M.）、2003年ニューヨーク州弁護士登録、2002年〜2003年ニューヨークのデビボイス・アンド・プリンプトン法律事務所に勤務、2006年〜一橋大学法科大学院非常勤講師（M&A）、2016年〜筑波大学法科大学院非常勤講師（会社法）、2005年〜2009年カブドットコム証券株式会社社外取締役、2015年〜2017年三菱UFJ国際投信株式会社アドバイザリー・コミッティ委員。
［主な著書・論文］『会社法実務相談』（共監修、商事法務、2016）、「経営判断の原則」『実務に効く　コーポレート・ガバナンス判例精選』（有斐閣、2013）、『会社法実務解説』（共編著、有斐閣、2011）、「会社法の内部統制システムと実務上の課題」『会社法施行5年　理論と実務の現状と課題』（有斐閣、2011）、「M&A法務の最先端」（共著、商事法務、2010）、『企業法務判例ケーススタディ300【企業組織編】』（共監修、金融財政事情研究会、2008）、「金融商品取引法と企業買収・組織再編実務への影響──平成18年12月13日施行の政令・内閣府令を踏まえて」事業再生と債権管理20巻4号（2007）、『新会社法実務相談』（共監修、商事法務、2006）など多数。

南　賢一（みなみ　けんいち）　　　　第Ⅲ部第5章・第7章第7節担当

西村あさひ法律事務所パートナー　弁護士
1987年早稲田大学法学部卒業、会社勤務を経て1997年弁護士登録。
［主な著書・論文］「スポンサー選定手続の妥当性(上)(下)」NBL1085号・1086号（2016）、『法的整理計画策定の実務』（共著、商事法務、2016）、『事業再生におけるスポンサー選定のあり方』（共著、商事法務、2016）、『破産申立マニュアル〔第2版〕』（共著、商事法務、2015）、『倒産判例百選〔第5版〕』（共著、有斐閣、2013）、『私的整理計画策定の実務』（共著、商事法務、2011）、『民事再生の実務と理論』（共著、商事法務、2010）など多数。

清水　恵（しみず　めぐみ）　　　　第Ⅲ部第7章第3節担当

西村あさひ法律事務所ニューヨーク事務所副執行パートナー　弁護士
1991年東京大学法学部卒業、1993年弁護士登録、1999年弁護士再登録、2005年ハーバード大学ロースクール卒業（LL.M.）、2005年〜2006年ニューヨークのポール・ワイス・リフキンド・ワートン・ギャリソン法律事務所に勤務、2018年〜西村あさひ法律事務所ニューヨーク事務所副執行パートナー。
［主な著書・論文］『新しい株式制度──実務・解釈上の論点を中心に』（共著、有斐閣、2002）など。

臼田　啓之（うすだ　ひろゆき）　　　　第Ⅰ部第13章担当

西村あさひ法律事務所パートナー　弁護士・ニューヨーク州弁護士
1995年東京大学法学部第一類卒業、1997年弁護士登録、2003年コロンビア大学ロースクール卒業（LL.M.）、2004年ニューヨーク州弁護士登録、2008年〜2012年慶應義塾大学法科大学院非常勤講師。
［主な著書・論文］「現金合併・三角合併等対価柔軟化の制度概要とスキームの検討」経理情報1148号（共著、2007）、「譲渡制限子会社の活用で機動力を高める経営機構戦略──モニタリング持株会社の提案」ビジネス法務5巻9号（共著、2005）、『M&A法大全』（共著、商事法務研究会、2001）。

忍田　卓也（おしだ　たくや）　　　　第Ⅲ部第7章第6節担当

西村あさひ法律事務所パートナー　弁護士・ニューヨーク州弁護士
1992年慶應義塾大学法学部法律学科卒業、1995年弁護士登録、1999年カリフォルニア大学デービス校ロースクール卒業（LL.M.）、2000年ニューヨーク州弁護士登録、1999年〜2000年ヒュー

ストンのヘインズ・アンド・ブーン法律事務所に勤務、2002年GEエジソン生命保険株式会社（現ジブラルタ生命保険株式会社）へ出向、2011年～2017年慶應義塾大学法科大学院非常勤講師、2015年～独立行政法人石油天然ガス・金属鉱物資源機構へ出向（非常勤）。
[主な著書・論文]「『経営判断の原則』活用の観点からJoint Operating Agreementを考えてみる」石油開発時報185号（共著、2015）、「Security Over Receivables - An International Handbook - （Japan chapter）」（共著、Oxford University Press、2008）。

弘中　聡浩（ひろなか　あきひろ）　　　　　　第Ⅰ部第10章第3節担当

西村あさひ法律事務所パートナー　弁護士・ニューヨーク州弁護士
1993年東京大学法学部第一類卒業、1996年弁護士登録、2003年ハーバード大学ロースクール卒業（LL.M.）、2004年ニューヨーク州弁護士登録、1998年～2000年横浜地方裁判所判事補任官、2003年～2004年ワシントンD.C.のアーノルド・アンド・ポーター法律事務所に勤務。
[主な著書・論文]『Civil Procedure in Japan-Third Edition-』（共著、Juris Publishing、2018）、『衆議のかたち2――アメリカ連邦最高裁判所判例研究（2005-2013）』（共著、羽鳥書店、2017）、「〈シンポジウム〉仲裁関係者の行為規範と適正行為――裁判外紛争解決におけるソフトローの意義」仲裁とADR12巻（共著、2017）、「タックス・ヘイブン対策税制の現況と将来」『現代租税法講座第4巻』（日本評論社、2017）、「Exploring Practicality: Using Japanese Courtrooms for Evidence Gathering in International Arbitration」Dispute Resolution International 9巻2号（2015）、『租税法概説〔第2版〕』（共編著、有斐閣、2015）、『国際仲裁と企業戦略』（共編著、有斐閣、2014）、『国際租税訴訟の最前線』（共編著、有斐閣、2010）、『衆議のかたち――アメリカ連邦最高裁判所判例研究（1993-2005）』（共著、東京大学出版会、2008）など多数。

谷川　達也（たにがわ　たつや）　　　　　　第Ⅰ部第9章、第Ⅲ部第7章第2節・第5節担当

西村あさひ法律事務所パートナー　弁護士・ニューヨーク州弁護士
1997年東京大学法学部第一類卒業、1999年弁護士登録、2005年コーネル大学ロースクール卒業（LL.M.）、2006年ニューヨーク州弁護士登録、2005年～2006年ニューヨークのデビボイス・アンド・プリンプトン法律事務所に勤務、2014年～慶應義塾大学法科大学院非常勤講師。
[主な著書・論文]「Corporate Counselor No.22 Corporate Splits in Japan」ニューズレター（共著、2016）、「The Corporate Governance Review-Third Edition-（Japan Chapter）」（Law Business Research.、2013）、「株式買取請求における公正な価格（第三者型）」『会社法施行5年　理論と実務の現状と課題』（有斐閣、2011）、『会社法実務解説』（共著、有斐閣、2011）、「シティグループと日興コーディアルグループによる三角株式交換等の概要(上)(下)」商事法務1832号・1833号（共著、2008）、「Doing Deals in Japan: An Analysis of Recent Trends and Developments for the U.S. Practitioner」Columbia Business Law Review Volume 2006 Number 3（2006）など多数。

中山　龍太郎（なかやま　りゅうたろう）　　　　　　第Ⅰ部第12章、第Ⅲ部第3章・第4章第2節5担当

西村あさひ法律事務所パートナー　弁護士・ニューヨーク州弁護士
1995年東京大学法学部卒業、1999年弁護士登録、2006年ニューヨーク大学ロースクール卒業（LL.M.）、2009年ニューヨーク州弁護士登録、2004年～2005年ニューヨークのワイル・ゴッチャル・アンド・マンジズ法律事務所に勤務、2007年～中央大学法科大学院非常勤講師。
[主な著書・論文]「〈座談会〉M&A契約研究会第1回～第6回」論究ジュリスト14号～19号（2015～2016）、「社内関係者提案型委任状争奪戦の問題点――大塚家具の委任状争奪戦を題材として」商事法務2067号（共著、2015）、「M&A取引における数理的思考」論究ジュリスト10号（2014）、『条解　独占禁止法』（共著、弘文堂、2014）、「アフリカ法務の基礎(1)～(7)」商事法務2043号～2049号（共著、2014）、『論点体系　独占禁止法』（共著、第一法規、2014）、『金商法大系Ⅰ――公開買付け(1)(2)』（共編著、商事法務、2011・2012）、『会社法実務解説』（共著、有

斐閣、2011)、『ファンド法制——ファンドをめぐる現状と規制上の諸課題』(共著、財務詳報社、2008) など多数。

志村　直子（しむら　なおこ）　　　　　　　　　　第Ⅱ部第3章第3節・第4節担当

西村あさひ法律事務所パートナー　弁護士・ニューヨーク州弁護士
1997年東京大学法学部第一類卒業、1999年弁護士登録、2004年スタンフォード大学ロースクール卒業(LL.M.)、2005年ニューヨーク州弁護士登録、2004年ニューヨークのデビボイス・アンド・プリンプトン法律事務所勤務、2008年～2015年一橋大学大学院国際企業戦略研究科非常勤講師、2016年～株式会社旅工房社外監査役、2018年～株式会社ミクシィ社外取締役、2018年～一橋大学大学院法学研究科ビジネスロー専攻非常勤講師。
[主な著書・論文]『知的財産法概説〔第5版〕』（共著、弘文堂、2013)、『会社法実務解説』（共著、有斐閣、2011)、『会社法制見直しの論点』（共著、商事法務、2011)、「会社法制見直しの論点(7)二段階（多段階）代表訴訟」商事法務1909号（2010）など。

掘越　秀郎（ほりこし　ひでお）　　　　　　　　　　　　　　　　　第Ⅱ部第5章担当

西村あさひ法律事務所パートナー　弁護士・ニューヨーク州弁護士
1996年一橋大学法学部卒業、1998年弁護士登録、2002年サザンメソジスト大学ロースクール卒業(LL.M.)、2003年ニューヨーク州弁護士登録。
[主な著書・論文]「ドイツ法人に対する融資とレンダー・ライアビリティ」国際商事法務46巻10号（共著、2018)、「貸金業法の域外適用——東京高判平28.12.12の検討」金融法務事情2096号（2018)、『ファイナンス法大全(上)〔全訂版〕』（共著、商事法務、2017）など多数。

小口　光（おぐち　ひかる）　　　　　　　　　　　　　　　第Ⅲ部第4章第2節3担当

西村あさひ法律事務所パートナー　弁護士・ニューヨーク州弁護士
1996年東京大学法学部卒業、1998年弁護士登録、2003年ハーバード大学ロースクール卒業(LL.M.)、2004年スタンフォード大学ロースクール卒業(J.S.M.)、2005年ニューヨーク州弁護士登録、2004年～2006年国際協力機構ラオス法制度整備及びベトナム競争法プロジェクト法務アドバイザー、2006年外務省国際協力局政策課課長補佐（任期付任用公務員)、2010年～2015年西村あさひ法律事務所ホーチミン事務所代表、2012年～2015年同ハノイ事務所代表兼務、2016年～同ベトナム事務所統括パートナー。
[主な著書・論文]「The Mergers & Acquisitions Review - Eleventh Edition -（Vietnam Chapter)」（共著、Law Business Research、2017)、「ベトナム法務——進出時および進出後の実務上の留意点」会社法務A2Z 125号（共著、2017)、「Getting the Deal Through - Corporate Governance 2017 (Vietnam Chapter)」（共著、Law Business Research、2017)、『ベトナムのビジネス法務』（共著、有斐閣、2016)、「国境を超える企業活動を支える——日本から世界へ」法学セミナー731号（2015）など多数。

森本　大介（もりもと　だいすけ）　　　　　　　　　　　第Ⅰ部第6章・第7章担当

西村あさひ法律事務所パートナー　弁護士・ニューヨーク州弁護士
2000年東京大学法学部卒業、2001年弁護士登録、2005年九州大学ビジネススクール客員助教授、2007年ノースウェスタン大学ロースクール卒業(LL.M.)、2007年～2008年カークランド・アンド・エリス法律事務所（シカゴ・ロサンゼルス）勤務、2008年ニューヨーク州弁護士登録。
[主な著書・論文]『資本・業務提携の実務〔第2版〕』（共編著、中央経済社、2016)、『危機管理法大全』（共著、商事法務、2016)、『秘密保持契約の実務——作成・交渉から平成27年改正不競法まで』（共著、中央経済社、2016)、『平成26年会社法改正と実務対応〔改訂版〕』（共著、商事法務、2015)、「自社株公開買付けと他社株公開買付けの価格差組合せ取引の検討——増進会出版社による栄光ホールディングスの完全子会社化事例を踏まえて」商事法務2077号（共著、2015)、「親子会社間の利益相反取引と子会社少数株主の保護」『実務に効く　コーポレート・ガ

バナンス判例精選』（有斐閣、2013）、「グループ管理規程見直しのポイント――会社法改正を見据えて」ビジネス法務 13 巻 2 号（共著、2013）、など多数。

伊達　隆彦（だて　たかひこ）＊　　　　第Ⅰ部第 2 章・第 3 章・第 13 章、第Ⅲ部第 4 章第 2 節 2・第 7 章第 1 節担当

西村あさひ法律事務所パートナー　弁護士・ニューヨーク州弁護士
2000 年東京大学法学部卒業、2001 年弁護士登録、2006 年ニューヨーク大学ロースクール卒業（LL.M.）、2007 年ニューヨーク州弁護士登録、2006 年〜2007 年ニューヨークのシュルティ・ロス・アンド・ゼイベル法律事務所勤務、2017 年〜早稲田大学法科大学院講師（企業再編特論を担当）。
[**主な著書・論文**]「第三者の対抗オファーと『公正な価格』――テクモ事件決定を踏まえて」法学教室 450 号（2018）、「M&A の表明保証違反への契約上の手当て――サンドバッギング条項をめぐる実務上のポイント」経理情報 1459 号（2016）、「社内関係者提案型委任状争奪戦の問題点――大塚家具の委任状争奪戦を題材として」商事法務 2067 号（共著、2015）、『新会社法のすべて Q&A』（共著、中央経済社、2005）、『平成 16 年 6 月 2 日公布　新破産法のすべて――ビジネス実務への影響と対応』（共著、中央経済社、2004）、『商法現代化改正のすべて Q&A』（共著、中央経済社、2004）、「就業規則の不利益変更」ビジネス法務 4 巻 1 号（2004）、「商法現代化改正の効用(3)――現金交付合併」金融法務事情 1693 号（2003）、「ビジネス実務相談室 Q&A　敵対的買収への攻防策としての新株予約権」経理情報 985 号（2002）など。

郡谷　大輔（こおりや　だいすけ）　　　　　　　　　　　　　　　　　　　第Ⅲ部第 5 章担当

西村あさひ法律事務所パートナー　弁護士
1993 年東京大学工学部卒業、1993 年通商産業省（現経済産業省）入省、2000 年法務省出向、2007 年弁護士登録。
[**主な著書・論文**]『会社法の計算詳解〔第 2 版〕』（共編著、中央経済社、2008）、『会社決算ハンドブック〔第 2 版〕』（共編著、商事法務、2008）、『論点解説　新・会社法――千問の道標』（共編著、商事法務、2006）など多数。

志賀　裕二（しが　ゆうじ）　　　　　　　　　　　　　　　　　第Ⅲ部第 4 章第 2 節 2 担当

西村あさひ法律事務所パートナー　弁護士
1998 年早稲田大学政治経済学部卒業、2000 年弁護士登録、2007 年南カリフォルニア大学ロースクール卒業（LL.M.）。
[**主な著書・論文**]『商法現代化改正のすべて Q&A』（共著、中央経済社、2004）、『単元株創設と株式・株券の法律実務』（共著、中央経済社、2001）など多数。

島田　まどか（しまだ　まどか）　　　　　　　　　　　　　　　　　　　第Ⅰ部第 12 章担当

西村あさひ法律事務所パートナー　弁護士・ニューヨーク州弁護士
1997 年東京大学法学部卒業、1999 年弁護士登録、2003 年ハーバード大学ロースクール卒業（LL.M.）、2005 年ハーバード大学ケネディスクール卒業（M.P.A.）、2005 年ニューヨーク州弁護士登録、2013 年〜産業構造審議会臨時委員（産業構造審議会通商・貿易分科会不公正貿易政策・措置調査小委員会）。
[**主な著書・論文**]「国際的な証拠調べ」ジュリスト 1497 号（2016）、「平成 27 年改正の概要と企業における営業秘密保護の留意点」Business Law Journal 98 号（2016）、「Japanese Leniency Program: Issues to be Considered」CPI Antitrust Chronicle Summer 2015 Volume 9 Number 1（共著、2015）、「The Dominance and Monopolies Review-Third Edition-（Japan Chapter）」（共著、Law Business Research、2015）、『条解　独占禁止法』（共著、弘文堂、2014）など多数。

執筆者紹介

大井　悠紀（おおい　ゆうき）＊　　　第Ⅱ部第1章第1節～第3節・第3章第1節担当

西村あさひ法律事務所パートナー　弁護士・ニューヨーク州弁護士
2001年東京大学法学部第一類卒業、2002年弁護士登録、2008年コロンビア大学ロースクール卒業（LL.M.）、2009年ニューヨーク州弁護士登録、2010年ノースウェスタン大学ケロッグ経営大学院卒業（MBA）、2012年～2013年東京大学法学部非常勤講師、2014年～東京大学大学院法学政治学研究科非常勤講師。
［主な著書・論文］『新株予約権ハンドブック〔第4版〕』（共著、商事法務、2018）、「指名委員会等設置会社・監査等委員会設置会社の取締役会」ビジネス法務14巻8号（2014）、「株式対価型組織再編における株式買取請求権」『実務に効くM&A・組織再編判例精選』（共著、有斐閣、2013）、『M&A法務の最先端』（共著、商事法務、2010）、『企業法務判例ケーススタディ300【企業組織編】』（共著、金融財政事情研究会、2008）、『新会社法実務相談』（共著、商事法務、2006）など多数。

伊藤　剛志（いとう　つよし）　　　第Ⅰ部第11章第1節担当

西村あさひ法律事務所法人社員　弁護士・ニューヨーク州弁護士
1999年東京大学法学部卒業、2000年弁護士登録、2007年ニューヨーク大学ロースクール卒業（LL.M.）、2008年ニューヨーク州弁護士登録、2007年～2008年ニューヨークのシンプソン・サッチャー・アンド・バートレット法律事務所に勤務、2016年～東京大学大学院法学政治学研究科客員准教授。現在、西村あさひ法律事務所・名古屋事務所代表。
［主な著書・論文］『BEPSとグローバル経済活動』（共編著、有斐閣、2017）、『ファイナンス法大全（下）〔全訂版〕』（共著、商事法務、2017）、「公正処理基準に従った収益の計上——流動化取引の裁判例の考察」『現代租税法講座第3巻』（日本評論社、2017）、「法人税法68条と更正の請求」『租税判例百選〔第6版〕』（有斐閣、2016）、『租税法概説〔第2版〕』（共編著、有斐閣、2015）、『企業取引と税務否認の実務』（共編著、大蔵財務協会、2015）、『クロスボーダー取引課税のフロンティア』（共編著、有斐閣、2014）、「プライベート・エクイティ・ファンドと組合課税」『租税法と市場』（有斐閣、2014）、『タックス・ヘイブン対策税制のフロンティア』（共編著、有斐閣、2013）、『移転価格税制のフロンティア』（共著、有斐閣、2011）、『国際租税訴訟の最前線』（共著、有斐閣、2010）など多数。

原田　充浩（はらだ　みつひろ）　　　第Ⅲ部第4章第2節3担当

西村あさひ法律事務所パートナー　弁護士・ニューヨーク州弁護士
1999年東京大学法学部第一類卒業、2000年弁護士登録、2006年ニューヨーク大学ロースクール卒業（LL.M.）、2007年ニューヨーク州弁護士登録、2006年～2007年ニューヨークのサリヴァン・アンド・クロムウェル法律事務所に勤務。
［主な著書・論文］「The Corporate Governance Review - Seventh Edition -（Japan Chapter）」（共著、Law Business Research、2017）、『独立取締役の教科書』（共著、中央経済社、2015）、「ミャンマー外国投資規則概説」国際商事法務41巻6号（共著、2013）、「MAC条項を巡る実務対応に関する一考察(上)(下)」金融・商事判例1380号・1381号（共著、2011・2012）、『独立取締役の現状と課題——社外取締役から独立取締役へ』別冊商事法務359号（共著、2011）、『敵対的M&A対応の最先端』（共著、商事法務、2005）、『上級商法　M&A編』（共著、商事法務、2004）、「『有事』に際しての企業防衛戦略(上)(中)(下)——ユシロ・ソトーの経営権争奪戦を機縁として」商事法務1694号～1696号（共著、2004）など多数。

濃川　耕平（こいかわ　こうへい）　　　第Ⅲ部第1章第3節担当

西村あさひ法律事務所パートナー　弁護士
2000年東京大学法学部第一類卒業、2001年弁護士登録、2006年みずほ証券株式会社エクイティキャピタルマーケット部に出向、2007年バージニア大学ロースクール卒業（LL.M.）、2007年～2008年ロンドンのノートン・ローズ法律事務所に勤務、2010年ゴールドマン・サックス証券株

式会社法務部に出向。
[主な著書・論文]『社債ハンドブック』（共編著、商事法務、2018）、『新株予約権ハンドブック〔第4版〕』（共編著、商事法務、2018）、『資金調達ハンドブック〔第2版〕』（共編著、商事法務、2017）、「日本におけるPIPEの現状」商事法務2133号（共著、2017）、『ファイナンス法大全(上)〔全訂版〕』（共著、商事法務、2017）、「日米同時上場に関する検討——LINEの上場を踏まえて」商事法務2115号（共著、2016）、『会社法実務相談』（共著、商事法務、2016）、『資本・業務提携の実務〔第2版〕』（共著、中央経済社、2016）、『論点体系　金融商品取引法(2)』（共著、第一法規、2014）など多数。

松浪　信也（まつなみ　のぶや） 第Ⅱ部第2章第3節〜第5節担当

西村あさひ法律事務所パートナー　弁護士・ニューヨーク州弁護士
1996年東京大学法学部第二類卒業、2000年弁護士登録、2005年ノースウェスタン大学ロースクール卒業（LL.M. with honors）、2006年ニューヨーク州弁護士登録、2005年〜2006年ニューヨークのシュルティ・ロス・アンド・ゼイベル法律事務所に勤務、2009年〜成蹊大学法科大学院非常勤講師（企業法展開特殊講義Ⅰ（M&Aの理論と実務）担当）。
[主な著書・論文]「The International Comparative Legal Guide to: Corporate Governance 2016 (Japan Chapter)」（共著、Global Legal Group、2016）、『監査等委員会設置会社の実務——他制度との比較と移行手続の解説〔第2版〕』（中央経済社、2015）、「監査等委員会設置会社への移行によるコーポレートガバナンス」Business Law Journal 78号（2014）、「国内企業再編における三角合併の活用」ビジネス法務14巻10号（2014）、『会社法実務解説』（共著、有斐閣、2011）、「アーンアウト条項における検討事項」商事法務1917号（2010）、「使用者等が受けるべき利益と貢献した度合い」ビジネス法務4巻6号（2004）、「企業再生と産業再生機構の創設」M&A Review 171号（2003）、「新たな段階を迎えた不良債権処理——整備進むインフラの積極的活用を」M&A Review 169号（2002）など多数。

野田　昌毅（のだ　まさき）* 第Ⅰ部第1章・第5章、第Ⅲ部第4章第1節・第2節1担当

西村あさひ法律事務所パートナー　弁護士・ニューヨーク州弁護士
2000年東京大学法学部第一類卒業、2001年東京大学大学院法学政治学研究科修了、2002年弁護士登録、2009年バージニア大学ロースクール卒業（LL.M.）、2010年ニューヨーク州弁護士登録、2009年〜2010年ニューヨークのサリヴァン・アンド・クロムウェル法律事務所に勤務、2010年〜2011年楽天株式会社国際部出向、2012年〜成蹊大学法科大学院非常勤講師、2014年〜2016年東京大学法学部非常勤講師。
[主な著書・論文]「Getting the Deal Through - Private Equity 2017 (Japan Chapter, Transactions)」（共著、Law Business Research、2017）、「The Tax Disputes & Litigation Review -5th Edition - (Japan Chapter)」（共著、Law Business Research、2017）、『M&A・企業組織再編のスキームと税務〔第3版〕』——M&Aを巡る戦略的税務プランニングの最先端』（共著、大蔵財務協会、2016）、「Practical Law Global Guide 2016/17 Tax on Corporate Transactions (Japan Chapter)」（共著、Thomson Reuters、2016）、『クロスボーダー取引課税のフロンティア』（共著、有斐閣、2014）、『国際仲裁と企業戦略』（共著、有斐閣、2014）、『金商法大系Ⅰ——公開買付け(1)』（共編著、商事法務、2011）など多数。

齋藤　崇（さいとう　たかし） 第Ⅱ部第5章担当

西村あさひ法律事務所パートナー　弁護士
2000年早稲田大学法学部卒業、2002年弁護士登録、2010年カリフォルニア大学バークレー校ロースクール卒業（LL.M.）、2013年〜2016年東京大学法学部非常勤講師。
[主な著書・論文]『ファイナンス法大全(上)(下)〔全訂版〕』（共著、商事法務、2017）、『資産・債権の流動化・証券化〔第3版〕』（共編著、金融財政事情研究会、2016）、「証券化・流動化取引

における担保付社債の活用の可能性」事業再生と債権管理136号（共著、2012）、「資産流動化法の改正が不動産流動化実務に与える影響」Website「法と経済のジャーナル Asahi Judiciary」（2012）、「デリバティブを組み込んだ証券化商品に関する近時の諸問題」事業再生と債権管理131号（共著、2011）、『解説　新信託法』（共著、弘文堂、2007）、「Whole Business Securitizations Are Gaining Strength」（共著、Asialaw、2007）、「An Amendment to the Trust Law Legalizes Security Trusts」（共著、Asialaw、2007）、『ファイナンス法大全アップデート』（共著、商事法務、2006）など多数。

柴田　寛子（しばた　ひろこ）　　　　　第Ⅰ部第8章、第Ⅲ部第7章第5節担当

西村あさひ法律事務所パートナー　弁護士・ニューヨーク州弁護士
1998年東京大学法学部第一類卒業、2001年弁護士登録、2007年カリフォルニア大学バークレー校ロースクール卒業（LL.M.）、2008年ニューヨーク州弁護士登録、2007年～2008年ニューヨークのオリック・ヘリントン・アンド・サトクリフ法律事務所勤務、2008年～2009年外務省国際法局経済条約課勤務（任期付任用公務員）。
[主な著書・論文]『種類株式ハンドブック』（共著、商事法務、2017）、「Data Security and Cybercrime in Japan」2016年7月27日付 Lexology（共著、2017）、「株式報酬に関する実務分析──TOPIX100・J-Stock Index 構成銘柄を対象に」商事法務2111号（共著、2016）、「〈座談会〉役員報酬の再検証──コーポレートガバナンス・コードを踏まえて」商事法務2075号（共著、2015）、『国際仲裁と企業戦略』（共著、有斐閣、2014）、「キャッシュ・アウトの新手法──株式等売渡請求の検討」商事法務1981号（2012）、「ライツ・オファリングの規制緩和と第三者割当増資に関する規律(上)(下)」商事法務1951号・1953号（共著、2011）など多数。

野中　敏行（のなか　としゆき）　　　　　　　　　　第Ⅱ部第5章担当

西村あさひ法律事務所パートナー　弁護士・ニューヨーク州弁護士
1998年慶應義塾大学法学部法律学科卒業、2000年弁護士登録、2006年コロンビア大学ロースクール卒業（LL.M.）、2007年ニューヨーク州弁護士登録。
[主な著書・論文]『ファイナンス法大全(上)〔全訂版〕』（共著、商事法務、2017）、『バーゼルⅡ改訂案の証券化エクスポージャーに対する影響』金融財政事情2835号（共著、2009）など。

山本　憲光（やまもと　のりみつ）　　　　　　　　第Ⅰ部第10章第4節担当

西村あさひ法律事務所パートナー　弁護士
1991年東京大学法学部卒業、1995年検事任官（東京地方検察庁）、2000年人事院行政官短期在外研究員（アメリカ合衆国）を経て、2002年より法務省民事局参事官室局付検事（商法改正、会社法制定等の立案作業に従事）。2006年検事退官し、弁護士登録。
[主な著書・論文]
『平成26年会社法改正と実務対応〔改訂版〕』（共著、商事法務、2015）、「多重代表訴訟に関する実務上の留意点」商事法務1980号（2012）、「定期傭船契約における船主・傭船者と第三者との関係」海事法研究会誌210号（2011）、『会社法コンメンタール⒇』（939条～959条部分を執筆）（商事法務、2011）、「消費者庁の設置と消費者事故等の情報開示制度への対応」NBL926号（2010）、「実務・法定公告──会社法の事例を中心に⑴～⑿」時の法令（雅粒社）1807号～1829号（2008～2009）、『論点解説　新・会社法──千問の道標』（共著、商事法務、2006）、『一問一答　新・会社法』（共著、商事法務、2005）、『Q&A 平成16年改正会社法──電子公告・株券不発行制度』（共著、商事法務、2005）など多数。

古角　和義（ふるすみ　かずよし）　　　　　　　　　　第Ⅰ部第15章担当

西村あさひ法律事務所パートナー　弁護士
1998年東京大学法学部第一類卒業、1998年～2000年経営コンサルティング会社等勤務、2001年弁護士登録、2005年ニューヨーク大学ロースクール卒業（LL.M.）、2011年～2012年西村あさ

ひ法律事務所ハノイ事務所代表。

髙橋　宏達（たかはし　ひろかつ）　　　　　　第Ⅰ部第2章・第3章担当

西村あさひ法律事務所パートナー　弁護士
1994年一橋大学法学部卒業、2002年弁護士登録、2010年ソウルの金・張法律事務所に勤務。

松原　大祐（まつばら　だいすけ）　　　　　　第Ⅲ部第7章第4節担当

西村あさひ法律事務所パートナー　弁護士・ニューヨーク州弁護士
2000年京都大学法学部卒業、2001年弁護士登録、2012年デューク大学ロースクール卒業（LL.M.）、2013年ニューヨーク州弁護士登録。
[主な著書・論文]「米国および我が国における複数議決権株式の設計と複数議決権株式発行会社に係るM&A(上)(下)」金融・商事判例1509号・1510号（共著、2017）、『会社法実務相談』（共著、商事法務、2016）、『消費者集団訴訟特例法の概要と企業の実務対応』（共編著、商事法務、2015）、『アクティビスト・敵対的買収対応の最新動向――各種事例を通じた分析と検討』（共著、商事法務、2014）、「M&A表明保証に関する裁判例と契約条項の整備」ビジネス法務13巻10号（共著、2013）、『知的財産法概説〔第5版〕』（共著、弘文堂、2013）、『新会社法実務相談』（共著、商事法務、2006）、『ファイナンス法大全アップデート』（共著、商事法務、2006）など多数。

藤田　美樹（ふじた　みき）　　　　　　第Ⅰ部第10章第1節担当

西村あさひ法律事務所パートナー　弁護士・ニューヨーク州弁護士
1998年東京大学法学部第一類卒業、2001年弁護士登録、2007年デューク大学ロースクール卒業（LL.M.）、2008年ニューヨーク州弁護士登録。
[主な著書・論文]『消費者集団訴訟特例法の概要と企業の実務対応』（共編著、商事法務、2015）、『国際仲裁と企業戦略』（共著、有斐閣、2014）、『会社を危機から守る25の鉄則』（共著、文藝春秋、2014）、『知的財産法概説〔第5版〕』（共著、弘文堂、2013）など多数。

中島　和穂（なかじま　かずほ）　　　　　　第Ⅲ部第4章第2節5担当

西村あさひ法律事務所パートナー　弁護士・ニューヨーク州弁護士
2001年東京大学法学部第一類卒業、2002年弁護士登録、2009年コロンビア大学ロースクール卒業（LL.M.）、2010年ニューヨーク州弁護士登録、2009年～2010年ニューヨークのワイル・ゴッチャル・アンド・マンジズ法律事務所勤務、2016年～西村あさひ法律事務所ドバイ駐在員事務所代表。
[主な著書・論文]「米国大統領選後のイランビジネス」西村あさひ法律事務所M&Aニューズレター2017年1月号（2017）、『会社法実務相談』（共著、商事法務、2016）、「イラン向け投資の保護制度」Website「法と経済のジャーナル Asahi Judiciary」（2016）、「米国による対イラン制裁法と日本企業によるイランビジネス」Website「法と経済のジャーナル Asahi Judiciary」（2016）、「少数株式取得における企業結合規制」西村あさひ法律事務所M&Aニューズレター2016年1月号（2016）、「サウジアラビアにおける合弁事業」西村あさひ法律事務所M&Aニューズレター2015年1月号（2015）、『条解　独占禁止法』（共著、弘文堂、2014）、「中国の企業結合審査における簡易手続」西村あさひ法律事務所M&Aニューズレター2014年11月号（2014）、「Chambers Legal Practice Guides - Merger Control 2014 (Japan Law & Practice)」（共著、Chambers and Partners、2014）など多数。

松尾　拓也（まつお　たくや）*　　　　　　第Ⅰ部第4章担当

西村あさひ法律事務所パートナー　弁護士・ニューヨーク州弁護士
2002年東京大学法学部第一類卒業、2003年弁護士登録、2011年バージニア大学ロースクール卒業（LL.M.）、2012年ニューヨーク州弁護士登録、2011年～2012年ニューヨークのシンプソン・

サッチャー・アンド・バートレット法律事務所に勤務、2017年〜東京大学法学部非常勤講師、2018年〜慶應義塾大学法科大学院非常勤講師。

[主な著書・論文]『スクイーズ・アウトの法務と税務〔第2版〕』（共著、中央経済社、2018）、『日本経済復活の処方箋　役員報酬改革論〔増補改訂第2版〕』（共著、商事法務、2018）、『新株予約権ハンドブック〔第4版〕』（共編著、商事法務、2018）、『インセンティブ報酬の法務・税務・会計——株式報酬・業績連動型報酬の実務詳解』（共編著、中央経済社、2017）、『種類株式ハンドブック』（共編著、商事法務、2017）、『論点体系　金融商品取引法(1)』（共著、第一法規、2014）、『数理法務概論』（翻訳協力、有斐閣、2014）、『金商法大系 I ——公開買付け(1)(2)』（共編著、商事法務、2011・2012）、『会社法実務解説』（共著、有斐閣、2011年）、『企業法務判例ケーススタディ300【企業組織編】』（共著、金融財政事情研究会、2008）など多数。

髙木　弘明（たかぎ　ひろあき）　　　第Ⅱ部第4章担当

西村あさひ法律事務所パートナー　弁護士・ニューヨーク州弁護士

2001年東京大学法学部第一類卒業、2002年弁護士登録、2005年早稲田大学大学院アジア太平洋研究科非常勤講師、2008年シカゴ大学ロースクール卒業（LL.M.）、2009年ニューヨーク州弁護士登録、2008年〜2009年ニューヨークのポール・ワイス・リフキンド・ワートン・アンド・ギャリソン法律事務所に勤務、2009年〜2013年法務省民事局参事官室に出向（平成26年会社法改正の立案、商業登記等を担当）、2016年〜学習院大学法科大学院特別招聘教授。

[主な著書・論文]『ビジネス法体系　企業組織法』（共著、第一法規、2018）、『新株予約権ハンドブック〔第4版〕』（共著、商事法務、2018）、「法務の視点からみた会計の留意点(1)〜(3)」商事法務2164号〜2166号（共著、2018）、『資金調達ハンドブック〔第2版〕』（共編著、商事法務、2017）、『種類株式ハンドブック』（共著、商事法務、2017）、「指名諮問委員会・報酬諮問委員会に関する実務上の留意点」監査役674号（2017）、「「子会社」の意義と社外取締役の要件に関する諸問題」商事法務2138号（2017）、「取締役会の実態と取締役会の運営に関する見直しの視点」商事法務2130号（2017）、「社外役員の指名・報酬への関与——監査等委員会設置会社の意見陳述権を含めて」ビジネス法務17巻3号（共著、2017）など多数。

水島　淳（みずしま　あつし）　　　第Ⅲ部第6章担当

西村あさひ法律事務所パートナー　弁護士・MBA

2004年東京大学法学部第一類卒業、2005年弁護士登録、2013年スタンフォード大学ビジネススクール卒業（MBA）、2013年〜2014年米国 WHILL, Inc. ビジネスディレクター、2007年〜2010年・2014年〜成蹊大学法科大学院非常勤講師、2016年〜一般社団法人 SPACETIDE 創業者兼理事。

[主な著書・論文]『種類株式ハンドブック』（共著、商事法務、2017）、「米国および我が国における複数議決権株式の設計と複数議決権株式発行会社に係る M&A(上)(下)」金融・商事判例1509号・1510号（共著、2017）、「宇宙活動法と今後の宇宙ビジネスにおける視点」会社法務A2Z 125号（共著、2017）、「宇宙資源開発をめぐる動向と法的課題」ジュリスト1506号（共著、2017）、『FinTech ビジネスと法25講——黎明期の今とこれから』（共編著、商事法務、2016）、『租税法概説〔第2版〕』（共著、有斐閣、2015）、『企業取引と税務否認の実務』（共著、大蔵財務協会、2015）、『ビジネスパーソンのための企業法務の教科書』（共著、文藝春秋、2012）、「Freeze-Out Prices and the Need for Due Process」（共著、The European Business Council、2010）など多数。

藤井　康次郎（ふじい　こうじろう）　　　第Ⅰ部第12章担当

西村あさひ法律事務所パートナー　弁護士・ニューヨーク州弁護士

2004年東京大学法学部第一類卒業、2005年弁護士登録、2011年ニューヨーク大学ロースクール卒業（LL.M.）、2012年ニューヨーク州弁護士登録、2011年〜2012年ワシントン D.C. のクリアリー・ゴットリーブ・スティーン・アンド・ハミルトン法律事務所に勤務、2012年〜2014年経

済産業省通商機構部国際経済紛争対策室参事官補佐。
[主な著書・論文]「鼎談 弁護士とロビイング──立法過程における影響とその役割」ジュリスト1521号（共著、2018）、「ビッグデータと単独行為」ジュリスト1508号（共著、2017）、「宇宙資源開発をめぐる動向と法的課題」ジュリスト1506号（共著、2017）、「TPPと政府・企業法務(1)〜(14)」NBL 1063号〜1094号（共著、2015〜2017）、「TPP関連法の概要」NBL 1090号（共著、2017）、『危機管理法大全』（共著、商事法務、2016）、「米国反トラスト法の国際的適用範囲をめぐる民事訴訟の動向」NBL 1054号（共著、2015）、「天然資源の輸出規制と通商法」石油開発時報183号（2014）、「不当廉売・差別対価」ジュリスト1471号（2014）、『エネルギー投資仲裁・実例研究──ISDSの実際』（共著、有斐閣、2013）など多数。

山中　政人（やまなか　まさと） 第Ⅲ部第4章第2節3担当

西村あさひ法律事務所パートナー・シンガポール事務所共同代表　弁護士
2000年慶應義塾大学法学部卒業、2002年弁護士登録、2011年〜2012年香港のノートン・ローズ法律事務所に勤務、2012年シンガポール外国法弁護士登録、西村あさひ法律事務所シンガポール事務所にて執務開始。
[主な著書・論文]『新株予約権ハンドブック〔第4版〕』（共著、商事法務、2018）、『個人情報保護法制と実務対応』（共著、商事法務、2017）、『ファイナンス法大全(上)〔全訂版〕』（共著、商事法務、2017）、『アジア進出・撤退の労務──各国の労働法制を踏まえて』（共著、中央経済社、2017）、『資本・業務提携の実務〔第2版〕』（共著、中央経済社、2016）、『アジアにおけるシンジケート・ローンの契約実務と担保法制』（共著、金融財政事情研究会、2016）、『日本企業のためのシンガポール進出戦略ガイドQ&A』（共編著、中央経済社、2014）など。

小原　英志（おばら　ひでし） 第Ⅲ部第4章第2節3担当

西村あさひ法律事務所パートナー・バンコク事務所代表　弁護士・ニューヨーク州弁護士
1998年上智大学法学部卒業、2003年弁護士登録、2008年ミシガン大学ロースクール卒業（LL.M.）、2009年ニューヨーク州弁護士登録、2008年〜2009年三菱東京UFJ銀行米州法務室（在ニューヨーク）出向、2011年〜2013年タイのテレキ・アンド・ギビンズ法律事務所出向、2013年西村あさひ法律事務所バンコク事務所設立、同事務所代表就任（パートナー弁護士）。
[主な著書・論文]『アジア進出・撤退の労務──各国の労働法制を踏まえて』（共著、中央経済社、2017）、「タイのトレンド──タイの経済成長の鈍化を受けたタイにおける事業更正手続の増加と日系企業への影響」Website「法と経済のジャーナル Asahi Judiciary」（2016）、『資産・債権の流動化・証券化〔第3版〕』（共著、金融財政事情研究会、2016）、『移転価格税制のフロンティア』（共著、有斐閣、2011）、『平成18年会社法 取締役・取締役会の実務』（共著、税務経理協会、2006）など多数。

松本　絢子（まつもと　あやこ） 第Ⅲ部第4章第1節担当

西村あさひ法律事務所パートナー　弁護士・ニューヨーク州弁護士
2003年上智大学法学部法律学科卒業、2005年弁護士登録、2012年ノースウェスタン大学ロースクール卒業（LL.M.）、2013年ニューヨーク州弁護士登録、2012年〜2013年米国三菱商事会社および北米三菱商事会社（ニューヨーク）出向。
[主な著書・論文]『会社補償の実務』（共編著、商事法務、2018）、「会社補償実務研究会『会社補償実務指針案』の解説」商事法務2134号（共著、2017）、『D&O保険の先端Ⅰ』（共編著、商事法務、2017）、「誤解を防ぐ！　法務英語の落とし穴(1)　契約書」ビジネス法務16巻10号（2016）、「新しいD&O保険への実務対応(上)(下)」商事法務2100号・2101号（共著、2016）、「『コーポレート・ガバナンスの実践』を踏まえた会社補償とD&O保険の在り方」損害保険研究78巻1号（2016）、「産業競争力強化法の要点」ビジネス法務14巻2号（共著、2014）、『金商法大系Ⅰ──公開買付け(1)』（共編著、商事法務、2011）、『会社法・金商法　実務質疑応答』（共著、商事法務、2010）、『最新金融レギュレーション』（共著、商事法務、2009）など多数。

中原　千繪（なかはら　ちえ）　　第Ⅰ部第10章第2節担当

西村あさひ法律事務所パートナー　弁護士・ニューヨーク州弁護士
1998年京都大学法学部卒業、2005年弁護士登録、2011年スタンフォード大学ロースクール卒業（LL.M.）、2013年ニューヨーク州弁護士登録、2011年〜2012年ニューヨークのデューイ・アンド・ルバフ法律事務所およびドーシー・アンド・ホイットニー法律事務所に勤務、2016年第一東京弁護士会仲裁センターの仲裁人候補者、2017年 Panel of Arbitrators, Singapore International Arbitration Centre (SIAC)。

[主な著書・論文]「Utilization of Japanese Court Practice to Improve Efficiency in International Arbitration」JCAA Newsletter No.37（2017）、『消費者集団訴訟特例法の概要と企業の実務対応』（共著、商事法務、2015）、『国際仲裁と企業戦略』（共著、有斐閣、2014）、「米国における企業活動に伴う訴訟手続の現状と弁護実務課題」ジュリスト1474号（共著、2014）など多数。

中山　達也（なかやま　たつや）　　第Ⅲ部第7章第2節担当

西村あさひ法律事務所パートナー　弁護士・ニューヨーク州弁護士
2004年東京大学法学部第一類卒業、2005年弁護士登録、2012年ミシガン大学ロースクール卒業（LL.M.）（Mergers and Acquisitions にて Certificate of Merit 受賞）、2013年ニューヨーク州弁護士登録、2012年〜2013年ニューヨークのワイル・ゴッチャル・アンド・マンジズ法律事務所に勤務、2018年〜成蹊大学法科大学院非常勤講師（M&A担当）。

[主な著書・論文]「The Corporate Governance Review - Eighth Edition - (Japan Chapter)」（共著、Law Business Research、2018）、『新株予約権ハンドブック〔第4版〕』（共編著、商事法務、2018）、『インセンティブ報酬の法務・税務・会計──株式報酬・業績連動型報酬の実務詳解』（共著、中央経済社、2017）、『種類株式ハンドブック』（共著、商事法務、2017）、「トヨタのAA型種類株式の事例から考える──元本償還権付・譲渡制限議決権株式の法的留意点」経理情報1422号（共著、2015）、『金商法大系Ⅰ──公開買付け(2)』（共編著、商事法務、2012）、「MAC条項を巡る実務対応に関する一考察(上)(下)」金融・商事判例1380号・1381号（共著、2011・2012）、「種類株式の買付けを通じた上場企業の買収と公開買付規制──強制公開買付規制の射程を巡って」金融・商事判例1351号（共著、2010）など多数。

阿部　次郎（あべ　じろう）　　第Ⅰ部第13章担当

西村あさひ法律事務所パートナー　弁護士
2001年慶應義塾大学法学部卒業、2005年弁護士登録、2011年キングス・カレッジ・ロンドン（ロンドン大学）ロースクール卒業（LL.M.）、2011年〜2012年ロンドンのスローター・アンド・メイ法律事務所に勤務。

高木　智宏（たかぎ　ともひろ）　　第Ⅱ部第3章第4節担当

西村あさひ法律事務所パートナー　弁護士・ニューヨーク州弁護士
2004年東京大学法学部第一類卒業、2005年弁護士登録、2012年ノースウェスタン大学ロースクール卒業（LL.M. with Honors）、2013年ニューヨーク州弁護士登録、2012年〜2013年ニューヨークのデビボイス・アンド・プリンプトン法律事務所に勤務。

[主な著書・論文]「The International Comparative Legal Guide to : Mergers & Acquisitions 2018 (Japan Chapter)」（共著、Global Legal Group、2018）、『会社法実務相談』（共著、商事法務、2016）、『知的財産法概説〔第5版〕』（共著、弘文堂、2013）、『会社法実務解説』（共著、有斐閣、2011）、『M&A法務の最先端』（共著、商事法務、2010）、『企業法務判例ケーススタディ300【企業組織編】』（共著、金融財政事情研究会、2008）など多数。

根本　剛史（ねもと　たけし）　　　　　　　　　第Ⅱ部第3章第5節担当

西村あさひ法律事務所パートナー　弁護士・ニューヨーク州弁護士
2003年慶應義塾大学法学部法律学科卒業、2005年弁護士登録、2014年バージニア大学ロースクール卒業（LL.M.）、2014年～2015年ニューヨークのデビボイス・アンド・プリンプトン法律事務所に勤務、2015年ニューヨーク州弁護士登録、2016年～2017年一橋大学大学院国際企業戦略研究科非常勤講師。
[主な著書・論文]『会社法実務相談』（共著、商事法務、2016）、『知的財産法概説〔第5版〕』（共著、弘文堂、2013）、『会社法実務解説』（共著、有斐閣、2011）、『企業法務判例ケーススタディ300【企業組織編】』（共著、金融財政事情研究会、2008）、「徹底解説！　新会社法の重要論点──第2回　株式会社の機関(上)」Lexis企業法務4号（共著、2006）など。

山田　慎吾（やまだ　しんご）　　　　　　　　　第Ⅰ部第3章担当

西村あさひ法律事務所パートナー　弁護士
2005年慶應義塾大学法学部卒業、2006年弁護士登録、2014年ペンシルベニア大学ロースクール卒業（LL.M.）、2012年～2013年ニューヨークのシュルティ・ロス・アンド・ゼイベル法律事務所に勤務。
[主な著書・論文]「コーポレートガバナンス・コードの改訂に伴うコーポレート・ガバナンスに関する報告書における留意点──改訂内容を中心に」資料版商事法務410号（共著、2018）、「Shareholder's Rights and Obligations (Japan Chapter)」（共著、Globe Law and Business Ltd.、2017）、『株主総会の実務相談』（共編著、商事法務、2012）など。

石川　智也（いしかわ　のりや）　　　　　　　　第Ⅲ部第1章第1節担当

西村あさひ法律事務所パートナー　弁護士・ニューヨーク州弁護士
2005年東京大学法学部第一類卒業、2006年弁護士登録、2015年バージニア大学ロースクール卒業（LL.M.）、2016年Max Planck Institute for Innovation and Competition併設ミュンヘン知的財産法センター卒業（LL.M.）、2016年Noerr法律事務所ミュンヘンオフィス（IP・メディア部門）に出向、2017年ニューヨーク州弁護士登録。
[主な著書・論文]『個人情報保護法制と実務対応』（共編著、商事法務、2017）、『資本・業務提携の実務〔第2版〕』（共編著、中央経済社、2016）、『秘密保持契約の実務──作成・交渉から平成27年改正不競法まで』（共編著、中央経済社、2016）、『M&A・企業組織再編のスキームと税務──M&Aを巡る戦略的税務プランニングの最先端〔第3版〕』（共著、大蔵財務協会、2016）、『ビッグデータの収集、調査、分析と活用事例』（共著、技術情報協会、2014）、『知的財産法概説〔第5版〕』（共著、弘文堂、2013）、『会社法実務解説』（共著、有斐閣、2011）、『新しい持株会設立・運営の実務──日本版ESOPの登場を踏まえて』（共著、商事法務、2011）、『M&A法務の最先端』（共著、商事法務、2010）、『企業法務判例ケーススタディ300【企業組織編】』（共著、金融財政事情研究会、2008）など多数。

石﨑　泰哲（いしざき　やすのり）　　　　　　　第Ⅲ部第4章第2節1担当

西村あさひ法律事務所パートナー　弁護士
2005年京都大学法学部卒業、2006年弁護士登録、2014年南カリフォルニア大学ロースクール卒業（LL.M.）、2014年～2015年ニューヨークのシャーマン・アンド・スターリング法律事務所に勤務、2015年ニューヨークのNomura Holding America Inc.に勤務。
[主な著書・論文]「『株主総会プロセス電子化報告書』が実務に与える影響(1)──招集通知関連書類の電子提供」ビジネス法務16巻8号（2016）、「上場企業法制における企業の中長期的利益とショートターミズムとの調整(上)(下)──最近の欧米の議論の諸相から」商事法務2097号・2098号（共著、2016）、「表明保証に関する裁判例と契約条項の整備」ビジネス法務13巻10号（共著、2013）、『金商法大系Ⅰ──公開買付け(1)(2)』（共編著、商事法務、2011・2012）、『会社法・金商法　実務質疑応答』（共著、商事法務、2010）など多数。

浅岡　義之（あさおか　よしゆき）＊
第Ⅰ部第10章第5節、第Ⅱ部第2章第1節～第5節、第Ⅲ部第2章・第7章第1節担当

西村あさひ法律事務所パートナー　弁護士・ニューヨーク州弁護士
2005年東京大学法学部卒業、2006年弁護士登録、2011年ニューヨーク大学ロースクール卒業（LL.M. in Corporate Law, Fulbright scholar）、2012年オックスフォード大学法学部およびサイード・ビジネス・スクール卒業（MSc in Law and Finance with distinction）、2012年ニューヨーク州弁護士登録。

[主な著書・論文]『株主の利益に反する経営の違法性と持続可能性——会社が築く豊かで住みよい社会』（執筆協力、有斐閣、2018）、『FinTechビジネスと法25講——黎明期の今とこれから』（共著、商事法務、2016）、『数理法務のすすめ』（執筆協力、有斐閣、2016）、「自社株公開買付けと他社株公開買付けの価格差組合せ取引の検討——増進会出版社による栄光ホールディングスの完全子会社化事例を踏まえて」商事法務2077号（共著、2015）、「株式発行価額の検証」論究ジュリスト10号（共著、2014）、『数理法務概論』（翻訳協力、有斐閣、2014）、「違法ITの使用と公正競争（貿易）をめぐる米国での新たな取組み」Business Law Journal 65号（共著、2013）など多数。

田中　研也（たなか　けんや）
第Ⅲ部第5章・第7章第4節担当

西村あさひ法律事務所パートナー　弁護士
1997年早稲田大学法学部卒業、2002年弁護士登録、2011年デューク大学ロースクール卒業（LL.M.）、2009年～2010年三井物産株式会社法務部出向、2011年～2012年ニューヨークのサリヴァン・アンド・クロムウェル法律事務所に勤務、2012年～2013年サンパウロのピネイロ・ネト法律事務所に出向。

[主な著書・論文]『現代型契約と倒産法』（共著、商事法務、2015）、「金融機関と事業承継における留意点」銀行法務21 781号（共著、2015）、『会社法実務解説』（共著、有斐閣、2011）など多数。

土肥　慎司（どひ　しんじ）
第Ⅰ部第6章・第7章担当

西村あさひ法律事務所パートナー　弁護士・ニューヨーク州弁護士
2002年東京大学法学部第一類卒業、2003年弁護士登録、2011年カリフォルニア大学バークレー校ロースクール卒業（LL.M.）、2012年ニューヨーク州弁護士登録、2011年～2012年ボストンのロープス・アンド・グレイ法律事務所に勤務。

[主な著書・論文]「Practical Law Corporate Governance and Directors' Duties Global Guide 2018（Japan Chapter）」（共著、Thomson Reuters、2018）、『資本・業務提携の実務〔第2版〕』（共著、中央経済社、2016）、「MBOにおける取締役の善管注意義務」ビジネス法務7巻6号（共著、2007）、「会社法法務省令で明らかになったM&A最新実務」ビジネス法務6巻8号（共著、2006）、「柔軟になったM&Aスケジュール」ビジネス法務6巻8号（共著、2006）など多数。

清水　誠（しみず　まこと）
第Ⅲ部第1章第5節・第4章第2節4担当

西村あさひ法律事務所パートナー　弁護士
2003年東京大学法学部卒業、2004年弁護士登録、2012年ワシントン大学ロースクール卒業（LL.M.）、2012年～2013年ニューヨークのポール・ワイス・リフキンド・ワートン・ギャリソン法律事務所、2013年～2014年サンパウロのピネイロ・ネト法律事務所でそれぞれ勤務、2015年～株式会社ユーグレナ社外取締役。

[主な著書・論文]「ブラジル進出における法務上の留意点——最新の法改正を踏まえて」会社法務A2Z 129号（共著、2018）、「ブラジルの労働法改革」NBL1105号（共著、2017）、「所得税法56条の適用範囲——弁護士夫婦事件」『租税判例百選〔第6版〕』（有斐閣、2016）、『M&A・企業組織再編のスキームと税務——M&Aを巡る戦略的税務プランニングの最先端〔第3版〕』（共著、大蔵財務協会、2016）、『企業取引と税務否認の実務』（共著、大蔵財務協会、2015）、

『クロスボーダー取引課税のフロンティア』（共著、有斐閣、2014）など多数。また、商事法務ポータル Website に中南米関連記事を多数寄稿。

森田　多恵子（もりた　たえこ）　　　　　　　　　　　　第Ⅰ部第16章担当

西村あさひ法律事務所パートナー　弁護士・ニューヨーク州弁護士
2003年京都大学法学部卒業、2004年弁護士登録、2010年ペンシルベニア大学ロースクール卒業（LL.M.）、2011年ニューヨーク州弁護士登録、2011年～2013年三菱商事株式会社法務部に出向。
[主な著書・論文]『種類株式ハンドブック』（共著、商事法務、2017）、『現代租税法講座第4巻』（共著、日本評論社、2017）、『企業法制の将来展望──資本市場制度の改革への提言〔2017年度版〕』（共著、財経詳報社、2016）、『企業集団における内部統制』（共著、同文舘出版、2016）、『金商法大系Ⅰ──公開買付け(1)(2)』（共著、商事法務、2011・2012）、『会社法・金商法　実務質疑応答』（共著、商事法務、2010）、『大量保有報告の実務』別冊商事法務335号（共編著、2009）、『Q&A 金融商品取引法の解説【政令・内閣府令対応版】』（共著、金融財政事情研究会、2007）など多数。

中島　あずさ（なかしま　あずさ）　　　　　　　　　　　第Ⅲ部第4章第2節3担当

西村あさひ法律事務所パートナー・北京事務所首席代表　弁護士
1996年早稲田大学商学部卒業、2002年弁護士登録、2002年～2005年中国・北京にて語学研修および業務研修、2010年西村あさひ法律事務所入所、2013年～同北京事務所首席代表。
[主な著書・論文]『アジア進出・撤退の労務──各国の労働法制を踏まえて』（共著、中央経済社、2017）、「初期型外商投資企業が有する不動産の問題点」ジュリスト1494号（2016）、「中国における PE 課税(上)(下)」Science Portal China（共著、2013）、『ビジネスパーソンのための企業法務の教科書』（共著、文藝春秋、2012）、「中国におけるネット販売への参入規制法規とその運用について」Website「法と経済のジャーナル Asahi Judiciary」（2011）、「Doing Business In 中国」（2010）、「中国におけるネット販売に関する商務部の新通知とその解釈、運用について」国際商事法務38巻11号（2010）、「中国の工業用地の払下げに関する新制度と外商投資企業設立への影響」国際商事法務35巻8号（2007）、『中国契約マニュアル』（共著、中央経済社、2006）、「中国『外国投資家投資商業分野管理弁法』の制定」国際商事法務32巻6号（2004）など多数。

湯川　雄介（ゆかわ　ゆうすけ）　　　　　　　　　　　　第Ⅲ部第4章第2節3担当

西村あさひ法律事務所パートナー・ヤンゴン事務所代表　弁護士
1998年慶應義塾大学法学部卒業、2000年弁護士登録、2007年スタンフォード大学ロースクール卒業（LL.M.）、2007年シリコンバレーのフェンウィック・アンド・ウエスト法律事務所に勤務、2008年ニューヨークのクリアリー・ゴットリーブ・スティーン・アンド・ハミルトン法律事務所に勤務、2013年～西村あさひ法律事務所ヤンゴン事務所代表。
[主な著書・論文]『ミャンマー新投資法・改正会社法──最新実務を踏まえて』（共編著、有斐閣、2018）、「ミャンマー不動産法の理論と実務」NBL1116号～（連載）（共著、2018）、「海外進出・海外投資における法務の現状　ミャンマー進出の法務」会社法務 A2Z 102号（2015）、「土地利用権を中心とした不動産法制および外資による不動産利用に関する制度概説」月刊ザ・ローヤーズ10巻8号（2013）など。

佐藤　正孝（さとう　まさたか）　　　　　　　　　　　　第Ⅲ部第4章第2節3担当

西村あさひ法律事務所パートナー　弁護士・ニューヨーク州弁護士
2000年慶應義塾大学法学部卒業、2002年弁護士登録、2007年ノースウェスタン大学ロースクール卒業（LL.M.）、2008年ニューヨーク州弁護士登録。
[主な著書・論文]『個人情報保護法制と実務対応』（共著、商事法務、2017）、『アジア進出・撤退の労務──各国の労働法制を踏まえて』（共著、中央経済社、2017）、『フィリピン進出にあた

り把握すべき法務チェックポイント』会社法実務 A2Z 115 号（2016）、『ベトナムのビジネス法務』（共著、有斐閣、2016）、「アジア子会社と事業再生・撤退」事業再生と債権管理 144 号（2014）、「Doing Business In ベトナム」（共著、2013）、「Getting the Deal Through - Corporate Governance 2013 (Vietnam Chapter)」（共著、Law Business Research、2013）、「出口戦略のための交渉・契約書の作成」ビジネス法務 13 巻 6 号（共著、2013）、「ベトナムにおける M&A その他の投資動向と規制環境」M&A Review 26 巻 6 号（共著、2012）、「M&A 取引における表明保証に関する近時の判例の考察」M&A Review 24 巻 4 号（2012）など多数。

廣澤　太郎（ひろさわ　たろう）　　　　　　　　　　第Ⅲ部第 4 章第 2 節 3 担当

西村あさひ法律事務所パートナー・ハノイオフィス代表　弁護士・ニューヨーク州弁護士
2004 年東京大学法学部卒業、2005 年弁護士登録、2013 年デューク大学ロースクール卒業（LL. M)、2014 年ニューヨーク州弁護士登録、2013 年～西村あさひ法律事務所ベトナム・ハノイオフィス勤務、2018 年～ハノイオフィス代表。
［主な著書・論文］「The Mergers & Acquisitions Review - Eleventh Edition - (Vietnam Chapter)」（共著、Law Business Research、2017）、「Getting the Deal Through - Corporate Governance 2017 (Vietnam Chapter)」（共著、Law Business Research、2017）、「ベトナム国営企業の投資に関する法律上、実務上の留意点」海外投融資 26 巻 5 号（共著、2017）、『ベトナムのビジネス法務』（共著、有斐閣、2016）など。

孫　櫻倩（そん　いんちぇん）　　　　　　　　　　第Ⅲ部第 4 章第 2 節 3 担当

西村あさひ法律事務所外国法パートナー　外国法事務弁護士・台湾弁護士
2001 年台湾大学法学部および国際企業学部卒業（LL.B. and BBA)、2003 年台湾弁護士登録、2009 年東京大学大学院法学政治学研究科修士課程修了（LL.M.)、2014 年外国法事務弁護士登録。
［主な著書・論文］『個人情報保護法制と実務対応』（共著、商事法務、2017）、『アジア進出企業の法務──M&A 法制を中心として』（共著、商事法務、2013）、「米国・中国・台湾企業との国際取引契約における紛争解決手段選択の視点(下)」商事法務 2018 号（2013）、「台湾における著作権等侵害救済のための刑事手続の利用について」Website「法と経済のジャーナル Asahi Judiciary」（2012）、「『海峡両岸経済協力枠組み協定』（ECFA）に基づく原産地規則について」国際商事法務 39 巻 2 号（共著、2011）、『解説　改正著作権法』（共著、弘文堂、2010）、「米国特許損害賠償事件における entire-market-value rule の分析」知的財産法政策学研究 24 号（2009）など。

泰田　啓太（やすだ　けいた）　　　　　　　　　　第Ⅰ部第 10 章第 2 節・第 4 節担当

西村あさひ法律事務所カウンセル　弁護士
1992 年東京大学法学部第一類卒業、1994 年検事任官、1999 年～2004 年法務省民事局参事官室に出向（商法改正の立案等を担当)、2004 年弁護士登録。
［主な著書・論文］『会社法関係法務省令　逐条実務詳解〔改正会社法対応版〕』（共著、清文社、2016）、『消費者集団訴訟特例法の概要と企業の実務対応』（共著、商事法務、2015）、『新会社法 A2Z 非公開会社の実務』（共著、第一法規、2006）など。

紺野　博靖（こんの　ひろやす）　　　　　　　　　　第Ⅲ部第 7 章第 6 節担当

西村あさひ法律事務所カウンセル　弁護士・ニューヨーク州弁護士
1997 年早稲田大学法学部卒業、1999 年弁護士登録、2006 年コーネル大学ロースクール卒業（LL. M.)、2007 年ニューヨーク州弁護士登録、2017 年日本 EU 間 LNG 覚書に基づく LNG 専門家部会メンバー。

園浦　卓（そのうら　たく）　　　　　　　　　　　　　　　　第Ⅰ部第11章第1節担当

西村あさひ法律事務所カウンセル　弁護士・ニューヨーク州弁護士
2000年東京大学法学部卒業、2001年弁護士登録、2007年ニューヨーク大学ロースクール卒業（LL.M.）、2009年ニューヨーク州弁護士登録、2001年〜2013年長島・大野・常松法律事務所に勤務、2007年〜2008年ボストンのロープス・アンド・グレイ法律事務所に勤務。
[主な著書・論文]「日本IBM事件判決の検討——法人税法132条の適用」経理研究59号（2016)、『クロスボーダー取引課税のフロンティア』（共著、有斐閣、2014）など多数。

松平　定之（まつだいら　さだゆき）　　　　　　　　　　　　第Ⅲ部第7章第7節担当

西村あさひ法律事務所カウンセル　弁護士・ニューヨーク州弁護士
2001年東京大学法学部第一類卒業、2002年弁護士登録、2011年ミシガン大学ロースクール卒業（LL.M.）、2012年ニューヨーク州弁護士登録、2011年〜2012年ニューヨークのデビボイス・アンド・プリンプトン法律事務所に勤務。
[主な著書・論文]『エネルギー法実務要説』（共著、商事法務、2018)、「Getting the Deal Through - Electricity Regulation 2018（Japan Chapter)」（共著、Law Business Research、2017)、「小売電気事業者の法務の基礎（その1）（その2)」NBL1063号・1065号（2015・2016)、「米国における発電事業のM&Aに関する法律実務(上)(下)」NBL983号・984号（2012)、「米国における再生可能エネルギー発電事業に関する契約実務」Website「法と経済のジャーナル Asahi Judiciary」（2012)、「米国上場企業のコーポレート・ガバナンスに関する最新動向(上)(下)」商事法務1959号・1960号（共著、2012)、『会社法実務解説』（共著、有斐閣、2011)、『企業法務判例ケーススタディ300【企業組織編】』（共著、金融財政事情研究会、2008）など。

佐々木　秀（ささき　しげる）　　　　　　　　　　　　　　　第Ⅱ部第1章第3節担当

西村あさひ法律事務所カウンセル　弁護士・ニューヨーク州弁護士
2002年東京大学法学部第二類卒業、2003年弁護士登録、2010年〜2013年みずほ証券株式会社法務・コンプライアンス本部法務部出向、2014年ボストン大学ロースクール卒業（LL.M.）（Sebastian Horsten Prize受賞)、2015年ニューヨーク州弁護士登録、2014年〜2015年ニューヨークのデービス・ポーク・アンド・ウォードウェル法律事務所勤務。
[主な著書・論文]『種類株式ハンドブック』（共著、商事法務、2017)、『会社法実務相談』（共著、商事法務、2016)、『知的財産法概説〔第5版〕』（共著、弘文堂、2013)、『会社法実務解説』（共著、有斐閣、2011)、『M&A法の最先端』（共著、商事法務、2010)、『企業法務判例ケーススタディ300【企業組織編】』（共著、金融財政事情研究会、2008)、「ブルドックソースによる敵対的買収に対する対抗措置(上)〜(下その3)」商事法務1816号〜1826号（共著、2007〜2008）など。

髙木　謙吾（たかき　けんご）　　　　　　　　　　　　　　　第Ⅰ部第8章担当

西村あさひ法律事務所法人社員　弁護士・ニューヨーク州弁護士
2003年東京大学法学部第一類卒業、2004年弁護士登録、2012年ノースウェスタン大学ロースクール卒業（LL.M.）、2013年ニューヨーク州弁護士登録、2012年〜2013年米国日系企業に勤務。
[主な著書・論文]『会社法実務相談』（共著、商事法務、2016)。

藤井　宏樹（ふじい　ひろき）　　　　　　　　　　　　　　　第Ⅰ部第9章担当

西村あさひ法律事務所法人社員　弁護士
2002年中央大学法学部卒業、2005年弁護士登録、2012年〜2013年ロンドンのMarubeni Europower Ltdに出向、2014年〜弁護士法人西村あさひ法律事務所名古屋事務所勤務。
[主な著書・論文]「改正産活法による『自社株対価TOB』の活用場面を探る」ビジネス法務11巻6号（共著、2011)、「The International Comparative Legal Guide to: Environment Law 2009

(Japan Chapter)」（共著、Global Legal Group、2009）、「MBO における取締役の善管注意義務」ビジネス法務 7 巻 6 号（共著、2007）など。

辰巳　郁（たつみ　かおる）　　　　　　　　第Ⅰ部第 5 章、第Ⅲ部第 1 章第 2 節担当

西村あさひ法律事務所カウンセル　弁護士・ニューヨーク州弁護士
2004 年東京大学法学部第一類卒業、2005 年弁護士登録、2012 年デューク大学ロースクール卒業（LL.M.）、2013 年ニューヨーク州弁護士登録、2012 年～2013 年シカゴのカークランド・アンド・エリス法律事務所に勤務、2013 年～2015 年法務省民事局に出向（主に平成 26 年会社法改正を担当）、2018 年～西村あさひ法律事務所ニューヨーク事務所に勤務。
［主な著書・論文］「株主総会における取締役の説明義務等と書面決議の可否」商事法務 2163 号（2018）、「金商法改正によるフェア・ディスクロージャー・ルールの創設」監査役 680 号（2018）、「吸収合併における株主に対する通知・公告の期間短縮・省略と簡易合併・略式合併」商事法務 2127 号（2017）、『会社法実務相談』（共著、商事法務、2016）、「支配株主の異動を伴う募集株式の発行等における株主総会の開催時期」商事法務 2113 号（2016）、『一問一答　平成 26 年改正会社法〔第 2 版〕』（共著、商事法務、2015）、「立案担当者による平成 26 年改正会社法関係法務省令の解説」別冊商事法務 397 号（共編著、2015）、「立案担当者による平成 26 年改正会社法の解説」別冊商事法務 393 号（共著、2015）、「表明保証と当事者の主観的事情――サンドバッギングの可否を中心に(上)(下)」商事法務 1998 号・1999 号（2013）など多数。

矢﨑　稔人（やさき　としひと）　　　　　　　　　　　　第Ⅱ部第 1 章第 2 節担当

西村あさひ法律事務所カウンセル　弁護士・ニューヨーク州弁護士
1999 年東京大学法学部卒業、2005 年弁護士登録、2014 年コロンビア大学ロースクール卒業（LL.M.）、2015 年ニューヨーク州弁護士登録、2014 年～2015 年ロンドンのスローター・アンド・メイ法律事務所に勤務。
［主な著書・論文］『事例でわかる　旅館・ホテル・ゴルフ場の再生実務』（共著、中央経済社、2013）、『会社法実務解説』（共著、有斐閣、2011）、『企業法務判例ケーススタディ300【企業組織編】』（共著、金融財政事情研究会、2008）、「徹底解説!　新会社法の重要論点　第 3 回　株式会社の機関(下)」Lexis 企業法務 5 号（共著、2006）など。

神保　寛子（じんぼ　ひろこ）　　　　　　　第Ⅰ部第 15 章、第Ⅲ部第 4 章第 2 節 3 担当

西村あさひ法律事務所カウンセル　弁護士・ニューヨーク州弁護士
2000 年東京大学法学部第一類卒業、2006 年弁護士登録、2012 年デューク大学ロースクール卒業（LL.M.）、2000 年～2005 年株式会社東芝法務部に勤務、2009 年シティグループ・ジャパン・ホールディングス株式会社（旧日興シティホールディングス株式会社）法務部門に出向、2012 年～2013 年ニューヨークのモリソン・フォースター法律事務所に勤務、2013 年ニューヨーク州弁護士登録。
［主な著書・論文］「特許売買におけるデューデリジェンスと契約の留意点」知財管理 67 巻 10 号（共著、2017）、『会社法実務相談』（共著、商事法務、2016）、「LEGAL DEVELOPMENTS FOR DIRECTORS AND OFFICERS IN JAPAN」EXECUTIVE RISKS: A BOARDROOM GUIDE 2010/11（共著、2010）。

坂元　正嗣（さかもと　まさつぐ）　　　　　　　　　　　　第Ⅱ部第 3 章第 3 節担当

西村あさひ法律事務所　弁護士・ニューヨーク州弁護士
2000 年早稲田大学法学部卒業、2002 年弁護士登録、2013 年ニューヨーク大学ロースクール卒業（LL.M.）、2014 年ニューヨーク州弁護士登録、2013 年～2014 年ニューヨークのヒューズ・ハバード・アンド・リード法律事務所勤務、2014 年デンバーのルイス・ロカ・ロスガーバー・クリスティー法律事務所勤務、2014 年～2016 年日本郵便株式会社出向。
［主な著書・論文］『知的財産法概説〔第 5 版〕』（共著、弘文堂、2013）、『会社法実務解説』（共

著、有斐閣、2011）、『企業法務判例ケーススタディ300【企業組織編】』（共著、金融財政事情研究会、2008）。

桑形　直邦（くわがた　なおくに）　第Ⅲ部第4章第2節3、第7章第3節担当

西村あさひ法律事務所　弁護士・ニューヨーク州弁護士
1998年東京大学法学部第一類卒業、2004年弁護士登録、2011年デューク大学ロースクール卒業（LL.M.）、2012年ニューヨーク州弁護士登録、2011年〜2012年ニューヨークのシュルティ・ロス・アンド・ゼイベル法律事務所に勤務、2012年〜2013年バークレイズ証券株式会社に出向、2014年インドのコーポレイト・カタリスト・インディア・ピーヴィティ・エルティディに出向。
[主な著書・論文]「インドにおける私的整理手続について（各国ワークアウトの実情(3)）」国際商事法務44巻4号（共著、2016）、「撤退を見すえたインドへの戦略的進出」ビジネス法務14巻7号（共著、2014）、「Pharmaceutical Trademarks 2010/2011 (Japan Chapter)」（共著、Globe Business Publishing、2010）、「The International Comparative Legal Guide to: Pharmaceutical Advertising 2010 (Japan Chapter)」（共著、Global Legal Group、2010）など多数。

大槻　由昭（おおつき　よしあき）　第Ⅲ部第7章第6節担当

西村あさひ法律事務所　弁護士・ニューヨーク州弁護士
2004年東京大学法学部第一類卒業、2004年弁護士登録、2011年南カリフォルニア大学ロースクール卒業（LL.M.）、2012年ニューヨーク州弁護士登録、2011年〜2012年ロンドンのノートン・ローズ法律事務所に勤務、2012年香港のウー・クウン・リー・アンド・ロー法律事務所に勤務、2012年〜2014年新日鐵住金株式会社法務部国際法務室へ出向、2015年〜2017年独立行政法人石油天然ガス・金属鉱物資源機構総務課へ出向（戦略企画室併任）。
[主な著書・論文]『アジア進出・撤退の労務——各国の労働法制を踏まえて』（共著、中央経済社、2017）、「LNGの売買契約（SPA）の主要条項について」石油開発時報190号（2017）、『アジアにおけるシンジケート・ローンの契約実務と担保法制』（共著、金融財政事情研究会、2016）、『資産・債権の流動化・証券化〔第3版〕』（共著、金融財政事情研究会、2016）、「メキシコの石油天然ガス開発プロジェクトの最近の動向について」石油開発時報187号（共著、2015）、「『経営判断の原則』活用の観点からJoint Operating Agreementを考えてみる」石油開発時報185号（共著、2015）など多数。

勝部　純（かつべ　じゅん）　第Ⅲ部第7章第6節担当

西村あさひ法律事務所　弁護士・ニューヨーク州弁護士・カリフォルニア州弁護士
2004年一橋大学法学部卒業、2006年弁護士登録、2013年南カリフォルニア大学ロースクール卒業（LL.M.）、2014年ニューヨーク州弁護士登録、2017年カリフォルニア州弁護士登録、2013年〜2014年ニューヨークのヒューズ・ハバード・アンド・リード法律事務所に勤務、2014年〜2016年三井物産株式会社法務部アジア・大洋州法務室へ出向。
[主な著書・論文]「LNG市場の流動性の高まりとLNG売買契約への影響その他法的留意点」Website「法と経済のジャーナル Asahi Judiciary」(2017)。

河合　優子（かわい　ゆうこ）　第Ⅰ部第14章担当

西村あさひ法律事務所　弁護士・ニューヨーク州弁護士
2000年慶應義塾大学法学部法律学科卒業、2006年弁護士登録、2013年コロンビア大学ロースクール卒業（LL.M.）、2014年ニューヨーク州弁護士登録、2013年〜2014年ヤフー株式会社出向、2017年〜特定非営利活動法人個人遺伝情報取扱協議会監事。
[主な著書・論文]『個人情報保護法制と実務対応』（共著、商事法務、2017）、「会社法実務相談」（共著、商事法務、2016）、「TPPと政府・企業法務（第9回）電子商取引」NBL1080号（共著、2016）、『FinTechビジネスと法25講——黎明期の今とこれから』（共著、商事法務、2016）、「Handling Personal Information in Japanese M&A Transactions」N&A Corporate

Counselor News Letter No.20（共著、2015）、「保護と利活用のポイント——何ができるか、何をすべきか」Business Law Journal 89 号（共著、2015）など多数。

千明　諒吉（ちぎら　りょうきち）　　　　　　　　　　　第Ⅲ部第5章担当

西村あさひ法律事務所　弁護士
2005 年京都大学法学部卒業、2006 年弁護士登録、2017 年デューク大学ロースクール卒業（LL. M. cum laude, Dean's Award in the Bankruptcy & Corporate Reorganization）。
[主な著書・論文]『法的整理計画策定の実務』（共著、商事法務、2016）、『会社法実務解説』（共著、有斐閣、2011）。

小西　透（こにし　とおる）　　第Ⅰ部第4章、第Ⅱ部第1章第1節・第3章第1節担当

西村あさひ法律事務所　弁護士
2004 年東京大学法学部第一類卒業、2006 年弁護士登録、2012 年〜2013 年証券取引等監視委員会事務局開示検査課に出向、2013 年〜2015 年日本取引所自主規制法人売買審査部に出向、2016 年一橋大学大学院国際企業戦略研究科非常勤講師。
[主な著書・論文]『ファイナンス法大全(上)〔全訂版〕』（共著、商事法務、2017）、『知的財産法概説〔第5版〕』（共著、弘文堂、2013）、『会社法実務解説』（共著、有斐閣、2011）。

仁木　覚志（にき　さとし）　　　　　　　　　　　　　　第Ⅰ部第14章担当

西村あさひ法律事務所　弁護士
1994 年大阪大学工学部卒業、1994 年〜航空機エンジンのエンジニアとして石川島播磨重工業株式会社（現株式会社 IHI）勤務、2006 年弁護士登録、2006 年〜松下電器産業株式会社（現パナソニック株式会社）勤務、2014 年〜現職。
[主な著書・論文]「特許売買におけるデューデリジェンスと契約の留意点」知財管理 67 巻 10 号（共著、2017）。

小林　和真呂（こばやし　かずまろ）　　　　　　　　　　第Ⅰ部第12章担当

西村あさひ法律事務所　弁護士・ニューヨーク州弁護士
2004 年東京大学法学部第一類卒業、2007 年弁護士登録、2014 年コロンビア大学ロースクール卒業（LL.M.）、2015 年ニューヨーク州弁護士登録、2014 年〜2015 年ワシントン D.C. のクリアリー・ゴットリーブ・スティーン・アンド・ハミルトン法律事務所に勤務。
[主な著書・論文]「TPP 関連法の概要」NBL1090 号（共著、2017）、『実例解説　企業不祥事対応 ——これだけは知っておきたい法律実務』（共著、経団連出版、2014）、『インサイダー取引規制の実務〔第2版〕』（共著、商事法務、2014）、『知的財産法概説〔第5版〕』（共著、弘文堂、2013）、「インサイダー取引規制における実務上の諸問題(2)　規制の概要と法 166 条の成立要件(中)」商事法務 1842 号（共著、2008）など多数。

堀　美穂子（ほり　みほこ）　　　　　　　　　　　　　　第Ⅰ部第12章担当

西村あさひ法律事務所　弁護士
1997 年東京大学法学部卒業、1997 年〜2000 年日本興業銀行（現みずほ銀行）勤務、2007 年弁護士登録。
[主な著書・論文]『条解　独占禁止法』（共著、弘文堂、2014）、「The PLC Cross-border Competition Handbook 2011（Japan Chapter）」（共著、Practical Law Company、2011）など。

北山　陽介（きたやま　ようすけ）　　　　　　　　　　　第Ⅰ部第2章担当

西村あさひ法律事務所　弁護士・ニューヨーク州弁護士
2003 年東京大学法学部第一類卒業、2006 年東京大学法科大学院修了、2007 年弁護士登録、2014

年フォーダム大学ロースクール卒業（LL.M.）、2014 年～2015 年ニューヨークのシュルティ・ロス・アンド・ゼイベル法律事務所に勤務、2017 年ニューヨーク州弁護士登録。
[主な著書・論文]『株主総会の実務相談』（共著、商事法務、2012）。

野澤　大和（のざわ　やまと）　　　　　　　　　　　　　第Ⅲ部第 7 章第 5 節担当

西村あさひ法律事務所　弁護士・ニューヨーク州弁護士
2004 年東京大学法学部第三類卒業、2006 年東京大学法科大学院修了、2007 年弁護士登録、2014 年ノースウェスタン大学ロースクール卒業（LL.M.）、2015 年ニューヨーク州弁護士登録、2012 年～2013 年東京大学法科大学院非常勤講師、2014 年～2015 年シカゴのシドリーオースティン法律事務所勤務、2015 年～2017 年法務省民事局（会社法担当、商事課併任（～2016 年））出向。
[主な著書・論文]「みなし清算条項を定款で定めることの有効性」商事法務 2176 号（2018）、『社債ハンドブック』(共著、商事法務、2018)、「『一体的開示』への第一歩　開示府令、会社法施行規則の改正と実務対応」ビジネス法務 18 巻 6 号（2018）、『新株予約権ハンドブック〔第 4 版〕』（共著、商事法務、2018）、「商人間の留置権の目的物と不動産――最一小判平 29.12.14」金融法務事情 2083 号（2018）、「譲渡制限株式の移転に係る会社の譲渡承認の要否」商事法務 2157 号（2018）、「事業報告等と有価証券報告書の一体的開示の検討に関する議論状況」Website「法と経済のジャーナル Asahi Judiciary」（2017）、「CG コードを踏まえた買収防衛策の検討・開示の留意点」企業会計 69 巻 10 号（2017）、「会社法施行規則及び会社計算規則の一部を改正する省令の解説――平成 28 年法務省令第 1 号」商事法務 2090 号（共著、2016）など。

若林　義人（わかばやし　よしと）　　　　　　　　　　　第Ⅲ部第 7 章第 5 節担当

西村あさひ法律事務所　弁護士・会計士補・米国公認会計士
2001 年慶應義塾大学総合政策学部卒業、2003 年慶應義塾大学大学院政策・メディア研究科修士課程修了、2006 年慶應義塾大学法科大学院修了、2007 年弁護士登録、2008 年会計士補登録、2014 年～2015 年 KDDI 株式会社出向、2016 年南カリフォルニア大学ロースクール卒業（LL.M.）、2017 年米国公認会計士登録。
[主な著書・論文]『スクイーズ・アウトの法務と税務――改正会社法で広がるキャッシュ・アウトの選択肢』（共著、中央経済社、2015）、『数理法務概論』（翻訳協力、有斐閣、2014）、「法務における IFRS 対応」Business Law Journal 35 号（共著、2011）、『会社法・金商法　実務質疑応答』（共著、商事法務、2010）。

木津　嘉之（きず　よしゆき）　　　　　　　　　　　　　第Ⅲ部第 4 章第 2 節 2 担当

西村あさひ法律事務所　弁護士
2004 年慶應義塾大学法学部卒業、2006 年慶應義塾大学法科大学院修了、2007 年弁護士登録、2015 年ユニバーシティ・カレッジ・ロンドン（ロンドン大学）ロースクール卒業（LL.M.）、2015 年 ～2016 年フランクフルトのグライス・ルッツ法律事務所 M&A/Corporate 部門に勤務、2016 年～2017 年パリのジド法律事務所 M&A/Corporate 部門に勤務、2017 年～2018 年ローマのキオメンティ法律事務所 M&A/Corporate 部門に勤務。
[主な著書・論文]「欧州 M&A の手引き　其二　ドイツ企業買収について――買収契約実務を中心に」Website「法と経済のジャーナル Asahi Judiciary」（2017）、「欧州 M&A の手引き　其一　英国上場企業買収について――スキームオブアレンジメント」Website「法と経済のジャーナル Asahi Judiciary」（2016）、『会社法・金商法　実務質疑応答』（共著、商事法務、2010）など多数。

田端　公美（たばた　くみ）　　　　　　　　　　　　　　第Ⅰ部第 16 章担当

西村あさひ法律事務所　弁護士・ニューヨーク州弁護士
2004 年京都大学法学部卒業、2006 年京都大学法科大学院修了、2007 年弁護士登録、2009 年～2012 年経済産業省産業政策局産業組織課出向、2012 年亜細亜大学法学部非常勤講師、2015 年ベ

ンシルベニア大学ロースクール卒業（LL.M.）、2017年ニューヨーク州弁護士登録。
[主な著書・論文]『株対価M&Aの実務』（共編著、商事法務、2019）、『日本経済復活の処方箋 役員報酬改革論〔増補改訂第2版〕』（共著、商事法務、2018）、『会社補償の実務』（共著、商事法務、2018）、『企業法制の将来展望──資本市場制度の改革への提言〔2018年度版〕』（共著、財経詳報社、2017）、『資金調達ハンドブック〔第2版〕』（共著、商事法務、2017）、『D&O保険の先端Ⅰ』（共著、商事法務、2017）、『BEPSの実務Ⅰ』（共著、商事法務、2017）、「役員報酬の構造改革──各スキームの有効性と総会付議事項の検討」ビジネス法務17巻3号（2017）、『金商法大系Ⅰ──公開買付け(1)(2)』（共著、商事法務、2011・2012）、『逐条解説　産活法』（共著、商事法務、2011）、『会社法・金商法　実務質疑応答』（共著、商事法務、2010）など多数。

岡田　早織（おかだ　さおり）　　　第Ⅲ部第4章第2節3担当

Okada Law Firm（西村あさひ法律事務所の香港プラクティスにおける連絡先事務所）　弁護士・ニューヨーク州弁護士・香港 Registered Foreign Lawyer（日本法）
1999年東京大学法学部卒業、2000年弁護士登録、2000年～2015年西村あさひ法律事務所に勤務、2006年コロンビア大学ロースクール卒業（LL.M.）、2007年ニューヨーク州弁護士登録、2006年～2007年アトランタのオルストン・アンド・バード法律事務所に勤務、2008年上海交通大学国際教育学院卒業（長期語学研修課程）、2010年～2013年西村あさひ法律事務所北京事務所首席代表、2013年～2015年香港のメイヤー・ブラウンJSM法律事務所に勤務、2015年Okada Law Firmを設立。
[主な著書・論文]『ファイナンス法大全(上)〔全訂版〕』（共著、商事法務、2017）、『アジア進出・撤退の労務──各国の労働法制を踏まえて』（共著、中央経済社、2017）、『アジアにおけるシンジケート・ローンの契約実務と担保法制』（共著、金融財政事情研究会、2016）、「Doing Business In 香港」（共著、2014）など。

●編者・執筆者一覧●

担当項目	執筆者 (*は各部の編者)	執筆協力者
序　章　M&Aの法と経済学	草野耕一	
第Ⅰ部　M&Aと法（基礎）	伊達隆彦*・野田昌毅*・松尾拓也*	
第1章　M&A取引の類型	野田昌毅	
第2章　株式譲渡・取得	伊達隆彦・髙橋宏達・北山陽介	
第3章　第三者割当て	伊達隆彦・髙橋宏達・山田慎吾	
第4章　公開買付け	松尾拓也・小西透	米信彰
第5章　キャッシュ・アウト	野田昌毅・辰巳郁	飯塚啓
第6章　合　併	森本大介・土肥慎司	金映珉
第7章　株式交換・株式移転	森本大介・土肥慎司	金映珉
第8章　会社分割・事業譲渡等	柴田寛子・髙木謙吾	白澤秀己
第9章　M&Aと取締役	谷川達也・藤井宏樹	飯永大地
第10章　M&Aを巡る少数株主との紛争		
第1節　紛争類型と日本における特徴	手塚裕之・藤田美樹	
第2節　事前的(予防的)な紛争類型	中原千繪・泰田啓太	
第3節　事後的(復帰的)な紛争類型	弘中聡浩	伊藤涼太
第4節　責任追及の訴え（損害賠償責任の追及）	太田洋・山本憲光・泰田啓太	沼畑智裕・大野憲太郎
第5節　価格決定裁判	内間裕・浅岡義之	
第11章　M&Aと税務		
第1節　M&Aと課税	太田洋・伊藤剛志・園浦卓	増田貴都
第2節　M&Aと会計	太田洋	
第12章　M&Aと競争法	川合弘造・中山龍太郎・島田まどか・藤井康次郎・小林和真呂・堀美穂子	
第13章　M&Aと労働法	臼田啓之・伊達隆彦・阿部次郎	

第14章　M&Aと知的財産法・情報法	内間裕・河合優子・仁木覚志	
第15章　M&Aと環境法	古角和義・神保寛子	
第16章　産業競争力強化法	森田多恵子・田端公美	
第Ⅱ部　M&Aの実務	佐藤丈文*・大井悠紀*	
第1章　友好的M&Aのプロセスとデュー・ディリジェンス		
第1節　ストラクチャー検討	大井悠紀・小西透	
第2節　初期的な協議	大井悠紀・矢﨑稔人	
第3節　デュー・ディリジェンス（買収前監査）	大井悠紀・佐々木秀	
第2章　M&Aの対価		
第1節　企業価値評価の手法と実務	草野耕一・浅岡義之	
第2節　M&Aの対価とリスク	草野耕一・浅岡義之	
第3節　金銭対価取引	松浪信也・浅岡義之	
第4節　株式対価取引	松浪信也・浅岡義之	
第5節　不確実な事象に対応する対価のメカニズム──条件付対価（contingent consideration）	松浪信也・浅岡義之	
第3章　最終契約		
第1節　統合契約（Merger Agreement）	大井悠紀・小西透	
第2節　株式譲渡契約	佐藤丈文	
第3節　公開買付応募契約	志村直子・坂元正嗣	
第4節　JV契約	志村直子・髙木智宏	
第5節　付随的契約	佐藤丈文・根本剛史	
第4章　開示	髙木弘明	
第5章　M&Aの資金調達（買収ファイナンス）	堀越秀郎・齋藤崇・野中敏行	
第Ⅲ部　M&Aと法（応用）	内間裕*・太田洋*・浅岡義之*	
第1章　グループ再編		
第1節　持株会社化	太田洋・石川智也	
第2節　完全子会社化	太田洋・辰巳郁	
第3節　エクイティ・カーブアウト（親子上場を含む）	太田洋・濃川耕平	
第4節　スピン・オフおよびスプリット・オフ	太田洋	増田貴都

第5節　コーポレート・インバージョン		太田洋・清水誠	
第2章　構造的利益相反取引		内間裕・浅岡義之	
第3章　敵対的買収と買収防衛		中山龍太郎	
第4章　クロスボーダー M&A			
第1節　クロスボーダー M&A の戦略と留意点		武井一浩・野田昌毅・松本絢子	飯塚啓
第2節　諸外国における M&A 規制			
	1　アメリカ合衆国	野田昌毅・石﨑泰哲	飯塚啓
	2　欧　州	伊達隆彦・志賀裕二・木津嘉之	
	3　アジア	小口光・原田充浩・山中政人・小原英志・中島あずさ・湯川雄介・佐藤正孝・廣澤太郎・孫櫻倩・桑形直邦・岡田早織	大石和也・伴真範・吉本祐介・神保寛子・今泉勇・鈴木多恵子・眞榮城大介・鈴木健文・下向智子
	4　中南米	山口勝之・清水誠	
	5　アフリカ・中東	中山龍太郎・中島和穂	
第5章　事業再生と M&A		南賢一・郡谷大輔・田中研也・千明諒吉	
第6章　ベンチャー企業（スタートアップ企業）の資金調達・M&A		水島淳	伊豆明彦
第7章　規制産業における M&A			
第1節　銀　行		錦織康高・伊達隆彦・浅岡義之	古家香織
第2節　保　険		谷川達也・中山達也	
第3節　製　薬		新川麻・清水恵・桑形直邦	
第4節　運輸・運送・物流		松原大祐・田中研也	
第5節　電気通信・放送		谷川達也・柴田寛子・野澤大和・若林義人	
第6節　資源・エネルギー		忍田卓也・紺野博靖・大槻由昭・勝部純	
第7節　電力・ガス		新川麻・南賢一・松平定之	

M&A法大全(上)〔全訂版〕

2001年7月23日　初　版第1刷発行
2019年1月30日　全訂版第1刷発行

編　　者　　西村あさひ法律事務所

発 行 者　　小　宮　慶　太

発 行 所　　㈱商 事 法 務
　　　　　　〒103-0025 東京都中央区日本橋茅場町 3-9-10
　　　　　　TEL 03-5614-5643・FAX 03-3664-8844〔営業部〕
　　　　　　TEL 03-5614-5649〔書籍出版部〕
　　　　　　　　　　http://www.shojihomu.co.jp/

落丁・乱丁本はお取り替えいたします。　　　印刷／広研印刷㈱
© 2019 西村あさひ法律事務所　　　　　　　Printed in Japan
　　　　　　　　　　　　Shojihomu Co., Ltd.
　　　　　　　ISBN978-4-7857-2686-7
　　　　　　　＊定価はカバーに表示してあります。

JCOPY　＜出版者著作権管理機構　委託出版物＞
本書の無断複製は著作権法上での例外を除き禁じられています。
複製される場合は、そのつど事前に、出版者著作権管理機構
(電話 03-5244 5088、FAX 03 5244 5089、e-mail: info@jcopy.or.jp)
の許諾を得てください。